ENCYCLOPÉDIE

DU NOTARIAT

ET DE

L'ENREGISTREMENT

OU

DICTIONNAIRE GÉNÉRAL ET RAISONNÉ

DE LÉGISLATION, DE DOCTRINE ET DE JURISPRUDENCE

EN MATIÈRE CIVILE ET FISCALE

(AVEC FORMULES)

PUBLIÉ PAR LA REVUE DU NOTARIAT

SOUS LA DIRECTION DE

M. CH. LANSEL

ANCIEN NOTAIRE, SECRÉTAIRE DE LA REVUE DU NOTARIAT

TOME PREMIER

A — ADULTÈRE

PARIS

IMPRIMERIE ET LIBRAIRIE GÉNÉRALE DE JURISPRUDENCE

MARCHAL, BILLARD ET Cⁱᵉ, IMPRIMEURS–ÉDITEURS

LIBRAIRES DE LA COUR DE CASSATION

Place Dauphine, 27

1879

ENCYCLOPÉDIE
DU NOTARIAT
ET DE L'ENREGISTREMENT

TOME PREMIER

Cette Encyclopédie forme la tête de la *Revue du Notariat et de l'Enregistrement*. Ces deux ouvrages sont constamment mis en corrélation et se complètent l'un par l'autre.

Paris — Imprimerie J. Dumaine, rue Christine, 2.

ENCYCLOPÉDIE

DU NOTARIAT

ET DE

L'ENREGISTREMENT

OU

DICTIONNAIRE GÉNÉRAL ET RAISONNÉ

DE LÉGISLATION, DE DOCTRINE ET DE JURISPRUDENCE

EN MATIÈRE CIVILE ET FISCALE

(AVEC FORMULES)

PUBLIÉ PAR LA REVUE DU NOTARIAT

SOUS LA DIRECTION DE

M. CH. LANSEL

ANCIEN NOTAIRE, SECRÉTAIRE DE LA REVUE DU NOTARIAT

———

TOME PREMIER

A — ADULTÈRE

———◦◦◦———

PARIS

IMPRIMERIE ET LIBRAIRIE GÉNÉRALE DE JURISPRUDENCE

MARCHAL, BILLARD ET Cⁱᵉ, IMPRIMEURS–ÉDITEURS

LIBRAIRES DE LA COUR DE CASSATION

Place Dauphine, 27

———

1879

LISTE DES PRINCIPALES ABRÉVIATIONS.

Arg.	Argument.
Arr. C. d'Ét.	Arrêté du Conseil d'État.
Art.	Article.
Aud. sol.	Audience solennelle.
Avis C. d'Ét.	Avis du Conseil d'État.
Cass. civ.	Cassation, chambre civile.
Cass. req.	Cassation, chambre des requêtes.
Ch. réun.	Cassation, chambres réunies.
Champ. et Rig.	Championnière et Rigaud.
Chap.	Chapitre.
C. civ.	Code civil.
C. com.	Code de commerce.
C. for.	Code forestier.
C. inst. crim.	Code d'instruction criminelle.
C. pén.	Code pénal.
C. proc.	Code de procédure.
C. rur.	Code rural.
Conf.	Conforme.
Dall , Juris. gén.	Dalloz, Jurisprudence générale.
Dall., Rép.	Dalloz, Répertoire.
Décis.	Décision.
Décr.	Décret.
Demol.	Demolombe, Cours de Code civil.
Délib. rég.	Délibération de la Régie.
Devill. et Carette.	Devilleneuve et Carette.
Dict. Réd.	Dictionnaire des Rédacteurs d'enregistrement.
Garnier, Rép. gén.	Garnier, Répertoire général.
Inst. rég.	Instruction de la Régie.
Journ. Enreg.	Journal de l'Enregistrement.
J. Pal.	Journal du Palais.
Jug.	Jugement.
L., LL.	Loi, Lois.
Loc. cit.	Loco citato *ou* locis citatis.
Min. just. *ou* fin.	Ministère de la justice *ou* des finances.
Ord.	Ordonnance.
Quest.	Question.
Rép. Pal.	Répertoire du Palais.
Rev. crit.	Revue critique de Jurisprudence.
Rev. Not.	Revue du Notariat.
Roll. de Vill., Rép.	Rolland de Villargues, Répertoire.
S. (S. chr.).	Sirey, (Sirey chronique).
Sir. C. an.	Sirey, Codes annotés.
Sol. impl.	Solution implicite.
Tit.	Titre.
Trib. civ. ou com.	Tribunal civil ou de commerce
V.	Voir.
V°, vis.	Verbo, verbis.

ENCYCLOPÉDIE

DU

NOTARIAT ET DE L'ENREGISTREMENT

A

ABANDON. — 1. Employé seul, ce mot exprime l'action d'abandonner, de délaisser une chose, un droit, avec exclusion de toute idée de réclamation future.

2. Employé comme synonyme de délaissement, renonciation, abdication, délivrance, il est suivi d'un complément ou qualificatif qui en spécifie le sens.

3. Aussi ne pouvons-nous entrer sous cette rubrique dans des explications d'une certaine étendue, obligés que nous serions de les reproduire au fur et à mesure que les mots auxquels le terme abandon a été joint se présenteraient dans leur cadre alphabétique. — V. *Abandon d'animaux,* — *Abandon de biens,* — *Abandon de propriété,* — *Abandon maritime.*

4. Enregistrement. L'abandon qui ne constitue pas une transmission de propriété est une simple déclaration assujettie au droit fixe de 3 fr. L. 28 avril 1816, art. 43, n° 9.

5. L'abandon de biens ou de droits, fait en faveur de quelqu'un et qui n'est pas l'exécution d'un contrat préalable, constitue, suivant les conventions des parties, une transmission à titre gratuit ou onéreux, ou une libération. Il est en conséquence, suivant sa nature, passible des droits proportionnels d'enregistrement. L. 22 frim., an VII, art. 4. *Dict. réd. enreg.,* v° *Abandonnement,* n. 3.

6. Lorsque l'abandon est la conséquence d'un contrat sur lequel le droit proportionnel a été perçu, il n'est dû aucun droit particulier ; mais s'il est fait par acte séparé, il est dû le droit de 3 fr. LL. 22 frim., an VII, art, 68, § 1er, n. 6 ; 18 mai 1850, art. 8 ; 28 févr. 1872, art. 4.

ABANDON D'ANIMAUX. — Il n'y a ni délit ni contravention dans le fait de laisser un animal à l'abandon, à moins que cet abandon n'ait été la cause de dommages, blessures, dégâts, ou que l'animal ne se soit introduit dans la propriété d'autrui. —V. *Animaux.*

ABANDON DE BIENS. — 1. Dans le langage notarial, ce terme s'emploie pour exprimer la faculté que les père et mère et autres ascendants ont de faire, entre leurs enfants et descendants, la distribution et le partage de leurs biens, conformément aux dispositions des articles 1075 à 1080 du Code civil. — V. *Partage d'ascendant.*

2. Il signifie aussi l'acte par lequel un débiteur hors d'état de payer ses dettes cède tous ses biens à ses créanciers pour se mettre à l'abri de leurs poursuites. Dans ce sens il prend le plus ordinairement le nom *d'abandonnement de biens* ou de *cession de biens.* (C. civ., 1265 et suiv.). — V. *Cession de biens.*

ABANDON DE LA MAISON PATERNELLE. — C'est l'action de l'enfant qui quitte la maison paternelle sans la permission de son père. — L'art. 374 du C. civ., qui édicte ce devoir de résidence pour l'enfant, y fait une exception « pour le cas d'enrôlement volontaire, après l'âge de 18 ans». La loi du 27 juillet 1872, art. 46, modifiant en cela l'art. 374 du C. civ., reporte jusqu'à l'âge de 20 ans la faculté pour l'enfant de quitter le domicile paternel, sans autorisation. — V. *Puissance paternelle.*

ABANDON D'ENFANT. — 1. Dans son sens propre, ce mot désigne, en droit criminel, le fait d'abandonner un enfant au-dessous de sept ans dans un lieu solitaire. Ce fait est qualifié délit et puni comme tel par l'art. 349 du C. pén.

2. Dans un sens plus général, on peut entendre par abandon d'enfant le fait, par les parents, de laisser courir et vaguer leurs enfants dans les rues. Ce fait n'est plus puni par la loi pénale, comme autrefois (Ordonn., 17 mai 1726) ; mais il est évident que les père et mère sont responsables, en vertu de l'art. 1384, C. civ., du dommage causé par leurs enfants mineurs ainsi laissés à l'abandon.

ABANDON D'ÉPOUX OU ABANDON DU DOMICILE CONJUGAL. — **1.** L'abandon d'époux est l'abandon que fait l'un des époux du domicile commun. C'est la violation du devoir imposé aux époux par l'art. 214, C. civ., à savoir : pour la femme, du devoir de cohabitation avec son mari ; pour le mari, du devoir de recevoir sa femme dans son domicile.

2. Le devoir de cohabitation pour la femme non séparée ne cesse que dans un cas : celui où le mari voudrait émigrer en pays étranger, contrairement aux prohibitions d'une loi politique. — Proudhon, I, p. 452; Vazeille, II, 290 ; Marcadé, sur l'art. 214, n. 2; Demol., IV, 90 ; Aub. et Rau, 4e éd., t. 5, § 471, note 2.

3. Le juge ne peut, sous aucun prétexte, dispenser la femme non séparée de corps du devoir d'habiter avec son mari. — Pothier, n. 383 ; Vazeille, II, 393 à 395 ; Dutruc, *De la séparation de biens*, n. 313 et 319 ; Bruxelles, 13 août 1806 (Sir, 7.2.28). — *Contrà*, Duranton, II, 437 ; Duverger, *Rev. crit.*, 1866, XXVIII, p. 316.

4. Il peut seulement, tout en condamnant à l'accomplissement de ce devoir, ordonner, s'il y a lieu, qu'elle n'y sera contrainte que lorsqu'on lui offrira un logement convenable à sa position, et dans lequel sa sécurité et sa dignité se trouvent garanties. — Merlin, *Rép.*, v° Mari, § 2, n. 1; Vazeille, II, 296 à 299; Duranton, II, 437; Demol., IV, 95; Aub. et Rau, t. 5, § 471, note 10; Cass. 20 nov. 1860 (S. 61.1.965).

5. La loi est muette sur les moyens de sanction du devoir de cohabitation. Mais la doctrine et la jurisprudence ont accordé à l'époux abandonné plusieurs moyens de forcer à la cohabitation l'époux qui s'y refuse.

6. D'abord le mari pourrait être autorisé à dénier à la femme qui refuse de cohabiter tout secours pécuniaire sur les revenus de ses biens personnels et des biens communs, et même sur les revenus des biens propres de celle-ci, dont il aurait l'administration et la jouissance. — Delvincourt, I, p. 155; Duranton, II, 438; Demol., IV, 104; Aub. et Rau, t. 5, § 471.

7. Les tribunaux pourraient également permettre au mari de saisir les fruits et revenus des biens propres, quand la femme les touche elle-même. — Delvincourt, I, p. 155; Vazeille, II, 291; Demol., III, 105; Marcadé, sur l'art. 214, n. 2; Aub. et Rau, t. 5, § 471. Paris, 14 mars 1834 (S. 34.2.159); Nimes, 20 fév. 1862 (S.63.2.161). — *Contrà*, Duranton, II, 438.

8. L'emploi de la force publique pourrait même être accordée au mari. — Vazeille, II, 291; Toullier, XIII, 109; Valette, sur Proudhon, I, p. 453; Marcadé, sur l'art. 214, n. 2; Demol., IV, 107; Demante, I, 297 *bis*; Aub. et Rau, t. 5, § 471. Cass., 9 août 1826 (S. 27.1.88); Pau, 11 mars 1862 (S. 63.2.97). — *Contrà*, Delvincourt, I, p. 155; Duranton, II, 440. Colmar, 10 juillet 1833 (S. 34.2.127).

9. Enfin, comme dernière sanction au devoir de cohabitation, les tribunaux pourraient admettre que l'abandon constitue une *injure grave*, et prononcer, à ce titre, la séparation de corps. — (C. civ., 231.306). Demol., t, 4, 102. Pau, 31 mai 1869 (S.69.2.207). — V. *Séparation de corps.*

ABANDON DE PROPRIÉTÉ. — **1.** C'est l'abandon volontaire et absolu que l'on fait de la possession d'une chose, avec renonciation à la propriété.

2. La propriété, dit l'art. 544, C. civ., est le droit de jouir et disposer des choses de la manière la plus absolue, pourvu qu'on n'en fasse pas un usage prohibé par les lois et les règlements.

3. Il résulte de cette définition que le propriétaire ayant le droit le plus absolu, et pouvant même abuser et mésuser de la chose, peut à plus forte raison y renoncer, l'abdiquer, l'abandonner *pro derelicto habere*, sans la transmettre à un autre, mais avec l'intention expresse ou tacite de s'en défaire; c'est là un attribut essentiel de la propriété. — V. *Abdication de propriété.*

4. Il y a deux espèces d'abandon de propriété:
La première consiste dans l'abandon de sa chose sans en tirer

aucun profit. Ainsi, à Rome, les largesses que faisaient les grands à l'occasion des fêtes publiques.

5. Par la seconde on se libère des obligations dont était grevée la chose abandonnée.

6. Ainsi le titulaire d'un usufruit onéreux peut y renoncer, car l'usufruit est sa chose, et chacun est le maître de renoncer à ce qui lui appartient (Arg., art. 621, C. civ.). — V. *Usufruit*.

7. De même tout copropriétaire d'un mur mitoyen peut abandonner son droit de mitoyenneté pour se dispenser de contribuer aux réparations et reconstructions, pourvu que le mur mitoyen ne soutienne pas un bâtiment qui lui appartienne (Art. 656). — V. *Mitoyenneté*.

8. Lorsqu'une marchandise est inférieure en valeur à la quotité du droit dont elle est frappée en douanes, l'abandon qu'en fait par écrit celui à qui elle est destinée, le dispense d'en payer les droits (L. 22 août 1791, titre 1, art. 4). — V. *Douanes*.

9. Dans le cas où le propriétaire d'un fonds assujetti à une servitude est chargé par le titre de faire à ses frais les ouvrages nécessaires pour l'usage ou la conservation de la servitude, il peut toujours s'affranchir de la charge en abandonnant le fonds assujetti au propriétaire du fonds auquel la servitude est due (C. civ., art. 699). — V. *Servitude*.

10. Un propriétaire de terres vaines et vagues peut s'affranchir du paiement des contributions foncières imposées sur ces terrains en en abandonnant la propriété à la commune sur laquelle ils sont situés. L. L. 1er déc, 1790, tit. 3, art. 3; 3 frimaire an 7, art. 66). — V. *Terres vaines et vagues*.

11. Enregistrement. L'abandon d'un immeuble grevé de servitude ou l'abandon d'une mitoyenneté constitue une transmission à titre onéreux au profit du propriétaire du fonds dominant, qui perd comme équivalent du fonds abandonné le droit de faire faire par son voisin la totalité ou la moitié des travaux nécessaires à la servitude (C. civ., 1104, 1106). Le droit de 5 fr. 50 paraît donc dû; son exigibilité n'est pas subordonnée à l'acceptation du propriétaire du fonds dominant, puisque d'après les articles 656 et 659, la transmission s'opère par le seul fait de l'abandon. — V. *Dict. red.*, v° *Abandon d'un immeuble grevé*, etc., n. 4.

12. Le droit se liquide sur la valeur de l'objet abandonné; si l'estimation n'est pas faite dans l'acte, les parties sont tenues d'y suppléer par une déclaration certifiée et signée au pied de l'acte. LL. 22 frim. an VII, art. 16; 28 avril 1816, art. 52; Inst. 1205, § 13.

ABANDON DE RÉSIDENCE.— C'est le fait, par un notaire, d'abandonner la résidence à laquelle il a été nommé. — V. *Discipline notariale, Notaire, Résidence*.

ABANDON MARITIME. — 1. Acte par lequel l'armateur abandonne le navire et le fret pour s'affranchir de la responsabilité des faits du capitaine (C. comm., art. 216, modifié par la loi du 14 juin 1841). — V. *Armateur*.

2. On donne quelquefois ce nom, mais improprement, au *délaissement* du navire fait par l'assuré aux assureurs pour obtenir le paiement du montant de l'assurance, dans le cas de sinistre majeur (C. comm., 396 et suiv.). — **V.** *Abandonnement pour fait d'assurance, Assurance maritime, Délaissement.*

3. Le capitaine ne peut abandonner son navire pendant le voyage, pour quelque danger que ce soit, sans l'avis des officiers et principaux de l'équipage ; et, en ce cas, il est tenu de sauver avec lui l'argent et ce qu'il pourra des marchandises les plus précieuses de son chargement, sous peine d'en répondre en son propre nom (C. comm., 241).

La même obligation est imposée aux officiers des bâtiments de guerre et aux équipages de toute espèce de navire. — **V.** *Capitaine.*

4. Le propriétaire ne peut s'affranchir par l'abandon du navire, de ses engagements personnels et particulièrement du paiement des loyers et salaires de l'équipage et des frais de rapatriement, lorsqu'il a signé le rôle d'équipage. — Rouen, 2 août 1873 (S. 73. 2.210) ; Bordeaux, 22 juin 1863 (S. 64.2.164) ; Rennes, 31 mai 1869, joint ; Cass., 18 mai 1870 (S. 70.1.245).

5. Mais l'abandon le libère de toute responsabilité, lorsqu'en même temps il abandonne aux créanciers tous ses droits et actions pour le recouvrement du fret contre le capitaine qui l'a encaissé. Cass. 17 avril 1872 (S. 72.1.369).

6. Cependant il a été jugé que l'art. 216 est inapplicable au cas où les engagements du capitaine ont été occasionnés par le fait direct du propriétaire, spécialement par un vice propre du navire. Cass., 11 avr. 1870 (S. 71.1.93) ; 7 nov. 1854 (S. 54.1.197) ; 30 août 1859 (S. 59.1.888) ; Bordeaux, 22 juin 1863 (S. 64.2.164). — V. MM. Bédarride, *Dr. comm.,* t. I, n. 298 ; Coumont, *Dict. de dr. marit.,* v° *Abandon de navire,* n. 20 ; Alauzet, *Comment.,* C. com., t. 3, n. 1108.

ABANDONNEMENT (Contrat d'). — **V.** *Cession de biens.*

ABANDONNEMENT A TITRE DE PARTAGE. — **1.** On appelle ainsi l'attribution à l'un des copropriétaires, d'une ou de plusieurs choses, dans une masse possédée indivisément. C'est ce que l'art. 828 du C. civ. désigne par le mot de *fournissement.*

2. Ordinairement l'abandonnement se fait par l'acte même de partage, et ce n'est alors autre chose que l'attribution faite à chaque copartageant des objets composant le lot échu à chacun d'eux.

3. Quelquefois cependant il se fait par anticipation, c'est-à-dire avant que le partage, qui doit régler plus tard les droits des parties, soit arrêté entre elles. Il forme alors une convention distincte de la liquidation et du partage, mais qui doit toutefois se combiner avec les deux opérations générales.

4. L'abandonnement, ayant pour but de faire cesser l'indivision à l'égard de l'objet abandonné, est déclaratif de propriété, en vertu de l'art. 883, C. civ. Cette décision, qui ne peut faire doute pour l'abandonnement concomitant au partage, doit être donnée même pour l'abandonnement fait antérieurement, car il est toujours fait à titre de partage. — **V.** *Partage.*

5. Une autre conséquence de la même idée, c'est que les actes d'abandonnement, même distincts du partage, donnent lieu, à l'égard des copartageants qui les ont consentis, à l'action en garantie, à l'action en rescision pour lésion, et à tous les autres effets de partage.

ABANDONNEMENT POUR FAIT D'ASSURANCE. — **1**. L'abandonnement pour fait d'assurance ou *grosse aventure* est un acte par lequel l'assuré cède ses droits sur ce qui reste des choses assurées, pour recevoir le montant intégral de l'indemnité stipulée dans la police. C. com., 369 à 386.

2. Enregistrement. D'après l'art. 69, § 2, n. 1 de la loi du 22 frim. an VII, les abandonnements pour faits d'assurance ou *grosse aventure* sont tarifés au droit de 50 cent. pour cent. Le droit est dû sur la valeur des objets abandonnés. En temps de guerre il n'y a lieu de percevoir que le demi-droit. L'art. 51, n° 1, de la loi du 28 avril 1816 a doublé ces droits qui sont par conséquent de 1 pour cent en temps de paix et de 50 cent. pour cent en temps de guerre.

3. Cette perception ne s'applique qu'aux abandonnements pour faits d'assurances maritimes, ainsi que l'indiquent les mots *grosse aventure* insérés dans les lois que nous venons de citer.

4. Les abandonnements pour faits d'assurances terrestres, peu usités du reste, sont passibles du droit de 2 pour cent. L. 22 frim. an VII, art. 68, § 5, n° 1.

5. Le droit est perçu sur l'acte d'acceptation de l'abandonnement par l'assureur ou sur le jugement qui déclare l'abandonnement valable, ces actes étant seuls translatifs de la propriété des objets délaissés. C. com. 385; Déc. min. fin., 4 janv. 1819; Inst. 876. Le droit se liquide sur la valeur des objets à l'époque du jugement ou de l'acceptation. Déc. min. fin., 29 déc. 1832; Inst. 1422, § 1er.

ABDICATION. — Action par laquelle on abandonne volontairement une dignité souveraine, sa patrie, sa propriété. — V. *les mots suivants*.

On trouve aussi, dans les anciens auteurs, le mot *abdication* de biens, pour signifier la *démission* de biens. — V. *Abandon de propriété, Cession de biens, Partage d'ascendant.*

ABDICATION DE LA PATRIE. — **1**. C'est l'acte par lequel on renonce à sa patrie pour en choisir une autre.

2. Cette renonciation peut être expresse ou tacite.

3. L'abdication expresse est plutôt théorique que pratique. Pourtant on cite, à titre de curiosité, celle que fit J.-J. Rousseau. Le 12 mai 1763, il écrivit au premier syndic de Genève : « Je vous déclare et je vous prie de déclarer au magnifique Conseil que j'abdique à perpétuité mon droit de bourgeoisie et de cité dans la ville et république de Genève. » Cette abdication fut acceptée et enregistrée.

4. Quant à l'abdication tacite, elle a lieu dans toutes les circonstances prévues aux art. 17, 19, 21, C. civ., et qui sont : la naturalisation ; l'acceptation non autorisée de fonctions publiques conférées par un gouvernement étranger ; l'établissement fait en

pays étranger sans esprit de retour ; le mariage d'une Française
avec un étranger, l'enrôlement dans une armée étrangère.

5. Mais la simple abdication, expresse ou tacite, ne suffisant pas
pour opérer un changement de nationalité, n'emporte pas, à elle
seule, la perte de la qualité de Français. — C. civ., 171 ; Dall., *Rép.*
v° *Droit civil*, n. 504 ; Aub. et Rau, t. 1, § 74, note 5 ; Demol., t. 1,
179 ; Marcadé, sur l'art. 17, n. 1.

6. Par exception, dans le cas d'abdication par suite d'établissement fait à l'étranger sans esprit de retour, le Français perdrait
cette qualité, bien que la loi étrangère ne lui accorde pas la qualité de citoyen dans le pays où l'établissement a été fait.— C. civ.,
art. 17 3°. — Quelle loi doit alors régir l'état de cet individu et
celui de ses enfants ? — *Statut.*

7. Si le droit d'abdication est incontestable, il ne faut point
qu'il dégénère en désertion. Ainsi le Français qui aurait abdiqué
sa patrie, s'il était pris portant les armes contre la France, n'en
serait pas moins, nonobstant son abdication, puni de mort, aux
termes de l'art. 75, C. pén. — Merlin, *Rép.*, v° *Souveraineté*, § 4 ;
Toullier, t. 1, n. 266 ; Duranton, t. 1, n. 172 ; Coin-Delisle, *De la
jouiss. et de la priv. des dr. civils*, sur l'art. 17, n. 2.

8. La qualité de Français peut être recouvrée. La loi dispense
même l'*ex*-Français de plusieurs des formalités nécessaires pour
acquérir, en général, la qualité de Français. — C. civ., 10, 18, 19,
20. — V. *Français, Naturalisation.*

ABDICATION DE PROPRIÉTÉ. — 1. C'est l'abandon que l'on
fait de la possession d'une chose, avec renonciation à la propriété.— V. *Abandon de propriété.*

2. Le propriétaire ayant sur sa chose le droit le plus absolu
(C. civ., 544), pouvant même la détruire, peut *a fortiori* en perdre
la propriété soit en l'aliénant, soit en en faisant l'abandon pur et
simple. — L. 1, D. *pro derelicto.*

3. L'abandon (*derelicto*) ne consiste pas seulement dans le simple
fait négatif de celui qui cesse d'user d'une chose ou qui néglige de
la réclamer ; mais dans le fait positif du propriétaire qni se dessai-
sit de la possession de sa chose avec l'intention de la laisser acquérir par le premier occupant. — L. 21, § 1 et 2, D. *de acq. vel
amitt. poss.*, L. 1, D. *pro derelicto.*

4. Donc il ne faut pas confondre les *res derelictæ* qui, comme
les *res nullius*, appartiennent au premier occupant, soit avec les
biens vacants et sans maître dont les art. 539 et 713 attribuent la
propriété à l'Etat, soit avec les épaves et notamment les objets
égarés dont le propriétaire n'est pas connu.

5. De même, ceux qui, dans une tempête, sont obligés, pour
alléger le vaisseau, de jeter leurs marchandises à la mer, n'en
perdent pas la propriété. Ils peuvent donc les revendiquer, si elles
sont retirées de la mer ou jetées sur le rivage. — C. com., 429.

6. Il y a deux espèces d'abdication de la propriété : 1° celle par
laquelle on renonce à la propriété d'une chose par pur caprice ou

ostentation, sans tirer aucun avantage de l'abandon : tels sont les menus objets ou les pièces de monnaie jetés au public à l'occasion d'une fête officielle ou privée, et les choses délaissées sur la voie publique.

7. 2º L'autre espèce d'abdication a pour but de se libérer des obligations qui pèsent sur la chose abandonnée. Mais il faut, pour cela, que l'obligation soit purement réelle, c'est-à-dire que celui qui abdique ne soit pas personnellement obligé, qu'il ne le soit qu'à cause de la chose qu'il possède.

8. Les cas d'abdication de cette seconde espèce sont fréquents. Dans le droit purement civil, nous trouvons : l'abandon du fonds soumis à une servitude pour se libérer de faire les ouvrages nécessaires pour l'usage ou la conservation de la servitude (C. civ., 699), l'abandon de la mitoyenneté pour se dispenser de contribuer aux réparations et reconstructions du mur mitoyen (C. civ., 656), l'abandon des biens d'une succession bénéficiaire pour se dispenser d'en payer les dettes, etc. — V. *Bénéfice d'inventaire, Mitoyenneté, Servitude.*

9. Dans les matières spéciales, nous trouvons aussi différents cas d'abandon. Aussi, en matière de contributions directes, on peut abandonner les terres vaines et vagues pour s'affranchir de la contribution qui les grève. — L. 1er déc. 1790, tit. 3, art. 3. L. 3 frim. an VII, art. 66. — V. *Terres vaines et vagues.*

10. De même en matière de douanes, le destinataire peut faire abandon des marchandises à lui adressées, pour se dispenser de payer le droit dont la quotité est supérieure à la valeur de ces marchandises. — L. 22 août 1791, tit. 1, art. 4. — V. *Douanes.*

11. En matière maritime, le propriétaire qui a fait transporter des futailles peut, quand elles arrivent vides ou presque vides, les abandonner, pour se dispenser d'en payer le prix de transport; — C. com., 310 2º.

12. Celui-là seul qui a la libre et légitime disposition de la chose peut se dessaisir de sa possession. — Instr. annexée à la L., 1er déc. 1790.

13. Un usufruitier peut faire l'abandon de son droit d'usufruit. — Proudhon, *De l'usufruit.* — V. *Usufruit.*

14. On peut abandonner la portion indivise qu'on possède dans une chose commune à plusieurs. Mais celui qui est propriétaire d'une chose en totalité ne peut l'abandonner pour une partie indivise et la retenir pour une autre partie. — Pothier, *Du domaine de propriété*, n. 268.

15. Il ne faut pas voir une abdication de la propriété dans le cas de cession qu'un débiteur fait de ses biens à ses créanciers, car il n'est pas, de plein droit, dépouillé, par cette cession, de la propriété de ses biens. — Pothier, n. 173. — V. *Cession de biens.*

16. Il n'y a pas non plus abdication de la propriété dans le délaissement par hypothèque, car celui qui fait le délaissement conserve la propriété du bien délaissé jusqu'à la vente, et s'il y a un excédant de prix, après les créanciers payés, c'est lui qui le touche. — V. *Délaissement par hypothèque.*

ABEILLES. — 1. Insectes hyménoptères de la classe des mouches, dont le travail produit la cire et le miel.

2. Les abeilles ont toujours été considérées comme de nature à rentrer dans la classe des propriétés privées de l'homme. Cependant, à l'état sauvage, elles doivent être considérées comme n'appartenant à personne, *res nullius*, et deviennent la propriété du premier occupant.

3. Mais quand elles sont renfermées dans une ruche, elles sont l'objet d'une propriété exclusive et entrent dans le domaine de l'homme, qui est maître du revenu et du croît qu'elles produisent; ce croît ou produit s'appelle essaim.

4. Le propriétaire d'un essaim qui a quitté la ruche-mère a le droit de le réclamer et de le ressaisir tant qu'il n'a pas cessé de le suivre, autrement l'essaim appartient au propriétaire du terrain sur lequel il s'est fixé. — L. 28 sept. 1791, tit. 1, sect. 3, art. 5.

5. C'est ce qu'on appelle le droit de suite ; aussi, pour bien le constater, est-ce la coutume dans certaines contrées de suivre l'essaim avec un grand bruit, en frappant sur un corps sonore, afin d'avertir les voisins de l'évasion de l'essaim ; et l'eût-il perdu de vue pour un instant, le propriétaire pourrait encore le réclamer.

6. Dans tous les cas, la loi de 1791 n'assujettit pas le propriétaire de la ruche à des conditions qu'il ne saurait remplir, et il ne perd pas son droit de suite parce que l'essaim s'est envolé à son insu à un moment où il n'était pas présent. — Vaudoré, *Dr. rural,* t. 2, n. 209.

7. L'essaim se serait-il même fixé dans un terrain clos que le propriétaire de ce terrain ne pourrait en refuser l'accès au poursuivant, sans s'exposer à des dommages-intérêts. — Cass., 24 janv. 1877 (S. 77.1.250).

8. Et le propriétaire de l'essaim n'a pas besoin d'être autorisé par le juge pour pencher sur l'héritage où l'essaim s'est arrêté; il doit seulement avertir la partie intéressée, mais il doit la réparation du dommage qu'il a pu causer pour rentrer en possession de son essaim. — Bourguignat, *Dr. rural,* n. 1257 ; Valsene et Marcarel, *Mon. du dr. rural,* p. 271 ; Bost, *Encyclop. des Juges de paix,* v° *Abeilles.*

9. On ne peut invoquer qu'une seule exception au droit accordé par l'art. 5 de la loi de 1791, c'est celle où l'essaim aurait pénétré dans les ruches mêmes du voisin, car il ne peut être permis de les renverser et d'en compromettre ainsi l'existence pour rentrer en possession des abeilles fugitives. — Platon, *des Lois,* livre 8.

10. Le fermier ou l'usufruitier d'un fonds ne peut user de l'essaim non réclamé qui s'est fixé sur le fonds que dans la limite de son droit, sans pouvoir prétendre à la *propriété,* laquelle reste au propriétaire de l'héritage. — Vaudoré, t. 2, n. 210.

11. Les abeilles sont meubles par leur nature (C. civ., 528) ; mais elles deviennent immeubles par destination, en tant que faisant partie des ruches à miel que le propriétaire a placées pour l'exploitation du fonds (C. civ., 524).

12. Rien ne s'oppose à ce que l'on donne des ruches à une personne pour en avoir soin, en mettre le bénéfice en partage et les reprendre ensuite. Mais cette convention est improprement appelée cheptel. — Vaudoré, v° *Abeilles*, n. 11. — V. *Cheptel.*

13. L'art. 524 faisant les ruches à miel des immeubles par destination, les met dès lors à l'abri de la saisie-exécution, en vertu de l'art. 592, C. proc. civ. — La loi de 1791, art. 3, tout en permettant la saisie, avait interdit le déplacement d'une ruche en dehors des mois de décembre, janvier et février, pour qu'on ne puisse pas troubler les abeilles dans leurs courses et leurs travaux.

14. Il n'est pas permis de détruire les abeilles d'autrui, soit en empoisonnant les fleurs où elles vont butiner, soit en les enfumant ; Fournel, *Traité du voisinage*, v° *Abeilles*, Vaudoré, n. 205 ; mais sous quel article du Code pénal tombe le fait de leur destruction dans les ruches d'un propriétaire ?

15. Suivant qu'on envisage les abeilles comme des animaux sauvages ou des animaux domestiques, la solution sera différente. Si, comme la Cour de Toulouse, on déclare les abeilles animaux sauvages, leur destruction doit être punie par l'art. 479, n. 1, C. pén., relatif aux dommages causés volontairement aux propriétés d'autrui. — Toulouse, 3 et 30 mars 1876 (S. 77.2.15).

16. Au contraire, si on les considère comme animaux domestiques, le fait de les détruire tombe sous l'application de l'art. 454, C. pén. C'est dans ce sens que s'est prononcée la Cour de Grenoble dans un arrêt du 15 janv. 1840, rapporté sous un arrêt de Limoges, 5 déc. 1860 (S.-P. 1861.198).

17. Le vol des abeilles, qui autrefois était puni avec une rigueur exceptionnelle, ne donne plus lieu aujourd'hui qu'à l'application des peines correctionnelles édictées par l'art. 388, § 1er, C. pén.

18. Le propriétaire de ruches à miel est responsable des accidents causés par des abeilles échappées de ces ruches, surtout si ces ruches sont placées dans le voisinage d'une voie publique. — C. civ. 1385 ; Limoges, 5 déc. 1860 (S. 61.2.9).

19. Le maire est investi du droit de déterminer, par un arrêté, à quelle distance des habitations et des lieux ou chemins publics les éleveurs d'abeilles devront tenir leurs ruches ; mais le préfet ne peut, lui, exercer un tel droit, non plus qu'imposer au maire l'obligation de limiter le nombre de ruches que pourrait avoir chaque habitant, même en disposant pour toutes les communes du département. — C. d'Etat, 30 mars 1867 (S.68.2.124).

AB INTESTAT. Ce mot vient du latin *ab intestato.* On nomme héritier *ab intestat* celui qui recueille, en vertu de la loi, la succession d'un individu décédé sans testament ou dont le testament est resté sans effet. On entend de même, par succession *ab intestat,* celle qui est ouverte sans que le défunt ait laissé d'héritier contractuel ou testamentaire. — V. *Succession, Testament.*

AB IRATO. — 1. Locution latine qui sert à qualifier soit les actes de libéralité dont la colère ou la haine ont été le principe, soit l'action en nullité à laquelle elles donnent lieu. Ainsi l'on dit testament *ab irato,* action *ab irato.*

2. L'action *ab irato,* ayant pour but de faire annuler les libéralités, n'était pas admise chez les Romains. C'est notre ancienne jurisprudence qui l'a introduite, par haine des donations, et afin d'en multiplier les causes de nullité. — V. Ricard, part. 1, ch. 3. sect. 14; Merlin, *Rép.,* v° *Ab irato.* — Ord. 1735, art. 14.

3. Le projet du Code civil abolissait formellement l'action *ab irato.* De la disparition de cet article dans la rédaction définitive, des auteurs ont conclu que l'action *ab irato* pouvait encore être admise aujourd'hui. — Merlin, *Rép.,* v° *Ab irato,* sect. VII; Delvincourt, II, p. 195; Duranton, VIII, 161; Vazeille, sur l'art. 901.

4. Mais l'opinion contraire, qui nie la possibilité de faire annuler des libéralités sous prétexte qu'elles ont été dictées par la colère ou la haine, est généralement admise aujourd'hui. — Toullier, V, 717; Grenier, I, 146; Zachariæ, § 648, texte de la note 5. — V. également les autorités citées au numéro suivant.

5. Mais si, par extraordinaire, on parvenait à établir que la colère ou la haine ont été portées à un degré de violence tel que la raison du testateur en a été momentanément altérée, ses dispositions devraient être annulées, en vertu de l'art. 901. — Lyon, 25 juin 1816 (S. 17.2.133); Angers, 27 août 1824 (S. 24.2.321); Trib. Seine, 9 mai 1865 (*Gaz. des Trib.,* 18 mai 1865); Troplong, II, 479); Demante, IV, 17 *bis;* Demol., XVIII, 346; Aub. et Rau, 4° éd., t. 7, § 648, texte et note 9. — *Contra,* Grenier, t. 1, 146; Toullier, t. 5, n. 717; Marcadé, sur l'art. 901, n. 4.

6. Les notaires feront bien de faire observer au testateur qu'il doit s'abstenir, ne fût-ce que par prudence, d'insérer dans son testament des imputations flétrissantes, des expressions qui décéleraient de la haine ou de la colère contre ses héritiers; qu'il doit s'abstenir également d'énoncer avec emphase et complaisance les faits qui l'ont porté à faire une libéralité, s'ils ne sont pas notoires et bien prouvés, pour éviter qu'on ne demande à prouver leur fausseté et faire annuler le testament pour défaut de cause. — Grenier et Toullier, *loc. citat.*

ABOLITION. — 1. C'est l'acte par lequel l'autorité législative déclare éteinte une institution, une coutume, etc. On dit dans ce sens, abolition du divorce, de la féodalité.

2. L'acte par lequel le législateur rapporte une loi prend plus spécialement le nom d'*abrogation.* — V. ce mot.

3. Dans l'ancien droit, le mot *abolition* désignait aussi la grâce par laquelle le prince éteignait le crime et remettait la peine encourue par des individus, avant que les tribunaux eussent prononcé sur leur culpabilité. On connaissait la lettre d'abolition générale et la lettre d'abolition spéciale. — V. *Amnistie, Grâce.*

ABONNEMENT. — **1.** C'est une convention par laquelle on fixe à une certaine somme des droits, services et fournitures dont le prix ou produit est casuel et incertain.

2. Ainsi on s'abonne avec l'administration des contributions indirectes pour les droits sur les liquides, sur l'octroi, sur les voitures publiques et sur la navigation. — L. 28 avr. 1816, art. 70 et suiv.

3. Les villes et communes s'abonnent également pour les dépenses de casernement et de lits militaires. — L. 15 mai 1818, art. 46. Ord. 5 mars 1818.

4. Les frais d'administration des préfectures et sous-préfectures font également l'objet d'abonnement. — Décr. 11 juin 1810.

5. En vertu de la loi du 5 juin 1850 les sociétés ont aussi la faculté de contracter des abonnements pour le paiement des droits de timbre des certificats d'actions. Les départements, communes ont le même droit pour les obligations qu'elles émettent. Les compagnies d'assurances en jouissent également pour leurs polices. — V. *Action-actionnaire; Assurance (Contrat d'); Commune; Timbre.*

6. Enfin l'abonnement s'applique à une foule d'objets, tels qu'un droit d'entrée dans un théâtre, un droit de pêche, la fourniture pendant un certain temps d'ouvrages publiés par livraisons, de journaux, etc., etc.

7. Tous ces contrats n'ont pas le même caractère; les uns sont aléatoires, les autres constituent une vente ou un échange. Mais, en général, la somme à payer, sous le titre d'abonnement, doit être à peu près égale au montant des droits qui seraient dus, s'ils étaient payés en détail, à mesure de leur échéance. — Nouv. Denisart, v° *Abonnement.*

8. D'après l'usage, quelques-uns de ces contrats sont rédigés par écrit, et c'est ce que voulaient les ordonn. de 1680 et 1681; les autres, formés pour des objets de peu de valeur, se passent d'écriture.

9. Il va sans dire que le contrat d'abonnement étant synallagmatique est soumis à l'application des règles générales du droit sur la résolution, les dommages-intérêts en cas d'inexécution, etc.

ABREUVOIR. — **1.** Lieu où l'on mène boire ou baigner les bestiaux.

TABLE ALPHABÉTIQUE.

2. Le droit d'abreuvoir est une servitude qui consiste à faire abreuver les bestiaux dans une eau appartenant à autrui.

3. Les abreuvoirs sont établis sur les bords des fleuves, rivières, ruisseaux et fontaines, ou dans des mares ou excavations préparées pour retenir les eaux.

Les abreuvoirs sont publics, communaux ou privés.

L'usage des abreuvoirs publics appartient à tous. Celui des abreuvoirs communaux appartient aux habitants de la commune seulement. Les abreuvoirs privés constituent des propriétés particulières exclusivement régies par le Code civil.

4. Le droit d'abreuvoir emporte celui du passage nécessaire pour l'exercer. — C. civ. 696. Duranton, t. 5, n. 534.

5. Si ce droit est limité à un certain nombre de têtes, celui qui l'exerce ne peut excéder ce nombre, et le propriétaire servant a le droit d'interdire l'accès de l'abreuvoir aux bêtes qui excèdent le nombre déterminé. — V. MM. Fournel, v° *Abreuvoir*; Garnier, *Régime des eaux*, n. 144.

6. Si le nombre n'est pas limité, il doit être celui des bestiaux qui existaient dans le fonds dominant, ou que ce fonds pouvait comporter au moment du contrat. — Pardessus, *Servitudes*, n. 236.

7. On doit décider, par application de l'art. 643, C. civ., que les habitants d'une commune ou d'un hameau à qui un abreuvoir serait nécessaire, obtiendraient l'établissement de ce droit sur la source d'un particulier moyennant indemnité. — Pardessus, n. 138, Fournel, *loc. cit.*; Cass., 8 juill. 1822; *Dict. not.*, *loc cit.*, n. 5.

8. La servitude d'abreuvoir est d'ailleurs soumise à toutes les règles générales des servitudes; ainsi elle ne peut avoir lieu qu'au profit d'un fonds; elle s'éteint par le non-usage pendant trente ans, etc. — V. *Servitudes*.

9. Le droit d'abreuvoir est tout à fait distinct de la servitude de puisage ou de lavage; il ne résulte pas de cette servitude. — Garnier, *loc. cit.*, n. 148.

10. La propriété de l'abreuvoir ainsi que des eaux qui l'alimentent est dans le droit commun; elle peut être l'objet de tous les actes qui dépendent de la volonté du propriétaire; mais les abreuvoirs sont soumis dans certains cas à des règlements de police.

11. L'autorité municipale peut les faire environner de garde-fous pour prévenir les accidents et prendre des mesures pour qu'on n'en corrompe pas les eaux. — Vaudoré, *Droit rural*, n. 485.

12. Une ordonnance de décembre 1672, reproduisant en partie une ordonnance du bureau de la ville de Paris du 31 mars 1662, porte à l'art. 12 : « Seront, les abreuvoirs, entretenus en bon état, le pavé d'iceux refait chaque année, et le fonds desdits abreuvoirs affermi par des recoupés et cailloutages, afin que lesdits abreuvoirs soient laissés libres et que personne ne puisse prétendre cause d'ignorance de l'étendue d'iceux, sera à cet effet planté de bornes, et l'étendue desdits abreuvoirs marquée sur des tables de marbre et de cuivre qui seront posées aux lieux les plus éminents des quais vis-à-vis des abreuvoirs. »

Cette ordonnance, rendue par la ville de Paris, contient des règles qui seront encore utilement appliquées partout où l'autorité municipale, à laquelle appartient la police des abreuvoirs en vertu de l'art. 3, tit. 11, loi du 24 août 1790, la jugera nécessaire.

13. L'autorité doit veiller à ce que les abords des abreuvoirs publics soient faciles et à ce que les pentes ne soient pas trop rapides ; il importe qu'elle indique, dans les fleuves ou rivières, et par des moyens de clôture, qu'on ne peut dépasser l'étendue affectée aux abreuvoirs.

14. L'ordonnance du 21 décembre 1787 défendait aux femmes de conduire les chevaux et bestiaux à l'abreuvoir ; elle exigeait que les hommes chargés de ce soin eussent au moins dix-huit ans, et défendait de conduire à l'abreuvoir pendant la nuit. Elle renouvela la défense antérieurement faite de mener aux abreuvoirs plus de deux chevaux à la fois, l'un de monture et l'autre à la main, et d'y puiser de l'eau dans les endroits où l'eau est sale ou croupissante.

15. L'arrêté du Directoire du 21 messidor an v a défendu de conduire aux abreuvoirs communs les bestiaux infectés de maladies contagieuses.

16. Une ordonnance de police du 26 novembre 1823 reproduit les règles édictées dans l'ordonnance du 21 décembre 1787.

17. Il est jugé que le fait d'avoir laissé des chevaux aller seuls à l'abreuvoir sans les conduire, contrairement à un arrêté municipal, constitue la contravention prévue par l'art. 471, n. 4 et 15. C. pén. — (Cass., 24 avr. 1834).

18. Le décret du 7 mars 1808 défend de puiser de l'eau auprès des bateaux des blanchisseuses et lavandières, dans les égouts, aux abreuvoirs et autres endroits où l'eau est croupissante.

19. Ces règlements ne dérogent pas à la déclaration du roi qui autorise les maîtres de poste à faire conduire à l'abreuvoir, par un seul postillon, quatre chevaux à la fois.

20. La construction et l'entretien des abreuvoirs publics, destinés à l'usage commun de tous les habitants, sont des charges qui doivent être portées sur les budgets des communes parmi les dépenses facultatives. — (Loi, 14 août 1789, 21 juill., 6 oct. 1791, 18 juill. 1837, art. 11).

21. Cet entretien comprend l'obligation de veiller à ce que les eaux des abreuvoirs ne se corrompent pas, et l'autorité municipale doit les faire nettoyer, et faire enlever chaque année le frai des crapauds et grenouilles.

22. Le droit de faire abreuver ses bestiaux constitue une servitude réelle et rurale.

Cette servitude peut être établie à titre d'utilité publique, au profit des habitants d'une commune, sur un fonds privé, mais sauf indemnité. — (Lois des 8 mars 1810 et 3 mai 1841).

23. L'indemnité accordée au propriétaire d'un abreuvoir dont la commune s'empare, doit être basée, non sur l'avantage qu'en retire la commune, mais sur le tort qu'éprouve le propriétaire. — (Pardessus, *Traité des servitudes*, etc., p. 331, n. 138). — V. Rigaud, *Répert. génér. d'adm. municip.*, t. 1er, vo *Abreuvoir.*

ABRÉVIATION. — **1.** On entend par abréviation le retranchement de quelques lettres ou syllabes dans un mot, d'un ou plusieurs mots dans une phrase.

2. Nous ne traiterons pas ici des prohibitions portées par l'art. 18 de la loi du 25 vent. an II au sujet des abréviations. Cette loi étant spéciale aux notaires, et ne concernant pas les autres officiers ministériels ni les actes sous seing privé, nous renvoyons au mot : *Acte notarié.*

3. La loi du 20 sept. 1792 interdisait déjà l'usage des abréviations dans les actes de l'état civil, et l'art. 42, C. civ, a reproduit cette interdiction.

La contravention à l'art. 42 est punie d'une amende qui ne peut excéder 100 francs. C. civ., art. 50.

4. Les art. 10 et 84, C. comm., contiennent la même défense, le premier relativement au livre-journal des commerçants, et le second relativement au registre que doivent tenir jour par jour les agents de change et courtiers.

5. Les receveurs d'enregistrement sur la quittance qu'ils écrivent sur l'acte enregistré, doivent mentionner en toutes lettres la date de l'enregistrement, le folio du registre, le numéro et la somme des droits perçus. — L. 22 frim. an VII, art. 57.

6. La stricte observation de cet article a été prescrite par une instruction générale du 24 janv. 1832, n. 1393.

7. Les ordonnances de 1667 et 1670 défendaient aux avoués et aux huissiers des abréviations dans les actes qu'ils signifiaient. Actuellement aucun texte formel de loi ne s'y oppose. Ils peuvent donc, dans les copies de pièces données en tête des exploits, faire toutes abréviations, du moment qu'elles ne rendent pas la phrase inintelligible.

8. Les abréviations faites dans les grosses, expéditions et extraits peuvent constituer une contravention. — V. *Expéditions.*

9. En ce qui concerne l'emploi des abréviations dans l'inscription des actes sur le répertoire des notaires. — V. *Répertoire.*

ABROGATION. 1. C'est l'acte par lequel une loi est annulée, anéantie.

Du droit de faire les lois découle naturellement le droit de les abroger. Le pouvoir législatif, qui seul peut créer des lois nouvelles, peut dès lors changer, modifier, abroger les lois anciennes, les lois existantes, si ces lois sont un obstacle aux améliorations qu'exigent les progrès de la société.—Demol.,t. 1, n. 124 ; Namur, *Cours d'encycl. du droit*, n. 130.

TABLE ALPHABÉTIQUE.

2. Lorsque la loi ne perd sa force obligatoire que pour partie, il y a simplement dérogation.

3. L'abrogation est expresse ou tacite.

Elle est expresse lorsque la loi nouvelle déclare formellement que la loi antérieure est rapportée, abrogée.

Cette déclaration est conçue, soit en termes généraux et par une disposition fiscale ; ainsi l'on trouve fréquemment à la suite des lois nouvelles une formule qui déclare abroger toutes lois antérieures *en ce qu'elles ont de contraire à la nouvelle loi ;*

4. Soit en termes particuliers en abrogeant nommément telle loi précédente ; aussi l'art. 1041 du C. proc. civ. déclare abroger toutes lois, coutumes, usages et règlements relatifs à la procédure.

5. Les dispositions anciennes d'une loi expressément abrogée, qui n'ont rien d'incompatible avec la loi nouvelle, perdent néanmoins toute force obligatoire. Cependant elles ont encore l'autorité de la raison écrite et peuvent éclairer les juges pour l'interprétation de la loi nouvelle. — Merilhon, *Encyclopédie du droit,* v° *Abrogation*, n. 10 ; Toullier, t. 1, n. 151.

6. L'abrogation est tacite lorsque, sans prononcer expressément l'abrogation, la loi nouvelle contient des dispositions incompatibles avec celles de la législation précédente. Mais il n'y a d'abrogation qu'à l'égard de celles des dispositions de la loi ancienne qui sont inconciliables avec les dispositions nouvelles ; dans ce cas, il n'y a ordinairement qu'une simple dérogation. — Cass., 24 avril 1809 ; 20 oct. 1809 ; Montpellier, 21 nov. 1829 (S. chr.) ; Demol., Namur, *loc. cit.;* Aub. et Rau, 4ᵉ édit., t. 1, § 29, p. 57.

7. L'abrogation ne se présume pas ; elle ne peut résulter que d'une contradiction évidente entre les dispositions des deux lois. S'il n'y a aucune incompatibilité entre elles, on doit les combiner et les appliquer. — Namur, n. 132.

Mais si la loi nouvelle ne reproduit pas une disposition particulière de la loi ancienne, sans cependant prononcer l'abrogation expresse, il faut décider que cette disposition particulière est abrogée. — Av. du C. d'Et., 8 févr. 1812 ; Cass., 8 févr. 1840.

8. Il va sans dire que l'abrogation d'une disposition de la loi ancienne emporte celle de toutes les autres dispositions qui n'en étaient que des corollaires ou des développements. — Aub. et Rau, *loc. cit.*

9. Une loi civile n'abroge pas une loi politique, pas plus qu'une loi politique ne peut abroger une loi civile ; elles n'ont pas pour objet des rapports de même nature, et dès lors comment trouver chez elles cette contrariété qui s'oppose à l'existence simultanée des dispositions incompatibles. — Merilhon, *loc. cit.*

10. Une loi générale, en principe, n'abroge pas une loi spéciale par cela seul qu'elle n'en reproduit pas les dispositions ; pour qu'il y ait abrogation, il faut que cette intention du législateur résulte suffisamment de la loi elle-même. — Cass., 24 avr. 1821 ; 8 août 1822 ; 14 juill. 1826 (S. chr.) ; Cass., 8 fév. 1840 S. 40. 1.281 ; Merlin, *Rép.*, t. 7, p. 557 ; Foucart, *Élém. de dr. publ.*, t. 1, p. 97 ; Demol., n. 127 ; Aub. et Rau, *loc. cit.*

11. Quant aux lois générales elles peuvent être abrogées implicitement par les lois spéciales. — Merlin, *Rép.*, v° *Testament*, sect. 2, § 3, art. 2, n. 8 ; Cass., 27 sept. 1828 ; 3 déc. 1831 (S. chr.). Cependant elles conservent leur force obligatoire sur les points dépendant des matières réglées par les lois spéciales quand celles-ci ne se sont pas expliquées. — Merlin, *loc. cit.*

12. Une loi nouvelle qui abroge une loi rétroactive doit être entendue et appliquée comme toute autre loi sans effet rétroactif. — Roll. de Vill., v° *Abrogation*, n. 25 ; Cass., 16 juill. 1828 (S. chr).

Et quand une loi spéciale vient à être abrogée, les lois générales reprennent leur force obligatoire. — Cass., 9 juin 1841.

13. Un pays conquis ne change pas de législation par le seul fait de la conquête, et il continue d'être régi par sa législation tant qu'elle n'a pas été abrogée par son nouveau souverain. — Cass., 16 mars 1841 (S. 41.1.505).

Ainsi les lois françaises en vigueur dans l'Alsace-Lorraine avant l'annexion de ces provinces à l'Allemagne continuent à y recevoir leur application tant qu'elles n'ont pas été formellement abrogées. — Trib. de comm. de Strasbourg, 10 oct. 1871 S. 71.2.123.

14. Une loi perd-elle sa force obligatoire, soit par la cessation de ses motifs, soit par la disposition de l'ordre de choses qui l'avait fait naître ?

Il faut distinguer. Si par les motifs de la loi on entend simplement les motifs accidentels qui ont déterminé le législateur à porter une loi, on doit décider que sa force obligatoire ne cesse point avec les circonstances dont elle est le résultat. Il pourrait arriver que des motifs secondaires subsistassent au motif principal qui l'aurait fait introduire, ou même que d'autres motifs survenus depuis le rendraient susceptible d'une application qui, en la détournant de ses premiers motifs, n'aurait pourtant rien d'injuste ni de contraire à la volonté du testateur. Les motifs qui ont guidé le législateur ne sont pas toujours connus avec certitude et d'une manière complète ; dès lors l'existence de la loi ne peut leur être nécessairement subordonnée. — Demol., n. 129 ; Namur, n. 133.

1. 2

15. Mais si la loi a été faite exclusivement en vue d'une institution quelconque et que cette institution vienne à disparaître, elle doit nécessairement entraîner avec elle cette loi qu'elle avait fait naître ; c'est alors qu'on peut appliquer l'axiome : *Cessante legis ratione, cessat legis effectus.* — Namur, *loc. cit.*

16. Les lois transitoires cessent d'avoir leur effet à l'expiration du délai pour lequel elles ont été établies.

Ainsi il a été jugé que toute loi pénale temporaire cessait de produire ses effets du jour de l'expiration de la période pour laquelle elle avait été promulguée. — Cass., 24 sept. 1869 S. 69.1. 389.

17. De même les lois de circonstance, d'exception de parti, disparaissent également avec les circonstances qui les ont amenées.

18. Une loi peut-elle être abrogée par désuétude? Il faut distinguer pour la solution de cette question entre les droits purement privés et ceux qui touchent à l'ordre public. On peut admettre l'abrogation par désuétude pour le premier parce qu'il se fonde sur le consentement présumé des parties, et le rejeter pour les autres à cause de l'intérêt général qui leur sert de base et qui est au-dessus des volontés individuelles. C'est en se basant sur cette distinction que les criminalistes n'admettent point l'abrogation par désuétude en matière pénale. — Namur, 134, *in fine.* — V. *Désuétude.*

19. Jugé cependant qu'une loi ne peut être considérée comme abrogée pour cause de désuétude, qu'autant que l'abandon complet de cette loi n'est douteux pour personne. — Bordeaux, 9 déc. 1847 S. 48.2.249.

ABROUTIS, — ABROUTISSEMENT. — Termes d'eaux et forêts. On nomme bois *abroutis* ou *rabougris* les bois mal venants ou mal faits, soit parce qu'ils sont en mauvais fonds, soit parce que les animaux en ont mangé et détruit les bourgeons lorsqu'ils commençaient à naître. — V. *Bois, Forêts.*

ABSENCE, — ABSENT. — **1.** L'*absence*, dont il est question au titre IV, livre I du Code civil (art. 112 à 143), et dont nous avons à nous occuper ici, est l'état de celui qui a cessé de paraître au lieu de son domicile, ou de sa résidence habituelle, et dont l'existence est devenue douteuse, par suite du défaut de nouvelles, depuis un temps plus ou moins prolongé.

TABLE ALPHABÉTIQUE.

DIVISION.

§ 1er. — *Notions générales.*

§ 2. — *De la présomption d'absence, et des mesures à prendre pendant cette première période.*

§ 3. — *Deuxième période. De la déclaration d'absence, et de l'envoi en possession provisoire des biens de l'absent.*

I. *Déclaration d'absence.*

II. *Envoi en possession provisoire.*

III. *Effets de l'envoi en possession provisoire.*

IV. *Droits de l'époux présent, après la déclaration d'absence.*

§ 4. — *Troisième période. De l'envoi en possession définitif.*

§ 5. — *Des droits ouverts au profit de l'absent, depuis sa disparition ou ses dernières nouvelles.*

§ 6. — *Des effets de l'absence, quant au lien conjugal, à l'autorisation maritale, et à la légitimité des enfants.*

§ 7. — *Des effets de l'absence, quant à la puissance paternelle et quant à la tutelle des enfants de l'absent.*

§ 8. — *De l'absence des militaires et des personnes attachées à la suite des armées.*

§ 9. — *Enregistrement et timbre.*

§ 1er. — Notions générales.

2. Dans le langage ordinaire, on appelle absente toute personne qui s'éloigne du lieu de sa résidence ou de son domicile.

La loi elle-même désigne parfois, sous le nom d'absents, les individus qui, bien que leur existence soit certaine, ne se trouvent pas au lieu de leur domicile ou dans un endroit où leur présence serait utile à leurs intérêts (Code civ., art. 316, 2266 ; Code de proc. civ., art. 909, 942, 943).

3. Mais le caractère général de l'absence proprement dite, étant l'incertitude entre la vie et la mort de l'absent, il eût été préférable de qualifier ces individus de *non-présents*, en ne désignant sous le nom d'absents que les individus disparus de leur domicile ou de leur résidence, *et dont l'existence est devenue incertaine.* Ce n'est que de cette dernière classe de personnes que le législateur s'est occupé, dans les articles du Code civil, compris sous le titre de l'absence, et ce n'est aussi que de celles-ci que nous aurons à nous occuper ici.

4. Comme le fait remarquer M. Demolombe, trois sortes d'intérêts appelaient, sur la situation créée par l'absence d'une personne, toute la sollicitude de la loi :

1° L'intérêt de la personne elle-même qui a disparu ;

2° L'intérêt des tiers, de ceux surtout qui ont des droits auxquels le décès prouvé de l'absent donnerait ouverture ;

3° Enfin l'intérêt général de la société, qui exige que les biens ne restent pas trop longtemps abandonnés ou incertains. — Demol., *Traité de l'absence*, n. 1.

5. Les idées sur lesquelles sont fondées les dispositions de notre Code, en matière d'absence sont les suivantes :

1° La loi cherche à concilier le propre intérêt de l'absent avec celui de sa famille ;

2° A aucune époque de l'absence, l'absent n'est considéré ni comme vivant, ni comme mort ; la loi voit en lui un homme dont l'existence et le décès sont plus ou moins incertains ;

3° Mais cette incertitude sur la vie et la mort de l'absent, augmentant en raison du temps qui s'est écoulé depuis sa disparition ou ses dernières nouvelles, les conséquences juridiques de l'absence varient, suivant que la présomption de vie l'emporte sur celle de mort, ou la présomption de mort sur celle de vie. — Aub. et Rau, 4e édit., t. 1er, p. 593.

6. Le législateur a donc établi une gradation telle que, après un certain laps de temps sans nouvelles, la présomption de mort, sans jamais prendre un caractère de certitude, finit par l'emporter sur la présomption de vie, et peut devenir la base de toutes les règles à suivre. — Roll. de Vill., *Répertoire du notariat*, v° *Absence*, n. 13 ; Nouv. Denizart, v° *Absence ;* Toullier, t. 1, n. 418 ; Duranton, t. 1, n. 386 ; Aub. et Rau, *loc. cit.*

7. D'après ce point de vue, la loi a distingué trois périodes dans l'absence :

1° La première période, dite de *présomption d'absence*, s'écoule depuis la disparition ou les dernières nouvelles de l'absent, jusqu'à l'époque où son absence est déclarée. Or l'absence ne peut être déclarée qu'après cinq ans, si l'absent n'a pas laissé de procuration, et de onze ans, s'il en a laissé une (art. 119 et 120 du Code civ.). Voir ci-après n. 37 à 53 ;

2° La seconde période, pendant laquelle les héritiers présomptifs sont mis en possession provisoire des biens de l'absent, commence à la déclaration d'absence, et finit soit au décès de l'absent, soit à son retour ou à la réception de ses nouvelles, soit à l'époque de l'envoi en possession définitif, envoi qui peut être prononcé après le laps de trente années, depuis l'envoi en possession provisoire, ou de cent ans depuis la naissance de l'absent (Code civ., art. 129).

3° Enfin la troisième période a son point de départ à l'expiration des trente ou des cent années, et elle dure indéfiniment, si l'absent ne reparaît pas.

§ 2. — De la présomption d'absence, et des mesures à prendre pendant cette première période.

8. La loi n'indique ni dans quel cas, ni après quel temps, depuis la disparition d'un individu, celui-ci doit être présumé absent. C'est là une question de fait, abandonnée à l'appréciation des tribunaux. La présomption d'absence, dit M. Demolombe, commence avec l'incertitude sur l'existence de la personne ; le point de départ de cette première période dépend donc entièrement des circonstances. — Demol., *Traité de l'absence*, n. 17 ; Roll. de Vill., *v° cit.*, n. 21.

9. Si l'absent a laissé un mandataire, celui-ci conserve l'administration du patrimoine de l'absent. Au cas contraire, ou si le mandat donné par l'absent est insuffisant ou vient à cesser, c'est à la justice qu'il appartient de déterminer les mesures à prendre pour cette administration (art. 112 du Code civ.).

10. Le tribunal compétent est celui du domicile, ou, à défaut de domicile, celui de la dernière résidence du présumé absent. — Delvincourt, I, part. II, p. 83 ; Duranton, I, 404 ; Demol., n. 20 ; Aub. et Rau, *ouvrage cité*, p. 595.

11. En principe, ce tribunal est seul compétent, pour ordonner toutes les mesures d'administration, même celles relatives à des biens situés dans un autre arrondissement. Cependant, s'il y a urgence, ou s'il ne s'agit que de l'exécution des dispositions ordonnées par le tribunal du domicile ou de la dernière résidence du présumé absent, on peut aussi s'adresser au tribunal du lieu où se trouvent les biens pour lesquels des mesures d'administration sont à prendre. — Aub. et Rau, *op. et loc. cit.* ; Demol., *loc. cit.* ; Demante, *Encycl. du droit*, v° *Absence*, n. 37-40, et *Cours analyt.*, E. 1, n. 140 *bis* ; Delvincourt, t. 1, p. 44, note 6 ; Duranton. *loc. cit.*

12. Par qui peuvent être requises les mesures conservatoires en question ? Le tribunal ne peut pas statuer d'office, il faut qu'il soit saisi par une demande des *parties intéressées* (Code civ., 112, Code de procéd. civ., 859), c'est-à-dire par tous ceux qui ont un intérêt pécuniaire, soit actuel et présent, soit futur et éventuel. Un intérêt d'affection ne suffirait pas.

13. Ainsi, les créanciers, même ceux à terme et conditionnels, les substitués, si l'absent était grevé de substitution, le donateur avec stipulation de retour, le vendeur à réméré, le nu-propriétaire d'un bien dont l'absent est usufruitier, le propriétaire d'un bien loué à l'absent, le co-propriétaire d'un immeuble indivis, le donataire de bien à venir, le débiteur qui voudrait se libérer, peuvent requérir les mesures conservatoires. — Carré, sur l'art. 860 ; de Moly, p. 47 ; Favard, p. 18 ; Duranton, n. 401 ; Roll. de Vill., n. 32 ; Demol., n. 24 et 25.

14. Le conjoint du présumé absent a, incontestablement, intérêt et qualité pour requérir des mesures conservatoires.

15. Le droit de provoquer des mesures conservatoires appartient-il à l'héritier présomptif du présumé absent? Cette question est controversée. Certains auteurs ne considèrent, comme un intérêt éventuel, pouvant autoriser la demande, que celui qui a son principe dans un acte, et ne reconnaissent le droit d'invoquer la disposition de l'art. 112 qu'à ceux qui pourraient agir contre le présumé absent lui-même, s'il était sur les lieux. — *Sic*, Merlin, *Rép.*, t. XVI, p. 9, v° *Absent;* Delvincourt, t. I, p. 44, note 7; Proudhon, t. I, p. 257; Toullier, t. I, n. 394 et suiv.; Duranton, t. I, n. 402. — Toutefois, ce dernier jurisconsulte reconnaît ce droit aux enfants du présumé absent, par le motif que leur auteur leur doit l'éducation et même des aliments, s'ils se trouvent dans le besoin. Et *vice versâ,* si c'était un enfant qui fût absent, et que son père eût droit à des aliments, celui-ci aurait qualité pour provoquer des mesures conservatoires. — Duranton, *loc. cit.*

16. Mais nous pensons que le droit de requérir des mesures conservatoires appartient aussi bien aux héritiers présomptifs, qu'aux enfants du présumé absent. Les auteurs que nous venons de citer semblent oublier que le caractère général de l'absence est l'*incertitude* entre la vie et la mort de l'absent. Aux termes de l'art. 120 du Code civ., si le présumé absent ne reparaît pas, l'envoi en possession sera prononcé au profit de ceux qui étaient ses héritiers présomptifs. Dès lors, n'est-il pas évident qu'ils ont bien plus que l'espérance ordinaire d'un simple héritier présomptif? — Aub. et Rau, p. 596 ; Demol., n. 26.

Les héritiers présomptifs peuvent, en tous cas, s'adresser au procureur de la République. *Voir ci-après*, n. 18.

17. Il n'en est pas de même des légataires. Aux termes de l'art. 123 du Code civ., le testament ne doit être ouvert qu'après la déclaration d'absence; jusque-là les légataires ne sont pas légalement connus. — Demol., n. 27.

18. Le ministère public est spécialement chargé de veiller aux intérêts des personnes présumées absentes, et il doit être entendu sur toutes les demandes qui les concernent (Code civ., art. 114).

Mais le ministère public est-il lui-même *partie intéressée*, dans le sens de l'art. 112, et peut-il, en conséquence, requérir d'office des mesures conservatoires?

La plupart des auteurs se prononcent pour l'affirmative. Nous pensons également, qu'en vertu de la mission qui lui est conférée par l'art. 114, le procureur de la République est, non-seulement appeler à donner ses conclusions dans toutes les affaires qui concernent les présumés absents, mais encore à provoquer d'office, et par voie d'action, les mesures nécessaires à l'administration de leurs biens. — Aub. et Rau, *loc. cit.;* Demol., n. 29.

19. Toutefois, il ne faudrait pas, selon nous, aller jusqu'à dire, avec certains auteurs, que le procureur de la République pourrait introduire lui-même et directement, au nom du présumé absent, des demandes contre des tiers, alors même qu'elles au-

raient, comme les actions possessoires, un caractère conservatoire.
Le rôle du ministère public ne va pas jusque-là. Le procureur de
la République ne pourrait, en pareil cas, que demander d'office
au tribunal la nomination d'un curateur, qui serait chargé d'agir
au nom du présumé absent. — Mêmes autorités.

20. Aux termes de l'art. 859 du Code de procédure civile :
« Dans le cas prévu par l'art. 112 du Code civil, et pour y faire
statuer, il sera présenté requête au président du tribunal. Sur
cette requête, à laquelle seront joints les pièces et documents, le
président commettra un juge pour faire le rapport au jour indiqué ; et le jugement sera prononcé après avoir entendu le procureur de la République. »

21. Mais que doit ordonner le tribunal ?
Sauf l'hypothèse que nous examinerons sous le n° 23, ci-après,
le choix des mesures à prendre est entièrement abandonné à son
arbitrage. Toutefois, hors les cas d'urgence, et de nécessité absolue,
il ne doit prendre que des mesures d'administration, des mesures
partielles, d'un caractère provisoire, ne changeant pas l'état des
biens, et n'imposant pas au présumé absent de nouvelles obligations. — *Discuss. et exp. des motifs*, Locré, *Lég.*, t. IV, p. 57 et
suiv.; Duranton, 392 et suiv.; Aub. et Rau, *loc. cit.*; Demol., n. 31
et suiv.

22. Le tribunal peut confier à un curateur, agent ou préposé,
soit l'administration générale de la fortune, soit le mandat de
plaider au nom du prétendu absent. Mais il convient de n'user
qu'avec réserve de cette faculté, et il est sage de préciser, le plus
possible, les pouvoirs conférés au curateur. Dans le doute, ces
pouvoirs ne s'appliquent qu'à l'administration. — Demol., 36, 37
et 38.

23. L'art. 113 du Code civil dispose :
« Le tribunal, à la requête de la partie la plus diligente, commettra un notaire pour représenter les présumés absents, dans les
inventaires, comptes, partages et liquidations dans lesquels ils
seront intéressés. »

24. Remarquons tout de suite que cet article ne peut s'appliquer qu'aux successions déjà ouvertes avant la disparition ou les
dernières nouvelles du présumé absent, à moins toutefois, lorsqu'il
s'agit d'une succession ouverte depuis cette époque, que l'existence
du présumé absent ne soit pas méconnue par ceux qui auraient
intérêt à la méconnaître. — Voir ci-après, § 5.

25. Le notaire dont il est question à l'art. 113, et qui est nommé par le tribunal tout entier, ne doit pas être confondu avec
celui qui, aux termes des art. 931 et 942 du Code de procédure
civile, est nommé par le président du tribunal, et chargé de représenter les non-présents, aux seules opérations de levée des scellés
et d'inventaire. Il faut donc, à l'appui de la requête aux fins de
nomination d'un notaire, en vertu de l'art. 113, justifier de la présomption de l'absence des héritiers. — Demol., n. 42. V. *Succession, Scellés, Inventaire, Liquidation, Partage.*

26. Bien que la question paraisse avoir fait doute, nous pensons que le tribunal ne peut choisir, pour représenter les présumés absents, qu'un notaire ayant le droit d'instrumenter dans les lieux où les opérations devront être faites. M. Roll. de Vill. (v° *Absence*, n. 70) fait observer avec raison que c'est en sa qualité que le notaire agit, et que, hors de son ressort, il n'est qu'une personne privée.

27. S'il se trouve divers présumés absents, un seul notaire suffit pour les représenter, à moins qu'ils n'aient des intérêts opposés. Il faudrait, dans ce dernier cas, nommer autant de notaires qu'il y aurait de présumés absents, ayant des intérêts opposés. — Demol., n. 42.

28. Il est certain que le notaire ne pourrait pas instrumenter lui-même, dans les opérations où il figurerait comme représentant du présumé absent. — *Loi du 29 sept. - 6 oct.* 1791, *tit. I, sect. 2, art.* 7 ; Duranton, n. 395 ; Delvincourt, t. I, p, 84 ; Demol., n. 44.

29. Le notaire nommé par le tribunal en vertu de l'art. 113 a pour mission principale de veiller, lors des opérations prévues audit article, à la conservation des biens et droits de l'absent. Ses pouvoirs se bornent aux actes purement conservatoires et à tout ce que la prudence peut lui suggérer, sauf à recourir au tribunal pour tout ce qui ne serait pas la suite nécessaire de ces opérations. — Roll. de Vill., n. 79; Proudhon, p. 190; Talandier, p. 77.

30. Ainsi, il n'a point qualité, ni pour provoquer le partage, ni pour soutenir un procès qui s'élèverait pendant les opérations ; à moins que le tribunal ne lui ait, en vertu de l'art. 112, conféré des pouvoirs spéciaux à cet effet.

M. Demolombe pense, et avec raison, selon nous, que le tribunal peut autoriser le notaire à transiger, en prenant à cet égard toutes les précautions qu'il jugera nécessaires. — N. 43.

31. Mais le partage, pour être définitif, doit être fait conformément aux prescriptions des art. 838 à 840 du Code civil.

32. Il a été jugé : 1° que le notaire nommé pour représenter l'absent dans un partage n'avait pas de mandat pour distribuer l'argent qu'il a reçu, entre les créanciers de l'absent, et que tout ce qu'il avait fait à cet égard l'obligeait comme gérant d'affaires. — *Limoges,* 19 *mars* 1823, *aff.* Me *Delage;* Roll. de Vill., n. 80; — 2° que la mission à lui conférée par le tribunal ne lui donnait pas nécessairement le droit d'encaisser, pour le présumé absent, les sommes dues à ce dernier; qu'il pouvait avoir, sans doute le droit et même le devoir, de demander au tribunal l'indication d'un placement qui rendît ces sommes productives; mais que s'il les gardait lui-même, en les laissant improductives dans ses mains, il pouvait être condamné à des dommages-intérêts. — *Cass.,* 16 *fév.* 1853, *aff.* Dasnier, *Devil.,* 53, 1, 253. — Demol., 45 *bis.*

33. Les frais nécessités par les mesures dont nous avons parlé sont à la charge du présumé absent.

34. Sur le point de savoir quels sont les honoraires dus à un notaire nommé en exécution de l'art. 113. — V. *Honoraires.*

35. Lorsque le présumé absent se représente avant la déclaration d'absence, il reprend l'administration de ses biens, sauf à respecter les actes légalement faits, en vertu des mesures ordonnées par le tribunal.

Lorsque la preuve du décès du présumé absent vient à être rapportée avant la déclaration d'absence, ses biens passent à ses héritiers ou à ses successeurs, au jour de son décès.

36. Dans l'un et l'autre cas, les dispositions prises par la justice peuvent être maintenues, jusqu'à ce que le présumé absent, ses héritiers ou ses successeurs aient pu reprendre l'administration de son patrimoine. — Arg. de l'art. 131; Aub. et Rau, p. 598; Demol., n. 47.

§ 3. — Deuxième période. De la déclaration d'absence et de l'envoi en possession provisoire des biens de l'absent.

I. — *Déclaration d'absence.*

37. Lorsqu'une personne, *qui n'a point laissé de fondé de pouvoir,* a cessé de paraître au lieu de son domicile ou de sa résidence, et que depuis quatre ans on n'en a pas eu de nouvelles, les parties intéressées peuvent se pourvoir devant le tribunal de première instance, afin que l'absence soit déclarée (Code civ., art. 115). Mais, *si l'absent a laissé une procuration,* cette précaution faisant supposer qu'il a eu l'intention de s'absenter pour un temps plus long, les parties intéressées ne peuvent poursuivre la déclaration d'absence, qu'après dix années révolues, depuis sa disparition ou depuis ses dernières nouvelles (art. 121). Il en est de même, si la procuration vient à cesser, et, dans ce cas, il est pourvu à l'administration des biens de l'absent, comme il est dit au chapitre intitulé : *De la présomption d'absence* (art. 122).

38. Toutefois, si la procuration avait été donnée par l'absent pour une durée de moins de dix ans, il semble, d'après l'esprit de la loi, que la demande en déclaration d'absence pourrait être admise quatre années après le terme fixé par la durée du mandat. — *Sic,* Aub. et Rau, 4e édit., t. I, p. 600, *et en sens divers :* Duranton, 481 ; de Plasman, p. 202; Demol., n. 55.

39. Il nous semble résulter de ce que nous avons dit au nº 37 que, si c'est un mineur qui a disparu, la déclaration d'absence ne peut être demandée qu'après dix années révolues depuis ses dernières nouvelles, puisque le tuteur est un mandataire légal, et que le mineur doit être légalement réputé savoir que son tuteur est sur les lieux, administrant pour lui sa fortune. — Demol., n. 51.

40. On a même soutenu que la déclaration d'absence d'un mineur ne pourrait être prononcée qu'après l'époque de sa majorité. — Magnin, *Des minorités,* n. 613.

Mais cette opinion nous paraît devoir être rejetée par le motif que le texte des art. 115 à 120 est général et ne fait aucune distinction.—Demol., *loc. cit.;* Comp., Merlin, *Rép.*, v° *Absent*, n. 10, t. I, p. 32.

41. Suivant certains auteurs, ce n'est pas la date des dernières nouvelles, mais bien celle de leur arrivée, qui doit servir de point de départ des quatre ou des dix ans. Cette opinion s'appuie sur le texte de l'art. 115 et sur la différence de rédaction qui existe entre cet article et l'art. 120. — Delvincourt, sur l'art. 115 ; Duranton, n. 414 ; de Moly, n. 47 ; Roll. Vill., n. 90 ; de Plasman, p. 97 ; Aub. et Rau, p. 599.

Mais M. Demolombe fait remarquer, et avec raison, selon nous, qu'un pareil système aurait ce résultat inadmissible, qu'une lettre très-ancienne, écrite il y a dix ou quinze ans, mais retardée par une circonstance quelconque, n'en forcerait pas moins de différer pendant quatre ans, à dater du jour où elle serait reçue, les pour-suites en déclaration d'absence. — Demol., n. 57 ; Demante, *Encyclop.*, n. 66 ; Valette *sur Proudhon*, t. I, p. 271, note A, 1 ; Duvergier *sur Toullier*, t. I, n. 397.

42. Le droit de provoquer la déclaration d'absence appartient, dit la loi, aux *parties intéressées*. Mais quelles sont les personnes que l'on doit comprendre sous cette expression?

Trois opinions se sont formées sur cette question. D'après la première, les parties intéressées dans l'hypothèse de l'art. 115, seraient exclusivement les héritiers présomptifs de l'absent et de son conjoint.— Locré, sur l'art. 115.

D'après la seconde opinion, les *parties intéressées* devraient être entendues, au contraire, dans le sens le plus large, et s'appliqueraient aux créanciers de l'absent, et, en général, aux mêmes personnes que dans l'hypothèse de l'art. 112. — De Moly, n. 268 et suiv.; de Plasman, p. 128 et suiv.; Demante, *Cours analyt.*, t. I, n. 145 *bis*, 1.

Enfin, d'après une opinion intermédiaire, que nous croyons devoir adopter, les parties intéressées sont ici, toutes les personnes qui ont des droits subordonnés à la condition du décès de l'absent. — *Sic*, Delvincourt, sur l'art. 115 ; Proudhon et Valette, 1, p. 269; Merlin, *Rép.*, v° *Absent*, note 2, sur l'art. 115 ; Duranton, n. 415 ; Toullier, 1, 399 ; Aub. et Rau, p. 600 ; Demol., n. 59.

43. Peuvent, en conséquence, provoquer la déclaration d'absence :

1° Les héritiers présomptifs, au jour des dernières nouvelles ou de la disparition ;

2° Les légataires ;

3° Le conjoint ;

4° Le donataire par contrat de mariage, en vertu d'une institution contractuelle ;

5° Le donateur, avec stipulation du droit de retour ;

6° L'ascendant donateur, dans le cas prévu à l'art. 747 ;

7° L'appelé à une substitution dont est grevé le présumé absent ;

8° Le nu propriétaire d'un bien grevé d'usufruit au profit du présumé absent ;

9° L'enfant naturel reconnu ;

10° L'Etat, quand le présumé absent n'a point de parents.

Quant aux créanciers du présumé absent, ils ne paraissent pas avoir intérêt à la déclaration d'absence, le droit commun leur fournissant tous les moyens de poursuivre l'exercice de leurs droits contre leur débiteur.

44. Il est bien entendu d'ailleurs, que s'il appartient tout d'abord aux héritiers légitimes de provoquer la déclaration d'absence, leur inaction ne paralyserait pas l'exercice du droit des autres. — Aub. et Rau, Demol., *loc. cit.*

45. Quant à ceux qui auraient de *justes motifs* de se croire légataires, ils pourraient, si cela était nécessaire, pour la justification de leur qualité, se faire autoriser à lever des expéditions du testament ou en faire ordonner l'ouverture, s'il était olographe ou mystique. L'art. 123 ne fait pas obstacle à cette faculté. Du moment que les légataires sont autorisés à poursuivre la déclaration d'absence, et il est nécessaire de leur accorder les moyens d'exercer ce droit. Qui veut la fin, veut les moyens. — *Ibid.*

46. Les créanciers des différentes personnes que nous venons d'énumérer peuvent-ils poursuivre la déclaration d'absence, au nom de leurs débiteurs, en vertu de l'art. 1166? Cette question dépend du point de savoir si le créancier peut, du chef de son débiteur, obtenir *l'envoi en possession*, car, s'il ne peut obtenir cet envoi en possession, il est sans intérêt, et, par conséquent, sans droit à poursuivre la déclaration d'absence. — Voir ci-après n. 64.

47. Quant au procureur de la République, la loi le constitue le contradicteur de la demande en déclaration d'absence. Il n'a d'autre intérêt à prendre en main que celui du présumé absent ; ce n'est donc pas à lui qu'il appartient de prendre l'initiative d'une pareille demande. — Demol., n. 62.

48. La demande est introduite au moyen d'une requête au président du tribunal, à laquelle doivent être joints les documents destinés à la justifier. Sur le rapport, fait par un juge à ce commis au bas de la requête, et sur les conclusions du ministère public, le tribunal, en ayant égard aux motifs de l'absence, et aux causes qui ont pu empêcher d'avoir des nouvelles de l'absent présumé, peut, ou rejeter de suite la demande, ou déclarer qu'il n'y a pas lieu, quant à présent du moins, de l'admettre, ou ordonner qu'une enquête soit faite contradictoirement avec le procureur de la République, tant dans l'arrondissement du domicile, que dans celui de la dernière résidence de l'absent, s'ils sont distincts l'un de l'autre. — Art. 116 du Code civil, 860 du Code de proc. civ.

49. L'enquête doit être ordonnée, alors même que l'absence paraîtrait déjà suffisamment résulter des pièces et documents produits. Argument tiré de l'art. 119.—Aub. et Rau, p. 601, note 11 ; Demol., n. 63.

50. Aussitôt l'enquête ordonnée, le procureur de la République adresse le jugement préparatoire au ministre de la justice, qui est chargé de la publier, au moyen d'une insertion par extrait, au *Journal officiel.*

51. L'enquête est faite, *contradictoirement* avec le procureur de la République (art. 116). D'où il résulte :

1° Que c'est lui, et non le présumé absent qui doit être assigné pour assister à l'enquête. — C. procéd. civ., art. 261 ;

2° Qu'il peut, s'il y a lieu, reprocher les témoins, et requérir aussi qu'on leur fasse les interpellations qu'il juge convenables. — Même Code, art. 270, 273 ;

3° Qu'il a le droit de faire la preuve contraire.

52. L'enquête ne doit pas être faite sommairement et à l'audience, mais dans les formes ordinaires. — Colmar, 16 therm. an XII; S., VII, 2, 936. — Toutefois les parents, les héritiers et les serviteurs du présumé absent peuvent y être entendus comme témoins, sauf aux juges à avoir tel égard que de raison à leurs dispositions. — Aub. et Rau, *loc. cit.;* Demol., n. 65 et 66.

53. S'il résulte des pièces produites et des dispositions des témoins entendus, qu'on n'a pas reçu de nouvelles de l'absent depuis les époques fixées plus haut, et qu'on ne peut espérer en recevoir, le tribunal peut déclarer l'absence. Il ne le peut, toutefois, qu'un an après le jugement qui a ordonné l'enquête ; de telle sorte que l'absence n'est jamais déclarée que cinq ans après les dernières nouvelles, et qu'elle ne peut l'être que onze ans après, s'il y a un procureur fondé.

54. Aussitôt que le jugement est rendu, il doit être transmis par le procureur de la République au garde des sceaux qui est chargé de le rendre public par les mêmes moyens que le jugement préparatoire. — V. ci-dessus n. 50.

55. Les jugements, tant préparatoires que définitifs, peuvent être frappés d'appel, soit par les parties intéressées, soit par le procureur de la République. — Cass., 3 déc. 1844; Dall., 45.1.5 ; Duranton, n. 425 ; Demol., n. 69.

56. Mais l'absent n'est pas recevable, après son retour, à se pourvoir, par tierce-opposition, contre le jugement qui a déclaré son absence. En effet, il a été valablement représenté par le ministère public. — Colmar, 4 mars 1815, *aff. Conraux.* — Roll. de Vill., v° *cit.*, n. 124.

II. — *Envoi en possession provisoire.*

57. Lorsque l'absence est déclarée, l'incertitude sur la vie et le retour de l'absent augmente, et la présomption de sa mort commence à prédominer. Cette situation exige que ses biens soient soumis à un nouveau mode d'administration. Le législateur n'a cru pouvoir lui choisir de mandataires, de dépositaires plus propres à inspirer la confiance, que ceux qui sont appelés à recueillir un jour sa succession. — Favard, t. I, p. 19 ; Demol., n. 72.

58. En conséquence, les héritiers ou successeurs présomptifs de l'absent, au jour de sa disparition ou de ses dernières nouvelles, peuvent se faire envoyer en possession des biens qui lui appartenaient au jour de son départ ou de ses dernières nouvelles, à la charge de donner caution. — C. civ., art. 120.

59. Si les héritiers ou successeurs présomptifs de l'absent, au jour de sa disparition ou de ses dernières nouvelles, étaient morts sans avoir obtenu, ni même demandé l'envoi en possession provisoire, leurs propres héritiers ou successeurs pourraient former cette demande. — Merlin, *Rép.*, v° *Absent*. note 2 sur l'art. 120 ; Toullier, IV, 73 ; Duranton, n. 439 ; Roll. de Vill., n. 132 ; Aub. et Rau, p. 602.

60. Sous certains rapports, le patrimoine de l'absent est donc à considérer comme une succession ouverte. Tous les droits subordonnés à la condition de son décès, même les droits autres que ceux résultant de son testament, l'absence déclarée les ouvre provisoirement.

61. Ainsi, non-seulement les héritiers légitimes, mais encore tous les successeurs irréguliers, peuvent demander à être mis en possession de leurs parts héréditaires. Le légataire obtiendra la possession provisoire de l'objet légué (art. 1039) ; le donataire de biens à venir, celle des biens donnés (art. 1082); l'ascendant donateur, celle des choses par lui données à l'enfant absent qui n'a pas de postérité (art. 747). De même, le donateur sous condition de retour (art. 951) ; l'appelé à une substitution ; le nu propriétaire du bien grevé d'usufruit au profit de l'absent, etc. En un mot, dit M. Demolombe, tout va se passer, quant à la distribution des biens qui composent le patrimoine de l'absent, comme si sa succession était ouverte (n. 71).

62. Régulièrement, il appartient d'abord aux héritiers présomptifs de l'absent de former cette demande, et c'est ensuite contre eux que doivent être formées les différentes demandes spéciales. — Aix, 28 juill. 1807, S. 08.2.50; Aub. et Rau, p. 603 et 604 ; Demol., n. 74.

63. Mais si, malgré une mise en demeure, ces héritiers négligent de demander l'envoi en possession, les autres intéressés peuvent les actionner à l'effet de se faire autoriser à l'exercice provisoire de leurs droits. Le tribunal peut, dans ce cas, nommer un curateur pour délivrer, aux divers ayants droit, les biens en possession desquels ils doivent être provisoirement envoyés. — Orléans, 25 juin 1835, S. 35.2.355 ; Merlin, *Rép.*, v° *Absent*, notes 1 et 2 sur l'art. 123 ; Duranton, n. 420 ; Demante, *Encyclop.*, n. 61, 77, 79, et *Cours analyt.*, t. 1, n. 152 *bis* I ; Roll. de Vill., v° *Absence*, n. 133, 135 ; Aub. et Rau, *loc. cit.;* Demol., n. 75.

64. Les créanciers des héritiers présomptifs d'un absent, les créanciers d'un légataire ou de tout autre ayant droit, peuvent-ils demander l'envoi en possession provisoire, au nom de leur débiteur, en vertu de l'art. 1166 ?

Cette question est vivement controversée.

Les partisans de la négative objectent que le droit de demander l'envoi en possession provisoire, est exclusivement attaché à la personne des héritiers présomptifs et des autres intéressés; qu'il s'agit d'un dépôt confié par la loi aux envoyés, au nom et dans l'intérêt de l'absent; que les biens de ce dernier ne pouvant être aliénés par les envoyés, ils ne sauraient pas davantage être le gage de leurs créanciers; qu'enfin, l'envoi en possession, accordé à ces derniers, aurait pour l'absent le résultat funeste de morceler, de diviser son patrimoine, en autant de mains différentes qu'il y aurait de créanciers. — Metz, 7 août 1823, S. 26.2.99 ; Colmar, 30 août 1837, Dev. 37.2.484 ; de Plasman, t. 2, p. 295 et 301.

Mais une pareille doctrine nous paraît méconnaître le véritable caractère de l'envoi en possession provisoire, qui ne constitue un dépôt qu'au regard de l'absent. L'envoi, au regard des tiers, est une exécution, provisoire il est vrai, mais enfin, une exécution du droit d'hérédité. On ne saurait soutenir, non plus, que c'est un droit exclusivement attaché à la personne de l'envoyé, puisqu'il est transmissible héréditairement.

Nous croyons, avec MM. Duranton et Demolombe, qu'en cas d'inaction de la part de l'héritier présomptif, ou de tout autre intéressé, ses créanciers peuvent demander, en vertu de l'art. 1166, que cet envoi soit prononcé à leur profit, du chef de leur débiteur, à la condition, bien entendu, de fournir caution et de garantir les intérêts de l'absent, comme si l'envoi eût été prononcé directement au profit de l'héritier présomptif. — Duranton, 439 ; Demol., 78. — V. *suprà*, n. 46.

65. La demande d'envoi en possession provisoire peut être formée, cumulativement avec la demande en déclaration d'absence, ou, séparément, en vertu du jugement qui a déclaré cette absence. — Toullier, I, 426 ; Merlin, *Rép.*, v° *Absent*, note 7 sur l'art. 120 ; Duranton, n. 441 ; de Moly, n. 242 ; Roll. de Vill., n. 145 ; Aub. et Rau, p. 602.

66. Dans cette seconde hypothèse, c'est devant le tribunal qui a précédemment déclaré l'absence que la demande d'envoi en possession provisoire doit être formée. — V. *suprà*, n. 48.

67. Il y a lieu, dans ce cas, de joindre à la demande, outre le jugement qui a déclaré l'absence, les différents actes et documents qui doivent établir la qualité des demandeurs.

68. Le jugement peut être frappé d'appel, soit de la part des demandeurs déboutés, soit de la part du ministère public, dans le cas où il croirait pouvoir établir que l'on a eu des nouvelles de l'absent, depuis la déclaration d'absence. — Duranton, 443 ; Roll. de Vill., 147.

III. — *Effets de l'envoi en possession provisoire.*

69. Pour déterminer les effets de l'envoi en possession provisoire, il convient d'examiner successivement la position des envoyés à l'égard de l'absent, leurs rapports réciproques entre eux, enfin, leurs relations avec les tiers. — Aub. et Rau, p. 604 ; Demol., 88.

70. *Position des envoyés en possession provisoire à l'égard de l'absent.* Art. 125, C. civ. « La possession provisoire ne sera qu'un dépôt, qui donnera à ceux qui l'obtiendront l'administration des biens de l'absent, et qui les rendra comptables envers lui, en cas qu'il reparaisse ou qu'on ait de ses nouvelles. »

71. Au regard de l'absent, les envoyés en possession provisoire ne détiennent donc son patrimoine qu'à titre de dépôt. Le but principal de leur mission est d'administrer ce patrimoine. Il en résulte qu'ils ne peuvent prescrire contre lui, quelque longue que soit la durée de leur gestion.

72. Tous ceux qui ont obtenu l'envoi provisoire, même les enfants, doivent, en premier lieu, fournir *caution* pour la sûreté de leur administration. — C. civ., 120 ; Merlin, sur l'art. 120 ; Toullier, n. 426 ; Roll. de Vill., 157, 159 ; Demol., 91.

73. La caution est reçue par le tribunal dans les formes judiciaires, et sa solvabilité peut être discutée par le ministère public (C. civ., 114 ; C. proc. civ., 517). Dans l'appréciation de cette solvabilité, le tribunal doit avoir égard à l'importance des biens à garantir, et comme il s'agit ici d'une caution exigée par la loi, il y a lieu d'appliquer les dispositions des articles 2018, 2019 et 2040 à 2043 du Code civil.

74. La caution une fois reçue, il n'appartiendrait plus aux tiers, débiteurs de l'absent, de critiquer la décision du tribunal, et de refuser de payer sous prétexte de l'insuffisance de cette caution. — Douai, 5 mai 1836, Dev. 36.2.429 ; Limoges, 17 déc. 1847, Dev. 48.2.528 ; Demol., 92.

75. La caution peut être remplacée par un gage ou par une hypothèque suffisante. — 2041, C. civ., Loi du 13 janvier 1817, art. 9.

76. *Quid*, si l'envoyé en possession provisoire ne peut présenter ni caution, ni gage, ni hypothèque ?

Suivant Merlin (*Rép.*, t. XVI, art. 120, n. 5), le jugement d'envoi en possession reste alors sans effet. — *Sic*, de Plasman, t. 1, p. 184-196.

M. A. Dalloz (*Dict. rais.*, v° *Absent*, n. 184) propose un tempérament propre à venir en aide à l'envoyé qui serait dans l'indigence. Il pense « qu'on pourrait, si la gestion entraînait peu de soins, et si l'héritier était dans le besoin, autoriser en sa faveur la perception de partie des fruits qui devraient appartenir à l'envoyé en possession ; c'est dans son intérêt que la gestion serait aussi censée avoir lieu. »

77. Ce tempérament n'étant pas autorisé par la loi, nous ne croyons pas qu'il puisse être accueilli. Néanmoins, nous ne pensons pas qu'en cas d'impossibilité justifiée de fournir caution, et de présenter un gage ou une hypothèque, l'envoi en possession doive rester sans effet. Les art. 602 et 603, qui viennent en aide à l'usufruitier hors d'état de fournir caution, fournissent également à l'envoyé en possession provisoire, qui se trouve dans la même impossibilité, un moyen légal de sortir de cette situation. — *Sic*, Delvincourt, t. 1, p. 46, note 9 ; Roll. de Vill., n. 163 ; Demol., n. 93.

78. Aux termes du premier alinéa de l'art. 126 du Code civil, les envoyés en possession provisoire doivent faire procéder à l'*inventaire* du mobilier et des titres de l'absent, en présence du procureur de la République ou d'un juge de paix par lui requis.

79. Ils peuvent requérir, pour leur sûreté, qu'il soit procédé, par un expert nommé par le tribunal, à la visite des immeubles, à l'effet d'en constater l'état. Le rapport doit être homologué par le tribunal, en présence du procureur de la République (art. 126, alinéa 3). S'ils négligent de prendre cette mesure, ils sont censés avoir reçu les immeubles en bon état. — Toullier, 430 ; Duranton, 474 ; Roll. de Vill., 167.

80. Aux termes du même article 126, les frais de ce rapport doivent être pris sur les biens de l'absent. Il en est de même des frais de l'inventaire, bien que la loi ne se soit pas expliquée à cet égard. Il ne serait pas juste de faire supporter à l'envoyé une dépense qui n'est faite que dans l'intérêt de l'absent. — Duranton, 476 ; Delvincourt, sur les art. 126 et 128 ; Roll. de Vill., 165 ; Demol., 99 ; *Infrà*, n. 105.

81. Après la clôture de l'inventaire, les envoyés en possession provisoire ont à faire décider par le tribunal, s'il y a lieu de vendre tout ou partie du mobilier de l'absent. — Art. 126, al. 2.

82. Il est, en effet, de l'intérêt de l'absent, que les objets, sujets à détérioration ou à dépérissement, soient vendus dans le plus bref délai. Mais il est d'autres objets, tels que des portraits de famille, des tableaux, des collections de médailles, etc., auxquels l'absent peut attacher un prix d'affection, et qui ne rendraient que peu de chose, s'ils venaient à être vendus. L'envoyé doit donc faire décider par le tribunal s'il convient, ou non, de vendre ces différents objets ; et, en négligeant de provoquer cette décision, il s'expose, soit qu'il conserve ce mobilier, soit qu'il le vende, à voir critiquer sa gestion par l'absent ou ses ayants droit. — Duranton, 477 ; Aub. et Rau, p. 605.

83. Bien que la loi n'indique pas la forme à suivre pour la vente du mobilier, il semble que les formalités à observer doivent être celles prescrites pour la vente du mobilier des mineurs, à moins que le tribunal, en ordonnant la vente, et en prenant en considération les circonstances, la nature et l'importance plus ou moins grande du mobilier, ne dispense de l'accomplissement de l'une ou l'autre de ces formalités, ou ne prescrive d'autres mesures. — Roll. de Vill., 171 ; Delvincourt, t. 1, p. 99 ; Toullier, 467 ; Duranton, 478 ; Demol., 96.

84. L'envoyé en possession provisoire doit demander compte de leur administration aux personnes qui ont géré les biens de l'absent. Il peut recevoir les capitaux, les remboursements de rentes, et en donner, par conséquent, décharge valable aux débiteurs. Il doit même poursuivre ces derniers aux époques des échéances, sous peine, en cas de négligence, de répondre de leur insolvabilité. — Demol., 106.

85. Il doit *faire emploi* des reliquats des comptes, du prix du mobilier vendu, des fruits échus au moment de son entrée en possession, ainsi que de tous capitaux dont il opère le recouvrement pendant le cours de sa gestion, même des sommes dont il peut être débiteur envers l'absent, quand elles sont devenues exigibles, sauf les compensations telles que de droit, dans le cas où il est lui-même créancier. — Art. 126, alinéa 2, et arg. de cet art.; Duranton, 479 ; Roll. de Vill., 172-175 ; Aub. et Rau, p. 605.

86. La loi n'a rien prescrit, ni à l'égard du mode d'emploi, ni quant au délai dans lequel cet emploi doit être fait. L'envoyé en possession provisoire ne se trouve donc pas soumis, de plein droit, aux dispositions spéciales des art. 455 et 456 du Code civil, relatives à la tutelle, ni à celles des art. 1065 et 1066, concernant le grevé de substitution. Sa responsabilité, sous ce rapport, se détermine par les règles de droit commun applicables au mandataire qui, d'après la nature de son mandat, est tenu de faire emploi des sommes par lui touchées. — Duranton, 480 ; Roll. de Vill., 176 ; Demol., 97 ; Aub. et Rau, *loc. cit.* — V. *infrà*, n. 87 et 88 ; V. *Mandat, Procuration.*

87. C'est ainsi que, faute de faire emploi dans un délai raisonnable, l'envoyé est présumé avoir employé les fonds à son profit, et il en doit les intérêts.

88. Mais, aux risques de qui sont les sommes placées par l'envoyé ? MM. Duranton et Demolombe pensent qu'il faut distinguer. Si le placement a été fait par l'envoyé, en son propre nom, il en est responsable *dans tous les cas*, encore qu'il n'y ait aucune faute ou manque de précaution à lui reprocher. Il a agi alors pour son compte personnel; il s'est fait lui-même l'emprunteur des deniers de l'absent. Mais, s'il a placé les fonds en sa qualité d'envoyé, agissant au nom de l'absent, il ne serait responsable qu'autant que le tribunal déclarerait, en fait, qu'il n'a pas agi suivant les règles de la prudence. La question dépendrait des circonstances, de l'importance du capital, du mode de placement, des causes de l'insolvabilité du débiteur, etc. On ne peut tracer de règles précises sur l'appréciation des fautes; c'est aux lumières et à l'équité des magistrats que la loi remet le soin de juger les difficultés qu'elles peuvent faire surgir. — Duranton, 491 ; Demol., 102 et 109.

89. Les envoyés provisoires étant de véritables administrateurs légaux, il en résulte qu'ils peuvent et doivent faire seuls tous les actes d'administration. Ils doivent donc entretenir les biens, et y faire faire toutes les réparations, depuis les plus petites jusqu'aux plus grandes. — Demol., 104.

90. Ils peuvent passer les baux de tous les biens immeubles. Les baux qu'ils auraient passés sans fraude et qui n'excéderaient pas neuf ans devraient être exécutés par l'absent de retour. Arg. de l'art. 595 du Code civil ; Duranton, 490 ; Roll. de Vill., 194. Même, s'ils avaient passé un bail de plus de neuf ans, et si des motifs légitimes justifiaient cette plus longue durée, les magistrats devraient le respecter. — Arg. de l'art. 1673; Demol., 105 ; Aub. et Rau, p. 607. — *Contrà* : Duranton, 490.

91. L'envoyé en possession provisoire peut-il transporter les créances par voie de cession ?

Non, suivant certains auteurs, car, disent-ils, s'il a, en sa qualité d'administrateur, le pouvoir de recouvrer le montant des créances, il ne saurait avoir le droit de les aliéner, car aliéner, c'est faire passer à un autre, ce qui excède évidemment les limites du droit d'administration. Dans ce cas, disent les mêmes auteurs, la cession serait nulle, même à l'égard des tiers, car la maxime : *en fait de meubles possession vaut titre* (art. 2279), n'est établie que pour les meubles corporels : eux seuls ont une existence réelle, et sont susceptibles de possession véritable. — Duranton, 485 ; de Plasman, p. 147-154; Delvincourt, t. 1, p. 48, note 13; Roll. de Vill., n. 193. — Cass., 11 mai 1839, Dev. 39.1.169; Cass., 14 août 1840, Dev. 40.1.753 ; Douai, 28 juin 1843, Dev. 43. 2.586.

Suivant d'autres auteurs, le pouvoir d'aliéner le mobilier incorporel ne serait qu'une conséquence du droit d'administrer. — Merlin, *Rép.*, t. XVI, vº *Absent*, art. 126; de Moly, p. 266 ; Talandier, p. 198 ; Aub. et Rau, p. 606 ; Demante, t. I, n, 157 *bis*, I.

En présence de cette divergence d'opinion, la prudence commande à l'envoyé en possession provisoire de demander préalablement à tout transport de créances l'autorisation du tribunal. — Comp. Demol., 113.

92. Les envoyés ne peuvent aliéner les immeubles de l'absent, les grever de servitudes ou d'hypothèques, céder ses droits immobiliers, ni engager son patrimoine par des emprunts contractés en son nom. Toutefois, si l'intérêt de l'absent l'exigeait, ces différents actes pourraient, avec l'autorisation du tribunal, être passés valablement au nom de l'absent et deviendraient, moyennant cette autorisation, obligatoires pour ce dernier. — Duranton, 484, Proudhon et Valette, 1, p. 286; Demol., 111 ; Aub. et Rau, p. 607 et 608.

93. Ils ne peuvent, sans la même autorisation, répudier ni accepter les successions ou les legs, échus à l'absent, ou ouverts à son profit, avant sa disparition ou ses dernières nouvelles. — Aub. et Rau, *loc. cit.;* Demol., 113.

94. Les envoyés en possession provisoire sont, en matière judiciaire, les représentants légaux de l'absent. Ils ont donc l'exercice, tant en demandant qu'en défendant, de toutes les actions qui lui compètent relativement à ses biens. — Comp. art. 134, C. civ.

95. Quant aux actions mobilières, l'envoyé a, par la nature de son mandat, pleine qualité pour les exercer au nom de l'absent. Il peut de même, sans avoir besoin d'autorisation de justice, défendre, au nom de ce dernier, aux actions immobilières qui lui sont intentées.

96. L'art. 817 du Code civil accorde à l'envoyé le droit d'intenter une action en partage, sans autorisation judiciaire préalable. Mais il est hors de doute que, pour être définitif à l'égard de l'absent, le partage doit être fait avec les formalités judiciaires. — C. civ., 840; Roll. de Vill., n. 202.

97. Mais l'envoyé en possession provisoire a-t-il besoin d'une autorisation judiciaire préalable, pour intenter, au nom de l'absent une action *immobilière?* La question est controversée. Les partisans de la négative pensent que l'on peut étendre la disposition de l'art. 817 aux actions immobilières en général. D'ailleurs, disent-ils, la précaution, consistant dans une demande préalable d'autorisation, serait au moins superflue, puisque l'examen antérieur et superficiel que ferait le tribunal ne serait pas une meilleure garantie contre la fraude, que ne le seraient l'instruction et les débats de la cause engagée devant lui, sous les yeux du ministère public. — Demante, 114, *Cours analyt.*, t. 1, n. 158 *bis*, 1 ; Demol., 114; Douai, 28 nov. 1853, S. 54.2.431.

Les partisans de l'affirmative estiment que, si l'art. 817 accorde à l'envoyé le droit d'intenter une action en partage, c'est qu'en cette matière les intérêts de l'absent se trouvent suffisamment garantis par l'intervention de la justice; mais, qu'étendre aux actions immobilières en général cette disposition spéciale, ce serait priver l'absent d'une garantie à laquelle il a droit, et permettre à l'envoyé d'éluder, au moyen d'une collusion frauduleuse avec des tiers, le principe qui lui interdit d'aliéner les immeubles de l'absent. —Duranton, 492; de Moly, n. 495 et suiv.; Plasman, p. 205; Roll. de Vill., 201 ; Aub. et Rau, p. 608, en note.

98. L'autorisation de justice est, d'ailleurs, nécessaire à l'envoyé, pour acquiescer à une demande dirigée contre l'absent, pour transiger et compromettre, même en matière mobilière. — De Moly, p. 431 ; Plasman, 1, 207; Demol., 115.

99. Les jugements rendus contre les envoyés en possession, en leur qualité, sont opposables à l'absent et emportent hypothèque judiciaire sur ses biens. Les envoyés ne doivent pas être condamnés personnellement aux dépens de ces instances, à moins que le tribunal ne leur fasse spécialement application de l'art. 132 du Code de procédure civile.

100. Si l'absent reparaît, ou si son existence vient à être prouvée pendant l'envoi provisoire, les effets du jugement qui a déclaré l'absence cesseront : en conséquence, les envoyés et tous ceux qui ont été admis à exercer des droits subordonnés à la condition de son décès seront tenus de rendre compte de leur gestion, soit à l'absent lui-même, soit à son mandataire, soit à l'administrateur de son patrimoine, et de restituer les biens dont ils n'avaient que provisoirement la possession. — Art. 131 du Code civil.

101. Mais, quant aux fruits, les envoyés en possession provisoire ne sont, aux termes de l'art. 127, tenus de n'en rendre que le cinquième, si l'absent reparaît dans les quinze ans depuis le jour de sa disparition, et le dixième, s'il ne reparaît qu'après les quinze ans.

Après trente ans d'absence, la totalité des revenus appartient aux envoyés. — Art. 127, second *alinéa.*

102. Cet article ne s'applique pas aux fruits perçus, avant l'envoi en possession, par la personne chargée de l'administration des biens de l'absent. — Demol., 123 ; Aub. et Rau, p. 614 en note. *Voir cependant arrêt de la chambre civile de la Cour suprême du 29 déc.* 1830, S.31.1.80.

103. C'est le jour de la disparition, et non le jour de la déclaration d'absence, qui doit servir de point de départ pour le calcul du délai de trente ans fixé par le second alinéa de l'art. 127. — De Moly, n. 487, Toullier, 1, 432 ; Valette sur Proudhon, 1, p. 228, note *a,* Demol., 125 ; Aub. et Rau, *loc. cit.—Contrà,* Delvincourt, *sur l'art.*127.

104. Il est bien évident, d'ailleurs, que les envoyés doivent contribuer proportionnellement aux dépenses qui sont à la charge des fruits.

105. Quant aux frais occasionnés par la déclaration d'absence, et par l'envoi en possession provisoire, ils sont à la charge exclusive de l'absent. — Aub. et Rau, p. 615. — *Voir suprà* n. 80, *et les autorités citées sous ce numéro.*

106. L'envoi en possession provisoire cesse par les preuves survenues du décès de l'absent. Alors, sa succession s'ouvre au profit des personnes qui se trouvent, au jour de ce décès, ses héritiers ou ses successeurs, et celles-ci sont appelées à exercer, contre les envoyés en possession, les droits qu'il aurait eu à exercer lui-même s'il s'était représenté. Art. 130.

107. *Rapports réciproques des envoyés en possession provisoire entre eux.* Nous avons déjà vu qu'au regard des envoyés, l'envoi en possession opère une sorte d'ouverture provisoire de la succession. — *Suprà,* n. 60.

108. En conséquence, s'il existe plusieurs héritiers ou successeurs envoyés en possession provisoire, ils peuvent demander l'un contre l'autre le partage du patrimoine de l'absent, comme s'il s'agissait d'une succession réellement ouverte à leur profit. — Duranton, 503 ; Demol., 128, Aub. et Rau, p. 609.

109. En procédant au partage, ils peuvent se contraindre réciproquement au rapport des avantages que l'absent leur aurait faits sans clause de *préciput.* — Aub. et Rau, *loc. cit.;* Demante, t. 1, n. 152 *bis,* IV, note 1, Massé et Vergé, t. 1, p. 149 ; Demol., 132.

110. S'il résulte des termes de l'acte que les envoyés en possession provisoire ont entendu faire un partage définitif, ce partage restera, même après l'envoi en possession définitif, obligatoire pour les parties qui l'ont signé. — Aub. et Rau, 610 ; Demol. 128 et s.

Il a été décidé, en effet, que la prohibition des pactes sur successions futures ne s'applique pas aux partages des biens d'un absent, ni aux différents arrangements, traités ou conventions que les héritiers présomptifs peuvent faire entre eux, relativement à ces biens. — *Req. rej.* 3 août 1829, Dall., *Jurisp. gén.,* v° *Absent,*

n. 463; *Civ. Rej.* 30 août 1826, même ouvrage, *verbo cit.*, n. 466; *Req. rej.* 27 décembre 1837, même ouvrage, *verbo cit.*, n. 465; *Req. rej.* 17 janvier 1843, même ouvrage, *verbo cit.* n. 465; *Req. rej.* 17 janvier 1843, meme ouvrage, *verb. cit.*, n. 468; *Req. rej.* 14 août 1871, Dall. périod. 71, 1, 193. — *Contrà*, C. civ. cass., 21 décembre 1841. Dall., *Jurisp. gén.*, v. *Absent*, n. 467.

111. Ainsi, les envoyés en possession peuvent procéder à la licitation des immeubles. Toutefois, comme les biens compris dans l'envoi provisoire ne peuvent être aliénés (*suprà*, n. 92), la prudence conseille aux envoyés en possession de ne faire la licitation qu'entre eux, et à l'exclusion des étrangers. — Aub. et Rau, *loc. cit.*; Demol., 129.

112. *Rapports des envoyés en possession provisoire avec les tiers.* Ainsi que nous l'avons vu (*suprà*, n. 60), la déclaration d'absence donne lieu à une sorte d'ouverture provisoire de la succession de l'absent. Au regard des tiers, les biens que possédait l'absent sont donc à considérer comme ayant passé, par voie de succession, sur la tête des envoyés en possession provisoire, sous la condition résolutoire du retour de l'absent ou de la preuve de son décès. — Aub. et Rau, p. 545.

113. Les droits de mutation sont dus par les envoyés en possession provisoire, dans les six mois du jour de l'envoi. — Lois du 22 frimaire an VII, art. 24; du 28 avr. 1816, art. 40; Cass., 2 avr. 1823, S. 23.1300; Cass., 8 déc. 1856; Devil., 58, 1,299. — V. *Infrà*, n. 235 et suiv.

114. Après l'expiration des trente ans, à compter de l'envoi en possession provisoire, les envoyés peuvent opposer la prescription à toutes les personnes, autres que les enfants ou descendants de l'absent, qui auraient été fondées à demander l'envoi en possession provisoire, concurremment avec les envoyés ou à leur exclusion, mais qui sont restées dans l'inaction. — Art. 133 du Code civil. *Infrà*, n. 154.

115. Les droits et les charges que l'envoi provisoire confère ou impose aux envoyés se transmettent, comme leurs biens personnels, dans leur succession, à leurs héritiers ou autres successeurs. Ceux-ci sont, d'ailleurs, tenus de respecter ou d'exécuter, dans les limites de la quotité disponible, les donations ou les legs par lesquels les envoyés auraient disposé de ces biens, sauf bien entendu le droit de demander, en ce cas, caution aux donataires ou aux légataires. — Turin, 3 mai 1810, S. 11.2.95; Angers, 28 août 1828, S. 28.2.329; Roll. de Vill., 211; Demol., 133 *bis*; Aub. et Rau, *loc. cit.*

116. Toutes les réclamations que les tiers auraient à former contre l'absent doivent être dirigées contre les envoyés en possession. — Code civ., art. 134; *suprà*, n. 94; *infrà*, n. 126.

117. En ce qui concerne la prescription des biens qui se trouvaient dans le patrimoine de l'absent, il faut considérer la personne de l'envoyé en possession et non celle de l'absent. En conséquence, si l'envoyé est majeur, il ne pourra pas opposer aux tiers la minorité de l'absent, pour soutenir que la prescription n'a pas couru, car il faudrait qu'il prouvât l'existence de ce dernier. Si, au contraire, l'envoyé est mineur ou interdit, les tiers ne pourront pas opposer la majorité de l'absent, car il faudrait, à leur tour, qu'ils fournissent la preuve de son existence, sans laquelle leur prétention ne serait pas fondée. — Merlin, *Rép.*, v° *Absent*, note 2, *sur l'art.* 134; Delvincourt, 1, *part.* II, p. 97 et 98; Valette sur Proudhon, 1, p. 289; Demol., 139; Aub. et Rau, *loc. cit.*

118. Toutefois, si l'absent reparaît, le temps requis pour la prescription doit être calculé, comme si elle avait toujours couru contre lui, et non contre l'envoyé. Par conséquent les débiteurs, et, réciproquement, les envoyés en possession provisoire, sont fondés à faire des réserves pour cette éventualité. — *Mêmes autorités.*

119. Si, nonobstant la prohibition portée à l'art. 128, les envoyés en possession aliènent ou hypothèquent pour leur propre compte un immeuble de l'absent, la nullité de cette aliénation ou de cette hypothèque ne pourra pas être invoquée par eux : ils sont garants de leurs faits. — Locré, *sur l'art.* 128; Duranton, 486; Demol., 137, A; Aub. et Rau, p. 612.

Quant aux tiers acquéreurs, s'ils ont connu l'origine des biens et la qualité des envoyés, ils ne sauraient pas davantage être admis à demander la nullité des ventes passées à leur profit.

120. Mais le pourraient-ils, dans l'hypothèse contraire, en prouvant qu'ils ignoraient la véritable situation au moment où ils contractaient, demander cette nullité, comme seul moyen de sortir d'une situation incertaine, qu'ils n'auraient pas sciemment acceptée ?

M. Demolombe (*loc. cit.*) incline vers l'affirmative. MM. Aubry et Rau (*loc. cit.*) se prononcent, au contraire, en faveur de la négative, par la raison que les tiers acquéreurs se trouvant dans l'impossibilité de prouver l'existence de l'absent, ils ne pourraient attaquer la vente comme portant sur la chose d'autrui.

MM. Aubry et Rau reconnaissent d'ailleurs qu'en pareille situation, l'art. 1653 permettrait aux tiers acquéreurs de suspendre le paiement du prix.

121. Toutefois, de l'avis de tout le monde, la demande en nullité formée par un tiers acquéreur devrait être accueillie, si leur erreur avait été le résultat de manœuvres frauduleuses pratiquées à leur égard.

122. Les hypothèques légales ou judiciaires, qui grèvent les propres immeubles des envoyés, s'étendent, quoique sous condition résolutoire, aux immeubles de l'absent. Elles s'évanouissent, si l'absent reparaît, ou si son existence est prouvée pendant l'envoi provisoire. Mais, si les envoyés en possession restent définitivement propriétaires de son patrimoine, elles deviennent pleinement efficaces, à dater de sa disparition ou de ses dernières nouvelles.

123. Il paraît donc certain que, si les créanciers personnels de l'envoyé ne peuvent pas actuellement faire saisir ni vendre les immeubles de l'absent, ils peuvent, d'après l'art. 2125, inscrire leurs hypothèques du chef de leur débiteur.

124. Lorsqu'une personne a obtenu, de bonne foi, l'envoi provisoire, par suite de l'inaction d'autres héritiers présomptifs plus proches ou d'égal degré, et que, dans les trente ans de cet envoi, ces derniers viennent à se révéler et à former une demande en restitution, l'envoyé ne leur doit aucun compte de la part de revenus qui, en vertu de l'art. 127, lui était acquise au jour de cette demande. — *Sic*, Merlin, sur l'art. 127 ; Delvincourt, t. 1, p. 276, note 2 ; Duranton, 497 ; de Moly, 485 ; Roll. de Vill., 219 ; Demol., 187 ; Aub. et Rau, *loc. cit.* — *Contrà*, Toullier, t. I, n. 433.

125. Mais l'envoyé ne doit-il pas compte, dans ce cas, du cinquième ou du dixième qu'il serait forcé de rendre à l'absent, s'il revenait, ou à ses héritiers, si le décès de l'absent était prouvé (art. 127, 130) ?

Nous croyons devoir adopter l'affirmative, puisque l'objet de l'action intentée, en pareil cas, à l'envoyé, par l'héritier plus proche ou d'égal degré, c'est d'être substitué en tout ou en partie à la position de l'envoyé vis-à-vis de l'absent. Dans le système de la négative, il faudrait que l'envoyé continuât de fournir caution pour les fruits qu'il conserverait et qu'il aurait à restituer à l'absent, si ce dernier reparaissait avant les quinze ou les trente ans ; de telle sorte qu'il y aurait alors deux classes distinctes d'envoyés. — *Sic*, Demol., 188. — *Contrà*, Aub. et Rau, *loc. cit.*; Plasman, t. I, p. 163, 167.

126. Les dettes qui grèvent le patrimoine de l'absent se divisent entre les envoyés en possession provisoire, comme elles se diviseraient, si la succession était véritablement ouverte. En conséquence, sont applicables à ces derniers les dispositions des art. 870, 871, 873, 875 du Code civil. — Aub. et Rau, p. 611 ; Demol., 136, A.

127. L'art. 877 du même Code leur est également applicable. — *Mêmes autorités* ; Proudhon, t. I, p. 295 ; Massé et Vergé, t. I, p. 149.

128. Les envoyés ne sont tenus des dettes que jusqu'à concurrence de la valeur des biens de l'absent, et ils n'en sont pas tenus personnellement, sur leur propre patrimoine. Pour qu'ils n'en soient pas tenus *ultra vires*, ils n'est point nécessaire, d'ailleurs, qu'ils déclarent au greffe n'accepter que sous bénéfice d'inventaire. — Delvincourt, 1, part. 2, p. 97 ; Duranton, 492, note 1 ; Plasman, 1, p. 290 ; Demol., 136, B, C ; Aub. et Rau, p. 613.

129. Les envoyés provisoires, s'ils sont héritiers à réserve, n'ont pas le droit d'agir contre les donataires entre-vifs de biens de l'absent, pour faire rentrer les libéralités excessives dans les limites de la quotité disponible. — Aub. et Rau, *loc. cit.*; Demol., 140. — *Contrà*, Demante, t.1, n. 152 *bis*, IV à VI.

130. De même, si l'absent avait aliéné le bien qui lui avait été donné entre-vifs, avec stipulation du droit de retour, ou qui avait été grevé, dans ses mains, de substitution, ou s'il avait aliéné l'usufruit qui lui appartenait sur le bien d'autrui, le donateur, l'appelé à la substitution ou le nu-propriétaire, ne serait point admis, en vertu de l'autorisation qu'il aurait obtenue d'exercer provisoirement les droits de l'absent, à revendiquer ces biens contre les tiers acquéreurs. — Aub. et Rau, p. 614; Demol., 141. — *Contrà*, Demante, *loc. cit.*

IV. — *Droits de l'époux présent, après la déclaration d'absence.*

131. L'art. 124 du Code civil, premier alinéa, dispose :
« L'époux commun en biens, s'il opte pour la continuation de la communauté, pourra empêcher l'envoi provisoire, et l'exercice provisoire de tous les droits subordonnés à la condition du décès de l'absent, et prendre ou conserver, par préférence, l'administration des biens de l'absent. Si l'époux demande la dissolution provisoire de la communauté, il exercera ses reprises et tous ses droits légaux et conventionnels, à la charge de donner caution pour les choses susceptibles de restitution. »

132. Cet article s'applique, indistinctement, à tout époux commun en biens, et par conséquent :
1o A la communauté conventionnelle aussi bien qu'à la communauté légale. — Toullier, t. 1, n. 467 ; Duranton, 430 ; Massé et Vergé, t. 1, p. 144 ; de Plasman, t. 1, p. 275.
2o A tout régime composite ou mixte, dans lequel entre une société d'acquêts ; notamment à la communauté d'acquêts, stipulée en même temps que le régime dotal, et à la communauté dans laquelle le contrat de mariage aurait assigné à chacun des époux des parts inégales. — Bellot des Minières, *du Contrat de mariage*, t. 2, p. 23 ; Pont et Rodière, *du Contrat de mariage*, t. 1, n. 742 ; Aub. et Rau, p. 615 ; Demol., 276.

133. Quant aux pouvoirs de l'époux présent, qui a opté pour la communauté, il faut distinguer entre le cas où la femme est absente, et le mari présent, et l'hypothèse inverse.

134. Si c'est la femme qui est absente, les pouvoirs du mari qui a opté pour la continuation de la communauté sont, en ce qui concerne le patrimoine personnel de la femme, ceux d'un envoyé ordinaire. Mais, en ce qui concerne les biens communs, le mari conserve tous les pouvoirs qu'il tient de sa qualité de chef de la communauté. Il peut donc aliéner, à titre onéreux, les biens communs ou les hypothéquer, sans avoir besoin de se faire autoriser à cet effet, et sans que les héritiers de la femme puissent élever de critique à cet égard. De même, il peut disposer de ces biens, à titre gratuit, dans les limites de l'art. 1422 du Code civil. — V. *infrà*, n. 145.

135. La femme présente, qui a opté pour la continuation de la communauté, ne jouit que des droits d'un envoyé en possession provisoire, tant sur les biens communs que sur les biens personnels du mari. — Demol., 285 ; Aub. et Rau, p. 616.

136. Encore, sa position diffère-t-elle de celle d'un envoyé ordinaire, en ce que ce dernier peut, ainsi que nous l'avons vu (*suprà*, n. 95), exercer toutes les actions mobilières de l'absent, et défendre aux actions immobilières intentées à ce dernier, sans autorisation de justice préalable; tandis que la femme, restant soumise à l'autorisation maritale, à donner par le tribunal, pour ester en justice, en son nom personnel (art. 222), a besoin, *a fortiori*, d'une pareille autorisation lorsqu'elle agit, en pareil cas, soit pour le compte de la communauté, soit pour celui de son mari. — V. *infrà*, n. 194.

137. L'époux présent, qui opte pour la continuation de la communauté, n'est pas soumis à l'obligation de fournir caution, pour la sûreté de son administration. En effet, l'art. 124, qui lui impose cette obligation, pour le cas de dissolution de la communauté, l'en dispense virtuellement, pour le cas contraire. — *Sic*, Delvincourt, I, part. II, p. 94; Proudhon et Valette, I, p. 317 et 318; Duranton, 465; Bellot des Minières, *du Contrat de mariage*, II, p. 8; Plasman, I, p. 281 et 282; Demol., 283; Aub. et Rau, p. 617. — *Contrà*, de Moly, n. 550-587.

138. On a voulu faire à cet égard une distinction entre le mari qui serait dispensé de la caution, et la femme qui en serait, au contraire, tenue. — Toullier, t. I, n. 479; Talandier, p. 164.

Mais la généralité des termes de l'art. 124 nous paraît repousser cette distinction. — Demol., Aub. et Rau, *loc. cit.* — V. *dans notre sens, un jugement du tribunal civil de la Seine du 23 mars* 1867, *Revue*, n. 1960.

139. L'époux présent, qui opte pour la continuation de la communauté, est tenu de faire inventaire, non-seulement des biens personnels de l'absent, mais encore de ceux de la communauté. On a soutenu, quant au mari, que cette obligation ne lui est imposée qu'à l'égard des biens personnels de la femme. — Toullier, t. I, n. 466; Zachariæ, 1, § 153.

Mais le mari pouvant devenir comptable des biens communs, à partir du moment de son option pour la communauté (*infrà*, n. 143), il y a évidemment nécessité de comprendre ces biens dans l'inventaire. — Delvincourt, I, part. II, p. 99; Duranton, 458 et 460; de Moly, p. 366; Plasman, 1, p. 281; Aub. et Rau, p. 619; Demol., 281.

140. L'époux présent, qui a opté pour la continuation de la communauté, conserve toujours la faculté d'en demander la dissolution, l'option par lui faite n'ayant conféré, à qui que ce soit, de droits acquis. — Duranton, 462, Valette *sur Proudhon*, I, p. 315, note *a*, obs.; Plasman, I, p. 280; Demol., 290; Aub. et Rau, p. 617 et 618, *texte et note* 11.

141. La communauté continuée se dissout, en outre, par le décès de l'époux présent, par la mort de l'absent, quand elle vient à être prouvée, et enfin, par l'envoi en possession définitif. — C. civ., art. 1441, 129 et 130.

142. Aux termes de l'art. 124, alinéa 2, l'option que la femme a faite d'abord pour la continuation de la communauté n'est point un obstacle à ce qu'elle y renonce, lorsque celle-ci se dissoudra définitivement. Les héritiers et successeurs de la femme conservent le même droit. — C. civ., art. 1453.

143. Dans quel état doit se liquider la communauté continuée, qui vient à se dissoudre? Il faut distinguer. Si la dissolution est amenée par la preuve acquise du décès de l'absent, la communauté doit être liquidée dans l'état où elle se trouvait au jour du décès. Lorsqu'au contraire, la communauté continuée prend fin, par la renonciation de l'époux présent, par son décès, ou par l'envoi en possession définitif, elle doit être liquidée, comme si elle avait été dissoute au jour de la disparition de l'absent, ou de ses dernières nouvelles. — Proudhon et Valette, I, p. 318 à 321; Demol., 293; Rodière et Pont, *du Contrat de mariage*, I, 784; Aub. et Rau, p. 618 et 619, *texte et note* 12.

144. En conséquence, s'il est prouvé que le décès de la femme absente a eu lieu postérieurement à l'option faite par le mari pour la continuation de la communauté, celui-ci ne devient comptable des biens communs qu'à partir du jour de ce décès.

145. Les héritiers de la femme sont tenus, d'ailleurs, de respecter les actes de disposition que le mari présent a pu faire en qualité de chef de la communauté, sauf à ce dernier à rendre compte de la valeur des biens aliénés à partir, soit du jour du décès de la femme, soit à partir de sa disparition ou de ses dernières nouvelles, suivant les distinctions établies aux n°s 143 et 144 ci-dessus. — Aub. et Rau, *loc. cit.*

146. Quant à la femme qui a opté pour la continuation de la communauté, elle devient, dans tous les cas, et ce à partir du jour où elle a pris l'administration des biens communs et des biens personnels du mari, comptable des premiers, aussi bien que des seconds envers les héritiers de ce dernier. Elle n'était, en quelque sorte, que le mandataire intéressé de son mari. — Duranton, 458. 460, 461; Aub. et Rau, *loc. cit.;* Demol., 281, 293.

147. Relativement aux fruits perçus par l'époux qui a opté pour la continuation de la communauté, l'application de l'art. 127 présente un certain nombre de difficultés.

148. Lorsque l'époux absent reparaît, ou qu'il fait parvenir de ses nouvelles, l'art. 127 ne produit pas d'effet *à l'égard des biens dont la jouissance appartenait à la communauté.* Leurs fruits, constituant des acquêts, tombent dans cette communauté, en vertu des dispositions de l'art. 1401. Mais il en est autrement *à l'égard des biens dont l'absent avait pu se réserver la jouissance.* Les fruits de ces derniers biens tombent dans la communauté, pour la part revenant, en vertu de l'art. 127, à l'époux présent, et restent propres à l'absent, pour la portion qui doit lui être restituée, aux termes du même article.— Proudhon et Valette, I, p. 319, note 6; Bellot des Minières, *du Contrat de mariage*, II, p. 34 et suiv.; Dalloz, *Jurisp. gén.*, v° *Absence*, n. 415; Rodière et Pont, *du Contrat de mariage*, 1.376; Demol., 288; Aub. et Rau, p. 619. — *Contrà*, Duranton, 464; Plasman, I, p. 287 et 289.

149. Lorsqu'au contraire le décès de l'absent vient à être prouvé, il y a lieu de distinguer entre les fruits perçus jusqu'au moment de ce décès, et ceux perçus à partir de ce moment jusqu'à celui de la cessation de l'administration légale. On doit appliquer aux premiers les règles que nous venons de poser au n. 148; quant aux seconds, ils appartiennent en propre à l'époux présent, et aux héritiers de l'absent, dans les proportions établies par l'art. 127. — Aub. et Rau, p. 620.

150. Enfin, lorsque la communauté, provisoirement continuée, vient à être dissoute, soit par la mort de l'époux présent, soit par sa renonciation à la continuation de la communauté, soit par l'envoi en possession définitif, le partage des fruits, entre l'époux présent ou ses héritiers, et les envoyés en possession, doit être fait d'après les dispositions du même article 127. — Demol. 286; Aubry et Rau, *loc. cit.*

§ 4. — Troisième période. — De l'envoi en possession définitif.

151. Lorsque l'absence se prolonge tellement que le retour ne serait plus qu'un événement extraordinaire, la présomption de mort, qui va toujours croissant, quoique toujours balancée par la présomption de vie, devient prédominante, et alors il est tout à la fois, dans l'intérêt des envoyés en possession provisoire, et dans l'intérêt public, de conférer à ces envoyés un titre définitif, et de rendre ainsi les biens au commerce. — Favard, p. 21.

152. C'est ce qu'a fait l'art. 129, qui dispose ainsi qu'il suit : « Si l'absence a continué pendant trente ans depuis l'envoi provisoire, ou depuis l'époque à laquelle l'époux commun aura pris l'administration des biens de l'absent, ou s'il s'est écoulé cent ans révolus depuis la naissance de l'absent, les cautions seront déchargées ; tous les ayants droit pourront demander le partage des biens de l'absent, et faire prononcer l'envoi en possession définitif par le tribunal de première instance. »

153. Les cautions données par les héritiers ou autres personnes envoyées en possession sont donc déchargées *de plein droit*, sans qu'il soit nécessaire que le jugement d'envoi en possession définitif intervienne pour opérer cette décharge, laquelle porte, non-seulement sur l'avenir, mais encore sur le passé. — Toullier, 1.441 ; Duranton, 504 ; de Moly, 656; Plasman, 1241; Demol., 160; Aub. et Rau, p. 622. — *Contrà*, Zachariæ, § 157, texte et note 1 ; Valette sur Proudhon, I, p. 326, note *a*.

154. Le droit d'agir aux fins d'obtenir l'envoi en possession définitif appartient à tous ceux auxquels la loi accorde le droit de demander l'envoi provisoire. Il n'est pas nécessaire, d'ailleurs, d'avoir été envoyé en possession provisoire, pour être fondé à demander l'envoi définitif ; il importe seulement, si d'autres ont obtenu l'envoi provisoire, que l'action de ceux qui demandent ensuite l'envoi définitif ne soit pas éteinte par la prescription. — Aub. et Rau, p. 621 ; Demol., 150.

155. Pour obtenir l'envoi en possession définitif, les intéressés doivent s'adresser, par une requête, au tribunal qui avait prononcé la déclaration d'absence et l'envoi provisoire.

156. Une nouvelle enquête est-elle, en ce cas, nécessaire pour établir que, depuis le premier envoi en possession, l'absence a continué sans qu'on ait reçu de nouvelles?

La loi ne prescrit point cette mesure. L'enquête est donc facultative pour le tribunal qui ne peut pas l'ordonner, s'il se trouve suffisamment éclairé par d'autres documents. — Roll. de Vill., 288; Demol., 149.

157. Après le prononcé du jugement d'envoi en possession définitif, les envoyés peuvent provoquer, les uns contre les autres, le partage définitif du patrimoine de l'absent, à moins qu'ils n'aient précédemment déjà procédé au règlement définitif de leurs droits. — *Suprà*, n. 110.

158. Par suite de ce jugement, la communauté de biens, provisoirement continuée en vertu de l'option de l'époux présent, est définitivement dissoute, et sa liquidation peut être demandée par les envoyés définitifs.

159. A l'égard des tiers, les envoyés définitifs sont à considérer comme propriétaires des biens de l'absent, et sont même réputés l'avoir été, à partir de sa disparition ou de ses dernières nouvelles. — Arg., art. 132, 133 et arg. *a contrario*, art. 128 et 2126; Aub. et Rau, p. 622.

160. Ils peuvent vendre, hypothéquer, échanger, aliéner à titre onéreux, sans condition et sans formalités, tous les biens qu'ils trouvent dans le patrimoine de l'absent.

161. Ils peuvent même aliéner ces biens à titre gratuit. — Toullier, t. II, n. 447; Duranton, 505; Aub. et Rau, p. 623; Massé et Vergé, t. I, p. 155; Demante, t. I, n. 169 *bis* II; Plasman, II, p. 233; Demol., 156. — V. cependant ci-après, n. 164.

162. Si l'absent reparaît, ou si son existence est prouvée, la propriété attribuée aux envoyés en possession définitive est révoquée, mais pour l'avenir seulement. Il ne peut recouvrer ses biens que dans l'état où ils se trouvent. D'une autre part, il est tenu de respecter toutes les aliénations, soit à titre onéreux, soit à titre gratuit, consenties par les envoyés, ainsi que les hypothèques par eux constituées.

163. Si les biens ont été vendus, l'envoyé définitif doit rendre à l'absent reparu, soit le prix, soit les biens provenant de l'emploi qui aurait été fait de ce prix. — Art. 132.

164. L'absent n'a droit à aucune indemnité en raison des biens dont l'envoyé définitif a pu disposer à titre gratuit, à moins que ce dernier n'ait, au moyen de ces dispositions, accompli une obligation naturelle, par exemple doté ses enfants. Et même, en ce cas, l'indemnité due par l'envoyé définitif à l'absent ne devra-t-elle pas être toujours de la valeur totale des biens donnés. On conçoit, en effet, que l'envoyé aurait pu ne constituer qu'une dot moindre, s'il n'avait eu que ses biens personnels. L'indemnité devra donc être limitée au montant de la dot que l'envoyé aurait vraisemblablement prise sur ses propres biens, s'il y avait été réduit. — Proudhon et Valette, I, p. 330 et note *a ;* de Moly, n. 896; Demol.,157; Aub. et Rau, p. 623 et 624.

165. L'envoyé définitif doit rendre aussi à l'absent reparu, les capitaux remboursés entre ses mains par les débiteurs de ce dernier. — Duranton, 508 ; Demolombe, 173.

166. Mais l'absent ne peut répéter aucune portion de fruits. Ils sont irrévocablement acquis aux envoyés en possession définitive, sans aucune distinction entre les revenus perçus et ceux qui sont encore dus, mais qui étaient échus au moment du retour de l'absent. — Duranton, 507 ; Delvincourt, t. 1, p. 105 ; Talandier, p. 231 ; Roll. de Vill., 299.

167. L'absent reparu ne peut pas davantage prétendre à une bonification, en raison des détériorations ou des dégradations dont les biens auraient été l'objet, même par le fait des envoyés définitifs, lorsque, d'ailleurs, ceux-ci n'ont point tiré profit de ces détériorations ou dégradations. — Duranton, 509 ; de Moly, 896 ; Demol., 165; Aub. et Rau, *loc. cit.*

168. Au contraire, si les biens ont été améliorés par les envoyés définitifs, l'absent doit bonifier à ces derniers les impenses nécessaires ou utiles ; à moins qu'elles ne doivent être considérées comme des charges des fruits.— Merlin, *Rép.*, v° *Absent*, sur l'art. 138, n. 2 ; Demol., 166; Aub. et Rau, p. 624.

169. Le droit de révocation accordé par l'art. 132 peut toujours être exercé par l'absent. Il n'est point limité à trente ans comme celui des enfants et descendants dont nous parlerons dans les numéros suivants. « Ce n'est pas, dit M. Duranton (n. 510), que les envoyés en possession définitif soient encore des dépositaires qui ne prescrivent point contre le déposant (art. 2236) ; ils sont propriétaires, mais sous une condition résolutoire. La véritable raison, c'est qu'ils possèdent en qualité d'*héritiers*, et que leur titre s'évanouit, dès qu'il est établi que l'absent est vivant.

170. L'art. 133 du Code civil dispose :
« Les enfants et descendants directs de l'absent pourront également, dans les trente ans, à compter de l'envoi définitif, demander la restitution de ses biens comme il est dit en l'art. 132. »

171. L'action spéciale dont s'occupe cet article appartient aux enfants naturels de l'absent, aussi bien qu'à ses enfants légitimes. Mais elle ne saurait appartenir à ses autres héritiers. — Toullier, t. 1, n. 451 ; Zachariæ, t. 1, p. 310 ; Demol., *infrà*, n. 174.

172. Pour l'exercer, les enfants et descendants de l'absent n'ont pas à administrer la preuve du décès de ce dernier.

173. Elle se prescrit par trente ans, à partir de l'envoi en possession définitif, et sauf les interruptions et suspensions telles que de droit. Ainsi, la prescription est suspendue pendant la minorité des enfants et descendants, conformément à l'art. 2252.— Merlin, *Rép.*, v° *Absent*, sur l'art. 133 ; Toullier, t. 1, n. 453 ; de Moly, n. 690 ; Aub. et Rau, p. 625, *texte et note* 12 ; Demol., 185.

Cette seconde proposition est cependant contestée par certains auteurs, qui considèrent comme un délai préfix et invariable, le terme au bout duquel le droit des enfants et descendants doit s'évanouir, *Sic* : Duranton, 513; Delvincourt, t, 1, p. 50, note 4; Proudhon, 1, p. 334 et 335; Talandier, p. 235 ; Demante, t. 1, n. 171 *bis*, IV.

174. Enfin, les envoyés définitifs peuvent encore être évincés par une action en pétition d'hérédité que peuvent former tous héritiers ou successeurs de l'absent, mais seulement en administrant la preuve de son décès.

175. Mais cette action qui se prescrit, dans tous les cas, par trente ans, à compter du jour de ce décès, cesse aussi d'être recevable, même avant l'expiration de ce délai, lorsqu'il s'est écoulé trente ans depuis l'envoi définitif. — Duranton, 530, 531 ; Roll. de Vill., 305, 306; Demol., 192, 193; Aub. et Rau, p. 626 et 627.

§ 5. — Des droits ouverts au profit de l'absent, depuis sa disparition ou ses dernières nouvelles.

176. Les articles du Code que nous avons interprétés jusqu'ici, ont pour objet les biens que l'absent a laissés en s'éloignant de son domicile ; les articles 135 et suivants, que nous allons examiner maintenant, s'occupent des droits qui se sont ouverts en faveur de l'absent, depuis sa disparition.

177. Aux termes de l'art. 135, « quiconque réclamera un droit échu à un individu dont l'existence ne sera pas reconnue, devra prouver que ledit individu existait quand le droit a été ouvert : jusqu'à cette preuve, il sera déclaré non recevable dans sa demande. »

178. Il est, en effet, des droits qui ne peuvent être acquis à celui qui est appelé à les recueillir, qu'autant qu'il existe lui-même au moment où ces droits s'ouvrent : ce sont ceux que la loi appelle ici éventuels, c'est-à-dire, les droits futurs et incertains qui sont subordonnés à l'existence de la personne appelée à les recueillir. — Demol., 200.

179. Ainsi par exemple :

« Art. 725. Pour succéder, il faut nécessairement exister à l'ouverture de la succession. »

« Art. 1039. Toute disposition testamentaire sera caduque, si celui en faveur de qui elle est faite n'a pas survécu au testateur. »

« Art. 951. Le donataire pourra stipuler le droit de retour des objets donnés, soit pour le cas du prédécès du donataire seul, soit pour le cas du prédécès du donataire et de ses descendants.

« Art. 1089. Les donations faites à l'un des époux, dans les termes des articles 1082, 1084 et 1086, deviendront caduques, si le donateur survit à l'époux donateur et à sa postérité.

« Art. 1983. Le propriétaire d'une rente viagère n'en peut demander les arrérages qu'en justifiant de son existence ou de celle de la personne sur la tête de laquelle elle a été constituée. »

« Etc., etc. »

180. L'article 136 fait l'application de la règle posée par l'article 135, au cas le plus important, à celui de l'ouverture d'une succession. Il est ainsi conçu :

« S'il s'ouvre une succession à laquelle soit appelé un individu dont l'existence n'est pas reconnue, elle sera dévolue exclusivement à ceux avec lesquels il aurait eu le droit de concourir, ou à ceux qui l'auraient recueillie à son défaut. »

181. Ainsi les héritiers présents ne sont pas obligés de tenir compte d'un cohéritier absent, dont l'existence n'est pas reconnue au moment de l'ouverture de la succession; et, à cet égard, il n'y a pas de distinction à faire entre le cas de l'absence déclarée et celui de l'absence simplement présumée. — Locré, sur l'art. 135 ; Proudhon, 1, p. 265 à 268; Toullier, I, 477 et 478 ; Merlin, *Rép.*, vº *Absent*, notes 2 et 3 *sur l'art.* 136 ; Duranton, 535 ; Demol., 203 à 205 ; Aub. et Rau, p. 628; *Bruxelles*, 21 germ. an XIII, Dall. J. G., vº *Absence*, n. 481 ; Poitiers, 29 avril 1807, Dall., *ibid.*; Ch. des req., 16 décembre 1807, Dall., *ibid.*; Agen, 4 janv. 1808. Dall., *ibid.*; Civ. Cass., 18 avril 1809, Dall., *ibid.*; Colmar, 29 juin 1823, Dalloz, *ibid.*

182. Toutefois, pour qu'il y ait lieu à l'application des articles que nous avons transcrits plus haut, il faut que des doutes raisonnables s'élèvent sur l'existence de l'absent. — Toullier, I, 479 ; Duranton, 536 ; Demol., 205 ; Aub. et Rau, p. 629.

183. En conséquence, si une personne n'avait disparu que depuis peu de temps de sa résidence ou de son domicile, et qu'il n'y eût pas, suivant les circonstances, de motifs suffisants pour considérer son existence comme devenue incertaine, il appartiendrait aux tribunaux, à la demande des ayants droit de cette personne, d'ordonner des mesures temporaires pour sauvegarder ses intérêts. — Demol., Aub. et Rau, *loc. cit.*

184. Sauf ce cas, les personnes qui recueillent la succession à l'exclusion de l'absent, ne peuvent être gênées dans la libre disposition des objets qui la composent.

185. Ainsi, point de notaire pour représenter l'absent, point d'inventaire dans l'intérêt de ce dernier, point d'obligation de fournir caution. Demol., 213 ; Aub. et Rau, p. 630.

186. Ceux qui n'ont point d'abord méconnu l'existence de l'héritier qui avait disparu, qui ont consenti à la nomination d'un notaire chargé de le représenter à l'inventaire et au partage, ou qui ont admis ses ayants doit à recueillir tout ou partie de la succession, peuvent toujours par la suite, même avant la déclaration d'absence, demander à reprendre les biens qu'ils ont provisoirement laissé attribuer à l'absent, ou abandonné à ses ayants droit. — Duranton, 536; Demol., 206 et 207; Aub. et Rau, p. 631.

187. Aux termes de l'article 137, « les dispositions des articles 135 et 136 auront lieu, sans préjudice des actions en pétition d'hérédité et d'autres droits, lesquels compéteront à l'absent ou à ses représentants ou ayants cause, et ne s'éteindront que par le laps de temps établi pour la prescription. »

188. Dans ce cas, l'absent ou ses représentants ou ayants droit sont obligés de respecter, non-seulement les actes d'administration faits par les héritiers présents, mais encore tous les actes d'aliénation que ceux-ci ont pu consentir au profit de tiers de bonne foi. Quant aux fruits, aux termes de l'art. 138, ceux qui ont recueilli la succession ne sont pas tenus de les restituer à l'absent ou à ses ayants droit, lorsqu'ils les ont perçus de bonne foi. C'est d'ailleurs le principe général. C. civ. 549.

189. Mais ils cessent d'être de bonne foi aussitôt qu'ils ont reçu des nouvelles certaines de l'existence de l'absent, ou qu'il se présente, et dès ce moment ils doivent compte des fruits. — Arg. C. civ., 138 et 550 ; Rolland de Villargues, 339.

§ 6. — Des effets de l'absence, quant au lieu conjugal, à l'autorisation maritale et à la légitimité des enfants.

190. L'absence de l'un des époux, se fût-elle prolongée au delà de cent ans à partir de la naissance de l'absent, n'est jamais une cause de dissolution du mariage ; et l'époux présent, ne peut à aucune époque se remarier. — *Discussion au Conseil d'État, Exposé des motifs*, par Bigot-Préameneu ; Locré, *Lég.* IV, p. 101 et 102, n. 41 à 45, p. 146, n. 32; Duranton, 423; Roll de Vill., 343 et suivants; Demol., 260; Aub. et Rau, p. 633.

191. Toutefois, aux termes de l'art. 139, l'époux absent, dont le conjoint a contracté une nouvelle union, est seul recevable à attaquer ce mariage par lui-même, ou par son fondé de pouvoir, muni de la preuve de son existence.

192. Cet article est applicable au cas où l'absence de l'époux n'est que présumée, comme au cas où elle a été déclarée. Dans l'un et dans l'autre cas, le second mariage ne peut être attaqué que par l'époux absent, ou son fondé de pouvoir spécial. — Lyon, 3 février 1830. D. 30, 2, 145; Cap., 21 juin 1831. D. 31, 2, 201; Valette *sur Proudhon*, I, p. 300, note 1; Plasman, I, p. 317; Roll. de Vill., 346 *bis* ; Demol., 265; Aub. et Rau, p. 633. *Contrà* : Duranton, 526; Dall., *Jur. gén.*, v° *Mariage*, p. 93, n. 13 ; Vazeille, *Du Mariage*, I, 223.

193. Mais, si l'absence vient à cesser, le droit commun reprend son empire, et toute personne intéressée, ainsi que le ministère public, peut demander, soit pendant la vie de l'absent reparu, soit après son décès, suivant les distinctions établies aux art. 184, 187, 188 et 189 du Code civil, la nullité du second mariage. Aub. et Rau, p. 633. Voir en sens divers : Toullier, I, 485; Vazeille, *Du Mariage*, I, 285; Duranton, 527 : Valette *sur Proudhon*, 1, p. 302, obs. 2; Demol., 264; du Caurroy, Bonnier et Roustain, I, 333.

194. La femme dont l'époux est absent a besoin, même après le jugement qui a prononcé l'envoi définitif, de l'autorisation de justice dans les différents cas où la femme mariée est soumise à la nécessité de l'autorisation maritale. C. civ., 222, 1427; C. proc.;- 863. — Aub. et Rau, *loc. cit.* ; Demol., 266. Voir ci-dessus, n. 135 et 136.

195. La femme d'un absent met au monde un enfant, plus de trois cents jours depuis la disparition ou les dernières nouvelles de son mari, c'est-à-dire après l'expiration du terme légalement le plus long de la gestation (Code civ., art. 315). Cet enfant ne peut obtenir l'envoi en possession des biens de l'absent, conjointement avec les autres enfants, ou à l'exclusion des collatéraux, que s'il prouve que l'absent existait encore à l'époque correspondant au trois centième jour avant l'accouchement. L'art. 120 du Code civil n'accorde, en effet, l'envoi en possession, provisoire ou définitif, des biens de l'absent, qu'à ses héritiers présomptifs, *au jour de la disparition ou des dernières nouvelles*. Les enfants conçus après cette époque ne sauraient donc obtenir l'envoi en possession. — Cass., 3 déc. 1834, Dev., 1835,1,230 ; Douai, 12 juill. 1856, Dev., 57,2,169 ; Caen, 21 août 1863, Dev., 64,2,15 ; Duranton, 439.

196. Mais cette exclusion n'implique pas la filiation illégitime de ceux qui en sont l'objet, car les effets de la déclaration d'absence sont uniquement relatifs aux *biens de l'absent*, et sont étrangers à ce qui concerne *l'état des personnes*, matière régie par un autre ordre de dispositions (Code civ., art. 312 et suiv). Aussi la question de filiation est-elle réservée par les arrêts précités, et l'on décide même qu'elle ne saurait être soulevée tant que dure l'absence, attendu qu'il faudrait pour cela agir en désaveu, et qu'une telle action appartient au mari seul, s'il vient à reparaître, et ne peut être exercée pour lui par les héritiers présomptifs, envoyés en possession de ses biens. — Toulouse, 14 juill. 1827 et 29 sept. 1828; S.28.2.202 et 29.2.157. — V. *Désaveu de paternité, Filiation, Légitimité, Mariage.*

197. Il a été jugé, par application des principes ci-dessus, que des enfants d'une femme dont le mari a été déclaré absent, à qui leurs actes de naissance et une possession d'état conforme attribuent la qualité d'enfants légitimes, viennent, en cette qualité, à la succession de leur mère, quoique ayant été conçus après l'époque à laquelle le jugement déclaratif fait remonter l'absence, et qu'un autre enfant, né du mariage avant l'absence, ne saurait les exclure qu'en prouvant que l'absent était décédé lors de leur conception. — Douai, 18 nov. 1861 ; Cass., req., 15 déc. 1863, *Revue du notariat*, n. 800. — *Contrà*, Demol., 268 ; Aub. et Rau, p. 636.

§ 7. — Des effets de l'absence, quant à la puissance paternelle et quant à la tutelle des enfants de l'absent.

198. Les effets de l'absence, quant à la puissance paternelle et quant à la tutelle des enfants, et les mesures à prendre dans l'intérêt de ces derniers, varient suivant que l'absence n'est encore que simplement présumée ou qu'elle a été déclarée. — Demol., 309; Aub. et Rau, 637.

199. Pendant la période de présomption d'absence, la disparition de la mère ne donne lieu à aucune mesure spéciale. Le père conserve, sans aucune restriction, sur les enfants communs, tous les droits de la puissance paternelle. — Mêmes autorités.

200. Aux termes de l'art. 141, « si le père a disparu laissant des enfants mineurs issus d'un commun mariage, la mère en aura la surveillance, et elle exercera tous les droits du mari, quant à leur éducation et à l'administration de leurs biens ».

201. La mère, dans ce cas, et jusqu'à ce que l'absence ait été déclarée, ne sera point tutrice, car c'est surtout au nom de son mari qu'elle exercera la puissance paternelle. Il n'y a donc lieu ni à hypothèque légale ni à subrogée tutelle. — Duranton, 518 ; Demol., 312.

202. Toutefois la mère ne peut exercer les droits de la puissance paternelle qui se rattachent à l'éducation que comme elle serait autorisée à le faire en cas de viduité. — Aub. et Rau, p. 638 ; Demol., 313.

203. Par exemple, elle ne peut exercer le droit de correction qu'avec le concours des deux plus proches parents paternels et et par voie de réquisition. — Art. 381 ; Duranton, 519 ; Demol., 313.

204. Peut-elle émanciper les enfants communs? Cette question est controversée. Pour l'affirmative, on invoque le texte même de l'art. 477, et il semble en effet que les mots *à défaut de père* doivent s'appliquer aussi bien au cas où le père est dans l'impossibilité d'exercer la puissance paternelle qu'au cas où il est décédé. Aub. et Rau, p. 541. — V. *Emancipation*.

Le principal argument des partisans de l'opinion contraire se tire de l'art. 384, d'après lequel l'émancipation fait cesser l'usufruit légal dont le père, dit-on, ne saurait pas être privé par un acte de la mère. Mais on paraît oublier que l'intérêt de l'avenir de l'enfant que sa mère aurait jugé digne du bénéfice de l'émancipation ne saurait fléchir devant l'intérêt pécuniaire du père.

M. Demolombe propose une solution qui lui paraît de nature à concilier les droits du père avec ceux de la mère et des enfants. Tout en reconnaissant que la mère peut, en vertu de l'art. 477, émanciper les enfants, *à défaut de père*, il veut qu'elle en réfère d'abord au tribunal, sur le point de savoir si, dans le cas de simple présomption d'absence, la condition qui attribue à la mère la faculté d'émanciper se trouve, d'après les circonstances du fait, accomplie. — Demol., 316, C.

205. Quant aux droits concernant l'administration des biens des enfants, la mère les exerce au même titre que le père, et avec la même étendue de pouvoirs, sans qu'elle ait besoin de l'autorisation du conseil de famille ou du tribunal, pour la passation des actes que le père peut faire sans une pareille autorisation. — Aub. et Rau, 638 ; Demol., 317.

206. Aux termes de l'art. 142 :

« Six mois après la disparition du père, si la mère était décédée lors de cette disparition, ou si elle vient à décéder avant que l'absence du père ait été déclarée, la surveillance des enfants sera déférée, par le conseil de famille, aux ascendants les plus proches, et, à leur défaut, à un tuteur provisoire. »

207. Ainsi, pendant les six premiers mois qui suivent la dis-

parition du père, aucune mesure n'est ordonnée par la loi. Cette
réserve est fondée sur l'inconvenance et le danger qu'il y aurait à
pénétrer trop tôt dans les affaires du présumé absent, qui peut reparaître à tout moment.

208. Toutefois, s'il y avait nécessité de pourvoir à des besoins
pressants et urgents, dans l'intérêt des enfants, le procureur de la
République pourrait provoquer et devrait obtenir du tribunal les
mesures nécessitées par les circonstances. — Code civ., 112, 114;
Delvincourt t. 1, p. 45, note 4; Demante, *Encyclop.*, n. 156; Valette sur Proudhon, t. 1, p. 307, note *a;* Demol., 320.

208. La surveillance dont parle l'art. 142 constitue, bien
qu'elle s'exerce à titre provisoire, une véritable tutelle entraînant
l'hypothèque légale et donnant lieu à la nomination d'un subrogé tuteur, sans qu'il y ait à faire, à cet égard, de distinction entre
le cas où cette surveillance est déférée à un parent collatéral ou à
un étranger, et celui où elle l'est à un ascendant. — De Moly,
n. 192 et 199. Aub. et Rau, p. 638.

Toutefois, le texte de l'art. 142 donne à penser à M. Demolombe
que le pouvoir conféré par le conseil de famille dans le cas prévu
par cet article, n'a le caractère d'une véritable tutelle que dans la
première de ces deux hypothèses, et que l'ascendant, simple surveillant, n'est pas assujetti au contrôle d'un subrogé tuteur, ni
soumis à l'hypothèque légale. — Demol., 321, C, et 322.

210. L'art. 142 devra également être appliqué dans le cas où
l'un des époux, qui aura disparu, laissera des enfants mineurs issus
d'un mariage précédent (art. 143).

211. Après la déclaration d'absence, le régime ordinaire de la
tutelle, conformément aux règles du droit commun, succède à la
surveillance qui avait été exercée, soit à titre de tutelle provisoire,
soit à titre d'administration légale pendant la période de présomption d'absence. Il en est ainsi, alors même que l'époux présent a
opté pour la continuation de la communauté, et que les enfants
n'ont pas de biens personnels. Valette sur Proudhon, I, p. 311;
Delvincourt, I, part. II, p. 85; Demol., 335 et 336; Aub. et Rau,
p. 639. — *Contrà :* Duranton, 518; Plasman, I, p. 311.

§ 8. — De l'absence des militaires et des personnes attachées à la suite des armées.

212. La vie des militaires en campagne est plus exposée que
celle des autres Français en voyage. La guerre a toujours pour
conséquence la disparition d'un nombre considérable de soldats,
et cependant, dit M. Demolombe, quelle absence est plus digne
d'intérêt que celle des défenseurs de la patrie! — *Traité de l'absence*, 338.

213. Ces motifs ont donné naissance à des lois spéciales rendues, soit avant, soit après la promulgation de notre Code civil, et
ayant pour objets principaux :

1° Les mesures relatives à la conservation du patrimoine des militaires ;

2° Les mesures relatives aux successions qui échoient aux militaires ;

3° La déclaration d'absence des militaires et ses suites. — Roll. de Vill., 363.

214. Ces lois sont les suivantes :

1° Celle du 11 ventôse an II, concernant les successions dans lesquelles peuvent être intéressés des défenseurs de la patrie, absents de leurs foyers ;

2° Celle du 16 fructidor an II, déclarant communes aux officiers de santé et à tous autres citoyens attachés au service des armées, les dispositions de la loi précédente ;

3° La loi du 6 brumaire an V, établissant diverses mesures pour la conservation du patrimoine des défenseurs de la patrie, et autres citoyens attachés au service des armées de terre et de mer ;

4° La loi du 21 décembre 1814, prorogeant le délai accordé par la loi précédente.

5° La loi du 13 janvier 1817, relative aux moyens de constater l'absence ou le décès des militaires ou marins en activité de service, depuis le 21 avril 1792 jusqu'au 20 novembre 1815 ;

6° Enfin la loi du 9 août 1871, remettant en vigueur la loi du 13 janvier 1817, pour constater le sort des Français ayant appartenu aux armées de terre et de mer, et qui ont disparu depuis le 19 juillet 1870 jusqu'au 31 mai suivant.

215. Remarquons, avant d'examiner les différentes dispositions de ces lois, que le Code civil étant la loi générale de tous les Français, le titre de l'absence, qui fait partie de ce Code, doit être appliqué aux militaires absents comme à tous les autres, toutes les fois que la législation spéciale n'y a pas dérogé. — Demol., 337.

216. *Lois des 11 ventôse et 16 fructidor an* II. La première de ces lois est ainsi conçue :

« Art. 1er : Immédiatement après l'apposition des scellés sur les « effets et papiers délaissés par les père et les mère des défenseurs « de la patrie, et autres parents, dont ils sont héritiers, le juge de « paix, qui les a apposés, en avertira ces héritiers, s'il sait à quel « corps ou armée ils sont attachés, il en instruira pareillement le « ministre de la guerre, et le double de ces lettres sera copié à la « suite de son procès-verbal, avant de le présenter à l'enregistre- « ment, sans augmentation de droits ».

« Art. 2. Le délai d'un mois expiré, si l'héritier ne donne pas « de ses nouvelles et n'envoie pas de procuration, l'agent national « de la commune dans laquelle les père et mère sont décédés « convoquera, sans frais, devant le juge de paix, la famille, et à « son défaut, les voisins et amis, à l'effet de nommer un curateur « à l'absent.

« Art. 3. Ce curateur provoquera la levée des scellés, assistera « à leur reconnaissance, pourra faire procéder à l'inventaire et « vente des meubles, en recevoir le prix, à la charge d'en rendre « compte soit au militaire absent, soit à son fondé de pouvoir.

« Art. 4. Il administrera les immeubles en bon père de famille».

217. Quant à la loi du 16 fructidor an II, elle déclare « que les dispositions de la loi du 11 ventôse, concernant les défenseurs de la patrie, sont communes aux officiers de santé et à tous autres citoyens attachés au service des armées de la République ».

218. La loi du 11 ventôse an II a dérogé au principe admis par le droit, alors en vigueur, et consacré depuis par les art. 135 et 136 du Code civil, en ce qu'elle ne permet pas aux héritiers présents d'exclure les militaires absents des successions qui se sont ouvertes, pendant l'absence et au profit de ces derniers, sous prétexte que leur existence serait devenue incertaine. — Aub. et Rau, p. 642.

219. Mais à quels militaires cette loi s'applique-t-elle ?

Suivant Merlin, elle ne dérogerait véritablement pas au droit commun, en ce sens qu'elle ne serait applicable et qu'il n'y aurait lieu de remplir les mesures par elle prescrites, qu'autant que l'existence du militaire ne serait pas méconnue. — *Rép.* 2, XVI, vº *Absent*, p. 35, 48.

Il nous semble que la généralité des termes de cette loi repousse la restriction proposée par Merlin. La loi n'atteindrait presque jamais son but, si elle était subordonnée à une condition dont l'accomplissement dépendrait des adversaires mêmes du militaire absent. — Demol., 344, Aub. et Rau, p. 642 *texte et note* 4 ; C. cass. 9 mars 1819, S. 19.1.343 ; Civ. cass. 9 mars 1824, S. 24.1.203.

220. Elle s'applique aussi bien aux successions testamentaires qu'aux successions *ab intestat*. — Duranton, 430 ; Roll. de Vill., 378 ; Demol., 343 ; Cass., 9 mars 1819, S. 19.1.343.

221. Mais elle ne s'applique pas aux biens que les militaires absents possédaient au jour de leur départ, et aux successions qui se sont ouvertes à leur profit avant cette époque.

D'où il résulte que, lorsqu'il s'agit de pourvoir à l'administration des biens déjà acquis et délaissés par un militaire absent, il appartient aux tribunaux de prendre, conformément à l'art. 112 du C. civ., les mesures nécessaires à cet effet. De même, s'il s'agit de faire représenter un militaire absent aux opérations d'inventaire, de partage et de liquidation d'une succession, *échue à ce militaire avant son départ*, il doit y être pourvu au moyen de la nomination d'un notaire conformément aux dispositions de l'art. 113. Roll. de Vill., 376 ; Aub. et R., p. 642 et 643.

222. La loi du 11 ventôse an II ne peut d'ailleurs recevoir d'application que pendant la période de présomption d'absence, et son effet cesse entièrement après l'absence déclarée. Ainsi la déclaration d'absence d'un militaire produit tous les effets attachés à cette mesure par le Code civil. — Demol , 345 ; Aub. et R., p. 643 ; Cass., 9 mars 1849, S.19.1.343 ; Cass. 23 août 1837, Dev. 37.1.809 ; Nancy, 1ᵉʳ mars 1827, S.29.2.63 ; Bourges, 20 nov. 1826, S.27.2. 173.

223. Cette loi n'a pas été abrogée par le Code civil. Dès 1807, par un décret du 16 mars, le gouvernement lui-même a ordonné la publication de cette loi, ainsi que de celle du 6 brum. an v,

dans les départements situés au delà des Alpes, nouvellement
réunis à la France. C'était bien reconnaître que ces lois étaient
toujours restées en vigueur, malgré la publication du Code. Roll.
de Vill., 380.

D'ailleurs le Code civil ne s'occupe point des militaires absents ;
or, aux termes de la loi du 30 vent. an XII, il n'y a d'abrogé, dans
les lois antérieures, que celles qui sont relatives à des matières
qui font l'objet de ce Code. — Toullier, t. I. n. 407 ; Duranton,
430 ; Demol., 351 ; Aub. et Rau, p. 572.

224. La loi du 11 ventôse n'a pas été abrogée non plus par la
publication faite en 1815 de la paix générale. Conçue en termes
généraux, cette loi ne limite point sa durée. — Demol.; Aub. et
Rau, *loc. cit.*

225. Enfin elle n'a pas été abrogée davantage par la loi du
13 janvier 1817 dont nous parlerons plus loin, et qui n'a pas le
même objet que la loi de l'an II. Celle-ci s'occupe des successions
échues aux militaires pendant la période de la présomption d'absence, tandis que la loi de 1817 est relative aux moyens de constater le sort des militaires absents. Il n'y a aucune incompatibilité
entre les dispositions de ces deux lois ; donc, l'une ne peut pas déroger à l'autre. — Roll. de Vill., n. 381 ; Aub. et Rau, p. 641 ;
Demol,, 351.

226. *Loi du* 6 *brumaire an* V. La loi du 11 ventôse an II ne
s'occupant, ainsi que nous venons de le voir, que des successions
qui peuvent s'ouvrir au profit des militaires absents, la loi du
6 brumaire an V eut pour but de veiller, d'une manière plus complète à la conservation des biens des défenseurs de la patrie.

Les dispositions les plus importantes étaient celles des art. 2 et 4.
L'art. 2 était ainsi conçu : « Aucune prescription, expiration de délai
« ou péremption d'instance ne peut être acquise contre les défen-
« seurs de la patrie et autres citoyens attachés au service des armées
« de terre et de mer, pendant tout le temps qui s'est écoulé ou
« s'écoulera depuis leur départ de leur domicile, s'il est postérieur
« à la déclaration de la présente guerre, ou depuis ladite déclara-
« tion, s'ils étaient déjà au service, jusqu'à l'expiration d'un mois
« après la publication de la paix générale, ou après la signature
« du congé absolu, qui leur sera délivré avant cette époque.

« Le délai sera de trois mois, si au moment de la publication de
« de la paix ou de l'obtention du congé absolu, ces citoyens font
« leur service hors de la République, mais en Europe ; de huit
« mois, dans les colonies en deçà du cap de Bonne-Espérance ;
« de deux ans, en delà de ce cap. »

Quant à l'art. 4, il porte que « les jugements prononcés contre
« les défenseurs de la patrie, et autres citoyens de service aux
« armées, ne peuvent donner lieu au décret, ni à la dépossession
« d'aucun immeuble, pendant les délais énoncés en l'art. 2. »

227. A cette loi il convient d'ajouter la *loi du* 21 *décembre* 1814,
ainsi conçue :
« Art. 1er. Le délai accordé par l'art. 2 de la loi du 6 brumaire
« an V est prorogé jusqu'au 1er avril prochain, en faveur des

« militaires, et autres citoyens attachés aux armées, qui ne seront
« .pas rentrés en France au moment de la promulgation de la pré-
« sente loi. »

« Art. 2. Les cours et tribunaux pourront accorder tel nouveau
« délai, qui leur paraîtra convenable en faveur desdits militaires
« et autres individus attachés aux armées, qui, n'étant pas rentrés
« en France le 1er avril prochain, justifieront en avoir été empê-
« chés par maladie ou par tout autre motif légitime.

« Art. 3. Pendant le délai ci-dessus, les créanciers pourront
« faire tous les actes conservatoires. »

228. Les dispositions de la loi du 6 brumaire an v ont cessé
d'être en vigueur après l'expiration des délais fixés par l'art. 2, et
calculés à partir du 14 février 1816, date de la publication du
traité de paix du 20 novembre précédent. — Aub. et Rau, 640 et
641 ; Demol., 3e édit., 350.

229. *Loi du* 13 *janvier* 1817. L'objet de cette loi a été de
faciliter les moyens de faire déclarer l'absence, ou de faire constater le décès des militaires et marins qui, se trouvant en activité
de service dans l'intervalle du 21 avril 1792 au 20 novembre 1815
auraient disparu avant cette dernière époque. Elle est encore en
vigueur, mais jusqu'au 9 août 1871 elle ne pouvait recevoir d'application qu'en ce qui concerne les individus qui viennent d'être
désignés.

Nous donnons le texte de cette loi, ses dispositions ayant été
remises en vigueur par la loi du 9 août 1871, pour constater judiciairement le sort des Français ayant appartenu aux armées de
terre et de mer, et qui ont disparu du 19 juillet au 31 mai 1871.—
V. *Infr.* n. 23.

« Art. 1er. Lorsqu'un militaire ou un marin en activité pendant
« les guerres qui ont eu lieu depuis le 21 avril 1792 jusqu'au traité
« de paix du 20 novembre 1815, aura cessé de paraître, avant
« cette dernière époque, à son corps et au lieu de son domicile ou
« de sa résidence, ses héritiers présomptifs ou son épouse pour-
« ront dès à présent se pourvoir au tribunal de son dernier domi-
« cile, soit pour faire déclarer son absence, soit pour faire con-
« stater son décès, soit pour l'une de ces fins au défaut de l'autre. »

« Art. 2. Leur requête et les pièces justificatives seront commu-
« niquées au procureur de la République, et par lui adressées au
« ministre de la justice, qui les transmettra au ministre de la
« guerre ou ministre de la marine, selon que l'individu appar-
« tiendra au service de terre ou à celui de mer, et rendra publique
« la demande, ainsi qu'il est prescrit à l'égard des jugements d'ab-
« sence, par l'art. 118 du C. civ.

« Art. 3. La requête, les extraits d'actes, pièces et renseigne-
« ments recueillis au ministère de la guerre ou de la marine, sur
« l'individu dénommé dans ladite requête, seront renvoyés par
« l'intermédiaire du ministre de la justice, au procureur de la Ré-
« publique. Si l'acte de décès a été transmis au procureur de la
« République, il en fera immédiatement le renvoi à l'officier de
« l'état civil, qui sera tenu de se conformer à l'art. 98 du C. civ.

« Le procureur de la République remettra le surplus des pièces au
« greffe, après en avoir prévenu l'avoué des parties requérantes,
« et à défaut d'acte de décès, il donnera ses conclusions.

« Art. 4. Sur le vu du tout, le tribunal prononcera.

« S'il résulte des pièces et renseignements fournis par le minis-
« tre que l'individu existe, la demande sera rejetée.

« S'il y a lieu seulement de présumer son existence, l'instruction
« pourra être ajournée pendant un délai qui n'excédera pas une
« année.

« Le tribunal pourra aussi ordonner les enquêtes prescrites par
« l'art. 116 du C. civ. pour confirmer les présomptions d'absence
« résultant desdites pièces et renseignements.

« Enfin l'absence pourra être déclarée, ou sans autre instruc-
« tion, ou après ajournement et enquêtes, s'il est prouvé que l'in-
« dividu a disparu sans qu'on ait eu de ses nouvelles, savoir : de-
« puis deux ans, quand le corps, le détachement ou l'équipage
« dont il faisait partie servait en Europe ; et depuis quatre ans,
« quand le corps, le détachement ou l'équipage se trouvait hors
« de l'Europe.

« Art. 5. La preuve testimoniale du décès pourra être ordonnée,
« conformément à l'art. 46 du C. civ., s'il est prouvé soit par l'at-
« testation du ministre de la guerre ou de la marine, soit par toute
« autre voie légale, qu'il n'y a pas eu de registres ou qu'ils ont
« été perdus ou tout ou en partie, ou que leur tenue a éprouvé des
« interruptions.

« Dans le cas du présent article il sera procédé aux enquêtes
« contradictoirement avec le procureur de la République.

« Art. 6. Dans aucun cas, le jugement définitif portant déclara-
« tion d'absence ou de décès ne pourra intervenir qu'après le délai
« d'un an, à compter de l'annonce officielle prescrite par l'art. 2.

« Art. 7. Lorsqu'il s'agira de déclarer l'absence ou de constater
« en justice le décès des personnes mentionnées en l'art. 1er de la
« présente loi, les jugements contiendront uniquement les conclu-
« sions, le sommaire des motifs et le dispositif, sans que la requête
« puisse y être insérée. Les parties pourront même se faire déli-
« vrer par simple extrait le dispositif des jugements interlocu-
« toires ; et, s'il y a lieu à enquêtes, elles seront mises en minutes
« sous les yeux des juges. »

« Art. 8. Le procureur de la République et les parties requé-
« rantes pourront interjeter appel des jugements soit interlocu-
« toires, soit définitifs.

« L'appel du procureur de la République sera dans le délai d'un
« mois à dater du jugement signifié à la partie, au domicile de
« son avoué.

« Les appels seront portés à l'audience sur simple acte et sans
« aucune procédure.

« Art. 9. Dans le cas d'absence déclaré en vertu de la présente
« loi, si le présumé absent a laissé une procuration, l'envoi en
« possession provisoire sous caution pourra être demandé, sans
« attendre le délai prescrit par les art. 121 et 122 du C. civ., mais
« à la charge de restituer, en cas de retour, sous les déductions

« de droit, la totalité des fruits perçus pendant les dix premières
« années de l'absence.

« Les parties requérantes, qui possèdent des immeubles reconnus
« suffisants pour répondre de la valeur des objets susceptibles de
« restitution, pourront être admises par le tribunal à se cautionner
« sur les propres biens.

« Art. 10. Feront preuve en justice dans les cas prévus par la
« présente loi, les registres et actes de décès des militaires, tenus
« conformément aux art. 88 et suivants du C. civ., bien que lesdits
« militaires seraient décédés sur le territoire français, s'ils faisaient
« partie des corps ou détachements d'une armée active ou de la
« garnison d'une ville assiégée.

« Art. 11. Si les héritiers présomptifs ou l'épouse négligent d'user
« du bénéfice de la présente loi, les créanciers ou autres personnes
« intéressées pourront, un mois après l'interpellation qu'ils seront
« tenus de leur faire signifier, se pourvoir eux-mêmes en déclara-
« tion d'absence ou de décès.

« Art. 12. Les dispositions de la présente loi sont applicables à
« l'absence ou au décès de toutes les personnes inscrites au bureau
« des classes de la marine, à celles attachées par brevets ou com-
« missions aux services de santé, aux services administratifs des
« armées de terre et de mer, ou portées sur les contrôles réguliers
« des administrations militaires.

« Elles pourront être appliquées par les tribunaux à l'absence
« ou au décès des domestiques, vivandiers ou autres personnes à
« la suite des armées, s'il résulte des rôles d'équipage, des pièces
« produites et des registres de police, permissions, passe-ports,
« feuilles de route et autres registres, déposés au ministère de la
« guerre et de la marine, ou dans les bureaux en dépendant, des
« preuves et des documents suffisants sur la profession desdites
« personnes et sur leur sort.

« Art. 13. Les dispositions du Code civil relatives aux absents,
« auxquelles il n'est pas dérogé par la présente loi, continueront
« d'être exécutées ».

230. M. Demolombe (n. 349) signale la nature et l'étendue des
modifications par lesquelles la loi du 13 janvier 1817 déroge au
Code civil. Ainsi :

1° L'art. 1er de cette loi déroge aux dispositions du Code civil (art.
115-121), d'après lesquelles la demande ne peut être formée que
quatre ans ou même dix ans après les dernières nouvelles ;

2° Les art. 4 et 9 de cette loi dérogent aux dispositions du Code
d'après lesquelles l'absence elle-même ne peut être déclarée
qu'après cinq ans ou onze ans (art. 115-121) ;

3° D'après le Code les enquêtes sont nécessaires (art. 116) ;
d'après la loi de 1817 elles ne sont que facultatives pour le tribunal ;

4° Tandis que, d'après le Code, la demande ne doit point être
publique, mais que les jugements interlocutoires et définitifs doivent être publiés au *Journal officiel*, la loi de 1817, art. 2, n'exige
que la publicité de la demande elle-même.

231. Quant à *la loi du 9 août* 1871, l'article unique qui la compose est conçu dans les termes suivants :

« Les dispositions de la loi du 13 janvier 1817 sont remises en
« vigueur pour constater judiciairement le sort des Français ayant
« appartenu aux armées de terre et de mer, à la garde nationale
« mobile ou mobilisée, ou à un corps reconnu par le ministère de
« la guerre, qui ont disparu depuis le 19 juillet 1870, jusqu'au
« traité de paix du 31 mai 1871.

« Les mêmes dispositions pourront être appliquées par les tri-
« bunaux à tous autres Français qui auraient disparu dans le
« même temps, par suite de faits de guerre. »

§ 9. — Enregistrement et timbre.

SECT. 1re. — ACTES JUDICIAIRES.

232. Les actes judiciaires, relatifs à la présomption et à la déclaration d'absence lorsqu'ils sont faits à la diligence du ministère public, sont visés pour timbre et enregistrés en débet par l'application de l'art. 70, § 1er de la loi du 22 frim. an VII. D. m. f. 20 fruct., an x, 1er prair. an XIII, 20 oct. 1817 ; Inst. 290, § 13 ; V. aussi Décr. 18 juin 1811, art. 2, n. 14, inst. 531.

233. L'ordonnance sur requête qui commet un juge rapporteur dans le cas prévu aux art. 112 C. civ. et 849 C. proc., étant de pure forme, n'est pas sujette à l'enregistrement. Inst. 436, n. 63. Mais le jugement qui intervient ensuite doit être enregistré dans les vingt jours, aux frais des parties intéressés. Inst. 436, n. 65. Le jugement qui commet un notaire pour représenter l'absent est définitif et, comme tel, passible du droit fixe de 5 fr. (7 fr. 50 c.). Sol. 13 déc. 1830. (*Dict. des red.*, v° *Absence*, n. 3).

234. Les actes de notoriété et les procès-verbaux rédigés par les juges de paix pour constater les causes et circonstances de la disparition des militaires et le fait de la privation des moyens d'existence de leurs veuves et orphelins, sont exempts de timbre et d'enregistrement. Décis. m. f. 26 janv. 1824 ; Inst. 1124. — V. *Acte de notoriété* ; *Acte judiciaire*.

SECT. 2. — DROITS DE MUTATION PAR DÉCÈS.

235. *Délai de la déclaration.* — Les successions des absents sont régies pour la perception des droits, par les art. 4 et 24 de la loi du 22 frim. an VII, et 40 de la loi du 28 avril 1816 combinés. Ce dernier article est ainsi conçu :

« Les héritiers, légataires et autres appelés à exercer les droits subordonnés au décès d'un individu dont l'absence est déclarée, sont tenus de faire, dans les six mois du jour de l'envoi en possession provisoire, la déclaration à laquelle ils seraient tenus s'ils étaient appelés par l'effet de la mort, et d'acquitter les droits sur la valeur entière des biens ou droits qu'ils recueillent. »

Le délai court donc à partir du jugement et non à partir de la réception de la caution à fournir par les héritiers. L'obligation qui leur est imposée de fournir caution n'est pas une condition préalable, mais seulement une charge attachée à l'envoi. Cass. 2 avril 1823.

236. *Tarif.* — La succession est dévolue, d'après le Code civil, non aux héritiers présomptifs au jour de l'envoi en possession, mais aux héritiers présomptifs au jour de la disparition ou des dernières nouvelles.

237. Lorsque la transmission s'est opérée au moment de la disparition ou des dernières nouvelles, c'est le tarif qui doit être appliqué; de même que c'est le tarif en vigueur au décès des héritiers présomptifs qui doit régler la mutation qui s'opère au profit de leurs héritiers. *Dict. red.*, v° *Absence*, n. 7. — D'après les auteurs de ce dictionnaire, c'est à tort que cette opinion a été écartée par ce motif que, suivant la loi du 28 avril 1816, c'est le jugement d'envoi en possession qui est considéré comme le point de départ de l'ouverture des droits de mutation à payer; d'où il suit que c'est le tarif en vigueur à la date de ce jugement qui doit régler le paiement des droits. Seine, 9 avril 1856; Cass. req., 8 déc. 1856; Inst. 2096, § 5.

238. *Délai en cas de jugement.* — Le délai de six mois dans lequel la succession doit être déclarée court à partir du jour de l'envoi en possession provisoire (LL. précitées), et, en cas d'appel du jugement, à partir de l'arrêt confirmatif (Cass. 20 août 1816; D. m. f. 6 juin 1823; — ou à partir du jugement qui, sans prononcer l'envoi en possession provisoire, confie l'administration des biens aux héritiers présomptifs, et les autorise à jouir des biens. D. m. f. 26 sept. 1817; Seine, 8 mars 1848; *contrà* MM. Ch. et Rig., n. 2483; Dalloz, n. 3985. — V. *Dict. red.*, V. *Absence*, n. 8.

239. *Exigibilité du droit en cas de prise de possession sans jugement.* Les parties peuvent être poursuivies en paiement du droit de succession lorsque l'entrée en possession est prouvée de l'une des manières indiquées à l'art. 12 de la loi du 22 frim., an VII. Inst. 290, n. 72; 386, n. 32; Cass., 27 avril 1807; 22 juin 1808.

240. D'après le *Dict. red.*, v° *Absence*, n. 9, l'entrée en jouissance est suffisamment prouvée, savoir :

I. Par l'inscription des héritiers présomptifs au rôle de la contribution foncière pour les biens de l'absent, et par le paiement de l'impôt qu'ils ont effectué en conséquence. Cass., 8 mai 1826; Inst. 1200, § 13.

II. Par des actes, notamment ceux ci-après :

1° *Affectation hypothécaire* des immeubles de l'absent. 6661 J.

2° *Bail pur et simple* ou *partage*. Dél. 22 nov. 1816; D. m. f. 27 déc. 1816 et 14 août 1818.

3° *Partage* des biens dont l'absent eût été appelé à recueillir une part, encore qu'il soit stipulé qu'on lui fera raison, lors de son retour, des biens qui lui reviennent. Cass. 27 avril 1807; — 26 juill. 1814; Seine, 8 mars 1848. Il en est de même, bien qu'on ait formé un lot particulier pour le cas où l'absent reparaîtrait. Cass., 12 mai 1834; Inst. 1467, § 4.

4° *Cession* de droits dans la succession de l'absent. Quand elle n'est pas conditionnelle, la cession est une prise de possession.

5° *Procuration* pour recueillir la succession d'un individu décédé hors de France. Les délais courent de la date de la procuration et non de celle de l'envoi en possession. D. m. f. 18 août 1814.

6° *Quittance* pure et simple de sommes dues à l'absent, ou remise de dette, lors même que les héritiers s'engageraient à les rendre à l'absent s'il reparaissait.

7° *Transaction* au sujet des biens de l'absent. Cass., 30 avril 1821.

8° *Vente* pure et simple des biens de l'absent, lors même que les héritiers s'engageraient à lui en restituer le prix s'il reparaissait. Cass., 2 nov. 1813.

241. La régie ne pourrait fonder sa demande en paiement des droits de succession sur les actes suivants qui n'établissent aucunement la prise de possession des biens de l'absent :

1° Acte d'après lequel les héritiers présomptifs de l'absent aliènent ses biens en vertu d'une procuration générale qu'il a laissée, à moins qu'il ne résulte des termes de cet acte qu'ils profitent de la convention, ou à moins qu'il ne se soit écoulé dix ans depuis la disparition ou les dernières nouvelles de l'absent;

2° Nomination d'experts à l'effet de procéder au partage des biens de l'absent;

3° Enregistrement de son testament;

4° Certificat du ministre de la guerre constatant qu'un militaire resté en arrière de son corps a été rayé des contrôles du régiment. Cass., 9 mars 1819.

242. *Pénalité.* C'est dans les six mois de l'envoi en possession provisoire ou de la prise de possession des biens de l'absent que doit être faite la déclaration, sous peine d'un demi-droit en sus. Inst. 386, § 32; Cass., 9 nov. 1819; 2 avril 1823.

243. *Prise de possession partielle.* — Dans ce cas, les droits de succession ne sont pas exigibles sur la totalité des biens de l'absent, mais seulement sur les parts des héritiers contre lesquels le fait de la prise de possession peut être établi. D. m. f. 21 févr. 1821.

Mais ces droits sont dus pour la totalité de ces parts, lors même que les héritiers n'auraient fait acte de propriété qu'à raison d'une partie des mêmes parts, attendu qu'un héritier ne peut accepter que la totalité de ce que lui est échu. MM. Champ. et Rig. 2544. — V. *Dict. red.*, v° *Absent*, n. 13.

244. *Successions ouvertes depuis l'absence et auxquelles l'absent aurait été appelé.* — Le droit de mutation par décès n'est pas exigible à raison des droits successifs qui seraient échus à l'absent, à moins qu'il ne soit prouvé qu'il a survécu à l'auteur de la succession. Il faut, en effet, nécessairement exister pour succéder. C. civ. 135 et 725; Cass., 18 avril 1809; — 17 fév. 1829; Inst. 1293, § 5; Dél. 28 juill. 1828 et 15 déc. 1829. — *Ibid.* n. 14.

245. *Notaire commis.* — Le notaire commis par justice pour représenter des présumés absents, n'ayant qu'une mission spéciale qui ne comporte que le genre d'opérations précisées par l'art. 113 C. civ., n'a pas qualité pour faire la déclaration des successions ouvertes à leur profit. L'Administration, créancière privilégiée, et par conséquent partie intéressée, doit provoquer là nomination par le tribunal d'un curateur *ad hoc.* C. civ. 112; Sol. belge 16 sept. 1867. — *Ibid.*, n. 15.

246. *Militaires absents.* — Même règle quand l'absent est militaire. Sa part, il est vrai, doit être réservée et administrée par un curateur, d'après la loi du 11 vent. an II; Cass., 9 mars 1819; 23 août 1837. Mais cette mesure purement conservatoire laisse subsister le principe établi par les art. 135 et 725 C. civ. Ainsi les héritiers présomptifs envoyés en possession de la succession d'un militaire absent ne sont pas tenus de payer le droit de mutation par décès sur sa part dans une succession à laquelle il était appelé, à moins que le fait de son existence à l'époque de l'ouverture de cette succession ne soit établi.

La Cour de cassation a rendu entre parties, le 20 juin 1831, un arrêt duquel il résulte que les héritiers d'un militaire absent ne peuvent réclamer une succession qui lui serait échue qu'en prouvant qu'il existait au moment où elle s'est ouverte. — *Ibid.*, n. 16.

247. *Epoux de l'absent.* — Lorsque l'époux d'un absent est envoyé en possession provisoire à défaut d'héritier au degré successible, le droit est dû au taux fixé pour les étrangers. L. 28 avril 1816, art. 58. V. *Succession.*

248. *Prescription des droits.* — V. *Prescription des droits d'enregistrement.*

249. *Restitution des droits en cas de retour de l'absent.* V. *Restitution des droits d'enregistrement.*

ABSENCE D'UN NOTAIRE. — C'est l'éloignement d'un notaire du lieu de sa résidence. — V. *Discipline, Notaire, Résidence.*

ABSOLU. — Se dit de ce qui n'admet point de restriction, ni d'exception, par opposition à *relatif* qui se dit de ce qui est applicable seulement à certains rapports particuliers. — V. notamment *Nullité.*

ABSOLUTION. — C'est, en matière criminelle, le renvoi d'une accusation, prononcé par la cour d'assises à l'égard d'un accusé, lorsque le fait qui lui est imputé n'est pas qualifié et puni par la loi pénale. — V. *Acquittement.*

ABSTENTION. — 1. C'est le fait de s'abstenir de tout acte d'héritier.

2. En droit romain, c'était la faculté accordée par le préteur à certains héritiers les plus proches, appelés *siens* et *nécessaires* parce qu'ils ne pouvaient pas renoncer à la succession qui lui était dévolue, faculté par laquelle tout en conservant la qualité d'héritiers, ils pouvaient ne pas s'immiscer en fait dans la succession. — Inst. de Just. liv. 2, tit. 19, § 2 ; L. 88, D. *de hœredit instit.*

3. Dans nos pays de droit écrit, le bénéfice d'abstention était admis comme dans le droit romain. Les effets en étaient les mêmes que ceux de la renonciation. — Furgole, *des Test.*, chap. 10, sect. 2, n. 3 et 105 ; Serres, *Inst. au dr. fr.*, p. 306.

4. L'abstention était également reconnue, dans notre droit coutumier, au profit des héritiers tant en ligne directe qu'en ligne collatérale ; car la maxime : *Nul n'est héritier qui ne veut*, avait prévalu dans presque toutes les coutumes. — Ferrière, *C. de Paris*, t. 4. n. 649 ; Lebrun, *Tr. des succ..* liv. 3, chap. 1 ; Pothier, *Tr. des succ.*, ch. 3, sect. 2.

5. Cependant la jurisprudence du Châtelet de Paris n'admettait pas qu'en ligne directe l'abstention seule pût suffire à l'héritier ; elle voulait une renonciation authentique ; mais elle reconnaissait qu'en ligne collatérale l'abstention seule suffisait. — Mais cette jurisprudence, contenue dans un acte de notoriété du 24 juillet 1706, était critiquée par les auteurs et n'était point admise ailleurs. — V. *les autorités* ci-dessus.

6. Aujourd'hui un héritier, quel que soit son degré, ne serait pas reçu à déclarer qu'il veut simplement s'abstenir. Il doit ou accepter soit purement et simplement, soit sans bénéfice d'inventaire, ou renoncer. — C. civ. 797.

7. Cependant, pendant les délais pour faire inventaire et délibérer, l'héritier a le droit de s'abstenir en ce sens qu'on ne peut, pendant ce temps, le contraindre à prendre qualité. — C. civ., 797, 798.

8. L'abstention suffit-elle, sous le Code civil, pour qu'on soit réputé n'avoir jamais été héritier, soit en ligne directe, soit en ligne collatérale ? La jurisprudence admet l'affirmative, c'est-à-dire que l'héritier qui est resté pendant trente ans dans l'inaction est étranger à la succession. Mais cette question est très-controversée. — Cass., 29 janv. 1862 (S. 62.2.337); Paris, 25 nov. 1862 (S. 63.2.90); Duranton, t. 6, n. 488. — *Contrà*, Aub. et Rau, 4e édit.

t. 6, § 610; Demol., t. 14, n. 315 : Blondeau, *Traité de la sépar. des patrim.*, p. 649. — V. *Succession*.

9. Dans le cas d'abstention de l'héritier saisi, les héritiers qui le suivent dans l'ordre de successibilité ne peuvent le mettre en demeure d'accepter l'hérédité, même après l'expiration des délais pour faire inventaire et délibérer ; ils peuvent seulement se mettre en possession de l'hérédité. — Toullier, IV, 345; Duranton, VI, 484; Aub. et Rau, t. 6, § 610, note 5. — *Cont.*, Blondeau, *Trib. de la sép. des patrim.*, p. 654 et suiv. — V. *Acceptation de succession, Renonciation à succession*.

ABUS (APPEL COMME D'). **1.** C'est le recours exercé devant l'autorité civile, soit pour les délits et les contraventions du clergé, soit pour les délits et les contraventions contre le clergé.

2. Les mots *appel comme d'abus* sont l'ancienne expression employée par les parlements ; notre législation actuelle a substitué les mots *recours pour abus,* mais les habitudes l'ont emporté sur la loi, et le nom d'appel a survécu dans la pratique à l'exclusion complète de l'autre.

3. De tout temps le recours a été accordé contre les abus du pouvoir eclésiastique ; on en fait remonter l'origine aux premiers siècles de la chrétienté, mais il ne fut formellement et légalement établi que par l'ordonnance de François Ier, de Villers-Cotteret, en 1539. Gaudry, *Tr. de la légis. des cultes,* t. 1, p. 368.

4. Au milieu de la confusion qui régnait autrefois entre la société civile et la société religieuse, nos rois, inquiets de leur pouvoir temporel, élevèrent ce rempart pour maintenir leur suprématie sans cesse contestée, pour arrêter l'invasion toujours croissante de la puissance ecclésiastique. On sait avec quelle énergie ils furent secondés par les parlements dans cette défense. Dufour, *Trib. de la police des cultes,* p. 477.

5. Nous n'entrerons pas dans l'examen de l'institution ancienne, nous nous bornerons à faire connaître l'état actuel de notre législation sur la matière.

6. L'art. 6 de la loi organique du 18 germinal an x prévoit en ces termes les cas de recours comme d'abus :

Les cas d'abus sont : l'usurpation ou l'excès de pouvoir ; la contravention aux lois et règlements de la République ; l'infraction des règles consacrées par les canons reçus en France ; l'attentat aux libertés, franchises, et coutumes de l'Église gallicane, et toute entreprise ou tout procédé qui, dans l'exercice du culte, peut compromettre l'honneur des citoyens, troubler arbitrairement leur conscience, dégénérer contre eux en oppression, ou en injure ou en scandale public.

7. Nous allons brièvement passer en revue ces différents cas de recours.

Usurpation de pouvoir. — Ainsi un curé a la police de son église, mais il l'exerce hors de son église ; ou bien, il décide sur des intérêts dont la loi a confié la direction aux conseils de fabrique. L'usurpation de pouvoir peut encore exister à raison du point de

contact du clergé avec l'autorité municipale ; par exemple un curé
prend des mesures de police extérieure ou d'administration appartenant exclusivement aux maires.

8. *Excès de pouvoir.* — Il est impossible de fixer ici des règles
d'une manière précise, mais le Conseil d'Etat a toujours rejeté le
recours toutes les fois qu'il n'y avait pas un excès évident et into-
lérable. Ainsi l'on a refusé d'admettre le recours contre un curé qui
avait chassé vivement de l'église une femme troublant la tranquillité (25 déc. 1840) de même à l'égard d'un curé qui avait saisi un
individu et l'avait repoussé hors de l'église, après en avoir reçu
des paroles inconvenantes (12 mars 1841).

9. *Contravention aux lois.* — Il ne faut pas entendre cette disposition dans le sens de la violation d'une loi. Ainsi un curé a reçu une
libéralité entre-vifs ou testamentaire d'une personne dont il diri-
geait la conscience, il y a là une nullité en vertu de l'art. 909 du
C. civ. Il n'y a pas de *contravention* dans le sens légal, il y a *violation* d'une loi civile, et les tribunaux civils sont seuls compétents.

Mais le ministre des cultes commet une contravention s'il procède à une sépulture religieuse sans le permis d'inhumation
de l'officier de l'état civil ; s'il célèbre un mariage religieux sans la
justification du mariage civil (arrêt, 31 déc. 1843). Gaudry, p. 388.

10. *Violation des règlements.* — Par exemple infraction à la défense qui prohibe tout culte extérieur (une procession) dans les
villes où le culte protestant est établi (arrêt 1er mars 1842).

11. *Infraction aux règles consacrées par les canons reçus en France.*
— Il s'agit là des règles extérieures pour l'exercice public du culte,
et non pas d'un principe dogmatique.

12. *Attentat aux libertés, franchises et coutumes de l'Eglise gallicane.* — Par exemple un évêque ordonne la publication d'un bref
du pape sans autorisation du gouvernement (arrêt du 14 juil. 1824).

13. *Entreprise et procédé qui peut compromettre l'honneur d'un
citoyen.* — Ainsi un refus de baptême fondé sur la conduite de la
personne qui présentait l'enfant (arrêt, 10 janv. 1829), ou des paroles de blâme prononcées en chaire contre des particuliers et com-
promettant leur honneur (arrêt, 27 avril 1841).

14. *Entreprise ou procédé qui peut troubler arbitrairement la conscience.* — Ainsi un prêtre refusant la participation au sacrement
à des paroissiens détenteurs de biens nationaux.

15. *Entreprise ou procédé qui peut dégénérer contre les citoyens
en oppression ou en injures ou en scandale public.* — Il est impossible
de délimiter exactement ce cas d'abus, et la généralité de ses
expressions laisse une grande latitude au Conseil d'Etat. Mais il
est évident que le prêtre, dans son ministère, doit s'abstenir d'injures et de scandales, mais aussi de toutes violences mêmes morales.

16. L'art. 7 de la loi du 18 germinal an x, ajoute:

Il y aura pareillement recours au Conseil d'Etat, s'il est porté
atteinte à l'exercice public du culte et à la liberté que les lois et
règlements garantissent à ses ministres.

17. Cet article ne peut recevoir son application que quand il s'agit d'atteintes portées à la liberté du culte par des autorités constituées. Car si cette atteinte provient de laïques, elle constitue un délit prévu par lois pénales ; et c'est l'action civile, correctionnelle ou criminelle qui est alors ouverte et non pas le recours au Conseil d'Etat.

10. Le droit de recours en cas d'abus est général et sans exemption ; il s'applique dès lors à tous les ministres des cultes protestants et du culte israélite aussi bien qu'aux ministres du culte catholique. Le 18 germ. an x, art. 6 ; déc., 9 frim. an XIII, 10 déc. 1806 ; 17 mars et 11 déc. 1808 ; L. 8 fév. 1831 ; ordon., 25 mai 1844.

19. Le recours pour abus ne peut, lorsqu'il émane de particuliers, être formé que par des personnes intéressées elles-mêmes.

Il est déféré au Conseil d'Etat sur un mémoire détaillé, signé et présenté au ministre des cultes, qui soumet l'affaire au Conseil d'Etat, à moins qu'il n'y ait lieu de le renvoyer soit aux tribunaux ordinaires, s'il s'agit d'un crime ou d'un délit prévu par le Code pénal, soit à l'autorité ecclésiastique si le délit est purement canonique ou spirituel.

ABUS D'AUTORITÉ. — 1. Délit que commet un fonctionnaire public en franchissant la limite des pouvoirs qui lui ont été confiés par la loi, soit en méconnaissant, soit en outre-passant ses prescriptions au préjudice des particuliers et de la chose publique.

2. Le Code pénal divise les abus d'autorité en deux classes, ceux contre les particuliers, ceux contre la chose publique. — Les abus contre les particuliers se subdivisent eux-mêmes en quatre espèces qui sont les suivantes.

1º Quand le fonctionnaire public s'introduit, en sadite qualité, dans le domicile d'un citoyen contre le gré de celui-ci, hors les cas prévus par la loi et sans les formalités qu'elle a prescrites. (art. 184).

2º Quand il refuse de rendre la justice après en avoir été requis par les parties, et qu'il persévère dans son déni de justice, après avertissement ou injonction de ses supérieurs (art. 185).

3º Quand, sans motif légitime, il use ou fait user de violences envers les personnes, dans l'exercice ou à l'occasion de ses fonctions (art. 186).

4º Enfin quand il commet ou facilite des suppressions ou ouvertures de lettres confiées à la poste (art. 187).

3. Les abus d'autorité contre la chose publique sont prévus par les art. 188 et suiv., C. pén. — D'après l'art. 188, se rend coupable de cette espèce d'abus, tout fonctionnaire public, agent ou préposé du gouvernement, de quelque état et grade qu'il soit, qui aura requis ou ordonné, fait requérir ou ordonner l'action ou l'emploi de la force publique contre l'exécution d'une loi, ou contre la perception d'une contribution légale, ou contre l'exécution, soit d'une ordonnance ou mandat de justice, soit de tout autre ordre émané de l'autorité légitime.

4. Les abus d'autorité contre les particuliers sont punis de diverses peines (emprisonnement, amendes, interdiction temporaire de l'exercice des fonctions publiques); — Ceux contre la chose publique sont punis de la reclusion.

ABUS DE BLANC-SEING.— 1. Le blanc-seing, que le Code pénal ne définit pas, est une signature donnée d'avance pour ratifier une écriture privée qui peut être placée au-dessus. (Cass. 11 mars 1825, S. chr.). Il résulte de cette définition que l'abus de blanc-seing consiste dans l'inscription frauduleuse au-dessus de cette signature d'un acte quelconque pouvant porter préjudice au signataire.

2. L'art. 407, C. pén., qui prévoit et punit l'abus de blanc-seing est ainsi conçu : Quiconque, abusant d'un blanc-seing qui lui aura été confié, aura frauduleusement écrit au-dessus une obligation ou décharge, ou tout autre acte pouvant compromettre la personne ou la fortune du signataire, sera puni des peines portées en l'art. 405 (emprisonnement de un à cinq ans et amende de 50 à 3000 fr.). — Dans le cas où le blanc-seing ne lui aurait pas été confié, il sera poursuivi comme faussaire et puni comme tel.

3. Il résulte des termes de cet article que les caractères constitutifs de l'abus de blanc-seing sont les suivants :
Le premier, que le blanc-seing ait été confié par le signataire à celui qui en a abusé. Cass. 2 juil. 1829 (S. chr.) ; 30 janv. 1875 (S.76.1.241). Delapalme, *Encyclop. du dr.*, v° *Abus de blanc-seing*, n. 21 : Bonnier, *des Preuves*, n. 548 ; Blanche, *Etudes sur le C. pén.*, t. 3, n. 203 et suiv. ; Chauveau et Faustin Helie, *Théor. du Cod. pén.*, 5ᵉ édit., t. 5, n. 2255 et suiv.
Hors ce cas, l'abus de blanc-seing doit être poursuivi et puni comme constituant le crime de faux (mêmes arrêts et mêmes auteurs).

4. Le deuxième, c'est qu'il y ait inscription frauduleuse d'un acte au-dessus de la signature. Ainsi celui qui ferait de la signature à lui remise un usage préjudiciable au signataire, par inadvertance ou erreur, et sans dessein frauduleux, ne commettrait point un délit. Cass. 28 janv. 1809 (S. chr.).

5. Le troisième, c'est que l'acte ainsi inscrit soit de nature à préjudicier au signataire dans sa personne ou dans ses biens.
Ainsi l'insertion par une personne, de son nom dans le blanc laissé dans une procuration qui lui avait été remise, après la révocation régulière de cette procuration, ne suffit pas pour constituer un abus de blanc-seing ; et cet abus ne pourrait résulter que d'un acte ultérieur passé en vertu de cette procuration et faisant naître un préjudice. Cass. 26 fév. 1836 (S.36.1.302) ; Chauveau et Helie, t. 5, p. 359.

6. L'abus de blanc-seing constitue un faux même à l'égard de celui auquel le blanc-seing avait été confié, si, au lieu d'écrire lui-même la fausse convention au-dessus de la signature, il le fait écrire par un tiers. Cass. 31 janv. 1835 (S. chr.). Chauveau et Helie, t. 2, p. 455, t. 5, p. 351 ; Legraverand, t. 4, p. 594.

7. L'abus de blanc-seing existe indépendamment de l'usage qui en est fait. Cass. 11 mars 1825 (S. chr.) ; Chauveau et Helie, t. 5, p. 358 ; Carnot, sur l'art. 407 ; Delapalme, *loc. cit.*, n. 22 et suiv. ; Rauter, t. 2 p. 145. *Contrà:* Orléans, 24 av. 1840 (S.40.2.329).

8. L'art. 407 s'applique aussi bien au cas où l'abus de blanc-seing est l'œuvre d'un officier public, d'un notaire, qu'à celui où il a été commis par tout autre mandataire. Chauveau et Helie, t. 5, p. 354.

Cependant, si un notaire n'avait pas seulement fabriqué sur un blanc-seing une fausse obligation, mais qu'il eût supposé la comparution des parties et la confection régulière d'un acte qui aurait été revêtu ainsi du caractère de l'authenticité, il aurait commis un crime de faux en écriture publique. Cass., 30 juil. 1840.

9. Le tribunal correctionnel saisi d'une plainte en abus de blanc-seing est compétent pour apprécier préjudiciellement la preuve de la préexistence du blanc-seing, mais il doit se conformer aux règles du droit civil. Nancy, 15 juin 1857 (S.58.2.86).

Dès lors l'abus de blanc-seing ne peut, lorsqu'il renferme une obligation excédant 150 francs, être prouvé par témoins qu'autant qu'il y a preuve ou commencement de preuve par écrit de l'existence et de la remise du blanc-seing. Cass. 18 janv. 1831 (S.31.1.192) ; 5 mai 1831 (S.31.1.188) ; Paris, 27 janv. 1838, P. 38.1.177, Orléans, 24 août 1840, S.40.2.423, Toulouse, 5 juin 1841 (S.41.2.746). Cass. 15 déc. 1849, P.51.1-580, Nancy, 15 juin 1857 précité ; F. Helie, *Instr. crim,*, t. 7, p. 721 ; Mangin, *Act. publ.*, n. 173 ; Bourguignon, *Jurisp. du C. crim.*, t. 1, p. 23 ; Legraverand, t. 1, chap. 1, p. 40 ; Plasman, *des Contre-lettres*, p. 51. *Contrà:* Chauveau et Helie, t. 3, p. 364.

10. Mais la preuve testimoniale est admissible si l'on allègue la fraude et la violence. Cass., 5 mai 1831, précité ; Toulouse, 5 juin 1841 (P.41.2.746). Cass., 17 fév. 1853. *Bull. cr.* 14 nov. 1862, *id.*

La prescription du délit d'abus de blanc-seing ne commence à courir que du jour où il en a été fait usage, et non du jour où il a été rempli de la fausse convention. Orléans, 24 août 1840 précité.

ABUS DE CONFIANCE.

1. Le Code pénal réunit sous la qualification d'abus de confiance les divers délits prévus par les art. 406, 407, 408 et 409, bien que ces délits soient entièrement distincts les uns des autres par les éléments qui les constituent et n'aient d'autre rapport commun que le mode de leur perpétration. Mais dans le langage usuel du droit et de la jurisprudence, on ne donne la qualification d'abus de confiance qu'aux seules fraudes prévues par l'art. 408, et, ainsi restreint, l'abus de confiance consiste dans le détournement ou la dissipation d'une chose qui n'a été remise qu'en exécution d'une des conventions dénommées dans ledit article.

2. L'article 408 modifié d'abord par la loi du 27 avril 1832, puis par celle du 13 mai 1863, est ainsi conçu :

« Quiconque aura détourné ou dissipé, au préjudice des proprié- taires, possesseurs ou détenteurs, des effets, deniers, marchandises, billets, quittances ou tous autres écrits contenant ou opérant obli- gation ou décharge, qui ne lui auraient été remis qu'à titre de louage, de dépôt, de mandat, de nantissement, de prêt à usage ou pour un travail salarié ou non salarié, à la charge de les rendre ou représenter, ou d'en faire un usage ou un emploi déterminé, sera puni des peines portées en l'art. 406 (deux mois au moins d'emprisonnement, deux ans au plus, et amende ne pouvant ex- céder le quart des restitutions et des dommages-intérêts dus aux parties lésées, ni être moindre de 25 francs).

« Si l'abus de confiance prévu et puni par le précédent para- graphe a été commis par un officier public ou ministériel, ou par un domestique, homme de service à gages, élève, clerc, commis, ouvrier, compagnon ou apprenti, au préjudice de son maître, la peine sera celle de la reclusion. »

3. Il ne sera question ici que de l'espèce d'abus de confiance définie par l'art. 408 ; pour les autres qui font l'objet des art. 406, 407 et 409 : V. *Abus de blanc-seing, Abus des besoins, passions et faiblesses des mineurs, Soustraction de titres.*

4. Nous nous bornerons aussi à présenter les caractères géné- raux qui constituent le délit qualifié et défini par l'art. 408, et nous ne parlerons que de certains cas particuliers qui intéressent plus spécialement le notariat.

TABLE ALPHABÉTIQUE.

DIVISION.

§ 1er. — *Caractères généraux.*
§ 2. — *Cas particuliers.*
§ 3. — *Compétence, Preuve, Prescription.*

§ 1er. — Caractères généraux.

5. Il ne peut y avoir abus de confiance sans qu'il y ait eu re- mise d'effets, deniers, marchandises, billets, ou tous autres écrits, dans les mains du prévenu ; c'est là une des conditions essentielles du délit. Cass., 17 août 1843 et 17 août 1844 ; Douai, 14 avril 1856 (S. 56.2.464) ; Roll. de Vill., *les Codes crim.*, art. 408, C. pén., n. 1 et 2.

6. Et les seuls écrits dont le détournement peut donner lieu à l'application de l'art. 408 sont les écrits opérant obligation ou décharge. Cass., 27 janv. 1837 (S.38.1.334) ; 21 août 1840 (S. 40. 1.703).

7. L'abus de confiance, comme le vol, se compose de deux éléments : du fait et de l'intention frauduleuse de s'approprier la chose d'autrui. L'imprudence, la négligence ou un retard de paiement ne peuvent constituer l'abus de confiance s'il n'y a eu aucune intention frauduleuse. — Douai, 7 avr. 1836, Cass., 27 avr. 1844 (S. 44.1.496); 30 août 1849 (S. 50.1.336); Chauveau et Helie, t. 5, p. 367.

8. Ainsi un notaire qui omet de payer un droit d'enregistrement dans les délais, quoiqu'il en ait reçu le montant, n'est coupable d'abus de confiance qu'autant qu'il serait prouvé qu'il a agi frauduleusement dans le dessein de s'approprier les sommes reçues, et que les parties auraient souffert un préjudice. — Grenoble, 28 août 1835 (P. chr.); Cass., 5 nov. 1835 (S.35.1.790).

9. Au contraire, il y a abus de confiance dès qu'il est constant que le mandataire ou dépositaire, en détournant les deniers reçus en cette qualité, a agi dans une intention frauduleuse, quoique les sommes détournées aient été restituées, après les poursuites correctionnelles commencées. — Cass., 14 janv. 1859.

§ 2. — Cas particuliers.

10. Les abus de confiance commis par des personnes auxquelles on est obligé d'accorder une confiance nécessaire et entière, sont plus graves que ceux qui sont commis par de simples mandataires vis-à-vis de qui la confiance, toute volontaire d'ailleurs, est limitée à une opération déterminée. — La criminalité est donc plus grande et le délit doit être passible d'une peine plus élevée.

11. C'est pourquoi le second paragraphe de l'art. 408 ajoute une circonstance aggravante à l'abus de confiance commis par un officier public ou ministériel. Ses fonctions lui imposent en effet une probité rigoureuse, et l'on ne peut pas dire non plus que la confiance qui lui est accordée par les parties soit précisément volontaire ; il la commande au contraire par le mandat légal dont il est investi, par la situation qu'il occupe et par le caractère dont il est revêtu.

12. Mais la circonstance n'est aggravante, à l'égard des officiers publics ou ministériels, qu'autant que le fait de détournement ou de dissipation aurait été commis à l'occasion de leurs fonctions. Quand ils n'agissent que comme simples mandataires, l'abus de confiance conserve le caractère de simple délit. — Colmar, 26 mai 1864 (S. 65.2.103). C'est aussi l'opinion de la plupart de nos criminalistes. — V. Faustin Helie, *Append. à la théorie du C. pén.*, n. 2668, p. 131 ; Dutruc, *Cod. pén. modifié*, n. 122; Pellerin, *Comment. de la loi du 18 avril* 1863, sur l'art. 408, p. 247).

13. Cependant la Cour suprême décide que pour que l'abus de confiance commis par un notaire soit passible de l'aggravation de peine édictée par le § 2 de l'art. 408, C. pén., il n'est pas nécessaire que les valeurs par lui détournées ou dissipées lui aient été remises à l'occasion de l'exercice légal et obligé de ses fonctions; il suffit qu'elles lui aient été remises à raison de la confiance déterminée par sa qualité. — Cass., 21 août 1874 (S. 1875.1.238); 31 juill. 1874, *Rev. not.* n. 4716.

14. Cette interprétation est aussi acceptée par M. Blanche (*Études sur le Code pénal*, t. 6, n. 262). D'après lui, cependant, il faut distinguer : — Si la chose a été remise à l'officier public ou ministériel à cause des relations de famille, d'amitié, de voisinage qu'on a avec lui, l'abus de confiance, malgré la qualité de l'inculpé, ne sera qu'un délit ; — Si, au contraire, la chose a été remise à l'officier public ou ministériel à raison du mandat légal dont il est investi, du caractère dont il est revêtu et de la confiance que sa situation inspire, l'infraction prendra le caractère de crime et deviendra passible de la peine de la reclusion.

15. Avant la loi du 13 mai 1863, modificative, C. pén., le détournement des objets remis à titre de prêt ou nantissement n'était pas réputé abus de confiance. Le nouvel art. 408, tel qu'il a été modifié par cette loi, contient expressément, au nombre des contrats qu'il énumère, celui de nantissement et de prêt à usage.

16. Lorsque les caractères du contrat de dépôt ne se rencontrent pas dans la remise qui a eu lieu de la chose, ainsi, par exemple, si la garde et la conservation de cette chose n'ont pas été le but principal et déterminant de sa tradition, le détournement qui est fait de cette chose ne rentre pas dans les prévisions de l'art. 408. — Chauveau et Helie, t. 5, p. 372.

17. Ainsi se rend coupable d'abus de confiance, et non du crime prévu par l'art. 173, C. pén., un notaire qui supprime un acte sous seing privé dont il a été constitué dépositaire. — Cass., 24 juin 1841 (S. 42.1.281).
Cette question ne peut plus faire de doute depuis la loi de 1863, car le cas a été spécialement prévu lors de sa discussion au Corps législatif. — V. S. *Lois ann. de* 1863, *Rapp. de M. de Belleyme*, note XLVIII, p. 65.

18. Il y a abus de confiance par violation de dépôt, de la part du gardien judiciaire qui détourne les objets confiés à sa garde.— Cass., 19 mai 1843.

19. Il en est de même à l'égard du syndic provisoire d'une faillite qui détourne, à son profit, des effets ou marchandises appartenant au failli, alors même qu'il serait créancier du failli, et qu'il prétendrait ne s'être saisi des effets détournés que pour se couvrir de sa créance. — Cass., 29 avr. 1825 ; Chauveau et Helie, t. 7, p. 379. — *Conf.*, C. comm., art. 596.

20. L'art. 408, C. pén., ne s'applique qu'à la violation de dépôts privés ; celle des dépôts publics est prévue et punie par les art. 254, 255 et 256, C. pén.

21. Seulement, pour que les peines édictées pour la violation d'un dépôt public soient encourues, il faut que les pièces ou effets enlevés ou détruits aient été remis au dépositaire public *en cette qualité.*

22. Ainsi la loi ayant chargé les notaires du dépôt des minutes des actes passés devant eux en qualité de notaires, ils sont dépositaires publics de ces minutes. Mais comme elle ne les a point chargés du dépôt des deniers ou billets de particuliers, ils ne peuvent être considérés par rapport à ces objets, que comme dépositaires privés. — Cass., 16 nov. 1833.

23. Les études de notaire doivent être considérées comme dépôts publics, et le notaire lui-même comme un dépositaire public.

24. Il n'y a pas abus de confiance lorsqu'un mandataire, agissant de bonne foi, se sert momentanément des fonds à lui confiés, s'il a l'intention et les moyens de les rembourser, et surtout s'il les restitue avant toute poursuite. — Cass., 27 avr. 1844; 11 janv. 1845 et 19 mars 1853, *Bull. crim.* — Chauveau et Helie, t. 5, p. 370; Roll. de Vill., n. 34.

25. Mais le délit d'abus de confiance n'est pas effacé par une restitution tardive opérée postérieurement aux poursuites.

Ainsi ne peut être relaxé, un notaire qui a appliqué à ses affaires personnelles une somme qu'il avait reçue pour un placement déterminé et qu'il n'a remboursée qu'après le dépôt d'une plainte et le commencement d'une instruction contre lui, quand d'ailleurs il est déclaré par les juges que ce notaire était alors dans un état de solvabilité douteuse et qu'il a agi frauduleusement. — Cass., 14 janv. 1859 (S. 59.1.352).

26. De même l'abus de confiance n'est pas effacé : par la restitution opérée par un tiers avant toutes poursuites. Liége, 21 juill. 1832 (S. chr.), ou par la femme du prévenu après son arrestation, Cass., 2 juin 1843 (S. 43.1.920); ni par l'acceptation de la part du plaignant d'un billet de la somme détournée. Liége, 6 sept. 1832, Roll. de Vill., n. 52 et 54.

27. Tombe sous l'application de l'art. 408, un notaire qui a retenu, malgré les réclamations des propriétaires, la somme qu'il avait retirée pour eux en sa qualité de notaire, et qui n'a donné à ces propriétaires, après les poursuites criminelles par eux commencées, que des titres qu'ils ont été obligés d'accepter, ne pouvant faire mieux. — Cass., 15 nov. 1839.

28. Il y a abus de confiance pour violation de mandat, aussi bien quand les sommes que le mandataire a employées dans son intérêt personnel ont été reçues par lui de tierces personnes en vertu de son mandat, que quand elles lui ont été remises par le mandant lui-même pour en faire un emploi déterminé. — Cass., 18 nov. 1813 (S. chr.); Cass., 7 sept. 1844 (S. 45.1.238); Roll. de Vill., n. 101.

29. Le tuteur qui a détourné ou dissipé des valeurs appartenant à son pupille est, comme mandataire infidèle, passible des peines de l'abus de confiance, sans qu'il y ait lieu, pour cela, d'attendre la fin de la tutelle, alors notamment qu'il a été mis en demeure de fournir un compte au conseil de famille. — Cass., 3 fév. 1870 (S. 71.1.151).

30. Se rend coupable du délit d'abus de mandat :

Le notaire qui détourne des fonds à lui remis pour l'enregistrement d'actes passés devant lui. — Cass., 31 juill. 1817 (S. chr.); 6 janv. 1837 (S. 37.1.142) ; Chauveau et Hélie, t. 5, p. 389.

31. ... Ou des sommes qui lui sont remises pour acquitter des obligations et qu'il s'est vu dans l'impossibilité de rendre par sa faute. — Cass., 25 févr. 1843 (S.43.1.207); 15 janv. 1853.

Mais dans ce cas il ne peut être considéré comme dépositaire public. — Cass., 15 avr. 1813 (P. chr.).

32. Il en est de même du notaire qui, chargé par le receveur de l'enregistrement de restituer à son client une somme perçue en trop sur un acte de son ministère intéressant ce dernier, s'approprie et refuse de rendre cette somme, malgré les réclamations réitérées du client sous le faux prétexte que des honoraires lui restent dus. — Cass., 4 mars 1859 (S. 59.1.708).

33. Il n'est pas nécessaire pour que le clerc-caissier d'un notaire puisse être déclaré coupable d'abus de confiance, à raison de détournement des sommes versées dans sa caisse, que le mandat en vertu duquel il a reçu ces sommes soit prouvé par écrit : à ce cas ne s'appliquent pas les règles du mandat ordinaire. — Cass., 4 nov. 1858 (S. 59.1.367) ; 18 juill. 1862 (S. 63.1.111).

34. L'usufruit ne rentrant pas dans les contrats dont l'art. 408 punit la violation, le fait par un usufruitier d'avoir vendu des titres de rentes dont il n'a que l'usufruit ne constitue pas le délit d'abus de confiance. — Cass., 24 janv. 1876 (S. 77.1.183).

35. L'associé-gérant d'une société en commandite ne peut être considéré comme mandataire et, comme tel, passible des peines de l'abus de confiance, s'il a frauduleusement détourné les deniers sociaux. — Cass., 15 janv. 1842. — *Contrà*, Rouen, 1841, Cass., 8 août 1845 ; Dalloz, *Rép.*, v° *Abus de confiance*, n. 165.

36. Il en serait autrement du directeur d'une société anonyme qui lui n'est qu'un simple mandataire. — Cass., 13 juin 1845. — Dalloz, *Rép. loc cit.*

37. Il n'y a pas lieu de distinguer, pour savoir s'il y a abus de confiance, entre le mandat salarié et le mandat non salarié. — Art. 408, C. pén.; Dall., *Rép.*, v° *Abus de confiance*, n. 152 et 156.

38. Un officier ministériel poursuivi pour divers abus de confiance dont les uns constituent des délits et les autres des crimes, a le droit d'imputer les paiements par lui faits antérieurement aux poursuites sur les dettes qu'il avait le plus d'intérêt à acquitter, c'est-à-dire sur celles dont le non-paiement constituerait un crime ; les règles du droit civil sur l'imputation des paiements étant applicables en matière pénale. — Rouen, 14 mars 1866.

39. La vente dans laquelle il est stipulé que l'acquéreur sera propriétaire des objets vendus dès le jour de l'acte, bien que le prix ne soit pas immédiatement fixé, mais doive être déterminé par l'adjudication publique, à laquelle l'acheteur devra faire procéder, de ces mêmes objets qui resteront jusque-là en dépôt entre les mains du vendeur, est parfaite et dégagée de toute condition suspensive. En conséquence le détournement de tout ou partie des objets vendus, commis par le vendeur avant l'adjudication publique, constitue le délit d'abus de confiance. — Angers, 13 juin 1870 (*Rev. not.*, n. 2862).

§ 3. — Compétence, preuve, prescription.

40. Dans l'abus de confiance il y a deux faits distincts à examiner, l'existence de la convention et la violation de cette convention.

La juridiction correctionnelle est compétente pour connaître de ces deux faits ; la doctrine et la jurisprudence sont d'accord sur ce point, en vertu de l'axiome : Le juge de l'action est le juge de l'exception.—Cass., 12 avr. 1844 ; 23 nov. 1850 ; 28 janv. 1870 ; Mangin, *Tr. de l'act. publ.*, t. 1, n. 170 et s.; Chauveau et Hélie, t. 5, p. 390.

41. Quant au mode de preuve que les tribunaux correctionnels peuvent admettre pour constater la convention que présuppose le délit d'abus de confiance, on a toujours décidé que ces tribunaux étaient assujettis aux règles du droit civil, spécialement à celles fixées par les art. 1341 et 1347, C. civ. — Cass., 28 janv. 1870 ; Chauveau et Hélie, t. 5, p. 391 ; Mangin, n. 171 et s.

42. Ils ne peuvent donc, quand la matière excède 150 francs, et qu'il n'y a ni preuve par écrit ni aveu de la part du prévenu, recourir à la preuve testimoniale qu'autant qu'il existerait un commencement de preuve par écrit. — Chauveau et Hélie, t. 5, n. 2084 ; Mangin, n. 171 et 175 ; Bourguignon, *Jurisp. des C. crim.*, t. 1, art. 3, § 3, n. 3 ; Carnot, *C. pén.*, art. 408, n. 2 ; Roll. de Vill. n. 149 et s.

43. La jurisprudence a également consacré ce principe par de nombreux arrêts. — Amiens, 17 avr. 1822 (S. chr.) ; Cass., 25 janv. 1838 (S. 38.1.441) ; Paris, 11 oct. 1837 ; Angers, 1er juill. 1850 (S. 50.2.476) ; Cass., 3 juin 1853.

44. Et si le contrat est dénié et qu'il n'existe aucun commencement de preuve par écrit, le ministère public doit être déclaré non recevable quant à présent dans ses poursuites. — Cass., 2 déc. 1813 (S. chr.) ; Mangin, n. 175.

45. La prescription du délit d'abus de confiance ne court que du jour où le refus ou l'impossibilité de rendre la chose qui a fait l'objet du détournement a été constatée par une mise en demeure. — Cass., 4 nov. 1869 (S.70.1.75) ; Montpellier, 18 nov. 1872 (S. 73.2.45).

ABUS DE JOUISSANCE. 1. C'est le fait par celui qui a le droit à la jouissance d'une chose dont il n'est pas propriétaire, d'excéder les limites de ce qui lui est permis.

2. L'abus de jouissance peut donner lieu, suivant les cas, soit à des recours, soit à des mesures de garantie contre ceux qui le commettent. — V. *Antichrèse, Bail, Substitution, Usage, Usufruit.*

ABUS DE POUVOIR. — V. *Abus d'autorité.*

ABUS DES BESOINS, DES FAIBLESSES ET DES PASSIONS D'UN MINEUR.— 1. C'est le délit prévu et défini par l'art. 406, C. pén., ainsi conçu :

Quiconque aura abusé des besoins, des faiblesses ou des passions d'un mineur pour lui faire souscrire, à son préjudice, des obligations, quittances ou décharges, pour prêt d'argent ou de choses mobilières, ou d'effets de commerce, ou de tous autres effets obligatoires, sous quelque forme que cette négociation ait été faite ou déguisée, sera puni d'un emprisonnement de deux mois au moins, de deux ans au plus, et d'une amende qui ne pourra excéder le quart des restitutions et des dommages-intérêts qui seront dus aux parties lésées, ni être moindre de 25 francs.

La disposition portée au second paragraphe de l'art. 405 pourra de plus être appliquée (interdiction pendant cinq ans au moins, dix ans au plus des droits civiques, civils et de famille spécifiés par l'art. 42).

2. Il résulte des termes de l'art. 406 que le délit qu'il prévoit et punit doit réunir les circonstances suivantes : 1º abus des besoins, des faiblesses ou des passions d'un mineur; 2º souscription par le mineur, par suite de cet abus, d'obligations, quittances ou décharges pour prêt d'argent ou de choses mobilières ou d'effets obligatoires ; 3º préjudice porté au mineur par suite de ces négociations. Chauveau et Helie, *Th. C. pén.*, t. 5, p. 345 ; Carnot, *C. pén.*, art. 406, n. 7 ; *Encyclop. du dr.*, vº *Abus des besoins*, etc., n. 3 ; Rauter, t. 2, p. 142 ; Dalloz, vº *Abus de confiance*, n. 5 ; *Rép. Pal.*, vº *Abus des besoins*, etc., n. 4.

3. Les faits constitutifs de cet abus sont laissés à l'appréciation des juges, — cependant l'abus de confiance n'est point un élément essentiel de ce délit, qui n'existerait pas moins quand même le mineur aurait volontairement consenti au préjudice. *Mêmes autorités.*

4. Le délit est consommé du moment que le mineur a souscrit l'obligation. La restitution spontanée ne pourrait changer le caractère du fait et le réduire à une simple tentative. Cass., 13 nov. 1840, S.41.1.96. Cependant il pourrait être tenu compte au prévenu de la spontanéité de sa démarche, en lui accordant les circonstances atténuantes. Carnot, *loc. cit.* — De plus l'amende ne serait que du minimum de 25 francs puisqu'il ne serait dû aucuns dommages-intérêts. Cass., 28 fév. 1862; *Bull. crim.*, n. 61.

5. L'art. 406 n'est pas applicable : si l'abus n'a eu pour résultat qu'un engagement verbal; s'il n'a eu pour objet que des choses immobilières ; si le mineur était émancipé et qu'il fût commerçant, ou que l'engagement ait été donné en vue d'une opération de commerce. Chauveau et Helie, t. 5, p. 345 et s. ; Carnot sur l'art. 406.

6. Mais il est applicable : encore bien que le prévenu allèguerait son ignorance de la minorité du mineur qui lui aurait caché son âge et aurait déclaré être majeur ; et quand bien même l'argent prêté au mineur pour se livrer à la passion du jeu aurait tourné à son profit par les chances du jeu. — Carnot, *ibid*.

7. L'art. 406 ne fait pas de distinction pour le sexe, la condition du prévenu et le mobile qui l'a fait agir ; il atteint non pas seulement les usuriers et les prêteurs sur gage, mais tous ceux qui commettent l'abus. Cass., 22 fév. 1866 (S.66.1.269) ; Helie et Chauveau, t. 5, n. 2032, 4e édit.

Mais le délit n'existe que dans le cas où les obligations souscrites par les mineurs ont eu pour cause un prêt d'argent ou de choses mobilières. Toulouse, 2 mai 1856 (S.57.2.206) ; Rennes, 6 déc. 1865 (S.66.2.172).

ACCAPAREMENT. — 1. C'est l'achat de la totalité ou de la presque totalité des denrées ou marchandises d'une certaine espèce se trouvant sur une place de commerce, dans le but d'en élever le prix en la rendant plus rare et en se rendant seul maître de la vente.

2. Il ne faut pas confondre l'accaparement avec le *monopole par coalition* qui en est souvent la conséquence, ni avec l'*énarrhement*. Ce dernier consiste à donner des arrhes pour s'assurer la propriété des marchandises ; celui qui a donné des arrhes peut très-bien renoncer à son marché et ne pas le mener à conclusion, tandis que dans le cas d'accaparement l'acquisition est complète et l'accapareur est devenu propriétaire et possesseur. V. *Arrhes*.

3. Usuellement le mot accaparement se prend en mauvaise part ; cela vient de ce qu'il porte le plus ordinairement sur les grains et autres substances alimentaires dans le but de produire une disette factice, laquelle permet à l'accapareur de réaliser de plus gros bénéfices en exploitant les besoins les plus impérieux des consommateurs.

4. C'est pourquoi les législateurs de tous les temps et de tous les peuples ont établi des pénalités plus ou moins rigoureuses contre les accapareurs. Mais l'expérience ayant démontré que l'accaparement ne pouvait être nuisible que par suite des restrictions apportées aux transactions commerciales et des priviléges concédés à un petit nombre, on trouva le véritable remède dans la proclamation de la liberté du commerce et de la libre circulation des grains, qui résultent des lettres patentes du 15 sept. 1774 et édit de 1776, et des décrets de l'Assemblée constituante et de l'Assemblée législative des 29 août, 18 sep. et 5 oct. 1789, 15 sept. 1790, 3 et 18 fév., 14 mars et 13 avril 1792.

5. La Convention nationale, pour mettre un terme aux agissements de certains accapareurs qui profitaient de la disette qui affligeait alors la France, fut obligée de sévir de nouveau et alla même jusqu'à prononcer la peine de mort contre ceux qui accaparaient les denrées et marchandises de première nécessité. LL. 29 août, 20, 23 et 27 sept. 1793.

Mais ces lois d'exception cessèrent d'être appliquées et disparurent avec les circonstances malheureuses qui les avaient fait naître ; elles furent tacitement abrogées, sous le Directoire, par la loi du 21 prairial an v, et l'arrêté du gouvernement du 17 prairial an vii, qui déclarèrent la circulation des grains libre dans toute la République.

6. Ce qui rendait autrefois l'accaparement dangereux, c'étaient les prohibitions et restrictions imposées au commerce, ainsi que les priviléges accordés aux monopoleurs. Ces derniers, peu nombreux et pouvant disposer de grands capitaux, s'entendaient, à un moment donné, pour accaparer les substances alimentaires, faisaient ainsi la disette et s'enrichissaient par d'énormes bénéfices. C'est ce qui avait eu lieu pour le fameux *pacte de famine*, en 1730.

7. Mais aujourd'hui que la liberté la plus grande est donnée aux opérations commerciales, que les spéculateurs sont nombreux, les opérations fréquentes et réparties entre un grand nombre de négociants, un concert de capitalistes n'est plus possible ou du moins n'est pas longtemps possible ; de cette façon l'accaparement trouve sa limite en lui-même et ne saurait dès lors avoir des résultats nuisibles pour la société.

8. Sous notre législation actuelle, l'accaparement tant qu'il ne s'entoure pas de manœuvres frauduleuses ne saurait être atteint par aucune clause pénale.

Il existe cependant, dans nos lois, des peines correctionnelles qui pourraient être appliquées aux accapareurs, dans le cas où par une coalition entre eux, ils empêcheraient la naturelle et libre concurrence du commerce et amèneraient ainsi la hausse ou la baisse ; ces peines sont édictées par les art. 419 et 420, C. pén. V. *Liberté du commerce et de l'industrie*.

ACCEPTATION. 1. C'est l'action d'agréer ou de recevoir une chose offerte ou donnée.

TABLE ALPHABÉTIQUE.

2. L'acceptation n'étant que la manifestation du consentement de la partie qui accepte l'offre ou la stipulation, et ce consentement étant nécessaire à la validité de l'obligation (C. civ. 1108), il s'ensuit que l'acceptation est nécessaire pour la perfection des contrats, en général.

3. Nous verrons plus loin ce qui est relatif à l'acceptation des contrats et actes à titre gratuit. — V. *Acceptation de donation, Acceptation de legs*.

4. Même dans les contrats et actes à titre onéreux, l'acceptation n'est pas nécessaire, s'il s'agit d'actes unilatéraux. — Arg. de l'art. 1103, C. civ. — Tels sont, par exemple, une quittance, une reconnaissance de prêt, les actes récognitifs et confirmatifs, l'abandon des biens par un héritier bénéficiaire, etc. — V. *Bénéfice d'inventaire, Ratification, Titre nouvel.*

5. Dans les cas où l'acceptation est exigée, elle doit être faite avant la révocation des offres ou pollicitations. — Pothier, *Traité des oblig.*, n. 4; Caen, 27 avr. 1812 (P.12.2.294).

6. La même règle s'applique au contrat judiciaire, c'est-à-dire que le consentement donné en justice peut être révoqué tant que l'adversaire ne l'a pas accepté. — Cass., 13 mai 1824 (S.25.1. 59).

7. La révocation des offres peut donc être faite jusqu'à l'acceptation. Et cette révocation serait valable, même si les offres avaient été acceptées, quand la partie qui les a faites n'avait pas eu connaissance de cette acceptation. — Merlin, *Rép.*, v⁰ *Vente*, t. 1, art. 3, n. 11; Toullier, t. 6, n. 29; Troplong, *de la Vente*, t. 1, n. 24; Bugnet sur Pothier, *Vente*, n. 32, note 3; Larombière, n. 21. — *Contrà*, Pothier, *Vente*, n. 32; Duranton, t. 16, n. 45; Marcadé, sur l'art. 1108, n. 3.

8. L'acceptation, pour produire le concours des volontés et, par suite, la convention doit être conforme aux offres.

9. Ainsi il n'y a point d'engagement irrévocable si l'acceptation a eu lieu sous des conditions qui n'étaient point dans la promesse. — Toullier, t. 6, n. 27; Larombière, t. 1, n. 10.

10. En général l'acceptation peut être tacite, et ordinairement c'est le concours de la partie dans l'acte qui établit à lui seul l'acceptation.—Cependant, dans l'usage, les notaires ont l'habitude de mentionner, même dans les cas dont nous parlons, l'acceptation expresse des parties. Cette précaution peut prévenir des difficultés; elle n'est donc pas déplacée dans les contrats.

11. Dans certains cas, l'acceptation doit être expresse : il tient alors à la solennité de l'acte. — V. *Acceptation de donation.*

12. Dans notre ancienne jurisprudence il était d'usage constant que les notaires, en recevant une obligation, pouvaient l'accepter pour le créancier absent. — Ricard, *Donat.*, n. 865, Ferrière, t. 1, p. 75.

13. Cet usage pourrait-il être admis aujourd'hui, en présence de la L. 25 ventôse an XI, qui décide que le notaire ne peut recevoir de convention où il serait partie lui-même? La jurisprudence admet la négative. — Cass., 11 juil. 1859 (S.59.1.531); Grenoble, 8 juil. 1858 (S.60.2.188).

14. Et il a été jugé que cette acceptation n'était pas valable, encore que le notaire se fût porté fort pour la partie absente. — Toulouse, 31 juil. 1830 (S.31.2.133).

15. Toutefois cette acceptation faite au mépris de la loi n'aura pas toujours le même effet. S'il s'agit d'une simple obligation unilatérale, l'acceptation, quoique non valable, ne serait qu'une chose surabondante qui ne pourrait vicier l'acte. — Merlin, *Rép.* v⁰ *Notaire*, § 5; Bordeaux, 22 janv. 1839 (S.39.2.258).

16. Au contraire, si l'obligation est bilatérale, l'acceptation étant nécessaire pour la validité du contrat, la nullité de l'une entraîne la nullité de l'autre. — Clerc, *Man. form.* (nouv. édit.), t. 2, p. 31, n. 169.

17. Cependant, même dans le cas d'acte unilatéral, de prêt, par exemple, l'acceptation du notaire entraînerait la nullité de l'acte si le notaire avait fait par ses propres mains le prêt pour et au nom du créancier ; car alors le notaire aurait agi comme *mandataire* du créancier absent. — Limoges, 11 juil. 1854 (S.54.2. 769). — V. *Obligation.*

18. La nullité résultant de l'acceptation pour l'absent peut être couverte par le silence gardé jusqu'au jugement. — Toulouse, 7 déc. 1832 (S.33.2.235).

19. Pas plus que le notaire, l'un des témoins instrumentaires ne pourrait accepter pour une partie absente. — Cass., 27 août 1833 (S.33.1.673).

20. D'ailleurs l'acceptation faite par le témoin, s'il s'agissait d'un acte unilatéral, n'en entraînerait pas plus la nullité que celle du notaire. — Même arrêt.

21. Si le tiers absent ne veut point ratifier l'acceptation faite par le notaire ou le témoin, elle doit être réputée non écrite. — V. *Stipulation pour autrui.*

22. Le notaire ne peut non plus accepter une donation faite à une personne absente. — V. *Acceptation de donation.*

ACCEPTATION D'ADOPTION. — **1.** C'est l'acte par lequel le pupille, adopté par son tuteur officieux, déclare consentir à cette adoption, lorsqu'il a atteint sa majorité. — C. civ., 366.

2. La loi ne s'explique point sur la nécessité de l'acceptation de cette adoption, mais il est hors de doute que le pupille puisse renoncer au bénéfice de l'adoption, tant qu'il ne l'a pas acceptée, puisqu'il s'agit ici d'un acte testamentaire. — Grenier, *de l'Adoption*, n. 29; Durant., t. III, n. 304 ; Demol., n. 80 et 125 ; Aub. et Rau, VI, § 561.

3. Il paraît dans l'ordre, dit M. Grenier, que l'adoption testamentaire et l'acte d'acceptation soient inscrits sur les registres de l'état civil du domicile de l'adopté. — *Sic*, Ducaurroy, Bonnier et Roustain, I, 535. — *Contrà*, Demol., VI, 126; Aub. et Rau, VI, § 561.

4. Par conséquent ces deux actes peuvent être faits devant notaire, pour être transcrits ensuite sur les registres de l'état civil; car l'on ne peut présenter à l'état civil que des actes authentiques. Roll. de Vill., *Rép.*, vº *Accept. d'adopt.*, n. 4.

5. L'acceptation de l'adoption testamentaire peut n'être que tacite. Elle résulterait suffisamment du fait par le pupille devenu majeur de profiter des avantages de l'adoption, par exemple, de porter le nom de l'adoptant, de prendre dans des actes publics la qualité d'enfant adoptif. — Durant., t. 3, n. 304. — V. *Adoption.*

Enregistrement. — L'acceptation d'adoption donne ouverture au droit fixe de 3 fr. comme acte de complément ou acte innomé. LL. 22 frim. an VII, art. 67, § 1er, 51°; 18 mai 1850, art. 8, et 28 févr. 1892, art. 4.

Cette acceptation peut être tacite et résulter de ce que l'adopté a recueilli les avantages qui lui étaient conférés par un testament. A défaut d'acte, aucun droit ne peut être perçu. *Dict. réd.* V. *Acceptation*, n. 10.

ACCEPTATION DE COMMUNAUTÉ. — **1**. Acte par lequel la femme ou ses héritiers et ayants cause acceptent la communauté de biens qui a existé entre elle et son mari.

TABLE ALPHABÉTIQUE.

DIVISION.

§ 1. — *Du droit d'option.*

§ 2. — *Des conditions requises pour l'acceptation.*

§ 3. — *Du délai de l'acceptation.*

§ 4. — *Des formes de l'acceptation.*

§ 5. — *Du recel ou divertissement.*

§ 6. — *Quand l'acceptation peut être attaquée.*

§ 7. — *Effets de l'acceptation.*

§ 8. — *Enregistrement.*

§ 1er. — Du droit d'option.

2. Après la dissolution de la communauté, la femme ou ses héritiers et ayants cause ont la faculté de l'accepter ou d'y renoncer; toute convention contraire est nulle (C. civ., art. 1453).

Donc la femme acceptera si la communauté est bonne, elle renoncera si la communauté est mauvaise. Cette exception au droit commun qui régit les sociétés est un vrai privilége, car c'est la femme seule qui en jouit.

3. Elle est du reste parfaitement justifiée. — Si la femme a une situation privilégiée lorsque la communauté se dissout, par contre, dit M. Laurent, elle est hors du droit commun tant que la communauté dure. Le mari est seigneur des biens communs ; il en dispose en maître absolu, il peut dissiper la communauté ou la grever de dettes au delà de son avoir, sans que la femme ait le droit de s'y opposer. Il serait de toute iniquité que la femme restée étrangère à la gestion qui a ruiné la communauté fût forcée d'en accepter les désastreux résultats. Le droit d'option est donc, non point de justice libérale, mais d'équité rigoureuse. Le mari qui a seul géré doit aussi seul répondre de sa gestion si elle a abouti à la ruine de l'association ; c'est la conséquence naturelle du pouvoir absolu dont il jouit. — M. Laurent, *Principes du droit civil*, t. 22, p. 378, n. 361.

4. On voit par les derniers mots de l'art. 1453 que la faculté d'accepter ou de renoncer est considérée comme d'ordre public et que toute convention qui y dérogerait serait frappée d'avance de nullité, peu importerait que l'engagement soit contenu dans le contrat de mariage ou soit pris pendant la durée de la société conjugale.—Rodière et Pont, *Traité du contr. de mariage*, t. 2, n. 1023; Odier, *Traité du cont. de mar.*, t. 1, n. 432.

5. Outre le droit de renoncer, la femme a un autre droit qui sauvegarde pleinement ses intérêts, alors même qu'elle accepte une communauté obérée, c'est le bénéfice d'émolument en vertu duquel elle n'est tenue des dettes que jusqu'à concurrence des bénéfices qu'elle retire de la communauté, pourvu qu'elle fasse inventaire (C. civ., art. 1483).

6. Ce bénéfice lui permet d'accepter sans qu'elle coure aucun risque. Mais cependant elle a souvent intérêt à renoncer, soit que, la communauté étant évidemment mauvaise, elle veuille se décharger du soin de la liquider, soit que dans son contrat de mariage elle ait stipulé qu'elle aura le droit de reprendre ses apports même en cas de renonciation. — Laur., p. 381, n. 363 ; Durant., t. 14, p. 572, n. 437 ; Rodière et Pont, p. 438, n. 1149.

7. On doit entendre par héritiers et ayants cause de la femme ses successeurs universels ou à titre universel. On ne peut comprendre dans cette dénomination ni ses légataires ou autres successeurs à titre particulier, ni les cessionnaires de ses droits éventuels, puisque cette cession serait un acte d'acceptation de la part de la femme qui l'exclurait dès lors de la faculté de renoncer, ni enfin ses créanciers. — Odier, n. 430; Aub. et Rau, 4e édit., t. 5, § 517, note 9, p. 412 ; Rodière et Pont, n. 1057.

8. Cependant il est un cas dans lequel les créanciers peuvent accepter dans un certain sens. D'après l'art. 1463, C. civ., les créanciers de la femme peuvent attaquer la renonciation qui aurait été faite par elle ou par ses héritiers en fraude de leurs créances et accepter la communauté de leur chef. Dans ce cas c'est plutôt en vertu de l'art. 1167 que les créanciers agissent qu'en vertu de l'art. 1166 ; acceptant *de leur chef*, la renonciation de la femme subsiste. — Laur., p. 386, n. 367.

9. Ce n'est que pour la femme, ses héritiers ou ayants cause que l'acceptation est facultative, pour le mari et ses héritiers elle est obligatoire. Il en serait ainsi même dans le cas où le mari serait héritier de sa femme et qu'il renoncerait en cette qualité et du chef de sa femme pour soustraire à tout droit de mutation la part de celle-ci dans la communauté. — Cass., 9 mars 1842 (S. 1842.1.193) ; Odier, t. I, n. 431 et la note ; Rodière et Pont, n. 1036 ; Aub. et Rau, § 517, texte n. 1, p. 413.

10. Aux termes de l'art. 1465, la veuve, soit qu'elle accepte, soit qu'elle renonce, a droit, pendant les trois mois et quarante jours qui lui sont accordés pour faire inventaire et délibérer, de prendre sa nourriture et celle de ses domestiques sur les provisions existantes, et, à défaut, par emprunt au compte de la masse commune, à la charge d'en user modérément.

11. Elle ne doit aucun loyer à raison de l'habitation qu'elle a pu faire, pendant ces délais, dans une maison de la communauté ou appartenant aux héritiers du mari ; et si la maison qu'habitaient les époux à l'époque de la dissolution de la communauté était tenue par eux à titre de loyer, la femme ne contribuera pas, pendant les mêmes délais, au paiement dudit loyer, lequel sera pris sur la masse. — (C. civ., art. 1465).

12. Le délai déterminé par l'art. 1465 s'applique d'une manière uniforme et identique à tous les cas, indépendamment de la promptitude apportée par la femme à prendre son parti. En conséquence, ce droit ne peut être restreint à moins de trois mois et quarante jours, sur le motif que l'inventaire a été fait et que la femme a pris qualité avant l'expiration de ce délai. — Metz, 10 mai 1860 (S. 1860.2.401) ; Delvincourt, t. 3, p. 277 ; Rodière et Pont, n. 1030 ; Toulier, t. 5, p. 151 ; Mourlon, t. 3, n. 217 *bis*.

13. D'autres auteurs décident que la femme cesse de jouir des droits que lui accorde l'art. 1465, dès que l'inventaire est fait et que les quarante jours à compter de la clôture de cet acte sont écoulés, mais que si elle a obtenu une prorogation de délai pour faire inventaire, elle doit jouir de ces droits pendant la durée de la prorogation. — Bellot des Minières, t. 2, p. 458 et s. ; Duranton, t. 14, n. 466 ; Aub. et Rau, § 517, texte n. 7, note 39, p. 423 ; Odier, t. 1, n. 479 ; Marcadé sur l'art. 1465 ; Troplong, t. 3, n. 1596.

14. Indépendamment du droit à la nourriture et au logement pendant le délai légal, la femme, soit qu'elle accepte la communauté, soit qu'elle y renonce, a droit aux habits de deuil pendant la viduité (art. 1481, C. civ.) ; dans ce deuil est compris le deuil des domestiques de la veuve. — Pau, 27 mai 1837 (S. 1838.2.291).

15. Il doit être payé en argent à la femme survivante et non en nature, et ces frais, étant compris dans les frais funéraires de la succession du mari, jouissent du même privilége. — Agen, 28 août

1834 (S.35.2.426) ; Caen, 15 juill. 1836 (S.37.2.229) ; *Sic*, Toullier, t. 13, n. 269 ; Duranton, t. 19, n. 48 ; Tarrible, v° *Privilége*, sect. 3, § 1, n. 3 ; Persil, *Quest. sur priv. et hyp.*, t. 1, p. 23 ; Proudhon, *Usufruit*, n. 212 ; Odier, t. 1, n. 488 ; Pont et Rodière, t. 1, n. 1032 ; *Contrà*, Bellot des Minières, t. 3, p. 505 ; Merlin, *Rép.*, v° *Deuil* ; Grenier, *Hyp.*, t. 2, n. 301 ; Troplong, *Hyp.*, t. 1, n. 136.

16. La nourriture des enfants que la veuve a eus d'un précédent mariage reste exclusivement à sa charge.—Lorsque le bail de la maison occupée par elle vient à cesser avant l'expiration du délai indiqué par l'art. 1465, il lui est dû, pour le temps qui reste à courir, une indemnité de logement. — Duranton, t. 14, n. 687 ; Odier, t. 1, 480 et 483 ; Rodière et Pont, 1029 et 1031 ; Troplong, t. 3, n. 1598.

17. Les droits dont nous venons de parler n'appartiennent qu'à la veuve, c'est-à-dire dans le cas seulement où la communauté est dissoute par le prédécès du mari. Le mari n'y a pas droit s'il survit, et la femme elle-même n'y saurait prétendre lorsque la dissolution de la communauté a lieu par la séparation de corps ou de biens. — Rodière et Pont, t. 1, n. 1025.

§ 2. — Des conditions requises pour l'acceptation.

18. La femme majeure qui a pris dans un acte la qualité de *commune* ne peut plus y renoncer, ni se faire restituer contre cette qualité, quand même elle l'aurait prise avant d'avoir fait inventaire, s'il n'y a eu dol de la part des héritiers du mari. — C. civ., art. 1455.

19. A plus forte raison, la femme qui, dans l'inventaire, après la dissolution de la communauté, prend la qualité de commune, ne peut plus renoncer à la communauté ; toute renonciation de sa part faite postérieurement est nulle et ne peut la priver de ses droits dans la communauté. — Nîmes, 23 mars 1858 (S.58.2.385).

20. Toutefois, si la femme avait pris cette qualité dans un acte, *avant la dissolution de la communauté*, on ne devrait pas pour cela la considérer comme commune, car le droit de la femme à la communauté n'étant ouvert qu'à la dissolution de cette communauté, la femme n'a pu, avant la dissolution, accepter valablement une communauté à laquelle elle n'avait aucun droit formé. — Pothier, *De la communauté*, n. 536.

21. En principe, dit M. Laurent, la femme étant réellement associée, est commune pendant la durée de la communauté ; elle peut donc prendre la qualité de commune sans que l'on en puisse induire qu'elle entend accepter ; accepter, c'est exercer le droit d'option ; or, la femme ne peut exercer ce droit que lorsqu'il est ouvert et il ne s'ouvre qu'à la dissolution. — Laurent, t. 22, p. 388, n. 370.

22. La question de savoir si la femme séparée judiciairement de

biens pouvait accepter la communauté, a été longtemps controversée ; aujourd'hui, l'affirmative ne fait plus doute. — Toullier,
t. 13, n. 128 ; Duranton, t. 14, n. 150 ; Rodière et Pont, t. 2,
n. 1038 ; Laurent, t. 22, p. 369, n. 352.

23. La femme mineure a-t-elle aussi la faculté d'accepter la communauté ? Évidemment. — L'affirmative ressort du texte de l'art.
1455, qui porte que la femme *majeure* ne peut se faire restituer
contre son acceptation s'il n'y a eu dol de la part des héritiers du
mari : ce qui implique que la femme *mineure* peut se faire restituer, donc elle peut accepter. Mais comme l'acceptation de la communauté n'est pas un acte de pure administration et que la femme
mineure est incapable sauf pour cette sorte d'acte, il faut qu'elle
soit autorisée par son conseil de famille ; l'assistance de son curateur ne suffirait pas. — Laurent, n. 372 ; Rodière et Pont, n. 1037 ;
Aub. et Rau, t. 5, p. 416, § 517, note 20.

24. L'acceptation doit être pure et simple ; elle ne pourrait être
partielle, conditionnelle ou à terme. — Aub. et Rau, p. 446, § 517 ;
note 17 ; Rodière et Pont, n. 1061 ; Laurent, n. 373 ; Odier, 436.

§ 3. — Du délai de l'acceptation.

25. Nous avons vu que la communauté ne peut être acceptée
qu'après sa dissolution ; cependant ce principe souffre une exception, c'est lorsque la communauté est dissoute par la séparation
de biens. On admet généralement que la femme peut exercer ce
droit pendant l'instance en séparation, et qu'elle ne peut être dé-
chue de son acceptation pour ne pas l'avoir renouvelée, en temps
utile, après le jugement qui consacre la séparation d'une manière
définitive. — Orléans, 14 nov. 1817 (S. chr.); Lyon, 24 déc. 1829
(S. chr.), Cass., 21 juin 1831 (S.31.1.268) ; Troplong, n. 1508 ;
Aub. et Rau. t. 5, § 517, p. 412, note 3 ; Massé et Vergé sur Zachariæ,
t. 4, p. 152, note 3 ; Rodière et Pont, t. 2, p. 314, n. 1040 ; *Contrà*,
Dall., *Rép.*, v° *Contr. de mar.*, n. 2123 ; Laurent, p. 369, n. 352.

26. Lorsque la communauté est dissoute par la mort de l'un
des époux, la loi ne fixe aucun délai dans lequel la communauté
doit être acceptée ; on reste donc sous l'empire du droit commun
d'après lequel tout droit peut et doit être exercé dans le délai de
trente ans (C. civ., art. 2262) ; Aub. et Rau, t. 5, p. 417, § 517,
n. 27 ; Rodière et Pont, n. 1041 ; Odier, t. 1, n. 450 ; Laurent,
n. 374.

27. Toutefois si le mari ou ses héritiers demandent le partage
de la communauté, la femme doit se prononcer (accepter ou renoncer), à moins qn'elle ne se trouve encore dans les délais que la
loi lui accorde pour faire inventaire et délibérer, et qui sont de
trois mois et quarante jours (art. 1456), mais qui peuvent être pro-
rogés par le tribunal suivant les circonstances (art. 1458).

28. En accordant à la femme commune en biens ou à ses héritiers le bénéfice de n'être tenus que jusqu'à concurrence de leur
émolument dans la communauté, le Code subordonne ce bénéfice

à la condition d'un inventaire fidèle et exact (art. 1483 et 1491); mais il ne dit pas dans quel délai doit être fait cet inventaire.

La jurisprudence et la doctrine sont d'accord pour décider que l'inventaire doit être fait, par la femme survivante ou séparée, dans le délai de trois mois, suivant le droit commun. — V. Pothier, *de la Communauté*, n. 742; Odier, *Contr. de mar.*, n. 550 ; Rodière et Pont, id., t. 2, n. 1118 ; Aub. et Rau, 4ᵉ édit., t. 5, § 520, texte et n. 8, p. 436; Troplong, id., n. 1743; Marcadé sur l'art. 1483, n. 2 ; Cass., 21 déc. 1830 (S.31.1.152), 7 fév. 1848 (S.48.1. 243); Lyon, 16 fév. 1854 (S.56.2.123); Douai, 8 août 1864 (S.64. 2.297) ; Angers, 20 mai 1863 (*Revue*, n. 740) ; Rouen, 3 juill. 1874 (S.76.2.332). Ce dernier arrêt décide ainsi, même dans le cas où la femme ne se serait pas immiscée dans la communauté ; l'art. 174, § 3, C. proc., ne lui étant pas applicable.

29. Mais faut-il décider de même pour les héritiers de la femme prédécédée ? — Cette question, qui n'a pas été posée par les auteurs, a été résolue affirmativement par la Cour de Nancy dans un arrêt du 14 août 1875 (S.76.2.1.). La Cour déclare qu'il n'y a aucune différence entre la femme et ses héritiers, puisqu'ils ont les mêmes intérêts et jouissent du même privilége.

30. La femme qui a fait inventaire n'est pas tenue de renoncer, et conserve son droit d'option pendant le délai de trente ans. Mais si elle reste trente ans sans se prononcer, sera-t-elle acceptante ou renonçante ? Un arrêt de la Cour de Paris du 11 août 1825 (S. chr.) la déclare acceptante. — M. Laurent est d'un avis contraire, n. 376.

31. Si la dissolution s'est opérée par suite de la séparation de corps, la femme qui n'a pas accepté la communauté, dans les trois mois et quarante jours après la séparation définitivement prononcée, est censée y avoir renoncé, à moins qu'étant encore dans les délais, elle n'en ait obtenu la prorogation en justice, contradictoirement avec son mari ou lui dûment appelé (C. civ. 1463.)

32. Jugé toutefois que la présomption cesse de s'appliquer dans le cas où des contestations ont empêché la femme de déclarer son option, et où le mari, par ses agissements, a renoncé à se prévaloir contre sa femme de l'expiration des délais.— Rennes, 26 juin 1851 (S.52.2.10).

33. Bien que l'art. 1463 ne parle uniquement que de la séparation de corps, la généralité des auteurs décident que ses dispositions s'appliquent aussi à la séparation de biens. — Laurent, n. 377 ; Rodière et Pont, n. 1041 ; Duranton, t. 14, n. 450 ; Troplong, n. 1582. — *Contrà*, Bellot des Minières, t. 2, p. 312.

34. Par les mots: *après la séparation définitivement prononcée*, il faut entendre désormais un jugement inattaquable : ainsi, tant que le jugement définitif, prononçant la séparation de corps ou de biens, est encore susceptible d'être attaqué par la voie de l'appel, le délai pour accepter reste en suspens. Il faut pour que ce délai prenne son cours, que le jugement de séparation ait acquis l'autorité de la chose jugée. — Cass., 2 déc. 1834 (S.34.1.773) ; Rodière et Pont, n. 1042.

35. Le délai de trois mois est fatal et court du jour de l'arrêt de séparation et non de celui de sa notification. — Poitiers, 23 fév. 1842.

36. Quand l'héritier d'une femme décédée sans avoir accepté ou répudié la communauté, décède lui-même avant d'avoir pris parti, chacun de ses héritiers a la faculté, soit d'accepter la communauté pour sa part, soit d'y renoncer; l'art. 782, C. civ., n'étant pas ici applicable, puisqu'il ne dispose qu'en matière de succession. — Orléans, 14 fév. 1862 (S.62.2.248).

§ 4. — Des formes de l'acceptation.

37. L'acceptation de la communauté peut être expresse ou tacite.

Elle est expresse, quand la femme prend la qualité de commune dans un acte, soit authentique, soit privé.— C. civ., art. 1455.

38. Elle est tacite, quand la femme a manifesté par un fait, un acte, la volonté d'être femme commune, c'est-à-dire s'est immiscée dans les biens de la communauté; mais les actes purement administratifs ou conservatoires n'emportent point immixtion. — C. civ., art. 1454.

39. Il arrive assez souvent qu'un acte de disposition soit en réalité une mesure de conservation ; et Pothier fait observer à cet égard, que la veuve étant, de droit, préposée à la garde et conservation des effets de la communauté en attendant qu'elle prenne qualité, tout ce qu'elle fait pour la conservation des biens de la communauté ne doit pas passer pour acte de commune : comme lorsqu'elle a vendu des effets périssables qu'elle a été obligée de vendre pour en éviter la perte. — Pothier, *de la Communauté*, n. 541.

40. En cas de séparation de biens, l'acceptation de la communauté par la femme peut être tacite tout aussi bien qu'au cas de prédécès du mari. — Lyon, 24 déc. 1829 (S.30.2.97); Cass., 8 fév. 1843 (S.43.1.189); Paris, 2 mai 1850 (S.51.2.26) ; Cass., 14 mars 1855 (S.55.1.335); Troplong, t. 3, n. 1581 ; Rodière et Pont, t. 1, 1044; Pont, *Revue crit.*, t. 1, p. 193; Laurent, t. 22, n. 380. — *Contrà :* Delvincourt sur l'art. 1463 ; Massol, *de la Séparation de corps*, p. 20.

41. Il est souvent difficile de décider si un acte emporte immixtion ou non. Pothier trace en ces termes la ligne de démarcation: « La femme ne pouvant être commune que par la volonté qu'elle a eue de l'être et qu'elle a suffisamment déclarée, il faut, pour qu'un fait de la femme renferme une acceptation de la communauté, que ce fait soit tel qu'il suppose nécessairement en elle la volonté d'être commune et qu'on ne puisse apercevoir de raison pourquoi elle aurait fait ce qu'elle a fait, si elle n'eût pas voulu être commune. » Pothier, n. 537.

42. Ainsi la femme peut, sans s'immiscer dans les biens communs, faire les réparations urgentes, vendre les effets périssables, ou des marchandises d'un commerce de détail pour ne pas perdre l'achalandage de la maison, prendre inscription sur les biens des débiteurs de la communauté, interrompre la prescription qui court au profit d'un possesseur des acquêts, faire la récolte des fonds communs, donner congé aux locataires qui ne paient pas, louer les maisons pour les termes d'usage et même, en cas d'urgence, passer les baux des biens ruraux. — Pothier, n. 541 ; Duranton, t. 14, n. 439; Glandaz, *Encycl. du dr.*, v° *Communauté*, n. 306 et 307 ; Rodière et Pont, n. 1046 ; Odier, 441.

43. Généralement le fait de prendre ou de recevoir ce qui fait partie de la communauté est un acte d'immixtion. Ainsi toucher les loyers d'une maison, les arrérages d'une rente, sont des actes d'immixtion ; il n'y avait aucun péril à retarder ces recettes, et, si la femme voulait renoncer, elle devait s'abstenir et laisser agir les héritiers du mari. — Bruxelles, 20 mai 1826; 10 mars 1847 (S.47. 2.98).

44. La femme fait aussi acte d'immixtion en payant, pour sa part, une dette de communauté à laquelle elle n'était point obligée en son propre nom, et, sans qu'elle eût d'autre qualité pour payer que celle de commune. — Pothier, n. 539.

45. Mais si elle était obligée en son propre nom, comme caution par exemple, elle ne serait pas censée, en payant la dette, faire acte de commune, ayant pu la payer, par le seul motif de se libérer de sa propre obligation. — Pothier, n. 540 ; Rodière et Pont, n. 1049.

46. En tout cas, soit qu'elle dispose des effets de la communauté, soit qu'elle paie une dette qui en dépendait, la femme ne doit être considérée comme s'étant immiscée, qu'autant qu'elle n'aurait eu pour faire l'acte, d'autre qualité que celle de commune. Mais si elle était tutrice de ses enfants héritiers de son mari, ou son exécutrice testamentaire, elle pourrait prétendre n'avoir agi qu'en sa qualité de tutrice ou d'exécutrice testamentaire. — Rodière et Pont, n. 1049.

47. Pour tous les actes qui pourraient donner lieu à des contestations, les auteurs conseillent à la femme de demander l'autorisation du juge, pour passer l'acte en sa qualité d'habile à se porter acceptante de la communauté. — Pothier, 541 ; Duranton, t. 14, p. 374, n. 441; Aub. et Rau, t. 5, p. 414 et note 11, § 517 ; Rodière et Pont, n. 1047 ; Troplong, t. 2, p. 8, n. 1520 ; Odier, 442. — *Contrà* : Laurent, n. 381.

48. La cession faite par la femme, après la dissolution de la communauté, de tous les droits qu'elle peut y prétendre, est un acte d'acceptation, car elle n'a pu céder que ce qu'elle avait. Il en serait de même, si la femme renonçait à la communauté en faveur de l'un des héritiers du mari ; la femme cédèrait ainsi réellement son droit à la communauté, et serait forcément considérée comme l'ayant acceptée tacitement. — Pothier, n. 544 ; Battur, *Communauté*, t. 2, n. 678; Rodière et Pont, n. 1050.

49. Toutes les règles que nous venons de citer s'appliquent non-seulement à la femme elle-même, mais encore à ses héritiers. — Battur, t. 2, n. 680 ; Rodière et Pont, n. 1053.

§ 5. — Du recel ou divertissement.

50. Aux termes de l'art. 1460, la veuve qui a diverti ou recélé quelques effets de la communauté est déclarée commune, nonobstant sa renonciation ; il en est de même à l'égard de ses héritiers.

51. Le caractère essentiel qui constitue le divertissement ou recel, c'est l'intention frauduleuse, c'est la mauvaise foi. Les tribunaux ont donc un pouvoir discrétionnaire pour décider, suivant les faits et circonstances de la cause, s'il y a eu, ou non, mauvaise foi. — Cass., 31 mai 1831 (S.31.1.224) ; 5 avr. 1832 (S.32.1.526) ; 26 janv. 1842 (S.1842.1.956).

52. On s'est demandé si la femme qui avait diverti ou recélé après sa renonciation, devait être déclarée commune. Les auteurs sont généralement d'accord pour décider que l'application de l'art. 1460 devait être restreinte au cas de recel ou divertissement antérieur à la renonciation. — La femme qui a renoncé ne divertit pas, elle dépouille les héritiers du mari ; on rentre dans le droit commun et les héritiers du mari auront contre la femme l'action naissante soit du délit criminel, soit du délit civil dont elle s'est rendue coupable. — C. pén., art 380.

53. L'art. 1460 est-il applicable à la femme mineure coupable de recel ou de divertissement ? Les auteurs sont très-divisés sur cette question. — V. pour l'affirmative : Troplong, t. 3, n. 1567 ; Odier, n. 446 ; Battur, t. 2, n. 712 ; Aub. et Rau, t. 5, p. 422, § 517, texte et note 37 ; Laur., n. 384. — Pour la négative : Marcadé sur l'art. 460, n. 2 ; Zachariæ, § 517, note 23 ; Rodière et Pont, n.1055 ; Bellot des Minières, t. 2, n. 284.

54. En cas de recel ou divertissement, les héritiers du mari sont obligés de considérer la femme comme acceptante, ils ne peuvent demander qu'elle soit considérée comme renonçante. — Laur., n. 385 ; *Contrà*, Bellot des Minières, p. 287, t. 2.

55. S'il y a eu restitution spontanée et avant toutes poursuites, la veuve sera-t-elle réputée commune ? La Cour de cassation s'est prononcée pour l'affirmative ; Cass., 10 déc. 1835 (S.36.1.827), ainsi que M. Odier, t. 1, n. 445 ; cependant un arrêt de la Cour d'Agen a adopté la négative. — Agen, 6 janv. 1851 (S.51.2.681).

56. Dans le cas de séparation de corps ou de biens, si la femme divertit, puis qu'elle renonce, ou soit réputée renonçante par son silence seul dans le délai de trois mois et quarante jours, l'art. 1460 lui sera-t-il applicable ? La question est controversée. — V. pour l'affirmative, Laur., n. 387 ; pour la négative, Toulouse, 23 août 1827 (S.chr.) ; Troplong, t. 2, p. 23, n. 1568.

57. Aux termes de l'art. 1477 tout époux qui recèle ou divertit est privé de sa portion dans les effets divertis. — V. *Partage, Recel, Recélé*.

§ 6. — Quand l'acceptation peut être attaquée.

58. En principe l'acceptation est irrévocable. La femme qui accepte la communauté est pour toujours commune. Les art. 1454 et 1455, C. civ., ne laissent aucun doute à cet égard. — Laur., n. 338; Rodière et Pont, n. 1054.

59. Ce principe cependant n'est pas absolu et la règle reçoit quelques exceptions.

La femme mineure peut se faire restituer contre son acceptation, si elle a été faite sans autorisation du conseil de famille. Elle peut donc agir en nullité pour inobservation des formes légales, sans avoir besoin de prouver qu'elle est lésée. — Rodière et Pont, n. 1055; Laur., n. 389; Aub. et Rau, t. 5, p. 416, n. 21.

60. La femme majeure peut être restituée contre son acceptation, lorsqu'il y a eu dol de la part des héritiers du mari (art. 1451, C. civ.); par exemple, quand par leur manœuvre ils l'ont portée à accepter sans faire d'inventaire, pour la priver de son droit à l'émolument.

61. Quoique l'art. 1455 ne parle que du dol pratiqué par les *héritiers* du mari envers la femme, celle-ci pourrait néanmoins faire annuler son acceptation, et renoncer à la communauté s'il y avait eu dol de la part des *créanciers* du mari. — Agen, 6 janv. 1851 (S.51.2.680); Marcadé, sur l'art. 1455, n. 2; Zachariæ, § 517, note 13; Rodière et Pont, n. 1056; Laur., n. 390; Aub. et Rau, t. 5, p. 416, note 18, § 517.

62. De même en cas de séparation de corps et de biens, l'art. 1455 devrait être appliqué, si le dol avait été pratiqué par le mari lui-même. — Rodière et Pont, n. 1056.

63. Enfin les créanciers de la femme peuvent attaquer son acceptation, dans le cas où elle aurait été faite en fraude de leurs droits. Par exemple, lorsque par le fait de l'acceptation, la femme doit laisser dans le fonds commun des apports qu'elle aurait repris si elle avait renoncé. — Cass., 5 déc. 1838 (S.38.1.945); Cass., 5 avr. 1869; Rodière et Pont, n. 1057; Odier, n. 476; Mourlon, t. 3, p. 90, n. 214; Colmet de Santerre, t. 6, p. 279, n. 121 *bis*; Laurent, n. 391.

§ 7. — Effets de l'acceptation.

64. L'acceptation de la communauté a un effet rétroactif au jour de la dissolution de la communauté, de sorte que la femme est réputée propriétaire par indivis, pour une moitié de tous les biens dont la communauté s'est trouvée alors composée, et des fruits et revenus qui ont été perçus depuis ce temps. — Pothier, n. 548.

65. Le Code est muet sur cette règle, qu'on ne doit pas moins considérer comme certaine aujourd'hui. C'est un droit préexistant que la femme exerce en vertu de sa faculté d'option. Elle peut renoncer, et, dans ce cas, elle n'a jamais été commune; elle peut accepter et, dans ce cas, elle a toujours été commune. —Laurent, n. 392 ; Rodière et Pont, 1058.

66. Par réciprocité, la femme ou ses héritiers deviennent débiteurs, pour leur part dans la communauté, de toutes les dettes de la communauté. — Art. 1482, C. civ.; Cass., 2 juill. 1844 (D.73.1. 340).

67. Mais, s'il y a eu bon et fidèle inventaire, ils ne sont tenus des dettes de la communauté que jusqu'à concurrence de leur émolument. — C. civ., art. 1483.

68. Par l'acceptation la femme, en cas de dissolution par le prédécès du mari, est investie de l'administration de la communauté jusqu'au partage. Ce droit s'induit virtuellement des art. 1454, 1456 et 1465.

§ 8. — Enregistrement.

69. L'acceptation de communauté est expresse ou tacite.

70. Lorsqu'elle est expresse, pure et simple, et résulte d'un acte civil, elle est passible du droit de 3 fr. LL. 22 frim. an VII, art. 68, n. 1er, §1er; 18 mai 1850, art. 8; 28 févr. 1872, art. 4.

71. Les acceptations de communauté faites en justice rentrent dans la classe des actes conservatoires et de formalité. Passées aux greffes des tribunaux civils elles sont sujettes au droit fixe de 4 fr. 50. LL. 22 frim. an VII, art. 68, nos 6 et 7, § 2; 28 avril 1816, art. 44, 28 fév. 1872, art. 4 ; elles sont en outre soumises au droit de rédaction de 1 fr. 25. L. 21 vent. art. 7.

72. Lorsque la communauté est acceptée par les héritiers de la femme, il est dû un droit fixe par chaque héritier acceptant.

73. Lorsque l'acceptation résulte tacitement d'un fait quelconque, par exemple lorsque la veuve ou ses héritiers s'immiscent dans la communauté (art. 1454), cela ne peut donner lieu à aucun droit d'enregistrement.

ACCEPTATION DE DÉLÉGATION. — V. *Délégation.*

ACCEPTATION DE DONATION. — **1.** C'est l'acte par lequel le donataire, ou une personne en son nom, manifeste la volonté de profiter de la disposition faite en sa faveur.

TABLE ALPHABÉTIQUE.

DIVISION.

§ 1er. — *Nécessité de l'acceptation et donations qui y sont soumises.*

§ 2. — *Par qui l'acceptation peut être faite.*

§ 3. — *Donations faites aux établissements d'utilité publique.*

§ 4. — *Recours en garantie accordé aux incapables.*

§ 5. — *Formes de l'acceptation.*

§ 6. — *Effets de l'acceptation.*

§ 7. — *Enregistrement.*

§ 8. — *Formules.*

§ 1er. — Nécessité de l'acceptation et donations qui y sont soumises.

2. L'art. 894, C. civ., fait de l'acceptation l'une des conditions requises pour la validité de la donation entre-vifs; et l'art. 932, qui le complète, porte que « la donation entre-vifs n'engagera le donateur, et ne produira aucun effet que du jour où elle aura été acceptée en termes exprès. »

3. La donation, étant une convention entre le donateur et le donataire, renferme nécessairement le consentement des deux parties. Mais ce n'est pas seulement le consentement que doit donner le donataire à la donation qui lui est faite, que la loi entend ici par *acceptation*. L'acceptation qui est ici requise comme une formalité particulière aux donations est la mention expresse dans l'acte, de l'adhésion du donataire à l'offre du donateur.

4. Et cette mention n'est pas une simple formalité, c'est un des éléments dont la donation se compose, qui tient à son essence, en sorte que cette donation n'est parfaite que lorsque cette acceptation solennelle a eu lieu. — C. civ., 938.

5. Les termes de l'art. 932 étant généraux, toutes les donations, en principe, sont soumises à la formalité de l'acceptation solennelle. Cependant il faut apporter à ce principe plusieurs restrictions.

6. Et d'abord, il y a des donations qui, quoique faites dans les termes du droit commun, sont dispensées par la loi de la solennité de l'acceptation : ce sont les donations faites par contrat de mariage. — C. civ., 1087.

7. Il faudrait en dire autant de la donation en faveur du mariage, quoique faite en dehors du contrat, car elle constitue une convention de mariage.— Furgole, sur l'art. 10 de l'ord. de 1731 ; Guilhon, *Des donations*, n. 518. — *Contrà*, Bastia, 2 mars 1835 (S.35.2.215).

8. Mais les donations entre époux pendant le mariage ne sont pas dispensées de l'acceptation expresse. — Rennes, 20 mars 1841 (S. 41.2.418).

9. La donation faite par le père ou la mère à son enfant naturel, pour lui tenir lieu de tous droits successifs, dans le cas de l'art. 761, n'est pas soumise à l'acceptation expresse. Il suffit du simple consentement de l'enfant. — Cass., 31 août 1847 (S. 47.1. 785) ; Metz, 27 janv. 1853 (S. 54.2.750). — *Contrà*, Aub. et Rau, 6, § 605, texte et note 20 ; Demol., XIV, 105.

10. De même, la substitution faite par donation doit être acceptée en termes exprès par l'institué, mais il n'est pas nécessaire qu'il y ait acceptation au nom des substitués, quoique ceux-ci profitent de la substitution comme donataires.— Laurent, t. 12, n. 273.

11. Toutefois il est évident que l'acceptation du premier donataire ne lie pas le deuxième, et ne l'oblige pas à bénéficier de la disposition.

12. On peut également faire une libéralité sous forme de stipulation pour un tiers, aux termes de l'art. 1121, C. civ. ; l'acceptation de cette libéralité n'a pas besoin d'être expresse : cela résulte de la fin de l'article, qui dit que celui qui fait cette stipulation ne perd la faculté de la révoquer que lorsque le tiers a déclaré vouloir en profiter. — Aub. et Rau, t. 7, § 653 ; Grenier, I, 74 ; Toullier, V, 29 ; Marcadé, art. 1121, n. 3.

13. Ainsi la rente viagère stipulée au profit d'un tiers et dont le prix est fourni par une autre personne n'est point assujettie aux formes requises pour les donations, bien qu'elle ait le caractère d'une libéralité. — C. civ., 1973.

14. Il en serait de même de la réserve d'usufruit stipulée au profit d'un tiers comme condition d'une donation faite à une autre

personne. — Cass., 28 juin 1837 (S. 37.1.689); Coin-Delisle, art.
932, n. 24; Grenier, I. 74.

15. De même de l'assurance qu'une personne contracte sur sa
propre vie, à condition que le prix sera payé à une tierce personne.
— Trib. de Nancy, 7 avr. 1875 (*Rev.*, n. 4911); Douai, 31 janv.
1876 (*Rev.*, n. 5085); Cass., 28 mars 1877 (*Rev.*, n. 5442).

16. De pareilles libéralités peuvent même être acceptées tant
après le décès du stipulant, c'est-à-dire du donateur, qu'après le
décès de la personne au profit de laquelle elles ont été faites.—Toulouse, 19 nov. 1832 (S.33.2.11); Amiens, 16 nov. 1852 (S.54.2.60);
Duranton, X, 248; Larombière, *Obligations*, I, art. 1121, n. 8;
Demol., XX, 94; Aub. et Rau, t. 7, § 653. — *Contrà*, Colmet de
Santerre, V, 33 *bis*, VIII.

17. La remise de dette à titre gratuit, quoique constituant une
véritable libéralité, n'est pas non plus assujettie aux formes solennelles des donations, et, par conséquent, à l'acceptation expresse.
— V. C. civ., 1282 et 1283, qui donnent des exemples de remise
tacite à titre gratuit.

18. De même le paiement fait, malgré le débiteur, par un tiers
qui n'a pas l'intention de répéter ce qu'il paie est une libéralité
non soumise à l'acceptation solennelle.

19. De même la renonciation que fait un légataire universel en
faveur des enfants de son colégataire, décédé avant le testateur,
au droit d'accroissement qui lui appartient. — Cass., 12 nov. 1822
(S.23.1.86).

20. La renonciation à l'usufruit en faveur du nu propriétaire,
à un droit de servitude, à un droit d'hypothèque, à une action
quelconque, serait également dispensée de l'acceptation expresse.
— Proudhon, *Usufruit*, n. 2206.

21. L'acceptation expresse ne s'applique pas non plus aux dons
manuels, pour lesquels il suffit du consentement du donataire, de
quelque façon qu'il soit exprimé. — Coin-Delisle sur l'art. 932,
n. 19; Dall., *Rép.* v° *Disposition*, n. 1603; Laur., t. 12, n. 290.

22. Et il en est ainsi alors même que le don manuel est fait
avec charges. — Paris, 8 déc. 1851 (Dall. 52.2.274); Demol., XX,
n. 78.

23. Le silence du Code civil sur les dons manuels a fait naître
de nombreuses difficultés sur le point de savoir à quel moment le
don manuel est parfait, surtout dans le cas où la chose donnée
n'est pas remise au donataire directement. Elles seront examinées
sous le mot *Don manuel*.

24. Les donations déguisées, déclarées valables par une juris-
prudence constante, sont dispensées de l'acceptation expresse. —
Bruxelles, 2 fév. 1852 (*Pasicrisie*, 52.2.306); Rouen, 27 fév. 1852
(S.52.2.583); Rennes, 2 août 1838 (Dall. au mot *Dispos.*, n. 1683).

25. Il suffit que le consentement du donataire soit manifesté
d'une façon quelconque, par exemple, par la signature du donataire, s'il y a un écrit (Rouen, 27 févr. 1852 (S. 52.2.583).

26. S'il n'y a pas d'acte, la preuve du consentement du donataire pourra résulter de l'exécution de la convention. — Rennes, 2 août 1838 (Dall. au mot *Dispos.*, n. 1683).

27. Si le donataire n'est pas présent à l'acte, la donation ne sera qu'une offre que le donataire devra accepter d'après le droit commun, c'est-à-dire avant que le donateur ne la révoque, ne meure ou ne devienne incapable. — Laurent, XII, 313. — *Contrà :* Amiens, 16 nov. 1852 (S.54.2.60).

28. En matière de rentes nominatives sur l'Etat dont le transfert, dans les formes de la loi du 28 flor. an III, peut déguiser une donation, le transfert à lui seul ne suffit pas pour établir l'acceptation du donataire. — Laurent, XII, 314 ; Dall., Rép., v° *Dispos.*, n. 1681 ; Demol., XX, 106. — *Contrà :* Cass., 24 juil. 1844 (S.44. 1.787).

29. Mais cette acceptation résulterait suffisamment de la signature de transfert faite par le donataire. — Paris, 9 mars 1860 (S.60.2.237).

30. Ou de la remise de l'inscription au donataire, car c'est là l'exécution de la convention.

31. Les donations rémunératoires ne sont soumises à la formalité de l'acceptation solennelle que lorsqu'elles excèdent le montant des services rendus, c'est-à-dire quand on ne peut y voir une simple dation en paiement. — Cass., 7 janv. 1862 (*Revue*, n. 236); Aub. et Rau, VII, § 659, texte et note 31 ; Laurent, XII, 335; Demol., XX, 50. — *Contrà :* Merlin, *Rép.*, v° *Donat.*, sect., VIII, § 3, n. 2 ; Toullier, V, 186.

32. Serait également dispensée de l'acceptation solennelle toute donation faite sous des charges égalant la valeur de la chose donnée, car l'acte, quoique qualifié donation, est en réalité à titre onéreux. — Cass., 24 nov. 1825 (S.-V.26.1.170); Douai, 2 fév. 1850 (S.-V.51.2.182); Pothier, *Vente*, n. 612 ; Laurent, XII, 339 ; Demol., XX, 52 : Aub. et Rau, VII, § 659, texte et note 30.

33. La donation mutuelle, quand les parties l'ont qualifiée ainsi, est une véritable donation, soumise à l'acceptation expresse, quand même elle serait faite avec clause de survie. — Arg., 960, C. civ.; Laurent, XII, 342 et 343; Demol., XX, 53; Championnière, et Rigaud, n. 2254.

34. Les conventions constituant des *arrangements de famille* sont, dès qu'elles contiennent des libéralités, de véritables donations soumises à l'acceptation expresse. — Demol., XX, 53 *bis ;* Laurent, XII, 344 et 345 ; Dall., *Rép.*, v° *Dispositions*, n. 1315 et 1426. — *Contrà :* Zachariæ, édit., Massé et Vergé, III, 74. — La Cour de Cass., 20 nov. 1832 (S.32.1.810) est également contraire, mais ses arrêts sont tous des arrêts de rejet qui maintiennent des décisions rendues en fait, et à ce titre sans valeur juridique.

35. Il en serait ainsi d'actes faits entre cohéritiers, à titre de transaction ou de pacte de famille, s'ils contenaient des libéralités à l'égard d'un ou de plusieurs cohéritiers.— Dall., *Rép.*, v° *Dispos.*, n. 1315 ; Laurent, XII, 345. — *Contrà :* Cass., 20 nov. 1832 (S. 32.1.810).

36. Les rénonciations gratuites à des droits quelconques sont de pures libéralités, et comme telles soumises à l'acceptation expresse, si elles sont transmissives de droits, par exemple, s'il s'agissait d'une renonciation à succession intervenue au profit de l'un des cohéritiers seulement. — C. civ., 780; Demol., XX, 84; Laurent, XII, 348; Aub. et Rau, VII, § 659, texte et note 8. — Cass., 17 août 1815 (S.15,1.413). — *Contrà :* Cass., 15 nov. 1858 (S.59.1.9).

37. Mais il en serait autrement, et il ne serait pas besoin d'acceptation expresse si ces renonciations étaient purement abdicatives de droit, par exemple, s'il s'agissait de la remise d'une dette consentie par le créancier au profit du débiteur. — Cass., 2 août 1862 (S.63.1.203); Troplong, III, 1076; Laurent, XII, 353; Aub. et Rau, VII, § 659, texte et note 8; Demol., XX, 82.

38. Les libéralités faites en l'acquit d'une dette naturelle constituent plutôt des actes à titre onéreux que des libéralités et, dès lors, ne sont pas soumises à l'acceptation expresse. — Cass., 19 déc. 1860 (S.61,1.370); Demol., XX, 37; Aub. et Rau, IV, § 297, texte et note 21; Championnière et Rigaud, III, 2221 et 2447. — *Contrà :* Laurent, XII, 355 et s.

§ 2. — Par qui l'acceptation d'une donation peut être faite.

39. Donation faite à un *majeur non interdit.* — L'acceptation doit être faite par lui, ou, en son nom, par la personne fondée de sa procuration, portant pouvoir d'accepter la donation faite, ou un pouvoir général d'accepter les donations qui auraient été ou qui pourraient être faites. — C. civ., 933.

40. Donc la donation ne peut être acceptée par les héritiers du donataire, ni par ses ayants cause, ni par ses créanciers.— Paris, 21 déc. 1812 (S.13.2.269); Aub. et Rau, VII, § 652, texte et note 18; Laurent, XII, 239; Demol., XX, 155.

41. Ni par une personne qui se *porterait fort* que le donataire ratifiera, quand même la ratification interviendrait effectivement. — Bordeaux, 5 fév. 1827 (S.27.2.114); Aub. et Rau, VII, § 652, texte et note 17; Demol., XX, 158; Laurent, XII, 241.

42. Quand la donation est faite à deux personnes, dont l'une est présente et l'autre absente, l'acceptation de l'une ne profite pas à l'autre. — Bruxelles, 26 nov. 1823 (*Pasicr.*, 23, 540); Laurent, XII, 240; Demol., XX, 157. — *Compar.*, Bordeaux, 3 août 1858 (S.59.2.142).

43. Les notaires ne peuvent plus aujourd'hui, comme ils le faisaient avant l'ord. de 1731, accepter les donations au nom des donataires absents. — C. civ., 933; ord., 1731, art. 5; L. de vent., an XI, art. 14. — Troplong. III, 1112; Demol., XX, 156.

44. Mais le mandat d'accepter peut, dans tous les cas, être valablement conféré à un parent ou à un clerc du notaire rédacteur de l'acte de donation. — Demol., XX, 162; Duranton, VIII, 427; Aub. et Rau, VII, § 652, note 15.

45. Il pourrait même être donné à ce notaire, mais dans ce cas l'acte d'acceptation ne serait valable qu'autant qu'il aurait été reçu par un autre notaire. — *Mêmes autorités.* — Toutefois, les notaires feront bien de ne pas s'exposer à de semblables difficultés.

46. Donation faite à une *femme mariée.* — La femme mariée ne peut accepter une donation entre-vifs sans l'autorisation de son mari ou, à son refus, sans l'autorisation de justice. — C. civ., 217. 219.934.

47. Si la femme est mineure le consentement de son mari majeur lui suffit, parce qu'il est, de plein droit, curateur de sa femme. — C. civ., 506 et 535.

48. Selon le droit commun, il n'est pas nécessaire que l'autorisation soit donnée par acte authentique, il suffit d'un écrit. L'autorisation tacite serait même admise quand le mari est partie à l'acte. — Laurent, XII, 343 ; Toullier, V, 203 ; Duranton, VIII, 434.

49. De même la femme n'a pas besoin d'une autorisation spéciale quand le mari est donateur. — C. civ., 217 ; Toullier, V, 203 ; Aub. et Rau, VII, § 652, note 1 ; Laurent, VII, 243.

50. Le mari pourrait accepter, au nom de sa femme, les donations mobilières à elles faites, si les époux sont mariés sous le régime de la communauté. — Pothier, *Cout. d'Orléans,*, XV, n. 35 ; Furgole, *Quest.*, IV, *sur les Donat.*, VI, p. 27 ; Laurent, XII, 344. — *Contrà :* Bourges, 24 janv. 1821 (S.23.1.255).

51. Mais si la donation est immobilière, comme elle ne doit pas tomber dans l'actif de la communauté, le mari n'a aucune qualité pour l'accepter au nom de sa femme. — Bourges, 24 janv. 1821 (S.23.1.255) ; Dall., *Rép.*, v° *Dispos.*, n. 1467 ; Laurent, XII, 244.

52. Si le mari est mineur, l'acceptation ne peut être faite par la femme donataire, majeure ou mineure, qu'avec l'autorisation de justice. — C. civ,, 224.

53. Donation faite à un *mineur non émancipé.* Cette donation doit être acceptée par son tuteur, qui a besoin, à cet effet, d'une autorisation du conseil de famille. — C. civ., 463, 509.

54. Mais si la donation est faite au mineur sous des conditions qui constituent des actes pour lesquels la loi prescrit des formes rigoureuses (tels qu'une aliénation d'usufruit et une constitution d'hypothèque, qui ne peuvent avoir lieu qu'avec l'autorisation du conseil de famille homologuée par le tribunal), l'acceptation ne peut être faite par le tuteur sans l'accomplissement de ces formalités spéciales. — Cass., 25 mars 1861 (Revue, n. 35).

55. Les père et mère du mineur, ainsi que ses autres ascendants, peuvent aussi accepter, au nom du mineur, les donations faites à son profit, quoiqu'ils ne soient pas tuteurs du mineur. — C. civ., 935 ; Ord., 1731, art. 7.

56. Il y a là pour les père et mère et autres ascendants non pas une *obligation*, mais une *faculté*. Aussi le défaut d'acceptation ne donne-t-il lieu contre eux à aucun recours. — C. civ., 935 ; Furgole, sur l'art. 7 de l'ord. de 1731.

57. Les ascendants ont ce droit même du vivant des père et mère et malgré leur refus. — Demol., XX, 188 ; Aub. et Rau, VII, § 652 ; Laurent, XII, 247. — *Contrà*, Delvincourt, II, p. 262.

58. De même ils ne sont pas assujettis, pour exercer ce droit, à demander l'autorisation du conseil de famille, quand même il s'agirait d'une donation faite avec charges. — Cass., 25 juin 1812 (S.12.1.400) ; Nîmes, 10 avr. 1847 (S.48.2.130) ; Demol., XX, 247. — *Contrà*, Cass., 25 mars 1861 (*Revue*, n. 35) ; Demolombe, IV, p. 180, n. 74 *bis*, II.

59. Toutefois, dans ce même cas de donation faite avec charges, elle ne pourrait être acceptée par un ascendant qui aurait, dans cet acte, des intérêts opposés à ceux du mineur. — Lyon, 24 juin 1868 (*Revue*, n. 2213) ; Aub. et Rau, VII, § 652 ; Laur., XII, 247.

60. Dans le cas où le père est tuteur, il peut, mais alors en sa qualité d'ascendant, non de tuteur, accepter sans autorisation du conseil de famille. — Troplong, VII, 1128 ; Demol., XX, 183 ; Laur., XII, 246.

61. La mère peut également accepter sans autorisation de son mari, lors même que la donation serait faite à un de leurs enfants communs. — Cass., 11 avr. 1832 (S.32.1.458) ; Aub. et Rau, VII, § 652, note 2 ; Laurent, XII, 246 ; Demol., XX, 189. — *Contrà*, Grenier, I, 64.

62. Quand la donation est ainsi acceptée par un ascendant, le tuteur, fût-ce le père du mineur, ne pourrait demander aux tribunaux la nullité de l'acceptation. — Metz, 18 juin 1863 (*Revue*, n. 887) ; Grenoble, 11 janv. 1864 (*Revue*, n. 1065) ; Laurent, XII, 247. — *Contrà*, Demol., XX, 190 ; Demante, IV, 74 *bis*, VI ; Marcadé, art. 935, n. 11.

63. Les père et mère d'un enfant naturel reconnu ont également le droit d'accepter au nom de leur enfant mineur ; mais il ne faut pas étendre cette faculté aux autres ascendants. — Toullier, V, 199 ; Demol., XX, 194 ; Aub. et Rau. VII, § 652 ; Laurent, XII, 248. — *Contrà*, Demante, IV, 74 *bis*, VIII.

64. Cependant le grand-père, père de l'enfant naturel, pourrait accepter pour l'enfant légitime de son fils naturel.—Paris, 23 mai 1873 (S.73.2.324).

65. Lorsqu'un tuteur, quel qu'il soit, ascendant ou autre, ou le père pendant le mariage, fait une donation au mineur dont il a la tutelle ou l'administration, la donation doit être acceptée par le subrogé tuteur. — Caen, 8 mai 1854 (S.54.2.625) ; Demol., XX, 197 ; Aub. et Rau, VII, § 652. — *Contrà*, Laurent, XII, 239 ; Troplong, III, 1127 ; Rouen, 27 fév. 1852 (S.52.2.583), décident qu'elle doit être acceptée par un ascendant ou par un tuteur *ad hoc*.

66. En cas de donation faite conjointement par le père et par la mère, l'acceptation est valablement faite par le père pour les biens donnés par la mère, et par celle-ci pour les biens donnés par celui-là. — Paris,. 25 juin 1849 (S.49.2.554) ; Metz, 18 juin 1863 (*Revue*, n. 887) ; Demol., XX, 199 ; Aub. et Rau, VII, § 652, 2⁰ ; Laurent, XII, 249.

67. Quand la donation est faite à un enfant simplement conçu, elle doit être acceptée par sa mère, son père ou tout autre ascendant, mais non par le curateur au ventre. — Demol., XX, 200 ; Laurent, XII, 249.

68. Donation faite à un *mineur émancipé*. — Les mineurs émancipés ne peuvent accepter les donations qui leur sont faites qu'avec l'assistance de leur curateur. Mais ils n'ont pas besoin de l'autorisation du conseil de famille. — C. civ., 935.

69. Du reste, comme pour le mineur non émancipé, les père et mère et les autres ascendants ont le droit d'accepter pour le mineur émancipé. Il faut donc appliquer ici tout ce que nous avons dit du mineur non émancipé.

70. Si la donation était faite au mineur émancipé par son curateur, elle devrait être acceptée par le mineur lui-même avec l'assistance d'un curateur *ad hoc* nommé par le conseil de famille. — Bruxelles, 26 janv. 1850 (*Pasicr.*, 50.2.61) ; Demol., XX, 198.

71. Donation faite à un *interdit*. — Les interdits sont assimilés aux mineurs. — C. civ., 935.

72. Cependant la faculté accordée aux ascendants par le § 3 du même article d'accepter pour leurs descendants mineurs crée une exception en faveur de ces derniers et ne saurait s'étendre aux interdits. — Marcadé, III, p. 562 ; Demol., XX, 192 ; Laurent, XII, 251. — *Contrà*, Duranton, VIII, 442 ; Coin-Delisle, sur l'art. 935, n. 14.

73. La disposition de la loi relative au mineur non émancipé et à l'interdit s'applique à l'interdit légalement. Donc les donations faites aux condamnés aux travaux forcés à temps, à la réclusion ou à la détention seront acceptées par un curateur nommé conformément à l'art. 29, C. civ. — Duranton, VI, 421 et VIII, 448.

74. Donation faite à un individu *pourvu de conseil judiciaire*. — Cet individu peut accepter seul et sans l'assistance de son conseil les donations qui lui sont faites. C'est l'application du principe qui régit leur incapacité, à savoir qu'ils peuvent faire tous les actes que la loi ne leur défend pas. — C. civ., 499, 513.

75. Cependant le même principe veut que, dans le cas où la donation contiendrait des charges, on examine si le pourvu est capable de les consentir ; par exemple, si la charge consistait en une aliénation, il ne pourrait accepter la donation qu'avec l'assistance de son conseil. — Coin-Delisle, sur l'art. 935, n. 4 ; Demol., XX, 175 ; Laurent, XII, 251.

76. Donation faite à un *sourd-muet*. — Cette donation doit être acceptée par un tuteur *ad hoc* que lui nomme le conseil de famille. Toutefois s'il sait écrire, il peut accepter lui-même. — C. civ., 936.

77. La lecture donnée aux parties et aux témoins ne pouvant être entendue du sourd-muet, il doit lui-même faire cette lecture, et il est nécessaire que l'acte en fasse mention. — Coin-Delisle, sur l'art. 936, n. 2.

78. Si le sourd-muet illettré est un mineur émancipé, un majeur pourvu d'un conseil judiciaire, une femme mariée, l'assistance de son curateur, de son conseil ou de son mari serait insuffisante, et l'art. 936 lui demeurerait encore applicable. — Merlin, *Rép.*, v° *Sourd-muet*, n. 4 ; Coin-Delisle, sur l'art. 936, n. 6.

79. Quand la déclaration du sourd-muet qui *sait* écrire est faite lors de la donation, il suffit qu'elle soit contenue dans un écrit sous seing privé dressé par le donataire ; mais s'il n'est pas nécessaire que le notaire en dresse acte, celui-ci doit en faire mention dans l'acte de donation, afin de rendre l'acceptation authentique. — Laurent, XXII, 253 ; Demol., XX, 166 ; Coin-Delisle, sur l'art. 936, n. 2 et 3.

80. Même dans le cas où le sourd-muet, tout en ne sachant pas écrire, pourrait exprimer sa volonté par le langage des signes, il faudrait exiger que l'acceptation fût faite par un curateur *ad hoc* ; car ce langage ne constitue pas l'acceptation en *termes exprès* exigée par la loi. — Demol., XX, 168 ; Dall., *Rép.*, v° *Dispos.*, n. 1494 ; Laurent, XII, 354. — *Contrà*, Aub. et Rau, VII, § 652, 4°, texte et note 13.

81. Une remarque qui s'applique à tous les cas où le donataire ne peut accepter lui-même, c'est que les personnes capables d'accepter la donation en son nom peuvent faire l'acceptation en personne ou par mandataire muni de procuration, comme il est dit ci-dessus. — Aub. et Rau, VII, § 652, 5°.

§ 3. — Donations faites aux établissements d'utilité publique.

82. Les donations entre-vifs faites en faveur de départements, de communes, d'établissements publics ou d'utilité publique, d'établissements ecclésiastiques, ne peuvent avoir d'effet qu'autant que l'acceptation en a été autorisée par le gouvernement. — C. civ., 910.

83. Une donation ne peut être faite qu'à un établissement reconnu d'utilité publique par un décret du chef de l'Etat.—C. civ., 910.

84. Souvent les actes de donation indiquent un établissement incapable de recevoir, ou une personne revêtue d'une fonction publique, également incapable. Ces irrégularités entraînent presque toujours des difficultés, et il est désirable que les notaires rédacteurs donnent aux parties intéressées le conseil de se conformer à la stricte observation de la loi, c'est-à-dire de ne désigner comme donataire qu'un établissement reconnu d'utilité publique. — V. *Etablissements d'utilité publique.*

85. Quand l'acte mentionne le service public auquel la libéralité est destinée, c'est l'établissement préposé à ce service qui seul

peut recueillir la libéralité ; peu importe que l'acte n'indique aucun établissement ou qu'il désigne un établissement incapable.

86. Les notaires qui reçoivent des actes de donation doivent donner avis aux administrateurs des établissements appelés à recueillir la libéralité des dispositions que ces actes contiennent en leur faveur. — Arrêté, 4 pluv. an XII, art. 2. — Ord., 2 avr. 1817, art. 5.

87. La demande d'autorisation doit être précédée d'une délibération du corps représentatif placé à la tête de l'établissement ou personne morale, et d'une déclaration formelle des parents qu'ils adhèrent ou s'opposent à la libéralité. — Circul. du ministre de l'intér., 4 juil. 1867 ; Arrêt du Conseil d'Etat, 1er août 1867 (D.68.3.81).

88. Pour les libéralités faites aux fabriques, il doit intervenir en outre un avis conforme de l'évêque. — Ord., 1817, art. 1 et 2 ; Décr., 1809, art. 59.

89. L'autorisation d'accepter est donnée aux départements par un décret rendu en Conseil d'Etat, mais seulement quand il y a réclamation des héritiers sur la libéralité. S'il n'y a pas de réclamation, la libéralité peut être acceptée par les conseils généraux sans aucune autorisation. — L., 10 août 1871, art. 46, 5º ; Avis Cons. d'Etat, 23 nov. 1865 (*Revue*, n. 1525).

90. Il en est de même pour les libéralités faites aux communes qui peuvent être acceptées sans autorisation par les conseils municipaux, si elles ne contiennent aucune charge, condition, ni affectation immobilière, et si elles ne donnent pas lieu à réclamation. — L., 24 juil. 1867, art. 1er, 9º.

91. Pour les donations faites aux établissements d'assistance publique, l'autorisation d'accepter est toujours nécessaire, et est donnée par le préfet, qu'il y ait ou non réclamation de la famille, — Décr., 25 mars 1852. art. 1er, tableau A, 42º. — Pour les legs l'autorisation du chef de l'Etat serait nécessaire s'il y avait réclamation de la famille. — Même décr., art. 1er, tableau, A, 55º, lettre V.

92. Quant aux libéralités faites à des personnes morales autres que les départements, les communes et les établissements d'assistance publique, l'acceptation doit être autorisée par un décret rendu en Conseil d'Etat, à moins qu'il ne s'agisse de sommes d'argent ou d'objets mobiliers d'une valeur qui n'excède pas 300 fr., auquel cas l'autorisation peut être accordée par le préfet. — Ord., du 2 avr. 1817, art. 1er.

93. Toutes les fois qu'une donation contient à la fois des libéralités dispensées de toute autorisation ou susceptibles d'être autorisées par les préfets, et d'autres qui ne peuvent l'être que par un décret, le chef de l'Etat doit autoriser pour les unes ou pour les autres, qu'il y ait connexité ou simplement juxtaposition entre les deux libéralités. — Avis Cons. d'Etat, 27 déc. 1855 (*Lois annotées*, Dev. et Carette, 56, p. 17) ; Montpellier, 4 juil. 1855 (S.56.2. 686).

94. Toutefois au cas de donations non connexes au profit de départements ou communes, donations ne donnant lieu à aucune réclamation des héritiers, il n'y a pas besoin d'autorisation pour accepter. — Avis Cons. d'Etat, 10 mars 1868 (Dev. et Carette, *Lois annotées*, 68, p. 278).

95. Le gouvernement ou le préfet peut n'autoriser qu'une acceptation partielle. — *Revue critiq.*, 2ᵉ série, t. 2, p. 169.

96. Mais le donateur pourrait mettre pour condition expresse à sa libéralité qu'elle sera acceptée ou refusée pour le tout; cette clause lierait le gouvernement et lui enlèverait le droit de réduction. — Cass., 25 mars 1863 (*Revue*, n. 571); Amiens, 24 juil. 1863 (*Revue*, n. 670).

97. Le gouvernement ne pourrait non plus modifier les obligations ou les charges que le testateur a imposées à sa donation, sauf à déclarer non écrites celles qui sont contraires à la loi.

98. L'autorisation est d'ordre public, et il ne pourrait être dérogé à l'art. 900 par des conventions particulières. — C. civ., art. 6.

99. Donc le consentement du donateur ou de ses héritiers, même l'exécution volontaire de leur part, ne peut valider une donation non autorisée, et les héritiers, malgré ce consentement ou cette exécution, seraient néanmoins recevables à demander la nullité de la donation. — Cass., 24 juillet 1854 (S.55.1.75).

100. L'acceptation desdits legs ou dons, ainsi autorisée, sera faite, savoir : par les évêques lorsque les dons ou legs auront pour objet leur évêché, leur cathédrale ou leurs séminaires; — par les doyens des chapitres, si les dispositions sont faites au profit des chapitres ; — par le curé ou desservant, lorsqu'il s'agira de dons ou legs faits à la cure ou succursale, ou pour la subsistance des ecclésiastiques employés à la desservir ;— par les trésoriers des fabriques, lorsque les donateurs ou testateurs auront disposé en faveur des fabriques, ou pour l'entretien des églises et le service divin ;— par le supérieur des associations religieuses, lorsqu'il s'agira de libéralités faites au profit de ces associations — par les consistoires, lorsqu'il s'agira de legs faits pour la dotation des pasteurs ou pour l'entretien des temples ; — par les administrateurs des hospices, bureaux de charité et de bienfaisance, lorsqu'il s'agira de libéralité en faveur des hôpitaux et autres établissements de bienfaisance ; — par les administrateurs des colléges quand les dons ou legs auront pour objet les colléges ou des fondations de bourses pour les étudiants, ou des chaires nouvelles ;— par les maires des communes, lorsque les dons ou legs seront faits au profit de la généralité des habitants, ou pour le soulagement de l'instruction des pauvres de la commune ;—enfin, par les administrateurs de tous les autres établissements d'utilité publique légalement constitués, pour tout ce qui sera donné ou légué à ces établissements. — Ordonn. 1817, art. 3 ; C. civ., 937.

101. Une ordonnance du 7 mai 1836 détermine par qui ces personnes seront remplacées lorsqu'elles seront elles-mêmes donatrices.

102. Pas plus que les mineurs ou les femmes mariées, les établissements publics ne sont restituables contre le défaut d'acceptation ; mais, comme eux, ils ont recours contre leurs administrateurs. Seulement la responsabilité de ces administrateurs n'est que celle qui est attachée à leurs fonctions, et, en conséquence, ne peut être constatée que par l'autorité administrative. — Demol., *Donat.*, III, n. 24 ; Coin-Delisle, *sur l'art.* 942.

103. Lorsqu'une donation est offerte à une commune, le préfet peut, par lui-même ou par un délégué spécial, se substituer au maire négligent et accepter pour la commune ; c'est la loi générale de l'administration municipale. — L., 18 juil. 1837, art. 15. Avis Cons. d'Etat, 14 avr. 1864 (*Revue*, n. 1081).

104. Pour qu'il puisse y avoir lieu à autorisation d'accepter, il faut qu'il y ait offre de gratifier, c'est-à-dire un acte notarié. — Avis Cons. d'Etat, 4 juin 1840.

105. L'acceptation par les personnes ci-dessus doit se faire également par acte authentique. — C. civ., 932.

106. Un notaire ne peut recevoir d'acte d'acceptation définitive sans se faire représenter le décret ou l'arrêté d'autorisation, à moins que l'établissement donataire ne soit un de ceux dont l'administrateur a reçu le pouvoir d'accepter provisoirement. — V. ci-après le n. 110 et s. Le décret ou arrêté doit même être inséré en entier dans l'acte.

107. L'acceptation doit être faite du vivant du donateur, lequel n'est lié que par la notification qui lui est faite de l'acceptation. — Aub. et Rau, VII, § 649 ; Duranton, VIII, 450 ; Agen, 9 déc. 1862 (S.65.1.173) ; Pau, 27 mars 1865 (*Revue*, n. 1303).

108. Il ne suffirait donc pas que l'autorisation d'accepter fût intervenue avant le décès du donateur.— Troplong, II, 677 ; Coin-Delisle, *sur l'art.* 937, n. 2 ; Aub. et Rau, VII, § 649, texte et note 66.

109. Quant à la question de savoir si la notification peut être faite après le décès du donateur, nous verrons qu'elle est controversée. — V. n. 176 et s.

110. Le Code civil n'admettait pas l'acceptation provisoire ; mais depuis on l'a admise au profit des départements (L. du 10 août 1871, art. 53), au profit des communes (L., 18 juil. 1837, art. 48), et au profit des hospices et hôpitaux (L., 7 août 1851, art. 11).

111. Il a été jugé que les bureaux de bienfaisance sont des établissements communaux dans le sens de l'art. 48 de la loi de 1837, et qu'ils peuvent, dès lors, accepter provisoirement les dons qui leur sont faits. — Cass., 12 nov. 1866 (S.66.1.443 ; *Revue*, n. 1781) ; Toulouse, 1er mai 1868 (S.68.2.172 ; *Revue*, n. 2311), *Contrà*, Pau, 27 mars 1865 (S.66.2.32 ; *Revue*, n. 1303).

112. Comme l'acceptation définitive, l'acceptation provisoire doit être faite par acte notarié, et dûment notifiée au donateur lorsqu'elle est intervenue hors de sa présence.

113. L'acceptation provisoire de libéralités faites à des communes ne peut avoir lieu qu'en vertu d'une délibération du conseil municipal. — L., 18 juil. 1837, art. 48.

114. De même les libéralités faites à des hospices ou hôpitaux ne peuvent être acceptées provisoirement qu'en vertu d'une délibération de la commission administrative. — L., 7 août .1851, art. 11.

115. Il en serait de même pour les bureaux de bienfaisance, si l'on admet qu'ils peuvent accepter provisoirement.— V. n. 111.

116. Dès que la délibération à effet d'autoriser l'acceptation provisoire est intervenue, l'administrateur négligeant engagerait sa responsabilité, de la même manière que s'il négligeait de faire acceptation définitive, après l'autorisation légalement obtenue.

117. Pour les dons faits aux départements, le préfet peut les accepter provisoirement, même sans délibération du conseil général. — L., 10 août 1871, art. 53.

118. L'acceptation provisoire dûment notifiée au donateur le lie sous la seule réserve de l'autorisation à intervenir ; et celle-ci, lorsqu'elle intervient, rétroagit au jour de l'acceptation et valide la disposition à compter de ce moment. — L., 10 août 1871, art. 53 *in fine*.

119. Et il a été jugé que cette rétroactivité n'était pas limitée au cas de décès du donateur avant l'autorisation, mais qu'elle s'appliquait aussi au cas de changement de volonté du donateur dans l'intervalle de la libéralité à l'autorisation du gouvernement. — Toulouse, 1ᵉʳ mai 1868 (S.68.2.172; *Revue*, n. 2311).

120. Quand l'acceptation provisoire n'est pas possible, les établissements ont cependant le droit de faire des actes conservatoires avant l'acceptation. Mais les tribunaux ne pourraient ordonner des mesures d'exécution avant l'autorisation administrative accordée. — Ord., 2 avr. 1817, art. 5.

121. Tout ce qui vient d'être dit sur la nécessité et les formes de l'autorisation s'applique même aux dons manuels faits aux établissements d'utilité publique. La doctrine est unanime sur ce point.— Aub. et Rau, VII, § 649, texte et note 67 ; Demol., XVIII, 603 ; Laur., XI, 302; Paris, 7 déc. 1852 (S.53.2.54); *Contrà*, Cass., 26 nov. 1833 (S.34.1.57); Paris, 12 janv. 1835 (S.35.2.81).

122. Il en serait de même des donations faites sous le voile d'un contrat à titre onéreux. — *Mêmes autorités*.

123. Cependant l'administration admet que l'autorisation n'est pas nécessaire pour les dons minimes, ou provenant de quêtes. — Vuillefroy, *Du culte catholique*, p. 382, note 6; Paris, 14 mai 1864 (S.67.1.295); *Contrà*, Laurent (XI, 304 et 306), critique cette exception, qui ne sert qu'à affaiblir le principe.

124. Et même les tribunaux qui admettent que l'autorisation est nécessaire pour les dons manuels hésitent à pousser le principe jusqu'au bout, et décident qu'il n'est pas indispensable que l'autorisation précède l'acceptation. — Paris, 7 déc. 1852 (S.53.2.54); *Contrà*, Laurent, XI, 303 ; Aub. et Rau, VII, § 649, texte et note 68.

125. Et que cette autorisation pourrait même intervenir, après la mort du donateur. — Paris, 14 mai 1864 (S.67.1.295) ; Cass., 18 mars 1867 (*Revue*, n.1997); *Contrà*, Trib. Seine, 8 août 1863 (*Revue*, n. 727); Laur., XI, 303 ; Aub. et Rau, VII, § 649, texte et note 68.

126. Enfin que, bien que l'acceptation du don n'ait pas été autorisée, le donateur ni ses héritiers ne peuvent agir en répétition de la chose donnée, dès qu'il y a eu tradition de cette chose. — Paris, 17 mai 1864 (S.67.1.295) ; Cass., 18 mars 1867 (*Revue*, n. 1997).

127. On ne regarde point comme des donations, soumises à autorisation, les sommes que les membres des congrégations religieuses de femmes apportent avec elles sous le nom de dot, en entrant dans la communauté. — Lyon, 8 mai 1844 (S.45.2.389).

§ 4. — Recours en garantie accordé aux incapables.

128. Les mineurs, les interdits, les femmes mariées ne seront point restitués contre le défaut d'acceptation des donations. — C. civ., 942, 1°.

129. Sauf leur recours contre leurs tuteurs ou maris, s'il y échet, et sans que la restitution puisse avoir lieu dans le cas même où lesdits tuteurs et maris se trouveraient insolvables. — C. civ., 942, 2°.

130. Quoique les établissements d'utilité publique ne figurent pas dans l'article du Code, nous avons vu (n. 102) qu'il leur était également applicable. Du reste l'ord. de 1734, art. 14, le disait formellement.

131. Cependant la restitution serait admise en faveur du mineur dans les termes du droit commun si, sous l'apparence d'une donation, c'était un contrat commutatif qui avait été fait. Mais alors l'action en restitution serait dirigée contre la nullité de la vente et non contre le vice de l'acceptation. — Coin-Delisle, *sur l'art.* 935.

132. Le recours pour défaut d'acceptation comprend aussi bien le cas où l'acceptation qui a été faite était nulle que celui où il n'y a pas eu d'acceptation du tout. — Cass., 11 juin 1816 (S.17.1.114).

133. Le tuteur serait également passible de garantie, si, ayant connu la donation, il avait tardé de convoquer le conseil de famille pour obtenir l'autorisation, et si, pendant ce temps, la donation a été révoquée. — Coin-Delisle, sur les art. 935 et 942 ; Duranton, II, 524.

134. C'est à tort que l'art. 942 présente le mari comme étant responsable du défaut d'acceptation de la donation offerte à sa femme, car il n'est pas obligé d'accepter pour elle, il n'a pas qualité à cet effet. — Laurent, XII, 261 ; Mourlon, *Répét. écrit.*, II, n. 691.

135. Par contre, il faut comprendre parmi les personnes responsables aux termes de l'art. 942, le curateur du mineur émancipé, et, en général, tous ceux qui sont chargés d'accepter au nom des incapables ou de les assister, par exemple, le tuteur *ad hoc*, nommé pour accepter une donation faite au mineur par son tuteur, le curateur *ad hoc* désigné pour accepter une donation faite à un muet illettré. — Laurent, XII, 262.

136. Mais les ascendants ne sont pas responsables du défaut d'acceptation, car ils n'ont que le droit, non le devoir d'accepter. —Dalloz, *Répert.*, v° *Disposit.*, n. 1503 ; Demol., XX, 212 ; Laurent, XII, 262.

137. Cependant ils seraient responsables en vertu de l'art. 1382, s'ils avaient accepté une donation préjudiciable au mineur, à cause des charges qui y sont attachées. Mais l'acceptation n'en serait pas moins maintenue. — Laurent, XII, 262 ; Metz, 18 juin 1863 (*Revue*, n. 887) ; Grenoble, 11 janv. 1864 (*Revue*, n. 1065) ; *Contrà*, Demol., XX, 190 ; Demante, IV. 74 *bis*, VI ; Coin-Delisle, *sur l'art.* 935, n. 8.

138. Ils le seraient également du défaut de notification de l'acceptation qu'ils auraient faite. — Coin-Delisle, *sur l'art.* 975, n. 15.

139. Le tuteur qui fait une donation à son pupille, le père qui en fait une à son enfant, peuvent être déclarés responsables du défaut d'acceptation, quand ils n'ont pas fait nommer un tuteur *ad hoc* qui puisse accepter la donation. — Cass., 9 déc. 1829 (S. 30.1.8); Merlin, *Répert.*, v° *Mineur*, § 7, n. 5 ; Troplong, III, 1135 ; Aub. et Rau, VII, § 652, texte et note 9 ; *Contrà*, Riom, 14 août 1829 (S.30.2.300); Demol., XX, 214.

140. Mais il n'en conserve pas moins son droit de révocation qu'il a comme donateur, et cette révocation sera efficace, sauf à répondre comme tuteur des suites de la non-acceptation.— *Mêmes autorités.*

141. Si le père ou tuteur donateur meurt sans avoir fait nommer un tuteur *ad hoc*, et que ses héritiers refusent d'exécuter la libéralité ou revendiquent les biens donnés, le donataire aura contre eux, du chef de leur auteur, un recours qui neutralisera leur action. — Cass., 11 juil. 1816 (S.17.1-114); Grenoble, 14 juil. 1836 (S.37.2.241) ; Laurent, XII, 262.

142. Le recours n'est accordé aux incapables que s'ils justifient d'une faute commise par leurs tuteurs, curateurs, etc., et d'un dommage éprouvé par eux. — C. civ., 1382.

§ 5. — Formes de l'acceptation.

143. L'acceptation doit être faite par acte notarié et en minute. — C. civ., 931, 932.

144. L'acceptation doit être faite en termes exprès, c'est-à-dire que les juges ne peuvent avoir égard aux circonstances dont on prétendrait induire une acceptation tacite ou présumée. — C. civ., 932.

145. La présence du donataire à l'acte de donation, la signature qu'il y aurait apposée, et la circonstance même qu'il aurait pris possession des objets n'équivaudraient point à une acceptation expresse. — Ord., 1731, art. 6; Cass., 27 mars 1839 (S.39.1.267); Bordeaux, 22 mai 1861 (D.61.2.196); Demol., XX, 121; Aub. et Rau, VII, § 658, texte et note 2; *Contrà*, Toullier, V, 189 admet que l'exécution volontaire équivaudrait à une acceptation expresse.

146. Il faut donc que le notaire mentionne que le donataire accepte, et l'on ne saurait trop recommander aux notaires de reproduire les termes mêmes de la loi, afin d'éviter des procès aux parties et, à eux, des recours en responsabilité.

147. Cependant il n'est pas nécessaire que le notaire se serve du mot *accepter*, il suffit d'une expression équivalente, pourvu qu'elle contienne une acceptation formelle. — Nancy, 2 fév. 1838 (S.38.2.203); Troplong, III, 1089; Aub. et Rau, VII, §659, texte et note 3; Demol., XX, 123.

148. Ainsi il a été jugé que lorsque les deux époux acquièrent un immeuble en commun, et que l'acte de vente contient donation de l'usufruit au profit du survivant, l'expression à ce *présents* et *acceptants* qui s'y trouve constitue une acceptation suffisante de la donation. — Metz, 4 juil. 1817 (D.5.215); Grenoble, 6 janv. 1831 (S.33.2.200); *Compar.*, Laurent, XII, 237.

149. L'appréciation des termes de l'acceptation est faite souverainement par les tribunaux de première instance et d'appel. Ces tribunaux pourraient même décider que l'acte de donation est valable parce que, sans contenir le mot *accepter*, il renferme cependant l'expression formelle de l'acceptation, sans que le jugement ou l'arrêt tombât sous la censure de la Cour de cassation.— Marcadé, *sur l'art.* 932.

150. Mais le consentement donné en termes généraux par les parties, et les expressions qui ne seraient que des clauses de style, ne formeraient pas une acceptation valable.

151. Le défaut de mention de l'acceptation expresse entraîne l'inexistence même de la donation. — C. civ , 932. Cette décision est très-dure et très-critiquée. V. Demol., XX, 119; Laurent, XII, 224, 237.

152. La nullité de forme, qui résulte du défaut d'acceptation, ne se répare pas par l'exécution volontaire de la donation de la part du donateur (V. n. 145), mais elle se couvre par l'exécution volontaire de la part des héritiers du donateur. — C. civ., 1339 et 1340; Demol., XX, 119; Aub. et Rau, VII, § 659, texte et note 4.

153. L'acceptation peut être faite dans l'acte même de donation ou par acte postérieur; dans ce dernier cas, la donation se décompose en deux actes distincts : la pollicitation et l'acceptation. — C. civ., 932.

154. Mais elle ne peut être faite que du vivant du donateur.— C. civ., 932.

155. Pour que l'acceptation faite par acte séparé soit valable, il faut, comme pour la donation elle-même, la présence *effective* du second notaire ou des témoins, en vertu de la loi du 21 juin 1843. — Rennes, 16 janv. 1874 (*Revue*, n. 4573); Demol., XX, 126; Aub. et Rau, VII, § 659, texte et note 2; *Contrà*, Bordeaux, 14 nov. 1867 (S.68.2.77; *Revue*, n. 2136).

156. La procuration en vertu de laquelle le donataire serait représenté dans l'acte d'acceptation faite séparément ou non, doit porter le pouvoir d'accepter les donations qui auraient été ou qui pourraient être faites. Donc le mandataire général institué pour toutes les affaires du mandant, suivant l'art. 1987, C. civ., ne pourrait faire l'acceptation. — Troplong, *Mandat*, n. 295.

157. La procuration pour accepter une donation doit, à peine de nullité de l'acceptation, être passée en la forme authentique, et avec la présence effective du second notaire ou des témoins. — C. civ., 933, 2°; L., 21 juin 1843, art. 2.

158. Mais il n'est pas nécessaire que la procuration soit en minute.—Bordeaux, 3 juin 1836 (S.37.2.191); Cass., 21 janv. 1837 (S.37.1.836); Toullier, V, 191; Demol., XX, 161; Aub. et Rau, VII, § 659, note 6; *Contrà*, Duranton, VIII, 431; Troplong, III, 1113; Laurent, XII, 242. — Cependant, pour éviter toutes difficultés, les notaires feront bien de garder toujours minute de semblables procurations.

159. Quand l'acceptation est faite par acte séparé, il faut de plus qu'elle soit notifiée au donateur. Cette notification doit être faite également par acte authentique, par exploit d'huissier. — Demol., XX, 153; Laurent, XXII, 269; Aub. et Rau, VII, § 659; *Contrà*, Bordeaux, 14 nov. 1867 (S.68.2.70; *Revue*, n. 2136).

160. Si le donateur assistait à l'acte authentique par lequel le donataire accepte la donation, la notification deviendrait inutile, puisqu'il serait authentiquement constaté que le donateur a connaissance de l'acceptation. — Même arrêt.

161. A plus forte raison la notification de l'acceptation pourrait-elle être remplacée par la déclaration que ferait le donateur dans un acte authentique qu'il tient l'acceptation pour notifiée.— Bayle-Mouillard, sur Grenier, I, 58 *bis*, note C; Demol., XX, 152; *Contrà*, Laurent, XII, 266; Troplong, III, 1103, tout en admettant la possibilité de cette déclaration, pense qu'un acte sous seing privé est suffisant pour le faire.

162. Mais la connaissance que le donateur aurait acquise de l'acceptation, ni même l'exécution de la donation ne suppléerait pas à cette notification. — Aub. et Rau, VII, § 659; Demol., XX, 153; Laur., XII, 269; Limoges, 16 déc. 1872 (*Revue*, n. 4399); *Contrà*, Paris, 31 juil. 1849 (S.49.2.418); Coin-Delisle, *sur l'art.* 932, n. 12; Demante, IV, 71 *bis*, XII.

§ 6. — Effets de l'acceptation.

163. Quand l'acceptation est faite dans les formes et les conditions prescrites par la loi, elle lie le donataire ainsi que le donateur, c'est-à-dire que la donation est parfaite et irrévocable; sauf ce qui sera dit sur la nécessité de la notification, si l'acceptation est postérieure à l'acte de donation. — C. civ., 932, 938.

164. Donc le mineur non émancipé ne pourrait se faire restituer contre une acceptation faite par le tuteur avec autorisation du conseil de famille, ni le mineur émancipé contre celle faite avec l'assistance de son curateur. — C. civ., 463 ; Demol., XX, 178 ; Laur., XII, 256 ; Aub. et Rau, VII, § 652, texte et note 10; *Contrà*, Grenier, I, 83.

165. Il en serait de même de l'acceptation faite au nom du mineur par son père, sa mère ou l'un de ses ascendants.—Demol., XX, 184 ; Aub. et Rau, VII, § 652, texte et note 2 ; Laurent, XX, 257.

166. L'acceptation faite soit par une femme mariée sans l'autorisation de son mari ou de justice, soit par un tuteur ou subrogé tuteur sans autorisation du conseil de famille, soit par un mineur non émancipé en l'absence de son curateur, est nulle d'une nullité absolue. — Cass., 14 juil. 1856 (S.56.1.641); Dijon, 12 juil. 1865 (S.66.2.173) ; Troplong, III, 118 et 1126 ; Aub. et Rau, VII, 652, texte et note 12 ; Laur., XII, 258 et 259 ; *Contrà*, Alger, 31 juil. 1854 (S.54.2.748) ; Bruxelles, 30 juil. 1867 (*Pasicr*, 68.2.14); Pothier, *Oblig.*, n. 52 ; Larombière, *Obligat.*, sur *l'art.* 1125, n. 5 ; Valette, sur Proudhon, II, p. 479 ; Demol., IV, 348 et XX, 249.

167. Il en résulte que le donateur et ses héritiers ou ayants cause seraient admis à opposer la nullité de l'acceptation et, par suite, de la donation. — *Mêmes autorités.*

168. Dans le cas où la donation faite au mineur est acceptée par un ascendant, l'acceptation ne peut être annulée que si l'ascendant avait des intérêts opposés à ceux du mineur (V. n. 59); dans ce cas, il n'y aurait, selon le droit commun, qu'une simple nullité relative. — Laurent, XII, 258.

169. Quand l'acceptation a lieu par acte séparé, il faut que l'acceptation soit notifiée au donateur, qui n'est lié qu'à partir du moment où il reçoit cette notification. — C. civ., 932, *in fine* ; Limoges, 16 déc. 1872 (*Revue*, n. 4399).

170. Il suit de là que jusqu'à la notification le donateur peut révoquer la donation qu'il a faite. — Limoges, 16 déc. 1872 (*Rev.*, n. 4399).

171. De même les aliénations qu'il aurait consenties, les hypothèques et les servitudes qu'il aurait constituées sur les immeubles donnés, dans l'intervalle de l'acceptation à la notification, ne pourraient être critiquées par le donataire. — Aub. et Rau, VII, § 653.

172. C'est donc seulement à partir de l'acceptation notifiée que le donataire acquiert la propriété, et qu'il peut opposer aux tiers la donation.

173. Du reste, même entre les parties, la donation ne produit d'effet que par l'acceptation et la notification. — Pothier, *Donat. entre-vifs*, sect. 2, art. 1er ; Delvincourt, t. 2, p. 256.

174. Donc si un objet mobilier a été l'objet d'une donation faite à l'un des époux avant le mariage, mais acceptée depuis, cet objet tombera dans la communauté, si les biens mobiliers appartenant aux époux au jour de leur mariage ont seuls été exclus de la communauté. — *Mêmes autorités.*

175. La capacité du donateur doit persister jusqu'au moment de l'acceptation, et cela sans aucune interruption. — Demol., XX, 129 ; Pothier, *Sur la cout. d'Orléans*, n. 41.—*Contrà*, Demante, IV, n. 17 *bis*, VII.

176. Il faut même exiger qu'il soit capable au moment de la notification de l'acceptation. — Laur., XII, 267 ; Aub. et Rau, VII, § 653 ; Demol., XX, 147.—*Contrà*, Demante, IV, n. 71 *bis* VIII.

177. Donc, si le donateur meurt avant la notification, elle ne peut être faite à ses héritiers. — Cass., 16 nov. 1861 (S.62, 1, 89 ; *Revue*, n. 175).

178. De même, si le donateur tombe en démence avant la notification, la notification ne peut plus avoir lieu, l'offre quoique acceptée devient nulle. —Dall., *Rép.*, vº *Dispos.*, n. 1.454 ; Demol. XX, 150.

179. Quant au donataire, il doit être capable au moment de l'acceptation, mais il n'est pas nécessaire qu'il le soit au moment de la notification. — Cass. 16. nov. 1861 (S.62.2.89 ; *Revue* n. 175) ; Aub. et Rau, VII, § 653, Demol., XX, 140 ; Troplong III, 1104. — *Cont.*, Laurent, XII, 264 ; Duranton, VIII, p. 455 ; Vazeille, II, p. 230.

180. Donc, en cas de procuration donnée pour accepter une donation, si le donataire vient à décéder, l'acceptation ne peut plus avoir lieu. — C. civ., 2003. V. autorités ci-dessus.

181. Donc si le donataire ne meurt qu'après l'acceptation, la notification sera faite alors par ses héritiers. — Mêmes autorités.

182. Ou si le donataire a été interdit après l'acceptation, par le tuteur qui lui a été nommé. — Mêmes autorités.

§ 7. — Enregistrement.

183. L'acceptation contenue dans l'acte même de donation ne donne lieu à aucun droit, puisqu'elle constitue un des éléments essentiels de la donation. L. 22 frim., an VII, art. 11.

184. Si l'acceptation est faite par acte postérieur, elle donne lieu au droit fixe de 3 fr., lorsque, par une raison quelconque, le droit proportionnel a déjà été perçu sur la donation non acceptée. LL. 22 frim. an VII, art. 68, § 1er, n. 6 ; 18 mai 1850, art. 8 ; 28 févr. 1872, art. 4.

185. Mais si, par suite de l'acceptation, le droit proportionnel devient exigible et est perçu sur l'acte d'acceptation, il n'est dû pour celle-ci aucun droit particulier.

186. Il est dû autant de droits fixes qu'il y a de donataires acceptants.

187. Le droit de mutation n'est pas dû pour les sommes qu'un donataire est chargé de payer à des tiers à titre de libéralité, lorsque le droit proportionnel a été perçu sur la totalité des biens compris dans la donation. Mais les acceptations par les tiers de ces donations secondaires sont passibles du droit fixe par chaque donataire acceptant. *Dict. red.*, v° *Acceptation*, n° 51.

188. L'intervention du donateur dans l'acte d'acceptation qu'il déclare se tenir pour signifié, ne donne pas lieu à la perception d'un second droit fixe.

189. La donation non acceptée, n'entraînant aucune transmission de propriété, est considérée comme imparfaite et donne lieu seulement à la perception d'un droit fixe de 3 fr. Inst. 290, n. 29; LL. 18 mai 1850, art. 18, et 28 févr. 1872, art. 4.

190. Lorsqu'un droit proportionnel a été perçu sur l'acceptation faite par acte séparé sans l'intervention du donateur, il y a lieu de demander la restitution du droit, si, au jour de la notification, la donation se trouve révoquée. — V. à cet égard les arguments présentés par le *Dict. réd.*, v° *Acceptation*, n° 54.

§ 8. — Formules.

I. — *Acceptation par un donataire majeur.*

Par devant M'....., a comparu : M. C....., docteur en médecine,

Lequel, après avoir pris communication, par la lecture que lui en a faite le notaire soussigné en présence des témoins aussi soussignés (ou par M..... l'un des notaires soussignés) d'un acte reçu par lui le....., dont la minute précède, étant d'autre part, et contenant donation par M....., demeurant à....., en faveur du comparant, son neveu, des immeubles dont la désignation suit, etc.

A, par ces présentes, déclaré formellement accepter cette donatio , et s'obliger à l'entière exécution des charges et conditions, sous lesquelles elle a eu lieu, notamment, etc.

Pour faire notifier ces présentes à qui il appartiendra, tout pouvoir est donné au porteur d'une expédition.

(Si la donatrice était présente, cette phrase serait remplacée ainsi qu'il suit):
A l'instant est intervenue

Mme veuve N....., ci-dessus nommée.

Laquelle a déclaré se tenir l'acceptation ci-dessus pour bien et dûment notifiée, et dispenser, en conséquence, le donataire de toute signification ultérieure.

Dont acte :

Fait et passé à....,

L'an.....

En présence de MM..... témoins requis conformément à la loi.

Et le comparant a signé avec les témoins et le notaire après lecture faite du tout, et même de la mention suivante :

La lecture du présent acte, par M....., et la signature, par les parties, ont eu lieu en la présence réelle et effective des témoins susnommés et soussignés.

II. — *Acceptation par un tuteur autorisé à cet effet.*

Par devant M*....., notaire à....., soussigné, a comparu : M.....

Au nom et comme tuteur de C..., son neveu mineur, qualité à laquelle il a été nommé, et qu'il a acceptée suivant procès-verbal de délibération du conseil de famille dudit mineur, dressé par M. le juge de...., le...., dûment enregistré.

Et, en outre, autorisé spécialement à l'effet de l'acceptation ci-après, par une autre délibération du même conseil de famille reçue par le même juge de paix qui en a dressé procès-verbal le...., enregistré, et dont une expédition, représentée par le comparant, est demeurée ci-annexée après que dessus il en a été fait mention par le notaire soussigné,

Lequel, après avoir pris lecture, sur l'expédition qui lui en a été remise, d'un acte passé devant Me....., notaire à....., le....., enregistré, contenant donation, par M....., audit mineur C...., des biens et valeurs dont l'indication suit : ...

Considérant que cette donation est avantageuse pour ledit mineur, a, par ces présentes, déclaré l'accepter pour lui et en son nom, sous l'obligation par ledit mineur d'exécuter toutes les charges et conditions de cette donation.

Pour faire signifier ces présentes à qui besoin sera, tout pouvoir est donné au porteur de l'expédition.

Dont acte :

Fait et passé, à....., en l'étude

L'an...., le

En présence de MM..... (deux témoins).

Témoins instrumentaires requis conformément à la loi.

Et le comparant a signé avec les témoins et le notaire, après lecture faite, même de la présente mention et de celle qui va suivre.

La lecture du présent acte, par le notaire, et la signature par les parties, ont eu lieu en la présence réelle et effective des témoins susnommés et soussignés.

III. — Acceptation par des administrateurs.

Par devant Me.... et son collègue, notaires à...., soussignés.

Furent présents : MM...., etc.,

Tous composant le conseil administratif de l'hospice civil de M...., et demeurant en cette ville.

Lesquels, en exécution de l'ordonnance du Président de la République, en date du....., qui autorise le conseil administratif dudit hospice à accepter la donation ci-après-énoncée, avec les charges qu'elle impose.

Une ampliation de cette ordonnance délivrée par..... est demeurée ci-annexée après mention, etc.

Ont, par ces présentes, déclaré accepter formellement la donation faite, en faveur dudit hospice, par M. X....., demeurant à....., d'une somme de..... en deniers, qu'elle s'est obligée de payer, aussitôt après la présente acceptation, suivant acte passé devant Me....., notaire à....., le.....

Laquelle donation a été faite sous la condition que cette somme de..... sera immédiatement employée en l'acquisition d'une rente sur l'Etat, dont le revenu servira à l'établissement et à l'entretien, etc.

En conséquence, les comparants, en leurdite qualité, obligent ledit hospice à l'exécution fidèle de toutes les conditions de la donation susénoncée.

Pour faire notifier ces présentes, tout pouvoir est donné au porteur d'une expédition.

Dont acte :

Fait et passé à.....,

L'an.....

Et les comparants ont signé avec les notaires après lecture faite.

La lecture du présent acte, par M..... et la signature par les parties, ont eu lieu en la présence réelle et effective de M...., notaire en second.

IV. — Dispense de notification par acte séparé.

Par-devant..... a comparu M. X.....

Lequel après avoir pris communication par la lecture que lui en a faite le notaire soussigné, d'un acte reçu par ledit notaire qui en a gardé minute, le....., aux termes duquel M. H..., propriétaire, demeurant à....., a accepté expressément la donation que M. X.... comparant, son cousin, lui a faite suivant acte reçu par M°... etc.

A déclaré avoir cette acceptation pour agréable, se la tenir pour bien et dûment signifiée, et en conséquence, dispenser le donataire de lui en faire faire la notification par huissier.

Mention des présentes est consentie partout et sur toutes pièces où besoin sera.

Dont acte,

Fait et passé, etc.

ACCEPTATION DE LEGS. — 1. C'est l'acte par lequel une personne accepte une disposition testamentaire faite en sa faveur.

2. L'acceptation d'un legs résulte le plus souvent de la demande en délivrance formée par le légataire. — V. *Délivrance de legs.*

3. Toutefois, quand le legs est universel ou à titre universel, l'acceptation du legs prend les caractères d'une acceptation de succession. — V. *Acceptation de succession.*

4. L'acceptation d'un legs ne peut être faite qu'après le décès du testateur, car il ne peut y avoir d'hérédité quand la personne est encore vivante. — C. civ., 1130.

5. Si le légataire n'accepte ni ne répudie, les tiers intéressés peuvent le constituer en demeure d'accepter le legs ou d'y renoncer, ou lui fixer un délai à l'expiration duquel le legs sera tenu pour répudié. — Toullier, VI, n. 641 ; Merlin, *Rép.*, v° *Légat.* § 4, n. 2.

6. Le légataire serait dans la nécessité de faire une acceptation si le legs comprenait deux choses alternatives, au choix du légataire. — V. *Option.*

7. S'il s'agit d'un legs sous condition suspensive, le légataire ne peut accepter qu'après l'accomplissement de la condition, car son droit ne s'ouvre qu'à cette époque. — Merlin, *Rép.*, v° *Légat*, § 4, n. 506, *Cont.*, Laurent, XII, 551.

8. L'acceptation est indivisible : le légataire ne peut accepter une partie du legs et répudier l'autre. — Merlin, *ibid.*, Dall., *Rép.*, v° *Dispos.*, n. 3558. *Comp.* Laurent, XIII, 552.

9. Mais s'il y avait plusieurs legs au profit de la même personne, elle pourrait accepter l'un et répudier l'autre. — Cass., 5 mai 1856 (S.58.1.544).

10. Il en est de même si, dans le même legs, le testateur a compris plusieurs objets distincts.

12. L'acceptation du legs faite dans le testament lui-même serait nulle, mais ne vicierait pas le legs. — Grenier, *Donat.* I, p. 147 ; Toullier V, n. 11.

13. Comme celle d'une succession, l'acceptation d'un legs peut
être *expresse* ou *tacite*. — Arg. 778, C. civ.

14. Il a été jugé que l'acceptation d'un legs peut se faire par
lettre. — Cass., 24 août 1831.

15. Les créanciers du légataire qui négligent d'accepter le
legs peuvent l'accepter en son lieu et place. — C. civ. 1166.

Nous avons donné une décision contraire dans le cas de donation, parce que la donation ne confère de droit au donataire que
par son acceptation, tandis que le droit au legs est acquis du jour
du décès du testateur. — V. *Acceptation de donation*, n. 40.

16. L'acceptation du legs étant l'exercice du droit héréditaire,
il suit que le légataire qui a accepté ne peut plus répudier. —
Merlin, *Rép.*, v° *Légal.*, § 4, n. 7.

17. Sauf cependant le cas où l'acceptation a été viciée par
l'erreur, la violence ou le vol, ou faite par un incapable.—Laurent,
XII, 553. — *Contrà*, Demol., XXII, 333.

18. Quant aux legs faits aux personnes incapables et aux établissements publics, tout ce que nous avons dit à propos de l'acceptation des donations doit s'appliquer aux legs. — V. *Acceptation
de donation*, n. 82 et suiv.

Enregistrement. — 19. L'acceptation pure et simple d'un legs
fait par acte civil, est sujette au droit fixe de 3 fr.; il est dû un droit par
chaque acceptant et par chaque succession. — LL. 22 frim., an VII, art. 68,
§1er, n. 2; 18 mai 1850, art. 8; 28 février 1872, art. 4.

20. L'acceptation tacite qui résulte soit d'une demande en délivrance
de legs, soit d'un acte de propriété, ne donne lieu à aucun droit d'enregistrement. — C'est ainsi qu'il n'est dû aucun droit particulier à l'égard d'un
légataire qui exerce les droits que lui confère un testament, sans avoir fait
aucune déclaration expresse.

21. Si l'acceptation est faite au greffe du tribunal civil, elle est passible
d'un droit de 4 fr. 50 pour chaque acceptant et pour chaque succession. —
LL. 22 frim. an VII, art. 68, § 2, n. 6 et 7; 28 avril 1816, art. 44, n. 10;
28 févr. 1872, art. 4.

Formules.

1. — Acceptation pure et simple par un légataire.

Par-devant Me... a comparu : M..... propriétaire, demeurant à.....

Lequel, après avoir pris communication par la lecture que lui en a faite le notaire soussigné, du testament (*olographe ou authentique*), fait le...., par M. X....,
aux termes duquel M. X.... a légué au comparant (*indiquer le legs, les charges
imposées au légataire*).

A, par ces présentes, déclaré accepter formellement le legs à lui fait par ledit
testament et s'obliger à l'exécution des charges et conditions qui y sont attachées.

Tout pouvoir est donné au porteur d'une expédition des présentes pour les faire
signifier à qui de droit.

Dont acte,

Fait et passé, etc.

II. — *Acceptation pour un établissement public.*

Par devant M...., ont comparu : MM.....

« Agissant en qualité d'administrateurs du bureau de bienfaisance de la ville de
« M..,., et comme tels autorisés à accepter le legs dont il va être parlé, suivant
« décret du Président de la République en date du.... dont une ampliation déli-
« vrée par M. le préfet du département de..... est demeurée ci-annexée après men
« tion faite, etc. »

Lesquels après avoir reconnu qu'ils ont parfaite connaissance du testament de
M. X...., en son vivant propriétaire demeurant à..... où il est décédé le....., testament dont lecture vient encore de leur être faite par le notaire soussigné, et an
termes duquel M. X..... a légué aux pauvres de la ville de...., une somme
de.....

Ont déclaré accepter ce legs, ainsi que la délivrance qui en a été consentie
par M. H...., en qualité de seul héritier du testateur, suivant acte passé devant
Mᵉ.....

Et à l'instant M. H...., ici présent, a payé en sadite qualité de seul héritier de
M. X.... à M. Z...., receveur du bureau de bienfaisance de la ville de M... y demeurant, pour ce intervenant, la somme de..... formant l'importance dudit legs,
duquel il donne à M. Z.... bonne et valable décharge et quittance sans réserve.

Mention, etc.

Dont acte,

Fait et passé.....

ACCEPTATION DE LETTRE DE CHANGE. — V. *Lettre de change.*

ACCEPTATION D'OFFRES. — V. *Offres.*

ACCEPTATION DE REMPLOI. — V. *Remploi.*

ACCEPTATION DE SUCCESSION. — **1.** C'est l'acte par lequel
une personne témoigne la volonté qu'elle a d'être héritière de
celui dont la succession lui est transmise par la loi.

TABLE ALPHABÉTIQUE.

DIVISION.

§ 1. — *De l'acceptation en général.*
§ 2. — *Quand peut être faite l'acceptation.*
§ 3. — *Par qui l'acceptation peut être faite.*
§ 4. — *Comment se fait l'acceptation.*
§ 5. — *Effet de l'acceptation.*
§ 6. — *Dans quels cas l'acceptation est nulle ou peut être rescindée.*
§ 7. — *Enregistrement.*

§ 1. — De l'acceptation en général.

2. La succession est acquise au successible du jour de l'ouverture de la succession. Il n'a pas besoin, comme en droit romain, de faire adition. — C. civ., 711.

3. Mais, quoique appelé à l'hérédité du jour du décès du *de cujus*, le successible n'est pas forcé d'accepter cette succession. — C. civ., 775.

4. Cette décision était déjà celle de notre ancien droit, qui l'avait formulée dans cet axiome : *Nul n'est héritier qui ne veut.* — En droit romain, au contraire, certains héritiers, les plus proches du défunt, étaient héritiers *sui et necessarii*, c'est-à-dire étaient héritiers malgré eux. C'est même pour corriger cette rigueur que le préteur leur accorda le *bénéfice d'abstention*, au moyen duquel ils purent s'abstenir de toute participation à la succession. — V. *Abstention*, n. 2.

5. Jusqu'à ce qu'il ait pris parti, la présomption est pour l'acceptation ; car, étant saisi de droit (C. civ., 724), le successible est héritier jusqu'à ce qu'il manifeste la volonté de ne pas l'être.

6. Donc l'héritier légitime, étant propriétaire et possesseur de l'hérédité, peut, tant qu'il n'a pas renoncé, être poursuivi par les créanciers et condamné en qualité d'héritier, à moins qu'il ne puisse opposer au demandeur l'exception dilatoire dont nous parlerons bientôt. — V. n. 67 ; Demol., XIII, 135 *bis ;* Aub. et Rau. VI, § 609 ; Cass., 9 janv. 1860 (S.61.1.652).

7. Donc également le successible poursuivi doit prouver qu'il n'a pas accepté ; ce n'est pas à celui qui prétend que le successible a accepté à en faire la preuve. — Laurent, *Principes de droit civil,* t. IX, 263 ; *Contrà*, Liége, 4 janv. 1812 et 4 mai 1813 (S.13.2.326).

8. Une succession peut être acceptée *purement et simplement* ou *sous bénéfice d'inventaire*. — C. civ., 774.

9. Mais l'acceptation faite de l'une ou l'autre manière doit être de toute l'hérédité, l'héritier ne peut accepter tels biens et répudier tels autres. — Aub. et Rau, VI, § 611; Demol., XIV, 359 et 362; Laurent, IX, 282.

10. Ainsi il a été jugé que l'héritier d'une femme dotale ne pouvait pas accepter la succession quant aux biens dotaux, et la répudier quant aux autres biens. — Cass., 20 déc. 1841 (S.42. 1.283).

11. Cependant on peut n'accepter une succession que pour partie, et répudier l'autre *dans l'intérêt d'un ou de plusieurs cohéritiers;* mais alors on sera censé avoir accepté toute la succession à l'égard des autres héritiers et des tiers. — Cass., 24 mars 1814 (S.14.1.289).

12. L'acceptation ne peut être subordonnée à une condition; elle doit être pure et simple, sinon elle est nulle. — Aub. et Rau, VI, § 611; Demol., XIV, 361; Laurent, IX, 282; Cass., 3 août 1808 (S.1808.1.490).

13. On ne peut également accepter à terme, soit à partir d'un certain jour, soit jusqu'à un certain jour. Tout le monde est d'accord sur ce point. — V. *autorités suivantes.*

14. Mais on n'est pas d'accord sur l'effet d'une telle acceptation. Les uns font abstraction du terme et réputent l'acceptation définitive.—Aub. et Rau, VI, § 611; les autres décident que l'acceptation est nulle.—Laurent, IX, 282; d'autres enfin ne l'annulent que si le successible a fait du terme une condition de son acceptation. — Demol., XIV, 356 et 362.

15. Les deux espèces d'acceptation ont cela de commun que les acceptants, sous l'une ou l'autre espèce, sont également héritiers; qu'ils sont également saisis, de plein droit, des biens, droits et actions du défunt.

16. Mais les deux modes d'acceptation diffèrent : 1º en ce que l'héritier qui accepte purement et simplement, devient à l'instant même, libre de disposer comme bon lui semble de tous les biens de la succession; tandis que l'héritier bénéficiaire, quoique héritier, est en même temps administrateur de la succession, chargé de la liquider, et qu'il ne peut le faire qu'en remplissant les formalités prescrites par la loi, et à la charge de rendre compte aux créanciers et aux légataires du défunt.

17. 2º En ce que l'héritier pur et simple est tenu de payer les dettes et charges de la succession *ultra vires successionis*, c'est-à-dire même sur ses propres biens; tandis que l'héritier bénéficiaire n'en est tenu que jusqu'à concurrence des biens qu'il a recueillis, et que même il peut se décharger du paiement des dettes, en abandonnant tous les biens de la succession aux créanciers et légataires. — C. civ., 802.

18. 3º En ce que l'acceptation pure et simple opère la confusion du patrimoine de l'héritier avec celui du *de cujus* (V. n. 121) tandis que l'acceptation bénéficiaire a précisément pour but d'empêcher cette confusion au détriment de l'héritier. — C. civ., 802.

19. Du reste les effets de l'acceptation pure et simple seront particulièrement développés au § 5 ci-dessous, et ceux de l'acceptation bénéficiaire au mot *Bénéfice d'inventaire*.

20. Tout successible, en général, peut choisir entre les deux modes d'acceptation. Cependant les successions échues aux mineurs ne peuvent être acceptées que sous bénéfice d'inventaire. — C. civ., 776.

21. De même la succession doit être acceptée sous bénéfice d'inventaire quand les héritiers de celui à qui elle est échue et qui est décédé sans l'avoir répudiée ou acceptée ne sont pas d'accord sur le parti à prendre. — C. civ., 782.

22. L'héritier pur et simple n'exclut pas le cohéritier du même degré qui n'accepte que sous bénéfice d'inventaire. — Toullier, t. 4, p. 322 ; Chabot, sur l'art. 774, n. 13.

§ 2. — Quand peut être faite l'acceptation.

23. Pour qu'un acte d'acceptation puisse intervenir, il faut que la succession soit déférée, c'est-à-dire que le parent du successible soit mort, car on ne peut manifester de volonté relativement à la succession d'un homme vivant. — C. civ., 791, 1130, 1600.

24. Donc si, sur le faux bruit de la mort d'une personne, le successeur présomptif a pris la qualité d'héritier, s'est mis en possession des biens, en a disposé comme maître, il n'y a pas acceptation, quand même cette personne viendrait ensuite à mourir, et que ce même héritier fût appelé à lui succéder. — Pothier, *Success.*, III, § 3 ; Toullier, IV, 345 ; Laurent, IX, 278 ; Demol., XIV, 302.

25. Il en serait de même si le décès n'était pas prouvé, car la mort ne se présumant jamais, l'acceptation serait celle de la succession d'un homme vivant, et partant nulle. — Bourges, 22 juillet 1828 (S.30.2.74).

26. Mais un parent plus éloigné pourrait accepter l'hérédité avant d'être saisi par la renonciation du parent plus proche auquel elle se trouve déférée. Cette acceptation produira, au cas de renonciation ou de déchéance ultérieure du parent plus proche, le même effet que si elle avait eu lieu après cette renonciation ou cette déchéance. — Demol., XIV, 303 ; Aub. et Rau, VI, § 610, texte et note 4 ; *Contrà*, Delvincourt, II, p. 105 ; Duranton, VI, 366 et 473.

27. Il ne suffit pas que la succession soit ouverte pour qu'il y ait acceptation valable, il faut encore que celui qui accepte ait connaissance de l'ouverture de l'hérédité, car l'acceptation est un acte de volonté, et la volonté suppose la connaissance de ce qu'on veut. — Pothier, *Success.*, III, § 3.

28. On présumera assez facilement, de la part d'un successible qui a fait un acte d'héritier, la connaissance qu'il a eue de l'ouverture de la succession ; ce sera à lui à prouver qu'il a fait l'acte dans l'ignorance où il était de la mort du *de cujus*.— Chabot, sur l'art. 774, n. 4; Laurent, IX, 279; *Compar.* Demol., XIV, 303.

29. Donc l'acceptation ne serait pas validée par cela seul que des conjectures plus ou moins probables pourraient être faites sur la mort du parent dont le successible a accepté la succession. — *Mêmes autorités.*

30. Pour que l'acceptation puisse être valable, il faut, en outre, que celui qui accepte soit appelé à succéder, c'est-à-dire qu'il soit l'héritier présomptif du défunt dans l'ordre établi par la loi.

31. L'acceptation n'est plus possible quand le successible a renoncé à la succession.

32. D'où il suit que l'héritier qui, après sa renonciation, se mettrait en possession de quelques effets de la succession, commettrait un vol, loin de faire un acte d'acceptation. — Pothier, *Succ.*, ch. III, sect. 1, § 3.

33. Notons cependant deux exceptions à ce principe : 1º dans le cas où la renonciation viendrait à être rescindée pour quelque juste cause. — C. civ., 784.
2º Dans le cas où la succession répudiée par un héritier n'a encore été acceptée par aucun autre. — C. civ., 790.

34. L'héritier ne peut être contraint de prendre parti aussitôt après l'ouverture de la succession. Il a, en effet, un délai de trois mois et quarante jours pour faire inventaire et délibérer ; et ce délai peut être renouvelé. — C. civ., 795 et suiv.

35. Même après ce délai, l'héritier qui n'est pas poursuivi peut encore rester dans l'inaction sans encourir la perte de la qualité d'héritier.

36. Mais cette inaction peut-elle durer toujours? ou bien y a-t-il un délai après lequel la situation du successible est fixée? L'art. 789 répond à cette question : la faculté d'accepter ou de répudier une succession se prescrit par le laps de temps requis pour la prescription la plus longue des droits immobiliers.

37. Mais relativement à l'interprétation de cette disposition, de nombreuses controverses s'élèvent encore aujourd'hui. Voici les trois systèmes les plus accrédités, soit dans la doctrine, soit dans la jurisprudence.

38. 1º Lorsque le successible est resté trente ans depuis l'ouverture de la succession, sans prendre parti, il est désormais étranger à la succession : c'est le droit héréditaire, c'est-à-dire la *faculté d'accepter ou de répudier* qu'avait l'héritier qui est prescrit. — Ce système est celui qui nous semble le plus conforme aux principes du droit et aux dispositions du Cod. civ. C'est celui, du reste, vers lequel la jurisprudence tend à se prononcer. — Cass., 13 juin 1855 (S.55.5.689); *Id.*, 29 janv. 1862 (S.62.2.237); Rouen, 29 juin 1870 (D.71.2.239); *Sic*, Duranton, VI, 483; Malpel, n. 336; Laurent, IX, 483.

39. 2º Après les trente ans écoulés depuis l'ouverture de la

succession, sans que l'héritier ait renoncé, il est considéré comme
acceptant. Ce système a l'inconvénient grave de violer la maxime :
Nul n'est héritier qui ne veut. — Riom, 1er fév. 1847 (S.48.2.257) ;
Paris, 6 avril 1854 (S.54.2.705); *Sic*, Chabot, II, p. 118 ; Demante,
III, n. 110 *bis* V ; Ducaurroy, Bonnier et Roustain, II, n. 593 ;
Demol., XV, 315.

40. 3° Après trente ans, l'héritier est étranger à la succession,
si son cohéritier ou l'héritier du deuxième degré a appréhendé la
succession ; il est au contraire définitivement réputé acceptant, si
la succession n'a été appréhendée par personne. Ce système
d'après lequel c'est tantôt la faculté de renoncer, tantôt celle d'accepter qui est prescrite, nous semble contraire au texte de l'art.
789 qui n'établit qu'une seule faculté, et aux principes qui veulent
qu'on ne soit pas héritier malgré soi. — Aub. et Rau, 4e éd.,
t. VI, § 610 2°, texte et notes 6 et suiv.

41. Dans les trois systèmes, les trente ans courent à partir de
l'ouverture de la succession, non-seulement vis-à-vis du parent
saisi de l'hérédité, mais encore à l'égard des parents plus éloignés
qui, par suite de la renonciation de celui-ci, seraient appelés à la
succession. — Aub. et Rau, VI, § 610, texte et note 16.

42. On ne peut, en général, être admis à se faire restituer
contre le défaut d'acceptation dans les trente ans à dater de l'ouverture de la succession. — Aub. et Rau, *eod. loc.*

§ 3. — Par qui l'acceptation peut être faite.

43. Elle peut être faite par l'héritier, ou par un fondé de pouvoir muni d'une procuration spéciale à l'effet d'accepter telle
succession, ou les successions qui écherront au mandant. —
Pothier, *Success.*, ch. III, sect. III, art. 1, § 2.

44. Mais pour accepter une succession il faut que la personne
soit capable de s'obliger, car l'acceptation d'une succession soumet à des obligations. — Pothier, *eod. loc.* ; Toullier, IV, 317.

45. Aussi la succession échue à une femme mariée ne peut
être acceptée par elle sans l'autorisation du mari ou de justice. —
C. civ.,776.

46. L'autorisation du mari peut, selon le droit commun, être
tacite et s'induire, par exemple, de son concours à l'acte qui
suppose nécessairement la volonté d'accepter. — Bourges, 9 juillet
1831 (S. 32.2.447).

47. En principe, le mari ne peut, en cette qualité et indépendamment des stipulations du contat de mariage, accepter une succession échue à sa femme. — Riom 18 avril 1825 (S.26.2.75) ;
Laurent, IX, 285.

48. Mais, comme chef de la communauté ou comme usufruitier des biens de sa femme, le mari pourrait, malgré l'abstention
de la femme, prendre possession et provoquer le partage, définitif
ou provisionnel, suivant les cas, des successions échues à cette
dernière. — C. civ., 818.

49. Ces actes de gestion faits par le mari sans la participation de la femme ne constituent pas de sa part une acceptation qui le soumette au paiement des dettes. — Aub. et Rau, V, § 513.

50. A plus forte raison ne lient-ils pas la femme qui demeure toujours libre, sous l'autorisation du mari ou celle de justice, de renoncer à la succession, si elle ne s'y est pas immiscée person-nellement, et si elle n'a pas perdu, par la prescription de trente ans, la faculté de la répudier. — Aub. et Rau, V, § 513; Troplong II, 995. — Riom, 19 avril 1828 (S. 29.2.9).

51. Des auteurs vont plus loin et décident que le mari peut, sans le concours de sa femme, accepter à ses risques et périls, les successions échues à cette dernière. — Duranton, VI, 424; Vazeille, sur l'art. 776, 403; Demol., XIV, 326. — *Contrà*, Aub. et Rau, V, § 513, texte et note 2.

52. L'autorisation de justice peut toujours intervenir au refus de celle du mari, même dans le cas où la succession devrait tomber en communauté en vertu du contrat de mariage ou de la loi.

53. La succession échue au mineur doit être acceptée par son tuteur, qui a besoin, à cet effet, de l'autorisation du conseil de famille. — C. civ. 461, 776.

54. Mais l'homologation par le tribunal de la délibération du conseil de famille n'est pas nécessaire. •

55. La succession échue à un mineur émancipé doit être acceptée par lui avec l'autorisation du conseil de famille et l'assis-tance de son curateur. — C. civ., 481, 484.

56. Les interdits sont assimilés aux mineurs, c'est-à-dire que les successions à eux échues doivent être acceptées par leur tuteur muni d'une autorisation du conseil de famille. — C. civ. 776.

57. Les prodigues et les simples d'esprit, placés sous un conseil, ne peuvent accepter une succession, à laquelle ils sont appelés, qu'avec l'assistance de leur conseil. — Aub. et Rau, VI, § 603; Demol., XIV, 332; Duranton, VI, 419.— *Contrà*, Laurent, IX, 287.

58. Lorsque celui à qui une succession est échue est décédé ans avoir pris parti, l'acceptation peut être faite par son héritier. — C. civ., 781.

59. Mais cet héritier ne peut accepter la succession à laquelle son auteur était appelé, qu'en acceptant celle de son auteur lui-même.

60. Lorsqu'il y a plusieurs héritiers et qu'ils ne sont pas d'ac-cord pour accepter ou répudier l'hérédité déférée à leur auteur, l'acceptation est obligatoire pour tous, mais elle doit avoir lieu sous bénéfice d'inventaire. — C. civ., 782.

61. Et cela dans tous les cas, même dans celui où le défunt aurait reçu une libéralité rapportable, et où il serait, par consé-quent, plus utile de renoncer pour éviter le rapport. — Laurent, IX, 375; Demol., XIV, 349; *Contrà*, Demante, III, 102 *bis*; Dall. *Rép.*, vᵒ *Success.*, n. 433.

62. Il suffit qu'un seul des héritiers, si nombreux qu'ils soient, veuille accepter l'hérédité, pour que l'art. 782 soit applicable. — Demol., XIV, 351; Aub. et Rau, VI, § 610.

63. Le tribunal n'a pas besoin d'intervenir pour autoriser cette acceptation bénéficiaire; elle a lieu de plein droit. — Laurent, IX, 376; Demol., XIV, 352.

64. Les créanciers de celui qui néglige d'accepter la succession qui lui est échue peuvent l'accepter du chef de leur débiteur. — C'est l'application du principe de l'art. 1166.

65. Il en est de même si l'héritier a renoncé à la succession et qu'elle n'ait pas encore été acceptée par le cohéritier du renonçant ou par l'héritier du degré subséquent.

66. Dans ces deux cas, les créanciers n'ont pas besoin de demander l'autorisation du tribunal, et dans le dernier cas ils n'ont même pas besoin de faire annuler la renonciation de leur débiteur. — Laurent, IX, 476 et 477.

67. Les créanciers ne peuvent pas forcer l'héritier à prendre un parti avant l'expiration des trois mois et quarante jours accordés pour faire inventaire et délibérer. — C. civ., 795.

68. Après l'expiration de ces délais, ils peuvent lui adresser une sommation, afin qu'il ait à prendre parti.—Toullier, IV, 319; Vazeille, sur l'art. 788, n° 1.

69. Si cette sommation reste sans résultat, le créancier doit faire la déclaration qu'il accepte la succession au nom de son débiteur, après avoir représenté l'original de la sommation dont il vient d'être parlé. Cette déclaration se fait au greffe du tribunal du lieu de l'ouverture de la succession.

70. Même dans le cas où la succession répudiée par le débiteur en fraude de ses créanciers a été acceptée par le cohéritier ou l'héritier du degré subséquent, les créanciers peuvent encore l'accepter. Mais alors il faut qu'ils fassent d'abord rescinder la renonciation de leur débiteur, et ensuite qu'ils se fassent autoriser par le tribunal à accepter la succession. C'est l'application du principe de l'art. 1167. — C. civ., 788.

71. La demande doit s'introduire par exploit d'ajournement, non par requête. — Demol., XV, 82; Aub. et Rau, VI, § 613; *Contrà*, Delvincourt, II, 106; Chabot, sur l'art. 788, n. 3.

72. Pour pouvoir faire rescinder la renonciation de leur débiteur, les créanciers doivent prouver non-seulement le préjudice que cette renonciation leur fait éprouver, mais encore l'intention frauduleuse du débiteur qui a fait cette renonciation. — Toullier, VI, 371; Delvincourt, II, 106; Demol., XV, 79. — *Contrà*, Aub. et Rau, VI, § 613, texte et note 36; Paris, 13 février 1826 (S.26. 2.287).

73. L'acceptation des créanciers ne les rend point héritiers, elle leur donne seulement le droit de faire vendre les biens de l'hérédité jusqu'à concurrence de leurs créances.

74. Toutefois ils feront bien de faire inventaire, car, faute par eux de pouvoir établir la consistance du mobilier, ils seraient tenus de payer les dettes indéfiniment. — Laurent, IX, 478.

75. La renonciation n'est annulée qu'en faveur des créanciers ; elle ne l'est pas au profit de l'héritier qui a renoncé. Donc, si, après que les créanciers ont été désintéressés, il reste quelque chose dans la succession, ce sera le cohéritier ou l'héritier du degré subséquent qui en profitera. — C. civ., 788.

76. Ont seuls le droit de faire rescinder la renonciation de leur débiteur, les créanciers dont les titres ont une date antérieure à la renonciation. — Chabot, *sur l'art.* 788, n. 5 ; Duranton, VI. 512 ; Aub. et Rau, VI, § 613, 5°.

77. L'héritier débiteur peut toujours reprendre la succession à laquelle il avait d'abord renoncé, si d'autres héritiers ne se sont pas présentés et si la prescription du droit d'accepter n'est pas acquise. — C. civ., 790.

§ 4. — Comment se fait l'acceptation.

78. On peut accepter une succession expressément ou tacitement, *verbo aut facto : verbo*, c'est-à-dire en déclarant qu'on veut être héritier ; *facto*, c'est-à-dire par un fait qui prouve qu'on a la volonté d'être héritier. — C. civ., 778 ; Pothier, *Success.*, ch. III, sect. III, art. 1, § 1er.

79. L'acceptation est expresse quand on déclare accepter la succession dans un acte authentique ou sous sèing privé.

80. L'acceptation est également expresse quand on prend le titre ou la qualité d'*héritier* dans un acte authentique ou sous seing privé. — C. civ., 778.

81. Même dans un acte judiciaire, par exemple un commandement. — Zachariæ, § 611, texte et note 7 ; Limoges, 19 fév. 1831 (S.33.2.349).

82. Donc la loi n'admet pas d'acceptation verbale. — Demol., XIV, 375 ; Aub et Rau, VI, § 611 *bis ;* Laurent, IX, 289.

83. Un écrit quelconque ne suffirait pas pour qu'il y eût acceptation expresse, la loi veut un *acte*, c'est-à-dire un écrit dressé dans le but de constater un fait juridique. — C. civ., 778.

84. Donc la qualité d'héritier prise dans une lettre ne vaudrait acceptation expresse que si cette lettre est un *acte*, c'est-à-dire si elle a été rédigée dans le but de s'obliger envers des tiers qui sont intéressés dans la succession ; elle n'emporterait point acceptation dans le cas contraire. — Dall., *Rép.*, v° *Success.*, n. 448 ; Laurent, IX, 289 ; Demol., XIV, 380.

85. Par exemple, si l'héritier écrit à un créancier ou à un légataire qu'il accepte l'hérédité ou qu'il paiera la dette ou le legs, il y aura acceptation expresse. — *Mêmes autorités.*

86. Il n'y a pas de termes sacramentels pour accepter une succession, il suffit que la volonté d'être héritier soit clairement exprimée.

87. Quand le successible a pris le titre d'*héritier* dans un acte, il n'y a acceptation que si, dans l'intention du successible, ce mot d'*héritier* n'a pas été pris dans le sens d'*habile à succéder*. — Cass.,

18 nov. 1863 (S.64.1.197); Limoges, 23 juin 1870 (S.71.2.40);
Demol., XIV, 382; Laurent, IX, 290.—*Contrà*, Mourlon, *Répétit.*, II,
90.

88. Ainsi quand le successible en prenant la qualité d'héritier déclare que son intention n'est pas d'accepter l'hérédité,
cette réserve est valable et manifeste son intention d'entendre
le mot héritier dans le sens d'*habile à succéder*. — Laurent, IX,
294; Demol., XIV, 390; Cass., 1er avr. 1809 (S.10.1.8); Limoges,
23 juin 1870 (S.71.2.40). — *Contrà*, Zachariæ, II, § 611, note 7,
in medio.

89. De même il n'y aurait pas acceptation de l'hérédité par
cela seul que le successible a pris la qualité d'héritier dans une
procuration qu'il a donnée pour accepter ou répudier. — Demol.,
XIV, 483; Demante, III, n. 98 *bis*, II; Laurent, IX, 294.

90. Il en faut dire autant du cas où le successible donne une
procuration pour la levée des scellés, la confection de l'inventaire
et la vente du mobilier, et où, dans l'inventaire et le procès-verbal
de vente, il prend la qualité d'héritier. — Cass., 1er août 1809 (S.
10.1.8); Laurent, IX, 295.

91. Même décision dans le cas où c'est le notaire qui donne la
qualité d'héritier au successible dans l'inventaire qu'il dresse sur
sa demande. — Orléans, 31 mars 1849 (Dall., 49.2.124).

92. L'acceptation expresse ne résulterait pas non plus du fait
seul que le titre d'héritier a été donné au successible dans une
quittance, surtout si cette quittance n'a pas été rédigée par le successible. — Cass.. 18 nov. 1863 (S.64.1.97; *Revue*, n° 771).

93. Elle ne résulterait pas non plus en général, et sauf intention
contraire, de ce que le successible a pris le titre d'héritier dans la
déclaration prescrite par les lois fiscales pour le paiement des
les droits de succession. — Cass., 1er fév. 1843 (S.43.1.438); *Id.*,
7 juil. 1846 (S.46.1.868).

94. Quant au paiement lui-même des droits de mutation, la
jurisprudence est très-divisée sur le point de savoir s'il emporte
acceptation.— V. *Acte d'héritier.*

95. L'acceptation expresse ne pourrait non plus s'induire de ce
que le successible a pris la qualité d'héritier dans un acte de la
procédure d'une action continuée ou intentée par lui. — Paris,
4 août 1825 (S.26.2.23).

96. Il a été jugé en ce sens que le successible qui, assigné en
qualité d'héritier, défend au fond sur la poursuite d'un créancier
de la succession est encore recevable à renoncer. — Paris, 29 pluv.
an XI (S.7.2.1216).

97. Lorsque la qualité d'héritier est prise dans le sens d'héritier définitif, dans quelque acte de la procédure, l'acceptation expresse qui en résulte ne subsisterait pas moins, quoique l'instance
soit ensuite périmée.—Demol., XIV, 389; Laurent, IX, 298; Metz,
5 juin 1827; Dall., *Rép.*, v° *Success.*, n. 459.

98. L'expropriation d'un bien héréditaire poursuivie par le
créancier n'implique par elle seule aucune intention d'accepter de

la part du successible, peu importe donc la qualification que le
saisissant donne au détenteur de l'immeuble qu'il exproprie. —
Riom, 10 fév. 1821 (S.22,2.60).

99. Pour éviter toutes les difficultés possibles, on ne saurait
trop donner aux notaires le conseil de ne se servir dans les actes
que des termes : *habile à se porter héritier*, lorsque ces actes sont
préliminaires à toute acceptation.

100. Lorsque le successible accepte en prenant la qualité d'héritier dans un acte, l'acceptation existe à l'égard de tous les intéressés. — Duranton, VI, 374 ; Laurent, IX, 292.

101. Il ne suffirait pas, pour qu'il y eût acceptation expresse,
que l'intention d'accepter résultât des termes dont s'est servi le
successible. Il n'y aurait alors qu'une acceptation tacite. — Chabot, t. II, p. 40 ; Laurent, IX, 292 ; Aub. et Rau, VI, § 611 *bis*, 1°.

102. L'acceptation est *tacite* quand l'héritier fait un acte qui
suppose nécessairement son intention d'accepter, et qu'il n'aurait
droit de faire qu'en sa qualité d'héritier. — C. civ., 778.

103. Le mot *acte* de l'art. 778 ne signifie plus un écrit, mais un
fait juridique qui implique l'intention d'accepter. Nous examinerons les différents faits d'immixtion entraînant une acceptation
tacite sous le mot *Acte d'héritier*.

104. Disons seulement qu'il résulte des termes mêmes de
l'art. 778 que le juge n'a plus un pouvoir arbitraire pour déterminer si tel acte constitue une acceptation tacite. Dès qu'il subsiste
quelque doute sur l'acte qui a été fait la loi défend au juge d'en
induire une acceptation.

§ 5. — Effets de l'acceptation.

105. En droit romain l'acceptation faisait acquérir au successible la propriété des biens compris dans la succession. Aujour-
d'hui, au contraire, c'est en vertu de la loi que l'héritier acquiert
cette propriété, du jour de la mort de son auteur, conformément
à cette maxime de notre droit coutumier : *Le mort saisit le vif*. —
C. civ., 711.

106. Aussi la règle contenue dans l'art. 777, que l'effet de
l'acceptation remonte au jour de l'ouverture de la succession, vraie
en droit romain, est-elle inexacte aujourd'hui.

107. Dans un cas cependant elle s'appliquerait: c'est celui où
l'héritier ayant d'abord renoncé à la succession, et celle-ci n'ayant
été appréhendée par aucun héritier du degré subséquent, l'héritier
renonçant l'accepte définitivement, en vertu de l'art. 770.

108. L'acceptation rétroagit au jour de l'ouverture de la suc-
cession, même dans le cas où elle émane d'un successeur irrégulier.
— Cass., 13 juin 1855 (S.55.1.689); Aub. et Rau, VI, § 611, 3°. —
Contrà, Paris, 6 avr. 1854 (S.54.2.705).

109. La propriété des biens est censée avoir résidé sur la tête
de l'héritier du jour de l'ouverture de la succession, même dans

ACCEPTATION DE SUCCESSION, § 5.

123

le cas où il n'a été appelé à la succession que par la renonciation d'un héritier plus proche.

110. Du principe que l'héritier est propriétaire du jour de l'ouverture de la succession, il suit qu'il succède non-seulement à la part à laquelle il était appelé de son chef, mais aussi aux parts laissées vacantes pour les renonciations faites par ses cohéritiers dans l'intervalle écoulé depuis l'ouverture de la succession jusqu'à son acceptation. — Pothier, *Success.*, ch. III, sect. III, art. 1, § 4.

111. Du même principe résulte cette autre conséquence que l'héritier qui n'accepte que longtemps après l'ouverture de l'hérédité n'en a pas moins droit aux fruits depuis le décès, pourvu qu'ils n'aient pas été perçus par un possesseur de bonne foi. — C. civ., 138, 149.

112. Par contre, il est tenu de rembourser tout ce qui a été valablement payé soit pour la conservation des biens, soit pour l'acquit des dettes et charges, comme aussi de payer tout ce qui reste dû.

113. Mais dans le cas où la succession a été appréhendée par un *héritier apparent* qui a fait des actes de disposition, la règle que la propriété est acquise à l'héritier du jour de l'ouverture de la succession, donne lieu à de sérieuses difficultés. — V. *Pétition d'hérédité.*

114. L'acceptation, si elle ne confère pas, en général, la propriété des biens, fait naître un quasi contrat en vertu duquel le successible s'engage personnellement et sur tous ses biens à payer les créanciers et les légataires. — Caen, 10 janv. 1842 (S.42.2.209); Duranton, VI, 390; Demol., XIV, 507. — *Contrà*, Laurent, IX, 346.

115. Cependant la femme mariée sous le régime dotal ne pourrait être tenue sur les biens dotaux, soit des conséquences d'une adition d'hérédité, soit de condamnations de dépens obtenues contre elle à l'occasion de cette adition d'hérédité. — V. *Régime dotal.*

116. Du reste l'acceptation de l'hérédité n'entraîne aucune hypothèque légale sur les biens personnels de l'héritier pour le paiement des dettes et des legs. — Furgole, *des Testam.*, ch. X, n. 50; Troplong, *Des hypoth.*, n. 432 *bis*.

117. Un autre effet de l'acceptation c'est qu'elle est irrévocable, et que l'héritier ne peut plus ensuite renoncer : *Semel heres semper heres.* — C. civ., 783.

118. Ainsi, lorsque l'acceptation d'une succession résulte de l'action en partage introduite par le successible contre ses cohéritiers, elle conserve tout son effet, malgré le désistement de la demande, même acceptée par ces derniers. — Cass., 3 mai 1865 (S. 65.1.311).

119. D'après la maxime *Semel heres semper heres*, l'héritier ne pourrait non plus se dépouiller de la saisine qu'il avait à l'ouverture de la succession, pour ne le faire dater que du jour de son acceptation. — C. civ., 777; Chabot, *sur cet article*, n. 1.

120. L'héritier acceptant étant, dès lors propriétaire incommutable, les tiers détenteurs qui n'ont pas accompli la prescription ne peuvent pas opposer à l'héritier la prescription trentenaire, s'il est resté trente ans dans l'inaction après avoir accepté. — Cass., 18 mars 1834 (S.34.1.830); Metz, 5 mars 1833; Dall., v° *Success.*, n. 518; Laurent, IX, 349; Aub. et Rau, VI, § 616, 4°.

121. L'acceptation opère aussi, d'une manière définitive, la confusion du patrimoine du défunt avec celui de l'héritier, et partant entraîne l'extinction des dettes ou créances qu'il avait envers ou contre le défunt, ainsi que des droits réels dont ses biens étaient grevés au profit du défunt ou qui lui compétaient sur les biens de ce dernier.

122. Enfin elle oblige l'héritier, tant au rapport envers ses cohéritiers, qu'au paiement des dettes et charges de l'hérédité envers les créanciers et légataires. — Aubry et Rau, VI, § 611 *bis* 3°. — Cass., 22 janv. 1817 (S.17.1.370).

123. L'acceptation est indivisible en ce sens qu'elle produit son effet à l'égard de tous les créanciers, légataires ou cohéritiers, indistinctement, alors même qu'elle résulte d'actes passés ou intervenus avec un seul d'entre eux. — Duranton, VI, 374; Aub. et Rau, VI, § 611; Rouen, 12 août 1863 (S.64.2.125).

§ 6. — Dans quels cas l'acceptation est nulle ou peut être rescindée.

124. L'acceptation, étant la manifestation d'un consentement, serait nulle si l'héritier était incapable de consentir : par exemple, s'il était fou. Il y aurait ici nullité absolue. — Laurent, IX, 350.

125. Serait nulle également, et d'une nullité absolue, l'acceptation de la succession d'un homme vivant, car l'acceptation n'aurait pas d'objet, la loi ne reconnaissant pas qu'un homme vivant puisse avoir une hérédité. — V. n. 23 et suiv.

126. Nullité absolue également si l'héritier a accepté la succession d'une personne, croyant accepter celle d'une autre ; car il n'y aurait pas consentement. — Ducaurroy, Bonn. et Roust., II, 576; Laurent, IX, 356.

127. Si l'hérédité déférée aux incapables, mineur, femme mariée, etc., n'a pas été acceptée suivant les formes prescrites (V. n. 45 et suiv.), l'acceptation peut être annulée. — C. civ., 776, 461; Grenoble, 28 mars 1835 (S.36.2.47).

128. Il y aurait également nullité si l'acceptation d'une succession échue à un mineur avait été faite purement et simplement au lieu d'être faite sous bénéfice d'inventaire, comme le veut la loi. — Demante, II, 96 *bis* I.

129. Mais la nullité dans ces cas est relative, c'est-à-dire qu'elle ne peut être demandée que par les incapables qui ont manqué de la protection que la loi avait voulu leur accorder. — C. civ., 225, 1125; Demol., XIV, 338; Laurent, IX, 352; Demante, II, 96 *bis* II.

130. Pour obtenir la nullité d'une acceptation faite sans les formes exigées par la loi, le mineur n'aurait pas besoin de prouver qu'il a été lésé, mais seulement que les formes n'ont pas été observées. — *Mêmes autorités.*

131. Mais le mineur ne pourrait demander l'annulation de son acceptation pour cause de lésion, si toutes les formes prescrites pour l'acceptation ont été remplies; l'acte est inattaquable. — Aubry et Rau, VI, § 611 ; Duranton, VI, 417 ; Laurent, IX, 353. *Contrà*, Cass., 5 déc. 1838 (S.38.1.945) ; Toullier, II. 335.

132. Le majeur ne peut attaquer l'acceptation expresse ou tacite qu'il a faite d'une succession, que dans le cas où cette acceptation aurait été la suite d'un dol pratiqué envers lui. — C. civ., 788.

133. Il résulte de cet article que, pour que la nullité soit accordée, il faut que les manœuvres constituant le dol aient été telles que, sans elles, l'héritier n'aurait pas accepté.

134. On est d'accord pour décider que la nullité peut être prononcée, quel que soit l'auteur du dol commis à l'égard de l'héritier ; c'est-à-dire qu'on n'applique pas ici la première condition exigée par l'art. 1116. — Cass. 5 déc. 1838 (S.38.1.945) ; Aub. et Rau, VI, § 611, note 10 ; Demol. XIV, 537 ; Laurent, IX, 354.

135. On est d'accord également pour appliquer l'art. 783 au mineur, même dans le cas où l'acceptation a été faite, suivant les formes voulues. — Aub. et Rau, VI, § 611 ; Demol. XIV, 534 ; Laurent, IX, 355 ; Cass., 5 déc. 1838 (S.38.1.945).

136. Quoique la loi ne la mentionne pas, la violence vicierait, comme le dol, l'acceptation de l'hérédité et en entraînerait l'annulation ; car la violence est comprise dans le dol. — Demol., XIV, 536 ; Laurent, IX, 357 ; Aub. et Rau, VI, § 611.

137. L'héritier peut encore demander l'annulation de son acceptation, lorsque l'hérédité qu'il a acceptée se trouve absorbée ou diminuée de plus de moitié, par les dispositions d'un testament, encore inconnu au moment de l'acceptation. — C. civ., 783.

138. C'est à l'héritier qui veut faire prononcer la nullité de son acceptation à faire la preuve qu'il ignorait l'existence du testament découvert ensuite. — Laurent, IX, 359.

139. La nullité pour cause de lésion peut être invoquée dès que les legs épuisent l'actif héréditaire ou le diminuent de moitié, sans distinguer si c'est l'actif net ou brut qui est diminué ou épuisé. — Laurent, IX, 359 ; *Contrà*, Demol., XIV, 551.

140. Elle peut être demandée alors même que l'actif de la succession serait suffisant pour l'acquittement intégral des dettes et des legs. — Aub. et Rau, VI, § 611, texte et note 12 ; Villequez, *Rev. de Dr. franç.*, VII, p. 155.

141. Notamment dans le cas où le successible se trouverait en perte par suite de rapports qu'il aurait à effectuer, s'il n'était pas relevé de son acceptation. — *Mêmes autorités.*

142. Quoique l'art. 783 ne parle que du majeur, on s'accorde pour appliquer la disposition qu'il contient au mineur, et ce, dans cas même où les formalités prescrites pour garantir ses intérêts ont été exactement observées. — Demol., XIV, 534; Aub. et Rau, VI, § 611, texte et note 17; Laurent, IX, 362.

143. L'acceptation ne pourrait être annulée à raison de la découverte que ferait l'héritier d'une donation inconnue qui lui enlèverait la moitié de l'hérédité; ce qui du reste ne pourrait se présenter que pour les donations mobilières, car les donations immobilières doivent être transcrites. — Laurent, IX, 363; Mourlon, *Répétit.*, II, p. 97.

144. Ni à raison de l'existence de dettes inconnues au moment où l'acceptation a eu lieu. — Demol., XIV, 541; Duranton, VI, 459; Zachariæ, § 611, note 22.

145. Ni même à raison de la découverte d'un testament contenant, au profit du successible de qui elle émane, un legs fait sans clause de préciput. — Cass., 3 mai 1865 (S. 65, 1, 311); Aub. et Rau, 14, § 64; Laur., IX, 363. — *Contrà*, Demol., XIV, 535 et XXII, 336.

146. La rescision ne pourrait pas non plus être demandée par la raison que, sur plusieurs successibles ayant accepté la succession, un ou quelques-uns se seraient ultérieurement fait relever de leur acceptation pour l'une des causes ci-dessus indiquées. — Demol., XIV, 566; Aub. et Rau, VI, § 611; texte et note 16; Laurent, IX, 363.

147. Et cela quand même l'acceptation des autres successibles aurait été concomitante ou même postérieure aux acceptations annulées ou rescindées. — *Mêmes autorités.* — *Contrà*, Zachariæ, § 609, texte et note 14.

148. L'erreur sur l'actif de la succession ne serait pas une cause de rescision de l'acceptation, à moins qu'elle ne provienne de la découverte d'un testament ignoré d'abord, d'après les termes de l'art. 783. — Cass., 3 mai 1865 (S.65.1.311; *Revue*, n° 1408); *Id.* 18 janv. 1869 (S.69.1.172).

149. Dans tous les cas où il peut y avoir lieu à rescision de l'acceptation, cette rescision peut être demandée tant par l'acceptant lui-même que par ses ayants droit, et par ses créanciers agissant en son nom. — C. civ. 1166.

150. Les créanciers de l'héritier pourraient même, dans le cas où celui-ci a accepté la succession en fraude de leurs droits, demander la rétraction de cette acceptation, afin d'écarter le concours des créanciers héréditaires sur les biens de leur débiteur. — Aub. et Rau, VI, § 611; Demol., XIV, 557.

151. L'action en rescision de l'acceptation doit être intentée dans le délai de dix ans à partir soit de la cessation de l'incapacité, soit de la découverte du dol ou de la cessation de la violence, soit enfin de la connaissance acquise de l'existence du testament inconnu au moment de l'acceptation. — Aub. et Rau, VI, § 611; Demol., XIV, 555; *Contrà*, Laurent, IX, 362, décide qu'elle dure trente ans.

152. Lorsque l'acceptation d'une succession a été annulée pour une cause quelconque, tout ce qui a été payé aux créanciers par l'héritier, de ses propres deniers, est sujet à répétition. — Cass., 5 déc. 1838 (S.38.1.45).

153. L'héritier qui s'est fait restituer peut renoncer à la succession ou l'accepter sous bénéfice d'inventaire. — Chabot, sur l'art 783, n. 8 ; Demol XIV, 560 ; Aub. et Rau, VI, § 611, texte et notes 22 et 23.

154. Il résulte enfin, par un *a fortiori* de ce que nous avons décidé sous le n. 146, que le cohéritier de celui qui, après avoir accepté, s'est fait restituer contre son acceptation, ne peut refuser la part de ce dernier pour s'en tenir à la sienne. — Demol., XIV, 566 ; Aub. et Rau, VI, § 609, texte et note 10. — *Contrà*, Delvincourt, II, p. 83 ; Duranton VI, 464.

§ 7. — Enregistrement.

155. L'acceptation pure et simple d'une succession faite par acte civil est sujettie au droit de 3 fr.; il est dû un droit par chaque acceptant et par chaque succession. — LL. 22 frim. an VII, art. 68, § 1er, n° 2 ; 18 mai 1850, art. 8 ; 28 févr. 1872, art. 4.

156. L'acceptation tacite qui résulte d'un acte de propriété ou qui implique addition d'hérédité ne donne lieu à aucun droit particulier.

157. Si l'acceptation est faite au greffe du tribunal civil, elle est passible d'un droit de 4 fr. 50 par chaque acceptant et pour chaque succession. — LL. 22 frim. an VII, art. 68, § 2, n. 6 et 7 ; 28 avril 1816, art. 44, n. 10 ; 28 févr. 1872, art. 4. Le droit est le même pour les acceptations sous bénéfice d'inventaire. — Déc. min. fin. 13 juin 1823.

ACCEPTATION D'INDICATION DE PAIEMENT OU DE TRANSPORT. — V. *Transport*.

ACCEPTEUR. — On désigne ainsi le tiré, lorsqu'il s'est engagé à payer une traite. V. *Lettre de change*.

ACCEPTILATION. — C'était, à Rome, un mode d'extinction des obligations, qui consistait en une interrogation du débiteur demandant au créancier s'il tenait pour reçu ce qui lui avait été promis, et en une réponse affirmative du créancier. — Inst., liv. 3, tit. 30, § 1 ; L. 1. D. *De acceptil.* — C'était une sorte de remise de dette qui libérait comme le paiement véritable. — V. *Remise de dette*.

ACCESSION. — **1.** Moyen d'acquérir la propriété d'une chose par le fait de son union ou de son incorporation à une chose qui nous appartient. — Art. 551, C. civ.

DIVISION.

Section I. — *Du droit d'accession relativement aux choses immobilières.*

§ 1. — *De l'accession relative aux constructions, plantations et autres ouvrages.*

§ 2. — *De l'accession résultant da voisinage d'un fleuve ou d'une rivière.*

SECTION II. — *Du droit d'accession relativement aux choses mobi-lières.*

TABLE ALPHABÉTIQUE.

SECTION I. — DU DROIT D'ACCESSION RELATIVEMENT AUX CHOSES IMMOBILIÈRES.

§ 1er. — De l'accession relative aux constructions, plantations et autres ouvrages.

2. Le principe en cette matière est que la propriété du sol emporte la propriété du dessus et du dessous : *Superficies solo cedit,* art. 552, C. civ. Par suite le propriétaire peut faire au-dessus toutes les constructions et plantations qu'il juge à propos. Il peut également faire au-dessous toutes les constructions et fouilles qu'il lui plaît de faire, et tirer de ces fouilles tous les produits qu'elles peuvent fournir, sauf, dans l'un et dans l'autre cas, les exceptions relatives aux servitudes (C. procéd., art. 671, 674, 678, 679). V.*Infrà, ce mot,* ou qui peuvent résulter des lois ou des règlements administratifs. — V. *Infrà*, v° *Mines.*

3. L'art. 553, C. civ., établit d'ailleurs en faveur du propriétaire du sol une double présomption : 1° les constructions, plantations et autres ouvrages faits sur son terrain ou dans l'intérieur sont réputés avoir été faits par lui ; 2° il est réputé les avoir faits avec ses matériaux.

4. Ces présomptions dispensent le propriétaire du sol de toute preuve, mais elles peuvent être détruites par une preuve contraire : ainsi il peut être établi soit que les matériaux qu'il a employés dans sa construction, que les arbres qu'il a placés dans son terrain appartenaient à autrui, soit que les constructions ont été faites par un autre que le propriétaire du sol. Il faut donc distinguer entre ces deux espèces.

5. *Première hypothèse.* Un propriétaire a fait sur son terrain des constructions ou plantations avec les matériaux ou les plantes d'autrui. Ce cas est prévu par l'art. 554, C. civ., qui dispose que le propriétaire des matériaux ne pourra ni les revendiquer directement, ni demander que l'accession soit détruite afin de pouvoir les revendiquer après qu'ils auront été ramenés à leur état primitif, mais seulement réclamer une indemnité représentative de leur valeur et des dommages-intérêts s'il y a lieu.

5 *bis.* On admet d'ailleurs qu'il pourrait se soustraire à cette obligation en offrant la restitution. — Demol., t. 9, 663 ; Aub. et Rau, t. 2, § 204, p. 257.

6. L'art. 554 a fait naître la question de savoir si, alors que l'indemnité étant encore due, le bâtiment est démoli soit par accident soit par le fait du constructeur, l'ancien propriétaire des matériaux peut les revendiquer ? L'affirmative est très-généralement admise. — Demante, *Cours analyt.*, II, 391 *bis* ; Dupin, *Encyclop.*, v° *Accession*, 20 ; Marcadé, sur l'art. 554 ; Demol., t. 9, 661 ; Aub. et Rau, *loc. cit.*, p. 258. V. toutefois, en sens contraire, Ducaurroy, Bonnier et Roustain, II, 109 ; Chavot, *Propriété mob.*, II, 531.

7. *Deuxième hypothèse.* Un tiers a construit avec ses matériaux, ou fait des plantations avec ses arbres sur le sol d'autrui. Le principe *quod solo inædificatur solo cedit* reçoit ici, comme précédemment, son application.

8. Il n'y a d'ailleurs pas à distinguer suivant que les matériaux appartenaient ou non au tiers qui les a employés ; dans les deux hypothèses, l'enlèvement est impossible. — Taulier, t. 2, p. 274. Marcadé, sur l'art. 555, n. 7 ; Demante, *Cours analytique*, t. 2, n. 392 *bis* X ; Demol., t. 9, n. 678 ; Aub. et Rau, *loc. cit.*, p. 259 ;

9. Mais le propriétaire sera-t-il obligé de garder la construction et d'en payer le prix ? Et s'il y est obligé, quel sera le *quantum* de l'indemnité à payer ?

10. L'art. 555 répond à ces questions par une distinction. Le constructeur a été de mauvaise foi, il a su que le terrain sur lequel il bâtissait ne lui appartenait pas ; le propriétaire peut exiger que les constructions soient détruites et que son terrain lui soit restitué dans son état primitif, le tout aux dépens du constructeur et sans indemnité pour lui.

11. Le propriétaire peut, s'il le préfère, garder pour lui les travaux qui ont été faits sur son terrain, et alors, étant censé les avoir commandés, il doit payer tout ce qu'ils ont coûté.

12. Dans le cas, au contraire, où le constructeur a été de bonne foi, il ne peut point être forcé de démolir ; il recevra donc toujours une indemnité.

13. Le propriétaire du sol peut, à son choix, payer ou la dépense, ou la plus-value qu'elle a produite.

14. Pour apprécier la bonne ou la mauvaise foi du possesseur, il faut se placer, non à l'époque de la prise de possession de l'immeuble, mais à celle de l'exécution des travaux. — Pothier, *De la propriété*, n. 351 ; Duranton, t. 4, 376 ; Zachariæ, § 203, texte et note 2 ; Aub. et Rau, *loc. cit.*, p. 259.

15. On s'est demandé si le droit de rétention existait au profit du possesseur de bonne foi condamné à délaisser l'immeuble sur lequel il avait fait des dépenses de conservation ou d'amélioration. La question est controversée, elle sera examinée *infrà*, v° *Rétention*.

16. Le constructeur de bonne foi n'est pas obligé de compenser avec les fruits qu'il a perçus ce qui lui est dû pour la plus-value qu'il a créée par ses travaux. — Duranton, t. 4, n. 377 ; Chavot,

De la propriété mob., II, 511 ; Demolombe, 9. 680 ; Aub. et Rau, *loc. cit.*, p. 260. V. toutefois en sens contraire, Troplong, *Hypoth.*, III, 839 ; Marcadé sur l'art. 555, n. 3.

17. L'art. 555 régit-il les plantations, constructions et ouvrages faits par un locataire ou par un fermier ? — V. *Infrà*, v° *Bail*.

18. Ces dispositions s'appliquent-elles à ceux faits par l'usufruitier sur le fonds soumis à l'usufruit, lorsqu'ils ne rentrent pas dans la catégorie des simples améliorations ? — V. dans le sens de l'affirmative Delvincourt, Ire part. II, p. 360 ; Duranton, IV, 379 ; Duvergier sur Toullier, III, 427, note *a ;* Marcadé sur l'art. 555, n. 6 ; Taulier, II, p. 315 ; Demol., 9. 695 et 696 ; Aub. et Rau, *loc. cit.*, p 263 ; Colmar, 13 janv. 1831 (S.31.280). *Contrà*, Toullier, III, 427 ; Proud'hon, *De l'usufr.*, III, 1437 et 1441 ; Ducaurroy, Bonnier et Roustain, II, 190, 192 ; Pont, *Privil. et Hypoth.*, 1.635 ; Bourges, 24 fév. 1837 (S.38.2.108) ; motifs Colmar, 18 mars 1853 (S.54.2.624.) V. d'ailleurs *infrà*, v° *Usufruit*.

19. L'art. 555 ne s'applique qu'aux travaux nouveaux et non à ceux qui ne constituent que de simples améliorations ou réparations. Par suite, le propriétaire du sol ne peut, même vis-à-vis d'un possesseur de mauvaise foi, demander la suppression de ces travaux.—Demante, *Cours analyt.*, II, 392 *bis* I et IX ; Demol., 9.685 et 686 ; Aub. et Rau, *loc. cit.*, p. 261 ; Cass., 22 août 1865 (S.1866. 1.153).

20. Du reste, il résulte de ce texte qu'il ne peut recevoir son application qu'autant que les plantations, constructions et ouvrages ont été faits par un tiers possesseur pour son compte. Il ne saurait être suivi lorsqu'il s'agit d'ouvrages exécutés par un administrateur, un mandataire ou un gérant d'affaires, pour le compte d'autrui. Demol., 9, 691 ; Aub. et Rau, *ut supra*.

21. Enfin notre disposition devrait être également écartée dans l'hypothèse de travaux entrepris soit par un propriétaire conditionnel, soit par un cohéritier, un coassocié ou tout autre copropriétaire. Au cas où ils sont évincés, ils peuvent être contraints à enlever les constructions par eux faites. — Cass., 15 déc, 1830 (S.31.1.24) ; Bordeaux, 4 déc. 1838 (S.39.2.251) ; Bordeaux, 17 janv. 1843 (S.43.2,232) ; Demol., 10, 691 *bis* ; Aub. et Rau, *ut supra*.

§ 2. — De l'accession résultant du voisinage d'un fleuve ou d'une rivière.

22. Un premier cas d'accession de cette nature se présente, lorsque des atterrissements se forment successivement et imperceptiblement aux fonds riverains d'un cours d'eau naturel. L'atterrissement ainsi formé appartient au propriétaire du terrain auquel il adhère. — C. civ., art. 556.

23. Cet atterrissement se nomme *alluvion*. A quelles conditions l'alluvion peut être considérée comme constituant un accessoire ? Par quelles personnes le bénéfice de l'alluvion peut-il être invoqué ?

Ces questions seront examinées avec les développements qu'elles comportent, *Infrà*, v° *Alluvion*.

24. Mais y a-t-il également accession au cas où une partie considérable et reconnaissable d'un champ riverain serait portée vers un champ inférieur ou sur la rive opposée? Nullement.

25. Comme le propriétaire du champ dont une fraction importante a été détachée peut (contrairement à ce qui se passe lorsqu'il s'agit de la formation d'une alluvion) justifier sur elle de son droit de propriété, il est admis à la revendiquer. — Art. 559.

26. Mais ce n'est là pour lui qu'une simple faculté et non une obligation ; en sorte qu'au cas où il renoncerait à faire valoir son droit de propriété il ne deviendrait pas passible de dommages-intérêts. — Daviel, *Cours d'eau*, 1, 174 ; Zachariæ, § 203, texte et note 12 ; Demol., t. 10, 103 ; Aub. et Rau, t. 2, § 203, p. 252.

27. Mais la revendication doit être formée dans l'année ; passé ce délai, le revendiquant est déchu, si le propriétaire riverain est déjà en possession du terrain qui accède à son champ.

28. Dans le cas contraire, la revendication peut être utilement formée, même après l'année, *et tant que le riverain ne possède pas ;* mais dès l'instant qu'il prend possession, cette possession le rend instantanément propriétaire. — Art. 589 et arg. de cet article.

29. Du reste il paraît assez équitable d'admettre que le propriétaire du fond auquel la partie détachée est venue s'adjoindre a le droit, sans attendre l'expiration de l'année, d'interpeller celui de la partie enlevée pour savoir s'il entend user ou non de la faculté que lui accorde l'art. 559.— V. notamment Daviel, *loc. cit.*, t. 155 ; C. proc. Proudhon, *Du domaine public*, t. 4, 1283 ; Demol., 10, 110 ; Aub. et Rau, § 203, p. 254.

30. La loi a en outre prévu l'hypothèse où des îles, îlots et atterrissements se formeraient dans le lit des fleuves et des rivières. A qui appartiendront-ils?

31. La réponse à cette question se trouve dans les art. 560 et 561, C. civ. Les îles qui se forment dans un fleuve appartiennent toujours à l'Etat, mais comme elles font partie de son *domaine privé* elles sont aliénables et prescriptibles.

32. Toutefois, comme l'enseignent MM. Aubry et Rau (*loc. cit.*, p. 255), la prescription ne commence à courir, en ce qui concerne ces îles, que du jour où, ayant acquis la hauteur et la solidité nécessaires pour se trouver à l'abri des plus hautes eaux dans leur état normal et sans débordement, elles ont réellement cessé de faire partie du lit du fleuve et ont ainsi passé du domaine public dans celui de l'Etat. — *Sic*, Grenoble, 25 juil. 1866 (S.67.2.225).

33. Quant aux îles qui se forment dans une *rivière*, la loi distingue: la rivière est-elle navigable ou flottable, c'est encore à l'Etat qu'elles appartiennent, et il faut appliquer les règles ci-dessus.

34. La rivière n'est-elle ni navigable ni flottable, une sous-distinction est nécessaire: si l'île s'est formée d'un seul côté, c'est-à-dire entièrement en deçà de la ligne tracée au milieu de la rivière, elle appartient exclusivement aux riverains du côté de la rivière où elle s'est formée.

35. Dans le cas contraire, elle profite aux riverains des deux côtés, à partir de la ligne tracée au milieu de la rivière et proportionnellement à la ligne de front que présente chaque héritage sur la rive.

36. L'île une fois formée, ceux qui en sont propriétaires, d'après les règles qui viennent d'être posées, ont droit à tous les accroissements subséquents qu'elle peut recevoir par alluvion. — Proudhon, *Dom. public*, t. 4, 1286 ; Demol., 10, 127 ; Aub. et Rau, *loc. cit.*, p. 256 et 257.

37. Du reste si une rivière ou un fleuve, en se formant un bras nouveau, coupe et embrasse le champ d'un propriétaire riverain, et en fait une île, ce propriétaire conserve la propriété de son champ encore que l'île se soit formée dans un fleuve ou dans une rivière navigable ou flottable. — C. civ., 562.

38. Le dernier cas qui nous reste à étudier est celui où une rivière abandonne son lit pour s'en creuser un autre.

39. L'art. 563 règle ainsi cette hypothèse : si un fleuve ou une rivière navigable, flottable ou non, se forme un nouveau cours en abandonnant son ancien lit, les propriétaires des fonds nouvellement occupés prennent, à titre d'indemnité, l'ancien lit abandonné, chacun dans la proportion du terrain qui lui a été enlevé. — C. civ., 563.

40. Du reste il va de soi que si l'ancien lit n'était pas commodément partageable en nature entre les divers ayants droit, chacun d'eux serait autorisé à en provoquer la licitation. — Chardon, *Du droit d'alluvion*, n. 184 et 185 ; Demol., 10, 165 ; Aub. et Rau, *loc. cit.*, p. 256.

Section II.
DU DROIT D'ACCESSION RELATIVEMENT AUX CHOSES MOBILIÈRES.

41. La loi prévoit trois hypothèses distinctes qu'il importe d'étudier successivement : 1° l'adjonction ; 2° la spécification ; 3° le mélange et la confusion.

42. 1° *Adjonction.* — L'adjonction est la réunion de deux choses appartenant à différents maîtres, en un seul tout, dont chacune de ces choses forme cependant une partie distincte et reconnaissable ; par exemple : j'avais un cadre, Paul y a placé un tableau.

43. Lorsque deux choses appartenant à différents maîtres auront été ainsi unies de manière à former un tout, et bien qu'elles soient séparables, en sorte que l'une puisse subsister sans l'autre, le tout appartient au maître de la chose qui forme la partie principale à la charge de payer à l'autre la valeur de la chose qui a été unie. — Art. 566, C. civ.

44. Il faut donc déterminer entre les deux choses unies, laquelle est principale et laquelle est accessoire.

45. Le Code fournit à cet égard trois moyens qui doivent être successivement employés l'un à défaut de l'autre.

46. *a*. Est réputée partie principale celle à laquelle l'autre n'a été uuie qne pour l'usage, l'ornement ou le complément de la première. — C. civ., 567.

47. *b*. Si de deux choses unies pour former un seul tout, l'une ne peut point être regardée comme l'accessoire de l'autre, celle-là est réputée principale qui est la plus considérable en valeur. — Art. 569.

48. *c*. Enfin, si les valeurs sont à peu près égales, celle-là est considérée comme la principale dont le volume est le plus grand.

49. Au cas où les deux choses seraient égales en valeur et en volume, on devrait, par application de l'art. 573, C. civ., déclarer que le tout est commun aux différents maîtres des matières réunies. — Marcadé, t. 2, art. 566, n. 2 ; Demol., t. 10, n. 193.

50. 2° *Spécification*. — La spécification désigne le fait de celui qui a formé une chose d'une espèce nouvelle avec la matière d'autrui ; et par exemple : j'avais un lingot d'or, un orfévre en a fait un flambeau ; j'avais une pièce de bois, un menuisier en a fait une table ; à qui appartiendra le flambeau ou la table ? Sera-ce aux propriétaires de la matière ou bien, au contraire, à l'orfévre, au menuisier appelés spécificateurs ?

51. L'art. 570, C. civ., répond à la question en ces termes : si un artisan ou une personne quelconque a employé une matière qui ne lui appartenait pas à former une chose d'une nouvelle espèce, soit que la matière puisse ou non reprendre sa première forme, celui qui en était propriétaire a le droit de réclamer la chose qui en a été formée en remboursant le prix de la main-d'œuvre.

52. Cette règle reçoit d'ailleurs une grave restriction par le principe posé dans l'art. 571, portant que si la main-d'œuvre était tellement importante qu'elle surpassât de beaucoup la valeur de la matière employée, l'industrie serait alors réputée la partie principale, et l'ouvrier aurait le droit de retenir la chose travaillée en remboursant le prix de la matière.

53. Ainsi, pour que l'industrie l'emporte il faut, conformément au texte précité, qu'elle surpasse *de beaucoup* par son importance la valeur de la matière. — Proudhon, *Du domaine privé*, t. 11, n. 618, 619 ; Hennequin, t. 1, p. 357 ; Demol., *loc. cit.*, n. 200.

54. C'est du reste là une question d'appréciation dont les magistrats sont juges dans chaque espèce. D'où il résulte notamment que leur décision à ce sujet est souveraine et échapperait au contrôle de la Cour de cassation.

55. On admet d'ailleurs communément que l'art. 571, C. civ., serait applicable lors même que le spécificateur ne serait pas en possession de la chose qu'il a formée avec la matière d'autrui. — Duranton, t. 4, n. 454 ; Chavot, *De la propr. mobil.*, t. 2, n. 517 ; Dupin, *Encyclop. du droit*, v° *Accession*, n. 42 ; Demol., n. 200 *ter*.

56. L'art. 572 apporte une autre modification au principe de

l'art. 570, C. civ., il dispose que lorsqu'une personne a employé
en partie la matière qui lui appartenait, et en partie celle qui ne
lui appartenait pas, à former une chose d'une espèce nouvelle,
sans que ni l'une ni l'autre des deux choses soient entièrement détruites, mais de manière qu'elles ne puissent pas se séparer sans inconvénient; la chose est commune aux deux propriétaires.

57. L'explication de ce texte obscur a donné lieu à de sérieuses
difficultés. Nous nous rallions quant à nous à l'interprétation très-
judicieuse qu'en a faite M. Demolombe. — T., 10, n. 201.

58. Le savant professeur distingue trois hypothèses : *a*. la
main-d'œuvre surpasse de beaucoup la valeur de la matière employée; l'industrie est réputée la partie principale, et la chose travaillée appartient alors à l'ouvrier par application de l'art. 571. Il
faudrait même tenir compte, comme élément d'appréciation de la
valeur de la matière appartenant à l'ouvrier dans l'être créé par
lui. — *Sic*, Mourlon, *Répét.*, *C. civ.*, t. I, n. 1485.

59. *b*. Si, au contraire, la matière d'autrui, était, en raison de sa
quantité ou de sa qualité, de beaucoup supérieure tout à la fois et
à la matière employée par l'ouvrier et à la main-d'œuvre, la chose
travaillée devrait appartenir au propriétaire de cette matière, considérée comme chose principale. — *Sic*, Marcadé, t. 2, art. 572;
Mourlon, *loc. cit.*, n. 1486.

60. Enfin, *c*, si les deux matières employées n'ont pas été détruites par la spécification qui en a été faite, et si elles sont séparables sans inconvénient, celui des maîtres à l'insu duquel les matières ont été travaillées peut demander qu'elles soient séparées
et réclamer celle qui lui appartient. — *Sic*, Mourlon, *loc. cit.*,
n. 1484.

61. Que si, au contraire, elles ne peuvent pas être séparées sans
inconvénient, l'objet confectionné appartient en commun aux
deux maîtres des matières avec lesquelles il a été formé, à l'un à
raison de la matière, à l'autre à sa matière et du prix de sa main-
d'œuvre.

62. 3° *Le mélange* est la réunion de choses liquides ou de choses
solides rendues liquides par la fusion. *La confusion* est la réunion
de choses séchées ou solides, comme par exemple la confusion de
deux monceaux de blé appartenant à différents maîtres.

63. Quels seront les droits des différents propriétaires? Cette
hypothèse est prévue par les art. 573 et 574, aux termes desquels
lorsqu'une chose a été formée par le mélange de plusieurs matières
appartenant à différents propriétaires, mais dont aucune ne peut
être regardée comme la matière principale, si les matières peuvent
être séparées, celui à l'insu duquel elles ont été mélangées peut
en demander la division.

64. Si les matières ne peuvent plus être séparées sans inconvénient, ils en acquièrent en commun la propriété dans la proportion de la quantité, de la qualité et de la valeur des matières
appartenant à chacun (art. 574).

65. Au cas où la matière appartenant à l'un des propriétaires •

aurait été de beaucoup supérieure à l'autre par la quantité et le prix. Le propriétaire de la matière supérieure en valeur peut réclamer la chose provenant du mélange, en remboursant à l'autre la valeur de sa matière (art. 575).

66. De ces deux dispositions qui laissent fort à désirer au point de vue de la clarté et de la précision, il faut déduire les règles suivantes :

67. Si l'une des deux choses mélangées forme dans le mélange la partie *principale* à raison de sa supériorité de qualité, de quantité ou même de volume, le tout appartient en entier au maître de la matière principale, à la charge par lui de payer la chose accessoire. — Mourlon, *loc. cit.*, n. 1487; Demol., *loc. cit.*, n. 204.

68. Que si, au contraire, aucune des deux matières ne peut être regardée comme la partie principale, une distinction est alors nécessaire :

69. Ou les matières sont séparables sans inconvénient ; et dans ce cas, celui qui n'a pas consenti au mélange peut demander la division et revendiquer sa matière.

70. Ou elles ne peuvent être séparées sans inconvénient, le mélange appartient alors indivisément à chacun des deux maîtres dans la proportion de la quantité, de la qualité et de la valeur des matières appartenant à chacun d'eux.

71. Il nous reste à exposer brièvement quatre règles générales applicables à la fois à l'adjonction, à la spécification et enfin au mélange ou à la confusion.

72. Et d'abord par application du principe que nul n'est tenu de demeurer dans l'indivision (art. 815, C. civ.) l'art 575 dispose que lorsque la chose est commune aux propriétaires des matières dont elle a été formée; chacun des copropriétaires peut exiger qu'elle soit *partagée* en nature, si elle est susceptible de l'être, ou, dans le cas contraire, qu'elle soit licitée.

73. Le prix qu'on en retire est alors partagé entre les parties proportionnellement à la part que chacune d'elles avait dans la chose.

74. Du reste, il va de soi que les parties, si elles sont toutes d'accord, majeures et capables, sont libres, au lieu de recourir à la licitation, de vendre l'objet de gré à gré. Demol., n. 206.

75. Une deuxième proposition générale est formulée par l'art. 576 qui déclare que lorsque l'accession profite à celui des maîtres à l'insu duquel elle a eu lieu, celui-ci peut à son choix :

76. Ou réclamer la chose entière à la charge par lui d'indemniser l'autre maître.

77. Ou la laisser à l'auteur de l'accession et exiger soit une chose absolument pareille à celle dont il était propriétaire avant l'accession, soit sa valeur en argent.

78. A s'en tenir à la lettre même de cet article, il ne serait applicable qu'à l'hypothèse de la spécification.

79. Mais il ne paraît pas douteux, soit d'après la place qu'occupe cet article, soit d'après les motifs sur lesquels il est fondée, qu'il est également applicable à l'adjonction et au mélange. Demol., *loc. cit.*, n. 207.

80. Enfin l'art. 577 déclare que ceux qui ont employé des matières premières appartenant à d'autres et à leur insu, peuvent aussi être condamnés à des dommages-intérêts s'il y a lieu, et notamment au cas de mauvaise foi.

81. Ils peuvent également être poursuivis devant les tribunaux de justice répressive, s'il y a crime ou délit. *Ibid.*

82. Enfin lorsqu'il se présente des cas d'accession non prévus par les dispositions légales qui précèdent, les juges doivent trancher les difficultés qui peuvent naître en cette matière, suivant les principes de l'équité naturelle, et en prenant pour guides les solutions données par le Code aux hypothèses dont il s'occupe, art. 565, C. civ.

ACCESSOIRE. — 1. On entend par accessoire ce qui dépend d'une chose principale : par son origine, comme les intérêts d'un capital, les dépens ; par sa nature comme l'édifice construit sur le sol ; par sa destination comme les statues et les vases d'un jardin.

2. La règle en cette matière est que l'accessoire suit le sort du capital et participe à ses qualités.

3. Le Code civil a fait l'application et le principe dans plusieurs cas, et notamment lorsqu'il s'agit de l'accession des choses mobilières. Art. 565 et suiv. V. *Accession.*

4. Il est souvent nécessaire d'examiner quel est l'objet principal, quel est l'accessoire ; et cependant, comme le fait remarquer Dall., V. *Accessoire*, n. 1, la dénomination précise des accessoires est un des objets les plus difficiles de la jurisprudence. V. aussi Prost de Royer, *Dict. de Jurisp.*, t., p. 702, n. 15.

5. Il est difficile, d'ailleurs, de tracer la nomenclature complète des choses qui peuvent être considérées comme accessoires, relativement à d'autres que la loi et la jurisprudence réputent principales ; mais, à titre d'exemples, il convient d'en indiquer quelques-unes.

6. Les fruits naturels et industriels sont les accessoires de la chose qui les produit. — C. civ., 583 ; — V. *Fruits.*

7. Les plantations sont les accessoires du sol auquel elles adhèrent ; elles sont présumées faites par le propriétaire de ce sol et lui appartiennent à moins de preuve contraire. — C. civ., 553.

8. Le croît des animaux est aussi un accessoire de la propriété. — *Inst. de re divis.*, § 1er.

9. Les bestiaux faisant partie du cheptel donné par le propriétaire au fermier, sont un accessoire de la métairie. — C. civ., 1821, 1824.

10. Lorsqu'il s'agit de contrats, le cautionnement est l'accessoire de l'obligation principale, et la garantie de l'accessoire de la vente. — V. *Vente.*

11. De même l'hypothèque, le nantissement, l'antichrèse, sont des conventions accessoires. — V. *Antichrèse, Hypothèque, Nantissement.*

12. Mais la servitude n'est pas nécessairement l'accessoire du fonds asservi. — V. *Servitude.*

13. Les frais de contrat sont l'accessoire de la vente. — V. *Frais, Vente.*

14. Les dépens sont l'accessoire de la condamnation principale. — V. *Dépens.*

15. La vente d'un office comprend la clientèle. — V. *Office.*

16. L'achalandage d'un fonds de commerce est un accessoire compris dans la vente, si les parties n'ont pas exprimé leur volonté à cet égard. — V. *Fonds de commerce.*

17. Le privilége du vendeur s'étend à tous les accessoires, et spécialement aux immeubles par destination, ajoutés par l'acheteur à l'immeuble vendu. — Colmar, 8 déc. 1868, *Rev. not.*, 2743.

18. Du principe que l'accessoire suit le sort du principal peuvent aussi découler certaines conséquences, ainsi :

19. Dès que le principal ne subsiste plus, l'accessoire s'éteint avec lui. — L. 178. *De reg. jur.*

20. La cassation de la disposition principale d'un arrêt entraîne celle de la disposition accessoire sur les intérêts. — Cass., 12 déc. 1837. — V. *Cassation.*

21. La concession d'une source d'eaux thermales comprend les veines souterraines qui existent dans la propriété du concédant, — Aix, 7 mai 1835.

22. Les conventions obligent non-seulement à ce qui y est exprimé, mais encore à toutes les suites que l'équité, l'usage ou la loi donnent à l'obligation, d'après sa nature. C. civ., 1135. C'est là un accessoire nécessaire de l'obligation.

23. Suivant Domat, les accessoires des choses mobilières qui peuvent en être séparés entrent dans la vente ou n'y entrent pas, selon les circonstances. « Ainsi, dit-il, un cheval étant exposé en vente sans son harnais, l'acheteur n'aura que le cheval nu ; et s'il est présenté en vente avec le harnais, il aura le tout, si ce n'est que, dans l'un et l'autre cas, il eût été convenu d'une autre manière. »

24. Lorsqu'il y a incertitude sur ce qui est principal ou accessoire, l'appréciation des tribunaux est souveraine. — Paris, 23 mars 1836.

25. En matière d'enregistrement les décimes des droits sont les accessoires de ces droits. — LL. 6 prairial an VII, 2 juillet 1862, art. 14, 25 août 1871, art. 1er, et 30 déc. 1873.

ACCIDENT. — **1.** On donne ce nom à un événement fâcheux et imprévu. Il dérive soit de la force majeure, et il prend alors plus particulièrement le nom de *cas fortuit*, soit de la faute de l'homme, c'est-à-dire d'une imprudence ou négligence commise par lui.

2. Les accidents sont par leur nature et leurs effets en dehors du droit commun, et ils en font généralement fléchir les règles.

3. Ainsi l'accident rend possible la preuve testimoniale dans des cas où elle est d'ordinaire défendue. — C. civ., 1348 4°.

4. De même il autorise le mari à désavouer l'enfant de sa femme quand il a rendu la cohabitation des époux impossible pendant le temps présumé de la conception. — C. civ., 312.

5. Les accidents causés par le fait de l'homme entraînent la responsabilité de ceux qui en sont les auteurs.—C. civ.,1382,1383.

6. De plus, de quelque cause qu'ils proviennent, ils imposent des devoirs à l'autorité et même aux particuliers. — C. pén., 475, § 12 et 478.

7. Les accidents enfin ont donné naissance à un contrat spécial, très-varié dans ses applications, qui a précisément pour but de remédier aux désastres qu'ils produisent. — V. *Assurance*.

ACCOLADE. — Trait de plume qui sert à embrasser plusieurs objets ensemble, plusieurs sommes, pour n'en former qu'une qui se place au milieu du crochet. — V. *Acte notarié*.

ACCORDS, ACCORDAILLES. — Ce sont les préliminaires d'un mariage, les promesses réciproques, les conventions, les articles arrêtés entre deux personnes qui ont le projet de se marier. — V. *Articles de mariage, Contrat de mariage*.

ACCOUCHEMENT. — V. *Déclaration de grossesse et d'accouchement, Acte de l'état civil*.

ACCROISSEMENT (DROIT D'). — **1**. C'est le droit qui appartient à un cohéritier ou à un colégataire de réunir à sa portion la part de l'hérédité ou du legs que son cohériter ou colégataire laisse vacante, par suite du refus de l'accepter, de l'incapacité de la recueillir, ou de quelque autre cause que ce soit.. — Nous ne nous occuperons ici que du droit d'accroissement en matière de legs, et nous renvoyons au mot *Renonciation à succession* pour les détails sur l'accroissement en matière de succession *ab intestat*.

TABLE ALPHABÉTIQUE.

DIVISION.

§ 1. — *Différents cas d'accroissement*.

§ 2. — *De l'assignation de parts*.

§ 3. — *Conditions nécessaires pour que le droit d'accroissement s'exerce.*

§ 4. — *Enregistrement.*

§ 1. — Différents cas d'accroissement.

2. D'après le droit commun, quand un legs est caduc pour une cause quelconque, c'est le débiteur du legs, ou plutôt celui à qui l'exécution du legs aurait nui, qui profite de la partie caduque.— Cass., 3 déc. 1872 (D.72.1.233); Aub. et Rau, VII, § 726, texte et note 24; Duranton, IX, 495; Demol., XXII, 354.

3. Le droit d'accroissement constitue une exception à ce principe, puisque c'est un autre légataire qui profite de la part caduque, au lieu du débiteur du legs.

4. Le fondement du droit d'accroissement est la vocation solidaire de chaque légataire à la totalité de la chose, de sorte que le concours seul des divers appelés nécessite entre eux un partage.

5. Mais, pour distinguer si la vocation est solidaire, diverses règles d'interprétation ont été posées. On a reconnu trois espèces de conjonctions ou vocations de plusieurs personnes à une même chose : 1° la conjonction par la chose (*re*), par exemple : « Je lègue ma ferme à Pierre; » puis plus loin : « Je lègue la même ferme à Paul »; 2° la conjonction par la chose et les paroles (*re et verbis*), par exemple : « je lègue ma ferme à Pierre et à Paul »; 3° la conjonction par les paroles seules (*verbis*), par exemple : « Je lègue ma ferme à Pierre et à Paul, à chacun pour moitié. »

6. Une observation capitale en cette matière, et qui s'applique à tous les cas de conjonction, c'est que tout dépend ici de la volonté du testateur, et que les règles du Code civil, qui ne sont que la consécration de la volonté présumée du testateur, fléchissent devant une manifestation de volonté contraire. — Duranton, IX, 498; Mourlon, *Répétit.*, II, p. 394; Laur., XIV, 300; Cass., 18 mai 1825, (S.26.1.16); Nevers, 22 juil. 1846 (S.47.2.103).

7. 1° *Conjonction re tantum.* — Quand une même chose est léguée à plusieurs personnes par autant de dispositions distinctes qu'il y a de légataires, sans toutefois qu'aucune de ces dispositions révoque la précédente, il n'y a accroissement que si la chose donnée n'est pas susceptible d'être divisée sans détérioration. — C. civ., 1045.

8. Mais il faut que ces dispositions distinctes soient contenues dans le même testament, car si elles étaient faites dans deux testaments, le legs contenu dans le dernier testament emporterait révocation des legs antérieurs. — Aub. et Rau, VII, § 726, texte et note 36; Demol., XXII, 184; Colmet de Santerre, IV, 183 *bis*, I.— *Contrà*, Toullier, V, 645; Marcadé *sur l'art.*, 1036; Troplong, IV, 2078.

9. Presque tous les auteurs critiquent l'art. 1045, car la question de savoir si l'accroissement doit avoir lieu dépend de l'intention du testateur, et n'a rien de commun avec la nature de la chose léguée. — Laur., XIV, 312; Aub. et Rau, VII, § 726, texte et note 37; Demol., XXII, 376. — V. cependant, Toullier, V, 688; Colmet de Santerre, IV, 199 *bis*, II, et III.

10. Aussi Proudhon, *De l'usufruit*, II, 734, voulant concilier l'art. 1045 avec les principes prétend que l'art. 1045 ne s'occupe pas de la conjonction *re*, mais bien de la conjonction *verbis*, et qu'il a pour objet d'admettre, malgré l'assignation de parts dans la disposition même, le droit d'accroissement quand la chose léguée n'est pas susceptible d'être divisée sans détérioration. Mais cette opinion, contraire au texte et à l'esprit des art. 1044 et 1045, est unanimement rejetée. — Aub. et Rau, VII, § 726, texte et note 39; Demol., XXII, 377; Laur., XIV, 312.

11. Donc il n'y a pas lieu à accroissement, dans le cas où le testateur a, par des dispositions séparées du même testament, légué à plusieurs personnes un objet susceptible d'être divisé sans détérioration. — *Mêmes autorités.*

12. 2° *Conjonction re et verbis.* — Quand une seule et même chose est léguée à plusieurs personnes par une seule et même disposition, les légataires sont conjoints *re et verbis* et si, l'un vient à faire défaut, il y a lieu au profit des autres au droit d'accroissement. — C. civ., 1044.

13. Mais, en vertu du principe énoncé ci-dessus (n. 6), le testateur pourrait dire que même dans ce cas il n'y aura pas accroissement. — Cass., 18 mai 1825 (S.26.1.10); Agen, 27 nov. 1850 (S. 50,2.664); Aub. et Rau, VII, §| 726; Demol., |XXII, 385; Laurent, XIV, 304.

14. Il suffirait même pour empêcher l'accroissement que la volonté en ce sens du défunt fût prouvée de quelque manière que ce soit. — *Mêmes autorités*, sauf l'arrêt d'Agen, qui admet que la présomption de la loi ne peut être détruite que par une preuve contraire résultant d'un écrit.

15. 3° *Conjonction verbis tantum.* — Elle a lieu quand une chose a été léguée par une seule disposition, si le disposant a assigné à chaque légataire la part qu'il doit prendre dans l'objet légué.

16. L'assignation de parts faisant disparaître la volonté du testateur de léguer le tout à chaque légataire, il y a alors plutôt disjonction que conjonction entre les légataires; et, en conséquence, il n'y a pas lieu à accroissement entre eux. — C. civ., 1044, *in fine.*

§ 2. — De l'assignation de parts.

17. Quand y a-t-il assignation de parts? On est d'accord qu'il n'est pas nécessaire pour cela que le testateur ait distinctement déterminé la portion qu'il laisse à chacun, et qu'il suffit en principe que les légataires soient institués *par portions égales.*—L., 89, D., *De legatis.*, 3°; Cass., 19 fév. 1861 (S.61.1.421); Demol., XX, 371; Aub. et Rau, VII, § 726, texte et note 34.

18. Toutefois cela n'est vrai que si l'assignation de parts porte sur l'institution même des légataires, dont la vocation se trouve ainsi restreinte à une portion déterminée de l'objet légué. — V. *Autorités ci-dessus.*

19. Ainsi il y aurait assignation de parts et par conséquent l'accroissement n'aurait pas lieu, si le testateur avait dit : *Je lègue à Pierre et à Paul par moitié tous les biens que je laisserai à mon décès.* —Turin, 23 août 1808 (S.9.2.374); Cass., 18 mai 1825 (S.26.1.10).

20. Il en serait de même si le legs, au lieu d'être universel, était à titre universel ou à titre particulier. — Douai, 6 août 1846 (S.48. 2.252); Cass., 19 fév. 1861 (S.61.1.421).

21. Au contraire, l'assignation de parts qui ne porterait que sur l'exécution du legs, ou le partage à faire entre les légataires de l'objet qui leur est légué en commun, ne formerait point obstacle au droit d'accroissement. — Cass., 9 mars 1857 (S.57.1.254); Aix, 17 mars 1858 (S.59.2.223); Cass., 27 janv. 1868 (*Revue*, n. 2117); Aub. et Rau, VII, § 726, texte et note 35; Demol., XXII, 373. — *Contrà*, Cass., 19 janv. 1830 (S.30.1.73); Douai, 6 août 1846 (S.48.2.252); Proudhon, *De l'usufruit*, II, 709; Laurent, XIV, 306 et s.

22. Ainsi il n'y aurait pas assignation de parts, et le droit d'accroissement aurait lieu, si le testateur avait dit : *Je lègue à Pierre et à Paul l'universalité de mes biens pour par mes légataires en jouir et en disposer par parts et portions égales.* — Cass., 14 mars 1815 (S. 15.1.267).

23. La solution serait la même si l'assignation faite par le testateur était de parts inégales. — Cass., 27 janv. 1868 (*Revue*, n. 2117); Demol., XXII, 374; Aub. et Rau, VII, § 726, texte et note 35.

24. Cependant, en vertu du principe posé sous le n. 6, la jurisprudence tend à admettre que, dans tous les cas, que l'assignation de parts porte sur la disposition ou sur l'exécution, il faut, avant tout, consulter l'intention du testateur. — Douai, 10 nov. 1848 (D.51.5.473); Paris, 22 mars 1859 (S.59.2.52); Cass.. 27 janv. 1868 (*Revue*, n. 2117).—*Contrà*, les auteurs, sauf Laurent, XIV, 306 et s., soutiennent que cette intention est manifestée précisément par les termes employés dans l'assignation de part, et qu'il faut l'entendre comme il est dit au n. 18 et s.

25. Les Cours d'appel qui apprécient souverainement cette intention, la recherchent non-seulement dans les termes du testament, mais dans toutes les circonstances de la cause. — Aix, 14 déc. 1832 (Dall. 33.2.103); Paris, 22 mars 1859 (D.59.2.52).

§. 3. — Conditions nécessaires pour que le droit d'accroissement s'exerce.

26. Quand un legs est fait au profit de deux personnes dans des conditions où l'accroissement est possible, cet accroissement a lieu même dans le cas où le legs est révoqué pour cause d'ingratitude.—Pau, 17 avr. 1854 (S.55.5.77); Laurent, XIV, 313.—*Contrà*,

Demol., XXII, 373 ; Bayle-Mouillard, sur Grenier, III, p. 101, note *a*.

27. Mais les causes d'indignité énumérées par l'art. 727, C. civ., ne donnent pas lieu au droit d'accroissement, car les dispositions concernant l'indignité de l'héritier légitime ne s'appliquent pas au légataire.—Demol., XXII, 278 ; Laurent, XIV, 265.—*Contrà*, Cass., 13 nov. 1855 (S.56.1.5) ; Lyon, 12 janv. 1864 (S.64.2.28) ; Aub. et Rau, VII, § 726, texte et note 30.

28. Si le légataire qui prédécède laisse des enfants, sa part n'en accroît pas moins à ses colégataires. Les tribunaux ne pourraient pas admettre que les enfants prendront la part de leur père, par représentation. — Agen, 27 nov. 1850 (S.50.2.664) ; Laurent, XIV, 314.

29. Mais il en serait autrement si le testateur les avait substitués à leur père. Les notaires rédacteurs doivent donc appeler sur ce point l'intention des testateurs, qui le plus souvent croient que la représentation est admise dans la succession testamentaire comme dans la succession *ab intestat*.

30. La substitution empêche donc l'accroissement : mais si les substitués viennent aussi à prédécéder, le survivant des légataires prendra le tout en vertu du droit d'accroissement. — Aub. et Rau, VII, § 726, texte et note 38 ; Demol., XXII, 392 ; Laurent, XIV, 314.

31. Cependant les notaires rédacteurs feront bien encore ici de faire exprimer cette volonté d'une façon formelle, car les tribunaux sont peu disposés à l'admettre.

32. Le droit d'accroissement n'a pas lieu seulement quand l'un des légataires répudie le legs ou est incapable de le recueillir, mais dans tous les cas où il ne peut ou ne veut venir au legs, pour quelque cause que ce soit.—Laurent, XIV, 315 ; Aub. et Rau, VII, § 726, lettre c.

33. Donc il y aurait lieu à accroissement dans le cas où le testateur révoquerait expressément la libéralité qu'il a faite à l'un des légataires. — *Mêmes autorités*.

34. De même dans le cas où le testateur a ajouté au legs, pour l'un des légataires, une substitution fideicommissaire nulle. — Bruxelles, 8 juillet 1815 (*Pasicrisis*, 1815, p. 433); Laurent, XIV, 315.

35. Il est incontestable que, dans le cas de legs d'usufruit, l'accroissement s'appliquera, comme aux legs de propriété, lorsque l'un des légataires fera défaut.

36. Mais nous admettrions une solution contraire dans le cas où tous les légataires étant venus au legs, l'un d'eux décède ensuite; et nous croyons qu'alors cet usufruit devrait se réunir à la nue propriété, et non à l'usufruit des autres légataires. — Aub. et Rau, VII, § 727, texte et note 52 ; Demol., XXII, 387 ; Laurent, XIV, 316.—*Contrà*, Coin-Delisle, sur l'art. 1044, n. 10 ; Marcadé, XXI, sur le même article, n. 5 ; Troplong, II, 2184 ; Aix, 11 juillet 1838 (S.39.2.46).

37. A moins que le testateur n'ait, soit expressément, soit implicitement, par les termes mêmes de la disposition, manifesté l'intention de faire jouir le survivant des légataires de l'intégralité de l'usufruit. — Cass., 1er juillet 1841 (S.41.1.851); Aub. et Rau, loc. cit.

38. Quand un legs d'usufruit est devenu caduc par le prédécès du légataire, avant que celui-ci n'ait accepté, l'usufruit n'accroît pas à la nue propriété, de sorte que les fruits perçus entre le jour de l'ouverture de la succession et la mort du légataire de l'usufruit appartiennent aux héritiers du testateur, non au légataire de la nue propriété. — Cass., 3 juin 1861 (S.61.1.961); Laurent, XIV, 317.

39. Les legs universels ne font pas obstacle au droit d'accroissement, si la volonté du testateur a été de léguer le tout à chaque légataire et non de faire des legs à titre universel. — Cass., 12 février 1862 (S.62.1,385); Paris, 5 mars 1861 (D.61.2.69; Revue, n° 281; Demol., XXII, 383; Aub. et Rau, VII, § 726, texte et note 43. — Compar. Laurent, XIV, 318.

40. Et lors même que les légataires auraient été institués avec assignation de parts, ou par dispositions séparées, l'accroissement aurait lieu, si le testateur, en leur léguant l'universalité de ses biens, leur avait formellement attribué la qualité d'héritiers ou de légataires universels. — Mêmes autorités.

41. Lorsqu'il y a lieu à accroissement, la portion vacante d'un des colégataires se partage, en général, entre tous les autres, dans la proportion de la part que chacun d'eux est appelé à prendre dans le surplus du legs. — Demol., XXII, 394; Laurent, XIV, 320; Aub. et Rau, VII, § 726, texte et note 47.

42. Toutefois il faut voir la manière dont la disposition a été faite. Ainsi, si le testateur avait dit : J'institue mes légataires universels, Pierre, Paul, et les enfants de Jacques; et que la portion de l'un des enfants de Jacques devînt caduque, elle accroîtrait aux autres à l'exclusion de Pierre et de Paul. — Mêmes autorités.

43. De même si le testateur avait dit dans une première disposition : Je lègue ma maison à Pierre et à Paul, et dans une disposition ultérieure : Je lègue ma maison à Jean, et que le tiers afférent à Paul devînt caduc, cette part accroîtrait à Pierre à l'exclusion de Jean. — Mêmes autorités.

44. La conjonction existe non-seulement entre les légataires que le testateur a désignés les uns après les autres par leurs noms propres, mais encore entre ceux qu'il n'a désignés que par un nom collectif, exemple : Je lègue ma maison à mes neveux. — Proud'hon, De l'usufr., n. 626.

45. L'accroissement est facultatif, c'est-à-dire que le colégataire peut renoncer à la part de son colégataire qui est devenue caduque, pour s'en tenir à son legs. — Cass., 12 nov. 1822 (S.23. 1.865); Proud'hon, De l'usufruit, II, 643; Demol., XXII, 395; Laurent, XIV, 319.—Contrà, Aub. et Rau (VII, § 726, texte et note) distinguent entre les conjoints re tantum et les conjoints re et verbis, et admettent l'accroissement forcé pour les premiers. *Sic*, Delvincourt, II, p. 343 ; Duranton, IX, 516.

46. La Cour de cassation a jugé que cette renonciation ne doit pas être pas considérée comme une donation, et n'a pas besoin d'être acceptée expressément pour être irrévocable. — Cass., 12 nov. 1822 (S. 23.1.86).

47. Mais le colégataire qui accepte la part de son colégataire est forcé de subir en même temps les charges qui la grevaient. — Cass., 12 nov. 1822 (S. 23.1.86) ; Proud'hon, *De l'usufr.*, II, 643 ; Demol., XXII, 395 ; Laurent, XIV, 319.

48. A moins qu'il ne s'agisse de charges purement personnelles, qui, par leur nature ou dans la pensée du testateur, ne pouvaient ou ne devaient être accomplies que par le légataire défaillant. — Proud'hon, II, 643 ; Troplong, IV, 2181 ; Aub. et Rau, VII, § 726, texte et note 49.

49. Le droit d'accroissement remonte dans ses effets au jour du décès du testateur.

50. D'où il suit que si un colégataire est mort avant que la part de son colégataire devînt caduque, ses héritiers réclameront cette part comme il l'aurait réclamée lui-même. — Demol., XXII, 390 ; Aub. et Rau, VII, § 726, texte et note 51 ; Laurent, XIV, 321. — *Contrà*, Colmet de Santerre, IV, 199 *bis*, IX.

51. De même, si un legs fait conjointement à deux personnes, pur et simple quant à l'une, est conditionnel quant à l'autre, et que la première meure avant l'arrivée de la condition, elle transmet à ses héritiers le droit de profiter par [accroissement de la portion de la seconde, si la condition vient à manquer. — *Mêmes autorités.*

52. En principe, et sauf intention manifeste des parties, le cessionnaire des droits d'un légataire n'a pas droit à la part caduque du colégataire de son cédant. — Demol., XXII, 394 ; Troplong, IV, 2180 ; Aub. et Rau, VII, § 726.

53. Il ne peut plus y avoir lieu au droit d'accroissement, quand le legs s'est utilement ouvert au profit de tous les légataires, et que ceux-ci ou leurs représentants l'ont tous accepté. — Aub. et Rau, VII, § 544.

Voir une conséquence de cette idée sous le n. 36.

§ 4. — Enregistrement.

54. Si c'est par suite de la renonciation pure et simple d'un cohéritier ou d'un colégataire que l'accroissement a lieu, celui à qui elle profite est censé héritier ou légataire à l'exclusion du renonçant. Le droit de mutation par décès est donc dû pour la transmission qui s'opère du *de cujus* au légataire acceptant, et pour la totalité des biens qu'il recueille. Pithiviers, 7 janv. 1869. Il n'est pas dû un nouveau droit de succession par suite de la renonciation.

55. Il en serait autrement bien entendu, si la renonciation avait été faite comme conséquence d'un paiement quelconque ou moyennant une indemnité. Ce serait alors une véritable *cession de droits successifs.* V. à ce mot. Dans ce cas, indépendamment du droit afférent à cette cession, le droit de mutation par décès serait dû pour la transmission opérée du *de cujus* au renonçant.

56. Si la renonciation a lieu avant la déclaration, il va de soi que les droits doivent être liquidés comme si l'acceptant avait été *ab initio* seul héritier ou légataire ; le renonçant étant réputé n'avoir jamais été héritier ou légataire. — *Dict. des réd.*, v° *Accroissement*, n. 14.

57. Si la renonciation ou les autres événements qui donnent lieu à l'accroissement sont postérieurs à la déclaration, et si les deux appelés sont parents au même degré du *de cujus*, il n'y a aucune difficulté, les droits payés pour la part du renonçant profitant à l'acceptant.—*Ibid.*

58. Mais ce dernier doit faire une déclaration supplémentaire toutes les fois que la renonciation est postérieure à la déclaration, et acquitter les droits s'il y a lieu. — *Ibid.*

59. Si les droits dus par l'acceptant sont à un taux plus élevé que ceux acquittés pour la part du renonçant, l'acceptant doit payer un supplément, et l'on impute, valeur sur valeur, les droits payés pour la part du renonçant. — *Ibid.*

60. Dans aucun cas, il n'y a lieu à restitution de tout ou partie des droits payés par le renonçant.

61. S'il n'y a pas solidarité entre le renonçant et l'acceptant pour le paiement des droits, et si la renonciation n'a lieu qu'après le délai légal, l'acceptant a six mois à partir de la renonciation pour faire la déclaration et payer les droits sur la portion qui lui est attribuée par l'accroissement.

62. Si la renonciation a eu lieu avant l'expiration du délai légal, l'administration persiste à décider, conformément à une solution du 12 frimaire an VII, qui cependant paraît avoir été abandonnée depuis longtemps, que l'héritier ou le légataire appelé à défaut du renonçant doit faire la déclaration dans les six mois du décès. Le *Dict. red.*, v° *Accroissement*, n. 17, pense que cette décision n'est pas équitable, du moins lorsque celui qui profite de l'accroissement n'était pas tenu des droits solidairement avec le renonçant. Si un délai est accordé pour faire la déclaration et acquitter les droits, c'est que le législateur a voulu que l'héritier ou le légataire ait un temps suffisant pour délibérer, et, en cas d'acceptation, se procurer le montant des droits ; ces motifs exigent que l'héritier ou le légataire ait un délai de six mois à partir de la renonciation.

63. Dans le cas où il s'agit d'un legs conjoint d'usufruit, si l'un des colégataires n'a pas recueilli le legs fait à son profit ou y a renoncé, l'accroissement qui a lieu au profit des autres colégataires en usufruit est soumis aux règles ordinaires.

64. Si le legs a été fait à deux personnes conjointement pour durer jusqu'au décès du survivant des donataires, il n'est dû aucun droit lors du décès du prémourant. — Dél. rég. 9 nov. 1831; inst. 1254, § 6. — V. *Réversion.*

65. En ce qui concerne l'accroissement qui a lieu quand une rente viagère a été léguée conjointement. — V. *Rente viagère, Réversion.*

66. Dans le cas de renonciation à communauté par un ou plusieurs héritiers de la femme, la part des renonçants accroît au mari, comme si tous les héritiers avaient renoncé (C. civ., 1475). Le mari étant réputé avoir toujours été propriétaire du tout ou de la partie de la communauté à laquelle il a été renoncé, ne doit aucun droit de mutation à raison de la dévolution que cette renonciation opère à son profit. — *Dict. des red.*, v° *Accroissement*, n. 22.

Ceux des héritiers qui ont accepté la communauté n'ont donc de droits de succession à payer, pour les acquêts, que sur les parts qui leur sont échues par le seul fait du décès de leur mère. — *Ibid.* V. *Communauté.*

67. V. pour les diverses espèces d'accroissement ou de réversibilité qui peuvent résulter de certains actes, les mots *Réversion*, *Usufruit*, *Vente*.

ACCROISSEMENT DE PROPRES. — On désigne par ce mot l'acquisition faite, durant la communauté, par l'un des époux, soit d'un immeuble qui lui appartenait déjà pour une portion indivise, soit d'un immeuble qui se réunit accessoirement à un autre qui lui était propre. — V. *Communauté, Propres.*

ACCRUE. — S'entend des accroissements qui se font dans les rivières, au moyen de l'alluvion ou atterrissement. — Quelquefois on emploie ce terme comme synonyme d'accession ou d'augmentation. — V. *Accession, Alluvion.*

ACCRUE DE BOIS. — **1.** On nomme *accrue*, en matière forestière, les augmentations que reçoit un bois ou une forêt, lorsque les racines ou les rejetons des arbres gagnent et s'étendent sur les terres voisines.

2. Les accrues appartiennent au propriétaire du terrain sur lequel elles se forment, en vertu de la règle : *Superficies solo cedit.* — Fournel, *Lois rurales*, I, p. 19 ; Capeau, *Lég. rur.*, I, p. 652.

3. Cependant, si le propriétaire du terrain sur lequel se trouvent les accrues restait dans l'inaction pendant trente ans, il serait présumé reconnaître le droit du propriétaire du bois, à moins que les accrues n'eussent poussé au delà d'une limite séparative, comme bornes ou fossés. — *Mêmes autorités.*

ACCUSATION, ACCUSÉ. — **1.** On appelle *accusation* l'imputation d'un fait quelconque atteint par la loi pénale, et, dans un sens plus restreint et plus légal, d'un fait qualifié crime.

2. A Rome le droit d'accusation appartenait à tous les citoyens, lors même qu'ils n'y étaient point intéressés. — Nouguier, *Encycl. du droit*, v° *Accusation*, n. 4.

3. Il en fut à peu près de même en France jusque vers le XIVe siècle, époque à laquelle on institua une partie publique, c'est-à-dire un fonctionnaire chargé de surveiller les actions des citoyens, d'appeler l'attention de la justice sur les délits et les crimes. — Henrion de Pansey, *Pouvoir judic. en France*, ch. 14.

4. Les documents législatifs qui régissent la matière sont : dans l'ancien régime, l'ordonnance criminelle de 1670 ; dans le nouveau, les lois 16-29 sept. 1791, le décret du 20 octobre 1792, le Code du 3 brumaire an IV, les lois des 7 ventôse et 1er germinal an VII, celle du 7 pluviôse an IX, le Code d'instruction criminelle actuel, la loi du 20 avril 1810, le décret du 6 juillet 1810, et enfin la loi du 28 avril 1832.

5. Il ne rentre pas dans le cadre de ce répertoire d'énumérer les cas dans lesquels il y a lieu à accusation, les formes de l'accusation, ses effets au point de vue criminel. On trouvera, du reste, ces matières parfaitement élucidées dans l'excellent ouvrage de M. Faustin Hélie sur l'instruction criminelle.

6. Quant aux effets de l'accusation au point de vue du droit ciil, autrefois l'accusé était privé, par le seul fait de sa mise en accusation, d'une partie de ses droits civils, selon la nature du crime et le résultat des poursuites. Ainsi, tantôt il perdait la disposition de ses biens, tantôt il était déclaré indigne de succéder à ses père et mère ; presque toujours les donations et autres aliénations étaient annulées si la condamnation avait suivi. — Nouguier, loc. cit., n. 55 ; Legraverend, t. Ier, p. 424.

7. Aujourd'hui l'accusé est toujours présumé innocent jusqu'à la condamnation. Sa capacité, quant aux actes de la vie civile, reste donc entière jusque-là ; il peut donc valablement recevoir ses capitaux et intérêts, administrer ses biens, les aliéner, les donner à titre gratuit ou onéreux, etc. ; et aucun obstacle ne s'oppose à ce que les notaires prêtent le concours de leur ministère, pour ces différents actes, aux individus incarcérés sous le poids d'une accusation criminelle. — Toullier, I, n. 288 ; Troplong, *De la vente*, n. 774.

8. Cependant si ces actes sont entachés de fraude, si l'accusé ne les a faits que dans le but de frustrer le fisc ou les parties civiles, ou de se soustraire aux conséquences possibles de sa condamnation, ils pourraient être annulés par les tribunaux. — Troplong, *loc. cit.;* Toullier, *ibid.;* Dall., *Rép.*, v° *Instruct., crim.*, n. 1136.

9. Quant aux droits politiques, l'accusation a également l'effet de les suspendre pendant toute sa durée, aux termes de l'art. 5 de la constitution du 22 frimaire an VIII, qu'on considère comme étant toujours en vigueur. — Nouguier, n. 59 ; Legraverend, t. Ier, p. 423.

ACCUSATION CALOMNIEUSE. — On appelle ainsi l'accusation non fondée, faite dans le but de nuire. Elle rend celui qui est convaincu de l'avoir faite, indigne de succéder à celui qui en était l'objet (C. civ., 717). — V. *Indignité, Succession.* — Elle est en outre punie par le Code pénal (art. 373).

ACHALANDAGE. — L'achalandage, ou plutôt la clientèle, s'entend de la généralité des clients ou pratiques qui ont l'habitude de faire des acquisitions ou des consommations dans une maison de commerce, dans un établissement, et qui, par leurs relations avec cet établissement, sont une cause de la réalisation de ses bénéfices. — V. *Société, Succession, Vente de fonds de commerce.*

ACHAT. — C'est le fait d'acquérir, moyennant un prix, une chose de quelqu'un qui en fait la vente. On se sert plus particulièrement du nom d'*achat* quand il s'agit d'une chose mobilière. A l'égard des immeubles, on emploie de préférence le mot *acquisition*. — V. *Vente.*

A-COMPTE. — On appelle ainsi la somme ou la chose donnée en déduction de ce qui est dû. — V. *Obligation, Quittance.*

A COMPTER DE. — Expression qui désigne le point de départ d'un délai ou d'un terme. — V. *Délai.*

ACQUÉREUR. — C'est généralement celui qui se rend propriétaire d'un immeuble moyénnant un prix convenu. On dit volontiers *acheteur* lorsqu'il s'agit de la vente d'un objet mobilier. — V. *Echange, Vente.*

ACQUÊT. — **1**. On appelait ainsi autrefois un bien immeuble dont on avait acquis la propriété par achat, donation ou de toute autre manière que par succession; on l'opposait au mot *propre*, qui ne s'appliquait qu'aux biens de famille transmis par succession. — Merlin, v° *Acquêts*, n. 1.

2. Cette différence entre les acquêts et les propres, qui n'était connue que des pays coutumiers, existait pour les donations et les successions, ainsi qu'en matière de communauté de biens entre époux.

3. Aujourd'hui le Code civil, de même qu'autrefois les pays de droit écrit, ne fait plus cette distinction entre les acquêts et les propres quant aux successions et aux donations (art. 732). Mais il l'a conservée en matière de communauté entre époux. — V. *Communauté.*

4. Le mot *acquêt*, synonyme, au reste, du mot *conquêt*, désigne donc aujourd'hui les immeubles acquis à la communauté pendant son cours; le mot *propre* étant réservé soit aux immeubles personnels à l'un ou à l'autre des époux, soit aux choses mobilières qui ne sont point entrées dans la communauté. — V. *Communauté.*

1. ACQUIESCEMENT. — C'est l'adhésion donnée par une partie à un acte, à une demande ou à un jugement.

TABLE ALPHABÉTIQUE.

DIVISION.

§ 1er. — *Caractères de l'acquiescement. — Qui peut ou ne peut acquiescer.*

§ 2. — *Acquiescement par suite d'exécution. — Exécution expresse. — Exécution tacite.*

§ 3. — *Exécution forcée.*

§ 4. — *Exécution avec réserves.*

§ 5. — *Acquiescement résultant de signification.*

§ 6. — *Acquiescement résultant de jugement volontaire.*

§ 7. — *Acquiescement dans les matières d'ordre public.*

§ 8. — *Formes et effets de l'acquiescement.*

§ 9. — *Acquiescement en matière criminelle.*

§ 10. — *Enregistrement.*

§ 11. — *Formules.*

§ 1er. — Caractères de l'acquiescement. — Qui peut ou ne peut acquiescer.

2. L'acquiescement, pris surtout ici comme adhésion ou consentement exprès ou tacite à la chose jugée, emporte renonciation à toutes voies de recours contre la décision acquiescée. — Il est remarquable que notre législation nouvelle (à la différence de l'ordonn. de 1667, tit. 17, art. 5), ne contienne pas la moindre règle sur cette matière, si usuelle cependant, et que le mot « acquiescement » ne se rencontre même que dans deux ou trois dispositions de nos Codes (V. art. 464, C. civ., et 46, C. proc.). Mais la jurisprudence a largement suppléé à ce silence de la loi, comme le prouvent les nombreuses décisions que nous allons signaler. — Observons, du reste, qu'il ne faut pas confondre l'acquiescement avec la *déchéance* résultant de l'expiration des délais, quoique assez souvent les auteurs fassent cette confusion, dans l'expression du moins.

3. L'acquiescement est nul et ne communique point au jugement acquiescé, l'autorité de la chose jugée, lorsqu'il est le résultat d'une erreur. — Cass., 20 mai 1862 (S.63.1.26.)—Mais il en serait autrement, s'il s'agissait d'une erreur de droit: une telle erreur ne vicie pas l'acquiescement. — Bordeaux, 15 mess. an XIII (S.chr.).

4. On ne peut acquiescer d'avance, et avant l'instance, au jugement à intervenir, en renonçant à tout récours contre ce jugement.—Paris, 20 fév. 1856 (S.56.2.351).—*Contrà*, Rouen, 20 nov, 1854 (S.55.2.41); Angers, 23 nov. 1854 (S.55.2.41); Cass., 26 juin 1855 (S.55.1.708). — V. *infrà*, n. 69 et suiv., 88.

5. Une règle certaine et générale, c'est que l'acquiescement, étant une sorte d'*aliénation*, doit, pour être valable, émaner d'une personne ayant capacité et qualité pour disposer des droits formant l'objet du litige. — Favard, *Rép.*, v° *Acquiescement*, n. 1; Pigeau, *Comment.*, t. 2, p. 3; Chauveau sur Carré, *Loi de la proc.*, *Quest.* 1584; Talandier. *de l'Appel*, n. 92 et suiv.; Fréminville, *Organ. et compét. des Cours d'appel*, t. 2, n. 841; Bioche, *Dict. de proc.*, v° *Acquiescement*, n. 27.

6. Ainsi l'acquiescement à un jugement rendu contre un mineur doit en principe émaner tout à la fois du tuteur et du subrogé-tuteur. Si le tuteur seul a acquiescé, le subrogé tuteur peut encore appeler dans l'intérêt du mineur. — Nancy, 25 août 1837 (S.39. 2.151); *Sic*, Delvincourt, t. 1, p. 458; de Fréminville, *Minorités*, t. 2, n. 786. — V. *Appel*.

7. Mais le tuteur a capacité pour acquiescer à toute action qui n'intéresse que les droits mobiliers de son pupille. — Spécialement le tuteur peut acquiescer à un jugement rendu contre le mineur dans une instance relative à ses droits mobiliers, où il a figuré comme défendeur. — Caen, 31 juil. 1876 (S.77.2.84).

8. Une femme mariée peut acquiescer à un jugement qui prononce l'adjudication de ses biens dotaux, encore qu'elle n'ait pas la faculté de les aliéner. — Riom, 3 avr. 1810 (S. chr.).

9. Mais l'acquiescement donné par le mari seul au jugement portant condamnation solidaire contre les époux au paiement du montant d'une obligation par eux souscrite n'est pas opposable à la femme mariée sous le régime dotal. — Paris, 25 juil. 1843 (S. 43.2.379).

10. Décidé même, en termes généraux, que l'acquiescement du mari à l'exécution du jugement relatif aux biens personnels de la femme est sans effet à l'égard de cette dernière. — Bordeaux, 23 nov. 1829 (S.chr.).

11. Une femme est donc recevable à appeler d'un jugement auquel son mari a acquiescé en l'exécutant, sans avoir reçu d'elle un pouvoir spécial à cet effet.—Turin, 20 mai 1809 (S.chr.).—V. *Appel*.

12. Une commune autorisée à plaider peut acquiescer, sans autorisation nouvelle, au jugement ou arrêt intervenu contre elle. — Metz, 12 juil. 1849 (S.49.2.489). — V. *Commune*.

13. Décidé cependant que l'autorisation donnée à un établissement public pour plaider sur la validité d'un legs n'emporte pas la faculté d'acquiescer au jugement intervenu plus tard.—Colmar, 31 juil. 1823 (S.chr.). — V. *Etablissement public*.

14. Une commune peut valablement acquiescer par son maire ou tout autre représentant légitime à un jugement qui tend à la dépouiller de droits immobiliers. — Cass., 27 janv. 1820 (S.chr.).

15. Toutefois un tel acquiescement n'est valable qn'autant que le maire a agi avec une autorisation légale. — Besançon, 1er fév. 1828 (S.chr.) ; Rouen, 6 nov. 1835 (S.36.2.207); Cons. d'Etat, 26 août 1842 (S.43.2.37).

16. L'exécution donnée à un testament par l'exécuteur testamentaire, lorsqu'elle a lieu sans le concours des héritiers naturels, ne forme point obstacle à ce que ceux-ci attaquent ce testament et en demandent la nullité. — Trib. Seine, 28 janv. 1869 (*Revue*, n. 2377).

17. L'avoué, à moins qu'il n'ait un pouvoir spécial de sa partie, est sans qualité pour acquiescer à un jugement définitif: son concours à l'exécution de ce jugement ne peut donc être apposé à cette partie comme constituant un acquiescement qui la rendrait non-recevable à interjeter appel. — Bordeaux, 23 nov. 1829 (S. chr.). — V. *Avoué*.

18. Par suite, le paiement des dépens fait par l'avoué de la partie condamnée n'emporte pas acquiescement au jugement de condamnation, à moins d'un pouvoir exprès et spécial donné par son client ; le mandat légal de cet avoué ne lui conférant pas le droit d'acquiescer. — Cass., 9 avril 1856 (S.56.1.485); 9 déc. 1863 (S.64.1.177). — V. *infrd*, n. 32.

19. A plus forte raison, en est-il de même de la taxe des dépens faite par l'avoué d'une partie sans l'aveu de cette dernière. — Paris, 17 germ., an XI (S. chr.).

20. C'est même à tort, selon nous, que la Cour de Rouen a décidé, le 7 juil. 1854 (S.55.2.482), que l'acquiescement donné à un jugement par l'avoué qui avait occupé pour la partie peut être opposé à celle-ci, tant qu'elle n'a pas eu recours au désaveu. — M. Rodière (*Observ.*, en note de cet arrêt), le combat du reste comme nous.

21. Un huissier est sans qualité pour recevoir une déclaration d'acquiescement. Et son dire ne saurait même, s'il s'agit de choses pour lesquelles la preuve testimoniale n'est point admise, être retenu comme ayant la force d'une déposition en justice.—Grenoble, 22 juin 1808 (S.chr.) ; Montpellier, 14 déc. 1870 (S.71.2.168). — V. *Huissier*.

22. L'acquiescement d'un préposé de la régie de l'enregistrement n'est valable qu'autant qu'il y aurait mandat spécial donné à ce préposé. — Cass., 21 germ., an XII (S.chr.).

23. La réception par le receveur de l'enregistrement de l'amende et des autres condamnations prononcées par le tribunal correctionnel contre un prévenu de délit forestier ne peut non plus être opposée à l'administration des forêts, restée étrangère au paiement, comme étant un acquiescement de sa part qui la rende non-recevable dans son appel du jugement correctionnel.—Cass., 1er mars 1839 (S.39.1.987).

§ 2. — Acquiescement par suite d'exécution. — Exécution expresse. — Exécution tacite.

24. L'exécution volontaire d'un jugement ou arrêt, avant même qu'il ait été signifié, emporte acquiescement, et, par suite, rend non recevable l'appel ou le pourvoi en cassation contre la décision. — Cass., 3 fruct., an XIII (S.chr.); 28 fév., 1854 (S.54.1. 454). — V. *infrà*, n. 87.

25. Cette exécution peut d'ailleurs être *expresse* ou *tacite*. Elle résulte de faits et circonstances que les tribunaux sont appelés à apprécier. Il serait trop long d'énumérer toutes les espèces dans lesquelles il a été décidé qu'il y avait ou non acquiescement. Nous nous bornerons donc à indiquer les solutions les plus importantes et les plus récentes, qui serviront à dégager les principes de la matière.

26. Observons tout d'abord que les juges du fond, en statuant sur l'existence d'un acquiescement, résolvent souverainement une question de fait et d'intention. — Cass., 13 mars 1876, S.76.1.447.

27. Ainsi ils peuvent, par appréciation des circonstances de la cause, décider qu'une partie qui, en matière notariale, et, après un délai de treize années, se pourvoit contre une taxe, a acquiescé librement et en parfaite connaissance de cause à cette taxe. — Cass., 27 juil. 1875 (S.75.1.448; *Revue*, n° 5044).

28. Jugé de même que la question de savoir si les conclusions doivent, d'après leurs termes et l'intention de la partie qui les a prises, être considérées comme renfermant un acquiescement au jugement dont cette partie a émis appel, rentre dans l'appréciation souveraine des juges du fond. — Cass., 10 août 1874 (S.75.1.23).

29. Ces juges peuvent donc décider, sans contrôle de la Cour suprême, que l'appel d'un jugement qui a rejeté une exception n'est pas recevable de la part de l'excipant, si celui-ci a pris ultérieurement des conclusions au fond : ces conclusions emportent acquiescement au jugement rendu sur l'exception, et cela quand même, en les prenant, l'excipant se serait expressément réservé d'appeler du jugement dont il s'agit. — Dijon, 25 fév. 1852 (S.52. 2.302).

30. Lorsqu'après un jugement qui règle, entre l'Etat et un particulier exproprié, la question de propriété d'un terrain et qui alloue à ce particulier une indemnité pour ce terrain, le préfet a déposé à la Caisse des consignations le montant de cette indemnité, le paiement ou le versement qui en est fait ultérieurement à l'exproprié, n'ayant pu avoir lieu qu'avec le concours et l'approbation de l'autorité compétente, constitue de la part de l'Etat un acte d'acquiescement par l'exécution volontaire du jugement, qui en rend, dès lors, l'appel non recevable. — Cass., 29 janv. 1868 (S.68.1.210).

31. Est également non recevable à se pourvoir en cassation la partie qui a librement exécuté la décision rendue contre elle, soit en payant ou en s'obligeant à payer les frais mis à sa charge, soit en renonçant d'une manière expresse à une restitution de fruits prescrite par l'arrêt.—Cass., 10 juil. 1871 (S.72.1.384.)

32. En effet le paiement des dépens, sans protestations ni réserves, emporte acquiescement au jugement de condamnation. — Cass., 23 nov. 1829 (S.chr.) ; Besançon, 20 fév. 1855 (S.55.2.304).

33. La demande d'un délai pour se libérer du montant d'une condamnation emporte aussi acquiescement au jugement qui la prononce. — Cass., 26 nov. 1860 (S.61.1.976).

34. La partie qui plaide au fond, après rejet d'un déclinatoire par elle proposé, acquiesce par là au jugement et se rend non recevable à en interjeter appel.— Cass., 15 flor. an 9. (S. chr.); — Liége, 3 frim. an 10 (S.chr.); Riom, 3 août 1819 (S.chr.); Amiens, 8 mai 1821 (S.chr.).— *Sic*, Rivoire, *De l'appel*, n. 111.

35. Mais il en est autrement en matière commerciale. — Ainsi le défendeur qui, après avoir opposé le déclinatoire devant un tribunal consulaire, plaide au fond, ne se rend pas par là non recevable à appeler du chef du jugement relatif à la compétence. — Poitiers, 9 fév. 1838 (S.38.2.250). *Sic*, Carré, *Lois de la proc.*, quest., 1519 ; Thomine-Desmasures, t. 1, p. 648; Boitard, t. 2, p. 506; Bioche et Goujet, v° *Trib. de com.*, n. 214; Nouguier, *Trib. de comm.*, t. 3, p. 47. — V. toutefois Bordeaux, 14 avril 1840 (S. 402), 440 ; Trillard, *Compét. des trib de com.*, n. 38.

36. La partie qui, par sa présence ou celle de son avoué, assiste, sans protestations ni réserves, à une enquête ou à une expertise ordonnée par un jugement interlocutoire, est réputée avoir acquiescé à ce jugement, et n'est plus recevable à en interjeter appel. — Cass., 11 mars 1856 (S.57.1.571); Dijon, 11 mars 1874 (S.75.2.142).

37. Mais le consentement donné par une partie, au moment même de la prononciation d'un jugement ordonnant une expertise, à ce que l'expert nommé soit dispensé de serment, n'emporte pas acquiescement à ce jugement, et ne rend pas, dès lors, l'appel non recevable. — Nîmes, 30 mai 1871 (S.71.2.204) ; — Dijon, 13 janv. 1874 (S.74.2.82).

38. De même, la requête présentée au nom d'une partie afin d'ouverture d'une contre-enquête n'implique ni acquiescement au jugement qui ordonne l'enquête, ni renonciation au droit d'en interjeter appel. — Caen, 29 août 1871 (S.72.2.47).

39. Jugé encore que la partie qui, après avoir assisté au commencement d'une expertise, sous toutes réserves, a ensuite refusé de signer le procès-verbal, ne peut être considérée comme ayant acquiescé au jugement qui ordonnait l'expertise. — Cass., 27 fév. 1860 (S.60.1.561).

40. Le fait par l'une des parties d'avoir effectué la mise en cause d'un tiers dont la présence était jugée nécessaire pour la solution du procès, ne saurait être considéré comme emportant acquiescement aux dispositions du jugement relatives au fond même de la cause. — Cass., 10 août 1874 (S.75.1.23).

41. Décidé également que la demande d'un délai pour plaider n'est pas, par elle-même, un acquiescement au jugement ou arrêt qui a ordonné de plaider. — Bruxelles, 25 mars 1808 (S.chr.); Cass., 17 déc. 1823. (S.chr.). — V. toutefois Amiens, 27 mars 1838 (S.40.2.7); 22 janv. 1839 (*Ibid.*).

42. De même, le fait par l'acquéreur d'un immeuble saisi, de retirer, après l'arrêt qui lui préfère un autre acquéreur du même immeuble, la somme que, conformément à l'art. 687, C. proc. civ., il avait consignée pour désintéresser les créanciers saisissants et inscrits, n'emporte pas nécessairement de sa part un acquiescement qui le rende irrecevable à déférer cet arrêt à la Cour de cassation. — Cass., 22 juil. 1872 (S.73.1.9).

43. Le paiement entre les mains du greffier du coût d'un jugement n'emporte pas non plus par lui-même acquiescement à ce jugement. — Cass., 12 nov. 1827 (S.chr.); Poitiers, 30 mars 1838 (S.38.2.392).

44. Il paraît certain, du reste, que l'exécution volontaire d'un jugement, qui a eu lieu dans la supposition que l'autre partie exécuterait partiellement, n'est qu'un acquiescement conditionnel. La partie qui a ainsi acquiescé peut appeler incidemment, en cas d'appel principal de son adversaire. — Metz, 26 mars 1821 (S.chr.).

45. Terminons par l'énonciation d'un principe incontestable. L'exécution d'un jugement n'emporte acquiescement qu'autant que la partie à laquelle on l'oppose a fait spontanément des actes qui, renfermant l'accomplissement définitif des dispositions du jugement, sont, par là, essentiellement incompatibles avec la réserve et l'exercice du droit d'appel. — Cass., 10 août 1874 (S.75.1.23).

46. Autrement dit, l'acquiescement par exécution volontaire ne peut résulter que de faits personnels ou d'actes positifs de la partie condamnée. — Cass., 24 août 1830 (S.chr.).

§ 3. — **Exécution forcée.**

47. Pour que l'exécution implique l'acquiescement, il faut qu'elle soit volontaire. — Il est évident que, lorsqu'elle n'est pas libre, loin de supposer le consentement, elle tend plutôt à l'exclure.

48. Il n'y a donc pas acquiescement à un jugement, lorsque la partie condamnée ne fait que subir l'exécution de ce jugement, la tolérer ou ne pas l'empêcher. — Cass., 24 août 1830 (S.chr.).

49. Par suite, le paiement des frais de première instance ne constitue un acquiescement au jugement, rendant l'appel non recevable, qu'autant qu'il a été volontaire, et non lorsqu'il n'a eu lieu qu'à la suite de menaces de poursuites. — Cass., 13 nov. 1871 (S.71.1.233).

50. Ou lorsqu'il n'a eu lieu qu'après un commandement tendant à l'exécution du jugement dans les vingt-quatre heures, sous peine de saisie. — Cass., 9 déc. 1874 (S.75.1.84).

51. Jugé encore que le paiement des frais d'une instance d'appel, après signification de l'arrêt et de l'exécutoire, et sur une menace écrite d'exécution forcée, n'emporte pas acquiescement à cet arrêt, et, dès lors, ne rend pas non recevable le pourvoi formé par la partie condamnée. — Cass., 13 mai 1861 (S.61.1.641).

52. La *Revue du Notariat* a enfin relaté un arrêt de la Cour suprême rendu dans le même sens et aux termes duquel la partie condamnée à payer des droits d'enregistrement, qui les acquitte sans réserve, mais seulement sur l'avertissement à elle donné par le receveur, pour éviter les frais de poursuite, n'acquiesce point par là au jugement de condamnation, et ne se rend point, dès lors, non recevable à le frapper de pourvoi en cassation. — Cass., 4 déc. 1871 (*Revue*, n. 4048).

§ 4. — Exécution avec réserves.

53. Ce que nous avons dit de l'exécution forcée s'applique également à l'exécution avec protestations et réserves de tout recours; en pareil cas, il ne saurait davantage y avoir acquiescement.

54. Ainsi la partie qui, pour éviter les poursuites, paie les frais auxquels elle a été condamnée, en se réservant d'une manière expresse le droit de se pourvoir en cassation, ne peut être considérée comme ayant renoncé à ce droit. — Cass., 30 juin 1863 (S.63.1.441 ; *Revue*, nº 595).

55. De même, la partie qui a volontairement payé les honoraires à elle réclamés par un officier ministériel ne saurait être considérée comme ayant par là même acquiescé à la taxe qui aurait été faite de ces honoraires en dehors d'elle, alors qu'en payant elle a protesté contre les prétentions de l'officier ministériel et vainement réclamé la production de cette taxe. — Cass., 25 juill. 1871 (S.71.1.102).

56. Peu importe d'ailleurs la forme dans laquelle les réserves sont conçues. — Ainsi le fait par un débiteur d'exprimer par lettre écrite au créancier, postérieurement au jugement qui le condamne, l'intention «de régler l'affaire» n'emporte pas nécessairement, de sa part, un acquiescement qui le rende non recevable à interjeter appel du jugement de condamnation et à contester le chiffre de la dette. — Cass., 4 mars 1873 (S.73.1.440).

57. Les juges peuvent même décider que, loin de renfermer un acquiescement, l'intention exprimée par cette lettre de « régler l'affaire » implique par elle-même et l'existence et une cause de litige. — *Ibid*.

58. Mais, pour être efficaces, les réserves doivent avoir lieu en leur temps, et ne pas être viciées par des actes libres et volontaires.

59. Par exemple, la partie qui, sans faire aucunes réserves contre le jugement ordonnant une enquête et une visite de lieux, requiert l'ouverture de la contre-enquête et assiste à la visite des lieux, acquiesce par là même au jugement et se rend non rece-

vable à en interjeter appel, nonobstant des réserves générales faites au moment de l'enquête. — Cass., 8 juin 1869 (S.69.1.425).
— V. toutefois Dijon, 9 nov. 1866 (S.67.2.157).

60. Il faut aussi que les réserves ne soient pas contrariées par un acte d'exécution dont on devrait se dispenser, d'après les règles de la procédure.

61. Aussi décide-t-on justement que celui qui a payé, même avec réserves et sur commandement, les frais d'un jugement ou arrêt par défaut rendu contre lui, n'est plus recevable à former opposition à ce jugement ou arrêt. — Cass., 31 août 1852 (S.51. 1.803) ; Orléans, 11 août 1853 (S.54.2.251) ; Cass., 24 janv. 1854 (S.54.1.648).

§ 5. — Acquiescement résultant de signification.

62. La signification d'une décision judiciaire faite à la partie adverse, sans protestations ni réserves, renferme un acquiescement formel à cette décision. — Cass., 12 août 1817 (S.chr.) ; 5 mai 1874 (S.75.1.31) ; Sic, Favard, Rép., v° Appel, sect. 2, § 2, n. 12 ; Toullier, t. 10, n. 107 et suiv.; Carré et Chauveau, L. de la proc., quest. 1564 ; Poncet, Des jugem., t. 1, p. 464, n. 285 ; Boitard, Proc. civ., t. 2, n. 267.

63. Ainsi la signification sans protestation ni réserve faite au nom d'un mineur par son père, administrateur légal, d'un jugement intervenu sur une demande purement mobilière, emporte acquiescement, et, par suite, renonciation au droit d'interjeter appel principal. — Cass., 17 fév. 1875 (S.75.1.152.)

64. Bien plus, la signification d'un jugement, même accompagnée de réserve, emporte acquiescement à ce jugement, si ces réserves sont vagues et de pur style. — Bastia, 31 août 1855, (S.56.2.151).

65. Mais l'acquiescement résultant de la signification sans réserves d'une décision judiciaire doit être considéré comme non avenu, si la partie adverse vient à frapper cette décision d'un recours quelconque. — Cass., 26 nov. 1861 (S.62.1.1053) ; 2 juill. 1873 (S.73.1.412) ; 5 mai 1874 (S.75.1.31).

66. L'acquiescement ne résulte d'ailleurs que de la signification à partie ; elle ne résulte pas de la signification du jugement à l'avoué, alors même qu'elle est faite sans protestations ni réserves. — Turin, 20 mai 1809 (S.chr.) ; Limoges, 29 juin 1819 (S.chr.) ; Cass., 29 nov. 1826 (S.chr.); Lyon, 19 déc. 1832 (S.33.2.275); Sic, Chauveau et Carré, quest. 1584 ; Berriat, p. 404, note 4, n. 2, 6° édit.; Talandier, Appel, p. 98 ; Bioche, Dict. de proc., v° Acquiescement, n. 59.

67. Toutefois, il en est autrement en matière d'ordre ou de distribution par contribution. — Montpellier, 31 janv. 1845 (S.45. 2.413).

68. En tout cas, la signification des qualités d'un jugement étant au préalable nécessaire pour lever ce jugement, ne peut, lors même qu'elle est faite sans réserves, être considérée comme un acquiescement à la décision. — Cass., 20 juill. 1831 (S.31.2. 282).

§ 6. — Acquiescement résultant de jugement volontaire.

69. Les jugements volontaires sont réputés acquiescés d'avance ; et, par suite, ils ne sont pas susceptibles d'appel. — Paris, 15 mars 1811 (S.chr.); 16 juin 1813 (S.chr.); Cass., 14 juill. 1813 (S.chr.).

70. Mais s'en rapporter à justice, ce n'est pas acquiescer. — Cass., 10 mai 1853 (S.53.1.634); 31 déc. 1855 (S.96.1.209) ; 3 mai 1859 (S.59.1.741); 17 mars 1869 (S.69.1.273); Montpellier, 17 août 1869 (*Rev. not.*, n. 2725); Douai, 7 avr. 1873 (S.73.2.265).

71. Décidé aussi que la déclaration faite en première instance par le défendeur *qu'il n'a rien à opposer à la demande formée contre lui,* ne peut être considérée comme un acquiescement anticipé au jugement, qui le rende non recevable à en interjeter appel. — Douai, 10 déc. 1846 (S.48.2.621).

72. Toutefois si, en thèse générale, la déclaration de s'en rapporter à justice n'emporte pas acquiescement, il en est autrement lorsque cette déclaration est accompagnée d'une formule rappelant la demande de l'adversaire et impliquant l'abandon d'un droit. — Cass., 25 juill. 1867 (S.67.1.448).

73. De même, lorsqu'une partie, tout en s'en rapportant à justice, a pris, quant aux dépens, des conclusions qui lui ont été adjugées, elle est réputée avoir acquiescé par avance au jugement à intervenir et n'est plus recevable à en interjeter appel. — Metz, 22 juill. 1812 (S. chr.).

§ 7. — Acquiescement dans les matières d'ordre public.

74. Dans les matières qui intéressent l'ordre public, telles, par exemple, que les questions d'état, l'acquiescement, par quelque personne qu'il soit donné, ne peut, s'il ne concourt avec le laps de temps, fermer les voies de droit contre le jugement acquiescé. Cass., 18 août 1807 (S. chr.); *Sic*, Merlin, *Rép.*, v° *Jugement*, § 3, n. 6 ; Favard, *Rép.*, v° *Acquiescem.*, p. 38 ; Pigeau, *Proc. civ.*, t. 1, p. 488 ; Carré et Chauveau, *L. de la proc.*, t. 2, n. 1584, 10°.

75. Ainsi l'acquiescement formel donné par l'enfant au jugement qui aurait rejeté sa demande en réclamation d'état ne serait point un obstacle à ce qu'il en interjetât appel dans les délais de droit. — Duranton, t. 3, n. 144.

76. Il en est de même de l'acquiescement donné à un jugement rendu en matière d'interdiction. — Lyon, 24 juill. 1872 (S.73. 2.40).

77. On ne peut non plus valablement acquiescer à un jugement émané d'un tribunal dont l'incompétence est absolue : un tel acquiescement ne rend donc pas la partie qui le donne non recevable à se pourvoir ultérieurement en appel. — Nancy, 2 juill. 1873 (S 73.2.181). — V. toutefois Dijon, 21 juill. 1827 (S. chr.).

78. Jugé cependant que l'acquiescement, par exécution volontaire, à une ordonnance de taxe de frais et honoraires, même alors qu'elle aurait été incompétemment rendue, rend la partie non recevable à se prévaloir ultérieurement de cette incompétence et à demander le remboursement de ce qui a été payé en vertu de l'ordonnance de taxe ainsi passée en force de chose jugée, à défaut d'attaque par les voies légales. — Cass., 22 août 1871 (S.71. 1.228).

79. L'acquiescement à un jugement rendu en matière de contre-lettre modifiant le prix de la cession d'un office est également nul et n'élève aucune fin de non-recevoir contre l'appel de celui qui l'a consenti. — Cass., 24 nov. 1874, S.75.1.83.

80. Mais un acquiescement peut intervenir valablement lorsque la partie, après avoir prétendu au recouvrement d'un supplément de prix de l'office, s'est abstenue de saisir le tribunal de cette prétention, et n'a pris de ce chef aucune conclusion : le tribunal n'ayant point eu alors à prononcer sur un litige touchant à l'ordre public. — Cass., 24 nov. 1874 (S.75.1.83).

81. Décidé encore en matière notariale qu'on ne peut valablement acquiescer à un jugement, même non définitif, intervenu sur des poursuites disciplinaires afin de suspension ou de destitution dirigées contre un notaire : un tel acquiescement ne rend donc pas le notaire non recevable à se pourvoir ultérieurement par appel. — Toulouse, 7 fév. 1843 (S.43.2.143).,

82. Bien que la question soit controversée, nous inclinons à penser qu'on peut acquiescer en matière de séparation de corps : ici ne s'applique pas l'art. 307, C. civ., qui prohibe toute séparation de corps volontaire. Dès lors, l'époux qui a exécuté volontairement le jugement de séparation n'est plus recevable à en interjeter appel. — Aix, 14 déc. 1837 (S.38.2.290) ; Cass., 21 août 1838 (S.38.1.688). — *Contrà*, Colmar, 3 août 1833 (S.34.2.229) ; Douai, 31 juill. 1847 (S.48.1.39) ; *Sic*, Boullier, t. 2, n. 698.

§ 8. — Formes et effets de l'acquiescement.

83. L'acquiescement, indépendamment des faits et circonstances qui le font supposer, peut, à plus forte raison, avoir lieu par écrit. Dans ce cas, il peut être consenti par acte authentique, ou sous seing privé, et même par lettre missive ; il suffirait aussi de l'adhésion apposée sur l'expédition d'un jugement. — Rolland de Villargues, *Rép. du not.*, v° *Acquiescement*, n. 36.

84. Ainsi le désaveu d'un acte d'appel fait dans une simple lettre adressée à l'intimé constitue un acquiescement au jugement contre lequel l'appel était dirigé.—Cass., 25 prair. an VI (S. chr.).

85. L'acquiescement à un jugement est suffisamment constaté par la signature de la partie sur l'original de l'acte d'avoué qui contient cet acquiescement : il n'est pas nécessaire que cette signature se trouve aussi sur la copie, quand cette copie mentionne son existence sur l'original. — Rouen, 7 juill. 1854 (S.55.2.482).

86. Un acquiescement n'a pas d'ailleurs besoin d'être accepté pour devenir irrévocable. — Cass., 25 prair. an VI (S.chr.).

87. La déclaration souscrite par la partie condamnée par jugement en premier ressort qu'elle tient le jugement pour signifié et promet de s'y conformer, constitue un acquiescement formel à ce jugement. — Cass., 6 fév. 1816 (S. chr.).

88. Mais on ne peut opposer, comme fin de non-recevoir contre un appel, des lettres écrites par la partie condamnée avant l'expédition de la signification du jugement, et contenant des offres d'exécution de ce jugement : il n'y a là qu'un simple projet, et non pas un acquiescement véritable. — Toulouse, 24 avr. 1824, (S. chr.). — V. *suprà*, n. 4, 69 et suiv.

89. L'engagement pris par une partie de payer les frais de première instance et d'appel constitue un acquiescement aux décisions rendues, qui la rend non recevable à se pourvoir en cassation. — Cass., 12 déc. 1871 (S.71.1.191).

90. L'acquiescement emporte aliénation du fond du droit, et produit une fin de non-recevoir péremptoire proposable en tout état de cause. — Bioche, *Dict. de proc.*, v° *Acquiescement*, n. 121.

91. L'acquiescement oblige : 1° à satisfaire à l'objet de la demande ou au dispositif du jugement ; 2° à payer les frais. — Enfin la décision à laquelle il est acquiescé obtient l'autorité de la chose jugée en dernier ressort. — Bioche, n. 122 et 123.

92. En général, l'acquiescement à un jugement n'emporte adhésion qu'à son dispositif. — Cass., 18 janv. 1830 (S. chr.).

93. L'acquiescement à l'un des chefs d'un jugement n'emporte pas acquiescement aux autres chefs distincts du même jugement. — Montpellier, 26 janv. 1853 (S.53.2.155).

94. Mais l'acquiescement à l'un des chefs du jugement enlève la faculté d'appeler des autres chefs, lorsque les divers chefs ont entre eux une corrélation telle que l'exécution des uns implique nécessairement approbation des autres, ou même lorsque l'un des chefs du jugement ne saurait être réformé sans que l'autre en éprouve une atteinte sensible. — Pau, 15 juil. 1865 (S.66.2.278); Cass., 3 juin 1867 (*Revue*, n. 1988).

95. La partie qui a acquiescé à une décision interlocutoire, en concourant à son exécution, n'est pas recevable à invoquer en cassation, contre l'arrêt rendu au fond, des moyens en opposition directe avec la décision interlocutoire. — Cass., 23 juin 1874 (S. 75.1.356).

96. Il appartient aux juges du fond de décider souverainement si l'acquiescement conditionnel, donné par le débiteur à la poursuite de vente sur saisie immobilière de ses propriétés, a eu pour effet de couvrir les nullités et de mettre fin aux incidents se rattachant à toutes les instances antérieurement liées entre les parties. — Cass., 16 déc. 1873 (S.74.1.376).

§ 9. — Acquiescement en matière criminelle.

97. L'acquiescement du condamné en matière criminelle ne se présume pas; il ne peut s'induire que d'un acte formel émané du condamné lui-même. — Cass., 6 mai 1826 (S. chr.).

98. L'acquiescement donné par un prévenu au jugement du tribunal de police simple ou correctionnelle qui a prononcé contre lui une condamnation pénale, et résultant de l'exécution, même complète, de cette condamnation (par exemple, du paiement de l'amende et des frais), n'emporte point déchéance de l'opposition, de l'appel ou du pourvoi en cassation par lui formés en temps utile. — Cass., 17 fév. 1859 (S.60.1.592).

99. Le ministère public ne peut acquiescer aux jugements rendus en matière criminelle, ni se désister du recours par lui exercé contre ces jugements. — Schenck, *Du minist. publ.*, t. 2, p. 16; Mangin, *Act. publ.*, t. 1, n. 32. — V. toutefois Ortolan et Ledeau, *Du minist. publ.*, t. 2, p. 141 et 150.

100. L'administration forestière n'est pas recevable à former appel contre le jugement qui a condamné un individu pour délit forestier, lorsque celui-ci a versé le montant de la condamnation prononcée contre lui entre les mains du receveur des domaines qui lui a donné quittance. — Metz, 26 fév. 1820 (S. chr.).

101. Cependant celui qui a payé entre les mains du receveur des domaines une amende à laquelle il a été condamné en première instance pour délit forestier ne peut opposer à l'administration forestière, comme contenant de sa part acquiescement au jugement et renonciation à l'appel qu'elle en a précédemment interjeté, la quittance délivrée par le receveur des domaines. — Cass., 4 juin 1824 (S. chr.); 29 oct. 1824 (S. chr.).

102 De même, le versement fait par un délinquant, même sur la poursuite du receveur de l'enregistrement, à l'insu et sans la participation de l'administration des forêts, de l'amende à laquelle il a été condamné, ne peut être opposé à cette administration comme un acquiescement à un jugement dont elle avait interjeté appel. — Cass., 22 oct. 1829 (S. chr.).

§ 10. — Enregistrement.

103. L'acquiescement pur et simple, résultant d'un acte particulier, et quand il n'est pas fait en justice, est tarifé au droit de 3 fr. — LL. 22 frim. an VII, art. 68, § 1er, n. 4; 28 avril 1816, art. 43, n. 1; 28 fév. 1872, art. 4.

104. Fait par acte au greffe du tribunal civil, il donne lieu, indépendamment du droit de rédaction (1 fr. 25) au droit fixe de 4 fr. 50. — LL. 22 frim. an VII, art. 68, § 2, n. 6; 28 avril 1816, art. 44, n. 10; 21 vent. an VII, art. 5. — Fait au greffe de la justice de paix, il est passible du droit de 1 fr. 50, comme acte innomé. LL. 22 frim. an VII, art. 68, § 1er, n.51; 28 fév. 1872, art. 4.

105. Quand l'acquiescement est donné dans un même acte par plusieurs cohéritiers ou personnes solidaires ou copropriétaires, il n'est dû qu'un seul droit. Le système de la pluralité des droits n'est applicable qu'autant que les parties qui acquiescent ont un intérêt distinct.

106. L'acquiescement à un jugement, donné dans un acte d'exécution, tel qu'un commandement, est indépendant de l'exploit et donne lieu à un droit particulier. — V. *Dict. red.*, v° *Acquiescement*, n. 6.

107. L'acte par lequel un mari acquiesce au jugement qui a déclaré sa séparation de biens et désintéresse sa femme du montant de ses reprises, a paru donner ouverture à un droit particulier à raison de l'acquiescement, attendu que cet acte a pour effet de rendre le jugement inattaquable par voie d'opposition. — D'après le *Dict. red.*, v° *Acquiescement*, n. 7, il semblerait cependant que l'exécution du jugement résultant du paiement, implique acquiescement, et qu'ainsi les deux dispositions n'étant pas indépendantes l'une de l'autre, il n'y a pas lieu d'appliquer la pluralité des droits.

108. L'acquiescement peut donner ouverture au droit proportionnel lorsqu'il en résulte une transmission mobilière ou immobilière, une obligation, une quittance, etc. L. 22 frim. an VII, art. 4.— V. *Acceptation, Adhésion, Bornage, Consentement, Désistement, Ratification.*

§ 11. — Formules.

I. — Acquiescement à un jugement.

Par-devant M•...., a comparu :

M. C....., propriétaire, demeurant à.....

Lequel a, par ces présentes, déclaré acquiescer purement et simplement au jugement qui a été rendu par défaut contre lui, au tribunal de première instance de...., le....., à la requête de M. J...., rentier, demeurant à....., et portant condamnation au profit de ce dernier, contre le comparant, au paiement de la somme principale de....., pour les causes énoncées au jugement, avec les intérêts de cette somme depuis le jour de la demande ; duquel jugement il reconnaît avoir parfaite connaissance.

Consentant, M. C...., à ce que ce jugement soit définitif et reçoive son exécution dans toutes ses dispositions, et, à cet effet, il renonce à l'attaquer en aucune manière par voie d'opposition, d'appel ou par toute autre voie de droit.

Pour faire notifier les présentes, etc.

Dont acte :

Fait à......

II. — Acquiescement à une demande judiciaire.

Par-devant M•....., a comparu.....

M. G....., propriétaire, demeurant à.....

Lequel a, par ces présentes, déclaré acquiescer purement et simplement à la demande formée contre lui par M. X...., propriétaire, aux termes d'un exploit de...., huissier à Paris, en date du...., par lequel ce dernier réclame, en faveur de sa propriété sise à...., un droit de...., sur la propriété contiguë appartenant au comparant, constitué originairement suivant acte passé devant M•...., notaire à...., le....

Consentant, en conséquence, le comparant, à ce que, dès à présent et à toujours, M. X...., héritiers et ayants cause, puissent exercer ce droit de..... conformément à leur titre susénoncé, et sous les charges et conditions qui y sont exprimées, renonçant à leur opposer aucune exception, ni prescription.

Pour faire signifier ces présentes à qui besoin sera, tout pouvoir est donné au porteur de l'expédition.

Dont acte :

Fait et passé, etc.....

I.   11

ACQUISITION. — Ce mot s'applique à toute action par laquelle on se rend propriétaire d'une chose. Il ne s'emploie ordinairement que comme synonyme du mot *Vente*. En lui donnant un sens plus large, on s'en sert quelquefois pour exprimer tous les modes par lesquels se transmet la propriété. — V. *Vente*.

ACQUISITION pour une commune, un département, une communauté religieuse ou un établissement public. — V. *Acte administratif, Commune, Communauté religieuse, Département, Etablissement public.*

ACQUIT. — C'est la mention ou le reçu que l'on met au bas ou au dos d'un billet, d'une lettre de change, d'une facture, d'une rescription, d'un mandat ou d'une ordonnance sur les caisses de l'Etat, lorsqu'on en reçoit le paiement. Cette mention est ordinairement composée des mots *pour acquit* et de la signature.

2. Si l'acquit a été surpris par des manœuvres frauduleuses sans que le paiement ait été effectué, on est admis à fournir la preuve de ces manœuvres ; et si la preuve est faite, l'acquit doit être annulé. Il y a alors escroquerie punissable d'après l'art. 405, C. pén., Cass., 11 décemb. 1824.

3. Enregistrement et timbre. — L'acquit est exempt d'enregistrement. — L. 22 frim. an VII, art. 70, § 3. n. 4 et 5.

4. Si l'acquit est apposé sur un billet simple ou sur toute autre obligation non négociable, il est sujet à la formalité et passible du droit de quittance. — V. *Quittance*.

5. En ce qui concerne les cas où il est sujet au timbre de 10 cent. établi par la loi du 23 août 1871. — V. *Quittances et décharges ; Timbre*.

ACTE EN GÉNÉRAL. — **1.** Ecrit destiné à prouver ce qui a été dit, fait ou convenu.

TABLE ALPHABÉTIQUE.

2. A ne consulter que le sens propre et primitif du mot *acte*, il exprime le fait ou la convention même des parties, abstraction faite de l'écrit qui sert à constater ce fait ou cette convention (L., 19 ff., *D. de verb. sign.*). Et c'est en ce sens qu'on l'emploie encore quelquefois, par exemple quand on dit *faire acte* d'héritier ; mais dans la pratique, on s'en sert le plus souvent comme nous l'avons dit, pour signifier l'écrit même où sont recueillis les faits et les conventions : ce que les Romains appelaient *instrumentum* (Dalloz, *Répert.*, v° *Acte*, n. 1 et 2 ; Roll. de Vill., *Répert. du notar.*, v° *Acte*, n. 1 à 3).

3. Dans ce dernier sens on lui substitue quelquefois le mot *contrat*, qui signifie proprement la convention même dont l'acte contient la formule ou la preuve ; ainsi l'on dit indifféremment un *con-*

trat de vente, un *acte* de vente. Néanmoins le mot *acte* est plus général et a une acception plus large que le mot *contrat*, car il y a des actes qui ne contiennent pas de contrat ; de ce nombre sont les quittances, les mainlevées, les remises volontaires de la dette, etc. — Toullier, t. 8, n. 49 et t. 9, n. 23 ; nouv. Denisart, v° *Acte ;* Dal., *Répert. ;* Marc Deffaux et Harell, *Encyclop. des huiss.*, v° *Acte*, n. 3.

4. En résumé il ne faut pas confondre l'*acte* avec la *convention* (V. ce mot) : l'acte n'est destiné qu'à servir de preuve à la convention, et il existe entre les deux choses une telle différence qu'on peut, sans critiquer l'acte, attaquer la convention, et que l'acte peut être nul, tandis que la convention réunirait les conditions voulues par la loi.—Toullier, t. 6, n. 23 et t. 8, n. 65 et 312 ; Dall., *Répert.*, n. 7.

5. Les actes se divisent en deux classes : *Actes publics*, *actes privés.*

6. Les actes publics ou authentiques sont : 1° les actes administratifs ; 2° les actes de l'état civil ; 3° les actes judiciaires ; 4° les actes des notaires ; 5° les actes des huissiers ou autres fonctionnaires, agents de l'autorité et gardes particuliers assermentés, ayant pouvoir de faire des exploits, significations et procès-verbaux.

7. Les actes sous seing privé sont ceux que les contractants font sans l'intervention d'aucun officier public et qui n'ont par conséquent aucun caractère public. — V. *Acte sous seing privé.*

8. Les actes, soit publics, soit privés, ne peuvent d'ailleurs, sous peine d'amende, contenir aucune dénomination de poids et mesures, autre que celle établie par la loi du 18 germ. an III (L., 4 juil. 1837, art. 5. — V. *Amende de contravention*).

9. Les actes, quant à leur forme, doivent être régis par la loi du lieu où ils sont passés, suivant la maxime : *Locus regit actum.* Nouv. Denis, v° *Acte ;* Merlin, *Répert.*, v° *Loi*, § 6, n. 7, *Quest. de droit*, v° *Police et contrat d'assur.*, § 3 ; Toullier, t. 10, p. 126 ; Teste, *Encyclop.*, v° *Acte*, n. 25. — V. au surplus, v° *Acte passé à l'étranger.*

10. C'est également la loi en vigueur au moment où l'acte est passé, qu'il faut lui appliquer et qui régit sa forme. — Cass., 17 août 1814 ; Merlin, *Répert.*, v° *Effet rétroactif*, sect., 3, § 3, art. 1er.

11. Les actes publics doivent être rédigés en français ; néanmoins il est permis aux officiers publics des lieux où l'on ne parle pas français d'écrire à mi-marge de la minute la traduction en idiome du pays, lorsqu'ils en sont requis par les parties. Arrêté du 24 prair., an XI, art. 1er et 2.

12. Quant aux actes sous seing privé, ils peuvent être rédigés en langue étrangère ; les textes ci-dessus ne leur sont pas applicables. — Teste, v° *Acte*, n. 18 ; Toullier, t. 8, n. 10 ; Marc-Deffaux et Harel, *loc. cit.*, n. 19.

13. Ainsi un testament olographe pourrait être rédigé en latin, et il y en a des exemples, sans qu'on pût sous ce rapport contester sa validité. — V. *Infrà*, v° *Testament olographe*.

14. Il a même été jugé qu'une sentence ·arbitrale rendue en France pourait être rédigée en langue étrangère, sans être pour cela frappée de nullité. — Cass., 1ᵉʳ mars 1830.

15. Toutefois les parties qui présentent à l'enregistrement un acte rédigé en langue étrangère sont tenues d'y joindre à leurs frais une traduction française certifiée par un traducteur juré.—Arrêté, 24 prair. an XI, art. 3.

16. En ce qui concerne l'exécution des actes, il est nécessaire de distinguer entre les actes parés, c'est-à-dire revêtus de la formule exécutoire, et les actes ordinaires sous seings privés, ou autres qui ne sont pas revêtus de cette formule.

17. Les premiers ont une force telle qu'on peut en poursuivre l'exécution sans s'adresser aux tribunaux. — V. *Acte authentique*, *Exécution*.

18. Quant aux autres, ils n'ont de force exécutoire que lorsqu'on a introduit une action en justice et obtenu jugement. — V. *Acte sous seing privé*, *Exécution*.

19. On n'est admis à prouver l'existence et la perte de l'acte, qu'autant qu'il est allégué que la perte est le résultat d'un cas de force majeure. — C. civ., 1348.

20. Dans ce cas on doit prouver l'accident lui-même, la *forme* et la *teneur* du titre par témoins qui l'ont vu et lu, et même la possession conforme au titre. — Toullier, n. 206 et suiv. — V. au surplus, *Acte sous seing privé*, *Obligations*.

21. Enregistrement. — Les actes sont enregistrés sur les minutes, brevets ou originaux, à l'exception des actes de l'état civil et des actes publics passés à l'étranger, qui s'enregistrent sur les expéditions lorsqu'il en est fait usage en France, soit par acte public. soit en justice. — Art. 7, L. 22 frim. an VII et 38 de la loi du 28 avril 1816.

22. L'enregistrement des actes de quelque nature qu'ils soient, dont les droits ont été consignés, ne peut être retardé sous aucun prétexte ; seulement lorsque l'acte paraît utile pour la découverte des droits dus, le receveur peut le retenir pendant 24 heures pour en faire une collation en forme, si les parties refusent d'en certifier une copie conforme à l'original. — L. 22 frim. an VII, art. 56 ; Jonzac, 5 juin 1838.

23. En ce qui concerne la nature des droits, qui varie selon celle des actes, leur exigibilité, et les énonciations que peuvent contenir les actes. — V. aux mots : *Acte administratif*, *Acte ancien*, *Acte authentique*, *Acte de commerce*, *Acte notarié*, *Acte sous-seing privé* et les autres différentes espèces d'actes.

ACTE ADMINISTRATIF. — **1**.Dans une acception générale, on entend par acte administratif tous les actes qui émanent de l'autorité administrative, soit qu'elle statue sur des actes de son ressort, soit qu'elle ordonne ou défende par voie réglementaire, soit qu'elle agisse ou contracte comme un simple particulier. Mais, dans son acception propre, cette qualification s'applique spécialement dans le premier sens, c'est-à-dire à l'acte du fonctionnaire ayant pouvoir à cet effet, et qui a pour but l'intérêt propre de l'administration.

TABLE ALPHABÉTIQUE.

DIVISION.

§ 1. — *Actes qui prennent le nom d'actes administratifs.*

§ 2. — *De l'interprétation ou de l'application des actes.* — *Exemples.*

§ 3. — *Compétence des tribunaux à l'égard de la validité des actes d'exécution.*

§ 4. — *Enregistrement et timbre.*

§ 1. — Actes qui prennent le nom d'actes administratifs.

2. Que les résolutions ou les engagements du pouvoir administratif se produisent sous le nom d'ordonnances, de règlements, d'arrêtés ou de contrats; qu'ils émanent du chef de l'Etat, des ministres, des préfets, des maires, ou de tous autres à qui sont déléguées l'administration publique et l'exécution des lois : tous ces actes prennent le nom *d'actes administratifs*. — Dufour, *Droit admin.*, t. 1er, p. 91.

3. Ainsi les arrêtés d'un préfet maritime qui ont pour but de régler la police et les limites de la pêche concédée à des fermiers de madragues, et de maintenir les droits des autres pêcheurs, sont des actes administratifs.— Cons. d'Etat, 30 mai 1842.— (P. chr.).

4. De même, la délibération des maire, adjoint et commissaire de police d'une commune qui modifie la liste des notables part-prenants à une fontaine d'eau salée, est un acte administratif. Rennes, 23 mai 1832. (P. chr.); *Rép. gén. du Palais*, vo *Acte administratif*, 5.

5. Mais n'est pas un acte administratif l'obligation contractée envers un agent du gouvernement, si elle est indépendante de la

responsabilité ou de la comptabilité de celui-ci envers l'Etat. Cass.,
17 fructidor an 12 (S. an 12.1.26).

6. Une convention passée entre une commune et un particulier, au sujet de la propriété et du partage des eaux d'une fontaine,
ne constitue pas non plus un acte administratif. — Cons. d'Etat,
6 septembre 1826 (P. chr.).

7. Un acte n'est administratif qu'autant qu'il est porté ou consenti par un fonctionnaire ayant pouvoir à cet effet, et qu'il a pour
but l'exécution des lois ou un objet d'utilité publique. Maguitat et
Delamarre, *Dictionnaire du droit administratif,* v° *Acte administratif.*

8. Tout acte réglementaire qui n'a pas pour objet l'exécution
des lois, et qui est contraire à quelqu'une de leurs dispositions,
contient un excès de pouvoir et doit être annulé. — Cass.,
28 mars 1823.

9. Les actes administratifs doivent, en dehors de ces cas, être
exécutés, et le pouvoir judiciaire ne peut en suspendre l'effet ni en
refuser l'application.

10. Jugé même que les tribunaux ne peuvent refuser de les
appliquer. — Cass., 26 mars 1823.

§ 2. — De l'interprétation ou simple application des actes. — Exemples.

11. Quand y a-t-il interprétation ou simple application? C'est
une question assez délicate et nécessairement livrée à l'appréciation du juge. Cass., 15 janv. 1833. *Rép. gén. Palais,* v° *Acte administratif,* n. 26. 41.

Quelques exemples peuvent seulement être donnés comme
indications.

12. Ainsi, lorsque des biens communaux composés à la fois
de terres labourables et de terres incultes sont mis en vente avec
indication d'une certaine contenance, mais sans aucune garantie
de part et d'autre, si des arrêtés administratifs déclarent que ce
sont les terres labourables seules qui ont fait l'objet de la vente,
les tribunaux peuvent, sans qu'on puisse leur reprocher d'avoir
interprété un acte administratif, expliquer cette déclaration en ce
sens que la totalité des terres labourables, et non pas seulement la
contenance exprimée au contrat, a été comprise dans la vente.
Cass., 17 mai 1834 (S. 31.63.).

13. Ce n'est pas interpréter, mais seulement appliquer une
ordonnance royale qui autorise une ville à construire un abattoir,
à la condition de l'isoler de toute habitation, et, par suite, de faire
exproprier pour utilité publique la maison d'un propriétaire
voisin, que de décider que cette ville était tenue, d'après cette
ordonnance, non pas de payer seulement une indemnité au propriétaire voisin, mais même d'acquérir sa maison, soit à l'amiable
soit par expropriation. — Cass., 7 déc. 1836 (P. 37, t. 1er,
p. 612).

14. Il en est de même de la soumission faite par un particulier de construire un marché communal. — Cass., 10 janv. 1859.

15. Lorsqu'une question de propriété dépend de l'interprétation d'un titre administratif, s'il arrive qu'un premier arrêté interprétatif ne l'explique pas suffisamment, le tribunal saisi doit renvoyer à l'administration pour compléter sa décision ; il ne doit pas considérer l'action administrative comme épuisée, et juger lui-même d'après ses propres documents. Cass., 19 déc. 1826 (S.26.115).

16. La règle qui attribue à l'administration l'interprétation des actes administratifs souffre exception à l'égard des contrats de droit commun, comme la vente et le bail. La jurisprudence a été longtemps incertaine sur ce point, un préjugé fortement empreint dans les esprits faisant penser généralement que toutes les contestations ayant pour objet des bien régis, administrés et surtout loués par l'Etat, doivent appartenir à la juridiction des conseils de préfecture. Mais aujourd'hui la compétence des tribunaux s'étend aux ventes, baux et autres contrats même passés sous la forme administrative.

17. Ainsi les tribunaux sont compétents pour statuer sur les contestations qui s'élèvent à l'occasion d'un bail de bâtiments affectés au service de la gendarmerie et pour l'interprétation des contrats de vente passés avec l'Etat. — Cass., 17 juil. 1849 (S.49.15.)

18. Les tribunaux peuvent donc, sans renvoi préalable à l'autorité administrative, déterminer l'étendue d'une servitude réservée au vendeur, sur des terrains amiablement cédés à l'Etat pour l'établissement d'un canal, quoique la cession ait eu lieu devant le préfet ou son délégué en conformité de l'art. 12 de la loi du 8 mars 1810.

19. Les tribunaux ordinaires ne sont pas compétents pour interpréter un acte d'autorité municipale lorsqu'il est produit afin de justifier la suspension des travaux exécutés en vertu d'une convention faite entre deux propriétaires voisins pour le prolongement d'une rue ; ils doivent surseoir et renvoyer devant l'autorité administrative. — Cass., 7 déc. 1856.

20. L'autorité administrative ne peut être appelée à prononcer par voie d'interprétation que dans le cas où elle est elle-même saisie du litige à l'occasion duquel il y a lieu à l'interprétation de l'acte, ou bien sur le renvoi qui lui en est fait par la juridiction compétente. Cette dernière autorité d'ailleurs ne doit point se dessaisir du litige, mais surseoir jusqu'à la solution de la question préjudicielle.

21. Ainsi les tribunaux saisis d'une question de propriété qui doit être résolue par interprétation d'un acte administratif ne peuvent, en renvoyant les parties devant l'administration pour obtenir cette interprétation, se dessaisir du procès ; ils doivent retenir la cause et ne provoquer l'interprétation que par mesure d'instruction et avant faire droit. — Cass., 26 mars 1839 ; 30 déc. 1843 (P. 40.313).

22. Les tribunaux qui reconnaissent qu'un acte administratif produit devant eux présente un sens équivoque, doivent surseoir à statuer sur le fond du litige jusqu'à ce que l'interprétation ait été donnée par l'autorité compétente.

23. Mais si le sens des actes administratifs n'est ni douteux ni équivoque, les tribunaux ordinaires doivent en faire l'application, quand même les parties ne seraient pas d'accord sur le sens ou la portée de ces actes. Ce principe a été consacré par un grand nombre d'arrêts. — Cass., 26 fév. 1834; 6 mars 1838; 4 déc. 1839 (S. 1834, 55; 1838, 55; 1839, 55).

24. Il suffit que les actes aient le caractère extérieur d'actes administratifs émanés d'une autorité compétente, pour que les tribunaux ordinaires ne puissent ni s'opposer à leur exécution, ni même s'y immiscer. La connaissance en appartient à la seule autorité administrative. L.L. 24 août 1790, tit. 1er, art. 13 ; 16 fructidor an 3 ; — Cass., 21 mai 1827 (P. 27, t.2.478).

25. Cependant, abstraction faite du mérite du titre administratif, les tribunaux ordinaires connaissent seuls de la validité des actes d'exécution en eux-mêmes, tels que contraintes, commandements ou saisies. — Paris, 28 janv. 1823 (P.23.470).

§ 3. — Compétence des tribunaux à l'égard de la validité des actes d'exécution.

26. C'est appliquer et non interpréter un acte administratif que décider que lorsqu'un débiteur, depuis l'instance en paiement formée contre lui par son créancier, s'est rendu cessionnaire d'une créance du gouvernement, et dont le paiement avec intérêts a été ordonné par une ordonnance royale devenue définitive, et oppose à son créancier, débiteur lui-même du gouvernement, la compensation, le tribunal prononce cette compensation en vertu de cette ordonnance, non-seulement pour le capital, mais encore pour les intérêts dont il laisse à l'autorité à déterminer la quotité. Cass., 17 août 1829. — (P. chr.).

27. Une décision administrative étant alléguée devant un tribunal pour le faire déclarer incompétent, ce tribunal a le droit, sans qu'on puisse lui reprocher de s'immiscer dans l'appréciation d'un acte administratif, d'examiner s'il y a eu ou non acquiescement à cette décision. — Cass., 12 déc. 1842 (P.42.1.456).

28. Lorsque l'adjudicataire d'un bac conteste à un batelier, muni d'une permission de naviguer, délivrée par le commissaire de la marine, le droit de s'établir aux environs du bac pour transporter des voyageurs d'un point fixe du voisinage aux coches d'eau montant ou descendant la rivière, et que le batelier soutient que l'acte d'adjudication n'attribue pas à l'adjudicataire du bac le droit exclusif de transporter ces voyageurs, les tribunaux peuvent statuer sur cette contestation, sans renvoyer les parties devant l'autorité administrative, afin qu'elle détermine le sens et l'étendue des actes émanés d'elle. — Cass., 10 mai 1830 (S. 30.249).

29. Ce n'est pas interpréter un acte administratif que d'examiner s'il contient des omissions; en conséquence, un tel examen est dans les attributions des tribunaux. — Cass., 27 nov. 1829 (P. chr.).

30. Ce n'est pas interpréter, mais appliquer un acte administratif qu'obliger le propriétaire d'un moulin à se conformer aux conditions fixées par l'ordonnance royale d'autorisation de son usine. — Bourges, 8 mai 1831 (S.31.1.188).

31. Dire que le certificat d'un préfet constate suffisamment qu'un individu n'était pas porté sur la liste des émigrés, c'est appliquer ce certificat et non l'interpréter. Cass., 15 juin 1831. (S., 31.323).

32. Il n'y a pas interprétation, mais seulement application d'un acte administratif, dans l'arrêt d'une Cour qui décide qu'un procès-verbal d'adjudication d'un bien national n'a transmis à l'adjudicataire aucun droit de propriété sur un mur de clôture et aucune portion d'un cimetière, mais seulement un droit de passage sur ce même cimetière. Cass., 15 janv. 1833 (P. 33.148).

33. La défense faite aux tribunaux d'interpréter les actes administratifs ne s'applique pas aux actes contractuels dans lesquels une commune figure comme partie intéressée.

A plus forte raison, lorsque le sens de tels actes n'est pas contesté, les tribunaux peuvent-ils en déterminer la valeur et les conséquences légales. — Cass., 13 juin 1877 (S.77.1.307).

34. Une jurisprudence constante décide, d'une part, que les actes contractuels ne sauraient jamais constituer des actes administratifs, encore qu'une commune y serait intéressée, et, d'autre part, que les tribunaux peuvent, sinon interpréter, du moins appliquer les actes administratifs, lorsqu'ils sont clairs et précis. — V. Cass., 8 nov. 1876 (S. 77.1.101.-P.77.248); Cass., 20 juill. 1874 (S.75.1.198.-P.75.489).

35. Une Cour a pu, sans que sa décision pût être considérée comme interprétation de procès-verbaux administratifs, préciser les bases du bornage de biens nationaux adjugés en l'an XI, dans un arpentage ultérieur, en se fondant sur ce que les procès-verbaux des experts, qui avaient omis de fixer ce bornage, n'étaient que la copie de cet arpentage. — Cass., 20 déc. 1836 (P.37.523).

36. Ce n'est pas interpréter un acte administratif que de déterminer les bases d'un bornage d'après ce même acte. — Cass., 20 juill. 1835 (P. chr.).

37. Il en est de même de la décision par laquelle une Cour déclare qu'une pièce de terre comprise par des experts dans une estimation de biens nationaux, par suite d'une confusion de noms, ne fait partie de l'adjudication qui a eu lieu de ces mêmes biens, ne doit pas être considérée comme interprétative d'un acte administratif. — Cass., 20 déc. 1836, cité au n. 35 (P. chr.).

38. Ce n'est pas interpréter, mais seulement appliquer un acte administratif que de décider que le domaine, en faisant à la ville de Paris la concession du terrain nécessaire pour l'ouverture d'une rue nouvelle, n'a entendu céder que le terrain qui lui appartenait. — Cass., 8 févr. 1841 (P.41.2.131).

39. Les tribunaux sont compétents pour apprécier le mérite de la délibération d'un conseil municipal portant désistement d'un jugement frappé d'appel et reconnaissance des droits de l'appelant. — Cass., 31 janv. 1837 (P.37.2.409).

40. Il n'y a pas interprétation, mais seulement application de la part des tribunaux lorsqu'ils décident entre particuliers et d'après les titres privés, antérieurs ou postérieurs à l'acte administratif dont l'exécution leur est demandée, que cet acte, dont la substance et la régularité ne sont pas 'd'ailleurs contestées, doit être exécuté dans le sens évident de ces titres privés. — Cass., 8 déc. 1835 (S.35.55).

41. Les tribunaux sont compétents pour statuer sur la validité d'une transaction passée entre particuliers dans le but d'éteindre une action en rescision pour cause de lésion contre un partage administratif; ce n'est pas là interpréter ce partage. — Cass., 9 mai 1837 (P.37.2.209).

42. C'est appliquer et non interpréter un acte administratif que de décider qu'en vertu de cet acte qui a mis un individu en possession de la succession de son fils, émigré, cet individu a pu transmettre cette succession à ses légataires. — Cass., 9 août 1823.

43. L'ordonnance royale du 26 mars 1816, qui en rapportant le décret du 20 février 1806, sur la destination de l'église de Sainte-Geneviève, a disposé que les cœurs des divers généraux (notamment de la Tour d'Auvergne) seraient rendus *à leur famille*, ne présente, quant à l'interprétation de ces derniers termes, ni obscurité ni équivoque. Il en résulte clairement que c'est à la famille, telle qu'elle est reconnue dans l'état civil à laquelle ont appartenu les généraux désignés, et non à la famille dont ils auraient pu être autorisés à porter le nom par honneur, que la restitution doit être faite. — Quant au débat sur le point de savoir quels sont les membres de la famille qui peuvent réclamer le bénéfice de la restitution, il ne soulève qu'une question de droit dont les tribunaux ordinaires peuvent seuls connaître, mais qui ne saurait donner lieu à une interprétation de l'ordonnance de 1816, qui n'a pu ni voulu la résoudre. — Cass., 7 août 1844 (P.44.2.262).

44. La lettre de M. le grand chancelier de la Légion d'honneur, de laquelle il résulte textuellement qu'il a remis en dépôt à la famille de la Tour d'Auvergne le cœur du premier grenadier de France, ne contient aucune interprétation administrative contraire aux prétentions de la famille propre de celui-ci. Loin de là, elle établit d'une manière claire et non équivoque que l'administration n'a entendu faire d'attribution que sauf les droits des tiers à établir et régler par les voies ordinaires et devant les tribunaux civils. — Même arrêt du 7 août 1844.

45. Dans le cas où, sur une instance administrative, un acte soumis à l'interprétation du conseil de préfecture a été déclaré clair et précis, les tribunaux appelés à juger les questions de propriété, saisis de la contestation entre les mêmes parties et sur le même point, ne peuvent, en considérant cet acte comme obscur, prononcer un renvoi devant l'autorité administrative pour provoquer l'interprétation. — Cass., 25 mars 1839 (P.40.1.313).

46. Lorsqu'une propriété vendue originairement par acte administratif a été l'objet de plusieurs reventes successives de particulier à particulier, s'il arrive qu'après une possession du dernier acquéreur, suffisante pour prescrire par vingt ans, le propriétaire originaire revendique une portion de terrain comme non comprise dans l'acte administratif, les tribunaux peuvent, en se fondant uniquement sur ce dernier titre d'acquisition et sur la prescription acquise, repousser la demande en revendication ; on ne peut dire que dans ce cas il y ait de leur part application ni interprétation d'un acte administratif.— Cass., 19 juill. 1836 (P. chr.).

47. Les questions de propriété sont de la compétence des tribunaux, alors même que le droit réclamé dérive d'actes administratifs, et lorsqu'il ne s'agit que d'en faire l'application. — Cass., 15 janv. 1873 (P.33.2.148).

48. Mais ce serait interpréter et non pas seulement appliquer un acte administratif que de décider si les habitants d'un hameau faisaient anciennement partie d'une commune, et s'ils ont, à ce titre, droit à une concession de bois, faite nommément par un ancien règlement de l'autorité souveraine, aux habitants de cette communauté. — Cass., 3 août 1834 (S.34.548).

49. Il n'appartient pas au pouvoir judiciaire de prononcer sur une question de préférence entre deux arrêtés administratifs émanés de deux autorités de même nature, ayant les mêmes attributions, lorsque ces arrêtés présentent des dispositions incompatibles et opposées entre elles : la hiérarchie des pouvoirs veut que la question préjudicielle qui résulte de cette contrariété soit soumise à l'autorité antérieure dans l'ordre administratif. — Cass., 30 avr. 1829 (S.29.114).

50. Lorsque dans un procès il s'élève des doutes, soit sur la régularité, soit sur la substance d'un acte administratif, le tribunal ne peut que renvoyer les parties devant l'autorité de laquelle ces actes sont émanés, pour les faire expliquer, interpréter, sauf à statuer ensuite sur les conclusions des parties. — Cass., 9 juill. 1806 (S.6.411).

51. Lorsqu'une question de propriété relative à l'interprétation d'un titre administratif, a été renvoyée, par le tribunal saisi, à l'administration pour compléter sa décision, s'il intervient un second arrêté administratif, même dans le cours de l'instance, les juges ne peuvent se dispenser de le prendre en considération dès qu'ils en ont connaissance. — Cass., 19 déc. 1826 (S.26.115).

52. De même, lorsqu'au sujet d'une première contestation, un contrat de vente administratif a été soumis à l'autorité administrative et interprété par elle, une Cour d'appel saisie vis-à-vis d'autres parties de la même contestation ne peut, sous prétexte que l'acte présenterait un sens clair et non équivoque, et qu'il ne s'agirait que de l'appliquer, le dispenser d'en renvoyer l'interprétation à l'autorité administrative, alors surtout que le sens qu'elle lui attribue est différent de celui qui lui a été donné par l'administration. — Cass., 22 nov. 1837 (P. 38.1.283).

53. Lorsque des parties plaident sur l'effet d'une autorisation administrative et placent toute la difficulté dans le point de savoir quel est le sens de l'acte administratif, les tribunaux ne doivent pas retenir l'affaire ; ils doivent renvoyer à l'administration pour s'interpréter elle-même, encore qu'il s'agisse de servitude prétendue autorisée par l'acte administratif. — Cass., 31 janv. 1828 (P. chr.).

54. Les tribunaux sont incompétents pour expliquer ou interpréter les actes émanés de l'autorité administrative, encore que la contestation n'ait pour objet que des intérêts privés. — Agen, 27 déc. 1808 (S. 09.47).

55. De même l'autorité judiciaire est incompétente pour connaître de l'interprétation d'un acte d'administration qui a affecté à un service public les bâtiments d'un ancien couvent. — Cons. d'Etat, 8 sept. 1824 (P. chr.).

56. L'interprétation d'un partage administratif intervenue entre l'État et un particulier appartient à l'autorité administrative. — Cass., 18 nov. 1840 (P. 41.1.151).

57. Un préfet est incompétent, soit pour interpréter, à l'aide de baux et autres actes, une vente de biens appartenant à l'Etat, soit pour modifier le procès-verbal d'adjudication. — Cons. d'Etat, 16 mars, 1837 (P. chr.).

58. Un conseil de préfecture est compétent pour donner l'interprétation d'un acte de vente nationale, en tant que cette interprétation peut résulter des actes qui ont préparé et consommé la vente. — Cons. d'Etat, 2 juin 1837 (P. chr.).

59. Mais il en est autrement pour l'interprétation de la vente, il faut recourir à l'application des anciens titres : c'est aux tribunaux ordinaires à prononcer. Il y a sur ce point une jurisprudence constante. — V. notamment Cons. d'Etat, 20 juin 1812 ; 19 juin 1813 ; 30 sept. 1814 ; 20 nov. 1813 ; 28 sept. 1816 ; 9 avr. 1817 ; 23 janv. 1820 ; 28 août 1822 ; 22 juin 1825 ; 16 mai 1827 ; 2 déc. 1829 ; 26 août 1831 ; 27 fév. 1835 ; 23 avril 1837 ; 25 avr. 1839 ; 29 janv. 1846. V. également Cormenin, *Droit admin.*, v° *Domaines nationaux*, t. 2, p. 97 ; Serrigny, *Traité de l'organisation, de la comp. et de la proc. en matière admin.*, t. 2, p. 748. *Rép. du Journ. du Palais*, t. 1er, v° *Acte administratif*, n° 53, p. 83.

60. Jugé de même qu'un conseil de préfecture saisi de l'interprétation d'une vente de biens nationaux doit se renfermer dans l'interprétation des actes administratifs qui ont préparé et consommé la vente, sans s'appuyer sur des faits et des moyens dont l'appréciation est hors de sa compétence. — Cons. d'Etat, 3 mars 1837 (P. chr.).

61. Les actes de l'autorité souveraine rendus en matière administrative ne peuvent être interprétés par l'autorité judiciaire. — Cons. d'Etat, 6 fév. 1811 (P. chr.).

62. Jugé d'après ce principe que l'interprétation d'un acte émané d'un ancien prince souverain de l'Alsace appartient exclusivement à l'autorité administrative. — Cons. d'Etat, 4 juill. 1840 (P. chr.).

63. Jugé aussi que les tribunaux sont incompétents pour apprécier le sens et l'étendue d'une ordonnance de concession de mines; en conséquence le conflit qui revendique, pour l'autorité administrative, l'interprétation de cette ordonnance doit être admis. — Cons d'Etat, 1er juin 1843 (P. chr.).

64. Le Conseil d'Etat ne doit ni ne peut recevoir l'opposition des parties tendant au rapport, interprétation, suspension ou modification des ordonnances qui statuent sur des intérêts généraux d'administration ou de politique. — Cormenin, vo *Conseil d'Etat*, t. 1er, p. 211, n. 15.

65. Il n'appartient qu'au chef du gouvernement, en Conseil d'Etat, de statuer sur les questions qui ne peuvent être résolues que par l'interprétation et l'application des décrets, ordonnances et autres actes du gouvernement.—Cormenin, *loc. cit.*, t. 1er, p. 205.

66. Il n'appartient également qu'au chef du gouvernement, en Conseil d'Etat, d'apprécier l'étendue et de déterminer les effets d'un décret impérial qui a disposé d'une propriété nationale en faveur d'un département. — Cons. d'Etat, 6 mai 1836 (P. chr.).

67. Il n'y a pas lieu à statuer sur l'interprétation d'un acte administratif, sans qu'il soit produit une décision judiciaire ou administrative qui l'ordonne. — Cons. d'Etat, 8 juill, 1840 (P. chr.).

68. Le Conseil d'Etat n'est pas tenu de donner l'interprétation des ordonnances, même sur le renvoi des tribunaux, lorsqu'il n'existe d'ailleurs ni conflit positif ni conflit négatif. — Cormenin, *loc. cit.*, t. 1er, p. 215, note 1.

69. Alors même qu'il s'agirait d'une ordonnance royale prescrivant l'établissement d'un syndicat pour l'entretien des digues de mer et contre les rivières.—Cons. d'Etat, 29 janv. 1841 (P. chr.).

70. Jugé par application de cette règle, qu'il n'y a pas lieu d'interpréter des décrets impériaux pour savoir s'ils contiennent un acte de libéralité ou une restitution de succession, lorsque la demande est formée à l'occasion d'une inscription hypothécaire qui n'est pas même produite, et qu'il ne paraît pas qu'aucune instance judiciaire ait été formée sur ladite inscription, ni qu'il soit intervenu dans cette instance un jugement spécial qui déclare qu'il y a lieu de solliciter l'interprétation du décret.—Cons. d'Etat, 18 fév. 1821 (P. chr.).

71. Jugé encore que le Conseil d'Etat n'est pas régulièrement saisi de la demande en interprétation d'un décret, lorsque ce décret n'est l'objet d'aucune attaque, et qu'il n'existe ni conflit ni renvoi des tribunaux à cet effet. — Cons. d'Etat, 26 oct. 1825 (P. chr.).

72. Jugé même qu'il ne suffit pas qu'il y ait instance liée sur l'application du décret ou de l'ordonnance royale, il faut qu'il y ait décision qui ordonne l'interprétation. — Cons. d'Etat, 28 fév. 1831 (P. chr.).

73. La règle qui attribue à l'administration l'interprétation des actes administratifs s'applique à certains baux, notamment à ceux relatifs aux octrois, aux droits de location dans les foires et marchés, aux eaux minérales, aux eaux de Paris, aux droits de péage sur certains ponts. — V. sur ces divers points : Règlement du 17 mai 1809 ; Ordonnance des 9 déc. 1814, 14 juill. 1819, 25 août 1820, 28 mars et 16 avril 1823, 4 juin même année; arrêté du 3 floréal an VIII; Ordonnance des 23 fév. et 7 juin 1800. — V. aussi Cons. d'Etat, 19 mars 1817, 23 fév. et 17 juin 1818; 8 sept. et 1er déc. 1819; 11 nov. 1821 ; 8 nov. et 18 déc. 1822. — De Cormenin, *Droit administratif*, v° *Baux administratifs*, t. 1er, p. 268, n. 3. — *Rép. gén. du Palais*, loc. cit., n. 71.

74. Il n'y a pas nécessité pour les juges de renvoyer la cause devant l'administration aussitôt que l'une des parties prétend trouver des doutes et matière à interprétation dans l'acte administratif invoqué par l'autre.—Cass., 4 fév. 1812; 13 mai 1824 ; 28 mars 1823; 30 mars 1831; 16 janv. 1832; 8 juill. 1835; 6 mars 1838; 16 avril 1838 ; 9 juill. 1838; 4 déc. 1839 (P. 38.1.529, 574, et 40. 1.164).

75. En général, les actes administratifs peuvent être exécutés sans être revêtus de la formule exécutoire.

§ 4. — Enregistrement et timbre.

76. Enregistrement. — D'après l'art. 78 de la loi du 15 mai 1818, les actes administratifs, sujets à la formalité de l'enregistrement, sont ceux qui portent transmission de propriété ou de jouissance, les adjudications ou marchés de toute nature, aux enchères, au rabais ou sur soumissions, et les cautionnements relatifs à ces actes.

77. Tous les actes, arrêtés et décisions des autorités administratives, non dénommés dans l'art. 78, sont exempts de l'enregistrement tant sur la minute que sur l'expédition. Art. 80, même loi.

78. Les secrétaires des administrations centrales et municipales font enregistrer les actes qu'ils sont tenus de soumettre à la formalité, aux bureaux dans l'arrondissement desquels ils exercent leurs fonctions. L. 22 frim. an VII, art. 26.

Ainsi les actes des préfectures et des sous-préfectures doivent être soumis à la formalité au bureau du siége de leur administration. Inst. 366, §5.

Lorsque le préfet a délégué un sous-préfet ou un maire pour procéder à une vente de biens de l'Etat, l'acte s'enregistre au bureau du siége de la sous-préfecture ou de la commune. D. m. f. 19 oct. 1837, art. 3; Inst. 1552.

79. Le délai pour l'enregistrement des actes administratifs soumis à la formalité est de 20 jours. LL. 22 frim. an VII, art. 20, et 15 mai 1818, art. 78.

80. Ce délai court à partir du jour où ces actes ont été rendus parfaits et définitifs.

81. Il a été reconnu depuis, par deux décrets rendus au contentieux, les 6 juill. 1863 et 8 juill. 1864. *Revue*, n. 723, « qu'aucune loi ne subordonnait l'exécution des actes de vente à l'approbation du préfet, et que la réserve d'approbation insérée au cahier des charges ne pouvait avoir pour résultat d'attribuer au préfet le pouvoir d'annuler en tout ou en partie un contrat de droit civil ».

82. Cette jurisprudence a été adoptée par le ministre de l'intérieur. En conséquence, le ministre des finances a décidé, le 25 mars 1855 (Inst. 2315), « que le délai de l'enregistrement court à partir de la date pour les actes intéressant les communes et les établissements publics, à moins que ces actes n'aient pas été précédés des formalités prescrites par la loi, ou qu'il ne s'agisse de conventions expressément assujetties par un texte spécial à l'approbation de l'autorité supérieure ».

83. Une inst., Rég. du 10 août 1865, n. 2315, rapportée sous le n. 1317 de la *Revue*, fait ressortir que de ces principes et de ces décisions découlent les conséquences suivantes :

« Sont sujets à l'enregistrement à partir de leur date comme étant dispensés de l'approbation, les actes de vente, acquisition, échange et partage qui ont été préalablement autorisés par les délibérations des conseils municipaux, dûment approuvées par les préfets. Si les actes sont rédigés par les maires et adjoints, le délai d'enregistrement est de 20 jours ; s'ils sont passés devant notaire, le délai est de 10 ou de 15 jours, selon que le notaire rédacteur réside ou non dans la commune où le bureau d'enregistrement est établi. L. 22 frim. an VII, art. 20.

84. Sont soumis à l'enregistrement dans les 20 jours (sauf l'exception ci-après) à compter du jour où l'arrêté d'approbation est parvenu à la mairie ou bien remis par le maire au notaire dans le cas où l'acte a été rédigé par un officier ministériel :

1° Les actes de vente, acquisition, échange et partage qui n'ont pas été préalablement autorisés par les délibérations des conseils municipaux, dûment approuvées par les préfets ;

2° Les conventions qu'un texte spécial assujettit à l'approbation de l'autorité supérieure, telles que : les baux des biens communaux, qu'elle qu'en soit la durée. L. 18 juill. 1837, art. 42, § 2 ; — les transactions consenties par les conseils municipaux. *Ibid.*, art. 59 ; — les adjudications et marchés pour travaux et fournitures au nom des communes et des établissements de bienfaisance. Ord. 14 nov. 1837, art. 1, 2 et 10 ; — les baux à ferme des hospices et autres établissements publics, de bienfaisance ou d'instruction publique. Décr. 12 août 1807, art. 1er ; Inst. 386, § 6.

Il n'est pas dérogé, en ce qui concerne ces baux lorsqu'ils sont passés devant notaire, à l'art. 5 du décret du 12 août 1807, qui réduit à quinze jours le délai pour l'enregistrement. Inst. 561 ; 1577, § 6 ; 2025, § 2. Le délai ne court qu'à partir de l'approbation ;

3° Les actes passés à la préfecture, et dont l'exécution est subordonnée à l'approbation des ministres. Inst., n. 290, § 5.

L'approbation est donnée au vu de la copie de l'acte par un arrêté séparé. Circ. min. int. 6 sept. 1853 ; Inst. 2083, § 1er. La remise est constatée par une attestation du maire datée et signée en marge de l'arrêté, qui reste annexé à la minute. D. m. f. 22 janv. 1855 ; Inst. 2025, § 2.

Les notaires peuvent, comme précédemment, délivrer aux préfets des copies sur papier non timbré des actes reçus par eux et adressés à ces magistrats en vue de l'approbation. D. m. f. 8 mars 1854 ; Inst. 2003, § 1er. La même faculté leur est accordée à l'égard des actes concernant l'administration des biens des fabriques des églises protestantes de la confession d'Augsbourg, et dont l'exécution est subordonnée à l'approbation du consistoire central. D. m. f. 18 fév. 1854 ; Inst. 2003, § 1er.

85. Le délai de vingt jours dans lequel les actes administratifs doivent être enregistrés, sous peine du droit en sus, ne court, pour les actes qui ne sont définitifs qu'après l'approbation, que du jour où il est constaté que le décret d'approbation est parvenu à la préfecture, par une attestation inscrite et signée au pied de l'acte ou par un arrêté préfectoral déclarant la convention exécutoire. Seine, 29 juin 1867; Inst. 2405, § 2.

86. Mais le délai court lorsque le décret d'approbation a été rendu par le chef de l'État et qu'il a été notifié. On ne saurait avoir égard à un arrêté pris ultérieurement par le préfet pour déclarer le traité exécutoire. Cet arrêté est un acte sans utilité et sans valeur. Seine, 13 janv. 1872.

87. Les secrétaires des diverses administrations étaient tenus, d'après l'art. 29 de la loi du 22 frim. an VII, d'acquitter les droits d'enregistrement des actes de ces administrations. Cependant pour ne pas astreindre ces fonctionnaires à faire des avances qui parfois peuvent être considérables, il n'y avait d'exception à cette règle que celle établie par l'art. 37 de la même loi pour les jugements qui doivent être enregistrés sur les minutes et pour les actes d'adjudication passés en séance publique, lorsque les parties n'avaient pas consigné aux mains des secrétaires, dans le délai prescrit pour l'enregistrement, le montant des droits fixés par la loi; les receveurs devaient alors en poursuivre le recouvrement contre les parties, qui supportaient en outre la peine du droit en sus.

« A cet effet, ajoute cet article, les secrétaires doivent fournir aux receveurs de l'enregistrement, dans les dix jours qui suivent l'expiration du délai, des extraits par eux certifiés des actes dont les droits ne leur ont pas été remis par les parties, à peine d'une amende de 10 fr. pour chaque décade de retard et pour chaque acte, et d'être en outre, personnellement contraints au paiement des doubles droits.

Cette exception a été étendue par l'art. 79 de la loi du 15 mai 1818, à tous les actes administratifs soumis à l'enregistrement. Voici les termes de cet article : « La disposition de l'art. 37 de la loi du 22 frim. an VII, qui autorise, pour les adjudications en séance publique seulement, la remise d'un extrait au receveur de l'enregistrement, pour la décharge du secrétaire, lorsque les parties n'ont pas consigné les droits en ses mains, est étendue aux autres actes ci-dessus énoncés (les actes portant transmission de propriété, d'usufruit et de jouissance, les adjudications ou marchés, et les cautionnements relatifs à ces actes). »

88. Mais la remise d'un extrait ne peut pas avoir lieu pour les actes à enregistrer en débet; le secrétaire qui n'a pas soumis ces actes à l'enregistrement dans le délai est passible d'un droit en sus. Dél. 8 nov. 1831; Déc. min. fin., 24 nov. 1831. — V. *Dict. réd.* v° *Acte administratif*, n. 32.

89. Timbre. — La loi organique du 13 brum. an VII, dispose :
Art. 12. Sont assujettis au droit du timbre établi en raison de la dimension.... Les actes des autorités constituées administratives qui sont assujettis à l'enregistrement, ou qui se délivrent aux citoyens, et toutes les expéditions et extraits des actes, arrêtés et délibérations desdites autorités, qui sont délivrés aux citoyens. L'art. 78 de la loi du 15 mai 1818 dit : Demeurent assujettis au timbre conformément aux lois existantes, les actes des autorités administratives portant transmission de propriété, d'usufruit ou de jouissance; les adjudications ou marchés de toute nature, aux enchères, au rabais, ou sur soumission, et les cautionnements relatifs à ces actes.

90. Sont exceptés du droit et de la formalité du timbre : Les minutes de tous les actes, arrêtés, décisions et délibérations de l'administration publique en général, et de tous établissements publics, dans tous les cas où aucun de ces actes n'est sujet à l'enregistrement sur la minute. L. 13 brum. an VII, art. 16.
Tous les actes, arrêtés et décisions des autorités administratives non dé-

nommées dans l'art. 78 de la loi du 15 mai 1818, sont exempts de timbre sur la minute. Toutefois aucune expédition ne pourra être délivrée aux parties que sur papier timbré, si ce n'est à des individus indigents. Même loi de 1818, art. 80.

En résumé, pour tous les actes dont il est gardé minute, l'assujettissement du timbre est déterminé par l'art. 78 de la loi du 15 mai 1818, et les exceptions sont prononcées par l'art. 80. Toutes les expéditions, même d'actes exempts du timbre sur la minute, sont soumises au timbre, aux termes de l'art. 80, lorsqu'elles sont délivrées dans un intérêt privé, et sauf exception en faveur des indigents.

91. Pour les pénalités encourues par le défaut d'observation de la loi, en ce qui concerne soit l'enregistrement, soit le timbre des actes administratifs. — V. *Amende de contravention.*

ACTE ANCIEN. — 1. Un acte est ancien, suivant l'art. 1335, 2°; C. civ., quand il a plus de trente ans.

TABLE ALPHABÉTIQUE.

2. Autrefois, déjà des prérogatives spéciales étaient attribuées par les jurisconsultes à l'ancienneté d'un acte. — V. Dumoulin, *Cout. de Paris*, art. 4; *Traité des fiefs*, § 8, v° *Démembrement*, n. 75 à 79; Dénizart, *Cod. de jurisp.*, v° *Acte*, § 5.

Le motif en était dans la difficulté et souvent dans l'impossibilité de se procurer des preuves complètes et régulières d'un fait ancien, et, en outre, dans la présomption raisonnable que ce qui existe a un fondement légitime. — V. Toullier, t. 8, n. 162; Teste, *Encycl. du dr.*, v° *Acte ancien.*

3. Mais c'était une question fort discutée alors que de savoir quel laps de temps était nécessaire pour qu'un acte fût réputé ancien.

Il n'existait à cet égard aucune règle; tout espace de temps notable qui rendait les preuves difficiles suffisait pour justifier le nom d'ancien; c'était aux juges qu'appartenait le soin d'apprécier les circonstances au milieu desquelles l'acte apparaissait. — Dumoulin, *ibid.*, n. 80; Toullier, *ibid.*; Teste, *ibid.*, n. 4; Laurent, *Princ. du dr. civ.*, t. 19, p. 189, n. 179.

4. L'ancienneté d'un acte produisait deux effets principaux : 1° Dans les actes anciens les solennités requises étaient présumées avoir été observées. — Dumoulin, *Cout. de Paris*, n. 75 et 79; Toullier, t. 8, n. 163.

5. Cependant cette présomption pouvait être détruite par la preuve qu'il n'y avait pas eu solennité. Tel est le cas, dit Dumoulin, où l'on produit une ancienne copie collectionnée par une personne qui a indiqué sa qualité, et où l'on voit que ce n'était qu'une personne privée. L'ancienneté de cette copie ne fera pas présumer qu'elle ait été faite avec les solennités requises, parce que son énoncé même prouve qu'elle n'a été faite que par une personne privée. — Toullier, *loc. cit.*

6. 2° Par l'ancienneté les actes acquéraient une force probante, sinon absolue, au moins complémentaire. L'acte ancien, incapable de fournir seul une preuve complète, ajoutait à la preuve acquise, mais qui était cependant insuffisante. Et cette force probante due à l'ancienneté était attachée même aux énonciations concernant les tiers. — Dumoulin, *ibid.*, n. 76, 77.

7. Toutefois les énonciations relatives à un droit, n'avaient d'effet probant, qu'autant qu'elles étaient soutenues d'une longue possession. « Par exemple, dit Pothier, *Oblig.*, t. 2, n. 739, quoique le long usage n'attribue pas le droit de servitude, néanmoins si ma maison a depuis très-longtemps une vue sur la maison voisine, et, que dans les anciens contrats de l'acquisition qu'en ont faite mes auteurs, il soit énoncé qu'elle a ce droit de vue, ces anciens contrats soutenus de ma possession feront foi du droit de vue contre le propriétaire de la maison voisine, quoiqu'il soit un tiers, et que ses auteurs n'aient jamais été parties dans ces contrats. » — Bonnier, *Traité des preuves*, t. 2, p. 76.

8. Notre droit moderne n'a accepté ces règles qu'avec des restrictions : « Les copies, dit l'art. 1335, 2°, qui, sans l'autorité du magistrat, ou sans le consentement des parties, et depuis la délivrance des grosses ou premières expéditions, auront été tirées sur la minute de l'acte par le notaire qui l'a reçu, ou par l'un de ses successeurs, ou par officiers publics qui, en cette qualité, sont dépositaires des minutes, peuvent, en cas de perte de l'original, faire foi quand elles sont anciennes, c'est-à-dire quand elles ont plus de trente ans.

9. Cette disposition, bien que relative seulement à la foi due aux copies des actes, quand elles sont anciennes, doit, sans contredit, s'appliquer par analogie à la foi due aux énonciations contenues dans les actes anciens. Les raisons de décider sont les mêmes, la solution ne peut être différente. — Toullier, t. 8, n. 167 ; Teste *ibid.*, n. 5.

10. C'est une question de savoir si les effets attribués autrefois à l'ancienneté des actes ont été tous maintenus par la nouvelle législation. Toullier, t. 8, n. 163, se prononce pour l'affirmative et soutient notamment que la maxime : *In antiquis omnia præsumuntur solemniter acta* est toujours en vigueur, à moins qu'il n'apparaisse de l'acte même qu'on invoque, que les solennités voulues n'ont pas été observées. — Teste, *loc. cit.*, n. 6.

11. Et il a été jugé, en ce sens, que dans les actes anciens les formalités extrinsèques, dont l'observation n'est point constatée, doivent être présumées avoir été remplies. — Cass., 12 nov. 1828, (Dall., 29.1.11).

12. Spécialement, que lorsque rien ne constate l'observation des formalités prescrites pour la validité d'une concession remontant à plus de deux siècles, il y a lieu de présumer que tout a été fait régulièrement. — Bourges, 20 mars 1822.

13. Toullier prétend (n° 163) que la prescription de dix ans couvrant aujourd'hui la nullité résultant de l'omission des formalités dans un acte, cette maxime ne peut guère recevoir son application ; mais c'est là une erreur, la prescription de dix ans s'appliquant aux vices de consentement, non aux vices de forme et la nullité relative aux écrits ne pouvant jamais se prescrire. — Marcadé, sur l'art. 1320, p. 34; Bonnier, t. 2, p. 81.

14. Jugé encore que la maxime *In antiquis*, etc., ne peut jamais établir qu'une présomption, mais que cette présomption peut être détruite par d'autres présomptions graves, précises et concordantes. — Besançon, 6 mai 1825, sous Cass., 25 nov. 1828.

15. Et même que cette maxime ne reçoit d'application qu'au cas où l'acte ancien est soutenu par la possession. — Cass., 25 nov. 1828.

16. Toullier soutient également (n° 164) qu'ainsi qu'autrefois, les énonciations incidentes font foi dans les actes anciens, même au préjudice des tiers, et il invoque, en ce sens, un arrêt de la Cour de Paris du 7 germ. an XII, décidant qu'à défaut de quittance, la preuve de la libération peut résulter des présomptions de paiement et des énonciations contenues dans les actes anciens, bien que ces actes soient étrangers au créancier qui soutient n'avoir rien reçu.

17. Jugé que les énonciations renfermées dans les actes anciens font foi à l'égard des tiers, lorsqu'elles sont appuyées d'une possession conforme. — Caen, 22 juill. 1835.

18. Ainsi que dans l'ancien droit, on a distingué entre les énonciations de droit et les énonciations de fait contenues dans les actes anciens. C'est seulement à l'égard des premières qu'on a soutenu que, pour obtenir confiance, elles devaient être appuyées de la longue possession. Quant aux énonciations qui ne sont relatives qu'à des faits, à celles, par exemple, qui tendraient à établir des relations de parenté, à trancher des questions douteuses en matière de succession, on doit y ajouter foi indépendamment de toute possession. — Toullier, n. 164.

19. Ainsi lorsqu'un ancien acte énonce que les enfants ont répudié la succession de leur père, cette énonciation fait foi contre leurs descendants. — Bruxelles, 9 nov. 1820.

20. Du reste, pour l'application de la maxime *In antiquis*, etc., il faut que les actes soient d'une date assez reculée, pour que les moyens ordinaires de preuve ne soient plus praticables à l'effet de vérifier les énonciations qu'ils contiennent, et que, d'ailleurs, la validité de l'acte ne dépende point uniquement de la vérité de l'énonciation. — Bruxelles, 27 juill. 1827.

21. La plupart des auteurs modernes repoussent la doctrine de Toullier et la considèrent comme étant en contradiction avec les nouveaux principes, et comme ne pouvant en général recevoir d'application. La maxime *In antiquis omnia*, etc., n'a plus, selon eux, aucune raison d'exister; car ou l'acte est vicié par une nullité de forme, et alors les formalités prescrites ne peuvent être présumées accomplies, et l'acte reste nul qu'elle qu'en soit l'ancienneté; ou l'acte n'est vicié par aucun défaut de forme, et alors la régularité en est supposée jusqu'à preuve contraire. Mais on peut dire qu'il en est de même de tout acte même nouveau; il est vrai que cette présomption devra naturellement paraître d'autant plus forte que l'acte sera plus ancien. — Marcadé, sur l'art. 1320, n. 5, p. 34; Boileux, *Ibid.*, p. 648; Bonnier, t. 2, p. 511; Demolombe, *Contr. et Oblig.*, t. 6, p. 268, n. 302; Laurent, t. 19, p. 192, n. 181.

22. Encore bien moins, suivant les mêmes auteurs, les énonciations peuvent-elles nuire aux tiers, fussent-elles même soutenues d'une longue possession, Par exemple, un acte de vente d'une maison énonce qu'il existe au profit de cette maison une servitude de vue sur la cour du voisin. Est-ce que les deux parties qui figuraient à cet acte, le vendeur et l'acheteur, pouvaient de leur chef constituer une servitude sur l'immeuble d'un autre? Evidemment non! On ne peut se faire de titre à soi-même, disait Pothier. — *Introd. au titre* 13, *Cout. d'Orléans*, n. 12. — V. Duranton, t. 13, p. 91; Marcadé, sur l'art. 1320, n. 5, p. 33; Massé et Vergé, sur Zachariæ, t. 3, p. 497, note 16; Bonnier, n. 510; Aubry et Rau, t. 6, p. 372; Larombière, *Oblig.*, t. 4, p. 277, n. 10; Mourlon, C. civ., t. 2, n. 1527; Demante et Colmet de Santerre, C. civ., t. 5, p. 541; Demolombe, t. 6, p. 265, n. 399; Laurent, t. 19, p. 172 et suiv.

23. La théorie contraire avait du reste, dans l'ancien droit, une raison d'être qu'elle n'aurait plus dans notre droit nouveau; elle y était un tempérament et un correctif de cette maxime coutumière, parfois très-rigoureuse dans son application : *Nulle servitude sans titre*. Or, cette maxime n'existe plus sous notre Code (art. 690). Demolombe, *Traité des servit.*, t. 2. n. 2, n. 753 et *Contr. et Oblig.*, t. 6, n. 300, et les auteurs qu'il cite.

24. Pothier, tout en admettant que les énonciations ne font pas foi contre les tiers qui n'ont pas été parties à l'acte, ajoute que cette règle souffre exception pour les anciennes énonciations en vertu de la maxime : *In antiquis enunciativa probant*, et que ces énonciations font foi contre les tiers, lorsqu'elles sont soutenues d'une longue possession, surtout en matière de servitudes.

25. Mais cette maxime qui déroge à un principe essentiel de notre droit, à l'art. 1165, aux termes duquel les conventions n'ont d'effet qu'entre les parties contractantes et ne nuisent pas aux tiers, de même qu'elles ne leur profitent pas, a été abrogée avec tout l'ancien droit et ne peut plus avoir aucune valeur.

Néanmoins cette maxime a encore été invoquée de nos jours, pour des droits qui sont nés avant la publication du Code, et les tribunaux en ont fait quelquefois l'application.— Comp. Bruxelles, 9 nov. 1820, *Pasicrisie*, p. 239; 27 juill. 1827, *Ibid.*, p. 262; Gand, 5 juin 1835, *Ibid.*, p. 224, 2e partie; Cass., 18 nov. 1868 (Dall. 69.

1.128); Nancy, 24 juill. 1869 (Dall. 69.2.234); Gand, 26 nov. 1870, *Pasicrisie,* 1871, 2. 178.

26. Quant aux énonciations de fait, telles que l'âge, l'état civil, la parenté, les juges peuvent en tenir compte comme de présomptions plus ou moins graves, parce qu'en pareille matière la preuve par présomption est toujours admissible (art. 1353); auquel cas, en effet, rien ne serait plus juridique et plus sage que de recourir aux actes anciens.

Mais on ne saurait aller au delà dit M. Demolombe, (t. 6, n. 301), ni concéder qu'une énonciation d'âge ou de parenté, qui ne ferait pas preuve dans un acte récent, ferait preuve dans un acte ancien. Car on arriverait à une conséquence inadmissible, c'est que la preuve de la filiation, même naturelle, pourrait résulter d'indices puisés dans un acte de cette nature ! — Comp. Bonnier, n. 510.

27. Il faut donc s'en tenir aux dispositions spéciales de notre Code qui, dans une certaine mesure, a tenu compte de l'*ancienneté* en ce qui concerne les actes.

28. C'est dans ce sens qu'il a été jugé que :

En l'absence de l'original ou de l'expédition en forme d'un acte ancien (un testament), on peut considérer l'existence et le contenu de cet acte comme suffisamment prouvés, d'une part par la mention qui en est faite dans une déclaration de la partie qui le nie et portant que cet acte lui a été remis, à la charge de le rendre, pour faire les preuves exigées pour son admission comme page et comme chevalier de Malte; et, d'autre part, par la signification d'une copie du même acte faite par un huissier dans une instance engagée devant les juges de l'époque. — Cass., 3 mai 1841 (S.41. 1.720).

29. Il n'est pas nécessaire de représenter un titre primordial lorsqu'on produit des reconnaissances plus que séculaires et soutenues d'une possession conforme. — Cass., 5 juill. 1837 (S.38. 1.71).

30. Spécialement, le créancier d'une rente peut suppléer au titre primordial par la représentation d'un arrêt très-ancien qui en a ordonné le paiement et en prouvant, en outre, que la rente a été servie pendant plusieurs siècles à compter de cet arrêt. — Cass., 19 déc. 1820, (S.chr.).

31. Les énonciations d'un acte de vente ancien depuis longtemps exécuté, et auquel a concouru un des époux, peuvent être opposées aux héritiers de l'autre époux, lorsque des faits constants les rendent vraisemblables et que, d'ailleurs, il n'existe aucun soupçon de fraude. — Rennes, 20 mars 1850, (S. 50.2.254).

1. ACTE AUTHENTIQUE. — C'est l'acte reçu par officiers publics dans les conditions et avec les solennités requises (C. civ., art. 1317).

TABLE ALPHABÉTIQUE.

DIVISION.

§ 1er. — *De la nature et du but de l'authenticité. — Quels actes sont authentiques.*

§ 2. — *Conditions requises pour qu'un acte soit authentique.*

§ 3. — *De l'effet des actes authentiques.*

§ 4. — *De l'exécution des actes authentiques.*

§ 1er. — De la nature et du but de l'authenticité. — Quels actes sont authentiques.

2. Le mot authentique signifie proprement ce qui, ayant un auteur certain, a de l'autorité et mérite qu'on y ait confiance. C'est le sens que lui donne le Code civil (art. 1319), lorsqu'il dit que l'acte authentique fait pleine foi, c'est-à-dire qu'on doit y avoir une entière confiance, parce qu'il émane d'une personne dont la loi consacre le témoignage, en un mot d'un officier public. — Toullier, *Dr. civ.*, t. 8, n. 85.

3. C'est l'autorité publique qui seule peut donner aux actes le caractère de l'autorité. — L. 25 vent. an XI, art. 1er.

4. Ainsi sont authentiques les actes émanés de fonctionnaires ou officiers publics agissant dans leur qualité, et, lorsqu'il s'agit d'intérêt privé, les actes reçus par un officier ayant le droit d'instrumenter dans le lieu où l'acte a été rédigé et avec les solennités requises (C. civ. 1317).

5. On peut distinguer quatre espèces d'actes authentiques : 1º les actes *législatifs*, c'est-à-dire les lois, et ceux qui émanent du souverain, tels que les ordonnances, les décrets, les traités, etc. ; 2º les actes *administratifs*, qui émanent des chefs et préposés des différentes administrations : ainsi les actes consignés dans les registres publics, tels que ceux de l'état civil, les registres du conservateur des hypothèques, de l'enregistrement, etc. ; 3º les actes *judiciaires*, c'est-à-dire les jugements, et tous les actes de procédure, comme exploits, requêtes, procès-verbaux faits par des officiers de justice ; 4º enfin les actes *notariés*.— Toullier, t. 8, nº 54 ; Duranton, t. 13, n. 16. — V. *Acte administratif, Acte judiciaire, Acte notarié*.

6. L'effet de l'authenticité est tel que l'acte fait foi par lui-même ; qu'il suffit de le représenter, et qu'on est obligé d'y déférer, sans pouvoir en exiger la vérification préalable. En disant qu'il fait *pleine foi*, la loi commande aux juges et aux magistrats d'avoir une entière confiance dans les actes authentiques, de tenir pour véritables les faits qu'ils attestent, et d'employer l'autorité qui leur est confiée pour les faire exécuter. — Toullier, t. 8, n. 56.

7. L'authenticité des actes est une institution du droit civil, établie dans des vues d'ordre public et pour prévenir les contestations qui pourraient s'élever sur la preuve des conventions. Naturellement nulle écriture ne fait foi par elle-même, si elle est contestée. Il est nécessaire qu'elle soit reconnue ou vérifiée par quelque voie légitime.

8. Les conditions généralement requises pour l'authenticité de actes sont de trois sortes : les conditions de capacité, de compétence et de forme.

9. L'officier public tire sa capacité de sa nomination dans les formes légales. Toutefois, si cette nomination était infectée de quelque vice, on a adopté, *utilitatis causâ*, la maxime *Error communis facit jus*. Ainsi resteraient valables à cause de la bonne foi des parties, les actes passés par un notaire nommé avant l'âge requis, ou nommé dans un temps d'usurpation, par une autorité de fait, mais illégitime.—V. *Dict. not.*, vº *Acte authentique*, 4º édit., n. 6.

10. L'officier perd sa capacité par la suspension, la destitution, la révocation ; il ne le perd pas de plein droit, mais par la notification du jugement qui prononce la suspension ou destitution. Jusqu'à cette notification, les actes qu'il fait sont valables et authentiques. — L. 25 vent. an II, art. 52. Ainsi jugé à l'égard d'un huissier. — Cass., 25 nov. 1853 (P. chr.).

11. L'art. 135, C. proc. civ., suivant lequel l'exécution provisoire d'un jugement peut être ordonnée quand il y a titre authentique ou promesse reconnue, suppose une décision rendue dans le sens de ce titre ou de cette promesse ; il ne saurait s'appliquer dans le cas où le jugement annule au contraire le titre. — Lyon,

1er octob. 1864, *Rev. not.*, n. 1203; *Répert.*, *Rev. not.*, v° *Acte authentique*, n. 1er.

12. L'art. 1244, C. civ., qui autorise le juge à accorder des délais au débiteur et à surseoir aux poursuites, est applicable alors même que l'obligation résulte d'un acte authentique emportant exécution parée et non contestée.— Alger, 17 fév. 1864, *Rev. not.*, n. 968, *Répert. Rev. not.*, *loc. cit.*, n. 2.

13. Les dispositions de l'art. 1244, C. civ., sont générales et ne distinguent point entre la dette résultant d'un acte authentique et celle qui résulte d'un acte sous seing privé.

Le juge des référés est compétent pour statuer sur l'exécution d'un titre.— Paris, 16 sept. 1869, *Rev. not.*, n. 2513; *Répert. Rev. not.*, v° *Acte authentique*, n. 3.

14. Pour que l'acte soit authentique, il faut observer certaines solennités (L. 25 vent. an II). Mais il est évident que les solennités requises sont celles qui étaient prescrites par la loi en vigueur au moment où l'acte a été passé. Ainsi dans le XIVe siècle, une simple croix pouvait tenir lieu et de sceau et de la signature des notaires. Un acte revêtu de cette marque peut encore aujourd'hui être reconnu pour authentique. — Cass., 28 avril 1828 (P. chr.).

15. Suivant l'art. 1318, C. civ., l'acte qui n'est point authentique par l'incompétence ou l'incapacité de l'officier, ou par un défaut de forme, vaut comme écriture privée, s'il a été signé des parties. Cette disposition est générale et s'applique à tout écrit passé devant un officier public sans capacité pour le recevoir, aussi bien que devant un notaire incompétent.

16. L'acte sous seing privé devient-il authentique par le dépôt qui en est fait chez un notaire? — V. v° *Dépôt de pièces*.

17. Lorsqu'il s'agit d'un testament mystique, la déclaration du testateur que le premier, même non signé ni écrit par lui, qu'il dépose entre les mains du notaire, contient ses dernières volontés, fait la même foi en justice que le testament public. — C. civ., 975.

18. La loi du 25 vent. an XI, art. 27, prescrit aux notaires d'apposer leur *sceau* sur les grosses et expéditions des actes qu'ils délivrent. Mais cette solennité n'est pas nécessaire à l'authenticité. — V. *Sceau notarial*.

19. En outre, comme les officiers publics, n'ayant droit d'instrumenter que dans un ressort déterminé, ne sont réputés connus que dans l'étendue de ce ressort, la loi ne permet pas que leurs actes soient exécutés hors de cette limite, s'ils n'ont été légalisés (L. 25 vent. an XI, art. 28). — V. *Légalisation*.

20. Le défaut de légalisation ne nuit point à l'authenticité de l'acte; il peut seulement en faire suspendre l'effet et l'exécution. — Toullier, t. 8, n. 59.

21. Un acte *authentique* n'est pas par cela même *exécutoire*. Le droit d'*exécution parée* tient à l'apposition d'une formule consacrée par la loi, apposition faite par le fonctionnaire ayant le droit d'ordonner l'exécution de ses actes (C. proc. civ., 545. — V. *Exécution parée, Grosse, Titre exécutoire.*

22. Les procès-verbaux de conciliation reçus par les juges de paix sont-ils authentiques? La négative semblerait résulter de l'art. 54, C. proc. civ., qui dispose que les procès-verbaux ont force d'*obligations privées.* Mais cette disposition a été établie dans l'intérêt des notaires pour empêcher qu'on n'éludât leur ministère : s'il y est dit que les conventions insérées aux procès-verbaux du juge de paix ont force d'*obligations privées,* c'est seulement pour exprimer qu'elles n'auront pas d'exécution parée, et qu'on ne peut y stipuler d'hypothèque. Mais les procès-verbaux font foi jusqu'à inscription de faux. — Pigeau, *Proc. civ.*, liv. 1er, tit. 4, § 7 ; Carré, *Lois de la proc.*, sur l'art. 54 ; Berriat-Saint-Prix, t. 1, p. 174.

23. Ainsi jugé qu'un procès-verbal dressé par un juge de paix dans l'exercice de ses fonctions fait foi jusqu'à inscription de faux. — Aix, 29 nov. 1811 (P. chr.).

24. Les exploits d'huissiers ne font pas pleine foi des conventions qui s'y trouvent alléguées et des réponses faites par les parties, lorsque celles-ci ne les ont pas certifiées par leur signature. — Bordeaux, 27 mars 1841 (P. 41, t. 2, p. 301).

25. Ainsi l'huissier qui, en faisant un protêt, a qualité pour constater le refus de paiement, ne peut, par le seul fait de son attestation, constater la reconnaissance de l'engagement, lorsqu'il n'existe pas une preuve de consentement de la partie, et qu'elle n'a pas elle-même approuvé la réponse insérée dans l'exploit par l'huissier. — Bordeaux, 3 avr. 1832 (P. chr.).

26. Quant à ceux des actes authentiques qui sont soumis à l'enregistrement, le défaut d'accomplissement de cette formalité dans les délais prescrits est une contravention fiscale, que la loi frappe de certaines peines, mais qui ne nuit pas à l'authenticité de l'acte. — V. *Enregistrement.*

§ 2. — Conditions requises pour qu'un acte soit authentique.

27. Trois conditions sont généralement requises pour l'authenticité des actes: il faut : 1º que l'officier ait été capable ; 2º qu'il ait été compétent ; 3º que toutes les formalités prescrites par la loi aient été observées.

28. 1º *Il faut que l'officier ait été capable.*— L'incapacité de l'officier public peut avoir lieu soit parce que sa nomination a été subreptice, soit parce qu'il a été révoqué ou suspendu ou destitué de ses fonctions. — Duranton, *Dr. franc.*, t. 13, n. 70.

29. Si l'officier public obtient sa nomination par subreption, par exemple, en produisant un faux acte de naissance, pour paraître avoir l'âge qu'il n'avait pas, ou en dissimulant qu'il avait été condamné à une peine qui lui ôtait le droit d'exercer des fonctions publiques ; dans ces cas et autres semblables, si la nomination est révoquée, les actes qu'il aura passés seront-ils nuls? — Non : les

actes doivent être maintenus, quelle qu'ait été au fond l'incapa-
cité de l'officier public ; car à ce sujet, il y a eu erreur commune,
Or, *error communis facit jus*. — Duranton, t. 13, n. 77 ; Roll. de
Vill., v° *Acte authentique*, n. 18.

30. D'après le même principe les publicistes enseignent que les
actes reçus par des officiers publics nommés par une autorité usur-
patrice doivent être maintenus, encore que les nominations ne
soient pas confirmées dans la suite par l'autorité légitime.— Roll.
de Vill., *loc. cit.*, n. 19.

31. Lorsque l'officier public a été destitué ou suspendu de ses
fonctions, l'on considère comme valables les actes qu'il a faits
jusqu'à la signification du jugement d'interdiction ou de suspension. — Roll. de Vill., *loc. cit.*, n. 20.

32. Ainsi jugé que l'huissier interdit de ses fonctions peut en
continuer l'exercice tant que le jugement d'interdiction ne lui a
pas été signifié. — Cass., 25 nov. 1813 (P. chr.).

33. Quant aux actes qui n'auraient été reçus que depuis la signification, ils seraient bien certainement nuls, et les parties ne
pourraient exciper de leur ignorance, soit que cette ignorance soit
possible, surtout dans une grande ville, et si la signification n'a
eu lieu que depuis peu de temps. —Roll. de Vill., *loc. cit.*

34. Il est certains cas où un notaire peut être considéré comme
démissionnaire. Ainsi s'il ne réside pas dans le lieu qui lui est
fixé (L. 25 vent. an XI, art. 4 et 5) ; s'il accepte des fonctions incompatibles (art. 7); s'il ne rétablit pas dans les six mois, son
cautionnement entamé par l'effet de la garantie (art. 53). — Deux
décisions ministérielles des 24 vendém. an VII, 19 janv. 1837, ont
décidé, dans ces divers cas, que le notaire n'a le droit de continuer
l'exercice de ses fonctions que jusqu'à la notification de l'ordonnance royale qui le déclare démissionnaire. — Duranton, t. 13,
n. 65. M. Rolland de Villargue, v° *Acte authentique*, n. 22, pense,
au contraire, que le notaire conserve ce droit jusqu'à ce que son
remplacement ait eu lieu et lui ait été notifié.

35. Jugé que lorsqu'un notaire a été frappé de déchéance par
une disposition légale, le testament par lui reçu depuis sa déchéance est nul, sans qu'on puisse en ce cas invoquer l'erreur
commune relativement à cette déchéance.— Cass., 21 janv. 1870.

36. La loi du 31 août 1830, ayant exigé de tous les fonctionnaires un nouveau serment, dans certain délai, à peine d'être considéré comme démissionnaire, l'on a pensé que l'ordonnance royale
qui déclarait cette démission emportait déchéance immédiate des
fonctions du notaire, tellement que ses minutes avaient pu être
mises sous les scellés. — Roll. de Vill., *loc. cit.*, n. 23.

37. Enfin il faut que l'officier public ait agi en sa qualité d'officier public, et non en une autre qualité.

38. Ainsi un acte de partage fait par des experts ne peut être
considéré comme authentique, par cela qu'un des experts était
notaire. — Rennes, 4 avr. 1811 (P. chr.).

39. 2° *Il faut que l'officier public ait été compétent.* — L'officier

public peut être incompétent dans deux cas : 1° lorsqu'il instrumente hors de son ressort; 2° lorsqu'il agit hors du cercle de ses
attributions. — Duranton, t. 13, n. 70.

40. La circonstance que celui auquel on oppose un acte y
aurait apposé sa signature lors de sa confection n'emporte pas
reconnaissance de sa part que celui qui a dressé acte avait le caractère ou la qualité nécessaire pour pouvoir le dresser; dès lors
elle ne le rend pas non recevable, ainsi que ses héritiers, à soutenir
ensuite que cet acte est nul à défaut de qualité dans le chef de
celui qui l'a dressé. — Bruxelles, 27 juil. 1827 (P. chr.).

41. 3° *Il faut que toutes les formes prescrites par la loi aient été
observées.* — La régularité d'un acte authentique doit être jugée
d'après les formes prescrites par les lois en vigueur lors de sa passation. — Rennes, 17 mai 1841 (P. chr.).

42. L'acte qui n'est pas authentique par un défaut de forme
ou par l'incompétence ou l'incapacité de l'officier vaut cependant
comme écriture privée, s'il a été signé des parties. — C. civ., art.
1318. — V. *Acte notarié.*

43. Peu importerait que l'acte signé des parties n'eût pas été
fait en autant d'originaux qu'il y a de parties ayant un intérêt distinct suivant le vœu de l'art. 1325, C. civ. — Cet article n'est point
applicable au cas où l'acte n'étant plus au pouvoir de l'une des parties seulement, se trouve, au contraire, dans un dépôt public; le motif qui a présidé à la rédaction de cet article ne se faisant plus sentir.
— Discussion au Cons. d'Etat sur l'art. 1318; Duranton, t. 13,
n. 71. — V. *Double écrit.*

44. Lorsque l'acte sous seing privé est déposé en l'étude d'un
notaire, il acquiert, par ce dépôt, le caractère de l'authenticité,
pourvu que le dépôt soit fait par toutes les parties.

45. Un acte sous seing privé, lorsqu'il est déposé dans l'étude
d'un notaire par les parties qui en reconnaissent l'écriture, s'iden-
tifie avec l'acte dressé pour le dépôt, ne forme plus qu'un seul et
même acte avec lui, et acquiert l'authenticité de l'acte public. —
Cass., 7 nov. 1843 (P. 43, t. 2, p. 811).

46. Lorsqu'un acte de société sous seing privé a été déposé
chez un notaire par l'un des deux associés qui en a reconnu la sincérité et a autorisé le notaire à en délivrer des copies ou extraits,
et que les héritiers de l'autre associé ont ensuite reconnu le même
acte par d'autres actes équivalents à une reconnaissance formelle,
une Cour royale a pu décider que cet acte sous seing privé devait
être considéré comme authentique. — Cass., 27 mars 1821
(P. chr.).

47. Lorsque, par un acte sous seing privé, des débiteurs ont
constitué une hypothèque pour sûreté de leur obligation et qu'ils
se sont engagés à déposer ce contrat devant un notaire à leurs
frais, ce contrat, par le dépôt qui en a été fait ultérieurement
chez un notaire par les débiteurs, est devenu authentique, et, à
partir de ce jour, l'hypothèque convenue est légalement constituée. — Cass., 11 juill. 1815 (P. chr.).

48. De même, doit être considérée comme valable l'hypothèque consentie par un acte sous seing privé, lorsque cet acte a été depuis reconnu par les parties, suivant un acte authentique, et déposé pour minute chez un notaire. — Cass., 15 févr. 1822 (P. chr.).

49. Mais, comme on l'a déjà dit, il faut que le dépôt de l'acte sous seing privé soit fait par toutes les parties qui y ont figuré. La reconnaissance ne serait pas complète si l'acte n'était déposé que par l'une des parties, *à moins que ce ne fût par le débiteur*. — Discussion au Cons. d'Etat sur l'art. 2127; Roll. de Vill., *loc. cit.*, n. 44, 45.

50. Un acte sous seing privé devient authentique par le dépôt qui en a été fait devant notaire par l'une des parties seulement, si elle a reçu à cet effet un pouvoir exprès des autres parties par l'acte même. — Caen, 22 juill. 1824, conf. Roll. de Vill., *loc. cit.*, n. 48; Troplong, *Hypothèques*, sur l'art. 2127.

51. Particulièrement, un acte sous seing privé contenant constitution de rente viagère, avec affectation hypothécaire, est devenu authentique par le dépôt qui en a été fait devant notaire, par le créancier seul, si ce dernier avait reçu par l'acte même le pouvoir de faire ce dépôt. — Caen, même arrêt du 22 juin 1824 précité.

52. Les actes par lesquels la loi prescrit la forme de *l'authenticité*, tels que les contrats de mariage, les donations, les reconnaissances d'enfant naturel, etc., s'ils étaient d'abord rédigés sous seing privé, deviendraient-ils authentiques par le dépôt qui en serait fait par les parties en l'étude d'un notaire? — Pour la négative, on peut dire qu'en déclarant que « les notaires sont les fonctionnaires publics établis pour *recevoir* tous les actes et contrats auxquels les parties *doivent* ou *veulent* faire donner le caractère de l'authenticité », l'art. 1er de la loi du 25 ventôse an XI sur le notariat établit clairement une grande différence entre les diverses espèces d'actes, du moins quant à leur forme; qu'en prescrivant, pour certains actes, les formes notariales, le législateur n'a pu vouloir permettre qu'ils fussent revêtus des formes communes et privées; qu'il a considéré la présence des notaires à la confection de ces actes, d'ailleurs fort graves, comme nécessaire; et enfin que la mission qui est, dans ces cas, conférée aux notaires est de la même nature que celle qui est attribuée aux juges, aux greffiers et à tous les autres, et qu'ils doivent la remplir eux-mêmes sans pouvoir y associer d'autres individus. On peut, en outre, se prévaloir des inconvénients sérieux qu'entraînerait le système contraire, inconvénients que le législateur a eu précisément pour but de prévenir en établissant une compétence forcée pour certains actes: Nous voulons parler du peu de foi et de garantie qu'offriraient désormais ces actes dont les notaires qui n'auraient pas assisté à leur confection ne pourraient attester la sincérité; du vaste champ ouvert désormais au dol et à la fraude, et enfin du coup funeste porté aux fonctions notariales elles-mêmes, dont les parties pourraient se passer, quoique l'expérience des siècles ait démontré les avantages et la salutaire influence de leur institution. — Roll. de Vill., *loc. cit.*, n. 51 et 52.

53. La reconnaissance d'un enfant naturel faite par un acte sous seing privé devient authentique dans le sens de l'art. 334, C. civ., par le dépôt que le père fait de cet acte entre les mains d'un notaire, en déclarant que cet acte émane de lui. Il y a dans le dépôt une nouvelle reconnaissance de la part du père, reconnaissance qui suffirait à elle seule, indépendamment de l'acte privé. — Roll. de Vill., *loc. cit.*, n. 54.

54. Ainsi l'on doit considérer comme authentique la reconnaissance d'un enfant naturel contenue dans un testament olographe fait sous l'empire de la coutume de Paris, surtout si le testateur l'avait confié à un notaire chargé de le placer après son décès au rang de ses minutes. — Cass., 3 sept. 1806. — V. *Enfant naturel.*

55. De même, quoique le *consentement à mariage* ne puisse être donné que par acte authentique (C. civ., 73), s'il était contenu dans un acte privé, et que le père le déposât lui-même chez un notaire afin qu'il en fût délivré expédition, le consentement serait valablement donné, car il se trouverait renouvelé à l'instant même du dépôt. — Roll. de Vill., *loc. cit.*, n. 53.

56. Jugé cependant que le dépôt d'un acte sous seing privé chez un notaire n'a d'autre effet que de lui donner date certaine et d'assurer sa conservation. — Metz, 24 mars 1819 (P. chr.).

57. Indépendamment du caractère d'authenticité qu'il imprime à l'acte, le dépôt de cet acte dans l'étude d'un notaire vaut en outre comme ratification de l'acte déposé, soit qu'il eût été souscrit par une personne alors incapable, mais devenue capable à l'époque du dépôt, soit que l'acte déposé fût atteint, dans sa forme, de quelque vice, comme le défaut de double original, le défaut d'approbation de somme, etc. — Roll. de Vill., *loc. cit.*, n. 58.

58. En devenant authentique contre le débiteur qui en fait le dépôt, une obligation devient en même temps *exécutoire* contre lui: le notaire peut la délivrer en forme de grosse en même temps que l'acte du dépôt avec lequel elle ne fait plus qu'un. — Merlin, *Rép.*, v° *Acte sous seing privé*, n. 4; Roll. de Vill., *loc. cit.*, n. 59.

59. Ainsi jugé que lorsque l'acte sous seing privé est devenu authentique par le dépôt qui en a été fait chez un notaire, celui-ci peut en délivrer une copie sous forme de grosse. — Cass., 31 août 1819.

60. Qu'un acte sous seing privé devient exécutoire lorsque le débiteur le dépose comme minute chez un notaire. — Bourges, 27 juin 1823.

§ 3. — De l'effet des actes authentiques.

62. L'effet de l'acte authentique est de faire *pleine foi*, C. civ., 1319. — L. 25 vent. an XI, art. 19. — Ce qui veut dire que le témoignage de l'officier qui l'a reçu fait preuve *pleine et complète*, et qu'il n'est pas nécessaire de s'en ménager d'autre pour appuyer les faits qu'il atteste. *Instrumentum est probatio et non probando*. *Rép. gén. du Palais*, v° *Acte authentique*, n. 80.

63. Et l'acte authentique fait pleine foi non-seulement de ce qu'il atteste directement, mais encore de ce qu'il atteste *indirectement* ou *obliquement*, c'est-à-dire de tout ce qui en est une suite nécessaire et infaillible. — Ainsi s'il s'agit d'un testament, non-seulement l'acte atteste que les témoins ont été présents à la dictée et à l'écriture, mais il atteste que les témoins n'étaient pas ailleurs pendant la dictée et l'écriture ; que la dictée et l'écriture n'ont pas eu lieu avant l'arrivée des témoins chez le testateur ; qu'ils ont été en sa présence pendant tout le temps requis pour les faire, etc. — Roll. de Vill., *loc. cit.*, n. 80 et 81.

64. L'acte authentique faisant pleine foi, il s'ensuit qu'aucune preuve contraire à ce qu'il contient n'est admissible. Ainsi un acte authentique ne peut être détruit par les déclarations contraires à son contenu, émanant tant du notaire que des parties et des témoins. — Aix, 8 prair. an XII.

65. De même, sous l'ordonnance de 1667 et en matière civile, de simples présomptions et conjectures ne peuvent être admises pour détruire la foi due aux actes. — Cass., 15 vendém. an XIV (P. chr.).

66. Et la date des actes publics fait essentiellement partie de ces actes. — Cass., 20 fév. 1816 (P. chr.).

67. La date de la signification d'un jugement, écrite en toutes lettres sur la copie produite, doit faire foi de préférence à celle qui n'est énoncée qu'en chiffres, alors surtout que ces chiffres sont surchargés. — Cass., 14 juill. 1832 (P. chr.).

68. La date de l'enregistrement d'un acte fait foi que cet acte n'a été présenté à la formalité que le jour même où il a été enregistré. — Cass., 23 déc. 1835, Champ. et Rig., *Traité des dr. d'enreg.*, t. 1er, n. 30 et suiv.

69. Lorsqu'il est établi par un extrait du registre du bureau des domaines que le prévenu a payé les frais et l'amende auxquels il avait été condamné, la preuve authentique qui résulte de cet acte ne peut pas être affaiblie par l'allégation du prévenu que ce ne serait pas lui qui aurait effectué ce paiement. — Cass., 5 nov. 1829 (P. chr.).

70. Lorsqu'un inventaire constate qu'une somme d'argent a été trouvée dans l'actif d'une communauté, et que plus tard les héritiers de l'époux décédé découvrent qu'une somme supérieure à 150 francs non déclarée par l'époux survivant était due par un tiers à la communauté au moment de l'inventaire, les juges appelés à statuer sur la question de recel de cette partie de l'actif, ne peuvent, à l'aide de simples présomptions et en se fondant simplement sur les faits et circonstances de la cause, qu'ils n'énoncent pas d'ailleurs, décider que la somme mentionnée en espèces dans l'inventaire est la même que celle qui était due à la communauté au moment de la rédaction de l'acte. — C'est au contraire, de leur part, violer la foi due à un acte authentique. — Cass., 2 déc. 1835 (P. 1836, t. 1er, 590).

71. Lorsque des arbitres nommés par des associés, sur renvoi du tribunal de commerce, déclarent dans leur procès-verbal, rédigé en forme de jugement, que les parties ont transigé à des conditions qu'ils font connaître, cette déclaration fait preuve de la transaction encore qu'elle ne soit pas signée des parties.—Bruxelles, 12 déc. 1809.

72. L'attestation des notaires chargés de faire le protêt fait foi de la réponse et de la reconnaissance qui en résulte, sans qu'il soit besoin de la signature du répondant. — Elle fait donc preuve d'une obligation contre ce répondant, alors surtout qu'il s'y joint des aveux de sa part, consignés dans un interrogatoire sur faits et articles. — Aix, 9 août 1839 (P. 1839, t. 2, p. 358).

73. Les feuilles d'audience font foi de l'absence ou de la présence des juges. En conséquence, la nullité résultant contre un arrêt de l'omission, sur la feuille d'audience, de l'un des jours où la cause a été plaidée, du nom d'un magistrat qui a cependant participé, ne peut être couverte, par cela que les autres juges réunis auraient, même sur la réquisition du ministère public, et à l'aide de leurs simples souvenirs, déclaré que ce magistrat était présent à l'audience, et autorisé le greffier à ajouter son nom à la liste des juges présents à cette audience et à l'employer dans les expéditions de l'arrêt.— Cass., 6 nov. 1827 (P. chr.).

74. Il suffit qu'un arrêt constate que les juges répartiteurs ont été appelés suivant l'ordre du tableau, pour que cette énonciation fasse foi, encore bien qu'elle offre une sorte de contradiction avec le registre de pointe tenu au greffe, lequel, en établissant l'absence de plusieurs conseillers, semble indiquer qu'à leur égard l'ordre du tableau n'a pas pu être observé. — Cass., 19 août 1828 (P. 29.1. 131).

75. Un certificat et un extrait du plumitif délivré par le greffier d'un tribunal correctionnel ne peuvent détruire la foi due aux jugements rédigés d'après la feuille d'audience. — Cass., 20 avr. 1829 (P. 30.1.174).

76. Jugé que les actes authentiques font foi jusqu'à inscription de faux. —Paris, 21 germ. an XII.

77. Les faits de dol qui tendraient à établir que dans l'acte de reconnaissance d'un enfant naturel, dressé par le notaire, il a été commis un faux, ne peuvent être prouvés par témoins sans inscription de faux. — Cass., 27 août 1811 (P. chr.).

78. Un acte authentique de vente, régulier en la forme et portant quittance du prix, fait foi des conventions et énonciations qu'il renferme et ne peut être attaqué, soit par défaut de consentement en ce que l'une des parties n'aurait pas été présente à l'acte, soit en ce qu'il n'y aurait pas eu réellement de prix payé; à moins qu'il ne soit attaqué par la voie de l'inscription de faux. — Lyon, 18 janv. 1838 (P. 39.2.270).

79. Un acte authentique contre lequel les parties n'ont point pris la voie de l'inscription de faux, ne peut être déclaré faux, quelles que soient d'ailleurs les présomptions qui s'élèvent contre sa sincérité. — Riom, 21 déc. 1809 (P. chr.).

80. L'énonciation dans un jugement que tel juge est absent, s'est abstenu ou départi, fait foi jusqu'à inscription de faux ; et une partie est non recevable à l'attaquer autrement, alors même qu'elle produirait une déclaration contraire, émanée du magistrat signalé comme absent ou comme s'étant abstenu.— Cass., 13 nov. 1827 (S. chr.).

81. Un acte d'huissier, tel qu'un procès-verbal de carence, non attaqué par l'inscription de faux, ne peut être annulé sur le motif que les circonstances du procès donnent la conviction que cet acte a été rédigé hors la présence du débiteur, et même hors le lieu et le domicile dans lequel l'huissier a déclaré s'être transporté et avoir instrumenté. — Cass., 13 avr. 1831 (P. chr.).

82. Un acte public, tel qu'un testament, fait foi, jusqu'à inscription de faux, non-seulement des dispositions qui y sont contenues, mais encore de leur ponctuation. Ainsi l'inscription de faux est nécessaire lorsqu'on prétend qu'une virgule a été placée, après coup, dans telle ou telle partie d'un testament. — Limoges, 14 août 1810.

83. L'énonciation faite dans un acte de prêt, passé devant notaire, qu'une partie de la somme exprimée en cet acte a été fournie antérieurement fait foi jusqu'à inscription de faux. — Colmar, 7 avr. 1813 (P. chr.).

84. Les énonciations contenues dans un acte authentique, et desquelles il résulte qu'un terrain n'était pas vain et vague à l'époque où l'acte a été passé, doivent faire foi en justice jusqu'à inscription de faux. — Cass., 15 mars 1820 (P. chr.).

85. De ce que l'acte continue de faire foi, malgré l'inscription de faux, il suit que la preuve de l'inscription de faux ne peut et ne doit être admise qu'avec une extrême réserve, et que les faits articulés doivent être appuyés de circonstances et de présomptions qui les rendent probables ; cette appréciation est au reste laissée à la prudence des juges. — Spécialement, il ne suffit pas à celui qui s'inscrit en faux contre l'énonciation d'un acte authentique *qu'il a été reçu par tel notaire*, d'articuler que c'est le principal clerc de ce notaire qui a reçu l'acte ; il faut, de plus, que cette articulation soit accompagnée de circonstances et de présomptions qui la rendraient probable. — Paris, 22 janv. 1840 (P. 40.2.689).

86. Lorsqu'en réponse à une délibération fondée sur un acte authentique, le débiteur a opposé des bordereaux attribués au créancier lui-même et dont il prétendait tirer la preuve complète que la créance consignée dans cet acte n'était réelle que pour une partie, l'arrêt qui, par appréciation de ces bordereaux, a décidé qu'ils ne constituaient que de simples notes et documents incapables dès lors de détruire la reconnaissance résultant de l'acte authentique n'a violé aucune loi. — Cass., 27 nov. 1843 (P. 44.1.21).

87. Un acte authentique ne peut être déclaré faux sur la simple déposition de deux témoins instrumentaires qu'ils n'étaient point présents à sa rédaction et qu'ils ne l'ont signé qu'après coup, lorsque l'acte même énonce le contraire. Du moins l'arrêt qui le décide ainsi ne viole aucune loi. —, Cass., 17 déc. 1818 (P. chr.).

88. De même, les dépositions des témoins signataires d'un acte authentique, tel qu'un testament notarié, entendus sur une inscription de faux, alors surtout qu'elles ne sont pas unanimes, sont à elles seules, et en l'absence de toutes autres circonstances, insuffisantes pour établir la fausseté des énonciations renfermées dans l'acte attaqué. — Colmar, 21 nov. 1829 (P. chr.).

89. Un acte authentique ne fait foi des sommes qu'il énonce que lorsqu'il n'y a pas d'altération sur les mots qui les expriment. Dès lors si, dans un acte de donation, il existe des surcharges ou altérations sur une partie des mots qui expriment la somme donnée, les juges peuvent, sans violer le principe que la foi est due aux actes authentiques jusqu'à inscription de faux, n'avoir aucun égard aux mots surchargés ou altérés.—Cass. 27 juil. 1825 (P. chr.).

90. Lorsque les surcharges ou additions que renferme un acte notarié sont de nature à influer, soit sur les conventions des parties, soit sur la forme substantielle de l'acte, elles peuvent donner lieu à une simple action en nullité, sans qu'il soit nécessaire de prendre la voie de l'inscription de faux. — Cass., 21 fév. 1821.

91. Une Cour d'appel a pu, dans son arrêt, sans méconnaître la foi due aux actes authentiques et sans encourir la cassation, corriger, d'après les titres qui s'y rattachent, et notamment d'après les éléments renfermés dans l'acte lui-même, l'erreur d'une somme qui a été énoncée dans un exploit.— Cass., 3 déc. 1838 (P. 39.1,307).

92. Le principe d'après lequel les actes authentiques font foi jusqu'à inscription de faux ne s'applique qu'aux faits et circonstances que l'officier public avait mission de constater. — Riom, 11 janv. 1837 (P. 37.2.380).

93. L'énonciation dans un contrat de mariage que les contractants étaient *futurs* époux et stipulaient *en vue du mariage,* ne fait pas foi, jusqu'à inscription de faux, que le mariage n'avait pas encore eu lieu. Dès lors, la preuve que le mariage a précédé le contrat est admissible. *Même arrêt.* C'est la conséquence du principe admis que si l'officier public excède sa mission et ses pouvoirs il n'est plus qu'un simple particulier, incapable de donner à ses écrits aucune authenticité.—Toullier, t. 8, n. 144 et 145 ; Roll. de Vill., v° *Acte authentique,* n. 60.

94. Un arrêt ne viole pas les principes relatifs à la foi due aux actes authentiques en déclarant qu'un commandement ne peut avoir effet comme ayant été signifié au parquet du procureur de la République, alors qu'il est constant, d'après les circonstances, que le débiteur avait un domicile connu. — Car la mention faite dans le commandement que le débiteur n'avait pas de domicile connu, n'exprime que l'opinion personnelle de l'huissier rédacteur de l'acte, et cette opinion doit céder devant la conviction contraire de la Cour d'appel. — Cass., 10 janv. 1843 (P. 43.2.629).

95. L'acte authentique ne fait foi jusqu'à inscription de faux qu'à l'égard des faits qui se sont passés en présence du notaire. — Lyon, 9 fév. 1837 (P. 37.2.162).

96. Ainsi l'acte authentique fait pleine foi d'un contrat de vente intervenu entre parties qui se seront présentées devant un notaire, de la numération des espèces qui aura eu lieu en sa présence, de l'époque de la prise de possession des lieux par l'acquéreur, si, sur la réquisition de ce dernier, il s'est transporté sur les lieux pour faire cette constatation, etc. — Toullier, t. 8, n. 146 et 147 ; Roll. de Vill., *loc. cit.*, n. 62 et 63.

97. De même tout ce que constate l'officier public quant à son propre caractère, à la présence des témoins, à la date et à la lecture de l'acte, à l'apposition des signatures, aux déclarations faites par les parties sur leur ignorance ou sur leur impuissance de signer, constitue une preuve parfaite. — Teste, *Encyclopédie du droit*, v° *Acte authentique*, n. 10 ; Roll. de Vill., *loc. cit.*, n. 70.

98. S'il s'agit au contraire de faits qui se sont passés *hors de la présence du notaire*, et qu'il n'a rapportés que sur la foi des parties ou de l'une d'elles, ou sur ce qui a été dit dans les conférences, ce ne sont plus que de simples *énonciations* auxquelles le simple caractère d'authenticité ne peut s'appliquer. — Toullier, t. 8, n. 150 ; Roll. de Vill., *loc. cit.*, n. 77 et 78 ; Teste, aussi *loc. cit.*, n. 21.

99. Le juge pourrait faire remonter la restitution des fruits à une époque antérieure à la mise en possession constatée par l'acte authentique de la vente, s'il lui apparaissait comme constant des faits de la cause, et par exemple d'une vente sous seing privé antérieure à l'acte authentique que la mise en possession a précédé l'époque indiquée par ce dernier acte. — Cass., 12 juill. 1837 (P.37.2.452).

100. Bien qu'une obligation mentionne que les espèces en ont été comptées en présence du notaire, le débiteur peut, sans être tenu de prendre la voie de l'inscription de faux, être admis à prouver par témoins que l'obligation est usuraire. — Bourges, 2 juin 1831 (P. chr.).

101. De même on peut être admis à prouver par témoins, devant un tribunal civil, que dans la somme portée en un contrat, même authentique, ont été compris des intérêts usuraires, bien que le contrat énonce que l'intérêt a été fixé à 5 p. 100, et que des quittances postérieures portent que l'intérêt a été payé conformément au contrat. — Bordeaux, 8 juill. 1833 (P.33.1.370).

102. L'art. 1319, C. civ., qui porte que l'acte public fait pleine foi des conventions qu'il renferme, reçoit exception quand l'acte est attaqué pour cause de nullité. — Cass., 2 mars 1837 (P. 37.2.39).

103. De même, lorsqu'un acte authentique est attaqué, non comme faux, mais comme arraché par violence, et dénué du consentement réel des parties, les faits de violence et d'extorsion peuvent, comme tous ceux qui constituent des délits et quasi-délits, être établis par la preuve testimoniale et par des présomptions de nature à former la conviction du juge, sans qu'il soit nécessaire de recourir à l'inscription de faux. — Cass., 5 févr. 1828 (P.28.2. 131).

104. L'art. 1319 ne met pas obstacle à ce que les parties établissent par la preuve testimoniale qu'elles étaient, lors de la signature de l'acte, dans un état mental (spécialement au cas d'ivresse) de nature à ne pas leur laisser le libre exercice de leur volonté et de leur consentement. — Lyon, 9 févr. 1837 (P.37.2. 162).

105. Un acte authentique peut être annulé pour cause de dol et de fraude. — Limoges, 3 août 1811 (P. chr.).

106. On peut attaquer, comme résultat du dol et de la fraude, la mention d'un paiement énoncée dans un acte authentique, et la preuve testimoniale est en pareil cas admissible. — Colmar, 18 juin 1819 (P. chr.).

107. Un acte authentique peut être annulé lorsqu'il est établi par des présomptions graves précises et concordantes, ainsi que par les réponses dans un interrogatoire sur faits et articles de celui qui l'invoque, que cet acte a été le résultat du dol et de la fraude. — Paris, 7 déc. 1814 (P. chr.).

108. Lorsqu'une Cour d'appel chargée de l'examen et de l'appréciation du compte rendu par un mandataire, et partant du commencement de preuve par écrit qu'elle a reconnu exister au procès des aveux du coupable lui-même, et enfin de la production de certains actes, a jugé en fait que la lecture de ces actes ne permettait pas de croire à la sincérité du contenu dans des actes même authentiques par lesquels le mandataire prétendait établir sa libération, une pareille décision ne saurait donner ouverture à cassation. — Cass., 26 janv. 1820 (P. chr.).

109. Lorsque, pour établir le dol et la fraude qui ont donné naissance à un acte, on excipe de l'invraisemblance et de la fausseté des énonciations qui y sont mentionnés, il ne s'ensuit pas que, pour obtenir l'annulation, il faille recourir à l'inscription de faux. — Aix, 12 juill. 1813.

110. La règle portant que foi est due à l'acte authentique jusqu'à inscription de faux n'est pas applicable quand l'acte est attaqué pour cause de dol et de fraude. — Cass., 31 juill. 1833; 2 mars 1837 (P. 37.2.39); et 12 mars 1839 (P.39.2.258).

111. Quoiqu'en règle générale on ne soit pas recevable à attaquer un acte auquel on a été partie, cette règle souffre exception dans le cas où l'une des parties offre de prouver que cet acte n'était pas sérieux et ne devait pas être exécuté. En ce cas les parties peuvent être admises à prouver par témoins la simulation de l'acte, bien qu'il s'agisse d'un acte authentique, si d'ailleurs il existe un commencement de preuve par écrit. — Bordeaux, 29 nov. 1828 (P. chr.).

112. Mais l'acte authentique fait foi jusqu'à la preuve de la simulation. — Paris, 21 germin. an XII.

113. La preuve testimoniale est admissible contre le contenu d'un acte authentique lorsqu'elle porte sur des faits de dol, de fraude et de simulation. — Cass., 4 févr. 1836 (P. 36.1.630).

114. Dans les actes notariés, il n'y a de constaté d'une manière authentique que ce dont le notaire a pu juger par le témoignage des sens. — Cass., 14 févr. 1828 (S. chr.).

115. Ainsi l'énonciation dans un acte notarié que l'une des parties est mineure ne suffit pas pour prouver la minorité, indépendamment de l'acte de naissance ou de tout autre acte équivalent. — Même arrêt.

116. Les héritiers d'un vendeur peuvent, sans recourir à l'inscription de faux, être admis à prouver par témoins, qu'au moment de la passation de l'acte authentique, qui constate le consentement du vendeur, ce dernier était privé, par la violence de la maladie, du libre exercice de sa raison, et que son consentement à la vente n'a pu être le trait d'une volonté libre et éclairée. — Bordeaux. 12 août 1828 (P. chr.).

117. Les tiers peuvent, sans inscription de faux, opposer que des actes authentiques sont le résultat de la simulation : tel est, par exemple, le cas d'une vente faite devant notaire, et alors même que l'acte porte que le prix a été payé comptant. Les juges peuvent, dans ce cas, se déterminer par des présomptions. — Bordeaux, 22 janv. 1828 (P. chr.).

118. Un tiers intéressé peut, sans recourir à la voie de l'inscription de faux, être admis à prouver par témoins et par de simples présomptions, la simulation frauduleuse d'un acte authentique qui énonce que les espèces ont été nombrées et comptées en présence du notaire et des témoins. Les juges peuvent, dans ce cas, se déterminer par des présomptions, aux termes de l'art. 1353, C. civ. — Cass., 18 juin 1816 (P. chr.).

119. Les énonciations d'un acte authentique peuvent, sans qu'il soit nécessaire de recourir à l'inscription de faux, être déclarées fausses et simulées, même à l'égard des parties contractantes, si la fausseté des énonciations paraît résulter des circonstances de la cause. Spécialement, la déclaration faite dans un acte notarié par un remplaçant au profit d'un entrepreneur de remplacements militaires, qu'il a touché de lui le prix de son remplacement, peut être déclarée simulée, quand il résulte des circonstances de fait reconnues par les juges que ce prix n'a réellement pas été payé. — Aix, 2 févr. 1832.

120. La représentation de plusieurs actes authentiques dans lesquels une partie a déclaré ne savoir signer ne prouve nullement qu'elle n'a pas souscrit un acte sous seing privé qu'on lui oppose. — Rennes, 12 avril 1825 (P. chr.).

§ 4. — De l'exécution des actes authentiques.

121. On a toujours regardé comme un principe de droit public que l'exécution des actes revêtus de formalités propres à les rendre authentiques ne pouvait recevoir aucune atteinte. La société les prend sous sa protection, et le souverain y attache sa sanction, en prescrivant à tous ses agents de les faire exécuter. Sous ce rapport, les actes authentiques participent à l'autorité des lois (C. civ., art. 1134), et les officiers publics, en écrivant les mandements d'exécution, sont de véritables délégués de la puissance publique. — Toullier, t. 9, n. 322.

122. L'inscription de faux étant la seule voie ouverte contre les actes authentiqnes, il est nécessaire de s'inscrire en faux, lorsqu'il s'agit d'une altération *purement matérielle* renfermée dans un acte authentique, aussi bien que s'il s'agissait d'une altération *intentionnelle et frauduleuse*. — Cass., 3 juin 1834.

123. On est recevable à prouver qu'une énonciation contenue dans un acte authentique est fausse, sans que les juges civils, dans le cas même où les auteurs du faux seraient vivants et où le délit ne serait pas prescrit, soient tenus de surseoir jusqu'après le jugement du faux au criminel. — Besançon, 23 août 1823.

124. Lorsqu'un acte authentique est reconnu ne constituer qu'une donation faite à une personne incapable à l'aide de personne interposée, les tribunaux peuvent, sans qu'il y ait eu inscription de faux, suspendre l'exécution de cet acte. — Bordeaux. 13 févr. 1807 (P. chr.).

125. De même l'art. 1319 qui veut que l'exécution des actes authentiques ne soit suspendue que par l'inscription de faux, ne s'applique qu'aux conventions réellement renfermées dans les actes authentiques, mais non, par exemple, s'il s'agit d'un contrat de vente argué de nullité, comme présentant une donation déguisée. — Poitiers, 20 janv. 1813.

126. Lorsqu'un acte authentique qui, d'ailleurs, est attaqué pour simulation, contient des dispositions contradictoires en fait, il peut être ordonné qu'il sera sursis à son exécution, sans qu'il soit besoin de recourir à la voie de l'inscription de faux.— Rouen, 2 fév. 1829 (P. chr.).

127. Lorsqu'une obligation notariée, bien que causée pour prêt, est reconnue par contre-lettre avoir pour cause réelle le solde probable d'un compte *non encore arrêté entre les parties*, l'exécution de cette obligation peut, sur la demande du débiteur, et sans qu'il soit besoin de recourir à la voie de l'inscription de faux, être suspendue jusqu'au règlement définitif du compte. — Cass., 21 déc. 1836 (P.37.1.327).

128. L'exécution d'un titre paré et non contesté ne peut pas être arrêtée par une simple opposition. — Colmar, 14 avril 1815 (P. chr.).

129. Un tribunal ne peut surseoir à l'exécution d'un arrêt, sous prétexte qu'il a été formé contre cet arrêt une tierce opposition ou un recours en cassation. — Paris, 7 janv. 1812 (P. chr.).

130. Un débiteur ne peut, par une offre de cautionnement, arrêter les poursuites dirigées contre lui par le créancier porteur d'un titre authentique. — Rennes, 3 janv. 1826 (P. chr.).

131. Un débiteur peut faire surseoir par voie de référé à l'exécution d'un titre authentique s'il est survenu une loi qui en ait opéré la réduction. — Cass., 5 déc. 1810 (P. chr.).

132. Le juge des référés a le droit d'apprécier les motifs qui peuvent paralyser l'exécution d'un acte authentique et en conséquence d'ordonner la discontinuation des poursuites exercées en vertu de ce titre, alors surtout que le créancier se trouve avoir un gage suffisant pour la conservation de ses droits. — Paris, 20 fév. 1837 (P. chr.). — V. *Acte exécutoire.*

ACTE CONFIRMATIF. — C'est l'acte par lequel on ratifie une obligation ou un engagement qui était dépourvu de force suffisante ou qui pouvait donner lieu à une action en nullité ou en rescision. — V. *Affectation hypothécaire, Cautionnement, Confirmation, Liquidation, Obligation, Ratification.*

ACTE CONSERVATOIRE. — 1. On appelle ainsi l'acte qui tend, non à exercer actuellement, mais à conserver des droits dont on est investi et dont on veut s'assurer l'exercice tant sur les meubles que sur les immeubles du débiteur, sans changer la position de celui-ci.

TABLE ALPHABÉTIQUE.

2. La première question qui s'élève en cette matière est de savoir quels actes peuvent être considérés comme conservatoires? La réponse est difficile, car leur nombre est infini; bornons-nous à signaler les principaux, c'est-à-dire ceux qui se présentent le plus fréquemment dans la pratique.

3. Ce sont notamment :

1° Les inscriptions hypothécaires. — V. *Hypothèques.*

2° Les saisies-arrêts ou oppositions. — V. *Saisies-arrêts.*

3° Les appositions de scellés. — V. *Scellés.*

4° Les inventaires. — V. *Inventaire.*

5° Les protêts faute d'acceptation et les protêts faute de paiement. — V. *Protêt.*

4. Doivent en outre être considérés comme actes conservatoires :

6° Les oppositions à partage. — V. *Partage.*

7° Les demandes afin de séparation de patrimoines, — V. *Séparation des patrimoines.*

8° Les interventions des créanciers dans les instances en partage et dans les séparations de biens. — V. *Partage, Séparation de biens.*

9° Les protestations et réserves, ainsi que les mises en demeure. — V. *Réserves, Mise en demeure.*

10° La consignation. — V. ce mot.

11° Le séquestre, — V. ce mot.

12° En matière de vente d'office, l'opposition signifiée à la chambre de discipline au parquet, ou au garde des sceaux. — V. *Office.*

5. Enfin sont actes conservatoires une foule d'autres actes, exploits ou procès-verbaux qui ont pour objet, non l'exercice immédiat de l'action, mais des constatations préalables, ou des précautions à prendre contre des éventualités compromettantes. — Marc-Deffaux et Harel, *Encyclop. des huissiers*, 3ᵉ édit., vᵒ *Acte conserv.*, n. 6.

6. Les actes purement conservatoires peuvent toujours être faits par le créancier. Mais l'exigibilité de la créance est nécessaire pour faire les actes conservatoires qui nuisent à la jouissance du débiteur. — Bioche, *Diction. de proc.*, vᵒ *Acte conservat.*, n. 26.

7. Du reste pour apprécier exactement l'étendue des droits du créancier, il importe de distinguer deux hypothèses : 1° La créance n'est pas exigible d'après le titre, ou étant exigible, le débiteur a obtenu du tribunal un délai appelé délai *de grâce* ; 2° la condition sous laquelle la dette a été contractée n'est pas accomplie.

8. Si nous supposons d'abord qu'un délai conventionnel ait été stipulé en faveur du débiteur, le principe est que pendant ce délai le créancier ne peut faire aucun acte conservatoire qui tende même indirectement à faire payer avant l'expiration du délai ; cela résulte du principe posé dans l'art. 1186, C. civ., d'après lequel, ce qui n'est dû qu'à terme ne peut être exigé avant l'échéance. — Marc-Deffaux, *loc. cit.*, n. 9.

9. Il suit de là que le créancier ne serait pas reçu à pratiquer une saisie-arrêt entre les mains d'un tiers, car ce serait un acte d'exécution qui tendrait à faire payer le débiteur avant l'expiration du délai ; mais il peut faire tous actes conservatoires qui n'apportent aucun changement à la convention, aucun trouble à la jouissance du débiteur, ceux qui ont pour but seulement de conserver son droit, d'en préparer et d'en assurer l'exercice : en un mot, il a le droit de pourvoir aux moyens de faire exécuter l'obligation au terme fixé.—Toullier, t. 6, p. 663 et suiv. ; Roll. de Vill., *Rép.*, vᵒ *Acte conservat.*, n. 13; Marc-Deffaux et Harel, *ut supra.*

10. Le créancier peut, de l'avis général, faire les actes conservatoires suivants : En attendant le jugement définitif, il peut, s'il a privilége ou hypothèque, prendre inscription sur les immeubles affectés à sa créance ; s'il n'a qu'un titre privé, il a la faculté de former une demande en reconnaissance d'écriture afin d'être en mesure de prendre inscription à défaut de paiement de l'obligation à son échéance. — V. Bioche, *loc. cit.*, n. 27 ; Marc-Deffaux et Harel, n. 10.

11. Ils pourraient également, pensons-nous, faire une sommation ou former une demande judiciaire pour interrompre une prescription, une péremption et éviter une déchéance, et enfin exercer les droits de leur débiteur autres que ceux attachés à sa personne, intervenir dans l'instance en séparation de biens, introduite par la femme contre son mari, requérir l'apposition ou la levée des scellés après le décès du débiteur et faire procéder à l'inventaire. — Marc-Deffaux et Harel, *ut supra*.

12. Indépendamment du délai conventionnellement stipulé, les juges peuvent, toutes choses demeurant en état, surseoir à l'exécution des poursuites et accorder au débiteur, pour le paiement, des délais modérés appelés délais de grâce, art. 1244, C. civ.

13. Pendant le délai de grâce, le créancier ne peut exercer aucun acte conservatoire de nature à priver le débiteur du bénéfice du terme, sur les biens possédés par le débiteur lors du jugement. — Arg. art. 1244, C. civ. et 125, C. proc.

14. Par suite le créancier ne peut saisir, pour les mettre sous séquestre, les meubles que le débiteur possédait au moment où il a obtenu le délai, parce que cette saisie et ce séquestre sont plus que des actes conservatoires ; à moins toutefois que le débiteur ne vende ses meubles ou ne les détourne frauduleusement ou bien encore aliène les immeubles sur lesquels le créancier n'a pas d'inscription, celui-ci peut le faire déclarer déchu du bénéfice du terme et faire en conséquence, sans restriction aucune, tous les actes conservatoires qu'il juge utiles. — Toullier, t. 6, n. 674 ; Bioche, *loc. cit.*, n. 33 ; Marc-Deffaux et Harel, *loc. cit.*, n. 12.

15. Mais le créancier peut valablement prendre inscription, former opposition à la levée des scellés apposés sur les effets d'une succession échue au débiteur, s'opposer à ce qu'il soit procédé à aucun partage hors de sa présence, et à ce que les sommes ou meubles qui reviennent au débiteur soient remis à ce dernier, former opposition au remboursement d'une rente, s'opposer à la délivrance de deniers provenant du prix des meubles, des récoltes vendus sur le débiteur, enfin faire tous les autres actes indiqués. — *Suprà*, n. 3 et suiv.

16. Toutefois on a contesté au créancier le droit de former des oppositions. On s'est fondé, à cet effet, sur ce que dans le Code de procédure civile la saisie-arrêt a été placée parmi les voies d'exécution forcée des jugements. Mais cette objection est purement spécieuse ; les délais n'ont été accordés au débiteur que parce qu'il était dans l'impossibilité de payer ; le motif cesse dès que la rentrée des fonds qui lui sont dus le met dans une position différente. — Bioche, *loc. cit.*, n. 32 ; *Sic*, Carré, art. 126 ; Demiau, art. 125 ; Toullier, t. 6, n. 673.

17. Du reste si, avant l'expiration du délai de grâce, des biens nouveaux adviennent au débiteur par donation, succession ou autrement, le créancier peut, non-seulement faire des actes conservatoires, mais des actes d'exécution, saisir même ces biens nouvellement acquis, attendu que ce n'est pas changer l'état de choses qui existait à ce moment. — Toullier, t. 6, n. 675 ; Bioche, *loc. cit.*, n. 30 et 31 ; *Contrà*, Marc-Deffaux et Harel, n. 14.

18. Mentionnons enfin la règle commune au délai conventionnel et au délai de grâce, d'après laquelle le créancier peut demander que le débiteur soit déchu du bénéfice du terme, s'il a diminué par son fait les sûretés données par le contrat, s'il est en état de faillite ou de déconfiture, s'il est contumax, s'il est constitué prisonnier, ou si ses biens sont vendus à la requête d'autres créanciers (C. civ., 1188 et C. proc., 124).

19. Le créancier conditionnel a, conformément à l'art. 1180, C. civ., la faculté d'exercer, avant que la condition soit accomplie, tous les actes conservatoires de son droit.

20. Par suite, il peut faire les mêmes actes que le créancier à terme, et spécialement produire à l'ordre du prix de l'immeuble vendu et hypothéqué à la créance, sauf à ne toucher le montant de sa collocation qu'après l'accomplissement de la condition. — Pothier. *Traité des oblig.*, n. 222 ; Toullier, t. 6, n. 528 ; Bioche, *loc. cit.*, n. 35 ; Marc-Deffaux et Harel, n. 17.

21. Ainsi, par exemple, le créancier conditionnel peut valablement stipuler une hypothèque conformément à l'art. 2132, C. civ., et prendre inscription aux termes de l'art. 2148.

22. Lorsqu'une chose est détenue par un tiers, le propriétaire qui veut en reprendre la possession peut-il faire procéder à des actes conservatoires ?

23. La réponse à cette question est qu'en principe les parties doivent rester avec les mêmes avantages qu'avant le procès ; il n'est pas permis de se faire justice à soi-même et le possesseur est présumé propriétaire jusqu'à preuve contraire. — Bioche, *loc. cit.*, n. 19. — Pigeau, 1.176.

24. Et par exemple celui qui réclame ou veut réclamer un immeuble, en justice, ne peut troubler en aucune manière la possession du détenteur, soit en formant opposition entre les mains du tiers qui a l'immeuble, soit en empêchant la perception des fruits par des oppositions entre les mains des fermiers et des locataires ; autrement on pourrait intenter contre lui une action en complainte. — *Sic*, Pigeau, *ut suprà* ; Bioche, n. 20 ; Marc-Deffaux et Harel, n. 19. — V. *Actions possessoires*.

25. Mais si le détenteur d'un immeuble réclamé le dégradait après la demande, pour préjudicier au réclamant, celui-ci pourrait faire les actes conservatoires nécessaires : par exemple demander que l'immeuble fût séquestré. Il pourrait aussi demander le séquestre s'il avait à craindre que la réclamation ne fût longue à juger ; mais, dans tous les cas, il ne peut troubler la jouissance avant que le juge n'ait prononcé. — C. civ., 1961 ; Marc-Deffaux et Harel, n. 20 ; Bioche, n. 21 ; Favard, *Rép.*, vᵒ *Acte conservatoire*, Pigeau, *ut suprà*.

26. Du reste celui qui se dit propriétaire d'un immeuble peut s'opposer à la vente qu'un tiers veut faire de cet immeuble. Cette opposition n'est pas interruptive de la jouissance ; mais il est non-recevable à s'opposer au paiement des loyers ou fermage. — Merlin, *Rép.*, vᵒ *Acte conservat.* ; Bioche, *loc. cit.*, n. 22.

27. La personne qui se prétend propriétaire d'une chose mobilière possédée par un autre peut faire tous les actes qui tendent à sela conserver, quand même ils empêcheraient le détenteur d'en jouir.— Pigeau, *ut supra*, vᵒ *Acte conservat.*, n. 2 ; Bioche, *loc. cit.*, n. 23 ; Marc-Deffaux et Harel, n. 21.

28. Si la chose est entre les mains de celui contre qui on veut réclamer, il faut saisir-revendiquer : si elle est entre les mains d'un tiers, il faut où saisir-revendiquer ou former opposition entre les mains de ce tiers. — Pigeau, *ut suprà* ; Bioche, *loc. cit.*, n. 24 et 25 ; Marc-Deffaux et Harel, n. 22.

29. Au nombre des personnes, qui peuvent recourir à des actes conservatoires, citons : *Le porteur d'une lettre de change* qui jouit du droit de faire saisir conservatoirement, avec la permission du juge, les effets mobiliers des tireurs, accepteurs et endosseurs. Art. 172, C. com. — V. *Lettre de change*.

30. *Les communes* dont les maires peuvent toujours, à titre conservatoire, accepter les dons ou legs, en vertu de la délibération du conseil municipal. — L. 18 juill. 1837, art. 48. V. *Commune*.

31. *Les hospices et hôpitaux*. Le président de la commission administrative est investi du même droit, pourvu qu'il soit autorisé à cet effet par une délibération de la commission. — L. 7 août 1851, art. 11.

32. Peuvent, en outre, prendre des mesures conservatoires : *le bailleur* qui a la faculté de procéder sur les effets de son locataire à une saisie appelée dans la pratique *saisie-gagerie*. — Art. 819, C. proc. — V. *Bail*.

33. *La femme* demanderesse en séparation de biens.— C. proc., 869.

34. Ainsi elle peut s'opposer, par voie de saisie-arrêt, au paiement des sommes dues à son mari et en faire ordonner le dépôt ; saisir-gager les meubles et effets de la communauté qui garnissent la maison maritale (Limoges, 7 mars 1823) ; saisir même ceux des meubles et effets que le mari aurait vendus en fraude de ses droits (Cass., 30 juin 1807) ; faire apposer les scellés sur les effets de la communauté ; s'opposer aux paiements à faire au mari de sommes dues à la communauté. — (Rennes, 22 juill. 1816).

35. Mais pour tout cela il faut que la femme obtienne sur requête une ordonnance du président du tribunal. Cette permission se demande souvent par la requête même qui est présentée au président afin de séparation. — C. proc., 865, 875 ; Marc-Deffaux et Harel, n. 33. — V. *infrà*, vⁱˢ *Séparation de biens, séparation de corps*.

36. D'ailleurs, aux termes de l'art. 1454, C. civ., la femme qui, après la dissolution de la communauté, s'est immiscée dans les biens de la communauté, ne peut y renoncer. *Les actes de pure administration ou conservatoires n'emportent pas immixtion.*

37. Les actes conservatoires permis en ce cas sont : les réparations urgentes aux biens de la communauté, la vente des effets périssables, l'encaissement des revenus des biens, l'inventaire et en général les actes indiqués *suprà*. — Marc-Deffaux et Harel, n. 29.

38. Il est prudent, au surplus, pour éviter les contestations, ou que la femme proteste qu'elle n'agit que pour la conservation des biens de la communauté et sans préjudicier aux qualités qu'elle a à prendre ou que, mieux encore, elle se fasse autoriser par justice. — V. au surplus *infra*, v° *Communauté*.

39. L'*héritier* peut également, en principe, faire des actes conservatoires sans être considéré comme ayant fait acte d'héritier, et par conséquent sans perdre la faculté de répudier l'hérédité.

40. Ainsi il peut, sans être reconnu acceptant, faire apposer les scellés, demander qu'ils soient levés, faire procéder à l'inventaire, provoquer la nomination d'un gérant, faire des saisies-arrêts sur les débiteurs de la succession, prendre des inscriptions hypothécaires, former une demande en interruption de prescription ; arrêter les dégradations qui se commettraient sur les biens, s'opposer au déménagement des locataires qui n'ont pas payé les loyers ; faire les réparations urgentes. — Toullier, t. 4, n. 331 ; Delvincourt, t. 2, p. 78 ; Marc-Deffaux et Harel, *loc. cit.*, n. 26.

41. Il peut encore prendre les clefs de la maison, ou l'habiter pour veiller à la conservation de ce qui s'y trouve, régler les comptes des fermiers, payer les dettes criardes. — Toullier, *Ibid.*, Marc-Deffaux et Harel, n. 27. — V. au surplus *Héritier, Succession.*

42. Pour faire un acte conservatoire, il faut en principe avoir un intérêt personnel comme le créancier, le propriétaire, l'héritier, le légataire, le donataire, le substitué, etc. Toutefois, il est une classe de personnes qui ont également qualité pour agir, ce sont les mandataires légaux, les représentants des incapables, des établissements publics et de tous ceux enfin dont les intérêts réclament une protection particulière et excitent la sollicitude du législateur.

43. Ainsi peuvent faire des actes conservatoires : le mari dans l'intérêt de sa femme (C. civ., 1549) ; — les père et mère et les tuteurs dans l'intérêt des mineurs et des interdits (C. civ., art. 389, 450, 509) ; — le tuteur à une substitution (C. civ., art. 1075), — le curateur à une succession vacante (C. civ., art. 814) ; — le subrogé-tuteur pour le mineur dans certains cas (art. 420, C. civ.).

44. Les syndics d'une faillite pour la masse des créanciers (C. com., 462) ; le président de la commission administrative des hospices et hôpitaux au nom de ces établissements et même en attendant l'autorisation qui leur est nécessaire pour accepter les dons et legs, — et le maire pour sa commune. — V. ci-dessus, n. 30 et 31.

45. Enfin le ministère public peut faire aussi des actes conservatoires, et notamment prendre inscription dans l'intérêt des mineurs absents et interdits. — V. *Absence, Femme mariée, Interdiction, Ministère public, Minorité.*

46. Il a aussi été jugé que les actes conservatoires faits par un prête-nom, par exemple la prise d'une inscription, profitent au véritable créancier. — Cass., 7 avr. 1813 (S.13.386), *Sic,* Bioche, n. 11 ; Marc-Deffaux et Harel, n. 35.

ACTE CONTENANT PLUSIEURS DISPOSITIONS. — V. Enregistrement.

ACTE D'ADMINISTRATION. — On appelle ainsi les actes faits pour la conservation des choses et la perception de leurs revenus, sans porter atteinte au droit de propriété. — V. *Absence, Absent, Communauté, Succession, Tuteur.*

ACTE D'ADOPTION. — V. *Adoption.*

ACTE DE COMMERCE. — **1.** Acte fait avec l'intention d'en retirer un bénéfice, et qui se manifeste, le plus souvent, par la vente ou le louage, ou par des opérations et entreprises dont la spéculation est le caractère distinctif.

TABLE ALPHABÉTIQUE.

DIVISION.

Sect. I. — *Actes de commerce en général.* — *Caractère et effets de ces actes.*

Sect. II. — *Diverses espèces d'actes de commerce.*

Sect. III. — *Achats et ventes de denrées et marchandises pour les revendre, soit en matière, soit après les avoir travaillées et mises en œuvre.*

§ 1er. — *Achat et vente.*

§ 2. — *Denrées et marchandises.*

§ 3. — *Revente.*

Sect. IV. — *Entreprises de manufactures, de constructions ou de travaux, de commission et transport par terre ou par eau.*

§ 1er. — *Entreprise de manufactures.*

§ 2. — *Entreprise de constructions ou de travaux.*

§ 3. — *Entreprise de commission.*

§ 4. — *Entreprise de transport par terre ou par eau.*

Sect. V. — *Entreprises de fournitures, d'agences d'affaires, de rem-*

placement militaire, d'assurances terrestres, établissement de ventes à l'encan et de spectacles publics.

§ 1ᵉʳ. — *Entreprise de fournitures.*

§ 2. — *Agence d'affaires.*

§ 3. — *Agence de remplacement militaire.*

§ 4. — *Entreprise d'assurances terrestres.*

§ 5. — *Etablissement de ventes à l'encan.*

§ 6. — *Etablissement de spectacles publics.*

Sect. VI. — *Opérations de change, banque et courtage, prêt sur gage.*

§ 1. — *Opérations de change.*

§ 2. — *Opérations de banque et de prêt sur gage.*

§ 3. — *Opérations de courtage.*

Sect. VII. — *Actes du commerce maritime.*

Sect. VIII. — *Présomption de la commercialité des actes.*

§ 1. — *Obligations auxquelles s'applique la présomption de la commercialité.*

§ 2. — *Preuve admise contre la présomption de commercialité.*

§ 3. — *Présomption de commercialité relativement aux billets des comptables des deniers publics.*

Sect. IX. — *Enregistrement.*

Section I. — ACTES [DE COMMERCE EN GÉNÉRAL. — CARACTÈRE ET EFFETS DE CES ACTES.

2. Le caractère général de l'acte de commerce, c'est qu'il constitue une spéculation. Ainsi toute opération faite dans un but de trafic avec l'intention d'en tirer un bénéfice est considérée comme un acte de commerce. Il est un grand nombre de négociations qui appartiennent au droit civil, mais que le but de trafic dans lequel on les a faites rend commerciales : telles sont la vente, la société, le prêt, etc. Elles sont régies par les règles du droit commun, sous les seules modifications que les lois de commerce peuvent y apporter. — Pardessus, *Dr. comm.*, t. 1, n. 5 ; Ruben de Couder, *Dict. dr. comm.*, vᵒ *Acte de commerce*, n. 2.

3. Il est souvent difficile de tracer la limite exacte et absolue qui sépare les actes de la vie commerciale des transactions civiles : les actes de commerce sont régis par une législation spéciale, soumis à des juges d'exception et à une procédure particulière et attribuent la qualité de *commerçant* à celui qui en fait sa profession habituelle. — Bioche, *Dict. proc.*, vᵒ *Acte de commerce*, n. 1.

4. La loi commerciale ne contient pas de définition générale des actes de commerce, elle se borne à une énumération plus ou moins complète dans les art. 631 et suiv., C. comm.

5. Toutefois on peut diviser ces actes en deux classes : ceux qui sont déclarés commerciaux en eux-mêmes, indépendamment de la position sociale ou de la profession des personnes qui les exercent ; ceux qui ne sont réputés tels que par une présomption déduite de la qualité de tous les contractants ou de l'un d'eux. — Pardessus, *loc. cit.*, n. 4.

6. Le même acte peut aussi n'être commercial que de la part de l'un des coobligés ; ainsi l'obligation solidaire de la part d'un non-négociant de payer une somme pour prix de marchandises vendues par un tiers à un commerçant, ne constitue pas de la part de ce coobligé ou de cette caution un engagement commercial. — Bruxelles, 30 oct. 1830.

7. Comme les actes de commerce ont pour résultat d'intervertir l'ordre naturel des juridictions et peuvent produire des effets spéciaux, la volonté seule des contractants ne suffit pas pour constituer des actes de commerce : il faut que les conditions tracées par la loi se retrouvent exactement ou avec une telle analogie qu'on ne puisse craindre de sortir de son esprit. — *Répert., Journ. Pal.*, t. 1, v° *Acte de commerce*, n. 9.

8. Dès lors tout acte qui n'est pas essentiellement commercial par sa nature est réputé civil, à moins qu'on n'établisse qu'il a été fait dans un but de spéculation. Jusqu'à preuve contraire, on présume que les parties n'ont pas eu l'intention de se livrer à une opération commerciale. — Bioche, *Dict. de proc.*, n. 5.

9. Deux caractères sont propres à tous les actes de commerce : c'est, d'une part, d'être à *titre onéreux* ou, en d'autres termes, d'être *intéressés*, la gratuité étant incompatible avec la spéculation. — Dutruc, *Dict. content. comm.*, t. 1, v° *Acte de commerce*, n. 8.

10. C'est, d'autre part, d'avoir exclusivement pour objet des choses *mobilières* ; les immeubles ne sont pas en effet susceptibles de la *circulation* que supposent les opérations commerciales et ne peuvent être réputés *marchandises*. — Dutruc, *ibid*. V. en ce sens, Pardessus, *loc. cit.*, n. 8 ; Nouguier, t. 1, p. 360 ; Troplong, *Société*, t. 1, n. 319 ; Alauzet, *Comment., C. comm.*, n. 2026 ; Dall., v° *Acte de commerce*, n. 37 et 41 ; Bioche, *Dict. de proc., loc. cit.*, n. 29.

11. Jugé que celui qui achète habituellement des immeubles pour les revendre n'est pas pour cela commerçant. — Bourges, 4 déc. 1829 ; Nancy, 30 nov. 1842 (P. 44.2.40).

12. L'association pour acheter et revendre des immeubles ne peut être non plus rangée dans la classe des actes de commerce. — Orléans, 16 mars 1839 (P. 39.1.648), les associés fussent-ils commerçants de profession. — Metz, 18 juin 1812 (S. chr.) ; Merlin, *Quest.*, v° *Acte de commerce*, § 4.

13. Jugé également qu'on ne peut considérer comme commerciale la société formée par divers particuliers dans le but d'acheter et de vendre des immeubles. — Paris, 8 déc. 1830 (S. chr.).

14. Dès lors il est tout naturel qu'on ait jugé que le courtage relatif aux opérations d'achats et de reventes d'immeubles ne constitue pas un acte de commerce. — Nancy, 30 nov. 1843 (P. 44.2. 40).

15. Celui qui achète des terrains pour y élever des constructions et les revendre ne peut être considéré comme commerçant, même vis-à-vis des ouvriers et fournisseurs qui ont concouru à l'établissement des constructions, — Lyon, 26 fév. 1829 (S. chr.).

16. Alors même qu'il serait établi que ce constructeur est connu pour spéculer sur la vente et l'achat des immeubles, — Paris, 30 avr. 1839 (P. 39.1.612).

17. Mais jugé cependant que la demande en paiement d'honoraires pour construction d'une maison, formée par un architecte, était de la compétence du tribunal de commerce, attendu que le défendeur achetait habituellement des terrains pour y élever des constructions et les revendre. — Paris, 11 fév. 1837 (P. 41,2. 412).

18. L'association constituée dans le but d'acheter des terrains pour y élever des constructions et les revendre, surtout lorsque la spéculation sur les constructions est le but principal de l'opération, dont l'achat des terrains n'est que l'accessoire, est une association commerciale.

En conséquence les difficultés qu'elle suscite sont de la compétence des tribunaux de commerce. — Cass., 3 fév. 1869, *Revue du notariat*, n. 2441 ; *Répertoire de la Revue*, v° *Acte de commerce*, n. 1.

19. Le fait d'acheter des immeubles pour les louer ou pour les revendre, soit tels qu'on les a pris, soit après les avoir modifiés par un travail quelconque, ne saurait être considéré comme un acte de commerce.

Une société constituée dans un pareil but, conserve le caractère de la société civile, quoique ses statuts l'autorisent à faire accessoirement des actes de commerce, par exemple à prendre des fonds en compte courant, à les employer en escomptes, et à émettre des engagements portant intérêts.

Ces actes de commerce isolés et accessoires ne peuvent imprimer à la société le caractère commercial.

En conséquence les tribunaux civils sont seuls compétents, à l'exclusion des tribunaux de commerce, pour statuer sur une demande en dissolution de la société. — Paris, 19 août 1869, *Revue du notariat*, n. 2751 ; *Rép.*, *loc. cit.*, n. 2.

Section II. — DIVERSES ESPÈCES D'ACTES DE COMMERCE.

20. Les art. 632, 633 et 638, C. comm., contiennent une énumération générale des opérations auxquelles appartient la qualification d'actes de commerce. Bien que, dans les motifs de son arrêt du 15 mai 1815, la Cour de cassation déclare que les art. 632 et 633, C. comm., contiennent la nomenclature *entière et complète* de tous les actes faits qui seuls peuvent être considérés comme des actes de commerce, et qu'en conséquence, tous les actes faits non compris dans ces articles sont étrangers au commerce, et dès lors ne peuvent être regardés comme des actes de commerce proprement dits, « nous pensons que les art. 632 et 633 « ne sont qu'indicatifs, et nous croyons qu'il faut avec les auteurs « et la jurisprudence ranger sur la même ligne des actes qui ont « une nature analogue à ceux déterminés par la loi. » *Rép. du pal.*, *loc. cit.*, n. 24. Les opérations auxquelles appartient la qualification d'actes de commerce vont être étudiées dans les paragraphes suivants.

SECTION III. — ACHATS ET VENTES DE DENRÉES ET MARCHANDISES POUR LES REVENDRE, SOIT EN NATURE SOIT APRÈS LES AVOIR TRAVAILLÉES EN ŒUVRE.

§ 1. — Achats, ventes et locations.

21. La loi répute acte de commerce, tout *achat* de denrées et marchandises pour les revendre, soit en nature, soit après les avoir travaillées et mises en œuvre, ou même pour en louer simplement l'usage, — C. Comm., 632, § 1.

22. Il suit de là que l'achat ne constitue un acte de commerce que s'il a été fait dans la vue de revendre ou de louer l'objet acheté ou son produit, et qu'il n'a point dès lors ce caractère, même de la part d'un commerçant, s'il n'a eu lieu que pour les besoins particuliers de l'acheteur (art. 638, C. comm.).

23. Par suite encore, il n'y aurait pas acte de commerce de la part de celui qui n'a fait un achat que pour ses besoins personnels, alors même que, ces besoins se modifiant plus tard, il revendrait ou louerait tout ou partie de la chose achetée. — Dutruc, *loc. cit.*, n. 8.

24. L'appréciation de l'intention dans laquelle a eu lieu l'achat appartient souverainement aux tribunaux, qui devront consulter soit les circonstances, soit la qualité de l'acheteur. Ils présumeront la volonté de vendre chez les commerçants, pour tous les objets de la nature de ceux qui font la matière de leur commerce, et même pour ceux qui sont en dehors de leur négoce habituel, si l'importance de l'achat indique un but de spéculation. — Lahaye, 13 juil. 1825 ; Dutruc, n. 8.

25. Celui qui réunit dans un magasin des denrées et marchandises achetées pour être revendues, fait acte de commerce, quand bien même il n'aurait encore rien vendu, parce que le fait seul de son établissement suffit pour annoncer l'intention de revendre ou la spéculation. — Pardessus, *loc. cit.*, n. 12.

26. De même, il n'est pas nécessaire, pour qu'un achat fait dans l'intention de louer revête un caractère commercial, que la location ait déjà eu lieu. Ainsi l'on doit considérer comme un acte de commerce l'achat de livres fait pour composer un cabinet de lecture et en vue de louer ultérieurement ces livres, soit dans ce cabinet même, soit au dehors. — Dutruc, n. 11 : Pardessus, n. 18.

1.   14

§ 2. — Denrées et marchandises.

27. Il faut que l'objet acheté soit denrée ou marchandise.

Par denrées, dit M. Pardessus, n° 8, on entend les objets recueillis ou fabriqués, particulièrement destinés à la nourriture ou à l'entretien des hommes et des animaux, et de nature à être consommés entièrement ou dénaturés au premier usage, tels que les graines, grenailles, farines, etc. — Cass., 19 avr. 1834.

28. Sous le nom de *marchandises* on comprend les objets mobiliers destinés à des besoins moins impérieux que ceux de la nourriture et de l'entretien, qui ne sont pas susceptibles d'être consommés ou dénaturés par le premier usage, ou qui du moins ne s'usent que par une consommation lente : par exemple, les draperies, soieries, objets d'ameublement, les métaux, etc. — Pardessus, n. 8 ; Bioche, *ibid*, n. 20.

29. Au contraire, la cession des droits commerciaux qu'un créancier a à faire valoir dans une faillite ne constitue en l'absence de toutes circonstances particulières, qu'un simple transfert de créances qui n'a rien de commercial quoique ayant lieu entre marchands. — Bruxelles. 14 mars 1832.

30. Et pareillement la vente des créances et recouvrements d'une faillite consentie par les syndics au profit même d'un commerçant ne constitue point un acte de commerce.—Riom, 11 mars 1839 (S. 39.2.374).

31. Les titres connus sous les noms de *factures*, les *connaissements* ou autres pièces semblables qui donnent à une personne ¡droit d'exiger la livraison d'une certaine quantité de denrées ou marchandises, doivent être considérés dans sa main comme la marchandise elle-même, et, par conséquent, ils ont ce caractère dans la négociation par laquelle quelqu'un achèterait son droit sur ces marchandises. — Arg., Cass., 5 août 1806 ; Pardessus, n. 10.

32. Cette expression embrasse de même les choses purement intellectuelles, comme l'achalandage d'un magasin, le droit de publier un ouvrage, d'exercer un procédé d'art ou d'industrie. — Lyon, 4 janv. 1839 (P. 39.1.638).

33. Le transport d'une créance commerciale par un commerçant à un autre commerçant est un acte de commerce, quand même ce transport se serait opéré par un moyen autre que l'endossement. — Poitiers, 5 janv. 1841 (P. 43.1.264).

34. Il y a acte de commerce dans l'achat habituel de feuilles de mûrier pour élever des vers à soie. — Tribunal de commerce de Saint-Hippolyte, 5 août 1847 (D.-P. 47.4.5) ; Dutruc, n. 44.

35. Mais non dans l'achat accidentel de pareilles feuilles de la part du propriétaire auquel il en manque une certaine quantité pour *monter sa chambrée*. — Nîmes, 25 août 1847 (D.-P., *loc. cit.*).

36. L'achat d'une machine (un battoir, une machine agricole), fait dans l'intention de la louer et d'en retirer profit, constitue un acte de commerce. — Dijon, 23 août 1858 (*Journ. des Trib. comm.*

t. 8, p. 154); Tribunal de commerce de Nantes, 17 fév. 1869 (S. 70.2.55).

37. La Cour de cassation a jugé que l'achat se rattachant à l'exercice de l'industrie d'un commerçant est un acte de commerce. — Arrêt du 1er décembre 1851 (S.52.1.23).

37 bis. L'achat d'un cheval pour l'exploitation d'une brasserie est de la compétence du Tribunal de commerce. — Metz, 21 juin 1814.

38. Ce caractère appartient à l'achat fait par un commissionnaire d'une voiture pour transporter les échantillons de marchandises qu'il cherche à placer. — Cass., 1er déc. 1851 (S. 52. 1.23).

39. Ce caractère appartient également à l'achat que fait une compagnie de chemins de fer des matériaux pour la construction de la voie. — Cass., 28 juin 1843 (S. 43.1.574); Dutruc, n. 50.

40. A l'achat, par une compagnie d'éclairage par le gaz, des tôles destinées à la toiture de l'usine servant à son exploitation.— Cassi., 11 avr. 1854 (S. 54.1.299).

41. Il a été décidé toutefois que l'achat d'un mécanisme destiné à une usine en cours de construction et que l'achcteur se propose d'exploiter après son achèvement ne constitue pas un acte de commerce. — Angers, 21 mars 1867 (S. 68.2.215).

42. L'achat d'un fonds de commerce constitue-t-il un acte de commerce? M. Bioche (v° *Acte de commerce*, n. 39) soutient l'affirmative. L'intention de l'acheteur, dit-il, n'est pas seulement d'exploiter ce fonds, mais encore de l'améliorer et de le revendre après un certain temps. Or la loi n'exige pas que la revente soit immédiate. — En outre la loi déclare expressément acte de commerce toute entreprise de manufacture, commission, agence d'affaires, en un mot toute entreprise ayant pour but une série d'opérations commerciales; former un établissement de ce genre, c'est sans aucun doute faire un acte de commerce; en acheter un tout formé ne saurait donc être un acte purement civil.

43. L'achat d'un fonds de commerce peut donc, d'après la nature des actes et d'après les faits et les qualités des parties, être considéré comme constituant un acte de commerce. C'est ce qui résulte de la jurisprudence dont nous présentons le résumé.

44. L'achat d'un fonds de commerce pour l'exploiter constitue un acte de commerce, cette exploitation étant essentiellement commerciale. — Nîmes, 27 mai 1829 (S. chr.); Paris, 11 août 1829 (*Id.*); 15 juil. 1831, 7 août 1832, 12 août 1834 (S. 31.2.319.1833. 2.52.1834.2.616); 19 août 1859; 22 mai 1860; 18 janv. et 27 déc. 1862; 4 août et 9 déc. 1864; 24 mars 1866 (*Journ. trib. comm.*, t. 9, p. 43 et 375; t. 11, p. 243; t. 12, p. 157; t. 14, p. 232 et 302; t. 15, p. 311); 7 fév. et 30 juil. 1870 (S. 71.2.149); Toulouse, 17 juil. 1834 (S. 38.1.78); Cass., 7 juin 1837 (S. 38.1.78); Bourges, 24 avr. 1843 (S.44.2.584); Caen, 23 avr. 1845 (S. 45.2.478); Douai, 5 mars et 30 juil. 1850 (S. 50.2.481 et 432; Orléans, 25 juin 1850 (S. 51.2.1313); Montpellier, 19' nov. 1852 (S.53.2.

217); Lyon, 15 mars 1856 (S.58.2.432); Besançon, 1er avr. 1857 (S. 58.2.432); Dijon, 25 juil. 1866 (*Journ. des Trib. comm.*, t. 15, p. 491).

§ 3. — Revente.

45. Il ne suffit pas pour qu'il existe une obligation commerciale qu'il soit intervenu un achat de denrées ou marchandises, il faut que l'achat ait été fait pour revendre, c'est-à-dire dans l'intention d'opérer une revente. — Orillard, *Compétence et Procédure des tribunaux de commerce*, n. 252.

46. De ces mots de l'art. 532, C. comm., pour *revendre*, il suit que pour être commerciale, la vente doit être précédée d'un achat, ou du moins de l'*intention* d'un achat de *denrées* ou de *marchandises*, comme lorsque le vendeur n'a pas encore en sa possession les choses qu'il vend. — Bioche, *Dict. de proc.*, vº *Acte de commerce*, n. 46.

47. Ainsi ne fait pas acte de commerce l'auteur qui vend les productions de son esprit. — *Rép. du Pal.*, loc. cit., 126.

48. Les billets à ordre souscrits par un propriétaire pour cause de fournitures de glaces destinées à l'ornement de la maison n'ont pas un caractère commercial. — Paris, 2 août 1843 (P. 43. 2.355).

49. Du principe que la vente n'est commerciale qu'autant qu'elle a été précédée d'un achat fait en vue de cette vente, découlent les conséquences qui suivent : 1º la vente d'objets qu'on a recueillis par succession, donation, ou testament, n'est point un acte de commerce. — Pardessus, n. 11; Nouguier, p. 353; Dall., n. 28 ; Dutruc, n. 62.

50. 2º La vente par un propriétaire ou cultivateur de denrées provenant de son cru n'a pas le caractère commercial. — Cass., 26 juin 1867 (S. 67.1.290).

51. Cette règle s'applique à la vente des produits d'une mine par le propriétaire qui l'exploite. — L. 21 avril 1810, art. 32.

52. Il faut, du reste, pour la commercialité de l'achat, qu'à l'intention de revendre ou de louer se joigne celle de tirer un bénéfice de la vente ou de la location. Si l'intention de vendre l'objet acheté n'avait été conçue que comme moyen de faciliter la vente d'autres objets qui n'ont pas été achetés, ou simplement de se défaire de la chose qui a fait l'objet de l'achat, après qu'on en aurait retiré les services qu'elle devait rendre, il n'y aurait pas acte de commerce. — Dutruc, n. 12.

53. L'achat de marchandises ne constituerait pas non plus un acte de commerce s'il n'avait eu lieu que pour revendre ces marchandises à perte et se procurer par là des ressources. — Bordeaux, 1er avril 1856.

54. Le propriétaire qui achète des tonneaux pour contenir le vin de son cru, bien que ces tonneaux soient destinés à être vendus avec le vin, ne fait pas davantage un acte de commerce, parce que ce n'est pas sur la revente des tonneaux qu'il entend bénéficier. — Pardessus, t. 1er, n. 13; Nouguier, t. 1er, p. 361 ; Dutruc, n. 14 et les autorités citées.

55. Il en est de même soit du propriétaire qui achète de l'engrais pour l'employer sur sa propriété. — Orléans, 27 avril 1861 (S.61.2.467).

56.... Soit de l'individu qui achète du fumier destiné à la culture des champignons, et cela encore bien qu'il se propose de le revendre après cette culture, son industrie n'ayant pas pour objet cette revente, mais la vente des champignons même, qui est purement civile. — Dutruc, n. 15.

57. Ainsi encore il n'y a pas acte de commerce de la part du propriétaire, métayer ou fermier, qui achète les bestiaux nécessaires à son exploitation avec la pensée de vendre le croît, la laine, le lait qu'ils produiront, ou de revendre les bestiaux eux-mêmes après la saison des travaux, ou lorsqu'il cessera d'être en position de les nourrir. — Dutruc, n. 16, Bédarride, *Société commerciale*, n. 241.

58. Il importerait peu que l'achat eût pour objet des animaux maigres destinés à être engraissés sur les herbages dépendant du domaine affermé. — Bourges, 22 nov. 1836 et 14 fév. 1840 (S.41. 2.99); Rouen, 14 janv. 1840 (P. 43.1.547); Paris, 29 mai 1843 (P.43.2.179); Dijon, 15 fév. 1847 (S.49.1.409); Cass., 7 avril 1869 (S. 69.1.312).

59. La société formée pour l'exploitation de mines est en principe purement civile : mais cette société peut devenir commerciale, si les parties y rattachent des opérations de commerce. — Chambéry, 2 mars 1866.

60. Il a été jugé même à bon droit, selon nous, que l'exploitation sur le terrain d'autrui, d'une mine pour laquelle on n'a pas obtenu de concession du gouvernement constitue un acte de commerce. — Montpellier, 28 août 1833 (S.34.2.557); Toulouse, 19 mars 1863 (D.-P.67.1.293); Trib. de Marseille, 3 juill. 1866.

61. Ce que l'on décide à l'égard des mines, il faut le décider à l'égard des salines, puisque aux termes de l'art. 2 de la loi du 17 juin 1840, les lois et règlements généraux sur les mines sont applicables aux exploitations des mines de sel. — Dutruc, n. 63.

62. Il n'y a pas non plus acte de commerce de la part du propriétaire d'une source d'eau minérale ou thermale qui vend et distribue les produits de sa propriété. — Metz, 16 mars 1865 (S. 65. 2.265); Dijon, 19 mars 1868 (S. 68.2.333).

63.... Ou de la part de la société que ce propriétaire s'est substitué, en vertu d'un bail. — Metz, 16 mars 1865 (S. chr.).

64. Il a été décidé qu'il n'y a pas acte de commerce de la part du maraîcher qui vend les légumes qu'il récolte. —Paris, 25 mai 1867.

65.... Du pépiniériste qui se borne à débiter les arbres provenant de son terrain. — Colmar, 17 juin 1809 (S. chr.); Metz, 4 août 1819 (Id.); Toulouse, 12 juill. 1839 (D.-P. 45.2.158).

66.... Du propriétaire qui dans une raffinerie par lui établie comme accessoire de son exploitation rurale, fait fabriquer du sucre avec des betteraves provenant de sa récolte. — Douai, 21 juill. 1830 (S. chr.).

67.... De celui qui vend des ardoises ou des pierres extraites d'une ardoisière ou d'une carrière existant sur son fonds et façonnés par lui ou par ses ouvriers. — Metz, 28 nov. 1840 (P. 41.2. 512).

68.... De celui qui vend la chaux produite [par la pierre calcaire extraite de son terrain. — Montpellier, 10 mai 1867 (*Moniteur des Trib.*, 1867, p. 546).

69. Il a été décidé que l'achat des plants nécessaires à la formation d'une pépinière et la vente des arbres à en provenir, constituent une opération commerciale. — Bruxelles, 20 avril 1836; Toulouse, 25 mai 1845 ; Paris, 4 janv. 1872.

70. Le mari qui fait extraire les produits du sol (par exemple de la terre à brique) d'une propriété appartenant à sa femme, pour les employer à une fabrication, accomplit-il par là un acte de commerce ? La Cour de Paris a consacré la négative, en se fondant avec raison sur ce que le mari, en pareil cas, doit être assimilé au propriétaire qui fabrique avec les produits de son propre sol. — Arrêt du 29 juill. 1854.

71. L'ouvrier ou l'artisan non commerçant ne fait pas acte de commerce en achetant les outils ou instruments nécessaires à l'exercice de son industrie. — Pardessus, n. 19 ; Dalloz, v° *Acte de commerce*, n. 112 ; Alauzet, n. 2072 ; Dutruc, n. 22.

72. Quant à l'achat des matières que l'artisan revend après les avoir travaillées, il n'a pas le caractère d'acte de commerce, lorsque le peu d'importance de l'industrie de cet artisan témoigne que c'est sur son travail et non sur la revente de ces matières qu'il entend bénéficier. — Bédarride, *Jurisp. comm.*, n. 222 et 227; Dutruc, n. 24.

73. Mais l'achat est commercial dans le cas contraire. — Pardessus, n. 17 et 20; Bédarride, n. 222 et 227; Bourges, 20 juin 1856 (S. 56.2.682) ; Paris, 20 août 1861.

74. Il a été jugé spécialement que l'entreprise du drainage faite dans un but de spéculation et pour laquelle l'entrepreneur fournit les conduits de drainage, ainsi que les ustensiles et outils nécessaires, constitue un acte de commerce. — Caen, 2 fév. 1858 (S. 59.2.160).

75. Le photographe, quelle que soit la nature de ses procédés et le degré d'habileté de son exécution, ne fait pas acte de commerce en achetant les matières au moyen desquelles il obtient les épreuves qu'il vend, parce que ce n'est point à ces matières mêmes, mais à son travail personnel qu'est attachée la valeur de l'objet vendu. — Beslay, *Commentaire C. comm.* sur l'art. 1er, n. 47 ; *Contrà*, Trib. de commerce de la Seine, 14 déc. 1840.

76. Parmi les personnes dont les achats pour revendre ne constituent pas des actes de commerce, parce qu'ils ne sont que l'accessoire d'une industrie non commerciale, il faut ranger les insti-

tuteurs ou maîtres de pension, relativement aux fournitures nécessaires à leurs établissements. — Paris, 19 mars 1814 (S. chr.);
21 avril 1838 (D.-P.38.2.137) et 13 juin 1843 (D.-P. 43.4); Douai,
14 fév. 1827 (S. chr.). — Contrà, Riom, 30 mai 1820 (S. chr.);
Paris, 11 déc. 1840 et 24 fév. 1841 (D.-P.41.2.132).

77. L'achat par un maître de pension de la clientèle et du matériel de l'établissement ne constitue pas davantage de sa part
un acte de commerce. — Paris, 16 janv. 1835 (S.35.2.190);
15 fév. 1843 (D.-P.43.3, vº *Acte de commerce*, n. 20), et 7 fév. 1864
(*Journ. des Trib. de comm.*, t. 4, p. 77).

78. Le maître de pension ne se livre pas non plus à une opération commerciale en faisant exécuter des travaux à son établissement. — Paris 19 mars 1831 (S.31.2.306).

79. En général, le médecin qui tient une maison de santé, la
sage-femme qui reçoit chez elle des pensionnaires, ne fait pas acte
de commerce en achetant les objets nécessaires à l'administration
de son établissement. — Nouguier, *Trib. de commerce*, t. 1er, p. 382;
Orillard, *Compétence et Procédure des tribunaux de commerce*, t. 1er,
n. 270 *bis*; Dutruc, n. 29.

80. Il ne cesserait d'en être ainsi que dans le cas où les circonstances démontreraient que la tenue de maisons de ce genre est
une pure spéculation. — Paris, 15 avril 1837 (D.-P.38.2.190);
Trib. de commerce de la Seine, 29 avril 1865.

81. De même, il n'y a pas acte de commerce dans les achats
de médicaments que font les médecins établis dans les lieux où il
n'y a pas de pharmacie. — Limoges, 6 janv. 1827 (S. chr.);
Bourges, 9 août 1828 (S. chr.); Rennes, 29 janv. 1859 (S.59.2.
256).

82. Mais on ne saurait en dire autant des achats faits par les
pharmaciens des matières qu'ils revendent soit dans leur état primitif, soit après leur avoir fait subir des modifications. L'art ou la
science qu'exigent les préparations pharmaceutiques ne saurait
empêcher de voir une véritable spéculation dans l'achat et la revente des matières employées par les pharmaciens, alors que cet
achat et cette revente sont l'objet principal de leur profession. —
Rouen, 30 mai 1840 (P.40.2.264).

83. Les maîtres de poste, bien que nommés par le gouvernement et assujettis à un tarif, se livrent incontestablement à des
actes de commerce, lorsqu'ils achètent des chevaux, harnais et
autres objets relatifs à leur entreprise, de l'essence de laquelle est
la spéculation. — Cass., 6 juill. 1836 (S.36.1.694); Orléans,
21 fév. 1837; Contrà, Bruxelles, 11 janv. 1808; Limoges, 18 juin
1811; Paris, 6 oct. 1813 (S. chr.); Caen, 28 juin 1830 (S.31.2.
176).

84. C'est, par suite, à tort qu'il a été jugé que l'achat d'un établissement de poste aux chevaux ne constitue pas un acte de commerce. — Caen, 28 juin 1830 (S.31.2.176).

85. Il y a acte de commerce de la part de celui qui acquiert des concessions d'eau pour en opérer la revente. — Paris, 12 juin 1861.

86. Le caractère commercial appartient encore d'une manière certaine aux achats que font les aubergistes, cabaretiers, hôteliers, etc., de denrées nécessaires à l'exercice de leurs professions; aux achats de couleurs par un peintre en bâtiments ou un teinturier; de blocs de marbre par celui qui en fait des tables, des chambranles, des tombes; de tonneaux par un marchand de vin ou de liqueurs; de blé ou de farine, par des meuniers et boulangers; de bois, par un menuisier, charpentier ou charron. — Cass., 21 janv. 1845; Pau, 27 déc. 1859 (S. 60.2.543).

87. Mais le meunier qui, au lieu d'acheter des grains, se borne à moudre ceux qu'on lui confie, ne fait pas par là acte de commerce; et l'on ne saurait plus regarder comme commercial l'achat qu'il fait des objets nécessaires pour la mise en mouvement de son moulin. — Cass., 19 fév. 1857 (S. 57.1.381); Besançon, 6 avril 1859 (S.59.2.521); Paris, 25 août 1852.

88. Il n'y a pas acte de commerce dans le fait de prendre à ferme, soit la perception des droits d'octroi d'une commune, soit celle des droits établis sur les places, dans les marchés, non plus que dans le fait de prendre ces places à loyer. — Bruxelles, 5 mai 1813 (S. chr.); Metz, 9 févr. 1816 (S. chr.); Toulouse, 5 mars 1825 (Id.); Caen, 24 mars 1826 (Id.).

89. — Mais suivant un arrêt de Toulouse du 27 juillet 1860 (S. 61.2.77), l'adjudicataire d'un cantonnement de pêche devant être considéré comme acheteur des produits de la pêche, ferait acte de commerce en revendant ces produits. Cette solution nous paraît inadmissible, car on ne saurait établir de différence entre la vente de semblables produits et celle que le fermier d'un fonds de terre fait de sa récolte, et qui incontestablement n'a pas un caractère commercial. — V. dans le sens de cette opinion, Paris, 31 mai 1869 (S.70.2.330); Dutruc, n. 43.

90. Pour qu'un achat de marchandises constitue un acte de commerce, il ne suffit pas que l'acheteur les ait revendus; il faut encore qu'en les achetant il ait eu l'intention de les revendre. — Amiens, 8 avril 1823 (S. chr.).

91. Donc, un achat de bois, pour les revendre, constitue un acte de commerce. — Colmar, 24 août 1808 (S. chr.).

92. L'achat fait dans le but de revendre, étant le second caractère de l'acte de commerce, si cette intention ne peut être ni prouvée ni présumée, soit à cause de la qualité de l'acheteur, soit à raison de la nature de la chose achetée, l'opération n'est pas commerciale. — Metz, 19 avril 1823 (S. chr.).

93. Ainsi l'associé qui se rend adjudicataire, dans une vente de meubles et ustensiles dépendant de la société, afin de faire porter ces objets à leur véritable valeur, ne fait pas acte de commerce. — Rouen, 22 mai 1837 (P. 1838.1.22).

94. Il cesserait d'en être ainsi dans le cas où l'acquisition de parts d'intérêts dans une semblable société par des non-commer-

çants, ne leur conférerait que la simple qualité de commanditaires. — Douai, 26 janv. 1843 (S. 43.2.181).

95. La vente ou l'achat de créances commerciales ne constitue
par lui-même un acte de commerce, qu'autant que le titre de ces
créances est commercial, telle qu'une lettre de change, ou, suivant
certaines distinctions, un billet à ordre; ou qu'autant que la forme
de la négociation fait supposer un acte de commerce. — Poitiers,
5 janv. 1841 (S. 41.2.121).

96. On doit considérer comme acte de commerce la cession
faite après faillite et concordat, par un associé failli à son coassocié, de tous ses droits dans la liquidation de la société. — Cass.,
17 juill. 1837 (S. 37.1.1022).

97. On considère, sous quelques rapports, comme des marchandises les monnaies métalliques nommées espèces ou numéraire,
les papiers-monnaie. Néanmoins les négociations relatives à cet
objet ne sont pas, à proprement parler, des achats et des ventes.
Ainsi le prêt d'une somme ne peut être considéré comme une
sorte de vente de cette somme, qui doive le faire réputer acte de
commerce. — Pardessus, n. 9. V. au surplus, sur le prêt, *infrà*,
n. 247 et suiv.

98. Les achats ou reventes, soit fictifs, soit sérieux, de rentes
sur l'Etat, quelque réitérées qu'ils soient, ne constituent pas,
par eux-mêmes, des actes de commerce. — Paris, 7 avr. 1835
(S. chr.).

99. Par suite, une contestation relative à la livraison de fonds
publics entre parties non commerçantes, n'est point de la compétence du Tribunal de commerce. — Cass. belge, 16 avr. 1834.

100. Jugé que l'achat de tours, moules et autres travaux de
menuiserie, faits pour le service d'une manufacture de porcelaine,
constitue un acte de commerce. — Limoges, 9 fév. 1839 (P. 39.
584).

101. Jugé que le propriétaire qui achète du charbon pour alimenter momentanément son usine fait un acte de commerce. —
Rouen, 30 juin 1840 (P. 40.2.396).

102. Décidé, au contraire, que le propriétaire d'une filature
mue par une pompe à feu, qui loue à divers des portions de force
motrice, et divise entre eux ses ateliers, en se chargeant d'ailleurs
d'alimenter et entretenir la pompe à feu, ne fait point un acte de
commerce. En achetant les huiles et charbons nécessaires à la
pompe à feu, en payant les chauffeurs et autres ouvriers, le propriétaire n'a d'autre but que celui de faire fonctionner l'usine,
conformément à sa destination, et d'en tirer le meilleur parti possible, sans, du reste, se constituer entrepreneur de manufacture.
— Rouen, 17 juill. 1840 (P. 40.2.397).

103. Jugé de même qu'un notaire propriétaire d'usine ne peut
être réputé commerçant, et, par suite, déclaré en faillite, sur le
motif que les achats qu'il a faits à l'occasion et pour l'exploitation
de son usine constituent des actes de commerce, alors surtout que

ces actes ont été de courte durée et de peu d'importance. — Bordeaux, 30 avr. 1840 (P. 44.1.339).

104. Mais l'achat d'un cheval pour l'exploitation d'une brasserie est de la compétence du Tribunal de commerce. — Metz, 21 juin 1811.

105. L'achat par un voiturier d'une charrette et de chevaux ou mulets pour effectuer le transport de marchandises et autres objets qui lui sont confiés, constitue un acte de commerce. — Aix, 6 août 1829 (S. chr,).

105 *bis.* L'achat de meubles destinés à une maison de tolérance ne constitue pas un acte de commerce. — Paris, 4 nov. 1809 (S. chr.); 11 janv. 1836 (S. 36.2.125) et 16 nov. 1852 (S. 52. 2.677).

105 *ter.* Il en est de même de la cession d'une telle maison, même avec le mobilier qui garnit les lieux. — Orléans, 26 nov. 1861 (S. 62.2.216).

105 *quater.* Mais celui qui tient une maison de tolérance fait acte de commerce en achetant des vêtements et autres objets pour les revendre aux filles de son établissement. — Colmar, 28 juin 1866 (S. 66.2.364).

106. L'achat d'un brevet d'invention constitue un acte de commerce, cette exploitation étant essentiellement commerciale. — Lyon, 4 janv. 1839 (S. 39.2.340); Bourges, 5 fév. 1853 (S. 53. 1.357); Dijon, 27 avr. 1865 (S. 65.2.205).

107. Mais dans ce cas, l'achat serait un acte purement civil, même étant suivi de revente, s'il n'avait pas eu lieu en vue d'une exploitation. — Bourges, 5 fév. 1853, précité : Paris, 16 nov. 1852 (S. 52.2.677), et 6 mars 1858 (P. 58.1069).

108. Celui qui prend à bail un fonds de commerce pour l'exploiter fait du reste acte de commerce aussi bien que celui qui l'achète. — Colmar, 28 mai 1850 (S. 51.2.487).

109. La profession d'agent de change et celle de courtier étant commerciales, l'achat d'un office d'agent de change ou d'une charge de courtier doit être réputé acte de commerce. — *Sic*, Dall,, n. 251 ; Massé, *Dr. comm.*, t. 2, n. 300. — *Contrà*, Paris, 2 août 1832 (S. 33.2.50), Aix, 5 mai 1840 (S. 40.2.348), et 6 juin 1859 (S. 59.2.257); Paris, 25 mars 1858 (S. 59.2.25) et 28 mars 1859 (*Journ. trib. comm.*, t. 10, p. 179. — Montpellier, 19 fév. 1836 (S. chr.).

110. Un pharmacien ne cesse point de faire acte de commerce en exerçant son industrie, par cela seul qu'il a cédé à sa femme, après jugement de séparation de biens prononcée entre eux, les marchandises et le matériel de son office pour lui tenir lieu de ses reprises. On prétendrait vainement qu'il ne doit alors être considéré que comme le gérant de la pharmacie pour le compte de sa femme. — Paris, 25 mars 1858 (S. 59.2.25).

111. L'achat de médicaments serait du reste commercial de la part du médecin même, si celui-ci tenait une officine ouverte et vendait des remèdes à tout venant. — Rennes, 20 janv. 1859 (S. chr.).

112. Il y a acte de commerce, bien qu'on vende ou qu'on loue en détail ce qui a été acheté en bloc. — Pardessus, n. 7.

113. Les achats de denrées que font les aubergistes, cabaretiers, restaurateurs, etc., nécessaires à l'exercice de leurs professions, sont sans contredit des actes de commerce. — Cass., 23 avr. 1813 (S. chr.).

114. Une fourniture de pain, faite par un boulanger pour la consommation de la maison d'un particulier ne peut être considérée comme une opération commerciale. — Rennes, 18 janv. 1831.

115. Mais un boulanger, en achetant des farines d'un marchand, est censé l'avoir fait pour les livrer ou les revendre sous une autre forme, et avoir fait acte de commerce. — Grenoble, 26 juil. 1811.

116. L'entrepreneur d'un cercle de lecture qui reçoit des abonnés une rétribution annuelle, et fournit aux abonnés seulement, dans le local du cercle, du café et des rafraîchissements aux prix communs de la ville, ne fait pas un acte de commerce.— Grenoble, 12 déc. 1829 (S. chr.).

117. L'achat conserve un caractère purement civil, si l'acheteur n'a eu en vue qu'un intérêt public, sans aucun but de spéculation, comme dans le cas ou l'Etat, une ville, une commune, achètent par crainte de la disette, des grains qu'ils se proposent de débiter, et qu'ils revendent quelquefois avec bénéfice. — Bioche, *Dict. de proc.*, v° *Acte de commerce.*

118. La même règle s'applique aux achats de papier faits par l'administration de l'enregistrement pour le débiter plus tard avec l'empreinte du timbre, et aux achats de tabacs indigènes ou étrangers, faits par la régie des contributions indirectes ; ces acquisitions n'ont, en effet, d'autre but que des perceptions fiscales. — Pardessus, n. 12.

119. Le débitant de tabac ne fait pas acte de commerce en revendant le tabac qu'il achète de la régie, parce que cette revente est étrangère à toute spéculation, le bénéfice qu'elle procure consistant uniquement dans une remise d'un taux déterminé à l'avance, qui n'est en réalité que la rémunération accordée par la régie au débiteur son préposé. — Bruxelles, 6 mars et 5 mai 1813 (S. chr.); Lyon, 29 août 1861 (S. 62.2.507); Caen, 10 juin 1862 (*S. ibid.*).

120. Mais le caractère commercial devrait, au contraire, être reconnu à l'achat fait par ce dernier de marchandises destinées à être vendues accessoirement au débit de tabac (par exemple, à l'achat d'objets de quincaillerie ou de mercerie, de liqueur, etc. — Rennes, 20 juil. 1814 (S. chr.); Aix, 15 janv. 1825 (S. chr.); Conseil d'Etat, 25 mai 1850 (S. 53.2.528); Caen, 10 juin 1852.

121. L'achat de tabacs, spécialement de cigares, en vue de les revendre, serait commercial, s'il émanait d'un individu non commissionné par la régie et spéculant sur ces opérations dans son intérêt privé. — Paris, 15 janv. 1862.

122. Ce que nous venons de dire des débiteurs tabacs s'applique aux débitants de poudre qui sont également de simples agents de la régie, choisis et nommés par le ministre des finances, mais qui, à côté de leur qualité de délégués de la régie, sont presque toujours commerçants à un autre titre. — Orillard, n. 275; Nouguier, t. 1er, p. 386.

123. Les salpêtriers sont des agents de l'Etat chargés d'extraire le salpêtre *des matériaux produits par les démolitions* et de livrer à la direction des poudres la quantité déterminée par les commandes. — LL., 13 fruct. an VIII et 10 mars 1819; *Répert. gén. du Palais*, v° *Acte de commerce*, n. 171.

124. L'achat, par un individu commissionné pour fabriquer du salpêtre pour le compte de l'Etat des denrées nécessaires à cette fabrication, et la livraison des salpêtres dans les magasins de l'Etat, ne constituent point un acte de commerce, et cet individu ne peut, en cas de non-paiement d'effets souscrits par lui pour l'achat des denrées nécessaires à la fabrication, être déclaré en état de faillite. — Angers, 28 janv. 1821.

125. Sont commerçants ceux qui, sans faire concurrence aux délégués de l'administration, se livrent à la fabrication du salpêtre indigène, par des procédés qui n'exigent pas l'emploi des matériaux de démolitions. — Orillard, n. 276; Nouguier, t. 1, p. 387.

126. La prise à bail de la perception des droits municipaux de places et marchés d'octroi et autres taxes des villes ne constitue pas un acte de commerce. — Metz, 9 fév. 1816 (S. chr.).

127. Il en est de même de la prise à bail de la rétribution des chaises dans les églises. L'établissement qui les ferait percevoir en régie ne ferait qu'un acte civil. La perception ne saurait changer de nature lorsque le fermier acquiert, au prix fixé, moyennant une espèce d'abonnement, le droit de les faire à ses risques et périls. — Pardessus, n. 16.

128. L'adjudicataire d'un entrepôt municipal n'est pas réputé entrepreneur dans le sens de l'art. 632, C. comm., quand même il serait responsable des marchandises déposées. — Bruxelles, 5 mai 1813.

129. Le caractère commercial doit être attribué aux dépenses faites par un aubergiste ou cafetier pour l'embellissement de son établissement. — Bourges, 15 fév. 1842 (S.43.2.21); Rouen, 2 janv. 1858 (S. 59.2.159). — *Contrà*, 9 déc. 1836; 1er mars 1844 et 28 nov. 1856 (S. 59.2.300, 1844.2.352, 1857.2.280).

130. Il en est de même des dépenses faites par un négociant à l'occasion de l'installation de ses marchandises dans le local d'une exposition universelle. — Trib. de commerce de la Seine, 11 sept. 1856 (*J. des Trib. de commerce*, t. 6, p. 95).

131. M. Carré (*Compétence commerciale*, n. 88) décide que l'ouvrier imprimeur ne fait pas acte de commerce en achetant du papier pour l'usage de son imprimerie.

132. La vente d'un fonds d'imprimerie avec les presses, les caractères et les autres ustensiles nécessaires à l'exercice de la profession d'imprimeur, ne constitue pas un acte de commerce lorsqu'elle ne comprend pas en même temps des marchandises, et que l'acquéreur n'est pas déjà commerçant. — Paris, 2 janv. 1843 (P. 43.1.141).

133. De même, et par identité de motif, il n'y a pas acte de commerce de la part de l'auteur ou du journaliste qui achète le papier et autres objets nécessaires à la publication de son ouvrage ou de son journal ; du peintre qui achète soit les couleurs et les toiles nécessaires à la confection de ses tableaux, soit même les cadres avec lesquels ces tableaux doivent être vendus ; du sculpteur qui achète le marbre dans lequel ses statues doivent être taillées, ou la terre à modeler servant à l'exercice de son art. — Pardessus, *loc. cit.*, n. 15 ; Dutruc, n. 17 ; Paris, 4 nov. 1809 (S.chr.); Paris, 23 oct. 1834 (S. 34.2.464); 3 fév. 1836 (S. 36.2.125); 23 déc. 1840 (S. 41.2.323); Rennes, 13 janv. 1851 (P.51.1.327); Paris, 25 mai 1855 (S.55.2.133); Lyon, 22 août 1860 (S.61.2.103); Metz, 7 août 1862 (S.63.2.106).

134. Il a été jugé spécialement, d'après ces principes, que la publication d'une revue ne constitue pas, de la part de l'auteur et éditeur, une opération commerciale, notamment au point de vue du paiement des frais d'impression de cette publication, encore bien que partie des articles soient composés par des collaborateurs que cet auteur s'adjoint, — Paris, 25 mai 1855, et Lyon, 22 août 1860, précités (S.55.3.113 et S. 61.2.103).

135. On doit décider aussi que l'achat par un auteur des choses nécessaires à la publication de son œuvre ne cesse pas d'être un acte purement civil, bien qu'il s'agisse d'une réédition, pour laquelle il emploie un voyageur, envoie des prospectus et bulletins de souscription et s'engage envers son imprimeur à lui tenir compte des intérêts au taux commercial des sommes dont il sera son débiteur. — V. toutefois en sens contraire. — Trib. de commerce de Nantes, 1er fév. 1865 (S.65.2.273).

136. Mais l'éditeur, le libraire qui publie pour son compte l'ouvrage que lui a cédé un auteur, le directeur d'un journal ou recueil qui achète à autrui les articles dont se compose cette publication, à la rédaction de laquelle il demeure étranger, font acte de commerce, puisqu'ils revendent ce qu'ils ont acquis dans une vue de spéculation. — Pardessus, n. 15 ; Dalloz, n. 88 à 93 ; Alauzet, n. 2020 ; Bédarride, *Jurid. de commerce*, n. 230.

137. Il a même été jugé que la publication d'un livre qui ne contient qu'une indication de rues, de monuments, et autres renseignements analogues, constitue un acte de commerce de la part de l'auteur lui-même. — Paris, 9 fév. 1841 (S. 41.2.323).

138. Quant au libraire, qui est en même temps auteur, il est certain qu'il fait acte de commerce en exploitant ses propres ouvrages dans son commerce de librairie. — Bordeaux, 23 nov. 1843 (S. 44.2.583).

139. Un auteur qui vend lui-même son ouvrage et qui a acheté les fournitures nécessaires à son impression ne fait pas acte de commerce. — Paris, 4 nov. 1809 (S. chr.) ; 1er déc. 1809 (S. chr.); 23 oct. 1834 (S. chr.) et 3 fév. 1836 (S. chr.).

140. L'achat d'un manuscrit ne faisant que substituer l'acquéreur aux droits de l'auteur, ne constitue pas par lui-même, en l'absence de toute autre circonstance, un acte de commerce. En conséquence des billets à ordre causés *valeur en manuscrit*, alors même qu'ils auraient été souscrits par un percepteur des contributions, doivent être considérés comme indépendants de la qualité de celui-ci, et n'entraînent pas contre lui la contrainte par corps. — Paris, 22 nov. 1842 (P. 42.1.196).

141. L'auteur qui s'est associé avec un imprimeur pour la publication et la vente de son ouvrage et qui a souscrit des billets à raison de cette association ne fait pas acte de commerce. — Paris, 23 déc. 1840 (P. 41.1.252).

142. Il en est ainsi à plus forte raison, si l'auteur a donné à l'imprimeur le droit de se couvrir par le produit de la vente des frais d'impression. — Paris, 14 juin 1842 (P. 44.1.379).

Sect. IV. — Entreprises de manufactures, de constructions ou de travaux, de commission et de transport par terre ou par eau.

§ 1er. — Entreprises de manufactures.

143. Toute entreprise de manufacture est réputée acte de commerce (C. comm., 632, § 2). On entend par entreprise de manufacture la série d'opérations par lesquelles un individu fait mettre en œuvre, à l'aide d'ouvriers ou de machines, soit des matières premières qu'il a achetées et qu'il revend ensuite, après en avoir ainsi changé la forme extrinsèque, soit des matières qui lui ont été confiées par des tiers, auxquels il les rend après leur transformation. Le manufacturier se distingue de l'artisan par la spéculation qu'il fait sur le travail des ouvriers ou des machines qu'il emploie, et par l'importance de son établissement. Il importe peu, du reste, pour constituer l'entreprise de manufacture, que les ouvriers travaillent dans les ateliers appartenant au fabricant, ou à leur propre domicile. — Paris, 22 févr. 1867 (*Bull. de la Cour de Paris*, 1867, p. 190); Dutruc, n. 99.

144. Il a été décidé en ce sens qu'une opération de main-d'œuvre n'est autre chose qu'une opération de manufacture, dans le sens de l'art. 632, C. comm., et qu'ainsi l'ouvrier qui s'engage à travailler pour autrui en recevant une matière et en s'obligeant à la rendre après l'avoir façonnée, ne fait pas un acte de commerce. Rome, 5 sept. 1811 (S. chr.).

145. Il peut y avoir entreprise de manufacture même de la part de celui qui trouve dans son propre fonds la matière qu'il fait mettre en œuvre, si les circonstances indiquent que cette élaboration n'est pas seulement un moyen de tirer parti des produits de son fonds, mais qu'elle fait l'objet d'une véritable spéculation, et que c'est principalement sur la main-d'œuvre que celui qui s'y livre entend bénéficier. — Ainsi, tandis qu'un propriétaire de vignobles ne peut jamais être considéré comme manufacturier, parce qu'il convertit en vins et même en alcools les raisins de sa récolte, il y a, au contraire, entreprise de manufacture de la part de celui qui, dans une vue de spéculation, établit sur son fonds soit une raffinerie ou une distillerie pour transformer en sucre ou en alcool les betteraves que produit ce fonds, soit un haut fourneau, pour convertir en fer le minerai qu'il extrait d'une mine. Il n'en serait autrement que dans le cas assez rare où la fabrication du sucre, celle du fer, la distillation des alcools, ne serait qu'un mode d'exploitation de la propriété. — Liége, 15 mars (S. chr.); 24 déc. 1858 et 13 avril 1867; Douai, 21 juill. 1830 et 3 avr. 1841 (S.31.2.172); Bruxelles, 2 janv. 1858 et 14 avr. 1859.

146. A plus forte raison, y aurait-il entreprise de manufacture, si le propriétaire de la raffinerie, de la distillerie ou de la forge achetait des betteraves ou du minerai pour alimenter sa fabrication. — Bourges, 2 juill. 1851 (S. 53.2.110).

147. On a vu avec raison une entreprise de manufacture, notamment dans l'exploitation d'une imprimerie, dans celle d'une usine à usage de foulonnerie, ou d'une blanchisserie. — Rouen, 2 déc. 1825 (D.-P.26.2.148); Paris, 16 juill. 1828 et 19 mai 1853 (*J. des trib. de comm.*, t. 2, p. 265).

148. Mais un blanchisseur en chambre n'est pas un manufacturier, et l'on peut en dire autant d'un typographe ou lithographe dont l'industrie serait extrêmement restreinte. — Orillard, *loc. cit.;* Dutruc, n. 105.

149. Il a été jugé que l'achat de bois pour l'exploitation d'une manufacture de porcelaine est commerciale. — Limoges, 9 fév. 1839 (D.-P. 39.2.208).

149 *bis.* L'exploitation d'un établissement de blanchisserie est un acte de commerce. — Cass., 16 avr. 1829.

150. Il y a acte de commerce de la part du manufacturier qui fait faire des réparations à son usine, à ses ateliers, etc. — Toulouse, 15 juill. 1825 (S. chr.).

151. Il a été jugé que la convention entre un fabricant et un particulier non négociant, par laquelle ce dernier s'engage à donner ses soins, pendant plusieurs années, à la manufacture du premier, et à la perfectionner, à l'aide de procédés de physique, est un acte de commerce de la part du fabricant. — Liége, 27 déc. 1814 (S. chr.).

152. D'un autre côté, le régisseur d'une forge qui se charge, moyennant un prix convenu, de la faire valoir pour lui-même, et prend pour son propre compte les effets morts et marchandises qui s'y trouvent, fait, par ce traité, un acte de commerce. — Bourges, 4 mars 1825 (S. chr.).

§ 2. — Entreprises de constructions ou de travaux.

153. Les entreprises de travaux et de constructions sont celles dans lesquelles un individu se chargeant, à forfait, et moyennant un prix convenu, de constructions ou réparations de quelque importance, est obligé de s'assurer du concours d'ouvriers, et généralement de fournir les matériaux. — Aix, 26 août 1867 et 31 janv. 1868 (*Bull. judic. d'Aix*, t. 5, p. 43 et 154).

154. On a prétendu interpréter l'art. 633, C. comm., dans un sens tout à fait limitatif, et, de ce qu'il ne parle pas des constructions relatives à la navigation intérieure ou extérieure, conclure qu'il ne fallait pas considérer comme acte de commerce les constructions appliquées à tout autre objet.

155. C'est ainsi qu'il a été jugé que, dans les termes de l'art. 633, C. comm., une entreprise de construction ne constitue un acte de commerce qu'autant qu'elle se rattache à la navigation intérieure ou extérieure. — Colmar, 8 juin 1822 ; 11 mai 1825 ; Liége, 29 avril 1833 ; Poitiers, 21 déc. 1837 (P.38.2.281) ; Caen, 8 mai 1838 (P.43.2.238) ; Rouen, 7 janv. 1839 (P.43.1.238); 1855 (S.57.2.15); Rennes, 13 avril 1859 (S.60.2.96); Trib. de commerce de Marseille. 9 mars 1866 (*Journ. de Jurisp. comm.* de cette ville, t. 44, p. 143).

156. Il en est de même de l'achat d'un cabinet d'agent d'affaires, lorsque l'industrie de ce dernier se trouve dans les conditions propres à le rendre commercial. — Paris, 19 oct. 1865 (*Journ. des Trib. de comm.*, t. 15, p. 385). — *Contrà*, Tribunal de la Seine, 13 fév. 1855 (*Id.*, t. 4, p. 194).

157. La vente d'une place de facteur à la halle ne constitue pas un acte de commerce. — Paris, 20 juin 1840 (P. 40.2.175).

158. La vente d'un procédé industriel, et du matériel nécessaire à son exploitation ne constitue pas davantage un acte de commerce. — Paris, 14 janv. 1836 (S. chr.).

159. On a jugé que celui qui se constitue actionnaire d'une société commerciale participe au commerce qui est l'objet de la société, et que, dès lors, celui qui achète des actions dans une entreprise industrielle fait un acte de commerce. — Bordeaux, 10 nov. 1836.

160. Décidé, au contraire, que les entreprises de travaux publics autres que celles relatives à des constructions maritimes sont réputées acte de commerce, et rendent ceux qui en sont chargés justiciables des tribunaux de commerce. — Poitiers, 17 déc. 1840 (P. 43.1.234) ; Poitiers, 23 mars 1841 (P. 43.1.235).

161. Du principe que l'entreprise de travaux avec fourniture de matériaux est un acte de commerce, la jurisprudence a conclu que l'engagement contracté par l'entrepreneur à raison des fournitures faites par un aubergiste aux ouvriers et aux chevaux employés aux travaux pour leur nourriture est lui-même commercial. — Cass., 29 nov. 1842 (S. chr.).

162. Il a été jugé que l'entrepreneur d'ouvrages qui ne s'engage qu'à fournir son travail et à procurer les échafaudages et autres objets nécessaires pour la construction de ces ouvrages dont on lui livre tous les matériaux, ne fait en cela aucun acte de commerce. — Bruxelles, 12 sept. 1825.

163. D'autre part, il a été décidé que, pour qu'un entrepreneur fasse acte de commerce, à raison des matériaux et autres objets qui lui ont été fournis, il faut que ces objets aient été employés comme une matière première, principale et indispensable, devant faire partie inhérente des travaux ou constructions à exécuter et dont l'entrepreneur doit ensuite recevoir le prix, sans qu'il puisse suffire à cet effet qu'ils aient été employés comme un simple accessoire servant momentanément à rendre les travaux plus faciles. — Bruxelles, 27 avr. 1832. — Dutruc, n. 118.

164. L'entrepreneur qui traite pour la construction d'une maison fait en cela un acte de commerce, alors même qu'il deviendrait ultérieurement propriétaire du sol sur lequel la maison a été édifiée : cette acquisition ne peut avoir un effet rétroactif et enlever aux engagements de l'entrepreneur leur caractère commercial. — Tribunal de commerce de Marseille, 28 janv. 1867 (*Journ. jurisp. comm.* de cette ville, t. 45, p. 89).

§ 3. — Entreprise de commission.

165. L'entreprise de commission consiste de la part d'un individu à se charger de faire en son nom personnel tel ou tel genre d'opérations de commerce pour le compte de tiers. L'acceptation d'une et même de plusieurs commissions de la part d'un individu non commerçant ne suffirait pas pour le faire considérer comme ayant fait un acte de commerce ; il n'y aurait pas là ce que la loi désigne par entreprise de commission. — Nouguier, t. 1, p. 410 ; *Répert. gén. du Pal.*, vº *Acte de commerce*, n. 329.

166. Celui qui se livre habituellement à des opérations de courtage et de commission est, en raison des obligations qu'il a contractées, soumis à la juridiction commerciale. — Bruxelles, 12 nov. 1832.

167. Sont entrepreneurs de commission, et non simples contremaîtres, les habitants du département de la Somme qui se chargent de faire tisser et confectionner les chaînes de coton qui leur sont envoyées par la fabrique, et par suite ils sont justiciables des tribunaux de commerce. — Rouen, 22 mai 1829.

168. Mais jugé que le tribunal de commerce est incompétent pour connaître de l'action résultant entre deux individus de relations qui n'avaient pour objet que la remise qu'ils se faisaient réciproquement de marchandises et de denrées qu'ils achetaient l'un pour l'autre, sans autre but que de se rendre de bons offices, ces relations et ces bons offices, ne constituant aucune opération de commerce. — Rennes, 21 juin 1813.

169. Le mandat diffère de la commission ; néanmoins un mandat ayant pour objet des opérations de commerce peut avoir aussi lui-même un caractère commercial. — Montpellier, 21 mars 1831 (S. chr.).

170. On doit réputer commercial le mandat donné par un négociant à un autre pour le recouvrement de créances. Dès lors, c'est au tribunal de commerce qu'il appartient de connaître des difficultés qui peuvent s'élever entre le mandant et le mandataire relativement à son exécution. — Lyon, 17 fév. 1833 (S. chr.).

171. Les opérations entre l'administration de l'octroi et un entrepositaire commerçant peuvent-elles être réputées commerciales, et la preuve peut-elle, par suite, en être faite par témoins ? Résolu implicitement négativement. — Cass., 23 mars 1831.

§ 4. — Entreprises de transport par terre ou par eau.

172. Les entreprises de transport embrassent tout engagement de transporter par terre et par eau, d'un lieu dans un autre, soit des personnes, soit des marchandises ou des objets de quelque nature que ce soit. Il faut seulement que l'engagement ait été contracté dans un but de trafic. — Bioche, *Dict. de proc.*, vº *Acte de commerce*, n. 119.

173. Mais il n'y aurait pas entreprise de transport et acte commercial de la part de celui qui ferait gratuitement un transport ou même qui, employant habituellement ses chevaux et ses voitures à son propre usage, les louerait dans une occasion particulière. — Bioche, *ibid.*, n. 124. — Pardessus, n. 39 ; Nouguier, t. 1, p. 412 ; Orillard, n. 324.

174. De même encore, l'État qui exploite lui-même une entreprise de transport par des motifs de sûreté ou d'intérêt général, ne fait pas acte de commerce ; il est réputé se livrer à une opération purement civile, par la raison qu'il est toujours présumé agir dans un but d'intérêt général, jamais dans un but de spéculation. — Cass., belge, 14 nov. 1844 (D. 46.2.4).

175. Mais si l'État concède, à titre de ferme, l'entreprise de transport, les concessionnaires doivent être considérés comme faisant acte de commerce. — Rivière, *Rép. écr. sur le C. de comm.*, p. 849 et 850.

176. Jugé qu'on ne peut considérer comme faisant des actes de commerce des fermiers de bacs. — Nîmes, 13 avr. 1812 (S. chr.).

177. Jugé aussi que le tribunal de commerce est incompétent pour statuer sur les contestations élevées à l'occasion d'un traité fait entre le fermier d'un bac et des entrepreneurs de diligences pour le passage de leurs voitures. — Montpellier, 20 déc. 1834.

178. Font acte de commerce : 1º les bateliers ou voituriers, soit que leurs bateaux ou voitures qu'ils emploient pour les transports leur appartiennent en toute propriété. soit qu'ils les aient loués pour en sous-louer l'usage. — Bordeaux, 31 août 1831.

179. La compagnie d'un chemin de fer est adjudicataire d'une entreprise de transport des marchandises ; en conséquence les demandes que des particuliers forment contre elle, relativement aux obligations par elles contractées, sont de la compétence des tribunaux de commerce. — Lyon, 1er juil. 1836.

180. Jugé de même que l'entreprise d'un chemin de fer, ayant pour objet le transport des marchandises et des voyageurs, constitue une entreprise commerciale. — Nîmes, 10 juin 1840 (P. 40. 2.356); Cass., 28 juin 1843 (P. 43.2.153).

181. L'association formée par des individus réunis en communauté, sous la direction d'un syndic, dans le but de se charger, moyennant un prix déterminé et au nom de la compagnie, du halage et transit des bateaux qui traversent une ville en remontant ou descendant une rivière, constitue une entreprise de transport par eau, justiciable, à raison de ses opérations, des tribunaux de commerce. En conséquence, l'arrêt qui le décide ainsi, d'après les faits de la cause, au sujet d'une contestation entre cette compagnie et un maître de bateaux, échappe à la censure de la Cour de cassation. — Cass., 24 fév, 1841 (P. 41.2.383).

SECTION V. — ENTREPRISES DE FOURNITURES, D'AGENCE D'AFFAIRES, DE REMPLACEMENT MILITAIRE, D'ASSURANCES TERRESTRES, ÉTABLISSEMENTS DE VENTES A L'ENCAN ET DE SPECTACLES PUBLICS.

§ 1er. — Entreprises de fournitures.

182. L'entreprise de fournitures est celle au moyen de laquelle un individu fait profession de livrer des fournitures dont il vend la propriété ou dont il loue l'usage. Elle a été rangée au nombre des actes de commerce, quand celui qui s'y livre a pour but de se procurer des bénéfices par la vente, la préparation, la location ou le transport des marchandises. Elle a été ainsi qualifiée parce qu'elle renferme l'idée de l'achat pour revendre.— Nouguier, t. 1, p. 416; *Répert. gén. du Pal.*, vo *Acte de commerce*, n. 357.

183. Il a été jugé que le propriétaire qui s'engage à fournir à l'entrepreneur de construction d'un canal les terres nécessaires aux remblais qu'exigera l'établissement des rampes, fait une entreprise de fournitures, bien que ces terres doivent être prises sur son fonds, alors que son engagement n'est pas limité à la quantité de terre que ce fonds pourra donner, et l'oblige à livrer toutes celles que réclameront les remblais, quand même son héritage n'y suffirait pas. — Toulouse, 24 nov. 1843 (D.-P. 44.4.10).

184. Il y a entreprise de fournitures dans le fait de se charger du nettoiement, de l'éclairage ou de l'arrosage des rues et places d'une ville, de l'entretien des routes, de la location des décors et ameublements employés dans les fêtes publiques ou particulières, de celle des choses nécessaires au service des pompes funèbres, de la location de chevaux et voitures, notamment de la part d'un maître de poste, de la fourniture à forfait des objets destinés à l'établissement d'un nouveau culte, de la tenue d'un cercle dans lequel des jeux, livres, journaux et rafraîchissements sont procurés, moyennant salaire, aux abonnés; de la publication par souscription d'ouvrages composés par d'autres que par celui qui entreprend cette publication.—Cass., 9 janv. 1810 ; Turin, 26 fév. 1814 ; Caen, 27 mai 1818 (S. chr.) ; Paris, 15 avr. 1834 (S. 34.2. 414) ; Limoges, 21 nov. 1835 (S. 37.2.491).

185. Une entreprise de fournitures militaires étant un acte de commerce, l'entrepreneur peut être condamné commercialement pour faits relatifs à cette entreprise. — Cass., 12 janv. 1812.

186. Les sous-traités par lesquels celui qui s'est rendu adjudicataire d'un marché de fourniture pour l'administration, a cédé à des tiers partie de son entreprise, ont un caractère commercial, et, par suite, les contestations élevées entre le cédant et les cessionnaires, relativement à ces traités, ont dû être portées devant la juridiction consulaire. — Cass., 10 fév. 1836 (S. chr.).

§ 2. — Agences d'affaires.

187. Les agences d'affaires ayant pour objet la gestion de fortunes mobilières, les recouvrements de capitaux, la perception de rentes sur l'État, l'achat et la vente de créances, les poursuites d'affaires contentieuses, etc., sont de véritables entreprises commerciales, lorsque leur mode d'organisation indique que l'agent spécule sur les services qu'il offre à la confiance du public, mais alors seulement, car la loi n'attache le caractère d'acte de commerce qu'à l'*agence* ou au *bureau*, c'est-à-dire à l'établissement ouvert au public et annoncé par des circulaires, articles de journaux et autres modes de publicité.— Cass., 12 nov. 1813, 31 janv. 1837 ; 12 janv. 1863 et 22 avr. 1864 (S. chr. et 1837.1.320 ; 1863. 1.249 ; 1864.1.244) ; Paris, 6 déc. 1814 (S. chr.) ; Montpellier, 26 janv. 1832 (S. 33.2.491).

188. Parmi les agences d'affaires, on doit comprendre les bureaux de traduction de pièces écrites en langue étrangère, les bureaux de placement de commis, ouvriers et domestiques, les agences de remplacement militaire ou d'exonération du service militaire, les administrations de tontine, caisses d'épargne ou de prévoyance, lorsque les administrateurs ne tiennent pas leurs fonctions du gouvernement ou ne sont pas les délégués gratuits de réunions philanthropiques, les compagnies d'assurances terrestres à prime fixe. — Paris, 4 mars 1825 ; Cass., 15 déc. 1824 (S. chr.) ; Bordeaux, 8 mars 1867.

189. Les compagnies d'assurances mutuelles qui ne renferment aucun élément commercial ne sauraient, au contraire, être mises au nombre des agences d'affaires, sans qu'il y ait à distinguer entre la réunion des membres de ces sociétés et le personnel de leur gérance. — Paris, 28 mars 1857 (S.58.2.197) ; Cass., 8 fév. 1860 (S.60.1.207).

190. La qualité d'agent d'affaires ne saurait non plus être attribuée à celui dont les occupations habituelles consistent seulement à représenter les parties, comme fondé de pouvoirs, devant le juge de paix, et à les diriger dans la conduite de leurs affaires, sans tenir bureau ouvert. — Amiens, 10 juin 1823 (S. chr.).

§ 3. — Agence de remplacement militaire.

191. Les entreprises de remplacements militaires constituent des agences d'affaires, et doivent, comme telles, être réputées actes de commerce. — Colmar, 25 fév. 1839 (P. 39.1.596); Rennes, 26 avril 1841 (P. 44.2).

192. L'individu qui se charge habituellement et moyennant salaire de fournir des remplaçants militaires, exerce des actes de courtage ou de commission. — Nancy, 14 mai 1839 (P. 44.1.339).

§ 4. — Entreprises d'assurances terrestres.

193. Des assurances terrestres, par exemple contre l'incendie, contre la grêle, constituent-elles des actes de commerce? Sont-elles commerciales? — Pour résoudre cette question, une distinction est nécessaire.

194. Les compagnies d'assurances mutuelles, bien qu'elles aient la forme d'une société commerciale, ne se livrent en face à aucun acte de commerce, puisqu'elles ne stipulent pas avec des tiers, qu'elles n'assurent que les choses appartenant aux membres de l'association, et que ce n'est pas en vue de réaliser des bénéfices qu'elles opèrent, mais seulement pour éviter une perte à celui des associés sur lequel le sinistre est tombé. — Rouen, 9 oct. 1820 (S. chr.); Douai, 4 déc. 1820 (S. chr.); Cass., 15 juill. 1829 (S. chr.).

195. Mais les compagnies d'assurances à prime, au lieu d'être des sociétés civiles, sont bien des sociétés commerciales qui se livrent à une spéculation et qui, par leur grand nombre d'agents, peuvent être assimilées à des agences d'affaires. — Rouen, 24 mai 1825 (S. chr.); Paris, 23 juill. 1825; Cass., 8 avril 1828 (S. chr.); 1er avril 1830 (S. chr.).

196. Les assurances contre l'incendie des immeubles doivent être considérées comme des actes de commerce. — Colmar, 23 janv. 1843 (P. 43.2.605).

197. De même celui qui fait partie, comme directeur et comme actionnaire, d'une société dont l'objet est d'assurer, à prime, les propriétés contre l'incendie et les risques de mer, doit être considéré comme commerçant. — Cass., 1er avril 1830.

198. Il en est encore ainsi des sociétés d'assurances à prime contre les chances de faillites. — Amiens, 27 août 1858 (P 59. 625).

199. L'engagement pris, par l'un des membres d'une société commerciale, de liquider à forfait les affaires de la société, moyennant l'abandon que les autres associés lui consentent de tous leurs droits, ne constitue pas, de la part de cet associé (qui n'est pas commerçant), un engagement commercial envers les cédants. — Cass., 8 mai 1867 (S.67.1.313).

§ 5. — Établissement de ventes à l'encan.

200. Les établissements de ventes à l'encan constituent de véritables agences, la spéculation du directeur fût-elle bornée à la disposition du local offert au public. Ce genre d'entreprise est d'ailleurs susceptible de courtage, de commission et de maniement de fonds. — Orillard, *loc. cit.*, n. 344; Nouguier, t. 1er, p. 437; *Répert. gén. du Palais*, vo *Acte de commerce*, n. 391.

201. Les établissements dont il s'agit, qui n'exigent point le concours d'officiers publics, ne sauraient être confondus avec l'établissement, par la communauté des huissiers ou des commissaires-priseurs, de salles pour les ventes que la loi les charge de faire. — Nouguier, p. 438; Dutruc, n. 134.

§ 6. — Spectacles publics.

202. Les *entrepreneurs de spectacles* louent l'industrie des acteurs, pour la sous-louer ensuite au public, en en retirant un bénéfice. Ils font donc acte de commerce.

203. Jugé qu'une entreprise de spectacles publics est réputée acte de commerce, et que les contestations relatives à l'exécution d'un acte ayant pour objet une entreprise de ce genre sont de la compétence du tribunal de commerce. — Lyon, 7 mars 1815.

204. Sont aussi des opérations commerciales les établissements de lieux de danses et autres divertissements offerts au public. — Pardessus, *loc. cit.*, n. 46; Nouguier, t. 1er, p. 442.

205. L'aéronaute qui, moyennant un salaire, donne au public le spectacle d'une ascension en ballon est commerçant, et, à ce titre, justiciable des tribunaux de commerce. — Paris, 1er août 1832.

206. Doivent être considérés comme entrepreneurs de spectacles les directeurs des établissements d'exercices gymnastiques, de skating-rink, de salles de concert, de cafés-concerts et de danse, de physique amusante et autres divertissements offerts au public. — Marseille, 16 mars 1870 (*Journ. de Marseille*, 1870.1.112).

207. Décidé, dans le même sens, que le propriétaire d'un manége de chevaux de bois, qui le fait exploiter pour son compte, fait acte de commerce. — Rennes, 5 mars 1873 (S.73.2.164, P.73.700).

208, 209. Mais si l'exploitation d'un spectacle public constitue une opération commerciale, l'artiste dramatique ne fait pas acte de commerce; il n'est point intéressé, dans l'entreprise, aux chances de bénéfices ou de pertes de laquelle il ne participe point; en louant son industrie, il ne contracte qu'un engagement civil. — Paris, 25 fév. 1865 (S.65.2.325.-P.65.1225); Bordeaux, 1er avril 1867 (S.67.2.125.-P.67.1233); Cass., 8 déc. 1875 (S.76.1.25.-P.76.38).

Sect. VI. — Opérations de change, banque, courtage, banques publiques, prêt sur gage.

§ 1er. — Opérations de change.

210. Sont considérées comme actes de commerce toutes les opérations de change, banque et courtage, celles des banques publiques, lettres de change et remise d'argent de place en place. — C. comm., 632.

211. *Opérations de change.* — On distingue deux natures d'opérations de change :

212. L'une consiste à changer des monnaies d'une espèce contre d'autres monnaies. Par exemple, de l'or contre de l'argent, des monnaies françaises contre des monnaies étrangères. On la désigne sous la dénomination de *change manuel* ou *local*.

213. L'autre, beaucoup plus importante, a pour but une remise d'argent de place en place. Elle constitue le contrat de change, par lequel une personne qui reçoit dans un lieu une somme d'argent s'oblige à faire payer cette somme dans un autre lieu, à la personne qui la lui remet, ou à son ordre.

214. Cette négociation se réalise, soit directement, au moyen d'un billet que souscrit celui qui s'engage à payer la somme convenue, c'est ce qu'on nomme *change personnel ;* soit par l'entremise d'un tiers à qui celui qui s'est obligé à faire trouver une somme dans un certain lieu mande de la payer à la personne qu'il lui indique. Le titre qui contient ce mandat s'appelle lettre de change. — M. Ruben de Couder, *loc. cit., Acte de commerce,* n. 156.

215. Toutes les opérations de change étant faites dans un but de trafic et de spéculation sont réputées acte de commerce.

216. Malgré la généralité des termes de l'art. 632, C. comm., on ne saurait considérer comme faisant un acte commercial le simple particulier qui échange, pour son usage personnel, des monnaies d'une espèce contre des monnaies d'une autre nature. Il n'y a, en effet, dans ce cas, aucune spéculation de sa part, et c'est la spéculation qui caractérise l'acte de commerce. — Paris, 11 mars 1833 (S.33.2.227.-P. chr.).

§ 2. — Opérations de banque et de prêt sur gage.

217. *Opérations de banque.* — On distingue les opérations de banque proprement dites et les opérations de banques publiques.

218. On désigne, en général, sous la qualification d'opérations de banque, les négociations relatives au trafic de l'argent ou des billets de commerce.

219. Le banquier est un négociant qui se charge, envers les autres commerçants, du soin de faire trouver à leur disposition des sommes d'argent dans tel ou tel lieu, ou de retirer de ces mêmes lieux les sommes dont ils peuvent avoir besoin.

220. Les opérations de banque se font, soit par spéculation, quand on achète, ou quand on vend, dans une place, des créances ou des monnaies payables dans une autre ; soit par commission lorsqu'on reçoit des créances commerciales dont le montant doit être employé d'une manière quelconque pour le compte de celui qui les envoie ; ou lorsqu'on s'oblige à payer, ou qu'on paie, des lettres de change tirées par un tiers qui n'en a pas fourni la valeur, et auquel on ouvre un crédit.

221. Les opérations *des banques publiques* ont pour but de remédier à l'inconvénient que présente la valeur incertaine des monnaies, et de faciliter les paiements en évitant les frais de transport.

222. Les opérations de banque de toute nature, n'étant faites que dans un but évident de spéculation, sont essentiellement commerciales.

223. On ne saurait réputer opération de banque l'association de quelques particuliers pour faire, avec un gouvernement, un traité par lequel ils se chargent, sous la garantie d'une vente d'immeubles à réméré, et sous la condition d'une prime en cas d'exercice de la faculté de rachat, d'acquitter le montant d'une contribution de guerre due à un autre gouvernement. — Cass., 14 déc. 1819.

224. Il a été jugé que le prêt fait par une maison de banque à un individu non commerçant, même par une obligation notariée contenant constitution d'hypothèque sur les biens de l'emprunteur, constitue une opération commerciale. — Cass., 14 fév. 1834 (S. 35.1.475).

225. Les monts-de-piété ne sont pas des établissements de commerce, mais d'utilité publique dépendant de l'administration des hospices, dont l'objet principal est de venir au secours des classes peu aisées de la société et d'empêcher l'artisan que le besoin presse, de devenir la proie de l'usure. Aussi l'art. 632 ne comprend-il pas dans sa nomenclature ces établissements.

§ 3. — Opérations de courtage.

226. Les opérations de courtage consistent à servir d'intermédiaire salarié à la négociation entre deux personnes ayant des intérêts distincts et séparés et à les mettre en rapport lorsque les clauses du marché sont arrêtées. — Nouguier, t. 1er, p. 460 ; Orillard, n. 256.

227. Le courtage diffère de la commission principalement en ce que le courtier se borne à mettre les parties en présence, sans contracter aucune obligation personnelle, tandis que le commissionnaire ne fait pas connaître le nom de ceux pour lesquels il agit, et engage sa propre responsabilité vis-à-vis des tiers. Mais le courtier, comme le commissionnaire, spécule sur son industrie et fait par conséquent acte de commerce. — Bioche, v° *Acte de commerce*, n. 212.

Sect. VII. — Actes de commerce maritime.

228. La loi répute encore actes de commerce, toute entreprise de construction, et tous achats, ventes et reventes de bâtiments pour la navigation intérieure et extérieure. — Toutes expéditions maritimes ; — tout achat ou vente d'agrès, apparaux et avitaillements ; — tout affrétement ou nolissement, emprunt ou prêt à la grosse : toutes assurances et autres contrats concernant le commerce de la mer ; — tous accords et conventions pour salaires et loyers d'équipages ; — tous engagements de gens de mer, pour le service de bâtiments de commerce (C. comm., 633).

229. Il a été jugé qu'on doit considérer comme acte de commerce l'effet d'armement d'un navire. — Paris, 1er août 1810 (S. chr.).

230..... Les expéditions faites quotidiennement en mer par un patron pêcheur. — Aix, 23 nov. 1840 (P. 41.1.253).

231.... L'achat, par un non-négociant, à un autre non négociant, d'une portion de l'intérêt de ce dernier dans une société d'assurances maritimes. — Bordeaux, 4 fév. 1846 (D.-P.46.4.6).

232. Le caractère commercial s'attache à toutes les obligations que l'expédition peut entraîner ; par exemple, à l'obligation pour le capitaine ou le maître de navire de payer les frais sanitaires dont le navire a été l'objet pendant l'expédition. — Cass., 22 avril 1835 (S. 35.1.435).

233. Mais lorsque le capitaine se repose sur le second du navire de l'accomplissement de tout ou partie de ses obligations, les opérations exécutées par ce dernier, telles que la réception des marchandises à charger et la signature des reçus d'expédition, n'ont pas le caractère d'acte de commerce. — Bordeaux, 14 juill. 1866 (S. 66.2.344).

233 *bis.* Sont de la compétence du tribunal de commerce les constestations relatives au paiement du prix d'une pacotille maritime consistant en oignons, pommes de terres et autres denrées, confiée à un capitaine de navire pour la vendre au lieu de sa destination et en partager le prix à son retour. — Rouen, 6 mai 1828.

233 *ter.* En cas d'abordage de deux bateaux dans un canal de l'intérieur, l'action en réparation du dommage doit être portée devant le tribunal civil et non devant le tribunal de commerce, lors même que les deux parties sont négociantes. — Bruxelles, 6 avril 1846.

Sect. VIII. — Présomptions de la commercialité des actes.

234. Toutes obligations entre négociants, marchands et banquiers sont réputées actes de commerce. — (C. comm., art. 632).

235. L'art. 638 consacre la même règle en décidant que les billets souscrits par un commerçant sont censés faits pour son commerce lorsqu'une autre cause n'y est pas énoncée.

236. Jugé que les tribunaux de commerce ne sont pas compétents à raison de la profession seule des parties. Une contestation, pour appartenir à cette juridiction, doit avoir pour objet un acte de commerce, d'où résultent des obligations réciproques entre commerçants. — Lyon, 11 déc. 1840 (P.41.1.406).

237. Comme dans toute personne adonnée au commerce se rencontre une double qualité, celle de commerçant et celle de particulier, la présomption établie par l'art. 638 disparaîtra en présence de la preuve résultant de la nature du contrat ou des circonstances qui s'y réfèrent. — Orillard, n. 188.

§ 1er. — Des obligations auxquelles s'applique la présomption de commercialité.

238. Le propriétaire qui assigne un commerçant auquel il a vendu des denrées provenant de son cru et faisant l'objet du commerce de ce dernier, en paiement du prix de la vente, doit porter son action devant le tribunal de commerce, encore que, n'étant pas négociant et n'ayant pas fait acte de commerce, il ne pût lui-même être assigné à raison de cette vente que devant le tribunal civil. — Bourges, 25 août 1830.

239. Les tribunaux de commerce sont compétents pour connaître d'un billet passé entre négociants, lors même que ceux-ci n'ont agi que comme personnes interposées, et dans l'intérêt de particuliers non commerçants. — Nîmes, 27 frim. an XI.

240. Jugé que le billet souscrit par un commerçant au profit d'un non-commerçant est présumé fait pour le commerce du souscripteur. — Paris, 10 mars 1814 ; Cass., 29 nov. 1839 (P.44.1. 339).

241. Il y a présomption légale, sauf la preuve contraire, que les objets mobiliers achetés par un logeur l'ont été pour alimenter son commerce, et non pour son usage particulier. — Bordeaux, 13 juill. 1841 (P. 41.2.641).

242. Celui qui est constitué restaurateur d'une société particulière, et qui y fournit toutes les denrées qui s'y consomment, doit être considéré comme commerçant, et par conséquent les billets souscrits par lui et qui n'expriment pas une cause étrangère à son commerce le rendent justiciable des tribunaux consulaires. — Bruxelles, 23 avril 1832.

243. C'est en vertu de la présomption de l'art. 638 qu'il a été jugé qu'un billet non négociable souscrit entre commerçants, bien qu'il ne mentionne aucune cause commerciale, entraîne la compétence des tribunaux de commerce et la contrainte par corps. — Paris, 23 juin 1807.

244. Les billets d'un agent d'affaires, même sous la forme de simples reconnaissances, sont censés faits pour son agence, à moins d'énonciation d'une autre cause, et, par suite, le rendent justiciable des tribunaux de commerce. — Paris, 6 déc. 1814.

245. L'énonciation *valeur en marchandises*, dans un billet à ordre souscrit par un non-commerçant, ne suffit pas pour faire considérer ce billet comme un acte de commerce, lorsqu'il n'est pas prouvé que les marchandises ont été achetées pour être vendues. — Angers, 11 juin 1824.

246. Jugé de même que ces mots, *valeur reçue en marchandises*, dans un billet à ordre, ne supposant pas qu'ils aient nécessairement pour cause un acte de commerce, il faut encore que la qualité du souscripteur, ou la nature de son opération, indiquent d'une manière constante qu'il ait fait un acte de commerce. — Paris, 17 sept. 1828 ; Lyon, 20 fév. 1829.

247. Un prêt d'argent entre commerçants est un acte de commerce. — Paris, 9 avril 1825.

248. L'emprunt d'une somme d'argent fait par un commerçant et versé dans son fonds constitue un acte de commerce. — Cass., 12 déc. 1838 (P. 39.1.495).

249. De même, un aubergiste est justiciable des tribunaux de commerce pour les actions en paiement d'argent prêté, lorsqu'il a déclaré que le prêt était fait pour son commerce. — Riom, 3 août 1815.

250. Le prêt d'une somme d'argent fait par un non-commerçant à un commerçant est censé fait pour le commerce de ce dernier. — Rouen, 23 juill. 1842 (P. 42.2.370).

251. Les tribunaux sont compétents pour connaître de la demande qu'un simple particulier forme contre un négociant en paiement des capitaux dont il a fait le placement à intérêt dans sa maison, et en remise de compte, avec les pièces justificatives. Paris, 3 avril 1813.

252. Tout emprunt fait par un négociant est présumé de droit fait pour son commerce, quoique le prêt ait eu lieu par acte notarié portant stipulation d'intérêts *au taux légal* de 5 p. 100. — Douai, 7 fév. 1825.

253. Toutefois, jugé que l'art. 638, § 2, C. com., ne s'applique pas de plein droit aux prêts ou emprunts contractés verbalement. Poitiers, 22 mai 1829. V. *Contrà*, Douai, 11 juill. 1821 ; Bourges, 20 mai 1824.

254. Ainsi ce n'est pas le tribunal de commerce, mais le tribunal civil qui doit connaître de l'action relative à un prêt verbal d'argent fait à un négociant par un individu non commerçant. — Bourges, 21 janv. 1812.

255. Il en est de même d'un prêt verbal fait par un négociant à un négociant. — Bruxelles, 3 déc. 1840.

256. Le tribunal de commerce est compétent pour statuer sur une contestation entre deux commerçants, ayant pour objet la restitution de marchandises que l'un deux s'est fait remettre par le mandataire de l'autre, comme lui ayant été promise à titre de gage d'une créance, et que celui-ci prétend avoir été enlevée sans droit. — Cass., 21 mai 1826.

257. Il y a engagement commercial dans le cautionnement souscrit sous la forme d'un billet à ordre, par un négociant, au profit d'un autre négociant, pour garantie d'une opération de commerce. — Paris, 18 fév. 1830.

258. Le négociant qui a cautionné un crédit en faveur d'un autre négociant peut être assigné devant le tribunal de commerce du lieu où ce crédit a été ouvert, bien qu'il soit domicilié ailleurs, si ce tribunal est compétent à l'égard du débiteur principal mis en cause avec lui. — Cass., 26 juil. 1809 ; Toulouse, 16 avr. 1836 (P. 37.1.450).

259. Mais la lettre par laquelle deux négociants associés déclarent à leur frère qu'ils consentent à le cautionner, pour une somme déterminée, auprès d'un autre négociant, doit être considérée comme ayant pour cause un sentiment de bienveillance, et non une opération commerciale, alors que les deux frères ont signé chacun pour leur compte particulier, et non sur leur raison sociale. — Et par suite un tel cautionnement ne rend pas les signataires justiciables du tribunal de commerce. — Angers, 8 fév. 1836.

260. D'un autre côté, le cautionnement d'une dette commerciale par un non-commerçant ne constitue pas de sa part un acte de commerce. — Orléans, 17 juin 1840 (P. 40.2.323) ; Dijon, 11 fév. 1841 (P. 41.1.450).

261. L'individu (non négociant) qui s'est rendu caution d'un négociant condamné à payer une somme par le tribunal de commerce n'est ni justiciable de ce tribunal ni contraignable par corps. — Lyon, 15 déc. 1832.

262. Il importe peu que la créance résulte de condamnations commerciales, même pour lettres de change. — Poitiers, 14 mai 1834.

263. Ou que la somme soit due solidairement pour prix de marchandises vendues par un tiers à un non-commerçant. — Bruxelles, 30 oct. 1830.

264. Une femme qui, par un acte séparé, a cautionné solidairement le paiement de lettres de change souscrites par son mari, négociant, n'est pas justiciable des tribunaux de commerce. — Paris, 18 mai 1811.

265. Jugé, au contraire, que l'individu, même non commerçant, qui a cautionné une dette commerciale devient par la nature même de son engagement, justiciable de la jurididiction consulaire. Le tribunal de l'obligé principal devient le tribunal de la caution. — Rouen, 6 août 1838 (P. 38.2.531).

266. Jugé même à l'égard de la solidarité d'un commerçant. — Rouen, 26 fév. 1840 (P. 44.2.504).

267. Il doit en être ainsi, encore bien que la caution nie avoir cautionné. — Bourges, 15 fév. 1842 (P. 43.1.273).

268. Jugé aussi que le cautionnement donné par un individu non commerçant, pour le prix d'une charge de facteur à la halle, à la condition qu'un crédit serait ouvert par le vendeur à l'acheteur, rend la caution justiciable du tribunal de commerce. — Paris, 20 juin 1840 (P. 40.2.173).

269. Le non-commerçant qui a cautionné une opération commerciale peut être assigné devant le tribunal de commerce où la demande originaire est pendante. — Paris, 6 juin 1831.

270. Jugé encore que l'individu non commerçant qui a cautionné le paiement du prix de marchandises livrées à un négociant est justiciable du tribunal de commerce, lorsque l'action est intentée tout à la fois contre lui et contre le débiteur. — Lyon. 4 fév. 1835; Bordeaux, 25 mai 1841 (P. 41.2.180); Paris, 15 janv. 1831.

271. Lorsqu'un individu non commerçant a cautionné une obligation pour prêt, souscrite par un commerçant au profit d'un autre commerçant, il est pour ce fait justiciable du tribunal de commerce. Dès lors s'il est actionné isolément et personnellement devant le tribunal civil, il peut demander son renvoi devant le tribunal de commerce. — Caen, 25 fév. 1825.

272. On doit réputer commercial le mandat donné par un négociant à un autre pour le recouvrement de créances; dès lors, c'est au tribunal de commerce qu'il appartient de connaître des difficultés qui peuvent s'élever entre le mandant et le mandataire relativement à son exécution. — Lyon, 17 fév. 1833.

273. Décidé de même que le commerçant qui se charge de remettre à un tiers la somme qui lui est adressée pour cet objet accepte en cela un mandat qui, à raison de sa profession, est un mandat commercial, alors surtout qu'il exige un escompte pour le paiement actuel; en conséquence, il peut être actionné devant le tribunal de commerce pour l'exécution de ce mandat.—Bordeaux, 14 avr. 1840 (P. 40.2.152).

274. Jugé cependant que le mandat de recouvrer une somme due par un commerçant ne constitue pas, bien qu'il soit donné par un commerçant à un commerçant, un engagement commercial, dès lors c'est devant le tribunal civil et non devant le tribunal de commerce, que le mandataire doit être assigné en reddition de compte. — Bordeaux, 28 nov. 1838 (P. 39.1.197).

275. L'action en indemnité, à l'occasion d'un délit ou quasi-délit, intentée par un négociant contre un autre négociant, doit être portée devant les tribunaux civils, et non devant les tribunaux de commerce. — Lyon, 11 déc. 1840 (P. 41.1.406).

276. Le négociant qui, sans être marchand de bois, vend les bois provenant de son cru, ne fait pas un acte de commerce, et sa qualité de négociant n'est pas une raison pour déclarer incompétent le tribunal civil, devant lequel il a porté les difficultés survenues entre lui et le marchand acquéreur de son bois, à l'occasion de l'exécution du marché, surtout si l'action du négociant propriétaire a pour objet des dégâts causés à sa propriété par le mode d'exploitation du bois vendu. — Bourges, 21 avr. 1826.

277. La juridiction commerciale est compétente pour connaître du quasi-délit résultant de ce que, par suite de l'amarrement d'un radeau, un autre radeau a sombré avec les marchandises. — Grenoble, 5 janv. 1834.

§ 2. — De la preuve admise contre la présomption de commercialité.

278. Les contestations relatives aux engagements entre commerçants ne sont de la compétence des tribunaux de commerce qu'autant que ces engagements ont trait au commerce. L'art. 631, C. comm., ne fait qu'établir une simple présomption de droit qu'ils ont le commerce pour objet. — Metz, 9 fév. 1816.

279. Cette présomption peut être détruite par la preuve contraire, laquelle est à la charge exclusive du défendeur. — Rouen, 23 juil. 1842 (P. 42.2.370).

280. Ou par des présomptions contraires.—Bordeaux, 19 avr. 1836.

281. La présomption de l'art. 632, C. comm., cesse lorsque la cause exprimée, ou la cause réelle, quoique non exprimée dans l'obligation, est, par sa nature, tout à fait étrangère au commerce. — Ainsi ne sont pas réputés commerciaux les engagements d'un commerçant par achat de denrées à son usage ou à celui de sa famille. — Lyon, 16 janv. 1838 (P. 38.2.633 ; Aix, 22 janv. 1840 (P. 40.1.625).

282. Ni les dépenses faites dans une auberge par des commerçants en paiement des fournitures et du logement donnés soit à eux, soit à leurs commis et chevaux.—Metz, 9 juil. 1843 ; Limoges, 2 mars 1837 (P. 39.1.210).

283. Jugé encore que les tribunaux de commerce ne sont pas compétents pour connaître de l'action intentée par un aubergiste contre un marchand de chevaux, en paiement des fournitures journalières et en détail qu'il lui a faites pour la nourriture de ses chevaux et des gens chargés de les conduire. — Metz, 4 janv. 1823.

284. Mais il y a un caractère commercial dans les engagements pris par un voiturier envers un aubergiste pour la nourriture de ses domestiques et celle de ses chevaux employés aux transports qui constituent son industrie. — Toulouse, 8 mai 1825.

285. Le mandat gratuit que les créanciers auxquels un négociant a fait abandon de ses biens donnent à un tiers de gérer et administrer les biens abandonnés est un acte purement civil. — Limoges, 8 déc. 1836.

286. La location d'une loge par un marchand à un autre marchand pour la durée d'une foire n'est point un acte de commerce. Ainsi les contestations relatives au paiement du prix de cette location ne sont pas de la compétence de la juridiction commerciale. —Caen, 24 mai 1826.

287. L'achat fait à un commerçant par un autre commerçant (en dehors de son industrie spéciale) de matériaux nécessaires à une construction, ne constitue point de la part de l'acquéreur un acte de commerce qui le rende justiciable des tribunaux de commerce. — Limoges, 15 juin 1838 (P. 39.1. 210).

288. Un marchand de bois est justiciable du tribunal de commerce, en raison d'un achat de briques, même de peu d'importance, à moins qu'il ne prouve qu'elles ont été employées à son usage personnel. — Rouen, 9 avril 1840 (P.44.1.346).

289. Les tribunaux de commerce ne sont pas compétents pour connaître entre négociants d'une demande en paiement de loyers, lors même que le demandeur a offert d'imputer sur sa créance la valeur d'un objet relatif à son commerce. — Metz, 10 déc. 1819.

290. Mais le tribunal de commerce est compétent pour connaître d'une contestation élevée relativement au louage d'un câble fait par un marchand à un autre marchand. — Rennes, 15 nov. 1810.

291. La présomption de la cause commerciale d'un billet, résultant de la qualité de commerçant du souscripteur, s'évanouit alors que ce billet énonce, par ses termes combinés avec les circonstances particulières dans lesquelles il a été souscrit, une cause étrangère au commerce de ce souscripteur. — Cass., 20 janv. 1836.

292. La cession de créances commerciales sur un failli n'est point de la compétence des tribunaux de commerce, encore qu'elle ait eu lieu entre marchands, s'il ne s'y joint d'ailleurs des circonstances particulières aux actes commerciaux. — Bruxelles, 14 mars 1832.

293. Le syndic d'une faillite, même négociant, qui, en sa qualité de syndic, emprunte une somme dans l'intérêt de la masse des créanciers, et souscrit des effets sous sa responsabilité personnelle et solidaire, ne fait pas un acte de commerce soumis à la juridiction du tribunal de commerce. — Toulouse, 15 janv. 1833.

294. Mais l'engagement souscrit par le failli pour supplément de dividende est commercial, et dès lors rend le failli justiciable du tribunal de commerce. — Paris, 26 juill. 1835.

§ 3. — Présomptions de commercialité relativement aux billets des comptables de deniers publics.

295. Les receveurs, payeurs, percepteurs et autres comptables de deniers publics sont assimilés aux commerçants, relativement aux billets qu'ils souscrivent. Ces billets sont réputés faits pour leur gestion, si une autre cause n'y est exprimée ; ils les rendent justiciables des tribunaux de commerce.—Amiens, 30 janv. 1820.

296. Bien qu'un percepteur des contributions directes soit soumis à la juridiction commerciale pour raison des billets souscrits, il n'est cependant point contraignable par corps, s'il n'est pas prouvé que les billets avaient une cause commerciale, ou qu'ils aient été souscrits au profit du Trésor.— Toulouse, 21 août 1835.

297. Un receveur d'enregistrement qui a endossé un billet à ordre est justiciable du tribunal de commerce et contraignable à ce titre au paiement, comme s'il l'avait souscrit, à moins qu'il n'y soit énoncé que c'est pour une cause étrangère à sa gestion. — Poitiers, 24 janv. 1832.

298. Jugé, au contraire, que le simple endossement d'un billet à ordre par un receveur d'enregistrement n'est pas un acte qui le rende justiciable des tribunaux de commerce. — Colmar, 23 août 1814.

299. Les billets à ordre souscrits par des comptables de deniers publics sont censés faits pour leur gestion, quoique leur valeur y soit énoncée *pour amiable prêt.* En conséquence les tribunaux de commerce sont compétents pour connaître de pareils billets souscrits par un conservateur des hypothèques. — Aix, 30 mai 1829.

300. Ne doit pas être considéré comme billet de receveur dans le sens de l'art. 634, C. comm., le billet qu'un individu, devant obtenir une place de receveur des deniers publics, a souscrit pour une somme destinée à faire le cautionnement de cette place. Par conséquent le souscripteur n'est point justiciable du tribunal de commerce. — Paris, 22 juill. 1826.

Section IX. — Enregistrement.

301. Les actes de commerce sont régis, au point de vue des droits d'enregistrement, par les dispositions spéciales des art. 22 et 23 de la loi du 11 juin 1859, ainsi conçues :

« Art. 22. Les marchés et traités réputés actes de commerce par les art. 632, 633 et 634, n° 1, C. comm., faits ou passés sous signature privée et donnant lieu au droit proportionnel, suivant l'art. 69, § 3, n. 1, de la loi du 22 frim. an VII, seront enregistrés provisoirement moyennant un droit fixe de 2 fr. (aujourd'hui 3 fr.), et les autres droits fixes auxquels leurs dispositions peuvent donner ouverture, d'après les lois en vigueur. Les droits proportionnels édictés par ledit article seront perçus lorsqu'un jugement portant condamnation, liquidation, collocation ou reconnaissance, interviendra sur ces marchés et traités, ou qu'un acte public sera fait ou rédigé en conséquence, mais seulement sur la partie des prix ou des sommes faisant l'objet soit de la condamnation, liquidation, collocation ou reconnaissance, soit des dispositions de l'acte public. »

« Art. 23. Dans le cas prévu par l'art. 57 de la loi du 28 avril 1816, le double droit dû en vertu de cet article sera réglé conformément aux dispositions de l'art. 22 de la présente loi, et pourra être perçu lors de l'enregistrement du jugement. »

§ 1. — *Droits dus sur l'acte de commerce.*

302. Trois conditions sont nécessaires pour que la faveur de la loi de 1859 puisse être invoquée. Il faut : 1° qu'il s'agisse d'actes faits sous signature privée ; 2° que les actes soient des actes de commerce dans le sens des art. 632, 633 et 634, n. 1, C. comm.; 3° qu'ils rentrent dans la classe des actes tarifés au droit de 1 ou de 2 p. 100 par l'art. 69, § 3, n. 1, et § 5, n. 1, loi du 22 frim. an VII.

303. La loi de 1859 n'exempte du droit proportionnel que les actes rédigés dans la forme sous-seing privé. Elle ne s'applique donc ni aux actes rédigés dans la forme administrative, bien que, selon le droit commun, ces actes puissent être assimilés aux actes sous-seings privés (Cass. 19 nov. 1867, Inst. rég. 2362, § 4 ; — Cass., 28 janv. 1868; Inst. rég., 2366, § 4 ; — Cass., 4 août 1869; *Journ. enreg.*, 18847); ni, aux actes passés dans la forme authentique, lors même que ces actes seraient nuls, comme actes authentiques, pour défaut d'accomplissement des formalités prescrites par la loi ; à moins cependant qu'il ne s'agisse d'un cas de nullité matérielle, tel que l'acte soit resté à l'état de simple projet, par exemple si le notaire ne l'a pas signé. — (*Dict. red..* vº *Acte de commerce*, n. 5). — Mais la loi est applicable aux dispositions particulières contenues dans un acte de société sous-seing privé, pourvu que ces dispositions soient de celles qui tombent sous le tarif des art. 69, § 3, n. 1, et § 5, n. 1, loi du 22 frim. an VII. — (*Dict. red., loc. cit.*, n. 6).

304. La deuxième condition exigée par la loi de 1859 pour l'exemption du droit proportionnel est qu'il s'agisse d'actes de commerce, tels que les ont définis les art. 632, 633 et 634 du C. comm. Pour savoir si cette condition est remplie, il suffira de se reporter au commentaire qui a été fait précédemment des dispositions des articles précités. — (V. *Suprà*, n. 301).

305. Il y a lieu de remarquer toutefois que la loi se référant d'une manière spéciale aux art. 632 à 634 du C. comm., on ne doit considérer comme étant commerciaux, au point de vue fiscal, que les actes désignés comme tels par lesdits articles. — De plus, le caractère de l'acte doit être envisagé d'après sa substance et abstraction faite de la qualité des signataires. — Enfin l'art. 22 de la loi de 1859, ne désignant que les *marchés et traités*, exclut par la même tous les actes unilatéraux.— (*Dict. red., loc. cit.*, n. 9 à 15).

306. Il faut, en troisième et dernier lieu, pour que le droit fixe soit applicable, qu'il s'agisse de marchés et traités spécialement tarifés au droit de 1 p. 100 ou de 2 p. 100 par l'art. 69, § 3, n. 1, et 69, § 5, n. 1 de la loi du 22 frim. an VII ; ce qui comprend notamment : un contrat de commission entre un fabricant et un commis voyageur (Sol. rég. 29 mai 1867); les marchés et entreprises pour construction (Cass. 5 juin 1867 ; Inst. rég., 2358, § 7; 3 fév. 1869; *Journ. enreg.*, 18668-1); les traités pour des opérations d'expropriation entre une compagnie de chemin de fer et un agent spécial à son service (Sol. 23 janv. 1865); une cession de propriété littéraire par un auteur à son éditeur (Sol. 5 juill. 1869); les entreprises de transport par terre et par eau ; en un mot tous les actes ayant le caractère d'actes de commerce, portant louage d'industrie, ou ventes de meubles, et non spécialement tarifés par des dispositions autres que celles ci-dessus désignées. —(V. *Dict. red., loc. cit.*, n. 17 à 30).

Conformément aux règles qui précèdent, la faveur du droit fixe ne s'applique pas : aux obligations de sommes, lettres de change, remises d'argent, emprunts à la grosse, assurances maritimes, cessions de créances, etc. quel que soit le caractère commercial de l'opération; aux cessions de parts dans une société, même dissoute (Cass., 16 avril 1872; Inst. rég., 2449, § 6; *Dict. red.*, vº *Acte de commerce*, n. 6) ; aux ventes de fond de commerce postérieurs à la loi du 28 février 1872 (art. 7 et 8); aux ventes de navires, art. 64, loi du 28 avril 1818 et art. 4, loi du 28 fév. 1872) ; en un mot à tous les actes tombant sous l'application d'un tarif spécial, autre que celui des art. 69, § 3, n. 1 et § 5, n. 1, loi du 22 frim. an VII. — (V. *Dict. red., loc. cit.*, n. 31).

307. Les règles qui précèdent reçoivent leur application même dans le cas où l'acte contient plusieurs dispositions. Chacune de ces dispositions doit être tarifée suivant sa nature, et si l'une d'elles remplit les conditions exigées par la loi de 1859, elle doit donner lieu au droit fixe, quel que soit le droit exigible sur les autres dispositions. — *Dict. red., loc. cit.*, n. 23 à 25). — C'est d'ailleurs la nature intrinsèque du contrat qui détermine l'application du droit fixe; les conditions accessoires rattachées à la convention sont sans influence. Ainsi il a été décidé que la cession d'un fonds de commerce à titre de dation en paiement profite du bénéfice de la loi de 1859, et qu'il n'y a pas lieu de percevoir le droit de quittance sur la dette dont le vendeur se trouve libéré envers l'acquéreur (Sol. 24 sept. 1868; *Journ. enreg.* 18572-1; *Contrà*, Sol. 18 sept. 1871; *Dict. red., loc. cit.*, n. 31). Il est bien entendu que, depuis la loi du 28 fév. 1872, un pareil acte donnerait lieu au droit proportionnel de 2 p. 100.

§ 2. — *Droits exigibles sur le jugement.*

308. La perception du droit fixe sur l'acte de commerce n'est que provisoire. En effet, aux termes des dispositions précitées de la loi de 1859, le droit proportionnel devient exigible, lorsqu'un jugement portant condamnation, liquidation, collocation ou reconnaissance intervient sur le marché ou traité, ou qu'un acte public est fait ou rédigé en conséquence. Toutefois il n'est dû que sur la partie du prix ou des sommes faisant l'objet soit de la condamnation, liquidation, collocation ou reconnaissance, soit des dispositions de l'acte public.

309. Aucune difficulté ne peut s'élever en cas de condamnation, liquidation ou collocation. Le montant des sommes passibles du droit de titre est fixé par le jugement lui-même. Mais il n'en est pas de même lorsque le jugement se borne à reconnaître l'existence du traité.

310. Il est admis qu'il faut, pour l'exigibilité du droit proportionnel, une reconnaissance explicite, remplaçant le titre sous seing privé, possédé par les parties, par un titre judiciaire (*Journ. enreg.*, n. 18134).

311. Il est donc nécessaire que le litige ait porté sur l'existence ou la validité du traité. C'est ce qui se rencontre dans un jugement qui rejette une demande en résiliation du traité. — (V. Cass., 7 fév. 1865, *Journ. enreg.* 17970; Inst. rég., 2325, § 5).

312. Mais le droit proportionnel ne serait pas dû si le jugement, en l'absence de toute contestation sur la validité du traité, se bornait à régler des détails d'exécution. —(Seine, 18 août 1866, *Rép. per.*, 2367; Sol. 7 déc. 1867, 16 nov. 1868, 14 mai 1869; *Dict. red.*, vº *Acte de commerce*, n. 43.

313. Conformément aux règles qui viennent d'être exposées, le jugement ordonnant une vérification des travaux restant à exécuter en vertu d'un marché, et accordant une prorogation de deux ans pour l'achèvement de ces travaux, doit subir le droit proportionnel sur la partie des travaux restant à effectuer (Cass., 25 mars 1879; *Journ. enreg.* 19105).— Il en est de même du jugement obligeant une des parties à recevoir un minimum de pavés dont elle avait refusé de prendre livraison (Cass., 9 déc. 1872; *Dict. red., loc. cit.*, n. 39).

314. Lors même qu'une partie du traité aurait été exécutée, le droit proportionnel serait néanmoins exigible sur le tout, si la nullité de le traité avait été demandée, et qu'elle eût été rejetée par les juges (Cass., 25 mars 1867, Inst. rég., 2358, § 3).

315. Aux termes de l'art. 57, loi du 28 avril 1816, lorsqu'une acte servant de fondement à une action en justice n'a pas été enregistré avant l'assignation, soit qu'il n'ait pas été énoncé dans l'exploit, soit qu'il ait été énoncé comme verbal, et qu'ensuite cet acte est produit en cours d'instance, le double droit est encouru et est perçu lors de l'enregistrement du jugement. La loi du 11 juin 1859 maintient cette peine en ce qui concerne les actes dont elle s'occupe, en en combinant toutefois l'application avec les règles spéciales de la matière, c'est-à-dire que le droit en sus sera, dans tous les cas, égal au droit simple. Ainsi c'est le droit fixe qui sera seul dû, à titre de droit en sus, si le jugement ne contient pas reconnaissance du traité. Dans le cas contraire, le droit en sus sera proportionnel et sera liquidé sur les mêmes sommes que le droit simple, c'est-à-dire sur la partie du marché qui aura donné lieu à la condamnation, liquidation, collocation, ou à la reconnaissance. — (*Dict. red.*, *loc. cit.*, n. 55 et suiv.).

316. Pour que le droit en sus soit encouru sur un acte produit en justice, il faut, bien entendu, que la production de cet acte rentre dans les prévisions de l'art. 57 de la loi du 28 avril 1816. Si la production a eu lieu dans toute autre circonstance que celles indiquées par cet article, la peine que la loi prononce n'est pas applicable, et par conséquent l'acte de commerce, dans l'espèce, ne devra subir que le droit simple, liquidé d'après les règles qui viennent d'être exposées (*Dict. red.*, *loc. cit.*, n. 57).

317. Le droit proportionnel devient exigible lorsqu'un acte public est passé en conséquence d'un marché commercial, mais seulement sur les sommes faisant l'objet de l'acte public.

Il est à remarquer que la loi n'exige pas, pour ce cas comme pour les jugements, que l'acte public contienne reconnaissance d'un marché. Il suffit qu'il soit passé en conséquence de ce marché. — (*Dict. red.*, *loc. cit.*, n. 63).

318. Le simple dépôt d'un marché commercial fait par les deux parties, avec reconnaissance de leurs signatures, rend exigible le droit proportionnel (Seine, 24 août 1867; *Rép. pér.*, 2603; Sol. reg., 28 janv. 1869; *Journ. enreg.*, 18631-1).

319. Le droit proportionnel est dû même dans le cas où le dépôt a été effectué par une seule des parties (Sol. rég. juin 1872; *Dict. red.*, *loc. cit.*, n° 69).

320. D'après le *Dictionnaire des Rédacteurs* (*loc. cit.*, n. 65), le droit est dû même en cas de simple annexe.

321. Le droit proportionnel ne doit être perçu, aux termes de la loi, que sur la partie du marché faisant l'objet de l'acte public.

Il est donc limité, en cas de cautionnement consenti par acte public pour l'exécution d'un marché, à la partie du marché dont l'exécution est garantie; — dans l'hypothèse d'une délégation ayant pour objet le prix d'un marché, à la portion déléguée (*Dict. red.*, *loc. cit.*, n. 66 et 67).

322. Il est dû sur le tout, si l'acte public passé en conséquence n'est pas expressément limité, dans ses dispositions, à telle ou telle partie des sommes qui sont mentionnées dans le marché; c'est ce qui a lieu notamment au cas de dépôt pur et simple du marché commercial.

323. Le droit est dû sur l'acte notarié lui-même. Par conséquent le notaire est tenu d'en faire l'avance, comme pour tous les droits dus sur les actes de son ministère. — (Sol. nov. 1872; *Dict. red.*, *loc. cit.*, n. 73).

ACTE DE DÉPÔT. — On appelle ainsi tous les actes qui constatent le dépôt de pièces ou de titres en l'étude des notaires.

Ces dépôts sont volontaires ou ont lieu par décision du juge. — V. *Arbitrage, Cahier des charges, Dépôt de pièces, Notaire, Rapport d'expert, Rapport pour minute, Testament olographe.*

ACTE DE DERNIÈRE VOLONTÉ. — V. *Testament.*

ACTE DE FRANCISATION. — V. *Francisation.*

ACTE DE L'ÉTAT CIVIL. — **1.** Les actes de l'état civil sont ceux qui déterminent l'*état civil* de personnes, c'est-à-dire leur situation dans la famille et dans la société, en faisant connaître leur qualité d'où dérivent certains droits et certains devoirs.

La vie de l'homme est marquée par trois grandes époques : la naissance, le mariage et la mort ; c'est à les constater que les actes de l'état civil sont destinés.

2. L'acte de naissance constate le jour, l'heure et le lieu de la naissance de la personne à laquelle il s'applique, son sexe, ses nom et prénoms, et en général sa filiation, c'est-à-dire les père et mère dont cette personne descend.

L'acte de mariage sert à établir le mariage lui-même et, par suite, les obligations et les droits qui en dérivent.

L'acte de décès détermine le moment où la succession du décédé est ouverte, et fait connaître aussi la dissolution du mariage.

3. Outre ces trois actes principaux on consigne encore sur les registres de l'état civil les actes de reconnaissance d'enfant naturel, et les actes d'adoption qui donnent à l'adopté une seconde famille, et qui engendrent pour lui des droits nouveaux et des obligations nouvelles.

4. Quant aux publications de mariage, ce ne sont point à proprement parler des actes de l'état civil ; ce sont de simples procès-verbaux reçus par les officiers de l'état civil, destinés seulement à établir l'accomplissement de simples formalités relatives au mariage et que la loi prescrit de rédiger sur des registres.

5. Il y a encore d'autres faits se rapportant à l'état des personnes et qu'on aurait pu relater sur les registres de l'état civil ; tels sont, par exemple, la séparation de corps, l'émancipation, l'interdiction ou la nomination d'un conseil judiciaire. La loi a jugé inutile d'en faire l'objet d'actes de l'état civil, les conditions qu'elle a prescrites pour leur constatation régulière lui ayant paru suffisantes.

TABLE ALPHABÉTIQUE.

DIVISION.

Sect. III. — *Des pièces à produire et de la célébration du* mariage.

§ 3. — *Des actes de décès.*

CHAP. VII. — Enregistrement et timbre.

CHAPITRE I.

HISTORIQUE.

6. Chez les peuples de l'antiquité il n'existait aucun registre public pour mentionner les naissances, les mariages et les décès. À Rome cependant il était tenu des registres de la naissance et de la mort des citoyens. Mais ces registres ne servaient pas à constater les actes de la vie civile, ils avaient été créés dans un but politique et non dans l'intérêt des familles. La preuve de l'état civil s'établissait soit par des livres ou papiers domestiques, soit par témoins, soit même par simples lettres.

7. En France, de même qu'à Rome, la preuve testimoniale fut pendant longtemps le seul moyen de constater les naissances, les mariages et les décès. Le clergé inscrivait bien sur des livres spéciaux les baptêmes, les mariages et les décès des fidèles, mais ce n'était que dans le but de conserver le souvenir des cérémonies religieuses. La constatation légale des actes de l'état civil au moyen de ces livres est une institution toute moderne. Ce n'est, en effet, qu'au XVIe siècle qu'ils furent revêtus du caractère de registres publics de l'état civil.

8. L'ordonnance de Villers-Cotteret du mois d'août 1539, fut le premier monument législatif qui vint réglementer cette matière importante, et encore ne s'appliquait-elle qu'aux naissances d'une manière générale. Quant aux décès, elle réglait seulement le mode de constatation pour les sépultures des ecclésiastiques tenant bénéfices, colléges ou monastères. Il n'y était nullement question des mariages, pour lesquels on avait recours, comme avant l'ordonnance, aux témoignages et aux papiers domestiques.

9. L'ordonnance de Blois de mai 1579 répare cette omission, en enjoignant, sous des peines rigoureuses, aux curés et aux vicaires de consigner sur leurs registres les naissances, mariages et décès sans exception, mais elle n'exigea plus, pour que ces registres fissent foi en justice, qu'ils fussent signés par des notaires; les curés et les vicaires étaient seulement tenus d'affirmer en justice que les registres contenaient vérité.

10. La même ordonnance exigea le dépôt annuel des registres au greffe du prochain siége du bailli ou sénéchal royal. Elle porta, en outre, que les greffiers seraient tenus de garder les registres et d'en délivrer extraits aux parties qui le requerraient.

11. C'est ainsi que fut posé le principe de la nécessité de l'existence des registres pour constater l'état civil, mais le système ne fut régularisé et mis en action que par diverses ordonnances successives, dont les plus importantes sont celles de 1667 et du 9 avril 1736. Les registres durent être tenus désormais en doubles

originaux et parafés par le premier officier du siége de la juridiction, au greffe duquel un des doubles devait être déposé.

12. En vertu de l'édit de Nantes (1598), les registres de l'état
civil concernant les protestants étaient tenus aux consistoires par
leurs pasteurs. Mais la révocation de cet édit, en 1685, enleva aux
membres du culte réformé toute possibilité légale de faire constater leur état civil. A partir de cette révocation, la naissance des
enfants non baptisés ne fut portée sur aucun registre ; il n'y eut
plus de mariages valables que celui qui avait été célébré par des
prêtres catholiques. Quant aux décès des protestants, une déclaration du 11 déc. 1683 ordonna qu'ils seraient constatés par les juges
royaux sur l'attestation de deux témoins.

Louis XVI rendit en 1787 l'état civil aux protestants ; les officiers
de justice furent chargés d'en dresser les actes. Mais les juifs con-
tinuèrent à être privés de leur état civil.

13. Cette distinction devait nécessairement disparaître devant
les lois de la révolution. En proclamant la sécularisation, c'est-
à-dire la séparation de l'Eglise et de l'Etat, de l'autorité religieuse
et de l'autorité civile, l'Assemblée constituante promit qu'il serait
établi, pour tous les citoyens indistinctement un mode uniforme et
purement civil de constater les naissances, les mariages et les décès (Const., 1791, tit., 2, art. 7).

14. L'Assemblée législative détermina ce mode par le décret du
20 sept. 1792 : elle attribua la garde des actes constatant l'état des
citoyens aux municipalités, et la réception de ces actes à des officiers [publics nommés par les conseils généraux des communes ;
mais elle eut soin de déclarer, qu'en transportant les registres de
l'état civil des mains du clergé en celles de l'autorité temporelle,
elle n'entendait ni innover ni nuire à la liberté qu'ont tous les
citoyens de consacrer les naissances, mariages et décès par les
cérémonies du culte auquel ils sont attachés.

15. La loi du 7 vend. an IV, sur l'exercice et la police intérieure
des cultes, vint confirmer la séparation de l'ordre civil et de l'ordre
religieux, en établissant des peines [contre les fonctionnaires publics qui auraient égard aux attestations que des ministres du
culte pourraient donner relativement à l'état civil des citoyens, et
contre les officiers de l'état civil qui feraient mention, dans leurs
actes, de l'accomplissement des cérémonies religieuses ou exige-
raient la preuve de cet accomplissement. Le concordat du 18 germ.
an x vint de nouveau consacrer cette séparation.

16. En décrétant la sécularisation, le législateur devait orga-
niser un corps d'officiers laïques chargés de la tenue des registres.
C'était une grande difficulté. L'établissement d'officiers spéciaux
eût entraîné une dépense énorme, et l'on eût trouvé difficilement à
cette époque, dans chaque commune, un homme capable. On pré-
féra charger les maires et les adjoints de la rédaction des actes de
l'état civil : c'est le système de la loi de 92, et il est entré définitivement dans nos mœurs. — L. 28 pluv. an VIII, art. 13.

17. Enfin fut promulgué le 21 mars 1803, le titre 2 du Code
civil qui conserva les principes et toutes les dispositions essentielles

de la loi de 92 ; ce titre, complété par différentes lois et ordonnances rendues depuis, règle le droit actuel relatif aux actes de
l'état civil.

CHAPITRE II.

DISPOSITIONS GÉNÉRALES.

§ 1ᵉʳ. — Tenue des registres de l'état civil et formalités générales.

18. L'art. 40 du Code civil porte : Les actes de l'état civil seront inscrits dans chaque commune sur un ou plusieurs registres
tenus doubles.

19. Les mots *tenus doubles* signifient que chaque acte doit être
écrit sur deux registres identiquement semblables. L'un n'est pas
la copie de l'autre, tous deux sont des originaux également authentiques.

20. Aux termes de l'art. 43, C. civ., l'un des doubles est déposé aux archives de la commune et l'autre au greffe du tribunal
de première instance. Ce double dépôt explique la nécessité des
doubles registres; c'est du reste une excellente précaution pour
empêcher la perte des actes de l'état civil, actes qui intéressent à
un si haut degré l'état des hommes et les tiers, c'est-à-dire la société tout entière.

21. Dans les communes de peu d'importance, un seul registre
tenu double suffit pour l'inscription des naissances, des mariages
et des décès. Lss actes sont portés indistinctement à la suite les
uns des autres et par ordre de date, seulement le registre est terminé par une table qui présente réunis tous les actes de chaque
espèce, de sorte que le registre se trouve ainsi divisé naturellement en trois parties.

22. Dans les grands centres de population, un registre est nécessaire pour chaque espèce d'actes; du reste, sur cette question,
c'est le gouvernement qui décide, si un seul registre suffit ou s'il
convient d'en avoir plusieurs, à raison du nombre des habitants.

23. Indépendamment des registres destinés à la constatation
des naissances, des mariages et des décès, la loi prescrit la tenue
d'un registre de publications de mariage; mais à la différence des
autres registres, celui-ci n'est pas tenu double. Art. 63 et 67, C.
civ.

24. Les registres doivent être cotés par première et dernière
et parafés sur chaque feuille par le président du tribunal de première instance ou par le juge qui le remplace. Art. 41, C. civ.
C'est une précaution contre les intercalations, les suppressions et
les substitutions de feuillets.

25. Une circulaire du ministre de l'intérieur, du 13 mai 1810,
dispensait les magistrats de coter et parafer chaque feuillet, et
n'exigeait que le cote et le parafe de la première et de la dernière
feuille. Cette interprétation de la loi était évidemment erronée,
car on n'empêchait pas ainsi les intercalations et les suppressions

ou plutôt les substitutions de feuillet ; aussi n'est-elle pas généralement suivie ; cependant il y a des magistrats qui, bien que parafant chaque page, se contentent de numéroter le premier et le dernier feuillet, cette manière de procéder remplit le but de la loi. — Coin-Delisle, *Comm. du C. civ.*, p. 24, n. 2; Mersier, *Traité des actes de l'état civil*, p. 13, n. 4 et note ; Laurent, *Principes de droit civ.*, t. 2, p. 27, n. 15.

26. Il est expressément interdit aux officiers de l'état civil d'inscrire aucun acte sur feuille volante. Art. 52, C. civ. C'est un délit que la loi frappe d'un emprisonnement d'un mois au moins, de trois mois au plus, et d'une amende de 16 à 200 fr. — Art. 192, C. pén.

27. A la fin de chaque année, les registres doivent être clos et arrêtés au moyen d'une mention signée de l'officier public ; et, dans le mois, c'est-à-dire au plus tard le 31 janvier, l'un des doubles doit être déposé aux archives de la commune, l'autre au greffe du tribunal de première instance.

28. Plusieurs circulaires du ministre de la justice enjoignent aux procureurs de la république de veiller à ce que le dépôt au greffe soit effectué dans le délai prescrit, de se concerter au besoin avec les préfets et sous-préfets et même de poursuivre *sans ménagement* les maires retardataires. — Circ. 9 avril 1831, 31 déc. 1823. Sauvan, *Tr. des actes de l'état civil*, n. 40.

29. La clôture d'un registre doit avoir lieu, quand même il ne contiendrait aucun acte, et tout acte porté sur le registre après cette clôture serait irrégulier. — Mersier, p. 21, n. 14; Coin-Delisle, sur l'art. 43, n. 1 ; Hutteau d'Origny, t. 3, chap. 2, § 3, n. 1.

30. Une cour ou un tribunal ordonne quelquefois pour l'instruction d'une affaire, l'apport au greffe des registres courants. Dans ce cas, l'officier de l'état civil doit, dans la quinzaine de la signification qui lui aura été faite de cette décision, se procurer de nouveaux registres et ne se dessaisir de ceux demandés, qu'après les avoir arrêtés en mentionnant la cause de cette clôture anticipée. — Ordonn., 28 août 1819.

31. Le mois accordé pour le dépôt doit être employé à faire une table alphabétique des actes contenus aux registres (L. 20 sept. 1792, t. 2, art. 8; Décr. 20 juill. 1807, art. 1er), et le procureur de la République est chargé d'assurer l'exécution de cette formalité. — (Ordonn., 26 nov. 1823, art. 4).

32. Tous les dix ans, les tables annuelles faites à la fin de chaque registre doivent être refondues en une seule. — L. 20 sept. 1792, art. 15 ; décr., 20 juill. 1807 ; Ordonn., 26 nov. 1843.

33. Ces tables décennales doivent être faites dans les six premiers mois de la onzième année, par les greffiers des tribunaux de première instance. Elles sont en triple expédition par chaque commune, l'une reste au greffe, la deuxième est adressée au préfet du département, la troisième à chaque mairie du ressort du tribunal. — Déc. 20 juill. 1817, art. 3 et 5.

34. Les tables annuelles et décennales doivent être faites sur papier timbré et certifiées par les dépositaires respectifs. — Décr. 20 juill. 1807, art. 4.

35. Les procurations et autres pièces qui doivent demeurer annexées aux actes de l'état civil, sont annexées au double du registre dont le dépôt est fait au greffe du tribunal, C. civ., art. 44; et l'officier public a le droit, lors du dépôt de ce registre et des pièces, d'exiger une décharge du greffier. Dans l'usage, cependant, le greffier se contente de mentionner le dépôt sur un registre spécialement destiné à cet effet, et ce dépôt n'entraîne aucun frais de rédaction ni de droit de greffe. — Déc. min. fin., 24 sept. 1808.

36. La vérification des registres de l'état civil prescrite par l'art. 53, C. civ., est faite par les procureurs de la République près les tribunaux de première instance, dans les quatre premiers mois de chaque année. — Ordonn., 26 nov. 1823, art. 1.

37. Il est dressé un procès-verbal de cette vérification, où doit être désigné chaque acte défectueux par le numéro du registre dont il fait partie, et, les contraventions et dispositions législatives qui ont été violées doivent également y être signalées (Même art.).

38. La vérification peut être confiée aux substituts ou partagée entre tous les membres du parquet. — Circ. min., 31 déc. 1823.

§ 2. — Des personnes qui figurent dans les actes de l'état civil.

39. Les personnes dont la rédaction des actes de l'état civil nécessite le concours sont :
1° L'*officier de l'état civil*; 2° les *témoins*; 3° les *déclarants* et quelquefois aussi *les parties* dont l'état civil est l'objet direct de l'acte.

40. *Officier de l'état civil.* — L'officier de l'état civil est le fonctionnaire qui est chargé par la loi de recevoir les actes et qui leur confère l'authenticité.

41. Les articles 13 et 16 de la loi du 28 pluv. an VIII ont investi les maires des communes et à leur défaut les adjoints des fonctions d'officiers de l'état civil; c'est encore en vertu de la disposition de ces articles qu'ils exercent aujourd'hui les mêmes fonctions; en effet, la loi du 28 pluv. an VIII, n'a été abolie, sur ce point, par aucune loi postérieure, et le Code civil lui-même ne s'est pas occupé de désigner les officiers de l'état civil. — V. *Suprà*, n. 16.

42. Les fonctions du maire ou de l'adjoint, en tant qu'officiers publics chargés de la rédaction des actes de l'état civil, sont tout à fait distinctes de leurs attributions comme *administrateurs municipaux*; mais, quoique différentes, elles n'en sont pas moins liées ensemble par notre législation : de là cette conséquence que celui-là seul peut recevoir un acte de l'état civil qui a, au moment et au lieu même de la rédaction, qualité pour remplir les fonctions de maire ou d'adjoint. — Mersier, n. 18 et 19.

43. L'adjoint peut-il recevoir les actes de l'état civil sans une délégation spéciale du maire ?
La question a été fort controversée; certains auteurs décidaient

que cette délégation n'était pas nécessaire. — Coin-Delisle, n. 8 et 9; Demolombe, t. 1, n. 278; Encyc. du dr., v° *Actes de l'état civil*, n. 12. V. aussi en ce sens, Angers, 25 mai 1822 (S. chr.).

44. Cependant une instruction ministérielle, du 30 juill. 1807, exigeait que l'adjoint obtienne cette délégation, et même qu'il la mentionne dans les actes par lui reçus. Cette décision était approuvée par MM. Dall. *Rép.*, v° *Actes de l'état civil*, n. 30; Sauvan, p. 85, n. 11; Rieff, sur l'art. 35, n. 22.

45. Aujourd'hui la question ne peut faire doute, en présence de la loi municipale du 5 mai 1855, qui déclare, qu'en cas d'absence ou d'empêchement du maire, il est remplacé par un de ses adjoints dans l'ordre de nomination (art. 4). En vertu de cette délégation générale de la loi, les pouvoirs du maire passent de plein droit à l'adjoint, mais ce dernier doit mentionner cette absence ou cet empêchement dans l'acte.

46. A Paris, les adjoints ont toujours été autorisés à recevoir les actes de l'état civil sans délégation.—Avis Cons. d'Etat, 8 mars 1808.

47. Dans le cas d'empêchement du maire et des adjoints, un membre du conseil municipal désigné par le préfet ou, à défaut de désignation, le premier conseiller municipal selon l'ordre de la liste, remplit les fonctions de l'officier de l'état civil; et le motif de l'intervention de ce conseiller doit être énoncé dans l'acte. (L. 5 mai 1855, art. 4).

48. Lorsque la mer, ou quelque autre obstacle, rend difficiles, dangereuses ou momentanément impossibles, les communications entre la commune chef-lieu et une fraction de la commune, un adjoint spécial pris parmi les habitants de cette fraction, est nommé en sus du nombre ordinaire, et remplit les fonctions d'officier de l'état civil dans cette partie distincte de la commune. — L. 5 mai 1855, art. 3, 2°.

49. La compétence de l'officier public est territoriale, c'est-à-dire qu'elle ne peut s'exercer que dans les limites de la commune, et les actes par lui reçus ne peuvent constater que des événements (naissances, mariages, décès), qui se sont produits dans ces mêmes limites.

50. Un officier de l'état civil peut-il recevoir un acte qui concerne soit son propre état, soit celui de personnes de sa famille?

Le maire ne peut avoir un double rôle dans la réception des actes, il ne peut être à la fois, officier de l'état civil, ou déclarant, ou témoins, à plus forte raison ne peut-il être officier de l'état civil et partie dans l'acte; cependant aucune loi ne dispose à cet égard.

51. Des instructions ministérielles portent bien, que l'officier de l'état civil doit s'abstenir, lorsqu'il s'agit de constater la naissance, le mariage ou le décès de ses propres enfants et, en général, toutes les fois qu'il est du nombre des personnes dont la déclaration, le consentement ou le témoignage sont requis pour la validité de l'acte. — Inst. min., 25 févr. 1808, 21 juill. 1818, 16 nov. 1824.

52. Mais ces instructions, dont on ne peut méconnaître la sagesse et auxquelles les officiers de l'état civil ne sauraient mieux faire que de s'y conformer, n'ont cependant rien d'absolument obligatoire au point de vue légal. — Demolombe, t. 1, n. 279; Coin-Delisle, n. 12; Mersier, n. 21.

53. On avait proposé d'appliquer aux officiers de l'état civil les dispositions de la loi du 25 vent. an XI, sur le notariat. Cette loi, par ses art. 8 et 68, défend aux notaires de recevoir les actes de leurs parents ou de leurs alliés en ligne directe indéfiniment, et en ligne collatérale jusqu'au degré d'oncle et neveu inclusivement; mais il n'y a pas d'analogie à établir, les dispositions de cette loi étant tout à fait exceptionnelles.

54. C'est donc une question douteuse de savoir si un acte de l'état civil serait valable, alors que l'officier public qui l'a reçu y figurerait comme partie. Voici ce que dit M. Laurent, à ce sujet : D'après le droit romain les magistrats chargés de la juridiction volontaire pouvaient instrumenter alors même que l'acte les concernait. Quoi qu'en dise Merlin (*Répert.*, v° *Juridict. volont.*, n. 7), les fonctions de l'état civil rentrent dans la juridiction que l'on appelle volontaire ou gracieuse. On peut donc invoquer la loi romaine. Il n'y aurait aucun doute, s'il s'agissait d'un acte de naissance ou de décès. Ce serait une irrégularité, mais la loi ne le prévoyant pas, il n'y aurait pas lieu à prononcer la nullité.

55. Mais que faudrait-il décider si l'officier public célébrait son propre mariage? On ne pourrait pas attaquer le mariage pour incompétence, car d'après la subtilité du droit l'officier est compétent. Mais, dans ce cas, il n'y aurait pas d'officier public, partant pas de mariage. En effet, il est impossible qu'une même et seule personne figure tout ensemble comme futur époux et comme officier de l'état civil. Et si le mariage n'a pas d'existence aux yeux de la loi, il va sans dire que l'acte de célébration ne saurait avoir aucun effet. — *Principes de dr. civ.*, t. 2, n. 23, *in fine*. V. aussi en ce sens M. Demolombe, t. 1, n. 279, p. 457; Mersier, n. 21, à l'*observation*.

56. Les officiers de l'état civil n'ont, en aucun cas, de juridiction à exercer, et ils ne peuvent se faire juges du mérite des pièces et papiers qui leur sont produits. V. n. 79.

57. Les maires et les adjoints, en tant que chargés de la tenue des registres de l'état civil, ne sont point, ainsi que nous l'avons déjà dit, des fonctionnaires administratifs, mais bien des officiers de police judiciaire, et comme tels exclusivement placés sous les ordres des parquets et du ministre de la justice. — Aub. et Rau, *loc. cit.*; Demolombe, t. 1, n. 278.

58. *Témoins*. — Les témoins assistent les déclarants, certifient leurs déclarations et contribuent ainsi à assurer aux actes la sincérité qui leur est due. D'après l'art. 37, C. civ., ils doivent être du sexe masculin, âgé de vingt et un ans au moins, parents ou autres, et choisis par les personnes intéressées. Aucune autre condition ne peut être exigée.

59. Il n'est pas nécessaire, comme pour les actes notariés, que les témoins sachent signer et soient domiciliés dans l'arrondissement de la commune où l'acte est passé. — Mersier, n. 22; Demolombe, n. 280; Coin-Delisle, *sur l'art.* 37, n. 3. — Mais ils doivent avoir la jouissance des droits civils. — Coin-Delisle, *loc. cit.*; Sauvan, n. 24.

60. Il n'est pas même indispensable qu'ils soient français; d'abord, l'art. 37, dans ses dispositions, n'exclut pas les étrangers, et ce silence est remarquable puisque', dans tous les autres cas, la loi a bien soin d'exiger que les témoins soient citoyens français; d'autre part, beaucoup de motifs expliquent cette différence en ce qui concerne les actes de l'état civil, c'est plutôt un bon office rendu aux parties qu'une attribution du droit public ou privé, et n'est-il pas légitime qu'un père puisse figurer à l'acte de naissance ou de mariage de son enfant. — Rieff, n. 34; Mersier, n. 23; Coin-Delisle, *sur l'art.* 37, n. 3; Demolombe, n. 281; Laurent, t. 1, p. 563, n. 451; Sauvan, n. 23.

61. La prescription du choix des témoins par les parties intéressées n'est pas absolue. Il peut se faire que les parties ne peuvent trouver de témoins, alors c'est à l'officier de l'état civil à les désigner; mais c'est un abus, que l'habitude adoptée par certains maires, d'employer comme témoins attitrés les mêmes personnes pour le plus grand nombre des actes de l'état civil. — Mersier, n. 24; Sauvan, n. 25.

62. Le nombre des témoins varie suivant les différents actes; il est de quatre pour les actes de mariage (art. 75), et de deux pour les actes de naissance et de décès (art. 58 et 78). M. Demolombe pense que deux témoins généralement suffisent pour les autres cas où la loi n'en exige pas davantage. — Demolombe, n. 282.

63. *Déclarants et parties*. — Les déclarants sont ceux qui viennent déclarer le fait que l'acte de l'état civil doit constater.

Les parties intéressées sont celles que l'acte concerne directement.

Remarquons que dans les actes de décès, les déclarants se confondent avec les témoins; que dans les actes de naissance, ils sont quelquefois aussi les parties intéressées, comme le père qui déclare la naissance de son enfant.

64. Les mêmes conditions d'âge et de sexe ne sont pas exigées pour les déclarants comme pour les témoins; les seules qualités requises d'un déclarant, c'est qu'il soit en état de rendre un témoignage digne de confiance. Toutefois, pour les actes de décès, les déclarants étant en même temps témoins, doivent nécessairement réunir les conditions prescrites par l'art. 37. — Mersier, n. 28; Demolombe, n. 283.

65. L'art. 36 porte que, dans le cas où les parties intéressées ne seront pas obligées de comparaître en personne, elles pourront se faire représenter par un fondé de pouvoir spécial et authentique.

Par *parties intéressées*, il faut entendre celles qui ont intérêt à ce que le fait, objet de l'acte soit légalement constaté. Ainsi pour les actes de mariage, de naissance, de reconnaissance d'enfant naturel, les père et mère sont évidemment *parties intéressées*. — Duranton, t. 1, n. 287.

66. Dans quel cas les parties intéressées doivent-elles comparaître en personne ? Avant la loi de 1816 qui établit le divorce, l'art. 294 en présentait un exemple, dans le cas de divorce par consentement mutuel. Nous pouvons y ajouter l'acte de célébration de mariage, car aujourd'hui on ne peut se marier par procureur.

67. Cependant quelques auteurs ont soutenu que notre droit actuel permettait le mariage par mandataire. — Toullier, 1, 574; Merlin, *Répert.*, v° *Mariage*, sect. 4, § 1, art. 1. quest. 1 ; Coin-Delisle, *sur l'art.* 36, n. 7. — Mais cette opinion est aujourd'hui universellement condamnée. — V. Marcadé, t. 1, art. 36; Aub. et Rau, t. 5, p. 109, § 466, texte et note 9; Bugnet sur Pothier, n. 367; Demante, t. 1, n. 240 *bis*; Demolombe, t. 3, n. 240; Laurent, t. 2, n. 427, p. 548 ; Bastia, 2 avr. 1849.

§ 3. — Rédaction des actes de l'état civil.

68. Bien que le Code civil ne l'ordonne pas expressément, tous les actes de l'état civil doivent être rédigés en langue française. — Décr., 24 prair., an XI.

69. Les actes de l'état civil doivent énoncer l'année, le jour et l'heure où ils sont reçus, les prénoms, noms, âge, profession et domicile de tous ceux qui y sont dénommés. — Art. 34, C. civ.

70. Ainsi il faut non-seulement l'indication de l'année et du jour, mais encore celle de l'heure ; cette dernière indication est nécessaire pour assurer la sincérité de l'acte, et son omission dans beaucoup de circonstances pourrait-être nuisible, comme en cas de décès, pour les successions, et en cas de mariage, pour les oppositions. — Hutteau d'Origny, p. 40; Mersier, n. 38.

71. Certains maires, lorsqu'ils reçoivent plusieurs actes de suite, se contentent de dater celui qui est porté le premier sur le registre et commencent les suivants par ces mots : *et le même jour*. Le procédé est irrégulier, les actes ne sont point corrélatifs entre eux ; chacun doit être complet et contenir explicitement les énonciations qui lui sont propres.

72. L'énonciation des prénoms, nom, âge, profession et domicile de tous ceux qui sont dénommés dans l'acte, est indispensable pour constater l'identité de chacun, et outre la profession, il est souvent utile d'ajouter les fonctions telles que celles de député, conseiller général, etc.

73. Les officiers de l'état civil doivent énoncer dans les actes de naissance, de mariage ou de décès, la qualité de membre de la Légion d'honneur, quand elle appartient à l'une des personnes dénommées dans l'acte. — Circ. min., 3 juin 1807.

74. Quant aux titres nobiliaires, aucune partie ne doit recevoir

dans les actes de l'état civil d'autres titres que ceux qui lui sont attribués à elle personnellement par des actes réguliers, tels que :
lettres patentes, décrets, brevets ou actes d'investiture, décisions
judiciaires, actes de l'état civil reproduisant l'énonciation d'actes
authentiques antérieurs à 1789, autorisations spéciales et personnelles accordées par le chef du gouvernement. L'usage, les tradi-
tions de famille, la possession ne sauraient suppléer à la reproduction d'actes réguliers, s'appliquant à la personne même qui figure
dans l'acte de l'état civil soit comme partie, soit comme déclarant,
soit comme témoin. — *Circul. garde des sceaux*, 22 juill. 1874. *Revue*, n. 4732.

75. Les officiers de l'état civil, dit l'art. 35, ne peuvent rien insérer dans les actes qu'ils reçoivent, soit par note, soit par énonciation quelconque, que ce qui doit être déclaré par les comparants.

76. Cette disposition est fort importante et peut se résumer
ainsi : l'officier de l'état civil insérera tout ce qui doit lui être déclaré et n'insérera que ce qui doit lui être déclaré. Il n'a qu'un
ministère passif à remplir, qui se borne à recevoir les déclarations,
et il n'a le droit, ni de les commenter, ni de les contredire, ni de
les juger ; toutefois il peut s'assurer si les déclarants et les témoins
ne se présentent pas sous une fausse qualité.

77. Il ne doit pas non plus insérer des déclarations qui pourraient ternir la réputation des personnes, et c'est par application
du même principe qu'a été édicté l'art. 85, aux termes duquel :
« Dans tous les cas de mort violente ou dans les prisons ou maisons
de réclusion ou d'exécution à mort, il ne sera fait sur les registres
aucune mention de ces circonstances ; et les actes de décès seront
simplement rédigés dans les formes ordinaires. »

78. De leur côté, les parties ne doivent déclarer que ce que la
loi demande ; l'officier public ne pourrait donc insérer une déclaration que les comparants n'auraient pas le droit de faire, par
exemple, la reconnaissance d'un enfant né d'un commerce incestueux ou adultérin.

79. En résumé, l'officier civil doit recevoir toutes les déclarations telles qu'elles lui seront faites, excepté celles qui seraient
manifestement contraires aux prescriptions formelles de la loi, soit
que cette violation de la loi résulte des termes mêmes de la déclaration, soit qu'elle résulte seulement de la déclaration, rapprochée
de faits contraires et à la connaissance personnelle de l'officier.—
Mersier, n. 44, *in fine*.

80. L'officier de l'état civil doit donner lecture de l'acte aux
parties comparantes ou à leurs fondés de pouvoirs et aux témoins,
et il doit être fait mention de cette formalité, art. 38.

81. Dans les provinces où la langue française n'est pas fami-
lière aux habitants, l'officier de l'état civil ne doit pas se borner à
faire lecture de l'acte, il doit encore en donner l'interprétation
dans l'idiome du pays et mentionner dans l'acte cette interprétation. — Rieff, p. 170.

82. Les actes sont signés par l'officier de l'état civil, par les comparants et les témoins; et mention est faite de la cause qui empêche les comparants et les témoins de signer, art. 39.

83. C'est immédiatement que les actes doivent être signés tant par l'officier civil que par les parties et les témoins, et il faut rejeter la mauvaise habitude de ne faire signer les actes que souvent fort longtemps après leur rédaction.

84. Lorsqu'un officier de l'état civil meurt avant d'avoir signé les actes, ils doivent rester tels qu'ils se trouvent, et c'est dans la forme ordinaire, devant les tribunaux, que la rectification de cette irrégularité doit être demandée par les parties intéressées. Le tribunal peut autoriser le nouveau maire à signer. — Décis. min., 7 mars 1811; 16 sept. 1823, Lettre minist., 14 janv. 1840.

85. Le défaut de signatures exigées par la loi entraînerait-il la nullité de l'acte? Sur cette question il a été jugé :

Que l'absence de signature de l'officier de l'état civil sur un acte de mariage n'est pas une cause de nullité, alors que sa présence est attestée par une note de sa main, mise en marge de l'acte. Grenoble, 5 avril 1824 (S. chr.). Que le défaut de signature de l'un des époux ne l'annule pas non plus. — Montpellier, 4 févr. 1840 (S. 40.2.160).

86. Que l'acte de naissance d'un enfant naturel dressé sur la déclaration de celui qui s'est dit le père, et portant qu'il a été signé par le déclarant, n'est pas nul malgré l'absence réelle de la signature de ce dernier, et peut être invoqué au nom de l'enfant pour établir sa filiation. — Angers, 27 déc. 1854 (S.1855.2.10), *Sic*, Demolombe, n. 285; Coin-Delisle, sur l'art. 39, n. 2.

87. Que particulièrement les actes de mariage ne sont pas nuls faute de signature de l'officier de l'état civil devant lequel ils ont été dressés; que dans tous les cas, cette nullité ne peut être prononcée, alors que l'acte contient toutes les mentions et formalités prescrites par les art. 75 à 76, C. civ., qu'il a été signé par les pères et mères des époux ainsi que par les témoins et qu'il a été suivi d'une longue possession d'état. — Douai, 18 mars 1850 et Cass., 10 févr. 1851 (S. 51.1.202).

88. Qu'un acte de naissance n'est pas nul pour défaut de la signature du père comparant; les juges peuvent considérer une telle irrégularité comme sans portée, lorsqu'elle leur paraît être le résultat d'un oubli non intentionnel. — Cass., 23 juin 1869 (S. 69, 1.445).

89. Que le défaut de signature des comparants ne suffit pas pour faire annuler un acte de l'état civil; les juges doivent examiner si cette irrégularité est le résultat de l'inattention ou d'une inadvertance ou si elle doit être attribuée à un changement de volonté du comparant non signataire. A cet égard, l'appréciation des juges du fond est souveraine. — Cass., 28 nov. 1876 (S, 77.1.172); *Sic*, Demolombe, t. 1, n. 330; Aub. et Rau, t. 1, p. 221, § 65; Laurent, t. 2, n. 21; Mersier, n. 45 et suiv.

90. Les actes doivent être inscrits de suite sur les registres, sans aucun blanc. Les ratures et les renvois doivent être approuvés et signés de la même manière que le corps de l'acte. On ne peut rien y inscrire par abréviation et aucune date ne doit être en chiffres, art. 42.

91. La prescription d'inscrire les actes de suite et sans aucun blanc, doit s'entendre en ce que, non-seulement le rédacteur ne doit pas laisser de blanc dans le corps de l'acte, mais qu'il ne doit pas laisser non plus d'intervalle trop grand entre les signatures d'un acte et le commencement de l'autre. — Mersier, n. 5, p. 13.

92. L'approbation des ratures et des renvois par un simple parafe ne serait pas suffisante ; il ne peut y avoir de doute, en présence du texte précis de l'art. 42.

§ 4. — Publicité des actes de l'état civil.

93. Les actes de l'état civil sont publics. C'est un principe fondamental de notre état civil. Les tiers ont intérêt à connaître l'état des personnes avec lesquelles ils sont en relation, car les droits dépendent de l'état, ainsi que la capacité ou l'incapacité. — Laurent, t. 2, p. 27, n. 16.

94. Toute personne, dit l'art. 45, peut se faire délivrer des extraits des registres par les dépositaires de ces registres. Par extrait on doit entendre une copie littérale de l'acte inscrit sur le registre. C'est ce qui résulte de la suite de l'art. 45 qui exige que les extraits soient conformes aux registres ; et il a été jugé qu'une simple déclaration ou attestation de l'officier public n'atteindrait pas le but de la loi. — Colmar, 20 août 1814 ; Mersier, n. 31 ; Laurent, *loc. cit.*

95. Les dépositaires des registres sont les officiers de l'état civil et les greffiers des tribunaux civils ; eux seuls peuvent donc délivrer ces extraits, et les secrétaires des mairies n'ont aucune qualité pour faire cette délivrance et signer les extraits. — Avis Cons. d'État, 2 juillet 1807.

96. Ces dépositaires ne peuvent se faire juges de l'intérêt du requérant, lorsque l'expédition de l'acte leur est demandée ; et ils sont tenus de la délivrer à première réquisition.

97. Les extraits ou expéditions doivent être légalisés par le président du tribunal civil de l'arrondissement ou par le juge de paix du canton (C. civ. art. 45, L. 2 mai 1861, art. 1 et 3). Mais la légalisation est-elle nécessaire lorsque les expéditions ne doivent pas sortir de l'arrondissement où est déposé le registre dont elles émanent ?— Une lettre ministérielle du 8 sept. 1848 dispensait de la légalisation en pareil cas, et en faveur de cette opinion, on tirait un argument d'analogie de la loi du 25 vent. an XI, art. 28, qui n'assujettit pas à la formalité de la légalisation les expéditions des notaires, lorsqu'elles ne sortent pas de la circonscription de ce notaire; mais la généralité des auteurs pensent que la légalisation est toujours nécessaire : l'art. 45 ne faisant pas de distinction et étant général.— Coin-Delisle, sur l'art. 45, n. 7 ; Aub. et Rau, t. 1, p. 220, § 65,

texte et note 6; Mersier, n. 55; Laurent, n. 36; Demol., n. 317.
Contrà, Rieff, n. 68; Toullier, t. 1.307.

98. En sus du timbre, les expéditions sont soumises à une taxe qui est fixée ainsi qu'il suit :

Dans les communes au-dessous de 50,000 habitants, à 30 cent. par chaque expédition d'acte de naissance, de décès ou de publication de mariage; à 60 cent. pour celles des actes de mariage ou d'adoption.

Dans les villes de 50,000 habitants et au-dessus, à 50 cent. par chaque expédition d'acte de naissance, de décès ou de publication de mariage ; à 1 fr. pour celles des actes de mariage ou d'adoption.

À Paris, à 75 cent. pour la première catégorie d'actes et à 1 fr. 50 c. pour les secondes. — Décr. 12 janv. 1807.

99. Le coût de la légalisation est fixé à 25 cent. au profit du greffier. — L. 21 vent. an VII, art. 14; Décr. 24 mai 1854, art. 1; L. 22 mai 1861, art. 3.

§ 5. Foi due aux actes de l'état civil.

100. D'après la définition de l'art. 1317, C. civ., les actes de l'état civil sont des actes authentiques et, comme tels, ils font foi jusqu'à inscription de faux. C. civ., art. 1319. — Les extraits sont également des actes authentiques et font foi comme tels s'ils sont délivrés conformes aux registres, et revêtus de la légalisation du président du tribunal. — C. civ., art. 45.

101. Mais toutes les déclarations et énonciations que les actes de l'état civil renferment, font-elles également foi jusqu'à inscription de faux?

La doctrine décide généralement que font foi seulement, les énonciations relatives à des faits constatés directement par l'officier public: par exemple, celles qui constatent dans un acte de naissance, que tel jour, à telle heure, un enfant a été présenté à l'officier de l'état civil et qu'il est de tel sexe.

102. Quant aux énonciations résultant de la déclaration des comparants : par exemple, la déclaration faite dans un acte de naissance que l'enfant est né tel jour, à telle heure, du mariage de tel père et de telle mère, elles font foi seulement jusqu'à preuve contraire, c'est-à-dire qu'elles peuvent être combattues par la preuve testimoniale sans qu'il soit nécessaire de recourir à l'inscription de faux. — Cass., 12 juin 1823 (S. 23.4.394); 16 mars 1841 (S. 41.1.53); Angers, 25 mai 1822 (S. 23.2.105); Nîmes, 13 juin 1860 (S. 60.2.376); Aix, 18 août 1870 (S. 73.2.69) — *Sic*: Marcadé, sur l'art. 45, n. 4; Demol., t. 1, n. 319 et 320; Aub. et Rau, 4e édit., t. 1, § 65, p. 219 et 220, texte et notes 2 et 5; Desclozeaux, *Encyclop. du dr.*, v° *Actes de l'état civil*, n. 91; Laurent, t. 2, n. 39; Mersier, n. 55; — *Contrà* : Toullier, t. 2, n. 848 et s.; Proudhon, t. 2, p. 88: Duranton, t. 1, p. 308: Coin-Delisle, sur l'art. 46, n. 1.

103. Il y a même des énonciations qui ne font aucune foi : par exemple, dans un acte de décès, la déclaration que le décès a eu lieu à telle heure, tel jour, le Code ne prescrivant pas d'énoncer l'heure et le jour du décès.

Il en est encore ainsi des énonciations qui n'auraient pas dû être insérées dans l'acte, et qui doivent même être tenues pour non écrites, par exemple, celle qui désignerait, en l'absence de toute reconnaissance, le père d'un enfant naturel, ou qui attribuerait à un enfant conçu pendant le mariage de sa mère, un père autre que le mari de celle-ci. — Laurent, Mersier, Demol., *loc. cit.*

104. D'après un principe général, contenu dans l'art. 1334, C. civ., la personne à qui on oppose la copie d'un titre original, peut toujours demander que l'original soit représenté, s'il existe; or on s'est demandé si la disposition de cet article était applicable aux extraits des registres de l'état civil; en d'autres termes, celui à qui on oppose un extrait peut-il exiger que l'on représente le registre?

105. L'affirmative avait d'abord été soutenue par certains auteurs, par la raison que le principe consacré sur l'art. 1334, étant général, s'appliquait à toutes les copies des actes authentiques, partant aux extraits. — Duranton, *Cours de dr. fr.*, t. 1, p. 222, n. 299; Richelot, t. 1, n. 152; Vazeille, *du Mariage*, t. 1, n. 299; Rieff, n. 66. — Mais cette opinion est aujourd'hui abandonnée, et la généralité des auteurs décident que l'art. 45 est spécial et déroge au droit commun. — Demante, t. 1, n. 90 *bis;* Aub. et Rau, t. 1, p. 221, § 65, texte et note 7; Ducaurroy, t. 1, n. 122; Bonnier, *des Preuves*, t. 2, n. 794; Marcadé, *sur l'art.* 45; Demol., t. 1, n. 318; Laurent, t. 2, n. 37.

106. Cette dérogation a sa raison d'être. Quand il s'agit d'un acte notarié il y a peu d'inconvénients à exiger la représentation de l'original, car cet original est une feuille volante qui peut facilement être transmise au tribunal et sans que les intérêts des tiers en souffrent, tandis que les registres contiennent un grand nombre d'actes dont, d'un instant à l'autre, on peut demander un extrait; et si les registres étaient égarés comment les remplacer? — Marcadé, *sur l'art.* 45.

107. Du reste, comme le dit très-bien M. Mersier, n. 55, celui à qui on oppose une expédition de l'état civil et qui en soupçonne la sincérité, peut, sans avoir besoin de recourir à l'inscription de faux, s'en faire délivrer lui-même une autre expédition dont il surveillera la confection.

§ 6. — Des cas où il n'y a pas de registres.

108. Lorsqu'il n'a pas existé de registres ou qu'ils seront perdus, dit l'art. 46, la preuve en sera reçue tant par titres que par témoins; et dans ces cas, les mariages, naissances et décès pourront être prouvés tant par les registres et papiers émanés des père et mère décédés, que par témoins.

109. Il y a donc deux espèces de preuves, les écrits émanés des père et mère et la preuve testimoniale; mais préalablement il faut prouver qu'il n'a pas existé de registres ou qu'ils sont perdus. Cette preuve préalable doit se faire tant par titres que par témoins. L'une ou l'autre de ces preuves suffit et il u'est pas nécessaire de les cumuler. — Mersier, n. 389 ; Laurent, n. 44.

110. Il en est de même pour la preuve des naissances, mariages et décès ; elle peut se faire, soit par les papiers et registres émanés des père et mère, soit par témoins ; mais la loi donne aux juges un pouvoir discrétionnaire pour admettre, selon la gravité des cas, tel ordre de preuve et rejeter tel autre. — Cass., 8 août 1864 (S. 64.1.407) ; Demol., n. 325 ; Aub. et Rau, t. 1, § 64, p. 216, texte et note 9 ; Merlin, t. 1, n. 266.

111. La disposition finale de l'art. 46 n'est pas restrictive, mais simplement démonstrative, et il peut être admis comme preuves, soit des documents écrits, soit des déclarations de témoins, soit mêmes de simples présomptions. — Aix, 28 mars 1811 (S. chr.) ; Montpellier, 12 fév. 1825 (S. chr.).

112. Ainsi quand un navire a péri corps et biens, le décès des hommes de l'équipage n'ayant pas été constaté dans les termes de l'art. 46, C. civ., peut être établi par témoins ou par présomption, mais à la condition que les présomptions ne laissent aucun doute dans l'esprit du juge. Mais la preuve du décès d'un marin ne résulte pas du défaut de nouvelles du navire et des marins, ni de la radiation du navire du cadre de la marine, si l'on n'établit ni le fait matériel du naufrage, ni l'époque et le lieu du sinistre. — Bordeaux, 25 juill. 1876 (S. 77.2.184) ; 7 fév. 1876 (S. 77.2.52) ; Conf. Bordeaux, 2 juin 1875 (S. 76.2.10).

113. Il faut étendre à tous les actes de l'état civil, sans distinction, les dispositions de l'art. 46, bien qu'ils n'y soient pas tous énoncés ; ainsi les reconnaissances d'enfant naturel, les actes d'adoption peuvent être constatés par les moyens de preuve indiqués dans cet article.

114. Ainsi un enfant naturel est recevable à prouver, même par témoins ou par présomptions, que son acte de naissance, inscrit sur des registres perdus ou détruits, contenait une reconnaissance en sa faveur. — Riom, 2 janv. 1874 (S. 75.2.204) ; Cass., 13 mars 1827 (S. chr.) ; 16 fév. 1837 (S. 37.1.642) ; Valette sur Proudhon, *Tr. de l'état des personnes*, t. 2, p. 102 ; Demol., t. 1, p. 326 ; Aub. et Rau, t. 4, p. 195, § 569, note 17 ; Coin-Delisle, *sur l'art. 46*, n. 8 ; Mersier, n. 390. — *Contrà*, Massé et Vergé sur Zachariæ, t. 1, § 169, note 7, p. 331 ; Delvincourt, *Cours de C. civ.*, t. 1, p. 32, texte et note 6 ; Toullier, t. 2, n. 885 ; Duranton, t. 1, n. 295 ; Marcadé, *sur l'art. 46*, n. 4.

115. Les auteurs et la jurisprudence sont d'accord pour assimiler au cas de destruction des registres celui de lacération d'un ou plusieurs feuillets ; en effet la soustraction d'une seule feuille peut, suivant les circonstances, être considérée par les juges comme équivalente à l'absence totale des registres, si le demandeur soutient que son acte de naissance, mariage ou décès, a dû être inscrit sur la feuille perdue ou soustraite. — Cass., 21 juin

1814 (S. chr.); Bastia, 18 mars 1842 (S.; Rieff, n. 78 ; Demol., t. 1, n. 322; Laurent, n. 49; Mersier, n. 391.

116. En cas d'interruption des registres on peut être admis à prouver les mariages, les naissances et les décès qui se rapportent à l'époque de l'interruption. Mais, pour que la preuve par témoins puisse être admise, il faut qu'il y ait quelque probabilité que l'acte en question coïncide avec l'époque où les registres n'ont pas été tenus. — Laurent, n. 50.

117. Que faut-il décider lorsque les registres existent, mais qu'ils sont évidemment mal tenus, sans ordre, pleins de lacunes, rédigés après coup et de mémoire ? L'art. 46 est certainement applicable, car des registres tenus dans une forme contraire à la raison et à la loi doivent être considérés comme n'existant pas. — Bordeaux, 9 mars 1812 ; Montpellier, 2 mars 1832 (S. 32.2. 610); Demolombe, n. 322 ; Laurent, n. 50; Mersier, n. 394.

118. Une question douteuse est celle de savoir si l'art. 46 est applicable quand l'acte a été inscrit sur une feuille volante. — Il y a lieu de distinguer.

Lorsque les registres n'ont pas été tenus, ou bien lorsqu'ils ont été perdus ou détruits, l'acte inscrit sur une feuille volante peut servir d'élément de preuve pour arriver à son inscription, on est évidemment dans les termes de l'art. 46.

119. Mais si au contraire ces registres n'étaient ni perdus ni détruits et si d'ailleurs ils étaient tenus régulièrement, l'art. 46 ne pourra plus être invoqué, mais l'acte inscrit sur la feuille volante pourra au moins servir de commencement de preuve par écrit. — Metz, 19 août 1824; Mersier, n. 396 ; Rieff, n. 107. — *Contrà*, Demolombe, n. 323.

120. L'art. 46 autorise-t-il la preuve par témoins dans le cas d'omission d'un acte sur les registres?

La doctrine et la jurisprudence sont divisés sur cette question. La plupart des auteurs soutiennent que l'art. 46 est inapplicable. — Duranton, t. 1, p. 220, n. 247 ; Marcadé, t. 1, p. 190, n. 2; Demol., t. 1, n. 324.

121. M. Laurent, tout en admettant la preuve par témoins comme règle, ajoute qu'il ne suffit pas qu'un individu vienne prétendre qu'un acte de l'état civil a été omis sur les registres pour que le juge lui permette cette preuve. Il faut de graves probabilités que le magistrat doit puiser tantôt dans des faits non contestés, tantôt dans des écrits. La garantie contre les abus se trouve en ces cas dans la prudence des tribunaux. — Laurent, n. 51 ; cette opinion est aussi celle de Merlin, *Rép.*, t. 7, v° *Légitimité, Quest. de dr.*, v° *Décès ;* Coin-Delisle, n. 46 et 19 ; Putel, t. 1, n. 215.

122. De son côté la jurisprudence admet la preuve testimoniale en cas d'omission. — Cass., 22 déc. 1819, 1er juil. 1830 ; Limoges, 26 juil. 1832.

123. Pendant l'insurrection de 1874, à Paris, six millions d'actes environ de l'état civil ont été la proie des flammes. C'est en vue de la reconstitution de ces actes que l'Assemblée nationale a voté la loi du 12 fév. 1872, à laquelle nous renvoyons, son examen détaillé ne pouvant entrer dans le cadre de cet article. Consulter aussi : Décr. 8 nov. 1872 ; L., 13 fév. 1873 : Décr., 30 déc. 1873 ; 17 fév. 1875 ; L., 5 juin 1875 ; Décr., 17 juin 1875 ; et L., 3 août 1875, *Revue*.

§ 7. — Des nullités et des cas de responsabilité pénale et civile.

124. La loi ne prononce pas la nullité des actes de l'état civil lorsque les formalités prescrites pour leur rédaction n'ont pas été observées. L'état des particuliers, des familles ne pouvait dépendre en effet de l'ignorance ou de la négligence de l'officier public ou des témoins, Le législateur a donc cherché une autre sanction en établissant des peines contre l'officier de l'état civil. — Laurent, n. 21 ; Demol., n. 330 ; Mersier, n. 45.

125. Cependant l'omission de formalités substantielles pourrait entraîner la nullité de l'acte ; et c'est surtout d'après les circonstances, eu égard aux faits, à la nature et à la gravité des imperfections que cette question devra être décidée. — Paris, 4 juil. 1811.

126. Si un acte avait été reçu par un individu sans caractère public, il n'aurait aucune valeur, aucune existence légale, sa nullité ne pourrait donc être mise en doute. De même, s'il s'agissait d'un acte de mariage, et que toutes les conditions requises pour la validité du mariage lui-même n'eussent pas été remplies, l'acte serait également nul, car il se confond avec le mariage lui-même dont il est un des éléments. — Cass., 21 juin 1814.

127. La législation a placé la sanction des lois qui régissent l'état civil dans la responsabilité pénale et civile des officiers publics chargés de la rédaction des actes.

128. L'art. 50 s'exprime ainsi : Toute contravention aux articles précédents, de la part des fonctionnaires y dénommés, sera poursuivie devant le tribunal de première instance et punie d'une amende qui ne pourra excéder 100 francs.

Les articles *précédents* dont parle cet article sont les art. 34 à 49.

129. Ils sont relatifs : à l'énonciation du moment passé où les actes sont reçus ; à l'énonciation des noms, prénoms, âge et profession de toutes les personnes dénommées dans l'acte ; aux conditions de capacité des témoins ; à la lecture des actes et à la mention qui doit être faite de cette formalité ; aux signatures ; à la tenue des doubles originaux ; à la cote et au parafe ; à la prohibition des blancs et lacunes ; à l'approbation des ratures et renvois ; à la clôture et au dépôt des registres ; aux annexes ; à l'obligation pour les dépositaires de délivrer des extraits à tous les requérants ; aux mentions marginales qui doivent être faites par les dépositaires et dont la surveillance est confiée au procureur de la République.

130. Toute contravention dans l'accomplissement des formalités qui précèdent est donc punie d'une amende qui ne peut excéder 100 francs. Cette amende est prononcée par le tribunal de première instance ; c'est une dérogation au droit. commun qui a été admise dans l'intérêt des officiers publics dont la plupart ne sont coupables que d'ignorance. — Laurent, n. 38 ; Mersier, n. 46.

131. Le président du tribunal civil et le procureur de la République qui sont compris parmi les fonctionnaires dénommés dans les articles en question sont-ils aussi passibles de l'amende de 100 francs édictée par l'art, 50 ?

La plupart des auteurs estiment que ces magistrats ne peuvent être soumis à la pénalité de l'art. 50, en vertu du principe de l'irresponsabilité des magistrats. — Coin-Delisle, *sur l'art.* 50, n. 1 ; Richelot, t. 1, p. 205, note 16 ; Ducaurroy, Bonnier et Roustaing, t. 1, p. 129 ; Demol., n. 288. — *Contrà*, Hutteau-d'Origny, tit. 10, chap. I, § 1, n. 7 : Toullier, t. 1, n. 312 ; Rieff, n. 95 ; Aub. et Rau, p. 206, § 62, texte et note 1 ; Mersier, n. 46.

132. Le Code ne parle pas des dommages qui peuvent résulter de l'imprudence ou de la négligence des officiers publics, mais il n'est pas douteux que les principes généraux contenus dans les art. 1382 et suiv., C. civ., ne leur soient applicables.

133. Les dépositaires des registres devront veiller avec soin à leur conservation et ils sont responsables des altérations qui y surviendraient, sauf leur recours, s'il y avait lieu, contre les auteurs de ces altérations. — Art. 51.

134. Par *altérations* il faut entendre tout ce qui change ou modifie les registres ou les actes, tout fait qui, commis dans les registres ou les actes, peut être nuisible à ceux dont l'état civil est constaté par ces registres ; toute soustraction d'un registre ou de quelques feuilles de ce registre ; toute substitution de feuilles à d'autres. Mais, dans ce dernier cas d'enlèvement ou de destruction de registre, les dépositaires non-seulement seront atteints par la responsabilité civile, mais ils tomberaient encore sous l'application de l'art. 254 du Cod. pén.

135. Toute altération, ajoute l'art. 52, tout faux dans les actes de l'état civil, toute inscription de ces actes sur une feuille volante et autrement que sur les registres à ce destinés, donneront lieu aux dommages-intérêts des parties, sans préjudice des peines portées par le Code pénal.

136. Cet article crée une responsabilité plus générale que l'art. 51, puisqu'il prévoit le cas où les altérations ont été commises soit par les dépositaires eux-mêmes, soit par des personnes étrangères au dépôt. Il vise en outre les art. 145, 146 et 147 du C. pén., qui punissent des travaux forcés à perpétuité l'officier public qui, dans l'exercice de ses fonctions, aurait commis un faux dans les actes de l'état civil, et des travaux forcés à temps les autres personnes qui se seraient rendues coupables du même fait.

137. C'est à la requête du procureur de la République qu'ont lieu les poursuites à propos des contraventions ou délits commis par les officiers des actes de l'état civil, art. 53.—Une ordonnance du 26 nov. 1823 et des circulaires ministérielles contiennent les instructions nécessaires à ce sujet.

138. En nous occupant des actes de naissance, de mariage et de décès, nous relaterons les contraventions spéciales à ces divers actes et les amendes dont elles sont punies par la loi.

CHAPITRE III.

DES ACTES DE L'ÉTAT CIVIL REÇUS A L'ÉTRANGER.

§ 1ᵉʳ. — Droit commun.

139. Tout acte de l'état civil fait en pays étranger fait foi, s'il a été rédigé dans les formes usitées dans ledit pays, quels que soient ceux qu'il concerne, un étranger seulement, ou un Français seulement, ou un Français et un étranger en même temps. — Art. 47 ; Cass., 7 juill. 1835 (S. 35.1.389) ; 27 déc. 1837 (S. 38.1. 545).

140. C'est une application de l'adage : *Locus regit actum*. Il faut remarquer que l'article porte : *fera foi ;* ce qui veut dire qu'il ne s'agit ici que de la force probante de l'acte et non de sa validité qui, en France, ne peut jamais dépendre de l'observation des lois étrangères. — Demol., n. 312 ; Laurent, n. 9.

141. Ainsi il a été jugé que si, d'après l'art. 47, C. civ., un acte de l'état civil rédigé en pays étranger fait foi de son contenu, lorsqu'il est revêtu des formes usitées dans ce pays, c'est à la condition que l'acte ait été dressé dans les délais voulus et que les faits attestés aient pu être vérifiés par le rédacteur de l'acte et par les déclarants. — Pau, 10 fév. 1873 (S. 73.2.85).

142. De son côté l'art. 48 dit :« Tout acte de l'état civil concernant seulement des Français, sera valable s'il a été reçu conformément aux lois françaises par les agents diplomatiques ou par les consuls. » *Sera valable* parce que, dans ce cas, les lois françaises auront été strictement observées. L'art. 48 est fondé sur une fiction admise par le droit des gens, fiction en vertu de laquelle l'hôtel de l'ambassadeur ou du consul est censé faire partie du pays qu'il représente. Aussi ces agents peuvent-ils célébrer valablement les mariages entre Français. — Laurent, n. 10 ; Demol., n. 312.

143. De cet article il faut conclure aussi que les agents français à l'étranger n'ont aucune compétence pour dresser des actes qui concernent des étrangers. Mais en est-il encore de même lorsque l'acte intéresse tout à la fois un Français ou un étranger ; pour préciser, ces agents peuvent-ils célébrer le mariage d'un Français avec une étrangère ?

144. Ils sont incompétents sans aucun doute. La loi le dit formellement. Tandis que l'art. 47 reconnaît la compétence des officiers étrangers pour les actes qui concernent les Français et les étrangers, l'art. 48 ne parle que des actes concernant seulement les Français. De plus leur compétence serait contraire à la fiction dont nous avons parlé, n. 142, qui n'a été introduite que dans l'intérêt des Français et dont seuls ils peuvent profiter.—Laurent, n. 11 ; Demol., n. 312; Valette sur Proudhon, *Tr. de l'état des personnes*, t. 1, p. 210, note *a* ; Mersier, n. 364; Cass., 10 août 1819 ; Paris, 6 avr. 1869 (S. 70.2.178).

145. Les agents diplomatiques et les consuls sont, en général, assujettis à toutes les formes prescrites aux officiers de l'état civil. Leurs actes sont inscrits sur des registres particuliers, tenus en double, cotés et parafés par eux. Un des doubles reste à la chancellerie, l'autre est envoyé chaque année au ministre des affaires étrangères. — Circ. minis. aff. étr., 8 août 1814. — De plus les agents doivent envoyer au ministre une expédition des actes par eux reçus pour être transmise à l'officier de l'état civil du domicile de la partie. — Coin-Delisle, *sur l'art.* 48.

146. Par convention en date du 25 août 1876 les deux gouvernements de France et de Belgique se sont engagés à se remettre réciproquement et sans frais, les expéditions dûment légalisées, des actes de naissance, des actes de reconnaissance d'enfants naturels, lorsque ces actes auraient été reçus par un officier de l'état civil, des actes de mariage et des actes de décès dressés sur leur territoire et concernant des citoyens de l'autre État. — V. *Revue du not.*, n. 5278.

§ 2. — Règles spéciales concernant les militaires ou autres personnes employées à la suite des armées.

147. Sur le territoire français, les actes de l'état civil relatifs aux militaires sont dressés, suivant la loi commune, par les officiers de l'état civil.—Avis du Conseil d'État an VIII, quatrième jour complémentaire ;—mais pour les militaires réunis en corps d'armée au delà des frontières, le Code civil a tracé des règles particulières.

148. L'art. 88 porte :«Les actes de l'état civil faits hors du territoire français, concernant les militaires ou autres personnes employées à la suite des armées, seront rédigés dans les formes prescrites par les dispositions précédentes, sauf les exceptions contenues dans les articles suivants.» Ces articles suivants déterminent la compétence des officiers spéciaux chargés de la tenue des registres de l'état civil et les formalités à observer. Pour les détails nous renvoyons au texte même des articles, et au commentaire qu'en a donné M. Mersier, n. 348 à 359.

149. L'expression « les personnes employées à la suite des armées » comprend non-seulement les fonctionnaires administratifs, mais aussi les personnes qui suivent l'armée sans y être employées par l'État, comme les domestiques, les vivandières, les femmes et les enfants des militaires.

150. L'art. 88 s'applique aux militaires qui en France seraient dans l'impossibilité de communiquer avec les autorités civiles par suite d'une invasion de l'étranger, d'une révolte, d'un siége, etc. — Inst. min., 8 mars 1823.

151. Mais il est inapplicable pour le militaire français fait prisonnier ; et il est évident que les agents étrangers sont compétents pour recevoir les actes de l'état civil concernant ce militaire. Mersier, 357.

152. L'art. 88 soulève une question de principe très-importante et qui est très-controversée. Les militaires et autres personnes employées à la suite des armées pourraient-ils aussi faire dresser les actes de leur état civil par les officiers publics étrangers et d'après les formes du pays suivant les art. 47 et 170 ?

153. Certains auteurs décident que les officiers de l'armée sont seuls compétents ; ils donnent pour raison de cette décision, que le soldat, sous son drapeau, est toujours en France et que, dès lors, la maxime *locus regit actum* ne lui est pas applicable. — Marcadé, sur l'art. 88, n. 2 ; Aub. et Rau, t. 1, p. 223, § 66, texte et note 11 ; Massé et Vergé, t. 1, p. 105 ; Rieff, n. 288 ; Demante, t. 1, n. 118 *bis* ; Mourlon sur l'art. 88 ; Valette sur Proudhon, p. 234.

154. L'opinion contraire nous paraît préférable, et l'art. 88 ne doit pas être entendu dans un sens prohibitif ; il ne doit pas avoir pour effet d'enlever aux militaires le bénéfice du droit commun ; mais bien plutôt de les favoriser, en leur donnant un moyen de plus, que les circonstances peuvent rendre souvent nécessaire, pour faire dresser les actes de leur état civil.

155. Nous pensons donc que la compétence des officiers de l'armée est facultative dans tous les cas et qu'elle n'exclut jamais la compétence des officiers étrangers. C'est en ce sens que tend à se prononcer la jurisprudence. — Paris, 8 juill. 1820 ; Colmar, 25 janv. 1823 ; Cass., 23 août 1826 ; Bruxelles, 7 juin 1831 (S. chr.) ; *Sic*, Coin-Delisle, p. 78 ; Demolombe, n. 315 ; Mersier, n. 357 ; Laurent, n. 14.

CHAPITRE IV.

DES ACTES DE L'ÉTAT CIVIL REÇUS EN MER ET DANS LES LAZARETS.

156. Les art. 59, 60, 61, 86 et 87 s'occupent des formalités à remplir pour la rédaction des actes de naissance et de décès pendant un voyage en mer, ainsi que des précautions à prendre pour les soustraire le plus tôt possible aux dangers de la navigation.

Ces articles étant suffisamment clairs, nous y renvoyons, ainsi qu'aux art. 4 et 6 de l'ordonnance du 23 oct. 1833.

157. Le Code garde le silence sur la célébration d'un mariage à bord d'un bâtiment ; on doit en conclure qu'une telle célébration n'est pas admise et qu'il faut attendre le débarquement pour procéder au mariage, à moins de cas d'une grave urgence, comme la légitimation d'un enfant en présence d'un père ou d'une mère naturels en danger de mort. — Demol., n. 310 ; Mersier, n. 361.

158. Aux termes de la loi du 3 mars 1822, sur la police sanitaire dans les lazarets, les autorités du service sanitaire exercent les fonctions d'officier de l'état civil dans l'enceinte et parloirs des lazarets et autres lieux réservés. Ces actes sont dressés en présence de deux témoins. Expédition des actes de naissance et de décès doit être envoyée dans les vingt-quatre heures à l'officier civil de la commune dans la circonscription de laquelle se trouve être situé le lazaret, et cet officier devra opérer sur ses registres la transcription des expéditions qui lui sont adressées. — Demol., n. 311.

159. On doit décider que la célébration d'un mariage n'est pas admise dans un lazaret, pour des raisons analogues à celles qui la prohibent sur un navire. — Mersier, n. 363.

CHAPITRE V.

DE LA RECTIFICATION DES ACTES DE L'ÉTAT CIVIL.

160. Quelles que soient les omissions et les irrégularités d'un acte de l'état civil, dès qu'il est dressé, il appartient à tous ceux auxquels il a pu conférer des droits, à la société, et aucune modification ne peut y être apportée qu'en vertu d'un jugement. — Circ. min., 22 brum. an XIV; Avis du Cons. d'Etat, 30 juill. 1806.

161. Cependant les erreurs dont on s'aperçoit, au moment où l'acte est rédigé, peuvent être corrigées immédiatement; ces corrections se font par des renvois qui font partie de l'acte; mais ce dernier, une fois signé, l'officier public ne peut pas y apporter de modification.

162. Il y a lieu à rectification dans les cas suivants :
Lorsque l'acte n'exprime pas tout ce qu'il devait contenir : comme un acte de naissance qui n'indique pas le jour de l'accouchement ou les noms des parents légitimes.
Lorsqu'il exprime mal ce qu'il doit contenir : par exemple, si certains noms sont erronés ou mal orthographiés.
Lorsqu'il exprime ce qu'il ne doit pas contenir : la filiation d'un enfant adultérin, l'exécution capitale du défunt.
Lorsqu'il n'a pas été signé par les parties ou l'officier de l'état civil.
Ou lorsqu'il a subi des altérations accidentelles ou volontaires. — Mersier, n. 366.

163. L'omission dans un acte d'un titre nobiliaire appartenant à la personne que cet acte concerne, est considérée aussi comme une irrégularité et peut faire l'objet d'une demande en rectification. — Douai, 12 avril 1863 (S.64.2.102); Nancy, 7 mai 1765 (S., *ibid.*); Rennes, 13 juin 1864 (S., *ibid.*); Paris, 15 avril 1864 (S.64.2.102); Cass., 5 janv. 1863 (S. 63.1.191).

164. De même le rétablissement devant un nom patronymique de la particule *de* peut faire l'objet d'une demande en rectification. — Limoges, 24 nov. 1858 (S.59.2.497); 20 déc. 1858 (S., *ibid.*); Dijon, 23 mars 1859 (S., *ibid.*); Paris, 8 déc. 1862 (S.64.2.102); Lyon, 24 mai 1865 (S. 66.2.343); Cass., 1er juin 1863 S. 64.1.447).

165. La rectification doit être demandée par les parties intéressées (art. 99). On entend par parties intéressées ceux qui, sous un rapport quelconque, peuvent légalement se plaindre, soit des irrégularités, soit des énonciations de l'acte, et qui ont un intérêt pécuniaire à la rectification.

Il suffit même d'un intérêt moral, comme si, par exemple, un individu est déclaré père naturel d'un enfant, Lyon, 11 mars 1842 (S. 42.2.165), ou bien, si un acte attribue à une personne un nom patronymique qu'il n'a pas le droit de porter. — Bordeaux, 4 juin 1862 (S. 63.2.6); Riom, 9 janv. 1865 (S. 65.2.7); Cass., 14 mars 1865 (S. 66.1.435).

166. Les tribunaux sont souverains appréciateurs de la rectification des actes de l'état civil, et leur décision à ce sujet échappe à la censure de la Cour de cassation. — Cass., 5 janv. 1863 (S. 63. 1.191).

167. Le ministère public a le droit d'agir d'office en matière de rectification des actes de l'état civil, dans toutes les circonstances intéressant l'ordre public, et dans l'intérêt des indigents. Cass., 24 nov. 1862 (S. 63.1.30); Besançon, 26 fév. 1866 (S. 66. 2.75); Cass., 25 mars 1867 (S. 67.1.215); Paris, 3 juin 1867 (S. 68. 2.191); Cass., 25 mai 1869 (S. 69.1.308).

168. Spécialement, il a qualité pour requérir d'office et comme partie principale la rectification des actes de l'état civil, toutes les fois que l'ordre public y est intéressé. — Cass., 22 janv. 1862, 24 nov. 1862, *Rev. not.*, 234, 475.

169. Il peut aussi demander la rectification des actes de l'état civil attribuant à des particuliers des noms, titres ou qualifications qui ne leur appartiennent pas.

Si dans l'ancien droit on pouvait, en modifiant le nom de ses ancêtres, acquérir un nom patronymique nouveau, c'était à la condition qu'une possession notoire, constante et uniforme, viendrait consacrer cette modification. — Cass., 25 mai 1809, *Rev. not.*, 2522.

170. Les demandes en rectification d'actes de l'état civil doivent être portées devant le tribunal du lieu où ces actes ont été dressés, et au greffe duquel sont déposés les registres, et non devant le tribunal du domicile des demandeurs. — Metz, 25 avril 1861 (S. 61.2.281); Paris, 6 mai 1861 (S.61.2.281); Metz, 25 août 1863 (S. 63.2.190).

171. La demande qu'un enfant naturel, inscrit sur les registres de l'état civil sous le nom de sa mère et comme né de père inconnu, forme à l'effet d'obtenir qu'à ce nom soit substitué, sur son acte de naissance, celui d'un individu qu'il prétend être son père, sans conclure, d'ailleurs, à être déclaré fils naturel de celui-ci, constitue, non une réclamation d'état, mais une simple demande en rectification d'acte de l'état civil. Par suite cette demande peut être formée par voie de requête adressée au président du tribunal civil,... sauf au tribunal à ordonner l'appel en cause des parties intéressées, suivant la faculté qui lui en est discrétionnairement donnée par la loi. — Agen, 27 nov. 1866, *Rev. not.*, n. 1808.

172. Et cette règle est applicable même lorsqu'il y a plusieurs actes à rectifier dans des ressorts différents, si ces actes sont indépendants les uns des autres et sans corrélation entre eux. — Metz, 25 août 1863 précité.

173. Mais s'il existe entre les actes une sorte d'indivisibilité résultant de ce que les erreurs contenues dans les uns proviennent de celles commises dans les autres, le seul tribunal compétent est celui dans le ressort duquel a été reçu l'acte générateur auquel les autres se trouvent liés. — Orléans, 17 mai 1860 (S.60.2.301). — Paris, 6 mai 1861 ; Metz, 25 août 1863, précités.

174. Lorsqu'il s'agit d'actes omis ou même de registres perdus ou non existants à établir en entier, le tribunal compétent est celui au greffe duquel les registres à rectifier ou à rétablir ont été ou auraient dû être déposés. Cependant lorsqu'il s'agit du rétablissement de l'acte de naissance d'une personne dont le lieu de naissance est inconnu, la demande doit être portée devant le tribunal du domicile ou de la résidence de cette personne. — Cass., 14 juin 1858 (S.58.1.659); Rouen, 8 déc. 1858 (S.59.2.235).

175. Les tribunaux français sont compétents pour rectifier l'acte de mariage d'un Français reçu en pays étranger et transcrit sur les registres en France, conformément à l'art. 171, C. civ. — Trib. de Toulouse, 25 août 1873 (S. 74.2.57); Cass., 10 mars 1813 (S. chr.); *Sic,* Coin-Delisle, sur l'art. 99; Desclozeaux, n. 87; *Contrà,* Chauveau sur Carré, *Lois de la proc., quest.* 2893 *bis.*

176. Aux termes de l'art. 100, le jugement de rectification ne peut être opposé aux parties intéressées qui ne l'auraient pas requis ou qui n'y auraient pas été appelées. C'est l'application du droit commun sur l'effet de la chose jugée, car il est de principe qu'un jugement ne peut être opposé à ceux qui n'ont pas été en cause. — Laurent, n. 33.

177. Aucune rectification, aucun changement ne peut être fait sur l'acte. Les jugements de rectification sont inscrits sur les registres par l'officier de l'état civil aussitôt qu'il lui sont remis. Mention en est faite en marge de l'acte réformé et l'acte ne peut plus être délivré qu'avec les rectifications ordonnées à peine de dommages-intérêts contre l'officier qui l'aurait délivré. — C. civ., art. 101 ; C. proc., art. 857.

178. Les jugements rendus en matière de rectification sont toujours susceptibles d'appel, et le délai d'appel qui est de trois mois court du jour même de la prononciation du jugement, (C. proc., art. 858). Le délai d'appel n'a pas été modifié par la loi du 3 mai 1862.

CHAPITRE VI.

DES DIVERS ACTES DE L'ÉTAT CIVIL.

§ 1er. — Des actes de naissance.

179. Les déclarations de naissance doivent être faites dans les trois jours de l'accouchement, à l'officier de l'état civil, et l'enfant doit lui être présenté. — C. civ., art. 55.

180. Le défaut de déclaration dans le délai légal est puni de six jours à six mois d'emprisonnement et d'une amende qui peut varier de 16 à 300 francs. — C. pén., art. 346.

181. Le jour de l'accouchement n'est pas compris dans le délai de trois jours. — Hutteau d'Origny, titre 3, chap. 1er, § 1, n. 9 ; *Encyclop. du dr.*, vo *Actes de l'état civil*, n. 58 ; Sauvan, p. 106 ; Rieff, n. 415 ; Mersier, n. 56.

182. Le délai de trois jours est de rigueur et, si une déclaration de naissance était faite après les trois jours, l'officier de l'état civil devrait refuser d'en dresser acte et attendre qu'un jugement en ordonnât l'inscription. — Avis du Cons. d'Etat, 12 brum. an II ; Circ. min., 22 mai 1822 ; L. 19 juill. 1871, art. 2, 2o ; Demol., n. 292 ; Rieff, n. 116 ; Sauvan, p. 106 ; Mersier, n. 57 ; Laurent, n. 55 ; Bonnier, *des Preuves*, n. 540 ; Colmar, 25 juill. 1828 (S. chr.).

183. M. Coin-Delisle pense que si la déclaration de naissance avait lieu peu de jours après le délai, elle n'aurait rien de suspect et devrait être reçue par l'officier public (art. 55, n. 4).

184. Si l'officier de l'état civil avait reçu la déclaration après l'expiration du délai, l'acte n'aurait plus la même foi que les actes ordinaires, mais il ne serait cependant pas nul, la loi, ainsi que nous l'avons vu, n'ayant pas prononcé de nullité, et laissant aux magistrats une grande latitude d'appréciation. — Demol., n. 292 ; Mersier, n. 58.

185. L'enfant doit être présenté à l'officier civil du lieu de l'accouchement ; cependant comme il y a souvent danger pour les jours de l'enfant, à le transporter à la mairie, on a pris la bonne habitude à Paris, de faire constater les naissances à domicile par des médecins vérificateurs, et une circulaire ministérielle du 9 août 1870 invite les maires des autres villes à adopter cette pratique.

186. C'est vivant que l'enfant doit être présenté. S'il était mort, il y aurait lieu d'appliquer le décret du 4 juill. 1806, V. n. 204.

187. La déclaration doit être faite par le père, et à défaut du père, c'est-à-dire s'il est absent ou empêché, par les médecins, sages-femmes ou autres personnes qui auraient assisté à l'accouchement, art. 56. Et ce devoir pèse sur toutes ces personnes simultanément lorsque le père est empêché. — Marcadé, *sur l'art.* 56 ; Aub. et Rau, t. 1, p. 202 ; Mersier, n. 61 ; Cass., 12 nov. 1859 (S. 60.1.185) ; 28 fév. 1867 ; Agen, 1er mai 1867, *Revue not.*, n. 2087 ; *Contrà*, Demol., n. 293.

188. Il va sans dire qu'il ne s'agit que du père légitime, le père naturel ne serait tenu à faire la déclaration qu'autant qu'il aurait déjà reconnu l'enfant.

189. L'accouchement qui s'opère dans un appartement loué par la mère personnellement ne peut être considéré comme ayant lieu hors du domicile de celle-ci, bien que le domicile conjugal soit dans un autre lieu. — Cass., 28 fév. 1867. *Rev. not.*, n. 2087.

190. Dans le cas où l'accouchement a eu lieu hors du domicile de la mère, l'obligation de la déclaration incombe à toutes les personnes qui en ont été témoins, et non pas seulement à celle chez laquelle il s'est opéré. — Cass., 28 fév. 1867, *Revue*, n. 2087.

191. L'acte de naissance doit être rédigé de suite par l'officier civil en présence de deux témoins, art. 56.

192. Aux termes de l'art. 57, l'acte de naissance doit énoncer le jour, l'heure et le lieu de la naissance, le sexe de l'enfant, et les prénoms qui lui seront donnés, les prénoms, noms, profession et domicile des père et mère et ceux des témoins.

193. Les énonciations exigées par ces articles ont un grand intérêt; l'indication de l'heure est nécessaire pour distinguer l'aîné de deux jumeaux, celui qui est né le premier; l'énonciation du lieu fait connaître la compétence de l'officier civil et rend les vérifications plus faciles.

194. L'acte de naissance doit énoncer le sexe de l'enfant, mais l'officier civil est-il tenu de vérifier ce sexe. Oui, d'après Demante — 102 *bis*; Ducaurroy, *sur l'art.* 57; Mersier, n. 69; non d'après Coin-Delisle, n. 5.

195. Les prénoms de l'enfant ne doivent être choisis que dans les noms en usage dans les différents calendriers et dans ceux des personnages connus de l'histoire ancienne. L. 11 germ. an XI, art. 4; et les israélites ont la faculté de choisir pour prénoms les noms des personnages de la Bible, Circ. min. 18 sept. 1813. Nous pensons que cette faculté peut être étendue à tous.

196. La disposition de l'art. 57 qui veut que l'officier civil énonce les noms des père et mère ne s'applique qu'aux enfants légitimes. La désignation des père et mère n'est pas permise si elle a pour résultat de constater une naissance incestueuse et adultérine, puisque la reconnaissance des enfants nés d'un commerce incestueux est nulle et que la recherche de la paternité ou de la maternité est prohibée dans ces mêmes cas. — C. civ., art. 335, 342; déc. 29 ffor., an II; Laurent. n. 56; Demol., 296; Mersier, n. 74.

197. De même, le père naturel ne doit pas être dénommé, à moins que ce ne soit sur sa propre déclaration ou celle de son mandataire, car la preuve de la paternité ne peut résulter que d'une reconnaissance volontaire, et l'indication du père faite sans son aveu, ne saurait être à l'enfant d'aucune espèce d'utilité. — C. civ., 334, 340.

198. Mais le nom de la mère naturelle peut-il être indiqué dans l'acte de naissance sans son consentement? En pratique on décide généralement que si le déclarant refuse de déclarer la mère de l'enfant et que le père ne se fasse pas connaître volontairement, l'officier de l'état civil doit inscrire l'enfant, comme né de père et de mère inconnus.

199. Cependant si le nom de la mère est désigné par le déclarant, spontanément et sans aucune pression, l'acte devra mentionner cette déclaration, et si l'inscription du nom de la mère n'équivaut pas à une reconnaissance formelle, elle est toutefois licite et peut être éminemment utile à l'enfant en lui laissant la trace de son origine. — Mersier, n. 79 ; la jurisprudence actuelle décide même que cette désignation dans l'acte fait preuve complète de l'accouchement. — Cass., 19 nov. 1858 (S. 58.2.535); Caen, 24 mai 1858 (S. 58.2.535): Alger, 26 mars 1860 (D. 64.1. 354); Metz, 10 août 1864 (D. 64.2.225) ; Cass., 1er déc. 1869 (S. 70.1.101).

200. En doctrine cette question est vivement controversée, trois opinions sont en présence :

La première veut que le nom de la mère naturelle ne soit jamais indiqué, s'il n'a pas justifié du consentement formel et dûment constaté de celle-ci. — Ducaurroy, Bonnier et Roustaing, t. 1, n. 136; Berthauld, *Quest. et excep. préjud.*, n. 38 et 40; Marcadé, t. 1, p. 180.

201. La seconde enseigne que le nom de la mère naturelle non-seulement peut être énoncé sans son consentement, mais encore que cette énonciation est impérativement ordonnée. — Merlin, *Quest.*, vo *Maternité*, p. 290 ; Toullier, t. 1, n. 317 ; Duranton, t. 1, n. 315 ; Coin-Delisle, *sur l'art.* 57, n. 10 ; Rieff, n. 131 ; Valette sur Proudhon, t. 1, p. 209 et 222 ; Laurent, n. 61.

202. Enfin la troisième opinion soutient que si l'indication n'est pas exigée, elle est au moins permise, et que si elle lui est faite spontanément et sans pression, l'officier public est tenu de la recevoir; c'est ce que les auteurs nomment une indication facultative. — Aub. et Rau, t. 1, p. 203, § 60, texte et note 9 ; Demol., n. 297 ; Mourlon, t. 1, n. 287 ; Demante, t. 1, 102 *bis*; Bonnier, n. 565.

203. Cette question se rattachant étroitement à la filiation de l'enfant, nous nous réservons de la traiter d'une manière plus approfondie, au mot *Filiation*, V. ce mot.

204. *Enfant présenté sans vie.* — Le décret du 4 juill. 1806, prévoit le cas où l'enfant serait mort avant la présentation : « Lorsque le cadavre d'un enfant dont la naissance n'a pas été enregistrée s'est présenté à l'officier de l'état civil, cet officier n'exprimera pas qu'un tel enfant est décédé, mais seulement qu'il a été présenté sans vie. Il recevra de plus la déclaration des témoins touchant les noms, prénoms et qualités des père et mère de l'enfant et la désignation des an, mois, jour et heure auxquels l'enfant est sorti du sein de sa mère (art. 1er).

205. Et l'art. 2 ajoute : « Cet acte sera inscrit à sa date sur les registres des décès, sans qu'il en résulte aucun préjugé de savoir si l'enfant a eu vie ou non. » Disposition très-sage, car la question de savoir si l'enfant est né vivant et viable et, si par conséquent, il a pu succéder ou recevoir des libéralités, ne peut être tranchée que par les tribunaux dans le cas où les parties intéressées ne s'accordent pas.

206. Il résulte de ces diverses dispositions qu'il y a lieu d'assimiler un tel acte plutôt à un acte de décès, qu'à un acte de naissance. C'est pourquoi pour sa rédaction il n'est pas exigé, outre la présence de deux témoins, celle d'un déclarant.—Mersier, n. 104.

207. Il a été jugé que la déclaration de naissance était nécessaire et imposée à toute personne ayant assisté à un accouchement, aussi bien quand l'enfant est sorti mort du sein de sa mère que quand il est né vivant. — Cass., 2 sept. 1843 (S. 43.1.803); 2 août 1844 (S. 44.1.671); Besançon, 31 déc. 1844 (S. 45.2.595).

208. *Des enfants trouvés.* — On appelle ainsi les enfants qui, nés de père et mère inconnus, ont été abandonnés dans un lieu quelconque ou portés dans un hospice destiné à les recevoir. — Décr., 19 janv. 1811, art. 1er.

209. Toute personne qui aura trouvé un enfant nouveau-né est tenue de le remettre à l'officier de l'état civil, ainsi que les vêtements et autres effets trouvés avec l'enfant, et de déclarer toutes les circonstances du temps et du lieu où il aura été trouvé. — Art. 58.

210. La sanction de cet article se trouve dans l'art. 347, C. pén., qui punit d'un emprisonnement de six jours à six mois, et d'une amende de 16 à 300 francs, toute personne qui, ayant trouvé un enfant nouveau-né, ne l'aura pas remis à l'officier de l'état civil. Mais cette disposition n'est pas applicable à celui qui aurait consenti à se charger de l'enfant et qui aurait fait sa déclaration à cet égard devant la municipalité du lieu où l'enfant a été trouvé. — Cependant, pour que la personne qui trouve un enfant puisse le garder et en prendre soin, il faut que l'administration y consente. — Coin-Delisle, *sur l'art.* 58, n. 6.

211. Aux termes du même art. 58, il doit être dressé procès-verbal de cette présentation. Ce procès-verbal doit être détaillé, énoncer l'âge apparent de l'enfant, son sexe, les noms qui lui seront donnés, l'autorité civile à laquelle il est remis et être inscrit sur les registres.

212. Pour les actes de l'état civil qui ont pour objet la reconnaissance d'un enfant naturel et l'adoption d'un enfant, nous renvoyons aux mots, *Adoption, Enfant naturel, Reconnaissance d'enfant naturel.*

§ 2. — Des actes de mariage.

SECTION Ire. — DES PUBLICATIONS DE MARIAGE.

213. Avant la célébration du mariage, l'officier de l'état civil fera deux publications, à huit jours d'intervalle, un jour de dimanche, devant la porte de la maison commune. — Art. 63.

214. Ces publications sont une sorte de notification du projet de mariage faite à la société et surtout à la famille. Elles sont destinées à avertir les tiers qui auraient un intérêt légitime à s'opposer au mariage, et à provoquer les oppositions. Elles remplacent au point de vue civil, les bans publiés jadis au prône.

215. Les publications ne doivent être faites que du consentement des deux parties qui veulent contracter mariage. Si elles sont mineures (quant au mariage), il faut qu'elles soient assistées de leurs parents ou munies de leur consentement. — Laurent, n. 418; Mersier, n. 247.

216. S'il s'agit de militaires, l'officier de l'état civil doit avant la publication des bans, exiger un certificat du conseil d'administration de leur corps, constatant qu'ils ont déclaré leur prochain mariage et qu'il n'existe aucun empêchement. — Circ. minis. guerre, 5 therm., an VIII.

217. Ces publications et l'acte qui en sera dressé énonceront les prénoms, noms, professions et domiciles des futurs époux, leur qualité de majeurs ou de mineurs, et les prénoms, noms, professions et domiciles de leurs père et mère. — C. civ., art. 63.

218. Dans la pratique, ces publications sont négligées; l'officier de l'état civil se borne généralement à dresser un acte mentionnant leur accomplissement, et à en afficher une copie. Cela est tout à fait irrégulier, mais l'usage l'a emporté sur la loi.

219. Remarquons que l'indication de l'âge n'est pas exigée, la loi se contente de la mention que les futurs époux sont majeurs ou mineurs, et ici il faut entendre la majorité ordinaire de vingt et un ans et non la majorité spéciale pour le mariage.

220. L'acte qui est dressé des publications doit mentionner, en outre, les jour, lieu et heure où elles auront été faites. Et il doit être inscrit sur un registre non tenu double qui est côté et paraphé par le président du tribunal et déposé à la fin de chaque année au greffe de l'arrondissement (art. 63). Un acte est nécessaire à chaque publication.

221. Le chef de l'État ou les officiers qu'il prépose à cet effet peuvent dispenser, pour des causes graves, de la seconde publication, C. civ. art. 169. Aux termes de l'arrêté du 20 prair. an ??, art. 3 et 4, c'est le procureur de la République qui est investi de cette mission. Il peut être nécessaire de hâter la célébration du mariage, il fallait donc donner le droit de dispense à un magistrat qui fût sur les lieux et qui pût l'accorder tout de suite.

222. Un extrait de l'acte de publication sera et restera affiché à la porte de la maison commune pendant les huit jours d'intervalle de l'une à l'autre publication (art. 64). Le texte de cet article n'exige évidemment l'affiche que de la première publication. Mais les officiers de l'état civil ont l'habitude d'afficher aussi la seconde publication, et cet usage augmente la publicité. — Mersier, 249.

223. Dans le cas où les futurs époux ou l'un d'eux auraient perdu leurs pères et mères, il ne serait pas nécessaire de faire mention dans l'acte de leurs aïeuls et aïeules ou de toutes autres personnes dont le consentement leur serait nécessaire pour contracter mariage : c'est ce qui résulte de la discussion de la loi. — Locré, t. 3, p. 79, n. 3.

224. Le mariage ne pourra être célébré avant le troisième jour, depuis et non compris celui de la seconde publication (art. 64). Il fallait donner le temps de prendre leurs mesures à ceux qui étant dans l'intention de former opposition au mariage, ne l'auraient appris que par la seconde publication. Cette seconde publication ayant toujours lieu un dimanche, il s'ensuit que le mariage ne peut être célébré avant le mercredi, mais il peut l'être le mercredi à une heure quelconque de la journée. Coin-Delisle, *sur l'art.* 64, n. 2; Rieff, n. 158; Mersier, n. 250; Demol., n. 186.

225. Dans le cas de dispenses, le mariage ne peut être célébré que le troisième jour après celui de l'unique publication. — Aix, 16 août 1870 (D. 71.2.249); Demol., n. 186; *Contrà*, M. Rieff, qui prétend que la célébration ne peut avoir lieu que le dimanche suivant, c'est-à-dire une semaine après l'unique publication, n. 160.

226. Quand il y a eu deux publications, le procureur de la République n'a pas qualité pour réduire l'intervalle prescrit entre la dernière publication et le mariage. — Circ. min., 7 fév. 1851.

227. Si le mariage n'a pas été célébré dans l'année, à compter de l'expiration du délai des publications, il ne pourra plus être célébré qu'après que de nouvelles publications auront été faites dans la forme ci-dessus prescrite, art. 65.

228. Il est évident qu'un mariage différé si longtemps pourrait être considéré comme définitivement abandonné, en sorte que personne ne songerait à invoquer ni faire valoir les nouvelles causes d'opposition qui auraient pu survenir pendant un si long intervalle.

229. Par ces mots *délai des publications*, il faut entendre l'intervalle qui s'écoule du dimanche au mercredi, mais le *dies à quo*, c'est-à-dire le mercredi lui-même, doit être compté dans l'année; ainsi un mariage qui aurait pu se faire le mercredi, 3 janv. 1877, ne pourrait plus être célébré le 7 janv. 1878. — Hutteau-d'Origny, n. 25; Coin-Delisle, n. 2; Demol., n. 187: Mersier, n. 258; *Contrà*, Delvincourt, *sur l'art.* 64; Toullier, t. 1, n. 567; Duranton, t. 2, n. 229; Aub. et Rau, 4e éd., t. 5, § 465, note 12, p. 105.

230. Lorsque les publications ont été faites dans plusieurs communes et à des dates différentes, le délai commence à courir seulement à la date de la publication la plus tardive, et il faudrait renouveler les publications qui seraient périmées.

231. Dans quelles communes les publications doivent-elles être faites? Les art. 166, 167, 168, C. civ., répondent à cette question. Ces articles sont ainsi conçus :

Art. 166. Les deux publications ordonnées par l'art. 63 seront faites à la municipalité du lieu où chacune des parties contractantes aura son domicile.

Art. 167. Néanmoins, si le domicile actuel n'est établi que par six mois de résidence, les publications seront faites en outre à la municipalité du dernier domicile.

Art. 168. Si les parties contractantes ou l'une d'elles sont, relativement au mariage, sous la puissance d'autrui, les publications seront encore faites à la municipalité du domicile de ceux sous la puissance desquels elles se trouvent.

232. La rédaction assez embrouillée de ces divers articles a soulevé, pour leur interprétation, une controverse qui repose tout entière sur la question si délicate du domicile en matière de mariage et que nous nous réservons d'examiner au mot *Mariage.*

233. Remarquons que le futur époux qui a atteint l'âge de vingt-cinq ans accomplis, la future épouse âgée de vingt et un ans accomplis, majeurs par conséquent pour le mariage, quoique forcés de requérir le conseil de leurs ascendants (art. 151) ne sont pas pour cela sous la puissance d'autrui, et que, par conséquent, l'art. 168 ne leur est pas applicable.— Circ. min., 26 mai 1820 et 5 sept. 1843.

234. Pour les enfants de troupe, ils n'ont jamais eu d'autre domicile que le drapeau, et en conséquence les publications qui les concernent doivent être faites seulement au lieu où se trouve leur corps. — Inst. min. guerre, 8 mars 1823.

235. Un décret du 24 mars 1866 décide que les futurs époux qui subissent une peine dans un établissement pénitentiaire des colonies sont dispensés des publications en France, et que les publications faites dans la colonie suffisent alors même que la résidence des condamnés ne remonterait pas à six mois.

236. Un autre décret du 24 mars 1852, dans le but de faciliter le mariage des Français qui résident dans les établissements français de l'Océanie, dispense les futurs époux compris dans cette catégorie de faire des publications ailleurs que dans la colonie, alors même qu'ils seraient mineurs pour le mariage. Mais ces publications doivent être autorisées par le conseil du gouvernement de la colonie.

237. Lorsque les ascendants sous la puissance desquels se trouve le futur époux sont domiciliés hors du territoire français, ou lorsque le futur époux est étranger, ou, bien que Français, il a son domicile à l'étranger, en un mot si le lieu où doivent être faites les publications est situé en pays étranger, ces publications n'en doivent pas moins avoir lieu au domicile prescrit par la loi française et suivant les formes usitées dans le pays étranger. L'accomplissement de cette formalité doit être constaté par un certificat émané des autorités locales. Ce certificat est représenté à l'officier de l'état civil devant lequel le mariage sera contracté, puis annexé à l'acte de mariage. — Circ. min., 4 mars 1831 et avis du C. d'Et., 20 déc. 1823.

238. Il va sans dire que, si dans le pays étranger les publications n'étaient pas en usage, l'officier public français devrait passer outre à la célébration du mariage ; mais il pourrait cependant exiger un certificat émané de l'autorité étrangère constatant le non-usage des publications. — Mersier, n. 262.

239. Lors des événements de 1870, le gouvernement de la Défense nationale rendit le décret suivant : « Pendant la durée de la guerre, si les publications exigées par les art. 63, 64 et 68 du Code civil ne peuvent être faites aux domiciles indiqués par les art. 166, 167 et 168, ou s'il n'est pas possible de produire la preuve qu'elles ont eu lieu, la déclaration de cette impossibilité sera faite dans l'acte de mariage par les futurs conjoints et par les personnes dont le consentement est requis. »

Section II. — Des oppositions au mariage.

240. Le droit d'opposition au mariage appartient à certaines personnes indiquées par la loi. — V. *Mariage*.

241. L'art. 66 porte : « Les actes d'opposition au mariage seront signés sur l'original et sur la copie par les opposants et par leurs fondés de pouvoir spécial et authentique ; ils seront signifiés, avec la copie de la procuration à la personne ou au domicile des parties et à l'officier de l'état civil, qui mettra son visa sur l'original ».

242. L'opposition doit se faire par acte extrajudiciaire, elle est du ministère des huissiers et doit réunir les formes communes à tous les exploits.

De plus, aux termes de l'art. 176 : « Tout acte d'opposition énoncera la qualité qui donne à l'opposant le droit de la former ; il contiendra élection de domicile dans le lieu où le mariage devra être célébré ; il devra également, à moins qu'il ne soit fait à la requête d'un ascendant, contenir les motifs de l'opposition ; le tout, à peine de nullité et de l'interdiction de l'officier ministériel qui aurait signé l'acte d'opposition.

243. Bien qu'en règle générale les actes d'opposition doivent être signifiés par ministère d'huissier, cependant une opposition notifiée par le père lui-même en présence des parties, au moment de la célébration du mariage et reçue par l'officier de l'état civil, forme obstacle de mariage tant qu'elle n'a pas été levée. — Montpellier, 12 août 1839 (S.39.2.540).

244. L'absence de la signature de la personne opposante sur l'acte serait une cause de nullité, c'est l'avis de la plupart des auteurs. — Marcadé, sur l'art. 176 ; Demol., n. 154 ; Demante, n. 251 ; Rieff, n. 167 ; Mersier, n. 276 ; Liége, 24 oct. 1812 (S. chr.) ; *Contrà*, Coin-Delisle, sur l'art. 66, n. 2 ; Vazeille, t. 1, n. 171.

245. Si l'opposant ne savait pas signer, il faudrait qu'il chargeât un fondé de pouvoir par acte authentique de satisfaire pour lui à cette condition.

246. L'opposition ne doit pas être signifiée seulement au futur époux qu'elle concerne personnellement, mais aux deux futurs indistinctement. L'un et l'autre ont évidemment le plus grand intérêt à connaître les causes qui peuvent mettre obstacle à leur union. Dans l'ancien droit, la signification n'était faite qu'au curé qui avait publié les bancs. — Pothier, n. 82.

247. L'art. 66 ne dit pas à quel officier de l'état civil l'acte d'opposition sera signifié ; il s'agit, sans aucun doute, de l'officier de l'état civil qui doit célébrer le mariage ; mais il peut y avoir plus d'un officier compétent pour un même mariage et l'opposant peut ignorer lequel sera choisi, il sera prudent alors de faire la signification à chacun des officiers compétents.

248. L'officier de l'état civil ne pourrait se refuser de mettre son visa sur l'original, en alléguant les informalités de l'acte; et cependant il persistait à ne pas le donner, l'huissier devrait alors requérir le visa du procureur de la République. — Demol., n. 159; Coin-Delisle, n. 5.

249. Aussitôt qu'il a reçu l'opposition, l'officier de l'état civil doit en faire mention sommaire sur le registre des publications; il doit aussi faire mention, en marge de l'inscription desdites oppositions, des jugements ou des actes de mainlevée dont l'expédition lui aura été remise. — Art. 67.

250. En cas d'opposition, dit l'art. 68, l'officier de l'état civil ne pourra célébrer le mariage avant qu'on lui ait remis la mainlevée, sous peine de 300 francs d'amende et de tous dommages-intérêts.

251. L'officier de l'état civil à qui une opposition est signifiée doit-il toujours, et dans toute hypothèse, surseoir à la célébration du mariage? C'est une question très-controversée. Elle ne faisait aucun doute ni sous la législation ancienne ni sous la législation intermédiaire, qui toutes deux la décidaient d'une manière diamétralement contraire.

252. Dans l'ancien droit, l'opposition, quelque mal fondée qu'elle paraissait, empêchait le curé de passer outre à la célébration du mariage jusqu'à ce qu'il ait été donné mainlevée ou par l'opposant ou par le juge. — Pothier, n. 82.

253. La loi du 20 sept. 1792 pose le principe tout à fait contraire. Toutes oppositions, dit-elle, formées hors les cas, les formes et par toutes personnes autres que celles ci-dessus désignées, seront regardées comme non avenues, et l'officier public pourra passer outre à la célébration du mariage. — (Tit. 4, sect. 3, art. 9).

254. Que décider en présence du texte de l'art. 68? Les auteurs sont très-divisés : les uns veulent que l'officier de l'état civil ne soit juge du mérite de l'opposition, ni sous le rapport du fond et de la qualité de l'opposant, ni même sous celui de la forme; Aubry et Rau, § 456, p. 37; Rieff, n. 179; Dalloz, v° *Mariage*, sect. 4, art. 2, n. 10. Ils n'admettent d'exception que dans le cas où il s'agirait d'une déclaration d'opposition purement verbale ou contenue dans une simple lettre-missive, car alors il n'existerait pas d'opposition dans le sens de la loi.

255. Mais d'autres auteurs, et c'est la généralité, apportent à cette opinion un certain tempérament. Ils pensent que, si l'opposition était manifestement irrecevable, irrégulière, ou mal fondée, et qu'il ne pût pas s'élever de doutes sérieux à cet égard, l'officier de l'état civil pourrait et devrait même passer outre. — Merlin, v° *Opposition*, Quest. 1re sur l'art. 177; Valette sur Proudhon, t. 1, p. 419 note; Duranton, t. 2, n. 203; Coin-Delisle, sur l'art. 68, n. 1; Toulier, t. 1, n. 236; Marcadé, sur l'art. 176, n. 2; Demol., n. 163; Laurent, n. 396; Mersier, n. 282.

256. Nous nous rangeons à cette dernière opinion, en citant à son appui les paroles de Siméon, dans son rapport au Tribunat.

« En vertu du principe que les officiers de l'état civil en sont les ministres et non les juges, les oppositions, *pourvu qu'elles soient en forme régulière*, les arrêteront ». — Locré, t. 2, p. 98.

257. Le mariage célébré au mépris d'une opposition n'en serait pas moins valable, à moins que celui-ci ne soit entaché en même temps d'autres vices plus graves prévus par les art. 180 et suivants du Code civil. La loi n'a pas en effet prononcé de nullité pour ce cas, et son unique sanction est la peine portée par l'art. 68 contre l'officier de l'état civil.

258. Pour tout ce qui concerne le mode de procéder pour obtenir la mainlevée des oppositions et l'instance à laquelle cette mainlevée peut donner lieu, voyez le mot *Mariage*.

259. S'il n'y a pas d'opposition, il en sera fait mention dans l'acte de mariage ; et si les publications ont été faites dans plusieurs communes, les parties remettront un certificat délivré par l'officier de l'état civil de chaque commune, constatant qu'il n'existe pas d'opposition. — Art. 69.

260. M. Rieff fait observer qu'il faudra faire légaliser par le président du tribunal la signature de l'officier civil qui aura délivré le certificat, chaque fois que l'on devra en faire usage hors de l'arrondissement dans lequel il a été délivré, et que, dans tous les cas, les certificats de ce genre produits par les parties à l'officier de l'état civil qui célébrera le mariage devront être parafés par lui et par les parties et rester annexés à l'acte de mariage ; le tout en exécution de l'art. 44. — Rieff, n. 183.

SECTION III. — DES PIÈCES A PRODUIRE ET DE LA CÉLÉBRATION DU MARIAGE.

261. Avant de procéder à la célébration du mariage, l'officier de l'état civil doit se faire remettre toutes les pièces justificatives qui sont nécessaires pour la rédaction de l'acte de mariage. Nous allons les énumérer.

262. L'officier de l'état civil, porte l'art. 70, se fera remettre l'acte de naissance de chacun des futurs époux. Celui qui serait dans l'impossibilité de se le procurer pourra le suppléer en rapportant un acte de notoriété, délivré par le juge de paix du lieu de sa naissance ou par celui de son domicile.

Pour les formes et les conditions de cet acte qui sont réglées par les art. 71 et 72. — V. *Acte de notoriété*.

263. Le cas de mariage est la seule cause qui puisse faire remplacer l'acte de naissance par l'acte de notoriété. Dans toute autre circonstance où cet acte de naissance serait nécessaire, il faudrait un jugement pour en tenir lieu. — Demol., n. 192 ; Demante, t. 1, n. 200 ; Mersier, n. 295 ; Colmar, 11 janv. 1831.

264. Cet acte de notoriété ne peut être suppléé par aucun autre acte. Aussi, est-ce à tort que certains officiers de l'état civil acceptent comme équivalent, quand il s'agit d'un individu admis dans un hospice d'enfants trouvés, un certificat particulier constatant la date de son entrée dans l'hospice. — Mersier, n. 296 ; Demol., n. 192 ; *Contrà*, Hutteau d'Origny, tit. 7, chap. III, § 1, n. 6.

265. Lorsque les personnes dont le consentement ou le conseil est requis pour le mariage (art. 148 et s.) n'assistent pas les futurs époux, leur consentement authentique doit être remis à l'officier de l'état civil. Il doit contenir les prénoms, noms, professions et domiciles des futurs époux et de tous ceux qui auront concouru à l'acte, ainsi que leur degré de parenté. — Art. 73. — V. *Consentement à mariage.*

266. Dans le cas où les parties sont majeures quant au mariage, elles doivent produire le procès-verbal des actes respectueux qui ont dû être faits à défaut d'adhésion par les ascendants au mariage. — Art. 157. — V. *Acte respectueux.*

267. Les autres pièces à produire sont :

1° Une expédition authentique des dispenses d'âge, de parenté ou d'alliance qui auront été accordées ;

2° L'acte constatant le décès du premier conjoint si le futur époux a été engagé dans les liens d'un mariage antérieur. — Circ. min., 15 janv. 1815;

3° L'acte ou le jugement portant mainlevée de l'opposition, s'il en a été formé ;

4° Le certificat constatant que les publications ont été faites conformément à la loi et, s'il y a une dispense, l'acte qui l'accorde ;

5° Si les futurs époux ont fait un contrat de mariage, un certificat délivré par le notaire sur papier libre et sans frais, énonçant les noms et lieu de résidence, les noms, prénoms, qualités et demeures des futurs époux, ainsi que la date de leur contrat. — Art. 1394; L. du 10 juill. 1850. — V. *Contrat de mariage.*

267 *bis.* 6° S'il s'agit d'un militaire ou de tout autre individu assimilé, le certificat des permissions qu'il est tenu d'obtenir de ses chefs. D'après la nouvelle loi sur le recrutement de l'armée, cette permission est inutile si le futur époux fait partie de la réserve ou même s'il est en disponibilité de l'armée active. — L. 27 juill. et 16 août 1872.

268. Le mariage sera célébré dans la commune où l'un des deux époux aura son domicile. Ce domicile, quant au mariage, s'établira par six mois d'habitation continue dans la même commune. — Art. 74. — V. *Mariage.*

269. Le mariage sera célébré publiquement devant l'officier de l'état civil du domicile de l'une des deux parties (art. 165), et au jour désigné par les parties, dans la maison commune. — Art. 75.

270. La célébration peut donc avoir lieu un jour quelconque, excepté un dimanche ou un jour de fête. — L. 18 germ., an x, art. 57. Cependant, en cas d'urgence, l'officier civil ne pourrait refuser son ministère même un dimanche. Dans les villes importantes, il s'est introduit, dans les mairies, l'usage de ne procéder à la célébration du mariage que certains jours de la semaine.

271. Le mariage peut être célébré le soir, mais s'il y était procédé au milieu de la nuit, cette heure pourrait être considérée comme indue et ne pas remplir les conditions de la publicité exigée par la loi. — Circ. 10 déc. 1832.

272. Dans le cas de mariage *in extremis*, le mariage pourrait avoir lieu au domicile de l'époux malade. C'est l'opinion de tous les auteurs. — Coin-Delisle, *sur l'art.* 35, n. 4 et 6; Demol., n. 206; Laurent, n. 425; Mersier, n. 312. Mais l'acte doit faire mention que les portes du lieu où le mariage a été contracté sont restées ouvertes, et indiquer en outre les causes qui ont motivées cette dérogation aux prescriptions de la loi. — Circ. 3 juill. 1811, 21 juill. 1818, 28 janv. 1822 et 15 oct. 1852.

273. Il est en outre exigé un certificat d'un officier de santé constatant la maladie et le danger qu'aurait le transport à la mairie ; ce certificat est transcrit dans l'acte de mariage et est joint aux pièces déposées avec les registres. — Inst. minis., 28 janv. 1822.

274. Dans les localités où il n'existe pas de mairie, le mariage doit se célébrer dans la maison du maire, et les portes doivent aussi rester toutes grandes ouvertes pour donner accès au public.

275. La célébration a lieu en présence de quatre témoins (art. 75), qui doivent réunir les conditions prescrites par l'art. 37, et peuvent être parents ou non parents des futurs époux. — V. *Mariage.*

276. En présence de ces témoins, l'officier de l'état civil fera lecture aux parties des pièces relatives à leur état et aux formalités du mariage et du chapitre 6 du titre du *Mariage* sur les droits et les devoirs respectifs des époux. Il reçoit de chaque partie, l'une après l'autre, la déclaration qu'elles veulent se prendre pour mari et femme : il prononce ensuite, au nom de la loi, qu'elles sont unies en mariage, et il en dresse acte sur-le-champ. — Art. 75.

277. Bien que la lecture des pièces et du chapitre 6 du texte du mariage ne soit pas prescrite à peine de nullité, cependant l'officier de l'état civil ne doit pas s'en dispenser, quels que soient les inconvénients que cette formalité puisse présenter : par exemple, la révélation faite au public et aux témoins de l'existence d'actes respectueux. Cependant, si un des ascendants était frappé d'incapacité légale par suite de condamnation criminelle et qu'il soit ainsi privé du droit de consentir au mariage de ses enfants, l'officier de l'état civil pourrait s'abstenir de donner lecture du document qui constaterait cette privation des droits de famille.

278. La déclaration des époux qu'ils se prennent en mariage et celle de l'officier de l'état civil qui prononce l'union au nom de la loi sont substantielles. — V. *Mariage.*

279. L'acte de mariage doit être dressé sur-le-champ. Dans la pratique cet acte, inscrit en double comme tous les actes de l'état civil, est toujours rédigé à l'avance, au moyen de la remise des pièces. De cette manière l'officier civil peut donner lecture de l'acte et le faire signer immédiatement après la célébration. Si lors de la célébration, on s'apercevait de quelques erreurs de rédaction, on rectifierait l'acte avant l'apposition des signatures à l'aide de ratures et de renvois conformément à la loi. — Art. 12.

280. L'acte doit énoncer, dit l'art. 76 : 1° les prénoms, noms, professions, âge, lieux de naissance et domiciles des époux ; 2° s'ils sont majeurs ou mineurs ; 3° les prénoms, noms, professions et domiciles des père et mère ; 4° le consentement des pères et mères, aïeux et aïeules et celui de la famille, dans le cas où ils sont requis ; 5° les actes respectueux s'il en a été fait ; 6° les publications dans les divers domiciles ; 7° les oppositions, s'il y en a eu, leur mainlevée, ou la mention qu'il n'y a point eu d'opposition ; 8° la déclaration des contractants de se prendre pour époux et le prononcé de leur union par l'officier public ; 9° les prénoms, noms, âge, professions et domiciles des témoins, et leur déclaration s'ils sont parents ou alliés des parties, de quel côté et à quel degré.

281. Une nouvelle obligation a été imposée à l'officier de l'état civil par la loi du 10 juill. 1850, relative à la publicité des contrats de mariage et le paragraphe suivant a été ajouté à l'art. 76.

10° La déclaration faite sur l'interpellation prescrite par l'art. 75, qu'il a été ou qu'il n'a pas été fait de contrat ; et autant que possible de la date du contrat s'il existe, ainsi que les noms et lieu de résidence du notaire qui l'aura reçu, le tout à peine, contre l'officier de l'état civil, de l'amende fixée par l'art. 50.— V. à ce sujet *Contrat de mariage.*

282. Quelques maires permettent aux assistants autres que ceux dont la présence est nécessaire pour la célébration, d'apposer leurs signatures au bas de l'acte de mariage. Cette tolérance est contraire à la loi, les actes de l'état civil ne devant contenir que ce qui est nécessaire à leur perfection (art. 35). Elle a encore l'inconvénient de rendre fort difficiles, quelquefois impossibles, à cause des similitudes de noms, les vérifications des signatures utiles.

283. L'acte n'est que la preuve du mariage, il n'est pas une une condition essentielle à l'union. Le mariage est parfait dès que, sur la double affirmation des parties de se prendre pour mari et pour femme, l'officier de l'état civil a prononcé l'union. Si donc, par une circonstance quelconque, l'acte n'était pas signé soit par l'officier public, soit par l'un des époux, le mariage n'en serait pas moins valable et n'en produirait pas moins tous ses effets. — Mersier, n. 314.

284. Ainsi il a été jugé qu'un acte de célébration de mariage n'est pas nul pour omission de la signature de l'officier civil devant lequel il a été dressé, alors qu'il contient toutes les mentions et formalités requises par les art. 75 et 76, et qu'il a été suivi d'une longue possession d'état. — Douai, 18 mars 1850, sous Cass., 10 fév. 1851 (S. 51.1.202).

285. L'officier de l'état civil ne peut procéder au mariage si les publications n'ont pas été faites et faites conformément à la loi, ou bien encore s'il n'a pas été obtenu de dispenses. L'infraction de cette obligation emporte contre lui l'application d'une amende qui ne peut excéder 300 francs. — Art. 192.

286. La même amende lui serait encore applicable si le mariage n'avait pas été célébré publiquement, ou bien s'il avait procédé à un mariage pour la célébration duquel il était incompétent, encore que la contravention ne soit pas jugée suffisante pour entraîner la nullité de l'acte. — Art. 193.

287. De plus, l'art. 156 punit de la même amende et d'un emprisonnement dont la durée ne peut être moindre de six mois, l'officier de l'état civil qui aurait procédé à la célébration des mariages contractés par des fils n'ayant pas atteint l'âge de vingt et un ans accomplis, sans que le consentement des père et mère, celui des aïeuls et aïeules et celui de la famille dans le cas où ils sont requis, fussent énoncés dans l'acte de mariage.

288. L'art. 157 soumet à la même amende et à un emprisonnement, qui ne peut être moindre d'un mois, l'officier de l'état civil qui procède à la célébration d'un mariage en l'absence d'actes respectueux dans le cas où ils sont requis.

289. L'officier de l'état civil qui célébrerait l'union d'une veuve avant l'expiration des dix mois de viduité encourrait une amende de 16 à 300 francs. — Art. 194, C. pén.

290. L'art. 340, C. pén., punit de la peine des travaux forcés à temps l'officier public qui aura prêté son ministère au mariage d'un individu qu'il savait être déjà dans les liens d'un précédent mariage.

291. Tout officier de l'état civil qui aura célébré le mariage d'un officier, sous-officier ou soldat en activité de service, sans s'être fait remettre les permissions des chefs supérieurs, ou qui aura négligé de les joindre à l'acte de célébration du mariage, sera destitué de ses fonctions. — Décr. 16 juin 1808, art. 3.

292. Ce n'est qu'après la célébration du mariage civil et après la justification qui est faite de ce mariage qu'il peut être passé à la célébration du mariage religieux. L'infraction à cette règle entraîne contre les ministres du culte l'application des peines édictées par les art. 199 et 200, C. pén.

§ 3. — Des actes de décès.

293. Aucune inhumation ne sera faite, dit l'art. 77, sans une autorisation, sur papier libre et sans frais, de l'officier de l'état civil, qui ne pourra la délivrer qu'après s'être transporté auprès de la personne décédée, pour s'assurer du décès, et que vingt-quatre heures après le décès, hors les cas prévus par les règlements de police.

294. A Paris, en vertu d'un arrêté du 31 déc. 1821, et dans certaines villes, c'est à un médecin vérificateur spécialement délégué qu'incombe le soin de constater le décès.

295. Le permis d'inhumation doit être demandé aussi bien pour un enfant mort-né que pour une personne ayant vécu. — Metz, 24 août 1854 (D.54.5.431) ; Paris, 13 fév. 1863 (D.65.2.138).

296. Toute inhumation prématurée est punie d'une amende de 16 à 50 francs et d'un emprisonnement de six jours à deux mois, tant contre ceux qui auraient fait procéder à l'inhumation que contre le maire qui l'aurait ordonnée. — C. pén., art. 358.

297. L'acte de décès est dressé sur la déclaration de deux témoins pris, s'il est possible, parmi les plus proches parents ou voisins de la personne décédée, ou, si elle est décédée hors de son domicile, la déclaration est faite par la personne chez qui a eu lieu le décès et un parent ou autre. Art. 78.

298. Ainsi que nous l'avons vu n. 58 et suiv., les témoins doivent être âgés de vingt et un ans au moins et du sexe masculin. — Ducaurroy, Bonnier et Roustain, t. 1, n. 142 ; Demol., 303 ; Mourlon sur l'art. 78.

299. Cependant certains auteurs pensent qu'une femme peut faire une déclaration de décès en toute circonstance, puisque la loi l'y autorise lorsque c'est chez elle que la personne est décédée. — Rieff, 267 ; Aubry et Rau, t. 1, p. 205, § 61.

300. Suivant l'art. 79, l'acte de décès doit contenir les prénoms, nom, âge, profession et domicile de la personne décédée ; si elle était mariée ou veuve, les prénoms et nom de l'autre époux ; les prénoms, noms, âges et professions des déclarants et, s'ils sont parents, leur degré de parenté ; et, autant qu'on pourra le savoir, les prénoms, noms, âges, profession et domicile des père et mère du décédé et le lieu de sa naissance.

301. L'officier civil doit en outre mentionner qu'il s'est assuré du décès. — Décis. min., 28 avril 1836.

302. L'art. 79 ne prescrit pas d'énoncer le jour ou l'heure du décès ; cependant cette mention était exigée par toutes les lois antérieures. La plupart des auteurs enseignent que, malgré le silence de la loi, il faut mentionner le jour et l'heure du décès et, par conséquent, en exiger la déclaration. — Hutteau d'Origny, titre 8, chap. 1er, § 2 ; Richelet, t. 1, n. 181 ; Coin-Delisle, sur l'art. 79, n. 10 ; Rieff, n. 266 ; Ducaurroy, Bonnier et Roustaing, t. 1, n. 143 ; Aub. et Rau, t. 1, § 61, texte et note 3, p. 205 ; Demante, t. 1, n. 109 bis ; Mesnier, n. 334 ; Marcadé, sur l'art. 79.

303. Cette opinion se fonde sur l'importance qu'il y a souvent à connaître le moment précis de la mort, puisque c'est l'instant où s'ouvrent les successions. Mais des auteurs pensent que c'est précisément à cause de l'importance de ce fait que le législateur n'a pas voulu qu'il fût déclaré, et qu'il a mieux aimé ne pas préjuger la question et la réserver tout entière que d'exiger une déclaration qui aurait fait foi, au moins jusqu'à preuve contraire, et aurait pu léser ainsi de grands intérêts. — Demol., n. 304 ; Laurent, n. 62 ; Mourlon, t. 1, n. 300 note.

304. Quoi qu'il en soit, il est d'usage de faire la déclaration, et l'officier civil la constate ; mais elle ne fera aucune foi et n'aura d'autre valeur que celle d'un simple renseignement, car, n'étant pas exigée formellement par la loi, elle est étrangère à l'acte et ne peut participer de sa force légale. — Marcadé, Demante, Mourlon, Demol. et Laurent, *loc. cit.*

305. En cas de décès dans les hôpitaux militaires, civils ou autres maisons publiques, les supérieurs et directeurs de ces maisons sont tenus d'en donner avis dans les vingt-quatre heures à l'officier de l'état civil qui doit s'y transporter pour s'assurer du décès et en dresser l'acte sur les déclarations qui lui sont faites et les renseignements qu'il a pris. Il est tenu, en outre, dans lesdits hôpitaux et maisons des registres destinés à inscrire ces déclarations et ces renseignements. L'officier civil doit envoyer l'acte de décès à celui du dernier domicile du décédé pour être inscrit sur les registres. — C. civ., art. 80.

306. Les autres maisons publiques dont parle l'art. 80 sont les couvents, séminaires, écoles publiques ou relevant de l'Etat.

307. Les registres spéciaux dont il est ici question ne sont que de simples recueils de renseignements et n'ont pas le caractère des registres de l'état civil proprement dit. — Circ. min., 31 déc. 1808.

308. Le décret du 3 janv. 1813, art. 18 et 19, sur l'exploitation des mines, prescrit les mesures qui doivent être prises en cas de mort violente des ouvriers mineurs pendant leurs travaux. En présence du silence du Code, on s'accorde à appliquer les mêmes dispositions au cas de décès dans les incendies, éboulements, inondations et autres accidents du même genre.

309. Les art. 81 à 85 prévoient les cas de décès dans une prison, ou par un crime ou par sentence judiciaire; ces articles sont suffisamment clairs, et nous y renvoyons. Pour ces cas particuliers, la rédaction des actes de décès doit être faite dans les formes ordinaires sans indiquer le lieu de la mort ni les causes qui l'ont amenée. Cette sage mesure, qui ménage la susceptibilité des familles, est du reste conforme aux principes, puisque les actes de décès sont destinés à constater seulement le fait de la mort, peu importe le genre de mort et les circonstances dans lesquelles elle a eu lieu.

CHAPITRE VII.

ENREGISTREMENT ET TIMBRE.

310. *Enregistrement.* — Les actes de naissance, décès, mariage, et les extraits qui en sont délivrés sont exempts de l'enregistrement. — L. 22 frim. an VII, art. 70, § 3, n° 8.

311. L'exception s'étend aux actes de l'espèce qui sont passés en pays étranger et produits en France. — V. *Dict. réd.*, v° *Acte de l'état civil*, n° 11.

312. Les traductions d'actes de l'état civil, étrangers, annexés à un acte de l'état civil dressé en France, ne sont pas sujets à l'enregistrement. — Sol. août 1871.

313. Le certificat signé par un traducteur juré à la suite de la traduction d'un acte de l'état civil passé en pays étranger, n'a pas non plus besoin d'être enregistré quand bien même il serait déposé chez un notaire. — Dél. 27 août 1858.

314. Lorsque la reconnaissance d'un enfant naturel est faite par acte de mariage emportant légitimation, cet acte est soumis à l'enregistrement moyennant le droit fixe de 3 fr., art. 43, n. 22, L. 28 avril 1816. • Ceux des actes de l'état civil qui sont assujettis à l'enregistrement par la présente ne seront enregistrés que sur les expéditions. » — L. 22 frim. an VII, art. 7.

Le droit doit être perçu sur la première expédition de l'acte de mariage. — D. m. f. 22 janv. 1819, 8 juin 1821.

315. Le droit d'enregistrement dû sur la reconnaissance d'un enfant naturel, contenue dans un acte de naissance dont l'expédition a été délivrée par un maire, peut être réclamé à ce dernier si la partie n'est pas solvable. — Sol. 19 juill. 1871.

316. Si la reconnaissance est faite par acte de l'état civil autre que l'acte de mariage, elle est passible du droit fixe de 7 fr. 50 d'après l'art. 45, n. 7, L. 28 avril 1816, à percevoir sur la première expédition.

317. Les actes de reconnaissance d'enfants naturels appartenant à des individus notoirement indigents doivent être enregistrés gratis. — LL. 15 mai 1818, art. 77, Inst. 834; 10 déc. 1850, Inst. 1876.

318. Les actes de l'état civil qui ne sont soumis à la formalité que sur l'expédition peuvent être mentionnés dans un acte notarié sans être enregistrés, à moins que l'annexe de cette pièce à l'acte notarié ne fasse présumer l'intention de le faire enregistrer. — Sol. 15 avril, 16 mai 1870.

319. *Timbre.* — Les expéditions, copies ou extraits d'actes de naissance, mariage et décès, ne peuvent être délivrés que sur papier du timbre de 1 fr. 50 (1 fr. 80 avec les deux décimes, L. 23 août 1871, art. 2), dit moyen papier. — LL. 13 brum. an VII, art. 12 et 19; 28 avril 1816, art. 63; Inst. 715; Circ. 29 pluv. an VII, n° 1496.

320. Il en est de même des certificats délivrés par les maires, des déclarations constatant les naissances, mariages ou décès. Ces certificats, constituant de véritables extraits des actes de l'état civil, ne peuvent être écrits que sur timbre de 1 fr. 50 (1 fr. 80, avec les deux décimes, L. 23 août 1871, art. 2), à moins qu'il ne s'agisse d'actes exempts du timbre ou qui doivent être enregistrés gratis. — Inst. 2329, § 2; Dal., 66.375.

321. Il y a exception dans divers cas, notamment pour ceux suivants : Les extraits et copies des actes de l'état civil délivrés à une personne assistée judiciairement sont visés pour timbre en débet. On doit faire mention de la date de la décision qui admet au bénéfice de l'assistance judiciaire. Ces extraits n'ont d'effet que pour le procès à l'occasion duquel ils ont été demandés. — Inst. 1879.

322. Les expéditions des actes de l'état civil délivrées à une administration publique ou à un fonctionnaire public sont exemptes du timbre, à condition qu'elles contiendront la mention de cette destination. Art. 12 et 16 D. 13 brum. an VII. — Cette exemption ne s'applique pas aux expéditions qui sont délivrées à un établissement public, par exemple à une fabrique. — Cass., 6 nov. 1832; Inst. 1422, § 18.

323. Les expéditions des actes de l'état civil demandées par les autorités françaises et délivrées en Alsace-Lorraine, ou demandées par les autorités d'Alsace-Lorraine et délivrées en France, seront exemptées de tous frais de timbre, et cela pour une période de cinq ans, sauf renouvellement de plein droit si aucune des parties n'a notifié une intention contraire. — Décr. 8 nov. 1871; Inst. 2458.

324. Sont dispensés du timbre tous les actes de l'état civil relatifs à l'exécution de la loi sur la caisse des retraites pour la vieillesse. — L. 18 juin 1850, art. 11; Inst. 1880.

325. Les extraits des registres de l'état civil nécessaires aux ouvriers et cultivateurs européens qui émigrent pour les colonies françaises peuvent être délivrés sur papier non timbré, à condition que l'autorité qui les délivrera y fera mention de leur destination. — D. m. f., 27 mai 1850.

326. Les expéditions des actes de l'état civil et les certificats qui doivent être produits pour les enrôlements volontaires peuvent être délivrés sur papier non timbré. — Déc. min., 6 août 1818; Inst. 851. — V. aussi à cet égard et en ce qui concerne les pièces à produire devant les conseils de révision les Déc. min., 5 sept. 1818, Inst. 856; et 7 janv. 1838; Inst. 1489.

327. Les actes de baptême, mariage ou décès reçus par les curés ne sont que de simples renseignements exempts du timbre. Il en est de même des extraits de ces actes, lors même qu'ils seraient annexés à un acte de mariage. Ils ne devraient être timbrés que s'ils étaient produits en justice. — L. 13 brum. an VII, Sol. 10 oct. 1867.

328. Les certificats délivrés, soit par les maires, soit par les greffiers pour constater la non-inscription sur les registres de l'état civil, d'actes de naissance, mariage ou décès, sont exempts d'enregistrement et peuvent être énoncés dans un acte public, s'ils ont été délivrés sur timbre. — Déc. min. 25 juin 1822.

329. Les extraits des actes de l'état civil délivrés par les maires pour faire admettre à l'hospice les enfants abandonnés, sont exempts du timbre. — Déc. min., 3 fév. 1836.

330. Les extraits d'actes de décès à fournir par les veuves ou orphelins de militaires pour obtenir une pension ou des secours, ou pour toucher les arrérages de cette pension, sont exempts de timbre, sous la condition que l'indication de l'emploi sera exprimée dans les extraits. — D. m. f., 27 oct. 1807; 15 janv. 1823; Contr., Inst. 1073. — La décision du 27 oct. 1807 s'applique à tous extraits d'actes de l'état civil dont la production serait nécessaire. — Dict. réd., v° Actes de l'état civil, n. 32.

331. Sont exempts du timbre les expéditions des actes de naissance délivrées aux gendarmes pour être admis au serment ou à des militaires qui demandent à être reçus dans la gendarmerie; mais il doit être fait mention sur les expéditions, de l'usage auquel elles sont destinées. — Déc. min. 8 mars 1836.

332. Les certificats de décès délivrés dans les bureaux du ministre de la guerre ne sont pas sujets au timbre. — Déc. min., 9 juill. 1819.

333. La loi du 10 juill. 1850, art. 1er, dispense du timbre le certificat qui doit être délivré aux parties par le notaire, au moment de la signature des contrats de mariage, pour être remis à l'officier de l'état civil avant la célébration du mariage. Inst. 1872.

334. Le consentement à mariage passé à l'étranger, annexé à un acte de mariage, doit être timbré et enregistré avant tout usage en France; mais aucune amende de timbre ne doit être relevée contre la partie qui profite de ce consentement. — Sol. 11 mars 1873.

335. Les permissions de se marier accordées par le ministère de la guerre aux militaires en activité de service, étant des actes de pure administration intérieure, sont exempts de la formalité du timbre. — L. 13 brum. an VII, art. 16, n. 1.

336. L'ordonnance du procureur de la République portant dispense de publication, est, comme acte d'administration, exempte de timbre et d'enregistrement. — V. aussi : *Acte de notoriété, Amendes de contravention, Étranger, Certificat de propriété, Certificat de vie, Certificat d'indigence, Hospices.*

ACTE DE NOTORIÉTÉ. — **1**. Acte passé devant un officier pu-

blic, par lequel des personnes constatent un fait *notoire* ou suppléent, par une déclaration, à un acte écrit dont la production est difficile ou impossible.

TABLE ALPHABÉTIQUE.

DIVISION.

§ 1ᵉʳ. — Des actes de notoriété en général et de leur forme.

2. Autrefois les actes de notoriété se donnaient sur des *usages* et des points de *droit* comme sur des points de *fait;* ils émanaient des corps judiciaires.

Notre droit moderne repousse les actes de notoriété sur les points de fait et n'admet pour les suppléer que les enquêtes.

3. Ainsi l'art. 5, C. civ., défend aux juges de prononcer par voie de disposition générale et réglementaire, afin que leurs décisions n'aient d'autorité que pour les parties en cause.

4. De même l'art. 1041, C. proc., veut que tous les procès soient jugés conformément aux dispositions que ce Code contient, et abolit les anciens usages et règlements relatifs à la procédure civile.

5. L'acte de notoriété constate plutôt la croyance publique que le fait lui-même, et, dans les circonstances ordinaires, il n'est qu'un simple témoignage qui peut être admis ou rejeté par ceux à qui on le présente, et qui n'a auprès d'eux d'autre valeur que celle qu'ils jugent devoir lui accorder ; il a beaucoup d'analogie avec le certificat.

6. Mais dans certains cas déterminés par les art. 70, 71, 72 et 155, C. civ., il a la force d'une preuve légale.

7. Les actes de notoriété n'ont pas tous le même caractère et ne sont pas tous soumis aux mêmes formes ; en général, ils ne sont soumis à aucun contrôle ; ce n'est que par exception que, dans le cas de l'art. 90, C. civ., l'homologation du tribunal de première instance est nécessaire.

8. Les notaires ont été investis dans tous les temps, du droit de recevoir les actes de notoriété ; et cette attribution leur a été conservée par la loi du 25 vent. an XI, art. 20.

9. Cependant, dans certains cas spéciaux comme ceux prévus par les art. 70 et 155, C. civ., les actes de notoriété doivent être délivrés par les juges de paix. V. *Infrà*, n. 24 et 32 ; mais nous pensons, contrairement à une opinion généralement répandue, que le juge de paix ne peut dresser d'actes de notoriété que pour les espèces visées par le législateur, et qu'il ne doit pas dès lors prêter son ministère pour recevoir acte de toute déclaration qu'il plaira aux intéressés de faire. — *Sic*, Carré sur Allain, *Manuel des juges de paix*, t. 1, p. 540 ; note, *Contrà*, Beaume et Million, *Dict. des jug. de paix*, v° *Acte de notoriété*, t. 1, p. 32, n. 2 ; Bioche, *id.*, *Cod.*, v°, p. 30, n. 48.

10. Il est aussi un cas spécial où le maire est appelé à délivrer un acte de notoriété. — V. *infrà*, n. 30.

11. Les personnes qui attestent la notoriété ne sont pas à proprement parler des *témoins*, quoiqu'on leur donne ordinairement ce nom ; elles ne doivent pas en général réunir les qualités exigées des témoins instrumentaires.

12. Ainsi lorsqu'il s'agit de faits privés qui se sont passés dans l'intérieur des familles, ou qui sont relatifs à l'état civil d'un individu, on peut admettre la déclaration des parents, des alliés, des domestiques, et même des femmes et des mineurs. — C. civ., art. 37 et 71.

13. Mais s'agit-il, au contraire, d'actes pouvant avoir de l'influence dans l'ordre politique ou dans l'ordre privé, les témoins doivent être citoyens français, savoir signer et être domiciliés dans l'arrondissement communal. — L. 25 vent. an XI, art. 9.

14. Il ne faut faire paraître dans les actes de notoriété que les personnes qui ont leur domicile dans le lieu où le fait s'est passé, et qui ont une connaissance personnelle des faits qu'elles attestent ; il faut, en outre, qu'elles puissent inspirer confiance par leur situation et leur moralité.

15. Lorsque le fait dont il s'agit remonte à une époque reculée, il est bon de mentionner l'âge des témoins dans l'acte de notoriété.

16. Les témoins ne sont pas astreints à faire leur déclaration sous serment. Une formalité aussi sérieuse ne peut être exigée que lorsque la loi l'a prescrite. — V. *Infrà*, n. 33.

17. Le nombre des témoins qui doivent concourir à un acte de notoriété varie suivant les circonstances et les espèces. Ainsi il faut sept témoins dans le cas prévu par l'art. 70, C. civ., quatre seulement pour celui prévu par l'art. 155, C. civ. ; mais dans le plus grand nombre de cas deux témoins suffisent.

18. Ordinairement les témoins sont produits par les parties intéressées ; mais dans le cas de l'art. 155, C. civ., c'est le juge de paix qui les requiert d'office. — V. *Infrà*, n. 32.

19. L'acte de notoriété dressé par un notaire peut être délivré en brevet. — L. 25 vent. an XI, art. 20.

20. Mais on ne doit user de cette faculté qu'au cas où les parties n'ont à justifier qu'une seule fois des déclarations qu'il contient ; s'il doit être fait plusieurs fois usage de cet acte, il est convenable d'en garder minute. Tels sont les actes de notoriété faits à défaut d'inventaire pour constater le nombre et la qualité des héritiers d'un défunt ; ceux faits pour constater qu'un testateur est décédé sans laisser d'héritier à réserve ; enfin ceux faits pour parvenir au rejet d'inscriptions obtenues par seule ressemblance de nom, dans les états délivrés par le conservateur des hypothèques.

21. Les témoins auteurs d'une fausse déclaration, même faite sciemment, ne pourraient être poursuivis en faux témoignage, mais leur responsabilité est engagée, et s'ils ont causé un dommage ils sont tenus de le réparer. — Nancy, 20 mars 1841.

22. Aussi le notaire doit-il s'assurer par des questions aux témoins, qu'ils ont bien réellement connaissance du fait qu'il s'agit de constater, et que ce fait est notoire. Il doit aussi les avertir des conséquences d'une attestation fausse ou inexacte.

23. Cependant, si le notaire s'est renfermé dans les devoirs de sa profession, il ne pourrait être déclaré responsable de la fausseté des déclarations faites par des témoins dans un acte de notoriété qu'il aurait reçu. — Trib. Seine, 10 fév. 1842.

§ 2. — Des divers actes de notoriété. — Cas où ils doivent être produits.

Section I. — Pour suppléer a l'acte de naissance.

24. Celui qui, voulant contracter mariage, se trouve dans l'impossibilité de se procurer son acte de naissance, peut y suppléer en rapportant un acte de notoriété délivré par le juge de paix du lieu de sa naissance ou par celui de son domicile. — C. civ., art. 70.

25. C'est du domicile réel qu'il s'agit ici, parce que c'est là seulement que peuvent se trouver les personnes ayant une connaissance suffisante pour attester l'état de l'époux. Le domicile qui s'établit par six mois de résidence, bien qu'il soit accepté pour autoriser la célébration du mariage au lieu où il est acquis, serait insuffisant en pareil cas. — Bioche, n. 2 ; Beaume et Million, n. 7.

26. Cet acte doit contenir la déclaration faite par sept témoins, de l'un ou de l'autre sexe, parents ou non parents, des prénoms, nom, profession et domicile du futur époux, et de ceux de ses père et mère s'ils sont connus ; le lieu et, autant que possible, l'époque de sa naissance, et les causes qui empêchent d'en rapporter l'acte. Les témoins doivent signer l'acte de notoriété avec le juge de paix et le greffier, et, s'il en est qui ne puissent ou ne sachent signer, il en est fait mention (C. civ., art. 71). L'acte doit être homologué par le tribunal de première instance du lieu où doit se célébrer le mariage (*ibid.*, 72).

27. Si l'on produit, à l'appui des déclarations, des papiers de famille, les livres de l'accoucheur, le juge de paix les parafe et en fait mention dans l'acte. — Bioche, n. 12.

28. Cet acte de notoriété, ne devant être admis que par le cas de mariage, ne pourrait servir à prouver la filiation de celui qui l'aurait obtenu, ni lui procurer les droits de famille, tels que celui de succéder. — Toullier, t. 1, n. 305 ; Colmar, 11 janv. 1831.

29. Toutefois, comme un pareil acte pourrait faire preuve contre ceux qui l'auraient signé et contre leurs héritiers, le juge de paix doit avoir soin de mentionner qu'il ne le délivre qu'en exécution et en conformité de l'art. 70, et seulement pour remplir l'objet de cet article. — Beaume et Million, n. 6 ; Bioche, n. 18.

30. Lorsqu'un militaire veut se marier, le ministre de la guerre exige un acte de notoriété constatant la fortune de la personne que ce militaire doit épouser. Cette déclaration est faite ou devant le maire ou devant un notaire, par des parents ou par des tiers.

31. C'est encore un acte de notoriété que doit produire le militaire qui veut faire constater son identité, alors qu'il y a eu omission ou interposition de ses prénoms dans un acte civil en opposition avec son acte de naissance. Dans ce cas, c'est, suivant une décision du ministre de la guerre, le juge de paix qui doit délivrer cet acte, sur la déclaration de sept témoins. — Carré, n. 1582.

Section II. — Pour suppléer au défaut d'acte respectueux.

32. Lorsqu'aux termes de l'art. 155, C. civ., l'ascendant auquel eût dû être fait l'acte respectueux est absent, et que le jugement déclarant l'absence ou ordonnant l'enquête n'est pas produit, cette absence doit être constatée par un acte de notoriété délivré par le juge de paix du lieu où l'ascendant a eu son dernier domicile connu. Cet acte doit contenir la déclaration de quatre témoins désignés d'office par le juge de paix. Il n'a pas besoin d'être homologué. — V. *Acte respectueux.*

33. Si le dernier domicile n'est pas connu, l'acte de notoriété est passé devant notaire ou devant le juge de paix ; les témoins peuvent être produits par les parties. L'acte peut même être suppléé par la déclaration faite avec serment par l'époux et par les témoins devant l'officier de l'état civil, qu'ils ignorent le lieu du dernier domicile de l'ascendant, et ce dernier mode d'attestation, beaucoup plus simple et moins dispendieux, est généralement suivi aujourd'hui. — Carré, n. 1586 ; avis du Conseil d'Etat, 4 therm. an XIII.

34. La disposition de l'art. 155 est applicable aux enfants naturels légalement reconnus, en cas d'absence de leur père et mère, C. civ., art 158. Mais elle n'est pas applicable à l'époux qui veut se remarier, pour suppléer à l'acte de décès de son conjoint, même militaire ; il y aurait un extrême danger à admettre comme preuve de décès de simples actes de notoriété résultant le plus souvent de témoignages achetés ou arrachés à la faiblesse. — Avis Cons. d'Etat, 13 germ. an XIII.

Section III. — Pour produire au trésor public.

35. Lorsque, après le décès ou l'interdiction d'un comptable ou d'un titulaire d'office, ses héritiers ou ayants droit veulent retirer son cautionnement, ils doivent produire, indépendamment du titre constatant le versement et du certificat de *quitus*, d'affiche et de non-opposition, prescrits par les lois des 25 niv. et 6 vent. an XIII, un certificat de propriété ou un acte de notoriété contenant les noms, prénoms et domiciles des héritiers ou ayants droit, la qualité en laquelle ils procèdent et possèdent, l'indication de leur portion dans le cautionnement à rembourser et l'époque de leur jouissance (Déc., 18 sept. 1806, art. 1er).

36. Le certificat de propriété doit être délivré, soit par le notaire détenteur de la minute, lorsqu'il y a eu inventaire ou partage par acte public, ou transmission à titre gratuit par donation ou testament ; soit par le greffier du tribunal lorsque la propriété est constatée par jugement.

37. A défaut d'un certificat, on doit produire un acte de notoriété, délivré par le juge de paix du domicile du décédé, sur l'attestation de deux témoins. *Ibid.*

38. Les mêmes dispositions s'appliquent aux héritiers ou ayants droit d'un rentier inscrit sur le grand-livre de la dette publique. Ainsi ils doivent produire un certificat de propriété délivré par le notaire détenteur de la minute, lorsqu'il y a eu inventaire ou partage par acte public ou transmission gratuite à titre entre vifs ou par testament ; ou par le greffier lorsqu'il y a un jugement constatant la propriété. — Ce certificat doit être légalisé par le président du tribunal de première instance. — L. 28 flor. an VII, art. 6.

39. Mais lorsqu'il n'y a aucun acte authentique réglant le droit des héritiers, c'est le juge de paix seul du domicile du défunt qui a qualité pour délivrer l'acte de notoriété nécessaire pour la remise du nouvel extrait d'inscription.—Paris, 30 juillet 1853 (Dall., 54.2.70).

40. Lorsqu'il y a lieu de rectifier des erreurs commises dans l'orthographe des noms, prénoms ou dates de naissance d'individus désignés dans les inscriptions au grand-livre de la dette publique, la rectification se fait par un acte de notoriété. Cet acte est dressé en minute par un notaire sur l'attestation de deux témoins, et il en est délivré expédition. — L. 8 fruct. an V, art. 1er ; Arrêté du 27 frim. an XI ; Inst. min., 1er mai 1819.

41. Lorsqu'un rentier ou pensionnaire de l'Etat déclare ne pouvoir produire son acte de naissance, le notaire certificateur doit admettre, comme en tenant lieu, un acte de notoriété qui constate ses nom, prénoms, lieu, date de naissance et profession, ainsi que le motif pour lequel il ne peut se procurer ledit acte ; il est fait mention de cet acte de notoriété dans le certificat de vie.

42. Aux termes du décret du 1er juil. 1809, art. 1 et 2, lorsque les héritiers d'un officier décédé veulent obtenir le paiement des sommes dues par l'Etat à ce militaire à l'époque de son décès, ils doivent produire avec l'acte de décès du titulaire un acte de notoriété dressé par le juge de paix du domicile de l'officier décédé, sur l'attestation de deux témoins, et constatant qu'ils sont seuls héritiers du défunt.

43. C'est encore aux juges de paix qu'il appartient de délivrer à l'héritier d'un ecclésiastique décédé pensionnaire de l'Etat, qui réclame le paiement des arrérages échus de la pension, l'acte de notoriété constatant sa qualité sur l'attestation de deux témoins.— L. 28 flor. an VII, art. 6.

44. Un acte de notoriété est également nécessaire pour établir les droits d'une veuve ou d'orphelins de militaire à une pension.— Ord. 16 oct. 1822. — Et il en est de même à l'égard des veuves et orphelins de tous fonctionnaires publics ayant droit à une pension de retraite. — Ord. 19 août 1824 ; L. 9 juin 1853 et Règl. gén. 9 nov. 1853.

SECTION IV. — POUR CONSTATER LES RESSOURCES DES DEMANDEURS EN CONCESSION DE TERRES EN ALGÉRIE.

45. Les actes de notoriété destinés à constater les ressources des demandeurs en concession de terres, doivent être, tant en France qu'en Algérie, passés devant les juges de paix. Dans les localités de l'Algérie où il n'existe pas de juges de paix, ces actes sont délivrés soit par les commissaires civils, soit par les commandants de place, suivant le territoire (Décr. 23 avril 1852, art. 1).

§ 3. — Des actes de notoriété après décès.

46. *A défaut d'inventaire.* Lorsque après l'ouverture d'une succession, il n'a pas été fait d'inventaire, on peut y suppléer par un acte de notoriété qui doit énoncer qu'il n'a pas été fait d'inventaire et qu'il est dressé à son défaut.

47. Cet acte, qui produit les mêmes effets quant aux qualités et aux droits des héritiers doit contenir, comme l'inventaire : 1° les noms, professions et domicile du défunt, le lieu et l'époque de son décès ; 2° les noms, professions et demeures des héritiers et leur degré de parenté ; 3° la portion à recueillir par chaque héritier et s'il vient à la succession de son chef ou par représentation ; 4° Les noms, profession et demeure du tuteur ou du subrogé-tuteur, s'il y a des mineurs ou interdits ; 5° la mention des dispositions universelles ou à titre universel que le défunt aurait faites. — *Rép. Pal.*, v° *Acte de notoriété*, n. 38.

48. Lorsque l'acte de notoriété est requis par le donataire ou le légataire universel immédiatement après le décès, pour prouver que le don ou legs ne doit pas éprouver de réduction, il suffit d'y exprimer que le défunt ne laisse pas d'héritier à réserve, c'est-à-dire ni ascendant ni descendant. — Carré, n. 1603.

49. Il est utile aussi de dire si le défunt était marié et sous quel régime, afin de pouvoir, tout de suite, constater l'origine des biens dévolus aux héritiers. — *Rép.*, note, v° *Acte de notoriété*, n. 27.

50. On doit garder minute de ces actes de notoriété ; l'expédition de l'acte de décès du *de cujus* y est ordinairement annexée.

51. *Pour rectification d'erreurs ou d'omissions dans l'intitulé de l'inventaire.* — On peut aussi dresser un acte de notoriété pour rectifier les erreurs ou les omissions qui ont pu être commises dans l'intitulé de l'inventaire. Par exemple, si l'on a exprimé d'une manière inexacte les noms, prénoms, professions et demeures de quelques-uns des héritiers ou le titre de leur parenté ; et il est bon d'annexer à l'acte rectifiant ces inexactitudes, les actes de naissance des héritiers sur les noms desquels l'erreur a été commise.

52. Si l'erreur porte sur les droits dans la succession d'un ou plusieurs héritiers, il est utile de faire intervenir à l'acte de notoriété celui ou ceux des héritiers auxquels on avait attribué de trop fortes parts et de leur faire approuver la rectification.

53. L'acte de notoriété doit être fait dans ces deux cas à la suite de l'inventaire, et il convient d'en faire mention en marge de l'intitulé afin que le notaire ne délivre plus d'extraits de ces inventaires sans mentionner l'acte rectificatif.

54. Si le notaire qui reçoit l'acte de notoriété n'est pas celui qui a dressé l'inventaire, l'acte de notoriété doit être déposé et annexé à la suite dudit inventaire.

55. Dans le cas d'absence ou de mauvais vouloir des héritiers auxquels on a attribué des parts trop fortes, on doit énumérer dans l'acte de notoriété les actes de l'état civil qui établissent la filiation et les droits de l'héritier au préjudice duquel l'erreur a été commise. Mais alors le notaire ne peut faire aucun changement à l'intitulé et doit continuer d'en délivrer des expéditions sans mention, jusqu'à ce que la rectification ait été consentie par celui contre lequel elle est demandée ou qu'elle ait été ordonnée par jugement, si l'héritier réclamant en a obtenu un.

56. On rectifie de même par un simple acte de notoriété l'erreur d'omission d'un des héritiers, sa mention est faite aussi en marge de l'intitulé de l'inventaire, et l'héritier qui aura été méconnu a le droit de s'opposer à ce que le notaire délivre un extrait dudit intitulé tant que cette mention n'aura pas été faite.

57. Si l'on a considéré comme existant et fait représenter à l'inventaire, par un notaire, un individu non présent et qui ensuite ne fait pas connaître son existence, les personnes intervenues peuvent, en s'appuyant sur l'art. 136, C. civ., former une demande en justice pour obtenir la rectification de l'intitulé de l'inventaire.

58. L'acte de notoriété est alors utile pour constater la disparition et l'absence sans nouvelles, mais il ne suffit pas ; il faut nécessairement que la rectification soit ordonnée par jugement, alors même que l'absent aurait laissé des enfants, sans qu'il soit besoin de faire déclarer l'absence. Il ne s'agit pas, en effet, d'absence, mais d'une succession de droits dévolus à d'autres qu'à l'absent. — Trib. Seine, juin 1817.

59. *Pour fixation ou changement de qualités incertaines, etc.* — L'acte de notoriété est encore nécessaire dans les cas suivants :

1° Si le défunt laisse une veuve, il peut y avoir incertitude sur les droits ou même sur la qualité des héritiers, par exemple, en cas de grossesse ; il est bon alors de mettre l'acte de notoriété à la suite de l'inventaire et d'en faire mention en marge de l'intitulé.

60. Lorsque l'enfant n'est pas né viable, l'intervention à l'acte de notoriété des personnes qui ont figuré à l'inventaire n'est pas absolument nécessaire ; à la rigueur la signature des deux témoins suffit. De même lorsqu'il naît un enfant qui n'est pas susceptible d'être désavoué ; mais, dans le cas contraire, il est indispensable de faire intervenir à l'acte de notoriété les personnes qui ont été appelées à l'inventaire.

61. 2° Si la famille du défunt n'est pas connue dans le lieu où s'ouvre la succession, pour que les héritiers puissent requérir la levée des scellés et l'inventaire ; cet acte de notoriété doit être dressé dans le lieu où lesdits héritiers sont connus.

62. 3° Lorsqu'un enfant naturel se présente, à défaut de parents au degré successible, pour recueillir la totalité de la succession de ses père et mère ; ou lorsque c'est le conjoint qui se présente, à défaut de parents au degré successible ou d'enfant naturel.

63. Lorsqu'un héritier réclame une succession présumée vacante ou en déshérence, il n'est pas nécessaire que le réclamant annexe à l'acte de notoriété les actes de l'état civil établissant sa filiation et ses droits, car il doit les produire devant le tribunal appelé à statuer sur la demande.

§ 4. — Cas particuliers pour lesquels il peut être produit des actes de notoriété.

64. En matière d'adoption, la loi n'exige pas d'acte de notoriété ; cependant il est quelquefois utile d'en produire, pour constater dans l'adoptant et l'adopté les qualités et plusieurs des conditions requises par la loi, telles que celles de l'âge, de la moralité, des soins donnés et des secours fournis pendant six ans au moins, etc., C. civ., art. 345. Il n'y a pas, dans ce cas, de règles positives, et, par conséquent, aucune formalité n'est de rigueur.

65. Un acte de notoriété peut être utile :

1º En cas de demande de rectification d'un acte de l'état civil pour erreur ou omission ; on doit appeler le plus de témoins possible, et de préférence, les proches parents et alliés de ceux qui le requièrent.

66. 2º En matière de présomption d'absence ; cet acte de notoriété peut être reçu, soit par le juge de paix, soit par un notaire. Il convient d'appeler quatre témoins.

67. 3º En cas de disparition de la femme, le mari ou le mandataire, s'ils ont à faire une opération qui excède leurs pouvoirs, joignent à la requête, à fin d'autorisation au président l'acte de notoriété constatant la disparition. Mais s'il existait déjà des preuves suffisantes de la disparition, l'acte de notorité serait inutile.

68. 4º Pour faire rejeter d'un état d'inscriptions hypothécaires celles qui n'ont été portées que par de fausses ressemblances de noms ; mais le conservateur peut refuser le rejet, s'il trouve les attestations insuffisantes.

69. 5º Pour constater l'identité d'un membre de la Légion d'honneur en cas d'erreur dans les pièces produites à la grande chancellerie.

70. Pour constater des services civils rendus hors de l'Europe, lorsque les archives dont on pouvait extraire les preuves du droit à la pension ont été détruites ou que les fonctionnaires supérieurs sont décédés. *Règ. gén.*, 9 nov. 1853, art. 31. Mais en France aucun acte de notoriété n'est accepté pour la justification de services civils et militaires. *Id.*

71. Cependant, à défaut de procès-verbal dressé dans les cas spécifiés aux art. 11 et 14 de la loi du 9 juin 1853 sur les pensions civiles, et qui doit constater l'événement donnant ouverture au droit de pension, cette constatation peut s'établir par un acte de notoriété, rédigé sur la déclaration des témoins de l'événement ou des personnes qui ont été à même d'en connaître et d'en apprécier les conséquences. Cet acte doit être corroboré par les attestations conformes de l'autorité communale et des supérieurs immédiats des fonctionnaires. *Id.*

§ 5. — Enregistrement et timbre.

72. Les actes de notoriété civils, administratifs ou judiciaires sont sujets à la perception du droit fixe de 3 fr. LL. 22 frim. an VII, art. 68, § 1er, n. 5; 28 avril 1816, art. 43; 28 fév. 1872, art. 4. Ils sont soumis au timbre. — L. 13 brum. an VII, art. 1er et 12, n. 1.

73. Doivent être visés pour timbre et enregistrés *gratis*, lorsqu'il y a lieu à enregistrement, les actes de notoriété nécessaires à l'exécution de la loi du 10 déc. 1850, relative au mariage des indigents, à la légitimation de leurs enfants, et au retrait de ces enfants déposés dans les hospices, art. 4 de cette loi.

La loi du 10 déc. 1850 ne fait que consacrer une exception déjà introduite par les lois des 25 mars 1817 (art. 75); 15 mai 1818 (art. 80), et dont le principe avait été posé par plusieurs décisions ministérielles. D. m. f. et just., 11 nov. 1824, 4 oct. 1839, 24 fév. 1840 et 23 août 1841; Inst. 1699; L. 3 juill. 1846.

74. Sont également visés pour timbre et enregistrés gratis les actes de notoriété, rédigés à la requête du ministère public, ayant pour objet de réparer des omissions et de faire des rectifications sur les registres de l'état civil. — L. 25 mars 1875, art. 75; — V. *Actes de l'état civil*, n. 326 et suiv.

75. Les actes de notoriété délivrés par les juges de paix aux fins d'obtenir payement du montant de la masse des militaires décédés, sont exempts de timbre et d'enregistrement. — LL. 13 brum. an VII, art. 16, n. 9; 22 frim. an VII, art. 70, § 3.

76. Même dispense est accordée pour : 1° les actes de notoriété et les procès-verbaux rédigés par les juges de paix pour constater la disparition des militaires et la privation de moyens d'existence de leurs veuves et orphelins (D. m. f. 26 janv. 1824); 2° les actes de notoriété nécessaires à l'exécution de la loi sur les caisses de retraite pour la vieillesse (L. 18 juin 1850, art. 11); 3° ceux de ces actes qui sont nécessaires à l'exécution de la loi sur les sociétés de secours mutuels. L. 15 juill. 1850, art. 9. — V. *Absence*, n. 234.

77. Les attestations dressées devant notaire pour obtenir le remboursement du cautionnement des fonctionnaires publics, ne sont passibles que du droit fixe de 1 fr. 50. — Décr. du 17 oct. 1806. — V. *Cautionnement*.

78. Même tarif est accordé aux actes de notoriété passés devant le juge de paix et destinés à constater les ressources pécuniaires d'un demandeur en concession de terres en Algérie. — Déc. 23 avril 1852, Inst. 2049. § 1er, 2088, § 1er. V. *Algérie*.

79. Il y a lieu à la perception de plusieurs droits lorsqu'un acte de notoriété constate plusieurs faits concernant des personnes qui n'agissent pas dans un intérêt commun. Ainsi deux droits sont dus sur un acte de notoriété énonçant la date de la naissance de deux personnes non inscrites sur les registres de l'état civil. — Sol. 13 déc. 1825. — V. *Dict. réd.*, v° *Acte passé en conséquence*, n. 12.

80. Mais il n'est dû qu'un seul droit lorsque, dans le même acte, plusieurs décès sont constatés dans l'intérêt des mêmes cohéritiers. — Délib. 22 fév. 1833. — Ou si l'acte constate les droits des cohéritiers dans plusieurs successions indivisées. — Sol. 10 juin 1869.

81. Lorsqu'un notaire, en exécution de l'art. 22 de la loi du 25 vent, an XI, se fait attester les noms, qualités et demeures des contractants qu'il ne connaît pas, la déclaration fait partie intégrante de l'acte et ne donne pas ouverture à un droit particulier.

Mais si, sur la demande des parties, les témoins déclarent que celles-ci sont issues du mariage de tel et telle, dont elles sont seules héritières, cette disposition indépendante de l'acte est passible du droit fixe établi pour les actes de notoriété. — Dél. 21 août 1838; *Dict. réd.*, v° *Acte en conséquence*, n. 12.

§ 6. — Formules.

1. *Notoriété constatant le nombre et la qualité des héritiers, en ligne directe.*

Par-devant M°... et son collègue, notaires à Paris, soussignés

Ont comparu :

M. Victor Froc, docteur en droit, demeurant à... et M. Sébastien Blaise, ancien élève de l'Ecole polytechnique, demeurant à,..

Lesquels ont déclaré avoir parfaitement connu M. Julien Thomas, en son vivant propriétaire, demeurant à Paris, rue...

Et ils ont attesté ce qui suit comme étant de notoriété publique, à tous ceux qu'il appartiendra .

M. Thomas est décédé à Paris, en son domicile susindiqué, le...

Il a laissé pour seuls héritiers à raison d'un tiers chacun, les trois enfants issus de son union, célébré à..., le..., avec Mlle Marie–Adrienne de Vassy, restée sa veuve et qui sont :

1° M. Jules Thomas, né à..., le..., sous-préfet, demeurant à...

2° Mlle Thérèse Thomas, née à..., le..., épouse de M. Albert de Champs, receveur particulier, demeurant à...

Et 3° Mlle Marie Thomas, née à..., le..., sans profession, demeurant à...

Les comparants ont ajouté qu'il n'est pas à leur connaissance qu'il ait été, jusqu'à présent, procédé à un inventaire après le décès de M. Thomas.

A l'appui de leur attestation touchant le décès de M. Thomas, les comparants ont représenté une expédition de l'acte le constatant dressé le... sur les registres de l'état civil du... arrondissement de Paris, laquelle est restée ci-jointe après mention.

Dont acte : fait et passé.

II. *Notoriété constatant le nombre et la qualité des héritiers en ligne collatérale.*

Par-devant M°..., ont comparu :

M... demeurant à... et M... demeurant à...

Lesquels ont, par ces présentes, déclaré avoir parfaitement connu Mme Albertine Cousin, en son vivant rentière, demeurant à... veuve en premières noces, non remariée de M. Etienne Rouvray, décédé à..., le...

Et ils ont attesté ce qui suit, comme étant de notoriété publique, à tous ceux qu'il appartiendra.

Mme veuve Rouvray est décédée en son domicile susindiqué, le...

Elle était née à..., le.,.., du mariage de M. Louis Cousin avec Mme Hortense Lefebvre.

Elle n'a laissé aucun ascendant, ni descendant, ni aucun frère ou sœur, ni descendant d'eux.

Ses seuls héritiers sont, savoir :

Dans la ligne paternelle, et chacun pour un tiers de la moitié afférente à cette ligne, correspondant au sixième de la totalité.

1° M. Christophe Cousin, employé, demeurant à...

2° Mme Antoinette Pillien, épouse de M. Louis Lamontagne, journalier, demeurant à...

Et 3° Mlle Sophie Lacroix, lingère, demeurant à...

Tous trois, cousins au... degré de la défunte ayant comme elle, pour auteurs paternels communs M. A... et Mme B...

Et dans la ligne maternelle soit pour la moitié de la succession M. Melchior Lefebvre, cousin au neuvième degré de la défunte ayant avec elle pour auteurs maternels communs M. C... et Mme D.

Les comparants ont ajouté qu'il n'est pas à leur connaissance que Mme Rouvray ait laissé de dispositions testamentaires ni que, jusqu'à présent, il ait été procédé à un inventaire après son décès.

A l'appui de leur attestation les comparants ont représenté et sont demeurés ci-annexés après mention :

1° Une expédition de l'acte constatant le décès de Mme Rouvray, dressé le... sur les registres de l'état civil de...

2° Un tableau généalogique de sa famille présentant, dans l'ordre de parenté, les résultats ci-dessus constatés.

Et 3° vingt-trois expéditions d'actes de naissance, de mariage et de décès venant à l'appui des faits indiqués en ce tableau.

Dont acte : fait et passé, etc.

III. Notoriété constatant que le défunt n'a laissé pour unique héritier qu'un enfant naturel.

Par-devant Me..., ont comparu :

M... demeurant à..., et M... demeurant à...

Lesquels ont déclaré avoir parfaitement connu Mme Léonie Durand, en son vivant rentière, demeurant à..., veuve en premières noces, non remariée, de M. Nicolas Latreille.

Et ils ont attesté ce qui suit comme étant de notoriété publique :

Mme Latreille est décédée en son domicile susindiqué, le... sans laisser aucun héritier légitime connu soit en ligne directe, soit en ligne collatérale.

Mais elle a laissé un enfant naturel, M. Léon Durand, né à..., le.., et par elle reconnu suivant acte dressé sur les registres de l'état civil de..., le...

A défaut de parents au degré successible, M. Léon Durand, aujourd'hui ingénieur civil, demeurant à..., a droit à la totalité de la succession de Mme Latreille, sa mère, en vertu de l'article 758 du Code civil.

A l'appui de leur attestation, les comparants ont représenté et sont demeurées ci-annexées après mention :

Une expédition de l'acte constatant le décès de Mme Durand, dressé le... sur les registres de l'état civil de...

Et une expédition qui sera enregistrée en même temps que ces présentes de l'acte de reconnaissance ci-dessus énoncé.

Dont acte : fait et passé, etc.

IV. Notoriété constatant qu'il n'existe pas d'héritier à réserve légale.

Par-devant M°..., ont comparu :

M... demeurant à... et M... demeurant à...

Lesquels ont déclaré avoir parfaitement connu M. Claude Bernard, en son vivant cocher demeurant à...

Et ils ont attesté ce qui suit comme étant de notoriété publique :

M. Bernard est décédé en son domicile susindiqué, le...

Il n'a laissé aucun ascendant ni descendant ayant droit à une réserve dans sa succession.

En conséquence, rien ne s'oppose à l'exécution de la donation universelle en toute propriété par lui faite à Mme Louise Séchéret, son épouse, maintenant sa veuve, demeurant à... suivant acte passé devant M°....notaire à..., le... (*Ou* dans leur contrat de mariage reçu par M°..., notaire à..., le...).

S'il s'agit d'un legs universel, on met :

En conséquence, rien ne s'oppose à l'exécution du legs universel fait par M. Bernard à Mme Louise Séchéret..., aux termes de son testament reçu par M°..., notaire à..., le..., (*ou bien* dans son testament fait en la forme olographe le..., décrit et constaté par M. le président du tribunal civil de..., suivant procès-verbal dressé par ce magistrat assisté de son greffier le... et déposé, en conformité de l'ordonnance contenue en ce procès-verbal, au rang des minutes de M°..., notaire à...)

Dont acte : fait et passé, etc.

V. Notoriété rectifiant les qualités prises dans un inventaire.

Par-devant M°..., etc., ont comparu :

M... demeurant à..., et M... demeurant à...

Lesquels ont par les présentes déclaré avoir parfaitement connu M. Cyprien Boudrouet, en son vivant pensionnaire de l'État demeurant à...

Et ils ont attesté ce qui suit comme étant de notoriété publique :

M. Cyprien Boudrouet est décédé en son domicile à..., le... L'inventaire après son décès dressé par M°..., notaire à..., le..., a eu lieu à la requête de :

1° M. Albert Boudrouet, ingénieur des ponts et chaussées, demeurant à...

2° Mme Eugénie Boudrouet, épouse de Albéric Sévestre, maître de forges, demeurant à..., issus du mariage de M. A. Cyprien Boudrouet avec Mme Joséphine Robert, décédé à..., le..., et comme tels habiles à se dire seuls héritiers chacune pour moitié de M. Cyprien Boudrouet, leur père.

Un troisième enfant est né du mariage de M. et Mme Boudrouet-Robert : M. Félix Boudrouet, actuellement percepteur des contributions directes, demeurant à...

Lors du décès de son père, l'existence de M. Félix Boudrouet était incertaine : il était alors retenu dans les prisons de l'Allemagne en vertu d'une décision d'un conseil de guerre allemand et avait été emmené en Allemagne comme prisonnier de guerre de l'armée de Metz.

La succession de M. Cyprien Boudrouet s'est donc dévolue par tiers à M. Albert et Félix Boudrouet et Mme Sévestre.

Aux présentes sont intervenus :

M. Albert Boudrouet et M. et Mme Sévestre, susnommés.

Lesquels, connaissance prise de ce qui précède, ont reconnu exacts les faits ci-dessus constatés et ont déclaré consentir à ce que l'intitulé de l'inventaire sus-énoncé soit rectifié conformément à l'attestation de MM...

En conséquence, M. Félix Boudrouet aura la qualité et tous les droits d'héritier pour un tiers de M. Cyprien Boudrouet, et les droits comme la qualité de M. Henri Boudrouet dans la même succession sont réduits à la même quotité pour chacune.

Dont acte : fait et passé, etc.

Autre :

Par-devant M{sup}c{/sup}..., ont comparu :

M... demeurant à..., et M... demeurant à...

Lesquels ont par les présentes déclaré avoir parfaitement connu M. Alexandre Dagron, en son vivant garde général des forêts, demeurant à...

Et savoir ce qui suit :

M. Dagron est décédé en son domicile à..., le...

L'inventaire dressé après son décès, par Me..., notaire à..., le..., a eu lieu à la requête de :

1° Mme Alphonsine Dagron, épouse de M. Paul Martin, horloger, avec lequel elle demeure à... et 2° M. Victor Dagron, chef d'institution demeurant à...

En présence de M..., notaire à..., y demeurant, commis à l'effet de représenter à cet inventaire M. Henri Dagron, non présent, dans une ordonnance rendue par M. le président du tribunal civil de..., le...

MM. Victor et Henri Dagron et Mme Martin, habiles à se dire héritiers chacune pour un tiers de M. Alexandre Dagron, leur oncle, par représentation de M. Arthur Dagron, leur père.

Puis les comparants ont attesté à tous ceux qu'il appartiendra, qu'il est notoire que lors du décès de M. Alexandre Dagron, M. Henri Dagron était absent depuis plus de cinq ans, qu'il est en effet parti sans laisser de procuration en 18... à bord du navire, le..., à destination de Rio de Janeiro (Brésil), et que depuis lors il n'a pas donné de ses nouvelles.

Que son existence n'étant pas reconnue, il doit être présumé mort et n'aurait pas dû être représenté à l'inventaire précité.

Que dès lors, la succession de M. Alexandre Dagron doit être dévolue exclusivement à Mme Martin et à M. Victor Dagron qui sont habiles, par conséquent, à se porter héritiers chacun pour moitié de M. Alexandre Dagron, leur oncle.

Dont acte : fait et passé, etc.

VI. Acte de notoriété par suite d'une déclaration de grossesse faite par une veuve dans un inventaire.

ACTE DE NOTORIÉTÉ POUR LE CAS OU L'ENFANT N'EST PAS NÉ VIABLE.

Par-devant M{sup}c{/sup}..., a comparu :

Mme Mathilde Armspach, rentière, demeurant à..., veuve de M. Frédéric Andrieu, décédé en son domicile à..., le...

Laquelle a dit qu'étant enceinte lors du décès de son mari, l'inventaire dressé après ce décès par Me..., notaire soussigné le..., a eu lieu en présence de M. Julien de Holstein, propriétaire, demeurant à..., en qualité de curateur au ventre.

Mais que le..., à... heures du soir, elle est accouchée à... d'un enfant mort-né, du sexe..., ainsi que le constate un acte dressé le même jour sur les registres de de l'état civil de cette commune dont une expédition est restée ci-annexée.

Sur la demande de Mme veuve Andrieu, sont ici intervenus :

M. de Holstein, susnommé, et M. le docteur Louis Degrand, médecin-accoucheur, demeurant à...

Lesquels, connaissance prise de ce qui précède, ont attesté l'exactitude de la déclaration de Mᵐᵉ Andrieu, à l'accouchement de laquelle ils étaient présents.

En conséquence, Mlles Alice Andrieu, et Berthe Andrieu, toutes deux mineures sous la tutelle légale de Mᵐᵉ veuve Andrieu, leur mère, sont habiles à se dire seules héritières chacune pour moitié de feu M. Andrieu, leur père.

Dont acte : fait et passé, etc.

NOTORIÉTÉ POUR LE CAS OÙ L'ENFANT EXISTE.

Par-devant Mᵉ..., a comparu :

Mᵐᵉ Mathilde Armspach, rentière, demeurant à..., veuve de M. Frédéric Andrieu, décédé en son domicile à..., le...

Laquelle a déclaré ce qui suit :

Lors du décès de son mari, elle était enceinte et l'inventaire dressé après ce décès par le notaire soussigné le..., a été fait en présence d'un curateur au ventre, M. Julien de Holstein, propriétaire, demeurant à...

Elle est en effet accouché à..., le..., à... heures du soir, d'un enfant du sexe masculin, qui a reçu les prénoms de Alfred-Isidore, ainsi que le constate un acte dressé le lendemain sur les registres de l'état civil de...

Cette déclaration a été faite en présence de :

M. de Holstein, susnommé, et M..., demeurant à...

Lesquels ont attesté que les faits ci-dessus constatés sont de notoriété publique et que par suite de l'accouchement de Mᵐᵉ Andrieu, les trois mineurs Alice Andrieu, Berthe Andrieu et Alfred-Isidore Andrieu, enfant posthume, tous sous la tutelle légale de leur mère, sont habiles à se dire héritiers de feu M. Andrieu, leur père, chacun pour un tiers.

Dont acte ; fait et passé, etc.

VII. Notoriété pour servir à faire autoriser en justice une femme délaissée par son mari.

Par-devant M....., ont comparu ,

M... et M...,

Lesquels ont, par ces présentes, déclaré avoir connu M. Armand Sanrey, courtier de commerce, demeurant à..., marié à Mᵐᵉ Julie Fremyn, demeurant avec lui, et attesté pour vérité et notoriété publique, à tous ceux qu'il appartiendra, qu'il a quitté son domicile dans le courant du mois de..., sans avoir fait connaître les motifs de son absence, et que, depuis cette époque, il n'a donné à personne de ses nouvelles, et n'a pourvu en aucune manière à la subsistance ni à l'entretien de Mᵐᵉ Sanrey, son épouse, et de leurs trois enfants mineurs qui sont restés à la charge exclusive de leur mère.

Dont acte : fait et passé, etc.

VIII. Notoriété pour faire prononcer une absence.

Par-devant Mᵉ..., ont comparu :

M..., demeurant à..., et M..., demeurant à...

Lesquels ont déclaré avoir parfaitement connu M. Jules Bachard, né à..., le...

Et ils ont attesté ce qui suit comme étant de notoriété publique ;

M. Jules Bachard faisant partie du contingent du département de l'Isère, classe de 18... a été incorporé au... régiment d'infanterie le... 1869.

Son régiment s'est retiré en Suisse le... et depuis cette époque il n'a plus donné de ses nouvelles.

Il résulte des vérifications faites au ministère de la guerre qu'à partir du..., il a cessé de paraître à son corps sans qu'il ait été possible d'obtenir des renseignements positifs sur son existence.

Toutes ces circonstances et le laps de temps qui s'est écoulé depuis ces événements doivent faire présumer sa mort : son absence peut donc être déclarée conformément à la loi par le tribunal de première instance de son dernier domicile qui était à...

Au moment de son départ il était célibataire, et il ne paraît pas probable qu'il ait contracté mariage depuis son départ pour l'armée.

Ses héritiers présomptifs sont :

Mme Marthe Fligny, sa mère, propriétaire, demeurant à..., veuve de M. Barthélemy Bachard, décédé à..., le..., pour un quart à réserve.

Et quant aux trois autres quarts, M. Adrien Bachard, son frère germain, cultivateur, demeurant à...

Dont acte : fait et passé, etc.

IX. Notoriété pour parvenir à une adoption.

Par-devant M^e..., ont comparu :

1° M.., demeurant à...; 2° M... demeurant à...; 3° M.., demeurant à...; 4° M.., demeurant à... et 5° M... demeurant à...

Lesquels ont déclaré parfaitement connaître M. Adrien Thuvin, cultivateur, né à..., le..., et Mme Césarine Turgot, son épouse, née à..., le..., demeurant ensemble à...

Et ils ont attesté ce qui suit comme étant de notoriété publique.

M. et Mme Thuvin habitent la commune de... depuis leur mariage célébré à..., le...

Ils n'ont aucun enfant ni descendant légitime.

Leur conduite a toujours été irréprochable ; ils jouissent d'ailleurs de l'estime et de la considération publiques.

Enfin, depuis son âge de douze ans jusqu'à sa majorité, ils ont donné des soins non interrompus à Louis Gabriel, enfant abandonné, né à..., le..., qui depuis l'année..., a toujours habité chez eux et dirige aujourd'hui, sous leur surveillance, l'exploitation qu'ils font valoir.

Rien ne s'oppose donc à leur connaissance, à l'adoption que M. et Mme Thuvin se proposent de faire de Louis Gabriel, chacun des intéressés réunissant les conditions prescrites par la loi.

Dont acte : fait et passé, etc.

X. Notoriété pour rectification d'erreur dans les noms.

Par-devant M^e..., ont comparu :

M..., demeurant à..., et M..., demeurant à....

Lesquels ont déclaré :

Avoir parfaitement connu M. Joseph-Albert-Louis-Marie Frappier en son vivant sous-préfet demeurant à...

Parfaitement connaître Mme Louise-Adrienne Pelletier d'Aubigny, sa veuve, propriétaire; demeurant à...

Et ils ont attesté ce qui suit comme étant de notoriété publique :

M. Frappier est né à..., le..., ainsi que le constate un acte dressé le lendemain sur les registres de l'état civil de...

Mme Frappier est née à..., le..., ainsi que le constate un acte dressé le même jour sur les registres de l'état civil de...

Leur mariage a été célébré à la mairie de..., le... d'après un acte dressé à cette date sur les registres de l'état civil de cette commune.

M. Frappier est décédé à..., le..., ainsi qu'il résulte d'un acte dressé le surlendemain sur les registres de l'état civil de...

Les comparants ont ajouté ;

Que Mme veuve Frappier est titulaire d'une inscription de rente trois p. 100 sur l'Etat français, n°..., série..., de... francs, immatriculée au nom de Pelletier d'Aubigny (Louise-Adrienne), femme de Louis-Marie Frappier ;

Que M. Frappier était titulaire d'un certificat n°... de dix obligations de 500 fr. 3 p. 100 de la Compagnie des chemins de fer du Midi, immatriculées au nom de Frappier (Louis-Marie).

Que c'est par erreur si sur le titre de rente susénoncé, Mme Frappier a été appelée Pelletier d'Aubigny au lieu de Peltier d'Aubigny qui est son véritable nom et si M. Frappier a été désigné sous les prénoms et noms de Louis-Marie Frapier au lieu de Joseph-Albert-Louis-Marie Frappier, qui sont ses véritables prénoms et nom.

Que c'est également à tort si les deux premiers prénoms de M. Frappier qui sont Joseph-Albert ont été omis sur le certificat des obligations du Midi susdésigné.

Et qu'il y a parfaite identité entre M. Joseph-Albert-Louis-Marie Frappier et Mme Louise-Adrienne Peltier d'Aubigny, sa veuve, tels qu'ils sont dénommés dans les actes de l'état civil susénoncés et les titulaires des titres de valeurs en question.

A l'appui de leur attestation, les comparants ont représenté et sont demeurés ci-annexés après mention une expédition de chacun des actes de naissance, de mariage et de décès susindiqués.

Dont acte : fait et passé, etc.

ACTE DÉPOSÉ CHEZ UN NOTAIRE. — V. *Dépôt de pièces.*

ACTE DE PRÉSENTATION. — C'est l'acte par lequel le cédant d'un office présente son successeur à l'agrément du gouvernement. — V. *Office.*

ACTE DE PROCÉDURE. — 1. Acte fait pour l'instruction d'un procès ou dans certaines procédures d'exécution.

2. Le mot *acte de procédure* s'entend particulièrement des actes qui ressortent du ministère de l'avoué. — V. *Avoué.*

ACTE DE SOCIÉTÉ. — V. *Société.*

ACTE DE SUSCRIPTION. — 1. L'acte de suscription est l'acte dressé par le notaire en présence des témoins, pour constater la présentation à eux faite par le testateur du papier clos et scellé qu'il déclare être son testament. Cet acte donne au testament la forme mystique.

TABLE ALPHABÉTIQUE.

DIVISION.

§ 1. — *Clôture, scel et présentation du testament.*
§ 2. — *Du notaire rédacteur et des témoins.*
§ 3. — *Formes de l'acte de suscription.*
§ 4. — *Mentions que doit contenir l'acte de suscription.*
§ 5. — *Effets de l'acte de suscription.*
§ 6. — *Enregistrement et timbre.*
§ 7. — *Formules.*

§ 1er. — Clôture, scel et présentation du testament.

2. Pour pouvoir donner à ses dispositions testamentaires la forme *mystique*, le testateur doit au préalable clore et sceller le papier qui contient ces dispositions ou qui leur sert d'enveloppe. — C. civ., 976.

3. Si le testament n'a pas été clos et scellé avant d'être présenté au notaire, il peut encore être clos et scellé après cette présentation, en sa présence ainsi qu'en la présence des témoins.—C. civ., 976.

4. Il ne suffit pas que le testament soit fermé de manière à ne pouvoir être ouvert sans bris ni fracture ; il faut, outre la clôture, l'empreinte d'un cachet. — Cass., 7 août 1810 (S. 10.1.253); Demol., XXI, 343 ; Laurent, XIII, 394 ; Aub. et Rau, VII, § 671, texte et note 7. — *Contrà*, Troplong, III, 1627; Demante, IV, 121 *bis* II ; Cass., 2 avr. 1856 (S. 56.1.584).

5. Il ne suffirait pas que l'écrit contenant les dernières volontés, ou le papier servant d'enveloppe, eût été fermé avec des pains ou de la cire à cacheter, sans aucune empreinte de sceau ou de cachet. — *Autorités ci-dessus.*

6. Cependant les tribunaux ont validé un testament clos par un lien de fil traversant huit fois l'enveloppe, et, en outre, par seize cachets de cire rouge appliqués sur chacun des points où le fil traversait le papier. — Agen, 27 fév. 1855 (S. 55.2.340) ; Cass., 2 avr. 1856 (S. 56.1.581).

7. Dans ce sens la Cour de cassation dit que le mot *sceller* ne s'entend d'un sceau laissant une empreinte que lorsqu'il s'agit, pour des autorités ou des personnes publiques, d'imprimer à leurs actes un caractère solennel exclusivement attaché à l'empreinte d'un sceau légal ; que quand il s'agit de simples particuliers, l'action de de sceller se prend dans un sens plus large pour signifier l'action d'unir ensemble plusieurs objets ou plusieurs parties séparées d'un même tout, de manière qu'on ne puisse plus les diviser sans bris ni fracture. — Arrêt de cassation ci-dessus.

8. Aussi la condition de la clôture étant, pour la Cour de cassation, une condition de fait que les tribunaux décident d'après les circonstances, elle a jugé que le testament est nul lorsque la clôture et le sceau permettent facilement d'ouvrir l'enveloppe et d'en retirer le testament sans laisser de traces, parce que le sceau de cire ne les fait pas adhérer l'un à l'autre. — Cass., 27 mars 1865 (S. 66.1.354).

9. Il n'est pas nécessaire que le testateur se serve de son propre cachet ; il peut employer celui de toute autre personne, ou même le sceau du notaire qui recevra l'acte de suscription. — Cass., 8 fév. 1820 (S. 20.1.194) ; Demol., XXI, 349 ; Laurent, XIII, 395 ; Aub. et Rau, VII, § 671.

10. La formalité de la clôture et du sceau est exigée, même au cas où l'acte de suscription est écrit sur la feuille qui contient les dispositions de dernière volonté. — Demol., XXI, 352 ; Troplong, III, 1629 ; Aub. et Rau, VII, § 671 ; Comp. Bordeaux, 21 mars 1822 (S. 23.2.49).

11. Quand le testament est clos et scellé, comme il a été dit ci-dessus, le testateur doit le présenter au notaire et aux témoins. Si le testament n'est pas clos et scellé, il peut le faire clore en leur présence. — C. civ., 976.

12. Le testateur doit déclarer, en présentant son testament, que le contenu en ce papier qu'il présente est son testament écrit et signé de lui ou écrit par un autre et signé de lui. — *Même article.*

13. Quand le testament n'est pas écrit par le testateur, il n'est pas obligé d'indiquer le nom de la personne qui a écrit le testament. — Cass., 16 déc. 1834 (S. 35.1.463).

14. Lorsque le testament est présenté au notaire et aux témoins par une personne qui ne peut pas parler, mais qui peut écrire, elle doit écrire en leur présence, en haut de l'acte de suscription, que le papier qu'elle présente est son testament. — C. civ., 979.

15. Mais, dans ce dernier cas, le testament pour être valable doit être entièrement écrit, daté et signé de la main du testateur. — *Même article.*

16. Dès que le testateur a présenté son testament au notaire et aux témoins, en l'accompagnant de la déclaration ci-dessus, il est censé l'avoir lu et l'avoir approuvé, et le testament est considéré comme l'œuvre de la propre volonté. — Toullier, V, 246.

§ 2. — Du notaire rédacteur et des témoins.

17. L'acte de suscription est dressé par le notaire en présence de six témoins, si les dispositions présentées par le testateur sont signées. Si elles ne le sont pas, parce que le testateur ne pouvait ou ne savait écrire, la loi exige la présence d'un septième témoin. — C. civ., 976 et 977.

18. Le notaire rédacteur de l'acte de suscription doit avoir la compétence et la capacité exigées pour tous les actes notariés, d'après la loi de ventôse an XI. — Laurent, XIII, 397.

19. Ainsi l'acte de suscription ne pourrait être reçu par le notaire qui serait parent ou allié du testateur au degré prohibé par la loi de ventôse. — Laurent, XIII, 397 ; Demante, IV, n. 121 *bis* V, et tous les auteurs.

20. De même le notaire serait incapable si l'acte de suscription contenait une disposition en sa faveur, ou en faveur de ses parents et alliés au degré déterminé par la loi. — *Mêmes autorités.*

21. Mais l'incapacité prononcée par l'art. 8 de la loi de ventôse ne s'applique point, si le testateur a fait un legs au profit du notaire, ou de ses parents ou alliés, dans l'écrit qui contient ses dispositions ; et cela lors même que le notaire aurait écrit le testament. — Montpellier, 9 fév. 1836 (S. 37.2.270) ; Cass. belge, 28 janv. 1873 (S. 73.2.97) ; Demol., XXI, 362 ; Laurent, XIII, 397 ; Aub. et Rau, VII, § 671, texte et note 17.

22. Les incapacités édictées par l'art. 980 sont applicables aux témoins même du testament mystique ; cela résulte de la place de cet article. Aucun doute à ce sujet.

23. Donc il faut que les témoins soient mâles, majeurs, Français, et jouissant de leurs droits civils. — C. civ., 980 ; Laurent, XIII, 401 et 259 ; Aub. et Rau, VII, § 670, texte et note 11.

24. Donc l'étranger ne peut être témoin, quand même il aurait la jouissance des droits civils en France, par suite d'une autorisation de domicile. — Laurent, XIII, 259 ; Demol., XXI, 182 ; Aub. et Rau, VII, § 670, texte et note 11 ; Cass., 23 janv. 1844 (S. 44.1. 243). — *Contrà*, Turin, 10 avr. 1809 (S. 10.2.85) ; Delvincourt, *sur l'art.* 980.

25. De même les personnes frappés de dégradation civique ou d'interdiction légale, ou à qui le droit d'être témoins a été formellement interdit en vertu de l'art. 42, C. pén., ne peuvent être témoins. — Demol., XXI, 184 ; Aub. et Rau, VII, § 670, texte et note 82.

26. Mais l'interdit n'est pas incapable d'être témoin, car il jouit des droits civils, l'exercice seul lui est enlevé. — Demol., XXI, 185 ; Aub. et Rau, VII, § 670, texte et note 10 ; Laurent, XIII, 260. — *Contrà*, Duranton, IX, 106 ; Coin-Delisle, *sur l'art.* 980, n. 8.

27. Il n'est pas nécessaire que les témoins soient domiciliés dans l'arrondissement communal où l'acte est passé ; c'est-à-dire que l'art. 9 de la loi de ventôse n'est pas applicable ici. — Cass., 3 août 1841 (S. 41.1.865) ; Demol., XXI, 188 ; Laurent, XIII, 261 ; Aub. et Rau, VII, § 670, texte et note 15. — *Contrà*, Bordeaux, 6 déc. 1834 (S. 35.2.140) ; Toullier, V, 397.

28. On admet aussi, par dérogation à la loi de ventôse combinée avec la constitution de l'an VIII, que les faillis non réhabilités ne sont pas incapables d'être témoins.— Cass., 10 mars 1829 (S. 29.1.247) ; Amiens, 9 mars 1864, (*Revue*, n. 827) ; Demol., XXI, 187 : Laurent, XIII, 261. — *Contrà*, Amiens, 7 juill., 1873 (*Revue*, n. 4494) ; Dall., *Répert.*, v° *Oblig.*, n. 3299 ; Larombière, *Oblig.*, *sur l'art.* 1317.

29. Cependant, en présence de la division qui existe sur cette question, les notaires feront prudemment d'éliminer comme témoin un failli qui ne justifierait pas de sa réhabilitation.

30. Les incapacités relatives édictées par l'art. 975 ne sont pas applicables aux témoins de l'acte de suscription. — Aub. et Rau, VII, § 671, texte et note 18 ; Laurent, XIII, 401 ; Demol., XXI, 373.

31. Ainsi les légataires, leurs parents ou alliés peuvent être témoins. — Autorités ci-dessus ; *Adde* Montpellier, 9 fév. 1836 (S. 27.2.270).

32. On admet également que l'art. 10 de la loi de ventôse qui règle les incapacités relatives des témoins n'est pas applicable ici. — Laurent, XIII, 401 ; Aub. et Rau, VII, § 671, texte et note 18 ; Demol., XVI, 374. *Contrà*, Marcadé, sur l'art. 976 ; Duranton, IX, 141.

33. Ainsi les clercs du notaire qui reçoit l'acte de suscription d'un testament mystique peuvent y être employés comme témoins. — *Autorités ci-dessus*.

34. Les incapacités naturelles, telles que la surdité, la cécité, la folie, qui empêchent une personne de remplir efficacement sa mission de témoin s'appliquent au testament mystique, comme au testament par acte public. — Laurent, XIII, 402.

35. Il faudrait même exiger que les témoins comprissent la langue dans laquelle le testateur fait sa déclaration. — Laurent, *loc. cit.*, Demol., XXI, 370. *Contrà*, Bruxelles, 11 mai 1863 (*Pasicrisie*, 1863.2.342).

§ 3. — Formes de l'acte de suscription.

36. L'acte de suscription doit être écrit sur le testament même ou sur l'enveloppe dans laquelle se trouve le testament. Il ne pourrait pas être écrit sur une feuille de papier timbré séparée.—

Cass., 6 juin 1815 (Devil. et Car., *Coll. nouv.* V, 2, 59). — Demol., XXI, 355 ; Aub. et Rau, VII, § 671, texte et note 13 ; Laurent, XIII, 403.

37. Mais il n'y a pas nullité si la feuille destinée à servir d'enveloppe ayant été pliée en deux, la moitié a été employée à former l'enveloppe, et l'autre moitié a reçu l'acte de suscription, sans être détachée de celle formant l'enveloppe. — Turin, 5 déc. 1806 (S.6.2.760).

38. En principe le notaire est tenu d'observer dans la rédaction de l'acte de suscription les formalités que la loi du 25 vent. an xi prescrit pour les actes notariés en général. — Laurent, XIII, 406 ; Aub. et Rau, VII, § 671, texte et note 29 ; Demol., XXI, 356. — Comparez Cass., 16 déc. 1834 (S. 35.1.463) ; *Id.*, 3 janv. 1838 (S.38.1.244).

39. Ainsi il est certain que l'acte de suscription doit être passé par un notaire compétent, qu'il doit mentionner les noms et demeure du notaire et des témoins, le lieu, le jour et l'année où il est fait, qu'il doit, enfin, être conforme à la loi du notariat pour les additions, surcharges, renvois, blancs, interlignes. — *Mêmes autorités.*

40. De même il est hors de doute que l'acte de suscription doive être daté. — Durant., IX, 137 ; Troplong, n. 1650.

41. Il a été jugé cependant qu'il n'y a pas lieu de prononcer la nullité pour cause de surcharges « lorsqu'il est constaté que les surcharges reprochées ne sont que de simples corrections faites par le notaire pour substituer une expression à une autre, sans dénaturer le sens de l'acte, ou pour ajouter des lettres nécessaires pour la régularité de l'orthographe. » — Cass., 27 janv. 1813 (Dall., *Rép.* v° *Dispos.*, n. 3295).

42. Le notaire doit écrire lui-même l'acte de suscription, à peine de nullité. — C. civ., 976, 979. — Demol., XXI, 351 ; Aub. et Rau. VII, § 661, texte et note 12 ; Laurent, XIII, 401 ; *Contrà*, Malleville, sur l'art. 676 ; Vazeille, sur l'art. 976, n. 17.

43. A partir de la présentation du testament, tout doit être fait de suite et sans divertir à autres actes. — C. civ., 976. — C'est la reproduction de la règle romaine, qui voulait que le testament fût fait *uno contextu* (L. 21 *in fine*, D., *qui testam. facere possunt*).

44. L'unité de contexte doit être entendue en ce sens que tout doit être fait de suite et sans intervalle notable ; ainsi on ne pourrait pas suspendre l'acte de suscription pour faire une autre affaire quelconque. — Duranton, IX, 129.

45. Mais rien n'empêche de suspendre un instant les opérations, soit pour permettre au notaire ou à un témoin de satisfaire un besoin physique, soit pour donner un peu de repos au malade, ou pour lui administrer un remède. — Demol., XXI, 388 ; Laurent, XIII, 416.

46. L'acte de suscription doit, à peine de nullité, être signé tant par le testateur que par le notaire, à moins qu'il n'y ait empêchement pour le premier. — C. civ., 976 et 1011.

47. Il doit également, à peine de nullité, être signé par les témoins. — *Mêmes articles.*

48. L'acte de suscription doit être signé par tous les témoins, et on ne peut étendre aux testaments mystiques la disposition de l'art. 974 qui, pour les testaments par actes publics reçus à la campagne, se contente de la signature de la moitié des témoins. — Cass., 20 juill. 1809 (S.9.1.370); Pau, 19 déc. 1829 (S.30.2.133); Demol., XXI, 387; Aub. et Rau, VII, § 671, texte et note 14; Troplong, III, 1632.

49. L'acte doit être signé même par le septième témoin qui est, appelé dans le cas où le testateur ne sait pas signer, ou n'a pu le faire après avoir écrit ses dispositions. — C. civ., 977. Aub. et Rau, VII, § 671, texte et note 31.

50. On ne peut considérer comme une signature une croix tracée sur le papier par l'un des témoins. — Liége, 27 mai 1807 (S.6.2.173).

51. L'acte de suscription n'étant qu'une simple attestation des formalités prescrites pour établir et assurer l'identité du testament, n'est en réalité qu'un acte simple par sa nature; il peut donc être délivré en brevet. — Paris, 10 juin 1848 (S.48.2.356); Laurent, XIII, 405; Demante, IV, n. 121 *bis* VI.

52. Donc il n'est pas nécessaire que le testament mystique soit retenu au nombre des minutes du notaire qui a dressé l'acte de suscription, et il peut être remis au testateur par le notaire immédiatement après l'accomplissement de toutes les formalités de l'acte de suscription. — *Autorités ci-dessus.*

53. Donc si le testateur a confié le dépôt du testament au notaire, il peut toujours en demander la restitution, et le notaire ne peut pas la lui refuser. — Paris, 10 juin 1848 (S.48.2.356), qui condamne un avis contraire de la Chambre des notaires de Paris. Dans le même sens, Laurent, XIII, 405; Demante, IV, n. 121 *bis* VI.

54. Toutefois le notaire peut exiger une décharge même notariée, aux frais du testateur. — *Arrêt de Paris ci-dessus.*

§ 4. — Mentions que doit contenir l'acte de suscription.

55. L'acte de suscription doit contenir la mention des différentes formalités exigées par la loi. — C. civ., 976; Cass., 28 déc. 1812 (S. 13.1.269); Laurent, XIII, 407; Aub. et Rau, |VII, § 671, texte et note 21.

56. Mais comme l'art. 976, à la différence de l'art. 972, ne parle pas de mention *expresse*, on admet qu'il suffit que la preuve de tous les faits ci-dessus résulte de l'acte dressé, sans que l'on puisse exiger des termes quelconques, ni ceux dont la loi se sert, ni des termes équipollents. — Laurent, XIII, 408; Demol., XXI, 376; Dall., *Rép.*, v° *Disposit.*, n. 3271, — *Contrà*, Duranton, IX, n. 130.

57. Il en résulte que le notaire rédacteur de l'acte ne serait pas soumis à l'inscription de faux, si le fait que constate l'énonciation

n'est pas conforme à la loi. — Cass., 8 nov. 1832 (S.33.1.80);
Laurent, XIII, 408.

58. *Mention de la présentation au notaire et aux témoins.* Cette
présentation étant une formalité essentielle, l'acte de suscription
doit en contenir la mention et indiquer que c'est bien le testateur
qui a présenté son testament au notaire et aux témoins; autrement
le testament serait nul. — Cass., 7 août 1810 (S. 10.1.353); Poitiers, 28 mai 1825 (S. 25.2.259); Demol., XXI, 375 ; Aub. et Rau,
VII, § 671, texte et note 21; Laurent, XIII, 407.

59. Mais il suffit que cette mention résulte de l'ensemble de
l'acte de suscription : il n'est pas nécessaire qu'elle soit expresse.
— V. le n. 56 *suprà* et les autorités citées dans les numéros suivants.

60. Ainsi il a été jugé qu'il n'est pas nécessaire que le testateur
se serve du mot *présenter* ou d'un terme équipollent, qu'il suffit
que l'on puisse induire des termes dont le notaire s'est servi qu'en
effet le papier contenant le testament lui a été présenté ainsi
qu'aux témoins. — Cass., 22 mai 1817 (S. 18.1.210); Toulouse,
19 juin 1830 (S. 30.2.365); Demol., XXI, 376; Aub. et Rau, [VII,
§ 671, texte et note 22 ; Laurent, XIII, 408.

61. Il a été jugé également que lorsque l'acte de suscription
constate que le testateur a cacheté son testament en présence des
témoins et du notaire, et qu'immédiatement après le testament est
venu entre les mains du notaire, une pareille clause, établissant
que le testament est passé directement du testateur au notaire,
mentionne suffisamment qu'il a été présenté par le testateur lui-
même. — Cass., 8 avril 1806 (S. 6.1.287).

62. Mais la mention suivante : *le testateur a déclaré au notaire,
en présence des témoins, que le papier contenu sous l'enveloppe était son
testament*, n'implique pas la présentation, et par conséquent entraîne la nullité de l'acte de suscription, et par suite du testament.
— Poitiers, 28 mai 1825 (S.25.2.259).

63. De même la circonstance qu'il résulterait de l'acte de suscription que le testateur a parlé de son testament comme d'une
pièce placée sous les yeux du notaire et des témoins, ne suppléerait point, en général, à la mention de la présentation du testament par le testateur.— Cass., 28 déc. 1812 (S.12.1.369); Demol.,
XXI, 378; Aub. et Rau, VII, § 671, texte et note 22.

64. Il ne suffit pas que le testament soit présenté au notaire, il
faut qu'il le soit aussi aux témoins. — C. civ., 976. V. n. 11.

65. Mais la mention dans l'acte de suscription que la présentation a eu lieu *en présence* des témoins, ou les témoins présents, a été
jugée suffisante, comme impliquant la présentation aux témoins.
— Toulouse, 19 juin 1830 (S. 30.2.365).

66. *Mention de la clôture et du scel.* Sous l'empire de l'ordonnance de 1735, la mention du sceau n'était pas exigée, il suffisait
que la preuve du sceau résultât de l'inspection du testament. —
Ord. 1735, art. 9, 47.

67. Aujourd'hui le notaire doit, à peine de nullité, faire mention dans l'acte de suscription, que le testateur a présenté le testament clos et scellé à lui notaire et aux témoins, ou qu'il l'a fait clore et sceller en leur présence. — Cass., 28 déc. 1812 (S. 13.1. 369) ; Laurent, XIII, 407 ; Aub. et Rau, VII, § 671.

68. Mais il n'est pas nécessaire que l'acte de suscription contienne la mention *expresse* que le testament était clos et scellé. — Colmar, 20 janv. 1824 (Devill. et Car., *Coll. nouv.*, 7.2.299) ; Laurent XIII, 408 ; Demol. XXI, 376 ; Dall., *Rép.*, v° *Disposit.*, n. 3271.

69. Jugé que l'énonciation exigée par la loi résulte suffisamment de la mention que le testament a été présenté *cacheté*, car ce terme implique la clôture et le scel. — Bruxelles, 15 juin 1814 (*Pasicrisie*, 1814, p. 112).

70. Mais la mention que le testament était *clos* sans l'addition *et scellé*, ne suffirait pas quand même, lors de son ouverture, on le trouverait cacheté. — Demol., XXI, 381 ; Aub. et Rau, VII, § 671, texte et note 23 ; Laurent, XIII, 411. — *Contrà*, Cass., 21 mai 1824 (Dall., *Rép.*, v° *Disposit.*, n. 3288) ; Troplong, III, 1643 ; Coin-Delisle, sur l'art. 976, n. 28.

71. Un notaire ayant pu croire par erreur qu'un testament mystique est scellé lorsqu'il est clos sans empreinte, il n'y a pas contrariété entre la mention dans l'acte de suscription qu'un pareil testament était clos et scellé, et le procès-verbal d'ouverture constatant que ce testament, reconnu intact, ne portait sur l'enveloppe ni cachet, ni empreinte quelconque. — Bruxelles, 18 fév. 1818 (Devill. et Carelle. *Coll. nouv.*, 5.2.354).

72. La loi n'ayant pas parlé de la mention de l'empreinte sur le cachet, il ne faut pas exiger cette mention. — Bordeaux, 20 nov. 1833 (D. 34.2.192).

73. A plus forte raison la description de l'emprcinte n'est pas non plus exigée dans l'acte de suscription. — Même arrêt. — Toutefois il est prudent de faire cette description qui tend à prouver l'identité du sceau et, par conséquent, celle du testament renfermé sous l'enveloppe.

74. *Mention de la déclaration du testateur.* — Le testateur doit déclarer, en présentant le papier clos et scellé, que le contenu en ce papier est son testament. — C. civ., 976 ; Turin, 1er févr. 1806 (S.6.2.99) ; Laurent, XIII, 407. V. n. 12.

75. Mais la loi n'exigeant pas mention expresse de cette formalité, il suffit que la déclaration prescrite se trouve implicitement énoncée dans l'acte de suscription. — Cass., 15 juill. 1806 (S. 6. 2.967).

76. La déclaration que le papier présenté contient le testament du défunt ne suffit point, il faut de plus que le testateur dise si le testament est écrit et signé de lui, ou s'il est écrit par un autre et signé de lui ; la preuve de cette déclaration doit résulter de l'acte de suscription à peine de nullité. — Turin, 1er fév. 1806 (S. 6.2. 99) ; Demol., XXI, 383 : Laurent, XIII, 412 ; Aub. et Rau, VII, § 671.

77. Mais il suffit qu'elle en résulte implicitement. Serait suffisanté une mention ainsi conçue : *Le testateur a présenté au notaire le présent testament, qu'il a fait écrire par une main de lui affidée et qu'il a signé.* — Cass., 8 nov. 1832 (S. 33.1.80).

78. La preuve de la déclaration que le testateur a écrit ou fait écrire son testament par un tiers résulte suffisamment de la déclaration, mentionnée à l'acte, que le testateur avait dicté son testament et l'avait signé lui-même. — Turin, 5 déc. 1806 (S. 6.2.760).

79. Un testament est nul lorsqu'il est dit dans l'acte de suscription que le testateur a déclaré l'avoir écrit tout entier de sa main, tandis qu'en fait une partie en a été écrite par une main étrangère. — Lyon, 26 janv. 1822 (S. 23.2.296).

80. Quand le testament mystique est fait par un individu qui ne peut parler, le notaire doit faire mention dans l'acte de suscription que le testateur a écrit, en présence du notaire et des témoins, au haut de l'acte de suscription, que le papier qu'il présentait était son testament, C. civ., 979. — Et cela à peine de nullité, C. civ., 1001.

81. Les héritiers du testateur seraient admis à prouver que lors de la présentation du testament au notaire et aux témoins, le testateur était privé de l'usage de la parole, et qu'en conséquence il n'a pu, quoique l'acte de suscription énonce le contraire, prononcer les paroles prescrites par la loi. Une pareille preuve toutefois ne peut se faire que par la voie de l'inscription de faux contre l'acte de suscription. — Orléans, 17 juill. 1847 (S. 47.2.165).

82. *Mentions relatives à l'acte même de suscription.* — L'acte de suscription doit de plus contenir les mentions qui constatent l'accomplissement des formes que la loi a prescrites pour la régularité. Mais il ne peut y avoir de nullité pour défaut de ces mentions qu'autant que la loi l'a dit expressément.

83. Il n'est pas nécessaire que l'acte de suscription mentionne qu'il a été dressé soit sur le papier contenant les dispositions testamentaires, soit sur la feuille qui lui sert d'enveloppe. — Metz, 8 mars 1821 (Devill. et Car., *Coll. nouv.*, 6.2.378); Demol., XXI, 384; Laurent, XIII, 413; Aub. et Rau, VII, § 671.

84. Donc si le notaire constatait qu'il a écrit le testament sur le papier même, tandis qu'en réalité il est écrit sur l'enveloppe, l'acte serait néanmoins valable. — Bruxelles, 9 août 1808 (S. 9.2.63); *adde autorités ci-dessus.*

85. La mention que le notaire a écrit l'acte de suscription n'est pas non plus nécessaire. — Demol., XXI, 384; Aub. et Rau, VII, § 671, texte et note 26; Laurent, XIII, 414. — Cependant, pour éviter toute difficulté, les notaires feront bien de l'insérer dans l'acte de suscription.

86. Il a été jugé que la loi n'exigeant pas que l'acte de suscription mentionne qu'il a été écrit de la main du notaire, la présomption est que cette formalité a été remplie, et c'est à celui qui attaque le testament à faire vérifier si l'acte de suscription a été ou non écrit par le notaire. — Toulouse, 2 mai 1831 (Dall., *Rép.*, v° *Disposit.*, n. 3298).

87. Nous avons vu (n. 39) que le lieu où le notaire rédige l'acte de suscription doit être mentionné ; mais comme toutes les autres, cette mention n'a pas besoin d'être expresse. — Demol., XXI, 376 ; Laurent, XIII, 408 ; Dall., *Rép.*, v° *Disposit.*, n. 3271.

88. Ainsi il a été jugé que le lieu où un acte de suscription a été passé est suffisamment indiqué par ces mots : « *passé dans l'étude* » combinés avec la signature du notaire. — Cass., 27 janv. 1813 (Dall., *Rép.*, v° *Disposit.*, n. 3295).

89. De même par ces expressions mises à la fin de l'acte de suscription « la comparante a signé *audit Cassel* et en son *dit domicile* ». — Cass., 26 juill. 1815 (Dall., *Rép.*, v° *Disposit.*, n. 3295).

90. Lorsqu'un témoin a été appelé en plus parce que le testateur n'a pas pu signer ses dispositions testamentaires, il doit être fait mention dans l'acte de suscription, à peine de nullité, de la cause pour laquelle ce témoin a été appelé. — C. civ., 977, 1001.

91. Si, dans l'acte de suscription d'un testament mystique auquel il y a lieu d'appeler un septième témoin, il est d'abord fait mention que les diverses formalités ont été remplies en présence de six témoins, et qu'ensuite, dans une clause distincte et en quelque sorte supplémentaire, on répète qu'elles l'ont été également en présence d'un septième, cet acte est valable alors surtout qu'il résulte de ces termes que le tout a été accompli en la présence simultané de sept témoins, — Bordeaux, 20 nov. 1833 (D. 34.2. 192).

92. L'acte de suscription est nul s'il n'indique pas la demeure des témoins. — Bordeaux, 16 juin 1834 (Dall., *Rép.*, v° *Disposit.*, n. 3324).

93. Mais il n'est pas nécessaire que l'acte de suscription mentionne que lecture en a été donnée au testateur en présence des témoins. — Bordeaux, 5 mai 1828 (S. 28.2.330) ; Demol., XXI, 384 ; Aub. et Rau, VII, § 671, texte et note 28.

94. Cependant les notaires feront bien de ne pas oublier cette mention, afin de se soustraire à l'application de la loi du 25 ventôse an VI dont l'art. 13 édicte une amende contre le notaire qui n'a pas fait cette mention.

95. Le défaut de mention de la signature du testateur et des témoins n'entraîne pas non plus la nullité de l'acte de suscription, et par suite du testament. — Cass., 16 déc. 1834 (S. 35.1.463) ; Laurent, XIII, 415 ; Demante, IV, 121 *bis* III. — *Contrà*, Demol., XXI, 387 ; Troplong, III, 1646 ; Aub. et Rau, VII, § 671, texte et note 30.

96. La question étant très-controversée, les notaires agiront cependant prudemment en ajoutant cette mention à l'acte de suscription, d'autant plus que la loi de ventôse an XI, art. 14, pourrait être invoquée contre les contrevenants.

97. La loi n'exige pas non plus la mention dans l'acte de suscription que tout a été fait de suite et sans divertir à d'autres actes; il suffit donc que l'unité de contexte résulte clairement de l'acte. — Cass., 8 fév. 1820 (S. 20.1.191); Laurent, XIII, 417; Aub. et Rau, VII, § 671; Demol., XXI, 384.

98. L'absence de l'unité de contexte et la preuve du faux de l'acte de suscription ne résulterait pas : 1º de ce qu'une nuance différente se remarquerait entre l'encre employée pour les signatures et celle qui a servi pour le corps de l'acte; 2º de ce que des mots auraient été ajoutés après coup par renvoi, si ces mots ne changeaient rien aux parties essentielles de l'acte. — Bordeaux, 2 avr. 1835 (Dall., *Rép.*, vº *Disposit.*, n. 3317).

99. Quand le testateur, par un empêchement survenu depuis la signature du testament, ne peut signer l'acte de suscription, il doit être fait mention de la déclaration qu'il en aura faite, sans qu'il soit besoin d'augmenter le nombre des témoins. — C. civ., 976. — Et cela à peine de nullité. — C. civ., 1001.

100. Les notaires feront bien de déclarer quelle sorte d'empêchement met le testateur dans l'impossibilité de signer. Cependant la loi ne l'exigeant pas, le testateur peut se borner à déclarer qu'il ne peut pas signer.

101. Mais le notaire doit faire mention de sa déclaration. Il ne suffirait pas qu'il constatât l'empêchement : une pareille mention serait nulle et entraînerait la nullité du testament. — Demol., XXI, 385; Laurent, XIII, 415; Coin-Delisle, *sur l'art.* 476, n. 40.

102. Cette mention doit être faite à la fin de l'acte, cependant la circonstance qu'elle se trouverait placée dans le corps de l'acte n'entraînerait pas la nullité du testament. — Cass., 3 janv. 1838 (S. 38.1.244); Troplong, III, 1647; Demol., XXI, 385; Aub. et Rau, VII, § 671, texte et note 15.

§ 5. — Effets de l'acte de suscription.

103. Les formalités de l'acte de suscription ayant pour effet d'assurer le secret des dispositions testamentaires, l'effet principal de cet acte est de donner au testament le caractère de *mystique* ou *secret*.

104. Ce secret ayant été établi dans l'intérêt du testateur, il suit que le testament serait valable lors même que l'acte de suscription énoncerait qu'il a été donné connaissance du testament au notaire et aux témoins. — Cass., 8 avr. 1806 (Devill. et Car., *Coll. nouv.*, 2.1.231); Toullier, V, 470.

105. Quand l'acte de suscription est nul pour une des causes mentionnées ci-dessus, le testament qui ne peut valoir comme mystique vaudra néanmoins comme olographe, s'il est entièrement écrit, daté et signé de la main du testateur.— Cass., 23 déc. 1828 (S. 29.1.6); Laurent, XIII, 428; Demol., XXI, 408; Aub. et Rau, VII, § 671, texte et note 33. — *Contrà*, Poitiers, 28 mai 1825 (S. 25.2.259); Coin-Delisle, *sur l'art.* 976, n. 15.

106. A moins, cependant, qu'il ne résulte des dispositions du testateur, que l'acte qui remplit les conditions du testament olographe n'a été considéré par lui que comme un simple projet, et qu'il a entendu subordonner l'existence de ses dernières volontés à l'accomplissement des formes prescrites pour les testaments mystiques. — Aub. et Rau, *loc. cit.* — Comp. cependant Bruxelles, 11 mars 1815 (*Pasicrisie*, 1815, p. 322) et Laurent, XIII, 429.

107. Quant à la force probante de l'acte de suscription, il est évident que c'est un acte authentique, qui fait foi, jusqu'à inscription de faux, de toutes les formalités que le notaire a mission d'accomplir et de constater.

108. Ainsi l'acte de suscription a date certaine, et il imprime cette date au testament. — Laurent, XIII, 430; Marcadé, sur l'art. 976, n. 1.

109. Il est également prouvé jusqu'à inscription de faux que le testateur a déclaré que l'écrit qu'il présente contient ses dispositions, que cet acte est signé de lui, qu'il est écrit par lui ou par un autre. — Laurent, XIII, 830.

110. Mais ces déclarations reçues par le notaire ne font foi de leur vérité que jusqu'à preuve contraire, c'est-à-dire qu'on peut contester la vérité de ces déclarations par toute preuve légale, sans s'inscrire en faux ; car l'écrit contenant les dernières dispositions du testateur est un écrit sous seing privé, qui ne devient point authentique par l'accomplissement des formalités de l'acte de suscription. — Laurent, XIII, 430 et suiv.; Aub. et Rau, VII, § 671, texte et note 34, Bruxelles, 4 mars 1831 (*Pasicrisie*, 1831, p. 36) — *Contrà*, Besançon, 22 mai 1845 (S. 46.2.388); Troplong, III, 1652 ; Duranton, IX, 145 ; Demol., XXI, 411.

111. On peut prouver, par toute preuve contraire, que la signature ou l'écriture des dispositions revêtues de l'acte de suscription n'émanent point du testateur. — *Autorités ci-dessus.*

112. De même il ne serait pas nécessaire de s'inscrire en faux pour prouver que la mention inscrite dans l'acte de suscription que le testateur a lu son testament, est fausse, et que le testateur ne savait ou ne pouvait lire. — Cass., 11 avril 1811 (Devill. et Car., *Coll. nouv.*, 3,1.323); Laurent, XIII, 434.

113. Quand l'acte de suscription est valable, le testament emprunte la date de cet acte, quand même les dispositions testamentaires elles-mêmes seraient datées. C'est donc à cette date qu'il faudrait examiner la capacité du testateur. — Merlin, *Rép.*, v° *Testament*, sect. 2, § 3, art. 3, n. 10 ; Marcadé, sur l'art. 976, n. 1.

114. Mais quand le testament, par suite de la nullité de l'acte de suscription, ne vaut que comme olographe, c'est évidemment à la date du testament olographe qu'il faut examiner cette capacité. — Marcadé, *loc. cit.*

115. Relativement à la responsabilité du notaire rédacteur de l'acte de suscription, il a été jugé qu'il est responsable des suites du vice de forme de cet acte, en vertu de la loi du 25 vent. an xi, art. 68. — Bordeaux, 16 juin 1834 (Dall., *Rép.*, v° *Dispos.*, n. 3324). — V. *Responsabilité notariale.*

116. Mais que cette responsabilité n'est encourue qu'autant

qu'il n'y aurait pas controverse sur la nullité en question. —
Agen, 16 août 1836 (S.37.2.278). V. *ibid.*

§ 6. — Enregistrement et timbre.

117. *Enregistrement.* — L'acte de suscription est passible du droit
fixe de 3 fr. comme acte innomé ou de complément par la loi. — LL. 22
frim. an VII, art. 68, § 1er, n. 51; 18 mai 1850, art. 8; 28 fév. 1872, art. 4.

118. Le délai pour l'enregistrement de l'acte de suscription est le
même que celui accordé pour l'enregistrement du testament mystique avec
lequel il fait corps. C'est donc dans les trois mois du décès du testateur que
cet acte doit être présenté à la formalité en même temps que le testament.
— L. 22 frim. an VII, art. 21; Délib., 12 germ. an XIII, Inst. 290.73. —
V. *Testament.*

119. La simple indication mise sur l'enveloppe d'un testament olographe ne rend pas cette enveloppe susceptible d'enregistrement. Sol.
4 août 1830.

120. L'acte de suscription doit être portée à sa date sur le répertoire
du notaire. — V. *Répertoire.*

121. *Timbre.* — Lorsque l'acte de suscription est rédigé sur une enveloppe non timbrée dans laquelle se trouve renfermé le testament, aucune
amende n'est exigible du notaire. La loi lui prescrivant de dresser l'acte de
suscription *de suite et sans divertir à autres actes* (C. civ. 976), la contravention qu'il commet n'est pas volontaire et ne peut lui être imputée. Dans
ce cas, lors de l'ouverture du testament, l'enveloppe doit être visée pour
timbre. Déc. min., 3 nov. 1807; — et l'amende est déterminée par les Lois du
13 brum. an VII, art. 26, n. 3; du 16 juin 1824, art. 10; du 2 juillet 1862,
art. 22. Cette amende doit être réclamée aux héritiers du testateur en vertu
de l'art. 76 de la loi du 28 avril 1816.

§ 7. — Formules.

*I. — Acte de suscription d'un testament mystique, lorsque le testateur
a écrit lui-même le testament, et le présent clos et scellé.*

La rédaction du testament mystique appartient au testateur; elle peut être la
même que pour un testament olographe (V. *Testament olographe*). Nous n'avons
à nous occuper ici que de l'acte de suscription du testament mystique, qui doit
avoir lieu devant notaire.

Par-devant Me...

En présence de MM. (prénoms, noms, professions et demeures des six témoins),
témoins français majeurs, jouissant de leurs droits civils et civiques, non parents
ni alliés du testateur ci-après nommé; en un mot réunissant toutes les qualités voulues par la loi, ainsi qu'ils l'ont déclaré au notaire soussigné sur son interpellation
expresse.

A comparu :

M... (prénoms, nom, profession et demeure du testateur),

Lequel a présenté au notaire et aux témoins susnommés un papier clos et scellé
en deux endroits avec de la cire rouge portant l'empreinte d'un cachet à ses
armes (ou aux initiales A. B., qui sont les siennes), et a déclaré que ce papier contient son testament écrit et signé de lui.

En conséquence, le notaire soussigné a dressé et écrit en entier de sa main, en présence du testateur et des témoins, sur le même papier, le présent acte de suscription.

Tout ce que dessus a été fait de suite et sans divertir à d'autres actes, à Paris, dans... (désigner le lieu comme pour un testament public).

L'an mil huit cent..., le trente juillet, à... heures du soir.

Et le comparant a signé avec le notaire et les témoins, après lecture faite même de la présente mention et de celle qui va suivre.

La lecture des présentes par le notaire et la signature par le comparant ont eu lieu en la présence réelle et simultanée des témoins.

II. — *Lorsque le testateur a fait écrire son testament par un autre et l'a signé lui-même.*

La formule est la même que celle ci-dessus ; seulement, après ces mots (qu'il a déclaré contenir son testament), il faut ajouter ceux-ci : (écrit de la main d'une autre personne *ou* de telle personne, s'il veut la nommer), mais signé de lui ;

En conséquence, etc. (le reste comme ci-dessus).

III. — *Lorsque le testateur a écrit et signé ou seulement signé son testament, mais est empêché de signer l'acte de suscription à cause d'une infirmité ou d'une blessure survenue depuis la signature du testament.*

Par-devant Me..., etc. (Voir ci-dessus, no 1).

Lequel a présenté aux notaire et témoins soussignés (Voir pour le premier cas la formule no 1, et pour le second celle no 2).

En conséquence, Me..., notaire soussigné, a écrit et dressé de sa main, sur ce papier, le présent acte de suscription.

Fait et passé de suite et sans divertir à d'autres actes à... dans le cabinet de Me..., notaire soussigné.

Le jeudi vingt-deux novembre mil huit cent..., à..., heures du matin.

Et le testateur requis de signer ayant déclaré savoir signer, mais ne pouvoir le faire à cause de l'infirmité (ou de la faiblesse) dont il est atteint (ou de la blessure qu'il a reçue) depuis qu'il a écrit et signé (C. c., 976) (ou qu'il a signé son testament), les témoins susnommés et le notaire ont signé le tout après lecture faite par ce dernier au testateur en la présence réelle et simultanée des témoins et du notaire.

IV. — *Lorsque le testateur sait lire, mais ne sait ou ne peut écrire.*

Par-devant Me...,

En présence de MM...

Tous sept (C. c. 977), témoins français majeurs, jouissant de leurs droits civils et civiques, non parents ni alliés du testateur ci-après nommé ; en un mot, réunissant toutes les conditions prescrites par la loi, ainsi qu'ils l'ont déclaré au notaire sur son interpellation expresse.

Le septième témoin appelé conformément à l'art. 977 du Code civil, attendu que le testateur a déclaré qu'il ne pouvait signer lorsqu'il a fait écrire son testament à cause de la faiblesse dont il était atteint, mais qu'il sait lire (C. c. 977), (ou qu'il ne sait ni écrire ni signer mais qu'il sait lire).

A comparu : M...

Lequel a présenté au notaire et aux sept témoins susnommés, le présent papier entouré d'un ruban rose en soie, scellé en deux endroits, aux points de croisement avec de la cire noire et un cachet carré à ses armes, et il a déclaré que ce papier renferme son testament écrit de la main d'une autre personne et qu'il n'a pas signé par la raison indiquée plus haut.

En conséquence, M⁰... notaire soussigné a écrit et dressé de sa main le présent acte de suscription.

Fait et passé de suite et sans divertir à d'autres actes à..., en la demeure du testateur.

Le mardi quinze juin mil huit cent..., à...

Et le testateur, requis de signer ayant déclaré le savoir, mais ne plus pouvoir le faire à cause de son grand âge (ou ne savoir pas signer), circonstance qui a motivé l'adjonction d'un septième témoin, les sept témoins ont signé avec le notaire le tout après lecture faite au testateur.

Cette lecture par M⁰..., notaire soussigné à M... et la déclaration par celui-ci de ne savoir (ou de ne pouvoir) signer, ont eu lieu en la présence réelle et simultanée des témoins et du notaire.

V. — *Lorsque le testateur ne peut parler, mais qu'il sait écrire.*

Dans ce cas, le testament doit être entièrement écrit, daté et signé de la main du testateur. Celui-ci écrit en haut de l'acte de suscription, en présence du notaire et des six témoins, que le papier qu'il présente est son testament. Cela se fait dans les termes suivants :

Ce papier, que je présente aux notaire et témoins ci-après nommés, contient mon testament, entièrement écrit, daté et signé de ma main.

(Le testateur signe).

Au-dessous de cette signature, le notaire écrit l'acte de suscription dans les termes suivants :

Par-devant M ...

Et en présence de MM... (Voir formule n° 1).

A comparu :

M... (prénoms, nom, qualité et demeure du testateur),

Lequel a présenté aux notaire et témoins susnommés, le présent papier clos et scellé avec de la cire rouge, et un cachet ayant pour empreinte (la désigner), et contenant son testament, entièrement écrit, daté et signé par lui, ainsi qu'il l'a déclaré par la mention qui précède, écrite et signée par lui, en présence des notaire et témoins.

En conséquence, le notaire soussigné a dressé et écrit, sur ce papier, le présent acte de suscription.

Tout ce que dessus a été fait de suite et sans divertir à d'autres actes.

A Paris, dans le cabinet de M⁰..., notaire l'an mil huit cent..., le..., à... heures du soir.

Après lecture du présent acte prise par le testateur lui-même en présence du notaire et des témoins et la lecture donnée par le notaire à M... et aux témoins le testateur a signé avec les témoins et le notaire.

Le tout a eu lieu en la présence réelle et simultanée du notaire et des témoins.

VI. — Cas où le testateur présente son testament sans être clos ni scellé.

Par-devant M^e..., etc.

A comparu : M...

Lequel a fait clore (C., c. 976), avec un ruban en toile de couleur blanche et fait sceller de cachets de cire bleue portant les empreintes des initiales A. H., en présence des notaire et des témoins et leur a ensuite présenté clos et scellé le présent papier que M... a déclaré contenir son testament écrit et signé par lui (ou, signé par lui et écrit de la main d'une autre personne), ou (écrit de la main d'une autre personne et qu'il n'a pas signé). Voir les formules 1, 2, 3, 4 et 5).

VII. — Cas où le testateur présente son testament sous enveloppe, sans être scellé.

Par-devant M^e..., etc.

Lequel a fait entourer d'un ruban de couleur rose et sceller de cinq cachets de cire noire, portant pour empreinte les initiales E. L., en présence du notaire et des témoins et leur a ensuite présenté clos et scellé un papier enfermé dans une enveloppe en forme de lettre, qu'il a déclaré contenir son testament, etc. (Voir les formules 1, 2, 3, 4 et 5).

ACTE DE TOLÉRANCE. — C'est le fait par un propriétaire d'autoriser ou de laisser prendre sur le fonds lui appartenant l'exercice de certains droits temporaires qui ne peuvent produire contre lui une action en possession ou en prescription. — V. *Prescription, Servitude.*

ACTE D'EXÉCUTION. — **1.** C'est l'acte par lequel on accomplit les dispositions d'un jugement ou d'une obligation.

2. L'exécution est volontaire lorsqu'elle émane de la partie condamnée ou obligée. — V. *Acquiescement.*

3. Elle est forcée lorsque la partie condamnée ou obligée est contrainte légalement d'exécuter la condamnation ou l'obligation. — V. *Exécution.*

4. Les actes d'exécution proprement dits sont spécialement ceux qui ont pour effet de dépouiller le débiteur de ses biens, comme les saisies-exécution, saisies-brandon, saisies de rentes, saisies d'immeubles. — V. *ces mots.*

5. Un procès-verbal de carence est aussi un acte d'exécution. — Cass., 23 avril 1816, 1er mai 1823; Orléans, 16 fév. 1830. — V. *Carence.*

6. Les actes de *saisie-arrêt*, de *saisie-gagerie*, de *saisie-revendication*, ne sont pas des actes d'exécution. Ils n'ont que le caractère d'actes conservatoires dont l'effet est de priver le débiteur de la disposition de ses biens, sans en attribuer immédiatement le prix au créancier, et qu'on peut faire sans titre authentique et exécutoire, et même, à défaut de titre, avec la permission du juge. — C proc., 538.819.822.826; Bioche, v° *Acte d'exécution*, n. 8. — *Acte conservatoire, Acte exécutoire.*

7. Tous les actes d'exécution forcée sont du ministère des huissiers. Il y a cependant certains actes pour lesquels d'autres officiers publics ou agents ont un privilége ou droit de concurrence. — V. *Contrainte, Porteur de contraintes.*

ACTE D'HÉRITIER. — Sont qualifiés ainsi les actes, les écrits, les faits émanant d'un successible et qui emportent de sa part acceptation *expresse* ou *tacite* de la succession. — C. civ., art. 778. — V. *Acceptation de succession*, § 4, *Acte conservatoire, Communauté, Succession.*

ACTE D'INCOMMUNAUTÉ, ou déclaration de mobilier ou de propriété. — **1.** C'est l'acte qui établit la distinction du mobilier appartenant à plusieurs personnes qui vivent en commun. C'est aussi la déclaration que fait une personne pour constater que tels objets existant dans sa demeure sont la propriété de telle autre personne.

2. Cet acte est sujet au droit fixe de 3 fr. lorsqu'il n'a qu'un caractère purement déclaratif. Aussi, pour établir sa sincérité et pour mettre la régie à même de reconnaître qu'il n'est pas translatif, prend-on souvent la précaution d'y constater l'origine des meubles et effets détaillés.

ACTE D'OUVERTURE DE CRÉDIT. — V. *Ouverture de crédit.*

ACTE ÉCRIT A LA SUITE D'UN AUTRE. — C'est-à-dire se rattachant par ses dispositions à celui à la suite duquel il est libellé.

TABLE ALPHABÉTIQUE.

DIVISION.

§ 1er. — *Dispositions générales, Interdictions, Pénalités.*

§ 2. — *Application des règles.*

§ 1er.—Dispositions générales. — Interdictions. — Pénalités.

1. *Législations.* — Les art. 22 et 23 de la loi organique du timbre du 13 brum. an VII portent :

Art. 22. — Le papier timbré qui aura été employé à un acte quelconque ne pourra plus servir pour un autre acte, quand même le premier n'aurait pas été achevé.

Art. 23. — Il ne pourra être fait ni expédié deux actes à la suite l'un de l'autre sur la même feuille de papier timbré, nonobstant tout usage ou règlement contraire.

Sont exceptés : les ratifications des actes passés en l'absence des parties, les quittances des prix de vente, et celles de remboursement de contrats de constitution ou d'obligation, les inventaires, procès-verbaux et autres actes qui ne peuvent être consommés dans un même jour et dans la même vacation, les procès-verbaux de reconnaissance et levée de scellés, qu'on pourra faire à la suite du procès-verbal d'apposition, et les significations des huissiers qui peuvent également être écrites à la suite des jugements et autres pièces dont il a été délivré copie.

Il pourra aussi être donné plusieurs quittances sur une même feuille de papier timbré, pour à-compte d'une seule et même créance ou d'un seul terme de fermage ou loyer.

Toutes autres quittances qui seront données sur une même feuille de papier timbré, n'auront pas plus d'effet que si elles étaient sur papier non timbré.

2. *Pénalités.* — Les contraventions aux art. 22 et 23 de la loi du 13 brum. an VII sont punies d'une amende de 5 fr. pour les particuliers, et de 20 fr. pour les officiers ou fonctionnaires publics. — L. 13 brum. an VII, art. 26 ; L. 16 juin 1824, art. 10.

L'art. 22 de la loi du 2 juill. 1862 qui porte à 50 fr. l'amende encourue pour chaque acte ou écrit sous seing privé sujet au timbre de dimension et fait sur papier non timbré, n'est pas applicable aux actes écrits à la suite d'un autre acte revêtu du timbre et sur la même feuille.—Sol. rég., 31 août 1863, 21 oct. 1863, 18 et 21 août 1871 ; *Dict. réd.*, *hoc verbo* 4 ; *Rép. gén.*, 563.2.

Il est dû autant d'amendes qu'il y a d'actes rédigés en contravention à la suite d'un autre acte sur les mêmes feuilles de papier timbré.

Mais il n'y a ouverture qu'à la perception d'une seule pénalité pour un acte sous seing privé écrit en contravention à la suite d'un autre, quel que soit le nombre des doubles.—Sol., 2 juil. 1812 ; — Décis. min. fin., 11 août 1812 ; *Journ. enr.*, 402, 4254, 4386 ; *Dict. réd.*, 155 ; Garn., *Rép. pér.*, 564.3.

3. *Acte unique.* — Il n'y a contravention que si l'écrit constitue plusieurs actes.

Ainsi un notaire peut procéder par un seul acte à la vente aux enchères d'objets mobiliers appartenant à plusieurs personnes. — *Instr. rég.*, 1146, § 13 ; *Dict. réd.*, 18 ;

Ou certifier par un seul acte l'existence de plusieurs individus. —Décis. min. fin., 22 nov. 1822, *Journ. enr.*, 1336, *Dict. réd.*, 18.

4. Un acte écrit en langue étrangère peut être traduit pour l'enregistrement sur la même feuille de papier timbré.—Décis. min. just., 4 thermid. an XII, *Journ. enreg.*, 4703 ; Strasbourg, 29 sept. 1867 ; *Instr. rég.*, 2132, § 7 ; *Rép. gén.*, 612-25.—Il n'y a qu'un seul acte.

5. *Quittances et décharges sous seing privé.* — Les quittances, reçus ou décharges, et tous titres emportant libération, faits sous signatures privées, et ne contenant pas d'autres dispositions, sont assujettis à un droit de timbre particulier de dix centimes. — L. 23 août 1871, art. 18.

Ce droit est acquitté au moyen de l'apposition d'un timbre mobile.

Par suite, on peut rédiger sur la même feuille de papier autant d'actes de cette nature qu'il conviendra, lors même qu'ils n'auraient aucune relation entre eux, pourvu que pour chacun d'eux le droit de timbre soit exactement acquitté. — Voy. le mot *Quittance.*

§ 2. — Application des règles.

6. *Actes de notoriété.* — Une décision du ministre des finances du 27 août 1824 reconnaît que les actes de notoriété, et en général ceux qui ont pour objet de suppléer les actes de l'état civil ou de les rectifier, peuvent être écrits à la suite l'un de l'autre.—Garn., *Rép. gén.*, 614.1.

7. *Acte respectueux.* — La réquisition et la notification de l'acte respectueux peuvent être écrites sur la même feuille de papier timbré.—Sol., 16 juin 1832 ; *Journ. enreg.*, 10.662.

Mais les deuxième et troisième notifications ne peuvent être écrites à la suite de la première ou à la suite l'une de l'autre. — Délib. rég,. 3 fév. 1832 ; *Journ. enreg.*, 10385 ; Dall., v° *Enregistrement*, n. 6237.

8. *Adjudication.* — *Dépôt.* — *Cahier des charges.* — *Expertise.* *Ventes volontaires.* — *Surenchère.* — Le dépôt d'un cahier des charges ne doit pas être écrit à la suite.—Délib. rég., 20 déc. 1816 ; *Journ. enreg.*, 5644 ; Déc. min. fin.. 16 mars 1818 ; *Journ. enreg.*, 6030.

Un notaire ne peut sans contravention écrire à la suite de l'acte de dépôt du procès-verbal d'expertise, ni le cahier des charges d'une vente d'immeubles, ni l'acte de dépôt du cahier des charges de la vente par adjudication de ces biens ;

Ni à la suite de l'acte de dépôt du cahier des charges les actes d'adjudication des immeubles — Cass., 25 janv. 1836 ; *Instr. rég.*, 1528, § 20 ; *Journ. enreg.*, 11454 ; *Rép. gén.*, 632 *ter* ; Dall., 6220.

L'acte contenant des modifications à un cahier des charges dressé par un avoué ou par le notaire peut être rédigé à la suite du cahier des charges.—Cass., 24 mars 1829, *Instr. rég.*, 1282-13 ; Sol. rég., 8 sept. 1851 ; Garn., *Rép. pér.*, 612.

9. Les adjudications notariées peuvent être rédigées à la suite du cahier des charges.— Déc. min. fin., 5 mars 1819 ; *Journ. enr.*, 6339 ; Cass., 8 janv. 1838 ; *Instr. rég.*, 1446, § 13, 1577, § 19,

1615, § 12 ; Dall., 6220 ; que le cahier des charges ait été dressé par un avoué ou par le notaire. — Senlis, 15 mars 1829.—Garn., *Rép. gén.*, 612.

Si une adjudication d'immeubles en détail n'a pu être consommée dans un seul jour, et qu'il soit procédé un autre jour à une seconde adjudication, la dernière partie de la vente peut être portée à la suite de la première.

Il n'en est plus de même d'une vente amiable. Elle ne peut être écrite à la suite du procès-verbal de mise aux enchères avec renvoi à un autre jour. — Blois, 23 août 1837, *Journ. enreg.*, 11885 ; Troyes, 10 mai 1838, *Journ. enreg.*, 12081.3 ; Rochefort, 13 janv. 1842, *Journ. enreg.*, 12.932 ; Besançon, 2 mai 1844, *Journ. enreg.*, 13487 ; Abbeville, 5 fév. 1850, *Journ. enreg.*, 14894-6 ; Valognes, 15 juill. 1857, *Rép. pér.*, 850 ; Beaune, 17 déc. 1868, *Rép. pér.*, 2932.

Un notaire ne peut non plus rédiger à la suite les uns des autres des actes de différentes dates contenant ventes volontaires d'immeubles en se référant à un seul cahier des charges. — *Journ. enreg.*, 13188-1 ; *Dict. réd.*, 102.

10. En matière d'aliénation volontaire, le cahier des charges additionnelles, en cas de surenchère, peut être rédigé à la suite de l'acte qui donne lieu à la surenchère. — Décis. min. fin. et just. 6-11 déc. 1832, *Journ. enreg.*, 7334.

Les actes de publication et de revente peuvent également être rédigés à la suite de la première vente. — *Dict. réd.*, 101.

11. *Arbitrages.* — On ne doit écrire à la suite du compromis nommant des arbitres ni une prorogation de leurs pouvoirs, ni leur procès-verbal. — *Dict. réd.*, 51.

12. *Arpentage.* — Un procès-verbal d'arpentage ne doit pas être écrit à la suite de la vente ou de l'adjudication. — Reims, 3 juin 1843, *Journ. enreg.*, 13301 ; Château-Thierry, 29 août 1833, *Journ. enreg.*, 10775 ; Dall., 6219.

13. *Autorisation maritale.* — L'autorisation donnée par un mari à sa femme après la clôture d'un acte n'est autre chose qu'une ratification et bénéficie des dispositions de l'art. 23 de la loi du 13 brum. an VII. — Sol. rég., 2 août 1871, *Dict. réd.*, 23 ; Garn., *Rép. gén.*, 570-3).

14. *Baux.* — Un bail à l'amiable ne peut être rédigé à la suite du procès-verbal d'une date antérieure constatant le bail par adjudication d'autres immeubles appartenant au bailleur. — *Dict. réd.*, 105 ; Laon, 12 juill. 1856 ; Garn., *Rép. gén.*, 623-1. — V. *suprà, Adjudication*, n. 9.

15. *Bordereaux d'inscription.* — Aux termes de l'art. 2148, C. civ., l'un des bordereaux d'une inscription prise au bureau des hypothèques peut être porté sur l'expédition du titre qui donne naissance au privilége ou à l'hypothèque.

Il en est de même du bordereau des inscriptions prises en renouvellement. — Sol. rég., 12 juin 1863, *Rép. pér.*, 1884 ; *Instr. rég.*, 2271, § 1er.

Quand les inscriptions doivent être requises dans plusieurs bureaux, on peut écrire les bordereaux à la suite les uns des autres et à la suite de la grosse de l'obligation. — *Dict. réd.*, 134.

16. Il n'y a pas lieu à se préoccuper du point de savoir si le nombre de lignes est ou non dépassé. — Sol., 5 déc. 1861, *Rép. gén.*, 598-2.

17. L'un des bordereaux peut être porté à la suite de l'expédition du titre, lors même que le papier employé pour cette expédition serait hors d'usage. — *Rép. gén.*, 598-3. — V. n. 64, *infrà*.

18. *Cautionnement*. — Peuvent être écrits à la suite de l'acte de vente de bail ou de marché le cautionnement qui est imposé comme condition de l'obligation principale. — *Rép. gén.*, 613-1.

V. *Effets négociables et non négociables*, n. 29 ci-après.

19. *Collation*. — La régie a décidé, le 9 sept. 1863, que quand une collation a été précédée d'une réquisition faite à l'officier public, elle peut être écrite à la suite de cette réquisition, — Garn., *Rép. gén.*, 582.

20. *Command*. — Les déclarations de command peuvent être écrites à la suite du contrat de vente, si la faculté d'élire command a été réservée. — Décis. min. fin., 12 pluv. an VII, 19 fév. 1819; Circul. rég., 1566, *J. enreg.*, 11751-1 ; *Dict. réd.*, 24.

Il en serait autrement si, faite après le délai légal, elle prenait le caractère d'une revente. — Garn , *Rép. gén.*, 627.

21. *Commerçants*. — *Contrat de mariage*. — Les remises des extraits des contrats de mariage des commerçants et leur insertion au tableau dans la chambre des notaires (C. comm., 67 ; Proc. 872) sont constatées par une mention sur un registre timbré. Elles peuvent en conséqnence être portées à la suite des unes des autres. — Circ. min. just. et fin., 5 mai 1813, *Instr. rég.*, 637 ; Sol. rég., 1er mars 1873, *Dict. réd.*, 144.

22. *Compte de tutelle*.. — La présentation et l'acceptation d'un compte de tutelle peuvent être écrites à la suite l'une de l'autre.— Chartres, 11 fév. 1837 ; Châteaudun, 30 mars 1838: Charleville, 5 mai 1838 ; Sol. rég. 7 juill. 1862, *Rép. pér.*, 1645 ; *Instr. rég.*, 2241, § 1er, *Dict. réd.*, 22.

23. *Contrat de mariage*. — L'art. 1397 oblige à peine de nullité à rédiger à la suite de la minute du contrat de mariage, tous les changements qui y sont apportés et défend au notaire de délivrer ni grosse ni expédition du contrat sans transcrire à la suite les changements.

24. *Délivrance de legs*. — L'acte de délivrance de legs peut être écrit à la suite du testament considéré comme le titre de la dette.— Sol. rég., 27 fév. 1861, *Journ. enreg.*, 10154 ; Délib. 11 fév. 1824 ; Garn., *Rép. gén.*, 575.

D'après une décision min. fin. du 1er juin 1829 (*Journ. enreg.*, 9344), la délivrance de legs ne peut être écrite à la suite du consentement à l'exécution du testament.

Les délivrances de legs successives ne peuvent être mises à la suite les unes des autres. — Versailles, 5 août 1841, *Journ. enreg.*, 12866-4. — V. n. 2, *suprà*.

25. *Dépôt.* — L'acte de dépôt d'une pièce ne doit pas être écrit à la suite de cette pièce, même quand c'est le notaire qui a délivré l'acte déposé qui rédige l'acte de dépôt. — Dél. rég., 29 déc. 1816 ; Décis. min. fin., 15 mars 1818, 5 mars 1819, *Journ. enreg.*, 7460 ; *Dict. réd.*, n. 44, *Rép. gén.*, 632.

26. On peut écrire à la suite d'un contrat de vente l'acte de dépôt de la quittance d'nne partie de ce prix ; à la suite de l'acte de dépôt d'une vente s. s. p., la quittance du prix ; à la suite d'un testament, l'acte de dépôt de la quittance des legs. — Falaise, 22 déc. 1823 ; Délib. rég., 11 fév. 1824 ; *Dict. réd.*, 72 ; Garn., *Rép. pér.*, 578-6.

27. *Désistement.* — Le désistement des droits que peut avoir une personne sur un immeuble vendu ne peut être écrit à la suite de l'acte de vente, encore qu'il soit donné sous forme de ratification. — Garn., *Rép. gén.*, 571-4.

28. *Donation, Acceptation.* — Les acceptations des donations ne doivent pas être écrites à la suite des actes de donation. — Chartres, 28 déc. 1839 ; Epernay, 30 avr. 1840 ; Valognes, 14 mars 1846 (Dall. 1847.4.64) ; *Journ. enreg.*, 12438-4, 12511-2, 13992-3 ; *Dict. réd.*, 37 ; Garn., *Rép. gén.*, 629.

Mais elles peuvent être expédiées sur la même feuille. — Sol. rég., 29 juin 1864 ; Garn., *Rép. gén.*, 650 *ter.* — V. n. 65, *infrà.*

29. *Effets négociables et non négociables.* — On peut écrire à la suite d'un effet de commerce l'acceptation, l'endossement, l'aval. — C. comm., 122, 142.

Les prorogations de délai. — Délib. rég., 6 oct. 1815, 17 oct. 1848, *Journ. enreg.*, 5248, 14581.

Les endossements, transports ou cessions des billets simples et promesses de payer, parce qu'ils acquittent le droit de timbre proportionnellement aux sommes qu'ils portent. — Décis. min. fin., 31 août 1813, *Instr. rég.*, 648.

Toutefois une délibération de la régie du 16 juin 1846 a décidé que le cautionnement d'un *billet simple* doit être écrit sur une feuille séparée, revêtue du timbre de dimension. — *Journ. enreg.*, 14094-1.

30. *Expéditions.* — Tout acte qui ne peut être écrit à la suite d'un autre ne peut être expédié à la suite de celui-ci, à moins qu'il ne s'agisse d'acte de complément ou d'actes annexés. Ceux-ci peuvent être expédiés à la suite des actes auxquels ils ont été joints. — *Instr. rég.*, 403.

Ainsi les procurations, les actes et extraits d'actes, en vertu desquels des actes publics ont été passés peuvent être expédiés sur la même feuille de papier timbré. — Déc. min. fin., 11 oct. 1808, *Instr. rég.*, 403 ; Déc. min. just., 6 mai 1826 ; *Dict. réd.*, 52.

La procuration pour donner mainlevée d'une inscription hypothécaire peut être expédiée sur la même feuille que la mainlevée, alors même que cette procuration se trouve annexée à un autre acte passé antérieurement devant le même notaire. — Déc. min. fin., 17 nov. 1819, *Dict. réd.*, 53.

31. La liquidation d'une succession, son approbation, l'extrait du jugement d'homologation, le certificat de non-opposition ni appel annexés à la liquidation peuvent être expédiés à la suite les uns des autres. — Sol., 19 sept. 1864, *Rép. pér.*, 1971, § 7.

32. Un notaire ne commet qu'une contravention en délivrant l'expédition de deux actes à la suite l'un de l'autre et en employant plus de vingt-cinq lignes d'écriture par page, et il ne doit qu'une amende. — *Journ. enreg.*, 5254 ; Garn., *Rép. gén.*, 564.6.

33. *Mainlevées.* — Le consentement à radiation d'hypothèque ne peut être écrit à la suite du bordereau d'inscription. — *Rép. gén.*, 634 *bis*.

34. *Mentions d'ordre.* — Les mentions d'ordre ne sont pas considérées comme des actes particuliers. Un notaire peut écrire sur une minute et transcrire sur l'expédition la quittance qui lui est donnée par les parties d'un excédant de frais d'actes avancés et qu'il leur rembourse. — Déc. min. fin., 21 fév. 1824, *Dict. réd.*, *hoc verbo*, 20.

35. *Ordre amiable.* — Nous croyons qu'un notaire chargé de procéder à un ordre amiable peut, sans contravention, rédiger à la suite du procès-verbal d'ouverture et sur les mêmes feuilles, l'état de distribution, l'adhésion des créanciers. — V. en sens contraire, *Journ. enreg.*, 15.259.1.

36. *Partage.* — Le partage d'une succession ne peut être rédigé à la suite de l'inventaire. — Dél. rég., 12 août 1831, *Journ. enreg.*, 10.155 ; Dall., 6214, ni à la suite du procès-verbal d'expertise. — Vitré, 22 janv. 1840, *Journ. enreg.*, 12.446.2.

Un partage de biens donnés ne peut être écrit à la suite de la donation. — *Rép. gén.*, 640.

37. Le procès-verbal de tirage au sort des lots entre copartageants peut être écrit à la suite de l'acte de liquidation et de partage. — C. proc., 978.979.982 ; Sol. rég., 25 sept. 1848 ; *Journ. enreg.*, 14562.11 ; *Dict réd.*, n. 28 ; *Rép. gén.*, 584.

38. La licitation ou la subdivision d'un lot ne peut être rédigée à la suite du partage accompli. Il en est de même d'un compte entre cohéritiers. — *Dict. réd.*, 29.30.

39. *Promesse de vente.* — *Acceptation.* — L'acceptation d'une promesse de vente peut être écrite à la suite de cette promesse. — Sol., 1er avril 1870 ; *Rép. gén.*, 612-15.

40. *Prorogations de délai.* — Les prorogations de délai ne doivent pas être écrites à la suite de l'acte constitutif de la créance. — Déc. min., 11 août 1831, *Journ. enreg.*, 10.198 ; Dall.., n. 6213). — V. *Effets négociables*, n. 29.

41. *Protêt.* — *Paiement par intervention.* — L'art. 158 du Code de commerce permet de constater le paiement par intervention à la suite de l'effet ou à la suite du protêt.

42. *Quittances et décharges notariées.* — Peuvent être écrites sur la même feuille de papier timbré :

La quittance d'un loyer à la suite du bail. — *Dict. réd.*, 65. — *Contrà*, Sol. rég., 10 mai 1854, 18 juill. 1861 : Garn., *Rép. pér.*, 573.

43. Les paiements faits aux créanciers à la suite d'un atermoiement. — La Flèche, 14 fév. 1838 ; Sol. rég., 24 avr. 1838 ; *Dict. réd.*, 66.

44. La quittance d'un reliquat de compte de tutelle à la suite du compte de tutelle. — Délib. rég., 22 oct. 1823. — Décis. min. fin., 27 juin 1825 ; Délib. rég., 11 fév. 1824 ; *Dict. réd.*, 74 ; Garn., *Rép. gén.*, 573-5.

45. Les décharges de pièces, titres ou sommes déposées à la suite des actes de dépôt. — Déc. min. fin., 23 fév. 1826 ; *Instr. rég.*, 1189, § 8 ; *Dict. réd.*, 76.

46. La quittance par le donataire ou son cessionnaire à la suite de l'acte de donation ou de cession. — Délib. rég., 22 juin 1832 ; *Journ. enr.*, 10394.

47. La quittance des honoraires des notaires à la suite ou en marge de la minute ou de l'expédition de l'acte. — Cass., 14 oct. 1811 ; 4 avr. 1826 ; *Journ. enr.*, 4099, 8470 ; Délib. 23 avr. et 13 juin 1850 ; Garn., *Rép. pér.*, 573-7.—V. *Quittances, s. s. p.*, *suprà*, n. 5.

48. Les quittances d'intérêts à la suite de l'acte constitutif de l'obligation. — Sol., 27 janv. 1869 ; *Journ. enr.*, 18671-1 ; *Rép. pér.*, 2980.

49. Les quittances de prix de vente, à la suite du contrat de vente soit qu'elles aient été données par le vendeur, soit que le paiement ait été fait aux mains des créanciers inscrits délégataires du prix en vertu d'une des clauses de l'acte. Dans ce dernier cas, les diverses quittances données par chacun des créanciers sont considérées comme des paiements d'à-compte sur une même créance. — Délib. 20 janv. 1814 ; Bernay, 23 déc. 1833 ; *Journ. enr.*, 10990 ; Seine, 4 janv. 1854 ; *Journ. enr.*, 15938.

Il en est ainsi alors même que la quittance renferme des dispositions étrangères à la vente. — Sol., 23 juin 1830 ; *Dict. réd.*, 67.

50. Les quittances des frais dus à l'avoué à la suite du procès-verbal d'adjudication. — Sol., 5 avr. 1854 ; *Rép. pér.*, 203.

51. Les décharges du prix de ventes de meubles aux enchères, à la suite des procès-verbaux de vente. — Avis Cons. d'Etat, 7 oct. 1809. — *Instr. rég.*, 460. — Alors même que ces décharges renferment un compte ou l'énumération des dettes payées pour le compte des vendeurs. — *Journ. enr.*, 12024-2 ; Dall., 6228.

52. Mais il y a contravention :
Si à la suite d'un contrat de vente des quittances sont données séparément à l'acquéreur d'un immeuble par divers créanciers colloqués dans l'ordre ouvert sur ce prix. — Tours, 22 mars 1850 ; *Journ. enr.*, 14986.

53. Si des quittances concernant des vendeurs et des acquéreurs ayant un intérêt distinct sont écrites les unes à la suite des autres sur des feuilles ajoutées au contrat de vente. — Dreux, 11 mai 1842 ; *Journ. enr.*, 13023 ; Cass., 12 mars 1844 ; *Journ. enr.*, 13490 ; *Instr. rég.*, 1713, § 10.

54. Si plusieurs quittances sont données par des créanciers différents du même débiteur à la caisse des consignations sur la même feuille ; cette caisse représentant le débiteur comme dépositaire et non comme débitrice. — Dél. 19 avr. 1831 ; Déc. min. fin., 17 mai 1831 ; *Journ. enr.*, 10013.

55. Si une quittance de prix de vente est donnée sur l'acte de ratification de cette vente. — Del. rég., 27 juill. 1832 ; Déc. min. fin., 7 août 1832 ; *Journ. enr.*, 10416. — Il semble qu'il en devrait être autrement, la ratification faisant partie intégrante et nécessaire de la vente.

56. Si une quittance avec subrogation, sans que l'acquéreur soit libéré, est donnée sur le contrat de vente. — Cass., 16 mars 1844 ; *Journ. enr.*, 13490 ; *Rép. gén.*, 579 *bis*-12 ; Dall., 6229.

57. Si la décharge du prix de la vente est donnée par le mandant au mandataire à la suite de l'adjudication faite à la requête du mandataire, — Meaux, 4 juill. 1850 ; *Journ. enr.*, 15047-1.

58. Si la quittance d'une somme empruntée par le débiteur pour se libérer est donnée par le créancier désintéressé à la suite de l'acte d'emprunt. — *Journ. enr.*, 7223.

59. Si une quittance d'arrérages d'une rente est mise à la suite de l'acte constitutif lorsque la rente provient d'une donation et ne correspond à aucune aliénation de capital. — Délib. rég., 26 fév. 1833 ; Déc. min. fin., 12 mars 1833 ; *Journ. enr.*, 10583 ; Epernay, 26 fév. 1838 ; *Journ. enr.*, 11971-3 ; Garn., *Rép. gén.*, 573-13.

Il en serait autrement d'une rente constituée à titre onéreux, et il y aurait lieu d'appliquer la solution admise pour les intérêts d'une obligation. — *Rép. gén.*, 579 *bis*-2.

60. Si la quittance par le donataire d'une créance à terme au débiteur est écrite à la suite de l'acte de donation. — *Rép. gén.*, 579-9.

61. *Ratifications.* — On doit considérer comme rentrant dans l'exception prévue par l'art. 23 de la loi du 13 brum. an VII, sous le nom de ratifications, les approbations données par une personne au nom de laquelle il a été stipulé.

Ainsi la ratification par laquelle un donataire absent lors de la donation, et pour lequel un tiers s'est porté fort, peut être écrite à la suite de la donation.— Semur, 20 juill. 1842 ; Garn., *Rép. gén.*, 569-1 ; *Dict. réd.*, 60.

Ainsi encore la ratification par une femme d'un transport fait sur elle et son mari et accepté par celui-ci avec promesse de ratification peut être donnée à la suite du transport. — Garn., *Rép. gén.*, 569-2.

62. Il n'en est pas de même de l'adhésion à un procès-verbal d'expertise dans lequel l'adhérant n'était pas représenté. — Sol., 7 mai 1833 ; *Journ. enr.* 10728 : Dall. 6217.

63. De l'acquiescement à un jugement par défaut. — Délib. rég., 30 déc., 1831 ; *Journ. enr.*, 10211.

64. De l'adhésion par un donateur à la vente que le donataire a faite des biens donnés.—Mantes, 1er juill. 1843 ; *Journ. enr.*, 13329.

Ces actes ne doivent pas être rédigés à la suite du procès-verbal d'expertise, de l'expédition du jugement, ou de la vente.

65. La ratification par acte sous signature privée peut être écrite sur l'expédition de l'acte aussi bien que sur l'original ou la minute. — Garn., *Rép. gén.*, 569-4.

66. *Receveur de l'enregistrement. — Conservateur des hypothèques. — Registres. — Etats.* — Les extraits des registres des receveurs de l'enregistrement, de même que les états d'inscriptions délivrés par les conservateurs des hypothèques peuvent être écrits à la suite les uns des autres sur le même timbre. — Circ. rég., 1769 ; *Instr. rég.*, 1590, § 16 ; *Dict. réd.*, 31.

67. *Réméré.* — Le retrait de réméré constate un paiement par un débiteur à un créancier ; il peut être écrit à la suite de l'acte de vente. — Sol. rég., 29 oct. 1823 ; Déc. min. fin., 17 déc. 1823; *Dict. réd.*, 83 ; Garn., *Rép. gén.*, 576.

Il en est autrement de la renonciation à l'exercice du droit de rachat. — *Journ. enr.*, 5820, 11423-3.

68. *Révocations.* — Les révocations soit de procurations, soit de testaments, peuvent être faites ou expédiées sur la même feuille que ces actes. — Décr., 25 juin 1812, art. 1er : *Instr. rég.*, 591 ; *Journ. enr.*, 4237.

69. *Société, Adhésions.* — Tous les actes nécessaires à la perfection d'un contrat de société, tels que les adhésions à une société en commandite ou par actions peuvent être écrits à la suite des statuts. — Déc. min. fin., 5 janv. 1829 ; *Dict. réd.*, 33.

70. *Substitution.— Procuration.*— La substitution par un mandataire dans les pouvoirs qui lui ont été conférés ne doit pas être écrite sur la même feuille que la procuration. — *Dict. réd.*, 51.

71. *Taxes.* — Les taxes délivrées par le juge pour frais ou honoraires dus aux officiers publics peuvent être mises sur les minutes des actes.—Déc. min. fin., 19 mai 1820 ; Délib. rég., 19 juill. 1820, 8 mai 1824 ; *Dict. réd.*, 35, 148 ; *Rép. gén.*, 607 *bis*.

72. *Testament. — Codicille.* — Les codicilles destinés à modifier un testament peuvent être écrits à la suite du testament sur la même feuille. — Délib., 11 juin 1823 ; *Dict. réd.*; 128 ;

Alors même que le droit de timbre de la feuille sur laquelle le testament a été écrit aurait été augmenté avant la confection du codicille. —Garn., *Rép. gén.*, 561-2. — V. n. 64, *suprà*.

D'après deux solutions de la régie des 1er déc. 1866 et 23 août 1871, si deux actes, un testament et un codicille qui pouvaient être rédigés à la suite l'un de l'autre l'ont été sur papier non timbré, ils sont passibles l'un et l'autre d'une amende et d'un droit de timbre dont la quotité est déterminée par la loi en vigueur à la date de la réception de ces actes.— Garn., *Rép. gén.*, 564-2 ; *Dict. réd.*, 8.

Ces décisions sont contestables. Si le testament eût été rédigé sur timbre, les codicilles auraient pu être écrits à la suite sans contravention. Il semble donc que le premier, seul donne ouverture à la pénalité.

73. Un notaire ne peut écrire à la suite du testament l'acte qui constate qu'il a donné connaissance de son contenu aux héritiers du testateur. — *Journ. enr.*, 3131.

74. *Timbre supprimé.* — Dans les cas où la loi permet d'écrire un acte à la suite d'un autre, on peut user de cette faculté quoique le timbre dont le premier acte est revêtu ait été supprimé. — Déc. min. fin., 4 brum. an XI; *Instr. rég.*, 137, § 1er; Cass., 15 juill. 1806; Dél. rég., 4 juin 1833; *Dict. réd.*, 4; Garn., *Rép. gén.*, 561; Ou que le droit de timbre ait été augmenté. — *Dict. réd.*, 4.

75. *Transport de créance.* — On ne peut rédiger à la suite d'une obligation l'acte de transport de la créance ni à la suite du transport l'acte d'acceptation. — Cass., 16 juill. 1838; *Journ. enr.*, 12095; Saint-Dié, 6 mars 1835; *Journ. enr.*, 11195; Arcis-sur-Aube, 25 août 1835; *Journ. enr.*, 11628-1; Metz, 27 nov. 1837: *Journ. enr.*, 12162; Chaumont, 6 avr. 1864; *Rép. pér.*, 1919, § 4; *Dict. réd.*, 38; Garn., *Rép. gén.*, 620-2; Dall., 6223; Champ. et Rig., 4061.

Il est dû autant d'amendes qu'il y a d'acceptations de transport successives. — Dreux, 27 juin 1838; *Journ. enr.*, 12162; Garn., *Rép. gén.*, 564-2. — V. n. 2, 28, *suprà.*

76. Mais on peut expédier sur la même feuille le transport et l'acte d'acceptation du débiteur. — Sol. rég., 29 juin, 9 déc. 1864, 8 janv. 1866; *Rép. gén.*, 650 *bis.*

77. *Ventes de meubles.* — L'exception de l'art. 23 de la loi de brum. s'applique aux procès-verbaux de ventes publiques de meubles.

78. Le procès-verbal de la vente peut être rédigé à la suite d'un procès-verbal antérieur constatant la remise de cette vente. — *Journ. enr.*, 5678, 12475-5.

79. Mais on ne peut l'écrire sur la même feuille que la copie de la déclaration préalable délivrée par le receveur.—Garn., *Rép. gén.*, 630; *Journ. enr.*, 11725-3.

ACTE EN BREVET. — V. *Acte notarié, Brevet.*

ACTE ENTRE-VIFS. — V. *Donation, Partage d'ascendant.*

ACTE EXÉCUTOIRE. — **1.** On donne ce nom aux actes qui sont revêtus de la formule qui les rend susceptibles d'exécution parée.

TABLE ALPHABÉTQUIE.

DIVISION.

§ 1er. — *Des actes exécutoires en général.*

§ 2. — *Formule exécutoire.*

§ 3. — *Des actes sous seing privé.*

§ 4. — *Des jugements et actes judiciaires.*

§ 5. — *Des actes notariés.*

§ 6. — *Des jugements et actes étrangers.*

§ 1er. — Des actes exécutoires en général.

2. Tout acte d'exécution suppose un titre exécutoire. Néanmoins, certains actes, improprement nommés *d'exécution*, peuvent être faits sans un titre de cette nature. — V. *Saisie-arrêt, Saisie-foraine, Saisie-gagerie, Saisie-revendication.*

3. Le pouvoir de conférer à un acte l'exécution parée est une émanation de l'autorité publique. Dans l'ordre privé ou civil, il est délégué aux tribunaux et aux notaires; dans l'ordre public et administratif, à certains fonctionnaires qui sont les représentants du pouvoir exécutif. — *Encyclop. des huiss.*, v° *Exécution des actes et jug.*, n. 59.

4. Autrefois, des *visa* ou *pareatis* étaient nécessaires pour poursuivre l'exécution des jugements rendus et des actes passés en France, hors du ressort des tribunaux qui avaient rendu le jugement ou du territoire dans lequel les actes avaient été passés. Mais aujourd'hui, aux termes de l'art. 547, C. proc., les jugements rendus et les actes passés en France peuvent y être exécutés lorsqu'ils sont revêtus de la formule exécutoire, c'est-à-dire s'ils portent le même intitulé que les lois et sont terminés par un mandement aux officiers de justice. — C. proc., art. 545.

5. Bien que d'après la loi du 25 vent. an XI, art. 28, les actes reçus par un notaire soient soumis à la légalisation s'ils sont présentés hors de son ressort, il a été cependant jugé que la légalisation de la grosse d'un acte notarié, dans le cas où cet acte doit être exécuté hors du ressort où réside le notaire, n'est pas nécessaire à peine de nullité. — Cass., 10 juill. 1817 ; 8 nov. 1853 (D.54. 1.420).

§ 2. — Formule exécutoire.

6. La formule exécutoire a varié à diverses époques et sous les divers gouvernements qui se sont succédé en France. Elle est aujourd'hui réglée par le décret du 2 sept. 1871 et est ainsi conçue : « République française. Au nom du peuple français » et se termine ainsi : En conséquence, le président de la République française mande et ordonne, etc... (*comme dans l'ancien mandement*).

7. Aux termes de l'art. 3 dudit décret, les porteurs de grosses et expéditions d'actes revêtus de la formule prescrite par le décret du 6 sept. 1870 peuvent les faire mettre à exécution sans faire ajouter la nouvelle formule. Mais les grosses et expéditions délivrées avant le 6 sept. 1870 doivent, avant toute exécution, être préalablement présentées aux greffiers des cours et tribunaux pour les arrêts et jugements et aux notaires pour les autres actes, afin d'ajouter la formule nouvelle.

8. Les précédents décrets qui ordonnaient les changements dans la formule exécutoire, ainsi que le décret du 6 sept. 1870, décidaient que l'addition de la nouvelle formule serait faite sans frais ; le décret de 1871 est muet sur ce point ; ce ne peut être qu'un oubli, et nous pensons qu'encore aujourd'hui les additions doivent être faites sans frais.

9. On s'est demandé si les poursuites d'exécution faites en vertu de jugements ou d'actes revêtus d'une formule exécutoire ancienne, à laquelle n'a point été ajoutée la formule actuelle, doivent être annulées. Dans le silence du décret du 2 sept. 1871, nous avons peine à croire que les tribunaux puissent annuler les poursuites, car il est de principe, en toute matière, que les nullités sont de droit étroit ; et par suite, les juges ne peuvent prononcer une nullité pour l'inobservation d'une formalité là ou la loi se tait.

10. Cependant M. Chauveau est d'un avis contraire. L'exécution, dit-il, ne pouvant être autorisée que par le pouvoir exécutif, et ce pouvoir prescrivant une formule avant d'accorder le droit d'exécution, la nullité est inhérente à la formule elle-même. C'est une loi d'ordre public, qui ne peut être placée sur la même ligne que les lois ordinaires de procédure. — Chauveau sur Carré, *L. de la proc. suppl.*, *Quest.* 1093, n. 2.

11. La question avait déjà été soulevée à propos des précédents décrets qui tous, à l'exception de l'ordonnance du 30 août 1815, ne prescrivaient point l'addition à peine de nullité. La jurisprudence s'était prononcée en premier lieu dans le sens de la nullité (Foix, 20 nov. 1848 ; Paris, 20 janv. 1849 (S.49.2.158) ; Toulouse, 24 janv. 1839), mais elle était revenue sur l'opinion qu'elle avait d'abord consacrée, en décidant que les poursuites exercées en vertu d'actes revêtus seulement de l'ancienne formule exécutoire étaient valables. — Seine, 25 janv. 1851 ; Paris, 5 janv. 1852 (S. 52.2.143).

12. Le décret du 2 sept. 1871 fait l'objet d'une autre difficulté; ainsi que nous l'avons vu, il prescrit, sous son art. 3, de présenter les actes aux notaires ou greffiers, afin d'ajouter la formule nouvelle. Mais il ne dit pas quels sont ces notaires ou greffiers. Nous pensons qu'on peut présenter un acte à tous les notaires de France, un jugement à tous les greffiers. Il faut seulement pour ces derniers, que ce soit un greffier de justice de paix, si le jugement émane de cette juridiction; un greffier de tribunal de première instance, si le jugement émane d'un tribunal civil, et un greffier de Cour d'appel, s'il s'agit d'un arrêt. — Chauveau, *loc. cit.*

13. Si les notaires, et greffiers ne reconnaissant pas la signature d'un autre officier public, refusent d'apposer la nouvelle formule, le porteur de l'acte ou du jugement doit introduire un référé; et c'est lui qui doit en supporter les dépens. Ou ne peut obliger un notaire ou un greffier à apposer une formule sur tous les papiers qu'on leur présente, sans examiner si c'est bien une véritable grosse, une véritable expédition; et ils doivent refuser de faire l'addition, s'ils ont le moindre doute sur la véracité de la signature. — Chauveau, *loc. cit.*

14. Il suffit que la formule nouvelle soit insérée sur la grosse ou l'expédition à la suite de l'ancienne, et il n'est pas nécessaire que cette dernière soit bâtonnée, comme elle devait l'être sous l'ordonnance de 1815.

15. On peut réclamer collocation dans un ordre en vertu d'un jugement qui porte l'intitulé de l'ancien gouvernement; la rectification n'est exigée que dans le cas où il s'agit de mettre ce jugement à exécution par voie de contrainte ou de saisie. — Cass., 2 janv. 1828 (S. chr.).

16. De même il n'est pas nécessaire que l'acte de transport, signifié en tête du commandement fait au débiteur d'une créance par le cessionnaire, soit revêtu de la formule exécutoire. Les poursuites à fin d'exécution étant dirigées, non en vertu de cet acte, mais en vertu du titre d'obligation, il suffit que ce titre contienne la formule exécutoire. — Toulouse, 11 janv. 1831 (S. 31.2.217).

17. La formule exécutoire d'un jugement n'est requise que sur l'expédition de la minute. L'omission de cette formalité sur la copie signifiée n'entraîne pas nécessairement nullité de la signification et de ce qui a suivi. En tout cas, la nullité qui résulterait du défaut de formule est couverte, si les parties ont exécuté le jugement sans faire aucune réserve expresse. — Cass., 28 nov. 1827 (S. chr.).

18. Décidé aussi que pour la régularité de la formule exécutoire apposée à un exécutoire de dépens, il suffit qu'elle contienne le nom du chef de l'État et le mandement à l'huissier de mettre cet exécutoire à exécution, bien que d'ailleurs elle ne soit pas complétement transcrite. — Riom, 12 mars 1844 (S. 44.2.446).

19. La rectification de la formule exécutoire d'un acte notarié, quoique irrégulière, en ce qu'elle n'est ni datée ni signée, suffit pour la validité des poursuites faites en vertu de l'acte rectifié. —

Corse. 22 mai 1823 (S. chr.). — *Contrà*, Chauveau sur Carré, *Quest.*, 2498, § 4, n. 1, p. 415.

19 *bis*. Jugé aussi que le porteur d'une grosse délivrée avant le 6 sept. 1870, mais revêtue de la formule exécutoire prescrite par l'arrêté du 13 mars 1848, n'est pas tenu, pour le faire mettre à exécution, d'y faire ajouter la formule prescrite par le décret du 2 sept. 1871. — Toulouse, 16 mars 1877.

Mais la poursuite exercée en vertu d'une grosse revêtue seulement de la formule de l'empire ou de la royauté serait nulle. — Poitiers, 17 juin 1875.

§ 3. — Des actes sous seing privé.

20. L'acte sous seing privé n'est pas susceptible d'exécution parée, car il émane de simples particuliers, et l'emploi de la force publique ne saurait être autorisé que par les fonctionnaires, qui ont mission de rendre la justice ou de donner force de loi aux conventions des parties. L'exécution d'un tel acte ne peut donc être poursuivie que par voie d'action devant les tribunaux à l'effet d'obtenir un jugement de condamnation. — V. *Acte sous seing privé.*

21. Pour donner à un acte sous seing privé, dont l'écriture et la signature sont reconnus en justice, la force exécutoire, il faut que le jugement qui constate cette reconnaissance en ordonne l'exécution. — Toulouse, 27 juill. 1824. — Il ne suffirait pas qu'il se bornât à donner acte de la reconnaissance des écritures et signatures. — Agen, 18 déc. 1823.

22. Un acte sous seing privé devient authentique et susceptible d'exécution parée lorsqu'il est déposé pour minute à un notaire, par toutes les parties qui l'autorisent à en délivrer une grosse. — Cass., 27 mars 1821. — V. *Grosse.*

Ou, lorsque le dépôt en est fait par la partie débitrice, c'est-à-dire par celle qui avait seule intérêt à ce que le titre ne pût servir de base à des poursuites juridiques. — Bourges, 27 juin 1823.

Mais il en serait autrement si le dépôt était effectué par le créancier seul. — C. proc., arg. art. 193.

§ 4. — Des jugements et actes judiciaires.

23. Les jugements des tribunaux et arrêts des cours sont exécutoires. — C. proc., 146, 470. — Même les jugements rendus sur requête dans les cas, par exemple, où il y a lieu à rectifier un acte de l'état civil ou à autoriser une femme à ester en jugement, sauf toutefois les droits des tiers auxquels ces jugements ne peuvent jamais préjudicier.

24. Le jugement rendu par le juge de paix dont la juridiction a été prorogée hors des limites de sa compétence. par suite de la volonté des parties et conformément à l'art. 7, C. proc., a comme tout autre jugement la force exécutoire. — Cass., 3 frim. an IX.

25. Le jugement émané d'un tribunal arbitral n'est pas exécutoire par lui-même, mais seulement en vertu d'une ordonnance d'*exequatur* rendue, selon les cas, par le président du tribunal civil ou par le président du tribunal de commerce.—V. *Arbitrage.*

26. Les ordonnances des juges sont exécutoires comme les ordonnances des tribunaux, lorsqu'elles n'excèdent pas leurs pouvoirs.—Ainsi le juge commis à une liquidation est sans qualité pour la rendre exécutoire, elle ne devient telle qu'en vertu du jugement d'homologation. — Cass., 8 frim. an XII ; Pigeau, t. 2, p. 139.

27. Mais le juge tenant l'audience des criées a qualité pour conférer la force exécutoire aux jugements d'adjudication rendus sur licitation ou par suite de vente de biens de mineurs, ainsi que le juge commis pour une distribution par contribution ou pour un ordre, aux bordereaux ou aux mandements de collocations. — V. *Distribution par contribution, Ordre.*

28. Les ordonnances rendues sur référé sont aussi des actes exécutoires ; elles sont dans les cas ordinaires expédiées et c'est sur l'expédition que se trouve portée la formule exécutoire. — V. *Référé.*

29. Sont encore des actes exécutoires, les exécutoires de frais et dépens et les taxes de témoins en matière civile. — V. *Enquête, Frais et dépens.*

§ 5. — Des actes notariés.

30. Les actes notariés sont, en général, exécutoires ; mais, comme les jugements, ils ne reçoivent la formule exécutoire que sur l'expédition, qui prend alors le nom de *Grosse*. — L. 25 vent. an XI, art. 25.

31. Il ne peut être délivré de grosse que des actes pour lesquels le notaire a rédigé une minute dont il est demeuré dépositaire. — *Même loi*, art. 21 et 26.

32. Le contrat de mariage est un titre emportant exécution parée ; en conséquence la femme peut, en vertu de ce droit, poursuivre contre les tiers détenteurs l'expropriation des biens grevés de son hypothèque légale. — Bordeaux, 22 juill. 1843.

33. La grosse de l'acte notarié avec lequel on exécute doit être signée du notaire et porter l'empreinte de son cachet.—L. 25 vent. an XI, art. 27.

34. Toutefois l'omission de cette dernière formalité n'entraîne pas la nullité de l'exécution. — Lyon, 7 mai 1825 ; Bordeaux, 28 janv. 1853 (D. 54.5.332) ; Chauveau, n. 1904 ; Bioche, n. 57.

35. Mais les juges peuvent toujours, sur la demande de la partie saisie, ordonner un sursis jusqu'à l'apport d'une grosse scellée : ils le doivent même si quelque soupçon s'élève sur la sincérité de la grosse non revêtue du sceau. — Toullier, t. 8, n. 60.

36. Si l'acte a été délivré en brevet, pour lui donner une forme exécutoire, il faut en faire un dépôt à un notaire, qui en délivre une grosse.

37. Toutefois ne sont pas susceptibles d'exécution parée, quoique passés devant notaire et reçus en minute : les actes de notoriété, les inventaires, les testaments, sauf le cas où le testateur ne laisse pas d'héritier à réserve et institue un légataire universel, et même les ventes de meubles faites aux enchères, si elles ne sont pas signées par le vendeur ou l'acquéreur mais seulement par le notaire et les témoins. — Bruxelles, 22 mars 1820. — V. *Acte de notoriété, Inventaire, Testament, Vente publique d'immeubles.*

38. *Actes administratifs.* — Sont exécutoires *de plano*, c'est-à-dire sans être revêtus de la formule exécutive :

1º Les ordonnances rendues en Cons. d'Etat, parce qu'elles émanent directement du pouvoir exécutif ;

2º Les arrêtés, condamnations et contraintes émanées des conseils de préfecture, des préfets ou de tous autres administrateurs, jugeant dans les limites de leur compétence respective. — Avis Cons. d'Etat, 5 fév. 1836 ; Chauveau, *Quest.*, 1894. — V. *Acte administratif.*

39. 3º Les contraintes délivrées en matière de douane pour le recouvrement des droits dont il a été fait crédit aux redevables, ou pour le refus de rapporter les acquits-à-caution. — L. 22 août 1791, tit. 13, art. 23, 32 et 33 ; Avis Cons. d'Etat, 16 therm. an XII ; 29 oct. 1811 ; 24 mars 1812.

Ces contraintes n'ont pas à proprement parler le caractère de jugement, mais elles reçoivent leur force exécutoire tant du visa auquel elles sont assujetties que de la soumission qu'a faite le redevable en acceptant le crédit. Les huissiers ne pourraient donc pas se refuser à mettre ces actes et décisions à exécution.

40. Néanmoins une simple opposition aux contraintes des administrations des contributions indirectes et de l'enregistrement en arrête l'effet, tant que cette opposition n'a pas été écartée par les tribunaux civils.

41. Les rôles des contributions directes sont rendus exécutoires par arrêté du préfet et recouvrés sans que la formule exécutoire soit inscrite en tête.

42. Les rôles de prestations pour les chemins vicinaux et les cotisations des familles dues à l'instituteur primaire, sont rendus exécutoires par les maires. — L. 21 mai 1836 ; L. 18 juill. 1837.

43. Les arrêtés de police municipale sont exécutoires, tantôt par leur signification aux intéressés, tantôt par leur approbation par le préfet. — L. 18 juill. 1837, art. XI.

44. Il est cependant certains actes administratifs dont l'exécution ne peut être poursuivie par voie d'exécution parée.

Ainsi il a été jugé : que les actes passés administrativement devant les maires n'emportent pas exécution parée, et qu'avant de procéder à l'exécution il faut obtenir jugement. — Colmar, 28 janv. 1833 (S. 33.2.336) ; Cass., 27 nov. 1833.

Qu'un procès-verbal d'adjudication passé entre un maire, agissant au nom de sa commune, et l'adjudicataire, et non revêtu de la formule exécutoire, quoique approuvé par le préfet, n'est pas

un acte exécutoire. — Limoges, 14 janv. 1837. — *Acte adminis-*
tratif.

§ 6. — Des jugements et actes étrangers.

45. Dans chaque Etat, la souveraineté, quelle que soit le titre
ou le nom de celui qui l'exerce, s'arrête à la frontière, sans pouvoir la dépasser; c'est une des règles les plus élémentaires du
droit international.

46. Il suit de là que les jugements rendus par les tribunaux
étrangers, et les actes reçus par les officiers étrangers, ne sont susceptibles d'exécution en France, qu'autant qu'ils ont été rendus
exécutoires par un tribunal français. — C. civ., art. 2123, 2128;
C. proc., art. 546; Lyon, 1er juin 1872 (S. 72.2.174).

47. Les jugements rendus en pays étrangers ne peuvent être
exécutés en France, qu'après avoir été revisés et rendus exécutoires
par les tribunaux français: un simple *pareatis* ne suffirait pas. Et,
ainsi rendus exécutoires, les jugements ont, en France, la même
force et vigueur et produisent les mêmes effets juridiques que s'ils
étaient émanés d'un tribunal français. — Colmar, 10 fév. 1864
(S. 65.2.128).

48. Mais cette révision doit-elle porter sur le fond? C'est là
une question très-controversée et sur laquelle les solutions ont
beaucoup varié.

49. D'après un premier système, les tribunaux appelés à déclarer exécutoire un jugement émané d'une juridiction étrangère,
doivent reviser en entier et au fond la sentence qui leur est soumise, sans distinction entre le cas où cette sentence a été rendue
entre deux étrangers et celui où elle l'a été contre un Français. —
Cass., 27 déc. 1852 (S. 53.1.94); Douai, 22 déc. 1863 (S. 65.2.60);
Paris, 22 avr. 1864, *ibid.*; Pau, 6 janv. 1868 (S. 68.2.100); Nancy,
11 juill. 1874 (S. 74.2.318); Cass., 16 juin 1875 (S. 76.1.213).

50. D'après un autre système les tribunaux français n'ont pas
à reviser en entier et au fond, au point de vue de l'intérêt privé,
la sentence qui leur est soumise; ils doivent se borner à vérifier si
l'acte qu'on leur présente réunit les conditions nécessaires pour
constituer un jugement valable dans le lieu où il est rendu, s'il
est passé en force de chose jugée et s'il n'est contraire à aucune
loi d'ordre public en France. — Paris, 23 fév. 1866 (S. 66.2.300);
Angers, 4 juill. 1866 (S. 66.2.300); Montpellier, 17 déc. 1869 (S.
70.2.75); Fœlix, *Dr. inter. priv.*, t. 2, p. 67 et suiv.; Troplong,
Privil. et *Hyp.*, t. 2, n. 454.

51. Dans tous les cas, les tribunaux français appelés à rendre
exécutoire en France une décision émanée d'une juridiction étrangère, peuvent et doivent vérifier si cette décision présente les caractères d'un jugement, si elle a été rendue par le juge compétent,
et si elle n'est contraire à aucune loi d'ordre public en France, et,
enfin, si la loi étrangère a été appliquée, sans rien qui doive,
dans l'intérêt de la commune justice des peuples civilisés, dicter

au juge français des appréciations différentes. — Paris, 11 mai 1869 (S. 70.2.10).

52. Ils doivent, en un mot, en l'absence de toute convention diplomatique, examiner si cette décision a été bien rendue. — Chambéry, 12 fév. 1869 (S. 70.2.9).

53. Mais lorsqu'il existe, dans les lois politiques ou dans les conventions diplomatiques, des exceptions aux principes qui viennent d'être énoncés, les jugements étrangers, après avoir été revêtus des légalisations qui leur donnent une authenticité suffisante auprès des magistrats français, sont rendus exécutoires par une simple ordonnance d'*exequatur* que donne, sans entrer dans l'examen du fond, le président du tribunal du lieu où doit se faire l'exécution.

Comme exemple, nous citerons les traités diplomatiques intervenus entre le gouvernement français et le grand-duché de Bade (16 avr. 1846), la Sardaigne (24 mars 1760 et 11 sept. 1860), l'Allemagne pour l'Alsace-Lorraine (11 déc. 1871).

54. Les tribunaux civils seuls, à l'exclusion des tribunaux de commerce, sont compétents pour déclarer exécutoires en France les jugements émanés de tribunaux étrangers, même alors que ces jugements prononcent sur des contestations commerciales. — Metz, 11 nov. 1856 (S. 57.2); Colmar, 10 fév. 1864 (S. 64.2); Bordeaux, 16 déc. 1867 (S. 68.2); Chambéry, 12 fév. 1869 (S. 70.2); Sic, Fœlix, § 324; Massé, *Dr. comm.*, t. 2, n. 808; Valette, *Revue de dr. fr.*, t. 6, p. 612; Demol., t. 1, n. 263. — *Contrà*, Nouguier, *Trib. de comm.*, t. 2, p. 462; Chauveau sur Carré, *Quest.*, 1900 *bis*.

55. Ce que nous avons dit du jugement s'applique aux sentences arbitrales. Ainsi une sentence rendue par des arbitres étrangers ne peut être exécutée en France qu'après qu'elle a été déclarée exécutoire par un tribunal français.

56. Quant aux actes et contrats passés en pays étrangers, ils ont en France, pour les parties, la même force obligatoire; et les parties ne pourraient être admises de nouveau à débattre leurs droits comme entiers. — Mais ils ne peuvent être exécutés qu'autant qu'un jugement en aurait ordonné l'exécution.

57. Pour l'examen approfondi des questions que soulève l'exécution en France des jugements et actes étrangers. — V. *Étranger*, *Exécution*.

ACTE FRUSTRATOIRE. — **1.** C'est celui qui est fait sans aucun intérêt pour la partie, qui n'est prescrit ni par la loi ni par l'usage et la pratique, et dont le seul but est d'augmenter les émoluments de l'officier ministériel.

2. L'art. 1031, C. proc., dispose que « les procédures et les « actes nuls ou frustratoires seront à la charge des officiers minis- « tériels qui les auront faits, lesquels, suivant l'exigence des cas, « seront, en outre, passibles des dommages-intérêts de la partie, « et pourront même être suspendus de leurs fonctions. »

3. Les officiers ministériels qui sont en contravention aux lois et règlements peuvent, suivant la gravité des circonstances, être punis par des injonctions d'être plus exacts ou circonspects, par la défense de récidiver, par des condamnations de dépens en leur nom personnel, par des suspensions à temps. Leur destitution peut même être provoquée. — Décr., 30 mars 1808, art. 102.

4. Les actes faits par un officier ministériel ou par un magistrat sur la réquisition expresse des parties ne peuvent être considérés comme frustratoires, par cela seul qu'ils ne sont pas exigés par les lois et règlements ; il suffit qu'ils ne soient pas prohibés, pour que la partie qui les a requis soit obligée d'en payer les frais. — Sir, Cod. proc. civ., art. 1031 ; Cass., 7 mai 1823.

5. Les procédures et actes frustratoires peuvent être mis à la charge des officiers ministériels qui les ont faits, sans qu'il soit nécessaire d'appeler en cause ces officiers ministériels. — Rennes, 11 avril 1835 (S. 36.2.272) ; *Contrà*, Morin, *Discip. judic.*, t. 2, n. 761 ; Chauveau, quest. 3396.

6. Les jugements qui mettent à la charge des officiers ministériels les frais frustratoires par eux faits, ont un caractère disciplinaire ; et ces condamnations étant laissées à l'appréciation souveraine des tribunaux, échappent à la censure de la Cour de cassation. — Cass., 28 fév. 1855 (S. 56.1.452). — En ce sens, sur le principe général, Chauveau, *Supp.*, quest., 562 ; Bioche, v° *Frais frustratoires.*

ACTE ILLÉGAL. — Acte ordonné ou exécuté par un agent de l'autorité en dehors des cas prévus par la loi. — V. *Abus d'autorité.*

ACTE ILLICITE. — C'est celui qui est contraire aux lois ou aux mœurs et qu'un officier public ne doit pas recevoir. — V. *Acte notarié.*

ACTE IMPARFAIT. — 1. C'est l'acte qui manque de quelques-unes des conditions requises pour sa validité.

On ne peut donner le nom d'actes imparfaits aux écrits qui ne sont revêtus d'aucune signature ; ce ne sont, en général, que des formules ou des projets d'actes incapables de produire aucun effet.

TABLE ALPHABÉTIQUE.

§ 1er. — Dans quel cas un acte est réputé imparfait.

2. Un acte notarié est réputé imparfait :

1° Lorsqu'il n'est pas signé par toutes les parties ou qu'il ne contient pas la déclaration qu'elles n'ont pu ou su signer.

2° Lorsqu'étant revêtu de toutes les signatures des parties ou de leur déclaration de ne savoir ou pouvoir signer, il n'a pas reçu la signature du notaire ou des témoins instrumentaires.

3° Enfin lorsque, bien que réunissant toutes les signatures ou déclarations exigées, il est privé de l'authenticité, soit par l'incompétence ou l'incapacité du notaire, soit par un vice de forme. — L. 25 vent. an XI. art, 5, 6, 8, 9, 14, 15, 16 et 68, C. civ., art. 1325 et 1326.

3. Le notaire ne peut, dans aucun cas, se permettre de détruire et supprimer un acte imparfait. Cette défense résulte implicitement de l'art. 841, C. proc. civ., qui autorise les parties à se faire délivrer copie ou expédition d'un acte resté imparfait. — Locré, t. 1, p. 366, 367 ; Roll. de Vill., vo *Acte imparfait*, n. 15 ; Dalloz, vo *Obligations*, n. 4413 ; *Dict. not.*, vo *Acte imparfait*, n. 17.

4. De même il ne pourrait lui donner la perfection qui lui manque si, devenu l'objet de difficultés, une action judiciaire ou extra-judiciaire était formée à ce sujet. — Roll. de Vill., *ibid.*, n. 16.

5. Si l'imperfection ne venait que de ce que le notaire est mort ou est devenu incapable avant d'avoir signé l'acte, un autre notaire ne pourrait pas être autorisé, par ordonnance du juge, à signer à sa place. — Roll. de Vill., n. 8.

6. L'enregistrement ne changerait rien à l'irrégularité d'un acte imparfait. Cette formalité ne peut pas plus valider l'acte que son absence ne peut l'annuler. — Carré et Chauveau, *Lois de la proc.*, n. 2867 ; Thomine-Demazures, t. 2, p. 417.

6 *bis*. Les actes commandés à un notaire et préparés par celui-ci doivent être passés en taxe, bien qu'ils soient restés imparfaits par suite du refus des parties de les signer. — Alger, 20 oct. 1874 (S. 76.2.246).

§ 2. — Effet qu'un acte imparfait est susceptible de produire.

7. Un acte bien qu'imparfait n'est pas nécessairement nul, il peut encore produire certains effets quant à sa force probante.

8. Quand un acte notarié est imparfait et nul pour vice de forme, incapacité ou incompétence du notaire, s'il est signé de toutes les parties, ou dans le cas de convention unilatéral, s'il est signé de l'obligé, il ne forme pas seulement un commencement de preuve, mais une preuve complète puisqu'il a la valeur d'un acte sous seing privé (C. civ., 1318), pourvu d'ailleurs qu'il ne s'agisse pas d'un acte pour lequel l'authenticité était requise.

9. Si l'imperfection vient de ce que l'acte notarié n'est pas signé de toutes les parties, il ne peut évidemment servir de commencement de preuve à l'égard des parties non signataires, mais il n'en est pas de même à l'égard de celles qui l'ont signé. — Liége, 9 juill. 1812; Bourges, 27 avril 1823.

10. Un acte notarié imparfait par suite de signature incomplète pourrait être admis comme commencement de preuve, s'il était établi que la signature n'a pas été complétée, non par la volonté du signataire et son refus de l'achever, mais par des circonstances indépendantes de sa volonté ; ce n'est là qu'une question d'appréciation qui appartient aux jugés du fond. — Paris, 27 mars 1841 ; Dalloz, n. 4817.

11. L'acte reçu par un notaire qui y était intéressé étant nul, non-seulement comme acte authentique, mais comme acte sous seing privé, il s'ensuit que le notaire ne pourrait s'en prévaloir comme commencement de preuve par écrit. — Cass., 15 juin 1853 (Dall., 53.1.212). Mais comme la faute du notaire ne doit pas préjudicier aux parties signataires, celles-ci pourraient se servir de l'acte annulé comme commencement de preuve. — Dall., n. 4818.

12. Un acte seulement commencé, mais dont la rédaction n'aurait pas été terminée, ne pourrait être regardé comme un acte imparfait propre à servir de commencement de preuve par écrit, qu'autant que la signature d'une des parties se trouverait apposée au pied de l'acte, même après un blanc. — Limoges, 1er juin 1835.

13. L'acte imparfait à raison de l'absence des signatures étant considéré comme n'ayant aucune existence, la partie qui ne l'a point signé n'est pas obligée d'en demander l'annulation aux tribunaux. Le possesseur d'un tel titre ne pourrait prescrire que par la possession ordinaire.—Toullier, t. 7, n. 607; Roll. de Vill., n. 31.

14. Le notaire n'est pas tenu d'inscrire sur son répertoire un acte imparfait. C'est un usage généralement suivi dans le notariat et qui est approuvé par les auteurs. — Roll. de Vill., vº *Répert.*, n. 77 ; Dall., vº *Notaire*, n. 303; Ed. Clerc, *Traité génér. du notar.*, n. 357 ; Cass., 2 nov. 1807 ; Solut., 7 oct. 1823.

§ 3. — Des copies d'actes imparfaits.

15. En vertu de l'art. 841, la partie à un acte resté imparfait peut en demander copie ; on comprend qu'elle peut avoir intérêt à la production d'un pareil acte ; elle peut aussi en demander un extrait, qui n'est qu'une autre forme de copie.

16. Mais le notaire ne pourrait, de sa propre autorité, délivrer la copie demandée, surtout si l'acte imparfait avait été en même temps frappé de nullité comme frauduleux. — Cass., 15 mars 1836; Roll. de Vill., n. 23 et 24; Dall., n. 4414.

17. La partie qui veut obtenir copie d'un acte imparfait doit présenter requête au président du tribunal de la résidence du notaire, par le ministère d'un avoué. — Art. 841, C. proc. civ.

18. Elle doit exposer dans cette requête le motif qui, malgré le vice de l'acte, lui fait demander cette copie, dont elle doit offrir d'en payer les frais, sauf son recours contre celui qui peut les devoir et sauf l'exécution des lois sur l'enregistrement. — Arg., art. 841, C. proc. civ.

19. Le juge répond, s'il y a lieu, par une ordonnance mise au bas de la requête portant autorisation de se faire délivrer copie de l'acte. — Art. 842, C. proc. civ.

20. Le notaire dresse alors un procès-verbal de délivrance, dans lequel la partie comparaît. La requête et l'ordonnance y sont annexées. Ce procès-verbal est signé de la partie et du notaire ainsi que des témoins instrumentaires, comme tout autre acte. Puis le notaire délivre la copie, au bas de laquelle il fait mention de cette délivrance en vertu de l'ordonnance relatée en son procès-verbal. — Roll. de Vill., n. 35 et 36.

21. Bien que certains notaires se contentent de faire mention de l'ordonnance sur la copie délivrée et d'annexer cette ordonnance à l'acte imparfait, il est préférable qu'un procès-verbal de délivrance soit dressé, parce qu'alors l'acte imparfait se trouve lui-même annexé à ce procès-verbal et prend rang dans les minutes du notaire. — Roll. de Vill., n. 37.

22. La plupart des auteurs décident qu'il n'est pas nécessaire d'appeler les autres parties à la délivrance de la copie, parce que cette pièce, qui ne constitue qu'un simple renseignement, ne peut entraîner contre elles aucune exécution. — Bioche, *Dict. de proc.*, v° *Copie*, n. 50 ; Pigeau, *Comment.*, t. 2, n. 335 ; Roll. de Vill., n. 28 ; Dall., n. 4414.

23. Cependant les rédacteurs du *Dictionnaire du Notariat* estiment qu'à l'égard d'un acte imparfait auquel il manque la signature de l'une des parties, et qui, par conséquent, a pu rester sans exécution, il faudrait que la partie qui voudrait s'en faire délivrer copie, même en vertu de l'ordonnance du président du tribunal, fasse faire sommation aux autres parties d'être présentes à la délivrance de cette copie, parce que celles-ci pourraient avoir des motifs de s'y opposer ; comme si la copie était demandée par une partie qui n'aurait point signé l'acte et qui, par conséquent, n'aurait point opéré de lien avec l'autre partie.—*Dict. du Not.*, v° *Acte imparfait*, n. 31.

24. Et que, quand bien même la partie qui demande la copie aurait figuré à l'acte, il pourrait être utile d'appeler les autres parties, ne serait-ce que pour éclairer le notaire sur la conduite qu'il doit tenir sur l'exécution de l'ordonnance. — *Ibid.*, n. 32.

25. L'ordonnance du juge n'est pas rigoureusement obligatoire pour le notaire qui peut refuser d'y obtempérer. — Pigeau, t. 2, 334 ; Carré, n. 2868 ; Roll. de Vill., n. 30.

26. Dans ce cas, on le somme de faire la délivrance de la copie, et, faute par lui d'obtempérer à la réquisition, il est statué en référé sur la contestation. — C. proc., 843.

27. C'est la partie qui réclame la copie qui doit introduire le référé. Jusqu'à preuve contraire le refus du notaire est réputé légitime.— Bioche, n. 54 ; Carré, n. 843 ; Pigeau, t. 2, p. 335 ; Roll. de Vill., n. 32.

28. Si le juge reconnaît que le refus du notaire n'était pas fondé, ce dernier peut être exposé à des dommages-intérêts dans le cas où le retard apporté à la délivrance de la copie aurait causé préjudice à la partie requérante.— Carré, n. 2868 ; Bioche, n. 55 ; Roll. de Vill., n. 33.

29. Le notaire ne pourrait être condamné aux dépens, cette condamnation étant définitive, tandis que le référé n'est qu'une décision provisoire. — C. proc., 809.

30. Un notaire peut être contraint, par ordonnance de référé, à délivrer aux parties intéressées copie d'un testament reçu par lui, mais resté sans aucune signature ; cet acte inachevé pouvant, selon les circonstances et l'appréciation du juge, constituer un acte imparfait dans le sens de l'art. 841, C. proc. civ. — Peu importe que la copie soit requise pour servir de base à une action en responsabilité contre lui. — Cass., 28 avr. 1862 (*Revue du Not.*, n. 276).

§ 4. — Enregistrement.

CHAPITRE Ier.

ACTES NOTARIÉS IMPARFAITS.

31. Dans le cas où le notaire veut exiger qu'un acte soit enregistré dans son état d'imperfection, le receveur doit donner la formalité et percevoir les droits ; mais il doit constater aussi l'état matériel de l'acte par un procès-verbal affirmé devant le juge de paix dans les 24 heures, à moins que le notaire ne consente à le signer. Il doit être fait mention de ce procès-verbal en marge de l'enregistrement de l'acte. — Inst., n. 1554.

32. Ne sont pas sujets à l'enregistrement dans un délai déterminé les actes rédigés par un notaire, dans la forme des contrats commutatifs, qui ne sont signés ni par toutes les parties qui devaient concourir à la convention, ni par le notaire et les témoins ou par les deux notaires. Ces actes devant être considérés comme des projets de contrats, le notaire qui les a rédigés n'est pas tenu de les signer et de les faire signer par un autre notaire ou des témoins, et de les faire enregistrer. Tel est un acte de vente passé au profit de deux acquéreurs dont l'un refuse de signer, alors que, dans l'intention des parties, la totalité de l'immeuble devait être vendue. Cass., (entre parties), 8 janv. 1866 ; et à la suite de cet arrêt, Napoléon-Vendée, 23 août 1866, *Dict. Réd.*, v° *Acte imparfait*, n° 6.

33. Il va de soi que de semblables actes ne sont pas passibles du droit proportionnel lors de l'enregistrement. Le droit fixe de 2 fr. (3 fr.), auquel sont soumis les actes innomés, est seul dû.

34. Quand une des parties obtient, en vertu de l'ordonnance du président, copie d'un tel acte, on doit l'enregistrer au droit fixe de 2 fr. (3 fr.), comme acte innomé. Inst., 436, § 62. — *Dict. Réd.*, v° *Acte imparfait*, n. 7.

35. Si pour un motif quelconque, le notaire qui rédige un contrat commutatif le signe et le fait signer par un second notaire ou deux témoins, sans que toutes les parties dont le consentement est nécessaire pour créer un lien de droit aient consenti à le signer, cet acte, malgré sa nullité ou son imperfection absolue, devient notarié, ce qui suffit pour qu'on doive le présenter à l'enregistrement dans le délai fixé par l'art. 20 de la loi du 22 frim. an VII. — Inst. 263 ; Roll.' de Vill., n. 78 ; *Dict. Réd. enreg.*, *eod.*, v° *Acte imparfait.*

36. Mais il est clair qu'un pareil acte doit être enregistré au droit fixe de 3 fr. comme acte innomé, à moins qu'il ne contienne une ou plusieurs dispositions indépendantes, parfaites par le seul consentement des parties signataires. Le droit de ces dispositions serait exigible suivant leur nature. Inst., 263, 340, 436, § 62.

37. Lorsqu'au moment d'une adjudication volontaire d'immeubles, l'enchérisseur refuse de signer, comme il n'y a pas adjudication, le procès-verbal du notaire constatant le refus de signature doit être enregistré au droit fixe. — Cass., 24 janv. 1814 ; Delisle, 8 mai 1822 ; *Dict. Réd.*, v° *Acte imparfait*, n. 8.

38. Toutefois si, sans renoncer à son enchère, l'adjudicataire refusait de signer sous un prétexte quelconque, comme celui de faire passer son acte par un notaire de son choix, l'adjudication devrait être considérée comme parfaite malgré ce refus. — Montpellier, 22 déc. 1851, et le droit devrait être perçu. — *Dict. Réd.*, *loc. cit.*

39. Lorsqu'un notaire a été commis judiciairement, le refus de signature par l'enchérisseur déclaré adjudicataire n'empêche pas la validité de l'adjudication. — Cass., 24 janv. 1814, précité. Cet arrêt est basé sur l'art. 707, C. proc.

40. Mais si c'est le notaire commis qui refuse de signer, il n'y a pas d'adjudication, attendu que le notaire remplit une fonction judiciaire, et que c'est à lui de prononcer l'adjudication. — Sol. 20 mars 1866.

41. Dans la forme voulue par la loi du 22 pluv. an VII, une adjudication de bois est parfaite par la signature du vendeur, du notaire et des témoins ; elle doit être enregistrée au droit proportionnel, encore bien que l'adjudicataire ait refusé de la signer. — C. Colmar, 27 juill. 1827 ; Rennes, 12 déc. 1842. — Même décision pour le cas où le procès-verbal d'adjudication n'a été signé ni par le propriétaire des bois ni par les adjudicataires. — Bellac, 12 juill. 1860.

42. L'acte contenant décharge de prix de vente de meubles, bien que non signé par tous les intéressés, est parfait à l'égard des parties qui ont signé ; il doit être enregistré dans le délai de l'art. 29. — Montfort, 1er juin 1850.

43. Lorsque la cause d'imperfection ou de nullité provient du fait du notaire qui a rédigé l'acte, il y a pour lui obligation de le faire enregistrer dans le délai ordinaire.

44. Les vices d'un acte imparfait, signé par le notaire et les témoins, peuvent le rendre nul en totalité, à défaut de la signature de toutes les parties, ou partiellement, à défaut d'approbation des mots rayés nuls, des interlignes et des renvois. Il peut être aussi seulement privé du caractère d'authenticité en cas d'incompétence du notaire (art. 5, 6, 8, 10 et 68. L. 25 vent. an XI)) mais il n'est pas moins vrai que cet acte doit être rangé dans la catégorie des actes notariés, ce qui suffit pour qu'il soit régi par la disposition générale et absolue de l'art. 20 de la loi du 22 frim. an VII. — D'autre part, la loi ne reconnaissant pas de nullités de plein droit, les nullités, fussent-elles absolues, dont les actes sont viciés, ne leur font pas perdre leurs effets tant qu'ils n'ont pas été annulés. — Inst. 263, 340, 376 § 62; Cass., 12 fév. 1822; Seine, 12 juin 1844; Ambert, 16 nov. 1846; Dict. Réd., eod., v°, n. 12, 20 nov. 1844; Cass., 13 nov. 1849.

45. L'enregistrement est obligatoire dans le délai fixé par l'art. 20 de la loi de frimaire, pour les actes auxquels il ne manque que la signature du notaire en second ou des témoins. — Nîmes, 14 fév, 1813; Bourges, 29 avril 1833.

46. L'acte signé par toutes les parties mais non revêtu de la signature des notaires, ou du notaire et des témoins, doit, également, être enregistré dans le délai fixé par l'art. 20. En effet, le notaire qui l'a reçu manque aux devoirs de sa charge, et il contrevient à l'art. 9 de la loi du 25 vent. an XI, lorsqu'il ne le signe pas et ne le fait pas signer par le second notaire ou les témoins. Or, dit le Dict. des Réd., loc. cit., n. 14, cette contravention ne peut autoriser une autre contravention, et soustraire ainsi le notaire à l'obligation de faire enregistrer l'acte dans le délai voulu par la loi. — Arrêts de Bourges et de Nîmes précités; Cass., 15 fév. 1814; Colmar, 27 avril 1812; Seine, 2 mars 1831; Loches, 22 avril 1853; Rodez, 17 déc. 1846; Saint-Flour, 17 août 1847.

47. D'après d'autres décisions un pareil acte ne serait pas soumis à l'enregistrement dans un délai déterminé lorsqu'il ne contient ni mutation ni bail d'immeubles. — Cass., 27 août 1806; 2 nov. 1807; Seine, 28 mars 1833; Cass. belge, 2 avril 1834; Brioude, 31 déc. 1838; Cevray, 18 juill. 1845; Espalion, 19 août 1847; Lourdes, 13 mars 1855; Châteauroux, 10 août 1857. — V. dans le même sens, Dall. 2112 et 5003; MM. Champ. et Rig., n. 163, 355. — Les auteurs du Dict. des Réd., loc. cit., n. 14, pensent que cette doctrine est contestable, car il ne peut dépendre de la volonté d'un notaire de se soustraire, pour une cause qui est de son fait, à l'obligation qui lui est imposée par la loi de faire enregistrer les actes qu'il reçoit.

48. Dans le cas où l'acte non signé du notaire vaut comme écriture privée, conformément à l'art. 1318, C. civ., et à l'art. 68 de la loi devant. an XI, il n'en donne pas moins ouverture au droit proportionnel d'après la nature des conventions, et il doit être enregistré dans le délai de trois mois s'il est translatif de propriété ou de jouissance immobilière. C'est ce qui a été admis par les tribunaux de Cambrai, 30 juin 1841; Seine 17 fév. 1855. Dans ces différentes espèces, la Régie pour des motifs particuliers, par exemple, par suite du décès du notaire, avait réclamé les droits aux parties — Dict. des Réd., loc. cit., n. 16.

49. Le défaut d'indication de la date d'un acte notarié ne dispense pas le notaire de l'obligation de l'enregistrement complet à partir du jour où l'acte a été réellement passé. — Brioude, 31 déc. 1838; Rodez, 17 déc. 1846.

50. Dans son traité sur la responsabilité notariale, Revue du Not., n. 1134, — M. P. Pont émet l'avis suivant : « Il est évident que l'acte imparfait faute de signature des parties qui s'obligent est radicalement nul et n'a pas d'existence légale. La Cour de cassation a décidé que le refus par quelques-unes des parties de signer un acte notarié dans lequel elles s'obligeaient solidairement avec d'autres qui avaient déjà signé, a pour effet de rendre l'acte nul, même à l'égard de ceux qui ont signé, si d'ailleurs il n'y a pas eu intention contraire manifestée de leur part; que les parties signataires ne peuvent être tenues d'exécuter l'acte, sous prétexte qu'elles contractaient solidairement; et que cet acte ne vaut même pas comme commencement de preuve par écrit entre les parties qui l'ont signé, aux fins d'établir qu'elles ont entendu que la convention aurait effet nonobstant le défaut de signature, et que cette convention a même reçu exécution de leur part. — Cass. req., 26 juill. 1832 (D. 32.1.492). »

51. De ce principe si nettement posé et d'ailleurs si incontestable en droit civil, il y a, selon M. Paul Pont, une induction toute naturelle à tirer au point de vue du droit fiscal : c'est que l'enregistrement d'un acte imparfait par cette cause ne saurait, en aucun cas, être exigé. Le notaire qui l'a reçu n'y peut voir qu'un projet tant que les signatures qui manquent ne sont pas apposées ; la date qu'il porte ne fait donc pas courir le délai de 10 ou 15 jours dans lequel l'acte, s'il était parfait, devrait être présenté à la formalité.

52. Lorsque l'imperfection de l'acte notarié résulte, non pas de ce que l'acte n'a pas été signé par les parties ou par le notaire, mais de ce que le notaire, qui, au contraire, a apposé sa signature à côté de celle des parties, était incapable ou incompétent, on ne peut pas dire, au point de vue de l'enregistrement, qu'il n'y ait pas là un acte passible du droit. — *Revue du Not.*, n. 1134.

53. En ce qui concerne les actes notariés à plusieurs dates. — V. *Acte portant plusieurs dates.*

CHAPITRE II.

ACTES SOUS SEING PRIVÉ IMPARFAITS.

54. Les imperfections qui peuvent se rencontrer dans les actes sous seing privé ne constituent pas des nullités de plein droit, et ne dispensent pas les actes qui en sont affectés ni de l'enregistrement ni de la perception des droits auxquels sont tarifées les dispositions qu'ils renferment. — Merlin, *Rép.*, *Double écrit*, n° 9; Champ. et Rig., traité, n. 171 et 172; Cass., 24 juin 1806. D'ailleurs la loi ne reconnaît pas de nullité de plein droit. — *Dict. des Réd.*, v° *Acte imparfait*, n. 34.

55. Il n'est pas nécessaire que la signature de toutes les parties se trouve sur chacun des originaux de l'acte; il suffit que les originaux qui sont entre les mains de chacune des parties portent la signature de toutes les autres. Il est d'usage, en effet, que les parties qui rédigent un contrat synallagmatique se contentent de l'échange de leurs signatures, et cet échange remplit le vœu de la loi. — Zachariæ, t. 5, p. 651; Merlin, *Rép.*, *Double écrit*, n. 6; Toullier, t. 8, n. 344; Duranton, t. 13, 156; Cass., 13 oct. 1806 (1770 J. N.), et 8 nov. 1842. Ainsi l'acte constatant une convention synallagmatique, lors même qu'il ne contient pas la signature de toutes les parties, est valable, en droit civil, si cet acte a été fait double ou si l'original produit porte la mention du double. — *Dict. des Réd.*, *loc. cit.*, n. 35.

56. Il suit de là que le droit proportionnel doit être perçu sur un acte sous seing privé contenant vente d'immeubles, qui ne serait signé que par l'acquéreur. — Cass., 13 oct. 1806, — s'il est entre les mains de l'autre contractant, — Saint-Quentin, 1er avril 1853, — ou si la validité en est reconnue en justice. — Bazas, 7 juin 1870.

57. Toutefois les parties sont recevables à prouver qu'un tel acte est resté à l'état de projet. — Mortagne, 12 mai 1865.

58. Et l'existence du contrat ne serait pas suffisamment établie si l'acte signé de l'une des parties était trouvé parmi les papiers d'un notaire décédé ou en fuite, dans un dossier au nom de l'autre partie. — Lille, 24 janv. 1864.

59. Le droit serait également exigible sur un acte de cession mobilière, qui ne serait signé que par le cédant. — Cass., 23 mai 1853; Inst., 1982. Sauf le cas cependant où il serait judiciairement établi que cet acte ne vaut que comme commencement de preuve par écrit. — Rennes, 14 mars 1865.

60. Les actes unilatéraux constatant des obligations ou libérations sont sujets au droit proportionnel, lors même que ces actes seraient présentés à l'enregistrement, les premiers par le débiteur, les seconds par le créancier, qui ne s'en seraient pas dessaisis. — *Dict. des Réd.*, v° *Acte imparfait*, n. 39.

61. Les actes sous seing privé susceptibles d'être attaqués pour nullité résultant de ce que les dispositions qu'ils renferment exigeaient, d'après la loi, qu'ils fussent passés devant notaire, sont néanmoins passibles des droits afférents à la classe des actes dont ils offrent les stipulations. — Cass., 21 déc. 1831 ; délib., 5 fév. 1825, 21 sept. 1827.

62. Ce qui a été dit pour les actes notariés s'applique par analogie aux actes sous seing privé à plusieurs dates. Ajoutons que, pour les actes synallagmatiques, il y a présomption que l'une des parties n'a apposé sa signature qu'à la seconde date, qui seule fait courir le délai.—*Dict. des Réd.*, eod, v°, n. 41.

63. — On doit distinguer, spécialement au point de vue de l'enregistrement, les actes imparfaits des écrits qui, n'étant revêtus d'aucune signature, ne constituent pas des actes, et que l'on désigne quelquefois sous le nom d'actes inexistants. Il ne faudrait pas cependant conclure de ce que nous venons de dire que tous les écrits non signés sont sans force ni valeur ; il y a certains écrits qui ne sont pas des actes, mais qui peuvent néanmoins servir de titre et être invoqués en justice ; tels sont les registres et livres des marchands, qui font preuve contre eux, les registres et papiers domestiques ; telle est encore la simple écriture mise par le créancier à la suite ou au dos d'un titre qui est toujours resté en sa possession. Cette écriture, quoique non signée, fait foi contre le créancier lorsqu'elle tend à établir la libération du débiteur. — C. civ., 1329 à 1332.

64. En ce qui concerne les *actes administratifs* et les *actes judiciaires.* — V. à ces mots.

§ 5. — Formules.

I. — *Procès-verbal de délivrance.*

L'an mil huit cent...

Par-devant M°...., notaire à..., soussigné, et en son étude.

A comparu :

M. Julien Arnaud, marchand drapier, demeurant à...

Lequel a d'abord exposé ce qui suit :

Le six mai dernier, M. Arnaud, comparant, d'une part et d'autre part, 1° M. Abel Joly, propriétaire, demeurant à..., et 2° M. Joseph Savary, ancien négociant et Mme Marguerite Joly, son épouse, demeurant à..., se sont présentés en l'étude de M°..., notaire soussigné, pour donner les renseignements nécessaires à l'effet de préparer un contrat constatant la vente par M. Joly et M. et Mme Savary au comparant d'une ferme sise à..., avec toutes ses dépendances, contenant ensemble trente-cinq hectares environ et indivis entre Mme Savary et M. Joly, son frère, sous diverses conditions et moyennant un prix de...

Ce contrat a été préparé dans les termes arrêtés entre les parties, et il a été signé le 9 mai dernier par MM. Joly, Savary et Arnaud.

Mais Mme Savary s'étant jusqu'à présent refusée de le signer, il est restée imparfait entre les mains du notaire soussigné, qui ne l'a pas revêtu de sa signature ni porté sur son répertoire.

Suivant ordonnance rendue sur requête par M. le président du tribunal civil de..., le..., enregistrée, dont l'original représenté au notaire soussigné est demeuré ci-annexé après mention, M. Arnaud a été autorisé à se faire délivrer une copie du contrat susindiqué.

En conséquence, M. Arnaud a requis M•..., notaire soussigné, de lui délivrer la copie de cet acte imparfait en lui offrant de consigner la somme suffisante pour acquitter les droits d'enregistrement auxquels il peut donner lieu.

Déférant à cette demande, M•..., notaire, après avoir fait enregistrer l'acte imparfait, en a délivré au comparant une copie entièrement conforme à l'original.

Si le notaire refuse la délivrance de la copie, la formule du refus à mettre ensuite de la réquisition de délivrance pourrait être ainsi conçue :

Sur cette réquisition, le notaire soussigné a déclaré qu'il ne croyait pas devoir obtempérer à la demande du comparant attendu (indiquer ici les motifs).

C'est pourquoi il donne acte à M. Arnaud de ses dires et offres et le délaisse à se pourvoir ainsi qu'il appartiendra.

De tout ce que dessus il a été dressé le présent procès-verbal en présence de MM..., témoins instrumentaires.

Après lecture, le comparant a signé avec les témoins et le notaire.

II. — Mention à mettre ensuite de la copie de l'acte imparfait.

Il est ainsi en l'original d'un acte préparé par M•..., notaire à..., soussigné, resté imparfait, dont la présente copie a été délivrée à M..., demeurant à..., en vertu d'une ordonnance de M. le président du tribunal civil de..., en date du..., annexée à la minute d'un procès-verbal de délivrance dressé par le notaire soussigné le..., enregistré.

ACTE INNOMÉ. — Se dit en droit fiscal de tout acte qui n'est pas nommément désigné dans les diverses catégories d'actes soumis à la formalité de l'enregistrement.

Cette sorte d'acte est soumise aux droits suivants : 3 fr. s'il s'agit d'actes civils et administratifs ; 1 fr. 50 c. pour les actes judiciaires ; 2 fr. pour les actes extrajudiciaires. —LL. 22 frim. an VII, art. 68, § 1er, n. 30 et 51 ; 28 avril 1816, art. 43, n. 13 ; 18 mai 1850, art. 8 ; 28 fév. 1872, art. 4.

ACTE JUDICIAIRE ET EXTRAJUDICIAIRE. — **1.** On appelle *acte judiciaire* celui qui émane du juge ou qui est fait en sa présence ou sous sa surveillance directe ou indirecte, et acte *extrajudiciaire* celui qui est fait hors sa présence ou cette surveillance.

TABLE ALPHABÉTIQUE.

2. Le but des actes extrajudiciaires est de prévenir une contestation, de conserver ou de s'assurer un droit.

3. Et par exemple une sommation, une signification, des offres réelles, une consignation sont des actes judiciaires.

4. Quelquefois ils exigent l'intervention du juge, mais alors ils émanent toujours d'une juridiction gracieuse ou volontaire comme les nominations de tuteurs, les émancipations. — Bioche, *Dict. de Proc.*, n. 3.

5. Les actes judiciaires appellent, au contraire, en quelque sorte, la décision du juge sur une contestation.

6. Un jugement est un acte judiciaire, et l'on doit attribuer ce caractère à tous les actes de procédure faits par les huissiers, avoués ou greffiers, dans le but d'obtenir ce jugement. Tels sont, par exemple, les citations, ajournements, actes d'appel, les conclusions, requêtes, etc., en se gardant toutefois de confondre ces actes avec les jugements proprement dits. — Poncet, *Des jugements*, t. 1er, titre 1er, chap. 1er; Marc-Deffaux et Harel, *Encyclopédie des Huissiers*, vo *Acte judiciaire*, n. 3.

7. Sans doute tous ces actes ne sont pas passés en la présence du juge ; mais le premier acte de toute procédure judiciaire, c'est-à-dire la demande, soumet la contestation au juge, l'en saisit, et tous les actes ultérieurs sont censés faits ou en sa présence ou sous son autorité.

8. Dans un acte judiciaire la partie agit non-seulement avec tous les droits généraux que lui a donnés la loi civile, mais avec celui qu'elle est censée exercer de l'intervention directe ou indirecte du juge ; l'acte extrajudiciaire, étant privé de cette intervention, ne saurait avoir les mêmes effets.

9. Ainsi notamment l'acte extrajudiciaire n'a pas l'autorité de forcer qui que ce soit à s'expliquer sur les interpellations qu'il contient (à moins de décision contraire de la loi, comme dans le cas de l'art. 1139, C. civ.); au lieu que, sur une interpellation faite en justice et proposée par le juge lui-même, le silence peut être pris pour un aveu. — Roll. de Vill., n. 4 ; Berriat-Saint-Prix, p. 641 ; Bioche, *loc. cit.*, n. 5 ; Marc-Deffaux et Harel, *loc. cit.*, n. 5.

10. L'assistance des avoués est nécessaire pour les actes judiciaires et inutile pour les actes extrajudiciaires. — V. *toutefois* infrà, vo *Bénéfice d'inventaire*.

11. Les actes judiciaires tombent sous l'influence de la péremption d'instance (V. infrà ce mot), tandis que le propre des actes extrajudiciaires est de durer tout le temps voulu pour la prescription. — Troplong, *Des hypothèques*, n. 581 ; Marc-Deffaux et Harel, *loc. cit.*, n. 6. — V. *Prescription*.

12. Ceux des actes judiciaires qui appartiennent à la juridiction gracieuse du juge peuvent, en général, être faits à l'hôtel du juge, et le concours du greffier n'est pas nécessaire.

13. Quels sont les actes judiciaires contre lesquels on peut se pourvoir par voie d'*appel* ou de *cassation?* — V. infrà ces mots.

14. Bornons-nous à constater que les actes judiciaires émanés du juge peuvent être annulés pour excès de pouvoir par la Cour de cassation sur la dénonciation du ministère de la justice. (L. 27 vent. an VIII, art. 80, C. inst. crim., 441.

15. Enfin les actes judiciaires peuvent donner naissance à l'hypothèque judiciaire, conformément à l'art. 2117, C. civ.

16. Enregistrement. — Les actes judiciaires désignés à l'art. 7 de la loi du 22 frim. an VII, devaient être enregistrés les uns sur la minute, les autres sur l'expédition, lorsque l'expédition était requise; mais cette distinction a été supprimée par l'art. 38 de la loi du 28 avril 1816 portant : « Tous actes judiciaires en matière civile, tous jugements en matière correctionnelle ou de police, sont, sans exception, sujets à l'enregistrement sur les minutes ou originaux. »

17. Les greffiers des tribunaux et des cours doivent faire enregistrer les actes qui sont susceptibles de cette formalité au bureau dans l'arrondissement duquel ils exercent leurs fonctions. — LL. 22 frim. an VII, art. 26 ; 27 vent. an IX, art. 6 ; Déc. min. just. et fin., 3 pluv. an VIII, Circ. 1807.

18. Les actes judiciaires doivent être enregistrés dans le délai de 20 jours. — L. 22 frim. an VII, art. 20, combiné avec l'art. 38 de la loi du 28 avril 1816 :

19. Sont compris dans cette catégorie :

Les procès-verbaux de conciliation, bien que les conventions qu'ils renferment n'aient force que d'obligations privées. — Inst. 436, n. 9.

Les concordats sujets à homologation, et qui sont faits en justice entre un failli et ses créanciers. — D. m. f. 11 avril 1815 ; 5111, *Journ. Enreg.*

La déclaration faite, conformément à l'art. 218, C. proc., par le demandeur qui s'inscrit en faux, et la déclaration de nomination d'experts, en vertu de l'art. 306 C. proc. Inst. 436, n. 21 et 26.

L'inventaire des objets mobiliers du failli dressé par les syndics provisoires, sans le secours d'un officier public, et signé du juge de paix à chaque vacation.

Les procès-verbaux d'enquête ; mais le délai de l'enregistrement ne court que du jour de la clôture du procès-verbal. — D. m. f. 22 juil. 1825 ; 1176 R. Inst. 1180, § 7.

Les procès-verbaux de la situation des minutes et expéditions arguées de faux, dressés en exécution de l'art. 226, C. proc., Inst. 436, n. 22.

Les prestations de serment. — V. *ce mot.*

20. Le droit fixe s'applique aux actes et jugements qui ne contiennent ni obligation, ni libération, ni condamnation, collocation ou liquidation de sommes et valeurs, ni transmission de propriété d'usufruit ou de jouissance de biens meubles ou immeubles. — L. 22 frim. an VII, art. 3. — Il est dû lorsque le droit proportionnel est inférieur à la quotité déterminée pour le droit fixe : même loi, art. 68, § 1er, n. 46, et § 3, n. 7 ; art. 69, § 3, n. 9 ; Inst. 386, n. 1.

21. Aux termes de l'art. 8 de la loi du 18 mai 1850, « le moindre droit fixe d'enregistrement pour les actes civils et administratifs est porté à 2 fr. ». Cette augmentation ne concerne donc ni les actes judiciaires ni les actes extrajudiciaires.

Mais, d'après l'art. 4 de la loi du 28 fév. 1872, « les divers droits fixes auxquels sont assujettis par les lois en vigueur les actes civils, administratifs ou judiciaires, autres que ceux dénommés en l'art. 1er, sont augmentés de moitié ». Les actes extrajudiciaires sont donc restés seuls sous l'empire de la législation précédente. — V. *Infrà,* n. 24.

22. D'après l'art. 68, § 1er, n. 51, de la loi du 22 frim. an VII, le droit de 1 franc est le moindre de tous les droits fixes auxquels peuvent donner lieu les actes judiciaires. Ce minimum a été implicitement maintenu par l'art. 8 de la loi du 18 mai 1850.

Depuis la loi du 28 fév. 1872, le minimum du droit fixe des actes judiciaires est porté à 1 fr. 50 c.

23. La quotité des droits fixes exigibles sur les actes judiciaires varie : 1° suivant les tribunaux dont les actes émanent ; 2° à raison de la nature des divers actes faits devant chaque juridiction. — V. *Jugement.*

24. A l'égard des actes extrajudiciaires, l'art. 4 de la loi du 28 février 1872 ayant élevé de moitié en principal le taux des divers droits fixes des actes civils, administratifs et judiciaires non soumis au droit gradué, a fait une exception pour les actes extrajudiciaires qui restent soumis à la législation antérieure. L'énumération des actes qualifiés extrajudiciaires se trouve reproduite dans une instruction n. 2433, chap. 1er, § 2. Aux termes de cette instruction. « Cette catégorie d'actes comprend notamment les exploits, significations, saisies, procès-verbaux, protêts, et même le premier acte de recours en cassation ou devant le Conseil d'Etat. » — V. *Exploit*.

25. Pour les pénalités encourues en cas de présentation à l'enregistrement après le délai voulu. — V. *Amende de contravention*.

26. Pour ce qui a rapport au timbre des actes judiciaires et extrajudiciaires, au visa pour timbre en débet, ou gratis, et à l'exemption du droit pour certains actes de cette catégorie. — V. *Timbre*.

ACTE. NOTARIÉ. — 1. C'est l'acte qui est reçu par un notaire.

TABLE ALPHABÉTIQUE.

DIVISION.

I.

23

CHAPITRE Ier.

NOTIONS GÉNÉRALES.

2. Les actes notariés n'ont pas toujours eu le caractère d'authenticité que la loi du 25 vent. an XI leur confère aujourd'hui.

3. A la naissance des sociétés, une extrême simplicité régnait dans la manière de contracter ou de s'engager entre parties. Chez les Hébreux le peuple servait à la fois de notaire et de témoins, et par le témoignage qu'il pouvait rendre de ce qui s'était accompli sous ses yeux, il contribuait à assurer aux conventions une façon d'inviolabilité. Il suffisait ensuite de quelques garanties supplémentaires, comme dans un marché, de la remise d'un gant ou autre objet par le vendeur à son acheteur, pour que l'on se tînt comme définitivement lié. — Chotteau, *Recueil de jurisp. not.*, p. 3.

4. Mais bientôt des germes de défiance, d'incrédulité aux engagements verbaux s'étant fait jour, l'on mit l'écriture au service des transactions afin de les mieux assurer contre la fraude.

5. Les *scribes*, classe de citoyens connue des Hébreux comme de toutes les nations anciennes, furent alors chargés du soin de rédiger la plupart des contrats. Ce n'était pas cependant des officiers publics, et leurs actes n'avaient aucun caractère authentique. Mais les précautions dont les Hébreux entouraient la confection de leurs actes écrits par le moyen des scribes, le dépôt qu'ils en faisaient dans les archives publiques, dans les temples, leur donnaient presque la valeur d'un acte authentique. — Roll. de Vill., *Discours hist. sur l'inst. du not.*

6. En Grèce, on retrouve les solennités et les formes suivies par les Juifs dans la rédaction de leurs contrats, et Aristote, au livre sixième, chapitre dernier de sa *Politique*, se sert du terme « *hieromnemones* » pour désigner les gardes-notes et les chefs des scribes.

7. L'établissement, au sein de la nation hellénique, d'officiers publics, *argentarii* ou *scribes*, chargés de rédiger les contrats des citoyens, date d'une époque bien antérieure à celle où vivait le philosophe grec, car il dit lui-même que, dans aucune contrée civilisée, ces officiers publics ne furent inconnus, et que nulle cité bien organisée ne pourrait s'en passer, leur institution étant de première nécessité. — Aristote, *De la république*, liv. VI, chap. VIII.

8. A Rome les actes reçus par les *tabellions* établis au *forum* constataient bien, en présence de témoins, les conventions des parties, mais ils n'avaient point l'autorité qu'on attache aujourd'hui à un acte authentique.

9. On appelait ces actes *scripturæ forenses, instrumenta* ou *documenta publice confecta, publice celebrata.*—Justinien, nov. 44, præf. ; nov. 73, cap. V et VII ; nov. 49, cap. II, etc.

10. Ils ne faisaient pas foi par eux-mêmes ; il fallait que le tabellion-rédacteur vînt lui-même reconnaître son écriture et en affirmer, sous serment, la sincérité ; s'il était mort, on appelait les témoins qui avaient assisté à l'acte, et l'on procédait à une vérification d'écriture. — Bonnier, *Des preuves*, 2, n. 461.

11. Les actes étaient souvent écrits en abrégé et sous forme de notes. On les nommait *notes tironniennes* parce que l'invention en était due à Tiron, affranchi de Cicéron. Dans la suite les notes tironniennes furent employées dans les actes publics. — Chéruel, *Dict. histor.*, v° *Notes tironniennes*.

12. Ces notes étaient rédigées d'abord par les *notarii*, simples scribes ordinairement esclaves; c'était un brouillon que le tabellion mettait ensuite au net.

13. Plus tard les notes restant au tabellion devinrent les minutes, et les expéditions n'en étaient que la mise au net.

14. Pour éviter les vérifications, on institua la formalité de l'*insinuation*, dans le dernier état de la législation romaine.

15. L'insinuation consistait à déposer dans les archives publiques les actes dont on voulait mettre la sincérité hors de toute atteinte ; ce dépôt dispensait de vérification, l'acte devenait authentique et faisait foi en justice. — Toullier, t. 8, n. 204.

16. En France, où régnait le droit commun, les actes, pour jouir de l'authenticité, devaient être déposés aux archives ou être reçus en présence du juge ou de l'évêque ; on les appelait *notitiæ publicæ ;* tous les autres étaient les *noticiæ privatæ*. — Mabillon, *Diplomatie*, chap. IV, livr. II.

17. Au moyen âge, les *notarii* qui n'étaient que les greffiers des magistrats et des prélats, rédigeaient leurs actes au nom de ces derniers; puis, peu à peu, ils se dispensèrent de cette formalité.— Bonnier, n. 462 ; Loyseau, *Offices*, liv. II, chap. V, § 50.

18. Aujourd'hui il suffit de la forme notariale pour conférer à l'acte le caractère authentique, c'est-à-dire lui attribuer la force et l'autorité de la loi. — V. *Acte authentique.*

19. La plupart des législations étrangères diffèrent essentiellement de la loi française.

20. En Allemagne les actes notariés ne font foi que jusqu'à preuve contraire. — Fœlix, *Droit international privé*, 3e édit., n. 228.

21. En Autriche, les actes sont reçus par des fonctionnaires de l'ordre judiciaire; les seuls actes rentrant dans les attributions des notaires sont les protêts des lettres de change. — Fœlix, n. 228.

22. En Angleterre et aux États-Unis, tous les actes doivent être vérifiés en justice. Soumis à des formes compliquées, ils sont ordinairement rédigés par les *attorneys*, avocats et procureurs, ce qui est une anomalie, puisque l'on donne la mission de prévenir les procès à ceux qui en vivent. — Bonnier, n. 464.

23. Dans les pays d'origine latine, ainsi qu'en Belgique et dans les Pays-Bas, où les principes généraux du droit civil français ont été adoptés, l'acte notarié est authentique comme en France. — Bonnier, n. 465.

24. Bien plus, le Code sarde de 1838 exigeait un acte authentique pour toutes les conventions de quelque importance, même les baux d'une durée de plus de neuf ans. — C. sarde, art. 1412.

25. Pour les transactions sur choses mobilières on permettait cependant l'acte sous seing privé. — *Ibid.*

26. Les actes notariés peuvent se diviser en plusieurs espèces; ainsi l'on distingue :
Les actes en minute et les actes en brevet ;
Les actes simples ;
Les procès-verbaux ;
Les actes ordinaires ou facultatifs ;
Les actes solennels ou obligatoires.

27. Les actes en minutes sont en général tous les actes notariés qui ne rentrent pas dans l'exception de l'art. 20 de la loi du 25 vent. an XI, ainsi conçu :
« Les notaires seront tenus de garder minute de tous les actes qu'ils recevront. Ne seront néanmoins compris dans la présente disposition, les certificats de vie, procurations, actes de notoriété, quittances de fermages, de loyers, de salaires, arrérages de pensions et rentes, et autres actes simples qui, d'après les lois, peuvent être délivrés en brevet.»

28. Les minutes et les brevets sont également des originaux d'actes notariés; ils ne diffèrent entre eux que parce que la minute reste déposée au notaire qui en délivre expédition ou extrait, tandis que le brevet est délivré en original aux parties. — Ed. Clerc, *Traité général du notariat*, n. 1766.

29. Les actes simples ne sont en général que des actes unila-téraux ne renfermant pas de stipulations au profit de tiers et qui n'ont pas un caractère permanent. — Ed. Clerc, n. 1777.

30. Lorsque les actes constatent des opérations prescrites par la loi plutôt que des conventions volontaires, on les nomme *pro-cès-verbaux*; tels sont les inventaires, les comptes, liquidation et partage, les actes respectueux, les comparutions par suite de som-mation.

31. Les actes ordinaires ou facultatifs sont ceux que les parties ont la faculté de faire ou de ne pas faire devant notaire.

32. Les actes solennels ou obligatoires sont ceux qui doivent, à peine de nullité, être faits devant notaire.

33. Quant à leur forme, les actes notariés se divisent en *origi-naux* et en *copies*. Les originaux prennent, ainsi que nous l'avons vu, le nom de *minute, brevet*. Les copies prennent le nom d'*expédi-tions, grosses, extraits, copies collationnées, ampliations*, etc. — V. ces différents mots.

CHAPITRE II.
RÉCEPTION DES ACTES.

34. Aux termes de l'art. 1317, C. civ., l'acte authentique est celui qui est reçu par des officiers publics ayant le droit d'instru-menter dans le lieu où l'acte a été rédigé et avec les solennités requises.

35. Les notaires, en vertu de l'art. 1er de la loi du 25 vent. an XI, sur l'organisation du notariat, ont une compétence générale pour recevoir toute espèce d'actes et leur imprimer le caractère de l'authenticité. Il n'y a d'exception que pour les actes que la loi a expressément chargé d'autres officiers publics de recevoir.

36. Les actes notariés doivent être reçus par deux notaires, ou par un notaire assisté de deux témoins, citoyens français, sachant signer et domiciliés dans l'arrondissement communal où l'acte est passé. — L. 25 vent. an XI, art. 9.

37. Les motifs de la règle posée par l'art. 9 ont été exposés par Toullier dans les termes suivants :

« L'homme est faible quand il est seul; il peut être facilement séduit ou induit en erreur, il a moins de force pour résister au combat que l'intérêt ou la séduction livrent à sa probité et à sa bonne foi. C'est pour soutenir, c'est pour fortifier le notaire autant que pour l'éclairer, que la sagesse de la loi le place à côté d'un surveillant devant lequel il rougirait de se montrer faible, partial ou injuste. » — Toullier, t. 8, p. 129.

Sect. Ire. — Du notaire instrumentaire et du notaire en second.

38. Le notaire qui reçoit l'acte, *instrumentum*, s'appelle *notaire instrumentaire;* c'est lui qui est chargé de remplir toutes les formalités requises pour donner à l'acte l'authenticité; il en garde la minute et délivre les grosses et les expéditions.

39. Le notaire qui assiste le notaire instrumentaire s'appelle *notaire en second*. C'était un véritable contrôle, une surveillance réelle que la loi de ventôse imposait ainsi au notaire qui passe un acte. Nous verrons plus loin, par les dispositions de la loi du 21 juin 1843, que hors les cas prévus par cette loi, le rôle du notaire en second et des témoins se borne à l'apposition de leur signature sur l'acte, même après coup, et que cette formalité est plutôt à présent une sorte de légalisation de la signature du notaire instrumentaire.

40. On nomme aussi le notaire instrumentaire *notaire en premier*, par opposition au notaire en second, qui ne fait que lui prêter son assistance et n'est pas ordinairement connu des parties. Le notaire en second n'est, en général, soumis à aucune garantie.

41. Le notaire instrumentaire est choisi par les parties, ou désigné quelquefois par le tribunal. Chacune des parties peut, du reste, appeler son notaire, et, dans ce cas, des règles particulières déterminent auquel des deux doit rester la minute. — V. *Notaire.*

42. La compétence et la capacité du notaire instrumentaire, ainsi que les prohibitions résultant de parenté ou d'alliance seront traitées au mot *Notaire.*

43. Le notaire instrumentaire doit être présent à la réception de l'acte.

44. Les notaires de Paris, par une délibération du 24 déc. 1730, convinrent unanimement et se promirent, en parole d'honneur, de ne souffrir directement ni indirectement qu'il soit fait des actes dépendant de leurs fonctions, que les signatures ne soient reçues et que les expéditions, copies ou extraits en soient faits sous leurs yeux et sur leurs ordres, par leurs clercs, sans pouvoir se prêter à aucune facilité ni accommodement, quand bien même ce serait, à titre purement gratuit, à cause du danger qu'il y aurait pour le public et pour eux à en agir autrement.

45. En principe, pour remplir le vœu de la loi, il suffit que le notaire soit seulement présent à la signature de l'acte dont la confection peut avoir lieu sans son assistance.

46. Un acte passé et signé en l'étude serait-il nul parce que le notaire n'aurait pas été présent à la signature des parties et ne l'aurait lui-même signé qu'après coup ?

M. Ed. Clerc admet la validité de l'acte. Le notaire, dit-il, est censé toujours présent à l'étude, il peut intervenir à chaque instant, ses clercs le remplacent, et c'est, en quelque sorte, sous ses yeux que les faits s'accomplissent.

47. C'est une tolérance nécessaire ; dans les grandes villes, le titulaire d'une étude importante ne pourrait assister effectivement et en personne à la confection et à la réception de tous les actes.

48. Mais si, au lieu d'être passés en l'étude, les actes l'étaient en dehors, il faudrait nécessairement que le notaire reçût lui-même les signatures.

L'usage d'envoyer les clercs recueillir les signatures est très-dangereux et peut avoir de graves conséquences si des parties avaient intérêt à faire prononcer la nullité de l'acte. — Ed. Clerc, *Traité gén.*, n. 1541.

49. Cependant la jurisprudence est unanime à déclarer que les actes reçus hors la présence du notaire sont nuls comme actes authentiques, sans distinguer s'ils sont ou non passés en l'étude.

C'est ainsi que la Cour suprême a décidé qu'un acte reçu par le clerc d'un notaire, en l'absence de celui-ci, ne saurait être considéré comme authentique, bien qu'il ait été dressé dans l'étude conformément à un projet remis par les parties, qu'il ait été signé par elles en vue de lui donner la forme authentique et que le notaire y ait ultérieurement apposé sa signature et l'ait mis au rang de ses minutes. — Cass., 27 janv. 1869, *Revue*, n. 2349. — V. conf. Cass., 16 avr. 1845 (S. 45.1.654) ; Caen, 4 janv. 1844 (S. 45.1.654) ; 26 mai 1847 (S. 48.2.236) ; 23 juill. 1861 (S. 62.2.59) ; Nancy, 5 déc. 1867 (S. 68.2.3).

50. Les auteurs repoussent aussi la distinction faite par M. Ed. Clerc, et décident que tout acte reçu hors la présence du notaire instrumentaire est radicalement nul. — Laurent, t. 19, n. 118 ; et les autorités citées.

51. Suivant M. Rolland de Villargues, le notaire qui signerait en cette qualité un acte rédigé hors de son étude par un autre que par lui-même, et sans que les parties eussent comparu devant lui, commettrait un véritable faux et s'exposerait à des poursuites judiciaires ou tout au moins à des peines disciplinaires. — Roll. de Vill., v° *Notaire*, n. 61 *bis* et 179.

52. Quand bien même ce serait un clerc qui recevrait l'acte aux lieu et place de son patron, le faux n'en existerait pas moins, puisque le notaire certifie par sa signature que les parties ont comparu devant lui, ce qui n'aurait pas eu lieu. — *Rép., Jour. Pal.*, v° *Acte notarié*, n. 13.

SECTION. II. — DES TÉMOINS INSTRUMENTAIRES.

53. Les témoins qui remplacent le notaire en second pour assister le notaire instrumentaire prennent le nom de *témoins instrumentaires*.

54. Ils doivent être au nombre de deux pour les actes ordinaires ; il en faut un plus grand nombre pour les testaments. — V. *Testament*.

55. Nous avons vu que, d'après l'art. 9 de la loi de ventôse, ils doivent être citoyens français, c'est-à-dire nés Français, majeurs, mâles et jouissant des droits civils et politiques.

56. La capacité est la règle, l'incapacité l'exception. Tout Français peut être témoin s'il n'est privé de ce droit par un jugement ou par un texte précis de la loi. — Toullier, t. 5, n. 590.

57. Sont donc incapables : 1° les condamnés à une peine emportant la dégradation publique ou à des peines correctionnelles avec interdiction d'être témoins pendant un temps déterminé par le jugement. — C. pén., art. 8, 28, 34, 42 ; 2° les étrangers, même admis à jouir en France des droits civils. — C. civ., art. 13. — Ed. Clerc, *Comm. de la loi du 25 vent. an XI*, n. 235.

58. Un failli non réhabilité peut-il être témoin dans un acte notarié?

Cette question est très-controversée; voici l'état actuel de la jurisprudence et de la doctrine.

59. En jurisprudence, pour l'incapacité du failli non réhabilité : — Rouen, 13 mai 1839 ; Trib. de Saint-Brieuc, 4 avr. 1862 ; *Rev. Not.*, n. 827 ; Amiens, 7 juill. 1873; *Rev. Not.*, n. 4494.

Dans le sens de la capacité.— Cass., 10 juin 1824 (S. 24.1.277); 10 mars 1829 (S. 29.1.247): Liége, 15 fév. 1827 (P. chr.); Cass., 24 mai 1842 (S. 42.1.488) ; Trib. Amiens, 9 mars 1864 ; *Rev. Not.*, n. 827.

60. En doctrine :

Dans le sens de l'empêchement. — Renouard, v° *Faillite*, t. 2, p. 509 : Dall., *Rép. gén. obl.*, n. 3299 et auteurs cités ; Roll. de Vill., v° *Témoins instrumentaires*, n. 21 ; Carré, *Organ. jud.*, n. 585 ; Esnault, *Traité de Faillites*, n. 152 ; Larombière, *Oblig.*, sur l'art. 1317, n. 18 ; Lefeuvre, *Dr. publ. et adm.*, p. 124 ; Coin-Delisle, *Comm. C. civ.*, sur l'art. 7, n. 17.

61. Pour la capacité. — Pardessus, *Droit comm.*, n. 1343 ; Ed. Clerc, *Traité gén.*, n. 1570; Coin-Delisle, *Don. et Test.*, sur l'art. 988, n. 48 ; Mourlon, *Répét. écrit.*, t. 2, p. 345 ; Massé et Vergé sur Zachariæ, t. 3, p. 102 ; Saintespès-Lescot, *Don. et test.*, t. 4, n. 1203 ; Demol., *Don. et Test.*, t. 4, n. 187 ; Laurent, *Princ. de dr. civ.*

62. En présence de la division qui existe dans ces avis, on voit qu'il est au moins très-prudent d'éliminer comme témoins d'un acte notarié, quel qu'il soit, acte ordinaire, donation ou testament, un failli qui ne justifierait pas de sa réhabilitation.

63. Cependant l'erreur commune sur la capacité civile d'un témoin instrumentaire supplée à cette capacité, et les tribunaux sont souverains appréciateurs des faits et circonstances qui établissent une telle erreur.

En conséquence, si le failli non réhabilité est incapable d'être témoin dans un acte notarié, son concours à un tel acte n'est pas néanmoins une cause de nullité, lorsqu'il résulte de divers faits et de la notoriété publique qu'il a toujours été réputé jusque-là jouir de la capacité civile. — Angers, *Tr. civ.*, 11 avril 1870 ; *Rev. Not.*, n. 2856.

64. C'est un principe admis sous l'ancienne législation et implicitement consacré depuis par les auteurs du Code civil, que l'erreur commune suffit pour couvrir dans les actes les irrégularités que les parties n'ont pu ni prévoir ni empêcher.—Cass., 4 fév. 1850 (S. 50.1. 180) ; Douai, 26 mars 1873, *Rev. Not.*, n. 4535 ; Coin-Delisle, *Donat. et Test.*, sur l'art. 980, n. 44; Troplong, *id.*, t. 3, n. 1686 et s. ; Saintespès-Lescot, *id.*, t. 4, n. 1206 ; Demol., *id.*, t. 4, n. 220 ;

Colmet de Santerre, t. 4, n. 125; Massé et Vergé, t. 3, p. 103, § 439, texte et note 20; Aub. et Rau, 3e édit., t. 5, § 670, p. 510, texte et notes 25 et 26; Laurent, t. 13, p. 286.

65. C'est ainsi qu'il a été jugé que la capacité putative non contestée d'un témoin, en ce qui concerne sa qualité de citoyen français, équivaut quant à la validité de l'acte, à sa capacité réelle. — Paris, 16 janv. 1874, *Rev. Not.*, n. 4663; Cass., 6 mai 1874, *Rev. Not.*, n. 4805; Cass., 1er juill. 1874, *Rev. Not.*, n. 4992.

66. Un domestique est-il incapable d'être témoin? Certains arrêts et plusieurs auteurs avaient conclu à l'affirmative parce que la disposition de l'art. 5 de la loi du 22 frim. an VIII, d'après laquelle l'exercice des droits de citoyen est suspendu par l'état de domestique à gages, n'a été abrogée ni modifiée par aucune loi postérieure; mais il fallait que l'individu soit domestique attaché à la personne ou au ménage. — Rennes, 23 juin 1827 (S. chr.); Toulouse, 9 juin 1843 (S. 44.2.164); Duranton, t. 1, n. 137; Coin-Delisle, *Jouis. et Priv. du dr. civ.*, p. 10; Augan, t. 1, p. 78 et 83. — *Contrà*, Roll. de Vill., *Rép.*, vo *Tém. inst.*, n. 22.

67. Aujourd'hui la question ne peut plus faire doute, la disposition précitée de la loi de l'an VIII a été virtuellement abrogée, tant par nos constitutions que par nos diverses lois électorales qui n'excluent pas des listes électorales les domestiques à gages. Ils peuvent donc être témoins dans un acte notarié, car sous l'empire des lois actuelles ils sont citoyens. — V. cependant Larombière, sur l'art. 1317, n. 18.

68. Deux frères peuvent être témoins dans le même acte notarié, les prohibitions de la loi de ventôse ne s'étendant pas à la parenté respective des témoins. — Bruxelles, 25 mars 1806 (S. chr.); Ricard, *Des donations*, 1re partie, n. 1595 : Furgole, *Des testaments*, chap. 3, sect. 2, n. 6; Merlin, vo *Tém. instr.*; Grenier, *Donat.*, t. 1, n. 252; Toullier, t. 5, n. 403; Favard, vo *Testam.*, sect. 1, § 3, art. 2, n. 11; Duranton, t. 9, n. 117; Demol., t. 4, n. 216; Aub. et Rau, t. 6, p. 363, § 755.

69. En outre de la capacité civile, le témoin doit avoir la capacité physique ou naturelle. Il doit être en état de voir, entendre et comprendre ce qui se passe pour pouvoir, au besoin, en rendre témoignage.

Les aveugles, les sourds-muets ne peuvent donc être témoins. On s'accorde généralement à reconnaître la capacité d'être témoin à un muet. — Laurent, t. 13, p. 302, n. 265 et s.; Coin-Delisle, p. 415, n. 22; Demol., t. 4, p. 192 et s.

70. L'incapacité des furieux, des idiots, des insensés ne se discute pas, la loi voulant une présence intellectuelle, et non la présence du corps. A moins que le furieux et le dément ne soient dans un moment lucide. — Demol., t. 4, n. 195.

71. Il en est de même pour celui qui se trouverait en état complet d'ivresse au moment de la passation de l'acte. — Demol., t. 4, n. 195 *bis*.

72. Les témoins doivent savoir signer (art. 9); cependant, pour les testaments reçus dans les campagnes, cette condition n'est pas absolue, il suffit que l'un des témoins signe.—C. civ., art. 974. V. *Testament.*

73. Aux termes du même art. 9, les témoins doivent être domiciliés dans l'arrondissement communal où l'acte sera passé.

74. Cependant, en matière de testament et en présence du silence du Code civil (art. 890), la jurisprudence a décidé qu'il n'y avait pas nullité si les témoins étaient pris en dehors de l'arrondissement communal. — Cass., 3 août 1841 (S. 41.1.865).

75. Les art. 8 et 10 de la loi de ventôse édictent les prohibitions de parenté ou d'alliance pour la réception des actes à l'égard soit des notaires par rapport aux parties, soit des notaires entre eux, soit des témoins par rapport aux parties et aux notaires.

76. Ces articles sont ainsi conçus.

Art. 8. — Les notaires ne pourront recevoir des actes dans lesquels leurs parents ou alliés en ligne directe à tous les degrés et en ligne collatérale jusqu'au degré d'oncle ou de neveu inclusivement, seraient parties ou qui contiendraient quelque disposition en leur faveur.

77. Art. 10. — Deux notaires parents ou alliés au degré prohibé par l'art. 8 ne pourront concourir au même acte.

Les parents, alliés soit du notaire, soit des parties contractantes, au degré prohibé par l'art. 8, leurs clercs et leurs serviteurs ne pourront être témoins.

78. Nous traiterons aux mots *Notaire* et *Témoins instrumentaires*, avec toute l'étendue qu'elles comportent, les questions relatives à la capacité du notaire en second et des témoins dans les actes, ainsi qu'aux prohibitions s'appliquant à la résidence, à la parenté, à l'intérêt personnel.

79. Une vive et sérieuse controverse s'est élevée sur le point de savoir si le notaire en second ou les deux témoins qui le remplacent devaient être présents à la réception des actes ou s'il suffisait qu'ils le signent après coup.

Divers arrêts de cassation (25 janv. 1841, S. 41.1.105 ; 16 nov. 1841, S.42.1.128), et plusieurs auteurs, entre autres Toullier, proclamaient que la présence du notaire en second ou des témoins était nécessaire à peine de nullité, alors surtout qu'il s'agissait d'actes contenant des dispositions de dernière volonté.

80. Ces décisions avaient ému au dernier point le monde des affaires ; elles étaient contraires à l'usage constamment suivi depuis la loi de ventôse; leur rigueur mettait en question la validité d'une foule d'actes importants sur lesquels reposaient la fortune des particuliers. Pour l'avenir, elles rendaient pour ainsi dire impossibles les fonctions notariales, à cause des difficultés et des lenteurs qu'elles apportaient dans la réception des actes.

81. Il fallait de toute nécessité mettre un terme aux émotions et calmer l'inquiétude des esprits.

C'est dans ce but que le gouvernement proposa aux chambres,

en 1843, un projet de loi qui, ayant été adopté, devint la loi du 21 juin 1843.

Cette loi contient les dispositions suivantes :

82. Art. 1er. — Les actes notariés passés depuis la promulgation de la loi du 25 vent. an XI ne peuvent être annulés par le motif que le notaire en second ou les deux témoins instrumentaires n'auraient pas été présents à la réception desdits actes.

83. Art. 2. — A l'avenir, les actes notariés, contenant donation entre-vifs, donation entre époux pendant le mariage, révocation de donation ou de testament, reconnaissance d'enfant naturel et les procurations pour consentir ces divers actes seront, à peine de nullité, reçus conjointement par deux notaires ou par un notaire en présence de deux témoins.

La présence du notaire en second ou des deux témoins n'est requise qu'au moment de la lecture des actes par le notaire et de la signature par les parties. Elle sera mentionnée à peine de nullité.

84. Art. 3. — Les autres actes continueront à être régis par l'art. 9 de la loi du 25 vent. an XI, tel qu'il est expliqué dans l'art. 1er de la présente loi.

85. Art. 4. Il n'est rien innové aux dispositions du Code civil, sur la forme du testament.

86. Cette loi a mis fin à une controverse irritante ; il en résulte que pour les autres actes que les testaments et ceux énoncés en l'art. 2, même pour les contrats de mariage renfermant des donations, la présence du notaire en second ou des témoins n'est plus exigée ni à la discussion, ni à la rédaction, ni même à la lecture aux parties et à leurs signatures. — Ed. Clerc, *Comment.*, n. 216.

87. La signature du notaire en second ou des témoins n'est donc plus dans l'esprit de la loi nouvelle, ainsi que nous l'avons dit, qu'une sorte de visa qui a pour effet de constater la régularité apparente de l'acte.

88. Cependant la Cour d'Amiens a décidé, que pour les actes ordinaires, le notaire rédacteur ne pouvait pas attester l'assistance du notaire en second ou des témoins dans une commune où ils n'étaient point à l'époque du contrat, et que si une telle énonciation n'emportait pas la nullité de l'acte, elle assujettissait du moins le notaire qui en était l'auteur à une peine disciplinaire. — Amiens, 16 avril 1845 (S.45.2.244).

C'était faire renaître toutes les difficultés auxquelles la loi de 1843 avait mis fin, aussi cette jurisprudence n'a-t-elle pas été suivie depuis.

89. La loi de 1843 n'est pas innovative, elle est seulement interprétative ; elle n'a donc aucun effet rétroactif, et il ne serait pas permis de revenir sur des décisions devenues irrévocables avant sa promulgation et qui auraient annulé des actes pour contraventions à l'art. 9 de la loi de ventôse.

90. L'art. 1er de la loi a donc validé tous les actes notariés faits antérieurement à sa promulgation et qui pouvaient être annulés pour défaut de présence du notaire en second ou des témoins, lors même ceux sur lesquels il existait un procès engagé et un pourvoi même admis. — Cass., 23 déc. 1845 (S.1846.1.456).

91. Lors de la discussion de l'art. 3, on a demandé que les dispositions de l'art. 2 fussent appliquées à tous les actes notariés qui ne seront pas signés par toutes les parties. C'était une garantie qu'on voulait offrir aux illettrés. Mais on a répondu que les actes passés par les gens illettrés sont d'ordinaire peu importants, et que l'innovation proposée était inexécutable, par la raison qu'il faudrait traîner avec soi le second notaire ou les témoins, car un acte commencé dans une localité est souvent terminé dans un autre; cet amendement a été rejeté. — Ed. Clerc, *Comment.*, n. 222.

92. On a demandé aussi que les actes pussent être rédigés par un seul notaire sans témoins; car des témoins qui signent après coup ne prennent véritablement point part à la confection de l'acte; cet amendement, combattu par le motif qu'il tendait à enlever aux citoyens une garantie si faible qu'elle soit, a été retiré. — Ed. Clerc, *loc. cit.*

93. La signature du notaire en second ou des témoins doit être donnée avant l'enregistrement de l'acte. Une signature tardive pourrait donner lieu à de graves inconvénients.— Ed. Clerc, *Traité gén.*, n. 1674.

94. Les dispositions de l'art. 2 de la loi de 1843 sont limitatives, et les actes qui sont énoncés constituent une exception à la règle générale.

95. D'où il résulte que l'acceptation d'une donation faite par acte séparé n'a pas besoin, pour être valable, de la présence réelle des témoins ou du second notaire.

96. Quelques auteurs cependant enseignent que l'acte d'acceptation doit être revêtu des mêmes solennités que l'acte de donation lui-même. — Demol., *Donat. et Test.*, t. 3, n. 126.

97. La jurisprudence admet la validité des donations déguisées sous les apparences de contrat à titre onéreux et les dispense de la formalité de la présence réelle. — Cass., 6 févr. 1849 (S.49. 1.250).

98. La doctrine, en général, est contraire à cette interprétation. Demol., t. 3, n. 99 et les auteurs qu'il cite.

99. Les contrats de mariage sont régis par l'art. 3, et non par l'art. 2, même quand ils contiennent des donations.

Le projet de loi comprenait les contrats de mariage dans l'exception, ils en ont été retranchés lors de la discussion à la Chambre des députés, sur un amendement de MM. Hébert et Dufaure. Les précautions de l'art. 2 ont paru superflues, ces sortes d'actes étant toujours précédés de discussions préliminaires dans lesquelles les conventions sont mûrement arrêtées entre les deux familles. — Bordeaux, 27 mai 1853 (S.53.2.587); Pont et Rodière, *Contrat de mariage*, t. 2, n. 130; Marcadé, *sur l'art.* 1394, n. 1.

100. La chambre des notaires de Paris, par sa circulaire du

24 juin 1843, a donné son adhésion pléine et entière à cette manière de voir.

101. Les actes constitutifs d'hypothèque rentrent dans la règle. générale de l'art. 3, bien que l'art. 2127, C. civ., exige que ces actes soient passés en la forme authentique devant deux notaires ou devant un notaire et deux témoins; cela résulte au surplus du rapport à la chambre des pairs, séance du 31 mai 1843, *Moniteur officiel* du 7 juin.

102. L'art. 4 déclare ne rien innover aux dispositions du Code civil sur la forme des testaments et ne parle pas d'autres actes. Mais, dans la discussion de la loi, il a été reconnu que cette loi dans son ensemble, avait un caractère tout spécial, et qu'elle respectait les dispositions du Code civil et du Code de procédure.

103. Ainsi l'acte respectueux reste toujours soumis aux formalités exigées par l'art. 154 du Code civil, qui prescrit la notification de cet acte par deux notaires ou un notaire et deux témoins. — V. *Acte respectueux.*

104. La loi de 1843 n'a rien changé non plus aux diverses lois d'après lesquelles certains actes peuvent être reçus par un notaire seul sans l'assistance d'un second notaire ou de témoins.

105. Tels sont : 1° Les certificats de vie pour le paiement des rentes et pensions viagères, mais sur l'Etat exclusivement.—Décr. 21 août 1806 ; Ordonn. 30 juin 1814 ; Cass., 19 nov. 1817 (S.chr.).

106. 2° Les certificats de propriété pour l'immatriculation des noms des propriétaires des rentes sur l'Etat par suite de décès ou autrement. — Déc. min. fin., 1er août 1821.

107. 3° Les actes de compte, liquidation et partage judiciaires. — C. proc., art. 977.

108. 4° Les ventes judiciaires renvoyées devant notaire. — C. proc. art. 954 et 970. — V. *Vente judiciaire.*

109. 5° La délivrance de copies collationnées, de secondes grosses; les procès-verbaux de compulsion, une mention quelconque sur un titre ou sur un acte. — Roll. de Vill., v° *Notaire en second*, n. 144. — V. *Copie collationnée, Seconde grosse.*

110. Si deux notaires ont été commis pour procéder conjointement à une même opération, ils doivent tous deux figurer en noms dans l'acte par lequel il est procédé à cette opération, et ce, à peine de nullité, et l'assistance de deux témoins ne saurait remplacer la présence du second notaire. — Douai, 10 août 1855 (J. Pal. 52.2.93).

111. Il ne peut y avoir plus de deux notaires pour recevoir un acte; cependant, s'il en était admis un plus grand nombre, l'acte ne serait pas nul : ce qui abonde ne vicie pas. — Riom, 7 fév. 1855 (S. 55.2.685).

112. Il en serait de même dans le cas où un nombre de témoins excédant celui exigé par la loi aurait assisté le notaire. — Cass., 6 avril 1809, (Sir. chr.); Roll. de Vill., v° *Acte notarié*, n. 134.

113. Lorsque plusieurs notaires ont été appelés par les parties, l'usage veut que ce soit le plus ancien en exercice qui retienne la minute. — V. *Notaire.*

SECTION III. — RESSORT DU NOTAIRE.

114. Les actes doivent être reçus dans le ressort du notaire instrumentaire, c'est-à-dire partout où il a le droit d'instrumenter. C. civ., art. 1317; L. 25 vent. an XI, art. 6.

115. L'art. 68 de la loi de ventôse prononce la nullité de tout acte fait en contravention de cette prescription. Outre la nullité de l'acte, le notaire peut encore être suspendu et destitué en cas de récidive, sans préjudice des dommages-intérêts auxquels il est soumis envers les parties.

116. Un notaire ne peut être commis ou délégué par le juge pour instrumenter hors de son ressort.

En effet, en dehors de son ressort, un notaire n'est plus qu'un simple particulier dépourvu de tout caractère public, sa qualité est attachée au ressort. — Roll. de Vill.; v° *Ressort*, n. 22.

117. La règle du ressort s'applique au notaire en second, mais ne s'applique pas aux témoins qui peuvent être pris dans toute l'étendue de l'arrondissement communal.

118. Encore bien moins aux parties, qui peuvent venir de n'importe où faire rédiger leurs conventions par le notaire de leur choix.

119. La loi, en édictant la défense aux notaires d'instrumenter hors de leur ressort, a eu pour but, d'une part, d'assurer la surveillance à laquelle ils doivent rester soumis dans l'intérêt des parties et de l'ordre public; d'autre part, de protéger chaque officier public contre les effets d'une concurrence déloyale.

120. Or l'intention de la loi ne serait pas remplie si, tout en réservant pour son étude la confection purement matérielle de l'acte, le notaire pouvait aller hors de son ressort en préparer les éléments et les faire arriver jusqu'à son presque accomplissement.

121. C'est ainsi qu'il a été jugé qu'un notaire est réputé instrumenter hors de son ressort et se rend ainsi passible de peines disciplinaires, lorsqu'il entend les parties et reçoit leurs communications comme notaire hors de son ressort, bien qu'il ne fasse signer l'acte qu'à sa résidence. — Toulouse, 31 déc. 1844; Tribunal de Roanne, 5 déc. 1844; Paris, 30 janv. 1872 (S. 72.2.48); Roll. de Vill., n. 8.

122. Le tribunal de Roanne, dans son jugement précité, indique aux notaires un moyen facile de concilier les dispositions précises de la loi avec les exigences de leur clientèle. Lorsqu'ils se trouveront dans le cas d'assister, hors de leur ressort, à des conventions pour lesquelles leur présence et leurs soins ont été spécialement requis, la rédaction d'un acte sous seing privé ne leur étant nullement interdite, ils en useront librement, sauf à revêtir ensuite cet acte des formalités qui devront le rendre authentique. Cette manière de voir était déjà celle de la Cour de cassation, 3 juill. 1826 et de la Cour de Metz, 24 avril 1827.

123. Aussi jugé dans un sens analogue que le notaire qui se transporte, à jour fixe et sans réquisition préalable, dans une commune autre que celle de sa résidence légale, pour y passer des actes de son ministère, manque aux devoirs professionnels. — Cass., 22 août 1860 (S. 60.1.833) ; Cass., 1ᵉʳ avril 1868 (S. 68.1. 207).

124. Il va sans dire que, dans ces espèces, la validité de l'acte n'était nullement en question puisqu'il avait été signé dans le ressort du notaire.

125. La loi ne punit que les contraventions réelles et non les énonciations erronées. En conséquence, bien qu'un acte notarié énonce qu'il a été passé hors du ressort, le notaire n'est passible d'aucune peine, s'il est prouvé que cette énonciation est le résultat d'une erreur. — Rennes, 23 janv. 1843.

126. La loi du 14 août 1870 a accordé le droit aux notaires appelés sous les drapeaux de se faire suppléer par un autre notaire en exercice. Ils pouvaient prendre aussi pour suppléant soit un avocat autorisé par le conseil de l'ordre, soit un avoué, soit un huissier en exercice (Décr., 25 oct. 1870), soit même un greffier (Décr. 4 déc. 1870).

127. Pendant la durée du siége de Paris, les notaires des canton du département de la Seine ou des départements circonvoisins envahis par l'ennemi, qui avaient transféré leurs minutes à Paris, ont pu y exercer leurs fonctions pour tous les actes concernant les personnes domiciliées dans le ressort de leur résidence et alors à Paris (Déc. 29 sept. 1870).

128. La loi du 2 mai 1871 a mis fin à ces mesures provisoires dix jours après la publication du traité de paix définitif.

CHAPITRE III.

FORME DES ACTES.

Section Iʳᵉ. — Minutes et brevets.

129. On entend par minute (du latin *minuta scriptura*) l'original de l'acte que le notaire garde en sa possession pour en délivrer des expéditions ou grosses.

Le brevet est l'original délivré par le notaire aux parties.

130. Dans l'origine, les notaires transcrivaient leurs actes sur des registres appelés *protocoles ;* ils étaient écrits à la suite l'un de l'autre.

131. Les notaires sont tenus de garder minute de tous les actes qu'ils reçoivent.

Ne sont pas compris néanmoins dans cette disposition : les certificats de vie, procurations, actes de notoriété, quittances de fermages, de loyers, de salaires, arrérages de pensions et rentes et autres actes simples qui, d'après les lois, peuvent être délivrés en brevet. — L. 25 vent. an XI, art. 20.

132. D'où il faut conclure que tous les actes qui ne sont pas spécialement désignés dans l'art. 20 doivent être conservés en minute et tombent sous l'application de la règle générale.

133. Et l'acte qui, contrairement aux prescriptions de la loi, aurait été délivré en brevet serait nul; suivant certains auteurs, il ne vaudrait même pas comme acte sous seing privé. — Roll. de Vill., v° *Brevet*, n. 27; Ed. Clerc, *Tr. gén.*, n. 1768.

134. Au surplus, quand il y a doute sur certains actes, le mieux que le notaire ait à faire, est d'en garder minute; de cette manière, il évite d'engager sa responsabilité, qui pourrait être mise en jeu par suite de l'annulation de l'acte.

135. La disposition de l'art. 20 de la loi de ventôse renvoyant aux lois antérieures pour la désignation des actes qui peuvent être délivrés en brevet, on a coutume de se reporter à la déclaration du roi du 7 déc. 1723, qui est le seul monument antérieur où l'on trouve quelques distinctions entre les minutes et les brevets.

136. L'art. 4 de cette déclaration est ainsi conçu :

« Tous les actes seront et demeureront divisés en deux classes ; la première sera composée des actes simples qui se passent ordinairement sans minute, savoir : les procurations, avis de parents, attestations ou certificats, autorisation d'un mari à sa femme, désaveu, répondant de domestique, consentements, mainlevées, élargissements, décharges de pièces, papiers et meubles, cautionnements et généralement tous actes simples qui n'ont rapport à aucun titre ou acte et ne contiennent aucune obligation respective ; les apprentissages ou alloués, transport d'iceux, quittances ou gages de domestiques, arrérages de pensions ou rentes, quittances d'ouvriers ou autres personnes du commun pour choses concernant leur état et métier, quittances de loyers et fermages, cautionnement des employés, le tout à quelque somme qu'ils puissent monter, les conventions, marchés, obligations qui n'excéderont point 300 livres.... (Suit une très-longue nomenclature d'actes concernant les bénéfices, les monastères et établissements religieux, qui ne sont plus du ressort des notaires).

« Et la seconde classe sera composée de tous les autres actes non compris dans ladite première classe. »

137. On voit par les distinctions qui précèdent que le législateur était attaché, pour établir ces deux classes, plutôt à la plus ou moins grande importance des actes qu'à leur nature même.

Aussi n'avons-nous cité cette déclaration que parce qu'elle renfermait des indications utiles pour faire comprendre ce qu'il faut entendre en général par les actes simples.

138. Un auteur pratique, que nous aurons souvent l'occasion de citer, M. Ed. Clerc, résumant les discussions auxquelles a donné lieu la loi de ventôse au Conseil d'Etat et au Corps législatif, conclut en tirant cette règle qu'il doit être gardé minute :

1° De tous les actes synallagmatiques ;

2° De ceux qui contiennent quelques dispositions au profit des tiers ou que ceux-ci peuvent invoquer ;

3° De tous ceux qui, quoique unilatéraux, renferment un intérêt perpétuel et non passager qui se transmet des parties contractantes à leurs héritiers ou ayants cause, à perpétuité. — Ed. Clerc, *Tr. gén. du not.*, n. 1772 et s.

139. En conséquence il doit rester minute :

1° Des actes qui ont trait à l'état civil des personnes ou aux intérêts des familles, tels que :

Les reconnaissances des enfants naturels ;

Les actes respectueux ;

Les contrats de mariage ;

Les quittances et reconnaissances de dot ;

Les donations ;

Les acceptations de donation ;

Les procurations pour faire ou accepter une donation, ou pour consentir une reconnaissance d'enfant naturel ;

Les testaments et codicilles ;

Les inventaires, tant ceux faits après décès, que ceux faits après absence, interdiction ou séparation ;

Les liquidations de partage de communauté et de succession ;

Les transactions sur des intérêts de famille ;

Les acceptations ou renonciations de communauté ou de succession ;

Les actes de notoriété destinés à suppléer au défaut d'inventaire ou à rectifier les qualités prises dans un inventaire.

140. 2° Des actes qui ont trait à la propriété des immeubles ; tels sont :

Les ventes ou adjudications et les échanges d'immeubles ;

Les quittances de prix de ventes immobilières ;

Les constitutions de servitudes ou services fonciers ,

Les antichrèses ;

Les baux emphythéotiques ;

Les transactions sur des droits réels ;

Les obligations de sommes avec affectation hypothécaire ;

Les mainlevées d'inscriptions hypothécaires et de saisies immobilières.

141. 3° De tous les actes synallagmatiques, c'est-à-dire qui contiennent des engagements réciproques, comme :

Les baux en général ;

Les devis d'ouvrages et marchés ;

Les actes de société ;

Les ventes mobilières ;

Les constitutions de rente perpétuelle ou viagère et les titres nouvels ;

Les obligations de sommes avec gage ou nantissement ;

Celles contenant promesse d'emploi ou de subrogation ;

Les règlements et arrêtés de comptes ;

Les procès-verbaux de vente de meubles et objets mobiliers.

142. Et qu'au contraire on doit regarder comme actes simples

et comme tels, susceptibles d'être délivrés en brevet, les actes unilatéraux, qui ne renferment pas de stipulations que les tiers puissent invoquer, et n'ont pas un caractère permanent, à quelque
somme que les obligations puissent s'élever.— Ed. Clerc, *Tr. gén.*,
n. 1772 et suiv.

143. Ainsi peuvent être délivrés en brevet, notamment :

1o Les certificats de vie de quelque espèce que ce soit;

2o Les procurations autres que celles générales ou ayant pour
objet plusieurs affaires distinctes, ainsi que celles pour faire et
accepter une donation, ou pour consentir à une reconnaissance
d'enfant naturel;

3o Les actes de notoriété autres que ceux destinés à suppléer au
défaut d'inventaire ou à rectifier les qualités prises dans un inventaire;

4o La quittance de loyers, fermages, salaires, arrérages de pensions et rentes ;

5o Les mainlevées d'opposition;

6o Les actes simples faits par un mandataire, quoiqu'on doive
y annexer la procuration en vertu de laquelle il agit ;

7o Les autorisations maritales; les consentements purs et simples,
comme les consentements à mariage, à ordination, etc.;

8o Les actes de transport pur et simple, c'est-à-dire sans mélange de stipulations synallagmatiques et sans contrat permanent ;

9o Les quittances de remboursement de rentes ou capitaux;

10o Les procès-verbaux de compulsoire ;

11o Les obligations unilatérales, telles que remise de gage, antichrèse, promesse de remploi ou de subrogation, constitution
d'aliments. — V. *Brevet (Acte en)*.

144. Il a été jugé que l'acte portant constitution d'hypothèque
n'est pas au nombre de ceux qui doivent, à peine de nullité, être
passés en minute; il est valablement fait en brevet.

145. Ainsi, spécialement, la constitution d'une hypothèque
peut être stipulée dans un billet à ordre passé en brevet devant
notaire.

Et l'hypothèque, ainsi constituée, se transmet par voie d'endossement, comme la valeur du billet elle-même. — Alger, 7 mai
1870, *Rev. not.*, n. 2992.

146. Les actes en brevet sont soumis aux mêmes formalités
que les actes en minute; la seule différence consiste dans l'empreinte du sceau du notaire que les brevets doivent porter comme
les grosses et expéditions.

Ils ne peuvent être délivrés en forme exécutoire; et si le créancier veut obtenir une grosse d'un acte en brevet, il doit le rapporter pour minute au notaire qui l'a reçu, lequel dressera un acte
de dépôt nommé acte de rapport pour minute.—Ed. Clerc, n. 1779.
— V. *Rapport pour minute*.

147. — Pour les règles relatives à la garde des minutes, à
leur conservation, à leur transmission, aux droits qu'ont les notaires d'en être détenteurs, etc. — V. *Notaire*.

Section II. — Écriture des actes.

148. Les actes notariés doivent être écrits en un seul et même contexte, lisiblement, sans abréviation, blanc, lacune, ni intervalle...; ils doivent énoncer en toutes lettres les sommes et les dates... Le tout à peine de 100 fr. d'amende contre le notaire contrevenant. — L. 25 ventôse an XI, art. 13.

149. L'amende a été réduite à 20 fr. par l'art. 10 de la loi du 16 juin 1824.

L'art. 68 de la loi de ventôse ne prononce pas de nullité pour contravention aux dispositions de l'art. 13.

Et il n'est dû qu'une seule amende par acte, encore bien qu'il contiendrait plusieurs contraventions. — Délib. rég., 7 fév. 1818.

150. Les prescriptions de l'art. 13 s'appliquent aussi aux expéditions, grosses et extraits des actes, quand même la contravention ne serait le fait que d'une erreur de copiste.

151. Des lettres patentes du 1er sept. 1541 et un arrêt de règlement du parlement de Paris du 6 avr. 1632, obligeaient les notaires à écrire eux-mêmes leurs actes ou à les faire écrire exclusivement par leurs clercs.

152. Aujourd'hui les notaires ne sont pas tenus à cette obligation, à moins qu'il ne s'agisse de testament public ou de la suscription des testaments mystiques. — C. civ., art. 972 et 979. — Hors ces cas les actes peuvent être écrits soit par les notaires, soit par leurs clercs, soit même par un tiers. — Nîmes, 28 juin 1810.

153. Il n'est pas douteux que le mot *écrit* de l'art. 13 ne doive s'entendre dans le sens d'*écrit à la main*. Il en résulte qu'il est interdit aux notaires de faire imprimer, lithographier ou autographier les minutes de leurs actes, même les plus fréquents. — Bruxelles, 28 mars 1849 (S. 50.2.582).

Cette décision est contraire à l'opinion de M. Carré, *Cours d'arg. jud.*, n. 597, p. 406, de M. Augan, *Cours de not.*, p. 57, et de M. Roll. de Vill., vo *Minute*, n. 66.

154. La chambre des notaires de Paris avait d'abord, par une délibération du 21 mai 1839, interdit d'une manière absolue l'usage des formules imprimées, mais elle est revenue plus tard, en partie, sur cette interdiction, et, par une autre délibération du 27 avr. 1847, elle a autorisé des exceptions pour les actes concernant les administrations publiques et particulières et pour les actes de société.

155. L'usage s'est conformé à cette décision; cependant une autre exception a encore été faite pour les certificats de vie dont les formules imprimées sont délivrées aux notaires par les agents de l'administration. — Ed. Clerc, *Traité gén.*, n. 1683.

§ 1er. — Unité de contexte. — Écriture lisible.

156. *Contexte.* — Par ces expressions *un seul et même contexte* la loi n'a pas entendu prescrire l'unité de temps et de lieu ; elle n'a voulu parler que de la rédaction matérielle de l'acte, dont les dispositions devaient être exprimées d'une manière complète, à la suite l'une de l'autre, dans un texte suivi, sans mélange d'écritures étrangères à la convention ou aux conventions, puisque l'acte peut réunir plusieurs conventions distinctes entre les mêmes parties. — Bordeaux, 17 mars 1833 ; Dall., n. 2821.1 ; Ed. Clerc, *Traité gén.*, 1689 ; Laurent, *Princip. de dr. civ.*, t. 13, n. 296 ; Demol., *Don. et test.*, t. 4, n. 240.

157. On voit que dans l'art. 13, il ne s'agit pas de l'unité de contexte, telle qu'elle est exigée pour les testaments par l'art. 976, C. civ., qui porte : « tout ce que dessus sera fait de suite et sans divertir à d'autres actes. ». — V. *Testament.*

158. Certains actes, comme les procès-verbaux, sont rédigés à des intervalles différents. Il n'y a pas là dérogation à la règle de l'unité de contexte, car chaque partie de ces actes est signée séparément et forme un tout complet ; c'est plutôt un composé d'actes différents qu'un seul et même acte. — *Dict. du not.*, v° *Contexte*, n. 2 ; Ed. Clerc, *Comm.*, 339.

159. L'acte peut n'être pas écrit tout entier de la même main, mais sa contexture doit être uniforme, c'est-à-dire que le caractère de l'écriture doit être à peu près partout de la même grosseur et les lettres également espacées.

Il peut aussi exister dans l'acte des alinéas pour en séparer les diverses clauses.

160. *Écriture lisible.* — Les actes doivent être écrits lisiblement. Il ne suffirait pas qu'on puisse comprendre ou deviner. L'ordonnance de juillet 1304 et l'arrêt de règlement du 4 sept. 1685 contenaient déjà cette recommandation. L'édit de Lorraine du 14 août 1721 voulait aussi que les noms des parties et les sommes fussent écrits plus gros que le reste de l'acte ; c'est un usage qui s'est généralement conservé.

Les clauses illisibles sont nulles ; du reste c'est aux tribunaux qu'il appartient d'apprécier souverainement si un acte est ou non écrit lisiblement.

161. — Les caractères qu'on doit employer dans l'écriture des actes sont ceux dont on se sert ordinairement dans les travaux de plumes ; on ne pourrait se servir de caractères sténographiques ni de l'écriture énigmatique ou en chiffre, ou de tout autre alphabet de convention.

162. Une écriture illisible peut donner lieu à l'amende contre le notaire. Il n'est pas question ni de lettres, ni de mots, mal formés, mais de l'état général de l'acte qui en rendrait la lecture sinon impossible au moins très-difficile. — Ed. Clerc, *Comm.*, art. 1693.

163. Il n'y a pas non plus contravention, lorsque ce sont les signatures des parties ou des témoins qui sont illisibles ; il ne dépend pas du notaire de leur imposer un mode quelconque de signature. — Dall., *Obl.*, 3417.

164. L'édit de juillet 1304 prescrivait aux notaires en écrivant leurs actes de laisser une marge raisonnable.

Cette prescription a toujours été suivie, la marge est indispensable pour les renvois ; elle est généralement du quart de la largeur du papier.

165. Pour la conservation la plus longue possible des caractères de l'écriture, il ne faut se servir que d'une encre noire ; l'emploi des encres de couleur doit être prohibé et à plus forte raison l'écriture au crayon.

§ 2. — Abréviations, blancs, lacunes, intervalles.

166. *Abréviations.* — On entend par abréviation le retranchement de quelques lettres ou syllabes dans un mot, d'un ou plusieurs mots dans une phrase.

167. La défense des abréviations est très-ancienne, mais elle ne s'appliquait qu'aux noms, dates et sommes. — Ordon., 1304 ; Arr. régl., 1685 ; Ed. de Lorraine, 1721.

168. Aujourd'hui cette prohibition est générale et s'étend aussi bien aux mots qu'aux phrases. Elle a pour but d'empêcher toute équivoque, de prévenir des erreurs et de rendre les clauses aussi intelligibles que possible.

Cependant l'usage a consacré certaines abréviations qui sont tolérées, parce qu'elles expriment clairement la chose ou la qualité qu'elles ont en vue, sans qu'on puisse leur prêter un autre sens. — Bruxelles, 26 janv. 1828 : *Jurisp. du not.*, t. 9, n. 3492 ; Namur, 31 mai 1843.

169. Telles sont par exemple les abréviations suivantes : M^e pour *Maître*, M^r pour *Monsieur*, MM. pour *Messieurs*, M^{ad}, M^{esd}, Melle, pour *Madame, Mesdames, Mademoiselle*, V^e pour *Veuve*. Cte, Vte, B^{on}, pour *Comte, Vicomte, Baron*, M^d pour *Marchand*, S pour *Saint*, Cie pour *Compagnie* ; vol., n^o, c^e, r^o, fol^o, v^o pour *volume, numéro, case, recto, folio, verso* ; led., lad., susd., pour *ledit, ladite, susdit* ; art. pour *article*, etc.

Du reste on comprend que ces exceptions ne sauraient beaucoup s'étendre et que l'abus en serait dangereux.

170. Il y a des abréviations qui se font souvent dans les opérations de calcul, pour les divisions des tableaux, dans les liquidations par exemple.

Ces abréviations sont permises parce que les énonciations qu'elles abrègent figurent déjà en toutes lettres dans le corps de l'acte.

171. Jugé en ce sens que le notaire qui, après avoir constaté en toutes lettres les sommes formant la base d'une liquidation entre héritiers, indique en chiffres ce qui revient à chacun d'eux, ne contrevient pas à l'art. 13. — Colmar, 18 mai 1829 (S. chr.).

172. La loi n'interdit que les abréviations qui, portant sur une partie intégrante de l'acte, pourraient en altérer le sens.

173. Jugé en conséquence que, lorsqu'en marge d'un procès-verbal d'adjudication d'objets mobiliers vendus aux enchères, le notaire désigne les noms des acheteurs, soit en toutes lettres, soit par abréviations, qu'il mentionne la libération par le mot *payé* ou la lettre *p*, ces énonciations ne doivent pas être considérées comme de véritables renvois soumis aux mêmes formes que le corps de l'acte ; ce ne sont que simples annotations personnelles au notaire. — Colmar, 28 juill. 1827 (S. chr.).

174. Voici quelques exemples d'abréviations défendues : *nov.*, *déc.*, pour *novembre*, *décembre* ; *So*, *Not*, *Co*, *Signif.*, *Oblig.*, pour *Somme*, *Notaire*, *Comme*, *Signification*, *Obligation* ; le notaire ne pourrait invoquer, pour sa défense, l'usage ; tout au plus cet argument pourrait-il être pris en considération par la régie, intéressée à poursuivre l'amende et par les tribunaux chargés de le prononcer. — Roll. de Vill., n. 9.

175. Autrefois les notaires surchargeaient leurs actes d'une foule de locutions abrégées, c'étaient les premiers mots d'une phrase qu'on ne se donnait pas la peine d'achever, et dont la fin était supposée connue.

Lors de la confection des grosses on développait le sens de ces abréviations ; c'était la source de graves inconvénients et de nombreux procès.

176. Un *et cætera* placé à la fin d'une phrase n'exposerait pas le notaire à l'amende ; ce mot serait regardé comme une addition inutile ; mais si l'*et cætera* laissait en suspens la phrase commencée, la contravention existerait ; bien plus, la clause qu'elle terminerait pourrait être annulée si le sens ne s'en trouvait pas suffisamment expliqué par d'autres énonciations de l'acte. — Roll. de Vill., loc. cit.

177. La loi ne frappe pas de nullité les mots écrits en abréviations, à moins, comme nous venons de le dire, qu'ils ne soient inintelligibles.

178. Et il n'est jamais dû par acte qu'une seule amende, quel que soit le nombre des abréviations. — Roll. de Vill., loc. cit.; Cass., 24 avr. 1809 (S. chr.).

179. Les grosses, expéditions et extraits ne doivent contenir aucune abréviation autres que celles tolérées pour les actes.

Cependant dans les extraits analytiques, les phrases peuvent être condensées et réduites, il suffit de rendre le sens de la clause; dans les extraits littéraux, elles peuvent n'être rapportées qu'en partie et coupées par des *et cætera*. — V. *Abréviation*.

180. — *Blancs, Lacunes, Intervalles.* — Ces expressions ont la même signification au point de vue légal.

Avant la loi de ventôse des anciennes ordonnances défendaient déjà les blancs, lacunes et intervalles dans les actes notariés; c'était dans le but de prévenir les abus de blanc seing, de faux, etc. — Ordon. de 1304, 1555 ; Arrêt de 1685 ; Edit de 1721.

181. Et il était expressément interdit de recevoir des promesses

dans lesquelles les noms des créanciers étaient laissés en blanc.—
Statuts des notaires de Paris de 1681, art. 25.

182. Sous aucun prétexte la date de l'acte ne doit être laissée
en blanc, comme par exemple dans le but de prolonger le délai
d'enregistrement.

Un pareil abus pourrait avoir pour les parties des conséquences
extrêmement graves dont le notaire serait responsable. — Toullier, t. 8, n. 105.

183. D'après un usage très-ancien et qui n'a rien de contraire
aux principes, il est permis au notaire de laisser en blanc le nom
du mandataire dans une procuration délivrée en brevet.

184. Mais dans une procuration en minute le nom du mandataire doit être rempli. On comprend cette nécessité, car il pourrait arriver que dans l'expédition on remplisse le nom du mandataire par un autre nom que celui qui serait inscrit dans la minute.
— Douai, 12 déc. 1842 (S. 43.2.84).

185. Cependant certains auteurs pensent qu'on doit faire exception à la prohibition portée dans l'art. 13, aussi bien pour les
procurations en minute que celles en brevet. — Toullier, t. 8,
n. 108; Roll. de Vill., vᵒ *Blanc*, n. 6; Augan, p. 57; Gagneraux,
Comment., t. 1, p. 228; Championnière et Rigaux, *Traité d'enreg.*,
t. 4, n. 4115.

186. La prohibition s'applique aussi bien au blanc laissé dans
un renvoi qu'à ceux laissés dans le corps de l'acte. — Trib. d'Orléans, 15 mars 1838.

187. On doit décider également, dans le même sens, que les
signatures ou parafes mis en marge pour approuver un renvoi
laissé en blanc constituent une contravention. C'est ainsi que le
tribunal de Charleroi a décidé que, si à la fin d'un acte notarié,
qui ne porte pas encore de date, des parafes sont mis en
marge pour l'approbation d'un renvoi laissé en blanc, le notaire
est passible de l'amende. — 5 juill. 1862; Amiens, 19 juill. 1834.

188. Ainsi que nous l'avons déjà dit, la défense de laisser des
blancs n'entraîne pas celle de diviser l'acte en alinéas pour la
clarté de la rédaction. — Trib. d'Orléans, 15 mars 1838; Délib.
régie, 10 nov. 1843 et 1ᵉʳ août 1844.

189. Mais lorsque l'acte est devenu parfait, l'usage, pour
éviter toute interpolation, est de tirer un trait de plume dans l'espace laissé vide à la fin de l'alinéa.

C'est ce que recommandait, du reste, la chambre des notaires
de Paris dans sa délibération du 28 pluviôse an XII.

Il va sans dire que ces barres ne sont pas sujettes à l'approbation des parties.

190. Lorsque, dans un acte notarié, un mot placé à la fin
d'une phrase et qui n'en termine pas le sens, n'est suivi ni d'un
trait de plume ni d'un signe de ponctuation, doit-on le considérer
comme un blanc s'il existe un intervalle non écrit à la suite de ce
mot?

Il a été décidé que l'intervalle dont il s'agit pouvait, suivant les circonstances, être considéré comme constituant une infraction à l'art. 13. — Valognes, 10 fév. 1847.

191. Le blanc laissé en bas d'une page d'un acte notarié ne constitue pas une contravention, lorsque le dernier mot de la page se lie avec le premier de la page suivante et que le blanc laissé ne dépasse pas la mesure ordinaire. — Namur, 30 mai 1843.

192. Il arrive quelquefois que, pendant la rédaction de l'acte, les parties ne se mettent plus d'accord sur une clause dont l'énonciation était déjà commencée. Le notaire alors passe à la rédaction des autres clauses et laisse un blanc provisoire; il en est encore de même lorsque le notaire manque de certains renseignements qu'il attend. Ces lacunes doivent être remplies avant la signature de l'acte par les énonciations auxquelles elles étaient destinées; mais lorsqu'il a été impossible au notaire de le faire, comme dans le cas où le renseignement qu'il attendait lui a manqué, il doit tirer des barres horizontales à la place que chaque ligne devait occuper. — Ed. Clerc, *Comm. man. form.*, nouv. édit., n. 353.

193. Lorsque le blanc occupe la place de plusieurs lignes, certains auteurs sont d'avis qu'il est plus prudent de tirer des barres obliques que des barres horizontales, par la raison qu'on pourrait placer des lignes écrites entre ces barres et que ces lignes pourraient passer pour avoir été soulignées.

194. L'usage de ces barres a été approuvé par le garde des sceaux aux termes de plusieurs circulaires. — Circ., 8 juill. 1823; Circ., 30 août 1825.

195. Mais il faut que ces barres soient approuvées expressément, et cette approbation se fait ordinairement en même temps que l'approbation des mots rayés.

A défaut d'approbation il y a contravention. — Circ., 8 juill. 1823.

196. Ainsi il a été jugé que l'existence dans un acte notarié d'un blanc rempli seulement par des barres sans approbation expresse par les signataires de l'acte, constitue une contravention passible de l'amende de 20 francs. — Cass., 21 juill. 1852 (S. 52. 1.662); Ancenis, Trib. civ., 28 avril 1865; *Rev. du not.*, n. 1281. *Contrà*, Roll. de Vill., v° *Blanc*, n. 17; Trib. de la Seine, 30 mai 1832; 28 mai 1842 (P. 42.2.5).

197. Il faut restreindre la jurisprudence de ces arrêts dans leurs véritables termes. La contravention ne s'applique qu'aux barres tirées dans des blancs laissés dans le corps même des alinéas et ne concerne en aucune manière les barres que les notaires sont dans l'usage de tracer dans les blancs qui existent entre deux alinéas. Ces barres n'ont aucunement besoin d'être approuvées; elles ont pour objet, non de faire disparaître des blancs ou lacunes que la loi n'interdit pas, mais de prévenir des intercalations de mots. — *Journ. enreg.*, n. 4024.

198. Décidé encore que le notaire qui ajoute après coup, à l'approuvé des mots rayés, un approuvé d'une barre destinée à remplir un blanc, est passible d'amende. — Trib. de Rennes, 28 mai 1845 (D. 45.4.417).

199..... Que les mots par lesquels les blancs d'un acte ont été garnis après coup sont nuls, bien qu'ils aient été écrits par le notaire, sans fraude, et avec le consentement des parties, s'ils n'ont pas été spécialement approuvés par celles-ci. — Caen, 18 juill. 1854.

200..... Que les tribunaux doivent condamner pour le fait seul de la contravention matérielle, lorsque dans un acte notarié existent un blanc et un interligne, sans qu'il soit besoin d'examiner si le blanc et l'interligne sont préjudiciables. — Nancy, 18 janvier 1840.

Une décision du ministre des finances du 1er oct. 1832 avait cependant décidé le contraire.

201.... Que l'omission de la constatation des mots biffés dans la minute d'un contrat, omission qui se fait remarquer par le blanc laissé dans le renvoi établi pour constater les mots rayés, constitue une contravention à l'art. 13. — Trib. d'Obéron, 15 mars 1838 ; Ed. Clerc, *loc. cit.*, 357.

202.... Mais qu'il n'y a pas de contravention lorsque le blanc doit être garni par un ou plusieurs chiffres sans valeur par eux-mêmes et ne pouvant porter atteinte aux accords des parties. — Saint-Dié, 20 juin 1866.

203. Les contraventions à l'art. 13 de la loi de ventôse sont constatées par procès-verbaux séparés par les receveurs d'enregistrement, qui doivent s'abstenir de faire aucune mention marginale sur les actes. — Circ., 8 juill. 1823 et 30 août 1825; *Inst. gén.*, 1830.

§ 3. — Surcharges, interlignes, additions, ratures.

204. La *surcharge* est la substitution d'un mot nouveau à un autre premièrement écrit par le changement opéré sur ce dernier des lettres qui le composent.

L'*interligne* est l'espace laissé entre deux lignes d'écritures et les mots interlignés sont ceux ajoutés dans cet espace.

L'*addition* est toute écriture ajoutée dans le corps d'un acte, plus spécialement à la fin des alinéas. — Ed. Clerc, *loc. cit.*, n. 505.

205. Il ne doit y avoir dans le corps de l'acte, ni surcharge, ni interligne, ni addition ; les mots surchargés, interlignés ou ajoutés seront nuls. Les mots qui devront être rayés le seront de manière que le nombre puisse en être constaté à la marge correspondante ou à la fin de l'acte et approuvé de la même manière que les renvois écrits en marge, le tout à peine d'une amende de 50 francs contre le notaire, ainsi que de tous dommages-intérêts, même de destitution en cas de fraude. — L. 25 vent. an XI, art. 16.

206. L'amende de 50 fr. a été réduite à 10 fr. par la loi du 16 juin 1824.

Elle s'applique également aux surcharges, interlignes et additions qui se trouvent dans les grosses et expéditions. — Roll. de Vill., 76.

207. Remarquons que cet article a une triple sanction pour assurer l'observation de ses prohibitions :

La nullité des mots surchargés, interlignés ou ajoutés.

L'amende contre le notaire.

Sa condamnation à des dommages-intérêts et même sa destitution s'il y a eu fraude. — Ed. Clerc, *loc. cit.*

208. Ces trois peines, quoique indépendantes l'une de l'autre, peuvent être appliquées en même temps contre le notaire. — Cass., 24 fév. 1809 (S. chr.) ; Chauveau-Helie, *Th. du C. pén.*, t. 3, p. 353 ; Merlin, *Rép.*, v° *Faux*, sect. 1, § 15, n. 4 ; Legraverand, t. 1, p. 588.

209. Il n'est jamais dû qu'une amende par acte quel que soit le nombre des surcharges, interlignes et additions.

210. *Surcharges.* — Par le mot surcharge la loi n'a entendu parler que de la substitution d'un mot à un autre, soit en employant pour la formation de ce mot nouveau tout ou partie des lettres dont celui-ci est composé, soit en écrivant un mot sur un autre, soit en faisant disparaître l'ancien mot pour le remplacer par un autre.

211. Il ne s'agit donc pas des légères corrections dans les caractères de l'écriture, nécessitées souvent par la promptitude avec laquelle on écrit, comme par exemple la correction d'une faute d'orthographe, le redressement d'une lettre ou d'un jambage mal formés, surtout si ce mot ne tient pas à une disposition importante de l'acte. — Toullier, t. 8, n. 114 ; Roll. de Vill., n. 4 ; *Journ. de l'Enreg.*, art. 4447 ; Ed. Clerc, *Comm.*, 515.

212. C'est ainsi qu'il a été jugé qu'il n'y avait pas contravention au sujet du mot *dicté*, d'un testament dont le *c* avait été corrigé parce qu'il avait été formé à tort en capitale. — Cass., 3 août 1808 (S. chr.).

213. Cependant la surcharge d'une seule lettre pourrait constituer une contravention, par exemple le mot *six* remplacé par le mot *dix* au moyen de la surcharge d'une seule lettre. Ce changement peut avoir les plus graves conséquences s'il porte sur la date ou sur le prix. — Toulouse, 20 avril 1826 (S. chr.).

214. Mais il y a contravention indiscutable :

1° Si la surcharge a été faite sur la date de l'acte. — Cass., 20 fév. 1816 ; Avesnes, 15 sept. 1840 ; Chateaubriand, 1er juill. 1841.

En outre, la date ainsi surchargée serait considérée comme n'existant pas, en sorte que l'acte lui-même se trouverait nul comme acte authentique. — Cass., 6 mars 1827 (S. 27.1.265).

L'altération de la date peut encore avoir des conséquences plus graves. Il a été jugé que le fait par un notaire de substituer par surcharge une fausse date à la date réelle d'un acte, afin de frau-

der les lois fiscales, constitue un crime de faux. — Cass., 24 fév.
1809 (S. chr.); 26 août 1853 (S. 53.1.783); 11 oct. 1860 (S.61.1.
293).

Mais si les parties avaient consenti à l'apposition de la fausse
date, il n'y aurait pas faux. — Cass., 31 mai 1839 (S.39.1.921).

215. 2° Si la surcharge existe dans un renvoi ou dans la mention des mots rayés. — Châteaubriant, 1er juill. 1841; Fontainebleau, 24 nov. 1841; 6 juin 1844.

216. 3° Dans la transformation du mot *elle* en *il*, lors même
que ce n'était qu'une simple rectification d'orthographe. — Paris,
6 déc. 1853; *Dict. réd.*, 3e édit., v° *Acte de notaire*, n. 108.

217. 4° Dans la substitution à l'aide du grattoir d'un mot à
un autre. — Bruxelles, 28 juill. 1830 (S.31.2.61).

218. Les dispositions de la loi sont générales et s'appliquent
à toute surcharge quels que soient l'objet et la valeur du mot surchargé. — Colmar, 1er fév. 1831 (S. 32.2.26); Déc., 20 juin 1866;
Dict. réd., v° *Acte notarié*, n. 961.

219. Quand bien même les surcharges seraient approuvées,
la contravention n'en subsisterait pas moins. — Bruges, 19 janv.
1838; Trib. de Châteaubriant, 1er juill. 1831; Rennes, 14 mars
1843; Fougères, 29 janv. 1845.

220. Les auteurs trouvent cette jurisprudence bien sévère, elle
est du reste en contradiction avec une circulaire du ministre des
finances du 17 janv. 1817. — Toullier, t. 8, n. 116; Roll. de Vill.,
n. 26 et 28; Ed. Clerc, *Traité gén.*, n. 1709.

Il existe aussi des décisions en sens contraire. — Clermont,
20 juin 1816; Saint-Amand, 12 août 1837; Douai, 12 août 1837.

221. Le notaire qui, dans un acte passé devant lui, surcharge
le mot *septembre* faisant partie de la date de l'acte, et ajoute à la
fin de l'acte, entre le dernier mot et les signatures, la date trois
septembre mil huit cent cinquante et un, dont les mots *mil huit cent*
se trouvent dans l'émargement, commet deux contraventions. —
Verviers, 5 juill. 1842.

222. Les mots surchargés sont nuls d'après la loi; que doit-on
en conclure? C'est que l'acte doit être lu comme s'il n'y avait pas
de surcharge, c'est-à-dire tel qu'il a été écrit avant la surcharge.
Cependant, lorsque les surcharges sont trop nombreuses et que le
rétablissement de l'acte est devenu impossible, les juges devraient
l'annuler parce qu'alors l'acte a été véritablement détruit par
ces surcharges multipliées. — Ed. Clerc, *Traité gén.*, n. 1710.

223. Suivant une opinion contraire, la loi, en annulant *le mot
surchargé*, a entendu annuler à la fois et le mot primitivement
écrit sur lequel a été opérée la surcharge qui est littéralement parlant le mot surchargé, et le mot nouveau produit au moyen de la
surcharge. L'annulation ne peut avoir pour effet de faire revivre
le mot primitif auquel une surcharge en aurait substitué une
autre. — Cass., 27 juill. 1825 (S. chr.).

Il s'agissait dans l'espèce d'une donation où les mots qui exprimaient la somme donnée avaient été surchargés, et dans ce cas le notaire encourait une grave responsabilité.

224. Quand la dernière partie d'un mot exprimant une date a été surchargée de manière que la première partie restante forme un nombre, le mot doit néanmoins être anéanti tout entier. — Agen, 20 juin 1807 (S. chr.).

225. Toutefois la date de l'acte pourrait dans un cas identique être suppléée par l'enregistrement. — Cass., 6 mars 1827 (S.chr.).

226. Du reste les tribunaux ont un pouvoir d'appréciation assez étendu quant à l'effet des surcharges, il y a souvent des circonstances de fait qui exercent une grande influence sur la décision d'un tribunal relativement à la validité d'un acte.

227. Le moyen le plus simple pour éviter toute contravention n'est pas de faire mettre en marge par les parties une approbation spéciale, mais bien de rayer le mot et de le remplacer par un renvoi régulier. — Augan, p. 69; Dalloz, n. 3614; Ed. Clerc, *loc. cit.*, n. 521.

228. *Interlignes.* — L'ancien droit défendait déjà les interlignes dans les actes notariés. — Ordon. de juill. 1304, d'oct. 1535; Ferrière, *Parfait Notaire*, liv. 1er, chap. 15.

229. La loi n'annule pas les actes qui contiennent des interlignes, elle n'annule que les mots interlignés; cependant, si l'interligne consistait dans la mention d'une formalité essentielle, l'acte pourrait être déclaré nul; par exemple la mention en interligne dans un testament que la lecture est faite en présence de témoins. — Colmar, 25 avril 1812; *Dict. réd.*, v° *Acte de notaire*, n. 111.

230. Par l'expression d'interligne il faut entendre non pas des mots formant une ligne qui fait suite au corps de la phrase, quoique cette ligne soit plus serrée que les autres, mais seulement des mots placés au-dessus des expressions de la phrase pour en parachever le sens. — Angers, 20 mai 1825; *Dict. réd.*, *loc. cit.*

231. Une clause ou modification de clause ajoutée en interligne dans le corps de l'acte est nulle d'une manière absolue, alors même que cette addition aurait été faite avant la signature de l'acte par les parties. — Toulouse, 7 déc. 1850 (S. 51.2.29).

232. Dans ce cas et quoique fait sans fraude, l'interligne est nul et donne lieu à l'amende. Rien n'établit en effet que les mots ajoutés en interligne l'aient été en présence et du consentement des parties. — Roll. de Vill., *Rép.*, v° *Interligne*, n. 5.

233. Si les parties avaient approuvé l'interligne il serait valable, mais le notaire ne serait pas moins passible de l'amende.— Même auteur; Privas, 4 juill. 1823; *Dict. réd.*, v° *Acte de notaire*, n. 111.

234. De même que pour les surcharges, les interlignes sont aussi prohibés dans les expéditions ou extraits d'acte.

235. Le notaire n'est passible que d'une seule amende pour

tous les endroits interlignés dans le corps du même acte.— Cass.,
24 avr. 1809.

236. *Additions.* — Les additions insignifiantes de lettres en
vue de rétablir l'orthographe d'un mot ne doivent pas être assimilées à des additions défendues par la loi. — Cependant la Cour
de Paris a jugé le contraire. —Paris, 6 fév. 1853.

237. Une clause écrite sur la minute d'un acte d'une autre
encre, mais de la même main, que le reste de l'acte et sans que
dans l'écriture de cette clause, il existe de surcharge ou d'addition,
ne peut être considérée comme nulle et sa sincérité ne peut être
attaquée que par la voie de l'inscription de faux ; et l'addition de
cette clause qui se trouve sur l'expédition de l'acte ne peut non
plus la faire déclarer nulle ; cette addition doit seulement être réputée non écrite. — Rennes, 19 mars 1844 (J.-P. 44.2.342).

238. Il n'y a pas addition dans le sens de la loi lorsqu'au bas
ou en marge d'un acte notarié complet et signé, on ajoute une
clause additionnelle dérogeant aux stipulations qu'il renferme.
Cette clause forme un acte particulier qui est soumis à toutes les
formalités requises pour un acte notarié. — Cass., 30 mars 1840
(S. 40.1.427).

239. Il y a contravention, dans une adjudication d'immeubles
lorsque, après ces mots : *a signé après lecture faite*, le notaire ajoute
sans les faire suivre d'une approbation, *et a payé comptant ledit
prix.* — Trib. Chaumont, 8 juin 1847 ; Garnier, v° *Acte notarié*,
n. 959-1 *bis*.

240. Il en est de même lorsque, après la clause constatant la
lecture, le notaire a ajouté le nom d'un adjudicataire solidaire.—
Trib. Sainte-Menehould, 11 fév. 1852 ; *Dict. réd.*, v° *Acte notarié*,
n. 112.

241. Mais ne constitue pas une infraction, l'addition, dans un
acte de même espèce, des mots ; *je dis adjugé moyennant cinq cents
francs*, pour rectifier la désignation erronée d'un prix d'adjudication qui précède immédiatement. — Dinan, 5 mai 1866 ; Garnier, *loc. cit.*

242. Lorsqu'un acte porte une double date et que la seconde
date n'a été ajoutée que pour prolonger le délai d'enregistrement,
il y a contravention. — Trib. Loches, 22 avr. 1853 ; trib. Chinon,
25 oct. 1855.

243. Une post-date peut constituer le crime de faux. — Cass.,
24 fév. 1809 (S. chr.) ; Cass., 26 avr. 1853 (S. 53.1.783) ; 11 oct.
1860 (S. 61.1.293).

244. Cependant il a été décidé qu'un notaire qui a substitué
une fausse date à la date véritable d'un acte passé devant lui, ne
s'est point rendu coupable du crime de faux, s'il n'a point agi à
dessein de nuire, mais seulement parce qu'il n'avait pas d'argent
pour acquitter les droits d'enregistrement.—Cass., 24 prair. an XIII ;
19 nov. 1819 ; Chauveau et Helie, t. 3, n. 299.

245. Pour les additions faites sur des actes rédigés en brevet,
il faut distinguer ;

Si l'acte est encore en la possession du notaire l'addition doit lui être attribuée. — Trib. Trévoux, 12 nov. 1845 ; *Dict. réd.*, *loc. cit.*, n. 114.

246. Mais si le brevet a été délivré aux parties et que ce fût seulement plus tard que la contravention fût découverte, il suffirait alors de la négation du notaire pour faire rejeter la preuve du fait incriminé au ministère public ou à la partie plaignante ; ce qui serait toujours une preuve difficile à administrer. — Trib. Seine, 19 mai 1841 ; Dall., *Oblig.*, n. 3615.

247. *Ratures.* — On appelle *rature* le trait de plume qu'on passe sur un mot pour l'effacer, mais assez légèrement pour qu'on puisse le lire au besoin. — Arg., Bruxelles, 28 juill. 1830 (S.31.2. 61 ; Fontainebleau, 6 juin 1844 ; *Dict. réd.*, *loc. cit.*, n. 116.

248. Des dispositions concernant les ratures se trouvaient dans nos anciennes ordonnances et arrêts de règlement.

L'art. 16 de la loi de ventôse en a reproduit l'esprit. — V. *suprà*.

249. L'art. 16 ne dit pas comme à l'égard des surcharges, que les mots raturés non approuvés seront nuls ; c'est une disposition éminemment sage, car les ratures non approuvées peuvent être le fait de l'inadvertance ou de la malice, et dès lors on conçoit tout le danger qu'il y aurait à en prononcer la nullité à cause du seul défaut d'approbation.

D'un autre côté, la prudence et la circonspection ont empêché le législateur d'en prononcer expressément la validité, de peur qu'une disposition impérative ne liât trop étroitement les juges dans les cas extraordinaires, où la force et le nombre des présomptions pourraient exiger qu'on rejetât les mots raturés.

250. Il est évident que le législateur a pensé qu'en général, les mots raturés non approuvés ne devaient pas être nuls et qu'on ne pouvait détruire en tout ou en partie un acte une fois parfait, en le raturant par mégarde ou par malice ; ajoutez à cela le grand principe qu'en fait de formalités surtout, on ne doit pas suppléer les nullités que la loi n'a pas prononcées.

Sur ce point, la jurisprudence et la doctrine sont d'accord. — V. Montpellier, 13 fév. 1829 ; Lyon, 18 janv. 1832 ; Grenoble, 26 déc. 1832 ; Bordeaux, 10 déc. 1845 (J.-P. 46.1.355) ; Toullier, t. 8, n. 128 ; Merlin, *Rép.*, v° *Rature* ; Roll. de Vill., *eod v°* ; n. 52 ; Favard de Lenglade, *eod. v°*.

251. La rature d'un mot qui le rend illisible doit être assimilée à une surcharge. — Bruxelles, 28 juill. 1830.

Aux termes du même arrêt les ratures non approuvées doivent être considérées comme ayant été faites après coup.

252. Dans la supputation des mots rayés on ne doit compter que comme un seul mot les mots composés, tels que : ledit, ladite, c'est-à-dire, petit-fils, etc.

De même les mots abrégés, lorsqu'ils sont raturés, doivent aussi compter pour un mot ; ainsi *M.* pour *Monsieur*. — Trib. Montdidier, 20 mars 1846 ; Dall., 46.3.192).

253. Dans la pratique, il est d'usage pour éviter toute méprise, de placer un numéro d'ordre sur chaque mot.

Lorsqu'il existe des lignes entières de mots rayés, on peut se contenter d'énoncer le nombre de ces lignes, sauf à y ajouter le nombre des mots rayés qui pourraient se trouver épars dans l'acte. — Loret, sur l'art. 16.

254. La mention des mots rayés peut indistinctement se faire en exprimant le total des mots en une ou plusieurs fois; ainsi l'approuvé de *quatre mots rayés nuls, plus cinq autres mots rayés nuls,* est aussi valable et régulier que s'il eût été ainsi formulé, *approuvé neuf mots rayés comme nuls.* — Trib. Fougères, 29 janv. 1845.

255. Quoique la loi permette de placer la mention des mots rayés à chaque marge correspondante, il est dans l'usage de ne mettre cette mention que dans la marge à la fin de l'acte, pour éviter la multiplication de ces mentions et de leur approbation.

256. L'approbation d'une rature faite par renvoi à la fin de l'acte doit, pour être valable, être revêtue d'une signature spéciale de la part du notaire, des parties et des témoins. La simple signature qui termine l'acte est insuffisante quoique l'approbation ait été écrite avant la signature. — Trib. Orléans, 28 mars 1821; Montpellier, 13 fév. 1829; Mirecourt, 15 avr. 1844; Bruxelles, 29 mars 1849; Namur, 25 juin 1856; 4 mai 1857; Saint-Dié, 20 juin 1866; *Dict. réd., loc. cit.,* n. 118.

257. Cependant un tribunal et une décis. min. fin. ont [décidé, contrairement à la jurisprudence que nous venons de rapporter, qu'une signature spéciale n'était pas nécessaire. — Trib. d'Orléans, 15 mars 1838; Décis. min. fin., 8 nov. 1814.

258. L'approbation des ratures n'est nécessaire que quand elles concernent des mots compris dans le corps de l'acte, ou dans un renvoi, ou se rapportant à son objet; par suite, il n'y a pas contravention lorsque la rature d'une signature étrangère à l'acte n'a pas été approuvée, alors d'ailleurs qu'il ne manque à cet acte aucune des signatures exigées. — Trib. Versailles, 16 fév. 1859; Dall., 60.3.23.

259. Il n'est pas nécessaire que l'approbation soit constatée par la signature entière des parties, des témoins et du notaire, leur parafe suffit.

260. Si, dans la mention marginale approuvant les ratures, il se trouve des mots rayés, il est nécessaire pour éviter une contravention que ces mots soient approuvés spécialement en dehors de l'approbation de la mention qui les contient. — Bourges, 19 janv. 1838 et Paris, 25 août 1846 (S. 46.2.623); trib. Gourdon, 4 mai 1876; *Revue,* n. 5357; Roll. de Vill., v° *Rature,* n. 13.

261. On doit admettre, jusqu'à preuve contraire, que les ratures faites sur la minute d'un acte ont eu lieu postérieurement à sa passation, lorsque cette minute n'en contient aucune constatation ou approbation. — Bruxelles, 28 juill. 1830 (S. 31.2.64).

262. Lorsqu'un cahier de charges forme un seul et même contexte avec le procès-verbal d'adjudication qui le suit, les ratures qu'il contient doivent, à peine de contravention, être approuvées par tous les adjudicataires ; il n'y a là qu'un seul acte. — Avesnes, 8 sept. 1845 ; Douai, 19 janv. 1846 ; *Dict. réd.*, v° *Acte de notaire*, n. 119 ; Sainte-Menehould, 11 fév. 1852 et 24 juill. 1872 ; *Revue*, n. 4277 ; Garnier, *Rép. gén.*, n. 692, § 5 ; Roll. de Vill., v° *Acte notarié*, n. 431 ; *Dict. du not.*, eod. v°, n. 192 ; Ed. Clerc, *Traité gén.*, n. 1742.

La Cour de cassation avait déjà rendu la même décision au sujet des renvois mis en marge du cahier de charges ne formant qu'un seul et même acte avec le procès-verbal. — Cass., 19 déc. 1829.

263. Le notaire n'est pas responsable des mots rayés non approuvés qui se trouvent dans un acte en brevet, qui est sorti de sa main. — Trib. Seine, 21 juill. 1837 ; Seine, 19 mai 1841 ; Toullier, t. 8, n. 127.

264. Encore bien qu'aucune fraude ne puisse lui être imputée, le notaire n'est pas moins passible de l'amende en cas de ratures non constatées ni approuvées. — Bourges, 19 janv. 1838.

265. Il ne peut y avoir qu'une seule amende pour toutes les ratures non approuvées existant dans un même acte. — Bourges, 19 janv. 1838 (S.46.2.623).

§ 4. — Renvois, apostilles.

266. *Renvois et apostilles.* — Les renvois et apostilles ne peuvent, sauf l'exception ci-après, être écrits qu'en marge ; ils sont signés ou parafés tant par les notaires que par les autres signataires, à peine de nullité des renvois et apostilles. Si la longueur du renvoi exige qu'il soit transporté à la fin de l'acte, il doit non-seulement être signé ou parafé comme les renvois écrits en marge, mais encore expressément approuvé par les parties, à peine de nullité du renvoi. — (L. 25 vent. an XI, art. 15).

267. L'art. 15, ainsi qu'on le voit, ne prononce aucune amende, mais seulement la nullité des renvois et apostilles non signés et parafés tant par le notaire que par les autres signataires, il s'ensuit que les tribunaux ne peuvent suppléer au silence de la loi et prononcer une amende contre le notaire. — Cass., 24 avril 1809 (S. chr.); Déc. min. fin., 6 juill. 1825 ; Rennes, 5 mai 1834 (S.35.2.43); Bourges, 19 janv. 1838 (J.P.38.2.615); Douai, 18 mai 1841 (S.42.2.71); Rouen, 26 juin 1838 et 1er juin 1841 ; Cass., 11 janv. 1841 ; Caen, 18 juill. 1854 ; Roy, *Des contraventions*, 601.

268. Le renvoi non approuvé est seul nul, il n'entraîne pas la nullité de l'acte entier, sauf quand il a pour objet l'accomplissement d'une formalité essentielle omise dans le corps de l'acte. — Cass., 24 nov. 1825 ; Garnier, v° *Acte notarié*, n. 937 ; Duranton, t. 13, n. 50.

269. On entend par renvoi la marque (croix ou autre signe quelconque) qui dans un acte correspond à une marque semblable placée en marge ou à la fin de l'acte pour indiquer une addition.

Le renvoi consiste d'ordinaire en une petite ligne horizontale traversée d'une ligne verticale; lorsqu'il y a deux, trois renvois, chaque ligne horizontale est coupée par deux, trois lignes verticales; de cette manière il ne peut y avoir de confusion pour la correspondance des renvois à la marge.

270. L'apostille est l'addition qui est mise au-dessous de cette marque pour réparer les erreurs ou omissions, compléter ou expliquer une pensée mal saisie ou mal rendue.— Ed. Clerc, *Comm.*, n. 465.

271. Dans la pratique ces mots sont synonymes, et l'on se sert du mot renvoi pour indiquer la marque et l'apostille, cette dernière appellation n'étant pas usitée dans le langage habituel du notariat.

272. Les mentions que font quelquefois les notaires en marge des actes, relativement à la délivrance des expéditions, grosses et extraits, aux honoraires dus ou payés, aux modifications résultant d'actes subséquents, tels que décharge, quittance, mainlevée, ratification, etc., ne peuvent être considérées comme des renvois ; ce sont des annotations pour faciliter la perception du coût de l'acte et la régularité des écritures particulières du notaire. — V. *Mention.* — Colmar, 28 juill. 1827; Roll. de Vill., v° *Vente de meubles*, n. 132; Bioche et Goujet, *Dict. de proc.*, v° *Abréviation*, n. 41 ; Sebire et Carteret, *Encycl. du droit*, v° *Abréviation*, n. 7.

273. La prescription relative aux renvois se trouvait déjà dans l'ordonnance d'octobre 1535 et dans l'arrêt de règlement du 4 septembre 1685.

274. Les dispositions de l'art. 15 s'appliquent aux testaments authentiques, le silence du Code civil renvoyant implicitement à la loi organique de ventôse. — Grenoble, 26 déc. 1832 (S.33. 2.233) ; *Sic*, Vazeille, sur l'art. 971 ; n. 11 ; Coin-Delisle, n. 29.

275. La place naturelle du renvoi est la marge en face la disposition à laquelle il se rapporte, cependant il pourrait être encore écrit dans le blanc laissé en haut et en bas de la page, qui est aussi considéré comme une marge. Ce n'est que par exception ou lorsqu'il est trop long que le renvoi se met à la fin de l'acte. Cependant la loi n'ayant pas prononcé de nullité à ce sujet, on ne saurait annuler un renvoi composé seulement de trois lettres, parce qu'il aurait été placé à la fin de l'acte et non en marge. — Angers, 20 mai 1825 joint à Cass., 23 mars 1829 (S. chr.).

276. Les renvois écrits en marge doivent être signés et parafés par tous les signataires de l'acte, c'est-à-dire par tous ceux dont la signature est nécessaire pour la validité de l'acte ; la prescription ne s'étend pas aux signataires d'honneur qu'il est d'usage d'appeler dans certains actes, dans les contrats de mariage par exemple.

277. Ainsi les renvois en marge d'un acte notarié sont nuls,

si l'un des témoins instrumentaires a omis de les parafer. —
Alger, 11 déc. 1861 (S. 62.2.61).

Par cet arrêt la Cour d'Alger a annulé une donation insérée à
la suite d'un contrat de mariage par un renvoi que l'un des témoins n'avait pas parafé.

278. Le parafe consiste soit en certains traits de plume, soit
dans les lettres initiales des noms et prénoms; c'est l'abrégé de la
signature.

On pourrait même n'écrire que l'initiale de son nom, sans ajouter celle de ses prénoms ni aucun trait de plume. — Bourges,
9 mars 1836 (S. 36.2.347); Cass., 13 avril 1869, *Revue*, 2575;
Roll. de Vill., v° *Parafe*, n. 3.

279. La faculté que laisse la loi d'apposer seulement un parafe vient de ce que la signature complète serait trop encom-
brante, dans le cas où le renvoi aurait une grande étendue et où
les signataires seraient nombreux.

280. Lorsque plusieurs renvois sont écrits dans une même
marge, chacun d'eux doit être signé ou parafé; le notaire doit
donc laisser entre eux un espace suffisant pour les signatures ou
les parafes.

281. Quoiqu'un renvoi ne concerne que certaines parties concourant à l'acte, il est nécessaire qu'il soit aussi parafé par les
autres. — Caen, 9 janv. 1827; Roll. de Vill., v° *Renvoi*, n. 6;
Signature, n. 33.

282. On doit faire une exception pour les adjudications en
détail, chaque adjudication pouvant être considérée comme un
acte à part. Aussi se contente-t-on, dans la pratique, de faire signer
chaque adjudicataire après son adjudication, sans réunir les signatures de tous après la clôture de l'acte. Dans les ventes en détail
il ne pourrait en être autrement, les premiers acquéreurs n'étant
souvent plus présents à la fin de la séance. — Éd. Clerc, *Traité
gén.*, n. 1734.

283. Mais lorsqu'un procès-verbal d'adjudication est précédé
d'un cahier de charges ne formant avec lui qu'un seul contrat,
c'est-à-dire un seul et même acte, les mots rayés nuls et les renvois de ce cahier de charges doivent être approuvés par tous les
adjudicaires. — Cass., 19 déc. 1827 (S. chr.); Trib. de Sainte-
Menehould, 24 juill. 1872, *Rev. not.*, 4217.

284. Si les parties ne savaient ou ne pouvaient signer ou parafer, leur approbation résulterait de la déclaration qu'elles font
à ce sujet en fin de l'acte. — Ed. Clerc, *Comment.*, n. 476.

285. Il a même été jugé que la déclaration, dans un testament
authentique, que le testateur, après avoir signé l'acte, a éprouvé
un tremblement qui ne lui a pas permis de parafer un renvoi,
équivaut au parafe de ce renvoi, comme elle équivaudrait à la
signature de ce testament lui-même. — Cass., 30 juill. 1856 (D. 57.
1.92).

286. Les renvois qui sont transportés à la fin de l'acte doivent être non-seulement signés et parafés, mais encore approuvés expressément par les parties à peine de nullité du renvoi.

On a induit de ce surcroît de précaution que tout renvoi, malgré son peu d'étendue, peut être écrit à la fin de l'acte. — Angers, 20 mai 1825 ; Cass., 23 mars 1829 (J.-P. chr.) ; Lyon, 18 janv. 1832 (S. 32.2.363).

287. On doit entendre par *fin de l'acte* la clôture de l'acte y compris les signatures ; cela ne peut faire doute puisque la loi exige, pour le renvoi transporté à la fin de l'acte, une approbation et une signature spéciale. — Cass., 23 mars 1829 (S. chr.) ; Montpellier, 13 fév. 1829 ; Lyon, 18 janv. 1832 (S. 32.2.263) ; Grenoble, 26 déc. 1832 (S. 32.2.233) ; Caen, 18 juin 1854 (D. 55.5.352) ; Roll. de Vill., vº *Renvoi*, n. 18 ; Augan, p. 67 et 68 ; Gagneraux, *Encyclop.*, p. 94, n. 10 ; Ed. Clerc, *Traité gén.*, n. 1737.

288. Il y a plusieurs opinions sur la manière dont l'*approbation expresse* doit être donnée.

Des auteurs veulent qu'elle émane des parties. — Loret, sur l'art. 15.

D'autres pensent que la constatation de cette approbation par le notaire suffit. — Augan, p. 68 ; Roll. de Vill., vº *Renvoi*, n. 26 ; Dall., vº *Oblig.*, 3580 ; Ed. Clerc, 1738.

Cette dernière opinion nous paraît la plus rationnelle ; la loi n'a pas pu exiger, pour un simple renvoi, une formalité qu'elle ne demande pas pour l'acte lui-même.

289. La mention de lecture qui termine l'acte s'applique aux renvois comme aux autres parties de l'acte. — Cass., 3 août 1808, (S. chr.) ; Cass., 18 août 1856 (S.57.1.248).

290. Mais si un renvoi mis à la fin de l'acte est important et d'une certaine étendue, il serait prudent de mentionner la lecture de ce renvoi lors de son approbation spéciale, ce renvoi pouvant être considéré comme une clause additionnelle. — Cass., 30 mars 1840 (S. 40.1.427) ; Ed. Clerc, *Comm.*, n. 502.

Pour ce cas, M. Rolland de Villargues a proposé la formule suivante :

« Et ont les parties approuvé expressément le présent renvoi contenant *tant* de lignes, signé la présente approbation avec le notaire et les témoins après lecture. »

Si des parties ne savaient ou ne pouvaient signer, on ajouterait : « à l'exception de.... qui ont réitéré leur déclaration de ne savoir « (ou de ne pouvoir) signer, de ce, interpellées par le notaire soussigné. »

291. Il n'est pas nécessaire que les renvois soient parafés avant la signature de l'acte ; il est bien évident que les parties ont le droit de modifier leurs conventions, de réparer des erreurs ou des omissions, d'expliquer une clause qui leur paraît équivoque. — Cass., 30 juill. 1856 (S. 57.1.265) ; Roll. de Vill., vº *Acte notarié*, n. 277 ; Ed. Clerc, n. 1743.

292. Mais si une des parties refusait de signer le renvoi qui serait fait ainsi après la signature de l'acte, ce renvoi ne serait pas valable, et l'on ne pourrait contraindre la partie refusante à donner son approbation. — *Rép.*, *Journ. Pal.*, v° *Acte notarié*, n. 318.

293. Ainsi que nous l'avons dit n. 277, l'absence du parafe d'un témoin instrumentaire au bas d'un renvoi d'acte notarié entraîne la nullité de ce renvoi, conformément à l'art. 15 de la loi de ventôse.

Cette loi était applicable en Algérie du moment que des notaires y étaient établis et avant même que les lois et règlements du notariat en France aient été déclarés communs (sauf modification) aux notaires de l'Algérie, par l'art. 30 de l'arrêté du 30 déc. 1842.

La nullité dont il s'agit n'est pas du nombre de celles que la législation spéciale de l'Algérie permet aux juges de ne pas appliquer. — Alger, 11 déc. 1861, *Rev. not.*, n. 193.

On doit le décider ainsi lors même qu'on assimilerait les notaires d'Algérie, avant leur constitution définitive en 1842, aux chanceliers des consulats français dans les citadelles du Levant et de la Barbarie. — Cass., 4 fév. 1863, *Rev. not.*, n. 473.

294. Les renvois doivent être parafés par les receveurs de l'enregistrement. — Inst. gén., 15 mars 1831.

§ 5. — Sommes, dates, chiffres en toutes lettres.

295. Les sommes et les dates seront énoncées en toutes lettres. — L. 25 vent. an XI, art. 13.

296. Nous retrouvons les mêmes prescriptions dans les anciennes ordonnances. Ord. oct. 1535; arrêt de règl., 4 sept. 1685; Ed. de Lorraine, 1721. — Le droit romain défendait l'emploi des chiffres dans la désignation des parts des copartageants. — *Novelle*, 107, ch. 1.

297. Les lois sur l'enregistrement (22 pluv. an VII, art. 5; 16 juin 1824, art. 10) veulent que dans les procès-verbaux de meubles et effets mobiliers, les officiers qui y procèdent inscrivent en toutes lettres le prix de chaque objet adjugé et les tirent ensuite hors ligne en chiffre.

298. La prohibition s'étend non-seulement à l'expression des conventions des parties, mais à toute espèce d'énonciations, comme la relation d'actes et titres antérieurs. — *Jour. du Not.*, v° *Chiffres*, n. 10.

299. Cette prohibition n'est pas tellement absolue que l'usage n'ait pas admis quelques exceptions.

Ainsi l'on porte en chiffres dans les actes les numéros des maisons, ceux des diverses divisions de l'acte, titres, chapitres, sections, articles, etc..., les volumes et numéros des inscriptions hypothécaires, les folio et case des mentions d'enregistrement, les séries et numéros des rentes sur l'Etat, des actions et autres valeurs, les sections et numéros du cadastre, etc. — Ed. Clerc, *Comm.*, 368; Roll. de Vill., v° *Chiffres*, n. 6.

300. Une décision du ministre des finances du mois de juill. 1831, permet d'exprimer en chiffres la date de la naissance dans les certificats de vie. — Gagneraux, p. 85, n. 43.

301. Les actes peuvent renfermer des tableaux comprenant des sommes exprimées en chiffres, quand on ne peut les syncoper sans en détruire l'intelligence. — Inst. gén., 20 juill. 1820, n. 942.

302. Mais il faudrait que ces chiffres ne fussent que la répétition de sommes déjà portées en toutes lettres dans l'acte. — Roll. de Vill., n. 11 ; Augan, p. 60.

303. Un arrêt de la Cour de Colmar a même décidé que l'énonciation en chiffres, dans une liquidation notariée, des sommes revenant à chaque partie, après avoir exprimé en toutes lettres les sommes composant les masses actives et passives, ne constituait pas une contravention. — Colmar, 18 mai 1829 (S. chr.).

Mais cette décision ne nous paraît pas à l'abri de toute critique et ne semble pas rentrer dans l'esprit de la loi.

304. Les mots écrits en chiffres ne sont pas frappés de nullité, ils donnent lieu seulement à une amende de 10 fr. pour les actes ordinaires et de 5 fr. pour les procès-verbaux de ventes de meubles et objets mobiliers. — LL. 22 pluv. an VII, art. 5 ; 25 vent. an XI, art. 13 ; 16 juin 1824, art. 10.

305. De même que pour les abréviations, il n'y a qu'une seule amende pour toutes les contraventions commises dans un même acte.

306. Tout ce que nous venons de dire est applicable aux grosses et expéditions comme aux minutes.

307. On peut écrire en chiffres sur le répertoire, le numéro d'ordre, la date de l'acte, celle de l'enregistrement et le montant des droits perçus. — Déc. min. fin., 5 mai 1817 et 10 mai 1818. — V. *Répertoire.*

§ 6. — Noms et qualifications supprimés; clauses et expressions féodales; poids et mesures; annuaire; numération décimale.

308. Le notaire qui contreviendra aux lois et aux arrêtés du gouvernement concernant les noms et qualifications supprimés, les clauses et expressions féodales, les mesures et l'annuaire de la République, ainsi que la numération décimale, sera condamné à une amende de 100 fr. qui sera double en cas de récidive. — L. 25 vent. an XI, art. 17.

309. L'amende de 100 fr. a été réduite à 20 fr. par l'art. 10 de la loi du 16 juin 1824, déjà cité.

310. 1° *Noms et qualifications supprimés.* —Les notaires ont dû nécessairement se conformer aux dénominations sous lesquelles étaient reconnus les divers gouvernements qui se sont succédé en France depuis l'abolition de la royauté en 1791. C'est ainsi, par exemple, qu'aujourd'hui ils doivent dire : procureur de la République au lieu de procureur du roi ou procureur impérial, qui étaient les dénominations adoptées sous la royauté et sous l'empire.

311. 2° *Clauses et expressions féodales.* — La loi du 8 pluv. an II, art. 4, avait défendu aux notaires d'insérer à l'avenir dans les minutes, expéditions ou extraits d'actes de toute [nature et quelle que soit leur date, des clauses, qualifications et expressions tendant à rappeler, d'une manière directe ou indirecte, ce régime ou nobiliaire.

312. Napoléon, tout en créant une nouvelle noblesse par le sénatus-consulte du 14 août 1808, maintint néanmoins la prohibition à l'égard des anciens titres nobiliaires ; et l'art. 259 du C. pén. de 1810 punit de six mois à deux ans de prison l'usurpation de titres non légalement conférés par l'empereur.

313. La charte de 1814 porte dans son art. 62 : « La noblesse ancienne reprend ses titres, la nouvelle conserve les siens », et l'art. 259 du C. pén. fut abrogé par la loi du 28 avril 1832.

314. La révolution de 1848 vint de nouveau abolir tous les titres de noblesse, que le second empire fit renaître par le décret des 24 et 27 janv. 1852; une loi des 28 mai et 6 juin 1858 à même rétabli avec de légères modifications la prohibition portée en l'art. 259, C. pén.

315. Aujourd'hui ces lois et décrets sont encore en vigueur; il en résulte que tous les titres nobiliaires peuvent être énoncés sans contraventions dans les actes notariés, et que les notaires ne sont pas responsables des titres pris sans droit dans leurs actes. — Ed. Clerc, *Traité gén.*, n. 1754.

316. Cependant une circulaire du ministre de la justice du 19 juin 1858 prescrit aux notaires d'exercer un contrôle sérieux sur les dénominations et qualifications que les parties prennent devant eux; mais nous ne croyons pas que cette prescription puisse avoir une sanction en cas d'inobservation de la part du notaire.

317. 3º *Poids et mesures.* — L'uniformité des poids et mesures fut établie en France par la loi du 18 germin. an III ; et la loi du 1er vend. an IV enjoignit à tous notaires d'exprimer en mesures nouvelles toutes les quantités de mesures qui seraient à énoncer dans les actes.

Mais comme l'exécution immédiate et absolue de cette loi, était pour ainsi dire impossible, certains tempéraments avaient été admis à titre de transition.

Cette tolérance retardait une réforme éminemment utile ; aussi la loi du 4 juill. 1837, par son art. 5, ordonna-t-elle qu'à partir du 1er janv. 1840 les prescriptions de la loi de vendémiaire devaient être exécutées rigoureusement, à peine de 20 fr. d'amende contre les notaires contrevenants.

318. La loi n'ayant pas d'effet rétroactif, il s'ensuit qu'il est permis aux notaires de reproduire *textuellement* les anciennes dénominations dans les copies et extraits d'actes antérieurs au 1er janv. 1840. — Déc. min. fin. et com., 5 août 1842 : Inst. gén., 20 août 1842, n. 1671.

319. Il a été décidé de même qu'il n'y a pas contravention :

Dans l'énonciation de mesures ou valeurs étrangères quand il s'agit d'une convention à exécuter en pays étranger ou d'un titre stipulé en monnaies étrangères. — Solut., 14 janv. 1832.

Dans la désignation de bouteille, tonneau, baril de vin, fagots, tombereau de sable, quintaux de foin, en un mot de toute expression qui ne détermine pas expressément une certaine quantité fixe de poids et mesures. — Trib. Avesnes, 8 août 1844 (D.45.4. 796) ; Trib. Tarascon, 26 juin 1846 (D. 46.4.421).

320. 4° *Annuaire.* — La République avait adopté un calendrier nouveau et un annuaire particulier ; mais le sénatus-consulte du 22 fruct. an XIII a ordonné qu'à partir du 1er janv. 1806 le calendrier grégorien serait remis en vigueur.

321. Dès lors les notaires durent employer le calendrier grégorien, à peine de 20 fr. d'amende par contravention ; mais il va sans dire qu'ils peuvent se servir du calendrier républicain pour indiquer une date se trouvant dans l'espace de temps où il a été en usage. Seulement ils peuvent indiquer, à titre de renseignement, la date de concordance du calendrier républicain avec celle du calendrier grégorien.

322. 5° *Numération décimale.* — L'art. 2 de la loi du 17 flor. an VII porte qu'à partir du 1er vend. an VIII toutes transactions ou actes entre particuliers énonceront les sommes en francs, décimes et centimes.

Le notaire est donc tenu de se conformer à cette prescription à peine d'une amende de 20 fr., sauf toutefois pour l'énonciation d'anciens titres ou de conventions à exécuter en pays étrangers.

CHAPITRE IV.

RÉDACTION DES ACTES.

323. Comme rédacteur des actes, dit M. Ed. Clerc, le notaire a une mission aussi importante que difficile à remplir ; car c'est de la bonne ou de la mauvaise rédaction des actes que dépendent le sort des conventions et la sécurité des familles, aussi ne peut-on y apporter trop de soins.

324. De son côté, M. Augan fait remarquer que la rédaction des actes est plus difficile qu'il ne le semble au premier coup d'œil ; elle ne s'acquiert que par un long usage, et il n'y a que la grande habitude qui puisse dresser l'esprit à cette vue prompte et sûre, qui, en présence des contractants et au milieu de leurs entretiens, embrassent à la fois toutes les parties d'une opération, souvent compliquée et met le notaire à même de les classer et de rédiger les diverses clauses auxquelles elles donnent lieu.

325. La première qualité du style notarial, c'est la précision, l'exactitude. Rendre avec exactitude les intentions des parties est le premier devoir du notaire, comme aussi son plus grand intérêt ; il évite ainsi les plaintes et les injustices de certains clients, quand une affaire ne tourne pas au gré de leurs espérances. Lorsque la rédaction d'un acte est nette et précise dans son ensemble, l'acte porte ainsi en quelque sorte avec lui le cachet de l'exactitude de chacune de ses parties.

326. La clarté du style est aussi indispensable ; l'obscurité dans la rédaction est souvent la cause de graves inconvénients. Pour qu'un acte soit clair, il faut que les différentes parties en soient distribuées et divisées avec méthode. Le plan de l'acte fait partie de la forme, c'est-à-dire du style, et l'ordre dans la rédaction est une des conditions de la clarté.

Sect. Ire. — Langue dans laquelle les actes doivent
être écrits. — Interprète.

327. En France, les actes notariés doivent être rédigés en français.

Cette règle a été établie par l'ordonnance d'avril 1539, et maintenue par le décret du 2 thermidor an II, et l'arrêté du 24 prairial an XI ; le notaire contrevenant peut être passible des peines édictées par la loi.

328. Mais l'usage de la langue française est-il prescrit à peine de nullité de l'acte ?

Il n'y a pas de disposition formelle qui prescrive cette condition à peine de nullité, mais la Cour de cassation a jugé que « cette peine était une sanction nécessaire de la règle et s'attachait d'elle-même à l'infraction, parce qu'il s'agissait d'un principe essentiel et de droit public qui importait, à un haut degré, à la bonne administration de la justice et à l'unification de la langue nationale. » — Cass., 4 août 1859 (S. 60.1.239) : Sic, Aub. et Rau, t. 5, § 665 ; Toullier, t. 4, p. 121.

329. Cependant la plupart des auteurs sont contraires à cette décision. — Merlin, *Rép.*, vo *Langue française* et *Quest. de dr.*, vo *Testament*, § 17 ; Toullier, t. 5, n. 456 et t. 8, n. 101, *ad not.*: Grenier, *Donat.*, n. 255 *bis* ; Roll. de Vill., *Rép.*, vo *Langue des actes*, n. 13 ; Favard, vo *Langue française*, n. 7 ; Teste, *Encyclop.*, vo *Acte*, § 7 ; Bonnier, *des Preuves*, n. 417 ; Vazeille, *Donat. et test.*, sur l'art. 972, note ; Marcadé, *eod.*, n. 2 ; Saintespès-Lescot, *eod.*, t. 4, n. 1054 ; Massé et Vergé, t. 3, § 344, n. 8 ; *Dict. du not.*, vo *Langue française*, n. 30 ; Laurent, t. 19, p. 111, n. 115.

330. L'arrêt de cassation précité ajoutait que la règle s'appliquait à la Corse, comme à toutes les autres parties du territoire français ; cependant deux arrêts récents de la Cour de Bastia ont décidé le contraire et spécialement qu'un contrat de mariage rédigé dans la Corse en langue italienne n'était pas nul. — Bastia, 14 déc. 1874 (S. 75.2.100) ; 17 janv. 1876 (S. 76.2.164).

331. L'arrêté du 27 prair. an XI, tout en prescrivant de rédiger les actes en langue française, a néanmoins permis aux officiers publics des lieux où l'on ne parle pas français d'écrire à mi-marge de la minute française la traduction en idiome du pays lorsqu'ils en sont requis par les parties. — Art. 2.

332. La traduction doit être faite par le notaire lui-même ; mais c'est l'original français qui est seul authentique ; et s'il s'élevait des contestations sur le sens et la portée de l'acte, la rédaction française seule ferait foi

333. La chambre des notaires de Paris a décidé que les notaires ne devaient jamais recevoir aucun acte de leur ministère qu'en langue française.— Circ. ch. des not. de Paris, 2 janv. 1817. Sur cette question en matière de testament. — V. *Testament*.

334. Lorsqu'une des parties ignore la langue française et que le notaire, de son côté, ignore l'idiome de cette partie, il y a nécessité d'appeler un interprète.—Arg., Cass., 19 déc. 1815 (S. chr.) ; Metz, 21 août 1823 (S. chr.), et 19 nov. 1828 ; Dall., n. 2978 ; Toullier, t. 8, n. 99 ; Bonnier, n. 488. — *Contrà*, Duranton, t. 9, n. 80 ; Laurent, t. 13, p. 362, n. 319.

335. Si le notaire connaît la langue des parties et qu'elle soit ignorée des témoins ou de l'un d'eux, il faut également un interprète, et dans ce cas, le notaire lui-même ne peut remplir cette fonction. — Merlin, *Quest.*, v° *Testament*, § 7, art. 2 ; Ed. Clerc, n. 1621.

336. L'interprète est un véritable témoin instrumentaire qui, de plus, représente la partie dont les intentions sont manifestées par son organe. Il doit donc être agréé par cette partie et, en outre, réunir les qualités requises pour les témoins instrumentaires, et il n'est pas plus qu'eux obligé de prêter serment.—*Rép.*, *Journ. Pal.*, v° *Acte notarié*, n. 258.

337. D'autres auteurs pensent qu'il est plus prudent de faire prêter serment à l'interprète, lequel doit réunir toutes les qualités requises par l'art. 332, C. instr. crim. ; Ed. Clerc, n. 1623.

338. Un témoin instrumentaire peut-il, dans les actes notariés autres que les testaments, servir d'interprète entre le notaire et les parties lorsqu'ils ne parlent pas la même langue ?
Pour l'affirmative, — Cass., 19 déc. 1815 (S. chr.) ; Favard de Langlade, *Rép.*, v° *Acte notarié*, § 7, n. 4 et *Langue française*, n. 6 ; Toullier, t. 8, n. 99.
Pour la négative. — Merlin, *Quest.*, v° *Testament*, § 17, art. 2, n. 1 ; Roll. de Vill., *Rép.*, v^is *Interprète*, n. 2 et 7 ; *Langue française*, n. 11.

339. Mais en matière de testament, la négative est certaine, car le témoin, devant être étranger aux parties, ne peut cumuler les fonctions de témoin concourant à la réception de l'acte avec celle d'interprète, représentant les parties pour transmettre leur volonté.

340. Il nous semble qu'il n'y a pas lieu de faire de distinction, et que l'exclusion absolue du témoin du rôle d'interprète est plus conforme aux principes. La loi ne peut accorder plus de confiance au notaire isolé des témoins qu'elle n'en peut accorder aux témoins isolés du notaire. Elle se fie au concours du témoin et du notaire agissant ensemble, mais séparés ils ne sont plus rien à ses yeux, et il faut bien les considérer comme séparés, alors que, pour savoir ce qu'il fait, le notaire a besoin de l'aide des témoins, ou que, pour savoir ce qu'ils font, les témoins ont besoin de l'aide du notaire. C'est aussi l'opinion de M. Rolland de Villargues. —*Rép.*, v^is *Interprète*, n. 2 et 7 et *Langue française*, n. 11. — V. en ce sens Arr. de la C. d'appel du Sénégal, 26 juill. 1876, *Revue*, n. 5320.

Sect. II. — Énonciations que doivent contenir les actes notariés.

341. La loi prescrit diverses énonciations dans les actes notariés, mais elle n'a pas indiqué l'ordre dans lequel elles doivent être faites, ni les termes qui doivent être employés ; il suffit donc qu'elles soient faites avec ordre et précision.

Nous allons indiquer ces diverses énonciations sous les paragraphes suivants :

§ 1er. — Nom et résidence du notaire instrumentaire.

342. Tous les actes doivent énoncer les nom et lieu de résidence du notaire qui les reçoit, à peine de 20 francs d'amende contre le notaire contrevenant. — L. 25 vent. an II, art. 12 ; L. 16 juin 1824, n. 10.

343. L'énonciation du nom du notaire n'est pas substantielle, la loi ne la prescrivant pas à peine de nullité. — Duranton, t. 13, n. 41 ; Bonnier, n. 484 ; Ed. Clerc, *Traité gén.*, n. 1585 ; Demol, t. 21, p. 243, n. 229 ; Laurent, t, 13, p. 331, n. 291.

344. Une décision du ministre des finances du 20 oct. 1861 déclare qu'il y aurait contravention si l'on se contentait de s'exprimer ainsi : Par-devant le notaire à...., soussigné.

345. Jugé qu'il n'y a pas contravention dans le fait d'un notaire qui, après avoir placé ses nom et lieu de résidence en tête d'un procès-verbal d'adjudication préparatoire de biens immeubles, omet de se qualifier dans les enchères qu'il place à la suite du procès-verbal. Ainsi l'énonciation « a comparu en l'étude de moi, notaire » ou « du notaire soussigné » est suffisante. — Bruxelles, 10 nov. 1835.

346. Et qu'il n'y a qu'une seule contravention dans l'omission, dans un acte, de l'énonciation du nom du notaire instrumentaire et de la mention de la lecture faite de cet acte aux parties. — Nivelles, 28 nov. 1839.

347. Le tribunal a invoqué, comme motifs de la décision ci-dessus, que les peines infligées par la loi de ventôse, aux notaires contrevenants, sont prononcées à titre de dommages-intérêts et comme telles doivent l'être, non à raison du nombre des fautes commises dans les actes, mais à raison du nombre des minutes présentant des contraventions, sans cependant qu'il soit permis d'appliquer à ces pénalités civiles le principe relatif au cumul des peines correctionnelles.

348. La mention des prénoms du notaire n'est pas exigée ; cependant quand, dans une même résidence, il existe plusieurs notaires portant le même nom, l'usage est de les distinguer soit par leurs prénoms, soit par l'addition des mots, aîné et jeune, père et fils. — Roll. de Vill. et Ed. Clerc, *loc. cit.*

349. Des trois parties que l'on distingue dans les actes notariés, — le préambule, le corps de l'acte et sa clôture, la première est celle où il est d'usage de placer les noms et lieu de résidence du notaire. On y met aussi les indications relatives aux personnes comparantes.

Le corps de l'acte comprend les clauses et les conventions, et sa clôture renferme les mentions et énonciations que la loi requiert pour sa complète solennité.

350. On décide généralement que l'omission de la qualité du notaire n'est pas une cause de nullité, parce que cette qualité résulte toujours suffisamment, des énonciations contenues dans l'acte. — Toullier, t. 8, n. 84; Roy, *Des contraventions*, 370; Duranton, t. 9, p. 85, n. 55; Laurent, t. 13, n. 291; Demol., t. 4, n. 229.

351. Les notaires ne doivent joindre à leur qualité de notaire aucune autre qualité honorifique ou professionnelle. — Circ. min. just., 13 juill. 1829.

352. L'indication du lieu de la résidence est exigée comme preuve que le notaire n'instrumente pas en dehors de son ressort; mais le nom de la localité où réside le notaire suffit.

—Le défaut d'énonciation de la résidence n'entraîne pas la nullité de l'acte; tous les auteurs, à l'exception de Toullier, sont d'accord sur ce point. — Gagneraux, *Comment. sur l'art.* 12 *de la loi de ventôse*, § 3, n. 15; Sebire et Carteret, vo *Acte notarié*, n. 87; Merlin, *Rép.*, vo *Tém. instr.*, sect. 2, § 3, art. 2, n. 8; Roll. de Vill., vo *Acte notarié*, n. 178; Augan, p. 55; Loret, sur l'art. 12; Carré, n. 588; Ed. Clerc, *Comm.*. n. 305; Toullier, t. 8, n. 84.

353. Quant au notaire en second, il n'est pas nécessaire qu'il soit nommé, on se contente habituellement de le désigner sous le nom de *collègue* ou de *confrère*.—Ed. Clerc, *loc. cit.*; Massé, liv. 1er, chap. 20; Carré, p. 409; Favard, vo *Acte notarié*, § 2, n. 8; Augan, p. 51.

354. Mais dans l'acte où la présence réelle est nécessaire, le nom du notaire en second doit être énoncé; de même quand il assiste à l'acte comme conseil de l'une des parties.—*Revue*, n. 5364.

355. Lorsque la résidence du notaire en second n'est pas la même que celle du notaire en premier, on doit énoncer le nom des deux notaires et la résidence de chacun. — Ed. Clerc, *loc. cit.*

§ 2. — Noms et demeures des témoins instrumentaires.

356. Les noms et demeure des témoins instrumentaires doivent être énoncés sous peine de nullité.—L. 25 vent. an XI, art. 12 et 68.

357. Ces dispositions des art. 12 et 68 de la loi de ventôse n'ont pas été rapportées par l'art. 1er de la loi du 21 juin 1843, aux termes duquel les actes notariés ne peuvent être annulés sur le motif que le notaire en second ou les deux témoins instrumentaires n'auraient pas été présents à la réception des actes.— Nîmes, 22 avr. 1857 (S. 57.2.527).

358. Si la loi n'exige pas la mention des prénoms et qualités ou profession des témoins instrumentaires, cette énonciation est cependant fort utile, aussi les notaires ne s'en dispensent jamais. — Ed. Clerc, *Comm.*, 309; Toullier, t. 8, n. 85; Roll. de Vill., n. 189; Augan, p. 56.

359. La fausse qualité donnée à un témoin n'est pas une cause de nullité lorsque, d'ailleurs, elle ne détruit pas son identité. — Bourges, 9 mars 1836 (S. 36.2.347).

360. Il est généralement reconnu que l'énonciation inexacte du nom d'un témoin instrumentaire, point sur lequel le législateur ne s'est pas expliqué, ne peut être assimilée au défaut même d'énonciation, cause de nullité, car les autres énonciations de l'acte pourront presque toujours y suppléer, et l'erreur pourra en être rectifiée à l'aide de renseignements pris en dehors de l'acte lui-même. — Cass., 24 juill. 1840 (S.41.1.79).

361. Jugé encore dans le même sens que l'erreur, dans la désignation d'un témoin instrumentaire, n'est pas une cause de nullité même dans un testament, lorsque d'ailleurs l'identité des témoins est constante ; et par exemple, le témoin *Bouriol* a pu être considéré comme suffisamment désigné sous le nom de *Boniol*, si, dans l'idiome vulgaire du pays, ces deux noms ont la même consonnance, et s'il n'y a d'ailleurs aucune confusion possible. — Cass., 8 déc. 1845.

362. Cependant il a été décidé qu'il y avait nullité dans la substitution du nom de Galland à Guillemand. — Versailles, 21 janv. 1835.

363. Le mot *demeure*, dans l'acceptation commune, signifie *habitation*, résidence, et le but de la loi peut aussi bien être atteint par l'énonciation de la demeure ou résidence effective des témoins que par celle du lieu de la naissance ou du domicile de droit ; il peut même arriver, dans plusieurs cas, que les parties trouvent avec plus de facilité les renseignements nécessaires dans le premier que dans le second de ces endroits ; d'où l'on doit conclure que le législateur, en mentionnant dans l'art. 12 le mot *demeure*, n'a pas exigé impérieusement l'énonciation du domicile de droit, mais qu'il a voulu se contenter de l'énonciation de la demeure ou de la véritable résidence des témoins. — Bruxelles, 4 mars 1831 ; Liége, 8 mars 1851.

364. En exigeant la mention de la demeure des témoins, la loi a eu pour but de procurer les moyens indispensables à la vérification de leur capacité ; mais elle n'a prescrit aucune formule sacramentelle, et cette énonciation peut être faite avec plus ou moins de précision sans nuire à la validité des actes.

365. Ainsi, c'est énoncer suffisamment la demeure des témoins que d'exprimer qu'ils sont de tel endroit. — Aix, 3 déc. 1812 ; Cass., 22 nov. 1825 (S. chr.).

366. Jugé aussi que la mention que les témoins sont de telle commune est suffisamment indicative de leur demeure, surtout lorsqu'il est constant que les témoins habitent la commune désignée. — Cass., 18 nov. 1814 ; 28 fév. 1816 (S. chr.).

367. Que la demeure d'un témoin est suffisamment indiquée par l'énonciation de ses fonctions, lorsqu'une résidence y est nécessairement attachée. — Grenoble, 7 août 1828.

368. Mais la demeure d'un témoin n'est pas suffisamment indiquée par l'énonciation que le témoin est originaire de telle commune et se trouve actuellement en traitement dans tel hôpital. — Angers, 23 mars 1876 (S. 76.2.302), *Rev. not.*, n. 5150.

369. La Cour suprême a décidé [: Que la mention et la demeure des témoins instrumentaires, qui doit, à peine de nullité, se trouver dans les testaments authentiques, participe à la foi due à cet acte, en ce sens que son exactitude ne peut être combattue que par des documents certains, légaux et authentiques, établissant la fausseté de l'énonciation et prouvant qu'à l'époque où le testament a été reçu, les témoins avaient une demeure autre que celle qui a été indiquée ;

Que les juges ne peuvent annuler le testament en déclarant vaguement, et comme résultant de faits et de documents sans caractère légal, que les témoins n'ont pas une demeure fixe et habituelle au lieu indiqué et qu'ils n'y demeurent qu'en passant ;

Enfin qu'on ne peut, sans prendre la voie de l'inscription de faux, prouver que les témoins d'un acte notarié ne demeurent pas dans le lieu énoncé dans l'acte. — Cass., 3 juill. 1838.

370. Les témoins instrumentaires d'un acte peuvent, en cas d'inscription de faux contre cet acte, être entendus comme témoins dans l'enquête ordonnée.

La jurisprudence, ainsi que la doctrine, paraissent fixées en ce sens. — Cass., 12 nov. 1856 (S.57.1.847); Bastia, 22 juill. 1857 (S. 57.2.740); Trib. d'Auxerre, 28 janv. 1873 et Paris (sol. impl.), 31 janv. 1874 (S. 74.2.113); Lyon, 30 juill. 1870 et 15 mars 1871 (*Revue*, 3024); Merlin, *Rép.*, v° *Tém. instrum.*, § 2, n. 8 et *Quest.*, v° *Témoins*, § 3; Toullier, t. 5, n. 410; Massé et Vergé, t. 3, § 439, note 38.

§ 3. — Noms, prénoms, qualités et demeure des parties. — Témoins certificateurs.

371. Les actes des notaires doivent contenir les noms, prénoms, qualités et demeures des parties, ainsi que des témoins qui seraient appelés dans le cas de l'art. 11 (témoins, certificateurs), à peine de 100 fr. d'amende contre le notaire contrevenant. — L. 25 vent. an XI, art. 13.

372. L'amende a été réduite à 20 fr. par la loi du 16 juin 1824, art. 10.

373. Ces énonciations, quoique fort utiles et souvent nécessaires pour empêcher les méprises et les fraudes, ne sont pas prescrites à peine de nullité. Leur omission, qui ne peut être qu'un oubli de plume, peut toujours être réparée par la signature des parties présentes, par la procuration de celles qui ne sont pas présentes, et par d'autres circonstances tirées de la contexture de l'acte. — Toullier, t. 7, n. 501; Favard, v° *Acte notarié*, § 2, n. 6; Augan, p. 55; Ed. Clerc, n. 1593.

374. Les noms dont parle l'art. 13, et par lesquels les parties doivent être désignées, sont les noms de famille, les noms patronymiques. — Roll. de Vill., n. 206.

375. Il n'y a point de contravention à joindre le sobriquet au surnom au nom véritable; cette mesure est même fort utile dans le cas où plusieurs individus d'une même famille peuvent avoir les mêmes noms et prénoms; mais l'énonciation seule d'un sobriquet donnerait lieu à l'amende.

376. De même la contravention n'existerait pas si, malgré l'erreur dans l'orthographe du nom, l'identité était certaine. — Cass., 24 juill. 1840 (S. 41.1.79).

377. Les prénoms doivent également être énoncés dans l'ordre et de la manière indiquée en l'acte de naissance; mais une inexactitude ne rendrait pas le notaire responsable, il ne peut exiger la production de l'acte de naissance, et il est bien forcé de s'en rapporter aux déclarations des parties, qu'il n'a aucun moyen de contrôler. — Roll. de Vill., n. 210; Cass., 8 janv. 1833.

378. On entend par qualités tout ce qui est propre à constater l'individualité des parties, c'est-à-dire la profession, la fonction, le grade. Les titres de noblesse ne constituent pas une qualité.

379. Les personnes qui n'ont ni qualités ni profession sont suffisamment désignées par ces mots « sans profession »; le notaire se met ainsi à l'abri de toute contravention. — Roll. de Vill., n. 216.

380. Il a été jugé que le silence gardé par le notaire sur la qualité et la profession de la partie ne constitue pas une contravention, si cette partie n'a ni profession, ni qualité. — Trib. Metz, 2 août 1836.

381. La qualification de propriétaire ou de rentier est également regardée comme suffisante, quoique la partie exerçât une profession. — Paris, 17 août 1810 (S. chr.).

382. L'individu qui n'a aucune profession, mais est propriétaire d'immeubles, peut être désigné sous ce dernier titre. — Dinan, 21 fév. 1857.

383. D'autres qualités doivent encore être énoncées, telles sont celles du mari, tuteur, curateur, mandataire, etc. L'omission de ces qualités ne constitue pas cependant une contravention. — Ed. Clerc, *Tr. gén.*, n. 1603.

384. L'obligation imposée au notaire d'énoncer les qualités des parties est satisfaite aussi bien lorsqu'il exprime une condition sociale, telle que celle d'époux, de veuf, fils, fille, mineur, que lorsqu'il désigne une profession; ainsi est suffisante l'énonciation suivante : Mademoiselle..., fille mineure... — Dalloz, v. *Oblig.*, n. 3397; Augan, p. 88; Bordeaux, 31 août 1835; Metz, 2 août 1836; Douai, 16 avril 1849.

385. En conséquence, un notaire n'est pas passible d'amende, pour avoir, dans un acte de consentement à mariage, qui, aux termes de l'art. 73, C. civ., doit désigner la profession des parties, omis d'énoncer la profession de la mère consentante, si d'ailleurs il a mentionné sa qualité de femme mariée ou de veuve. — Lunéville, 13 mars 1845.

386. Pour une femme mariée ou veuve, il est nécessaire d'indiquer le nom de son mari, et même si la femme est remariée en secondes noces, il est souvent utile de mentionner le nom du premier mari. — Ed. Clerc, n. 1600.

387. L'état de *journalier* constitue une qualité dans le sens de l'art. 13, et doit conséquemment être énoncé dans un acte notarié à peine d'amende. — Dinan, 29 avril 1854.

388. La demeure des parties est le domicile réel, le lieu du principal établissement. Quand la partie demeure dans une commune peu importante, il est bon d'énoncer au moins le chef-lieu de canton et le département d'où dépend la commune. Dans les grandes villes, on énonce le nom de la rue et le numéro de la maison.

Quant au fonctionnaire en résidence fixe, la mention de sa qualité indique sa demeure. — Ed. Clerc, n. 1604; Cass., 28 juill. 1848 (S. chr.).

389. On doit entendre par *parties*, dans le sens de l'art. 13, les contractants, ceux qui stipulent pour eux-mêmes, en leur nom et dans un intérêt personnel quelconque, ainsi que ceux qui, sans être intéressés directement, stipulent pour d'autres. — Ed. Clerc, n. 541.

390. Dans une vente consentie par un tuteur des biens de son pupille, il y a obligation, pour le notaire, d'énoncer les prénoms du mineur : celui-ci doit être réputé partie à l'acte. — Cass., 29 déc. 1840 (S. 41.1.36); Douai, 13 déc. 1842 (S. 43.2.76).

391. Et l'omission, dans un acte notarié, des prénoms, qualités et demeure du mandant constitue une contravention à l'art. 13. — Trib. Gray, 24 fév. 1834 : Dalloz, *Oblig.*, n. 3389.

392. Doit-on considérer comme partie, dans un acte, la personne dont on s'est porté fort et à l'égard de laquelle on a permis la ratification ?

On est divisé sur cette question.

393. La Cour de cassation a décidé le 18 janv. 1848 (S. 48.1. 201), que l'on doit considérer comme parties dans les actes notariés, non-seulement ceux qui stipulent pour eux-mêmes et pour d'autres, mais encore ceux pour lesquels on stipule, ou l'on se porte fort, ceux-ci étant réputés avoir contracté par le ministère d'autrui, et qu'il y a dès lors obligation d'énoncer les noms, prénoms, qualités et demeure de ces derniers. — V. dans le même sens Metz, 6 janv. 1841 (S. 41.2.147); Rennes, 31 août 1841 (S. 42.2.71); Douai, 13 déc. 1842 (S. 43.2.76); trib. de Sarrebourg, 19 avr. 1841; Sainte-Affrique, 25 janv. 1847 ; d'Altkich, 8 avr. 1859 (J.-E., 12919, 14188-4).

394. L'opinion contraire a été adoptée par la Cour de Rennes, 3 janv. 1845 (S. 45.2.467) ; 18 sept. 1846 (cet arrêt a été cassé par la Cour suprême le 18 janv. 1848 précité); par la Cour de Douai, 16 avr. 1840 (J.-N. 13787); trib. de Saint-Étienne, 27 déc. 1852 (J.-N. 14906); trib. de Belfort, 10 déc. 1861 (S. 62.2.566); trib. d'Albi, 24 nov. 1863 ; *Revue*, n. 954.

395. Celui qui se porte fort pour un autre, dit M. Ed. Clerc (*Traité gén.*, n. 1697), peut bien ignorer les prénoms de ce dernier, et cependant il peut être urgent d'agir en son nom; il y a alors nécessité de se contenter des seules indications qu'il lui soit possible de fournir. — V. aussi, dans le même sens, Roll. de Vill. v° *Acte notarié*, n. 201 et *Stipulation pour autrui*, n. 37 ; *Dict. du not.*, v° *Acte notarié*, n. 252.

396. En présence de cette controverse, le notaire agirait sagement en constatant l'impossibilité où il serait de compléter les énonciations relatives à la personne pour laquelle un tiers se porte fort. C'est une précaution qui peut servir d'excuse, et que les tribunaux admettraient, ainsi que l'a fait la Cour de Rennes dans son arrêt du 30 juin 1845 précité.

397. On peut encore stipuler au profit d'un tiers, lorsque telle est la condition d'une stipulation que l'on fait pour soi-même ou d'une donation que l'on fait à un autre. La personne pour laquelle on stipule est bien intéressée à l'acte, mais on ne peut pas dire qu'elle soit partie ; et il ne serait pas juste qu'on soit empêché de faire une stipulation en faveur d'un parent ou d'un ami éloigné parce qu'on n'en connaîtrait pas les prénoms. — Ed. Clerc, 1598.

398. Sont encore parties dans les actes : le tuteur, lorsqu'il agit au nom de son pupille. — Cass., 29 déc. 1840 (S. 41.1.36). Deux avis du Conseil d'Etat, des 12 déc. 1831 et 17 juill. 1834 avaient décidé le contraire.

399. Le syndic d'une faillite, lorsqu'il agit au nom de la faillite et en sa qualité. — Roll. de Vill., v° *Parenté*, 74.

400. L'administrateur d'un hospice ou d'un bureau de bienfaisance, dans les actes où il comparaît en sa qualité. — Roll. de Vill., *eod.*, v°, 74.—*Contrà*, Loret, t. 1, 207.

401. Le mari qui comparaît en l'acte pour autoriser sa femme. — Ed. Clerc, n. 542.

402. Mais les personnes qui ne figurent dans un acte que comme conseil ou ami, ne peuvent être considérées comme parties. — Roll. de Vill., v° *Partie*, n. 2 ; Ed. Clerc, n. 543.

403. Un acte qui est le complément ou l'exécution d'un acte antérieur, serait-il même écrit à la suite de cet acte et sur la même feuille de papier timbré, doit énoncer les noms, prénoms, qualités et demeures des parties ; il ne suffit pas qu'il se réfère à l'acte qui le précède. — Cass., 14 juin 1843 (S. 43.1.479). La Cour de Paris avait cependant décidé le contraire par deux arrêts des 4 mars et 28 mai 1842 (S. 42.2.213).

404. Il a été jugé qu'il y avait exception pour un acte d'approbation d'une liquidation.—Trib. Fontainebleau, 23 janv. 1845; *Dict. enreg.*, v° *Acte de notaire*, n. 83, et pour un acte d'arrêté de compte. — Trib. Parthenay, 22 juill. 1843 ; *Dict. enreg.*, n. 83; contre Amiens, 10 juill. 1835, *id.*, *loc. cit.* — V. *Acte à la suite*.

405. *Témoins certificateurs.* — D'après l'art. 11 de la loi de ventôse, le nom, l'état et la demeure des parties doivent être connus des notaires ou leur être attestés dans l'acte, par deux citoyens connus d'eux, ayant les mêmes qualités que celles requises pour être témoins instrumentaires.

406. Cette disposition est empruntée à la loi du 6 oct. 1791, dont l'art. 5, tit. 1er, sect. 2, est à peu près conçu dans les mêmes termes. Les anciennes ordonnances contenaient aussi de semblables dispositions. — Ord., mars 1498, oct. 1535, édit. 1627. — V. aussi Ferrières, *Parf. Not.*, liv. 1er, chap. 12.

407. Cet article a pour objet de prévenir les suppositions de personnes et empêcher les fraudes de se produire. L'individualité de la personne qui requiert leur ministère doit être connue des notaires ; si elle ne l'est pas, ils doivent se le faire attester par des témoins spéciaux, bien connus d'eux et réunissant les mêmes qualités d'aptitudes que les témoins instrumentaires. Le nom, l'état et la demeure sont, au vœu de la loi, les éléments constitutifs de l'individualité des parties.

408. Ces citoyens, qui doivent attester l'individualité des parties inconnues au notaire, se nomment *Témoins certificateurs*. Leur rôle est tout autre que celui des témoins instrumentaires, puisqu'ils ne sont pas, comme ces derniers, nécessaires à la validité de l'acte et ne sont appelés que pour mettre à l'abri la responsabilité du notaire.

L'inobservation de cette formalité n'est point une cause de nullité ; l'art. 68 n'en parlant point, il n'y aurait même pas de contravention. — Cass., 7 juin 1825 (S. chr.).

409. Mais les notaires encourent une responsabilité envers les tiers s'ils ne se font pas attester l'individualité des personnes qu'ils ne connaissent pas et qui se présentent devant eux pour passer des actes. — Cass., 17 mars 1828, 29 déc. 1828, 11 août 1857 (S. 58.1.435) ; Riom, 11 janv. 1859 ; Denisart, v° *Notaire*, 81 ; Toullier, t. 8, n. 71 ; Duranton, t. 13, n. 38 ; Roll. de Vill., v° *Individualité*, n. 33 ; Ed. Clerc, n. 1092.

410. Il est généralement admis que le notaire n'est point tenu de connaître ou de se faire attester la position des parties contractantes, au point de vue de leur état civil et que les mots *état* et *qualités* employés par les art. 11 et 13 de la loi de ventôse se rapportent uniquement à la profession, au titre ou aux fonctions des parties. — Orléans, 24 juill. 1856 (S. 56.2.461) ; Alger, 13 avr. 1833 (S. 33.2.660) ; Loret, *Comm. de la loi du not.*, t. 1, p. 237.

411. L'art. 11 s'applique non-seulement aux actes unilatéraux, mais aussi aux actes synallagmatiques. On ne serait pas admis à prétendre que lorsque plusieurs personnes comparaissent, elles doivent réciproquement s'assurer de leur individualité. — Ed. Clerc, 1100 ; Roll. de Vill., v° *Individualité*, 13. — *Contrà*, Loret, t. 1, p. 236 ; Cass., 17 mars 1828 ; 29 déc. 1828 cités.

412. Cependant le notaire serait déchargé de la responsabilité si la partie qui a souffert le dommage a elle-même certifié l'individualité de l'autre contractant ou a dispensé le notaire de faire cette attestation. — Ed. Clerc, 1093 ; Grenier, n. 232 : Duranton, t. 9, n. 182 ; Proudhon, *Usufruit*, n. 1517 et s.

I. 26

Ou bien encore si la partie lésée connaissait la substitution de personne; mais c'est au notaire à faire cette preuve. — Cass., 4 avr. 1831 (S. 31.1.423); Bourges, 28 avr. 1832.

413. L'obligation présentée par l'art. 11 s'applique également au mandataire qui se présente avec une procuration délivrée en brevet et en blanc. — Paris, 19 août 1826; Roll. de Vill., v° *Individualité*, n. 22.

414. Et aux adjudicataires dans les ventes aux enchères. — Roll. de Vill., *eod. v°*, n. 8.

415. Mais elle ne saurait s'étendre à l'attestation des prénoms des parties, ni de leur âge et de leur capacité. — Cass., 11 août 1857 (S. 58.1.435).

416. Toutefois le notaire pourrait être déclaré responsable d'une fausse déclaration des témoins, relativement à un individu interdit ou soumis à un conseil judiciaire, s'il était domicilié dans son arrondissement.

417. Les témoins certificateurs doivent être connus du notaire. — Paris, 29 janv. 1847; Augan, n. 52; Favard, *Acte notarié*, § 2; Gagneraux, *Comment.*, art. 11.

418. A l'égard des militaires et des marins, il est d'usage de faire certifier leur identité par deux officiers du régiment ou du navire auxquels ils appartiennent. — Roll. de Vill., n. 27.

419. Pour le prisonnier, condamné ou en prévention, son identité est valablement attestée par deux gardiens de la prison.

420. Les témoins certificateurs doivent avoir les mêmes qualités que celles requises pour les témoins instrumentaires, c'est-à-dire être citoyens français, savoir signer et être domiciliés dans l'arrondissement communal où l'acte est passé.

Mais la prohibition de parenté et d'alliance ne leur serait point applicable. — Augan, p. 86; Carré, *Organ. jud.*, 412; Favard, v° *Acte notarié*, § 2, n. 7; Roll. de Vill., n. 22; Ed Clèrc, n. 1098.

421. Les témoins instrumentaires peuvent être en même temps témoins certificateurs. — Cass., 7 juin 1825; Roll. de Vill., v° *Individualité*, 23; Augan, n. 53; Gagneraux, *Encyclop.*, t. 1, p. 73, n. 4; Ed. Clerc, n. 1099. — *Contrà, Dict. Not.*, v° *Individualité*, n. 3; Loret, t. 1, p. 237; Carré, p. 411.

422. C'est dans l'acte même que l'attestation de l'individualité des parties par les témoins certificateurs doit avoir lieu; une déclaration en dehors de l'acte serait insuffisante. — Paris, 2 fév., 1838 (S. 38.2.78).

423. Les notaires doivent énoncer dans les actes les noms, prénoms, qualités et demeure des témoins certificateurs à peine de 20 francs d'amende. — LL. 25 vent. an XI, art. 13; 16 juin 1824, art. 10.

§ 5. — Mention des annexes.

424. La loi du 23 ventôse an XI dispose: Les procurations des contractants seront annexées à la minute, à peine de 100 francs d'amende contre le notaire contrevenant. — Art. 13.

L'amende a été réduite à 20 francs par la loi du 16 juin 1824, art. 10, et il n'est dû qu'une seule amende par acte. — Déc. de la régie, 7 fév. 1818.

Il ne faut pas confondre l'annexe avec le dépôt de pièces. Le dépôt se constate par un acte spécial, l'annexe par une simple mention sur les actes auxquels sont jointes les pièces.

425. L'annexe de la procuration est toujours mentionnée dans l'acte, bien qu'elle ne soit pas prescrite par la loi ; et le défaut de cette mention ne constituerait pas une contravention. — Déc. min. fin., 11 avril 1815.

426. Il ne suffirait pas de dire que la procuration a été présentée et rendue, la loi exige l'annexe de l'original si la procuration est en brevet, ou de l'expédition si elle a été donnée en minute. — Loret, t. 1, 264 ; Augan, p. 62, n. 3 ; Roll. de Vill., v° *Annexe*, n. 5 ; Ed. Clerc, 1641 ; Rennes, 2 fév. 1833 (S. 34.2. 105).

427. En prescrivant cette annexe, la loi a eu pour but de forcer le notaire à mettre les parties intéressées en position de s'éclairer sur la nature et l'étendue de la procuration. — *Même arrêt.*

428. Les procurations doivent être annexées aussi bien aux actes en brevet qu'aux actes en minute. — Ed. Clerc, 1640 ; Nancy, 9 fév. 1876.

429. L'annexe n'est pas nécessaire si la procuration est passée en minute devant le même notaire qui reçoit l'acte où agit le mandataire. — Déc. min., just. 28 mars 1807 ; Id., fin., 17 nov. 1809.

430. Il en est de même lorsque la procuration se trouve déjà annexée à un acte précédemment reçu par le même notaire. — *Mêmes décisions.*

431. Il y a lieu d'annexer encore, outre les procurations, les originaux en brevet ou les expéditions des substitutions par un mandataire en faveur d'une autre personne ; — les autorisations données par un mari à sa femme ; — les divers actes et pièces justificatives tels que les approbations de préfet, les autorisations administratives, les ordonnances de juge, délibérations de conseil de famille, etc. — V. *Annexe.*

432. Au cas d'inventaire à la suite d'une levée de scellés, les procurations et les autres pièces représentées par les parties pour justifier de leurs qualités doivent être annexées à l'intitulé de cet inventaire et non au procès-verbal du juge de paix. — Circ. not., Paris, 29 déc. 1813 ; Déc. et circ. min. just., 3 avril 1827 et 28 avril 1832.

433. Lors de l'annexe d'une pièce, le notaire rédige sur cette pièce une mention qui n'est signée que par lui et les témoins. Cette mention suffit pour les actes publics passés dans l'étendue du ressort de la chambre dont le notaire fait partie parce qu'il est censé connaître la signature des officiers publics et magistrats de son ressort. — Ed. Clerc, 165.

434. Mais, outre la mention d'annexe, la pièce doit encore être certifiée véritable par la partie qui la représente lorsqu'elle émane d'officiers publics étrangers au ressort du notaire ou si elle n'est pas authentique ; cette mention a pour but de constater l'identité de la pièce annexée et de prévenir toute substitution ultérieure. — *Même auteur.*

435. Le notaire n'encourt aucune amende pour le défaut d'annexe des pièces autres que les procurations, car la loi ne prononce cette peine qu'à l'égard des procurations. — Roll. de Vill., vº *Enregist.*, n. 434; Trib. de Chalon-sur-Saône, 31 déc. 1861 (S.62.2.451); Sol. de la régie, 17 mars 1838 ; 27 juill. 1841.

§ 5. — Mention de la présence des témoins.

436. Aux termes de l'art. 2 de la loi du 21 juin 1843, la présence réelle du notaire en second ou des deux témoins, exigée pour certains actes au moment de la lecture et de la signature, doit être mentionnée à peine de nullité ; mais il a été bien entendu, dans le cours de la discussion de la loi, qu'il n'était pas question d'imposer une formule sacramentelle, il suffit que l'acte indique en termes clairs que le notaire a satisfait aux exigences de la loi.

437. Ainsi l'absence de la mention spéciale de la présence réelle du notaire en second dans un partage d'ascendant n'entraînerait pas la nullité de ce partage s'il résultait d'une manière très-précise, des autres énonciations de l'acte, que le notaire en second a assisté à la rédaction même de l'acte, le vœu de la loi se trouvant alors rempli et même dépassé. — Toulouse, 1er avril 1868, *Rev. Not.*, n. 2386.

438. Cependant il avait été précédemment jugé, qu'énoncer que les témoins instrumentaires ont été présents à la rédaction et à la lecture de l'acte, ce n'est pas constater suffisamment leur présence à la signature ; le mot rédaction ne saurait être considéré comme comprenant la signature. — Dijon, 12 août 1847 (S. 28.2. 299).

439. La mention, dans un acte de donation, que les témoins ont signé avec le donateur et le donataire, alors surtout que l'acte porte l'énonciation générale qu'il a été fait en présence des témoins, constate suffisamment la présence réelle des témoins selon le vœu de l'art. 2 de la loi du 21 juin 1843. — Lyon, 17 déc. 1862; *Rev. Not.*, n. 659.

440. De même la disposition de la loi se trouve suffisamment observée lorsque l'acte mentionne la présence des témoins à l'acte tout entier ; il n'est pas nécessaire que la mention porte spécialement sur la présence à la lecture et à la signature. — Toulouse, 25 juill. 1863 (S.64.2.137).

441. Dans les actes notariés autres que ceux spécifiés par l'art. 2 de la loi du 21 juin 1843, la mention de la présence des témoins ou du notaire en second n'est pas une formalité substantielle inhérente à l'acte, mais une formalité simplement réglemen-

taire, et peu importe que cette mention soit placée au commencement ou à la fin de l'acte. — Cass., 18 juin 1844 (S. 44.1.489).

442. Cependant la plupart des auteurs enseignent que la mention de présence est mieux placée dans la clôture de l'acte. —
Merlin, *Rép.*, v° *Signature ;* Roll. de Vill., v¹ˢ *Acte notarié,* 198 ;
Signature, 60 ; Augan, p. 74 ; Teste, *Encycl. du Dr.*, v° *Acte notarié,* n. 28.

443. D'après la circulaire adressée le 24 nov. 1843 par la
chambre des notaires de Paris anx notaires de son ressort, cette
mention doit être ainsi formulée : *La lecture du présent acte par
M°...., notaire, et la signature par les parties ont eu lieu en présence
des deux témoins instrumentaires.*

Toutefois cette formule n'a rien de sacramentel, et toute autre
rédaction qui exprimerait les mêmes idées remplirait le vœu de la
loi. — Cass., 8 avril 1848 ; (S.-P.48.2.584).

444. Il a été jugé qu'un acte de donation portant deux dates
différentes, qui ne mentionne pas la présence des témoins aux
deux dates, ne satisfait pas aux prescriptions de la loi. — Riom,
3 janv. 1852 (S. 54.2.570).

445. Mais la Cour de cassation, interprétant plus largement
l'art. 2 de la loi du 21 juin 1843, a décidé qu'il suffisait que la
mention soit rédigée en termes tels que la présence des témoins
ou du notaire en second ne puisse être mise en doute. — Cass.,
8 nov. 1848 (S. 48.1.683) ; 28 nov. 1849 (S. 50.1.134).

446. Comme toutes les énonciations constatées par le notaire,
la mention de la présence des témoins ou du notaire en second
fait foi jusqu'à inscription de faux. — Bordeaux, 14 mars 1832
(S. chr.).

§ 6. — Mention de la lecture et de la signature.

447. *Mention de lecture.* — L'art. 13 de la loi du 25 vent. an 11
exige que l'acte contienne mention de la lecture de l'acte qui doit
être faite aux parties (V. *infrà*, n. 424), à peine de 100 fr. d'amende,
réduite à 10 fr. par l'art. 10 du 16 juin 1824.

448. Le défaut de mention de lecture n'entraîne pas la nullité
de l'acte, excepté cependant pour les testaments authentiques,
pour lesquels la mention de lecture est prescrite à peine de nullité. — C. civ., art. 972 et 1001.

449. Dans ce dernier cas et toutes les fois qu'il s'agit d'un acte
pour lequel la présence réelle des témoins ou du second notaire
est exigée par la loi du 21 juin 1843, on fait, à la fin de l'acte, une
mention spéciale qui constate que la lecture et la signature de
l'acte ont eu lieu en la présence réelle des témoins et du notaire
en second.

450. Cependant il a été jugé que la mention de la lecture de
l'acte par le notaire n'est pas exigée à peine de nullité, même
dans les actes énoncés en l'art. 2 de la loi du 21 juin 1848 et spécialement dans les actes de donation. — Trib. de Dijon, 30 juin

1857 (S.59.2.352) ; Contrà, Demoly, *Revue critique de législ. et de jur.*, t. 14, n. 434.

451. Quand on dit lecture de l'acte, on comprend nécessairement aussi celle des renvois ; mais il n'est pas nécessaire de mentionner la lecture des procurations ou autres pièces annexées à l'acte.

452. La mention de lecture doit naturellement se placer à la fin de l'acte, pourtant la loi ne prescrit rien à cet égard ; mais cette mention doit être formulée de façon à s'appliquer à toutes les parties de l'acte, même à la déclaration des contractants, de ne savoir écrire ni signer. A cet effet, on la place après celle des signatures et l'on termine par ces mots : Le tout après lecture.

453. Lorsque les parties n'entendent pas le français, la mention doit indiquer si la lecture est faite par le notaire dans la langue des parties ou par un interprète. — Ed. Clerc, n. 1624. — V. *suprà*.

454. Il faut une mention particulière lorsque l'une des parties est sourde ou muette. On dit alors que la partie étant dans l'impossibilité d'entendre la lecture de l'acte en a pris connaissance par la lecture qu'elle en a faite elle-même.

455. *Mention de signature.* — Les actes doivent être signés par les parties, les témoins et les notaires qui doivent en faire mention à la fin de l'acte. Quant aux parties qui ne peuvent ou ne savent signer, le notaire doit faire mention à la fin de l'acte de leurs déclarations à cet égard. — L. du 25 vent. an XI, art. 14.

456. Et le défaut de mention des signatures rend l'acte nul comme acte authentique. — *Même loi*, art. 68.

457. Sous l'ancienne législation, les actes notariés devaient aussi, à peine de nullité, faire mention des signatures.—Ord. 1560 et 1479, arrêt de règl. 1685 ; Cass., 16 juill. 1833 (S.33.1.561).

458. La nullité ne serait pas couverte par le fait même de toutes les signatures. — Douai, 18 mai 1841 (P. 42.1.99) : Bastia, 29 déc. 1856 (S. 57.2.333).

459. La loi étant muette sur la mention de la signature des témoins certificateurs, l'omission de cette mention n'entraînerait pas la nullité de l'acte.

460. L'obligation de la mention s'applique-t-elle à toutes les signatures, à celles des témoins et des notaires aussi bien qu'à celles des parties ?

461. Divers arrêtés ont décidé que le défaut de mention de la signature des témoins entraînait la nullité de l'acte. — Bourges, 28 juill. 1829 ; Rennes, 2 août 1841 ; Lyon, 8 janv. 1848 (S.49.2.634) ; Bastia, 29 déc. 1856 (S. 57.2.333).

462. La Cour de Besançon a même jugé que l'acte notarié qui ne contient par la mention de la signature du notaire ne valait que comme acte sous seing privé, encore qu'il portât la signature du notaire. —Besançon, 5 déc. 1809 (S. chr.).

463. Un avis du Conseil d'Etat du 16 juin 1810 porte cependant que le défaut de mention de la signature du notaire ne saurait entraîner la nullité.

464. Aujourd'hui la doctrine et la jurisprudence décident que la mention de la signature du notaire n'est pas une formalité substantielle, et que, par suite, son omission n'enlève pas à l'acte son caractère d'authenticité. — Toullier, t. 8, n. 92; Duranton, t. 9, n. 92; Troplong, *Donat. et Test.*, t. 3, n. 1582; Ed. Clerc, n. 1627; Sebire et Carteret, *Encyc. du Droit*, v° *Acte notarié*, n. 29; Laurent, t. 13, n. 380; Demol., t. 21, n. 280; — Cass., 11 mars 1812 (S. chr.); Metz, 7 août 1812 (S. chr.); Bastia, 29 déc. 1856 (S. 57.2.333).

465. Il n'y a aucune formule sacramentelle pour la mention des signatures, une expression quelconque constatant l'accomplissement de cette formalité doit être déclarée suffisante. — Grenoble, 20 janv. 1830 (S. chr.); Cass., 21 mai 1838 (S. 38.1.397); Laurent, t. 13, n. 328.

466. La mention des signatures est ordinairement conçue en ces termes : *et les parties ont signé avec les témoins et le notaire après lecture faite.*

467. La loi n'exige pas la mention du fait d'ignorance ou d'impuissance des parties, mais seulement la mention de leur déclaration, et il n'est pas nécessaire de constater l'interpellation faite par le notaire. — Ed. Clerc, n. 1629; Laurent, t. 13, n. 362; Demol., t. 21, n. 309.

468. D'après l'opinion généralement admise, la déclaration de ne savoir écrire équivaut à celle de ne savoir signer; mais la déclaration par une partie qu'elle est *illettrée* ne remplirait pas le vœu de la loi. — Cass., 23 déc. 1861 (D. 62.1.34); Toullier, t. 3, n. 438; Coin-Delisle, art. 973; Grenier, t. 2, n. 242, note 6; Vazeille, art. 973; Laurent, t. 13, n. 366. — *Contrà*, Duranton, t. 9, n. 95; Zachariæ, Aub. et Rau, t. 5, p. 518.

469. M. Demolombe trouve la déclaration de ne savoir écrire insuffisante par elle-même, et voudrait une énonciation quelconque qui en précise la signification, et fasse acquérir la certitude que le mot *écrire* a été employé comme synonyme du mot *signer*. — Demol., t. 21, n. 318.

470. En matière de testament, l'art. 973, C. civ., reproduit les dispositions de l'art. 14 de la loi de ventôse, et, de plus, il exige que le notaire fasse mention de la cause qui empêche le testateur de signer. — Agen, 20 juin 1807; Colmar, 4 mars 1827; Metz, 2 mars 1840; Laurent, t. 13, n. 371.

471. Jugé que la mention qui porte que la partie a déclaré ne savoir pas bien et ne pouvoir signer est valable, la cause étant indiquée, c'est l'ignorance de la partie puisqu'elle ne savait pas bien signer. — Cass., 4 juin 1855 (D. 55.1.386); Comp., Cass., 10 déc. 1861 (D. 62.1.38).

472. Il n'y aurait pas nullité de l'acte dans le cas d'une partie déclarant ne savoir écrire ni signer, bien qu'elle le sût; en tous cas, cette partie ne pourrait contester la validité de l'acte. — Cass., 30 messidor an xi (S. chr.).

473. Mais une pareille déclaration faite par un testateur serait une cause de nullité. On pourrait supposer, en effet, qu'il a fait cette fausse déclaration pour se soustraire à une contrainte morale et qu'il n'avait pas sa libre volonté. — Grenoble, 25 juill. 1810 ; Limoges, 26 nov. 1823.

474. Cependant il peut arriver qu'une personne peu lettrée mette son nom au bas de quelques actes, puis cesse d'écrire, et qu'au moment où elle teste, elle se considère de très-bonne foi comme ne sachant pas signer. Dans ce cas le testament doit être maintenu. On voit que c'est une question de fait, et la jurisprudence est en ce sens.—Cass., 5 mai 1831; Dall., n. 3059; Cass., 28 janv. 1840 (S. 40.1.115); Montpellier, 27 juin 1834 (Bordeaux, 22 juill. 1841; Bruxelles, 27 mars 1844, *Pasicrisie*, 1845.2.322; Gand, 14 fév. 1857; *Ibid*, 1857.2.423; trib. Bruxelles, 6 déc. 1871 : *Ibid*, 1872.3.193; Aub. et Rau, t. 5, p. 519, n. 71; Demol., *Don. et Test.*, t. 21, p. 309, n. 307; Laurent, t. 13, p. 431, n. 374.

475. Dans le cas où la loi permet de prendre des témoins ne sachant pas signer, comme pour les testaments reçus dans les campagnes, le notaire doit mentionner que ces témoins ne savent pas signer; mais l'omission de cette mention n'est pas une cause de nullité. — Grenier, t. 2, n. 242; Demol., *ibid*, n. 326; Laurent, n. 379.

476. Quoique l'art. 14 de la loi de ventôse prescrive que la mention de la signature ou du défaut de signature soit placée à la fin de l'acte, il est généralement admis que cette prescription n'est impérative qu'en ce qui touche la mention elle-même, et indicative seulement quant à la place que cette mention doit occuper, et que la nullité de l'acte prononcée par l'art. 68 ne s'applique qu'au défaut de mention. — Cass., 4 juin 1836; Metz, 22 janv. 1833; Poitiers, 14 avr. 1842; Cass., 18 juin 1844; Coin-Delisle, p. 386, n. 10 de l'art. 973 et les autorités qu'il cite; Laurent, t. 13, n. 333, *in fine*; Demol., t. 21, p. 318, n. 320.

477. Lorsqu'un étranger emploie pour signer un acte les caractères particuliers de sa langue maternelle, il est d'usage d'en faire mention.

§ 7. — Lieu, date de la réception des actes.

478. Les actes doivent énoncer le lieu, l'année et le jour où ils sont passés, sous peine de nullité et même de faux si le cas y échoit. — L. 25 vent. an xi, art. 12 et 68.

479. *Lieu.* — La mention du lieu est exigée pour faire connaître si le notaire a instrumenté dans son ressort et, par conséquent, s'il était compétent pour recevoir l'acte.

480. Le défaut d'indication dans un acte notarié du lieu où il a été passé rend cet acte nul.—Lyon, 18 janv. 1832 (S. 32.2.363); Roll. de Vill., v° *Acte notarié*, n. 266; Duranton, t. 13, n. 42; Augan, p. 58.

481. Qu'entend-on par le mot *lieu?* Les auteurs décident généralement qu'il suffit d'indiquer le nom de la ville ou de la commune, et qu'il n'est pas nécessaire d'énoncer la maison où l'acte est passé. — Merlin, *Quest.*, vº *Date*, § 2 ; Duranton, t. 13, p. 42 ; Toullier, t. 8, n. 82 ; Augan, p. 58 ; Roll. de Vill., vº *Acte notarié*, 271 ; Ed. Clerc, n. 1610 ; Laurent, t. 13, p. 331, n. 291.

482. La jurisprudence est d'accord sur ce point avec les auteurs. — Bruxelles, 10 juin 1819 ; Cass., 28 fév. 1816 ; 23 nov. 1825 ; Riom, 18 mai 1841 (S. 41.2.571).

483. Les anciennes ordonnances étaient plus exigeantes et prescrivaient aux notaires d'indiquer la maison, le lieu particulier, *locus loci*, où ils reçoivent un acte. — Ordonn. de juillet 1304 ; de Villers-Cotterets, juin 1539 ; de Blois, mai 1579.

484. Dans les grandes villes il est plus convenable de mentionner non-seulement le nom de la ville, mais le nom de la rue et le numéro de la maison où l'acte est passé ; c'est du reste ce qui a lieu en pratique. — Augan, p. 60 ; Roll. de Vill., n. 271 ; Carré, p. 401.

485. Lorsque l'acte est signé dans la maison du notaire, il suffit de mentionner le lieu en ces termes : *Fait et passé en l'étude...* — Ed. Clerc, 1611, Angers, 30 mai 1817.

486. Cette mention est suffisante même dans le cas où l'acte serait reçu par deux notaires, on entend alors l'étude du notaire en premier ; cependant il serait préférable, dans ce cas, de dire : *Fait et passé en l'étude de Mᵉ...* — Ed. Clerc, *id.*

487. Lorsqu'un acte est signé dans plusieurs communes différentes, le notaire doit les mentionner toutes, et la mention se fait habituellement ainsi : *Fait et passé à..., pour M... et à..., pour M...* — Roll. de Vill., 280.

488. Le plus souvent les notaires, lorsqu'ils ont à dresser des actes où des détenus sont parties, désignent la prison ou la maison de détention dans laquelle ils instrumentent. De cette mention résulte, pour la famille des détenus, une sorte de flétrissure d'autant plus regrettable que les actes qui la contiennent sont fréquemment annexés aux registres de l'état civil et reçoivent ainsi une publicité qui perpétue le souvenir de la pénalité encourue.

489. Pour remédier à cet état de choses, M. le garde des sceaux a adressé aux parquets, à la date du 8 avril 1876, une circulaire aux termes de laquelle les notaires devront s'abstenir, à l'avenir, de désigner dans ces sortes d'actes le lieu du contrat par les mentions expresses de prison, maison de détention, de reclusion ou maison centrale. Ils devront se contenter d'indiquer le lieu où l'acte est passé, c'est-à-dire la commune.

490. L'ordonnance de 1304 prescrivait aux notaires de ne recevoir d'actes et contrats que dans des lieux non suspects, et un arrêt du parlement de Bretagne leur fit défense de passer des actes dans les cabarets.

Aujourd'hui ce ne serait point un motif suffisant pour annuler les actes passés dans ces sortes de lieux, quoique les instructions défendent de faire des adjudications notamment chez les marchands de vins, et que le notaire qui recevrait habituellement ses actes au cabaret encourrait des peines disciplinaires.

491. Généralement la mention du lieu se place à la fin de l'acte pour les actes ordinaires et volontaires, et au commencement pour ceux appartenant à la juridiction contentieuse. — Loret, *sur l'art.* 12.

492. La loi ne prescrit aucune formule pour l'énonciation du lieu, et les juges ont le pouvoir, par conséquent, de rechercher dans les clauses d'un acte la preuve de l'accomplissement de cette formalité. — Ed. Clerc, *Comm.*, 316.

493. *Date.* — La date est une indication essentielle des actes. Elle est d'une grande utilité dans les actes sous seing privé, bien qu'elle ne fasse pas foi à l'égard des tiers (C. civ., 1328). Dans les actes notariés, la date est absolument indispensable; elle est un des éléments nécessaires pour apprécier les effets de l'acte, sa sincérité, la capacité légale des notaires des parties, des témoins ; aussi les anciennes lois et ordonnances prescrivaient-elles également la mention de la date. — Ordon. de 1304, 1579 ; Arrêt de règl. parl. de Paris, 4 sept. 1685.

494. La loi ne prescrit que la mention de l'année et du jour. Il est évident qu'elle a entendu par le mot jour le quantième du mois ; du reste, il serait assez difficile d'exprimer le jour d'une année sans se servir du quantième, à moins qu'il ne s'agisse d'une fête à époque fixe, comme Noël ou l'Assomption. — Laurent, t. 13. p. 333, n. 293.

495. La mention de l'heure n'est exigée que pour certains actes de procédure. Mais elle peut être d'une grande utilité dans les assurances, les testaments, les déclarations de command, les procès-verbaux. — Denizart, v° *Date ;* Toullier, t. 8, n. 81.

496. Il était d'usage, autrefois, d'indiquer l'heure dans les contrats de mariage, mais c'est une formalité inutile depuis la loi du 10 juill. 1850, qui exige l'énonciation du contrat de mariage dans l'acte de l'état civil.

497. Il n'y a pas de formule sacramentelle pour l'énonciation de la date, par suite l'erreur et la fausseté de la date peuvent être rectifiées au moyen des indications et renseignements contenus en l'acte même. — Rouen, 23 juill. 1825 (S. chr.).

498. Généralement les actes sont régularisés en une seule fois en présence de toutes les parties réunies. Ils ne portent alors qu'une seule date. Mais il arrive aussi fréquemment que les parties ne peuvent comparaître toutes à la fois, et, dans ce cas, l'acte porte plusieurs dates. Cette pratique est parfaitement régulière. — Merlin, *Rép.*, v° *Testament*, sect. 2, § 1, art. 6.

499. Toutefois, lorsqu'il s'agit d'actes pour lesquels la présence réelle du notaire en second ou des témoins est requise, il serait préférable de les réaliser à une seule date. En tous cas, la présence simultanée des parties, du notaire en second ou des témoins à la lecture et à la signature, est prescrite à peine de nullité pour chacune des dates données. à l'acte. — Riom, 3 janv. 1852 (S.54.2. 570).

500. Pour les autres actes aussi une seule date est préférable, les tribunaux sont peu favorables à l'habitude des doubles dates. Il leur a semblé quelquefois que la seconde date avait été ajoutée par le notaire, pour se soustraire aux amendes par lui encourues à défaut d'inscription de l'acte au répertoire ou d'enregistrement dans le délai. — Trib. de Provins, 17 juin 1858, *J. Not.*, 16393 ; de Loches, 22 avril 1853, *J. Not.*, 15042 ; Trib. de Chinon, 25 oct. 1855, *J. Not.*, 15665.

501. Afin d'éviter toute fâcheuse interprétation, les notaires peuvent ne donner à l'acte qu'une seule date, même lorsque les parties comparaissent successivement, car l'acte ne devient parfait que le jour de la dernière signature, et c'est alors seulement que courent les délais d'enregistrement, de prescription, etc. — Roll. de Vill., n. 293.

502. Jugé en ce sens que l'acte notarié qui porte une double date n'est complet qu'à la dernière. — Paris, 11 déc. 1847 (S. 48. 2.280).

503. Cependant, à l'égard du fisc, il a été décidé par de nombreux arrêts et jugements, que le délai d'enregistrement doit être compté à partir de celles des dates où le contrat, apprécié d'après les termes du droit civil, doit être considéré comme parfait. — Cass., 20 fév. 1852 (Dall., 52.1.224); Trib. de Rennes, 23 déc. 1857, Dall., v° *Oblig.*, n. 3384 ; Cass., 17 janv. 1860 (S.60.1.343); Cass., 17 nov. 1863 (S. 63.1.47).

504. La pratique de ne donner à l'acte qu'une seule date peut cependant offrir des inconvénients; par exemple, dans le cas où la partie qui a comparu en premier lieu est décédée avant la dernière date, qui est celle de l'acte, ou est devenue incapable. On pourrait alors soutenir que l'acte est nul puisque rien n'indiquerait officiellement que le consentement de cette partie n'a pas été donné en temps suspect. Cette observation est particulièrement applicable au cas de faillite, car la validité des actes dépend alors de la date à laquelle ils ont été consentis par le failli (C. com., 446 et suiv.).

505. D'autre part, la disposition de l'art. 448, C. comm., portant que les inscriptions prises après l'époque de la cessation des paiements et dans les dix jours qui précèdent, pourront être déclarées nulles, s'il s'est écoulé plus de quinze jours entre la date de l'acte constitutif de l'hypothèque ou du privilége et celle de l'inscription, démontre le danger qu'il pourrait y avoir dans ce cas à indiquer deux dates sensiblement éloignées l'une de l'autre, puisque la validité de l'inscription dépendrait du point de savoir laquelle de ces dates fait courir le délai de quinze jours.

506. Un inconvénient des actes à double date résulte de la nécessité de laisser un blanc pour indiquer le lieu et la date de la signature donnée pour chaque partie. Cependant, puisque la légitimité d'une double date est reconnue, la légitimité du blanc pour cet objet en découle nécessairement. — Paris, 6 déc. 1853, *Recueil* de M. Fessard, n. 9039.

507. Dans certains cas, il peut être dangereux de faire signer une partie avant l'autre. Par exemple, lorsqu'une femme stipule avec l'autorisation de son mari, on ne doit pas faire signer la femme d'abord et le mari un ou plusieurs jours après ; car la femme ne peut agir d'une manière efficace sans y être préalablement ou simultanément autorisée par son mari, et l'adhésion ultérieure de celui-ci ne couvrirait pas l'irrégularité, puisqu'il ne peut à lui seul priver sa femme du bénéfice d'une nullité acquise. Telle est du moins la jurisprudence dominante. — V. Cass., 12 fév. 1828 (S. 28.1.358) ; Grenoble, 26 juill. 1828 (S. 29.2.28) ; Cass., 26 juin 1839 (S.39.1.878) ; Paris, 23 fév. 1849 (S.49.1.245) ; Paris, 12 mai 1859 (S.59.2.561) ; Orléans, 6 juin 1868 (S.69.2.231) et Demol., t. 4, n. 211.

Cette opinion est appuyée d'autorités imposantes ; on doit en tenir grand compte dans la pratique. Nous pensons, toutefois, qu'elle va au delà de l'art. 217, C. civ., lequel exige seulement « *le concours du mari dans l'acte ou son consentement par écrit* ». Aussi est-elle repoussée par la majorité des auteurs. — V. Aub. et Rau, 4e édit., t. 5, § 472, et note 117, p. 165 et les renvois.

508. Il a été jugé relativement à un acte sous seing privé, portant une seule date, que les juges ne peuvent décider, d'après de simples présomptions, et pour arriver à annuler l'acte, que la signature du mari n'a été donnée que postérieurement à celle de la femme. — Cass., 6 mars 1831, Dall., *Jurispr. gén.*, v° *Mariage*. n. 858, 1°).

Cette décision peut s'appliquer aux actes notariés, car les notaires sont libres de n'indiquer que la date finale (V. *suprà*, n.501), ou d'énoncer les diverses dates sans faire connaître que telle partie a signé à la première date, telle autre à la seconde, etc. — Délib. rég., 22 mars 1823, *J. Not.*, 4315).

509. Un notaire peut, du consentement de toutes les parties, laisser pendant longtemps en blanc la date d'un contrat qu'elles ont signé (dans l'espèce, une vente) et le dater ultérieurement du jour où il signe lui-même. Du moins, il ne commet pas ainsi le crime de faux (Cass. crim., 31 mai 1839, *J. Not.*, 10471), car la signature du notaire est un élément essentiel de l'acte notarié et, par conséquent, un élément de sa date.

510. Jugé, de même, qu'un notaire peut être repris par voie disciplinaire pour avoir daté et signé un acte trois mois après sa passation, et seulement lors de la remise des deniers pour l'enregistrement, sans rappeler ni les parties ni les témoins pour clore cet acte. — Colmar, 8 mars 1825, *J. Not.*, 5421. V. cependant Cass., 2 nov. 1807 (S. chr.).

511. Au point de vue de l'enregistrement, il a été décidé que le notaire qui, ayant reçu un acte, l'a inscrit sur son répertoire à la date de la réception, ne peut prolonger le délai de l'enregistrement en déclarant à la fin de l'acte qu'il l'a signé à une date postérieure, faute par les parties d'avoir fait l'avance des droits d'enregistrement (Trib. Saint-Flour, 17 août 1847, *J. Not.*, 13202). Cette décision est fort contestable, (car l'inscription au répertoire n'entraîne pas à elle seule l'obligation de faire enregistrer un acte resté imparfait. Cet acte ne devient authentique et ne prend date comme tel que du jour où le notaire (à tort ou à raison et sous sa responsabilité) a cru devoir le régulariser, en le revêtant de sa signature et en le faisant signer par le notaire en second ou les témoins.

512. Nous préférons la décision du tribunal de Blois, suivant laquelle le délai pour l'enregistrement ne court que du jour où l'acte a été signé par le notaire, attendu que c'est à partir de ce moment qu'on peut le considérer comme authentique. — Blois, 18 déc. 1852.

513. Après avoir nettement pesé le principe, ce jugement paraît s'en éloigner dans l'application. Un transport avait été signé le 13 mai par le cédant et le cessionnaire, le 2 juin par les débiteurs cédés. Le tribunal fait partir du 13 mai le délai pour l'enregistrement, attendu que le transport était parfait à cette date et que le notaire avait dû le signer alors. Mais c'était une supposition gratuite. Dans la pratique, les notaires signent non lorsque l'un des contrats est parfait, mais lorsque toutes les dispositions de l'acte sont arrivées à leur perfection. Au reste, il serait facile de faire disparaître la difficulté, en déclarant formellement, dans l'acte, à quelle date le notaire a signé.

514. Il faut conclure, de ce qui précède, qu'un acte dans lequel comparaît une seule personne peut en principe avoir deux dates, celle où la partie signe et celle où le notaire clôture l'acte et le signe à son tour.

De la même manière, un acte où figurent deux personnes peut avoir trois dates. Cela résulte forcément du fait, admis par la jurisprudence, que l'acte non signé par le notaire et les témoins n'est pas un acte authentique. La date qui lui donne ce caractère est même la vraie date, la plus importante, celle à laquelle l'inscription au répertoire doit avoir lieu, celle qui doit former le point de départ du délai d'enregistrement spéciale aux actes notariés.

515. Telle est la théorie. Mais il ne faut pas oublier que si les notaires peuvent, en fait, retarder la signature des actes et, par conséquent, en reculer la date en tant qu'actes authentiques, leur devoir de fonctionnaires les oblige, au contraire, à signer sans retard. Partant de cette idée, sans doute, la jurisprudence ne s'est plus occupée de la signature du notaire, du moins au point de vue fiscal, et a décidé, d'une part, que le délai pour l'enregistrement de chaque contrat court à partir du jour où il est devenu parfait par le concours de toutes les parties; d'autre part, que l'acte doit être inscrit à cette date sur le répertoire. — V. Dall., *Code civil annoté*, t. 2, p. 27, n. 65; Délib. rég., 22 mars 1823.

516. Une autre délibération de la régie, du 11 nov. 1834 (*J. Not.*, 8732), autorisait les notaires à répertoriser les actes portant plusieurs dates à l'une de ces dates, à leur choix. — Cependant des difficultés s'élevèrent bientôt à ce sujet. Un jugement du tribunal de Fontainebleau du 13 août 1838 (*J. Not.*, 10153), décida que les actes à plusieurs dates doivent être répertoriés à la dernière seulement, c'est-à-dire lorsque l'acte a acquis sa perfection.

Depuis lors, la régie semble admettre de nouveau que les actes peuvent être répertoriés à la première date ou à la dernière, au choix du notaire. — Solut. 10 août 1865, 4 août 1871, 15 mai 1872, *Dict. des droits d'enreg.*, par les rédact. du *Journ. de l'Enreg.*, v° *Acte imparfait*, n. 31.

517. Ainsi il a été jugé par la Cour de cassation :

1° Que le contrat de vente est parfait dès qu'il est signé par le vendeur et l'acquéreur, et que délai pour l'enregistrement court à partir de cette date, bien que le prix ait été délégué à un tiers, qui intervient ultérieurement pour accepter la délégation. — Cass., 20 juill. 1252, *J. Not.*, 14718, 15939).

518. Il résulte de cette jurisprudenee qu'il est permis de réunir plusieurs contrats en un seul acte lorsque toutes les parties comparaissent simultanément, mais que le notaire ne saurait être répréhensible, même dans ce cas, pour avoir dressé autant d'actes qu'il est intervenu de conventions entre des contractants distincts; que les actes doivent être clos et régularisés aussitôt qu'ils sont parfaits, c'est-à-dire dès que l'une des conventions constatées a reçu l'approbation des parties qu'elle intéresse, en sorte que le notaire ne peut régulièrement réunir en un seul acte plusieurs conventions successivement arrivées à leur perfection; que les actes à plusieurs dates, tolérés pour constater exactement l'adhésion successive des contractants, présentent, en général, des inconvénients sérieux, et doivent être évités lorsqu'ils sont destinés à constater des contrats légalement indépendants entre parties distinctes. — *Revue*, n. 4116.

519. 2° Qu'un contrat de vente ayant pour objet des biens de communauté ne peut être considéré comme parfait, larsqu'il a été signé par le mari vendeur ct par l'acquéreur, si celui-ci exige, comme il est d'usage, le concours solidaire de la femme du vendeur. Ainsi, le délai pour l'enregistrement ne commence à courir qu'à partir du jour où la femme a signé. — Cass., 17 janv. 1860, *J. Not.*, 16777. V. dans le même sens Trib. Soissons, 18 juin 1856, *J. Not.*, 16027.

520. 3° Que lorsqu'un acte notarié, signé à plusieurs dates, contient des conventions distinctes et indépendantes, le délai pour l'enregistrement court, relativement à chacune de ces conventions, du jour où elle devenue parfaite et irrévocable, par la signature des parties qu'elle concerne. — Cass., 21 janv. 1861, *Revue*, n. 18.

Cette règle a été appliquée, dans l'espèce, à un acte par lequel une créance avait été cédée à plusieurs personnes, divisément, sans aucun lien d'intérêt entre elles et sans aucune stipulation subordonnant l'effet de l'acte à l'acceptation de tous les cessionnaires. Il en aurait été autrement si le notaire avait inséré dans

l'acte une clause portant que les divers transports étaient indivisibles, ou du moins qu'ils étaient subordonnés, suivant l'expression de l'arrêt, à l'acceptation de tous les cessionnaires. Mais une
telle clause n'est pas sans danger, on ne doit y avoir recours
qu'après mûre réflexion et si la situation le comporte.

521. 4° Qu'un contrat de vente est parfait du jour où il a été
signé par le vendeur et l'acquéreur, alors même que l'acte est destiné à constater la garantie d'un tiers et que ce tiers ne l'a pas
signé. — Cass., 17 nov. 1862, *Revue,* n. 471. V. aussi Trib. Pithiviers, 24 août 1854, *J. Not.*, 15453.

522. Les tribunaux ont généralement suivi cette jurisprudence
de la Cour de cassation. Il a été jugé :

5° Que l'adjudication prononcée au profit du mari, acceptant
pour lui et pour sa femme, sans indication qu'elle est subordonnée au concours de celle-ci, est parfaite et définitive à sa date,
qui est le point de départ pour le délai de l'enregistrement. L'intervention de la femme à une date postérieure ne peut prolonger
ce délai. — Trib. Montargis, 26 mars 1844, *J. Not.*, 13179.

523. 6° Qu'un bail consenti à deux époux solidairement et
signé par eux à des dates différentes, n'est parfait qu'à la dernière
date, lorsqu'il est revêtu de toutes les signatures et spécialement
de celle du notaire. — Trib. Civray, 18 juill. 1845, *J. Not.*,
12499.

524. 7° Qu'une quittance subrogative ne comporte pas deux
dates et qu'il y a lieu d'admettre que la seconde date a été ajoutée après coup et abusivement, alors surtout que l'acte figure au
répertoire à la première date (Trib. Loches, 22 avril 1853, *J. Not.*,
15042). Dans l'espèce, le notaire dut supporter une amende pour
avoir fait une addition à l'acte, et une autre pour défaut d'enregistrement dans le délai ordinaire, calculé à partir de la première
date. Nous ne savons si, en fait, la seconde date avait été ajoutée
irrégulièrement, mais nous pensons qu'une quittance peut porter
plusieurs dates, lorsque le créancier et le débiteur ne comparaissent pas en même temps. Quoique la signature du créancier soit
la plus importante, l'intervention du débiteur a aussi son utilité.
Les quittances, et surtout celles qui contiennent subrogation, renferment souvent des déclarations pour lesquelles le concours du
débiteur est indispensable.

Toutefois un jugement du tribunal de Vendôme, du 26 janv.
1856 (*J. Not.*, 15717), a décidé que lorsqu'une quittance a été signée à une première date par le créancier et à une seconde date
par le débiteur, le délai pour l'enregistrement court à partir de la
première date.

Pour obvier à cet inconvénient, nous pensons que les notaires
doivent indiquer les deux dates sans préciser si le créancier a
signé à la première date ou à la seconde. En général, cette pratique nous paraît préférable et elle n'offre rien d'irrégulier. —
V. *suprà*, n. 508.

525. 8° Qu'un transport de créance ne comporte pas non plus
une double date (même jugement). Cette décision est inadmissible,

car le transport peut être signé successivement par le cédant et par le cessionnaire. Le tribunal se fonde principalement sur ce que l'acte ayant été répertorié à la première date, la seconde avait dû être ajoutée après coup ; mais cette preuve est loin d'être décisive, puisque les notaires ont la faculté d'inscrire les actes à la première date ou à la dernière.

526. 9° Qu'un contrat de vente entre deux personne ne peut comporter trois dates, en sorte que la troisième doit être considérée comme ajoutée après coup. — Trib. Chinon, 25 oct. 1855, J. Not., 15665. — V. ce que nous avons dit à cet égard, *suprà*, n. 514.

527. 10° Que le délai pour l'enregistrement d'une procuration faite à plusieurs dates court de la première date, s'il ne résulte pas des termes de l'acte, qu'il ne doit produire son effet que par le concours de tous les mandants. — Trib. Saint-Malo, 29 nov. 1856, J. Not., 15953.

528. 11° Qu'un contrat de vente portant les dates du 13 fév. et du 31 mars suivant doit être considéré comme ayant été réellement terminé à la première date, lorsqu'il est dit que l'acquéreur est présent et accepte, que le prix sera payable dans deux ans *de ce jour* et que l'acte n'indique pas que les témoins aient comparu à deux reprises différentes. — Trib. Provins, 17 juin 1858, J. Not., 16393.

529. La Cour de cassation a reconnu que la date d'un acte notarié fait foi jusqu'à inscription de faux, d'où il suit que l'administration de l'enregistrement ne peut être admise à prouver, en dehors de cette voie, que la date a été ajoutée après coup en remplacement d'une autre date régulièrement rayée.— Cass., 23 mars 1836 (S. 36.1.470).

530. Jugé de même : 1° Que lorsqu'un acte porte plusieurs dates, l'administration de l'enregistrement ne peut, sans inscription de faux, prétendre que la dernière date a été ajoutée après coup pour prolonger le délai de l'enregistrement. — Trib. Auxerre, 17 déc. 1845, J. Not., 12572. — 2° Que l'inscription de faux est la seule voie permise pour détruire la foi due à un acte authentique, même dans ses énonciations erronées, sans qu'il soit besoin d'examiner si l'altération a été le résultat d'une intention frauduleuse. — Riom, 17 mai 1847 ; Dall., *Juris. gén.*, v° *Oblig.*, n. 3142.

531. Cependant, un acte authentique peut être déclaré faux, sans inscription de faux et sans plainte en faux principal, lorsqu'il s'agit d'un faux matériel, reconnaissable à la simple vue, tellement frappant, qu'il ne puisse être sérieusement dénié. — Cass., 14 flor. an x, 17 déc. 1835, 10 avr. 1838 ; Dall. v° *Faux incident*, n. 56.

532. Dans les inventaires, les adjudications mobilières ou immobilières ou autres actes dont la confection exige plusieurs séances, il faut indiquer à chaque séance l'heure du commencement et celle de la fin. — Déc., 10 brum. an xiv, art. 1er.

533. Et toutes les fois qu'il y a interruption dans les opérations avec renvoi à un autre jour ou à une autre heure de la même journée, il en doit être fait mention dans l'acte, et les parties doivent signer pour constater cette interruption. — Déc., 10 brum. an XIV, art. 2.

534. Dans les actes ordinaires la mention de la date se place indifféremment au commencement ou à la fin. Toutefois, comme dans la mention de lieu, la date se met en tête pour les actes de juridiction contentieuse. — Bruxelles, 10 juin 1819 (S. chr.).

CHAPITRE V.

LECTURE ET SIGNATURE DES ACTES.

Section Ire. — Lecture.

535. Lorsque la rédaction de l'acte est terminée, c'est-à-dire quand il renferme toutes les énonciations et mentions prescrites par la loi, il faut encore, pour le compléter, qu'il soit lu et signé.

L'examen des diverses questions concernant la lecture et la signature va faire l'objet du présent chapitre.

536. Une ordonnance d'octobre 1535 et un arrêt de règlement du 4 déc. 1703 prescrivaient déjà aux notaires de donner lecture des actes aux parties.

537. L'obligation de la lecture est renfermée implicitement dans l'art. 13 de la loi de ventôse, qui exige que l'acte mentionne que cette lecture a été faite. — V. *suprà*, n. 447.

538. La lecture doit être entière, c'est-à-dire comprendre les renvois et apostilles, aussi bien que les dispositions contenues dans le corps de l'acte.

539. Quand des procurations ou autres pièces sont annexées à l'acte, le notaire s'abstient le plus souvent d'en donner lecture, à moins de circonstances qui rendraient cette lecture nécessaire.

540. C'est par la lecture que les parties sont mises à même de juger si le notaire a bien compris leurs intentions et les a recueillies exactement.

541. Malgré son importance, la lecture n'est pas une formalité dont l'omission entraîne la nullité de l'acte (loi de vent. an XIII), excepté pour les testaments (C. civ., 1001). On comprend qu'une partie qui aurait signé un acte sans en avoir pris ou entendu lecture ne pourrait que s'imputer à elle-même son excès de confiance, si cet acte avait pour elle des résultats fâcheux. — Dall., vo *Oblig.*, n. 3482.

542. Une partie, dans un acte notarié, à l'état de projet, a-t-elle le droit de prendre *de visu* connaissance de cet acte, de le lire elle-même, soit avant, soit après la lecture officielle donnée par le notaire ?

L'affirmative n'est pas douteuse ; cette lecture par les parties est une garantie de plus pour tous que les signatures et le consentement ne seront donnés qu'en parfaite connaissance de cause. Les personnes atteintes de surdité n'ont quelquefois pas d'autre moyen de connaître le contenu de l'acte.

543. En pareil cas, le notaire ferait bien de constater que les intéressés ont eu connaissance de l'acte, non-seulement par la lecture qu'il leur en a été donnée, mais encore par l'examen qu'elles en ont fait personnellement. L'acte alors devrait être terminé ainsi : après lecture prise par les parties et donnée par le notaire, les comparants ont signé avec M⁰.... et les témoins.

544. Nous pensons, au résumé, que les notaires doivent toujours se prêter à la communication des projets des actes qu'ils sont appelés à recevoir, lorsque cette communication leur est demandée ; chacun, en définitive, a le droit de lire ce qu'il doit signer ou approuver. — *Revue*, n. 5382.

545. Que décider dans le cas où les parties ou l'une d'elles ne parlent pas le français, et que le notaire n'entend pas leur langue ?

La loi sur le notariat ne s'est pas expliquée à cet égard, mais il est admis généralement qu'il doit appeler un interprète, qui explique d'abord au notaire les volontés des parties et leur fait connaître ensuite comment leurs volontés ont été rendues. C'est cet interprète qui fera lui-même aux parties la lecture de l'acte qu'il aura traduit dans leur langue. — Toullier, t. 8, n. 99.

546. Cet interprète doit réunir les qualités requises par l'art. 332 du Code d'instruction criminelle, qui statue sur un cas identique en matière d'instruction ; certains auteurs demandent même qu'il ait les qualités exigées d'un témoin instrumentaire.

547. Lorsque l'acte est un de ceux qui demandent la présence réelle des témoins instrumentaires, d'après la loi de 1843, il est de toute nécessité que ces témoins entendent la langue des parties contractantes, encore bien que le notaire la connaisse ; s'il en est autrement, il faut appeler un interprète.

Section II. — Signature.

548. Pour toute espèce d'acte la signature est une formalité essentielle, elle en est le complément ; c'est le signe de la perfection et du consentement des parties ; sans elle l'acte demeure à l'état de simple projet.

549. Autrefois, dans les temps d'ignorance, on suppléait au défaut de signature par l'apposition, au bas de l'acte, soit d'une croix, d'un cachet ou d'un sceau. Aujourd'hui, la signature à la main est exigée à peine de nullité ; l'apposition d'une griffe représentant exactement la signature ne serait pas admise.

550. L'art. 14 exige la signature de toutes les parties qui comparaissent à l'acte ; et l'acte qui n'est pas signé par toutes les parties qui y figurent est nul, même à l'égard de celles qui ont signé (art. 68). — Metz, 24 fév. 1831 ; Cass., 26 juill. 1832.

551. Jugé cependant que la vente faite par le mari d'un bien propre est valable, encore bien que la femme refuse de signer, le concours de la femme n'étant qu'une garantie à laquelle l'acquéreur peut renoncer. — Colmar, 12 déc. 1821 ; Cass., 3 juin 1823 (S. chr.).

552. De même, le défaut de signature de la femme commune en biens ne serait pas une cause de nullité d'un contrat de vente, dans lequel les époux auraient acquis conjointement. — Metz, 25 mai 1816.

Le mari est, en effet, l'obligé principal : si la femme avait été poursuivie comme caution, il aurait pu faire cesser l'intérêt de cette poursuite par le paiement intégral du prix convenu. D'autre part, l'engagement subsiste par lui-même et ne dépend pas, en hypothèse pareille, de l'engagement de sa femme. Accueillir ce moyen de nullité serait favoriser la mauvaise foi, en permettant au mari de se réserver intérieurement une ouverture secrète pour se délier d'une obligation que l'autre partie a crue irrévocable. On ne peut supposer que la loi autorise une pareille fraude. — Éloi, n. 412.

553. Certains actes peuvent cependant être valables tout en n'étant pas signés, tels sont les actes qui ont un caractère judiciaire, comme les procès-verbaux de comparution, les protêts, les ventes judiciaires.

554. On s'est demandé s'il est nécessaire que les procès-verbaux d'adjudication soient signés par les adjudicataires.

Dans les adjudications, à l'enchère, de meubles et effets mobiliers en détail, la signature des adjudicataires est inutile. Ces ventes ayant lieu généralement au comptant, il n'est pas même nécessaire de mentionner les noms des adjudicataires, excepté pour les ventes judiciaires et les ventes en détail de marchandises neuves. — C. proc., 625 ; L. 25 juin 1841.

555. Pour les adjudications immobilières on décide généralement que la signature des adjudicataires est essentielle ; l'enchère ne pouvant tenir lieu de signature. — Ed. Clerc, 1667 ; Cass., 24 janv. 1814 (S. chr.).

556. Si l'un des vendeurs refuse de signer, le procès-verbal d'adjudication est nul en son entier, et à l'égard de tous les adjudicataires, sans exception.

Mais si c'est un adjudicataire qui ne signe pas, ce défaut de signature n'entraîne que la nullité de l'adjudication faite à son profit.

557. Le défaut de signature des parties n'entraîne que la nullité de l'acte et ne soumet le notaire à aucune amende. — Douai, 18 mai 1841 (S. 42.2.71).

558. L'acte notarié qui contient, dans un même contexte, plusieurs actes ayant entre eux des rapports quant à leur objet (un partage), mais qui sont dressés à des jours différents, est nul en son entier si l'une des parties n'a pas signé à chaque séance. — Rennes, 26 déc. 1810 (S. chr.).

559. Jugé qu'un contrat nul comme acte public ne vaut même pas comme acte privé, lorsque étant passé entre trois personnes, dont deux sont solidaires pour le même objet, il n'est pas revêtu de la signature de l'une des parties solidaires. — Cass., 27 mars 1812 (S. chr.).

560. Depuis la loi du 21 juin 1843, la signature des témoins peut être donnée après coup et hors la présence des parties pour les actes ordinaires, mais il est nécessaire qu'elles soient apposées au moins avant l'enregistrement.

Ce que la loi recherche, c'est la sincérité, la vérité des déclarations, et l'on a pu penser que ce but ne serait pas atteint si la signature d'un témoin n'avait été apposée qu'après un long temps.

561. Dans une espèce où la signature de l'un des témoins instrumentaires dans un acte notarié, un don manuel, avait été omise au moment de la passation de l'acte, et où, neuf ans après, postérieurement au décès des parties et du notaire qui avait reçu l'acte, ce même témoin avait signé, et ainsi rendu valable, jusqu'à inscription de faux, l'acte resté informe et nul, soit comme acte authentique, pour défaut de sa signature, soit comme acte privé, pour défaut de celles des parties, la Cour de cassation a vu le crime de faux. — Cass., 7 nov. 1812.

562. Il est donc nécessaire que l'omission de la signature d'un témoin soit réparée le plus tôt possible, afin qu'on ne suppose pas, par sa tardivité, que le témoin ne l'a apposée qu'afin de priver les parties de l'action en nullité. — Éloi, n. 417.

563. Il résulte donc des dispositions de l'art. 14 que les deux témoins instrumentaires doivent savoir signer; le défaut de signature de l'un deux aurait pour résultat d'annuler l'acte. — Paris, 1er flór. an XI (S. chr.).

564. Cependant l'art. 974, C. civ., admet une exception pour les testaments publics reçus dans les campagnes; il suffit qu'un des deux témoins signe si le testament est reçu par deux notaires, et que deux des quatre témoins signent s'il est reçu par un seul notaire. — Bourges, 29 avril 1829 (S. chr.).

565. La signature du notaire complète l'acte et lui donne sa perfection, il devient authentique. Avant l'ordonnance de 1560, les actes reçus par les notaires étaient valables encore bien qu'ils ne fussent pas revêtus de leurs signatures. — Toulouse, 10 mai 1838 (S. 39.2.303).

566. Il n'en est plus de même aujourd'hui, l'acte non signé du notaire n'a aucun caractère authentique. Quant aux effets qu'il peut produire comme acte sous seing privé, voir *infrà*, n. 710 et suiv.

567. Bien que portant qu'il a été reçu par deux notaires, l'acte serait nul s'il n'était revêtu que de la signature du notaire en premier; — et cette nullité ne serait pas couverte par la circonstance que plusieurs personnes, figurant à l'acte comme témoins purement honoraires, réuniraient les conditions nécessaires pour remplir les fonctions des témoins instrumentaires. — Bourges, 29 mars 1859 (S. 60.2.132).

568. L'acte signé par les parties, mais non revêtu de la signature du notaire et des témoins (ou du notaire en second) n'est pas un acte authentique, et n'est soumis, comme tel, ni à l'enregistrement ni à l'inscription au répertoire. — Cass., 2 nov. 1807 (S.8.1. 33), *J. Not.*, 4679 ; Cass. belge, 2 avril 1833, *J. Not.*, 8296 ; Cass., 25 mars 1834, *J. Not.*, 8339 (S. 34.1.198) ; Trib. Seine, 28 mars 1833, *J. Not.*, 8046 ; Trib. Agen, 24 juin 1876, *Revue*, n. 5273).

Ce dernier jugement décide qu'un contrat de vente d'immeubles, signé par les parties et le notaire recevant, mais non par le notaire en second, doit être considéré comme un acte sous seing privé, passible d'enregistrement dans le délai de trois mois.

569. Un acte notarié n'est pas nul parce que la signature apposée à la fin par l'une des parties est placée à gauche, presque entièrement en marge, au dessous de la mention des mots rayés nuls, si l'on reconnaît qu'elle se rapporte à l'acte entier. — Bourges, 11 déc. 1865 ; *Revue*, n. 1661.

570. Il n'est pas nécessaire que les signatures soient données aussitôt après la rédaction de l'acte ; mais les parties doivent signer d'abord, ensuite les témoins, et en dernier lieu le notaire.

571. En général les parties signent en présence du notaire, mais les signatures peuvent ne pas être données en même temps ; l'une peut signer en l'absence de l'autre, c'est ce qui fait que, dans certains cas, l'acte doit porter plusieurs dates. — Dalloz, n. 3497.

572. En conséquence, un notaire ne pourrait supprimer un acte déjà revêtu de la signature de quelques-unes des parties, sous prétexte que les autres tarderaient de comparaître ; car, outre qu'il peut résulter de cet acte des droits irrévocablement acquis, la signature retardée pourrait être donnée. — Loret, t. 1, p. 273 ; Roll. de Vill., v° *Acte notarié*, n. 331.

573. Depuis la loi du 21 juin 1843, les témoins n'ont plus besoin de voir les parties apposer leurs signatures, excepté cependant pour les actes à l'égard desquels la loi exige la présence réelle.

Tout ce qui vient d'être dit s'applique également à la signature du notaire en second.

574. Pour les actes qui exigent la présence réelle, les témoins instrumentaires ou le notaire en second doivent apposer immédiatement leurs signatures après que les parties ont signé, sans quoi l'on pourrait être exposé à des poursuites en faux, et les signatures pourraient être considérées comme faites après coup dans le but de priver les parties de l'action en nullité. — Roll. de Vill., v° *Signature*, n. 42.

475. Le notaire rédacteur ne doit signer l'acte qu'après que toutes les autres signatures ont été apposées. Devant certifier les autres, ce serait une sorte de faux moral s'il signait avant, car il attesterait des signatures qui n'existent pas encore. — Avis du C. d'Etat, 16 juin 1810 ; Loret, t. 1, p. 279 ; Roll. de Vill., v° *Acte notarié*, n. 1359 ; Ed. Clerc, 1677.

576. Il n'est pas nécessaire que le notaire signe en présence des parties ; ce serait plus régulier, mais la loi n'exige pas la simultanéité dans l'accomplissement des formalités voulues pour l'authenticité. — Ed. Clerc, 1678 ; Roll. de Vill., n. 341.

577. On comprend qu'il est préférable que le notaire ne tarde pas à signer après les parties et les témoins ; les parties pourraient voir leurs intérêts compromis par un oubli ou un retard du notaire, et ce dernier en serait responsable. — Bourges, 29 avril 1823 (S. chr.); Jousse, t. 2, p. 392.

578. Ainsi il a été jugé que tant qu'un acte de donation n'est revêtu que de la signature des parties sans celle des témoins et du notaire, le donateur est libre de se rétracter et de biffer sa signature. — Orléans, 13 juin 1838 (S. 40.2.33).

579. De même, si un testateur expire avant que les témoins et le notaire aient signé le testament, il doit être considéré comme mort *ab intestat*, et les légataires ne pourraient se prévaloir des signatures ajoutées après le décès.— Gand, 5 avril 1833 (S. chr.).

580. Il serait imprudent, pour un notaire, de ne pas signer un contrat de mariage avant la célébration ; cette omission pourrait être relevée par des parties intéressées et donner lieu aux plus graves difficultés.

581. Si le notaire vient à mourir avant d'avoir signé l'acte, il est généralement décidé par les auteurs que l'acte ne peut avoir aucun caractère d'authenticité. — Comp. Favard, *Rép.*, v° *Acte notarié*, § 2, n. 18 ; Augan, p. 78 ; Dall., v° *Oblig.*, n. 3514 ; Pigeau, t. 2, n. 336 ; Roll. de Vill., v° *Acte notarié*, n. 345 ; Ed. Clerc, n. 1679.

582. Les notaires soigneux signent aussitôt après les parties, et c'est leur devoir d'agir ainsi. La pratique adoptée dans les études importantes de signer le lendemain, ou quelques jours après, au moment où les actes sont préparés pour l'enregistrement, est loin d'être satisfaisante. Si le notaire venait à mourir dans l'intervalle, ou si un accident l'empêchait de signer, sa responsabilité pourrait se trouver sérieusement engagée.

583. L'arrêté du 30 déc. 1842 sur le notariat en Algérie porte (art. 24) : « Si un notaire décède avant d'avoir signé l'acte qu'il a « reçu, mais après la signature des parties contractantes et des « témoins, le tribunal de première instance du ressort pourra, sur « la demande des parties intéressées ou de l'une d'elles, ordonner « que cet acte sera régularisé par la signature d'un autre notaire « du même arrondissement. Dans ce cas, l'acte vaudra comme s'il « avait été signé par le notaire instrumentaire. »

Cette disposition, utile aux notaires de l'Algérie, n'est pas sans danger. Une partie ne pourrait-elle pas ainsi donner force à un acte resté imparfait par la volonté de tous les contractants, d'accord avec le notaire ?

584. Il faut des raisons graves pour autoriser le notaire à ne pas signer un acte revêtu de la signature des parties. Par exemple, suffirait-il que les droits d'enregistrement ne lui eussent pas été consignés ? La Cour de Bourges a décidé la négative, par arrêt du 29 avril 1823. — V. dans le même sens, Nîmes, 14 mai 1813.

585. Dans le cas où, s'agissant d'obligations divisibles et non solidaires, il y aurait déjà, au moyen de signatures données, convention parfaite entre les signataires, les témoins et le notaire ne pourraient se refuser à signer l'acte alors que quelques-unes des parties refuseraient ou tarderaient à le faire. — Colmar, 21 avril 1812.

586. Le notaire qui refuserait de signer un acte dans ces conditions s'exposerait à une action en dommages-intérêts de la part des parties signataires; seulement, en signant, il doit relater dans l'acte les circonstances qui ont empêché la signature par toutes les parties. — Même arrêt.

587. Le législateur n'a point dit en quoi devait consister la signature, aussi est-ce aux juges du fait qu'il appartient de décider si tels caractères constituent ou non la signature, et leur appréciation sur ce point échappe le plus souvent à la censure de la Cour de cassation. — Dall., v° *Oblig.*, n. 3547.

588. En général on signe en écrivant sur l'acte son nom de famille, ce nom qui, dans l'état actuel de notre société, est la marque la plus distincte de l'individu. — Toullier, t. 8, n. 94; Duranton, t. 13, n. 58; Augan, p. 77; Roll. de Vill., v° *Signature*, n. 100; Larombière, art. 1317, n. 22; Laurent, t. 13, n. 222; Demol., t. 21, n. 102.

589. On peut compléter la signature par l'adjonction d'un prénom ou les initiales des prénoms; mais la signature ne serait pas valable si elle ne contenait que le prénom.

590. Par exception, les souverains signent ordinairement d'un ou plusieurs de leurs prénoms, par exemple : Léopold, Victor-Emmanuel, etc., et la signature ainsi donnée est regardée comme valable même sur les actes publics.

591. Les évêques et archevêques ont conservé l'ancien usage de signer par une croix suivie de leur prénom avec l'indication de leur qualité; et un testament signé ainsi est reconnu comme valable. — Cass., 23 mars 1824; Demol., t. 21, n. 106.

592. Ces exceptions tolérées par l'usage doivent être très-limitées, pour ne pas donner lieu aux plus graves abus. Un fonctionnaire public, si haut placé qu'il soit, ne saurait s'autoriser de ces exemples pour signer seulement de son prénom en ajoutant sa qualité.

593. La signature qui ne contiendrait qu'un nom de terre sans le nom de famille ne serait pas valable, surtout depuis la loi du 28 mai 1858. — Ed. Clerc, n. 1659.

594. La signature d'un surnom ou d'un sobriquet ne serait pas non plus valable.

Cependant certaines exceptions peuvent être admises lorsqu'elles sont basées sur la notoriété publique; la doctrine et la jurisprudence sont d'accord sur ce point. — Toullier, t. 8, n. 94; Duranton, t. 13, n. 48; Bourges, 19 août 1824; Cass., 5 fév. et 10 mars

1829; Cass., 30 juin 1824; Grenoble, 7 avril 1827; *Contrà* Amiens, 2 avril 1840. Dans l'espèce de cet arrêt, le notoriété n'avait pas été prouvée d'une manière évidente. — Demol., t. 21, n. 103 *in fine. Contrà*, Laurent, t. 13, n. 222.

595. Quoique le nom patronymique suffise, il est quelquefois bon d'ajouter les prénoms, ou au moins les initiales de ces prénoms; surtout lorsque plusieurs parties portent le même nom.

596. Souvent aussi la distinction entre personnes du même nom se fait en indiquant la parenté: ainsi, un tel *aîné* ou *jeune*, ou *neveu*, ou *père* ou *fils*.

597. Parfois on joint à la signature un parafe qui empêche de contrefaire la signature, et qui sert à approuver les renvois et ratures.

598. La femme mariée peut signer de différentes manières, ou son nom de demoiselle, ou ce nom avec adjonction de celui du mari; toutes ces signatures sont valables.

599. La signature doit être entière, une abréviation dans le nom pourrait la faire considérer comme non existante; ce point, du reste, est laissé à l'appréciation des tribunaux.

600. Cependant, lorsque l'identité de signature est certaine et que la sincérité n'en est pas contestée, les incorrections qu'elle peut contenir ne seraient pas une cause de nullité, même quand elle ne serait pas lisible. — Cass., 10 mars 1829, 4 mai 1841, 19 juill. 1842, 31 déc. 1850.

601. Une signature copiée sur des lettres tracées sur un modèle est valable; elle est le fait personnel du signataire.

Mais une signature tracée par une personne dont on aurait conduit la main serait nulle.—Ed. Clerc, n. 1662; Roll. de Vill., 117; Dall., n. 3533.

602. Quand un aveugle sait signer, sa signature est valablement reçue sur un acte notarié.

La raison en est, dit M. Ed. Clerc, n. 1666, que si le notaire a le droit d'attester la déclaration d'une partie, qu'elle ne sait ou ne peut signer, à plus forte raison a-t-il celui de certifier qu'une signature a été régulièrement donnée; car cette signature est une coopération effective qui vient s'ajouter à l'attestation du notaire, dont l'autorité dans ce cas est moins exorbitante qu'en l'absence de signature.

603. D'autres auteurs décident que le notaire ne doit pas requérir la signature d'un aveugle qui figure dans un acte; c'est un moyen d'empêcher la fraude et l'abus qu'on pourrait faire de la signature d'un homme atteint de cécité; dans ce cas une déclaration motivée supplée à la signature. — Roll. de Vill., n. 31; Éloi, n. 415.

604. On s'est demandé si l'acte nul pour défaut de signatures des parties pourrait être ratifié. La doctrine et la jurisprudence se sont divisées sur cette question, et l'affirmative comme la négative sont également soutenues.

Certains auteurs ont établi une distinction qui peut se résumer ainsi : il ne peut être question de ratification ou de confirmation qu'autant que la convention est certaine, ce qui peut avoir lieu, abstraction faite de l'*instrumentum*, de l'acte ; si cette convention est méconnue, on pourra l'établir par les genres de preuves adoptées en droit civil, et la présentation de l'acte de confirmation viendra encore indirectement concourir à l'établissement de cette preuve. Dès lors, la convention étant prouvée, l'acte de confirmation produira tous ses effets. Si, au contraire, il n'y a pas eu de consentement, la convention n'a pas existé ; il a pu y avoir un projet, mais non un accord définitif, par exemple, si une partie a refusé de signer. En sorte que la convention n'existant pas, il n'y a pas lieu à ratification. — Éloi, n. 414 ; Larombière, art. 1338, n. 11 et s. ; Dall., *Oblig.*, n. 4498.

605. Les étrangers peuvent employer pour leurs signatures les caractères particuliers à la langue de leur nation, et il est d'usage de mentionner ce fait dans l'acte.

606. La signature et le parafe du notaire doivent être conformes à ceux qu'ils ont déposés au greffe, conformément à l'art. 49 de la loi de ventôse ; et ils ne pourraient faire usage d'une griffe pour tenir lieu de signature. — Ed. Clerc, n. 1680.

607. Les signatures se placent toujours à la fin de l'acte dont elles forment le complément.

CHAPITRE VI.

FORMALITÉS A REMPLIR APRÈS LA RÉCEPTION DES ACTES.

§ 1er. — Répertoire.

608. La loi a imposé aux notaires de remplir certaine formalités après la réception des actes. Ces formalités consistent dans :
L'inscription de l'acte sur le répertoire ;
La présentation à l'enregistrement et, pour certains actes, à la transcription hypothécaire ;
La délivrance des grosses, expéditions, extraits et copies ;
Enfin, la légalisation des signatures.

609. L'art. 29 de la loi de ventôse porte : Les notaires tiendront répertoire de tous les actes qu'ils recevront.

610. L'inscription sur le répertoire doit contenir : 1º la date de l'acte ; 2º sa nature ; 3º les noms et prénoms des parties et leur domicile ; 4º l'indication des biens, leur situation, et leur prix lorsqu'il s'agit d'actes ayant pour objet l'usufruit ou la jouissance de biens-fonds ; 5º et la relation de l'enregistrement. — L. 22 frim. an VII, art. 50 ; L. 25 vent. an II, art. 30.

611. L'inscription doit comprendre tous les actes et contrats sans exception, même ceux reçus en brevets, à peine de 10 francs d'amende pour chaque omission. — L. 22 frim. an VII, art. 49.

612. Les actes doivent être inscrits sur le répertoire à leur date, jour par jour, sans blanc ni interligne et par ordre de numéros. — *Id.*, art. 49.

613. Quand un acte a plusieurs dates, c'est à la dernière, c'est-à-dire lorsqu'il est réellement parfait, qu'il doit être inscrit sur le répertoire. — Délib. 26 sept. 1815 ; 22 mars 1823 ; 29 mars 1831.

614. Décidé cependant qu'un acte portant deux dates peut, sans contravention, être inscrit au répertoire à la première date, bien que la convention ne soit devenue parfaite qu'à la seconde. — Solut., 10 août 1865 (S. 66.2.163).

615. Les testaments publics sont inscrits à leur date, bien qu'ils ne soient soumis à l'enregistrement que dans les trois mois du décès. On n'énonce dans ce cas que la date et les noms et demeure du testateur, sans parler des dispositions contenues dans l'acte. — Décis. 6 vend. an XIII.

Il en est de même pour les donations entre époux.

616. Pour les testaments mystiques, l'acte de suscription est porté seule au répertoire à la date, et non point à la date du testament lui-même. — Même décision.

617. Et le notaire n'est pas tenu de faire une seconde inscription lors de l'ouverture du testament, après le décès du testateur. — Solut., 20 mai 1828.

618. Une décision du ministre des finances, du 18 août 1812 (*J. Not.*, 885), porte : « La première vacation des inventaires « doit être inscrite à sa date dans le répertoire, il est utile de rap- « peler à la suite et dans le même contexte de l'article la date suc- « cessive des autres vacations. » — Cette décision doit s'étendre aux ventes publiques de meubles. — V. conf., *J. Not.*, 1820.

619. Une décision du ministre de la justice, du 9 sept. 1812 (*J. Not.*, 1004), porte : qu'il n'y a pas lieu de dresser un acte notarié pour constater le dépôt d'un testament olographe, puisque le dépôt est établi par un procès-verbal, dont la minute reste au greffe du tribunal, et dont l'expédition est remise au notaire avec le testament déposé. — V. aussi *J. Not.*, 1951 ; trib. Seine, 11 août 1841 ; *Journ. Enreg.*, art. 12873-3°. — La même décision prescrit aux notaires d'inscrire, sur le répertoire, le dépôt ainsi fait en leur étude. Mais il est difficile d'exiger que l'inscription au répertoire ait lieu à la date de l'acte dressé au greffe, puisqu'il peut s'écouler plusieurs jours entre cette date et la remise définitive du testament au notaire, qui, jusqu'alors, peut n'en avoir pas eu connaissance et avoir inscrit dans l'intervalle d'autres actes par lui reçus.

620. Cependant une décision du ministre de la justice, 3 oct. 1867 et une solution de la régie du 10 déc. 1867 (S. 69.2.275), prescrivent aux notaires d'inscrire sur leur répertoire, le jour même de la rédaction du procès-verbal d'ouverture et de dépôt, les testaments olographes qui leur sont remis directement par le président du tribunal. — V. Gilbert, *Supp. au C. civ. ann.*, art. 1007, n. 6 et s. ; Garnier, *Rép. gén. de l'Enr.*, v° *Rép.*, n. 10862 ; Ed. Clerc., *Traité. de l'Enr.*, n. 3492-2° ; *Conf.*, trib. de Lectoure, 23 mars 1877 ; *Journ. de l'Enr.*, art. 20467.

621. Aux termes du décret du 12 août 1807, art. 5, l'adjudication des baux des hospices n'est définitive qu'après l'approbation du préfet, et le délai pour l'enregistrement est de quinze jours à partir de cette approbation. Néanmoins, une telle adjudication doit être inscrite au répertoire à sa date réelle. — Instr. rég., 29 juin 1808 ; J. Not., n. 149.

622. Les actes reçus par un notaire comme substituant un de ses confrères sont inscrits à la fois sur le répertoire du notaire substitué et sur celui du notaire substituant. — Instr. gén., 11 nov. 1819, n. 909.

623. On doit répertorier encore les copies et extraits collectionnés, délivrés par les notaires sur pièces représentées et rendues. L'inscription se fait à la date de la délivrance. — Déc. min. fin., 9 prair., et 26 messid. an XII ; Instr. gén., 1er messid. an XII, n. 232.

624. Dans les cas fort rares où les notaires font des protêts, ils doivent les inscrire au répertoire, bien que devant être portés sur un registre particulier, conformément aux dispositions de l'art. 176 du C. comm. — Instr. gén., 9 mars 1809, n. 420, § 1er.

625. Par exception, les certificats de vie et les certificats de propriété sont dispensés de la formalité du répertoire. — V. *ces mots.*

626. Les actes imparfaits, pour quelque cause que ce soit, n'ont pas besoin d'être portés au répertoire. — Sol., 7 oct. 1823.

627. Un acte notarié, du moment qu'il est complet, doit nécessairement être porté sur le répertoire ; il ne dépend pas des parties d'empêcher ni même de faire suspendre l'exécution de cette formalité. — Agen, 16 août 1854 (S. 54.2.571).

628. C'est en vertu du même principe que l'on enseigne que les actes notariés, une fois qu'ils ont reçu leur forme, ne peuvent plus être détruits par le notaire, même du consentement de toutes les parties. — Roll. de Vill., v° *Acte notarié*, n. 376.

629. Un acte notarié est réputé avoir reçu sa forme, lorsqu'il est signé des parties, des témoins et du notaire. — Ferrière, liv. 1, ch. 15.

630. Pour toutes les autres questions concernant le répertoire. — V. *Répertoire.*

631. Pour les obligations imposées aux notaires relativement à l'enregistrement et au timbre de leurs actes, ainsi qu'à la transcription hypothécaire. — V. *ces mots.*

§ 2. — Délivrance des grosses, etc.

632. Le droit de délivrer des grosses et des expéditions n'appartient qu'au notaire possesseur de la minute ; et néanmoins tout notaire peut délivrer copie d'un acte qui lui a été déposé pour minute ou qui est annexé à un acte qu'il a reçu. — L. 25 vent. an XI, art. 21 ; Roll. de Vill., n. 58.

633. Un notaire peut donc délivrer expédition des actes reçus par ses prédécesseurs, puisqu'il est en possession de ces actes comme leur successeur.

634. Quand un acte est reçu par deux notaires, l'expédition n'a besoin que d'être signée par le notaire possesseur de la minute. — Délib. Ch. des not. de Paris, 27 avril 1834.

635. Si le notaire est empêché, absent ou malade, la grosse ou l'expédition peut être signée par un notaire substituant. — Ed. Clerc, n. 1833; Trib. de Montluçon, 12 janv. 1865 (S. 65.2. 217).

636. Mais si le notaire est décédé, destitué ou suspendu, c'est un de ses confrères désigné par le président du tribunal de son ressort qui signe et délivre les grosses et expéditions.—L. 25 vent. an II, art. 61.

637. Le notaire qui, après sa destitution, délivre des expéditions, se rend par là coupable du délit de continuation illégale de fonctions, réprimé par l'art. 197, C. pén., et non pas du délit d'immixtion dans des fonctions publiques, prévu par l'art. 250 même Code. — Colmar, 25 mai 1858 (S. 59.2.386).

638. Il en est de même du notaire qui, après son remplacement volontaire ou forcé, continue l'exercice de ses fonctions, par exemple délivre et signe, fût-ce en vertu d'une convention secrète passée avec son successeur, des expéditions ou extraits d'actes par lui reçus pendant son exercice. — Orléans, 10 déc. 1850 (S. 51.2. 446).

639. Les notaires ne peuvent, sans l'ordonnance du président du tribunal, délivrer expédition des actes à d'autres qu'aux parties intéressées en nom direct, leurs héritiers ou ayants droit, à peine de dommages-intérêts, d'une amende de 20 fr. et d'être, en cas de récidive, suspendus de leurs fonctions pendant trois mois, sauf néanmoins l'exécution des lois et règlements sur l'enregistrement. — L. 25 vent. an XI, art. 23; L. 16 juin 1824, art. 10; Paris, 8 fév. 1810; Rouen, 13 mars 1826.

640. Les grosses doivent être revêtues de la formule exécutoire conformément à la loi. — V. *Acte exécutoire.*

641. En ce qui regarde la forme des grosses, expéditions, extraits, copies collationnées, secondes grosses. — V. *ces mots.*

§ 3. — Légalisation et formalités diverses.

642. Les actes notariés doivent être légalisés, savoir : ceux des notaires à la résidence des Cours d'appel, lorsqu'on s'en servira hors de leur ressort et ceux des autres notaires lorsqu'on s'en servira hors de leur département.

La légalisation sera faite par le président du tribunal de première instance de la résidence du notaire ou du lieu où sera délivré l'acte ou expédition. — L. 25 vent. an XI, art. 28.

643. La loi du 2 mai 1861 autorise les juges de paix qui ne siègent pas au chef-lieu du ressort d'un tribunal de première instance à légaliser concurremment avec le président du tribunal, les signatures des notaires qui résident dans leur canton.

644. Il est alloué pour chaque légalisation 25 centimes au greffier du tribunal de première instance et au greffier de la justice de paix. — L. 21 vent. an VII, art. 14 ; L. 2 juin 1861, art. 3.

645. Mais cette rétribution n'est pas exigée si l'acte, la copie ou l'extrait sont dispensés du timbre, comme les pièces relatives au mariage des indigents, etc. — L. 2 juin 1861, art. 3.

646. Si le président est empêché, il peut être remplacé par un autre membre du tribunal, — de même que le juge de paix empêché peut être remplacé par un de ses suppléants. — Ed. Clerc, n. 1873.

647. Pour les développements que comporte la matière. — V. *Légalisation.*

648. Les grosses, expéditions et extraits des actes notariés doivent être revêtus de l'empreinte du sceau ou cachet particulier du notaire portant ses nom, qualité et résidence, et le type de la République française. — L. 25 vent. an XI, art. 27.

649. Cette formalité de sceau doit être appliquée également aux actes en brevet ; seules les minutes n'ont pas besoin d'en être revêtues.

650. Pour la transcription des actes au bureau des hypothèques. — V. *Transcription.*

CHAPITRE VII.

Section Ire. — Effets des actes notariés.

651. L'acte notarié étant un acte authentique, produit les mêmes effets que ce dernier. Ainsi il fait foi en justice et est exécutoire dans toute l'étendue de la République sans *visa* ni *pareatis*, encore bien que l'exécution ait lieu hors du ressort dans le territoire duquel il a été passé. — L. 25 vent. an XI, art. 19 ; C. proc., art. 547.

652. La loi ne prescrit pas la reconnaissance de la signature que porte un acte authentique, parce que si les parties étaient obligées de faire reconnaître ou vérifier la signature du notaire, elles n'auraient plus aucun intérêt à s'adresser à un notaire, car l'acte sous seing privé reconnu a la même foi que l'acte authentique ; le législateur a donc voulu les dispenser des formalités gênantes et coûteuses de la reconnaissance et de la vérification. — Toullier, t. 4, p. 66, n. 56 et 57 ; Mourlon, t. 2, p. 812, n. 1523 ; Laurent, t. 19, p. 130, n. 130.

653. C'est de là que vient l'adage *provision est due au titre ;* ce qui veut dire que le juge doit respecter le titre authentique et prêter main-forte à l'exécution. — Paris, 24 août 1872 (Dall., 74. 5.401).

654. Lorsqu'il est régulier dans la forme, c'est-à-dire lorsqu'il ne contient aucune irrégularité susceptible d'en entraîner la nullité, l'acte notarié fait pleine foi de son contenu entre les parties contractantes, leurs héritiers ou ayants cause ; mais les déclarations qu'il contient ne peuvent nuire aux tiers à qui elles sont étrangères. — Cass., 21 janv. 1857 (S. 58.1.296).

655. Il fait foi de son contenu, c'est-à-dire de ce que le notaire a constaté comme l'ayant vu ou entendu *ex propriis sensibus* et, par suite de ce qu'il mentionne comme avoir fait lui-même ; mais il ne prouve pas que les faits énoncés soient vrais.

656. C'est ce principe que la Cour de cassation a posé en ces termes :

Si foi est due à l'acte authentique jusqu'à inscription de faux, ce n'est que pour les faits qui y sont énoncés par l'officier public comme s'étant passés en sa présence ; mais la sincérité ou la vérité des déclarations des parties *peut toujours* être débattue par la preuve contraire, et cette preuve peut résulter même de simples présomptions alors qu'il s'agit d'établir une fraude à la personne ou à la loi. — Cass., 22 nov. 1869 (Dall., 70.2.273).

657. L'acte fait foi jusqu'à inscription de faux, même entre les parties ; toute autre preuve est interdite ; il n'y a qu'un moyen de combattre l'acte authentique sous ce rapport, c'est de s'inscrire en faux, procédure difficile, longue et dangereuse. C'est une restriction au droit commun, mais cette dérogation ne s'étend qu'à l'écrit dressé par le notaire et destiné à prouver la convention qui est constatée, elle ne concerne pas cette convention elle-même. — Laurent, p. 152, n. 147 et 148 ; Aub. et Rau. t. 7, p. 368, notes 40 et 41, § 755.

658. C'est à ce sujet que Toullier dit : « On ne saurait trop répéter qu'il ne faut jamais confondre le contrat ou la convention avec l'acte qui est destiné à lui servir de preuve ». — Toullier, t. 4, p. 72, n. 65.

659. Ainsi lorsqu'une quittance porte que le vendeur reconnaît avoir reçu au vu du notaire une somme pour solde et entier paiement du prix de la vente, les juges ne peuvent, sans méconnaître la foi due aux actes authentiques, décider, d'après les circonstances de la cause et les explications des parties que la somme portée au contrat n'a pas été versée réellement. — Cass., 4 déc. 1876 *Rev. Not.*, n. 5340 ; Aub. et Rau, t. 6, p. 368 ; Laurent, t. 19, n. 147.

660. Mais la foi due aux actes authentiques n'empêche pas, ainsi que nous venons de le dire, de contester par les moyens de preuve ordinaire la sincérité ou la vérité des déclarations qui y sont contenues et qui émanent des parties. — Cass., 13 juill. 1874 (S. 74.1.469) ; 14 juill. 1874 (S. 75.1.11).

661. Jugé en ce sens que les notaires n'impriment l'authenticité qu'aux seules énonciations de leurs actes qui sont relatives à la substance même de ces actes et à l'accomplissement des solennités qu'ils exigent. Le caractère de l'authenticité ne s'étend pas à la déclaration de la sanité d'esprit du disposant faite par le notaire dans un acte de donation entre-vifs ou dans un testament.

En conséquence, il n'est pas nécessaire de recourir à l'inscription de faux pour attaquer cette déclaration, elle peut être combattue par la simple preuve testimoniale. — Trib. civ. de Lyon, 31 juill. 1870 et 15 mars 1871, *Rev. Not.*, n. 3014.

662. Cependant il a été décidé que les énonciations relatives aux qualités prises par les contractants ne pouvaient être détruites que par l'inscription de faux. — Amiens, 28 avril 1869 (S.70.1.154).

663. Nous n'en dirons pas davantage sur l'effet des actes notariés et la foi qui leur est due ; nous avons traité ce sujet avec l'étendue qu'il comporte au mot Acte authentique. — V. *Acte authentique*.

SECTION II. — EFFETS DES ACTES SOUS SEING PRIVÉ DÉPOSÉS CHEZ UN NOTAIRE.

664. Quand les parties, après avoir rédigé leurs conventions par acte sous seing privé, déposent cet acte entre les mains d'un notaire, quel est l'effet de ce dépôt?

665. Il a été jugé que le seul effet du dépôt est de donner à l'acte sous seing privé une date certaine et d'assurer sa conservation. — Metz, 24 mars 1819 ; Dall., v° *Oblig.*, n. 3228.

666. Et quelques auteurs partagent cette opinion. — Favard, *Rép.*, v° *Acte notarié*, § 1er ; Delvincourt, t. 3, p. 310 ; Loiseau, *Des enfants naturels*, p. 472.

667. Mais l'opinion contraire est plus généralement suivie, et on pose en principe que l'acte sous seing privé revêt d'une manière absolue le caractère d'acte authentique, lorsqu'il est déposé dans l'étude d'un notaire, par toutes les parties qui l'ont signé et que le dépôt en est régulièrement constaté.— Grenier, *Hypoth.*, n. 67 ; Persil, *sur l'art.* 2127 ; Toullier, t. 8, n. 200 ; Troplong, *sur l'art.* 2127 ; Roll. de Vill., v° *Acte auth.*, n. 42 ; Dall., v° *Oblig.*, n. 3229 ; Aub. et Rau, t. 6, p. 360, § 755, note 8 ; Caen, 22 juin 1824 ; Cass., 7 nov. 1843 (S. 43.1.872).

668. Cependant certains auteurs enseignent que l'acte déposé ne devient authentique, qu'autant que l'acte de dépôt contient reconnaissance d'écriture et de signature. — Pothier, *Introd. à la coutume d'Orléans*, tit. 20, n. 13 ; Laurent, t. 19, p. 110, n. 114.

669. M. Larombière, de son côté, dit que le dépôt seul suffit, parce que ce dépôt, fait par les parties, vaut reconnaissance d'écriture et de signature. — Larombière, t. 4, p. 229, n. 40.

670. Pour la forme de l'acte de dépôt, les effets que produisent cet acte de dépôt et l'acte déposé. — V. les mots *Dépôt de pièces; Rapport pour minute*.

SECTION III. — EXÉCUTION DES ACTES NOTARIÉS.

671. L'exécution des actes notariés est volontaire ou forcée ; l'exécution volontaire n'ayant d'autre règle que le bon vouloir des parties, nous ne parlerons que de l'exécution forcée, celle par laquelle on contraint une partie à remplir ses engagements.

672. Les actes notariés, lorsqu'ils ne sont pas entachés de

vice de forme et sont réguliers, ont par eux-mêmes une force exécutoire, qui les assimile sous ce rapport à de véritables jugements.

673. Mais cette force exécutoire n'appartient qu'aux expéditions qui sont délivrées sous le nom de *grosses*, c'est-à-dire qui
sont revêtues de la formule exécutoire, portant le même intitulé
que les lois et terminées par un mandement aux officiers de justice.
— C. proc., art. 545.

674. Elle ne saurait appartenir à la minute de l'acte, ni aux
brevets, ni même aux expéditions pures et simples. — Ed. Clerc,
Traité gén., n. 1784.

675. Les officiers ministériels et les dépositaires de la force
publique ne peuvent se refuser à prêter leur ministère, chacun
dans la mesure de ses fonctions, à l'exécution d'un acte notarié,
revêtu de la formule exécutoire. — Ed. Clerc, n. 1785.

676. L'exécution des actes notariés ne peut être suspendue
que par une inscription de faux. — C. civ., art. 1319 ; L. 25 vent.
an XI, art. 19.

677. Jugé spécialement que l'exécution d'un titre authentique
et paré n'est point suspendue par une simple opposition aux poursuites. — Poitiers, 29 juill. 1851 (S. 51.2.567) ; Bourges, 23 avr.
1825.

678. Pour les développements que comporte l'exécution des
actes.—V. les mots ; *Acte exécutoire, Exécution des actes et jugements.*

CHAPITRE VIII.

Section Ire. — Des cas de nullités.

679. L'art. 68 de la loi du 25 vent. an XI porte : Tout acte fait
en contravention aux dispositions contenues aux art. 6, 8, 9, 10,
14, 20, 52, 64, 65, 66 et 67 est nul, s'il n'est revêtu de la signature de toutes les parties.

680. On distingue trois sortes de nullités, qui peuvent frapper
les actes notariés : elles sont relatives, à l'incompétence du notaire, à son incapacité et aux vices de formes.

681. Rappelons donc ces différents cas de nullité. Ainsi sont
nuls :
Les actes reçus par le notaire en dehors de son ressort. —
Art. 6.
La loi ne parle pas de la compétence à raison de la nature de
l'acte. Il va de soi que les notaires ne peuvent recevoir des actes
qui sont de la compétence exclusive d'autres officiers ministériels.
—Laurent, t. 19, p. 108, n. 112 ; Colmet de Santerre, t. 5, p. 529,
n. 279 *bis* ; Metz, 29 mai 1818 (S. chr.).

682. Les actes dans lesquels seraient parties, les parents ou
alliés du notaire, en ligne directe à tous les degrés, et en collatérale jusqu'au degré d'oncle et de neveu inclusivement, ou les actes
qui contiendraient quelque disposition en leur faveur. — Art. 8,
L. de ventôse.

683. Les actes qui ne seraient pas reçus par deux témoins, ou par un notaire et deux témoins, ou si ces témoins n'étaient pas citoyens français, ne savaient signer ou n'étaient pas domiciliés dans l'arrondissement communal où l'acte est passé. — Art. 9, même loi.

684. Les actes reçus par deux notaires, parents ou alliés, au degré prohibé par l'art. 8 ; ceux où figurent comme témoins les parents ou alliés des notaires ou des parties au même degré prohibé, leurs clercs et leurs serviteurs. — Art. 10, même loi.

685. Les actes non signés par toutes les parties, les témoins et les notaires et ceux ne portant pas la mention de signature, ou la déclaration de ne savoir signer. — Art. 14, même loi.

686. Les actes dont le notaire n'a point gardé minute, à l'exception des actes que la loi nomme simples. — Art. 20, même loi.

687. Les actes reçus par un notaire suspendu, destitué ou remplacé, après la notification de sa suspension ou destitution. — Art. 52, même loi.

688. Les art. 64, 65, 66 et 67 de la loi de ventôse, ne contenant que des dispositions transitoires qui n'ont plus aujourd'hui d'importance, nous les passerons sous silence.

689. Il faut ajouter à l'énumération de l'art. 68 l'art. 12 qui exige, à peine de nullité, l'énonciation des noms des témoins, de leur demeure ou de la date de l'acte.

690. Citons encore la nullité prononcée par l'art. 2 de la loi du 21 juin 1843, pour défaut de mention de la présence réelle des témoins dans certains actes.

691. Ces nullités n'ont pas lieu de plein droit, elles doivent être prononcées par un jugement.

692. La prescription de l'action en nullité est de dix ans. — C. civ., art. 1304 ; Pau, 4 févr. 1830.

SECTION II. — EFFETS DES ACTES NULS COMME AUTHENTIQUES.

693. Les actes nuls comme authentiques peuvent valoir comme actes sous seing privé.

L'art. 68 de la loi de ventôse et l'art. 1318 du Code civil nous indiquent à quelles conditions.

Lorsque l'acte sera revêtu des signatures de toutes les parties contractantes, il ne vaudra que comme écrit sous signatures privées, dit l'art. 68.

L'acte qui n'est point authentique par l'incompétence ou l'incapacité de l'officier ou par défaut de forme vaut comme écriture privée, s'il a été signé des parties, ajoute l'art. 1318.

694. Cette disposition de la loi se comprend, car ce que les parties ont voulu avant tout, en passant un acte, c'est une preuve littérale de leurs conventions ; et si elles avaient prévu que l'acte fût nul comme authentique, elles auraient certainement déclaré que leur intention est qu'il vaille comme écriture privée ; les deux articles susvisés répondent donc à l'intention tacite des parties contractantes. — Laurent, t. 19, p. 112, n. 116 ; Demol., t. 6, p. 222, n. 243.

695. Dans ce cas, l'acte vaut-il comme écriture privée s'il réunit et pourvu qu'il réunisse les conditions qui sont nécessaires en général pour la validité des actes sous seing privé ? Ou, au contraire, vaut-il comme écriture privée, tel qu'il est, en l'état où il se trouve ? Evidemment, cette dernière interprétation est la vraie ; l'acte dans ce cas, dit M. Demolombe, *vaut comme une écriture valable*, t. 6, p. 223, n. 245.

696. Mais la signature de toutes les parties contractantes est indispensable, il ne suffirait donc pas que le notaire eût attesté, conformément à l'art. 14 de la loi de ventôse, que les parties ou l'une d'elles eût déclaré ne savoir ou ne pouvoir signer. — Demol., p. 235, n. 264 ; Laurent, t. 19, p. 119, n. 120.

697. Les dispositions des art. 68 de la loi de ventôse et 1318, C. civ., s'appliquent aux trois sortes de nullité dont peut être frappé un acte notarié, et qui sont relatives à l'incompétence de l'officier ministériel, à son incapacité et à un vice de forme. Nous allons examiner les effets de ces trois sortes de nullité.

698. *Incompétence.* — Le notaire a reçu l'acte en dehors de son ressort ; cette incompétence territoriale n'empêchera pas que l'acte puisse valoir comme écriture privée s'il est signé de toutes les parties. — Demol., t. 6, n. 255 et 256 ; Laurent, t. 19, p. 123, n. 123.

699. Le notaire a reçu un acte dans lequel ses parents ou alliés au degré prohibé étaient parties, ou qui contenait quelques dispositions en leur faveur ; cette incompétence personnelle ne fait pas non plus obstacle à l'application de l'art. 1318. — Cass., 26 janv. 1870 (S. 70.1.169) ; Demol., n. 237 ; Laurent, n. 124.

700. Mais si c'est le notaire lui-même qui est partie intéressée dans l'acte qu'il a reçu ? L'art. 1318 n'est évidemment plus applicable, car dans ce cas l'acte n'est pas signé de toutes les parties, la signature de l'officier public ne pouvant pas être la signature de l'une des parties, c'est une incompatibilité radicale ; le notaire ne peut comparaître devant lui-même. — Demol., 238 ; Laurent, 125 ; Aub. et Rau, t. 4, p. 375 ; Orléans, 31 mai 1845 et 5 mai 1849 ; Cass., 15 juin 1853 (S. 53.1.529 et 655) ; Cass., 29 juill. 1863 (*Revue*, n. 616).

Il y a des arrêts en sens contraire (V. Dall., n. 4791).

La Cour de Douai, qui s'était prononcée en ce sens, 10 fév. 1851 (Dall., 1852.2.61), s'est rangée à l'avis de la Cour de cassation, 11 janv. 1862 (Dall., 1862.5.218).

701. Enfin, si l'acte a été reçu par un officier public qui était incompétent à raison de la nature de la convention, l'acte n'aurait aucune valeur ; par exemple, un acte de vente reçu par un huissier ou un maire.

L'art. 1318, malgré l'apparente généralité de ses termes, n'a en vue que l'incompétence territoriale ou personnelle, laquelle est seulement relative, et non pas l'incompétence réelle, laquelle est au contraire absolue; la preuve en résulte de la combinaison de l'art. 68 de la loi de ventôse, auquel l'art. 1318 a été emprunté, avec les art. 6 et 8 de cette même loi. — Metz, 29 mai 1848; Demol., n. 259; Laurent, n. 123, et tous les auteurs.

702. *Incapacité.* — Le notaire est incapable lorsqu'il est suspendu ou destitué, et il ne peut plus instrumenter à partir du moment où sa suspension ou sa destitution lui a été notifiée.

Mais s'il reçoit des actes après cette époque au mépris de la loi, l'art. 1318 sera-t-il applicable?

La doctrine enseigne l'affirmative; mais cette solution implique la bonne foi des parties, celles-ci devraient ignorer la destitution ou la suspension du notaire. — Duranton, t. 13, p. 63, n. 76; Mourlon, t. 2, p. 810, n. 1538; Demol., n. 260; Laurent, n. 126.

Marcadé va plus loin, il conclut à la validité de l'acte comme écriture privée quand même les parties connaissaient la mesure prise contre le notaire. — Marcadé, t. 5, p. 21, n. 5 de l'art. 1318.

703. *Vice de forme.* — C'est l'application la plus usuelle que reçoit l'art. 1318.

L'acte annulé pour vice de forme, même contenant des conventions synallagmatiques, vaut comme acte sous seing privé. La forme prescrite par les art. 1325 et 1326 pour les écritures privées ne peut lui être opposée. — V. *suprà*, 693 et suiv. — Cass., 23 juill. 1861 (S. 62.2.59).

704. En effet, l'art. 1325 a été établi pour que chacune des parties contractantes, dans une convention bilatérale sous seing privé, ait le moyen de prouver l'existence de la convention, et que l'égalité de position judiciaire soit maintenue entre l'une et l'autre, égalité qui serait détruite si l'une d'elles seulement avait un titre et point l'autre; or l'acte dont nous parlons, se trouvant dans les minutes de l'officier public, sera toujours également à la disposition des deux parties.

705. Il en est de même pour l'art. 1326; la formalité du bon ou approuvé a été établie pour éviter les abus de blanc seing; or ces abus sont pour ainsi dire impossibles dans un acte reçu par un officier public avec l'observation de certaines formalités; cette interprétation, du reste, a été adoptée par le Conseil d'État lors de la discussion de l'art. 1318. — Comp. Locré, *Législ. civ.*, t. 12, p. 245.

706. La doctrine et la jurisprudence l'ont admis également. — Bruxelles, 17 juin 1812 (S. chr.); Paris, 13 avril 1813 (S. chr.); Cass., 8 mai 1827 (S. chr.); Duranton, t. 13, n. 71; Aub. et Rau, t. 6, p. 374, notes 56 et 57, § 755; Colmet de Santerre, t. 5, n. 280 *bis*; Bonnier, n. 377; Larombière, t. 4, sur l'art. 1318, n. 3; Demol., n. 246; Laurent, n. 117.

Seuls MM. Delvincourt et Zachariæ ont émis un avis contraire

— Zachariæ, § 741, texte et note 3 ; Delvincourt, t. 2, p. 178, notes .6 et 7.

707. Mais lorsque la loi exige la forme authentique comme une condition essentielle de la validité de la convention, l'art. 1318 est inapplicable.

Tels sont les cas de donation entre-vifs, contrat de mariage, constitution d'hypothèque ; ces sortes de conventions dites solennelles ne pouvant être valables que par acte authentique, et l'acte dont il s'agit dans l'art. 1318 ne valant que comme écriture privée, il s'ensuit qu'en pareil cas il ne peut être d'aucune valeur. — Pau, 11 mars 1811 (S. chr.) ; Colmar, 16 mars 1813 (S. chr.) ; Caen, 9 mai 1844 (S. 45.2.76) ; Duranton, t. 13, n. 69 ; Bonnier, 489 ; Larombière, t. 5, sur l'art. 1318, n. 6 ; Demol., 249 ; Laurent, n. 127.

708. Cependant, si l'acte contenait des conventions distinctes et indépendantes de celles pour lesquelles l'authenticité est exigée, l'acte, suivant des auteurs, pourrait valoir comme sous seing privé, relativement à ces conventions. — Larombière, art. 1318, n. 6 ; Dall., v° *Oblig.*, n. 3784.

709. De même encore un acte portant constitution d'hypothèque contient reconnaissance de la dette garantie par l'hypothèque ; la nullité de l'acte ôte tout effet à cette hypothèque, mais la reconnaissance subsiste en tant qu'écriture privée.

710. Un acte est reçu par le clerc d'un notaire en l'absence de celui-ci ; vaut-il comme acte sous seing privé s'il est signé de toutes les parties ?

Deux cas peuvent se présenter :

L'acte, quoique déposé dans les minutes, n'a pas été signé par le notaire ;

Ou l'acte a été signé après coup par le notaire qui l'a déposé dans ses minutes.

711. Dans le premier cas, l'opinion générale est que l'acte est radicalement nul, ou plutôt qu'il n'existe pas comme authentique, c'est le néant ; or le néant ne peut se transformer en acte valable. — Marcadé, t. 5, p. 22, n. 5 de l'art. 1318 ; Bonnier, n. 492 ; Veaugeois, n. 1 ; Demol., n. 253 ; Laurent, n. 118 ; Paris, 14 août 1815 et 17 déc. 1829 ; Riom, 12 juin 1835 (S. 56.2.273).

Certains auteurs cependant sont d'un avis contraire. — Roll. de Vill., *Rép.*, v° *Acte notarié*, n. 438 ; Larombière, t. 4, *sur l'art.* 1318, n. 2 et 3.

712. Mais, dans le second cas, la question est très-controversée ; toutefois la solution qui reconnaît à cet acte le caractère d'une écriture privée semble prévaloir dans la jurisprudence et dans la doctrine. — Paris, 17 déc. 1829 ; Cass., 16 avril 1845 (S. 45.1.654) ; Caen, 23 juill. 1861 (S. 62.2.59) ; Cass., 27 janv. 1869 ; *Rev. Not.*, n. 2349 ; Roll. de Vill., v° *Acte notarié*, n. 441 ; Aub. et Rau, t. 6, p. 175, n. 591, § 755 ; Larombière, t. 4, *sur l'art.* 1318, n. 4 ; Veaugeois, *sur l'art.* 1318 ; *Rev. Not.* 1868, n. 2073, 2254 ; Jozon, *ibid.*, 1869, n. 2346.

713. Deux éminents jurisconsultes sont cependant d'accord pour refuser à un pareil acte toute validité comme acte privé. — Demol., n. 254; Laurent, n. 118; Nancy, 5 déc. 1867; *Revue*, 2075. C'est cet arrêt qui a été cassé par la Cour suprême le 27 janv. 1869. — V. *suprà*, n. 712.

714. L'acte n'a pas été signé par les témoins; de la comparaison des art. 14 et 68 de la loi de ventôse, il est évident que l'acte vaut comme sous seing privé.

715. Les auteurs enseignent qu'un acte en brevet nul pour vice de forme vaut toujours comme écrit sous seing privé, quand bien même la loi prescrirait de le recevoir en minute. — Marcadé, *sur l'art.* 1318, n. 2; Larombière, *id.*, n. 2; Vaugeois, *id.*, n. 11.

M. Demolombe, tout en ne paraissant pas constater le principe, a soin de faire remarquer combien cette solution a de gravité dans le cas où l'acte qui a été reçu en brevet contient une convention synallagmatique. — Demol., n. 263.

716. Par l'expression toutes les parties contractantes, il ne faut entendre que les parties qui contractent une obligation.

Si donc il s'agit d'un acte qui constate une convention unilatérale, un prêt, par exemple, et que l'acte soit nul comme authentique, il suffit de la signature de l'emprunteur pour ne pas mettre obstacle à l'application de l'art. 1318. — Demol., n. 265; Laurent, n. 119.

717. Lorsqu'il s'agit d'obligation solidaire, si l'acte qui la contient devient nul pour vice de forme, il faut pour qu'il vaille, comme acte sous seing privé, que toutes les parties solidaires l'aient signé. — Demol., n. 266; Cass., 27 mars 1812 (S. chr.).

718. De même, il a été jugé que lorsqu'un acte notarié portant vente par un mari d'un bien à lui propre et dans lequel la femme du vendeur est indiquée comme partie, se trouve nul comme acte authentique, il vaut comme acte sous signature privée s'il est revêtu des signatures du vendeur et de l'acquéreur, bien qu'il ne soit pas signé par la femme. — Cass., 3 juin 1824; Colmar, 12 déc. 1861; Cass., 26 janv. 1870, *Revue*, n. 2641.

719. L'acte nul pour défaut de date vaut comme écriture privée quand il est signé des parties, la loi n'exigeant pas que les actes sous seing privé soient datés. Il en devrait être de même si la date était erronée. — La Haye, 7 juill. 1849; Orléans, 18 déc. 1857; Laurent, n. 127.

720. S'il est reconnu que la volonté des parties a été de subordonner la validité de leur convention à la condition qu'elle serait constatée par un acte authentique, et que cet acte soit déclaré nul comme authentique, il ne pourra valoir comme acte sous seing privé, et la convention sera nulle. — Demol., n. 267.

721. Mais s'il est démontré que les parties n'aient pas entendu subordonner la validité de leur convention à la condition que l'acte soit valable comme acte authentique ou même sous seing privé, la convention n'est pas annulée; mais, dans ce cas, il faut que la preuve en soit fournie par l'aveu, par exemple, ou par le serment. — Larombière, t. 4, art. 1318, n. 13, 14; Demol., n. 267; Laurent, n. 129.

722. Les parties qui n'ont pas signé peuvent offrir de le faire ou d'exécuter la convention pour éviter la nullité, et cela tant que les parties signataires n'ont pas manifesté l'intention de rétracter leur consentement. — Toullier, t. 8, n. 139; Roll. de Vill., n. 280.

723. Les actes notariés devenus simples actes sous signature privée, n'ont de date certaine à l'égard des tiers que dans les conditions exigées par l'art. 1328.

724. Un acte nul pour défaut de signature de l'une des parties ne peut servir de commencement de preuve par écrit contre l'autre partie à l'égard de laquelle l'acte contient seulement la déclaration de ne savoir signer. — Liége, 12 juillet 1812 (S. chr.); Duranton, t. 13, n. 352; Roll. de Vill., vº *Acte notarié*, n. 286; *Contrà* Merlin, *Rép.*, vº *Commencement de preuve*; Toullier, t. 9, n. 87 et suiv.

725. Mais l'acte qui serait nul seulement pour vice de forme, s'il n'est pas valable comme acte sous seing privé, vaut au moins commencement de preuve par écrit. — Solon, *Des nullités*, t. 2, n. 18.

726. La ratification, la confirmation et l'exécution d'un acte notarié, nul pour vice de forme, qu'il soit ou non susceptible de valoir comme acte sous seing privé, a parfois pour effet de le faire revivre comme acte authentique.

727. Dans tous les cas où la nullité est prononcée en vertu de l'art. 68 de la loi de ventôse, le notaire est responsable de cette nullité et peut être condamné à des dommages-intérêts.

CHAPITRE IX.

TIMBRE ET ENREGISTREMENT.

TABLE ALPHABÉTIQUE.

§ 1er. — Timbre.

728. *Dispositions générales.* — L'art. 12, n. 1, de la loi du 13 brum. an VII assujettit au timbre de dimension les actes des notaires et les extraits, copies et expéditions qu'ils en délivrent.

. D'après l'art. 18 de la même loi, les officiers publics ne peuvent faire usage que du papier timbré débité par la régie ; les notaires peuvent seulement faire timbrer à l'extraordinaire du parchemin lorsqu'ils sont dans le cas d'en employer.

L'empreinte du timbre ne peut être couverte d'écriture. — Même loi, art. 21.

Le papier timbré qui a été employé à un acte quelconque ne peut plus servir pour un autre acte, lors même, que le premier n'aurait pas été achevé —Même loi, art. 22.

On trouvera l'application de ces dispositions et des pénalités qui en font la sanction sous les différents mots de cet ouvrage. — V. notamment : *Acte écrit à la suite d'un autre, Acte imparfait, Assistance judiciaire, Certificats, Effets négociables, Expéditions, Expropriation pour cause d'utilité publique, Timbre.*

§ 2. — Enregistrement.

729. *Régles générales.* — L'art. 7 de la loi organique du 22 frim. an VII assujettit à la formalité de l'enregistrement les actes civils sur les minutes, brevets et originaux.

La même loi, dans les dispositions qui suivent, a imparti aux notaires un délai et déterminé les bureaux dans lesquels ils doivent faire enregistrer leurs actes. Elle les a soumis à l'obligation directe du paiement des droits et a assuré l'exécution de ses prescriptions par des pénalités.

Les expéditions des actes notariés ont été expressément exemptées du droit d'enregistrement par l'art. 8 de la même loi.

I. — DÉLAIS POUR L'ENREGISTREMENT.

730. *Législation générale.* — « Les délais pour faire enregistrer les actes publics sont de dix jours pour les actes des notaires qui résident dans la commune où le bureau d'enregistrement est établi; de quinze jours pour ceux des notaires qui n'y résident pas. » — Loi du 22 frim. an VII, art. 20.

Dans le délai fixé par cet article, le jour de la date de l'acte n'est pas compté. Si le dernier jour du délai se trouve être un dimanche ou un jour férié, il n'est également pas compté.—Même loi, art. 23.

731. *Notaire suppléé.* — Lorsqu'un notaire substitue un de ses confrères, le délai d'enregistrement est fixé suivant la résidence du notaire suppléé. — Sol. rég. 22 avril 1847 ; Garn., *Rép. gén.*, 991. — V. n. 740, *infrà.*

732. *Délégation judiciaire.* — Les actes auxquels procèdent les notaires par suite de délégations judiciaires doivent être enregistrés dans les délais fixés pour les actes notariés.—Déc. min. fin., 2 juin 1807 ; *Inst. rég.* 366, n. 11 ; *Dict. Réd.,* 154.

Ainsi le notaire commis par justice pour procéder à une adjudication est tenu de faire enregistrer le procès-verbal dans le délai de 10 ou 15 jours, lors même que l'adjudicataire n'a pas consigné les droits entre ses mains. Le notaire ne jouit pas de la faculté accordée aux greffiers de remettre au receveur de l'enregistrement un extrait de l'acte pour suivre le recouvrement des droits contre les parties.—Déc. rég., 24 sept. 1839 ; *Journ. Enr.*,

12496; le Havre, 17 fév. 1848, *Journ. Enr.*, 14435; Limoges, 24 août 1874, *Journ. Enr.* 19539.

733. *Actes en plusieurs vacations.* — Le délai de l'enregistrement des actes qui ne peuvent être consommés qu'en plusieurs séances court à partir de la date de chaque vacation et non de celle de la dernière vacation. — Décr. 10 brum. an XIV, art. 1, 2, 3; Déc. min. fin. 19 brum. an XIV; *Journ. Enr.*, 296; *Dict. Réd.* 155.

Lorsqu'une vente de meubles se compose de plusieurs séances, le procès-verbal de chacune d'elles doit être enregistré dans le délai ordinaire, à compter du jour de sa date; mais l'on peut faire enregistrer en même temps les divers procès-verbaux qui se trouvent dans le délai légal. — Cass., 13 messid. an XIII, *Journ. Enr.*, 2086; 11 sept. 1811. *Journ. Enr.*, 4110; *Dict. Réd.*, 155.

734. *Communes et établissements publics.* — Sont assujettis à l'enregistrement dans les délais ci-après :

De *dix* ou *quinze jours* à compter de leur date les actes concernant les communes et qui contiennent acquisition, vente, échange et partage, lorsque les conventions que renferment ces actes *ont été préalablement autorisées* par des délibérations des conseils municipaux dûment approuvées par les préfets. — *Inst. rég.*, 2315, *Dict. Réd.*, 2315.

De *vingt jours* à partir du jour où l'arrêté d'approbation administrative a été remis au notaire devant lequel ils ont été passés.

1° Les mêmes actes d'acquisition, vente, échange et partage, s'ils n'ont pas été préalablement autorisés par des délibérations des conseils municipaux approuvées par les préfets. — *Inst. rég.*, 2003, § 13, 2025, § 2.

2° Les transactions consenties par les conseils municipaux au nom des communes. — L. 18 juill. 1837, art. 59.

3° Les adjudications et marchés pour travaux et fournitures au nom des communes et des établissements de bienfaisance. — Ord. 14 nov. 1837, art. 1, 2, 10.

4° Les baux des biens des communes. — *Dict. Réd.*, 160.

5° Les actes notariés passés par les fabriques catholiques sans avoir été antérieurement autorisés, et qui ont besoin pour leur perfection de l'approbation administrative. — *Dict. Réd.*, 162.

6° Les actes passés par les fabriques protestantes.—*Dict. Réd.*, 163; Déc. min. 16 juill. 1847, *Inst. rég.*, 1796, § 6.

De *vingt jours* à compter de la ratification par le grand chancelier de la Légion d'honneur. ou plutôt de la remise au notaire de cette ratification, les baux des biens affectés à la Légion d'honneur. — Décr. 14 janv. 1806; Circ. 12 mars 1810; Dall. 4972, *Dict. Réd.*, 161.

De *vingt jours* à compter de leur date, les ventes de bois de la couronne, lorsque les procès-verbaux sont signés par un membre de l'autorité administrative. — Déc. min. fin. 14 fév. 1809, *Journ. Enr.*, 5623; *Dict. Réd.*, 157; Garn., *Rép. gén.*, 984.

De *quinze jours* à partir du jour de la réception de l'approbation, les baux à ferme des hospices et autres établissements de bienfaisance ou d'instruction publique, faits aux enchères devant un notaire désigné par le préfet. — Décr. 12 août 1807, *Inst. rég.* 386, § 6, 561, 1577, § 5, 2025, § 2. — V. *Acte administratif*, n. 76 et suiv.

735. *Cautionnement.*—D'après une délibération de la régie du 14 mars 1815 (*Journ. Enr.*, 5059), le délai pour l'enregistrement des actes de cautionnement reçus par les notaires pour sûreté de paiement du prix des adjudications faites administrativement, court du jour où ces actes ont été passés et non du jour où les adjudications ont été approuvées par l'autorité supérieure.

En ce qui concerne l'exigibilité du droit proportionnel. — V. le mot *Cautionnement.*

736. *Protêts.* — Les actes de protêt faits par les notaires doivent être enregistrés dans le délai de quatre jours. — L. 24 mai 1834, art. 23.

737. *Testaments.* — Les testaments déposés chez les notaires ou par eux reçus sont enregistrés dans les trois mois du décès des testateurs, à la diligence des héritiers, légataires ou exécuteurs testamentaires. — L. 22 frim. an VII, art. 21.

Cette disposition est applicable aux donations entre époux dont l'exécution est subordonnée au décès du donateur. — Cass., 20 juill. 1836 ; Déc. min. fin., 26 mars 1838 ; *Journ. Enr.*, 11257). — V. *Donation.*

Et aux révocations de testament. — Sol. 14 niv. an XIII, *Journ. Enr.*, 1900 ; Garn., *Rép. gén.*, 14720.

Les actes de suscription des testaments mystiques sont censés ne former qu'un seul et même acte avec le testament ; ils peuvent en conséquence n'être présentés à la formalité que dans les trois mois du décès. — Dél. rég., 12 germ. an XIII ; *Inst. rég.*, 290, § 73. — V. *Acte de suscription.*

738. *Vente de meubles aux enchères.* — Si un notaire suppléé ou commissaire priseur dans une vente publique de meubles, le procès-verbal doit être enregistré dans le délai fixé pour les actes notariés. — (Déc. min. fin., 5 fév. 1834 ; Garn., *Rép. gén.*, 994 ; *Dict. Réd.*, 152.

II. — Bureaux où les actes doivent être enregistrés.

739. *Disposition législative.* — « Les notaires ne peuvent faire enregistrer leurs actes qu'aux bureaux dans l'arrondissement desquels ils résident. » — L. 22 frim. an VII, art. 26.

La circonscription des bureaux est déterminée par des décisions administratives.

740. *Notaire suppléé.* — Lorsqu'un notaire substituant un de ses confrères reçoit un acte dont celui-ci gardera la minute, cet acte doit être soumis à la formalité au bureau de l'enregistrement du notaire suppléé. — *Inst. rég.*, 909, *Dict. Réd.*, 145. — V. n. 731, *suprà.*

740 bis. *Notaire décédé.* — Est-ce au bureau de la résidence du notaire décédé, ou bien au bureau de la résidence du notaire commis judiciairement pour gérer l'étude pendant la vacance de titulaire, que doivent être présentés les actes dont les minutes resteront en l'étude du défunt ?

Suivant une solution de la régie du 14 décembre 1839, ces actes doivent être enregistrés au bureau de la résidence du notaire commis. — *Journ. Enr.*, 12438-2.

Le contraire résulte d'une autre solution de la régie du 20 septembre 1832. — Garn., *Rép. gén.*, 971-1 ; et implicitement ressort de deux solutions des 7 juill. 1857 et 13 août 1872.—*Dict. Réd.*, v° *Acte de notaire*, n. 131, 132, 146.

Nous préférons cette dernière interprétation.

741. *Double minute.* — Les actes passés en double minute sont enregistrés tant sur la première que sur la seconde minute au bureau de la résidence de chacun des notaires qui les reçoivent. — Déc. min. fin., 16 août 1808, *Inst. rég.*, 400, § 14. — V. n. 752 et 761, *infrà.*

742. *Inventaires.* — Aux termes d'une décision min. fin. du 12 therm. an XII, les notaires qui résident dans une ville où siège une Cour d'appel sont admis à faire enregistrer les inventaires, rédigés hors de leur résidence, aux bureaux des lieux où ils ont instrumenté, dans le délai de dix ou quinze jours de chaque vacation, suivant que la commune dans laquelle ils procèdent se trouve ou non un chef-lieu de bureau. Mais le procès-verbal de la dernière séance contenant la clôture de l'inventaire doit être enregistré dans les quinze jours de sa date au bureau de la résidence du notaire, et l'inscription au répertoire doit mentionner l'indication de l'enregistrement dans les bureaux où il a eu lieu. — *Inst. rég.*, 290, n. 32; *Dict. Réd.*, 142. — V. *Inventaire.*

743. *Quittances et décharges.* — La minute d'une quittance ou décharge donnée personnellement à un notaire à la suite d'un acte par lui reçu, mais signée par un autre notaire, doit être enregistrée au bureau de l'arrondissement du notaire qui l'a reçue, bien qu'elle reste en la garde du notaire dont elle opère la libération. — *Inst. rég.* 909; *Dict. Réd.*, 147; Garn., *Rép. gén.*, 977. — V. *Quittances et Décharges.*

744. *Ventes publiques de meubles.* — Les procès-verbaux de vente de meubles aux enchères ne peuvent être enregistrés qu'au bureau dans le ressort duquel elles ont eu lieu et où elles ont dû être précédées d'une déclaration préalable. — L. 22 pluv. an VII, art. 6.

Les ventes faites en même temps et par un même procès-verbal par un notaire et un commissaire-priseur, reçoivent la formalité au bureau où le notaire doit faire enregistrer ses actes. Le notaire seul fait la déclaration préalable et acquitte les droits. — Dél. rég., 16 nov. 1815; *Journ. Enr.*, 5375; Garn., *Rép. gén.* 976). — V. *Vente de meubles.*

745. *Expertise.* — *Supplément de droits.* — Les suppléments de droits sur les actes de vente d'immeubles, passés devant notaire et constatés par expertise, doivent être acquittés par les parties aux bureaux dans l'arrondissement desquels les biens sont situés. — Garn., *Rép. gén.*, 975.

III. — Paiement des droits et restitutions.

746. *Règle générale.* — Les droits des actes à enregistrer passés devant les notaires sont payés avant l'enregistrement par les officiers publics. Le paiement ne peut être ni atténué ni différé sous prétexte de contestation sur la quotité ou pour tout autre motif, sauf à se pourvoir en restitution. D'un autre côté, les receveurs de l'enregistrement ne peuvent sous aucun prétexte, lors même qu'il y aurait lieu à expertise, différer l'enregistrement des actes dont les droits ont été payés aux taux réglés par la loi. — L. 22 frim. an VII, art. 28, 29, 56.

A raison de la difficulté de liquider exactement le montant des droits exigibles sur les actes présentés en même temps à la formalité, l'administration de l'enregistrement a autorisé les receveurs à tenir un livre-journal ou un registre-carnet destiné à indiquer les actes déposés et le montant de la somme versée pour le paiement des droits. — Circ. rég., 14 déc. 1829, 26 fév. 1866.

Les notaires ne sont tenus de faire l'avance que des droits légalement dus suivant la nature des actes passés devant eux. Dans le cas où la régie croit pouvoir attaquer les actes sous le rapport de leur validité, ou de leur régularité, ou pour raison d'insuffisance des déclarations estimatives, des énonciations de prix, ou encore pour dissimulations, c'est contre les parties qu'elle doit intenter son action. — L. 22 frim. an VII, art. 4, 14, 17, 28, 56; — L. 23 août 1871, art. 13; Cass., 12 fév. 1834; *Journ. Enr.*, 10873.

Ainsi le double droit n'est pas exigible du notaire en même temps que le droit simple, lors de l'enregistrement de l'acte sur lequel il y a présomption légale de mutation antérieure. Si d'après les art. 29 et 30 de la loi de l'an 7, les notaires sont tenus d'acquitter à titre d'avances pour les parties les droits d'enregistrement des actes passés devant eux, la perception de ces droits doit être basée sur les stipulations de l'acte et ne peut être aggravée par des circonstances prises en dehors de cet acte, et auxquelles le notaire est étranger ; et l'art. 12 de la loi de frimaire, en déterminant les preuves légales de l'existence de mutation d'immeubles n'a autorisé l'administration à poursuivre le recouvrement que contre le nouveau possesseur. — Sol. rég.. 11 fév.-1834 ; *Inst. rég.*, 1458, § 7.

Le notaire ne peut se prévaloir du défaut de consignation entre ses mains des fonds nécessaires à l'enregistrement pour se dispenser de soumettre son acte à la formalité dans les délais, ni pour suspendre l'opposition de signature et priver l'acte de son caractère d'authenticité. — Dall., v° *Enreg.*, 5098). — V. n. 732, *suprà*.

747. *Consignation insuffisante.* — Si avant l'enregistrement d'un acte déposé au bureau par le notaire, le receveur s'aperçoit de l'insuffisance de la somme consignée, il peut différer la formalité jusqu'au versement des droits exigibles ; mais lorsque la formalité a été donnée, il ne peut retenir la minute sauf à conformer sa quittance au montant du droit payé, et il doit s'adresser aux parties pour obtenir le supplément. — Garn., *Rép. gén.*, 1004.

748. *Prêt au receveur.* — Les sommes qu'un notaire a pu prêter ou avancer à un receveur d'enregistrement ne peuvent être donnés en paiement ou en compensation des droits dus par ce notaire pour l'enregistrement des actes qu'il rapporte. — Cass., 26 mai 1807 ; *Journ. Enr.*, 2628.

749. *Offres.* — La jurisprudence paraît admettre qu'un notaire ne peut forcer le receveur à enregistrer un acte de son ministère avant d'avoir consigné la totalité des droits exigés par le préposé. — Cass., 17 nov. 1862 ; *Rev. Not.*, 471 ; Seine, 28 déc. 1863 ; *Rép. pér.*, 19345.

Cependant au cas où des offres suffisantes auraient été faites et constatées dans le délai établi pour l'enregistrement de l'acte, le notaire aurait un recours personnel contre le receveur dont le mauvais vouloir aurait entraîné la perception d'un droit en sus. — L. 22 frim. an VII, art. 28, 56 ; C. civ. art. 1382 ; Cass., 31 mai 1825 ; *Journ. Enr.*, 8143.

750. *Amendes et droits en sus.* —Une instruction de la régie du 10 mai 1833, n. 1423, a décidé que les droits en sus et amendes exigibles pour contraventions sur les actes présentés à la formalité doivent être acquittés préalablement en même temps que le droit simple. — *Contrà*, Champ. et Rig., n. 3920. — V. n. 746, *suprà*.

751. *Déclaration estimative.* — Les notaires chargés par la loi de présenter les actes à l'enregistrement ont, suivant MM. Championnière et Rigaud, reçu par là même le pouvoir de faire, au nom des parties, les évaluations dans les cas prévus par l'art. 16 de la loi du 22 frim. an VII (n. 3267).

Tel est également l'avis de M. Garnier (*Rép. gén.*, 5928), et l'usage universel l'a consacré dans la pratique.

Le *Dictionnaire de l'Enregistrement* pense qu'il ne doit être suivi que lorsqu'il s'agit de charges modiques ou de toute autre valeur dont le rôle dans le contrat est secondaire, et qu'il n'y a pas de difficulté à prévoir. — V. *Déclaration en matière d'enreg.*, n. 87.

752. *Doubleminute.*—Lorsqu'un acte est reçu en double minute, le paiement des droits est effectué par le plus ancien des notaires qui ont instrumenté lorsqu'ils sont l'un et l'autre domiciliés dans l'arrondissement du même bureau, ou que la résidence de chacun d'eux est étrangère au bureau dans le ressort duquel l'acte a été passé.

Si l'un des deux notaires réside dans ce ressort, les droits sont acquittés par cet officier public.

L'enregistrement dans le bureau où il n'y a pas lieu à la perception est fait pour mémoire, avec indication du bureau où les droits ont été et doivent être payés et du notaire chargé de les acquitter. — Déc. min., 16 août 1808 ; *Inst. rég.* 400, § 14.

Il n'est dû aucun droit ni aucun salaire pour cette formalité. — Champ. et Rig., 3904 ; Garn., *Rép. gén.*, 973.

Si les parties, par une disposition expresse de l'acte ont spécialement chargé l'un des notaires d'acquitter les droits, c'est au bureau de la résidence de ce notaire qu'ils sont payés. — Déc. min. fin., 12 déc. 1832 ; *Inst. rég.*, 1422, § 11 ; *Dict. Réd.*, 143. — V. n. 741, *suprà* et 761, *infrà*.

753. *Acte sous seing privé.* — L'art. 42 de la loi du 22 frim. an VII déclare le notaire personnellement responsable des droits exigibles sur les actes sous signature privée, en vertu desquels il aura agi dans un acte authentique.

Cette responsabilité n'autorise pas la régie à agir contre le notaire à l'effet de l'obliger à faire l'avance des droits ; son action ne s'ouvre qu'après discussion des parties. — Dall., v° *Enreg.*, 5107 ; Garn., *Rép. gén.*, 1012 ; Champ. et Rig., 3924 ; Cass., 3 juill. 1811 ; Thionville, 17 mars 1841 : *Journ. Enr.*, 12707 ; Chaumont, 1er août 1844 ; *Journ. Enr.*, 13612-1 ; Mande, 13 mai 1863 ; Valognes, 21 juin 1856, Péronne, 16 juill. 1869 ; *Rép. pér.*, 3090 ; Versailles, 28 juill. 1874 ; *Rép. pér.*, 4002.

754. *Acte annexé.* — En présentant à l'enregistrement une minute et ses annexes, le notaire est tenu de consigner les droits de l'acte authentique et de ceux qui y sont joints.

755. *Suppléments de droits.* — Quand l'acte après le paiement des droits réglés par le receveur a reçu la formalité, les devoirs du notaire sont entièrement remplis. Toute réclamation pour paiement d'un droit non perçu sur une disposition particulière ou pour supplément de perception insuffisamment faite ne peut être adressée qu'aux parties. — Déc. min. fin. 7 juin 1808 ; *Inst. rég.*, 386, § 28 ; Champ. et Rig., 3896 ; Garn., *Rép. gén.*, 1013.

Il en est de même des suppléments de droit réclamés sur les actes annexés et enregistrés en même temps que l'acte notarié. — Sol. rég. 11 nov. 1844, *Journ. Enr.*, 13601 ; Garn., *Rép. gén.*, 1013-1 ;

De la perception du droit proportionnel lors de la réalisation d'une condition prévue dans un acte authentique. — Dall., n. 5103 ;

Des droits exigibles après l'homologation d'une liquidation dressée par un notaire. — *Journ. Enr.*, 15086-8.

756. *Testaments.* — Les droits auxquels donnent ouverture les testaments, codicilles, révocations de testaments, donations éventuelles entre époux doivent être réclamés aux héritiers, donataires, légataires ou exécuteurs testamentaires. — L. 22 frim. an VII, art. 21. — V. n. 737, *suprà* et 764, *infrà*.

757. *Notaire insolvable.* — En cas d'insolvabilité d'un notaire, le recouvrement des droits simples et décimes des actes non enregistrés, peut être poursuivi contre les parties ; mais c'est contre l'officier public, ou ses héritiers, s'il est décédé, que la demande doit d'abord être dirigée, sauf en cas d'insolvabilité constatée, à agir contre les contractants ; et la demande doit être abandonnée si ces derniers représentent une expédition en forme de leur acte ou toute autre pièce justifiant que les droits ont été versés au notaire. — Déc. min. fin., 1er sept. 1807 ; *Inst. rég.*, 340, § 5 ; Circ. admin., 19 mars 1808 ; Aurillac, 24 juill. 1841 ; *Journ. Enr.*, 12864.

758. *Restitutions.* — Les restitutions des droits d'enregistrement indûment perçus sur les actes des notaires peuvent être demandées par ces officiers publics et ordonnancés à leur profit. — Déc. min. fin., 5 juill. 1830 ; *Inst. rég.*, 1328.

Le notaire n'a pas besoin d'établir qu'il a fait l'avance des droits et n'en a pas été remboursé. — Seine, 22 juill. 1829; ni même qu'il est encore en fonctions. — Dél. 16 mai 1833; Garn., *Rép. gén.*, 1011-4.

IV. — PÉNALITÉS.

759. *Peine édictée.* — « Les notaires qui n'auront pas fait enregistrer leurs actes dans les délais prescrits paieront personnellement, à titre d'amende et pour chaque contravention, une somme de 50 fr., s'il s'agit d'un acte sujet au droit fixe, ou une somme égale au montant du droit, s'il s'agit d'un acte sujet au droit proportionnel, sans que, dans ce dernier cas, la peine puisse être au-dessous de 50 fr. — Ils seront tenus en outre du paiement des droits, sauf leur recours contre les parties pour ces droits seulement. » — L. 22 frim. an VII, art. 33.

L'amende fixe de 50 fr. a été réduite à 10 fr. par l'art. 10 de la loi du 16 juin 1824.

Cette réduction est applicable au minimum du droit proportionnel exigible au cas de défaut, de présentation de l'acte dans les délais. — Grenoble, 9 mai 1827; *Déc. min. fin.*, 28 janv. 1828; *Inst. rég.*, 1249, § 3.

Le notaire encourt l'amende lorsque l'acte déposé au bureau en temps utile n'a pas été enregistré, à défaut de paiement du droit ou de déclarations estimatives nécessaires à l'établissement de la perception. — Cass., 21 flor. an VIII; 26 mai 1807; Rennes, 21 avril 1838; *Dict. Réd.*, 179.

760. *Actes sujets au droit fixe, au droit proportionnel, au droit gradué.* — Si l'acte est passible de plusieurs droits fixes, l'amende est de 10 fr., quel que soit le nombre et la quotité des droits fixes.

Si l'acte donne ouverture à plusieurs droits proportionnels, et que le total excède 10 fr., l'amende est égale à ce total; elle n'est que de cette somme dans le cas où le total des droits proportionnels lui est inférieur.

Si le contrat est sujet à la fois à des droits fixes et à des droits proportionnels, il y a lieu de faire abstraction des droits fixes, et de n'avoir égard qu'aux droits proportionnels pour percevoir le double de ces droits, s'ils excèdent 10 fr.; et dans le cas contraire le minimum de 10 fr. — Sol. rég., 12 avril 1859; *Inst. rég.*, 2155.

Il n'y a pas à distinguer entre le droit fixe invariable et le droit gradué. Ainsi un partage sans soulte donnant lieu à un droit gradué de 1,000 fr. n'est passible, à titre d'amende de retard, que d'une somme de 10 fr. — Sol., 4 avril 1873; *Dict. Réd.*, 176.

761. *Double minute.* — Lorsqu'un acte en double minute a été soumis à l'enregistrement dans le délai légal par celui des notaires qui a été chargé de payer les droits, le notaire qui a reçu la seconde minute n'encourt aucune amende, s'il omet de la présenter à l'enregistrement dans le délai de dix ou quinze jours: cette formalité n'étant qu'une mesure d'ordre non imposée par la loi. — *Inst. rég.*, 400, § 1er, 1422, § 11; *Journ. Enr.*, 10530, 12602-1, 12752; Champ. et Rig., 3904; Garn., *Rép. gén.*, 981; *Dict. Réd.*, Hoc verbo, 150. — V. n. 741 et 752, *suprà*.

762. *Refus d'enregistrement.* — Le refus d'enregistrement, la négligence ou l'absence du receveur doivent, vis à vis de la régie, être constatés par acte extrajudiciaire. — Cass., 26 mai 1807, *Journ. Enr.*, 2628; 3 oct. 1810, *Journ. Enr.*, 3736, 23 déc. 1835; Jonzac, 5 juin 1838, *Journ. Enr.*, 12071; Béthune, 5 mars 1844, *Journ. Enr.*, 13508; Poitiers, 20 mars 1870, *Journ. Enr.*, 14937.

Mais l'officier public a le droit d'exercer contre le receveur une action en garantie des dommages causés par sa négligence; cette instance est régie par la procédure ordinaire, et les moyens de preuve de droit commun sont admissibles. — Rochefort, 24 déc. 1823; Cass., 31 mai 1825; Dall. 26.1. 302.

763. *Enregistrement gratis*. — Il ne saurait être dû de droit en sus ou d'amende sur les actes qui ne sont sujets au droit fixe, ni au droit proportionnel, mais qui sont enregistrés gratis. — *Dict. Réd.*, 171 ; Garn., *Rép. pér.*, 999.

764. *Testament*. — La peine pour défaut d'enregistrement d'un testament à la charge des parties qui doivent le présenter est invariablement d'un droit en sus. — L. 22 frim. an VII, art. 38). — V. n. 737 et 756, *suprà*.

765. *Altération de date*. — Lorsqu'un acte de notaire contient, sans mention d'approbation, la rature de la date primitive et l'addition d'une autre date dans le corps de l'acte, la régie ne peut, à défaut d'enregistrement dans le délai de la première date, justifier la demande de l'amende qu'au moyen de l'inscription de faux. — Cass., 23 mars 1836, *Journ. Enr.*, 11490; Dall. 36.1.274.

Il en est de même lorsqu'il n'y a pas d'altération, si l'administration soutient que le notaire a mis une seconde date pour se soustraire à l'amende. — Auxerre, 17 déc. 1845 ; *Dict. Réd.*, 181.

Mais s'il résultait d'un jugement qu'une altération de date a eu pour but de couvrir une contravention à l'art. 20 de la loi du 22 frim. an VII, l'amende ou le droit en sus serait exigible. — Chinon, 25 oct. 1855, *Journ. Enr.*, 16153; *Rép. pér.*, 527.

766. *Héritiers du notaire*. — Les amendes et droits en sus, établis par l'art. 20 de la loi de l'an VII, sont personnelles et ne peuvent être demandées aux héritiers du notaire, à moins que celui-ci n'ait contracté de son vivant l'obligation de les payer ou n'ait été condamné par jugement. — Déc. min. fin. et just., 11 brum. et 6 frim. an XIV et 1er sept. 1807; *Inst. rég.*, 340, § 4, C. Nancy, 30 août 1844; *Dict. Réd.*, 183.

ACTE NUL ET REFAIT.

1. En matière d'enregistrement, on qualifie ainsi un acte que des parties refont parce qu'il était nul ou irrégulier dans la forme ou pour tout autre motif.

2. L'art. 68, § 1, n. 7 de la loi du 22 frim. an VII, assujettissait l'acte refait au droit fixe de 1 fr.; ce droit a été porté à 2 fr. par l'art. 43, n. 3, de la loi du 28 avril 1816, et à 3 fr. par l'art. 4 de la loi du 28 fév. 1872.

3. Il résulte des termes de la loi que le droit fixe est seul exigible sur l'acte refait, quelle que soit la cause de nullité dont le premier acte est entaché, qu'il soit imparfait en la forme, ou bien qu'il soit annulable pour un vice de fond, ou même qu'il ne soit entaché d'aucun vice. Cette solution repose sur ce principe fondamental, qu'une seule convention, une seule mutation ne peut être assujettie deux fois au droit proportionnel.

4. Mais pour que l'acte refait ne soit passible que du droit fixe de 3 fr., il faut qu'il réunisse les conditions suivantes :

5. 1° *Qu'il y ait un premier titre enregistré et mis à néant*.

Car c'est sur le premier acte que le droit proportionnel doit être perçu, même après la rédaction du second. Ainsi une vente pour un prix qui n'est pas payé comptant est refaite par un second acte qui contient quittance du prix; c'est sur le premier acte que le droit proportionnel de vente doit être perçu, et le second donne ouverture au droit de libération, tandis qu'il n'y aurait pas lieu de percevoir un droit particulier sur la libération si le second acte était considéré comme formant le titre de la vente. Le premier acte doit, de plus, être mis à néant par le second, car si le premier acte subsistait, le second acte serait non pas un acte refait, mais une ratification ou une confirmation du titre primitif.

6. 2° *Que le second titre soit relatif à la même convention.*

Ainsi, dans un acte portant obligation d'une somme déterminée pour argent prêté, les parties déclarent que la dette est la même qu'une autre de somme égale, pareillement causée pour argent prêté, et constatée par un acte précédemment enregistré. Le créancier ne pourra poursuivre le paiement des deux obligations ; le droit fixe est seul exigible. Mais le droit proportionnel serait dû sur le second acte comme sur le premier, et ce, sans avoir égard à la similitude des causes et à l'égalité des sommes, si les parties n'avaient fait aucune déclaration relativement à l'identité des deux obligations.

7. 3° *Que la convention qui faisait l'objet du premier titre n'ait pas cessé d'exister au moment de la rédaction du second acte.*

Ainsi, lorsque après une première vente d'un immeuble, consentie par le mari, le même immeuble est vendu par adjudication devant notaire au premier acquéreur, pour le même prix, à la requête de la femme reconnue seule propriétaire, il n'est dû que le droit fixe sur la seconde vente. — Sol., 5 oct. 1871 ; *Dict. Enr.*, v° *Acte refait*, n. 18.

8. Mais il est dû un nouveau droit de mutation lorsque après l'annulation d'une première vente prononcée par jugement définitif, et passé en force de chose jugée, celui auquel elle avait été consentie devient de nouveau acquéreur du même immeuble. — Cass., 15 déc. 1869 ; 5 déc. 1866 ; Seine, 30 août 1854 ; *Dict. Enr.*, n. 19. *Contrà*, Champ. et Rig., n. 578 et s. ; Dall., n. 827.

9. Si le jugement qui annule la vente n'était pas contradictoire, ou en dernier ressort, on pourrait avant le jugement définitif refaire l'acte qui dans ce cas ne serait passible que du droit fixe. — Péronne, 15 juin 1836 ; *Journ. Enr.*, 11718-2.

10. Comme il n'existe pas de nullité de plein droit, les parties peuvent refaire, sans acquitter de nouveaux droits, tous actes dont l'annulation ne résulte pas d'une convention ou d'un jugement. — Déc. min. fin., 17 nov. 1818 ; Délib. adm., 13 juin 1830 ; 5 sept. 1834 ; 1er avril 1842.

11. Décidé qu'il n'est dû que le droit fixe sur l'acte par lequel on refait, conformément à l'art. 964, C. civ., une donation nulle pour cause de survenance d'enfant. — Délib. 16 fév. 1827 ; Champ. et Rig., n. 574.

12. Il en est de même si le donateur, qui recouvre ses biens par suite de survenance d'enfant, renouvelle la vente de ces biens consentie à un tiers par le donataire et reçoit le prix que ce dernier n'avait pas encore touché. — Sol. 21 mai 1861.

13. A plus forte raison, il n'est dû que le droit d'acte refait sur la donation refaite entre les mêmes parties, avec la seule addition d'une clause qui dispense du rapport. — Délib. 13 mars 1827 ; Roll. de Vill., v° *Acte nul et refait*, n. 4, ou avec la conversion en une pension déterminée de la charge de loger et nourrir le donateur. — Délib., 1er mai 1827 ; *Journ. Enr.*, n. 8805.

14. *4° Qu'il n'y ait pas eu novation de l'obligation ou qu'elle n'ait pas été transformée en une obligation plus étendue.*

Il n'est pas nécessaire, pour l'exigibilité du droit proportionnel, que le second acte renferme une novation dans le sens de la loi civile. Ainsi la substitution d'une dette civile à une dette commerciale, résultant soit de la reconnaissance par un acte notarié, de lettres de change ou de billets à ordre, soit de l'affectation hypothécaire consentie au profit des porteurs de ces effets, donne ouverture au droit d'obligation, sans imputation de celui qui a été perçu sur les lettres de change et les billets à ordre. — Instr.; 211, 290, 1204, § 1 ; 1473, § 5 ; 1504, § 3 ; 1601, § 8 ; 2019, § 7.

15. *5° Enfin, qu'il ne résulte du second titre, relativement au premier, ni augmentation de l'objet du contrat, ni augmentation des valeurs exprimées, ni aucun changement donnant lieu à des droits proportionnels.*

Ainsi lorsqu'un immeuble de communauté a été aliéné par le mari survivant, tant en son nom que comme se portant fort pour ses enfants mineurs, et qu'à défaut de ratification de cette vente par ces derniers devenus majeurs, l'immeuble est adjugé sur licitation au premier acquéreur, moyennant un prix supérieur à celui de la première vente, le droit proportionnel est exigible sur la différence en plus.—Évreux, 12 fév. 1848 ; *Journ. Enr.*, 14430.

16. On doit aussi percevoir le droit proportionnel sur les actes refaits qui renferment une réduction de l'obligation, parce qu'ils opèrent la libération partielle du débiteur.

17. Si la réduction a un effet translatif, elle donne ouverture au droit de mutation : tel serait le cas où les parties, en refaisant un acte de vente ou de donation, omettraient dans le second acte des biens qui figuraient dans le premier. Cette prétention aurait le caractère d'une rétrocession, s'il était déclaré que ces biens appartiennent au vendeur ou donateur. Si les biens omis étaient remplacés par de nouveaux, il y aurait lieu de percevoir le droit d'échange.

18. L'acte refait sans augmentation ni diminution dans les objets ou dans les valeurs peut revêtir les caractères d'un contrat commutatif. Ainsi l'acte par lequel on refait un partage anticipé, avec attribution à un copartageant de porter des biens qui étaient primitivement compris dans le lot d'un autre et réciproquement, renferme un échange possible du droit proportionnel. — Délib., 1er mai 1827, *Journ. Enr.*, 8805.

19. Il en serait de même pour un partage de succession refait avec des attributions différentes, notamment par la substitution d'une soulte à un lot de biens en nature.

20. Lorsque les modifications ne portent que sur les stipulations accessoires de l'acte, comme dans le cas d'obligation, une affectation hypothécaire, un cautionnement, l'acte refait n'est passible que du droit fixe, il n'y a que les dispositions nouvelles qui sont frappées de droits proportionnels, selon leur nature.

ACTE PASSÉ A L'ÉTRANGER. 1. Convention conclue hors du territoire du pays auquel appartiennent les contractants ou l'un d'eux.

TABLE ALPHABÉTIQUE.

DIVISION.

§ 1er. — *De la validité et de la forme des contrats passés à l'étranger.*

§ 2. — *De la nature des effets de l'exécution et de l'extinction des contrats passés à l'étranger.*

§ 3. — *Enregistrement et timbre.*

§ 1er. — De la validité et de la forme des contrats passés à l'étranger.

2. Le principe, en cette matière, est qu'il est naturellement permis de contracter en pays étranger ou du moins d'y faire tous les contrats qui sont du droit des gens.— Massé, *le Droit commercial dans ses rapports avec le droit des gens*, 3e édit., t. 1, n. 562.

3. La capacité du Français qui passe un acte à l'étranger est régie par notre loi nationale. C'est, en effet, un principe de notre législation que le statut personnel s'attache à la personne des Français et les régit, lors même qu'ils résident en pays étranger. — C. civ., art. 3, alin. 3.

4. De même le juge français, appelé à statuer sur la validité d'un acte passé par un étranger (en France ou dans un autre pays), et attaqué par ce dernier pour cause d'incapacité doit, en général, prendre pour guide de sa décision la loi nationale de cet étranger. — Cass., 24 août 1808 (S. 9.1.334); Cass., 1er fév. 1813 (S. 13.1.113); Cass., 25 fév. 1818 (Coll. nouv. V.1.437); Rennes, 16 mars 1842 (S. 42.2.244); Aubry et Rau, t. 1, § 31, p. 92.

5. Ces deux principes soulèvent de graves et nombreuses difficultés, dans l'examen desquelles nous ne saurions, sans inconvénient, entrer dès maintenant ; nous en renvoyons la solution au moment où nous étudierons la théorie des statuts. — V. *infrà*, ce mot.

6. Pour décider si un acte juridique, relatif à des biens meubles ou immeubles qui se trouvent en France, est ou non valable, quant aux choses qui en forment l'objet, ou quant au genre de dispositions qu'il renferme, le juge français doit, en général, appliquer exclusivement la loi française, — Aubry et Rau, *loc. cit.*, p. 105.

7. Le juge français doit repousser toute action fondée sur une convention prohibée par la loi française, ou contraire aux bonnes mœurs ou à l'ordre public en France. Peu importent la nationalité des contractants et le lieu où la convention a été passée. — C. civ., art. 6 ; Fœlix, *Traité de droit intern. privé*, 3e édit., revue par Demangeat, n. 7 ; Aubry et Rau, *ut suprà*, Comp. ; Paris, 25 juin 1829.

8. Il n'y a pas à distinguer, suivant que l'acte soumis à l'appréciation du juge français a été passé entre deux Français, entre un Français et un étranger, ou entre deux étrangers, ou suivant qu'il l'a été en France ou à l'étranger.

9. Ainsi une convention autorisée par la loi française doit être maintenue par le juge français, encore que, passée entre étrangers, elle soit contraire aux lois du pays où elle a eu lieu.—Aubry et Rau, *ut suprà*.

10. On admet toutefois que les tribunaux français auraient le droit de maintenir des conventions ayant pour objet des opérations de contrebande à l'étranger, quoiqu'elles eussent été passées dans le pays même dont il s'agissait d'éluder les lois de douane, et avec des sujets de ce pays. — Cass., 25 mars 1835 (S. 35.1.804) ; Cass., 25 août 1835 (S.35.1.673) ; Pardessus, *Cours de droit commercial*, t. V. n. 1492 ; Massé, *loc. cit.*, n. 568, p. 53 ; Aubry et Rau, *loc. cit.*, p. 106 ; Contrà, Pothier, *Des assur.*, n. 35 ; Demangeat sur Fœlix, *loc. cit.*, p. 236, note a ; Fiore, *Droit intern. privé*, traduit par Pradier-Fodéré, n. 287.

11. Dans cet ordre d'idées, il faut encore se demander si en France, où l'introduction des loteries étrangères est interdite par l'arrêt du Conseil du 20 sept. 1776 et la loi du 21 mai 1836, on peut actionner un Français pour le paiement d'un billet d'une telle loterie ?

12. Devant le tribunal de New-York, où est interdite la vente des billets de loteries, une action a été intentée pour obtenir le paiement d'un billet de loterie acheté dans le Kentucky, où la vente est permise ; le tribunal a admis l'action et a condamné la partie à l'exécution de son obligation. Cette solution est rapportée et approuvée par M. Fiore, *loc. cit.*, n. 282.

13. Tel n'est pas notre sentiment. Nous estimons, au contraire, avec M. Massé (*loc. cit.*, n. 570), que la loi française qui, dans un intérêt d'ordre public et intérieur, prohibe les loteries étrangères, ne peut pas les admettre sous prétexte que le contrat a eu lieu en pays étranger, puisque c'est précisément ce contrat étranger qu'elle entend repousser. — V. Paris, 25 juin 1829 (S. 29.2.290).

14. Par application de ce principe que l'acte passé à l'étranger n'est considéré comme valable en France qu'autant qu'il ne renferme aucune disposition contraire à l'ordre public, il a été jugé que la police d'assurance, faite en pays étranger, dans laquelle il serait stipulé que l'assurance aura lieu, soit que l'assuré ait un intérêt quelconque, soit qu'il n'en ait aucun dans le navire et le chargement, n'est valable et ne peut recevoir son effet en France, quelle que soit d'ailleurs à cet égard la législation du pays où elle a été passée, que jusqu'à concurrence de l'intérêt justifié par l'assuré; une telle police ayant pour le surplus le caractère d'un jeu ou d'un pari. — Rennes, 7 déc. 1849 (S. 51.2.101), *Sic*, Massé, *loc. cit.*, n. 475 *bis*.

15. Décidé, de même, que la police d'assurance passée dans un pays étranger où la loi ne prohibe pas l'assurance du frêt non acquis, ne peut avoir aucun effet en France ; l'art. 347 du Code de commerce, qui prohibe l'assurance du frêt non acquis, ayant le caractère d'une loi de police et d'ordre public. — Rennes, 4 déc. 1862 (S. 63.2.178) ; V. Massé, *ut suprà*.

16. Mais, au contraire, devrait être reconnue licite la stipulation, valable dans le lieu où elle a été passée, qui laisserait au voyageur la surveillance de ses bagages et qui en exonérerait l'entrepreneur, dont la garantie peut être remplacée par des avantages qui la compensent, tels qu'une diminution du prix ou une augmentation de la vitesse de transport, ne s'appliquant pas au cas où l'entrepreneur ou ses employés se rendraient coupables d'une faute grave, ou d'un dol ; auquel cas elle serait, aux termes d'une jurisprudence constante, considérée comme contraire à l'ordre public. — Cass., 23 févr. 1864 (S. 64.1.385) ; Cass., 5 févr. 1830, *Gazette des Trib.* du 6.

17. Tous les auteurs admettent que la forme extrinsèque, tant des actes juridiques que des actes instrumentaires, c'est-à-dire des conventions, dispositions, déclarations, aveux, et des écrits destinés à les constater, est régie par la loi du lieu où ils ont été conclus, passés : ou rédigés en ce sens qu'il suffit, pour leur validité extrinsèque, d'observer les formalités prescrites par cette loi. *Locus regit actum.*

18. Il découle de ce principe que le contrat de mariage par acte sous seing privé, conclu en pays étranger, doit être valable France, si la loi du pays où il a été passé n'exige pas la forme authentique. — Merlin, *Quest.*, v° *Donation à cause de mort*, § 2 ; Demol., 1.106 ; Fœlix et Demangeat, *loc. cit.*, 1.231 ; Troplong, *Contrat de mar.*, 1.188 ; Aubry et Rau, *loc. cit.*, p. 110 ; Fiore, *loc. cit.*, 217 ; Paris, 11 mai 1816 (S. 17.2.10) ; Paris, 22 nov. 1828 (S. 29.2.77) ; Cass., 18 avril 1865 (S. 65.1.317). — V. également sur les contrats de mariage passés en pays étranger, *Contrat de mariage.*

19. En outre, il faut admettre que les donations par acte privé sont même valables pour les immeubles situés en France, pourvu qu'elles soient faites dans un pays dont la loi permet cette forme. — Aubry et Rau et Fiore, *ut suprà.* — V. cependant, en sens contraire, Demangeat, p. 341 à 343.

20. Il n'est même pas nécessaire que ces actes portent une mention expresse d'acceptation, si cette formalité n'est pas requise d'après la loi du lieu où ils ont été rédigés. — Aubry et Rau, p. 110 et 111, *Contrà*, Du Caurroy, Bonnier et Roustain, 1.26.

21. De plus, la reconnaissance d'un enfant naturel faite à l'étranger, par un Français ou par une Française, quoique par acte sous seing privé, est valable en France, si la loi du pays où elle a eu lieu autorise cette forme.

22. Pour déterminer si l'acte fait dans un pays est ou non authentique, et le degré de foi qu'on lui doit en justice, il est aussi besoin de tenir compte de la loi du pays où l'acte a été passé. — Fiore, *loc. cit.*, n. 318 ; Aubry et Rau, p. 111 ; Pothier, *Introd. aux coutumes d'Orléans*, titre 20, chap. 1er, n. 9 ; Merlin, *Quest.*, vo *Authentique (Acte)*, §§ 1 et 2 ; Toullier, t. 10, 78 et 79.

23. Il est nécessaire, à cause de cela, de s'assurer que l'acte a été reçu véritablement dans le pays à la loi duquel on veut la soumettre. Il suffit que la partie qui prétend que l'acte est authentique prouve que l'officier qui l'a reçu avait caractère pour lui conférer l'authenticité, et que la forme de cet acte soit attestée et légalisée par un autre officier public digne de foi pour le gouvernement auprès duquel on veut faire valoir l'acte. — Fiore, *loc. cit.*, n. 318.

24. Du reste, la règle : *Locus regit actum*, qui suppose toujours des actes passés dans un pays autre que celui auquel appartiennent les parties ou l'une d'elles, n'est pas impérative, mais simplement facultative.

25. De là, il suit que quand les personnes se trouvant en pays étranger ont suivi, non pas les formes prescrites par la loi du lieu de la rédaction du contrat ou de la disposition, mais celles de leur patrie, l'acte est valable quant à la forme dans leur patrie.

26. Mais si l'acte doit être exécuté dans le lieu même où il est stipulé, les parties, qu'elles soient du pays ou étrangères, doivent suivre les formes exigées par cette loi-là, parce que la forme est la condition de l'efficacité de l'acte, et de celle-ci l'on doit juger selon la loi locale qui en garantit l'exécution.

27. C'est ainsi qu'il a été jugé que les tribunaux français ne devraient pas avoir égard à un testament fait en France par un étranger, dans une forme non reconnue par la loi française. — Cass., 9 mars 1853 (S. 53.1.274); *Contrà*, Aubry et Rau, p. 112.

28. Du reste, deux concitoyens qui font dans leur patrie une convention qui doit être exécutée en pays étranger n'en sont pas moins tenus de suivre les lois de leur patrie, qui seules les obligent, sauf le cas où la situation de l'objet du contrat, en pays étranger, lui imposerait la nécessité de suivre des formes particulières. — Massé, *loc. cit.*, n. 572 ; Fiore, n. 320.

29. Quelques difficultés peuvent s'élever lorsque la convention a été stipulée dans un pays entre un citoyen et un étranger, selon la forme exigée par la loi du lieu où la convention doit être exécutée.

30. Si l'acte est synallagmatique et qu'il produise obligation réciproque, il ne peut être obligatoire pour l'une sans l'être pour l'autre.

31. Si donc l'étranger est valablement obligé d'après les lois de son pays, où il doit accomplir la promesse; le national qui veut le contraindre à l'exécution ne peut, pour se soustraire à l'accomplissement de sa propre obligation, argumenter de ce que l'acte n'est point, quant à la forme, valable selon les lois de sa patrie. — Massé, *loc. cit.*, n. 373; Fiore, *loc. cit.*, n. 321.

32. Si l'acte est unilatéral, l'étranger qui s'est obligé selon les formes requises par sa loi doit accomplir dans son propre pays son obligation.

32 *bis*. Si le national a contracté dans son pays, en faveur d'un étranger, une obligation à accomplir au dehors, et s'il n'a pas suivi les formes établies par la loi, à laquelle il était lui seul soumis, actionné en pays étranger, pour l'exécution de la convention, il peut opposer la nullité qui résulte du défaut des formes requises par la loi de sa patrie. — Massé et Fiore, *ut supra*.

33. Quant aux contrats synallagmatiques ou unilatéraux que feraient hors de leur patrie deux étrangers de nations différentes, ils seraient valables s'ils étaient conformes aux lois du pays de l'un ou de l'autre des contractants, dans lequel ils devraient être mis à exécution. — Massé, n. 574.

34. Un acte sous seing privé fait en pays étranger, même entre Français, et qui, d'après les art. 1325 et 1326, aurait eu besoin soit d'une approbation en toutes lettres, soit de la mention de sa rédaction en plusieurs originaux, est valable en France, malgré l'omission de ces formalités, si elles ne sont pas requises par la loi du lieu où l'acte a été passé. — Aubry et Rau, *loc. cit.*, p. 111.

35. La règle : *Locus regit actum* reçoit son application non-seulement en ce qui concerne les actes reçus dans la forme publique ou privée, mais aussi pour les contrats verbaux faits dans un lieu, et sont valables si la loi de ce lieu n'exige pas un acte écrit. — Fiore, *loc. cit.*, n. 319.

36. Telle est l'opinion de MM. Aubry et Rau, qui enseignent (*loc. cit.*, p. 112) que la question de savoir quels sont les moyens de preuve à l'aide desquels on est admis à établir, devant les tribunaux français, soit l'existence d'actes juridiques, par exemple de contrats passés à l'étranger, soit les modifications qu'ils peuvent y avoir reçues par des conventions accessoires ou subséquentes, se détermine d'après la loi du pays où ces actes ont été conclus. — Cass., 23 févr. 1864 (S.64.1.385).

37. L'art. 999, C. civ., contient d'ailleurs une application de la règle : *Locus regit actum*, aux testaments faits par des Français à l'étranger. — V. v° *Testament olographe*.

38. Au contraire, l'art. 2128 écarte absolument ce principe, au cas de stipulation d'hypothèque sur des biens situés en France. — V. *Hypothèque*.

39. Du reste, la règle : *Locus regit actum* ne protége que les actes faits de bonne foi ; si des Français s'étaient rendus à l'étranger dans le but de s'affranchir de l'observation des formalités prescrites par la loi de leur patrie, les actes qu'ils y auraient passés devraient être rejetés en France.—Aubry et Rau, p. 113.

40. Mais les actes passés par des Français à l'étranger, dans les formes tracées par la loi du pays, restent valables, malgré le retour de ces derniers en France, et sans qu'il soit nécessaire, à une époque quelconque, de les refaire dans la forme française. — Aubry et Rau, *ut suprà*.

41. C'est, du reste, un point assez communément admis, que les ambassadeurs, ministres publics, ou agents diplomatiques, ou les personnes de leur suite, ne peuvent en aucun cas, à raison du privilége d'exterritorialité dont ils sont investis, être assujettis, quant aux actes par eux faits, aux formes prescrites par la loi de leur résidence. Les actes qu'ils y font, lors même qu'ils devraient être exécutés dans le même lieu, sont donc valablement faits, suivant les formes usitées dans le pays auquel ils appartiennent. — Massé, t. 1, n. 576.

42. Mais il en est différemment des consuls, qui, ne jouissant pas du privilége de l'exterritorialité, doivent être assimilés aux autres étrangers et astreints aux mêmes obligations. — Massé, *ut suprà*, V. au surplus, vo *Consul*.

43. Du reste, la détermination du lieu dont la loi doit régir le contrat n'est pas sans offrir quelque difficulté.

44. Ainsi, notamment, c'est une question qui divise à la fois, les auteurs et la jurisprudence, que de savoir quelle loi doit régir un contrat conclu par lettres écrites de lieux soumis à des lois différentes ?

45. Nous inclinons à croire que le contrat est parfait au lieu d'où la proposition est partie, et où l'acceptation est arrivée ; conséquemment que le contrat est régi par la loi de ce lieu.— Massé, *loc. cit.*, 579, p. 517.

46. Quant aux contrats faits par le moyen d'intermédiaires, on peut établir comme principe, que tout ce qu'une personne fait par le moyen d'un correspondant, dûment autorisé, vaut comme si elle le faisait elle-même dans le lieu où le correspondant réside. — Fiore, *loc cit.*, n. 248.

47. C'est ainsi, notamment, que le mandataire représentant complétement le mandant, il en résulte que les actes faits par ce mandataire pour le mandant sont réputés faits au lieu où se trouve et où contracte le mandataire, et non au lieu où se trouve le mandant. Ils sont donc régis par la loi du mandataire, — Massé, n. 581.

48. De même, dans les contrats conclus par l'intermédiaire d'un commis-voyageur qui est, en général, réputé avoir des pouvoirs suffisants pour vendre, le lieu du contrat est celui où le commis-voyageur a traité, au nom de son commettant, et non au domicile du commettant. puisque le contrat est parfait dès qu'il est conclu avec le commis-voyageur, qui est alors son mandataire ordinaire. — Pardessus, n. 1354 ; Massé, n. 582 ; Cass., 4 déc. 1811 (S. 3.1.421) ; Bordeaux, 22 avr. 1828 (S. 9.2.69).

49. Pour les contrats faits dans un lieu et ratifiés dans un autre, nous estimons que le contrat doit être regardé comme parfait dans le lieu où la convention a été faite, non dans celui où elle a été ratifiée, parce que la ratification rétroagit au temps et au lieu de la gestion. — Fiore, n. 249.

50. Ce principe s'applique non-seulement aux contrats faits par un commissionnaire et ratifiés par le commettant, mais aussi à ceux faits par un *negotiorum gestor*, lequel pour ses actes est assimilé au mandataire ; et par suite ils doivent être réglés par la loi du lieu où les affaires ont été gérées, non par celle du domicile du maître qui les a ratifiées. — Fiore, *ibid.*

51. Quand, en effet, le gérant achète ou fait un contrat quelconque pour le compte du maître de l'affaire, et quand ensuite il demande la ratification, bien que le consentement du ratifiant s'unisse à celui du gérant, dans le lieu où la ratification est donnée, néanmoins il rétroagit au temps et au lieu où l'affaire a été faite.

§ 2. — De la nature des effets de l'exécution et de l'extinction des contrats passés à l'étranger.

52. C'est, en principe, d'après la loi du lieu où elle devient parfaite qu'on doit décider si l'obligation est civile ou naturelle, si elle est pure et simple ou conditionnelle, si elle consiste à donner ou à faire, si c'est une obligation *rei certæ* ou une obligation *generis.* — Fiore, n. 253.

53. Mais la détermination de la loi qui doit régir ses effets, fait naître les plus graves hésitations. Ainsi c'est une question de savoir si la solidarité des codébiteurs dépend de la loi sous laquelle ils contractent, de la loi de leur domicile, ou de la loi du lieu du paiement ?

54. Suivant M. Massé (n. 623), lorsque le lieu de l'exécution est celui du domicile des parties ou celui de la passation du contrat, on peut poser comme règle générale que c'est la loi du lieu de l'exécution qui détermine les effets solidaires de l'obligation.

55. Toutefois, quand l'obligation doit être exécutée dans un lieu qui n'est ni celui du domicile des obligés, ni celui du contrat, ce sera la loi du lieu du contrat, si les parties n'ont pas la même nationalité, et la loi du domicile, quand il s'agit d'individus de la même nation contractant ensemble en pays étranger. — Massé, *ibid.*

56. En ce qui concerne les intérêts conventionnels, on s'est demandé, si au cas où deux Français sont convenus en pays étranger, où ils sont domiciliés, d'un intérêt au-dessus de 5 pour 100, en matière civile ou de 6 pour 100 en matière commerciale, la convention serait exécutoire en France, si elle est conforme à la loi du lieu du contrat? L'affirmative est aujourd'hui très-communément admise. — V. *Intérêts de sommes.*

57. Les intérêts légaux, c'est-à-dire qui sont dus sans convention et par la seule vertu de la disposition de la loi, sont réglés par la loi du lieu où le contrat a été conclu. — Massé, *loc. cit.,* n. 619.

58. Il suit de là que si, d'après la loi du lieu du contrat, l'obligation est de plein droit productive d'intérêts, tandis que dans le lieu désigné pour le paiement elle n'en peut produire que s'il y a convention expresse à cet égard, il faut suivre la loi du contrat. — Massé, *ut suprà.*

59. Lorsqu'au lieu d'intérêts conventionnels ou légaux, il s'agit d'intérêts *moratoires,* c'est-à-dire d'intérêts dus par le débiteur, faute par lui d'avoir payé la dette dans le délai déterminé par la convention, ces intérêts sont réglés par la loi du lieu du paiement.

60. L'interprétation d'actes passés à l'étranger, dans lesquels l'intention des parties n'a pas été clairement manifestée, doit être faite conformément à la loi du lieu du contrat, car les parties se sont conventionnellement soumises à la loi du pays, sous l'empire de laquelle ils contractaient.— Cass., 23 fév. 1864 (S. 65.1.365); Massé. *loc. cit.,* n. 597 ; Aubry et Rau, § 31, p, 106; Demol., 1, 105 ; Demangeat, p. 343 à 345.

61. Mais il en serait autrement au cas où l'acte, au lieu d'être passé entre personnes de nationalités différentes, est passé entre deux ou plusieurs étrangers appartenant à la même nation, et quand cet acte doit être exécuté dans le pays des contractants. Les parties sont présumées dans ce cas s'être référées aux lois de leur patrie. — Massé, *ut suprà ;* Aubry et Rau, *loc. cit.,* p. 107.

62. En ce qui concerne la monnaie avec laquelle doit être effectué le paiement, un doute peut s'élever lorsque la valeur réelle de la monnaie est différente dans le lieu de la stipulation et dans celui où le paiement est demandé. Ainsi Toullier suppose le cas d'un Allemand qui vend à un Hollandais un fonds de terre lui appartenant, pour 2,000 florins, sans déterminer s'il entend parler du florin ayant cours en Allemagne ou de celui qui a cours en Hollande, lequel a une valeur différente, et il dit que la valeur du florin doit être celle du florin ayant cours dans le lieu du contrat (t. 6, n. 319), *Sic,* Story conflict of Law, § 271 ; Burge, *Comment.,* part. 2 et 9; Fiore, *loc. cit.,* n. 275.

63. Il est du reste généralement admis que pour décider, en matière de vente, si l'acheteur a l'action en garantie contre le vendeur dans le cas d'éviction, on doit appliquer la *lex loci contractus,* non celle du lieu où se trouve la chose, ou celle du lieu indiqué pour le paiement, non plus que celle du lieu du domicile du vendeur. La raison en est, que bien que l'action en garantie soit personnelle et doive être régie, quant à la forme, par la loi du domicile du vendeur, et bien qu'elle ne puisse être exercée que quand l'éviction peut se dire réalisée, suivant la loi de la situation, cependant, quant au fond, elle dérive de la loi sous laquelle les parties se sont obligées, et elle fait partie intégrante de l'obligation du vendeur. — Fiore, *loc. cit.*, n. 292 ; *Sic*, Massé, *loc cit.*, n. 6, n. 637 ; Fœlix, t. 1er, n. 3. — V. cependant en sens contraire Demangeat sur Fœlix, t. 1er, p. 237, note *a*.

64. Les actions en rescision, révocation et nullité d'une obligation, lorsqu'elles sont fondées sur un vice intrinsèque du contrat, sont régies par la loi même sous laquelle les parties se sont obligées. Ce sont en effet là des suites immédiates de l'obligation elle-même. — Fiore, *loc. cit.*, n. 293 ; Fœlix, n. 100 ; Rocco, part. 3, chap. 10 ; Voet, *De stat.*, sect. 9, chap. 2, n. 20 ; Meur, § 86 ; Merlin, *Rép.*, v° *Effet rétroactif*, sect. 3 ; Chabot, *Quest. transit.* ; Rescision, n. 7 ; Aubry et Rau, p. 107.

65. Ce principe doit encore s'appliquer à l'action rédhibitoire pour défauts cachés de la chose vendue, et à la rescision pour cause de lésion en faveur du vendeur (ou de l'acheteur dans les législations qui l'admettent) ; Fiore, *loc. cit.*, n. 294.

66. Toutefois M. Massé enseigne (*loc. cit.*, n. 640) que si l'action en rescision tend à la revendication d'un immeuble, elle est régie par la loi de la situation de l'immeuble revendiqué. — *Sic*, Fœlix, *Droit internat.*, n. 93.

67. Les règles qui précèdent sont applicables aux quasi-contrats : les engagements qu'ils produisent sont régis par la loi du lieu où s'est accompli le fait duquel résulte le quasi-contrat.

68. Ainsi, celui qui gère volontairement l'affaire d'autrui, ou qui reçoit ce qui ne lui est pas dû, doit être jugé quant à ses obligations, comme *negotiorum gestor*, ou, quant à l'obligation de restituer la somme indûment reçue, par la loi du lieu dans lequel ces faits se sont passés. — Massé, *loc. cit.*, n. 646 ; Fœlix, *loc. cit.*, t. 1er, n. 114.

69. Toutefois les clauses des testaments, qui peuvent avoir une signification différente dans le lieu où l'acte a été fait et dans celui où se trouve la chose, doivent s'interpréter plutôt suivant la loi nationale du défunt, que d'après celle du lieu où le testament a été rédigé.

70. On peut en effet, dans cette hypothèse, sans inconvénient ni injustice, s'arrêter à la présomption que le testateur ou les parties s'en sont référés pour l'interprétation et les effets du testament aux lois et usages de leur pays, qu'ils connaissaient, plutôt qu'à ceux d'un pays étranger, qu'ils ignoraient peut-être. — Fœlix, *loc. cit.*, n. 72 ; Pardessus, t. 5, n. 1493 ; Demangeat, p. 343 à 345 ; Aubry et Rau, p. 107.

71. Quant aux formalités d'exécution, soit qu'elles consistent dans l'accomplissement de certains actes, ou l'observation de certains délais, elles sont naturellement régies par la loi du lieu de l'exécution, puisque celui qui exécute, et qui se trouve en ce lieu, ne peut être tenu de s'enquérir de formalités autres que celles qui y sont prescrites. — Massé, n. 600.

72. Du reste, les actes qui emportent exécution forcée dans le lieu de leur confection ne peuvent avoir la même force dans celui de leur exécution. Le principe de la souveraineté et de l'indépendance des nations y fait obstacle.

73 C'est ainsi, notamment, que les jugements étrangers ne peuvent être mis à exécution en France, sans avoir au préalable été rendus exécutoires, par une décision de la justice française.— C. civ., 2123. V. *Jugement étranger.*

74. Il nous reste à indiquer les modes d'extinction de l'obligation passée à l'étranger.

75. Le premier mode est le paiement. Il est réglé par la loi du lieu désigné pour l'accomplissement de l'obligation même. D'où toutes les questions relatives au mode de paiement, à la qualité des choses qui peuvent être payées, aux personnes auxquelles le paiement peut être fait, afin que le débiteur puisse se dire valablement libéré, aux effets du paiement avec subrogation, aux cas dans lesquels le débiteur peut être autorisé à se libérer au moyen de consignation précédée d'offres réelles, à la forme de tels actes, toutes ces questions doivent être réglées par la *lex loci solutionis.* — Fiore, n. 298 ; Massé, n. 604 et s. ; Pardessus, n. 1495.

76. De même, la quittance est valablement donnée en la forme suivie dans le lieu du jugement, bien que cette forme soit autre dans le lieu du contrat. — Massé, n. 612.

77. Vient ensuite la renonciation par laquelle le créancier abandonne une créance qui lui appartient et la remise de dette en particulier.

78. Les effets de la remise volontaire vis-à-vis des codébiteurs et des fidéjusseurs sont réglés par la loi qui régit l'obligation principale. — Fiore, n. 304.

79. Les actes suffisants pour prouver la renonciation ou la remise volontaire, eu égard au débiteur, doivent être appréciés selon la loi du lieu où devait avoir lieu le paiement.— Fiore, *ibid.*

80. Ici se place une grave controverse. Indépendamment de la remise volontaire, la remise forcée peut avoir lieu pour certaines obligations commerciales.

81. Ainsi le commerçant failli qui obtient un concordat de ses créanciers est libéré vis-à-vis d'eux jusqu'à concurrence des sommes à lui remises, et il est tenu pour les sommes réduites. Le concordat régulièrement homologué est un titre opposable partout aux créanciers qui l'ont accordé, et à toute personne intéressée.

82. Suivant certaines législations (art. 628, C. com. italien, art. 516, C. comm. français) le concordat homologué est obligatoire sur toute l'étendue du territoire où il est consenti pour tous les créanciers portés ou non portés au bilan, que leurs créances soient ou non vérifiées, et même pour les créanciers résidant à l'étranger. — V. *infrà,* v° *Concordat.*

83. La question est de savoir s'il est opposable également devant les tribunaux étrangers contre les étrangers.

84. L'affirmative est enseignée par M. Fiore, *loc. cit.*, n. 307,

qui se fonde sur ce que les créanciers sont soumis à la loi du lieu
où ils doivent et peuvent se faire payer, et, en outre, sur ce que
cette solution est favorable à l'intérêt réciproque des Etats et du
commerce.

85. Tel est également le sentiment de MM. Laîné (*Comment.
analyt. sur la loi du* 8 juin 1838, p. 254 *sur l'art.* 516) et Rocco
(part. 3, chap. 33, p. 379), qui sont toutefois d'avis que, lorsque
le concordat est déclaré exécutoire par le magistrat du pays du
créancier, il peut être opposé contre lui, bien qu'il ait été fait et
homologué par un tribunal étranger.

86. L'opinion contraire est défendue par M. Massé, qui se base
sur ce que le concordat est un mode particulier de libération et
ne peut être opposé qu'entre ceux qui, par leur nationalité, sont
sujets à la même loi (*loc. cit.*, n. 613). — *Sic*, Renouard, *Des faillites*, t. 2, p. 114.

87. C'est ainsi qu'il a été jugé qu'un concordat fait à l'étranger
et homologué par le tribunal étranger ne pouvait être opposé
en France à un créancier français qui n'y avait pas adhéré.—Paris, 25 fév. 1825.

88. L'obligation peut également s'éteindre par novation. C'est
le fait de substituer une nouvelle obligation ou une nouvelle
dette à l'ancienne. — V. *Novation.*

89. M. Fiore (n. 309) explique en ces termes les principes qui
régissent la novation au point de vue du droit international
privé : de quelque manière que se réalise la novation, puisqu'elle
consiste toujours dans la transformation contractuelle d'une obligation en une autre, elle fait cesser *ipso jure* la première obligation
avec tous ses accessoires, et elle est régie, quant à ses effets,
par la loi sous l'empire de laquelle elle s'opère, non par celle
qui réglait l'obligation antérieure qui a servi de cause à la nouvelle obligation.

90. Il résulte de là que, lorsque le créancier qui a consenti à
la novation a la capacité requise en matière de renonciation, il ne
peut prétendre exercer les actions et invoquer les exceptions ou
les garanties de n'importe quelle nature auxquelles il avait droit,
suivant la loi primitive de l'obligation ; mais il doit être régi par
les dispositions de la loi sous laquelle il consent à la novation,
parce que c'est sous cette loi que la nouvelle obligation devient
parfaite. — Fiore, *ut suprà.*

91. Un autre mode d'extinction de l'obligation est la prescription, mais par quelle loi doit-elle être régie? Est-ce par la loi de
la situation de la chose, soit par celle du domicile du débiteur et
du créancier, ou enfin par la loi du lieu de l'exécution du contrat?
C'est là une question complexe et exigeant certains développements, qui sera examinée plus utilement. — V. *Prescription.*

§ 3. — Enregistrement et timbre.

92. *Enregistrement.* — Les actes passés en pays étranger et relatifs à
des biens meubles étrangers sont passibles, lors de leur enregistrement en

France, des mêmes droits que s'ils avaient été souscrits en France pour des biens français. La même règle s'applique, à plus forte raison, quand l'acte passé en pays étranger concerne des biens français. La question qui s'était présentée en jurisprudence avant les lois des 25 août 1871 et 28 fév. 1872, avait déjà été résolue dans le sens que ces lois ont sanctionné. — Garn., *Rép. gén.*, v° *Acte passé hors du territoire*, n. 1412.

93. L'art. 1er, § 2, de la loi du 28 fév. 1872 assujettit au droit gradué les actes translatifs de propriété, d'usufruit ou de jouissance des biens immeubles situés en pays étranger ; et il ne distingue pas entre les actes de l'espèce passés en France et ceux qui sont passés à l'étranger. Il en résulte que sa disposition les comprend également, et que la présentation à l'enregistrement d'un acte translatif d'immeubles étrangers, souscrit à l'étranger, donnera lieu au droit gradué comme s'il s'agissait d'un acte passé en France. — Garn., *Ibid.*, 1410.

94. Pour l'enregistrement des actes qui portent transmission de propriété ou d'usufruit de biens immeubles situés en France, des baux à ferme ou à loyer, sous-baux, cessions et subrogations de baux, et des engagements sous seing privé de biens de même nature, passés en pays étranger, le délai est de six mois s'ils sont faits en Europe, d'une année si c'est en Amérique, et de deux années si c'est en Asie ou en Afrique, à peine du double droit. — L. 22 frim. an VII, art. 22 et 38.

95. Si lorsqu'un acte translatif de biens immeubles situés en France, passé en pays étranger, a été exécuté, et si le nouveau possesseur s'est fait imposer au rôle ou a fait en France des actes constatant sa propriété ou son usufruit, ce nouveau possesseur doit-il jouir de la totalité des délais que nous venons d'indiquer, suivant le lieu où l'acte a été fait, ou bien ce délai se trouve-t-il restreint dans les limites posées par l'art. 4 de la loi de ventôse an IX? D'après Garnier, *loc. cit.*, n. 1415, la solution à donner ne semble pas douteuse. La loi veut que les droits de mutations immobilières soient acquittés dans un délai de trois mois. Si elle accorde un terme plus long, quand ces mutations ont eu lieu en pays étranger, c'est à raison de l'éloignement ; mais du moment que la convention reçoit son exécution en France, le délai pour l'enregistrement ou le paiement des droits de mutation ne peut être plus étendu que celui accordé par l'art. 4 de la loi du 27 vent. an IX. Par conséquent, le délai de trois mois, accordé en pareil cas, court nécessaire-cessairement à compter de l'acte de propriété qui constate l'existence de la mutation immobilière.

96. Si un jugement étranger servait de titre à une mutation de biens français, le droit proportionnel ordinaire sera exigible.

97. De même, les arrêts et jugements des tribunaux étrangers dont l'exécution est poursuivie sur des biens situés en France à la requête des parties intéressées, sont passibles des mêmes droits de timbre et d'enregistrement que s'ils eussent été rendus par des tribunaux français. — Déc. min. 5 déc. 1828 ; Inst. gén., n. 1274 ; Garn., *loc. cit.*, 1416.

98. Les parties qui requièrent l'enregistrement d'actes et jugements venant de l'étranger sont tenues d'y joindre une traduction certifiée par un traducteur juré, et la relation de l'enregistrement doit être apposée sur la traduction, sauf à faire connaître sur l'original, par un duplicata de la relation, que la formalité a été donnée sur la traduction. — Déc. min., 7 mars 1833, Inst. gén. 1425, § 1er.

99. *Timbre.* — L'art. 13 de la loi du 13 brum. an VII défend d'agir en France sur tout acte venant de l'étranger, avant que cet acte ait été soumis au timbre. — V. *Timbre.*

ACTE PASSÉ EN CONSÉQUENCE D'UN AUTRE. — **1**. Nous traiterons, sous ce titre, des dispositions des lois sur l'enregistrement et le timbre, qui ont eu pour but d'assurer la perception en imposant certaines conditions lors de la rédaction d'un acte en relation avec un acte précédent.

TABLE ALPHABÉTIQUE.

DIVISION.

§ 1er. — *Enregistrement*.

§ 2. — *Timbre*.

§ 1er. — Enregistrement.

2. *Dispositions législatives.* — Les notaires, huissiers, greffiers, etc., ne pourront délivrer en brevet, copie ou expédition, aucun acte soumis à l'enregistrement sur la minute ou l'original, ni faire aucun autre acte en conséquence, avant qu'il ait été enregistré, quand même le délai pour l'enregistrement ne serait pas encore expiré, à peine de 50 fr. d'amende, outre le paiement du droit. — Sont exceptés les exploits et autres actes de cette nature qui se signifient à parties ou par affiches et proclamations, et les effets négociables compris sous l'art. 69, § 2, nombre 6 de la présente. — L. 22 frim. an VII, art. 41. — Amende réduite à 10 fr.; L., 16 juin 1824, art. 10.

Aucun notaire, huissier, greffier, secrétaire ou autre officier public, ne pourra faire ou rédiger un acte en vertu d'un acte sous signature privée, ou passé en pays étranger, l'annexer à ses minutes, ni le recevoir en dépôt, ni en délivrer extrait, copie ou expédition, s'il n'a été préalablement enregistré, à peine de 50 fr. d'amende, et de répondre personnellement du droit, sauf l'exception mentionnée dans l'article précédent, — Même loi, art. 42. — Amende réduite à 10 fr.; L. 16 juin 1824, art. 10.

3. Il sera fait mention, dans toutes les expéditions des actes publics, civils ou judiciaires, qui doivent être enregistrés sur les minutes, de la quittance des droits, par une transcription littérale et entière de cette quittance. Pareille mention sera faite dans les minutes des actes publics, civils, judiciaires ou extrajudiciaires, qui se feront en vertu d'actes sous signature privée ou passés en pays étranger, et qui sont soumis à l'enregistrement par la présente. Chaque contravention sera punie par une amende de 10 fr. — Même loi, art. 44. — Amende réduite à 5 fr.; L. 16 juin 1824, art. 10.

(L'art. 23 de la loi du 22 frim. an VII défend également de faire aucun usage, soit par acte public, soit en justice, soit devant toute autre autorité constituée, des actes faits sous signature privée ou passés en pays étranger et dans les îles et colonies françaises où l'enregistrement n'est pas établi, qu'ils n'aient été préalablement enregistrés).

4. L'art. 41 de la loi du 22 frim. an VII continuera d'être exécuté : néanmoins, à l'égard des actes que le même officier aurait reçus, et dont le délai d'enregistrement ne serait pas encore expiré, il pourra en énoncer la date, avec la mention que ledit acte sera présenté à l'enregistrement en même temps que celui qui contient ladite mention ; mais, dans aucun cas, l'enregistrement du second acte ne pourra être requis avant celui du premier, sous les peines de droit. — L. 28 avril 1816, art. 56.

Il ne pourra être fait usage, en justice, d'aucun acte passé en pays étranger ou dans les colonies, qu'il n'ait acquitté les mêmes droits que s'il avait été souscrit en France et pour des biens situés dans le royaume ; il en sera de même pour les mentions desdits actes dans des actes publics. — Même loi, art. 58.

5. Les notaires pourront faire des actes en vertu et par suite d'actes sous seing privé non enregistrés, et les énoncer dans leurs actes, mais sous la condition que chacun de ces actes sous seing privé demeurera annexé à celui dans lequel il se trouvera mentionné, qu'il sera soumis avant lui à la formalité de l'enregistrement, et que les notaires seront personnellement responsables non-seulement des droits d'enregistrement et de timbre, mais encore des amendes auxquelles les actes sous seing privé se trouveront assujettis.

Il est dérogé à cet égard seulement à l'art. 41 de la loi du 22 frim. an VII. — L. 16 juin 1824, art. 13.

6. *Acte non mentionné expressément.* — Il n'est pas nécessaire, pour qu'il y ait ouverture à la pénalité que l'acte sous seing privé non enregistré soit expressément mentionné, si l'existence d'une convention écrite et sa relation intime avec l'acte public sont suffisamment constatées par les énonciations de ce dernier acte.

7. *Absence d'acte.* — Il n'y a contravention que lorsqu'il existe un acte écrit et signé.

8. L'énonciation d'une pièce présentant le compte des apports d'un associé prédécédé ne constitue pas une contravention lorsque rien ne constate que cette pièce soit un acte signé. — Seine, 17 janv. 1862, *Journ. Enr.*, 17450; V. n. 117, *infrà.*

9. Un notaire peut rédiger un acte d'affectation hypothécaire pour garantie d'un crédit ouvert verbalement, s'il n'y a preuve de l'existence d'un écrit. — *Dict. Réd.*, hoc verbo, 100 ;

10. Ou faire mention d'une somme due en vertu d'une convention de remplacement militaire, si aucun acte n'est énoncé ;

11. — Ou faire usage d'un plan *non signé*. Une telle pièce n'a pas le caractère d'un acte. — Délib., 21 juin 1833, *Journ. Enreg.*, 10658; Sol., 19 mars 1873, *Dict. Réd.*, 197. —V. n. 48 et 128, *infrà.*

12. Il en est de même des registres des commerçants qui ne constituent pas des actes et échappent à l'application de l'art. 42, à moins qu'ils ne renferment des conventions ou règlements signés des parties. — Garnier, *Rép. gén.*, 1276.

13. *Actes résultant nécessairement d'un écrit.* — Lorsque la convention ou le fait juridique auquel l'officier public se réfère, résulte nécessairement d'un écrit, il y a contravention alors même que cet écrit n'est pas mentionné s'il est un des éléments essentiels de l'acte notarié. — Cass., 21 juill. 1849, 22 avril 1850, 7 janv. 1851, *Inst. rég.*, 1786, § 1er, 1875, § 1er, 1883, § 1er.

14. La mention dans une adjudication d'une taxe non enregistrée constitue une contravention, la taxe supposant nécessairement l'existence d'un écrit. — C. de proc., 701.703.964.972 ; Cass., 11 août 1852, 7 nov. 1853 ; *Inst. rég.*, 1996, § 7, 1999, § 1er.

15. Toutefois le notaire, en annexant l'ordonnance de taxe, peut user de la faculté accordée par l'art. 13 de la loi du 16 juin 1824. — Sol. rég., 28 mars 1874, *Journ. Enreg.*, 19460.

16. *Acte non représenté au notaire.* — Les dispositions des art. 41 et 42 sont absolues. La loi n'a pas admis d'exception pour le cas où la représentation de l'acte par les parties à l'officier public ne serait pas constatée. Il suffit que le premier acte soit un élément du second ou que l'engagement contracté par l'acte public soit une suite ou une conséquence de l'acte sous seing privé. — Cass. (Ch. réun.), 21 juill. 1849, *Inst. rég.*, 1844, § 1er.

17. Cependant, si la partie comparant à l'acte public n'est pas le détenteur du titre, il ne peut y avoir lieu à application de la pénalité. — Sol. rég., 19 août 1806 ; Dall., 5231 ; Sol. rég., 2 fév. 1872, *Dict. Réd.*, 136.

18. *Actes adirés.* — L'officier public qui rédige un acte en vertu de billets prétendus adirés est passible d'amende, sauf la preuve de la perte de ces billets. — Cass., 5 mai 1846 : *Instr. rég.*, 1767, § 1er ; *Dict. Réd.*, 130 ; Sol., 6 août 1856 ; Garnier, *Rép. gén.*, 1368-1.

19. La preuve de la perte de ces billets peut d'ailleurs résulter de l'acte public. Ainsi une quittance d'une dette reconnue par un billet déclaré adiré, une décharge d'un dépôt dont la reconnaissance a été égarée, n'ont d'utilité que par suite de la perte du titre et doivent nécessairement la faire supposer. — *Dict. Réd.*, 131, 132.

20. *Actes assimilés aux actes sous seing privé.* — L'administration de l'enregistrement assimile, pour l'application de l'art 13 de la loi du 16 juin 1824, aux actes sous signature privée les actes publics qui ne sont pas soumis à l'enregistrement dans un délai déterminé, et qui peuvent être annexés à l'acte notarié passé en conséquence ; — par exemple :

20 *bis.* Des actes passés en pays étranger ou dans les colonies où l'enregistrement n'est pas établi. — *Instr. rég.*, 1703-2 ;

21. Les certificats d'imprimeur constatant l'insertion dans un journal des actes de purge.—Sol., 20 déc. 1866 ; *Rép. pér.*, 2476 ;

22. Les ordonnances sur requêtes. — Sol. rég., 30 nov. 1867 ; *Journ. Enreg.*, 18732-4 ; Sol., 10 juill. 1872 ; *Dict. Réd.*, 227.—V. n. 92, 93, *infrà* ;

23. Les copies collationnées, les cahiers des charges rédigés par les avoués.— *Journ. Enreg.*, 12307-1, 19460 ;

24. Les états de frais taxés. — *Instr. rég.*, 2158-3, 4. — V. n. 15, *suprà* ;

25. Les cahiers des charges rédigés par les commissions administratives des hospices pour parvenir à la location des biens de l'établissement. —*Journ. Enreg.*, 15160-2;

26. *Actes exempts de l'enregistrement.* — L'obligation de faire enregistrer les actes avant d'en faire usage ne peut s'entendre de ceux qui sont affranchis de l'enregistrement.

Ainsi décidé pour les actes de l'état civil.—Délib. 18 avril 1818 ; *Journ. Enreg.*, 6056 ;

27. Même pour les actes portant reconnaissance d'enfant naturel, qui ne sont soumis à la formalité que sur la première expédition, l'art. 41 de la loi du 22 frim., n'ayant trait qu'aux actes assujettis à l'enregistrement sur la minute.—Sol., 15 avril, 16 mai 1870 : *Dict. Réd.*, 142;

28. Et encore pour un certificat délivré par un maire constatant la non-existence d'un acte sur les registres de l'état civil, ou l'absence de ces registres. — Décis. min. fin., 4 juill. 1820 ; *Journ. Enreg.*, 6714.

29. Les extraits des registres des receveurs de l'enregistrement ne sont pas assujettis à la formalité. On peut les mentionner dans les actes publics. — Sol., 19 oct. 1867 ; *Journ. Enreg.*, 18,440-1.

30. *Actes en débet ou gratis.* — Les actes qui doivent être enregistrés en débet ou gratis ne sont pas exceptés des dispositions des art. 41 et 42 de la loi de l'an VII. — *Instr. rég.*, 2456-7.

31. *Actes reçus par deux notaires.* — La faculté accordée par l'art. 56 de la loi du 28 avril 1816 n'est applicable qu'aux actes reçus par le même officier public. — Cass., 22 oct. 1811 ; Vitré, 14 oct. 1847 ; *Dict. Réd.*, 219.

32. D'après le *Journ. de l'Enreg.*, n. 12045, 18520-1, le notaire en second ne pourrait, dans un acte qu'il rédigerait comme notaire en premier, énoncer l'acte par lui signé en qualité de notaire en second, avant qu'il ait été enregistré.

33. Une délibération de la régie du 13 août 1834 décide que par ces mots : les actes que le même officier public aura reçus, il faut entendre, en ce qui concerne les notaires, tous les actes dont l'officier public est possesseur, soit qu'ils lui aient été remis par ses prédécesseurs, soit qu'il les ait rédigés lui-même.

34. *Amende, Pluralité.* — Il est dû autant d'amendes que l'officier public a rédigé d'actes, en vertu d'un seul acte non enregistré ; et il n'est dû qu'une amende si le notaire n'a rédigé qu'un seul acte en conséquence de plusieurs non enregistrés. — Décis. min. fin., 21 mai 1836 ; Délib. rég., 11 juill. 1835 ; Sol. rég., 29 mai 1872 ; Dall., 5225 ; *Dict. Réd.*, 304.

35. *Prescription.* — La contravention est couverte par le délai de deux ans. — L. 22 frim. an VII, art. 61, n. 1 ; L. 16 juin 1824, art. 14. Le recouvrement du droit simple ne s'éteint que par la prescription trentenaire. — Seine, 5 mai 1860 ; *Journ. Enreg.*. 1336.

36. *Transcription de la quittance.* — La transcription littérale de la relation de l'enregistrement des actes sous seing privé ou passés en pays étranger n'est pas de rigueur absolue ; il suffit que le notaire rappelle le nom du bureau, la date de l'enregistrement, le folio et la case et le montant de chaque droit payé. — Sol. rég., 23 avr. 1830 ; *Journ. Enreg.*, 9618.

37. Il y aurait contravention si la date et le bureau seulement étaient indiqués. — Décis. min. fin. 24 mai 1808 ; *Instr. rég.*, 400, § 10.

38. *Acte déposé ou annexé.* — L'art. 44 de la loi du 22 frim. an VII n'est pas applicable lorsque l'acte sous seing privé, ou passé en pays étranger, est déposé chez un notaire ou annexé à l'acte notarié qui le mentionne.—Sol., 14 oct. 1835 ; Dall., 5263 ; *Dict. Réd.*, 296.

39. L'expédition d'un pouvoir annexé faite à la suite de l'expédition de l'acte principal doit porter la mention de l'enregistrement du pouvoir, alors même qu'il serait énoncé dans l'acte que la procuration a été enregistrée. — Sol. rég., 1er déc. 1844 ; *Dict. Réd.*, 298.

40. *Énonciation antérieure*. — L'énonciation dans un acte public d'un sous seing privé mentionnant la quittance des droits d'enregistrement, ne dispense pas d'une semblable mention lorsqu'on fait de nouveau usage du même acte. — *Dict. Réd.*, 299 ; Décis. min. fin., 13 janv. 1826 ; *Instr. rég.*, 1414, § 1er.

41. *Particuliers*. — Aucune disposition de loi n'interdit aux particuliers de faire usage d'un acte non enregistré dans un acte sous seing privé. Les droits du premier acte ne deviennent pas exigibles, à moins que le second, en constatant les mêmes conventions, ne donne par lui-même directement ouverture au droit. — V. n. 143, 157, *infrà*.

42. *Paiement des droits*. — L'administration a le droit de contraindre les parties à produire les actes sous seing privé dont il a été fait usage dans un acte public, et à exiger le paiement des droits. — Cass., 28 mars 1859 ; *Instr. rég.*, 2160, § 1er.

43. L'officier public est responsable, mais seulement après la discussion des parties. — Cass., 3 juill. 1811 ; *Journ. Enreg.*, 4011 ; Thionville, 17 mars 1841 ; *Journ. Enreg.*, 12707 ; Chaumont, 1er août 1844 ; *Journ. Enreg.*, 13612 ; Seine, 14 mai 1840, 5 mai 1846 ; Péronne, 16 juill. 1869 ; *Dict. Réd.*, 307 ; *Rép. pér.*, 3090 ; *Rép. gén.*, 1307. — V. *Acte notarié*.

44. S'il a été fait, en contravention, usage d'un acte public, le contrevenant est tenu du paiement du droit, il n'y a pas à discuter le débiteur principal. — L. 22 frim. an VII, art. 41 ; Seine, 16 déc. 1871 ; *Rép. pér.*, 3403.

45. *Présentation au receveur*. — Si le receveur de l'enregistrement a omis de donner la formalité à un acte annexé, aucune amende ne peut être réclamée à l'officier public. La mention de l'annexe et le fait de l'annexe à l'acte public enregistré impliquent la présentation simultanée des deux actes.—Déc. min. fin., 21 mars 1858 ; *Instr. rég.*, 2122.

46. *Actes administratifs*. — Un officier public ne peut, sans se conformer aux règles ordinaires, agir en vertu d'actes concernant les départements, les communes et les établissements publics qui sont assujettis à l'enregistrement, tels qu'un certificat d'architecte. — Amiens, 23 août 1838 ;

47. Un devis dressé pour une adjudication de travaux. — Déc. min. fin., 4 juill. 1820 ; Péronne, 8 juin 1842 ; *Instr. rég.*, 1187, § 15, 1401, § 10 ;

48. Un plan et un procès-verbal d'arpentage dressés par un géomètre pour parvenir à la vente d'un immeuble appartenant à un bureau de bienfaisance. — Dunkerque, 31 déc. 1862, *Rép. pér.*, 1767.

49. Les actes qui, au contraire, sont exempts du timbre et de l'enregistrement, tels que les cahiers des charges rédigés par les maires, peuvent être mentionnés sans avoir été soumis à la formalité. — Sol., 1er fév. 1867 ; Garnier, *Rép. gén.*, 1266. — V. le mot *Acte administratif*.

50. *Acte refait*. — Si un acte sous seing privé est refait par un acte notarié, il n'est plus sujet à la formalité, et le défaut d'enregistrement ne constitue pas de contravention. — Cass., 22 oct. 1811 ; Déc. min. fin., 5 juill. 1822 ; Sol., 11 juill. 1835 ; Dall., 5247.

51. *Actions*. — Les titres d'actions dispensés de l'enregistrement par les lois [des 5 juin 1850 et 23 juin 1857 peuvent être énoncés sans avoir été soumis à la formalité.

52. *Adjudication*. — *Billets*. — L'adjudication par acte notarié de créances dues en vertu de billets non enregistrés constitue une contravention par le notaire, lors même que l'avoué aurait énuméré ces billets dans la rédaction du cahier des charges. — Lyon, 12 mars 1845, *Journ. Enreg.*, 13738.

53. *Adjudication*. — *Partage*. — Un notaire peut, sans contravention, faire enregistrer le partage des attributions des prix d'une adjudication avant de soumettre l'adjudication à la formalité. — *Journ. Enreg.*, 19085. — V. les mots *Licitation, Partage*.

54. *Assurances*. — Les polices d'assurances maritimes ou contre l'incendie, passées en France, sont assujetties à un impôt spécial par les art. 6 et suiv. de la loi du 23 août 1871. Elles peuvent être mentionnées dans les actes publics sans avoir, au préalable, été soumises à la formalité de l'enregistrement. — Sol. rég., 13 mars 1872.

55. *Bail déclaré verbal*. — La mention dans un acte de sous-location d'un bail verbal dont les parties déclarent avoir parfaite connaissance par la lecture qui leur a été faite, implique l'usage d'un bail écrit. — Seine, 19 juill. 1850, 5 mai 1860, *Journ. Enreg.*, 15.044.2, 17133.

56. *Cahier des charges*. — L'énonciation, dans un cahier des charges, d'un bail écrit des biens à vendre constitue une contravention. — *Dict. Réd.*, 56 ; Garnier, *Rép. gén.*, 1082.

57. L'insertion, dans un cahier des charges relatif à une adjudication de coupe de bois, des clauses et conditions d'une précédente vente de coupe et l'obligation imposée à l'adjudicataire de se conformer à ces clauses, prouvent suffisamment que la première vente, mentionnée comme étant verbale, a fait l'objet d'un acte non enregistré et dont il est fait usage. L'officier public, rédacteur du cahier des charges, encourt ainsi l'amende de contravention aux art. 41 et 42. — Seine, 2 janv. 1863, *Journ. Enreg.*, 17701.

58. *Caisse des consignations*. — Les récépissés délivrés par les préposés à la caisse des dépôts et consignations doivent être enregistrés avant d'être énoncés. — Amiens, 24 fév. 1842 ; Montauban, 19 déc. 1863 ; *Contrà*, Délib. rég., 3 fév. 1849.

59. *Certificat. — Adjudication.* — Un certificat d'imprimeur constatant l'insertion, dans un journal, de l'annonce d'une adjudication judiciaire, doit être enregistré avant l'adjudication s'il s'y trouve mentionné. — Cass., 15 fév. 1814, 26 janv. 1831, *Journ. Enreg.*, 4159.

60. Si le certificat de l'imprimeur n'est pas mentionné, le notaire contrevient aux dispositions des art. 696 et 960 du C. de proc., mais n'encourt pas l'amende prononcée par la loi de l'enregistrement. — Orléans, 10 août 1835 ; Délib. rég., 29 fév. 1836, *Dict. Réd.*, 111.

61. *Cession de créance.* — Le notaire qui reçoit l'acte de transport d'une créance commet une contravention si le titre n'est pas enregistré, alors même que l'acte public présente la convention originaire comme verbale, s'il renferme la mention de sa date et de *ses termes*, la précision des détails démontrant l'existence d'un acte écrit. — Montdidier, 23 août 1839, *Journ. Enreg.*, 12376-1, 14945-1 ; Conf., Lille, 3 mars 1849 ; Domfront, 1er août 1850 ; Senlis, 8 janv. 1835 ; Wissembourg, 30 juill. 1856, *Dict. Réd.*, 40, 91,249, *Contrà*, Seine, 31 mars 1855 ; Garnier, *Rép. gén.*, 1103.

62. De même, le notaire qui procède à la vente par adjudication de créances, en s'abstenant de mentionner les titres non enregistrés et l'inventaire antérieur qui en contient la description, encourt l'amende et est responsable des droits. — Yvetot, 17 juill. 1860, *Dict. Réd.*, 94.

63. *Chambre de discipline. — Certificat.* — Il n'y a pas contravention lorsqu'un notaire annexe à la minute d'un contrat de mariage le certificat non enregistré du dépôt pour justifier, dans son intérêt, de l'accomplissement de la formalité du dépôt. — Sol. rég., 1er août 1834.

64. *Colonies. — Algérie.* — Les actes passés en Algérie ou dans les colonies où l'enregistrement est établi doivent être soumis à la perception du supplément de droit avant qu'il en soit fait usage ou être présentés en même temps que l'acte public. — Seine, 26 avril 1843, *Journ. Enreg.*, 13361 ; Délib. rég., 30 nov. 1822, 2 août 1823 ; Garnier, *Rép. gén.*, 1296.

65. *Compte.* — Il résulte de l'art. 537 du Code de procédure que les quittances de fournisseurs, ouvriers, maîtres de pension et autres de même nature, produites comme pièces justificatives, sont dispensées de l'enregistrement.

66. *Compte de tutelle.* — Le projet de compte que le tuteur doit remettre au pupille devenu majeur est un acte distinct de l'acte constatant l'arrêté de compte et doit être enregistré en même temps s'il est sous seing privé et annexé, ou avant l'apurement s'il avait été passé devant un autre notaire ou s'il n'était pas annexé. — Délib., 21 avril 1828 ; Metz, 13 fév. 1838 ; Sol., 3 juill. 1855.

67. Si le projet n'était qu'une pièce informe et sans signature, il ne serait pas sujet à l'enregistrement. — Sol., 29 mars 1831 ; Evreux, 7 fév. 1829 ; Blois, 24 juin 1840 ; *Journ. Enreg.*, 12736-1 ; Aix, 22 août 1864 ; *Rép. pér.*, 2309. — V. n. 11 et 12, *suprà*.

68. Un notaire peut sans contravention relater dans le compte d'un tuteur un billet non enregistré provenant des fonds de la tutelle et remis au mineur. — Strasbourg, 23 oct. 1817 ; Cass., 10 mai 1821 ; Dall., 5241.

69. *Comptoir d'escompte.* — L'affranchissement du droit proportionnel accordé par le décret du 20 mars 1848, aux actes de nantissement faits au profit des comptoirs d'escompte, ne s'étend point aux actes qui sont remis en nantissement. — Seine, 2 juill. 1856 ; *Journ. Enreg.*, 16432.

70. *Conservateurs des hypothèques.* — Les actes sous seing privé doivent être enregistrés avant d'être présentés à la transcription. — Av. Cons. d'Etat, 12 flor. an XIII ; *Instr. rég.*, 316, § 8.

71. L'inscription prise en vertu d'actes ou jugements passés en pays étranger ne peut avoir lieu que si le titre venant de l'étranger a été enregistré en France. — Délib. rég., 5 nov. 1823 ; Nantes, 1er juin 1843 ; *Dict. Réd.*, 29.

72. Le cessionnaire d'une créance ne peut faire renouveler à son profit l'inscription prise contre le débiteur qu'après avoir fait enregistrer le transport. — Sol. rég., 7 mai 1869 ; *Rép. pér.*, 3016.

73. *Contrat de mariage.* — Les mentions des titres de créances comprises dans les apports des futurs ont un caractère simplement énonciatif. Elles peuvent être faites sans que ces titres aient été enregistrés.—Sol. rég., 3 oct. 1865 ; *Dict. Réd.*, 58 et 257 ; *Rép. pér.*, 2238.

74. Ainsi décidé spécialement en ce qui concerne une police d'assurance sur la vie. — Sol. rég., 6 août 1866 ; *Journ. Enreg.*, 18227-1 ; *Rép. pér.*, 2295.

75. Le notaire ne peut sans contravention mentionner l'avis du conseil de famille non enregistré par lequel les parents ont donné leur consentement au mariage. — Fontainebleau, 24 juill. 1839 ; *Journ. Enreg.*, 12367, où lui ont nommé un curateur *ad hoc* ; Grenoble, 27 juill. 1836 ; *Journ. Enreg.*, 11784.

76. *Décharge.* — La décharge donnée à un mandataire des sommes qu'il a reçues en vertu de quittances non enregistrées, n'oblige pas à faire enregistrer ces quittances. — Sol. rég., 8 sept. 1865 ; Garnier, *Rép. gén.*, 1086.

77. *Délivrance de legs.* — Il y a contravention lorsque, dans un acte de délivrance de legs, il a été déclaré que la somme léguée doit être prise sur celle due par une personne désignée, ainsi qu'il résulte de la cote 8 de l'inventaire, ce dernier acte faisant connaître, à là cote indiquée, que la créance résultait de titres non enregistrés. — Seine, 5 mai 1847 ; *Journ. Enreg.*, 14249.

78. *Effets négociables.* — Les lettres de change et billets à ordre sont exempts de l'enregistrement jusqu'au protêt. — L. 22 frim. an VII, art. 41, 42, 69, § 2, n. 6, 70, n. 15 ; L. 28 avril

1816, art. 50 ; L. 28 fév. 1872, art. 10. — Les notaires peuvent les relater sans contravention.—Sol. rég., 22 juill. 1864, *Rev. Not.*, 954.

Notamment, si dans un contrat de vente il a été stipulé que l'acquéreur a déposé entre les mains du notaire des billets souscrits par lui en paiement du prix, il n'y a pas lieu d'exiger l'enregistrement de ces billets. — Sol., 30 nov. 1825 ; *Instr. rég.*, 1187, § 13.

79. L'endossement d'un effet négociable non enregistré peut être reçu par un notaire sans qu'il y ait contravention. — Délib., 8 avril 1817 ; *Journ. Enreg.*, 5720.

80. *Extraits de jugements.* — Les secrétaires des chambres de discipline des notaires peuvent recevoir, sans exiger l'enregistrement, les extraits des jugements de séparation ou d'interdiction.—Délib., 28 avril 1837 ; *Journ. Enreg.*, 11819 ; *Dict. Réd.*, 192.

81. *Inventaire.* — Un arrêté du Directoire exécutif du 22 vent. an VII reconnaît que les notaires peuvent faire mention dans les inventaires des actes sous seing privé trouvés dans les papiers de la succession sans les faire enregistrer. — Circul. rég., 1557.

Cette règle s'applique aux titres du passif et aux titres de l'actif et à tout procès-verbal tenant lieu de l'inventaire. — Sol. rég., janv. 1873, sept. 1871 ; *Dict. Réd.*, 233.

82. Elle s'étend aux liquidations et partages. — Cass., 24 août 1818, 21 mars 1848 ; *Instr. rég.*, 1814, § 3 ;

83. Aux partages anticipés. — Délib., 27 avril 1822 ; *Dict. Réd.*, 235.

84. Il n'est pas nécessaire de transcrire la quittance de l'enregistrement des actes découverts dans les papiers de la succession, alors qu'ils ont été enregistrés.

85. Un inventaire peut être dressé en présence du subrogé tuteur et énoncer la délibération du conseil de famille qui l'a nommé, avant qu'elle ait été enregistrée. — Cass., 3 janv. 1827 ; *Instr. rég.*, 1210, § 3.

86. Il en est de même de la nomination du tuteur ou de l'émancipation du mineur. — Sol. rég., 8 nov. 1851, 19 fév. 1868, 11 juill. 1870 ; *Dict. Réd.*, 71 ;

87. Ou de l'ordonnance qui nomme un notaire pour représenter un héritier absent.—Saverne, 20 fév. 1836 ; *Journ. Enreg.*, 11638-2 ;

88. Ou du procès-verbal de la prestation de serment des experts chargés de procéder à l'estimation du mobilier. — Délib. rég., 20 juin 1827 ;

89. Ou du procès-verbal de levée des scellés. — Sol. 29 nov. 1845.

90. Il y a au contraire contravention, si le notaire agit à la requête d'un légataire institué en vertu d'un testament reçu par un autre notaire et non enregistré. — Sarlat, 2 fév. 1870 ; Sol. rég., 10 mars 1864 ; *Dict. Réd.*, 261 ; Boulogne, 20 juin 1873, *Rép. pér.*, 3685 ;

91. Ou bien à la requête d'un des successibles devenu seul héritier par suite d'une renonciation faite au greffe et non encore enregistrée. — *Dict. Réd.*, 262.

92. L'ordonnance apposée à la suite d'un inventaire interrompu par un référé (C. proc., 944) peut n'être enregistrée qu'avec la continuation de l'inventaire. — Déc. min. fin., 29 déc. 1807 ; Garnier, *Rép. gén.*, 1092-2.

93. L'ordonnance de levée des scellés peut être également enregistrée avec l'inventaire. — Garnier, *Rép. gén.*, 1205.1.

94. *Mainlevée.* — Lorsque le cessionnaire par acte non enregistré donne, en cette qualité, mainlevée d'une inscription prise au profit du cédant, le notaire agit en conséquence de l'acte de cession, et il doit le faire enregistrer. — Sol. 13 mai 1862 ; Garnier, *Rép. gén.*, 1128.

95. *Ordonnance.* — *Vente de meubles.* — L'ordonnance portant autorisation de procéder à une vente de meubles et celle qui lève les difficultés soulevées au sujet de la vente sont considérées comme ne formant qu'un seul et même acte avec le procès-verbal d'enchères, et peuvent être présentées en même temps à l'enregistrement. — Délib., 24 oct. 1818 ; Déc. min. fin., 26 déc. 1818, *Dict. Réd.*, 174.

96. *Partage.* — *Débiteur présent.* — Il y a usage du titre dans le sens de l'art. 42 de la loi de l'an VII, si une reconnaissance de dette souscrite par l'un des copartageants au profit de l'auteur de la succession est comprise dans la masse partagée, encore bien que le partage attribue la créance à l'héritier débiteur. — Cass., 28 mars 1859, *Inst. rég.*, 2160, § 1er, *Rép. pér.*, 1220, *Journ. Enreg.*, 16920.

97. Ne doivent pas être considérées comme parties à l'acte les personnes qui ne comparaissent que comme conseils ou amis des intéressés ou le notaire rédacteur. — Sol., 24 mai 1831 ; *Inst. rég.*, 1381, § 7 ; Sol., 18 déc. 1846, *Inst. rég.*, 1786, § 9.

98. Mais il n'y a pas contravention si le procès-verbal de liquidation ne renferme pas une énonciation qui se réfère directement à l'écrit et donne au titre une valeur juridique qu'il n'avait pas auparavant, si, par exemple, il se borne à se reporter à l'inventaire où les titres des créances sont décrits. — Cass. (Ch. réun.), 27 mai 1867, *Inst. rég.*, 1358, § 6 ; *Journ. Enreg.*, 18371 ; *Rev. Not.*, 1948 ; *Rép. pér.*, 2473.

99. Les énonciations et attributions faites dans un acte de liquidation et partage de créances sur les contractants énoncées comme résultant de notes ou de livres tenus par l'auteur de la succession ne constituent pas de contravention à l'art. 42. — Seine, 7 fév. 1855, *Journ. Enreg.*, 16003, 17 janv. 1862 ; *Journ. Enreg.*, 17450.

100. Un notaire contrevient à l'art. 41 de la loi du 22 frim. an VII lorsque, dans un acte de partage passé devant lui, il établit les qualités des parties d'après un acte de cession de droits successifs reçu par un autre notaire et non encore enregistré. — Saint-Gaudens, 15 mars 1876, *Journ. Enreg.*, 20186.

101. *Procuration*. — Un notaire peut, sans contravention, rédiger un pouvoir à l'effet de ratifier une adjudication non enregistrée. — Sol. rég., 8 sept. 1832, *Journ. Enreg.*, 10424;

102. Pour céder une obligatiou non négociable. — Sol., 27 janv. 1833 ; Garnier, *Rép. gén.*, 1096 ;

103. Ou une créance due et payable à l'étranger. — Sol., 23 oct. 1869.

104. *Procuration (extraits de)*. — Lorsqu'un notaire annexe à l'acte qu'il reçoit des extraits de procuration, avec mention que les brevets ou les minutes sont joints à un acte reçu par un autre notaire, il ne commet pas de contravention si ce dernier acte n'a pas été préalablement enregistré. — *Dict. Réd.*, 77.

105. *Quittances*. — Un notaire peut, sans contravention, recevoir la quittance d'une reconnaissance de dette non enregistrée. Sol., 10 mars 1866, 22 janv. 1867, *Journ. Enreg.*, 18312-1 ; *Dict. Réd.*, 80, *Contrà*, Sol., mars 1872;

106. Ou mentionner, dans une quittance finale, les quittances sous seing privé non enregistrées de sommes payées à compte. — Sol., 3 avril 1835 ; Seine, 20 juill. 1821, *Dict. Réd.*, 180 ;

107. Ou exprimer, dans un contrat de vente, que le prix stipulé est compensé avec le montant d'un billet dû par le vendeur à l'acquéreur. — Déc. min. fin., 3 mars 1824, *Journ. Enreg.*, 7689 ;

108. Ou mentionner, sans le faire enregistrer, le titre éteint par confusion. — Seine, 31 juill. 1863, *Rép. pér.*, 1853.

109. Il y a contravention si le notaire rédige une quittance *des intérêts* d'un billet non enregistré, lors même que la date du billet ne serait pas énoncée. — Troyes, 20 nov. 1832, *Journ. Enreg.*, 10539 ;

110. Une quittance d'arrérages d'une rente viagère constituée par acte sous seing privé non enregistré. — Seine, 7 déc. 1842, *Journ. Enreg.*, 13149, *Contrà*, Rennes, 29 nov. 1847 ; Garnier, *Rép. gén.*, 1156-1;

111. Une quittance finale, lorsque la quittance d'à-compte a été passée devant un autre notaire et n'est pas encore enregistrée. — Cass., 20 oct. 1811.

112. Il y a encore contravention si un notaire énonce dans un acte qu'un acquéreur s'est libéré du prix de son acquisition suivant quittance écrite en marge de l'acte de vente, ou que le vendeur lui a remis la grosse quittancée. — Reims, 3 juin 1843 ; Mirecourt, 12 août 1853 ; Cass., 17 fév. 1858, *Instr. rég.*, 2137, § 2.

113. *Ratification*. — La ratification d'un acte ne peut être rédigée avant l'enregistrement de l'acte ratifié. — Cass., 12 déc. 1808 ; *Journ. Enreg.*, 3233 ; Chaumont, 1er août 1844, *Journ. Enreg.*, 13612.1.

114. *Renonciation*. — Il y a contravention si le notaire mentionne la renonciation passée au greffe par la femme et non encore enregistrée, dans une liquidation de la communauté, ou dans la vente d'un acquêt. — *Dict. Réd.*, 49.

115. *Résiliation.* — Le notaire qui reçoit l'acte de résiliation d'un contrat écrit encourt l'amende si le premier contrat n'est pas enregistré. — Cass., 11 nov. 1812 ; *Dict. Réd.*, 45 et 186.

116. *Société.* — Le motif qui dispense de l'enregistrement les titres compris dans les apports des futurs en exempte aussi ceux dont il est fait mention dans les apports en sociëté, quand cette énonciation ne comporte pas la preuve d'un usage réel des pièces. — Garnier, *Rép. gén.*, 1101. V. n. 73, *suprà*.

117. La cession suivant acte notarié par les héritiers d'un associé défunt aux associés survivants de la part de leur auteur dans la masse, telle qu'elle est fixée par le dernier inventaire sous seing privé, oblige le notaire à faire enregistrer cet inventaire. — Verviers, 2 déc. 1863, *Rép. pér.*, 2213.

118. *Testament.* — Les notaires ne commettent pas de contravention en mentionnant, dans les testaments qui leur sont dictés, les billets ou autres actes non enregistrés. — Déc. min. fin., 14 juin 1808, *Inst. rég.*, 390, n. 16.

119. Les testaments, n'étant soumis à la formalité de l'enregistrement qu'après le décès des testateurs, peuvent être mentionnés sans contravention si le testateur n'est pas décédé. — Cass., 17 avril 1849, *Inst. rég.*, 1844-12.

120. Un notaire contreviendrait aux art. 41 et 42 de la loi de l'an VII s'il faisait usage d'un testament non enregistré dans un acte qui en serait l'exécution, tel qu'une délivrance de legs, la vente des meubles faisant l'objet d'un legs, une cession de droits successifs, un partage. — Déc. min., fin., 10 mars 1819 ; Sol. reg., 3 mars 1836, 18 juill. 1871 ; *Dict. Réd.*, 46 ; Sol., 15 mai 1851 ; Garnier, *Rép. gén.*, 1151-3, 1278.

121. Mais la renonciation pure et simple à un testament, ayant pour résultat de l'anéantir, peut être rédigée sans que le testament soit enregistré. — Délib. rég., 27 avril 1823 ; Sol. rég., 22 janv. 1849, 26 déc. 1866 ; Pithiviers, 5 août 1851 ; *Dict. Réd.*, 47 ; Garnier, *Rép. gén.*, 1142.

122. Il n'y a pas contravention de la part d'un notaire qui dresse un acte constatant qu'il a donné connaissance aux intéressés des dispositions d'un testament reçu par lui, ou par son prédécesseur, et qui fait enregistrer les deux actes en même temps. — Dél. rég., 26 févr. 1824 ; *Instr.*, 1132, § 11 ; Délib., 13 août 1834, *Dict. Réd.*, 222.

123. L'acte de dépôt d'un testament olographe peut être rédigé avant l'enregistrement du procès-verbal de présentation d'ouverture et de description. — Colmar, 12 juin 1826 ; Délib., 25 août 1826, *Dict. Réd.*, 293.

124. Les notaires ne sont pas tenus d'acquitter, d'une manière absolue, les droits et amendes des testaments déposés dans leurs études ; ils peuvent recevoir en dépôt, sans enregistrement préalable, les testaments et pièces qui s'y trouvent renfermées, lorsque remise leur en est faite par ordonnance du juge ; ils doivent alors fournir aux receveurs, dans les dix jours qui suivent l'expiration du délai de trois mois à compter du décès, des extraits certifiés par eux, des testaments dont les droits ne leur ont pas été remis par les héritiers ou légataires. — Déc. min. fin., 29 sept. 1817, *Dict. Réd.*, 308.

125. *Titres de propriété.* — Un notaire ne peut, sans contravention, énoncer dans un contrat de vente ou d'échange un partage non enregistré qui fait le titre de la propriété du vendeur.— *Dict. Réd.*, 49 et 50 ; Thionville, 17 mars 1841, *Journ. Enreg.*, 12707. — V. n. 136 et suiv.

126. Mais il peut mentionner la remise par le vendeur à l'acquéreur des pièces pouvant servir de titres et de renseignements, pourvu que l'acte ne contienne pas la date, la nature ou l'indication détaillée des titres remis. — Seine, 7 déc. 1848, *Dict. Réd.*, 59 et 198 ; Garn., *Rép. gén.*, 1141.

127. *Vente.* La mention, dans un contrat de vente, d'un état indicatif des immeubles et de leur contenance, remis par le vendeur à l'acquéreur et non enregistré ou annexé, constitue une contravention. — Bar-sur-Aube, 11 juill. 1837.

128. Un procès-verbal d'arpentage et un plan signé des biens vendus doivent être enregistrés avant le contrat. — Dunkerque, 31 déc. 1862 ; Garnier, *Rép. gén.*, 1106-1, 1109. V. n. 11 et 48, *suprà*.

129. Lorsque le prix est délégué à un créancier non présent à l'acte et détenteur du titre de sa créance, le notaire peut énoncer ce titre sans contravention. — L., 22 frim. an VII, art. 69, § 3, n. 3 ; Sol. rég., 19 août 1806 ; Dall., 5231 ; *Dict. Réd.*, 136.

130. Mais si le prix est délégué à un tiers acceptant porteur d'un titre sous seing privé, qu'il devra remettre au vendeur, et que ce titre n'ait pas été enregistré, le notaire rédacteur est passible d'amende. — Saint-Girons, 4 juin 1851, *Journ. Enreg.*, 15274-1.

131. *Vente, Command.* — Un notaire peut recevoir une déclaration de command avant que la vente passée devant un autre notaire ou l'adjudication judiciaire ait été enregistrée. — Cass., 23 janv. 1809 ; *Instr. rég.*, 357 ; Décis. min. fin., 5 sept. 1832 ; Sol., 19 déc. 1843 ; *Instr. rég.*, 1755, § 2 ; *Dict. Réd.*, 278, 279, 282 ;

132. Et faire enregistrer la déclaration de command avant l'adjudication. — Montmorillon, 24 juill. 1838 ; Toulouse, 2 mai 1839 ; *Dict. Réd.*, 280.

133. *Vente de meubles.* — L'officier public qui procède à une vente de meubles par suite d'un inventaire non enregistré commet une contravention. — Décis. min. fin., 16 juin 1829 ; *Instr. rég.*, 1293, § 1er ; Reims, 5 fév. 1848 ; *Journ. Enreg.*, 14619-1.—*Contrà*, Seine, 6 fév. 1850 ;

Sauf l'application de l'art. 56 de la loi du 28 avril 1816.

134. Si l'inventaire n'était pas mentionné, l'amende ne serait pas encourue. — Reims, 14 juill. 1858 ; Sol. rég., 23 avril 1867.

135. Un officier public peut procéder à la vente aux enchères du mobilier appartenant à des mineurs à la requête du tuteur, sans que l'acte de nomination du tuteur ait été enregistré. — Sol. 8 nov. 1851 ; Garnier, *Rép. gén.*, 1208.

136. *Ventes ou locations verbales. — Immeubles. — Fonds de commerce.* — Aucune loi n'impose aux officiers publics l'obligation de mentionner dans les actes l'accomplissement de la formalité, de la déclaration des ventes verbales d'immeubles ou de fonds de commerce ou des locations d'immeubles. — L. 23 août 1871 ; L. 28 fév. 1872 ; *Journ. Enreg.*, 19162-1.

137. Un notaire peut recevoir un acte de vente d'un immeuble, dont le vendeur est devenu propriétaire par acte sous seing privé non enregistré, si cet acte n'est pas mentionné dans le contrat notarié. — Cass., 24 juill. 1815 ; Dall., 5237 ;

138. Ou indiquer dans un partage que l'auteur de la succession a vendu verbalement son fonds de commerce à l'un des copartageants, moyennant un prix indiqué. — Seine, 9 mai 1857 ; *Journ. Enreg.*, 16575.

§ 2. — Timbre.

139. *Dispositions législatives.* — Tout acte fait ou passé en pays étranger ou dans les îles et colonies françaises où le timbre n'aurait pas encore été établi, sera soumis au timbre avant qu'il puisse en être fait aucun usage en France, soit dans un acte public, soit dans une déclaration quelconque, soit devant une autorité judiciaire ou administrative. — L. 13 brum. an VII, art. 13.

Il est fait défense aux notaires, huissiers, greffiers, arbitres et experts d'agir, aux juges de prononcer aucun jugement, et aux administrations publiques de rendre aucun arrêté, sur un acte, registre ou effet de commerce non écrit sur papier timbré du timbre prescrit ou non visé pour timbre. — Même loi, art. 24.

(Les livres de commerce ont été affranchis du timbre par l'art. 4 de la loi du 20 juill. 1837).

Il est prononcé par la présente une amende, savoir :..... 5° de 100 francs pour chaque acte public ou expédition écrit sur papier non timbré, et pour contravention aux art. 17, 18, 22, 23 et 24, par les officiers et fonctionnaires publics. — Même loi, art. 26. Amende réduite à 20 francs. — L. 16 juin 1824, art. 10.

140. Aucun notaire ou huissier ne pourra protester un effet négociable ou de commerce non écrit sur papier du timbre prescrit, ou non visé pour timbre sous peine de supporter personnellement une amende de 20 francs pour chaque contravention ; il sera tenu en outre d'avancer le droit de timbre et les amendes encourues. — L. 24 mars 1834, art. 23.

141. Lorsqu'un effet, certificat d'action, titre, livre, bordereau, police d'assurance ou tout autre acte sujet au timbre et non enregistré, sera mentionné dans un acte public, judiciaire ou extrajudiciaire, et ne devra pas être représenté au receveur lors de l'enregistrement de cet acte, l'officier public ou officier ministériel sera tenu de déclarer expressément dans l'acte si le titre est revêtu du timbre prescrit, et d'énoncer le montant du droit de timbre payé. En cas d'omission, les notaires, avoués, greffiers, huissiers et autres officiers publics seront passibles d'une amende de 10 francs par contravention. — L. 5 juin 1850, art. 49.

142. Aucune transmission des titres de rente, emprunts et autres effets publics des gouvernements étrangers, quelle qu'ait été l'époque de leur création, ne peut avoir lieu avant que ces titres aient acquitté le droit de timbre. En cas de contravention, le propriétaire du titre et l'agent de change ou tout autre officier public qui aura concouru à sa transmission, seront passibles chacun d'une amende de 10 p. 100 de la valeur nominale de ce titre. — L. 13 mai 1863, art. 7.

143. Nul ne peut négocier, exposer en vente ou énoncer dans des actes de prêt, de dépôt, de nantissement ou dans tout autre acte ou écrit, à l'exception des inventaires, des titres étrangers qui n'auraient pas été admis à la cote ou qui n'auraient pas été dûment timbrés au droit de 1 p. 100 du capital nominal. Tout acte, soit public, soit sous seing privé, qui énoncera un titre de rente ou effet public d'un gouvernement étranger, ou tout titre étranger non coté aux bourses françaises, devra indiquer la date et le numéro du visa pour timbre apposé sur ce titre, ainsi que le montant du droit payé. Chaque contravention à ces dispositions pourra être constatée, dans tous les lieux ouverts au public, par les agents qui ont qualité pour verbaliser en matière de timbre; elle sera punie d'une amende de 5 p. 100 de la valeur nominale des titres qui seront négociés, exposés en vente, énoncés dans les actes, ou dont il aura été fait usage. En aucun cas, l'amende ne pourra être inférieure à 50 francs. Toutes les parties seront solidaires pour le recouvrement des droits et amendes. Une amende de 50 francs sera encourue personnellement par tout officier public ou ministériel qui aura contrevenu aux dispositions qui précèdent. — L. 30 mars 1872, art. 2.

144. *Timbre insuffisant.* — L'amende est encourue lorsque l'officier public agit en vertu d'un acte écrit sur du papier frappé d'un timbre insuffisant. — Décis. min. fin., 17 mai 1833; *Dict. Réd.*, 313;

145. Ou bien si l'acte a été écrit à la suite d'un autre contrairement à la loi. — Sol. rég., 13 nov. 1863; *Rép. pér.*, 1957, § 4.

146. *Acte non mentionné.* — Pour qu'un officier public contrevienne à l'art. 49 de la loi du 5 juin 1850, il ne suffit pas qu'il agisse en vertu d'un acte sous seing privé, il faut que cet acte soit *mentionné* dans l'acte authentique passé en conséquence. — Seine, 21 fév. 1855; *Journ. Enreg.*, 15998.

147. *Déclaration.* — Il y aurait contravention si l'officier public se bornait à énoncer que les effets sont écrits sur timbre proportionnel sans indiquer le montant du droit de timbre payé. — Seine, 10 fév. 1853; *Journ. Enreg.*, 15597.

148. *Amendes, Pluralité.* — Il y a autant de contraventions à l'art. 24 de la loi de l'an vii, et il est dû autant d'amendes qu'il y a d'actes rédigés ; mais il n'est dû qu'une amende lorsqu'un seul acte a été rédigé en conséquence de plusieurs actes non timbrés. — *Dict. Réd.*, 316. — V. n. 34, *suprà*.

149. Il est dû autant d'amendes qu'il y a d'actes *mentionnés* en contravention à l'art. 49 de la loi du 5 juin 1850. — Cass., 31 mai 1853 ; Seine, 3 août 1852, 13 août 1858, 19 déc. 1857 ; *Dict. Réd.*, 354.

150. Si le notaire fait connaître que l'acte qu'il relate n'est pas rédigé sur papier timbré, il encourt l'amende de 20 francs prononcée par la loi de brumaire ; si, au contraire, il n'énonce pas que le titre sous seing privé qu'il mentionne est ou n'est pas écrit sur papier timbré, il n'est passible que de l'amende de 10 francs, édictée par la loi de 1850.

151. *Paiement des droits.* — L'énonciation dans un acte public d'un acte écrit sur papier non timbré n'est point une preuve suffisante pour autoriser à demander contre les parties, le paiement des droits et de l'amende. Les art. 31 et 32 de la loi du 13 brum. an vii exigent la rédaction d'un procès-verbal auquel l'acte non timbré doit être annexé. La loi du 5 juin 1850 n'a introduit aucune innovation à cet égard. — Cass., 25 fév. 1835 ; *Dict. Réd.*, 359.

152. Il ne peut être exigé ni droit ni amende de timbre pour l'acte ou billet qu'on déclare adiré, parce qu'on ne doit pas supposer que cet acte ait été fait en contravention aux lois sur le timbre. — *Instr. rég.*, 548, § 2.

153. *Exception.* — La dérogation apportée à l'art. 42 de la loi du 22 frim. an vii, par l'art. 13 de la loi du 16 juin 1824, s'étend aux actes non timbrés ou insuffisamment timbrés. — Délib. rég., 8 janv. 1825 ; *Instr. rég.*, 1166, § 15, 1457.

154. Les règles de l'art. 24 de la loi de brumaire et de l'art. 49 de la loi du 5 juin 1850 ne sont d'ailleurs pas applicables dans les cas où les art. 23 et 42 de la loi de frimaire ne doivent pas recevoir leur application, par exemple, aux titres et billets mentionnés à titre énonciatif dans les inventaires, les liquidations ou partages, les comptes de tutelle. — *Dict. Réd.*, 327, 341, 345. — V. n. 81 et s., 96 et s., *suprà*.

155. Depuis la loi du 23 août 1871 il en est de même des polices d'assurance soumises à une taxe obligatoire. — *Dict. Réd.*, 124. — V. n. 54, *suprà*.

156. *Actes administratifs.* — Les copies, extraits ou expéditions des arrêtés préfectoraux, contenant autorisation à une commune de vendre, acquérir ou louer peuvent être écrits sur papier non timbré. Mais l'expédition doit être timbrée avant qu'il en soit fait usage dans un acte public. — *Dict. Réd.*, 334.

157. *Titres étrangers.* — Sur l'interdiction aux officiers publics et aux particuliers d'énoncer des titres non timbrés ou non cotés à la Bourse, et sur l'obligation de mentionner la date, le numéro du timbre et le montant du droit, V. n. 143, *suprà*.

158. Le notaire qui mentionne des titres de fonds d'État non

timbrés, ou des actions, ou obligations non cotées et non timbrées
n'encourt qu'une seule amende de 50 francs. Les parties qui, en
énonçant dans un acte des titres étrangers réellement timbrés,
omettent de faire connaître que ces titres ont acquitté l'impôt,
n'encourent pas l'amende de 5 p. 100 de la valeur nominale. —
Sol. rég., 16 sept. 1873 ; *Journ. Enreg.*, 19288, *Rev. Not.*, 4510.

159. L'obligation d'énoncer le timbre des titres de fonds
d'Etats étrangers n'existe pas quand ces titres sont cotés à la Bourse.
Garnier, *Rép. gén.*, 8263-11. — *Contrà*, Sol. rég., 16 sept. 1873,
Rev. Not., 4510.

ACTE PORTANT PLUSIEURS DATES.—V. *Acte notarié.*, n. 478
et suiv.

ACTE PUBLIC. — C'est l'acte qui émane d'une autorité publique ou qui est reçu par un fonctionnaire en vertu des pouvoirs
que la loi lui confère. — V. *Acte en général, Acte administratif,
Acte authentique, Acte de l'état civil, Acte notarié.*

ACTE RÉCOGNITIF. — **1.** L'acte récognitif est celui par lequel
un débiteur reconnaît l'existence d'une obligation préexistante
déjà constatée par un acte antérieur, et se soumet de nouveau à
son exécution. Ce titre antérieur s'appelle primordial.

TABLE ALPHABÉTIQUE.

2. Les actes récognitifs sont le plus souvent employés lorsqu'il
s'agit d'empêcher l'extinction par prescription des redevances ou
prestations annuelles.

3. Pothier, *Traité des obligations*, n. 742 et suiv., distinguait,
d'après Dumoulin, deux espèces d'actes récognitifs :

1° Ceux dans lesquels la teneur du titre primordial est spécialement relatée, et qu'il appelait *ex certa scientia* ou *in forma speciali*,
parce qu'ils étaient présumés faits en pleine connaissance de
cause ; ils équipollaient au titre primordial au cas qu'il fût perdu
et en prouvaient l'existence contre le débiteur, pourvu qu'il ait la
libre disposition de ses droits ; ils dispensaient, par conséquent,
le créancier de le rapporter ;

2° Ceux qui ne relataient pas la teneur du titre primordial et
qui étaient nommés *in forma communi*, ils ne servaient qu'à le con-

firmer, et à interrompre la perception, mais ils ne confirmaient le titre primordial qu'autant qu'il était vrai ; ils n'en prouvaient pas l'existence et ne dispensaient par le créancier de le rapporter. — Laurent, t. 19, n. 388.

4. Les auteurs du Code ont suivi la même distinction :
Les actes récognitifs, dit l'art. 1337, C. civ., ne dispensent point de la représentation du titre primordial, à moins que sa teneur n'y soit spécialement relatée. Ce qu'ils contiennent de plus que le titre primordial, ou ce qui s'y trouve de différent, n'a aucun effet. Néanmoins, s'il y avait plusieurs reconnaissances conformes, soutenues de la possession, et dont l'une eût trente ans de date, le créancier pourrait être dispensé de représenter le titre primordial.

On voit que le paragraphe premier représente assez bien les actes *in forma speciali ;* le troisième paragraphe, les actes *in forma communi.*

5. La règle générale de l'art. 1337 est la représentation du titre primordial, mais cette règle souffre deux exceptions.
La première a lieu dans le cas où la teneur du titre primordial se trouve spécialement relatée dans l'acte récogintif.

6. Mais que faut-il entendre par les mots *teneur* et *spécialement?* La teneur de l'acte est-elle sa copie littérale ? Dumoulin le décidait ainsi, mais c'est là évidemment une exagération. La *teneur* n'est pas la *transcription ;* il ne faut donc pas que le titre primordial soit copié littéralement ; la loi ne l'exige pas. C'est, du reste, l'opinion des auteurs. — Laurent, n. 389 ; Toullier, n. 484 ; Aubry et Rau, t. 6, p. 420, § 760 *bis ;* Larombière, sur l'art. 1337, n. 5 ; Bonnier, n. 785 ; Marcadé, sur l'art. 1337, n. 4 ; Roll. de Vill., v° *Titre nouvel,* n. 30 ; Teste, *Encyclop. du dr.,* v° *Acte récognitif,* n. 6.

7. A la question, M. Demolombe propose la solution suivante :
Ce qu'il faut en droit, c'est que l'acte récognitif reproduise *spécialement* les dispositions principales et essentielles de l'acte primordial ; et qu'il ne se borne pas à des énonciations plus ou moins vagues, *indeterminata,* comme, par exemple, à une simple indication de l'objet ou du montant de la dette, ou de la date de l'acte.

En fait, c'est aux magistrats d'apprécier s'il résulte de l'ensemble du titre récognitif qu'il a été satisfait d'une manière suffisante à la condition que la loi exige. — Demol., n. 712; *in fine.*

8. La jurisprudence est aussi dans ce sens : ainsi la Cour suprême a jugé qu'il ne résulte pas de la disposition de l'art. 1337 que la transcription littérale du titre primordial soit une condition essentielle de la validité du titre récognitif, il suffit que la convention originaire y soit relatée dans les clauses principales. — Cass., 15 avril 1867 (S. 67.1,240), *Sic ;* Poitiers, 25 févr. 1823 (S. chr.) ; 3 juin 1835 (S. 35.1.324).

9. Jugé, de même, qu'un arrêté du conseil de préfecture, dans lequel est établie l'existence d'un ancien titre portant concession de droits sur un fait domanial, [et dans lequel se trouvent rappelées les dispositions de cet acte, peut, bien qu'il n'en soit pas la copie textuelle, être considéré comme un acte récognitif émané du gouvernement, qui dispense le concessionnaire de la représentation du titre primordial, pour la justification de ses droits. — Cass., 11 juin 1833 (S. 33.1.763).

10. Il résulte donc de l'art. 1337 que lorsque le titre récognitif relate spécialement la teneur du titre primordial, le créancier est dispensé de la représentation de ce titre au cas où il serait perdu.

Mais si le titre existe encore, le débiteur peut-il en exiger la représentation ? Les auteurs se décident généralement pour l'affirmative ; car c'est le titre primordial qui fait toujours la règle, et dès qu'il existe, c'est toujours le droit du débiteur d'en demander la représentation (Arg. art., 1334). Le débiteur peut avoir intérêt à cette représentation, comme lorsqu'il prétend que l'acte récognitif contient quelque chose de plus ou de différent.

En cas de négation de la part du créancier que le titre existe, le débiteur serait admis à en prouver l'existence par témoins et par présomptions, et si le créancier s'obstinait à nier, le tribunal pourrait déférer le serment supplétoire au débiteur. — Laurent, n. 390 ; Demol., n. 713 ; Aubry et Rau, t. 6, p. 421, note 10, § 760 *bis.*

11. Un registre-journal servant à la perception de rentes domaniales, alors même qu'il est revêtu de la forme exécutoire, ne peut dispenser de représenter le titre constitutif de la rente. — Paris, 2 déc. 1836 (S. 37.2.32).

12. Toutefois la nécessité de la représentation du titre primordial reçoit exception au cas où le titre récognitif produit ne paraît se référer à aucun titre primordial, où il paraît, au contraire, n'avoir eu pour objet que de constater une obligation préexistante, mais dont le titre aurait été détruit ou n'aurait jamais existé. Du moins l'arrêt qui le décide ainsi, par interprétation des termes de l'acte litigieux, ne peut, sous ce rapport, donner ouverture à cassation. — Cass., 29 janv. 1829 (S. chr.).

13. Il a été cependant jugé que l'acte récognitif dispense d'une manière absolue le créancier de la représentation du titre primordial, quand même il existerait, et quand même il différerait de l'acte récognitif. — Pau, 24 août 1828 (S. chr.).

Il est vrai que, dans l'espèce, l'acte avait été passé pour remplacer le titre originaire par un nouveau titre, lequel à l'avenir devait seul faire foi. Ce n'était plus, à proprement parler, un titre récognitif, mais un titre équivalant à un titre primordial; il y avait là une sorte de novation.

Mais la règle conserve toute sa force, dans le cas où le nouveau titre n'a pour objet que de reconnaître l'existence du titre primitif, lequel, dans l'intention des parties, doit continuer à faire foi de leurs conventions.

14. Un débiteur peut valablement renoncer au bénéfice des dispositions du Code civil qui obligent le créancier à représenter le titre primordial. L'efficacité de cette renonciation ne saurait être critiquée par l'allégation (non prouvée) que le titre primordial était entaché de féodalité. — Cass., 5 déc. 1837 (S. 38.1.72).

15. En matière commerciale, là où la preuve testimoniale est admise indéfiniment, la règle de l'art. 1337 ne saurait recevoir son application.

16. Ainsi jugé qu'en matière commerciale, l'existence d'une créance peut être établie d'après de simples présomptions, en l'absence du titre d'obligation. — Cass., 29 déc. 1835 (S. 36.1.751); 27 janv. 1836, *id.*

17. La disposition de l'art. 1337 n'est applicable seulement qu'aux actes récognitifs des droits personnels et non point aux actes récognitifs des droits réels. Il s'ensuit qu'en matière de servitude la représentation du titre primordial n'est dispensée qu'autant que sa teneur est spécialement relatée dans l'acte récognitif. — Demol., n. 710; Toullier, t. 7, n. 312; Marcadé, sur l'art. 1337, n. 6; Aubry et Rau, t. 6, p. 420, *Contrà*, Bonnier, n. 791.

18. Jugé, en ce sens que, pour que le titre récognitif puisse remplacer le titre constitutif d'une servitude, il n'est pas nécessaire que la teneur de ce titre y soit relatée, comme l'exige l'art. 1337 pour les conventions en général; cet article n'est point applicable aux servitudes; la règle en cette matière se trouve exclusivement dans l'art. 695.

Ainsi une sentence d'adjudication dans laquelle se trouvent compris des droits d'usage dans une forêt peut, si elle a été approuvée et exécutée par le propriétaire de la forêt, être considérée comme un titre récognitif de la servitude d'usage, dispensant de la représentation du titre primordial, bien que la teneur de ce titre n'y soit pas relatée. — Cass., 2 mars 1836 (S. 36.1.247).

19. Décidé de même que l'art. 1337 n'est pas applicable en matière de servitude discontinue. L'art. 695 est seul applicable, et il doit être entendu en ce sens qu'un simple titre récognitif est suffisant pour remplacer le titre constitutif, bien que la teneur de ce titre constitutif n'y soit pas relatée. — Cass., 16 nov. 1829 (S. chr.).

20. Le droit de vaine pâture revendiqué par les habitants d'une commune sur des prés et marais, après l'enlèvement de la seconde herbe, constitue non un droit de propriété, mais une simple servitude, dont l'établissement peut être prouvé par un titre récognitif remplissant les conditions de l'art. 695, C. civ., sans qu'il soit nécessaire que ce titre remplisse les conditions de l'art. 1337, C. civ. — Cass., 23 mai 1855 (S.57.1.123),

21. Si le titre récognitif ne contenait pas une relation suffisante du titre primordial, et que ce titre ne pût être représenté par le créancier de bonne foi, faudrait-il rejeter toute réclamation de la part de ce créancier et affranchir ainsi le débiteur d'une obligation peut-être légitime?

22. Dans l'ancien droit, en pareil cas, une seule reconnaissance ancienne suffisait pour équipoller au titre primordial. — Cass., 24 vend. an XIII. — Mais notre Code exige plusieurs reconnaissances conformes, dont une au moins ait trente ans de date pour dispenser le créancier de la représentation du titre.

C'est la seconde exception à la règle générale.

23. Remarquons que le texte de notre article 1337, porte : *pourrait être dispensé*, ce qui veut dire, que les juges ont un pouvoir discrétionnaire pour décider s'il y a lieu ou s'il n'y a pas lieu d'attribuer au titre récognitif la même force probante qu'au titre primordial. — Demol., n. 714; Bonnier, n. 786 ; Larombière, n. 141.

24. Ainsi jugé que lorsqu'un titre nouveau est invoqué comme ayant interrompu la prescription qui aurait couru contre un droit réservé par un titre primordial, les juges peuvent en interprétant et appréciant le titre normal, lequel ne fait aucune mention du droit réservé par le titre primordial, juger que le titre nouvel n'a pas interrompu la prescription.—Cass., 2 août 1837 (S. 37.1.671).

25. Le principe écrit dans l'art. 1337, C. civ., d'après lequel une seule reconnaissance ne dispense pas le créancier de représenter le titre primordial, à moins que sa teneur n'y soit spécialement relatée, est applicable aux actes passés sous l'ancienne législation, comme à ceux passés depuis le Code civil. — Paris, 30 janv. 1828 (S. chr.).

26. Jugé au contraire, que le principe qui ne permet de suppléer par des reconnaissances à la représentation du titre primordial, qu'autant qu'il existerait plusieurs de ces reconnaissances, soutenues de la possession et dont l'une aurait plus de trente ans de date, n'était point admis dans l'ancienne jurisprudence, et ne peut être maintenant appliqué, sans effet rétroactif, à une rente ancienne prétendue existante avant le Code civil. — Paris, 14 août 1828 (S. chr.).

27. Jugé aussi dans le même sens que l'art. 1337 qui détermine les conditions auxquelles les actes récognitifs dispensent de la représentation du titre primordial, a introduit un droit nouveau et ne saurait dès lors régir un tel acte antérieur au Code. — Cass., 15 avr. 1867 (S. 67.1.240).

28. L'acte portant concession de terres par un seigneur à une commune avec réserve de certains droits au profit d'une commune voisine, peut être invoqué par celle-ci comme acte récognitif émané du propriétaire du fonds sur lequel doivent s'exercer les droits réservés, ou du moins comme une énonciation insérée dans un acte ancien et ayant la force d'une preuve complète pourvu qu'elle soit soutenue par la possession. — Pau, 7 mars 1864 (S. 64.2.49).

29. L'acte de reconnaissance d'une servitude discontinue et non appareute, émané du propriétaire du fonds servant, mais auquel n'a pas été partie le propriétaire du fonds dominant, n'a pas, au profit de ce dernier, l'effet d'un titre récognitif de la servitude. — Cass., 16 déc. 1863 (S. 64.1.125). — *Contrà*, Demol., *Servit.*, t. 2, n. 757 *bis*.

30. Un procès-verbal du commissaire du roi, nommé pour procéder à l'évaluation de biens donnés par le roi à un seigneur en échange d'autres biens, dressé contradictoirement avec ce seigneur et portant, après vérification des titres, que ce même seigneur sera tenu de souffrir l'exercice des droits d'usage de paroisses, constitue un titre récognitif qui dispense les usages de la représentation du titre primordial. — Cass., 14 juill. 1858 (S. 59.1. 154).

31. Il résulte du second paragraphe de l'art 1337 que l'acte récognitif ne doit rien innover ; celui qui le souscrit n'entend pas contracter une obligation nouvelle, il reconnaît seulement l'ancienne, telle qu'elle est constatée par le titre primordial. Si donc la reconnaissance est plus étendue que ce dernier, il suffira de représenter celui-ci pour prouver qu'une erreur s'est glissée dans la reconnaissance, et celle-ci ne sera pas obligatoire à moins qu'il n'apparaisse clairement que les parties ont voulu formellement y ajouter, cas alors où l'acte nouveau ne sera pas, à proprement parler, un acte récognitif. — Laurent, n. 387 ; Teste, *Encyclop. du dr.*, vº *Acte récognitif*, n. 4.

32. Ce même paragraphe, qui déclare sans effet les additions ou modifications stipulées dans un acte récognitif, ne s'applique qu'à celles qui touchent à l'essence de l'obligation primitive; il ne s'applique pas aux conditions, accessoires ou extrinsèques, telle que la solidarité. — Toulouse, 5 avril 1838 (S. 39.2.380).

33. M. Demolombe trouve cette doctrine peu juridique, d'abord comme étant en opposition formelle avec le texte de la loi, ensuite comme pouvant ouvrir la porte à l'arbitraire dans la distinction très-difficile à faire entre les modifications qui touchent à la substance de l'obligation primitive et les modifications que l'on appelle accessoires et extrinsèques. — Demol., n. 718.

34. Ainsi il a été jugé que l'acte récognitif ne change pas la nature du contrat primordial par cela seul qu'il lui attribuerait de fausses qualifications et que, par exemple, il ne pourrait transformer une rente, féodale en vertu du titre primitif, en une rente purement foncière. — Cass., 12 janv. 1814 (S. chr.).

35. Lorsqu'il résulte du titre récognitif une obligation moindre que celle du titre primordial, le débiteur peut-il se prévaloir de cette différence?

D'après Pothier qui a prévu ce cas (n. 778 et 779), s'il y a plusieurs reconnaissances conformes et qui remontent à trente ans, le créancier ne peut pas réclamer ce qui est porté dans le titre primordial et ce qui manque dans la reconnaissance, parce qu'il y a prescription acquise pour le surplus.

36. Cette opinion n'est pas partagée par Toullier (t. 8, n. 489) et par Larombière (t. 4, *sur l'art.* 1337, n. 10), par cette raison, que les auteurs du Code, ayant reproduit la doctrine de Pothier pour ce que l'acte récognitif contient de plus ou de différent, tandis qu'ils n'ont pas reproduit ce qu'il dit du cas où l'acte contiendrait quelque chose en moins, ils ont certainement entendu innover.

37. Mais, comme dit M. Laurent, on peut répondre avec raison, qu'il était inutile de reproduire ce que Pothier avançait, puisque c'est l'application du droit commun en matière de prescription ;

les obligations peuvent s'éteindre partiellement comme pour le tout ; cela est décisif. — V. dans le même sens Aubry et Rau, t. 6, p. 419, note 2, § 760 *bis* ; Bonnier, t. 2, p. 370, n. 788.

38. Le Code italien est beaucoup plus clair que notre Code sur ce point. L'acte récognitif, dit l'art. 1340, fait preuve contre le débiteur, ses héritiers et ayants droit, si ceux-ci, par la production du titre primitif, ne démontrent pas qu'il y a eu erreur ou excès dans l'acte récognitif.

39. La force probante d'un acte récognitif est soumise à la relation de la teneur de l'acte primordial, non-seulement lorsque l'acte est opposé à des tiers, par exemple, à des créanciers du débiteur, mais aussi lorsqu'il est invoqué contre le débiteur ou ses héritiers.— Marcadé, t. 5, *sur l'art.* 1337, n.4.— *Contrà*, Delvinc., t. 2, notes, p. 831 ; Duranton, t. 13, n. 263.

40. L'acte récognitif doit être donné avant l'époque fixée par la loi pour que la prescription soit acquise.

Après vingt-huit ans de date du dernier titre, dit l'art. 2263, C. civ., le débiteur d'une rente peut être contraint à fournir à ses frais un titre nouvel à son créancier ou à ses ayants cause. — V. *Titre nouvel.*

ACTE RESPECTUEUX. — 1. L'acte respectueux est l'acte par lequel les enfants de famille qui ont atteint l'âge après lequel le consentement des père et mère ou des ascendants n'est plus indispensable pour la validité du mariage, demandent à ceux-ci, pour se marier, conseil avant de contracter leur union.

TABLE ALPHABÉTIQUE.

DIVISION.

§ 1er. — *Historique.*

§ 2. — *Dans quels cas il y a lieu à la notification des actes respectueux.*

§ 3. — *Caractères de l'acte respectueux. — Termes. — Pouvoir.— Libre volonté.*

§ 4. — *Notification des actes respectueux. — Notaire. — Présence de l'enfant. — Pouvoir. — Témoins. — Notification. — Remise de l'acte.*

§ 5. — *Renouvellement.*

§ 6. — *Enregistrement et Timbre.*

§ 7. — *Formules.*

§ 1er. — **Historique.**

2. Chez les Romains, où les enfants ne pouvaient jamais s'affranchir de la puissance paternelle, le consentement du père était rigoureusement exigé pour la validité du mariage de l'enfant, quel que fut son âge. (L. 2 et 18 *De nuptiis*). La seule dérogation à ce principe consistait dans la faculté qui appartenait à l'enfant de s'adresser au magistrat, lorsque le refus du consentement n'était basé sur aucun motif légitime. — Loi 19, *eod. tit.*).

3. L'obligation des actes respectueux existe depuis longtemps en France, et se trouve consacrée par l'ancienne législation et notamment par un édit du mois de février 1556. Toutefois la loi du 20 sept. 1792 a dérogé à cet usage et a reconnu aux enfants devenus majeurs le droit de s'affranchir de toute autorité à l'égard des père et mère pour contracter mariage, et dès lors, celui de le contracter sans avoir besoin de leur demander ni consentement ni conseil.

3 *bis.* Le Code civil a rétabli en France l'usage des actes respectueux qui avait cessé dans l'intervalle de 1792 à 1803.

4. La nécessité de cette sommation appelée respectueuse avait été consacrée par plusieurs dispositions, tels que l'Edit de Henri II de février 1556; la déclaration de Louis XIII du 26 nov. 1639; un arrêt de règlement du 26 nov. 1692; et un Edit de Louis XIV de novembre 1697.—*Rép. gén. du Palais*, vo *Acte respectueux*, n. 6.

Cette sommation ne pouvait être faite sans l'intervention du juge. « Les fils et les filles, même les veuves, dit l'arrêt de 1692, « qui voudront faire sommer leurs pères et mères, aux termes de « l'ordonnance, de consentir à leur mariage, seront tenus, à l'ave- « nir, d'en demander permission aux juges des lieux du domicile

« de leur père et mère qui seront tenus de la leur accorder par
« requête. »

5. Le nombre des sommations était de trois, (arrêt de règlement du parlement de Toulouse, 26 juin 1723) et la signification
était faite par ministère de notaires (Arr. de 1692).

6. Le Code civil, en modifiant essentiellement le principe de la
loi de 1792, a consacré de nouveau la nécessité des sommations
qu'on appelle maintenant *Actes respectueux*. — V. *Rép. gén. Pal.*,
loc. cit., n. 7 et suiv.

§ 2. — Dans quels cas il y a lieu à la notification des actes respectueux.

7. Les actes respectueux sont des actes de haute convenance
sociale. Aussi le législateur veut-il qu'ils soient passés devant notaires, parce que cette intervention des notaires donne aux actes
respectueux ce caractère élevé, honorable, qui convient si essentiellement dans la circonstance ; parce que le législateur a dû
compter, en outre, que des officiers dont le ministère est réclamé
si habituellement pour régler les intérêts de famille emploieraient
leur médiation et tous leurs efforts pour amener un rapprochement entre les parents et les enfants. — *Exposé des motifs de la
loi*, par Bigot-Préamenu.

8. Depuis vingt-cinq ans jusqu'à trente ans accomplis pour les
hommes, et depuis vingt et un ans jusqu'à vingt-cinq ans accomplis pour les filles, les enfants de famille sont tenus, avant de
contracter mariage, de demander, par un acte respectueux et formel, renouvelé deux autres fois de mois en mois, le conseil de
leur père et mère, ou celui de leurs aïeuls ou aïeules, lorsque leurs
père et mère sont décédés ou dans l'impossibilité de manifester
leur volonté. — C. civ., 151,152.
Après cet âge, il suffit d'un seul acte respectueux. — C. civ.,
153.

9. Ainsi, relativement au mariage, le législateur n'a pas cru
devoir régler pour le fils de famille la majorité à l'âge ordinaire,
qui est fixé à 21 ans par l'art. 488, il a considéré avec raison
qu'il était utile de prolonger cette autorité protectrice que le père
et la mère doivent exercer sur lui. Majeur pour tous les autres
actes de la vie civile à 21 ans, le fils de famille n'atteint sa majorité quant au mariage qu'à 25 ans. Il n'en est pas de même pour
les filles : la majorité pour le mariage est restée fixée pour elles
à 21 ans.

10. S'il n'y a aucun ascendant, ou si tous ceux qui existent
sont dans l'impossibilité de manifester leur volonté, les fils ou
filles mineurs de 21 ans ans ne peuvent contracter mariage sans
le consentement du conseil de famille (C. civ., art. 100). — Dans
ce cas, si l'enfant a plus de 21 ans, il n'a ni consentement ni conseil à demander, et par conséquent pas d'acte respectueux à notifier. — Marcadé, art. 155, n. 2.

11. Cette obligation de demander conseil pour le mariage

concerne l'enfant légitime, quand même il aurait été déjà engagé
dans les liens d'un précédent mariage dissous, parce qu'à tout
âge il doit honneur et respect à ses père et mère (C. civ., 371), et
qu'il peut en obtenir d'utiles conseils.

12. Cette même obligation de demander par des actes respectueux le conseil des père et mère est applicable à l'enfant naturel légalement reconnu (C. civ., 158). S'il n'a pas été reconnu,
ses père et mère ne peuvent s'apposer à son mariage, puisqu'il
n'existe entre eux et lui aucun lien civil.

13. Mais elle n'est pas applicable aux enfants adoptifs.—En effet,
bien loin que la loi prescrive ce devoir, l'art. 348 porte que l'adopté
reste dans sa famille naturelle et y conserve ses droits. — Favard
de Langlade, v° *Acte respectueux*, t. 1er, p. 83 ; Coffinières, *Encycl.
de dr.*, eod verb., n. 18.

14. Les actes respectueux doivent être notifiés *par deux notaires*, ou par *un notaire* et deux témoins, et dans le procès verbal
qui doit en être dressé, il faut mentionner la réponse. — C. civ.,
154.

Comme on le voit, aux *notaires seuls* est dévolu le droit d'instrumenter dans des circonstances aussi importantes.

15. L'acte respectueux n'étant pas compris dans l'énumération
des actes pour lesquels la présence réelle du notaire en second ou
des témoins est exigée, *à peine de nullité*, par la loi du 21 juin 1843,
sur la formalité des actes notariés ; il nous semble qu'on tombe
alors dans la règle générale qui dispense de cette présence
réelle.

16. Toutefois, comme c'est un acte qui peut être regardé
comme solennel par les interpellations et les réponses qu'il doit
contenir, nous conseillons d'exiger cette présence réelle, encore
bien que l'art. 154 précité ne prononce point expressément de
nullité pour défaut d'assistance.

17. A défaut d'indication plus précise de la part du législateur
au sujet de la formalité de l'acte respectueux, les notaires ont
adopté, assez généralement, une forme qu'il nous paraît convenable de suivre. On commence par faire faire à l'enfant un acte
par lequel il supplie respectueusement ses père et mère de lui
donner conseil sur son mariage, puis il requiert les notaires
d'opérer la notification de cet acte qu'il signe. Ensuite, en obtem-
pérant à ce réquisitoire, les notaires se transportent seuls, en
l'absence de l'enfant ou de son fondé de pouvoirs, auprès des
père et mère, auxquels ils font la notification de l'acte respectueux, et ils en dressent procès-verbal. — V. dans ce sens notamment un arrêt de la Cour de Lyon, *infrà*, n. 52 et les formules
d'acte.

18. Le mariage contracté à l'étranger entre un Français et une
étrangère est nul s'il n'a pas été précédé de publications faites en
France, conformément à l'art. 63 (C. civ., art. 170). — Il est également nul si le Français même, âgé de plus de vingt-cinq ans,

n'a pas préalablement demandé le conseil de ses père et mère par un acte respectueux. — Cass., 6 mars 1837 (Pal. 37.1.175).

19. Le défaut du consentement de l'ascendant ou de notification d'un acte respectueux ne saurait constituer une cause de nullité d'un mariage contracté à l'étranger par un Français, majeur de vingt-cinq ans.

Et la cause de nullité n'existe pas non plus, par le fait que ce mariage a eu lieu sans publications préalables en France. A cet égard, les tribunaux ont toute latitude d'appréciation et peuvent accepter comme valable une pareille union, alors surtout qu'ils reconnaissent qu'elle s'est opérée sans clandestinité. — Douai, (Ch. réun.), 29 déc. 1875, *Rev. Not.*, n. 5066 avec l'annotation suivante :

« Quelques auteurs, s'attachant à une interprétation littérale de l'art. 170, C. civ., ont pensé que le mariage d'un Français, célébré en pays étranger sans le consentement des ascendants et sans publications préalables en France, est absolument nul. En ce sens, Delvincourt, t. 1, p. 68, note 4 ; Marcadé, sur l'art. 170, n. 2, et quelques arrêts. Mais l'opinion consacrée par la décision que nous rapportons est la plus accréditée en doctrine et en jurisprudence. — V. Demol., *Du mariage*, t. 1, n. 225, et les arrêts cités ; Dall., *Rép. gén.* eod. v°, n. 393 et suiv. ; Roll. de Vill., v° *Mariage*, n. 23 : Cass., 21 fév. 1866, *Revue*, n. 1611 ; Seine, (Trib. civ.), 22 juin 1869, *Revue*, n. 2501 ; Cass., 24 avril 1874 (Dall. 75.3.9); Cass., 8 mars 1875 (Dall. 75.1.482). »

20. La fille majeure de *vingt-cinq ans*, mais âgée de moins de trente ans, n'est pas tenue de réitérer deux fois l'acte respectueux. — Bordeaux, 22 mai 1806 (P. chr.).

21. La fille âgée de plus de vingt-cinq ans peut se marier après un seul acte respectueux : l'obligation de le renouveler deux fois après vingt-cinq ans et jusqu'à trente regarde les fils et non les filles. — Besançon, 24 mai 1808 ; Bourges, 2 janv. 1810 (P. chr.). ; Paris, 19 sept. 1813 (P. chr.).

22. On a agité la question de savoir si l'acte respectueux et l'acte de notification sont deux actes distincts, de telle sorte que, pour la rédaction de chacun de ces actes, il faille observer les formalités prescrites par la loi organique du notariat. On distingue. Lorsque les notaires font la notification en ayant avec eux le fils de famille, il suffit d'un seul acte pour exprimer la demande respectueuse et en constater la notification ; mais il y a forcément deux actes distincts et séparés, lorsque la notification se fait hors la présence de l'enfant, savoir : 1° l'acte respectueux qui se rédige dans l'*étude* du notaire, en présence de l'enfant et en l'absence des ascendants ; 2° le procès-verbal de notification qui se fait *au domicile des ascendants, en présence de ceux-ci* et en l'absence de l'enfant. Il n'y a, on le voit, dans ces actes, ni identité de lieux, ni identité des parties.

23. Jugé, en conséquence, que si l'enfant n'est pas présent à la notification de l'acte respectueux, il doit être dressé deux actes distincts : l'un constatant l'acte respectueux, l'autre portant notification de cet acte. — Toulouse, 2 fév. 1830 (P. chr.).

§ 3. — Caractères de l'acte respectueux. — Termes. — Pouvoir. Libre volonté.

24. L'acte respectueux est une marque de déférence donnée par l'enfant à ses ascendants ; il ne faut donc pas que les termes dans lesquels il serait rédigé lui fassent perdre ce caractère ; en un mot, il doit être respectueux. Aussi la loi dit-elle que l'enfant demandera le *conseil* de ses père et mère ou aïeuls. — C. civ., art. 151.

25. Jugé par suite qu'on ne peut considérer comme respectueux et, par conséquent, comme remplissant le vœu de l'art. 151, C. civ., l'acte par lequel un fils fait *sommation* à ses père et mère de lui donner conseil sur le mariage qu'il a l'intention de contracter, avec déclaration qu'en cas de refus, *il agira comme s'ils avaient donné leur consentement*. — Bordeaux, 12 fruct. an XIII.

26. Toutefois, la Cour de cassation a déclaré valables des actes respectueux dans une espèce où l'enfant avait requis le *consentement* au lieu de leur demander *leur conseil*, et avait protesté, *en cas de refus, de passer outre au mariage dont il était dans la ferme intention de ne pas abandonner le projet*. — Cass., 24 déc. 1807 (P. chr.).

27. Jugé que l'emploi des termes *sommé* et *interpellé*, dans un acte respectueux ne suffit pas pour entraîner la nullité de cet acte, lors surtout qu'il y est accompagné des mots *prières* et *humbles supplications*. — Rouen, 6 mars 1806 (P. chr.) ; Cass., 4 nov. 1807 (P. chr.).

28. De même, n'est pas nul l'acte respectueux dans lequel l'enfant requiert le *consentement* et non le *conseil* de ses père et mère, s'il ne contient d'ailleurs rien d'irrévérentiel. — Bordeaux, 22 mai 1806 (S. et P. chr.).

29. Doit-on considérer comme une marque d'irrévérence, et, dès lors, comme viciant les actes respectueux, le fait par l'enfant d'avoir donné au notaire une seule procuration pour les signifier tous les trois. La question est controversée.

30. Plusieurs arrêts ont décidé qu'il y a nullité dans le fait d'avoir donné à l'avance une seule procuration, prouvant l'intention de n'avoir aucun égard aux conseils que les actes respectueux ont pour objet de demander, et devant dès lors être considérés comme irrévérencieux. — Rouen, 19 mars 1828 (P. chr.).

31. Mais cette décision est repoussée par d'autres arrêts qui valident les actes [respectueux, et refusent de considérer le fait d'avoir donné à l'avance *une seule procuration*, comme une marque d'irrévérence. — Caen, 11 avril 1829 et 24 fév. 1827 (P. chr.).

32. Cette dernière opinion a été adoptée par la Cour de Paris, qui a décidé par arrêt du 29 nov. 1876, qu'une procuration unique et en brevet suffit pour signifier les trois actes respectueux.

Nulle disposition de la loi n'exige, porte l'arrêt, comme condition essentielle de la validité des actes respectueux, que la procuration donnée à l'effet de représenter l'enfant soit renouvelée après la notification du premier acte et pour chaque acte à notifier ultérieurement. La procuration donnée au fondé de pouvoir est censée donner pour tous les actes, et il suffit pour la manifestation de la déférence et du respect imposés par la loi à l'enfant, que chaque procès-verbal de renouvellement d'acte respectueux offre la preuve, comme dans l'espèce, que chaque fois la réponse des parents a été connue du fils et que refusant d'y obtempérer, il a persisté à requérir un nouvel acte de soumission (S. 77.2.111.P. 77.473); *Rev. Not.*, n. 5305.

33. Déjà la même solution avait été admise par la Cour de Douai, par arrêt du 8 janv. 1828, portant que chaque notification contenait la preuve que la réponse des parents a été connue de l'enfant, et qu'il a persisté à requérir leur consentement.

34. Il y a nullité des actes respectueux lorsqu'on n'y trouve pas la demande directe de conseil adressée aux père et mère par le fils de famille ou son fondé de pouvoirs. — Montpellier, 1er juill. 1817 (P. chr.).

35. Un des caractères essentiels des actes respectueux, c'est d'être *libres et volontaires* de la part de l'enfant.

36. Aussi doit-on considérer comme bien rendu l'arrêt qui décide que les actes respectueux signifiés à ses père et mère par une fille qui s'est retirée dans la maison de celui qu'elle veut épouser peuvent être annulés comme n'étant pas l'effet d'une volonté libre. — Montpellier, 31 déc. 1821 (P. chr.); Aix, 6 janv. 1824 (P. 25.1.371).

37. Et que, dans ce cas, les tribunaux peuvent ordonner que cette fille se retirera dans une maison qui lui sera indiquée par ses père et mère ou par la justice, et qu'elle y restera un certain temps pour y recevoir leurs conseils.— Montpellier, 31 déc. 1821; Paris, 21 fév. 1825 (P. chr.); 29 nov. 1836 (P. 36.3.400).

38. Jugé toutefois que de ce qu'une fille qui adresse des actes respectueux à ses père et mère s'est retirée de la maison paternelle, on ne doit pas nécessairement en induire que ses actes ne sont pas l'expression d'une volonté libre. — Douai, 27 mai 1835 (P. 36.1. 250).

39.... Alors même qu'en quittant la maison paternelle, elle se serait retirée chez les père et mère de celui qu'elle veut épouser. — Agen, 27 août 1829 (P. chr.).

40.... Et que celui avec qui elle veut contracter mariage y résidait aussi. — Amiens, 18 janv. 1840 (P. 41.2.489).

41. Un père ne peut exiger que sa fille quitte le domicile qu'elle s'est choisi, notamment celui de son amant, et se transporte dans une maison tierce indiquée, pour y recevoir sa réponse aux actes respectueux. — Bruxelles, 18 juill. 1808; Cass., 21 mars 1809 (P. chr.).

42. Jugé même que les magistrats ne peuvent en déclarant va-

lables des actes respectueux faits par une fille, ordonner avant de
statuer sur la mainlevée de l'opposition formée par le père au
mariage, que celle-ci comparaîtra en personne devant son père et
le président du tribunal, afin de déclarer si elle a notifié lesdits
actes librement et sans contrainte. — Bruxelles, 4 avril 1811
(P. chr.).

43. Jugé encore qu'un tribunal ne peut, avant de statuer sur
l'opposition au mariage, ordonner la comparution à huis clos du
père et de la fille, pour les entendre tous deux sur les actes respectueux. — Rouen, 17 janv. 1820 (P. chr.).

44. V. en sens contraire. — Riom, 30 juin 1817 (P. chr.).

45. Jugé, dans tous cas, que, en supposant que dans certaines
circonstances les tribunaux pussent ordonner quelquefois à
une fille qui fait signifier les actes respectueux, étant dans la
maison de celui qu'elle se propose d'épouser, de quitter cette
maison pendant un temps déterminé, ils ne le peuvent pas lorsqu'elle y est retirée depuis plusieurs années, et qu'elle est âgée de
près de vingt-sept ans, parce que, dans ce cas, la morale publique
exige que la justice s'empresse de faire cesser le scandale d'une
union illicite. — Cass., 26 août 1824.

**§ 4. — Notification des actes respectueux — Notaire. — Présence
de l'enfant. — Pouvoir. — Témoins. — Notification. — Remise
de l'acte.**

46. « L'acte respectueux, dit l'art. 154, C. civ., sera notifié à
celui ou à ceux des ascendants désignés en l'art. 151, par deux
notaires ou par un notaire et deux témoins ; et, dans le procès-
verbal qui doit en être dressé, il sera fait mention de la réponse. »

47. Le procès-verbal de notification prescrit par cet article
doit contenir :

1° La notification de la demande aux ascendants ;

2° La réponse des ascendants avec les circonstances qui s'y rapportent ;

3° La remise des copies aux ascendants ;

4° Enfin les signatures tant de l'original que des copies.

48. Nous reprendrons successivement les difficultés qui se rattachent à chacune de ces formalités.

49. Est-il nécessaire que l'enfant soit *présent en personne* à la
notification des actes respectueux ?

50. La loi ne l'exige nulle part. Plusieurs Cours d'appel, pen-
sant qu'un rapprochement entre les père et mère et leurs enfants
pourrait produire un heureux résultat, ont annulé des actes respectueux, parce que le requérant n'était point présent à la notification. Mais un bien plus grand nombre de Cours d'appel, n'écou-
tant que la voix de la loi, ont décidé que la présence du requérant
à la notification d'un acte respectueux n'était point nécessaire et
qu'il n'est permis à personne de se montrer plus sage que la loi,
qui n'exige pas cette présence.

Aussi l'opinion qui tend à dispenser l'enfant d'assister à la notification des actes respectueux est-elle admise par tous les auteurs et la jurisprudence. — V. en ce sens, Amiens, 17 frim. an XII; Rouen, 6 mars 1806; Bordeaux, 22 mai 1806; Cass., 4 nov. 1807, 18 juill. 1808; Angers, 10 mars 1813; Agen, 1er fév. 1817; Caen, 27 juill. 1818, 12 août 1818; Douai, 22 janv. 1819; Bruxelles, 17 sept. 1819; Amiens, 10 mai 1821; Toulouse, 21 juill. 1821; Besançon, 20 juill. 1822; Rouen, 7 oct. 1824; Lyon, 28 oct. 1827; Douai, 8 janv. 1828, 15 fév. 1841, 27 mai 1835, 3 sept. 1835; Paris, 26 avril 1836; Lyon, 15 déc. 1841; Colmar, 12 juill. 1844.

51. Il n'est pas nécessaire que l'enfant soit présent à la notification des deuxième et troisième actes, alors qu'il a été présent au premier et que ce n'est qu'après ce premier acte qu'il a quitté la maison paternelle. — Caen, 12 août 1818 (P. chr.).

52. Jugé aussi qu'il y a nullité de l'acte respectueux auquel l'enfant n'a pas été présent, lorsque la réquisition de l'enfant au notaire et la notification au père, rédigées en un seul contexte, ne sont signées par l'enfant qu'à la suite de la notification, le notaire étant dans ce cas censé avoir agi sans pouvoir. — **Lyon,** 20 déc. 1831.

53. Est valable l'acte respectueux contenant, en un seul contexte, la réquisition de l'enfant et la notification aux parents, faites successivement et sans désemparer, le tout signé à la fin par le notaire et les témoins, alors d'ailleurs qu'il a été signifié par copies séparées signées de ceux-ci. — Paris, 12 juin 1877, *Rev. not.*, n. 5492.

54. Jugé, dans le même sens, que la réquisition à un notaire de notifier un acte respectueux, et cette notification elle-même, peuvent être constatées par un seul et même acte dont les deux parties se complètent l'une par l'autre. — Orléans, 3 juin 1871 *Rev. not.*, n. 2981.

55. La nullité tirée du défaut de présence de l'enfant aux actes respectueux n'est pas réparée par la citation donnée devant le juge de paix sur la demande en mainlevée de l'opposition au mariage, bien que cette citation ait pour objet de mettre en présence les père et mère de l'enfant. — Caen, 1er prair. an XIII (P. chr.).

56. Jugé que l'art. 154, C. civ., n'impose pas à l'enfant l'obligation de se faire représenter par un mandataire autre que les officiers ou l'officier ministériel, assisté de deux témoins, qui doivent faire cette notification et consigner dans le procès-verbal la réponse du père. — Douai, 15 fév. 1841 (P. 41.2.409); 27 mai 1835 (P.36.1.250).

57. Un arrêt de la Cour de Paris a même décidé que la notification ne pourrait être faite à la requête du mandataire de l'enfant. Mais le nom de ce mandataire figurerait sans inconvénient dans l'acte de réquisition qui précède la notification. — Paris, 10 mars 1825 (P. 25.2.342).

58. Toutefois un notaire ne peut, pour le même acte respec-

tueux, remplir le double rôle de mandataire de l'enfant et d'officier instrumentaire. — Douai, 8 janv. 1828 (P.28.2.32).

59. De ce que l'enfant n'est pas obligé de nommer un fondé
de pouvoir chargé de le représenter, il ne s'ensuit pas que la
nomination qu'il aurait faite de ce fondé de pouvoir soit nulle et
vicie l'acte respectueux. — V. en ce sens, Amiens, 17 frim. an XII
(P. chr.).

60. L'enfant doit donner pouvoir au notaire pour la notification des actes respectueux ; mais ce pouvoir doit-il être exprès,
et dans tous les cas le notaire est-il obligé d'en justifier ?

61. Jugé que le notaire n'a pas besoin de justifier d'un mandat préalable pour notifier un acte respectueux, sa qualité d'officier public faisant présumer ce mandat. — Douai, 27 mai 1835
(P. 36.1.250).

62. Jugé encore qu'un acte respectueux n'est pas nul, par cela
seul que le notaire n'avait pas une procuration spéciale. —
Bruxelles, 29 mars 1820 (P. chr.).

63. Le pouvoir donné au notaire de notifier les actes respectueux peut être donné par acte public ou sous seing privé, ou
même par lettre. — C. civ., art. 1785.

64. Le défaut de légalisation du pouvoir sous seing privé,
donné par l'enfant au notaire, n'entraîne pas la nullité de cet
acte. — Paris, 19 oct. 1809 (P. chr.).

65. La notification d'un acte respectueux n'est pas suppléée
par la simple signification du mandat donné au notaire pour le
notifier. — Bruxelles, 20 janv. 1813 (P. chr.) ; 14 déc. 1816
(P. chr.).

66. Il n'est pas nécessaire que copie de la procuration soit
donnée dans chacun des actes respectueux. — Rouen, 7 oct. 1824
(P. chr.).

67. Si l'acte respectueux est remis à un voisin, il doit constater que ni l'ascendant, ni aucun de ses parents ou serviteurs ne
se trouvaient à son domicile, et ce à peine de nullité, suivant les
art. 68 et 70, C. proc. civ., combinés avec l'art. 154, C. civ.

68. Pareille nullité, n'étant pas un vice de procédure, n'est
pas couverte par la défense au fond ; et elle peut être opposée
pour la première fois en appel, comme n'étant qu'un moyen nouveau et, en tous cas, une défense à l'action principale. — Besançon, 19 fév. 1861, *Rev. not.*, n. 22, *Rép. Rev.*, v° *Acte respectueux*,
n. 1 et 2).

69. Il est loisible à l'enfant d'user de l'intermédiaire d'un mandataire spécial, pour requérir le notaire de notifier à ses parents
un second acte respectueux, alors surtout que la procuration contient l'expression même de l'acte à notifier. — Grenoble, 1ᵉʳ sept.
1863, *Rev. Not.*, n. 673, *Rép. Rev.*, v° *Acte respectueux*, n. 3).

70. Un acte respectueux n'est pas nul en ce qu'il ne fait
connaître ni la date de la naissance ni la profession de la personne
qu'on veut épouser : il suffit que les indications qu'il contient sur
cette personne soient de nature à éviter à l'ascendant toute erreur

sur son identité. — Trib. civ. Seine, 27 août 1864; *Rev. Not.*, n. 1138; *Rép. Rev.*, v° *Acte respectueux*, n. 4.

71. En cas d'opposition au mariage d'un majeur de trente ans par l'ascendant qui a reçu un acte respectueux, si ce majeur, après avoir formé une demande en mainlevée de l'opposition, consent à lacérer l'exploit contenant cette demande, en exprimant à l'ascendant l'intention de renoncer au mariage en question, il ne peut, plus tard, pour revenir au même projet de mariage, se borner à reprendre sa demande en mainlevée de l'opposition, il doit faire notifier un nouvel acte respectueux. — Paris, 16 janv. 1865; *Rev. Not.*, n. 1238; *Rép. Rev.*, v° *Acte respectueux*, n. 4.

72. Le notaire ne peut être tenu de rechercher les ascendants autrement qu'en se présentant à leur domicile, et ne les y trouvant pas, il peut remettre la copie à un de leurs parents ou serviteurs présents à ce domicile. — Grenoble, 1er sept. 1863; *Rev. Not.*, n. 673; *Rép. Rev.*, v° *Acte respectueux*, n. 5.

73. Les actes respectueux adressés à un père par sa fille ne sauraient être annulés par cela seul que celle-ci se serait retirée chez les parents de celui qu'elle veut épouser.

Et les tribunaux ne peuvent, en ce cas, ordonner que la fille se retirera, pendant un certain temps, dans un endroit déterminé, pour y recevoir librement les conseils de ses parents.

Le notaire qui ne trouve pas à leur domicile les parents auxquels il s'est chargé de notifier un acte respectueux, peut, au lieu de laisser la copie à un voisin, la remettre au maire de la commune. — Amiens, 8 juin 1869 (S. 70.2.100.P.-445).

74. Le prodigue, pourvu d'un conseil judiciaire, n'a pas besoin de l'assistance de celui-ci pour faire notifier à ses parents, qui refusent de consentir à son mariage, des actes respectueux.

Mais les actes respectueux sont nuls, s'ils ne contiennent pas l'indication du domicile de l'enfant à la requête duquel ils sont faits.

Cette indication ne saurait être remplacée ni suppléée par celle d'un logement transitoirement occupé par l'enfant. — Trib. civ. Seine, 2 déc. 1869; *Rép. Not.*, n. 2663; *Rép. Rev.*, v° *Acte respectueux*, n. 7.

75. Les actes respectueux par lesquels un fils majeur de vingt-cinq ans demande conseil à ses parents sur un mariage qu'il se propose de contracter, ne peuvent intervenir utilement que lorsque le mariage dont il s'agit est possible.

Spécialement sont nuls et de nul effet les actes respectueux intervenus à une époque où la femme que le fils se proposait d'épouser n'avait pas encore quinze ans révolus. — Montpellier, 12 avril 1869: *Rev. Not.*, n. 2483; *Rép. Rev.*, v° *Acte respectueux*, n. 6 (S. 69.2.202.-P. 69.852).

76. L'acte rédigé par le notaire doit, pour être valable, renfermer les conditions prescrites par la loi du 25 vent. an XI, pour les actes. Ainsi l'acte respectueux est nul, lorsque les témoins qui ont assisté le notaire étaient domiciliés dans un arrondissement autre que celui où l'acte a été rédigé. — Angers, 20 janv. 1809 (P. chr.).

77. Jugé également que le failli qui ne s'est pas fait relever de sa faillite ne peut être témoin dans un acte authentique, par exemple dans un acte respectueux. La maxime *error communis facit jus* ne peut être invoquée comme couvrant la nullité de l'acte, lorsque le fait de la faillite ne remonte pas à une époque éloignée, et a reçu toute la publicité possible, alors même que le failli serait demeuré inscrit sur les listes électorales et sur les contrôle de la garde nationale. — Rouen, 12 mai 1839 (P. chr.).

78. Jugé toutefois que le défaut d'indication de la demeure des témoins, dans le procès-verbal de signification d'un des actes respectueux, n'entraîne pas la nullité de ce procès-verbal, si les témoins qui y figurent sont les mêmes que ceux dont le notaire s'est fait assister dans les deux autres procès-verbaux où leur demeure se trouve indiquée. — Bruxelles, 11 avril 1810 (P. chr.).

79. Cette décision contraire à l'opinion de Merlin (*Quest.*, v° *Acte respectueux*), paraît également condamnée par les art. 12 et 68, L. 25 vent. an XI, qui déclarent nuls les actes authentiques dans lesquelles la demeure des témoins ne se trouve pas mentionée.

80. Quelques inexactitudes dans l'énonciation des noms des témoins qui ont assisté à la notification des actes respectueux ne peuvent motiver la nullité de ces actes, surtout si l'identité des témoins ne peut être douteuse. — Amiens, 10 mai 1821 (P. chr.).

81. Le procès-verbal de notification d'actes respectueux qui relate la réponse des parents n'est pas nul, par cela seul qu'il ne contiendrait pas les motifs de leur apposition au mariage, alors que les notaires ont jugé que ces motifs étaient de nature à blesser les convenances publiques et le droit des personnes.

Un acte respectueux est valable, bien qu'il n'indique que le domicile de l'enfant chez ses parents et non sa résidence actuelle, pourvu qu'il n'en soit résulté aucun empêchement à ce que les conseils du père et de la mère parviennent à l'enfant.

La notification d'un acte respectueux qui contient la réponse des parents indique suffisamment que les notaires se sont adressés à eux sans qu'il soit besoin d'une mention spéciale.

Le défaut de mention, dans un acte respectueux, que la réponse des parents ait été communiquée à l'enfant, n'est pas une cause de nullité. — Paris, 10 décembre 1872 (S. 72.2.295. P. 72.1189).

82. Les notaires ne sont pas obligés d'insérer dans le procès-verbal de notification des actes respectueux le texte même de la réponse des ascendants, si cette réponse est de nature à blesser les convenances publiques et le droit des personnes.—Paris, 12 janv. 1872 (S. 72.2.296. P. 72.1190).

83. Le notaire chargé de la notification d'un acte respectueux ne peut être tenu de reproduire, dans la réponse faite par les père et mère, des termes ayant un caractère injurieux pour des tiers. —Trib. de la Seine, 4 août 1871 (*Rev. Not.*, n. 3919; Paris, 12 janv. 1872. — Considérant, porté cet arrêt, que l'art. 151, C. civ., qui veut que la réponse des ascendants soit mentionnée dans le procès-verbal de notification des actes respectueux, ne fait pas aux notaires une obligation d'y insérer le texte même de cette réponse, tel qu'il a plu aux ascendants de l'établir par écrit; que le droit des ascendants à cet égard n'est pas absolu ; qu'il doit être limité dans son exercice par le respect des convenances publiques et du droit d'autrui ; qu'il ne saurait aller jusqu'à contraindre des officiers publics à consigner dans un acte authentique des imputations d'une nature diffamatoire pour des tiers ; que les notaires ont, en pareil cas, à se refuser à ce que l'acte de leur ministère serve d'instrument au scandale et à la diffamation. — *Rev. Not.*, n. 4009.

84. Cette décision est conforme à l'opinion de plusieurs auteurs. V. notamment M. Molineau, *Contraventions notariales*, v° *Acte respectueux*, n. 21, édition belge, p. 362. « Il convient, dit cet auteur, que le notaire relate exactement la réponse des ascendants. Si pourtant le refus était accompagné de paroles injurieuses, le notaire devrait s'abstenir de les rapporter, et rédiger la réponse dans un style qui fût en rapport avec la mission délicate dont la loi l'a chargé. Par la même raison, le notaire doit engager l'enfant, dans le cas où il répliquerait à la réponse de ses parents, à se tenir dans les bornes du respect qu'il leur doit. »

85. Est nul l'acte respectueux qui ne contient ni la date précise du jour où il a été signifié, ni l'indication de la personne à laquelle le notaire a parlé. — Trib. civ. Seine, 14 mai 1872. — *Rev. Not.*, n. 4065.

86. En matière d'actes respectueux, l'art. 154, C. civ., n'impose pas de dresser deux actes distincts et séparés pour constater l'un le mandat donné par l'enfant au notaire, et l'autre la démarche faite par le notaire auprès de l'ascendant. Ces deux opérations peuvent être réunies en un seul acte que tribunaux sont fondés à envisager dans son ensemble, pour apprécier si toutes les formalités voulues ont été accomplies.

87. La signification de l'acte valablement passé chez un notaire à l'effet de donner à cet officier public le pouvoir de demander le consentement d'un ascendant au mariage de son fils, signification faite le même jour par le notaire à l'ascendant, est valable quoique non datée et ne mentionnant ni la résidence du notaire ni le domicile des témoins, alors que ces énonciations sont contenues dans l'acte respectueux dont copie est donnée en tête, les deux actes, dont l'un se réfère à l'autre, se lient et ne forment alors en réalité qu'un acte unique.

88. En admettant que l'art. 68, C. proc. civ., soit applicable aux notifications des actes respectueux faites par les notaires, il ne saurait résulter aucune nullité de ce que l'acte a été remis au parquet du procureur de la République, bien que le parquet fût situé dans un autre canton, si cette remise n'a eu lieu qu'après des tentatives infructueuses de la part du notaire pour remettre la notification aux domestiques, aux voisins, aux maires, adjoints et conseillers municipaux de la commune. — Orléans, 3 juin 1871 (S. 71.2.114.-P. 71.350.)

89. Jugé qu'il n'est pas nécessaire à peine de nullité que la copie de l'acte respectueux soit signée des deux notaires, ou à défaut du deuxième notaire par deux témoins. — Paris, 26 avril 1836 ; Pau, 1er mai 1824 (P. chr.).

90. ... Surtout lorsque les témoins ont signé les originaux. — Caen, 10 déc. 1819 ; Montpellier, 31 déc. 1821 ; Toulouse, 7 juin 1830 ; Paris, 26 avril 1836 (P. chr.).

91. Dans tous les cas, le père qui, ayant reçu la notification, y aurait fait une réponse dans l'acte même, serait non recevable à la critiquer pour défaut de signature des témoins sur la copie. — Toulouse, 7 juin 1830 (P. chr.).

92. Il n'est pas nécessaire que celui qui requiert la notification d'actes respectueux signe la copie dressée pour cette notification. — Nîmes, 8 juill. 1831 ; Paris, 26 avril 1836 ; Douai, 27 mai 1835 (P. 36.1.250).

93. Il y a nullité d'un acte respectueux qui n'énonce la présence des témoins qu'au moment de la réquisition faite par le fils au notaire de procéder à la notification de cet acte, sans constater la présence des témoins au moment même de la notification. — Lyon. 23 déc. 1831 (P. chr.).

94. Jugé également qu'il y a nullité de l'acte respectueux auquel l'enfant n'a pas été présent, lorsque la requisition de l'enfant au notaire et la notification au père, rédigées en un seul contexte, ne sont signées de l'enfant qu'à la suite de la notification ; dans ce cas le notaire doit être considéré comme ayant agi sans pouvoir. — Même arrêt de Lyon du 23 déc. 1831 (P. chr.).

95. Il n'est pas nécessaire pour la validité des actes respectueux qu'il soit laissé copie du procès-verbal de notification. — Besançon, 21 mai 1808 (P. chr.).

96. La loi n'ayant point déterminé les conditions indispensables pour la désignation de la personne avec qui le mariage motivant les actes respectueux doit être contracté, il suffit que ces actes contiennent une désignation telle que les parents puissent connaître quel est celui ou celle avec qui le mariage est projeté.

Une indication inexacte du domicile de cette personne ne peut entraîner la nullité de l'acte respectueux.

La cohabitation du fils avec la personne qu'il veut épouser ne saurait avoir pour conséquence de frapper de nullité l'acte respectueux adressé par lui à son père. — Aix, 5 janv. 1874 (*Rev. Not.*, n. 4629).

97. Jugé même d'une manière générale que l'art. 14, L. 25 vent. an XI, n'est pas applicable à la notification des actes respectueux, en ce sens qu'il n'y a pas nullité, parce que l'acte ne serait pas revêtu de la signature de l'enfant. — Bruxelles, 29 mars 1820 (P. chr.) ; Besançon, 30 juill. 1822 (P. chr.).

98. Les actes respectueux doivent, à peine de nullité, être notifiés au nouveau domicile des père et mère établi dans une autre commune, dans le mois de la notification de l'acte respectueux, encore bien que ceux-ci n'aient point fait faire les déclarations prescrites par la loi pour constater le changement de domicile, si d'ailleurs le nouveau domicile était connu de l'enfant. — Paris, 10 mars 1825 (P. 25.3.432); Cass., 4 avril 1837 (P. 37.2.352).

99. Les actes respectueux peuvent être faits un jour férié. — Agen, 27 août 1829 (P. chr.).

100. La nullité des actes respectueux peut être opposée en tout état de cause sur l'instance en opposition à un mariage, parce que c'est une nullité d'ordre public. — Rennes, 2 mars 1825 (P. chr.); Paris, 29 nov. 1876.

101. La notification des actes respectueux doit être adressée à chacun des ascendants dont le conseil est requis, et copie leur doit en être laissée séparément.

102. Jugé que les actes sont nuls si le notaire, après s'être, dans le premier acte, adressé uniquement à la mère, sans s'informer de la présence du père, ne s'est adressé qu'au père dans les deux actes suivants. — Bruxelles, 5 mai 1808 (P. chr.);

103. La notification d'un acte respectueux est valablement faite à une femme au domicile de son mari, bien que cette femme, sans être séparée judiciairement d'avec lui, ait une résidence distincte. — Trib. civ. Seine, 24 nov. 1874; *Rev. Not.*, n. 4790. — Avec cette annotation fort juste : Aucun texte de loi ne prescrit, en matière de notification d'acte respectueux, de rechercher les parents ailleurs qu'à leur domicile légal. Or le domicile de la femme séparée seulement de fait est toujours celui du mari.

104. Les actes respectueux doivent être adressés et signifiés par copies séparées au père et à la mère. — Caen, 12 déc. 1812; Montpellier, 1er juill. 1817; Poitiers, 2 mars 1823; Amiens, 15 avril 1837 (P. 37.2.502).

105. Le père peut former opposition au mariage de son fils lorsque celui-ci, en faisant signifier un acte respectueux, n'a pas formellement demandé le conseil de sa mère.—Caen, 7 janv. 1814 (P. chr.).

106. Jugé, toutefois, qu'il n'est pas prescrit, à peine de nullité, de laisser au père et à la mère, *au domicile commun*, deux copies des actes respectueux ; il suffit d'une seule. — Bruxelles, 9 janv. 1821.

107. La notification d'un acte respectueux ne peut régulièrement être faite en dehors du domicile de l'ascendant, qu'autant que le notaire lui aurait parlé en personne.

En conséquence, est nulle la notification de l'acte respectueux laissée par le notaire, en l'absence du père de famille, dans un hôtel où celui-ci était logé provisoirement.

Est également nulle la notification dans laquelle le notaire n'a pas mentionné les noms des deux témoins instrumentaires. Il importe peu que les témoins aient signé la copie, leur signature étant insuffisante pour faire connaître leur individualité. — Trib. civ. Seine, 3 déc. 1874; *Rev. Not.*, n. 4912.

108. Lorsque l'ascendant refuse de recevoir copie de l'acte respectueux à lui notifié, cette copie doit être remise non à un voisin, mais au maire de la commune, — Montpellier, 16 nov. 1874; *Rev. Not.*, n. 4832.

109. Jugé que, sur le refus d'un voisin de recevoir la copie de l'acte respectueux, elle doit être remise au maire ou adjoint et, en cas d'absence, au conseiller municipal le premier dans l'ordre du tableau, sans qu'il soit exigé que l'exploit mentionne cette absence. — Montpellier, 28 janv. 1834 (P. chr.); Riom, 28 janv. 1839 (P. 39.1.618).

110. *Contrà*, Caen, 12 déc. 1812 (P. chr.); Agen, 1er fév. 1817 (P. chr.). — Il n'est pas nécessaire, dans ce cas, que le maire, adjoint au conseiller municipal, donne son visa.—Rouen, 7 oct. 1824 (P. chr.). — Nous estimons qu'il est plus prudent de remplir cette formalité.

111. La loi ne prescrivant pas d'indiquer dans un acte respectueux l'âge de la future et les noms de ses père et mère, il suffit de faire connaître l'individualité et le domicile de la personne que l'on veut épouser.

En l'absence du père, la notification faite à son domicile est régulière, l'enfant ne pouvant être obligé de faire signifier cet acte aux différentes résidences qu'il peut plaire à son père d'occuper. — Trib. civ. Seine, 3 déc. 1874; *Rev. Not.*, n. 4937.

112. Lorsque deux époux vivent en communauté, il n'y a pas nullité de l'acte respectueux que leur fait un de leurs enfants, parce qu'il n'aurait pas été laissé une copie à la femme, alors surtout qu'ils ont une volonté uniforme.—Bruxelles, 29 mars 1820 (P. chr.).

113. Est-il nécessaire que les actes respectueux soient signifiés à la personne même des ascendants, et ne suffit-il pas qu'ils le soient à son domicile?

114. Il est constant, en principe, que la signification à domicile suffit. — Bruxelles, 21 frim, an XIII, 18 juill. 1808; Lyon, 22 avril 1812; Caen, 23 janv. 1813; Bruxelles, 30 janv. 1813; Agen, 1er fév. 1817; Caen, 12 août 1818; Grenoble, 1er déc. 1818; Douai, 21 janv. 1819; Bruxelles, 17 sept. 1819; Caen, 10 déc. 1819; Amiens, 10 mai 1821; Toulouse, 27 juin 1821.

115. Alors surtout que l'absence de l'ascendant a été volontaire. — Toulouse, 21 juill. 1821 (P. chr.).; Limoges, 15 janv. 1823 (P. chr.); Pau, 20 janv. 1821 et 1er mai 1824 (P. chr.).

116... Ou qu'il refuse la copie. — Rennes, 2 mars 1825 (P. chr.); Amiens, 8 avril 1825 (P. chr.); Cass., 11 juill. 1827 (S. chr.).

117... Si, par exemple, les ascendants se tiennent absents, pour ne pas recevoir le notaire. — Lyon, 28 oct. 1827; Nîmes, 8 juill. 1830; Paris, 26 avril 1836; Riom, 28 janv. 1839 (P. 39.1.618).

118. Il en doit être ainsi, même au cas où le domicile de l'ascendant est commun à lui et à l'enfant, s'il ne paraît pas qu'on ait voulu éviter sa présence. — Lyon, 13 déc. 1841 (P. 42.1.395).

119. Mais est-il nécessaire, pour que la signification à domicile soit valable, que le notaire ait fait ce qui dépendait de lui pour trouver les ascendants en personne ? L'affirmative paraît résulter de plusieurs arrêts. — Cass., 20 janv. 1813 ; Lyon, 28 oct. 1827 (P. chr.).

120. Il y a nullité lorsque les actes respectueux ne sont pas remis à la personne même des père et mère, ou que, du moins, il n'est pas constaté par le procès-verbal des notaires que ceux-ci ont fait tout ce qui était en eux pour les trouver. — Montpellier, 1er juill. 1817 (P. chr.) ; Bruxelles, 3 avril 1823 (P. chr.).

121. Décidé cependant que si l'ascendant est absent au moment de la notification le notaire n'est pas tenu de se représenter. — Bruxelles, 18 juill. 1808 (P. chr.).

122. Jugé qu'il n'est pas nécessaire que l'enfant, préalablement à la signification des actes respectueux fasse sommation aux ascendants de se trouver chez eux à jour et heure indiqués pour y répondre. — Angers, 10 mars 1813 (P. chr.) ; Agen, 1er fév. 1817 (P. chr.) ; Toulouse, 21 juill. 1821 (P. chr.).

123. En tout cas, l'acte signifié à domicile est valable, lorsqu'il résulte des circonstances de la cause que les notaires ont fait inutilement tous leurs efforts pour se présenter devant le père. — Nîmes, 8 juill. 1830 et 8 juill. 1831 (P. 31.1.303.-P. chr.).

124. Mais l'acte respectueux devrait facilement être déclaré nul si l'enfant avait pris ses mesures pour que les ascendants ne fussent pas rencontrés à leur domicile. — Toulouse, 21 juill. 1821 (P. chr.).

125. Il est nécessaire que les actes respectueux soient notifiés au nouveau domicile des père et mère, transporté dans une autre commune, bien que ces derniers n'aient point fait les déclarations exigées par la loi pour constater le changement de domicile, si, d'ailleurs, l'enfant en avait connaissance. — Paris, 10 mars 1825 (P. chr.).

126. Si, dans l'intervalle entre la notification des trois actes respectueux, les père et mère viennent à changer de domicile, c'est au nouveau domicile que les actes non encore notifiés doivent l'être à peine de nullité. — Cass., 4 avril 1837 (P. 37.2.252).

127. La veuve peut procéder aux actes respectueux dans le délai de viduité de dix mois qu'elle doit laisser s'écouler avant un second mariage. — Paris, 18 janv. 1873 (S. 73.2.144.-P. 73.598).

128. La demande en mainlevée de l'opposition à mariage peut être formée avant l'expiration du délai d'un mois à partir de l'acte respectueux. — Même arrêt.

129. La présence du notaire en second à la rédaction d'un acte respectueux n'est pas indispensable ; elle n'est exigée impérativement que pour la notification de l'acte aux ascendants dont le consentement est requis. — Paris, 11 oct. 1871 (S. 71.2.132.-P. 71.490).

La majorité des auteurs se prononce dans le sens de cette décision sur la nécessité de la présence du notaire en second à la notification de l'acte respectueux.

130. Il ne paraît pas que la notification de l'acte respectueux soit tellement assimilée aux exploits qu'ils doivent réunir toutes les conditions nécessaires pour la validité de ceux-ci. Ainsi jugé qu'il n'y a pas nullité des actes respectueux en ce qu'ils ne contiendraient pas d'élection de domicile, et qu'ils donneraient une indication inexacte de la résidence de l'enfant, alors surtout qu'il n'apparaît pas que cette inexactitude ait été commise dans le but d'empêcher les conseils des parents d'arriver jusqu'à lui.—Douai, 5 sept. 1835 (P. chr.).

§ 5. — Renouvellement des actes respectueux.

131. Lorsque les actes respectueux n'amènent pas de consentement, ils doivent, lorsque le fils est âgé de moins de trente ans et la fille de moins de vingt-cinq, être renouvelés deux fois de mois en mois.—C. civ., art. 152. Ce délai se calcule de quantième en quantième, de telle sorte que l'acte respectueux notifié le 17 janvier est valablement réitéré le 17 février. — Bordeaux, 19 juin 1844 (P. 44.2.436.-S. 44.2.504).

132. Cette solution est conforme à l'opinion la plus commune. — V. arrêts de Paris, 19 oct. 1809 (S. 10.2.271); Lyon 23 déc. 1831 (S. 32.2.267); Bruxelles, 22 mars 1820, rapporté par Merlin, *Quest. dr.*, v° *Acte respectueux*, § 2, *Quest.* 1re.

133. L'art. 1053, C. proc. civ., qui veut que ni le jour de la signification, ni celui de l'échéance ne soient compris dans le délai général fixé par les actes faits à personne ou domicile, ne s'applique pas aux actes respectueux. — Paris précité, 19 oct. 1809 (S. 10.2.271); Cass., 27 déc. 1811 (P. chr.).

134. La règle *dies termini non computatur in termino* n'est pas applicable aux délais pour la signification des actes respectueux, le délai se compte de quantième à quantième. — Paris, 19 oct. 1809; Lyon, 23 déc. 1831 (S. 32.2.267). — Un acte respectueux fait le 3 novembre est valablement renouvelé le 3 décembre et le 3 janvier. — Bruxelles, 29 mars 1820.

La signification d'un acte respectueux n'est pas nulle en ce qu'elle aurait suivi de plusieurs jours l'expiration du mois, après lequel elle devait intervenir. — Liége, 20 janv. 1813.

Mais le tribunal de Termonde (Belgique) a décidé par jugement du 16 juin 1852, que le renouvellement d'un acte respectueux fait à plus d'une année d'intervalle est nul comme n'ayant pas été fait en temps utile et en conformité du vœu de l'art. 152 du Code civil.

Attendu, porte ce jugement, que les actes respectueux ont pour objet de rendre hommage à la puissance paternelle, alors même que l'enfant est parvenu à cette époque de la vie où l'on suppose qu'il a lui-même assez de volonté pour agir sans le conseil d'autrui; que si l'auteur de ses jours se refuse de se rendre à ses désirs, il faut au moins qu'il soit mis régulièrement en demeure de manifester sa propre volonté, de faire ses représentations et de donner des conseils à celui qui n'est plus, il est vrai, directement sous sa puissance, mais qui, pour cela, n'est pas moins tenu de lui rendre partout, en toutes les circonstances, dans tous les actes de la vie et à tout âge, honneur et respect.

Attendu que, quoique les renouvellements des actes respectueux doivent, aux termes de l'art. 132 du Code civil, se faire de mois en mois et que ce délai ne soit pas tellement de rigueur qu'il faille que l'accomplissement de cette formalité se fasse à date fixe, il est néanmoins dans l'esprit de la loi que ces actes ne soient pas trop isolés les uns des autres, afin que, par leur succession non interrompue, les ascendants reconnaissent que leur enfant a persisté dans son projet... » — V. Molineau, *Contraventions notariales*, v° *Acte respectueux*, n. 26.

135. Les actes respectueux sont nuls lorsque l'enfant n'a fait faire qu'une seule sommation, et s'est borné pour les deux autres sommations prescrites par la loi, à faire signifier copie à ses ascendants de la première sommation, sans que ces significations constatent l'existence de deux nouveaux actes énonçant une nouvelle expression de sentiments. On ne peut dire que, dans ce cas, l'acte respectueux ait été renouvelé dans le sens de la loi. — Rennes, 9 oct. 1818 (P. chr.).

136. Le renouvellement des actes respectueux n'est nécessaire qu'autant qu'il n'intervient pas de consentement de la part des parents auxquels ils sont adressés.

137. Si même le père consentait, il ne serait pas nécessaire de notifier d'autres actes à la mère, puisqu'en cas de dissentiment entre eux le consentement du père suffit. Il en serait autrement si le refus venait du père, bien que la mère donnât son consentement. C'est ce qui résulte de la combinaison des art. 145 et 148.

138. Un mariage n'est pas nul à défaut d'actes respectueux, lorsque l'enfant avait l'âge compétent pour consentir per lui-même au mariage. — Cass., 12 fév. 1833 (P. 33.1.147).

139. Jugé cependant que le défaut de consentement au mariage d'un enfant ayant atteint la majorité fixée par l'art. 148, C. civ., entraîne la nullité du mariage s'il n'a pas été fait d'acte respectueux. Il y a lieu surtout de prononcer cette nullité si le mariage n'a été suivi d'aucune cohabitation, et si l'époux n'en invoque la validité qu'après un long délai, sans manifester l'intention de cohabitation, et uniquement pour obtenir contre les père et mère de l'épouse le paiement de la dot. — Toulouse, 29 juill. 1828 (P. 29.1.148).

140. Il n'est pas nécessaire que les renouvellements d'actes respectueux soient rédigés séparément en termes distincts et en autant d'originaux. Ainsi il n'y aurait pas nullité, parce que le second acte respectueux signifié à l'ascendant n'est que la copie du premier. — Besançon, 30 juill. 1822 (P. chr.).

141. La publication du mariage qui aurait été faite entre les actes respectueux n'en entraîne pas la nullité en leur retirant le caractère de respectueux. — Colmar, 12 juill. 1844 (P. 44.2.479).

142. Ce n'est qu'après un mois depuis le troisième acte respectueux qu'il peut être passé outre à la célébration du mariage. —C. civ., 152.

143. On a dû dès lors déclarer non recevable la demande en mainlevée d'opposition à mariage formée par la fille âgée de moins de vingt-cinq ans avant l'expiration du délai d'un mois à partir du dernier acte respectueux par elle notifié à ses père et mère. — Amiens, 18 janv. 1840 (P. 41.2.489; S. 41.2.549).

144. Lorsque, sur l'opposition par eux formée au mariage de leurs enfants, les ascendants ont laissé rendre jugement par défaut contre eux, ils peuvent former opposition à ce jugement. — Amiens, 10 mai 1821 (P. chr.).

145. La citation en mainlevée d'opposition à un mariage, donnée à la requête d'une fille majeure de vingt et un ans, qui a quitté la maison de son père pour aller résider ailleurs, est valable, bien que, au lieu du domicile de droit, l'acte énonce seulement la résidence du fait, si d'ailleurs il n'est pas douteux que cette fille a voulu y fixer son domicile. — Nîmes, 8 juill. 1830 (P. 31.303).

146. Les parties peuvent, d'un commun accord, subordonner l'effet des actes respectueux à certaines conditions, pourvu que celles-ci ne blessent ni l'ordre public ni les bonnes mœurs. — Caen, 25 janv. 1845 (P. 45.1.482); Montpellier, 31 déc. 1821 (P. chr.); Paris, 29 nov. 1836 (P. 37.1.225).

147. Spécialement on peut valablement convenir que l'enfant se retirera dans une maison religieuse, où il pourra recevoir les visites et les conseils de ses parents pendant un délai déterminé, après lequel, s'il persiste dans sa résolution de passer outre au mariage, les actes respectueux seront maintenus. — Caen, 25 janv. 1845 (P. 45.1.684).

148. La nullité d'un acte respectueux peut être demandée pour la première fois, en cause d'appel : ce n'est point là une nullité d'exploit d'acte de procédure qui se couvre par la défense au fond. — Besançon, 19 février 1861 (P. 61.926; S. 61.2.382).

149. On s'est demandé si l'art. 1037, C. proc. civ., est applicable aux actes respectueux.

Nous penchons pour la négative ; quelque générale que soit la disposition de l'art. 1037, elle ne s'applique cependant qu'à la procédure civile. Or les actes respectueux n'ont aucun lien direct ou indirect avec la procédure civile. Le caractère de déférence et de respect que leur a imprimé le législateur en prescrivant les formalités qui leur sont particulières, en choisissant pour la notification les fonctionnaires dont le ministère est habituellement réclamé pour régler les intérêts de famille, prouve clairement que les actes respectueux n'ont rien de commun avec les exploits des huissiers. Loin de là, les auteurs du Code ont dit en parlant de l'acte respectueux : « *Cet acte n'aura ni la dénomination ni les formes judiciaires.* » Le rôle du notaire n'est pas ici celui d'un huissier qui porte une copie, mais bien celui d'un médiateur chargé d'amener des explications entre les parents et leurs enfants et d'employer tous ses efforts à rétablir l'harmonie. Les actes respectueux ont bien, il est vrai, des règles particulières qui paraissent communes à toutes les significations, mais elles sont dans la nature de l'acte, et il ne faut pas en conclure que le notaire fait l'office de l'huissier. Ces raisons nous paraissent déterminantes pour repousser l'application de l'art. 1037, C. proc. civ., aux actes respectueux. — V. Molineau, *loc. cit.*, v° *Acte respectueux*, n. 27.

150. Si l'applicabilité des dispositions de l'art. 1037, C. proc. civ., aux significations des actes respectueux pouvait prévaloir, il y aurait encore à en déterminer les conséquences.

Cet article a deux dispositions parfaitement distinctes ; l'une prohibe les significations faites de nuit, et fixe la mesure et l'étendue du jour légal ; l'autre défend de faire les significations un jour de fête légale sans permission du juge. La première prohibition paraît absolue. Le principe que les significations ne peuvent se faire de nuit est tellement rigoureux qu'un acte de cette nature ne pourrait être donné même avec l'autorisation du juge. Ainsi toute signification remise hors des heures que la loi détermine est nulle, et constitue un fait illégal qui pourrait même, dans certains cas, donner lieu à des poursuites criminelles et dégénérer en violation de domicile. L'art. 1037 n'a pas, il est vrai, ajouté la peine de nullité à cette infraction, mais cela n'était pas utile, parce qu'il s'agit ici d'une mesure d'ordre public.

151. La seconde prohibition est-elle aussi impérative et doit-elle produire les mêmes effets ? C'est là une question fortement controversée.

Dans le sens de la nullité des actes signifiés un jour de fête légale sans permission du juge, on peut citer les autorités suivantes. — Pau, 22 juin 1833 (P. 34.2.18) ; Poitiers, 26 nov. 1830 (P. chr.) ; Montpellier, 24 fév. 1834 (P. chr.).

152. L'opinion contraire a été adoptée par Boncenne, t. 2, p. 239 ; Bioche, v° *Exploit*, p. 143. — V. aussi dans ce sens : Cass., 29 janv. 1819 et 25 fév. 1825 ; Toulouse, 8 mars 1834 ; Montpellier, 24 fév. 1834 ; Bordeaux, 16 juill. 1827 ; Orléans, 22 janv. 1851.

On doit, suivant nous, donner la préférence à ce dernier système. — V. Molineau, *loc. cit.*, n. 27.

§ 6. — Enregistrement et timbre.

153. *Enregistrement.* — L'acte respectueux est, comme acte de notaire, assujetti au droit fixe de 3 fr. — L. 28 fév. 1872, art. 4.

154. La notification ne fait pas perdre à l'acte respectueux sa qualité d'acte de notaire : il est donc sujet à l'enregistrement dans le délai de 10 ou 15 jours réglé par la loi du 22 frim. an VII, pour les actes notariés.

155. Le consentement au mariage qui serait contenu dans un acte respectueux ferait partie intégrante de cet acte et ne donnerait ouverture à aucun droit particulier. — *Dict. Réd.*, v° *Acte respectueux*, n° 10.

156. Un seul droit est exigible pour la réquisition et la notification de l'acte respectueux, qui sont faites dans un procès-verbal ne renfermant qu'une clôture. — *Ibid.*, n° 11.

157. Lorsque l'acte respectueux et le procès-verbal de sa signification, bien que rédigés le même jour, sans désemparer, et sur la même feuille, font l'objet de deux actes, dates, clôturés et signés séparément, chacun est assujetti à la formalité de l'enregistrement, et donne ouverture à un droit particulier, par ce motif que la réquisition et la notification sont deux actes distincts ayant chacun sa nature, son objet et son existence propres. — Sol., 8 août 1867.

158. *Timbre.* — La copie d'un acte respectueux, délivrée par le notaire aux père et mère et autres ascendants, peut, à raison de la nature particulière de cet acte, se faire sur du papier à minute.

159. Les actes respectueux à produire pour la célébration du mariage des indigents ne sont pas compris par la loi du 10 déc. 1850 au nombre des pièces susceptibles d'être visées pour timbre et enregistrées gratis. — Inst. 1876; Avignon, 15 déc. 1859;

160. *Répertoire.* — L'unité d'acte n'existe que lorsque la réquisition de l'enfant et la notification ont lieu le même jour. Donc si l'acte respectueux n'est notifié que le lendemain de sa passation, il y a deux actes distincts susceptibles d'être portés au répertoire à leur date respective. — Sol. belge, 29 août 1865.

§ 7. — Formules.

I. — *Acte respectueux dans le sens littéral de la loi.*

L'an mil huit cent..., le... janvier, à... heures du...

Par-devant M^e..., notaire à..., soussigné.

Et en son étude, a comparu :

Mlle..., âgée de plus de vingt et un ans (C. c., 151, 152), étant née à..., le..., sans profession, demeurant à...

Fille de M... et Mme..., son épouse, demeurant ensemble à...

Laquelle a déclaré qu'elle supplie respectueusement ses père et mère susnommés de lui donner leur conseil (C. c. 151), sur le mariage qu'elle se propose de contracter avec M..., demeurant à..., chez M... et Mme..., épouse de celui-ci, ses père et mère.

Et elle a requis M^e..., notaire soussigné, de procéder dans le plus court délai possible à la notification du présent acte respectueux.

Fait et passé à..., en l'étude du notaire soussigné.

En présence de MM..., témoins instrumentaires demeurant l'un et l'autre à...

Après lecture, Mlle... a signé avec les témoins et le notaire.

II. — *Notification*

Et le... janvier mil huit cent... à... heures du matin.

M^e..., notaire à... soussigné, assisté de MM..., demeurant tous deux à..., témoins instrumentaires aussi soussignés.

A notifié à M... et Mme..., en leur demeure sise à..., en parlant à eux-mêmes, l'acte respectueux dont la minute, non encore enregistrée, en date du... janvier courant précède.

Sur la prière qui leur a été faite de répondre à la demande de consentement que contient l'acte respectueux présentement notifié, M. et Mme... ont dit, savoir :

M... qu'il a déjà expliqué à sa fille les raisons sur lesquelles il appuie sa détermination de ne pas consentir au mariage projeté et qu'il persiste dans cette détermination.

Et Mme..., que sa fille sait les motifs qui lui font un devoir de refuser le consentement sollicité.

Après lecture, M... a seul signé, Mme... ayant déclaré ne vouloir signer de ce requise.

(*Signature*).

De tout ce que dessus, fait en la demeure de M. et Mme..., à..., il a été dressé le présent procès-verbal dont une copie signée comme ce procès-verbal, et précédée de celle de l'acte respectueux, a été à chacun d'eux, laissée séparément par M^e... notaire, en présence des témoins.

Après lecture, M... a signé avec les témoins et le notaire, Mme... ayant réitéré son refus de signer de ce requise.

III. — *Renouvellement mensuel.*

L'an mil huit cent, etc. (V. *Formule n. 1*).

Laquelle n'ayant pu obtenir le consentement de ses père et mère au mariage qu'elle se propose de contracter avec M... sur la demande qu'elle en a faite dans un acte passé devant le notaire soussigné le..., et qu'il a notifiée suivant procès-verbal en date du...

A déclaré supplier de nouveau respectueusement M. et Mme..., ses père et mère, de lui donner leur conseil sur le mariage qu'elle se propose de contracter avec M..., etc.

Et elle a requis M^e..., notaire soussigné, de procéder aussitôt que possible à la notification du présent acte respectueux.

Fait et passé, etc.

Et le..., etc.

M^e..., assisté de MM..., etc.

A notifié à M. et Mme....., en leur demeure à....., en parlant à leur personne l'acte respectueux en date du,.. dont la minute précède, fait en renouvellement de celui reçu par le notaire soussigné le..., et notifié suivant procès-verbal du...

Sur la demande faite à M. et Mme... de faire une nouvelle réponse à la supplique de leur fille, contenue dans l'acte respectueux qui précède, ils ont l'un et l'autre déclaré s'en référer purement et simplement à ce qu'ils ont déjà dit lors de la notification du premier acte (*ou* ils ont déclaré, savoir : M..., etc., et Mme..., etc.

(V. *la formule n. 1* pour la fin).

IV. — *Acte et notification simultanés.*

L'an mil huit cent..., le... mars, à... heures du soir.

Sur la réquisition de M..., restaurateur, demeurant à...

Agé de plus de vingt-cinq ans (C. c., 151, 152), étant né à..., le..., du mariage de M..., cultivateur, avec Mme..., son épouse, demeurant ensemble à...

M^e..., notaire à..., soussigné, assisté de MM..., demeurant tous deux à..., témoins instrumentaires, aussi soussignés.

S'est transporté en la demeure de M. et Mme..., père et mère susnommés, à...

Et là étant M... fils, a, en présence du notaire et des témoins soussignés, supplié respectueusement ses père et mère de lui donner leur conseil sur le mariage qu'il se propose de contracter avec Mlle..., demeurant à..., fille de M..., décédé et de Mme..., restée sa veuve, demeurant à...

Après lecture M... fils a signé.

(Signature).

A la demande qui précède, M. et Mme... ont répondu, savoir :

M... que les faits dont il a déjà entretenu son fils et qu'il juge inutile d'indiquer aujourd'hui, de même que la disproportion d'âge et de position qui existent entre M... fils et Mlle... l'empêchent de donner son consentement au mariage projeté.

Et Mme... que les raisons fournies par son mari et qu'elle approuve ne lui permettent pas de consentir au mariage de son fils, auquel elle demande de réfléchir encore avant de donner suite à son projet.

Et M. et Mme... ont signé après lecture.

(Signatures).

De tout ce que dessus, le notaire soussigné a dressé le présent procés-verbal qu'il a signé avec M... fils et les témoins, après lecture et duquel, sur la réquisition de M... fils, Me..., notaire, a, pour notification de l'acte respectueux qu'il renferme, laissé à chacun de M. et Mme..., en présence des témoins, une copie signée de ceux-ci et du notaire.

V. — *Notification quand les ascendants ne sont pas trouvés à leur domicile.*

Et le... juin mil huit cent..., etc.

Me..., notaire à..., soussigné, assisté de MM..., demeurant tous deux à..., témoins instrumentaires aussi soussignés.

S'est transporté en la demeure de M. et Mme..., sise à..., pour leur notifier l'acte respectueux dont la minute, en date du... précède.

Là étant, il a trouvé M..., parent (ou serviteur) de M. et Mme..., demeurant à..., qui sur interpellation a déclaré que M. et Mme... étaient en ce moment absents de leur domicile, et a dit consentir à se charger de la copie dont il va être parlé pour en faire la remise à M. et Mme...

Après lecture, il a signé.

(Signature).

De tout ce que dessus, fait en la demeure de M. et Mme..., à..., il a été dressé le présent procès-verbal dont une copie signée du notaire et des témoins, précédée de celle de l'acte respectueux, a été laissée séparément, pour chacun d'eux, à M... qui le reconnaît et a visé le présent, par Me..., notaire, en présence des témoins.

Après lecture, M... a signé avec les témoins et le notaire.

Ou bien :

Là étant et n'ayant trouvé personne, c'est-à-dire ni M. et Mme..., ni aucun de leurs parents ou serviteurs, Me..., assisté des témoins, s'est rendu chez M..., voisin de M. et Mme..., qui, sur interpellation, etc., (le reste comme ci-dessus).

Ou encore :

Là étant et n'ayant trouvé ni M. ni Mme..., ni aucun de leurs parents ou serviteurs.

M°... assisté des témoins, a procédé de la manière suivante conformément à l'art. 68 du Code de procédure civile :

Il s'est rendu successivement chez M..., M... et M..., voisins de M. et M°° qui ont tous refusé de recevoir les copies de la présente notification ou désigner le présent procès-verbal.

Par suite de ces refus, le notaire soussigné et les témoins se sont transportés chez M..., maire de la commune de..., parlant à la personne duquel notification de l'acte respectueux dont il s'agit a été faite à M. et M°°...

De tout ce que dessus, il a été dressé le présent procès-verbal clos en la demeure de M. le maire de.., et dont une copie signée du notaire et des témoins, précédée de celle de l'acte respectueux, a été laissée séparément pour chacun de M. et M°°..., à M. le maire qui le reconnaît et a visé le présent, par M°... en présence des témoins.

Après lecture, M. le maire de..., a signé avec les témoins et le notaire.

VI. — *Acte respectueux en cas d'interdiction, d'absence ou de décès du père ou de la mère ou de second mariage de la mère.*

L'an mil huit cent, etc., a comparu :
Mlle..., etc..., âgée de plus de...

INTERDICTION.

Fille de M..., propriétaire, demeurant à..., et de M°°..., son épouse interdite (C. c., 149), suivant jugement rendu par le tribunal civil de première instance de..., le...., enregistré.

ABSENCE.

Issue du mariage de M°°..., demeurant à..., avec M..., dont l'absence a été déclarée (C. c., 115 à 119), par jugement du tribunal civil de... en date du... enregistré.

Ou bien :

Sans domicile ni résidence connus et sur l'absence duquel une enquête a été ordonnée par le tribunal civil de... suivant jugement en date du... enregistré sur la demande en déclaration d'absence formée par ses héritiers présomptifs.

Ou bien encore :

Absent, ainsi que le constate un acte de notoriété dressé par M. le juge de paix du canton de... assisté de son greffier, le..., enregistré sur l'attestation de quatre témoins appelés d'office par ce magistrat (C. c., 155).

DÉCÈS.

Fille de M..., décédé à..., le..., et de M°°..., son épouse, restée sa veuve, demeurant à...

SECOND MARIAGE.

Fille de M.., décédé à..., le..., et M°°..., sa veuve aujourd'hui épouse en secondes noces de M... avec qui elle demeure à...

VII. — Acte respectueux à fin d'adoption.

L'an mil huit cent, etc.

Par-devant M⁰... et son collègue, notaires à..., soussignés,

A comparu :

M... demeurant à..., âgé de plus de vingt-cinq ans, étant né à..., le..., du mariage de M... avec Mᵐᵉ... son épouse, demeurant ensemble à...

Lequel a d'abord exposé ce qui suit :

M... demeurant à..., lui a fourni des secours et donné des soins non interrompus depuis son âge de... jusqu'à celui de..., c'est-à-dire pendant plus de six ans avant sa majorité (C. c., 345).

Aujourd'hui M... est dans l'intention de l'adopter avec les formalités légales ; il consent lui-même à cette adoption.

Mais, d'après l'art. 346, C. civ., il a besoin que ses père et mère donnent à cette adoption le consentement qu'il leur a jusqu'à présent demandé en vain.

Eu conséquence, M..., comparant, a, par ces présentes, supplié respectueusement ses père et mère susnommés de lui donner leur conseil sur l'adoption que M... se propose de lui conférer.

Et il a requis les notaires soussignés de procéder à la notification du présent acte, conformément à la loi.

Fait et passé, etc.

NOTIFICATION.

Et le... (V. la Formule n. 2).

ACTE SOUS SEING PRIVÉ. — C'est l'acte fait ou souscrit sans l'intervention d'un officier public et qui ne remplit pas les conditions nécessaires pour conférer l'authenticité.

TABLE ALPHABÉTIQUE.

DIVISION.

CHAPITRE Ier.

NOTIONS GÉNÉRALES. — QUELS ACTES PEUVENT ÊTRE FAITS SOUS SEING PRIVÉ.

1. A la différence des actes authentiques qui font foi par eux-mêmes, les écritures privées, en principe, ne peuvent seules et par elles-mêmes prouver ni contre ceux à qui elles sont attribuées et dont elles portent le nom, ni, à plus forte raison, contre des tiers ; elles ne prouvent que l'existence des caractères qu'elles présentent. — Toullier, t. 8, n. 192.

2. Cependant, lorsque ces écritures affectent la forme d'un acte, c'est-à-dire d'un écrit destiné à fixer la mémoire et à établir l'existence d'une convention, elles forment alors une apparence de preuve qui a pour conséquence d'obliger la personne à qui l'écrit est opposé et qui en est l'auteur présumé, d'avouer ou de désavouer formellement son écriture ou sa signature, sous peine de voir l'écrit reconnu comme émanant d'elle, son silence en pareil cas devant être regardé comme un aveu. — Toullier, t. 8, n. 194 et suiv.

3. Mais si la signature est déniée par la personne à qui on l'attribue ou non reconnue par ses héritiers et ayants cause, celui qui fonde sa demande sur l'acte sous seing privé portant cette signature est autorisé à en faire la vérification. — C. proc. civ., 195.

4. Une fois avoué ou vérifié, l'acte sous seing privé est admis à titre de preuve légale, mais cette preuve se divise en quelque sorte en deux degrés selon la personne à qui on l'oppose.

5. Entre les parties, l'aveu ou la vérification suffit, l'acte est valable ; il n'est pas besoin d'autres conditions ou formalités. Mais, à l'égard des tiers, l'aveu écrit ne peut faire foi complète, l'expérience a démontré le danger des antidates si faciles à pratiquer et si difficiles à reconnaître. Il faut donc que l'acte sous seing privé soit revêtue de certaines formes et de certaines couditions qui le mettent à l'abri de tout soupçon de fraude.—Bonnier, *Des preuves*, t. 2, n. 669.

6. En règle générale et en dehors des actes pour lesquels la loi exige l'authenticité, et qui doivent par conséquent être reçus par un notaire ou par un officier public proposé à cet effet, tous les actes peuvent être rédigés sous seing privé.

7. Les actes qui ne peuvent être rédigés sous seing privé sont, entre autres :

Les procurations données par les parties intéressées pour se faire représenter aux actes de l'état civil, lorsqu'elles ne sont pas obligées de comparaître en personne. — C. civ., art. 36.

Les consentements à mariage. — C. civ., art. 73.

Les actes respectueux. — C. civ., art. 154.

Les reconnaissances d'enfants naturels. — C. civ., art. 334.

Les adoptions. — C. civ., art. 345 et 353.

Les délibérations des conseils de famille. — C. civ., art. 445 et suiv.

Les ventes des biens de mineurs. — C. civ., art. 450.

Les émancipations. — C. civ., 477.

Les renonciations à succession ou à communauté. — C. civ., art. 784 et 1457).

Les acceptations de succession sous bénéfice d'inventaire. — C. civ., art. 793.

8. Les associations dans le cas prévu par l'art. 854, C. civ.

Les donations entre-vifs, les acceptations de ces donations et les procurations pour faire ces donations et acceptations. — C. civ., 931, 932 et 933.

Les testaments publics et mystiques. — C. civ., 971 et 976.

Les actes d'emprunt et quittances nécessaires pour opérer subrogation. — C. civ., art. 1250.

Les contrats de mariage. — C. civ., art. 1394.

Les aliénations de biens dotaux dans les cas prévus par la loi. — C. civ., art. 1555 et suiv.

9. Les constitutions d'hypothèques et les mainlevées d'inscriptions hypothécaires. — C. civ., 2127 et 2158.

La renonciation par une femme mariée à son hypothèque légale. — L. 23 mars 1855, art. 9; Amiens, 26 mai 1874 (S. 75.2. 113).

Les soumissions à caution. — C. proc., art. 519.

Les ordres et contributions judiciaires. — C. proc., 657, 663, 749, 755.

Les licitations ordonnées par justice. — C. proc., 954, 970 et suiv.

Les sociétés anonymes. — C. comm., art. 40.

Les ventes publiques de meubles, bois et récoltes. — L. 22 pluv. an VII.

Les déclarations de command. — L. 22 frim. an VII, art. 68, § 1er, n. 24; L. 28 août 1816, art. 44, n. 13.

Les cessions de brevets d'invention. — L. 25 mai 1791, art. 15.

Les procurations données par les compagnies d'émigration à leurs agents. — L. 9 mars 1861, art. 4.

CHAPITRE II.

FORME DES ACTES SOUS SEING PRIVÉ.

Section Ire. — Formalités générales.

10. Aucune loi ne règle les conditions de forme et de rédaction des actes sous seing privé; les parties sont donc libres de les rédiger comme elles le jugent convenable. — Demol., *Des contrats et obligations*, t. 6, p. 304, n. 353; Laurent, *Principes de droit civil*, t. 19, p. 209, n. 196.

11. « Le législateur, dit Toullier, t. 8, n. 357 et suiv., a montré beaucoup de sagesse en ne soumettant les actes sous seing privé, en général, à aucune forme particulière. Il eût été dangereux de soumettre ces actes, le plus souvent passés entre des hommes simples et de bonne foi, à ces dispositions réglementaires qui font presque toujours naître plus de procès qu'elles ne préviennent d'abus. »

« La forme des actes sous seing privé, en général, est donc restée dans les purs termes du droit civil. »

Ce qui revient à dire que la validité de ces actes se confond ordinairement avec celle de leur existence, de leur notion. — Ad. Broos, *Th. légale des actes sous seing privé*, n. 1.

12. Une condition est requise cependant pour l'existence de l'acte sous seing privé; la qualification d'acte sous *seing* privé le dit assez. C'est la signature de la partie ou des parties contre lesquelles l'acte doit faire preuve : la signature du débiteur, s'il s'agit d'une obligation; la signature du créancier s'il s'agit d'une libération. — Demol., t. 6, p. 305, n. 354; Laurent, t. 19, p. 210, n. 196; Cass., 9 nov., 1869 (S. 70.1.314).

13. *De l'écriture et de la date.* — Il n'est pas nécessaire que l'acte sous seing privé soit écrit de la main de l'une des parties, il peut donc être écrit par un tiers; mais cela suppose que cet acte soit conçu dans la forme des écritures privées. Il n'est pas permis à

un particulier d'affecter la forme de l'authenticité ; ce serait, suivant les circonstances, une usurpation des fonctions notariales qui
tomberait sous l'application du Code pénal. — Cass., 7 mai 1858
(S. 58.1.689) ; Roll. de Vill., vº *Acte sous seing privé*, n, 33 ; *Dict.*
Not., eod. vº, n. 38 ; Massé et Vergé. t. 3, p. 500 ; Larombière,
art. 1325, n. 1 et 4 ; Demol., t. 6, p. 310, n. 363 ; Laurent, t. 19,
p. 211, n. 198.

14. Ainsi toute personne peut écrire un acte sous seing privé ;
dans notre ancien droit, il est vrai, les déclarations des 19 mars
1696 et 14 juillet 1699 avaient défendu aux notaires, procureurs,
huissiers, sergents ou autres d'écrire ou de signer comme témoins
aucun acte sous signature privée à peine d'interdiction, de nullité
des actes et de 200 livres d'amende ; mais ces déclarations ont été
abrogées par la loi du 19 sept. 1790, 22 frim. an VII, et 25 vent.
an XI. — Cass., 30 nov. 1807 (S. chr. ; Avis C. d'Et., 26 mars 1808 ;
Demol., t. 6, p. 310, n. 363.

15. Les diverses formes prescrites par la loi du 25 vent. an XI,
pour la rédaction des actes notariées ne s'appliquent pas aux actes
sous seing privé. — Toullier, t. 8, n. 258 ; Roll. de Vill., n. 40 ;
Aubry et Rau, t. 6, p. 378, n. 11 ; Larombière, *sur l'art.* 1325,
n. 2 ; Demol., p, 312, n. 366 ; Laurent, p. 217 et 218, n. 205 et
206.

16. Ainsi les actes sous seing privé ne sont pas viciés par les ratures, les surcharges, les interlignes, les renvois même non parafés ou les apostilles.

Les ajoutes en marge ou au pied de l'acte ne sont pas nulles de
droit ; seulement les tribunaux juges de l'état de la pièce apprécient si elles se rattachent en réalité au corps d'écriture avec lequel elles doivent former un tout.

17. Quand les mots interlignés sont écrits de la main du signataire qui a écrit le corps de l'acte, une quittance par exemple, la
validité des mots interlignés ne peut être contestée, à moins que
le signataire ne prétende que ces mots n'ont pas été écrits par lui ;
il peut demander la vérification d'écriture, mais il ne peut demander la nullité de l'interligne parce qu'il ne l'aurait pas approuvé. — Bordeaux, 17 juin 1829 (S. 29.2.351) ; Laurent, t. 19,
p. 219, n. 206.

18. Jugé encore que les mots surchargés ne sont pas nuls
comme dans les actes authentiques. — Cass., 11 juin 1810 (S. 10.
1.289).

19. Mais si les mots surchargés ou interlignés ne sont pas nuls
en vertu de la loi, ce n'est pas à dire qu'ils soient toujours valables,
c'est une question de fait que le juge décidera d'après les circonstances de la cause. — Laurent, t. 19, p. 218, n. 206.

20. Ainsi la Cour de Caen a annulé des mots surchargés parce
que la surcharge n'avait pas été approuvée ; ce motif n'était pas
exact, puisqu'il n'y a pas de loi qui exige l'approbation de la surcharge. Mais la Cour ajoute un motif de fait qui est péremptoire :
tout annonce, dit l'arrêt, que la surcharge n'a pas été le résultat

1.   **33**

d'un consentement mutuel. — Caen, 29 janv. 1845 (Dall. 45,4, 417) ; Laurent, *loc. cit.*

21. Il faut appliquer aux renvois et apostilles ce que nous venons de dire de l'interligne et de la surcharge. — Mêmes autorités.

22. La loi n'exige pas non plus que les sommes et les dates soient écrits en toutes lettres, mais la prudence le commande à cause des falsifications toujours faciles sur des chiffres. — Duranton, t. 13, p. 191, n. 183.

23. Un acte sous seing privé peut être rédigé en langue étrangère, de même qu'en langue morte aussi bien qu'en langue vivante, ou dans un idiome particulier de province, pourvu qu'il soit intelligible. — Demol., t. 6, p. 313, n. 367.

24. Mais, avant la formalité de l'enregistrement, il doit être traduit en français par un traducteur juré. — L. 24 prair. an xi, art. 3.

25. Il peut être écrit au crayon aussi bien qu'à l'encre, sauf à examiner si l'acte qui serait écrit au crayon n'était, dans l'intention des parties, qu'un simple projet. — Demol., *loc. cit.* ; Larombière, t. 4, *sur l'art.* 1325, n. 1.

26. Aucun texte de loi n'exige que l'acte sous seing privé soit daté. — Il est donc valable sans date, sauf aux parties, en cas de contestation, à en établir la date véritable ; comme si, par exemple, l'une d'elles prétend qu'elle l'a souscrit en état d'incapacité. La plus simple prudence et très-souvent la nécessité même des choses commandent donc d'y insérer la date. — Demol., t. 6, p. 312, n. 365 ; *Comp.*, Toullier, t. 5, n. 258 ; Duranton, t. 13, n. 128 ; Bonnier, n. 670 ; Larombière, t. 4, *sur l'art.* 1325, n. 1.

27. Elle est exigée dans certains actes :
Les testaments olographes ; C. civ., art. 970 ;
La lettre de change ; C. comm., art. 110 ;
L'endossement ; C. comm., art. 137 ;
Le billet à ordre ; C. comm., art. 188 ;
Et le contrat d'assurance ; C. comm., art. 332.

28. *De la signature.* — L'acte sous seing privé, dit M. Bruas, p. 51, ne prouve rien autre chose que l'existence des caractères graphiques dans lesquels il se résout. A-t-il été souscrit, en réalité, par ceux qui y figurent ; a-t-il existé, soit à la date, soit à telle ou telle autre époque, ce sont là des questions que, par lui seul, il laisse indécises et sans solution possible. Ces questions sont cependant d'une importance majeure. L'acte, en effet, ne peut avoir de valeur si, par le lien bien établi de la signature, il n'est mis en rapport avec celui à qui on l'oppose ; il ne peut être utile, dans des cas nombreux, s'il n'est acquis ou démontré qu'il a existé en un temps où le signataire avait, soit la capacité personnelle, soit le droit de disposer de la chose qui en fait l'objet. C'est donc la vérification de la signature et de la date qui le relève de son infirmité native ; c'est grâce à cet auxiliaire que l'acte privé acquiert la force probante, la force de faire foi des choses juridiques y énoncées comme l'acte authentique.

29. De sorte que, pour réaliser son but et servir à la preuve du droit, l'acte privé, exclusivement conçu comme instrument, doit lui-même, dans son double rapport avec ceux de qui il émane et avec le temps de sa confection ou de son existence, être l'objet d'une preuve préalable. Les éléments sur lesquels porte cette preuve n'ont rien de commun avec les conventions ou les choses juridiques exprimées en l'acte; quelles que soient ou puissent être les dispositions contenues en l'acte, la preuve dont il doit être l'objet est la même: émane-t-il de tel souscripteur, existait-il à telle époque? Voilà tout; or ce sont là de purs faits qui n'ont de relations directes qu'avec l'acte instrumentaire.

30. La certitude de ces faits accompagne l'acte authentique, qui, par cela même, acquiert de plein coup sa force probante, tandis que l'acte privé ne l'acquiert que par la démonstration postérieure de leur réalité. C'est en cela que gît la différence entre l'un et l'autre, et cela est si vrai qu'il y a entre eux la plus parfaite assimilation, à ce point de vue, aussitôt que la signature et la date de l'acte privé sont vérifiées.

31. Deux conditions, en règle générale, sont donc nécessaire pour que l'acte privé jouisse de toute la force probante dont il est susceptible; la première consiste dans la sincérité reconnue de la signature, la seconde, dans la vérification de la date.

32. La signature est obligatoire pour tous les actes; synallagmatiques et unilatéraux.

Pour que l'acte sous seing privé soit valable il ne suffit pas que la signature des contractants y ait été apposée, il faut qu'elle l'ait été avec connaissance de cause.

33. Décidé que bien qu'un aveugle puisse conserver l'administration de ses biens, il est incapable de traiter par acte sous seing privé et, par suite, une quittance signée de lui ne pourrait former une décharge valable. — Pau, 8 août 1808 (S. chr.).

Il en est de même de celui qui, sans être entièrement aveugle, ne peut lire l'écriture. — Même arrêt.

34. Il nous paraît difficile d'admettre ces solutions, l'impossibilité de s'assurer du contenu de l'acte ne nous semble pas un motif suffisant pour rendre irritante une formalité que la loi ne prescrit point. Un aveugle majeur jouit de tous ses droits comme tout autre citoyen. Or, dès qu'il est reconnu qu'il peut administrer lui-même sa fortune, on ne peut raisonnablement le soumettre à l'obligation de recourir continuellement au ministère d'un notaire, même pour tous les actes d'un usage journalier, par exemple, pour de simples quittances: ce serait rendre son administration impossible.

35. Un bail sous seing privé est nul s'il n'a pas été revêtu de la signature de tous les coobligés. — Rennes, 13 juin 1816 (S. chr.).

Il en est de même d'un acte de partage non signé de tous les copartageants. — Bruxelles, 20 mai 1807 (S. chr.).

36. Une croix opposée à un acte ne peut être considérée comme l'équivalent de la signature et, par suite, l'acte ne peut pas même servir d'un commencement de preuve par écrit, à moins qu'il ne s'agisse d'un engagement commercial. — Bourges, 21 nov. 1871 (S. 72.2.206).

37. La croix était autorisée en certaines provinces par un usage très-ancien, sous la condition que deux témoins intervinssent en l'écrit. Le sceau pouvait aussi valoir au temps de Dumoulin, ainsi qu'il le rapporte en son commentaire sur la coutume de Paris, au titre des fiefs, n. 13 et 14.

La signature des parties contractantes ne put, en effet, être exigée des époques d'ignorance qui suivirent les invasions. Les signatures originales ne commencèrent à se généraliser que vers la fin du XIIIe siècle. Elles ne furent cependant requises comme condition de la validité des actes sous seing privé que par l'ordonnance de 1667. — Braas, n. 4.

38. L'acte dépourvu de la signature de celui à qui on voudrait l'opposer devrait être considéré à son égard comme non avenu; et il ne pourrait pas plus servir, contre lui, de commencement de preuve que de preuve.—*Comp.*, Bruxelles, 27 janv. 1807; Colmar, 23 déc. 1809; Merlin, *Rép.*, v° *Signature*, § 1, n. 8; Aub. et Rau, t. 4, p. 375; Larombière, t. 4, art. 1325, n. 1; Demol., t. 6, p. 306, n. 356.

39. Quand il y a plusieurs originaux, il n'est pas nécessaire que les signatures de toutes les parties se trouvent sur chacun des originaux; il suffit que celui qui est remis à chaque partie porte la signature de toutes les autres. — Bruxelles, 16 nov. 1863; Pasicrisie 64.2.319 : Rennes, 15 nov. 1869 (S. 70.2.314); Merlin, *Rép.*, v° *Double écrit*, n. 7, 8; Toullier, t. 6, n. 344; Duranton, t. 13, n. 156 : Larombière, t. 4, art. 1325, n. 35; Demol., t. 6, p. 347, n. 413; Laurent, t. 19, p. 228, n. 212.

40. Généralement dans la pratique, les signatures de toutes les parties sont répétées sur chaque original, cela est toujours plus prudent.

La signature doit être suffisamment complète et placée de telle façon qu'elle marque l'adhésion donnée par le souscripteur à la tenue de l'acte.

41. La représentation de plusieurs actes authentiques dans lesquels une partie a déclaré ne savoir signer, ne prouve nullement qu'elle n'a pas souscrit un acte sous seing privé qu'on lui oppose. — Rennes, 12 avril 1825 (S. chr.).

42. La nullité d'un acte provenant du défaut de signature de l'une des parties, peut-elle être couverte par l'exécution volontaire?

C'est une question controversée. Pour l'affirmative, V. Amiens, 24 prair. an XIII; Cass., 19 déc. 1820; Pau 17 déc. 1821; Cass., 23 nov. 1841 (S. 42.1.134); pour la négative : Rouen, 25 mars 1807; Bourges, 29 avril 1823; Besançon, 13 mars 1827; Toulouse, 18 janv. 1828; Bourges, 24 fév. 1832; Douai, 7 janv. 1836 (S. 38.2.137).

Cependant nous ferons remarquer que la Cour de cassation, par

de récents arrêts, semble admettre que l'exécution volontaire consentie en connaissance de cause, couvre la nullité.—Cass., 28 nov.
1866 (S. 67.1.18); 9 nov. 1869 (S. 70.1.314).

43. La signature peut être donnée en blanc, c'est-à-dire avant
la rédaction par écrit des conventions arrêtées par les parties contractantes, c'est ce qu'on nomme blanc seing. — Toullier, t. 4,
p. 273, n. 265; Aubry et Rau, t. 6, p. 376, § 756, n. 5; Demol.,
t. 6, p. 307, n. 359; Laurent, t. 19, p. 214, n. 201.

44. L'acte écrit sur un blanc seing peut être combattu d'après
le droit commun; donc, en cas de simulation, par la preuve testimoniale appuyée sur un commencement de preuve par écrit,
lorsque l'une des parties agit contre l'autre. — Cass., 5 avril 1864
(S. 64.1.215).

45. En cas d'abus de blanc seing, le signataire est obligé envers les tiers qui, sur la vue de l'acte, ont traité de bonne foi avec
celui qui en était porteur. Il en serait autrement si le blanc seing
avait été soustrait à la personne à laquelle le signataire l'avait remise et si ensuite il avait été rempli frauduleusement par un
tiers. — Toullier, t. 4, p. 275, n. 267 et 268; Aubry et Rau, t. 6,
p. 377, n. 6, 8; Demol., t. 6, p. 307 et s., n. 358 et s.; Laurent,
t. 19, p. 214, n. 201.

46. *De la lecture.* — La lecture de l'acte sous seing privé n'est
pas essentielle comme dans les actes authentiques, il n'est pas
même besoin de la mentionner, par conséquent l'acte est valable
lors même que celui qui l'a signé ne l'a pas lu. — Larombière,
art. 1325, n. 4; Roll. de Vill., v° *Acte sous seing privé*, n. 45.

Section II. — Formalités spéciales.

47. Il y a deux espèces d'actes sous seing privé, les actes synallagmatiques et les actes unilatéraux.

§ 1er — Actes synallagmatiques. — Doubles.

48. Un acte est synallagmatique ou bilatéral lorsque les contractants s'obligent réciproquement, les uns envers les autres. —
C. civ., art. 1102.

49. Les actes sous seing privé qui contiennent des conventions
synallagmatiques ne sont valables qu'autant qu'ils ont été faits
en autant d'originaux qu'il y a de parties ayant un intérêt distinct.

Il suffit d'un original pour toutes les personnes ayant le même
intérêt.

Chaque original doit contenir la mention du nombre des originaux qui en ont été faits. — Néanmoins le défaut de mention que
les originaux ont été faits doubles, triples, etc..., ne peut être opposé par celui qui a exécuté de sa part la convention portée dans
l'acte. — C. civ., art. 1325.

50. Sous l'ancien droit la formalité du double n'était pas prescrite comme condition de la validité de l'écrit, destiné à constater

les conventions synallagmatiques. Cependant la jurisprudence du Châtelet et du parlement de Paris subordonna non-seulement la validité de l'acte, mais la validité de la convention elle-même à l'accomplissement de cette formalité. Cette doctrine, contraire aux principes les plus certains du droit, était la conséquence d'une évidente confusion entre l'acte instrumentaire et la convention.

Dans le système de l'ancienne jurisprudence, l'exécution ne couvrait pas le vice de l'acte ; la convention, affectée dans son principe même, n'était pas susceptible de confirmation. Or, d'après l'art. 1325, le contraire a lieu. — Braas, p. 21.

51. Notre législation moderne ne prononce pas la nullité de la convention, mais seulement celle de l'acte, en cas de l'inaccomplissement de la formalité des doubles ; c'est-à-dire que l'on ne peut se servir de l'acte pour prouver l'existence de la convention, mais que si elle peut être prouvée de toute autre manière approuvée par la loi, l'exécution en devra être ordonnée.

C'est du moins l'opinion dominante aujourd'hui sur cette question, qui a été très-controversée. — Caen, 13 juin 1842 ; Cass., 28 nov. 1864 ; *Revue*, 1253 ; [Colmet de Santerre, t. 5, p. 554, n. 288 *bis* 1 ; Aubry et Rau, t. 6, p. 383, § 756, n. 32 ; Laurent, t. 19, p. 221, n. 208.

52. M. Demolombe est contraire à cette doctrine ; pour lui, nul mode de preuve ne peut établir la convention, si ce n'est la seule preuve réservée par l'art. 1325, l'exécution de la convention par l'un ou l'autre des contractants, t. 6, p. 353, n. 423 et suiv.

53. La disposition de l'art. 1325 ne s'applique qu'aux conventions synallagmatiques parfaites, c'est-à-dire à celles où les parties contractent toutes deux, dès l'origine, des obligations réciproques, comme la vente, le louage, la société, le partage.

Elle ne s'applique pas aux conventions synallagmatiques imparfaites, c'est-à-dire à celles où, à l'instant du contrat, il n'y a d'obligation que de la part d'une partie envers l'autre, mais qui peuvent faire naître une obligation réciproque de l'autre partie, par un fait ultérieur et accidentel. — Delvincourt, t. 2, p. 824, n. 5 ; Duranton, t. 13, n. 146 ; Roll. de Vill., v° *Double écrit*, n. 8 ; Aubry et Rau, t. 6, p. 380, § 756 ; Larombière, art. 1325 ; *Comp.* Demol.. t. 6, p. 332, n. 392 ; Laurent, t. 19, p. 234, n. 248.

54. L'art. 1325 s'applique-t-il aux conventions dont l'objet est inférieur à la somme ou valeur de 150 francs ?

Cette disposition nous paraît purement et simplement organique de l'art. 1341 ; ce n'est, en d'autres termes, que dans la mesure de la prescription qui en est faite, que les actes sous seing privé sont soumis à la formalité du double.

Les conventions synallagmatiques dont l'objet ne dépasse pas 150 francs sont, quant à la preuve, régies par le droit commun ; elles peuvent être établies par témoins, même par de simples présomptions, et à plus forte raison sans doute, par la preuve littérale ordinaire, qui jouit d'une plus grande faveur de la loi.

55. Sauf de rares exceptions, les mêmes principes s'adoptent aux conventions synallagmatiques commerciales qui peuvent être établies par des actes simples. Cette proposition d'abord contestée ne fait plus de doute aujourd'hui. Elle trouve sa justification dans l'art. 109 du Code de commerce, l'applicabilité du *fait double* aux actes de société, aux termes de l'art. 39 du même Code, est une exception qui confirme la règle. — Braas, p. 23 ; Ruben de Couder, *Dict. dr. comm.*, vo *Acte sous seing privé*, n. 34 ; Toullier, t. 8, n. 342 ; Duranton, t. 13, n. 149 ; Aubry et Rau, t. 6, § 756, p. 387 ; Larombière, t. 4, n. 36 ; Bonnier, t. 2, n. 693 ; Rivière, *Rép.*, p. 328 ; Boistel, p. 296. — *Contrà*, Massé, t. 4, n. 2416 ; Alauzet, t. 2, n. 1049.

56. L'acte vaut alors non pas comme simple présomption ou comme commencement de preuve par écrit, mais fait foi par lui-même et nécessairement de la vente commerciale qu'il constate. — Aix, 10 mars 1869 ; Ripert, *De la vente comm.*, p. 213.

57. Il en est de même pour l'art. 1326, C. civ., et les actes sous seing privé qui constatent la vente commerciale, ne sont soumis, pour leur validité, à aucune autre condition de forme que la signature des parties. — Ripert, p. 216.

57 *bis.* Il ne suffit pas que l'on ait donné à un acte la forme d'une convention synallagmatique pour qu'il soit assujetti à la formalité du double. — Cass., 7 juin 1793.

Réciproquement il ne suffit pas de donner à une convention, synallagmatique dans son principe, la forme d'un billet pour le soustraire à la formalité du double ; car pour déterminer la nature d'un acte, ce n'est pas à la dénomination ni à la forme extérieure qu'on lui a donnée qu'il faut s'arrêter, mais à la substance même des dispositions qu'il renferme. — Frémy-Ligneville, *Acte sous seing privé*, p. 113.

58. Ne sont pas soumis à la formalité du double :

Les simples reconnaissances de dettes, lors même qu'elles seraient faites avec stipulation de termes. — Cass., 26 oct. 1808 (S. chr.).

59. Les actes de cautionnement consenti purement et simplement. — Cass., 22 nov. 1825 (S. chr.), même au cas où la caution s'oblige conjointement et solidairement avec le débiteur principal.

Il en serait autrement si le créancier, en considération et comme réciprocité de ce cautionnement, accordait une prorogation de loi, soit au débiteur, soit à la caution.

60. Les arrêtés de comptes. — Orléans, 22 août 1840 (S. 40. 2.433) ; Toullier, t. 8, n. 331 ; Roll. de Vill., vo *Double écrit*, n. 20.

Cependant la question de savoir si l'arrêté de compte doit être ou non fait double dépend des éléments qui forment le compte ; si chacune des parties a fait de son côté des dépenses, dont elle établit le compte, qui est ensuite réuni à celui de l'autre partie pour établir la balance réciproque ; dans ce cas, chacun a droit et intérêt d'avoir une décharge et le compte doit être fait double.

Si au contraire c'est un mandataire ou un gérant qui établit son compte, et qui le rend à son mandant, il n'y a pas nécessité que ce compte soit fait double ; ce n'est pas alors une convention synallagmatique, c'est seulement une décharge donnée au bas d'un compte.

61. Les promesses unilatérales de contrats synallagmatiques, notamment la promesse de vente. — Cass., 12 juill., 1847 (S. 48. 1.181).

62. Mais il en serait autrement s'il résultait de la promesse de vente qu'il y avait eu convention antérieure sur la chose et sur le prix. — Cass., 21 déc. 1846 (S. 47.1.65).

63. Le mandant, alors même que l'acte contiendrait la réserve par le mandataire de se faire rembourser les avances qu'il pourrait faire pour l'exécution du mandat. — Cass., 23 avril 1877 ; *Revue*, n. 5469.

Il est évident que le mandat rentrant dans la catégorie des contrats unilatéraux nommés par la doctrine, conventions synallagmatiques imparfaites, n'est pas assujetti à la formalité du double écrit. — Delvincourt, t. 2, p. 614 ; Toullier, t. 8, n. 326 ; Duranton, t. 13, n. 146 et s. ; Roll. de Vill., v° *Double écrit*, n. 8 à 11 ; Bonnier, n. 608 ; Marcadé, sur l'art. 1325, n. 4 ; Aubry et Rau, 3e édit., t. 6, p. 380 ; Larombière, art. 1325, p. 11 ; Dall., v° *Oblig*., n. 4014 ; Demol., t. 6, n. 22 ; Demante et Colmet de Santerre, t. 4, n. 5 et 5 *bis ;* Massé et Vergé, t. 3, p. 549 ; Laurent, t. 19, n. 220 et 221.

Sans doute les contrats synallagmatiques imparfaits peuvent devenir des contrats synallagmatiques parfaits, lorsqu'il résulte de la convention que chacune des parties a entendu contracter une obligation principale et distincte.— V. Cass., 26 juill. 1854 (S. 55. 3.33). — Comme conséquence nous serions disposés à décider que le mandat étant gratuit de sa nature, ce contrat deviendrait synallagmatique au cas où le mandataire aurait stipulé un salaire. Il devrait donc être dressé un double écrit conformément à l'art. 1325, car chacune des parties a action contre l'autre, par suite, chacune doit avoir une preuve de l'obligation contractée à son profit. Toutefois la question est vivement débattue. — V. dans le sens de notre opinion : Laurent, t. 19, n. 221. Et en sens contraire : Zachariæ, Massé et Vergé, t. 3, p. 550 ; Aubry et Rau, t. 6, p. 380, note 26 ; Duranton, t. 13, p. 157, n. 150 ; Dall., v° *Mandat*, n. 155 ; Demol., t. 6, n. 23.

64. Le congé en matière de bail.—Larombière, sur l'art. 1325, n. 18. — *Contrà*, Duvergier, v° *Louage*, t. 1, n. 492 ; Agnel, *Code manuel du prop*., n. 886.

65. L'acte confirmatif qui n'a pas le caractère d'une transaction. — Ruben de Couder, v° *Acte sous seing privé*, n. 33.

66. La renonciation d'un institué en faveur de son frère à la qualité d'héritier testamentaire, pour s'en tenir à celle moins avantageuse d'héritier légitime. — Paris, 28 janv. 1806 (S. chr.).

67. La soumission faite par un particulier sur les registres de l'enregistrement de payer une somme déterminée pour supplé-

ment de droit. — Cass., 26 oct. 1808 (S. chr.); Merlin, *Quest.*, v°
Double écrit, § 2; Favard de Langlade, v° *Acte sous seing privé*,
sect. Ire, § 2, n. 7.

68. L'acte constitutif d'une rente viagère, alors qu'elle est constituée pour le prix d'une somme d'argent. — Angers, 18 fév.
1837 (S. 39.2.426).

Mais dans ce cas l'acte de constitution n'étant signé que de celui qui s'oblige à servir la rente, les héritiers du crédit rentier
pourraient contester la date de l'acte pour établir que la constitution de rente est postérieure au décès de leur auteur. — Même
arrêt.

69. La quittance qui contient une prorogation de délai et l'engagement par le créancier de réduire le montant de la créance.—
Paris, 2 mai 1815 (S. chr.); Bastia, 2 juin 1828 (S. chr.).

70. L'acte par lequel un individu déclare à un autre que dans
une acquisition il n'a agi que comme son mandataire. — Paris,
2 mai 1815; Bastia, 2 juin 1828; *Contrà*, Poitiers, 12 fruct. an XII
(S. chr.).

71. Si au moment où l'acte est rédigé la convention a cessé
d'être synallagmatique, par son exécution par l'une des parties,
un double est inutile; car dès qu'il n'y a plus de conventions réciproques, on est hors du texte et de l'esprit de l'art. 1325.

Par exemple : une vente au comptant, sous réserve d'un droit
ou d'une faculté quelconque au profit du vendeur; à quoi bon un
second exemplaire pour ce vendeur qui n'a plus aucun droit à
exercer? — Bordeaux, 30 janv. 1834 : Cass., 29 juill. 1873 (S. 73.
1.360); Toullier, t. 7, n. 327; Duranton, t. 13, n. 146; Aubry et
Rau, t. 6, p. 381, § 756, n. 23; Demolombe, t. 6, p. 334, n. 399.

72. Mais il en serait autrement si quelque condition du contrat restait encore à exécuter; comme une vente avec réserve d'u-
sufruit. — Agen, 17 août 1837 (S. 36.2.122).

73. En sens inverse, un contrat unilatéral peut devenir synallagmatique. Il en est ainsi d'un cautionnement lorsqu'un tiers se
rend caution d'une dette déjà exigible sous l'engagement pris par
le créancier de n'en pas poursuivre le paiement dans un délai convenu; la formalité du double est exigible. — Nîmes, 18 nov. 1851
(S. 52.2.363); Duranton, t. 13, p. 153, n. 152; Favard, *Rép.*, v°
Acte sous seing privé, Sect. Ire, § 2, n. 6; Aubry et Rau, t. 6, p. 380,
§ 756, n. 21.

74. Ne constitue pas une convention synallagmatique, l'acte
intervenu entre le vendeur et l'acheteur, postérieurement à l'acte
de vente, et par lequel le vendeur proroge au profit de l'acquéreur
le délai imparti à celui-ci par l'acte de vente primitif pour demander le redressement des erreurs qui se seraient glissées dans l'évaluation du prix. — Cass., 17 déc. 1872 (S. 72.1.421).

75. L'acte par lequel, à l'occasion du mariage projeté d'une
mineure, le père des futurs époux s'engage à faire approuver par
celui-ci et par la future épouse pour lesquels il se porte fort, le
compte de tutelle que lui a présenté le père de la mineure, en s'o-

bligeant en outre à faire accorder à ce dernier un délai, pour le paiement du reliquat, est une convention unilatérale et n'est point dès lors soumise pour sa validité, lorsqu'elle est constatée par un acte sous seing privé, à la formalité de la rédaction en autant d'originaux qu'il y a de parties. — Bordeaux, 29 mars 1867, *Rev. Not.*, n. 2091.

76. Dans une convention synallagmatique, on doit considérer comme ayant un intérêt distinct, celles des parties auxquelles la convention par elle-même, dès l'instant de sa formation, impose des obligations réciproques, les unes envers les autres.

Quant à celles des parties que la convention n'a point par elle-même directement pour effet de soumettre les unes envers les autres à des obligations réciproques, on doit les considérer comme ayant le même intérêt, *un intérêt commun;* c'est-à-dire comme ne formant ensemble, dans leur réunion collective, qu'une seule partie; et cela lors même que cette convention pourrait soulever entre elles dans son exécution des intérêts particuliers et distincts. — Duranton, t. 13, n. 154; Aubry et Rau, t. 6, p. 382, § 756; Demol., t. 6, p. 343, n. 407; Laurent, p. 225, n. 210.

77. Ainsi il suffit de deux originaux pour la validité d'un acte de vente sous seing privé dans lequel figurent plusieurs vendeurs et plusieurs acquéreurs, si de part et d'autres il n'y a point d'intérêt distinct. — Amiens, 24 prair. an XIII; Duranton, t. 13, n. 154.

78. De même n'ont pas un intérêt distinct, les associés commanditaires dans l'acte constatant leur société. — Cass., 20 déc. 1830 (S. 31.1.38).

79. Plusieurs enfants héritiers de leur père, qui font avec leur mère une convention relative à ses reprises matrimoniales. — Cass., 2 mars 1808 (S. chr.).

80. Les créanciers et les débiteurs solidaires. — *Dict. Not.*, vº *Double écrit*, nº 27.

81. Le débiteur principal et la caution. — Cass., 22 nov. 1825 (S. chr.).

82. Les copropriétaires d'une maison qui traitent avec un architecte pour y faire des constructions ou des réparations. — Paris, 25 prair. an XI (S. chr.).

83 Dans un bail, le preneur et sa caution. — Turin, 6 mai 1806 (S. chr.).

84. L'acte sous seing privé par lequel une femme s'oblige solidairement avec son mari, ou comme sa caution, vis-à-vis un tiers, doit être fait en trois originaux. — Cass., 23 avril 1853 (S. 55.1.94).

85. L'art. 1325 est applicable en thèse générale aux compromis et aux prorogations de compromis. — Rennes, 27 déc. 1822 (S. chr.).

Le compromis portant nomination d'arbitres est un véritable contrat synallagmatique parfait, qui comme tel doit être fait double et en contenir la mention; car, s'il n'y avait qu'un seul double entre les mains d'une des parties, il lui serait loisible de le produire ou de le supprimer, et, par conséquent, d'exécuter ou de ne pas exécuter la convention concernant l'arbitrage.

Cependant, si le compromis non fait double était confié à l'une des parties et par elle remis aux arbitres, alors il y aurait exécution réelle de la part des deux parties et par conséquent renonciation à tout moyen de nullité.

Si le compromis est remis aux arbitres, il produit le même effet que s'il avait été fait double, puisqu'il ne dépend pas de l'une ou de l'autre des parties de se refuser à l'arbitrage, en exécution du compromis.

S'il a été déposé comme minute chez un notaire, le défaut de double et de mention sera couvert, non-seulement parce que le dépôt est lui-même un acte d'exécution qui lie les parties, par suite du mandat qu'elles ont donné au tiers de faire ce dépôt, mais encore parce que chacune des parties ayant le droit et la possibilité de se procurer une expédition de compromis, il n'y a pas de nullité.

86. Lorsque plusieurs personnes, ayant le même intérêt, figurent dans une convention, il suffit que l'unique original qui les concerne soit remis à celle d'entre elles qu'il leur convient de désigner. — Demol., t. 6, p. 345, n. 410.

87. Chaque original doit contenir la mention du nombre des originaux qui en ont été faits (art. 1325).

Cette formalité est indispensable pour empêcher la mauvaise foi et prévenir la fraude qui résulterait de la suppression d'un des doubles par une partie qui prétendrait ensuite que l'acte est nul comme n'ayant pas été fait en double. — Demol., t. 6, p. 347, n. 415; Laurent, t. 19, p. 230, n. 214.

88. La question ne peut faire doute en présence du texte même de l'art, 1325, de la liaison qui existe entre le premier alinéa de cette disposition et le deuxième, et surtout en présence du rapport de Jaubert au tribunal, qui s'exprime ainsi : « Il ne suffit pas que l'acte ait été fait en autant d'originaux qu'il y a de parties ayant un intérêt distinct ; il faut encore que chaque original contienne la mention du nombre d'originaux qui ont été faits, etc... » L'omission de cette mention empêcherait que l'acte fût valable.

89. La mention que l'acte a été fait en autant d'originaux qu'il y a de parties ayant un intérêt distinct remplit suffisamment le vœu de la loi. — Orléans, 11 mars 1858 (Dall. 61.5.382) ; Aubry et Rau, t. 6, p. 383, § 756 ; Larombière, t. 4, art. 1325, n. 27. — *Contrà*, Demol.. t. 6, p. 351, n. 420 ; Laurent, t. 19, p. 231, n. 215.

90. Tous les originaux doivent porter la mention du double, son omission sur un seul entraîne la nullité de l'acte. — Demol., t. 6, p. 348, n. 416.

91. A moins toutefois que l'existence de la convention constatée par l'acte soit reconnue par toutes les parties. — Cass., 16 mai 1859 (S. 59.1.611) ; Larombière, sur l'art. 1325, n. 39 ; Bonnier, n. 605 ; Aubry et Rau, t. 6, § 756, p. 384, n. 33.

92. La mention du fait double fait pleine foi entre les parties que l'acte a été ainsi dressé, alors que la partie qui conteste l'exactitude de mention ne peut invoquer aucune preuve contraire. — Douai, 12 août 1847 (P. 48.1.274).

93. Si la mention est fausse, et que la fausseté soit prouvée, l'acte sera nul. Cette fausseté pourra être établie conformément aux principes généraux sur les preuves, c'est-à-dire soit par écrit, soit par témoins ou présomptions avec un commencement de preuve par écrit, soit par l'aveu ou le serment.—Bruxelles, 14 mars 1864; Aubry et Rau, t. 6, p. 383, § 756, n. 30; Demol., t. 6, p. 348, n. 417; Laurent, t. 19, p. 232, n. 216, qui toutefois n'admet pas la preuve testimoniale.

94. Mais si l'acte a été rédigé en deux originaux et que ces originaux ne contiennent pas la mention que chacun d'eux a été rédigé en double, devant la négation d'une des parties, l'autre partie sera-t-elle recevable à fournir la preuve? Non, car aucune preuve, même par écrit et par serment ne saurait être admise pour suppléer le défaut de mention qui doit se trouver dans l'acte même. — Aubry et Rau, t. 6, p. 383, § 756, n. 31; Larombière, t. 4, p. 352, n. 29 de l'art. 1325; Demol., p. 349, n. 418; Laurent, t. 19. p. 233, n. 217.

95. Avant le Code civil un acte sous seing privé n'était point nul, lorsque, constatant des conventions synallagmatique, il ne faisait pas mention qu'il eût été rédigé en double original. — Cass., 17 août 1814 (S. chr.) ; Toullier, t. 8, n. 311 et suiv.; Duranton, t. 13, n. 144; Roll. de Vill.. *Rép. Not.*, v° *Promesse de mariage*, n. 4. — V. cependant Paris, 27 nov. 1811 (S. chr.).

96. L'art. 1325 ne dit pas que l'acte est nul à défaut de la mention du double, mais la nullité résulte des principes généraux du droit. — Demol., t. 6, p. 352, n. 421 ; Laurent, t. 19, p. 245, n. 225.

97. Cependant la nullité de l'acte n'entraîne pas la nullité de la convention qui peut être prouvée de toute autre manière. — V. *suprà*, n. 51.

98. La convention peut être prouvée par l'aveu des parties. — Bruxelles, 9 janv. 1813 (S. chr.) ; Cass., 16 mai 1859 (S. 59,1. 611) ; Paris, 4 juin 1859 (S. 59.2.542); Amiens 23 juill. 1874 (S. 75. 2.333; Bonnier, t. 2, p. 685 ; Laurent, t. 19, p. 252, n. 235.

99. Par un ensemble de pièces communes aux parties ; par exemple, leur correspondance mutuelle. — Cass., 14 frim. an XIV (S. chr.).

100. Par témoins. — C. civ., art. 1349; Grenoble, 2 août 1839 (S. 40.2.196).

101. Par des présomptions graves, précises et concordantes. — C. civ., art. 1353 ; Cass., 28 nov. 1864 (S. 65.1.5); Aubry et Rau, t. 6, § 756, texte et note 34; Pont, *Revue critique*, t. 25, p. 81.

102. Par le serment. — C. civ. 1367. — Mêmes autorités.

103. Par l'interrogatoire sur faits et articles. — Lyon, 16 juill. 1827 (S. chr.).

104. Mais la partie qui produit son titre en justice ne peut se prévaloir de l'absence de la mention exigée par la loi : car produire un acte en justice c'est en demander l'exécution, or l'exécution couvre la nullité de l'acte. — Grenoble, 8 avril 1829 (S. chr.); Colmet de Santerre, t. 5, p. 556, n. 288 *bis* ; Laurent, t. 19, p. 248, n. 229.

105. Les tiers ne peuvent point se prévaloir de ce que l'acte sous seing privé qu'on leur oppose n'aurait point été fait double. — Paris, 3 août 1823 (S. chr.) ; Laurent, *loc. cit.*, n. 226.

106. Lorsqu'une convention est prouvée indépendamment de l'acte destiné à en constater l'existence, il n'y a lieu de rechercher si cet acte (détruit) portait ou non la mention du double. — Cass., 29 juill. 1873 (S. 73.1.360).

107. L'acte sous seing privé qui n'est pas signé ou qui n'est pas valablement signé par tous les contractants, est nul à l'égard des parties qui ont signé, surtout lorsqu'il contient une convention qui n'est pas susceptible d'exécution partielle. — Cass., 9 nov. 1869 (S. 70.1.314).

'108. De même est nulle la vente sous signatures privées indiquée comme faite à deux époux solidairement entre eux, alors que cet acte n'est pas revêtu de la signature de la femme de l'acquéreur. — Cass., 22 déc. 1874 ; *Rev. Not.*, n. 5062.

109. Lorsqu'il existe des différences dans les deux originaux, par exemple, lorsqu'une clause a été omise dans l'un d'eux, l'original qui contient la clause fait un commencement de preuve par écrit. — Caen, 1er mai 1812 (S. chr.) ; Laurent, t. 19, p. 229, n. 213.

110. Et dans ce cas on ne peut appliquer l'art. 1162 d'après lequel la convention s'interprète contre celui qui a stipulé et en faveur de celui qui a contracté l'obligation, car il s'agit non d'interpréter une clause, mais de savoir si elle existe. — Même auteur. — *Contrà*, Larombière, t. 4, p. 369, n. 45, sur l'art. 1325.

111. Il va sans dire qu'en cas de fraude toute preuve est admise et que la clause ajoutée ou altérée frauduleusement doit être effacée. — Cass., 16 mai 1859 (Dall., 59.1.373) ; Laurent, t. 19, p. 230, n. 213, *in fine*.

112. La disposition du dernier alinéa de l'art. 1325 doit s'appliquer non-seulement au cas où l'acte ne porte pas la mention du double, mais aussi au cas où en réalité il n'a pas été fait double. — Demol., t. 6, p. 374, n. 435 ; Laurent, t. 19, p. 250, n. 231 ; Cass., 29 juill. 1873 (S. 74.1.360).

113. La nullité résultant de l'inexécution de la formalité des doubles ou du défaut de mention est couverte par l'exécution de la convention. — C. civ., art. 1325 ; Cass., 15 fév. 1814, 2 juill. 1877.

Cette exécution volontaire vaut confirmation. — Demol., t. 6, p. 374, n. 434. — M. Laurent est contraire à cette explication du motif du dernier alinéa de l'art. 1325 ; suivant lui l'exécution de l'obligation prouve qu'il y a une obligation ; et si l'existence de l'obligation est attestée par l'exécution, peu importe que l'écrit qui a été dressé pour le prouver soit irrégulier. — T. 19, p. 249, n. 230. — V. en ce sens, Cass., 29 juill., 1873, cité *suprà*.

114. L'exécution, même seulement partielle couvre le vice de l'acte, comme l'exécution totale. — Cass., 29 mars 1852 (Dall., 54. 1.392) ; Demol., t. 6, p. 376, n. 438 ; Laurent, t. 19, p. 250, n. 232.

Mais il faut que l'exécution soit postérieure à l'acte ; si elle était constatée par l'acte, l'art. 1325 serait inapplicable, car l'acte irrégulier ne peut faire aucune preuve et s'il ne peut prouver la convention, à plus forte raison ne peut-il prouver l'exécution qui y est constatée. — Toullier, t. 4, p. 337, n. 317 ; Bruxelles, 8 déc. 1817.

115. On décide que la nullité n'est couverte par l'exécution de la convention qu'à l'égard de celui des contractants qui l'a exécutée. — Duranton, t. 13, p. 168, n. 162 ; Marcadé, t. 5, p. 48, n. 4, sur l'art. 1325 ; Aubry et Rau, t. 4, p. 386, § 756 ; Larombière, t. 4, p. 352, n. 30, sur l'art. 1325 ; Demol., t. 6, p. 375, n. 436 ; Laurent, n. 233.

116. Mais il faut remarquer que généralement l'exécution par l'une des parties implique exécution de la part de l'autre ; ainsi, un acheteur exécute le contrat en payant le prix, et le vendeur l'exécute aussi en le recevant ; dans ce cas, pour qu'il n'y ait pas exécution de la part du vendeur, il faudrait que l'acheteur paie le prix à un tiers créancier délégataire.

117. Il est généralement admis que le dépôt fait du consentement de toutes les parties, entre les main d'un notaire pour être placé au rang de ses minutes, d'un acte sous seing privé, nul pour inobservation de la formalité des doubles, en couvre la nullité. — Bordeaux, 23 déc. 1843 (S. 44.2.299) ; Cass., 29 mars 1852 ; Demol.; t. 6, p. 379, n. 441 ; Laurent, t. 19, p. 252, n. 236 ; Aubry et Rau, 3e édit., t, 6, § 756, note 36.

118. Mais si le dépôt n'est fait que par l'une des parties ou par quelques-unes d'entre elles, sans le concours et l'acquiescement des autres, le vice de l'acte n'est pas couvert et les parties restées étrangères au dépôt conservent tous leurs droits, — Bordeaux, 13 mars 1829 (S. chr,) ; Demol., t. 6, p. 380, n. 443 ; Laurent, *loc. cit.*

119. Jugé cependant que la notification de ce dépôt aux parties qui y sont restées étrangères en répare l'irrégularité. — Paris, 14 déc. 1833 ; *Conf.* Toullier, t. 8, n. 325 ; Roll. de Vill., vº *Double écrit*, n. 51. — *Contrà*, Aubry et Rau, t. 6, p. 387, § 756, note 42 ; Larombière, art. 1325, n. 42.

120. Mais si le dépôt était effectué, non chez un notaire, mais chez un tiers, la solution serait-elle différente ? Il existe sans doute une très-grande différence entre ces deux sortes de dépôt. Comme le dit M. Laurent, t. 19, n. 237, le notaire garantit la conservation de l'acte et lui imprime cette irrévocabilité que le législateur a voulu assurer à chacune des parties contractantes, tandis que le dépôt chez un particulier ne présente pas cet avantage. Cette objection, du reste, ne touche pas au fondement du principe qui régit la matière. Y a-t-il aveu de la convention et preuve écrite de cet aveu? Telle est la vraie difficulté et il nous semble qu'ainsi posée, la question doit recevoir une solution affirmative.

121. M. Larombière enseigne, t. 4, sur l'art. 1325, n. 42, que lorsque les parties sont convenues en contractant que l'acte sera déposé entre les mains d'un tiers, désigné ou non, il n'est pas besoin de le rédiger dans les formes du double écrit. Le dépôt qui en est effectué, conformément à la convention et dans un intérêt commun, rend inutile l'accomplissement de ces formalités puisque chacun des contractants ayant la faculté de recourir à l'unique original de l'acte a également le moyen de contraindre l'autre à l'exécution de ses engagements. — V. également dans ce sens, Demol., t. 29, n. 442 ; Bonnier, 687.

122. C'est ainsi qu'il a été décidé que l'obligation du double pour un acte contenant des conventions synallagmatiques, cesse lorsque l'acte, du consentement des parties, a été déposé entre les mains d'un tiers. — Grenoble, 2 août 1839 (S. 40.2.196) ; Douai, 12 avril 1842 ; Cass., 11 déc. 1871 ; *Revue*, 4128.

123. Jugé cependant, en sens contraire, que la nullité d'un acte sous seing privé, prise en ce que l'acte n'a pas été fait double, n'est pas couverte par le dépôt de l'acte entre les mains d'un tiers. —Caen, 14 avril 1822 (S. chr.) ; *Sic*, Massé, *Dr. comm.*, t. 4, n. 2419.

124. Remarquons toutefois que la mention mensongère qu'un acte a été fait double ne couvre pas le vice résultant de ce qu'en réalité cette formalité n'a pas été accomplie. Si donc il est reconnu qu'un acte n'a été rédigé qu'en un seul original, il devrait nonobstant la mention contraire qui y serait contenue, être déclaré non valable. — V. Aubry et Rau, t. 6, § 756, p. 383 ; Demol., t. 6, n. 417. — Mais, comme l'acte fait foi de la réalité du fait qu'il énonce, et, qu'il s'agit de prouver contre sa teneur, la fausseté de la mention ne peut être établie que par la preuve littérale, l'aveu ou le serment, par application de l'art. 1341, C. civ., V. Demol., *loc. cit.* ; Larombière, art. 1325, n. 28 ; Laurent, t. 19, n. 216.

125. L'art. 1325 n'est évidemment pas applicable à la correspondance au cas où elle peut servir à la constatation régulière des conventions. Si à la lettre qui contient l'offre, il est répondu par un acte extrajudiciaire souscrit par l'acceptant, chacune des parties possède un titre pour agir et en même temps la preuve que l'autre jouit de cet avantage. — Braas, p. 42.

126. L'échange des télégrammes donne pareillement à chacune des parties la garantie du fait double et de la mention du fait double, au moins aussi longtemps que l'administration doit rester nantie des originaux.

§ 2. — Actes unilatéraux.

127. Le contrat est unilatéral, dit l'art. 1103, C. civ., lorsqu'une ou plusieurs personnes sont obligées envers une ou plusieurs autres, sans que de la part de ces dernières il y ait d'engagement.

128. L'acte unilatéral n'est pas soumis à la formalité du double écrit, mais, lorsqu'il contient une promesse unilatérale d'argent ou de choses appréciables ou plutôt fongibles, l'art. 1326, C. civ., lui est applicable.

129. Cet article est ainsi conçu :

Le billet ou la promesse sous seing privé par lequel une seule partie s'engage envers l'autre à lui payer une somme d'argent ou une chose appréciable, doit être écrit en entier de la main de celui qui le souscrit ; ou du moins, il faut qu'outre sa signature, il ait écrit de sa main un *bon* ou un *approuvé*, portant, en toutes lettres, la somme ou la quantité de la chose.

Excepté dans le cas où l'acte émane de marchands, artisans, laboureurs, vignerons, gens de journée et de service. — C. civ., art. 1326.

130. La formalité de l'approbation a été instituée par la déclaration du 30 juill. 1730, qui fait parfaitement ressortir les motifs de cette innovation, et que nous reproduisons à titre de document.

« Nous sommes informé que depuis quelques années un grand nombre de particuliers ont trouvé le moyen d'avoir des signatures vraies de plusieurs personnes et de s'en servir après avoir plié ou coupé le papier où ces signatures étaient écrites, ou en avoir enlevé l'écriture, et l'avoir rempli ou fait remplir par des mains étrangères, de billets de promesses ou de quittances ; en sorte que les personnes des signatures desquelles on avait ainsi abusé, et en leur lieu, leurs héritiers et ayants cause, étaient forcés de se rendre à la vérité de ces signatures, dont cependant les engagements et les motifs étaient évidemment faux et supposés, ont été contraints de recourir à des procédures judiciaires, que quelques-uns de ces faussaires ont éludées par de nouvelles subtilités ; et comme ces sortes de faussetés intéressent le commerce, l'ordre, la foi publique et la tranquillité des familles, nous avons jugé qu'il était infiniment important de remédier aux suites qu'elles peuvent avoir.

A ces causes, etc., voulons et nous plaît que tous billets et autres promesses ou quittances sous signature privée soient de nul effet et valeur, si le corps de l'écriture n'est de la main de celui qui aura signé les billets, promesses ou quittances, ou que l'approbation de la somme, ou la quantité des denrées, marchandises et autres effets pour lesquels l'engagement aura été contracté, ne soit antérieurement écrit en toutes lettres et sans chiffres, déclaré qui aura signé ledit engagement, faute de quoi lesdites promesses ou quittances ne pourront être exigibles. »

131. Une nouvelle déclaration du 22 sept. 1733, tout en confirmant ces dispositions, vint affranchir de l'approbation les actes

souscrits par « des banquiers, négociants, marchands, manufac-
turiers, artisans, fermiers, laboureurs, vignerons, menuisiers et
autres de pareille qualité, qu'il serait difficile et même souvent
impossible d'assujettir à l'observation de cette nouvelle formalité. »

On voit que l'art. 1326 reproduit les mêmes principes que ceux
adoptés dans ces déclarations.

132. Les mots *une seule partie* dudit art. 1326 ne signifient
pas une seule personne, ils indiquent un engagement d'un seul
côté, *unilatéral*, peu importe qu'il soit souscrit par une personne
ou par plusieurs, et que tous les débiteurs soient solidaires ou non.
— Demol., t. 6, p. 389, n. 458 ; Laurent, t. 19, p. 256, n. 240, et
tous les auteurs.

133. L'art. 1326 est applicable :

Aux arrêtés de compte contenant obligation par le souscripteur
d'en payer le reliquat.—Liége, 6 mai 1865 (Pasicrisie belge, 1865.
2.226) ; Laurent, t. 19, p. 266, n. 248.

Si l'arrêté de compte contenait des engagements réciproques ce
serait l'art. 1325 qui serait applicable, parce qu'il y aurait une
décharge respective qui serait réellement une convention synallagmatique. — Bruxelles, 3 nov. 1855 (Pasicrisie, 56.2.286).

134. A la reconnaissance d'un dépôt. — Cass., 12 janv. 1814
(S. chr.) ; Toullier, t. 8, p. 304 ; Duranton, t. 13, n. 171 : Laurent, n. 246.

135. A l'acte portant constitution de rente ; parce qu'il n'y a
que le débiteur de la rente qui contracte une obligation, le créancier n'en contracte aucune. — Pothier, *Constitution de rente*, n. 3
et 4 ; Laurent, n. 247 ; Dall., vº *Oblig.*, 4103.

La Cour de cassation a rendu sur cette question deux arrêts
contradictoires, l'un conforme à la solution ci-dessus, du 7 therm.
an x et l'autre en opposition, du 13 fruct. an xi.

136. Au cautionnement pur et simple, même lorsqu'il porte
sur une obligation indéterminée. — Orléans, 24 déc. 1864 ; *Revue*,
n. 1268 ; Cass., 10 janv. 1870 (S. 70.1.157) ; Lyon, 17 juin 1871
(S. 71.2.222).

Cependant la simple signature pourrait servir de commencement de preuve par écrit. — Même arrêt de Lyon ; Cass., 15 juill.
1874 (S. 75.1.290).

Il en serait autrement si le cautionnement, au lieu d'être pur et
simple, n'était donné qu'avec des conditions telles que celles d'une
prorogation de délai, soit à l'égard du débiteur principal, soit spécialement quant à la caution, pour le cas de défaut de paiement
par le débiteur principal. Alors il y aurait réellement une convention synallagmatique soumise aux seules dispositions de
l'art. 1325.

137. Aux obligations souscrites conjointement et solidairement par le mari et la femme.—Cass., 8 août 1815 et 6 mai 1816 ;
Grenoble, 29 mars 1822 (S. chr.) ; Laurent, n. 240.

138. Au billet à ordre souscrit par un commerçant. — Nouguier, t. 1, p. 500 ; Demol., t. 6, p. 403, n. 474.

139. Au billet souscrit conjointement par un commerçant et sa femme, mais seulement à l'égard de celle-ci. — Cass., 26 mai 1823 ; Angers, 11 déc. 1823 (S. chr.) ; Duranton, t. 13, n. 180 ; Nouguier, t. 1, p. 502.

Il y a controverse quand le billet est souscrit solidairement. — Paris, 14 mars 1826 ; Liége, 29 mai 1827.

140. Il n'est pas applicable :

Au mandat, quand même le mandant donnerait pouvoir d'emprunter une somme déterminée ; il suffit que l'acte porte ces mots : *bon 'pour procuration*, écrits de la main du mandant. — Cass., 6 fév. 1861 (S. 62.1.72).

141. A la lettre de change. — Montpellier, 20 janv. 1835 (S. 35.2.336) ; Bédarride, *De la faillite*, t. 1, p. 59, n. 44 ; Pardessus, *Contrat de change*, n. 74 ; Massé, t. 6, n. 40 et suiv. — *Contrà*, Nouguier, *Lettre de change*, t. 1, p. 73.

Mais elle ne doit contenir aucune supposition de nom, de qualité ou de domicile et n'être signée ni par des femmes ou filles non négociantes ou marchandes publiques ; car alors elle constituerait une simple promesse et tomberait sous l'application de l'art. 1326 (C. comm., art. 112, 113). — Cass., 26 mai 1823 (S. 24.1.122).

142. A l'endossement d'un billet à ordre. — Liége, 16 déc. 1812 (S. chr.) ; Pardessus, *Dr. comm.*, n. 479 et *Contrat de change*, t. 2, n. 459.

143. A l'aval donné sur une lettre de change.—Cass., 25 janv. 1814 (S. chr.) ; Duranton, t. 13, n. 176.

Mais s'il est donné par une femme non commerçante par acte séparé en garantie de la lettre de change, il n'est qu'une simple promesse et est soumis à l'approbation. — *Lettre de change*, t. 1, p. 315 et 316 ; Pardessus, t. 2, n. 316 ; Coulon, *Quest. de dr.*, t. 3, p. 386.

144. Aux quittances de sommes :

Il suffit pour leur validité, qu'elles soient signées par le créancier. En cela, la loi fait une sage différence entre les engagements et la libération, puisqu'elle ne prescrit le bon est approuvé que pour les billets ou les promesses et non pour les quittances. — Poujol, *Traité des Oblig.*, t. 3, p. 127 ; Cass., 23 mars 1806 (S. chr.) ; Toulouse, 13 fév. 1830 (S. chr.) ; Duranton, t. 13, p. 179, n. 167 ; Laurent, p. 266, n. 249, et tous les auteurs.

145. La disposition de l'art. 1326 est générale et comprend toutes les personnes qui souscrivent un acte sous seing privé, moins seulement celles qui en ont été exceptées par le second alinéa dudit article, c'est-à-dire les marchands, les artisans, les laboureurs, les vignerons, les gens de journée et de service.

146. Le mot *marchand* doit être entendu dans son sens le plus large et comprendra tous les commerçants et industriels. ainsi que les banquiers. — Demol., t. 6, p. 403, n. 477 ; Laurent, t. 19, p. 271, n. 254.

147. Les aubergistes, hôteliers, cabaretiers, sont réputés *mar-*

chands dans le sens de l'art. 1326; Metz, 21 juin 1815 (S. chr.);
Pardessus, *Cours de dr. comm.*, n. 81; Laurent, n. 254.

148. L'exception pour les marchands est fondée sur les besoins du commerce, sur la simplicité et la rapidité que ses opérations exigent. — Pothier, n. 745.

Aussi certains auteurs prétendent que l'art. 1326 n'est pas applicable quand il s'agit d'affaires civiles, étrangères au commerce.—
Zachariæ, t. 3, p. 505, note 22; Colmet de Santerre, t. 5, p. 561,
n. 289 *bis*.

Mais cette interprétation nous paraît inadmissible, l'art. 1326
étant formulé dans les termes les plus généraux. — Laurent,
n. 254.

De plus, la Cour suprême décide que l'art. 1326 s'attache uniquement à la profession du signataire et non à la nature civile
ou commerciale de l'obligation souscrite. — Cass., 30 juill. 1868.

149. Le commerçant donc qui souscrit un acte civil est dispensé de l'approuver; par contre, le non-commerçant, puisque
c'est exclusivement à la qualité personnelle que la loi s'attache,
est tenu d'approuver la signature apposée à un acte qui contient,
de sa part, une obligation commerciale accidentelle. — Braas,
p. 76. — *Contrà*, Larombière, sur l'art. 1326, n. 21.

150. Il suit de là encore que l'exception ne s'étend pas de
plein droit aux femmes de ceux qui exercent les professions prévues par l'art. 1326; elle est laissée à l'appréciation des tribunaux.
— Cass., 31 août 1859 (S. 60.1.47); Larombière, t. 4, p. 395,
n. 26; Aubry et Rau, t. 6, p. 393, § 756; Laurent, p. 276, n. 260.

151. Cependant on décide généralement que la femme non
commerçante d'un mari qui fait le commerce doit approuver la
signature qu'elle appose sur des actes privés, parce que, quant à
elle, le fait sur lequel est basée l'exception n'existe pas; et qu'il
en est autrement de la femme du labourer, du manouvrier, parce
qu'elle est naturellement présumée appartenir à la condition sociale de son mari. — Braas, p. 77.

152. Les artisans sont généralement ceux dont les moyens
d'existence consistent dans l'exercice d'un art mécanique, d'un
métier. — Liége, 19 fév. 1824; Cass., 13 déc. 1853 (S. 54.1.17).

153. Jugé qu'un meunier peut être un artisan surtout si l'écriture du signataire ne révèle pas un degré d'instruction supérieur
à cette classe de personnes. — Montpellier, 6 déc. 1865 (S. 66.2.
319).

154. On doit entendre par *laboureurs* et *vignerons* ceux qui travaillent de leur personne à la culture des terres et qui tirent de
ce travail leurs moyens d'existence. — Cass., 17 fév. 1836 (S.
36.1.660); Demol., t. 6, p. 406, n. 481; Laurent, t. 19, p. 272,
n. 256.

155. Il ne faut pas comprendre dans cette dénomination les
personnes qui par des circonstances particulières, soit par goût,
soit pour leur utilité, se seraient mises à cultiver leurs terres; ce
sont en général des personnes que leur éducation, leur fortune et

leur rang dans la société ne permettent point de placer dans l'exception. — Nîmes, 4 mai 1852 (S. 52.2.106); Bourges, 21 août 1866 (S. 66.2.363); Nancy, 20 janv. 1870 (D. 72.2.89).

156. Cependant les tribunaux ont une certaine latitude d'appréciation quand il s'agit d'appliquer l'exception qui concerne les laboureurs, et ils décident d'après les circonstances de la cause si le souscripteur du billet est dans l'exception ou s'il faut lui appliquer la règle. — Laurent, *ibid.*

157. La classe des gens de journée et de service comprend tous ceux qui tirent leurs moyens d'existence du travail de leurs mains.

158. L'exception de l'art. 1326 ne serait plus applicable si le signataire du billet ou de la promesse avait cessé d'exercer la profession motivant l'exception. C'est l'opinion de tous les auteurs.

Cependant celui qui n'a quitté la profession qu'à raison de ses infirmités et de son âge n'en doit pas moins être toujours placé dans l'exception. — Besançon, 3 fév. 1853 ; Dall., n. 4145.

Il en est encore ainsi si le billet a été souscrit à une époque très-rapprochée de celle où le souscripteur exerçait encore sa profession. — Angers, 30 mai 1873 (S. 73.2.276).

159. Si un billet était souscrit à la fois par plusieurs personnes, dont les uns se trouveraient dans la règle générale de l'art. 1326 et les autres dans l'exception, le billet ne ferait foi contre les premières qu'autant qu'il serait revêtu de la formalité de l'approbation, tandis qu'il ferait foi contre les autres quoiqu'il n'en fût pas revêtu. — Demol., t. 6, p. 411, n. 488.

160. Aux termes de l'art. 1326 l'acte doit être écrit en entier de la main de celui qui le souscrit. Quant le souscripteur n'a pas écrit le corps de l'acte, il faut qu'outre sa signature il écrive de sa main un *bon* ou un *approuvé* portant en toutes lettres la somme ou la quantité de la chose, l'approbation de l'écriture ne suffit pas.— Laurent, t. 19, p. 267, n. 250 ; Caen, 28 nov. 1843.

161. L'expression *vu* et *lu* serait insuffisante également. — Metz, 28 mars 1833 (S. 35.2.49).

162. De même que l'approbation en chiffres. — Cass., 26 mai 1823 (S. chr.).

163. L'approbation peut être indifféremment mise avant ou après la signature, cependant il est préférable qu'elle la précède. — Larombière, sur l'art. 1326, n. 17.

164. L'approbation en toutes lettres par le débiteur, dans une reconnaissance sous seing privé portant stipulation d'intérêts, du capital de la dette satisfait aux prescriptions de la loi. — Orléans, 11 mai 1861 (S.63.2.65); Larombière, t. 4, p. 388, n. 15 ; Laurent, p. 263, n. 245.

165. Aux termes de l'art. 1327 :

Lorsque la somme exprimée au corps de l'acte est différente de celle exprimée au *bon*, l'obligation est présumée n'être que de la somme moindre, lors même que l'acte ainsi que le *bon* sont écrits en entier de la main de celui qui s'est obligé, à moins qu'il ne soit prouvé de quel côté est l'erreur.

166. C'est l'application du principe édicté par l'art. 1162 : Dans le doute, la convention s'interprète contre celui qui a stipulé et en faveur de celui qui a contracté.

167. La preuve de l'exactitude de la somme peut être faite par tous moyens que la loi reconnaît.

Le corps de l'acte et le bon pour peuvent être admis comme commencement de preuve par écrit et donner ainsi passage à la preuve testimoniale, aux présomptions et au serment supplétoire. — Demol., p. 422, n. 499 ; Laurent, p. 268, n. 252.

168. Le texte de l'art. 1326 ne déclare pas que l'acte sous seing privé non revêtu de la formalité du *bon pour* est nul et non valable. Il en résulte seulement que cet acte irrégulier et insuffisant ne fait pas foi contre la personne qui l'a souscrit, mais il peut être considéré comme un commencement de preuve par écrit ; la doctrine et la jurisprudence sont d'accord sur ce point. — Cass., 6 fév. 1839 (S. 39.1.289) ; 13 déc. 1853 (S. 54.1.47) ; Paris, 24 mai 1855 (S. 55.2.574) ; Poitiers, 17 juin 1867 (S. 68.2.8) ; Bonnier, t. 2, n. 678 ; Marcadé, t. 5, sur l'art. 1326, n. 3 ; Aubry et Rau, t. 6, § 756, p. 394, note 76 ; Larombière, t. 4, sur l'art. 1326, n. 28 ; Demol., p. 41 et suiv., n. 489 et suiv. ; Laurent, p. 281, n. 262, et suiv.

169. Du reste, c'est aux juges, qui ont un pouvoir discrétionnaire d'appréciation, qu'il appartient de décider souverainement quelles conséquences peut avoir, dans chaque espèce, le défaut d'approbation.

170. La circonstance que la promesse ou billet contient la mention qu'il a été fait en double ne dispense pas du *bon* ou *approuvé*. — Bruxelles, 22 oct. 1839.

171. Il est généralement admis que la cancellation du titre forme une présomption de remise de la dette ou du paiement, sauf néanmoins la preuve contraire. — Grenoble, 17 déc. 1858 (S.59.2.433) ; Poujol, *Oblig. sur l'art.* 1283, p. 11 ; Larombière, *eod.*, n. 16.

172. Le défaut d'approbation est couvert par l'exécution totale ou partielle de l'obligation portée dans le billet. — Roll. de Vill., v° *Approb. d'écrit.*, n. 71.

173. Ainsi il a été jugé que la nullité de l'acte sous seing privé renfermant des conventions synallagmatiques, faute de n'avoir pas été fait en autant d'originaux qu'il y avait de parties ayant un contrat distinct, ne peut être invoquée par la partie qui a exécuté celles des conventions relatées par ces actes sur laquelle elle élève des contestations. — Cass., 29 mars 1852 (S. 52.1.385) ; Riom, 13 juin 1855 (S. 56.2.273) : Cass., 2 juill. 1877 (S. 77.1.415).

174. Il faut cependant admettre une restriction, c'est que l'exécution partielle fasse connaître d'une manière certaine le montant de l'obligation. — Demol., p. 417, n. 494 et 495 ; Laurent, p. 282, n. 265.

175. La prescription de dix ans ne couvre pas l'irrégularité de l'acte. — Duranton, t. 13, p. 192, n. 185; Laurent, p. 284, n. 266, *in fine*.

CHAPITRE III.

EFFETS DES ACTES SOUS SEING PRIVÉ.

176. Aux termes de l'art. 1322, l'acte sous seing privé a, entre ceux qui l'ont souscrit et entre leurs héritiers et ayants cause, la même foi que l'acte authentique, mais il faut qu'il soit reconnu par celui auquel on l'oppose ou légalement tenu pour reconnu.

177. Quelle est la raison de cette différence entre l'acte authentique et l'acte sous seing privé? C'est que l'acte authentique porte la signature d'un officier public qui a pour mission de donner l'authenticité aux actes qu'il reçoit; sa signature est connue ou certifiée par une légalisation; toutes les probabilités sont que l'acte signé d'un notaire a été réellement dressé par lui, donc il doit faire foi par lui-même. Mais il n'en est pas ainsi de l'acte sous seing privé. Il porte des signatures inconnues dont rien ne garantit la vérité; il ne peut donc faire foi par lui-même, tant qu'il n'est pas certain que les signatures qui s'y trouvent émanent réellement des personnes qu'elles désignent. Il n'y a qu'un moyen d'obtenir cette certitude, c'est la reconnaissance, soit volontaire, si celui à qui l'acte est opposé reconnaît qu'il l'a signé, soit forcé, si celui à qui il est opposé ne le reconnaît point, ce qui nécessite une vérification d'écritures en justice. — Laurent, t. 19, p. 284, n. 267.

178. Celui à qui on oppose un acte sous seing privé dit l'art. 1323, est obligé d'avouer ou de désavouer formellement son écriture ou sa signature. Ses héritiers ou ayants cause peuvent se contenter de déclarer qu'ils ne connaissent pas la signature ou l'écriture de leur auteur.

179. Cette différence s'explique facilement. Celui dont l'acte porte la signature doit savoir si cette signature est la sienne, il faut donc qu'il l'avoue ou qu'il la désavoue; tandis que ses héritiers et, à plus forte raison, ses ayants cause peuvent très-bien ne pas connaître la signature de leur auteur; la loi a donc dû se contenter de la déclaration qu'ils ne la connaissent point. —Laurent, t. 19, p. 286, n. 269.

180. En cas de dénégation formelle ou de simple méconnaissance de la signature ou de l'écriture, la vérification doit être ordonnée par le juge. — Art. 1324.

Mais le juge n'est pas tenu de procéder dans les formes prescrites par le Code de procédure; il peut faire lui-même cette vérification à l'aide des pièces et documents du procès, ou recourir soit à une expertise, soit à une autre voie d'instruction; mais il faut qu'il y ait vérification, elle est obligatoire, encore bien que les parties ne l'aient pas réclamée. — Nancy, 14 août 1869 (D. 71.2.212); Cass., 10 mai 1870 (S. 71.1.224); 1er mai 1872 (S. 72.1.237); Dijon, 19 fév. 1873 (S. 74.2.14); Cass., 23 mars 1874 (S. 74.1.265); 28 mars 1876 (S. 76.2.215); Boncenne, *Th. de la proc.*, t. 3, p. 486

et suiv.; Bioche, *Dict. de proc.*, v° *Vérificat. d'écrit.*, n. 34; Bonnier, *Preuves*, t. 2, n. 715; Larombière, *Oblig.*, sur les art. 1323 et 1324, n. 10; Laurent, t. 19, p. 290, n. 270.

181. S'il y a plusieurs héritiers, comme chacun d'eux ne représente la succession que pour la part et portion dont il est héritier, la reconnaissance qu'il fait de la signature de son auteur, ne concerne que cette seule part et portion, et ne lie pas les autres héritiers qui ne sont passibles que de leurs propres faits, que des reconnaissances émanées d'eux. — Poujol, t. 3, p. 92.

182. L'héritier qui a déclaré ne pas reconnaître la signature de son auteur doit être condamné aux frais de la vérification, si la signature est reconnue véritable. — Cass., 6 juill. 1822; 11 mai 1829 (S. chr.); Poitiers, 5 fév. 1834 (S. 34.2.164); Douai, 30 mars 1846 (S. 47.2.203; Duranton, t. 13, n. 119; Favard, *Rép.*, v° *Vérific. d'écrit.*, n. 4; Pigeau, t. 1, p. 110; Chauveau sur Carré, n. 800; Bioche, *Dict. de proc.*, v° *Vérif. d'écrit.*, n. 88; Rodière, *Proc. civ.*, t. 2, p. 199.

Cependant il a été jugé que les frais de la vérification devaient être prélevés sur la succession. — Bastia, 16 fév. 1824; Riom, 28 fév. 1824 (S. chr.). — *Sic*, Lepage, p. 174; Delaporte, t. 1, p. 196; Boncenne, *Th. de la proc.*, t. 3, p. 453 et suiv.

183. La méconnaissance ou la dénégation de la signature suspend l'exécution de l'acte. Si l'acte contenait une élection de domicile attributive de juridiction, le tribunal du domicile élu devant lequel la dénégation serait faite devrait, en conséquence, renvoyer, afin de procéder à la vérification, devant le juge du domicile réel. — Bruxelles, 5 et 21 août 1815.

184. Sous l'ancien droit, la vérification d'écriture ne se concevait pas comme l'objet d'une demande principale; suivant l'édit de 1684, toute poursuite à fin d'exécution d'actes privés avait pour préalable indispensable l'accomplissement d'une procédure indépendante, spéciale, en reconnaissance de la signature y apposée. La procédure incidente a été plus tard, en 1703, autorisée, mais seulement dans les matières commerciales.

Aujourd'hui il est d'usage constant, d'ailleurs légal, d'assigner directement en exécution, même devant les juridictions qui ne pourraient connaître de la vérification de l'acte instrumentaire.

En cas de contestation à cet égard, la sincérité de la signature est incidemment recherchée, soit par le juge saisi de la connaissance du fond, soit, à la suite de renvoi, par le juge compétent.

185. Ainsi lorsqu'un acte sous seing privé, dont l'écriture ou la signature est déniée ou méconnue, est produit devant un tribunal de commerce, qui n'est qu'une juridiction d'exception, on doit renvoyer pour la vérification devant les juges compétents et surseoir à statuer sur la demande principale. Néanmoins, si la pièce n'est relative qu'à un des chefs de la demande, le tribunal de commerce peut passer outre au jugement des autres chefs. — Cass., 20 nov. 1833 (S. 34.1.59).

186. Le renvoi doit être prononcé même alors que le tribunal saisi de l'affaire est un tribunal civil jugeant commercialement ; en ce cas, le tribunal renvoie devant lui-même en audience ordinaire pour juger l'incident. — Pardessus, n. 1373 ; Carré, quest. 1529 ; Boisard, t. 2, p. 512.

187. La vérification s'opère à l'aide des trois moyens indiqués par l'art. 195, C. proc., de l'un ou plusieurs d'entre eux, soit par titre, soit par comparaison faite par le juge lui-même ou par des experts, soit par témoins.

188. La vérification par titre s'opère, ainsi que le mot l'indique, à l'aide de tous documents authentiques ou privés, reconnus sincères, desquels ressort que la signature à vérifier est de la main de celui à qui on l'attribue. Il n'y a presque pas d'exemple de cette procédure ; on comprend que les titres dont il s'agit préviennent toute contestation. Ils constituent, comme dit M. Braas, plutôt une forme de la reconnaissance qu'un mode de vérification de l'écriture.

189. Le deuxième mode de vérification est l'expertise, qui consiste dans la comparaison de l'écriture contestée avec d'autres écritures émanées incontestablement du défendeur. Cette comparaison est ordinairement faite par des experts, c'est-à-dire par des hommes ayant des connaissances spéciales en matière d'écritures.

190. Enfin le troisième mode de vérification de l'écriture est la preuve testimoniale.

On s'est demandé si cette preuve n'est pas inconciliable avec la disposition légale qui la prohibe dans les matières qui excèdent une certaine somme ou valeur.

L'orateur du Tribunat a fait justice de cette objection en ces termes : « Lorsque la loi exige la rédaction par écrit des conventions, c'est répondre à son vœu que de donner à l'acte produit l'effet de trouver son complément dans la preuve testimoniale.

Cette preuve ne peut naturellement porter que sur la vérité de la signature et nullement sur la réalité de l'obligation consignée en l'acte. C'est sans doute pour cette raison comme l'observe Carré, que l'art. 212, C. proc., veut que, lors de l'audition des témoins, les actes leur soient représentés et soient parafés par eux. — Braas, p. 66. — V. pour de plus amples développements le mot *Vérification d'écriture.*

191. Quoique l'acte sous seing privé fasse foi de la date entre ceux qui l'ont souscrit, ces derniers peuvent contester cette date pour cause de fraude, et la fausseté de la date peut être prouvée par témoins et par présomptions.

Ainsi un ayant compte peut prouver que la date du récépissé a été frauduleusement antidatée par son tuteur pour éviter l'application de l'art. 472, C. civ. — Demol., t. 6, p. 432, n. 510.

192. L'acte sous seing privé, souscrit par le mandataire, fait contre le mandant la même foi que s'il l'avait souscrit lui-même. S'il y a une antidate, c'est à lui d'en fournir la preuve.—Bourges, 17 mai 1842 (S. 43,2.100).

193. La même décision doit être aussi appliquée:

Au mandataire légal, un père tuteur, administrateur des biens de son enfant mineur. — Cass., 8 juin 1859 (S. 59.1.567).

Au mari, administrateur des biens de sa femme. — Cass., 13 mars 1854 (S. 54.1.529) ; Troplong, *Cont. de mar.*, t. 3, n. 1726.

194. La date fait foi contre l'héritier dans tous les cas où elle aurait fait foi contre son auteur lui-même ; ainsi l'acte portant constitution d'une rente viagère fait foi de la date à l'égard des héritiers de la personne au profit de laquelle la rente a été constituée, bien qu'il n'ait pas acquis date certaine avant les vingt jours qui ont précédé la mort de cette personne, et c'est aux héritiers à prouver la fausseté de la date. — Cass., 5 avril 1842 (S. 42. 1.800) ; Duranton, t. 18, n. 151. — *Contrà*, Delvincourt, t. 3, p. 206.

195. Il en est de même pour l'héritier d'un interdit, qui ne pourrait exiger la date certaine de l'acte sous seing privé souscrit par son auteur avant l'interdiction de celui-ci. — Aubry et Rau, t. 6, p. 399, § 756, n. 94 ; Bonnier, n. 567 ; Bédarride, *Du dol*, t. 3, p. 32 ; Cass., 8 mars 1836 (S. 36.1.236) ; Nancy, 21 mai 1842 (D. 42.2.185). — *Contrà*. Cass., 4 fév. 1835 (S. 35.1.83).

196. Le mot héritier comprend dans l'art. 1322, non-seulement les héritiers légitimes, mais tous les successeurs universels ou à titre universel de celui qui a souscrit l'acte sous seing privé ; tous ceux en un mot qui succèdent, *in universum jus defuncti* ; les successeurs irréguliers, les légataires universels ou à titre universel, les donataires par contrat de mariage de tout ou partie des biens à venir. — Demol., t. 6, p. 444, n. 522 ; Laurent, t. 19, p. 322, n. 295.

197. Les héritiers doivent être considérés comme des tiers lorsqu'ils n'agissent pas au nom du défunt, mais comme exerçant un droit leur appartenant de leur chef.

Il en est ainsi de l'héritier bénéficiaire, lorsqu'il agit en qualité de créancier ou de successeur à titre particulier du défunt.—Cass., 22 juin 1848 (S. chr.). — *Contrà*, Laurent, p. 328, n. 299.

Et de l'héritier réservataire lorsqu'il agit en réduction des donations entre-vifs, par lesquelles son auteur a dépassé la quotité disponible, car alors il exerce un droit qu'il tient de la loi. — Cass., 6 fév. 1838 (S. 38.1.109) ; Caen, 25 mai 1875 ; Recueil de cette Cour, 1875, p. 133 ; Aubry et Rau, t. 6, p. 400, § 756, note 96 ; Larombière, t. 4, p. 432, n. 31, sur l'art. 1328 ; Laurent, p. 324, n. 298.

198. Le mot *ayant cause*, dans son acception générale, comprend toute personne qui a succédé à un titre quelconque aux droits d'un autre ; dans ce sens, les héritiers et autres successeurs universels ou à titre universel sont eux-mêmes des ayants cause.

Mais dans l'art. 1322 ce mot a une acception plus restreinte, il comprend seulement les successeurs à titre particulier, qui sont, suivant la différente nature de leurs titres, l'acheteur, le copermutant, le donataire, le locataire, etc..., tous ceux qui ont la *même cause* que leur auteur, c'est-à-dire un titre commun et identique. — Demol., t. 6, p. 446, n. 525.

En un mot, à la différence de l'héritier qui représente son auteur à titre universel, l'ayant cause, au contraire, ne représente son auteur qu'à titre particulier, et limitativement quant à la seule chose qui lui a été donnée, cédée ou vendue.

199. Il y a donc une grande différence entre l'ayant cause universel et l'ayant cause à titre particulier, en ce qui regarde l'étendue des obligations l'un de l'autre, le premier succède aux obligations personnelles de son auteur, tandis que le second n'est tenu que de celles qui reposent sur la chose à la propriété de laquelle il a succédé. — Demol., t. 6, p. 447, n. 525.

200. Néanmoins cette différence n'empêche pas que, lorsque la qualité d'ayant cause à titre particulier est reconnue dans une personne, la date de l'acte sous seing privé qui a été souscrit par son auteur ne doive faire foi contre elle. — Toullier, t. 4, p. 236-254, n. 245 et 246 ; Demol., *loc. cit.* — *Contrà*, Laurent, p. 340, n. 317, *in fine ;* Aubry et Rau, t. 6, p. 400, note 97, et les auteurs qui y sont cités.

201. Les actes sous seing privé n'ont de date contre les tiers que du jour où ils ont été enregistrés, du jour de la mort de celui ou de l'un de ceux qui les ont souscrits, ou du jour où leur substance est constatée dans des actes dressés par des officiers publics, tels que procès-verbaux de scellés et d'inventaire. — C. civ., art. 1328.

202. Il est généralement admis que les moyens par lesquels les actes sous seing privé acquièrent date certaine à l'égard des tiers sont énumérés limitativement dans l'art. 1328, et qu'en conséquence, en dehors des cas prévus par cet article, un acte sous seing privé est inopposable aux tiers. — Rouen, 22 juin 1872 (S. 73.2.209) ; Cass., 22 août 1876 ; *Revue*, 5320.

203. L'acte sous seing privé qui n'a point acquis date certaine par l'une des circonstances énoncées dans l'art. 1328, forme un commencement de preuve par écrit. — Cass., 28 nov. 1864 (S. 65. 1.5).

204. Cependant M. Braas, que nous citons souvent, est contraire à l'opinion générale, et propose une interprétation nouvelle de l'art. 1328. Selon cet auteur, les trois faits mentionnés dans l'art. 1328 sont bien les seuls qui établissent d'une manière irréfragable la date d'un acte sous seing privé à l'égard des tiers, de telle sorte que, quand l'un de ces faits s'est accompli, les juges n'ont pas de pouvoir d'appréciation ; ils sont tenus de considérer l'acte comme ayant date certaine au jour où s'est accompli l'enregistrement, où l'un des signataires est mort, où l'acte sous seing privé a été mentionné dans un acte authentique. En dehors de ces cas les juges recouvrent leur liberté. C'est en ce sens là que l'art. 1328 serait limitatif. Mais les juges ont la faculté d'admettre d'autres modes de preuve de la date des actes sous seing privé à l'égard des tiers, ainsi ils pourraient admettre soit la preuve par témoins, soit les présomptions. — Braas, p. 96 et suiv.

205. Cette doctrine a réuni peu de partisans, parce qu'elle présente les plus graves inconvénients, avec elle les contestations sur la date des actes sous seing privé seraient innombrables. En outre, quoi qu'en dise l'auteur, les discussions qui ont précédé le vote de l'art. 1328 prouvent qu'en dehors du cas qu'il prévoit, les actes sous seing privé ne peuvent être opposés aux tiers.

Plusieurs décisions judiciaires semblent cependant s'être rapprochées de la doctrine de M. Braas. En effet, à propos de l'art. 1410, C. civ., qui, selon l'opinion générale n'est qu'une application de l'art. 1328, des arrêts ont admis que les actes sous seing privé constatant l'existence de dettes contractées par une femme commune en biens avant la célébration du mariage, pourraient être opposés à la communauté, encore qu'on ne se trouve dans aucun des trois cas de l'art. 1328. — Paris, 10 juill. 1866 (S. 67.2.12).— V. Sir., note sur l'arrêt de Rouen précité.

206. Les tiers sont ceux qui ont des droits personnels, et qui peuvent agir de leur propre chef.

207. Entre deux acheteurs successifs du même immeuble, la préférence appartient à celui dont le titre a une date certaine, quoique cette date soit postérieure ; contre celui dont le titre n'a pas une date certaine, quoique cette date soit antérieure. — Bastia, 24 juin 1833 (S. 33.2.604) ; Demol., p. 452, n. 531.

208. Cette question, qui a soulevé de très-vives controverses, a perdu beaucoup de son importance depuis la loi du 23 mars 1855 sur la transcription, puisque d'après cette loi, c'est la date de la transcription qui règle le droit des acheteurs d'un même immeuble. — L. 23 mars 1855, art. 26.

209. Elle ne peut plus guère se présenter en ce qui concerne les droits immobiliers, si ce n'est :
Pour les droits non soumis à la transcription tels que le droit de bail dont la durée n'excède pas dix-huit ans.—Même loi, art. 2, 4°.

210. Pour le paiement anticipé de loyers ou de fermages antérieurement à la transcription, dans le cas où l'importance de ce paiement n'équivaut pas à trois années de revenu. — Même loi, art. 2, 5°; Cass., 22 fév. 1854.

211. Pour le cas ou deux personnes ayant des droits sur un immeuble, ne les auraient, ni l'une ni l'autre, conservés conformément aux lois. — Demol., t. 6, p. 458, n. 535.

212. Mais la question reste entière à l'égard de la transmission des meubles et des droits mobiliers, quand bien entendu il n'y a pas eu prise de possession réelle, car alors on devrait appliquer l'art. 1141.

213. La théorie de l'art. 1328 ne peut s'appliquer à l'acquisition des choses incorporelles, et notamment à celle qui s'opère par le transport-cession du créancier ; car, dans ce cas, la priorité entre deux cessionnaires successifs de la même créance se détermine non par la date des actes de cession, mais par la date des actes de signification ou d'acceptation de la cession. — Art. 1690 ; Demol., p. 459, n. 537. — *Contrà*, Larombière, art. 1328, n. 21.

214. Mais son application peut se présenter relativement aux quittances qui ont pu être délivrées par le cédant au cédé ; la jurisprudence a été longtemps indécise, tantôt on aqpliquait l'art. 1322 (Bordeaux, 26 juin 1840, Lyon, 26 mars 1823), tantôt l'art. 1328 (Rouen, 31 mai 1843, Bordeaux, 21 mars 1846). Actuellement la jurisprudence et la doctrine semblent s'accorder sur un système intermédiaire qui transforme la question de droit en question de fait et de bonne foi, et laisse aux tribunaux l'appréciation des circonstances de chaque espèce.

215. Il en est de même pour les autres actes sous seing privé portant quittance ; du reste, l'application rigoureuse de l'art. 1328 aurait pour ces sortes d'actes de graves inconvénients, car la conséquence en serait l'obligation de faire enregistrer toute pièce destinée à constater une libération, ce qui jetterait une véritable perturbation dans les relations les plus usuelles, les plus nécessaires de la vie civile. — Demol., p. 463, n. 535 *in fine.*

216. Les créanciers sont les ayants cause de leur débiteur en tant qu'ils agissent du chef de celui-ci, comme exerçant ses droits dans les termes de l'art. 1166.

217. Ainsi les actes sous seing privé, souscrits par le failli avant l'ouverture de la faillite, sont opposables aux créanciers, quoi qu'ils n'aient pas acquis une date certaine avant la faillite. — Cass., 4 juill. 1854 (S. 54.1.469 ; Cass., 28 juin 1875 (S. 75.1. 309).

218. Les quittances sous seing privé portant une date antérieure à la saisie-arrêt sont opposables au saisissant, sauf le cas de fraude. — Lyon, 3 juill. 1873 (S.74.2.225).

219. Jugé aussi que le créancier qui forme une saisie-arrêt doit être, par rapport au tiers saisi, considéré comme l'ayant cause de son débiteur. — Cass., 8 nov. 1842 (S. 42.1.929) ; Toulouse, 5 juin 1851 (S. 51.2.369) ; Duranton, t. 13, n. 133 ; Favard, v° *Acte sous seing privé*, § 4, n. 1 ; Chardon, *Du dol*, t. 2, p. 257 ; Boitard, t. 2, p. 452 ; Roger, *Saisie-arrêt*, n. 558 ; Chauveau sur Carré, quest. 1967.

220. Le bail fait, pendant le cours de la communauté par le mari seul, des biens propres de sa femme ne saurait être annulé par le motif qu'il résulte d'un acte sous seing privé qui n'a pas acquis date certaine avant le jugement prononçant la séparation de biens. — Douai, 26 juin 1873 ; *Rev. Not.*, n. 4675.

221. Décidé encore que l'inscription hypothécaire prise sur un immeuble en vertu d'un jugement par défaut non exécuté dans les six mois, mais auquel la partie condamnée a acquiescé par un acte sous seing privé, dont la date n'est devenue certaine que par son décès, a effet contre l'acquéreur de l'immeuble dont le titre est postérieur à la date certaine acquise par l'acquiescement. Dans ce cas, l'acquéreur étant l'ayant cause du vendeur, n'est pas recevable à opposer au créancier hypothécaire que le jugement par défaut sur lequel repose son hypothèque était tombé en péremption avant que l'acquiescement sous seing privé eût acquis [date certaine à son égard. — Cass., 21 juill. 1846 (S. 46.1.679).

222. Mais les créanciers deviennent des tiers lorsqu'ils ont acquis un droit distinct du droit de leur débiteur, auquel celui-ci ne peut porter atteinte.

223. Ainsi les créanciers d'un failli sont des tiers à l'égard de leur débiteur, lorsqu'ils agissent pour défendre le gage commun et pour faire rentrer dans l'actif les valeurs qu'on en a fait sortir. — Cass., 29 déc. 1858 (S. 59.1.209).

224. Les créanciers hypothécaires sont généralement regardés comme des tiers. — Agen, 4 déc. 1841 (S. 43.2.135), Laurent, p. 346, n. 316.

225. Il en est de même des créanciers gagistes ou privilégiés.

226. ...Des créanciers du mari à l'égard de la femme. — Cass., 15 mars 1859 (S. 1859.1.195); Pont, *Privilége et Hypoth.*, n. 761.

227. ... Des créanciers saisissants. — Demol., t. 6, p. 472, n. 548; Laurent, t. 19, p. 351, n. 323; Rouen, 22 juin 1872 (S. 73.2.109); Bonnier, t. 2, p. 281, n. 700 et la note; Aubry et Rau, t. 6, § 756, p. 403.

228. ...Des créanciers d'un cohéritier formant opposition au partage de la succession échue à son débiteur. — Cass., 14 nov. 1853 (S.54.1.102).

229. L'acte sous seing privé par lequel un débiteur reconnaît pour exécuté un jugement par défaut rendu contre lui ou y acquiesce, encore qu'il ne puisse être suspecté de fraude, n'est pas opposable aux tiers, s'il n'a acquis date certaine avant l'expiration des six mois. — Cass., 18 juin 1845 (S.45.1.832).

230. Il en est ainsi même relativement aux créanciers dont les droits sont postérieurs à l'époque où l'acquiescement a acquis date certaine. — Agen, 15 nov. 1847 (S. 48.2.681).

231. Jugé au contraire que l'acte sous seing privé est opposable aux tiers, quoiqu'il n'ait pas acquis date certaine avant l'expiration des six mois. — Caen, 26 avril 1814 (S. chr.).

232. De même à l'égard des codébiteurs solidaires de la partie condamnée qui a acquiescé. — Poitiers, 7 janv. 1830 (S. 30.2. 141).

233. Dans quel cas et de quelles manières l'acte sous seing privé acquiert-il une date certaine à l'égard des tiers?

L'art. 1328 nous a déjà dit que la date n'était certaine légalement : 1° que par l'enregistrement, 2° par la mort d'un des signataires, et 3° par l'analyse de l'acte sous seing privé dans un acte authentique.

234. A l'égard de l'enregistrement, aucune difficulté ne peut s'élever, c'est le moyen normal, celui qui est précisément institué *ad hoc*. — Demol., t. 6, p. 488, n. 557.

235. Le décès de l'un des souscripteurs. Faut-il entendre par là les parties contractantes ou faut-il y comprendre tous ceux qui ont souscrit soit comme partie, soit comme témoins. L'affirmative n'est pas douteuse. — Cass., 28 juill. 1858; Demol., t. 6, p. 484, n. 558; Laurent, t. 19, p. 309, n. 284.

236. Le troisième cas n'offre non plus aucune difficulté ; la constatation de la substance de l'écrit dans des actes dressés par des officiers publics tels que procès-verbaux de scellés et d'inventaire.

237. La substance d'un acte consiste dans l'analyse des caractères constitutifs de l'acte et de ses principales dispositions. Une simple mention serait insuffisante. — Cass., 23 nov. 1841 (S. 42. 1.134). Mêmes auteurs.

238. Les moyens par lesquels les actes sous seing privé acquièrent date certaine à l'égard des tiers sont énumérés limitativement dans l'art. 1328, en conséquence, en dehors des cas prévus par cet article, un acte sous seing privé n'est pas opposable aux tiers. — Rouen, 22 juin 1872 (S. 73.2.209) ; Cass., 22 août 1876 (S. 77.1.54).

239. Mais les exemples cités par l'art. 1328 sont simplement démonstratifs, et son application s'étend à tous actes notariés, à ceux des huissiers, aux jugements et autres actes de justice. — Cass., 22 nov. 1864 (S. 65.1.380).

240. Il en est autrement des actes d'avoué. — Rouen, 24 mars 1852 (S. 52.2.535).

241. Les contre-lettres sous seing privé sont sans valeur à l'égard des tiers, alors même qu'elles ont acquis date certaine par l'un des moyens indiqués en l'art. 1328, C. civ., et que leur sincérité n'est pas contestée. — Toulouse, 28 mai 1874 ; *Rev. Not.*, n. 4693.

242. Il est généralement admis en jurisprudence et en doctrine, que la disposition de l'art. 1328 n'est pas, en principe, applicable aux actes sous seing privé qui contiennent des conventions ou des opérations commerciales.

Les juges peuvent donc, même à l'égard des tiers, constater la sincérité de la date, à l'aide des pièces, des faits et circonstances de la cause et de présomptions. — Demol., t. 6, p. 500, n. 581 ; Cass., 14 déc. 1858 (S. 60.1.987).

243. L'art. 1328 n'est pas non plus applicable en matière d'expropriation publique, lorsqu'on se trouve en présence d'un locataire dont le bail n'a pas date certaine. — Cass., 17 avril 1861 (S. 61.1.497).

244. Les actes sous seing privé n'emportent pas exécution parée comme les actes authentiques revêtus de la formule exécutoire ; il faut pour qu'ils soient exécutoires que l'exécution ait été prononcée en justice. — Agen, 18 déc. 1823.

245. L'acte sous seing privé déposé par minute à un notaire, soit par toutes les parties, soit par la partie débitrice, est exécutoire comme les actes notariés, et il peut en être délivré grosse. — Bourges, 27 juin 1823 (S. chr.).

246. Un acte sous seing privé, relaté littéralement et déclaré authentique par un jugement, constitue un titre exécutoire, pouvant servir de base à des poursuites, par exemple, à une saisie immobilière. — Dijon, 4 juin 1872 (S. 72.2.177) ; Cass., 26 mai 1873 (S. 73.1.295) ; Laurent, p. 299, n. 276.

247. Deux actes contraires ont la même date certaine, quel acte devra-t-on exécuter?

Si les actes énoncent l'heure ou le moment de la signature comme le matin ou le soir, l'acte dont l'indication sera antérieure sera préféré à l'autre. — Demol., t. 6, p. 506, n. 586.

248. Si l'heure ou le moment n'est pas indiqué, celui qui est en possession doit être préféré à celui qui ne l'est pas. — Même auteur, n. 585.

249. Si personne n'a été mis en possession réelle, la préférence devra appartenir à celui qui le premier aura formé une demande en délivrance. — Demol., *loc. cit.*

250. S'il s'agit de deux actes émanés du même auteur, et par lesquels il attribue à deux personnes différentes des droits qui s'excluent réciproquement, comme une somme d'argent, une quantité, les intéressés viendraient en concurrence, contributoirement dans la proportion de leurs droits. — Bruxelles, 30 janv. 1808 (S. chr.).

251. Les actes sous seing privé, lorsqu'ils ont acquis date certaine peuvent servir de base à la prescription de dix et vingt ans. — Duranton, t. 13, n. 130.

252. L'exécution d'un acte sous seing privé, même reconnu après une expertise, peut être arrêtée par une inscription de faux. — Duranton, t. 13, n. 123, 124.

CHAPITRE IV.

ENREGISTREMENT ET TIMBRE.

253. *Enregistrement.* — Les actes sous seing privé portant transmission de propriété ou d'usufruit de biens immeubles, et les baux à ferme ou à loyer, sous-baux, cessions et subrogations de baux, et les engagements, aussi sous signature privée, de biens de même nature, seront enregistrés dans les trois mois de leur date. Pour ceux des actes de ces espèces qui seront passés en pays étranger, ou dans les îles ou colonies françaises où l'enregistrement n'aurait pas encore été établi, le délai sera de six mois, s'ils sont faits en Europe ; d'une année, si c'est en Amérique ; et de deux années si c'est en Asie ou en Afrique. — L. 22 frim. an VII, art. 22.

254. Les actes sous signature privée et ceux passés en pays étranger, dénommés dans l'art. 22, qui n'auront pas été enregistrés dans les délais déterminés, seront soumis au double droit d'enregistrement. — Même loi, art. 38.

255. Une vente d'immeubles sous seing privé, déposée chez un notaire dans les trois mois de sa date, est sujette au double droit si elle n'est présentée à la formalité qu'après le délai. — Cass., 4 germ. an IX.

256. Lorsqu'on présente à l'enregistrement, après le délai de trois mois un acte sous seing privé constatant une mutation ou un bail d'immeubles, plus d'autres dispositions non soumises à la formalité dans un délai de rigueur, il y a lieu de percevoir le double droit sur la première disposition et le droit simple sur les autres. — Inst., 290, § 1er.

257. Le droit proportionnel de tout acte présenté ou devant être présenté à l'enregistrement est exigible sans qu'il soit besoin que les signatures en soient reconnues. En effet, l'administration est un tiers, de sorte que l'acte est présumé valable et régulier tant que la convention n'est pas méconnue. — Cass., 28 mars 1810, 7 fév. 1815; Lyon, 8 mars 1855.

258. Lorsqu'un acte sous seing privé contenant mutation d'immeubles est en la possession de l'administration, la partie à laquelle les droits de cette mutation sont demandés a le droit de contester sa signature, s'il y a lieu; mais l'administration n'est pas tenue d'en faire opérer la vérification préalablement aux poursuites. — Cass., 7 fév. 1814; 4782 J. Cette vérification peut être ordonnée par le juge, — Rethel, 2 juill. 1858; 16,778 J.; 10,047 R.; 11,412. — Contrà; 1021 R. p. —Dict. Réd., loc. cit., n. 54.

259. La partie à laquelle est demandé un supplément de droit exigible sur un acte enregistré ne peut dénier sa signature qu'après avoir fait régulièrement constater qu'elle n'est pas la sienne. — Narbonne, 18 nov. 1844.

260. L'administration, qui est un tiers à l'égard des parties, n'étant pas juge de la validité des actes, les imperfections et les nullités dont ils peuvent être entachés, quand même ils seraient attaqués en justice, n'empêchent pas la perception des droits auxquels sont tarifées les clauses ou dispositions qu'ils renferment.
D'ailleurs la loi ne reconnaît pas de nullités de plein droit; d'où il suit que les nullités, fussent-elles absolues, les actes qu'elles vicient n'en conservent pas moins tous leurs effets tant qu'ils n'ont pas été annulés. — Dict. Réd., loc. cit., n° 65. — V. Acte imparfait, Nullité.

261. La nullité de la vente faite postérieurement à la saisie des immeubles vendus, ne peut être opposée à la demande du droit proportionnel, lors même que l'annulation de la vente avait été prononcée par un jugement. — Cass., 10 fév. 1812; 5 août 1828; Inst. 1263, § 2; 27 mars 1830; Inst. 1401, § 2; Saverne, 29 nov. 1859.

262. De même, on ne peut opposer à l'administration le défaut de mention, dans une vente, qu'elle a été faite en double original. — Même jugement.
Ni que l'acte ayant été rédigé en français, langue inconnue à l'acquéreur, rien ne constate que l'interprétation lui en a été donnée. — Ibid.

263. Certains actes sous seing privé peuvent être enregistrés en débet. — V. notamment : Acte administratif, Acte judiciaire, Acte notarié, Alignement, Bail, Expropriation.

264. Il n'y a pas de délai de rigueur pour l'enregistrement de tous les actes autres que ceux mentionnés dans l'art. 22, qui seront faits sous signature privée ou passés en pays étranger, et dans les îles et colonies françaises où l'enregistrement n'aurait pas encore été établi; mais il ne pourra en être fait aucun usage, soit par acte public, soit en justice ou devant toute autre autorité constituée, qu'ils n'aient été préalablement enregistrés. — Même loi de frim. an VII, art. 23. — V. Acte passé en conséquence d'un autre.

265. Sont dispensés de l'enregistrement les actes sous seing privé suivants :
Actes qui tendent uniquement à la liquidation de la dette publique, soit qu'ils constituent des créances à liquider, soient qu'ils aient pour objet la cession de ces créances. — L. 26 frim. 27 vend. et 9 frim. an XI; Inst. 290, n. 6 et 765;
Les pièces produites par les parties dans une instance devant le Conseil d'Etat. Cette dispense ne s'étend pas aux actes qui contiendraient des dispositions soumises par leur nature à l'enregistrement dans un délai déterminé. — Décr. 22 juill. 1806, art. 48; Inst. 366, n. 3,542. — V. Conseil d'Etat;
Les pièces produites devant le conseil du sceau à l'appui des demandes

relatives aux majorats, quand elles ne contiennent ni mutation ni bail d'immeubles. — Avis C. d'Et., 13 sept. 1808; Inst. 413, § 9. — V. *Majorat;*

Les procurations sous seing privé ayant uniquement pour objet la déclaration préalable à une vente de meubles aux enchères publiques. — Décis. min. fin., 17 mai 1830; Inst., 1336, § 11. — V. *Vente de meubles;*

Les procurations sous seing privé données pour faire les déclarations de succession, bien qu'elles soient soumises au timbre. — Inst. 443, 1336, § 11, — V. *Succession;*

Les procurations sous seing privé à l'effet de retirer des caisses d'épargne les sommes y déposées, bien que les procurations notariées pour le même objet soient soumises à l'enregistrement. — Décis. min. fin., 11 oct. 1834, Inst. 1490, § 11. — V. *Caisse d'épargne.*

266. Le double droit prononcé par l'art. 38 de la loi de frimaire est exigible, et il doit être payé par les héritiers ou représentants de celui qui a contracté, pour les actes de mutation immobilière qui n'ont pas été enregistrés dans le délai prescrit, attendu que l'art. 38 ne s'occupe point des personnes, et qu'ainsi la perception du droit en sus ne dépend pas de l'existence des contractants. — Avis C. d'Et., 3 fév. 1810. — V. à cet égard les *Observations pratiques de la Revue,* n. 5512.

267. De même, le double droit est dû par les héritiers, pour toute mutation secrète au profit de leur auteur, et dont l'existence est prouvée. — Cass., 18 nov. 1835; Inst. 1513, § 5.

268. L'administration a décidé toutefois que, sous l'empire de la loi du 23 août 1871, la peine prononcée par l'art. 14 de cette loi contre le vendeur et l'acquéreur, le bailleur et le preneur qui n'ont pas fait enregistrer l'acte de vente ou de bail, est éteinte par le décès du contrevenant, si l'acte est d'une date postérieure à la promulgation de la loi et si le décès n'est survenu qu'après l'expiration du délai de faveur de trois mois accordé par l'art. 17; la peine édictée par l'art. 14 étant personnelle.—Sol. 13 mai 1872.

269. Les actes sous seing privé peuvent être enregistrés indistinctement dans tous les bureaux. — L. 22 frim. an VII, art. 26, pourvu que le receveur auquel on s'adresse ait l'enregistrement de ces sortes d'actes dans ses attributions. — Inst. 2090.

270. Les droits des actes sous seing privé ou passés en pays étranger doivent être payés, avant l'enregistrement, par celle des parties qui les fait enregistrer. — L. 22 frim. an VII, art. 28 et 29, sauf son recours, s'il y a lieu, contre la partie qui doit les supporter, comme il est indiqué à l'art. 31 de la même loi.

271. L'art. 29 de la loi de frimaire ouvre une action à l'administration contre les parties, pour les actes sous seing privé qu'elles présentent à l'enregistrement; de sorte que les droits dont ils sont passibles peuvent être réclamés de toute partie indistinctement ayant figuré au contrat. — Cass., 6 avril 1847; Inst. 1796, § 2; 15 mai 1848; Inst. 1825, § 2; 10 mars 1858. *Contra,* Inst. 2139, § 9; Avignon, 5 août 1850; Seine, 16 déc. 1852.

272. Le recours accordé à l'administration peut être exercé par elle pour obtenir le paiement de tous les droits exigibles sur un acte : c'est-à-dire des droits simples comme des droits en sus et des suppléments de droits. Cette conséquence découle naturellement du principe de solidarité admis par la loi et la jurisprudence.

273. La jurisprudence a également reconnu que la perception des droits était indivisible. Il en résulte que les parties qui ont figuré aux actes donnant ouverture à l'impôt sont respectivement tenues d'acquitter les droits dus dans leur intégralité.

274. Ainsi les droits d'un échange peuvent être réclamés à l'un ou à l'autre des échangistes. — Lourdes, 24 mai 1850.

275. Les droits d'un partage avec ou sans soulte peuvent être réclamés à toutes les parties qui y ont concouru. — Cass., 9 fruct. an XII; Cosne, 28 août 1850.

276. L'un des acquéreurs de biens acquis indivisément peut être contraint pour la totalité des droits de vente. — Cass., 7 nov. 1821; Inst. 1282, § 10; Cass., 19 nov. 1834; Inst. 1481, § 1er.

277. Le cessionnaire d'un effet de commerce souscrit pour cause d'augmentation du prix énoncé dans un acte de vente immobilière est tenu, en présentant cet effet à l'enregistrement, de payer le triple droit, qui est indivisible. — Cass., 23 fév. 1836; Inst. 1528, § 5.

278. *Timbre.* — Sont assujettis au timbre tous actes et écritures privées devant ou pouvant faire titre ou être produits pour obligation, décharge, justification, demande ou défense. — L. 13 brum. an VII, art. 1er, 12, 14. — V. *Timbre.*

279. Il n'est dû qu'une amende de timbre pour un acte sous seing privé fait en plusieurs doubles, conformément à l'art. 1325, C. civ.; Décis. min. fin., 11 août 1812; Sol. 30 avril 1873. — V. *Amende de contravention.*

280. Quand un acte sous seing privé fait en double est écrit indûment à la suite d'un autre, il n'est dû aussi qu'une seule amende. — V. *Acte écrit à la suite d'un autre.*

281. Les avis et consultations par écrit que donnent les avocats, doivent être rédigés par eux sur papier timbré, sous peine d'amende. — Cass., 8 janv. 1822; Cass., 23 nov. 1824; Inst. 1156, § 12; Délib., 1er sept, 1835; Cass., 19 nov. 1839; Inst. 1615, § 3. — V. *Consultation.*

282. Les receveurs municipaux sont seuls passibles des droits et amendes de timbre dus à raison des pièces jointes aux comptes des communes; et c'est contre ces receveurs qu'il y a lieu de suivre l'effet des procès-verbaux rapportés, sans préjudice de la solidarité établie par l'art. 75 de la loi du 28 avril 1816. — Décis. min. fin., 24 mai 1819; 26 fév. 1835.

283. Il y a lieu d'exiger un droit, plus une amende de timbre, mais non le droit en sus d'enregistrement, sur un acte de vente sous seing privé écrit sur une feuille frappée d'un timbre supprimé et dont la date, remontant à plus de trois mois, à une époque où ce timbre était encore établi, a été remplacée par une date plus récente au moyen d'un grattage ou d'une surcharge.

284. L'art. 75 de la loi du 28 avril 1816 accorde à l'administration, pour le recouvrement des droits de timbre et des amendes, une action solidaire contre tous les signataires, pour les actes synallagmatiques; contre les prêteurs et les emprunteurs, pour les obligations; contre les créanciers et les débiteurs, pour les quittances. — Inst., 715, n. 10.

285. En cas de décès des contrevenants, les droits et amendes de timbre seront dus par leur successeurs et jouiront, soit dans les successions, soit dans les faillites ou tous autres cas, du privilége des contributions directes. — L. 28 avril 1816, art. 76; Inst. 715, n. 10. Ce privilége est réglé par la loi du 12 nov. 1808.

ACTE SYNALLAGMATIQUE OU BILATÉRAL.

— C'est l'acte qui contient des obligations réciproques entre les parties. — V. *Acte en général, Acte sous seing privé, Bail, Contrat, Double écrit, Vente.*

ACTE UNILATÉRAL.

— C'est l'acte par lequel une ou plusieurs personnes s'engagent envers une ou plusieurs autres, sans que celles-ci comparaissent et s'obligent. — V. *Acte sous seing privé, Contrat, Double écrit.*

ACTIF. — Ce mot indique les biens, créances ou valeur formant l'avoir, la fortune d'un particulier, d'une société, d'une succession, d'une communauté, d'une faillite, abstraction faite des charges. Dans le même sens on donne le nom de *dettes actives* aux créances. — V. *Communauté, Faillite, Partage, Passif, Succession.*

ACTION. — **1**. L'action est le droit de réclamer devant les juges compétents ce qui nous est dû ou ce qui nous appartient. Elle est la sanction des droits de créance ou de propriété reconnus par la loi.

TABLE ALPHABÉTIQUE.

DIVISION.

Section Ire. — Caractères généraux des actions.

2. En recherchant les caractères généraux des actions, il faut d'abord bien nettement distinguer l'action du droit qui en est la source et de la demande judiciaire qui est le mode sous lequel elle se manifeste.

3. Toutefois il convient d'ajouter que les rédacteurs du Code ont souvent confondu ces diverses notions; en effet, si le mot *action* est employé dans le sens de notre définition dans les art. 137, 473, 950, 1304, 1456, 1524, 1935, 1965 et 2262, C. civ., et 401, C. proc. civ., il est employé dans d'autres dispositions comme synonyme de *demande, d'instance judiciaire.* — V. C. civ., art. 25, 183, 307, 464 et 1342, C. proc., art. 426.

4. Les actions sont mises au rang des choses incorporelles qui sont dans notre patrimoine. Elles constituent une véritable propriété qui naît de la loi ou des obligations que des tiers contractent envers nous. — Toullier, t. 6, n. 207 ; Marc-Deffaux et Harel, *Encyclop. Huis.*, v° *Action*, n. 11.

5. Elles se transmettent, tant activement que passivement, par la voie de l'hérédité ou autrement. — Carré et Chauveau, *Lois de la proc., Introd.*, n. 74 ; Bioche, *Dict. de proc.*, v° *Action*, n. 17.

6. Les titres exécutoires contre le défunt le sont également contre la personne de l'héritier. Néanmoins les créanciers ne peuvent en poursuivre l'exécution que huit jours après la signification à la personne ou au domicile de l'héritier.—V. *Exécution, Héritier.*

7. Les actions sont en outre généralement *divisibles*, c'est-à-dire qu'elles peuvent être exercées par chacun des ayants droit pour sa part et portion, de même que chacun d'eux n'en est tenu personnellement que dans la même proportion. — C. civ., 870, 1220 et suiv. — V. toutefois *Héritier, Hypothèque, Obligation.*

SECTION II. — DIVERSES ESPÈCES D'ACTIONS.

8. On divise en général les actions en *publiques* ou *privées*.

9. L'action *publique* est celle qui est exercée au nom de la société, dans l'intérêt de tous, par les fonctionnaires spécialement investis de cette mission. — V. *Ministère public.* Cette action prend quelquefois le nom d'*action criminelle*, lorsqu'elle a pour objet la répression d'un crime, d'un délit ou d'une contravention. — V. *Action publique.*

10. L'action privée est celle qui appartient à chaque citoyen en particulier et qui n'a pour objet que son intérêt individuel. Mais comme cette action s'exerce dans un nombre infini de cas, et que les règles auxquelles son exercice est soumis varient suivant les circonstances et les espèces, il a bien fallu lui donner des noms différents afin d'éviter toute confusion.

11. C'est ainsi qu'on a été amené à donner le nom d'*action civile* à celle qui a pour objet la réparation du dommage causé par un crime, un délit ou une contravention, afin de la distinguer de l'*action publique* dont l'objet, quoique s'appliquant au même crime, au même délit ou à la même contravention, est cependant fort différent. — V. *Action civile, Action publique.*

12. De même, considérée sous un autre point de vue, l'action privée reçoit les noms d'action *personnelle, réelle ou mixte*, à cause de la nature des droits dont elle découle, ou ceux d'action *mobilière* ou *immobilière*, à raison de l'objet auquel elle s'applique.

13. L'action immobilière se subdivise elle-même en action *pétitoire* ou en action *possessoire*, suivant qu'elle a pour objet la propriété ou la possession de l'immeuble litigieux.—V. *Action pétitoire, Action possessoire.*

14. Lorsque l'action tend à faire reconnaître l'existence d'une servitude ou d'un usufruit, on lui donne le nom d'action *confessoire*, par opposition à l'action négatoire, qui est intentée dans le but de faire déclarer que le propriétaire du fonds voisin n'a pas le droit de servitude sur notre propre fonds. — V. *Action confessoire.*

15. On donne le nom d'action hypothécaire à celle qui appartient au créancier dont le droit est garanti par une hypothèque, qu'elle soit légale ou conventionnelle. — V. *Action hypothécaire, Hypothèque*; et le nom d'*action en délaissement*, à celle qui est dirigée par le créancier hypothécaire, non contre son débiteur, mais contre le détenteur du fonds hypothéqué. — V. *Délaissement, Hypothèque*.

§ 1. — Actions personnelles.

16. L'action est personnelle toutes les fois que le demandeur agit en vertu d'une obligation, toutes les fois que le demandeur allègue que la personne contre laquelle il plaide est liée à lui par un contrat, un quasi-contrat, un délit, un quasi-délit. — Boitard et Colmet d'Aage, *Leçons de proc.*, t. 1, p. 93.

17. Au contraire, toutes les fois que la prétention du demandeur ne suppose pas l'existence d'une obligation corrélative du défendeur, l'action n'est plus personnelle, elle est réelle. — Boitard et Colmet d'Aage, *ut suprà*.

18. L'utilité de cette distinction entre les actions personnelles et réelles consiste en ce que, dans les actions réelles, le droit est *absolu*, c'est-à-dire qu'il suffit que le demandeur établisse que le droit réclamé existe à son profit, lui appartient, pour qu'il puisse l'exercer envers et contre tous.

19. Au contraire, dans les actions personnelles, le demandeur doit prouver non-seulement qu'il est créancier, mais encore qu'il l'est d'une personne déterminée. Dans ce cas, ainsi qu'on le voit, le droit, au lieu d'être absolu comme précédemment, est purement relatif. — Marc-Deffaux et Harel, *loc. cit.*, n. 30.

20. Il en est autrement quand c'est une action réelle qu'on poursuit; comme en cette hypothèse le défendeur n'est pas obligé personnellement, qu'il n'est attaqué qu'accidentellement et à cause de la chose qu'il détient, il peut échapper à l'action en la délaissant.

21. Enfin, sous un autre rapport, la distinction entre l'action personnelle et l'action réelle n'est pas moins essentielle; on sait, en effet, que ces actions diffèrent quant à la juridiction, et qu'elles ne sont pas portées devant les mêmes tribunaux. — C. proc. 59. — *Infrà*, v° *Compétence*.

22. Par application de ces principes, doivent en premier lieu être considérées comme actions personnelles : la demande d'une somme déterminée prêtée ou reconnue, pour faire condamner l'emprunteur à en payer une pareille; les actions en paiement des salaires d'ouvriers, gens de travail, domestiques, entrepreneurs, artisans;

23. Celles en paiement des fournitures de denrées de marchandises; l'action du mandataire contre son mandant, en remboursement de ses avances ou en paiement de ses salaires, et celle du mandant contre le mandataire en reddition de compte; celles qui résultent de quasi-contrats, art. 1370, C. civ., ou de quasi-délits, art. 1382, même Code; les actions tendant à obliger quelqu'un à faire ou à ne pas faire une chose promise, ou à payer des dommages-intérêts en cas d'inexécution de la promesse (C. civ., 1142 et suiv.); enfin toutes actions qui résultent des conventions et des obligations simples en général.

24. Il faut en second lieu ranger au nombre des actions personnelles : l'action en paiement d'un billet, quand même le défendeur prétendrait que l'obligation est sans cause (Cass., 2 fév. 1874) ; l'action en restitution d'une indemnité accordée par le gouvernement, ou de valeurs données en paiement (Cass., 4 mai 1836); celle en réclamation de la jouissance d'un banc d'église contre une fabrique, ou d'une indemnité équivalente (Cass., 14 mars 1833) ; enfin celle en rescision d'une vente de meubles. — Cass., 13 juill. 1818.

25. Il faut en outre comprendre dans cette catégorie d'actions : celle en restitution de titres prétendus remis à la personne à laquelle on les réclame, encore que l'action soit formée comme base d'une demande en revendication d'immeubles dont le défendeur est en possession. — Cass., 3 fév. 1806 (S. 6 2.705); celle en paiement de rentes viagères et perpétuelles en argent ou en nature (Cass., 13 oct. 1813) ; celle qui a pour objet l'obtention d'un titre nouvel ou le paiement d'une rente hypothéquée sur un immeuble, attendu que toute rente est mobilière, et que toute action y relative participe de la nature de la rente, Paris, 18 janv. 1823 (S. 25.2.115) ; celle exercée par l'acquéreur d'une coupe de bois contre le vendeur, pour être autorisé à faire abattre des arbres qu'il a achetés, attendu que la délivrance des arbres est essentiellement mobilière, C. proc., t. 9 ; Cass., 5 oct. 1810 (S. 13.1.465); enfin celle en nullité de testament dirigée par les héritiers du sang contre les légataires. — Orléans, 21 août 1829; Cass., 18 janv. 1830.

26. Constituent aussi des actions personnelles, celles en congé en résiliation ou en déguerpissement de bail d'immeubles.— Poncet, *Actions*, p. 183 ; Bioche, *Dict. proc.*, v° *Action*, n. 48; Marc-Deffaux et Harel, *loc. cit.*, n. 37. — *Contrà*, Paris, 16 fév. 1808 (S. 7.771), et toutes celles qui résultent des voies pour attaquer les jugements ; elles sont en effet personnelles par leur nature et par leur objet, comme dérivant uniquement de l'obligation que la loi impose à celui qui a obtenu le jugement attaqué. — Poncet, p. 265 ; Marc-Deffaux et Harel, *loc. cit.*, n. 38.

§ 2. — Actions réelles.

27. Nous avons ci-dessus, à propos des actions personnelles, donné la définition des actions réelles, indiqué leurs caractères généraux, ainsi que les différences qui les distinguent des actions personnelles, et enfin mentionné les effets qu'elles peuvent produire, nous n'avons donc pas à revenir sur ces divers points. Il nous reste seulement à indiquer quelles actions sont considérées comme réelles.

28. Ce sont d'abord celles qui ont pour objet de faire déclarer que le possesseur d'un immeuble n'en est pas le vrai propriétaire. — Cass., 5 mars 1829 ; et aussi l'action en radiation d'inscription pour vice de forme. — Paris, 9 mai 1813.

29. Sont en outre actions réelles : celle tendant à la distribution entre les créanciers du prix d'un immeuble par voie d'ordre et de procédure d'ordre,—Cass., 13 juin 1809 (S. 9.282) ; Paris, 13 mai 1826) ; celle en abandon ou en acquisition de mitoyenneté de mur et celle en reprise de cette mitoyenneté, faute de paiement du prix. — Arg., Paris, 22 fév. 1834; enfin l'action en revendication dirigée contre un tiers détenteur par un précédent propriétaire et celle en délaissement formée par un précédent propriétaire ou vendeur.

§ 3. — Actions mixtes.

30. On appelle actions *mixtes* celles dont la nature participe de celle des actions réelles et de celle des actions personnelles.

31. L'action mixte diffère de l'action personnelle et de l'action réelle, notamment en ce que, tandis que l'action personnelle doit être portée devant le tribunal du domicile du défendeur, et l'action réelle devant celui de la situation du bien litigieux, l'action mixte peut être portée soit devant le juge du domicile du défendeur, soit devant celui de la situation.—C. proc., art. 59.—V. au surplus v° *Compétence*.

32. Tous les auteurs admettent comme actions mixtes, les actions en parlage et en bornage. On est même généralement d'accord pour décider que ce ne sont pas les seules.

33. Ainsi sont mixtes les actions en rescision d'un contrat de vente pour cause de lésion : elles participent en effet de l'action personnelle en ce que l'on demande le paiement du juste prix, et de l'action réelle, en ce que l'on conclut à être réintégré dans l'immeuble en cas de non-paiement de ce juste prix. — Cass., 5 nov. 1806 (S. 6.512) ; Cass., 13 fév. 1832 (S. 32 684); Paris, 13 mars 1817 (S.18.99) ; Duvergier, *Vente*, n. 467; Carré, *Compét.*, 474; Troplong, *Vente*, n. 625 et suiv.; Boitard et Colmet d'Aage, p. 107 ; Bioche, n. 52; Marc-Deffaux et Harel, n. 49.

34. Il en est de même de la demande tendant à la reconnaissance d'écriture d'un acte sous seing privé, et en réalisation de la vente devant un notaire. — Paris, 26 août 1835 et 31 mai 1837.

35. Et de celle afin de nullité du contrat, et en radiation des inscriptions prises en vertu de ce contrat. — Arg., Cass., 29 brum. an XIII; 1er prair. an XII; Paris, 9 mars 1813.

36. Ou bien de la demande en paiement d'une somme pour prix de la stipulation du droit de retour réservé au profit d'un donateur d'immeubles. — Cass., 4 janv. 1820 (P. 15.673).

37. De l'action en délaissement d'un immeuble et en dommages-intérêts, à raison de l'indue possession contre le tiers détenteur Grenoble, 29 avril 1824 (S. 26.27). — *Contrà*, Amiens, 13 nov. 1824 (S. 25.200); et enfin celle tendant à faire cesser l'administration d'un curateur à une succession vacante en partie immobilière, et à faire nommer un séquestre. — Bourges, 5 août 1820 sont également mixtes.

Section III. — Exercice des actions.

38. Plusieurs conditions sont nécessaires pour l'exercice des actions. Il faut d'abord qu'elles aient pour objet un droit reconnu et protégé par la loi.

39. La loi n'accorde aucune action pour l'exécution des *obligations* purement *naturelles*. Toutes les fois donc qu'on n'a à invoquer que des obligations de cette nature, si celui contre qui elles existent ne les remplit pas volontairement, il est impossible d'agir en justice ni d'exercer contre lui aucune contrainte.

40. On considère comme obligations naturelles celles pour lesquelles la loi refuse le droit d'intenter une demande judiciaire.

41. Les obligations ou engagements ayant pour cause le jeu ou un pari sont de ce nombre. — C. civ., 1965.

42. Toutefois les jeux propres à exercer au maniement des armes, les courses à pied ou à cheval, le jeu de paume et autres jeux de même nature, qui tiennent à l'adresse et à l'exercice du corps, sont exceptés de la disposition précédente. Néanmoins les tribunaux peuvent rejeter la demande quand la somme leur paraît excessive. Art. 1966. — V. d'ailleurs *Jeu, Obligation, Obligation naturelle*.

43. Doit être également comprise au nombre des obligations naturelles, la dette de la somme dont les créanciers ont fait remise au failli par son concordat. — V. *Faillite*.

44. La loi n'accorde pas d'action lorsque le droit prétendu a une cause illicite ou immorale, par exemple quand la convention porte sur une succession non ouverte, ou qu'elle a pour objet des faits de contrebande. — V. *Obligation*.

45. Quelque légitime que soit le droit qu'il s'agit de protéger, l'action ne peut être exercée tant que ce droit n'est pas ouvert, c'est-à-dire tant que l'obligation est suspendue par un terme ou par une condition. — V. *Obligation*.

46. Il ne suffit pas d'avoir droit, il faut avoir intérêt; l'intérêt est la mesure des actions. D'où cette maxime : *Point d'intérêt, point d'action*. Ainsi toute demande qui ne tendrait qu'à nuire au défendeur, sans profit pour le demandeur, devrait être rejetée. — Marc-Deffaux et Harel, *loc. cit.*, n. 66.

47. A ce propos on s'est demandé si le créancier qui a un titre notarié exécutoire peut, à l'échéance, actionner le débiteur en paiement? On conçoit l'intérêt qu'il aurait à obtenir jugement et par suite hypothèque judiciaire sur tous les biens du débiteur, pour garantir sa créance contre les créanciers qui pourraient acquérir ultérieurement hypothèque ; il s'épargnerait ainsi les chances de nullité d'une expropriation forcée, et les avances d'une procédure dispendieuse.

48. Mais nous répondrons avec M. Bioche (*Dict. de proc.*, v° *Action*, n. 76) : le créancier s'est contenté dans le titre primitif d'une garantie personnelle. Il n'a pas stipulé d'hypothèque, le débiteur n'a peut-être contracté qu'à cette condition. L'intérêt du créancier doit s'apprécier d'après les conclusions ; or l'hypothèque judiciaire est bien la conséquence d'un jugement de condamnation, mais ne peut être un chef de conclusions. L'acte notarié exécutoire tient lieu de jugement au créancier. Il n'est pas juste de forcer le débiteur à faire les frais d'un second titre. — Amiens, 31 août 1826 (D. 29.103) ; Delvincourt, 2, 556, note ; Toullier, 6, n. 660 ; Duranton, t. 12, n. 89 ; Boncenne, 2, 518. — *Contrà*, Carré, art. 1898 ; Arg. Orléans, 17 mars 1837, *J. proc.*, art. 810.

49. Jugé également qu'il y a défaut d'intérêt dans l'action d'une personne qui la baserait sur ce qu'on l'a laissée jouir de plus de latitude, dans l'exercice de son droit, que le titre ou la loi ne lui en accordait (Cass., 9 juill. 1834), et dans la demande tendant à faire prononcer une nullité qui ne profiterait pas au demandeur. — Cass., 8 mai 1827.

50. On ne peut en principe intenter une action appartenant à un tiers, c'est ce qui nous paraît résulter avec certitude de l'art. 1119, C. civ.

51. Mais il en est différemment des créanciers de ce tiers qui le peuvent, comme exerçant, en cette qualité, les droits et actions de leur débiteur (C. civ., art. 1166), autres toutefois que ceux exclusivement attachés à la personne de celui-ci, comme dans le cas des art. 139, 352, 419, 617, 957, 1032 et 1980, C. civ. — V. *Créancier*.

52. En outre, les créanciers peuvent également attaquer les actes faits par leur débiteur en fraude de leurs droits. — C. civ., 1167.

53. Il faut de plus que celui qui intente une action ait qualité à cet effet, c'est-à-dire qu'il puisse agir comme maître ou représentant du maître du droit.

54. Si l'intérêt est né dans la personne du demandeur, comme s'il réclame l'exécution d'un acte de vente qu'il a consenti, nulle difficulté, l'acte fait son titre ; mais si l'intérêt est né dans un autre à qui celui qui intente l'action a succédé, il faut qu'il justifie avant tout de la transmission du droit opéré à son profit, sinon il sera déclaré non recevable pour défaut de qualité. — Pigeau, t. 1, p. 100 ; Paris, 18 août 1824.

55. Rappelons à ce propos que, par application de la maxime que *nul en France ne plaide par procureur*, laquelle n'a jamais cessé d'être en vigueur (Cass., 29 oct. 1824 ; 6 avril 1831 ; 8 nov. 1836), il faut que les parties assignent ou soient assignées en leurs *noms personnels*, et que ce soit à leur profit ou contre elles *nominativement* que les jugements soient rendus.

56. Par conséquent, un mandataire ne pourrait en aucun cas intenter en son nom une action appartenant à son mandant ; ce dernier doit assigner en son nom individuel.—Poncet, *Des actions*, n. 148 ; de même lorsqu'il y a plusieurs parties dans un procès, chacune doit assigner, et il y aurait nullité si l'une d'elles agissait *tant pour elle que pour ses consorts.* — Cass., 6 avril 1831 ; *sic* Marc-Deffaux et Harel, *loc. cit.*, n. 74.

57. Une autre condition de l'exercice des actions est la capacité requise chez les plaideurs. Les actions concernant les incapables doivent être dirigées par ou contre leurs mandataires légaux.

58. Et par exemple doivent être représentés en justice :

1° L'*État* par le préfet du département où siége le tribunal devant lequel l'action est portée. — C. proc., art. 69. — V. *Domaine de l'État.*

2° Le *Trésor public* par ses agents. — C. proc., art. 69. — V. *Contributions publiques, Enregistrement, Forêts, Postes.*

3° Les *administrations ou établissements publics*, par leurs administrateurs, receveurs ou trésoriers. — V. *Établissements publics.*

4° Les *communes*, par leurs maires. — V. *Communes.*

5° Les *absents présumés* par un notaire, par un curateur ou par le ministère public, suivant le cas ; les *absents déclarés* par les envoyés en possession. — C. civ. 112. — V. *Absence, Absent.*

6° Les *condamnés par contumace* représentés de la même façon que les absents. — C. instr. crim., 471.

7° Les *condamnés contradictoirement* aux travaux forcés ou à la reclusion par leur tuteur. — C. pén., 29.

8° Les *interdits* par leurs tuteurs. — V. *Interdiction.*

9° Les *mineurs non émancipés* par leur père, administrateur légal de leurs biens ou par leur tuteur. — V. *Mineur, Puissance paternelle, Tutelle.*

59. Dans nombre d'hypothèses on ne peut intenter une action qu'avec certaines autorisations. Ainsi l'autorisation de la justice est nécessaire : 1° quand il s'agit d'une inscription de faux contre un acte, on doit au préalable y être autorisé par un jugement. — C. proc., 218.

60. Il en est de même : 2° de la prise à partie du juge ; elle doit être permise préalablement par le tribunal qui doit en connaître. — C. proc., art. 540 ; 3° des pourvois en cassation dans les matières civiles qui doivent d'abord être autorisés par un arrêt d'admission.—L. 27 vent. an VIII, art. 60 ; et enfin 4° du cas de la femme qui, ne pouvant obtenir l'autorisation de son mari dans les cas où la loi l'exige, doit se pourvoir de celle de la justice.—C. civ., 218, 221, 222, 224. — C. proc., art. 861 et suiv., 878.

61. La *représentation et l'autorisation* doivent quelquefois concourir ensemble ; ainsi non-seulement les communes et les établissements publics ne peuvent agir que par leurs administrateurs ou représentants, mais il faut encore que ces représentants y soient autorisés ; de même, outre que le mineur non émancipé ne peut exercer les actions immobilières, son tuteur lui-même ne le peut sans l'autorisation du conseil de famille.—C. civ., art. 464.

62. Une des conditions d'exercice des actions est que la demande ne soit pas déjà pendante, soit devant le tribunal où on peut la porter, soit dans un autre, *entre les mêmes parties* pour le *même objet* et pour la *même cause* que celle pour laquelle on veut la former, parce qu'alors cette demande formée avant qu'une décision soit intervenue sur la première serait écartée par une fin de non-recevoir tirée de ce moyen. C'est ce que l'on appelle *litispendance*.

63. Pour qu'il y ait lieu à cette fin de non-recevoir, il faut : 1º que la seconde demande soit formée entre les *mêmes parties* (ou leurs héritiers peu importe, ils sont la continuation de la personne du défunt ou de l'auteur), *agissant dans les mêmes qualités* ; 2º pour *le même objet* ; et 3º pour la *même cause*. Si toutes ces conditions ne concourent pas, la seconde demande est recevable, et l'on peut les suivre toutes deux. — Marc-Deffaux et Harel., *Encyclop. Huis.*, v° *Action*, n. 103.

Sect. IV. — Extinction des actions.

64. En général, l'extinction du droit entraîne celle de l'action ; ainsi le paiement, la prescription, la compensation, la remise de la dette, etc..., éteignent l'action, car alors à quoi servirait-elle, puisqu'elle n'aurait plus d'objet ?

65. Il ne faut pas du reste confondre l'extinction de l'action avec la péremption de l'instance qui n'est que l'extinction de *l'exercice de l'action* ou de la procédure : la péremption d'instance, tant que le droit subsiste, laisse l'action intacte, elle fait bien tomber la première demande, mais elle ne met pas obstacle à ce qu'on en forme une autre. — Marc-Deffaux et Harel, *loc. cit.*, n. 112.

66. Il en est de même du désistement, il n'affecte, en général, que la demande, et laisse subsister l'action. — V. *Désistement*.

67. Au contraire, lorsque le défendeur a acquiescé à la demande, il y a extinction de l'action. — V. *Acquiescement*.

68. A plus forte raison y a-t-il extinction du droit, lorsque le procès a déjà été terminé par un jugement. Il y a lieu dans ce cas à l'exception de la chose jugée, pourvu que les trois circonstances qui sont nécessaires pour établir la litispendance se rencontrent. — V. *Chose jugée*.

69. De plus, l'extinction de certaines actions provient quelquefois de cette circonstance que plusieurs actions sont incompatibles entre elles et s'excluent entre elles. Dans ce cas, l'exercice de l'une exclut et détruit les autres.

70. Ainsi, notamment, le demandeur qui a agi en pétitoire ne peut plus agir au possessoire. — C. proc., 25, 26. — V. *Action possessoire*.

71. De même, si les dommages-intérêts peuvent être réclamés devant le juge civil ou devant le juge criminel, la partie lésée, qui a opté pour l'une de ces deux voies, n'est plus recevable à prendre l'autre. — Grenoble, 27 mai 1833. — V. *Action civile*.

72. Mais lorsque plusieurs actions ne s'excluent pas mutuellement, que la seconde ne peut être repoussée par l'exception de la *chose jugée* (V. ce mot), enfin qu'une loi spéciale n'a pas interdit le recours à une seconde action, ces actions peuvent se cumuler, c'est-à-dire s'exercer en même temps ou l'une après l'autre.—Marc-Deffaux et Harel, *loc. cit.*, n. 99.

73. La jurisprudence a fait de nombreuses applications de ce principe : ainsi il a été jugé qu'après avoir poursuivi inutilement l'exécution d'un contrat de vente, on peut en demander la résolution (Paris, 11 mars 1816 ; Cass., 24 août 1831), non-seulement contre l'acheteur personnellement, mais même contre un tiers acquéreur, après avoir fait saisir les meubles du premier. — Limoges, 2 août 1811 ; Cass,, 2 déc. 1811.

74. Qu'après avoir requis la collocation à un ordre ouvert sur le prix d'une vente, on peut intenter l'action résolutoire (Cass.. 27 mai 1824), quoiqu'on se soit laissé forclore. — Cass. 31 juill. 1834.

75. Que celui qui avait revendiqué vainement des objets mobiliers non payés peut exercer le privilége qu'il a sur eux. — Nancy, 28 déc. 1829.

76. Enfin Toullier enseigne que l'acquéreur, après avoir demandé la résolution du contrat pour défaut de délivrance, peut se désister de cette demande et poursuivre sa mise en possession. — T. 10, n. 178 et suiv. — *Sic*, Marc-Deffaux et Harel, *loc. cit.*, n. 101.

ACTION AU PORTEUR. — V. *Actions, Actionnaires.*

ACTION CIVILE, ACTION PUBLIQUE. — **1.** L'action civile est celle qui appartient à tout individu qui a souffert un dommage par suite d'un fait puni par la loi. L'action publique est celle qui appartient à la société dans le but d'obtenir la punition du même fait.

TABLE ALPHABÉTIQUE.

2. L'action publique n'appartient pas aux simples citoyens qui n'ont le droit de conclure, devant les tribunaux criminels, qu'à la réparation du dommage par eux éprouvé ; elle ne peut être exercée que par les fonctionnaires auxquels elle est conférée par la loi. — V. *Ministère public.*

3. L'action publique n'appartient qu'au ministère public, qui l'exerce avec l'indépendance la plus grande. — Nouguier, *Traité de l'action publique et civile*, 3e édit., n. 14 et 15.

4. Il n'est pas forcé de la mettre en mouvement, même sur les dénonciations des tiers et les plaintes des parties lésées. — Nouguier, *op. cit.*, n. 17 ; Faustin Helie, *Instr. crim.*, n. 514.—*Contrà*, Carnot, *Instr. crim.*, n. 295 ; Legraverend, I, p. 7.

5. Il y a cependant quelques cas exceptionnels où il en est autrement, notamment en matière de contributions indirectes, de douanes. — Mangin, n. 40 et suiv.

6. Par contre, il peut la mettre en mouvement, quand même les parties intéressées n'agiraient pas.

7. C'est ainsi qu'il a été jugé que le faux commis par un notaire dans l'exercice de ses fonctions peut être poursuivi par le ministère public, encore bien que les intéressés ne se soient ni portés parties civiles ni dénonciateurs, et qu'ils aient même renoncé à leur action civile. — Cass., 2 août 1821 (Sir. Coll. nouv., t. 6, 1, 482).

8. Mais dès que l'action a été exercée par le ministère public, elle est entièrement soumise aux tribunaux de répression, qui ne sont aucunement liés par l'opinion du ministère public, et peuvent prononcer une peine quand même il abandonnerait l'action. — Mangin, n. 26.

9. L'action civile, ayant pour objet la réparation d'un préjudice causé, peut être intentée par toute personne qui a subi le préjudice, par elle-même ou par ses représentants. — C. instr. crim., art. 1, 63.

10. L'action civile peut également être exercée, au nom des personnes qui sont en présence, par les représentants de ces personnes.

11. Ainsi un père peut porter plainte et se constituer partie civile, à raison du préjudice que son fils mineur a éprouvé par suite d'un fait puni par la loi. — Rennes, 12 déc. 1861 (S. 62.2.19).

12. Un mari peut également agir pour sa femme. — Rennes, 22 nov. 1865 (S. 66.2.54).

13. Un tuteur pour son pupille le pourrait pareillement. — Mangin, n. 124.

14. Pour intenter l'action civile, il faut jouir de ses droits : donc le mineur, l'interdit, la femme mariée ne le peuvent sans être assistés ou autorisés. — Mangin, n. 125 ; Faustin Helie, n. 546.

15. L'étranger peut poursuivre la réparation civile d'un délit commis à son préjudice, mais en donnant caution, conformément à l'art. 216, C. civ. — Faustin Helie, n. 549 ; Mangin, n. 125 ; le Sellyer, n. 281.

16. Les créanciers peuvent également porter plainte et se constituer parties civiles contre les actes qui préjudicient à leurs débiteurs, mais seulement dans le cas où la loi les autorise à exercer les droits d'actions de leurs débiteurs (C. civ. art. 1186) ; et dans ceux où ils sont admis à attaquer en leur nom personnel les actes faits par ces débiteurs en fraude de leurs droits. — C. civ., art. 1167.

17. Cela a lieu notamment en matière de faillite et de banqueroute. — C. comm., art. 584, 588 et 590.

18. L'action civile peut également être exercée par les héritiers de celui qui a été lésé ; à moins que cette action ne lui ait été tellement personnelle, qu'il ne l'ait point transmise à ses héritiers : comme, par exemple, l'action résultant d'une injure légère. — Mangin, n. 127.

19. L'action civile est susceptible d'être cédée, et le cessionnaire est recevable à porter plainte et à se constituer partie civile, mais seulement au nom de la partie lésée. — C. inst. crim., art. 31, 65 ; Mangin, n. 128 ; Faustin Helie, n. 608.

20. L'action civile peut être exercée dans un intérêt de profession ; ainsi les notaires pourraient se porter parties civiles contre ceux qui usurperaient leurs fonctions, si cette usurpation avait le caractère d'un délit. — V. autorités suivantes.

21. Cette doctrine a été consacrée à l'égard des pharmaciens qui avaient poursuivi en police correctionnelle des herboristes, pour vente illégale de médicaments. — Cass. ch. réun., 15 juin 1833 (S. 33.1.458) : Poitiers, 11 mars 1869 (S. 69.2.260) ; Trébutien, *Dr. crim.*, II, p. 869 ; *Rép. J. Pal.*, v° *Act. civ.*, n. 48.— *Contrà* Mangin, n. 123 ; Faustin Helie, n. 564.

22. De même le tribunal de la Seine a adjugé des dommages-intérêts à la compagnie des avoués contre un prévenu de postulation illicite. — Trib. Seine, 3 avril 1846, *J. Not.*, art. 12673.

23. Il a été jugé également que les notaires d'un arrondissement ont droit et qualité pour intenter une action en dommages-intérêts contre un huissier qui a procédé à une vente qui était dans les attributions des notaires. — Rouen, 23 juin 1845 (S. 46.2.571); Eloy, *Respons. des notaires*, n. 938. — V. *Notaire, Responsabilité notariale*.

24. L'action civile est complétement indépendante de l'action publique ; la partie lésée pourrait former devant la juridiction civile sa demande en dommages-intérêts, quoique le ministère public n'ait dirigé aucune poursuite au criminel. — Mangin, n. 28.

25. Cependant il a été jugé que les tribunaux de répression ne peuvent, en matière de contraventions, condamner l'inculpé à des dommages-intérêts, lorsqu'ils déclarent l'action publique éteinte par la prescription. — Cass., crim., 7 nov. 1873 (D. 74.1.96).

26. La partie civile pourrait également renoncer à son action, transiger sans désister lorsqu'elle l'a formée, tandis que le ministère public ne peut renoncer à la sienne. — Pau, 5 janv. 1860, *J. Pal.*, 60, 290 ; Mangin, n. 30.

27. L'action civile peut être poursuivie soit devant les tribunaux civils d'une manière principale, soit devant les tribunaux criminels, mais alors accessoirement à l'action publique. — C. inst. crim., art. 5.

28. Mais, quoique soumises à la même juridiction, ces deux actions ne se confondent point : de sorte que le ministère public ne serait pas recevable à requérir des dommages-intérêts au profit de la partie lésée, si celle-ci ne les réclamait point; pas plus qu'il ne serait admis à interjeter appel d'un jugement qui refuserait à la partie lésée les réparations civiles, auxquelles elle avait conclu. — Mangin, n. 38.

29. L'action publique et l'action civile se prescrivent par dix ans s'il s'agit de crimes; trois ans s'il s'agit de délits; un an s'il s'agit de contraventions. — C. inst. crim., 637, 638 et 640.

30. Toutefois l'action civile qui ne prend pas exclusivement son principe dans un fait qualifié délit par la loi pénale, mais qui repose sur un droit préexistant à ce fait, droit de nature et d'origine purement civiles, n'est pas soumise à la même prescription que l'action publique. — Larombière, *Oblig.*, V. n. 49 ; Aubry et Rau, IV, § 445.

31. Ainsi c'est par trente ans seulement qu'est prescriptible l'action en reddition de compte et en restitution de valeurs héréditaires à exercer contre un héritier que le *de cujus* avait constitué son mandataire, encore bien que le délit d'abus de confiance pût ressortir des faits de dissimulation et de recel imputables à ce cohéritier. — Bordeaux, 16 fév. 1864, *Revue*, n. 998; *Id.*, 4 juin 1874 (D. 75.2.99); Rouen, 29 déc. 1875 (D. 77.2.1.).

ACTION CONFESSOIRE. — C'est l'action par laquelle on réclame un droit réel, autre que celui de propriété : par exemple, une servitude, un usufruit.

Sous le nom d'action confessoire on désignait, dans l'ancien droit français l'action par laquelle une douairière revendiquait le droit d'usufruit qui lui était acquis par l'ouverture du douaire pour la portion qui lui en appartenait. — Pothier, *Du douaire*, part. 1re, chap. 4, art. 2, n. 187.

ACTION DE LA BANQUE DE FRANCE. — 1. Valeurs nominatives représentant le capital de la Banque de France.

TABLE ALPHABÉTIQUE.

2. Le capital de la Banque de France a été fixé par la loi du 9 juin 1857, qui a prorogé le privilége de la société jusqu'au 31 déc. 1897, à 182,500,000 francs, représentés aujourd'hui par 182,500 actions d'une valeur nominale de 1,000 francs.

3. La propriété de chaque action est constatée par une inscription nominale sur les registres de la Banque. Elles ne peuvent être mises au porteur. Les propriétaires résidant dans les villes où des succursales ont été établies peuvent faire inscrire leurs actions sur les registres de cette succursale.

4. Les actions de la Banque de France sont transmissibles à titre onéreux ou à titre gratuit, par voie de transfert exigeant l'intervention d'un agent de change, appelé à certifier l'identité du propriétaire.

5. Le transfert est régulièrement opéré par la déclaration du propriétaire ou de son fondé de pouvoirs signée sur les registres tenus en double à cet effet et certifiée par un agent de change. — Déc., 16 janv. 1808, art. 4.

6. Les procurations doivent être notariées, il n'est pas nécessaire qu'elles soient en minute ; celles en brevet sont acceptées par les bureaux de la Banque. Elles doivent toujours être légalisées si le notaire ne demeure pas dans le département de la Seine. — Buchère, *Traité théorique et pratique des opérations de Bourse*, n. 216.

7. Le mode d'opérer le transfert, ayant été déterminé par les statuts et les décrets organiques de la Banque de France, ce transfert ne pourrait être remplacé par un transport ordinaire, même par acte authentique signifié au directeur de la Banque, ni par un jugement attributif de propriété.

8. A ce propos, M. Buchère se pose la question de savoir si la cession d'actions de la Banque, faite par acte notarié régulièrement signifié, serait absolument sans effet ? Le savant magistrat opine pour la négative.

9. Entre les contractants et même vis-à-vis des tiers, dit-il, les actions de la Banque de France sont valablement cédées par un transfert régulièrement signifié, conformément à l'art. 1690, C. civ. Mais, à défaut de transfert, le cédant reste propriétaire apparent vis-à-vis de la Banque de France (*loc. cit.; p.* 218). Tel est également notre avis. — V. aussi en ce sens Galland, *Code des transferts*, p. 198. — *Contrà*, Mollot, n. 380 et suiv.

10. Le transfert d'actions de la Banque de France appartenant à des mineurs ou interdits est réglé par le décret du 25 sept. 1818 et par la loi du 24 mars 1806.

11. D'après ces textes, les tuteurs et curateurs des mineurs ou interdits, propriétaires d'une seule action de la Banque de France, n'ont besoin d'aucune autorisation pour la vente de cette valeur. Il en est de même lorsque leurs pupilles ont des droits dans plucieurs actions, n'excédant pas ensemble la valeur d'une seule action.

12. L'autorisation du conseil de famille est requise toutes les fois que le mineur est propriétaire de plusieurs actions ou peut-être même, en cas de vente, d'une seule action, si le tuteur a déjà aliéné, à une époque antérieure, une autre action appartenant au mineur ou à l'interdit. — V. d'ailleurs *infrà*, v° *Mineur, Transfert*.

13. L'extrait de la délibération qui autorise la vente doit être produit pour obtenir le transfert. Cette délibération n'a pas besoin d'être homologuée par le tribunal. — Trib. Seine, Ch. cons., 27 sept. et 8 nov. 1851; 13 juill. et 16 déc. 1852; 27 mars et 8 juin 1853; 8 mars 1854 : Bertin, Ordon. de la Ch. du cons., t. 1, n. 523; Buchère, *loc. cit.*, n. 224. — V. dans le même sens Rouen, 29 fév. 1868 (S. 69.2.232).

14. La vente d'actions appartenant à une femme mariée, ainsi qu'à celle qui est séparée de biens, est régie par le droit commun. — V. *Agent de change, Séparation de biens, Transfert.*

15. L'héritier bénéficiaire peut, conformément à l'art. 989, C. proc., faire procéder par-devant notaire à la vente des actions de la Banque de France, sans qu'aucune autorisation judiciaire soit nécessaire. Mais il peut solliciter cette autorisation à l'effet, soit de sauvegarder sa responsabilité, soit de faire ordonner la vente à la Bourse, ce qui est généralement plus avantageux. — V. *Actions de la Banque de France.*

16. Les pièces que les héritiers du propriétaire d'actions de la Banque de France sont tenus de produire, sont les mêmes que celles exigées pour le transfert de toutes autres valeurs. — V. *Agent de change, Transfert.*

17. Les actions de la Banque de France déclarées dotales par une clause du contrat de mariage ne peuvent être aliénées que conformément aux règles du droit civil : c'est-à-dire en vertu d'une autorisation de justice, dans les cas déterminés par la loi.—C. civ., 1555 et suiv.

18. La Banque serait responsable du défaut d'emploi du prix d'un transfert d'actions, qui, en raison de leur dotalité, ne pourraient être vendues qu'à charge d'un remploi déterminé. — Paris, 28 janv. 1858 (S. 58.2.499); Cass., 1er fév. 1859 (S. 59.1.689); *Sic*, Buchère, *loc. cit.*, n. 233.

19. Le transfert des actions de la Banque de France peut être empêché : par le propriétaire en cas de perte du titre ; par les créanciers du porteur ; ou enfin par toute personne qui prétendrait avoir droit à la propriété de ces actions. On a, dans ce cas, recours, conformément au décret du 16 janv. 1808, art. 4, et au règlement du 2 sept. 1830, à une opposition signifiée au gouverneur de la Banque de France et visée sur l'original par le chef de bureau des actions.

20. Les actions de la Banque de France peuvent d'ailleurs, comme toutes autres valeurs, être l'objet de simples transferts de forme, dans le cas où leur propriété est transmise à titre gratuit, par succession, donation ou testament. — V. *Transfert.*

21. Dans ce cas, le transfert de forme s'opère sur la demande des parties intéressées ou de leurs mandataires munis d'une procuration authentique. Toutefois on n'exige pas l'intervention d'un agent de change pour certifier l'individualité des parties. — Buchère, *loc. cit.*, n. 236. — V. *Agent de change.*

22. D'ailleurs les actions de la Banque de France, bien

1. 36

qu'étant meubles par la détermination de la loi (C. civ., 529), sont cependant susceptibles d'être *immobilisées* par la seule volonté du titulaire, c'est-à-dire par une déclaration du propriétaire ou de son fondé de pouvoir, inscrite et signée sur des registres doubles tenus à cet effet (Décr. du 16 janv. 1808, art. 4 et 7). Les actions portent la mention de la date de l'immobilisation.

23. L'immobilisation facultative des actions de la Banque de France résultant de la simple déclaration des parties, en change complétement le caractère et assimile ces valeurs à de véritables immeubles.

24. L'art. 7 des statuts fondamentaux, approuvés par le décret du 16 janv. 1808, porte en effet, que les actionnaires qui veulent donner à leurs actions la qualité d'immeubles en ont la faculté, et que, dans ce cas, ils doivent en faire la déclaration dans la forme prescrite pour les transferts.

25. Cette déclaration inscrite sur les registres, les actions immobilières restent soumises au Code civil, et aux lois de privilége et d'hypothèque comme les propriétés foncières : elles ne peuvent être aliénées et les priviléges et hypothèques être purgés qu'en se conformant au Code civil et aux lois relatives aux priviléges et hypothèques sur les propriétés foncières.

26. S'il s'agit de la déclaration à faire par une femme mariée sous un régime quelconque, il est bien entendu que l'autorisation maritale sera toujours nécessaire.

27. La signature du déclarant ou de son fondé de pouvoir doit être certifiée par un agent de change près la Bourse de Paris.

28. Lorsque les actions ont acquis le caractère d'immeubles, leur transmission peut, ainsi que celle des actions ordinaires, être faite au moyen d'un simple transfert sur les registres de la Banque.

29... Mais comme elles sont, par leur nature, susceptibles d'hypothèques conventionnelles, judiciaires et légales, l'acte qui établit leur transfert n'est valable, à l'égard des tiers et de la Banque, qu'autant qu'il a été transcrit au bureau des hypothèques et que les formalités de purge des hypothèques légales ont été remplies. — V. Troplong, *De la transcrip.*, n. 90 ; L. 23 mars 1855, art. 1er ; Buchère, *Tr. des val. mobil.*, 221, et *Tr. des opér. de Bourse*, n. 221. — V. *infrà*, n. 46 et suiv.

30. A l'égard de ces dernières formalités de purge, il est juste de dire que la Banque ne les exige pas quand elle reconnaît qu'eu égard à la situation du titulaire elles sont complétement inutiles.

31. Faisons remarquer que les actions immobilisées peuvent être acquises en remploi de prix d'immeubles dotaux, alors même que le contrat de mariage aurait stipulé le remploi en immeubles. — V. Caen, 8 mai 1838 ; Rouen, 7 mai 1853 (S. 2.178); Paris, 15 janv. 1855 ; Rouen, 20 juin 1855, 21 juin 1858 (S. 57.2.171); Riom, 10 janv. 1856 ; Aix, 17 nov. 1860 (S. 64.2.300); Angers,

6 juill. 1861 (S. 62.2.22). — V. aussi : Troplong, *Contr. de mar.*, t. 2, n. 1442 ; Rodière et Pont, t. 1, n. 514 ; Buchère, *Tr. des val. mobil.*, n. 223.

32. Il n'y aurait difficulté qu'autant que le contrat de mariage stipulerait le remploi en immeubles de *même nature.*—V. *Remploi*.

33. M. Buchère (*Traité des valeurs mobilières*, n. 223) enseigne que, dans cette hypothèse, les tribunaux pourraient rechercher la volonté des parties, et refuser d'autoriser l'emploi en actions immobilisées de la Banque de France, comme contraire à cette volonté. Une solution de cette nature, fondée sur les faits et l'interprétation du contrat, ne pourrait donner ouverture à cassation.—Cass., 22 fév. 1859 (S. 59.1.521).

34. Dans quel lieu doivent être remplies les formalités de transcription, et prises les inscriptions hypothécaires destinées à frapper les actions immobilières ?

35. La question a été soulevée. La loi est muette à cet égard. D'après Buchère, *loc. cit.*, 222, et *Traité des opérations de Bourse*, p. 222 ; c'est à Paris, au bureau des hypothèques de l'arrondissement où se trouve le siége de la Banque (1er bureau), et non au bureau du domicile du débiteur.

36. Dalloz, vo *Priv. et Hyp.*, n. 1448, est aussi de cet avis. Il se fonde sur les motifs suivants : 1o Paris est le siége de la Banque ; c'est donc là qu'est en quelque sorte le lieu de la situation de l'immeuble ou de la chose immobilière ; 2o il y aurait de graves inconvénients à prendre l'inscription au bureau dans la circonscription duquel le débiteur a un domicile qui peut varier.

37. Comment, en effet, des créanciers postérieurs qui ne connaissent pas l'ancien domicile du propriétaire des actions, qui ne savent pas même s'il en a changé, pourront-ils connaître si ces actions sont déjà grevées de quelque hypothèque ? Cette décision paraît très-juste, car il est évident qu'en l'absence d'un texte de loi, il y a pour les actions immobilisées de la Banque une raison toute particulière pour que l'inscription ne se fasse pas au bureau du domicile du débiteur qui a consenti l'hypothèque : c'est que ces actions dépendent d'un établissement qui a son siége à Paris, et que là est leur véritable assiette.

38. Cependant la Banque peut exiger, si elle le juge utile à l'intérêt des créanciers de l'actionnaire, des certificats négatifs d'inscription et de transcription émanant de la conservation du bureau dont dépend le domicile du débiteur ou la succursale dans laquelle se trouve ce domicile.

39. Ces formalités sont nécessaires :
Soit lorsqu'il s'agit de la transmission d'actions immobilisées résultant d'une cession, d'un abandon par acte notarié ou d'un jugement d'adjudication.

40. Soit quand l'action étant immobilière, on veut la *remobiliser*, c'est-à-dire lui donner ou lui rendre un caractère purement mobilier, ainsi que cela est autorisé par la loi du 17 mai 1834, art. 5.

41. Ce texte décide en effet que les propriétaires d'actions immobilisées de la Banque de France, qui voudront rendre à ces actions leur qualité première d'effets mobiliers, seront tenus d'en faire la déclaration à la Banque.

42. Cette déclaration, qui doit contenir l'établissement de la propriété des actions en la personne du réclamant, est transcrite au bureau des hypothèques de Paris, et soumise, s'il y a lieu, aux formalités de purge légale auxquelles les contrats de vente immobilières sont assujettis.

43. Le transfert de ces actions ne peut être opéré qu'après avoir justifié à la Banque de l'accomplissement des formalités voulues par la loi pour purger les hypothèques de toute nature, et d'un certificat de non-inscription. — Galland, *C. des transferts*, p. 197).

44. La déclaration de *remobilisation* doit aussi être faite sur les registres de la Banque par le titulaire ou son mandataire authentique ; elle peut également avoir lieu par acte notarié en minute, dont une expédition est transmise à la Banque avec toutes les pièces établissant que les formalités précédemment indiquées ont été remplies, et qu'il n'existe sur les actions aucune inscription d'hypothèque conventionnelle, judiciaire ou légale.

45. Cet acte doit porter déclaration que le titulaire entend *remobiliser* les actions. Il contient, en outre, l'établissement de leur propriété, la déclaration d'état civil du titulaire, et l'autorisation de remplir toutes les formalitées exigées par la Banque.

46. Enregistrement. — La déclaration d'immobilisation n'est soumise à aucune formalité d'enregistrement ni d'hypothèque. Rien en effet, même sous le régime de la loi du 23 mars 1855, sur la transcription hypothécaire, n'oblige à la publicité l'acte qui a pour effet de constituer par lui-même un immeuble réel ou fictif. — *Dict. Réd.*, v° *Banque de France*, n. 5.

47. Mais la déclaration de remobilisation doit être enregistrée, et, comme elle est essentiellement de nature à être transcrite, elle donne lieu, lors de l'enregistrement, à la perception du droit de 1 fr. 50 p. 100, en vertu de l'art. 54 de la loi du 28 avril 1816. Ce droit est liquidé sur le capital déterminé par le cours de la Bourse du jour de la déclaration. — Sol., 21 mars 1856).

48. En cas de cession ou de transmission, les actions immobilisées sont passibles du droit établi pour les transmissions immobilières. C'est la conséquence nécessaire de l'immobilisation. — V. Seine, 19 déc. 1832, Inst. 1422, § 2 ; Cass., 22 mai 1837, Inst. 1437, § 2 ; Délib. rég., 24 juill. 1863 ; Seine, 18 juin 1868, *Journ. Enreg.*, 18619.

49. Cette règle, consacrée pour les mutations entre-vifs à titre gratuit ou par décès, serait également applicable aux mutations à titre onéreux, mais il est fort rare que le cas se présente. En effet, il est très-facile d'éviter le droit de 5 fr. 50, en faisant *remobiliser* les actions avant de les céder; on ne paie alors que le droit de transcription à 1 fr. 50.

50. Quant au mode d'évaluation lorsqu'il s'agit d'une transmission entre-vifs, à titre gratuit ou par décès, les actions immobilisées sont régies par l'art. 15, n. 7 de la loi du 22 frim. an VII. Il ne doit donc pas être fait usage du cours de la Bourse : l'impôt est liquidé sur un capital de vingt fois le revenu annuel. Ce revenu doit être déclaré par les parties, sauf contrôle ultérieur de l'administration. Et l'on ne saurait obliger les parties à prendre pour base de leur évaluation le dividende distribué dans l'*année antérieure à la mutation.* — Sol., 12 janv. 1867, *Revue,* n. 2070, *Journ. Enreg.,* n. 18400, § 2).

51. La régie n'est pas en droit, non plus, d'exiger des parties la déclaration d'un revenu égal aux dividendes distribués pendant l'*année même de la mutation,* car, ainsi que le fait remarquer le *Dict. Réd., loc. cit.,* 10, dans le plus grand nombre des cas, ces dividendes ne sont pas encore entièrement acquis au moment où la mutation s'opère, et ils proviennent souvent de bénéfices réalisés postérieurement. L'administration, qui avait paru, en dernier lieu, vouloir imposer ce mode d'évaluation, reconnaît à présent que sa prétention n'était aucunement fondée.

52. Aucune disposition législative ne déterminant la base sur laquelle doit avoir lieu l'estimation du revenu des actions, on reconnaît que les parties sont libres d'adopter le mode d'évalution qui leur convient, sauf à l'administration à critiquer le chiffre de l'estimation. Les rédacteurs du *Dict. Enreg.,* v° *Banque de France,* n. 11, pensent, et nous sommes de leur avis, que pour arriver à acquitter l'impôt dans une juste mesure et pour se rapprocher très-sensiblement de la vérité, on peut prendre pour base la moyenne des dividendes des cinq dernières années. En effet, les dividendes anormaux des temps de crise se trouvent toujours, dans une période de cinq ans, balancés dans une juste proportion par d'autres dividendes ordinaires; et, d'un autre côté, la moyenne ainsi établie, multipliée par 20, représente assez exactement la valeur réelle recueillie par le donataire ou par l'héritier.

53. La régie a le droit, si elle juge l'estimation insuffisante, de faire constater le produit réel de l'action par une expertise, comme s'il s'agissait d'immeubles. Et il appartiendrait alors aux experts de déterminer le revenu réel au jour de la transmission, d'après des inductions et des calculs de probabilité qui ne sauraient avoir d'autre base que les dividendes distribués pendant les dernières années.

ACTION DISCIPLINAIRE. — V. *Chambre de discipline notariale, Discipline notariale, Notaire.*

ACTION EN DÉCLARATION D'HYPOTHÈQUE. — Se dit de l'action que l'on est en droit d'exercer contre le tiers détenteur d'un immeuble hypothéqué, afin d'interrompre la prescription de l'hypothèque. Elle est aussi appelée *action d'interruption.*

Sa nécessité résulte de ce que, aux termes de l'art. 2180-4, les inscriptions prises par le créancier hypothécaire ou privilégié n'interrompent pas la prescription établie par la loi en faveur du débiteur ou du tiers détenteur. Il faut donc, pour que ce créancier conserve ce droit, qu'il agisse en justice. — V. *Hypothèque.*

ACTION EN DÉLAISSEMENT. — V. *Délaissement.*

ACTION EN GARANTIE. — V. *Notaire, Responsabilité notariale.*

ACTION EN RÉINTÉGRANDE. — V. *Action possessoire.*

ACTION EN RESCISION. — **1.** C'est l'action par laquelle on demande qu'un contrat soit annulé.

2. Dans l'ancien droit, l'action en rescision était tout à fait distincte de l'action en nullité. Elles se séparaient par trois différences.

3. 1° L'action en rescision, qui avait son origine dans le droit prétorien à Rome ne s'appliquait qu'aux contrats entachés d'un vice qui, d'après le droit romain, le rendait nul et donnait lieu à la *restitution intégrante.* — L'action en nullité, au contraire, s'étendait aux causes de nullités des contrats prévues par les ordonnances, édits, déclarations, lettres patentes ou par la coutume.

4. 2° Tandis que l'action en nullité se portait directement devant les juges compétents pour en connaître, l'action en rescision ne pouvait être formée *de plano.* Il fallait tout d'abord obtenir des lettres de rescision, délivrées au nom du roi par les chancelleries établies près des Cours souveraines.

5. L'action en nullité était prescrite par 30 ans ; en général, la prescription de 10 ans était seule applicable aux lettres de rescision.

6. La loi des 7-11 sept. 1790 supprima les chancelleries, et avec elles la nécessité d'obtenir des lettres de rescision ; mais les deux autres différences subsistaient.

7. Le Code civil a aboli cette distinction entre les actions en nullité et les actions en rescision. Il n'y a pas lieu d'admettre avec Toullier, t. 4, n. 521 à 528, que l'action en rescision s'applique aux contrats infectés d'un vice intrinsèque et caché, tandis que l'action en nullité n'est donnée par la loi qu'au cas de vice intrinsèque et apparent.

8. Il n'y a pas lieu, non plus, de soutenir que l'action en rescision ne s'applique que lorsque dans le contrat l'une des parties a éprouvé une lésion, tandis que, dans les autres cas, c'est à l'action en nullité qu'il faut avoir recours. — V. en ce sens Aubry et Rau, t. 4, p. 246 ; Massé et Vergé, t. 3, p. 468 ; Duranton, t. 12, n. 525 ; Dall., *Rép.*, v° *Oblig.*, n. 2859.

9. Cependant on doit dire que le législateur semble devoir appliquer plus particulièrement le mot *action en nullité* à celle qu'on dirige contre les contrats qui ne réunissent pas les conditions requises pour leur validité, ou qui sont contraires aux lois et bonnes mœurs, et le mot *action en rescision* à celle qui tend à faire annuler une convention pour cause de lésion.

10. Au point de vue pratique, il n'y a aucune différence à faire entre ces deux actions qui s'intentent de la même manière et devant les mêmes juges.

11. L'art. 1304 du Code civil expose la théorie générale en ce qui concerne la rescision des conventions. — V. *Obligations.*

12. A côté de ces règles générales, la loi a établi des dispositions particulières pour la rescision pour cause de lésion. C'est ainsi qu'il en existe :

1° En matière de partage. — Art. 887 et suite du Code civil, V. *Successions.*

2° En matière de partage d'ascendants.—V.*Partage d'ascendants.*

3° En matière de vente. — Art. 1676, C. civ., V. *Vente.*

4° En matière de règlement de part dans les sociétés civiles. — Art. 1854, C. civ., V. *Société.*

ACTION EN REVENDICATION. — 1. C'est celle qu'on intente pour réclamer une chose dont on prétend être propriétaire.

TABLE ALPHABÉTIQUE.

2. L'action en revendication peut avoir pour objet soit des immeubles, soit des objets mobiliers.

3. En ce qui concerne les immeubles, nous renvoyons au mot *revendication*. Nous ne nous occuperons ici que de la revendication des meubles.

4. La règle générale est que l'action en revendication n'est pas admise en matière d'objets mobiliers ; c'est qu'en effet il est bien difficile d'en constater l'identité ; et, de plus, à cause de leur transport facile, on a grand peine à les suivre dans leur circulation de main en main.

5. D'après l'art. 2279 du Code civil, en fait de meubles possession vaut titre ; l'effet de cette maxime est d'établir en faveur du possesseur une présomption de propriété.

6. Il suit de là que l'action en revendication se trouve écartée par la présomption de propriété établie en faveur de celui qui possède.

7. Mais ce n'est pas une présomption *juris et de jure* : c'est une présomption *juris tantum* rendant l'action en revendication possible, et dont l'effet est seulement de mettre à la charge du revendiquant que lui est propriétaire, et que le possesseur ne l'est pas. — Vazeille, *Prescription*, t. 2, 674 ; Montpellier, 5 janv. 1827 (P. 30.2.188) ; Bordeaux, 21 déc. 1832 (S. 33.2.202) ; Cass. civ., 10 fév. 1840 (S. 40.1.572) ; Nîmes, 22 août 1842 (S. 43.2.75) ; Cass. civ., 15 avril 1863 (S. 63.1.387. — *Contrà*, Aubry et Rau, § 183, note 4 ; Duranton, t. 21, n. 97 ; Troplong, t. 2, n. 1052 ; Marcadé, sur l'art. 2279, n. 3 ; Cass. civ., 4 juill. 1846 (S. 18.1.168).

8. Des marchandises vendues par un tiers peuvent être saisies au domicile de l'acquéreur par les créanciers du vendeur, s'il est établi que la vente est simulée, et que le prétendu vendeur n'a jamais cessé d'être propriétaire. — Cass. civ., 6 juill. 1841 (S. 42. 1.33).

9. Nous venons de dire qu'en règle générale la revendication n'est pas possible. A cette règle il existe deux exceptions. L'action en revendication appartient en effet à celui qui a perdu un objet mobilier ou auquel on l'a volé ; et il peut agir contre tout possesseur. — C. civ., art. 2279.

10. Il importe peu que le possesseur soit de bonne ou mauvaise foi. — Art. 2279, C. civ.

11. Un objet doit être regardé comme perdu, et par conséquent l'action en revendication ouverte, non-seulement lorsque, par une négligence plus ou moins directe du possesseur il est sorti de ses mains, mais encore lorsque par un cas de force majeure, par exemple une inondation, il se trouve hors de sa portée. — Toullier, t. 11, 323 ; Aubry et Rau, § 183.

12. Quant au vol, lorsqu'il y a eu soustraction frauduleuse, l'action en revendication est ouverte d'après l'art. 2279 du Code civil.

13. L'action en revendication ne doit pas être étendue au cas d'abus de confiance. — Aubry et Rau, § 183 ; Vazeille, *Prescription*, 2673 ; Duranton, t. 15, 286 ; Troplong, *Prescription*, t. 2, 1076 ; Cass. civ., 22 juin 1858 (S. 58.1.591) ; *Id.*, 23 déc. 1863 (S. 65.1.187).

14. Mais l'action en revendication est applicable en cas d'escroquerie. — Troplong, 2, 1069 ; Paris 13 janv. 1834 (S. 34.2.91 ; Dijon, 28 nov. 1856 (S. 57.2.223 ; Bordeaux, 3 janv. 1859 (S. 59. 2.452. — *Contrà*, Marcadé, art. 2279, n. 5 ; Aubry et Rau, § 183.

15. L'action en revendication donnée, en cas de vol, est ouverte même en cas de vente commerciale.

16. L'action en revendication en cas de vol est ouverte même lorsque, soit par son état mental, soit à raison de son âge, le voleur ne serait pas punissable. — Aubry et Rau, § 183.

17. L'action en revendication est ouverte à celui qui a perdu ou à qui il a été volé un meuble devenu depuis immeuble par destination. — Grenier, *Actions possessoires*, p. 205.

18. Le demandeur en revendication au cas de l'art. 2279, § 2, n'a pas à prouver qu'il était propriétaire ; il lui suffit de prouver qu'il détenait la chose au moment de la perte ou du vol ; cette preuve peut se faire même par témoins. — Aubry et Rau, § 183 ; Paris, 18 août 1851 (S. 51.2.475).

19. En règle générale, le revendiquant a le droit d'être remis en possession de sa chose sans avoir à rembourser au détenteur actuel son prix d'achat.

20. Mais si le détenteur a acheté la chose dans une foire ou un marché, ou dans une vente publique, ou d'un marchand vendant des choses pareilles, le propriétaire originaire ne peut se la faire rendre qu'en lui payant son prix d'achat. — Art. 2280, C. civ.

21. Le revendiquant peut dans le cas de l'art. 2280, appeler en cause et le voleur et le dernier acquéreur qui n'a pas acheté dans les conditions de l'art. 2280 du Code civil, afin de l'indemniser de la somme qu'il doit rembourser au détenteur qui oppose cet art. 2280. — Aubry et Rau, § 183 ; Troplong, 2, 1072 ; Marcadé, art. 2279, n. 5 ; Paris, 9 déc. 1859 (S. 59.2.621).

22. Si les objets perdus ou volés ont été engagés au mont-de-piété, le revendiquant ne pourra les obtenir qu'en remboursant le montant de l'argent avancé, plus les frais et les intérêts. — Décr., 8 therm. an XIII, Cass. civ. ; 28 nov. 1832 (S. 33.1.402).

23. L'action en revendication de l'objet volé ou perdu, se prescrit par le laps de temps de trois ans. — Art. 2279.

24. Les trois années commencent du jour où les objets ont été volés et perdus, et courent même contre les mineurs et les interdits. — Aubry et Rau, § 183.

25. La règle générale est qu'en matière d'objets mobiliers, il n'y a pas d'action en revendication. Cette règle ne s'applique pas à certains meubles pour lesquels alors l'action en revendication est réglée par le droit commun en matière d'immeubles, ce sont : 1° Les universalités juridiques, telle que, par exemple, la pétition d'hérédité, même si cette hérédité ne comprend que des meubles. — Troplong, 2, 1066 ; Demol., t. 24, 287 ; Aubry et Rau, § 183 ; Cass. civ., 26 août 1833 (D. 33.1.207) ; *Id.*, 10 fév. 1840 (S. 40.1. 572).

26. 2° Les meubles incorporels. — Demol., 2, 522 ; Marcadé, sur 2279, n. 4 ; Aubry et Rau, § 183 ; Grenoble, 15 avril 1845 (P. 46.2.557 ; Cass. civ., 7 fév. 1849 (S. 49.1.170).

27. Mais la règle posée par l'art. 2279, s'applique aux titres au porteur.—Demol., 2.252 ; Aubry et Rau, § 183 ; Cass. civ., 15 août 1863 (S. 73.1.387).

28. 3° Ce qui touche au domaine public : ainsi, les ouvrages de la Bibliothèque nationale étant inaliénables et imprescriptibles, l'action en revendication peut être exercée contre tout détenteur, même plus de trois ans après que celui-ci l'a acquis d'un tiers, même si le détenteur est de bonne foi. — Paris, 3 janv. 1846 (S. 47.2.77).

29. 4° Les navires ou autres bâtiments de mer. — C. comm., art. 190, 195, 196 ; Cass. civ., 16 mai 1852 (S. 52.1.561).

30. La loi donne bien encore le nom de revendication à un certain nombre d'actions en restitution, ayant un caractère tout personnel, et que nous ne traiterons pas ici ; ce sont celles qui appartiennent :

Au vendeur d'un meuble. — Art. 2102, 4° C. civ., v° *Priviléges ;*

Au déposant. — Art. 1926, C. civ. — V. *Dépôt ;*

Et celles qui peuvent être exercées en matière de faillite. — Art. 574 et suiv., C. comm., v° *Faillite.*

31. Nous renvoyons aussi au mot *privilège* pour l'action en revendication donnée au bailleur dans le cas de l'art. 2102, n. 1, action purement réelle, il est vrai, mais fondée, non pas sur le droit de propriété, mais sur le droit de gage.

ACTION FRUSTRATOIRE. — **1.** On appelle ainsi une action intentée sans nécessité aucune, ou dans le but d'obtenir ce qu'on a déjà.

2. Ainsi est frustratoire l'action intentée par un créancier muni d'un titre exécutoire, puisqu'il lui suffit, pour recevoir satisfaction, de poursuivre par les voies de droit l'exécution de son titre.

3. Mais lorsque le jugement ou le titre dont on est porteur est attaqué, il est nécessaire d'intenter une action nouvelle, et la se-

conde procédure ne doit pas être considérée comme frustratoire.
— Cass., 13 oct. 1831. — V. *Acte frustratoire.*

ACTION HOSTILE. — Tout Français qui, par des actions hostiles non approuvées par le gouvernement, expose l'Etat à une déclaration de guerre, ou des Français à éprouver des représailles, commet une infraction pénale que le Code punit, suivant les cas, du bannissement ou de la déportation. — V. C. pén., art. 84 et 85. Les actions hostiles sont rangées dans la classe des crimes contre la sûreté extérieure de l'Etat. — V. *Crimes contre la sûreté de l'Etat.*

ACTION HYPOTHÉCAIRE. — 1. C'est l'action accordée au créancier contre le tiers détenteur d'un immeuble hypothéqué.

TABLE ALPHABÉTIQUE.

2. L'action hypothécaire avait dans l'ancien droit un tout autre caractère qu'aujourd'hui. En effet, les hypothèques étant occultes, le créancier, avant de pouvoir provoquer, par forme de décret, la vente de l'immeuble hypothéqué sur le tiers détenteur, devait faire condamner ce dernier à payer ou à délaisser, précisément au moyen de l'action hypothécaire. — Pothier, I, 648 et IX, 442.

3. Aujourd'hui, au contraire, le tiers détenteur se trouve, *par le fait seul des inscriptions,* hypothécairement obligé aux termes de l'art. 2167, C. civ. ; l'action hypothécaire, telle qu'on l'entendait autrefois, n'a donc plus d'objet. Elle n'est plus aujourd'hui qu'une voie d'exécution, et c'est dans ce sens seul que nous l'entendrons. — Cass. civ., 27 avril 1812 (S. 12.1.300): Nîmes, 18 nov. 1830 (S. 31.2.146; Grenier, II, 339 ; Aubry et Rau, 4e édit., III, § 287, texte et note 2. — *Contrà,* Bordeaux, 11 avril 1810 (S. 11.2.87).

4. Il ne faut pas confondre, avec l'action hypothécaire proprement dite, la demande en déclaration ou en reconnaissance de l'hypothèque comme moyen d'interrompre la prescription au regard du tiers détenteur. — V. *Déclaration d'hypothèque.*

5. Cette demande serait encore aujourd'hui, comme elle l'était

autrefois, recevable et nécessaire au cas où, la créance hypothécaire n'étant pas encore exigible, le créancier se trouverait dans
l'impossibilité d'agir par voie de sommation.

6. L'objet de l'action hypothécaire est d'obliger le tiers détenteur, qui ne s'est pas mis en devoir de payer, à délaisser l'immeuble ou à payer la dette.

7. Mais le but direct de l'action est le délaissement, car c'est
l'immeuble lui-même qui est en quelque sorte le débiteur du
créancier. Le tiers détenteur n'étant obligé envers le créancier ni
par contrat, ni par quasi-contrat, ne peut être tenu au paiement
de la dette. Ce n'est que comme faculté subsidiaire et pour conserver l'immeuble que la loi lui permet de payer la créance. —
Grenier, *Des hypothèques*, n. 509; Troplong, *id.*, n. 785.

8. D'où il suit que l'action hypothécaire est une action réelle.
—Dall., *Rép.*, v° *Action*, n. 90.

9. L'action hypothécaire ne peut être exercée que par le
créancier dont la dette est devenue exigible. — Troplong, III,
788; Pont, n. 1131; Aubry et Rau, III, § 287.

10. Mais il suffit que la date soit devenue exigible, n'importe
par quelle circonstance, vis-à-vis du débiteur personnel, par
exemple, par suite de la faillite de celui-ci. — Pont, *loc. cit.*;
Dall., *Rép.*, v° *Priviléges et hypoth.*. n. 1780; Aubry et Rau, *loc. cit.*
— *Contrà*, Duranton, XX, 229.

11. L'action hypothécaire ne peut être intentée que contre le
détenteur de la chose hypothéquée.

12. Mais il faut que le débiteur possède la chose *animo domini*,
c'est-à-dire soit un véritable possesseur. — Troplong, III, n. 784;
Pothier, *Hypoth.*, chap. 2, section 1re, art. 1er.

13. Donc l'action hypothécaire ne peut être formée contre le
fermier ou le locataire trouvé en possession de l'héritage, mais
contre celui de qui il tient à ferme ou à loyers. — Mêmes autorités.

14. Si le fonds hypothéqué est entre les mains d'un usufruitier, il faudrait mettre en cause le nu propriétaire et l'usufruitier
et leur adresser une sommation à chacun.—Persil, *Régime hypoth.*,
art. 2169, n. 4; Grenier, II, 324; Troplong, 784.

15. L'exercice de cette action commence par un commandement que le créancier doit faire au débiteur personnel de la dette
hypothécaire. — C. civ., art. 2169; Cass. réq., 17 janv. 1816 (S.
16.1.145).

16. Puis par une sommation adressée au tiers détenteur de
payer la dette ou de délaisser l'immeuble hypothéqué. — C. civ.,
art. 2169.

17. Ce n'est que trente jours après cette sommation qu'il peut
être donné suite à la saisie sur le tiers détenteur. — Même article.

18. Le commandement doit précéder la sommation, à peine de
nullité de la sommation qui aurait été signifiée en premier lieu.—

Cass. req., 2 mars 1840 (S. 40.1.345) ; Nîmes, 28 janv. 1856 (S. 56.2.301) ; Aubry et Rau, III, § 287, texte et note 6. — *Contrà*, Amiens, 15 janv. 1847 (S. 48.2.734) ; Pont, *Privilége et Hypoth.*, n. 1144 ; Troplong, III, 791.

19. La sommation n'est pas assujettie aux formalités spéciales prescrites pour le commandement. — Cass. civ., 16 avril 1821 (S. 21.1.414) ; Riom, 6 août 1842 (S. 42.2.583) ; Aubry et Rau, *loc. cit.*

20. Mais elle doit, à peine de nullité, donner une désignation suffisante de l'immeuble auquel elle s'applique.—Cass. req., 6 juin 1860 (S. 61.1356).

21. Le commandement est frappé de péremption s'il n'a pas été mis à exécution dans les 90 jours de sa date. — C. proc., art. 674 ; Cass., req., 25 nov. 1862 (S. 63.1.149) ; Pont, n. 1147 ; Aubry et Rau, II, § 287, texte et notes 4, 9 à 11. — *Contrà*, Limoges, 5 mars 1842 (S. 42.2.481) ; Troplong, III, 790 ; Duranton, XX, 240.

22. La sommation n'est périmée que par le délai de trois ans, et il ne devient nécessaire de la réitérer qu'autant que la saisie immobilière n'a pas eu lieu avant l'expiration de ce terme. — C. civ., 2176 ; Poitiers, 27 nov. 1833 (S. 34.2.166) ; Aubry et Rau, *loc. cit.* — *Contrà*, Limoges, 5 mars 1842 (S. 42.2.481).

23. Le tiers détenteur peut repousser l'action hypothécaire en se fondant non-seulement sur l'efficacité de la sommation à lui adressée, mais encore sur la nullité ou la péremption du commandement signifié au débiteur personnel. — Cass. req., 18 fév. 1852 (D. 52.1.241) ; Aubry et Rau, III, § 287, texte et note 13. — *Contrà* Troplong, III, 795 ; Pont, n. 1148.

24. Le tiers détenteur a un délai de 30 jours à partir de la sommation pour exercer la faculté de purger. — C. civ., art. 2183, V. *Purge.*

25. S'il ne l'a pas exercée dans ce délai, il ne peut plus que payer l'intégralité de la dette hypothécaire ou délaisser l'immeuble hypothéqué. — C. civ. art. 2168.—V. *Délaissement par hypothèque.*

26. S'il reste des immeubles hypothéqués à la dette entre les mains du débiteur principal, le tiers détenteur peut demander que le créancier poursuive la vente de ces autres immeubles. C'est le bénéfice de la discussion qu'il oppose. — C. civ., 2170. — V. *Discussion.*

27. Mais il ne le peut que s'il n'est pas personnellement obligé à la dette, soit comme débiteur principal, soit comme caution. — Duranton, XX, 245 ; Troplong, III, 797 ; Pont, 1160.

28. L'existence d'une caution qui a fourni une hypothèque pour sûreté de son engagement personnel ne permet pas au tiers détenteur de renvoyer, par l'exception de discussion, le créancier hypothécaire à se faire payer sur l'immeuble de cette caution. — Ponsot, *Du cautionnement*, p. 331 ; Dall., *Rép.*, v° *Priviléges et Hyp.*, n. 1917 ; Aubry et Rau, III, § 287, note 20. — *Contrà*, Troplong, III, 800 *bis*, Pont, n. 1264.

29. Il en est de même à plus forte raison de l'existence d'un tiers qui a constitué une hypothèque sans s'obliger personnellement. — Mêmes autorités.

30. L'exception de discussion ne peut non plus être opposée à un créancier privilégié. ni à celui dont l'hypothèque est spéciale. — C. civ., art. 2171; Duranton, XX, 250; Troplong, III, 808; Pont, n. 1161; Aubry et Rau, III, § 287.

31. Le tiers détenteur peut aussi opposer au créancier hypothécaire l'exception de garantie, toutes les fois que celui-ci se trouve personnellement soumis envers lui à la garantie de l'éviction qu'il lui ferait subir. — Troplong, III, 806; Pont, n. 1167; Aubry et Rau, III, § 287.

32. Mais les exceptions de priorité d'hypothèque, de cession d'action, dont le tiers détenteur jouissait autrefois, ne sont plus admises aujourd'hui. — Aubry et Rau, III, § 287, texte et note 26 à 29.

33. Le tiers détenteur ne pourrait donc repousser l'action hypothécaire, par le motif que le créancier a renoncé aux sûretés attachées à la créance, ou a négligé de les conserver, et que par là il l'a privé de l'effet utile de la subrogation légale établie en sa faveur. — Cass. civ., 17 mars 1852 (S. 52.1.427); Chambéry, 31 août 1861 (S. 62.2.219); Pont, n. 1168; Aubry et Rau, III, § 287, texte et note 30. — *Contrà*, Bastia, 22 déc. 1847 (S. 48.2. 10); Toullier, VII, 172; Troplong, III, 807.

34. Ni s'opposer aux poursuites par le motif qu'il aurait sur l'immeuble une hypothèque antérieure à celle du poursuivant. — Troplong, III, 804; Pont, n. 1143; Aubry et Rau, *loc. cit.*

35. Et dans ce cas il ne serait même pas admis à demander, au créancier hypothécaire poursuivant, caution qu'il fera porter le prix d'adjudication assez haut pour couvrir en entier la créance à lui, tiers détenteur. — Pont, n. 1143; Aubry et Rau, III, § 287, texte et note 28. — *Contrà*, Grenier, II, 335; Troplong, III, 805.

36. Ni se prévaloir de ce que la totalité du prix de l'immeuble se trouverait, en cas d'expropriation, absorbée par des créanciers ayant des hypothèques d'une date antérieure à celle du poursuivant. — Cass. civ., 10 fév. 1818 (S. 18.1.173); Aubry et Rau, *loc. cit.*

37. Enfin il ne pourrait non plus demander à retenir l'immeuble hypothéqué jusqu'au remboursement des impenses nécessaires ou utiles qu'il y a faites. — Bastia, 2 fév. 1846 (S. 48.2.10); Pont, n. 1208; Troplong, III, 836; Aubry et Rau, *loc. cit.* — *Contrà*, Tarrible, *Rép.*, v° *Privilége*, sect. 4, n. 5; Glasson, *Du droit de rétention*, p. 140, et 141.

38. Il va de soi, du reste, qu'il ne pourrait, pour repousser les poursuites, se prévaloir des clauses de son contrat, relatives au mode de paiement ou à l'époque de l'exigibilité du prix. — Cass. req., 9 juin 1859 (S. 60.1.277).

39. Le tiers détenteur soumis à l'action hypothécaire peut répéter ses impenses et améliorations jusqu'à concurrence de la plus-value acquise à l'immeuble au moment de l'adjudication sur expropriation. — C. civ., art. 2175.

40. Et sans qu'il y ait lieu de distinguer entre les dépenses nécessaires et les impenses utiles. — Troplong, III, 838 *bis*; Pont, n. 1206; Aubry et Rau, III, § 287, texte et note 56. — *Contrà*, Cass. req., 11 nov. 1824 (S. 25.1.140); Duranton, XX, 271.

41. Pour cela il peut soit faire insérer au cahier des charges une clause portant que l'adjudicataire sera tenu, outre son prix, de lui bonifier le montant de la plus-value de l'immeuble, soit demander, dans l'instance d'ordre, la distraction, à son profit, de la partie du prix correspondante à cette plus-value. — Bourges, 3 fév. 1851 (S. 52.2.425); Pont, n. 1208; Aubry et Rau, *loc. cit.*

42. Par contre, le tiers débiteur doit indemnité pour les détériorations qui procèdent de son fait ou de sa négligence. — C. civ., 2175; Orléans, 24 mars 1859 (S. 59.2.673); Merville, *Revue pratique*, VIII, p. 162.

43. Le tiers détenteur qui a délaissé, payé, ou subi l'expropriation, a son recours en garantie, tel que de droit, contre le débiteur principal. — C. civ., art. 2178.

44. Il peut également, après l'expropriation, s'il n'a déjà mis en cause les détenteurs des autres immeubles hypothéqués à la dette, demander qu'ils soient tenus de l'indemniser, chacun dans la proportion de la valeur de l'immeuble qu'il détient. — Arg., art. 2114.

45. L'action hypothécaire s'éteint par tous les modes d'extinction de l'obligation principale. — Cass. civ., 25 avril 1826 (S. 26.1.433).

46. Elle peut aussi s'éteindre par le temps réglé pour la prescription de la propriété au profit du tiers détenteur, c'est-à-dire par trente ans, sans titre, ou par dix et vingt ans, avec titre et bonne foi. — C. civ., art. 2262, 2265, 2266. — V. *Prescription*.

ACTIONS MIXTES. — Ce sont celles qui par leur nature sont, à la fois, personnelle et réelle. — V. *Action*, § 3.

ACTION NÉGATOIRE. — **1.** C'est celle par laquelle nous dénions un droit de servitude à celui qui prétend en avoir un sur notre héritage.

2. L'action négatoire est une action principale, et non point une défense à l'action confessoire par laquelle on prétend avoir sur un héritage un droit réel autre que le droit de propriété. Ces deux actions sont tout à fait distinctes. — *Encycl. Huiss.*, Marc Deffaux et Harel, v° *Action négatoire*. — V. *Action confessoire, Servitude*.

ACTION PAULIENNE. — L'action paulienne est celle par laquelle tout créancier, chirographaire ou hypothécaire peut, demander, en son nom personnel, la révocation des actes faits par le débiteur au préjudice ou en fraude de ses droits. — Art. 1167, C. civ. — V. *Action révocatoire, Créancier, Faillite, Fraude*.

ACTION PERSONALIS IN REM SCRIPTA. — On appelait ainsi, dans l'ancien droit, l'action *quod metûs causâ*, qui toute personnelle qu'elle était, avait une *intentio* dirigée *in rem*, c'est-à-dire contre tout individu ayant profité de la violence. — L. 9, § 8, ff. *quod metûs causâ.* — V. *Action.*

ACTION PÉTITOIRE. — **1**. On appelle ainsi l'action par laquelle on revendique contre le détenteur soit la propriété d'un fonds, soit un droit réel immobilier.

2. L'action pétitoire se distingue de l'*action possessoire* en ce qu'elle a pour objet le droit lui-même, la propriété, le fonds, tandis que celle-ci ne s'applique qu'à la possession. Ainsi il est de principe que le pétitoire et le possessoire ne se cumulent pas. D'ailleurs les deux actions ne se portent pas devant le même tribunal. — V. *Action possessoire.*

3. L'action s'intente contre celui qui possède réellement et actuellement et non contre le précédent possesseur; mais on peut agir contre celui-ci personnellement pour restitution des fruits qu'il a perçus, s'il n'a pas possédé de bonne foi. — C. civ. 547. — V. *Action, Possession.*

4. Elle n'est recevable que de la part de celui qui se prétend propriétaire de l'immeuble ou du droit revendiqué, et dont le droit est contesté.

5. Lorsque le demandeur agit de suite au pétitoire, il est censé reconnaître par là la possession du défendeur, et il ne peut plus ensuite agir au possessoire. Quant au défendeur sur le possessoire il ne peut se pourvoir au pétitoire qu'après que l'instance sur le possessoire est terminée; et, s'il a succombé, il ne peut se pourvoir qu'après qu'il a pleinement satisfait aux condamnations prononcées contre lui. Toutefois, si la partie qui a obtenu ces condamnations était en retard de les faire liquider, le juge du pétitoire pourrait fixer, pour cette liquidation, un délai après lequel l'action au pétitoire serait reçue. — C. proc., 27. — V. *Action possessoire.*

6. La demande au pétitoire doit être portée devant le tribunal civil de la situation de l'objet litigieux, après le préliminaire de conciliation.

7. Ceux qui, par un jugement rendu au pétitoire et passé en force de chose jugée, ont été condamnés à délaisser un fonds, et qui refusent d'obéir, peuvent, par un second jugement, être contraints par corps, quinzaine après la signification du premier jugement à personne ou domicile. Si le fond ou l'héritage est éloigné de plus de cinq myriamètres du domicile de la partie condamnée, il est accordé au délai de quinzaine, un jour par cinq myriamètres. — C. civ., 2061.

ACTION POSSESSOIRE. — **1**. L'action possessoire est celle que la loi accorde au possesseur d'un immeuble ou d'un droit réel, afin d'être maintenu dans sa possession lorsqu'il y est troublé, ou afin d'y être rétabli, lorsqu'il a été dépossédé.

TABLE ALPHABÉTIQUE.

DIVISION.

§ 1er. — *Nature des actions possessoires et possession requise pour leur exercice.*

§ 2. — *Choses qui peuvent être l'objet des actions possessoires.*

§ 3. — *Différentes espèces d'actions possessoires.*

ART. 1er. — *De la complainte.*

ART. 2. — *De la réintégrande.*

ART. 3. — *De la dénonciation de nouvel œuvre.*

§ 4. — *Procédure des actions possessoires..*

§ 1er. — Nature des actions possessoires et possession requise pour leur exercice.

2. Les actions possessoires sont de véritables actions réelles, naissant d'un droit sur la chose, du droit de possession qui, n'étant lui-même qu'une présomption de propriété, ne peut avoir d'autre caractère que la propriété elle-même.

3. L'action possessoire est opposée à l'action pétitoire qui a pour but de faire statuer sur la propriété même de l'objet litigieux, tandis que la première tranche seulement une question de possession, sans rien préjuger sur le fond du droit. — V. *Action pétitoire.*

4. En général, c'est par les conclusions du demandeur que se détermine la nature de l'action qu'il intente ; cependant ce n'est pas toujours aux termes mêmes de l'assignation qu'il faut s'attacher pour cela, mais plutôt à l'intention du demandeur et à l'objet de la demande.

5. Ainsi l'action ne cesserait pas d'être possessoire, si le demandeur en complainte avait motivé sa demande en maintenue, non-seulement sur sa possession, mais encore sur son droit de propriété. — Cass. civ., 26 janv. 1876 (S. 76.1.147).

6. Le demandeur pourrait d'ailleurs, en supposant qu'il eût conclu en même temps sur la maintenue de possession et sur le droit à la propriété, régulariser ses conclusions à l'audience.

7. Une action possessoire ne change pas de nature, quels que soient les moyens invoqués par le défendeur pour la repousser, par exemple, si le défendeur se prétendait propriétaire du terrain sur lequel ont eu lieu les actes qualifiés trouble. — Cass., 29 mai 1876 (S. 77.1.74).

8. Pour pouvoir exercer l'action possessoire, il faut avoir la possession ; et cette possession doit en outre réunir les qualités suivantes : être paisible, publique, non précaire, non équivoque, continue, non interrompue, non fondée sur des actes de pure faculté ou de simple tolérance, enfin n'être affectée d'aucun caractère délictueux. — C. civ., art. 2228, 2229, 2232 ; C. proc., art. 23 ; Troplong, *De la prescription*, I, 331 ; Bélime, n. 28 et 29 ; Aubry et Rau, II, § 187 2°, texte et note, 14. — *Contrà*, Serrigny, *Dr. admin.*, II, 695.

9. Afin d'éviter des répétitions inutiles, nous renvoyons aux mots *possession* et *prescription* pour l'exposition des principes concernant la possession et les vices dont elle peut être entachée.

10. Il faut en outre, pour que l'action possessoire soit recevable, que la possession ait duré une année au moins.—C. proc., art. 23.

11. Mais il ne serait pas nécessaire qu'elle eût duré *un an et un jour*. — Cass. req., 19 mars 1834 (S. 34.1.838) ; Aubry et Rau, II, § 187 2°, texte et note 16. — *Contrà*, Curasson, *De la compétence des juges de paix*, II, p. 68.

12. L'année de possession requise comme condition de l'exercice de l'acte possessoire doit être antérieure au trouble et non pas seulement à l'action possessoire elle-même. Mais il n'est pas nécessaire que les faits constitutifs ou indicatifs de cette possession annale aient été accomplis dans l'année qui a précédé le trouble ou la dépossession.—Cass. civ., 5 juin 1839 (S. 39.1.624) ; Cass. req., 19 juill. 1875 (S. 76.1.159).

13. Il suffit que la possession antérieurement acquise n'ait pas été perdue par un abandon volontaire ou par une interruption de plus d'une année. — Aub. et Rau, II, § 187 2°, texte et note 18, et arrêts précédents.

14. Au cas contraire, les faits anciens de possession ne pourraient être pris en considération, et, pour apprécier la recevabilité de la contrainte, le juge du possessoire devrait exclusivement s'attacher au caractère des actes de jouissance récemment exercée. — Cass. civ., 17 déc. 1862 (S. 63.1.77).

15. La possession annale est exigée même dans le cas où l'action en complainte est dirigée contre une personne qui ne pourrait se prévaloir d'aucune possession utile, antérieure au fait de trouble ou de dépossession qu'elle a commis. — Cass. réq., 9 fév. 1837 (S. 37.1.609) ; Aubry et Rau, II, § 187 2°, texte et note 20. — *Contrà*, Bélime, n. 366 ; Pigeau, *Proc. civ.*, liv. III, v° *Pétitoire*, II, p. 507.

16. Il n'est pas nécessaire qu'on ait été soi-même en possession pendant une année ; on peut à l'aide des accessions de possessions, compléter sa possession personnelle par celle de son auteur. — C. civ., art. 2235 ; Aubry et Rau, *loc. cit.*, Bélime, n. 349.

17. Mais il n'y a lieu de joindre les possessions que lorsqu'elles sont contiguës, c'est-à-dire quand aucun tiers n'a possédé intermédiairement. — Pothier, *Prescript.*, n. 124.

§ 2. — Choses qui peuvent être l'objet des actions possessoires.

18. Sont susceptibles de former l'objet d'une action possessoire : 1° les immeubles corporels ; 2° les servitudes personnelles ou réelles ; 3° les droits réels immobiliers de jouissance ou d'usage qui seront indiqués ci-après ; 4° les universalités de meubles. Toutefois la question est très-controversée pour les universalités de meubles. — V. pour l'affirmative : Merlin, *Rép.*, v° *Complainte*, § 3, n. 2 ; Vazeille, *Des prescriptions*, II, 707 ; Troplong, *De la prescription*, I, 281 ; Boitard, *Leçons de proc.*, II, p. 125 ; Marcadé, sur l'art. 2288, n. 3. — *Contrà*, Carré, *Lois de l'organisation*, etc., I, p. 494, II, p. 307 ; Bélime, *Tr. du droit de possession*, n. 278 ; Aubry et Rau, II, § 185, texte et note 3.

19. Mais les choses mobilières individuellement envisagées n'en sont pas susceptibles. — Troplong, *Prescript.*, I, 281 ; Bélime, n. 272 ; Marcadé, sur l'art. 2288, n. 3 ; Aubry et Rau, II, § 185, texte et note 2. — *Contrà*, Renaud, *Rev. de législation*, 1845, I, p. 379.

20. *Immeubles corporels.* — Il faut comprendre sous ce mot les fonds de terre et tous les accessoires des fonds de terre réputés immeubles par la loi. — C. civ., 524, 2118.

21. Mais les immeubles ne peuvent être l'objet d'une action possessoire qu'autant qu'ils sont placés dans le commerce et, par suite, susceptibles d'être acquis par usucapion.

22. Ainsi les terrains dépendants des fortifications d'une place de guerre, les rivages de la mer, les routes nationales ou départementales et les chemins vicinaux. — Aubry et Rau, II, § 185 1°.

23. Mais, en ce qui concerne les chemins vicinaux, le possesseur d'un terrain compris, par arrêté préfectoral portant reconnaissance et fixation de la largeur d'un chemin vicinal, dans le sol attribué à ce chemin, est recevable à former une action possessoire contre la commune qui lui contesterait le droit à une indemnité de dépossession. — Cass., 28 déc. 1852 (S. 53.1.429) ; *Ibid.*, Ch. réun., 10 juill. 1854 (S. 54.1.628).

24. Les actions possessoires ne peuvent être exercées pour les rues et places publiques. — Cass., 6 nov. 1866 (S. 66.1.422).

25. Pour les francs bords des canaux de navigation et des digues artificielles des rivières navigables. — Cass., 22 août 1837 (S. 37.1.852) ; *Id.*, 26 nov. 1849 (S. 50.1.46) ; Aubry et Rau, II, § 185, texte et note 5.

26. Mais il en est autrement des digues naturelles d'une rivière, même navigable, et des francs bords d'un canal d'irrigation ou d'usine, même appartenant à l'Etat. — Cass., 30 mars 1840 (S. 40.1.417) ; *Id.*, 1er août 1855 (S. 56.1.441).

27. Les cimetières ne peuvent non plus être l'objet d'une action possessoire. — Cass., 10 janv. 1844 (S. 44.1.120).

28. Il faut en dire autant des églises autres que les chapelles privées, tant qu'elles n'ont pas cessé d'être consacrées au culte. — Cass., 19 avril 1825 (S. 27.1.89) ; *Id.*, 4 juin 1835 (S. 35.1.443).

29. Remarquons toutefois, à propos des choses non susceptibles d'être l'objet d'actions possessoires, que, si l'action possessoire est intentée par un particulier contre un autre particulier, entre lesquels ne se débattent que des intérêts privés, le défendeur est sans qualité pour invoquer le caractère domanial qui, d'après lui, appartiendrait à l'immeuble dont la possession est en litige. — Cass., 24 juill. 1865 (S. 65.1.346) ; *Id.*, 18 déc. 1865 (S. 66.1.365) ; Aubry et Rau, II, § 185, texte et note 8.

30. Les immeubles faisant partie du domaine privé de l'État, des départements, ou des communes, peuvent former l'objet d'une action possessoire. — Décis. en Cons. d'État du 9 sept. 1806 (S. 14.2.409) ; Cass., 1er août 1855 (S. 56.1.441)..

31. Il en est ainsi notamment des lais et relais de la mer. — Cass., 17 nov. 1852 (S. 52.1.789) ; Garnier, *Régime des eaux* I, 39 ; Proudhon, *Du domaine public*, III, 712 ; Aubry et Rau, II, § 185.

32. Et même des terrains qui, faisant partie des rivages de la mer, ont été concédés pour être convertis en relais. — Cass., 21 juill. 1859 (S. 59.1.744).

33. Toutefois il a été jugé que le cessionnaire des lais et relais de la mer sous la condition de les endiguer n'a, tant que cette condition n'est pas remplie, qu'une possession précaire et inopérante à l'égard de l'État. — Cass., 11 mars 1868 (S. 68.1.156).

34. Les simples chemins ruraux peuvent être l'objet d'actions possessoires, alors même que la commune s'en prétendrait propriétaire, et qu'ils auraient été compris dans un arrêté administratif de classement. — Cass., 13 déc. 1864 (S. 65.1.19) ; *Id.*. 20 juin 1870 (S. 72.1.132).

35. Les choses qui sont considérées par la loi, à raison de leur cohésion avec le sol, comme immeubles par nature, sont susceptibles d'une possession séparée de celle du sol et, par conséquent, peuvent, par elles-mêmes et comme distinctes du fonds, former l'objet d'une action possessoire. Il en est ainsi des édifices construits sur le sol d'autrui. — Aubry et Rau, II, § 185 1°.

36. Et encore des arbres plantés sur le terrain d'un tiers. — Caen, 14 juill. 1825 (S. 26.2.301) ; Boulogne-sur-mer, 23 mai 1856 (S. 56.2.513).

37. Ou même plantés sur un chemin vicinal dont le caractère n'est pas méconnu. — Loi 9 vent. an XIII ; Cass., 23 déc. 1861 (S. 62.1.181).

38. *Servitudes personnelles.* — Les servitudes personnelles, c'est-à-dire l'usufruit, l'usage et l'habitation, sont toutes susceptibles de former l'objet d'une action possessoire, en tant qu'elles portent sur des immeubles corporels placés dans le commerce. — Duranton, IV, 313 ; Proudhon, *De l'usufruit*, III, 1234 ; Boitard, *Procédure*, II, p. 134 ; Aubry et Rau, II, § 185 2° ; Bélime, *Actions possessoires*, n. 302 et 305.

39. Et il n'est pas nécessaire pour cela que le demandeur soit tenu de produire un titre qui établisse son droit. — Zachariæ, § 1876, note 5 *in fine* ; Aubry et Rau, II, § 185, texte et note 17.

40. Les différents droits d'usage dans les forêts, tels que ceux ayant pour objet le bois de chauffage ou de marronage, la glandée et le pacage ne peuvent donner lieu aux actions possessoires; car la possession de ces droits est inutile, s'il n'y a titre constitutif ou titre récognitif parfaitement clair de l'usage réel prétendu. — C. civ., 691 ; Cass., 15 juill. 1868 (S. 69.1.399); *Id.*, 14 juin 1869 (S. 70.1.29); Leligeois, *Actions possessoires*, p. 264 ; Curasson sur Prudhon, *Des droits d'usage*, I, 319 à 328; Henrion de Pansey, *Compétence*, ch. 43, § 8. — *Contrà*, Cass., 12 déc. 1860 (S. 61.1. 955) ; Proudhon, *De l'usufruit*, VIII, 3537 à 3652; Troplong, *Prescript.*, 1.400; Aubry et Rau, II, § 185, texte et note 18.

41. Quoi qu'il en soit, une action possessoire ne pourrait plus aujourd'hui être formée à l'occasion des droits d'usage dans les bois de l'État, qu'autant que le droit de l'usager s'appuie sur des titres reconnus fondés au jour de la promulgation du Code forestier, soit par des actes du gouvernement, soit par des jugements ou arrêts définitifs, ou qui ont été reconnus tels par suite d'instances administratives ou judiciaires qui auraient été intentées au plus tard dans les deux ans de la promulgation dudit Code. — C. forest., art. 61, 62; Cass., 25 janv. 1858 (S. 58.1.351).

42. Mais l'exercice des droits d'usage, même fondés en titre, ne peut servir de base à une possession utile que s'il a eu lieu conformément aux règles établies par les lois forestières. — Code forest., art. 61 à 85, 119 et 120 ; Troplong, *op. cit.*, I, 404 à 406 ; Bélime, n. 306 ; Aubry et Rau, II, § 185, texte et note 22.

43. La jurisprudence admettant que l'emphytéose confère à l'emphytéote un droit immobilier, il faut en conclure que la jouissance à titre d'emphytéote peut donner lieu à l'action possessoire. — Cass., 26 avril 1853 (S. 53.1.445); *Id.*, 26 janv. 1864 (S. 64.1. 91); Duranton, IV, 80 et XIX, 268; Troplong, *Des hypothèques*, II. 405 et *Du louage*, I, 50 ; Duvergier, *Du louage*, I, 142; Marcadé sur l'art. 526, n. 3; Demante, *Cours*, III, II, 378 *bis*, IV à VI. — *Contrà*, Valette, *Des privilèges* et *Des hypothèques*, I, p. 191 et suiv. ; Rodière et Pont, *Du contrat de mariage*, I, 338; Demol., IX, 489 et 529 ; Pont, *Des hypothèques*, n. 388 ; Aubry et Rau, II, § 224 *bis*.

44. Mais la redevance emphytéotique ayant, comme toutes les autres redevances, le caractère de droit personnel et mobilier, l'action possessoire lui est inapplicable. — Leligeois, *Actions possessoires*, p. 86.

45. *Servitudes réelles.* — Les servitudes établies par la loi peuvent toutes donner lieu à une action possessoire, à supposer, bien entendu, que le demandeur ait encore actuellement, ou qu'il ait eu la quasi-possession de la servitude à l'occasion de laquelle il exerce une pareille action. — Aubry et Rau, II, § 185 3°.

46. Il en est ainsi notamment de la servitude d'écoulement naturel de l'art. 640 du Code civil (Cass. req., 3 avril 1842 (S. 52.1. 654) ; Demol., XI, 45; Aubry et Rau, II, § 185, texte et note 25), et de celle qui oblige le propriétaire d'une source fournissant l'eau aux habitants d'un village, à n'en point changer le cours, aux

termes de l'art. 643 du Code civil. — Cass. réq., 15 janv. 1849
(S. 50.1.329) ; Aubry et Rau, *loc. cit.*

47. De même le propriétaire d'un fonds enclavé qui, pendant
une année au moins, a exercé le passage par un endroit déterminé, est autorisé à former une action en complainte pour tout
trouble apporté à cet exercice, bien qu'il n'ait pas fait régler,
conformément aux art. 682 et suiv., l'assiette du passage et l'indemnité qui peut être due au propriétaire du fonds servant. —
Cass., 4 janv. 1875 (S. 77.1.149) ; Pardessus, *Des servitudes,* II,
325 ; Demol., XII, 624 ; Aubry et Rau, II, § 185, texte et note 27 ;
Demante, II, 538 *bis.* — *Contrà.* Cass., 8 juill. 1812 (S. 12.1.298) ;
Toullier, III, 552, note.

48. Les servitudes conventionnelles peuvent former l'objet
d'une action possessoire, si elles sont tout à la fois continues et
apparentes, et ce, sans que le demandeur soit tenu de produire un
titre à l'appui de sa quasi-possession. — Cass., 24 juin 1860 (S.
60.1.317) ; Pardessus, *Des servitudes,* II, 325 ; Duranton, V, 632 ;
Demol., XII, 941 ; Aubry et Rau, II, § 185, texte et note 28.

49. Au contraire, l'exercice de servitudes discontinues, apparentes ou non apparentes, ne peut, en principe, fonder une action
possessoire. — Cass., 26 déc. 1865 (S. 66.1.65) ; Duranton, V, 635 ;
Pardessus, *loc. cit.*; Demol., XII, 943 ; Aubry et Rau, II, § 185,
texte et note 29.

50. Cependant il en serait autrement si le demandeur produisait, à l'appui de sa quasi-possession, un titre constitutif de servitude émané du propriétaire de l'héritage servant ou de ses auteurs. — Cass., 24 juill., 1839 (S. 39.1.860) ; Duranton, V, 638 ;
Demol., XII, 945 ; Aubry et Rau, VI, § 185, texte et note 30.

51. Mais un titre émané *a non domino* n'est pas suffisant pour
autoriser l'action possessoire. — Demol., XII, 954 ; Aubry et Rau,
II, § 185, texte et note 31. — *Contrà,* Bélime, *Traité des actions
possessoires,* n. 258 à 260 ; Demante, II, n. 546 *bis,* III et IV.

52. Et il en serait ainsi alors même que ce titre aurait été accompagné d'une contradiction opposée au propriétaire du fonds
prétendu assujetti. — Bélime, *op. cit.*, n. 257 ; Pardessus, *Des servitudes,* II, 276 et 324 ; Demol., *loc. cit.*; Aubry et Rau, II, § 185,
texte et note 32. — *Contrà,* Proudhon, *De l'usufruit,* VIII, 3583 ;
Troplong, *De la prescription,* I, 393.

53. Les règles ci-dessus s'appliqueraient à une servitude de
passage. — Cass. civ., 19 fév. 1872 (S. 72.1.290) ; *Id.,* 4 janv.
1875 (S. 77.1.149).

54. Elles s'appliqueraient également à une servitude de puisage. — Cass., 11 déc. 1862 (S. 63.1.77).

55. Ainsi qu'à une servitude de pacage. — Cass., 14 nov. 1853
(S. 54.1.105).

56. Mais si le passage, le puisage ou le pacage avaient été
exercés à titre de propriété ou de copropriété, non de servitude,
l'action possessoire serait alors admissible. — Cass., 12 déc. 1853
(S. 55.1.795) ; Poitiers, 15 mai 1856 (S. 56.2.517) ; Pardessus, *Des*

servitudes, I, n. 7, et II, n. 325; Aubry et Rau, II, § 185, texte et note 37.

57. Ce sont les tribunaux qui apprécient, d'après la nature des faits et l'ensemble des circonstances, si les faits de possession invoqués par le demandeur ont été exercés à titre de propriété, ou seulement à titre de servitude. — Aubry et Rau, II, § 185.

58. C'est ainsi qu'il a été jugé que, lorsqu'un terrain ne comporte de sa nature que le pacage et l'enlèvement des litières, ces faits sont à considérer comme ayant été exercés plutôt à titre de propriété ou de copropriété, qu'à titre de simple servitude. — Cass., 21 fév. 1827 (S. 27.1.144).

59. C'est ainsi encore que la pâture vive et grasse peut, à la différence de la vaine pâture, être réputée avoir été exercée à titre de propriété ou de copropriété, et non à titre de simple servitude. — Cass., 6 janv. 1852 (S. 52.1.317); Henrion de Pansey, *Compétence des juges de paix*, ch. 43, § 5; Aubry et Rau, II, § 185, texte et note 39.

60. Les servitudes négatives, quoique non apparentes, sont cependant susceptibles de former l'objet d'une action possessoire, lorsque le titre qui les établit émane du propriétaire de l'héritage assujetti, et que ce titre a été, pendant une année au moins, suivi de l'abstention de la part de ce propriétaire de tout acte contraire à la servitude. — Cass., 15 fév. 1841 (S. 41.1.193); Metz, 6 juin 1866 (S. 67.2.147); Demol., XII, 950; Aubry et Rau, II, § 185, texte et note 40. — *Contrà*, Bélime, n. 265.

61. *Droits d'usage ou de jouissance sur des immeubles faisant partie du domaine public.* — Les droits de cette nature peuvent former l'objet d'une action possessoire de la part de l'État, du département ou de la commune qui les possède.

62. C'est ainsi que les tribunaux ont admis l'action possessoire intentée par les communes pour les troubles apportés au libre exercice des usages publics auxquels sont affectés les places ou les rues communales et les chemins vicinaux. — Cass., 31 déc. 1855 (S. 56.1.209); Dumay, *Des chemins vicinaux*, II, 579; Aubry et Rau, II, § 185 4°, texte et note 41; Proudhon, *Du domaine public*, II, 287, 626 et 627.

63. On a même admis le propriétaire d'un héritage à intenter l'action possessoire contre celui qui le troublerait dans l'exercice du passage sur une voie publique donnant accès à cet héritage. — Cass., 23 mars 1836 (S. 36.1.867); Garnier, *Des chemins*, p. 291; Proudhon, *Du domaine public*, II, 631.

64. Si une personne avait exercé des actes d'usage ou de jouissance sur un objet dépendant du domaine public, en vertu d'une concession administrative, ou même à la faveur d'une simple tolérance de l'administration, elle serait autorisée à former une action possessoire contre les tiers qui la troubleraient dans cette possession. — Aubry et Rau, t. 2, § 185 4°, et autorités suivantes.

65. Cela a été jugé, par exemple, au cas de concession d'une prise d'eau dans une rivière navigable. — Cass., 23 août 1859 (S.

59.1.910); *Id.*, 5 nov. 1867 (S. 67.1.417); Bélime, n. 143; Aubry
et Rau, *loc. cit.*

66. A plus forte raison, a-t-on admis que le droit de recueillir
le varech ou goëmon de rive peut faire l'objet d'une action possessoire de la part d'une commune contre une autre commune. —
Cass., 5 juin 1839 (S. 39.1.621); *Id.*, 22 nov. 1864 (S. 65.1.21).

67. On a jugé également que le particulier qui aurait obtenu
de l'État, d'un département ou d'une commune, une concession
consentie à perpétuité ou pour un temps déterminé, pourrait
former une action possessoire contre l'État, le département ou la
commune qui, avant toute révocation de la concession, l'aurait
troublé dans sa jouissance. — Cass., 31 mars 1831 (S. 31.1.123).

68. *Droits d'usage sur des eaux qui ne forment pas des dépen-*
dances du domaine public. — S'agissant des eaux d'une source, le
propriétaire inférieur qui a la possession annale de ces eaux, en
vertu d'un titre ou au moyen de travaux apparents, a l'action
possessoire pour se faire maintenir en possession, en cas de trouble
à sa jouissance apporté par le propriétaire du fonds supérieur. —
C. civ., 641 et 642; Cass., 17 juill. 1844 (S. 45.74); *Id.*, 4 avril
1866 (S. 67.1.291).

69. Il en serait de même s'il pouvait invoquer la destination
du père de famille. — Cass., 22 août 1859 (S. 60.1.369); Demol.,
XI, 83; Aubry et Rau, II, § 185, 5°.

70. Le propriétaire du fonds inférieur aurait même l'action
possessoire contre le propriétaire d'un fonds latéral, qui aurait détourné le cours de la source, et cela, alors même que le demandeur n'aurait fait aucun travail pour en faciliter la chute dans son
héritage. — Cass., 11 août 1856 (S. 57.1.126); Leligeois, *Actions*
possessoires, v° *Source*, n. 13.

71. Celui qui a fait usage des eaux d'un cours d'eau naturel,
non compris dans le domaine public, peut exercer l'action possessoire contre tout propriétaire supérieur ou inférieur qui commettrait sur ce cours d'eau des actes de nature à porter atteinte à
sa jouissance. — Cass., 3 juill. 1867 (S. 67.1.321).

72. Et le défendeur ne pourrait, pour repousser cette action,
se prévaloir de ce que le demandeur aurait excédé les limites du
droit que lui accorde l'art. 644, C. civ. — Cass., 17 déc. 1861 (S.
63.1.83); Duranton, V, 244; Demol., XI, 184; Aubry et Rau, II,
§ 185 5°, note 52. — *Contrà*, Cass., 11 juin 1844 (S. 44.1.729).

73. Le défendeur ne pourrait non plus, pour faire rejeter l'action, exciper de l'absence d'autorisation administrative, dans le
cas où le riverain demandeur a fait sans autorisation de l'administration des travaux pour se procurer l'usage des eaux, travaux
qu'il n'aurait dû entreprendre qu'après l'avoir obtenue. — Cass.
req., 14 août 1832 (S. 32.1.733); Troplong, *De la prescription*, I,
146; Aubry et Rau, 4° édit., t. II, § 185, texte et note 54. — *Contrà*,
Bélime, *op. cit.*, n. 247.

74. Il n'est pas nécessaire, pour avoir l'action possessoire, que
les eaux aient été utilisées en totalité par le riverain demandeur;

il suffit qu'il en ait joui d'une manière partielle ou restreinte, soit pour l'irrigation de son fonds, soit pour de simples usages domestiques. — Cass. civ., 10 déc. 1862 (S. 63.1.77) ; Cass. req., 16 fév. 1866 (S. 66.1.101).

75. Les eaux pluviales peuvent aussi, lorsqu'elles ont été recueillies à l'aide de travaux apparents qui les ont soumises à une destination privée, faire l'objet d'une possession utile, pouvant donner lieu à l'action possessoire. — Arg. des art. 641, 642, 644, Ci. civ.; Cass. req., 21 mars 1876 (S. 76.2.359); Demol., XI, 107 à 113 ; Marcadé, sur l'art. 642, n. 5 ; Aubry et Rau, 4e édit., II, § 185, texte et note 56. — V. cep. Duranton, V, 158.

76. Mais il faut pour cela que les eaux tombent sur un terrain privé ; au contraire, si les eaux coulent sur la voie publique, le riverain qui aurait fait des travaux apparents pour s'approprier l'usage de pareilles eaux ne serait cependant pas admis à former une action possessoire contre le riverain supérieur qui les détournerait de son héritage. — Cass. civ., 22 avril 1863 (S. 63.1.479).

77. Cependant il pourrait y avoir lieu à action possessoire, si les eaux pluviales, quoique tombant sur la voie publique, ont été amenées dans un fonds privé. — Cass. req., 12 mai 1858 (S. 59. 1.431); Marcadé, sur l'art. 642, n. 4; Demol., XI, 118; Aubry et Rau, 4e édit., II, § 1850. — *Contrà*, Colmar, 26 mars 1831 ; Dall., *Juris. gen.*, 1832.2.205 ; Troplong, *op. cit.*, I, 147 ; Proudhon, *op. cit.*, IV, 1335.

78. De même les eaux pluviales provenant d'une voie publique peuvent devenir l'objet de conventions valables entre les riverains de cette voie publique, et celui qui en a joui d'une façon exclusive, en vertu d'une pareille convention, est recevable à former la complainte contre ceux qui les ont détournées, au mépris de l'engagement qu'ils avaient contracté de ne pas le faire. — Cass. req., 16 janv. 1865 (S. 65.1.132).

§ 3. — Différentes espèces d'actions possessoires.

79. Les actions possessoires sont au nombre de trois : la complainte, la réintégrande et la dénonciation de nouvel œuvre.

ART. 1er. — De la complainte.

80. La complainte est l'action possessoire par excellence ; c'est celle dont le nom servait autrefois à désigner toutes les actions ; ou disait la complainte en cas de propriété, en cas de gage, en cas de saisine et nouvelleté, etc.

81. Aujourd'hui le sens de cette expression est plus restreint ; complainte ne désigne plus que l'action par laquelle le possesseur annal demande à être maintenu dans sa possession.

82. Cette action possessoire avait son analogue en droit romain dans l'interdit *retinenda possessionis*, donné par le prêteur au possesseur, pour le faire maintenir dans une possession qu'il n'aurait pu réclamer par l'action réservée au propriétaire civil.

83. Mais les caractères qui la distinguent aujourd'hui sont plutôt empruntés à notre vieux droit coutumier qu'au droit romain. — Pierre de Fontaine, *Conseil,* ch. 17, § 2 ; *Grand Coutumier de Charles VI*, liv. 2, ch. 21 ; *Etablissements de Saint-Louis*, liv. 1er, ch. 154 ; Beaumanoir, ch. 8, 30, 32 et 44 ; Troplong, *De la prescription*, t. 1er, p. 477 ; Bélime, *Actions possessoires*, ch. 9, p. 209.

84. Il y a lieu à complainte toutes les fois que l'on est troublé dans une possession réunissant les caractères exigés par la loi.

85. On entend par trouble, tout fait matériel ou tout acte juridique qui, soit directement et par lui-même, soit indirectement et par voie de conséquence, constitue ou implique une prétention contraire à la possession d'autrui.

86. Il n'est pas du reste nécessaire, pour qu'il puisse y avoir complainte, que les faits ou actes constituant le trouble aient causé un dommage à celui qui veut la former, ou que même ils soient de nature à lui porter un préjudice matériel. — Cass. civ., 6 avril 1859 (S. 59.1.593) ; *Id.*, 28 juin 1865 (S. 66.1.164) ; Bélime, *op. cit.*, n. 317 ; Aubry et Rau, 4e édit., II, § 187 3o.

87. Relativement au trouble qui donne lieu à l'action possessoire, on distingue le trouble *de fait* et le trouble *de droit*.

88. Le trouble *de fait* est celui résultant d'un fait matériel portant atteinte à la possession. Le trouble *de droit* est celui qui résulte d'un acte judiciaire ou extrajudiciaire par lequel le droit à la possession est contesté et la possession elle-même attaquée. — Merlin, *Rép.*, vo *Complainte*, § 4, n. 1 ; Henrion de Pansey, *Compétence des juges de paix*, ch. 37 ; Bélime, *op. cit.*, n. 330.

89. Mais pour que les faits constituent le trouble pouvant donner lieu à la complainte, il faut qu'ils indiquent de la part de leur auteur une prétention à un droit, une contestation de la possession de celui au préjudice de qui ils ont été commis ; autrement ces faits, s'ils sont dommageables, ne pourraient donner lieu qu'à une action en dommages-intérêts. — Cass. civ.; 1er fév. 1864 (S. 64. 1.353) ; Bélime, n. 315 ; Aubry et Rau, 4e édit., § 187, texte et note 25.

90. Ainsi le fait d'un laboureur qui contournerait sur le terrain du voisin en labourant son champ avec la charrue, ne donnerait pas lieu à la complainte, il n'en résulterait qu'une action pour dommage causé aux récoltes. — Bélime, n. 324 ; Leconte et Cranney, *Tr. des actions possessoires*, n. 96.

91. De même encore, le fait par un propriétaire d'avoir élagué lui-même, au lieu de les faire élaguer par son voisin, les branches avançant sur son fonds, ne serait point un trouble de possession. — Mêmes autorités.

92. Mais les plantations d'arbres et de haies faites sans l'observation des distances voulues par les lois ou usages locaux et contrairement aux dispositions de l'art. 671 du Code civil, peuvent donner lieu à l'action possessoire.—Bélime, n. 213 ; Lecomte et Cranney, n. 97.

93. Il en est de même du déplacement de bornes. — Dall., *Rép.*, v° *Actions possessoires*, n. 62.

94. Mais que le fait dont se plaint le demandeur constitue un trouble, la complainte serait recevable, encore que le défendeur se bornerait à opposer pour sa défense qu'il n'entend pas contester la possession du demandeur. — Cass. req., 15 juill. 1834 (D. 34.1.431); Aubin, *Revue critique*, 1859, XV, p. 387.

95. C'est aux résultats que les faits ont produits en ce qui concerne la possession, moins qu'à la nature de ces faits en eux-mêmes, qu'il faut s'attacher pour décider si les faits allégués comme constituant une agression matérielle ont ou non ce caractère. — Cass. req., 18 août 1842 (S. 42.1.965).

96. Il peut donc y avoir trouble autorisant l'action possessoire, quoique les travaux dont se plaint le demandeur aient été faits, non sur son propre terrain, mais sur celui du défendeur ou sur un terrain étranger. — Cass. req., 11 août 1819 (S. 19. 1.449); Cass. civ., 18 avril 1838 (S. 38.1.547); Troplong, *De la prescription*, II, 320; Daniel, *Des cours d'eau*, II, 584; Aubry et Rau, 4e édit., II, § 187.

97. Le trouble causé par des travaux exécutés dans un intérêt privé donne ouverture à la complainte. alors même qu'ils ont été autorisés par l'administration. — Cass. civ., 18 avril 1866 (S. 66. 1.330).

98. Quant aux travaux exécutés par l'administration elle-même dans un intérêt général, ils ne peuvent donner lieu à complainte qu'autant qu'il en est résulté une expropriation au moins partielle, c'est-à-dire soit une occupation permanente d'un terrain, soit la suppression d'une servitude active ou de droits d'usage sur un cours d'eau. — Cass. civ. 8 nov. 1864 (S. 64.1.495); Aubry et Rau, 4e édit., II, § 187. — V. cependant Cass. civ., 20 avril 1865 (S. 65.1.210).

99. Si de pareils travaux n'avaient occasionné qu'un simple préjudice, même permanent, les tribunaux administratifs seraient seuls compétents pour connaître de la réparation de ce préjudice. — Cass. req., 9 janv. 1856 (S. 56.1.317); Demol., IX, 567; Aubry et Rau, 4e édit., II, § 187, texte et note 31.

100. Le fait de réparer ou même de reconstruire, à la même place et dans les mêmes dimensions, un ouvrage dont l'existence remontait à une année au moins antérieurement aux nouveaux travaux, ne saurait être considéré comme un trouble de possession. — Cass. req., 26 fév. 1839 (S. 39.1.303).

101. Au contraire des faits d'aggravation de servitude constituent un trouble, tout comme l'exercice d'une servitude nouvelle. — Cass. req., 31 janv. 1876 (S. 76.1.148).

102. Quant aux entreprises sur les cours d'eau, si le riverain a joui de la totalité des eaux, il peut demander la complainte contre toute entreprise de nature à opérer la dérivation d'une portion quelconque des eaux. — Cass. req., 17 déc. 1861 (S. 63. 1.83).

103. A moins que cette entreprise n'ait eu lieu en conformité, soit d'un règlement administratif ou judiciaire, soit d'une convention intervenue entre les parties. — Cass. civ., 30 nov. 1859 (S. 60.1.372).

104. Si le riverain n'a joui des eaux que d'une manière partielle et restreinte, l'entreprise construite sur le cours d'eau ne peut être considérée comme un trouble qu'autant qu'elle a porté atteinte à la possession du demandeur, en diminuant le volume d'eau dont il disposait, ou en entravant, sous le rapport du temps ou de toute autre manière, l'exercice des droits d'usage dont il jouissait. — Cass. civ., 2 août 1853 (S. 53.1.694).

105. Le trouble *de droit* peut résulter de tout acte extrajudiciaire par lequel une personne s'arroge la possession d'un fonds possédé par une autre personne, ou manifeste une prétention contraire à la possession d'autrui. — Cass. civ., 13 mars 1867 (S. 67. 1.249).

106. Ainsi la sommation faite à un fermier par un tiers de payer les fermages entre ses mains constitue un trouble à la possession du bailleur. — Cass. civ., 12 oct. 1814 (S. 15.1.124) ; Aubry et Rau, II, § 187 3°.

107. Pareillement, la défense faite, par un acte extrajudiciaire, au possesseur d'un fonds d'y élever des constructions, forme un trouble à la possession de ce dernier. — Aubry et Rau, II, § 187 3°.

108. Un propriétaire contre lequel le garde champêtre d'une commune a dressé un procès-verbal constatant une prétendue anticipation sur le chemin communal, peut considérer ce procès-verbal comme un trouble à sa possession, et former contre la commune une action en complainte. Il en serait de même d'un procès-verbal dressé à la requête de l'État ou d'un particulier. — Cass. civ., 10 janv. 1827 (S. 27.1.284) ; Cass. req., 14 juin 1843 (S. 43. 1.590).

109. La complainte formée contre une personne est un trouble à sa possession. Aussi est-il d'usage que le défendeur, prenant la citation pour trouble , conclue reconventionnellement à être maintenu dans sa possession. — Cass. civ., 12 déc. 1853 (S. 55. 1.742).

110. Mais les actes par lesquels une personne aurait disposé d'un fonds possédé par un tiers ne constituent pas un trouble à la possession de ce dernier. — Aubry et Rau, II, § 187 3°.

111. Il en est de même de la revendication intentée contre le possesseur. — Merlin, *Quest.*, vᵒ *Complainte*, § 1 ; Aubry et Rau, *loc. cit.*

112. Quant aux personnes qui peuvent intenter la complainte, elle est recevable contre toute personne qui, par elle-même ou par autrui, possède un immeuble corporel *animo domini*, ou exerce, comme lui appartenant, un droit de servitude, d'usage, de jouissance, susceptible de former l'objet d'une action possessoire. — Aubry et Rau, II, § 187 1°.

113. Ainsi la complainte peut être intentée par des communistes, non-seulement contre les tiers, mais même contre le copropriétaire qui exerce sur tout ou partie des biens communs, des actes caractéristiques de la volonté de posséder pour lui seul. — Cass. civ., 23 nov. 1836 (S. 37.1.532); Cass. req., 6 janv. 1852 (S. 52.1.307).

114. Elle peut également l'être par l'usufruitier, soit contre des tiers, soit même contre le nu propriétaire.—Cass. civ., 14 déc. 1840 (S. 41.1.237); Duranton, IV, 513; Toullier, III, 418; Aubry et Rau, II, § 187 1°, texte et note 4.

115. L'emphytéote aurait aussi l'action en complainte, si l'on admet avec la jurisprudence que l'emphytéose constitue un droit réel immobilier. — Cass. civ., 26 juin 1822 (S. 64.1.91); *Id.*, 26 avril 1853 (S. 53.1.445). — *Contrà*, Aubry et Rau, II, § 187 1°.

116. Mais le fermier, le locataire, le créancier antichrésiste, ne possédant que pour le compte d'autrui, ne peuvent intenter l'action en complainte. — Aubry et Rau, *loc. cit.*

117. Quant aux personnes contre qui la complainte peut être formée, elle peut l'être contre toute personne qui a commis un trouble de possession ou qui l'a fait commettre.

118. Ainsi elle peut être formée contre l'adjudicataire d'un immeuble saisi qui aurait tenté de se mettre en possession de cet immeuble, au préjudice d'un tiers possesseur.—C. proc., art. 717; Cass. civ., 7 fév. 1849 (S. 49.1.401).

119. Pareillement contre un fermier qui, à l'expiration du bail, prétendrait se maintenir en possession pour son propre compte. — Cass. req., 6 frim. an XIV (S. 7.2.772); Aubry et Rau, II, § 187 1°, texte et note 8.

120. Celui qui a commis personnellement le trouble ne serait pas admis, pour rejeter l'action en complainte intentée contre lui, à prétendre qu'il n'a agi que comme représentant ou d'après les ordres d'un tiers, sauf à lui à mettre en cause la personne pour le compte de laquelle il aurait agi. — Cass. civ., 13 juin 1843 (S. 43.1.597); Aubry et Rau, II, § 187 1°, texte et note 9.

121. Après le décès de l'auteur du trouble, la complainte peut être utilement formée contre ses héritiers ou ses successeurs universels. — Aubry et Rau, II, § 187 1°, texte et note 10. — V. cependant Crémieu, n. 389 à 391.

122. En tant que la complainte a pour objet le délaissement de l'immeuble litigieux, ou le rétablissement des choses dans l'état primitif, et non par des dommages-intérêts, elle peut être formée même contre un détenteur de bonne foi qui ne serait pas le successeur de l'auteur de la dépossession ou du trouble. — Duranton, IV, 245; Troplong, *De la prescription*, I, 238; Aubry et Rau, II, § 187 1°, texte et note 2. — *Contrà*, Zachariæ, § 190 *b*, texte et note 2.

ART. 2. — *De la réintégrande.*

123. La réintégrande est une action au moyen de laquelle celui qui a été dépouillé par voie de fait dans sa jouissance demande à être réintégré dans sa détention ou sa jouissance.

124. Cette action, qui existait déjà à Rome sous le nom d'interdit *unde vi*, est fondée sur le principe de raison éternelle que personne ne peut se faire justice à soi-même, et que, par conséquent, celui qui a été dépouillé par violence doit avant tout être rétabli dans sa possession : *Spoliatus ante omnia restituendus.*

125. De grands débats se sont élevés sur la question de savoir si la réintégrande, considérée comme action spéciale et distincte, existe encore aujourd'hui, c'est-à-dire si le possesseur spolié par voie de fait peut, à la différence de ce qui est exigé en matière de complainte, se faire réintégrer sans même prouver l'annalité de sa possession.

126. La jurisprudence a toujours admis l'affirmative, et nous croyons que cette solution est la seule admissible aujourd'hui, en présence de l'art. 6 de la loi du 25 mai 1838, qui a classé la réintégrande, avec la complainte et la dénonciation de nouvel œuvre, au nombre des actions possessoires sur lesquelles le juge de paix est appelé à statuer. — Cass. civ., 19 août 1839 (S. 39.1.641); Cass. req., 16 juill. 1862, *Revue*, n. 453; Duranton, IV, 246; Pardessus, *Des servitudes*, II, 328; Leconte et Cranney, *op. cit.*, n. 118 et suiv.; Aubry et Rau, II, § 189, note 1. — *Contrà*, Toullier, XI, 123; Troplong, *De la prescription*, I, 305; Boitard, *Procédure*, II, p. 455.

127. Mais si la réintégrande existe comme action spéciale, ce n'est pas une véritable action possessoire, car elle a pour unique résultat de faire cesser la violence, de remettre en possession la partie dépossédée, sans rien préjuger sur les droits du demandeur ou du défendeur, même quant à la possession.

128. Aussi il n'est pas nécessaire pour intenter la réintégrande d'avoir une possession proprement dite, et qui réunisse les caractères indiqués par l'art. 2229. — Cass. req., 15 juill. 1862, *Revue*, n. 453; *Id.*, 25 avril 1865 (S. 66.1.223).

129. En conséquence le fermier, le créancier antichrésiste et, en général, tous ceux qui ne détiennent que pour le compte d'autrui peuvent intenter la réintégrande. — Cass. req., 16 mai 1820 (S. 20.1.430); Bélime, n. 383; Aubry et Rau, II, § 189.

130. De même, la réintégrande n'exige pas davantage une possession annale. — Cass. req., 15 juill. 1862, *Revue*, n. 453; Cass. civ., 14 mars 1876 (S. 76.1.266).

131. Il suffit, pour qu'elle soit admise, que le détenteur prouve qu'au moment de la voie de fait il jouissait d'une détention matérielle, paisible et publique. — Cass. req., 10 fév. 1864 (S. 64.1. 257), et arrêt précédent.

132. Pour qu'il y ait lieu à réintégrande il faut qu'il y ait eu dépossession, et de plus que cette dépossession ait eu lieu par des actes violents et arbitraires troublant dans une certaine mesure la paix publique. — Cass. req., 3 déc. 1833 (S. 34.1.335); Cass. civ., 12 déc. 1853 (S. 55.1.742).

133. Ainsi il y a voie de fait donnant ouverture à la réintégrande dans le fait d'avoir détruit une digue contre la volonté de celui qui l'a élevée, quand même on soutiendrait qu'il n'avait pas droit de l'élever. — Cass. req., 28 déc. 1826 (S. 27.1.73); Aubry et Rau, II, § 189, texte et note 11.

134. De même dans le fait par un propriétaire d'avoir abattu une partie du mur de clôture construit par le voisin, sous prétexte qu'il empiétait sur son propre terrain. — Cass. civ., 16 nov. 1835 (S. 36.1.15); Aubry et Rau, *loc. cit.*

135. Au contraire, une simple anticipation de terrain, commise même après bornage, mais sans dévastation de plants ou de récoltes, n'autoriserait pas la réintégrande, mais seulement la complainte. — Cass. req., 12 mai 1857 (S. 57.1.808).

136. A plus forte raison, la dépossession opérée à l'aide de travaux faits par un tiers sur son propre fonds ne pourrait-elle donner lieu à la réintégrande. — Cass. req., 6 déc. 1854 (S. 56.1. 208).

137. Toute violence ou voie de fait entraînant la dépossession donne lieu à la réintégrande, alors même que celui qui en est l'auteur agirait dans un intérêt d'administration, par exemple, comme maire d'une commune, et alors même qu'il s'agirait d'immeubles compris dans le domaine public. — Cass. civ., 19 août 1839 (S. 39.1.641); Cass. req., 18 juin 1866 (S. 66.1.365); Aubry et Rau, II, § 189, texte et note 10.

138. Jugé que l'emploi de la force publique par le maire, pour contraindre un citoyen d'abandonner aux locataires de la commune la possession de certains biens, est un trouble suffisant pour donner ouverture à l'action en réintégrande. — Cass. req., 15 juill. 1862, *Revue*, n. 453.

139. La réintégrande ne peut être exercée contre un tiers détenteur qu'autant que ce tiers serait à considérer comme complice de la voie de fait ayant entraîné la dépossession, pour avoir succédé de mauvaise foi au spoliateur. — Aubry et Rau, II, § 189; Bélime, n. 386; — *Contrà*, Troplong, *De la prescription*, n. 386; Dall., *Répert.*, v° *Actions possessoires*, n. 131.

140. La réintégrande serait admise même contre le défendeur qui aurait la possession annale de l'objet litigieux. — Cass. req., 3 mai 1848 (S. 48.1.714); Aubry et Rau, II, § 189, texte et note 17.

141. Et quand même le défendeur objecterait que le demandeur s'est procuré la détention actuelle de l'objet par une voie de fait. — Cass. civ., 5 août 1845 (S. 46.1.48).

142. Le juge de paix saisi d'une action en réintégrande peut ordonner la restitution de l'objet litigieux et le rétablissement des choses dans le dernier état, outre les dommages-intérêts qui peuvent être dus au demandeur. — Cass. req. 18 juin 1866 (S. 66.1.365).

143. Le défendeur à la réintégrande peut, après avoir succombé dans l'instance en réintégrande, exercer l'action en complainte en vertu de la possession annale dans laquelle il a été troublé depuis moins d'un an, et qu'il avait voulu illégalement recouvrer par une voie de fait. — Cass. civ., 5 avril, 1841 (S. 41. 1.295); Aubry et Rau, II, § 189, texte et note 20; Proudhon, *Du domaine privé*, II, 492.

144. Le possesseur violemment dépouillé peut, si le fait constitue une contravention ou un délit, exercer, à son choix, la réintégrande ou l'action criminelle; mais par l'action criminelle il n'obtiendra pas la restitution de l'objet litigieux. Par contre il aura trois ans pour intenter l'action criminelle, s'il s'agit d'un délit; tandis qu'il n'a qu'un an pour former la réintégrande. — — C. instr. crim., 638; C. pén., 444 et suiv.

ART. — 3. *Dénonciation de nouvel œuvre.*

145. On appelle ainsi une sorte d'action possessoire qui a pour objet de faire ordonner la suspension de travaux commencés par un propriétaire sur son propre fonds, et qui, en opérant un changement dans l'ancien état de choses, seraient de nature à nuire aux droits du demandeur.

146. Cette action existait en droit romain sous le nom de *denunciatio novi operis*. Mais n'ayant été formellement reconnue ni par les actes législatifs de l'ancien droit, ni par le Code de procédure, des auteurs ont soutenu, comme pour la réintégrande, qu'elle ne formait pas une action distincte de la complainte. La jurisprudence a toujours admis l'opinion contraire, qui du reste est seule admissible aujourd'hui depuis la loi du 25 mai 1838, dont l'art. 6 mentionne spécialement la dénonciation de nouvel œuvre. — Cass. req., 4 fév. 1856 (S. 56.1.433); Aubry et Rau, II, § 188, note 2.

147. Elle ne diffère de la complainte qu'en ce qu'elle peut être formée à raison d'un trouble simplement éventuel, tandis que la complainte n'est admise que pour un trouble actuel. Aussi la plupart des règles émises à propos de la complainte s'appliquent à la dénonciation de nouvel œuvre.

148. Ainsi, par exemple, la dénonciation exige une possession annale, revêtue des caractères indiqués par l'art. 2229 du Code civil.

149. Cependant, d'après la nature et l'objet de cette action, elle ne peut s'appliquer qu'à des travaux exécutés sur un fonds autre que celui du demandeur.

150. Et qu'à des travaux qui sont encore en cours d'exécution. Si le demandeur veut faire supprimer un nouvel œuvre *terminé*, c'est une action en complainte qu'il intentera. — Cass. req., 26 juin 1843 (S. 43.1.753).

151. Pareillement, le juge ne peut, comme en matière de complainte, ordonner la suppression des travaux commencés; il doit se borner à en prescrire la suspension. — **Aubry et Rau,** II, § 188.

§ 4. — Procédure des actions possessoires.

152. La connaissance de toutes les actions possessoires est exclusivement attribuée aux juges de paix, en première instance, et aux tribunaux civils d'arrondissement, en seconde instance. — L. du 25 mars 1838, art. 6, n. 1.

153. Les actions possessoires sont de la compétence exclusive des juges de paix, quand même ces actions s'élèveraient incidemment devant les tribunaux civils ou les cours d'appel, à raison de faits survenus dans le cours des instances au pétitoire liées devant ces juridictions. — Cass. civ., 5 août 1845 (S. 46.1.46) ; Aubry et Rau, II, § 186 1°.

154. Mais dès que la question qui lui est soumise n'est pas une question de possession, le juge de paix doit déclarer son incompétence, quelle que soit la qualification donnée à l'action par le demandeur. — Cass. req., 17 nov. 1847 (S. 48.1.305) ; Cass. civ., 6 déc. 1853 (S. 54.1.793) ; Aubry et Rau, II, § 186, texte et note 4 et 5.

155. Si la demande portait cumulativement sur le possessoire et le pétitoire, le juge de paix, tout en se déclarant incompétent sous ce dernier rapport, devrait retenir et juger la question possessoire. — Cass. civ., 6 avril 1841 (S. 41.1.596).

156. C'est le juge de paix de la situation de l'immeuble litigieux qui est compétent pour connaître de l'action possessoire. — C. proc., art. 3, n. 2.

157. Tout jugement rendu sur action possessoire est susceptible d'appel, quelle que soit la valeur de l'objet du litige. — Loi du 28 mai 1838, art. 6, n. 1.

158. Comme toutes les actions rentrant dans la compétence du juge de paix, les demandes possessoires s'engagent directement par une citation, sans préliminaire de conciliation. — C. proc., art. 48.

159. Elles peuvent être intentées contre l'État, contre une commune ou un département, sans dépôt préalable du mémoire en général exigé par l'art. 15, tit. III, la loi des 28 oct. et 5 nov. 1790, l'art. 51 de la loi du 18 juill. 1837 et l'art. 37 de la loi du 10 mai 1838. — Cass. civ., 7 juin 1848 (S. 48.1.569) ; Aubry et Rau, II, § 186 2°.

160. Les maris ou tuteurs ont le pouvoir d'exercer les actions possessoires compétant à leurs femmes ou à leurs pupilles, ou y défendre. — C. civ., art. 1428 et 1549 ; Aubry et Rau, I, § 114, texte et note 8.

161. Les actions possessoires ne sont recevables qu'autant qu'elles ont été formées dans l'année du trouble ou de la dépossession. — C. proc., art. 25 ; L. 25 mai 1838, art. 6, n. 1.

162. Ce délai d'une année court du jour du trouble de fait qui sert de base à l'action possessoire, et non pas seulement du trouble de droit qui a suivi le trouble de fait, encore bien que celui-ci ait immédiatement cessé par un fait contraire du possesseur troublé. — Cass. civ., 22 avril 1839 (S. 39.1.366).

163. Lorsque le trouble résulte de travaux exécutés par le défendeur sur son propre fonds, le délai ne commence à courir que du jour où ces travaux ont réellement porté atteinte à la possession du demandeur, non du jour du préjudice causé. — Aubry et Rau, II, 186, texte et note 11. — *Contrà*, Bélime, n. 358.

164. Quand il y a eu des trouble successifs, la complainte formée pour la répression de ceux qui ont été commis dans l'année, est recevable, alors même que les premiers faits de trouble remonteraient à plus d'une année. — Cass. req., 1er août 1848 (S. 49.1.449); Cass. civ., 27 juin 1864 (S. 64.1.334); *adde*, Cass. req., 9 nov. 1875 (S. 76.1.56).

165. Le délai d'une année n'est pas suspendu par le seul fait que le demandeur aurait ignoré l'existence du trouble. — Cass. civ., 12 oct. 1814 (S. 15.1.124); Bélime, n. 353; Aubry et Rau, II, § 186 2°.

166. A moins cependant que le trouble n'eût eu lieu d'une manière clandestine. — Bélime, n. 356; Aubry et Rau, *loc. cit.*

167. La prescription annale de l'action possessoire n'est point interrompue par les poursuites correctionnelles exercées par le possesseur contre l'auteur du trouble. — Cass. civ., 20 janv. 1824 (S. 24.1.265).

168. La possession pourra s'établir par titres, par témoins, par simples présomptions, par l'aveu de la partie, par le serment. — C. proc., art. 24; C. civ., art. 1348; Cass. réq., 29 mai 1876 (S. 77.1.74); *Id.*, 20 déc. 1876 (S. 77.1.74).

169. La voie d'enquête est facultative; le juge peut ne pas l'ordonner, quand même elle aurait été demandée par une des parties. — Cass. req., 4 juin 1835 (S. 35.1.413); Bélime, n. 417; Aubry et Rau, II, § 186, texte et note 20.

170. Le trouble de droit s'établit par la production des actes judiciaires ou extrajudiciaires qui le constituent.

171. Si le juge de paix ne pouvait déterminer, d'après l'examen des titres et l'appréciation des circonstances de la cause, quelle est, de la possession du demandeur ou de celle du défendeur, celle qui se trouve la mieux caractérisée, il devrait maintenir les deux parties dans leur possession commune. — Cass. req., 11 mai 1841 (S. 41.1.708); Aubry et Rau, II, § 187 5°, texte et note 59.

172. Cependant il pourrait aussi renvoyer les parties à se pourvoir au pétitoire. — Cass. civ., 5 nov. 1860 (S. 61.1.17); Carré, *Lois de la proc.*, I, quest. III; Curasson, *op. cit.*, II, p. 392; Aubry et Rau, *loc. cit.*, note 60. — *Contrà*, Bélime, n. 398; Chauveau sur Carré, *op. et loc. cit.*

173. Le juge de paix qui accueille une action possessoire, peut, non-seulement accorder des dommages-intérêts pour la réparation du préjudice causé par le trouble, mais il peut aussi condamner le défendeur au délaissement de l'immeuble litigieux, ou ordonner la suppression des travaux par lesquels le trouble a été causé. — Cass. req., 18 juin 1850 (S. 51.1.113); Troplong, *De la prescription*, I, 325 ; Aubry et Rau, II, § 187, texte et note 63.

174. Et cela quand même les travaux se trouveraient complétement terminés. — Aubry et Rau, *loc. cit.* — *Contrà*, Bélime, n. 367!

175. Quand même également ils auraient été exécutés sur le fonds du défendeur. — Cass. civ., 25 juill. 1836 (S. 36.1.538); Troplong, *loc. cit.*; Aubry et Rau, *loc. cit.*, note 65. — *Contrà*, Cass. req., 14 mars 1827 (S. 27.1.383); Henrion de Pansey, *op. cit.*, chap. 38.

176. Ou autorisés par l'administration, dans un intérêt privé. — Cass. civ., 18 avril 1866 (S. 66.1.330).

177. Au contraire, si les travaux avaient été exécutés par l'administration ou d'après ses ordres, dans un intérêt général, le juge de paix serait incompétent pour en ordonner la suppression ou la modification. Cass. civ., 8 nov. 1864 (S. 64.1.495); Aubry et Rau, II, § 187, texte et note 67.

178. « Le possessoire avec le pétitoire ne seront jamais cumulés. » — C. proc., art. 25.

179. Cette règle ne signifie pas seulement que le juge du possessoire est incompétent pour statuer au pétitoire ; elle veut dire encore : qu'une décision au possessoire ne peut reposer sur des moyens tirés du fond ; que le juge du possessoire ne peut préjuger le pétitoire par le dispositif de son jugement, ni dénier le possessoire comme étant inséparable du pétitoire, ni ordonner des enquêtes pouvant porter sur le fond du droit. — Aubry et Rau, II, § 186 3º.

180. Ainsi il n'y a pas cumul du pétitoire et du possessoire, par cela seul que le juge examine des titres respectivement produits, lorsqu'il les consulte, non pour reconnaître ou méconnaître le fait matériel de le possession, mais uniquement pour en apprécier la nature, l'étendue et l'efficacité juridique. — Cass. req., 19 juill. 1875 (S. 77.1.70); *Id.*, 21 mars et 2 mai 1876 (S. 76.1. 359); Merlin, *Quest.*, vº *Complainte*, § 2; Toullier, III, 716; Aubry et Rau, II, § 186, texte et note 27.

181. Le juge de paix pourrait consulter ces titres pour éclairer sa possession, quand même il y aurait contestation sur leur interprétation ou sur leur validité. — Cass. civ., 6 déc. 1853 (S. 54.1. 793); Demol., XII, 946; Aubry et Rau, II, § 186, texte et note 30. — *Contrà*, Bélime, n. 450 et suiv.

182. Mais il y aurait cumul du possessoire avec le pétitoire, si le juge de paix, saisi d'une complainte, maintient le demandeur en possession, sous prétexte qu'il est propriétaire, sans constater en fait sa possession annale. — Cass. civ., 26 janv. 1876 (S. 76.1.147); Aubry et Rau, II, § 186 3º, texte et note 21.

183. De même si, sans méconnaître la possession annale du demandeur, il se fonde uniquement pour repousser l'action possessoire, sur ce que le fait qualifié de trouble à cette possession n'a été, de la part du défendeur, que l'exercice d'un droit. — Cass. civ., 23 mai 1838 (S. 38.1.406; Aubry et Rau, *loc. cit.*).

184. De même, si au lieu de se borner à apprécier les caractères de la possession annale et l'existence de cette possession, il cherchait et appréciait la possession ancienne, en déterminait les effets, et en faisait ressortir un droit préjugeant la question de propriété. — Cass., 10 nov. 1845 (S. 45.1.816).

185. De même un jugement, bien que ne statuant dans son dispositif que sur le possessoire seul, doit être considéré comme contenant cumul du pétitoire et du possessoire, lorsque ce jugement ne se fonde que sur des motifs exclusivement tirés du fond du droit. — Cass. civ., 7 janv. 1874 (S. 74.1.303); Cass. req., 19 juill. 1875 (S. 77.1.70).

186. Il est, du reste, bien entendu que le juge du pétitoire peut, sans violer la règle du cumul, prendre dans le cours de l'instance liée devant lui, des mesures provisoires relatives à la garde et à la conservation de la chose litigieuse. — C. civ., art. 1961; Aubry et Rau, II, § 186 3°, texte et note 40.

187. C'est encore une conséquence de la prohibition du cumul du possessoire et du pétitoire, que le possessoire une fois engagé, le pétitoire ne peut être poursuivi avant que l'instance possessoire soit terminée. — Cass. req., 3 mars 1836 (S. 36.1.875); Aubry et Rau, II, § 186 3°, texte et notes 42, 43, 44 et 45.

188. Le demandeur au pétitoire n'a plus, dès que sa demande est formée, la faculté d'agir au possessoire pour les troubles antérieurs à l'introduction de sa demande. — C. proc., art. 26; Cass. req., 9 nov. 1875 (S. 76.1.56).

189. Il n'y serait pas recevable, même en se désistant de cette dernière, eût-elle été portée devant un juge incompétent. — Cas. req., 9 juin 1852 (S. 52.1.555); Cass. civ., 15 nov. 1865 (S. 66. 1.97).

190. Mais le défendeur au pétitoire pourrait agir au possessoire pour tout trouble de possession, même antérieur à la demande formée contre lui. — Arg. art. 26; Cass. civ., 3 août 1845 (S. 46.1.46); Bélime, n. 503; Carré, *De la compétence*, II, p. 361; Aubry et Rau, II, § 186 3°, texte et note 49.

191. Le défendeur qui a succombé au possessoire ne peut se pourvoir au pétitoire qu'après avoir pleinement satisfait aux condamnations prononcées contre lui. — C. proc., art. 27 1°; comparez Cass. civ., 30 nov. 1840 (S. 41.1.58).

192. Toutefois, si le demandeur au possessoire se trouvait en retard de faire liquider les dommages-intérêts et les frais qui lui ont été adjugés, le défendeur pourrait, pour cette liquidation, faire fixer, par le juge du pétitoire, un délai, passé lequel l'action au pétitoire serait reçue. — C. proc., art. 27 2°.

ACTION RÉDHIBITOIRE. — V. *Vices rédhibitoires.*

ACTION RÉSOLUTOIRE. — V. *Résolution de contrat.*

ACTION RÉVOCATOIRE. — **1.** L'action révocatoire a pour objet de faire déclarer nulle la vente d'un fonds dotal. — C. civ. — V. *Régime dotal.*

2. Elle s'exerce aussi par des créanciers qui veulent attaquer les actes faits par leurs débiteurs en fraude de leur droit.—C. civ., 1167. — V. *Créancier.*

3. En matière de faillite, l'action révocatoire s'exerce dans certains cas, sans que le créancier soit obligé de prouver que les actes qu'il attaque ont été faits en fraude de ses droits. C'est la loi elle-même qui établit la présomption de fraude.—*Encyclop. des Huis.*, vº *Action révocatoire*, n. 3. — V. *Faillite.*

4. On appelle aussi action révocatoire celle que la loi réserve exceptionnellement au donataire, à l'effet de reprendre la chose donnée dans les cas prévus par l'art. 953, C. civ., c'est-à-dire pour cause d'inexécution des conditions sous lesquelles la donation a été faite, pour cause d'ingratitude, ou pour cause de survenance d'enfant. — V. *Donation, Partage d'ascendants, Résolution de contrat.*

ACTIONS. — ACTIONNAIRES. — 1. On nomme *action* le titre représentant une fraction d'intérêt ou une part sociale dans une société civile ou commerciale dont le capital est divisé en portions égales. L'*actionnaire* est le propriétaire d'une ou plusieurs actions.

L'*action* par opposition à l'*obligation* dans les sociétés qui ont des titres de ces deux sortes, donne droit à un intérêt fixe et à une part des bénéfices. L'obligation ne donne jamais droit qu'à l'intérêt fixe.

TABLE ALPHABÉTIQUE.

DIVISION.

CHAP. Ier. — *Nature de l'action.* — *Ses diverses espèces.*

§ 1er. — *Nature de l'action.*

§ 2. — *Diverses espèces d'actions.*

CHAP. II. — *Forme des actions.*

§ 1er. — *Actions nominatives.*

§ 2. — *Actions au porteur.*

CHAP. III. — *Obligations et droits des actionnaires.*

§ 1er. — *Versement de la mise.*

§ 2. — *Perception des dividendes.*

CHAP. IV. — *Impôt, Timbre, Droit de transmission, Taxe sur le revenu, Valeurs étrangères.*

CHAPITRE Ier.

NATURE DE L'ACTION. — SES DIVERSES ESPÈCES.

§ 1er — **Nature de l'action.**

2. La division du capital en actions est de droit dans les sociétés anonymes. — C. comm., art. 34 ; L. 24 juill. 1867.

Elle est facultative dans les sociétés en commandite (C. comm., art. 38 ; L. 22 juill. 1856) et dans les sociétés civiles. — Cass.. 27 mars 1866 (S. 66.1) ; Paris, 15 fév. 1868 (S. 68.2) ; Dijon, 19 mars 1868 (S. 68.2) ; Paris, 17 août 1868 (S. 68.2). — *Sic,* Pardessus, *Dr. comm.,* n. 966 ; Duvergier, *Sociétés,* n. 481 et 485 ; Molinier, *Dr. comm.,* n. 244 ; Malepeyre et Jourdain, *Soc. comm.,* p. 174 ; Troplong, *Sociétés,* t. 1, n. 328 ; Brooard, édit., Demangeat, *Tr. dr. comm.,* t. 1, n. 180 ; Namur, *id.,* t. 1, § 36, p. 126 ; Alauzet, *Comment. C. comm.,* t. 1, n. 273 ; Buchère, *Tr. val. mobil.,* n. 315. — V. cependant Vincent, *Législ. comm.,* t. 1, p. 349 ; Delangle, *Société comm.*, n. 28 et suiv., et 424 ; Bédarride, *id.*, n. 97 et 123.

3. Dans les sociétés en nom collectif, l'émolument de chaque associé peut être divisé en un certain nombre de parts ; mais ce ne sont pas là des actions, ce terme impliquant l'absence de responsabilité personnelle. De même, la commandite simple fournie à une société en nom collectif peut également être divisée en un certain nombre de parts, sans que ces parts, à défaut de valeur nominale fixe et de titres qui les représentent, reçoivent la qualification d'actions.

4. Il ne peut y avoir d'actions dans les sociétés en participation, qui ne forment pas un être moral distinct de la personne des associés. — Cass., 12 juill. 1842 ; Delangle, *Sociétés*, n. 115.

5. Il faut distinguer l'*intérêt* de l'*action*, quoique ces deux mots expriment la même idée, une part d'associé. Dans toute société, chacun des associés est tenu de faire un apport ; c'est là un élément essentiel. En échange de cet apport, chaque associé reçoit, comme équivalent, d'abord, le droit de participer, jusqu'à la dissolution de la société, aux bénéfices qu'elle peut faire et ensuite, lors de cette dissolution, le droit de prendre sa part de l'actif social ; c'est ce droit complexe qu'on désigne sous le nom d'intérêt.

6. Mais parfois l'intérêt revêt certains caractères particuliers qui lui font donner plus spécialement le nom d'action, c'est encore un intérêt, mais un intérêt présentant un caractère spécial.

Ce caractère distinctif et constitutif de l'action est la *cessibilité*, c'est-à-dire la faculté pour tout associé, en cédant son action, de transporter au cessionnaire et sa qualité et ses droits dans la société.

7. Une part d'associé est donc une action, lorsque son titulaire a la faculté, en la transportant à un tiers, de mettre celui-ci en son lieu et place, d'en faire un membre de l'association, et cela sans avoir à en demander l'autorisation. Elle n'est, au contraire, qu'un intérêt, lorsque l'associé n'a pas ce privilége ; lorsqu'il ne peut, même en se substituant une tierce personne, se retirer de la société. — Dolez, *Etude sur la société en commandite par actions*, p. 21 et 23 ; *Sic*, Bravard, t. 1, p. 261 ; Troplong, t. 1, n. 128 et 129 ; Bédarride, t. 1, n. 318 ; Rivière, *Rép. écrites sur le C. comm,*, p. 93 ; Pardessus, n. 973 et suiv.; Molinier, n. 512 ; Buchère, n. 497 et suiv.

8. Quel est le caractère juridique de l'action ? Est-ce un droit de propriété ? Est-ce un droit de créance ? Ce ne peut être un droit de propriété, car la société est une personne morale, propriétaire du fonds social. Ce n'est pas tout à fait un droit de créance, car ce droit consiste à toucher éventuellement des bénéfices, et, à la dissolution, à partager le fonds social. C'est un droit *sui generis*.

9. Depuis la loi du 24 juill. 1867, les actions des sociétés en commandite et celles des sociétés anonymes sont soumises aux mêmes règles et dispositions ; nous ne ferons donc aucune distinction entre elles.

10. Un des caractères principaux de l'action est l'indivisibilité.

Les statuts de la société le stipulent habituellement, mais même en cas d'omission les actions n'en ont pas moins ce caractère consacré par l'art. 34, C. comm.

D'où il suit que : contrairement à l'art. 1220, C. civ., l'action, malgré le décès de son propriétaire, ne se divisera pas entre ses héritiers. Elle devra être attribuée à l'un d'eux, et jusqu'au jour de la sortie de l'indivision, ils devront, pour toucher les dividendes, conférer à l'un d'entre eux le pouvoir de les représenter tous.

Dans le cas où l'action ne serait pas libérée, la société pourra réclamer à chacun des cohéritiers, non pas seulement sa part, mais tout ce qui resterait encore dû de l'action, sauf à celui-ci son recours contre les autres.

11. D'après l'art. 529, C. civ., les actions industrielles sont meubles par la détermination de la loi. Il n'y a aucune distinction à faire à cet égard, et toutes les actions industrielles sont mobilières, quels que soient le but et l'objet de la société dont elles émanent. L'action représente, en effet, pendant la durée de la société, plutôt un droit ou partage des bénéfices, qu'un droit de copropriétaire sur les biens composant l'actif social, lesquels appartiennent à l'être moral, représenté par la société elle-même. — Buchère, n. 373.

12. Mais cette disposition de l'art. 529 est limitée à la durée de la société, et lors de sa dissolution, si l'actif social se compose de propriétés foncières, les actions peuvent être considérées, à partir de ce moment, comme des titres immobiliers. — Cass., 6 août 1845 (S. 45.1.663); Demol., t. 9, p. 416; Buchère, n. 374.

13. Le caractère mobilier de toutes les actions commerciales amène les conséquences suivantes :

Les actions industrielles appartenant à la femme commune en biens tombent dans la communauté, en raison de leur nature mobilière. Et, quand bien même elles seraient exclues par une clause de la communauté, le mari ne pourrait pas moins les vendre, les échanger, sans le concours de la femme ; celle-ci n'aurait que le droit de reprise, à la dissolution de la communauté, en vertu de l'art. 1470, C. civ. — V. *Communauté*.

14. De même les valeurs de cette nature appartenant à des mineurs peuvent, en raison de leurs caractère mobilier, être vendues par le tuteur sans autorisation judiciaire. — Arg., C. civ., art. 452 : Trib. Seine, Ch. cons., 8 janv 1851, 9 déc. 1852, 4 janv., 1854; Bertin, *Ordonn. ch. cons.*, t. 1, n. 466.

Et même sans l'avis du conseil de famille. — Trib. Seine, 14 janv. 1859 ; Bioche, *J. proc.*, 1859, n, 6890; Trib. Seine, Ch. cons., 28 déc. 1849 ; Bertin, t. 1, p. 417 et 507.

15. La doctrine se prononce généralement aussi dans ce sens. — V. Toullier, t. 1, n. 1199 ; Aubry et Rau, t. 1, § 113, p. 459 et suiv. ; Taulier, t. 2, p. 62; Marcadé, sur l'art. 459, n. 2; Valette sur Proudhon, t. 2, p. 379 ; Demol., t. 1, n. 572, Demante, t. 2, n. 210 *bis* ; Buchère, n. 375.

Quelques auteurs cependant sont d'un avis contraire. — V. Duranton, t. 3, n. 555 ; Ducaurroy, Bonnier et Rousting, t. 1, n. 653 et suiv. — A ce propos, rappelons qu'un projet de loi a été présenté au Sénat, le 24 janv. 1878, pour régler le mode d'aliénation des valeurs mobilières appartenant aux mineurs ou aux interdits.

16. Il en est ainsi encore pour une succession bénéficiaire dont dépendent des actions industrielles. Elles peuvent, comme toutes les valeurs mobilières, être vendues sans autorisation judiciaire, à moins qu'il ne s'agisse d'une vente faite sans attribution de qualités. — Trib. Seine, 6 mars, 11 mai 1850, 22 juin, 15 oct. 1852, 5 mars 1853, 16 août 1854; Bertin, t. 2, n. 465.

17. Etant universellement reconnu aujourd'hui que sous le régime dotal le mari a droit d'user à son gré de la dot mobilière, à moins de stipulation contraire, il s'ensuit que les valeurs industrielles apportées en dot par la femme ne restent sa propriété et ne sont inaliénables par le mari que dans le cas où il existe une stipulation formelle dans le contrat de mariage. — Rodière et Pont, *Contr. de mar.*, t. 2, n. 413. — V. Cass., 30 juill. 1877.

18. Ainsi il a été jugé que le principe de l'inaliénabilité de la dot, quand il s'applique à une dot mobilière, laisse intact entre les mains du mari le droit de disposer de cette dot de la façon qu'il juge utile aux intérêts de la famille, sous la garantie de l'hypothèque légale que sa femme conserve contre lui sans pouvoir jamais y renoncer. — Cass., 1er août 1866 (S. 66.1.363).

19. Les envoyés en possession provisoire des biens d'un absent pourraient-ils vendre les actions industrielles appartenant à ce dernier sans autorisation de justice ?

La question fait doute. Quelques auteurs soutiennent que, malgré les termes restrictifs de l'art. 126, C. civ., l'envoyé en possession provisoire peut vendre les meubles corporels ou incorporels sans autorisation, la loi n'ayant prohibé en termes formels que la vente des immeubles. — Demol., t. 2, n. 113 ; Dall., *Rép.*, v° *Absence*, n. 297 ; Bordeaux, 20 nov. 1845 (S. 46.2.376).

20. M. Buchère professe l'opinion contraire. Suivant lui, il peut y avoir un intérêt sérieux à conserver ces titres, et la vente serait le plus souvent sans utilité, puisqu'il devrait être fait emploi du prix qui en proviendrait. Si la cession de quelques valeurs était nécessaire, en raison des chances de dépréciation qu'elles pourraient subir, le tribunal serait juge de cette utilité, et l'autorisation de vendre doit lui être demandée. — Buchère, n. 377.

21. Le legs de *tout le mobilier* appartenant au testateur comprend-il les actions industrielles ? Les termes de l'art. 529, qui qualifient ces actions de meubles devraient entraîner une solution affirmative; mais il a été décidé, avec raison, que cette question devait, dans la plupart des cas, être subordonnée à l'interprétation du testament, dont les tribunaux sont souverains appréciateurs.

22. C'est ainsi qu'il a été jugé que le legs de tout le mobilier que le testateur laissera dans un lieu déterminé peut être réputé comprendre, non-seulement les meubles meublants, mais encore les titres de créance ou actions au porteur.

Et il en est ainsi, alors même que ces titres ou actions se trouveraient déposés dans un autre lieu, si l'acte constatant le dépôt se trouve dans celui désigné par le testateur. — Cass., 20 mars 1854 (S. 54.1.699).

23. La loi du 3 sept. 1807 sur le taux de l'intérêt est inapplicable aux prêts de choses mobilières, telles que des titres d'actions industrielles. — Aix, 26 juill. 1871 (S. 72.2.142); Paris, 12 déc. 1863 (S. 64.2.21); Cass., 8 mars 1865 (S. 65.1.271). — V. Garnier, *De l'usure*, n. 9; Petit, *Id.*, p. 52; Troplong, *Prêt*, n. 364; Roll. de Vill., *Rép.*, v° *Prêt*, n. 28 et 29; Pont, *Petits Contr.*, t. 1, n. 288; Massé, *Dr. comm.*, t. 3, n. 1702; Aubry et Rau, t. 4, § 396, p. 608; Boileux, *Comment. C. civ.*, t. 6, p. 427 et suiv. — *Contrà*, Duvergier, *Prêt*, n. 279; Toulier, t. 6, p. 442 et 443. — V. *Revue*.

24. Les actions industrielles peuvent appartenir en usufruit à une personne et en nue propriété à une autre; dans ce cas le titre, s'il est nominatif, doit faire mention de cette circonstance et contenir les noms de l'usufruitier et ceux du nu propriétaire.

Les intérêts et dividendes de ces actions sont des fruits civils et sont acquis jour par jour à l'usufruitier.

25. Mais le fonds de réserve des actions d'une compagnie industrielle qui s'est formé pendant la durée d'un usufruit n'est pas un fruit civil qui appartienne à l'usufruit. Ce fonds de réserve accroît en principal et, par suite, appartient exclusivement au nu propriétaire. Le droit de l'usufruitier se réduit à la jouissance de la portion de ce fonds de réserve, qui a été distribuée dans le cours de l'usufruit, et il ne peut rien prétendre sur la portion non distribuée au moment où l'usufruit s'éteint. — Paris, 27 avril 1827 (S. chr.); Agen, 22 juin 1853 (S. 53.2.569).

26. Pendant le cours de l'usufruit si la valeur de l'action est dépréciée, l'usufruitier n'est tenu d'aucune indemnité vis-à-vis du nu propriétaire. — Paris, 14 mai 1853 (D. 55.2.98).

27. Si l'action est remboursée pendant le cours de l'usufruit, soit par suite d'amortissement ou de toute autre cause, le capital doit être versé entre les mains de l'usufruitier, il a charge par lui de rendre pareille valeur à l'extinction de son usufruit; l'objet de l'usufruit étant devenu chose fongible par un fait indépendant de la volonté des parties. — C. civ., art. 587.

28. La souscription d'actions dans une société commerciale ne constitue pas un acte de commerce. — Paris, 26 janv. 1874, motifs (S. 76.2.3).

Ainsi un actionnaire d'une société en commandite qui n'est pas commerçant, et qui a fait dans la société un simple placement de capitaux, peut porter devant la juridiction civile l'action en responsabilité par lui intentée contre les membres du conseil de surveillance, auxquels il impute de l'avoir amené à souscrire ses actions par des agissements illicites. Peu importe la nature civile ou commerciale de ces agissements (même arrêt).—Angers, 12 mars 1873 (S. 74.2.214); Sic, Massé, *Dr. comm.*, 3e édit., t. 2, n. 1390; Boistel, *Précis de dr. comm.*, p. 146 et 157.

ACTIONS. — ACTIONNAIRES, Chap. 1, § 2. **603**

29. Le gouvernement immobilise quelquefois, par décret, certaines actions : ainsi les actions de la Banque de France peuvent être immobilisées par la simple déclaration des parties insérée dans le registre du transfert. — Décr. 16 janv. 1808, art. 7. — V. *Action de la Banque de France.*

30. Les actions des compagnies des canaux d'Orléans et du Loing avaient été ainsi immobilisées ; mais ces actions n'existent plus ; la loi du 1er août 1860 en a, pour cause d'utilité publique, ordonné le rachat qui en a été définitivement opéré par la loi du 20 mai 1863.

31. Les actions de la Banque de France sont donc aujourd'hui les seules qui puissent être immobilisées. — V. *Action de la Banque de France.*

§ 2. — Diverses espèces d'actions.

32. Toute action peut être divisée en *coupons d'action*, c'est-à-dire en fractions telles que la moitié ou le quart ; cette division a pour but d'en faciliter la négociation.

33. Ces coupons d'actions ne doivent pas être confondus avec les promesses d'actions, c'est-à-dire avec les titres provisoires qui sont délivrés à chaque versement partiel, lorsque le paiement de l'action a lieu en plusieurs échéances.

34. Le titre définitif n'est remis aux actionnaires qu'au jour du paiement intégral, l'action alors prend le nom d'*action libérée*. Cependant il arrive quelquefois que le titre définitif est remis avant l'entier versement de la valeur de l'action, mais ce titre porte alors une mention révélant sa situation ; on l'appelle dans ce cas *action non libérée.*

35. On distingue plusieurs sortes d'actions. Il y a les *actions de capital* ou *payantes*, et les *actions industrielles* ou *non payantes*. Les premières désignent des apports, soit en numéraire, soit en valeurs mobilières ou immobilières ; les secondes, ainsi que leur nom l'indique, représentent la mise des personnes qui fournissent soit leur industrie, soit un brevet, soit une invention. Les actions payantes concourent à former le capital social ; les actions non payantes révèlent le travail promis à la société.

36. Souvent, en pratique, il n'est accordé au porteur de ces dernières actions qu'une part dans les bénéfices, sans aucun droit dans l'actif social. Mais dans ce cas les statuts sont explicites. Souvent, aussi, ces actions restent déposées au siége social pendant toute la durée de la société : c'est un moyen d'assurer à cette dernière l'industrie ou le travail promis.

37. Outre cette division principale des actions, on distingue encore les *actions de jouissance*, les *actions de fondation*, les *actions de prime*, et les *actions de garantie.*

Les actions de jouissance sont des actions de capital qui ont été amorties. Elles donnent toujours droit à une part dans les bénéfices, mais ne représentent plus une part dans la propriété du fonds social, au moins lorsque, comme dans les actions de chemin

de fer, ce fonds doit appartenir à un tiers, l'Etat ; ou bien lorsqu'au
cas de liquidation, il suffit seulement pour rembourser toutes les
autres actions.

38. On appelle actions de fondation, celles qui sont attribuées
aux fondateurs de la société pour représenter leur apport. Ce sont
donc des actions de capital libérées.

39. Les actions de prime sont celles que les fondateurs donnent
gratuitement à des tiers qui ont aidé à l'organisation de la société
ou qui ont promis leur concours pour le faire prospérer. — Dall.,
p. 184 et suiv.

40. Les actions de garantie sont celles qui, soit en vertu d'une
disposition légale, soit par suite de la convention des parties,
doivent appartenir anx gérants ou administrateurs de la société,
afin de répondre de leur bonne gestion des intérêts communs.

41. En se plaçant à un autre point de vue, on distingue encore
les *actions de quotité*, dont le signe caractéristique tient beaucoup
plus à la forme qu'au fond. Au lieu de porter l'indication d'une
valeur déterminée, elles n'énoncent qu'une quotité du capital social. Elles sont surtout usitées dans les grandes compagnies, et ne
diffèrent en rien des autres actions commerciales. — L. 5 juin
1850, art. 14.

42. Enfin nous citerons encore les actions *primitives* et celles
de *préférence :* les premières sont celles qu'émet une société en
voie de formation ; les secondes sont de nouvelles actions émises
par une société déjà constituée, qui éprouve le besoin d'augmenter
son capital. Elles se distingent des premières en ce que la société
qui les émet y attache parfois des avantages spéciaux, à dessein
d'en encourager la souscription.

CHAPITRE II.

FORME DES ACTIONS. — ACTIONS NOMINATIVES. — ACTIONS AU PORTEUR.

§ 1er. — Actions nominatives.

43. La forme des actions n'a rien de sacramentel, elles sont ordinairement détachées d'un registre à souche et portent tant sur
la souche que sur le titre la signature sociale et le timbre de la société. Un extrait des statuts est imprimé sur le verso du titre.
Mais ces formes ne sont pas obligatoires.

44. Les actions peuvent être *nominatives*, c'est-à-dire faisant
connaître le nom de leur titulaire, ou *au porteur*, c'est-à-dire contenant aux lieu et place du nom du titulaire, ces mots : au porteur. L'art. 35 du C. comm. reconnaissait déjà ces deux sortes de
titres dans les sociétés anonymes ; mais la loi du 24 juill. 1867 a
apporté une exception ; les actions, même dans les sociétés anonymes, ne peuvent être mises au porteur qu'après avoir été libérées de moitié, et, par une décision de l'assemblée générale, lorsque
les stipulations des statuts consacrent la possibilité de cette conversion dans la forme des titres.

45. Avant la loi de 1856 on avait vivement agité la question de savoir si les sociétés en commandite pourraient également émettre des titres au porteur. La discussion qui s'éleva alors entre des auteurs d'une très-grande autorité est devenue sans intérêt aujourd'hui. La loi de 1856 édicta que les actions des sociétés en commandite devaient rester nominatives jusqu'à leur entière libération. Mais cette prohibition a été modifiée par l'art. 3 de la loi de 1867 dont nous venons de parler, qui assimile sur ce point les sociétés en commandite aux sociétés anonymes.

46. Il ne suffirait pas que certaines actions aient été libérées de moitié, il faut que toutes l'aient été ; l'assemblée générale même ne pourrait sans cette condition, autoriser cette transformation.

47. Les coupons des actions au porteur sont également au porteur. Quant aux actions purement nominatives, le paiement des dividendes se constate dans l'usage par un timbre daté apposé au verso du titre.

48. Sous l'empire du Code de commerce, une société par action pouvait diviser le capital social en actions ou coupons d'action de la valeur la plus minime ; le législateur n'avait fixé aucune limite au-dessous de laquelle on ne pût descendre.

49. Aujourd'hui, d'après la loi du 24 juill. 1867, les sociétés en commandite ou anonymes ne peuvent diviser leur capital en actions ou coupons d'action de moins de cinq cents francs quand le capital est supérieur à 200,000 francs, et de moins de 100 francs quand le capital n'excède pas ce chiffre.

50. Par ce terme de « coupons d'actions », il faut entendre les fractions du montant même de l'action, de telle sorte que là où les statuts sociaux autoriseraient la division de l'action en coupons ou coupures, ces coupures elles-mêmes ne pussent s'abaisser, selon l'importance du capital, au-dessous du minimum déterminé par la loi. Que deviendrait autrement la prohibition qu'elle édicte ? Il eût été trop facile de l'éluder.

51. Le minimum indiqué par la loi doit être observé dans le cas même où le capital social ne se compose pas uniquement de numéraire, mais comprend, en outre, des biens en nature : ces biens sont alors, dans l'acte de société, l'objet d'une évaluation qui, sans avoir un caractère définitif, suffit pour servir de base à la division du capital. — Dutruc, *Dict. cont. comm.*, v° *Société*, n. 909.

52. Ce ne se serait pas contrevenir à la loi que d'émettre des titres uniques et indivisibles, contenant chacun un groupe de plusieurs parts d'actif social, sans aucune expression de capital nominal. Il a été jugé qu'une semblable émission ne pourrait être assimilée à une émission de titres inférieurs à 500 francs, quoique le chiffre de chaque part n'atteignît pas cette valeur, si l'ensemble des parts qui constituait le titre lui était égal ou supérieur. — 29 mars 1864 (S. 64.1 489).

53. Le taux prescrit par la loi n'est pas obligatoire pour les actions de jouissance, c'est-à-dire celles qui, au jour du partage,

ne donnent droit à aucune part dans les résultats définitifs de la
société, mais seulement à une part proportionnelle dans les bénéfices périodiques. Ni le texte ni l'esprit de la loi ne paraissent
l'exiger. — Rivière, n. 13 ; Alauzet, n. 446 ; Ameline, n. 3. —
Contrà, Mathieu et Bourguignat, n. 9.

54. Le taux des obligations est également étranger à cette
règle, et sa détermination est complétement libre. — V. *Obligations*.

55. On ne pourrait, afin d'émettre des actions de moins de
500 francs, lorsque le capital est supérieur à 200,000 francs, frac-
tionner ce capital en séries distinctes inférieures à ce dernier
chiffre et devant servir à des émissions successives ; ce serait évidemment éluder les perceptions de la loi. Les émissions par séries
sont d'ailleurs prohibées alors même qu'aucune intention d'éluder
la loi n'y présiderait et qu'elles n'auraient d'autre but que de me-
surer les émissions sur la progression des besoins de la société.—
Dutruc, n. 911.

56. Ce n'est pas à dire que le capital primitif ne pourra être
augmenté. Nul doute que l'émission de nouvelles actions ne serait
parfaitement licite si, d'une part, toutes les prescriptions de la loi
étaient remplies, et si d'autre part elles avaient été autorisées, soit
par les statuts, soit par le consentement unanime des associés.
Mais cette espèce diffère entièrement de la précédente. Dans
celle-ci, en effet, le capital social, tel qu'il a été primitivement
fixé, est intégralement souscrit, puis ensuite augmenté ; dans celle-
là, au contraire, le capital n'est réalisé que par parties, et au moyen
d'émission de séries successive. — Dall., p. 187 ; Vavasseur, n. 13 ;
Rivière, n. 32 ; Alauzet, n. 448.

57. Certaines sociétés émettent des titres qui cumulent les
avantages du titre nominatif et du titre au porteur, nous voulons
parler des titres *mixtes*. Ces titres sont divisés en deux parties, la
première, qui représente le capital de l'action, est nominative ;
l'autre, qui représente les dividendes, se compose d'un certain
nombre de coupons dont chacun indique son échéance. Ces coupons sont au porteur. A chaque échéance, on en détache un et on
le touche ; quand tous les coupons ont été touchés, la société en
échange du premier titre en donne un autre également muni de
coupons. Ces titres mixtes joignent donc à la garantie de la propriété du capital, assurée par la forme nominative, la facile négociation des dividendes procurée par la forme au porteur.

58. Aux termes de l'art. 8 de la loi du 27 juin 1857 tout propriétaire d'actions a la faculté de changer ses titres nominatifs en
titres au porteur et réciproquement. Cette faculté est restreinte,
ainsi que nous l'avons vu, par les dispositions de la loi du 24 juill.
1867 qui réglemente les sociétés anonyme, et les sociétés en commandite. Aux termes de cette loi les actions de ces sociétés doivent être nominatives jusqu'à libération de moitié de leur valeur.
Après cette époque elles peuvent être mises au porteur, mais il
faut que les statuts le permettent et qu'une délibération de l'assemblée générale des actionnaires l'autorise.

59. Cette opération s'appelle *conversion*. Au point de vue fiscal la conversion est traitée comme une mutation, mais au point de vue légal, ce n'est qu'un acte de simple administration.

60. Par application de ce principe, la jurisprudence reconnaît à la femme séparée de biens, le droit de convertir ses titres nominatifs en titres au porteur, sans l'autorisation de son mari. — Paris, 13 juin 1869 (S. 69.2.321) ; Cass., 8 fév. 1870 ; *Rev. Not.*, n. 2746 ; Paris, 4 mars 1875 (S. 75.2.336) ; Cass., 15 juin 1876 (S. 76.1.344).

61. De même la conversion en titres au porteur d'actions nominatives appartenant à un mineur peut être effectué par le tuteur sans l'autorisation du conseil de famille. — Paris, 12 juill. 1869 (S. 69.2.321) ; Trib. Seine, 10 mai 1870 ; *Rev. Not.*, n. 2792 ; Paris, 11 déc. 1871 (S. 71.2.249) ; Cass., 4 août 1873 (S. 73.1. 441).

62. La question devrait être résolue dans le même sens pour les mineurs émancipés, les prodigues pourvus d'un conseil judiciaire, les héritiers bénéficiaires.

63. Mais les administrateurs d'un établissement public, d'un hospice, le maire d'une commune, le gérant d'une compagnie ou autres personnes dont le mandat est restreint aux actes de gestion, et qui n'ont le droit d'aliéner aucune portion de la fortune, même mobilière, de ceux qu'ils représentent, ne devraient pas être admis à convertir les titres qui appartiennent à ces établissements.

64. Par les mêmes motifs ou devrait refuser aussi le droit de conversion au curateur d'une succession vacante, aux administrateurs des biens d'un aliéné non interdit, aux administrateurs judiciaires des successions bénéficiaires ou litigieuses qui ne sont que des mandataires légaux chargés d'une simple gestion, qui ne peut leur donner le droit de modifier la fortune qu'ils administrent.

65. Quant au syndic de faillite, qui, lui, a le droit d'aliéner les valeurs mobilières dépendant de la faillite, mais seulement en vertu d'une autorisation régulière (C. comm., art. 486), il ne pourrait opérer la conversion sans l'autorisation du juge commissaire. — Buchère, *Dr. des opér. de Bourse*, n. 642 et suiv.

66. Pour les envoyés en possession provisoire des biens d'un absent, la question est sans intérêt pratique, car on sait qu'aux termes de l'art. 126, C. civ., ils doivent faire procéder à l'inventaire du mobilier et des titres de l'absent, et le tribunal ordonne, s'il y a lieu, la vente de tout ou partie du mobilier à charge d'emploi du prix à en provenir.

67. En principe, pour user de la faculté de la conversion, il faut avoir la pleine propriété des titres, ou du moins agir au nom du propriétaire. D'où il résulte que l'usufruitier ne pourrait demander sans le concours du nu propriétaire la conversion des titres nominatifs dont il n'a que l'usufruit, et réciproquement le nu propriétaire n'aurait pas ce droit sans le consentement de l'usufruitier.

68. Dans les sociétés anonymes à capital variable, l'action reste nominative, même après son entière libération. — L. 24 juill. 1867, art. 50.

69. Une autre exception à la faculté de conversion des titres nominatifs en titres au porteur a lieu en matière de sociétés anonymes d'assurance à primes. L'art. 3 de la loi de 1867 n'est applicable à ces sociétés que si le fonds de réserve est égal au moins à la partie du capital social non versé, et il faut en outre que ce fonds de réserve soit intégralement constitué, c'est-à-dire représente le cinquième du capital. — Décr. du 8 fév. 1868, art. 4.

70. La perte d'un récépissé ou certificat nominatif, constatant le dépôt de titres d'actions d'une compagnie industrielle effectué par un actionnaire dans la caisse de cette compagnie, ne fait pas obstacle à la restitution de ces titres; et cela alors même que d'après la formule qui y est apposée, la décharge devrait être donnée au dos même du récépissé. — Trib. comm. de Paris, 18 mai 1870 (S. 70.2.334); Buchère, n. 419.

Seulement, le déposant doit supporter les frais de l'acte de décharge à dresser pour suppléer la décharge qui devait être donnée sur le récépissé. — Même jugement.

71. Le paiement de coupons de valeurs industrielles se fait dans l'usage en mains du porteur.

La société qui a ainsi payé, se trouve donc valablement libérée, sauf circonstances exceptionnelles et très-graves, même au cas où le porteur aurait soustrait les coupons qu'il a encaissés. — Trib. com. de Marseille, 3 sept. 1877.

72. La disposition du § 6 de l'art. 943, C. proc., portant que les papiers à inventorier seront cotés et parafés, n'est pas applicable aux titres au porteur, dont cette formalité dénaturerait le caractère et gênerait la négociation; il suffit, pour assurer la conservation de ces titres, de leur description et de leur remise entre les mains d'une personne convenue ou nommée par le président du tribunal. Mais la disposition dont il s'agit est au contraire applicable aux titres industriels nominatifs. — Cass., 15 avril 1861, *Revue*, n. 9; Paris, 13 oct. 1853; 19 mai et 5 août 1857 (S. 57.2. 623); 25 janv. 1859 (S. 59.2.10); Douai, 17 janv. 1870, *Revue*, 2742. — V. *Inventaire*.

73. Cette question d'une haute importance pour le notariat était controversée parmi les auteurs. — On peut, à cet égard, voir les observations faites dans la *Revue du Notariat*, par M. C. Lansel, sous le n. 5262.

Mais, maintenant, elle est tranchée en ce sens que l'art. 943 n'est pas applicable aux titres au porteur, et que, par conséquent, les notaires doivent se dispenser de les coter et parafer. C'est ce qui résulte d'une circulaire ministérielle du 31 août 1877. — V. *Revue*, n. 5525.

74. Dans le cas de prêt d'actions industrielles, l'emprunteur qui ne les a pas restituées au jour fixé par la convention est tenu, même sans mise en demeure, d'en restituer la valeur d'après le cours du jour où la restitution devait en être opérée, et non la valeur d'après le cours du jour où la demande a été formée. Il doit pareillement les intérêts de cette valeur, mais seulement à compter du jour de la demande en justice. — Cass., 3 juin 1850 (S. 50.1.455).

75. Ce mode de prêt ne constitue pas un prêt d'argent, dans le sens de la loi du 3 sept. 1807, et dès lors les règles relatives au cours de l'intérêt lui sont inapplicables. — Paris, 12 déc. 1863 (S. 64.2.21); Cass., 8 mars 1865 (S. 65.1.171).

76. Les souscriptions d'actions ne sont soumises à aucune forme particulière ; elles sont valables et engagent les souscripteurs, quoiqu'elles ne soient pas datées et ne soient pas suivies de la signature du gérant. — Aix, 15 juin 1855 (S. 57.2.94).

Pourvu cependant que celui-ci ait fait connaître d'une manière quelconque aux souscripteurs son acceptation, sans laquelle le contrat, qui est synallagmatique, ne pourrait se former. — Vavasseur, n. 31.

77. Ainsi la demande formée par lettres missives d'un certain nombre d'actions, ou même la signature apposée sur des formules de souscription, ne constitue pas un engagement obligatoire par les souscripteurs, si elle n'a pas été suivie d'une réponse du gérant ou de toute autre acceptation qui leur soit parvenue ; cette acceptation ne résulterait pas suffisamment du visa apposé sur les lettres par le gérant, non plus que des inscriptions sans date, ni indication de noms mises sur les registres de la société. — Paris, 17 avril 1852 (S. 52.2.206).

78. La nécessité de l'acceptation du gérant et de la notification de cette acceptation aux souscripteurs étant d'ordre public, il ne pourrait y être dérogé par une clause des statuts portant que le visa apposé par le gérant sur la lettre de demande, l'union du souscripteur suppléerait à la notification de son acceptation. — Paris, 16 nov. 1853 (D. 53.2.126).

79. Lorsque le gérant allègue avoir, par une lettre missive, accepté la souscription, c'est à lui à établir que cette lettre est parvenue au souscripteur. — Paris, 11 janv. 1854 (S. 54.2.136).

80. La souscription d'actions faite entre les mains d'un agent de la société dont les pouvoirs ne seraient pas justifiés, est néanmoins valable et obligatoire si la société a poursuivi l'exécution de la souscription et rectifié ainsi l'opération d'un agent. — Cass., 12 nov. 1867 (S. 68.1.68).

81. Il en serait de même si la souscription avait été faite entre les mains d'un mandataire verbal, alors que cette souscription a depuis été acceptée et rectifiée par le gérant. — Cass., 14 mars 1860 (S. 60.1.863).

82. Les obligations mensongères contenues dans des prospectus destinés à annoncer une souscription à des actions dans une société ou compagnie industrielle, ne sont une cause de nullité de ces souscriptions qu'autant que ces obligations ont exercé une influence décisive sur l'esprit des souscripteurs, qui, sans ces obligations, n'auraient pas contracté. Et l'arrêt qui décide, par appréciation de la cause que les obligations dont il s'agit n'ont pas exercé une influence décisive sur les souscripteurs qui avaient à leur disposition le moyen de vérifier les faits annoncés, ne viole aucune loi. — Cass., 14 juill. 1862 (S. 62.1.849).

83. La souscription est irrévocable et définitive après la constitution de la société, en sorte que l'employé qui a souscrit des actions à titre de cautionnement des fonctions qui lui étaient confiées, ou l'écrivain qui, comme condition de son entrée à un journal, a souscrit des actions de la société de ce journal, conservent vis-à-vis des tiers la qualité d'actionnaire, malgré leur retraite de la société, et ne peuvent se soustraire au versement du montant de ces actions, s'il n'a pas encore été effectué, ni dans le cas contraire, en réclamer la restitution, sous l'offre d'en remettre les titres. — Cass., 15 juill. 1863 (Dall. 63.1.347); Paris, 9 mai 1868 (S. 68.2. 280).

84. Dans le cas d'augmentation du capital social par une société financière ou industrielle, par la création de nouvelles actions, dont la souscription est réservée aux propriétaires des actions primitives, au prorata du nombre de leurs titres, comme compensation de la dépréciation causée aux anciennes actions par les nouvelles, le droit compétent à cet égard à une femme dotale qui se trouve actionnaire ne peut être exercé qu'à son profit.

Par suite, la compagnie est fondée à refuser d'admettre la souscription proposée par le mari pour son compte ou celui de la communauté d'acquêts, et exclusive de la dotalité des nouveaux titres. — Trib. Seine, 23 déc. 1862, *Revue*, n. 430.

85. Si la disposition de l'art. 2279, C. civ., portant qu'en fait de meubles la possession vaut titre, peut être étendue aux actions au porteur, et établit en faveur du détenteur de ces effets une présomption qui le dispense de prouver qu'il en est propriétaire, il n'en est pas de même pour les actions nominatives; et, dès lors, la possession du certificat délivré au titulaire d'actions de cette sorte, qui aurait même de bonne foi la portée qui assigne ce titulaire pour le faire condamner à les lui transférer, ne l'affranchit pas de l'obligation de justifier sa demande. — Cass., 4 juill. 1876 (S. 77.1.105).

C'est là un point incontestable, et il est certain que la maxime dont il s'agit ne peut concerner que les meubles corporels, ceux-là qui sont susceptibles d'une tradition manuelle et d'une rétention réelle. Les droits incorporels, tels que créances, obligations, actions légales, se trouvent donc par leur nature même exclus de son application. — Cass., 7 fév. 1849 (S. 49.1.170); Troplong, *Prescript.*, t. 2, n. 1065; Buchère, *Val. mobil.*, n. 134 et 423.

86. Si ce principe reçoit une exception en ce qui touche celles de ces créances et obligations qui seraient représentées par un titre au porteur, la raison en est que, dans ce cas, l'existence de la créance constatée par le titre se confond avec lui parce que d'après l'art. 35, C. comm., la tradition manuelle du titre opère la cession de la créance. Mais la règle subsiste relativement aux créances nominatives pour lesquelles il n'y a pas, à proprement

parler, de titres indépendants de l'inscription qui sur les registres
de sociétés par actions constate l'obligation de celles-ci envers
chacun de leurs membres. — Cass., 23 janv. 1860 (S. 60.1.543);
Paris, 19 déc. 1871 (S. 71.2.274); Nancy, 8 fév. 1873 (S. 73.2.205);
Paris, 23 mai 1873 (S. 73.2.248); Pau, 12 janv. 1874 (S. 76.2.2);
Paris, 19 janv. 1875 (S. 76.2.3); Troplong, *loc. cit.;* Marcadé,
sur l'art. 2279 et 2280 ; Aubry et Rau, 4e édit., t. 3, § 183, n. 26 ;
Buchère, *ubi suprà*, n. 831 et suiv. ; de Folleville, *Meubles et Titres
au porteur*, n. 55 *bis* et suiv.

87. Les actions ou coupons d'actions sont négociables après le
versement du quart (L. 24 juill. 1867, art. 2). Il ne faut pas conclure cependant que les actions ou coupons d'actions, non encore
libérées à concurrence du quart, soient frappés d'une indisponi-
bilité absolue. Ce que la loi prohibe, c'est la cession par les voies
commerciales, mais la propriété de ces actions en est transmissible par toutes les autres voies que reconnaît la loi civile ; acte notarié, acte sous seing privé, disposition entre-vifs, disposition testamentaire.

Le but du législateur a été d'empêcher ainsi le jeu, l'agiotage ;
mais il n'a jamais entendu interdire la transmission du titre,
lorsque le mode de transmission exclut chez ceux qui l'emploient
les manœuvres frauduleuses d'une part, l'entraînement et l'irré-
flexion de l'autre.

88. La transmission des actions industrielles nominatives est
faite soit par voie d'endossement, soit par un transfert inscrit sur
les registres de la société suivant le mode déterminé par les statuts. La plupart sont cotées à la Bourse et doivent être négociées
par le ministère d'agent de change. Celles qui n'admettent pas ce
genre de négociation se transmettent d'après les règles prescrites
par le Code civil pour le transport des droits incorporels. — Dutruc, n. 89.

89. Le titulaire d'actions nominatives en vertu d'un transfert
pur et simple inscrit sur les registres sociaux en est réputé propriétaire ; il ne peut prétendre en l'absence de toute preuve qu'il
les détient non à titre de propriété, mais à titre de nantissement, et
que dès lors il n'est point obligé comme associé. — Lyon, 8 août
1873 (S. 74.2.105).

90. Si l'inscription sur les registres d'une société anonyme du
transfert d'une action nominative constitue la preuve complète de
la propriété du titulaire, cette preuve peut être détruite par la
preuve contraire. — Cass., 17 déc. 1873 (S. 74.1.409).

91. Les actions nominatives dépendant d'une succession doivent être transférées au nom des héritiers et non pas au nom des
exécuteurs testamentaires. — Orléans, 5 fév. 1870 (S. 70.2.
257).

C'est une solution incontestable, l'exécuteur testamentaire
n'étant qu'un mandataire et, aurait-il la saisine, il n'a seulement
que la détention et non la propriété des valeurs mobilières comprises dans la saisine. — Furgole, *Test.*, chap. 10, sect. 4, n. 13 ;
Demol., *Donat. et Test.*, t. 5, n. 5 et 45.

92. Le transfert des actions, qu'il ait lieu à titre gratuit ou à titre onéreux, forme par la seule substitution sur les registres de la société du nom du cessionnaire à celui du cédant, preuve écrite et complète du droit de propriété de celui au profit duquel a été faite l'inscription, ainsi que du dessaisissement du cédant, qui, du moment où la mutation a été opérée, a perdu toute espèce de droit sur les valeurs cédées. — Cass., 13 nov. 1867 (S. 67.1.422); Demol., *Donat.*, t. 3, n. 106 et 107 ; Aubry et Rau, 3e édit., t. 5, § 659, p. 481 et 482.

93. Et cette preuve ne peut. en l'absence de tout commencement de preuve par écrit ou de toute circonstance de dol ou de fraude, être détruite par la preuve testimouiale ou par de simples présomptions tendant à établir que le cédant n'a pas eu l'intention de transmettre au cessionnaire la propriété des valeurs, objet du transfert. — Même arrêt.

94. L'action nominative contient quelquefois la clause *à ordre*, c'est-à-dire que le titre énonce que les dividendes de l'action doivent être payés et le capital remboursé, s'il y a lieu, à telle personne ou à son ordre. Cette dernière mention indique que le propriétaire peut, par une simple déclaration inscrite sur le titre même, en transférer la propriété à toute personne qu'il aura nommément désignée. La déclaration dont s'agit, faite ordinairement au dos du *verso* du titre, se nomme endossement, et le cédant dont elle émane prend le nom d'endosseur.

95. L'endossement, pour être valable, doit contenir: 1° la désignation de la personne au profit de laquelle il est passé; 2° la date du jour, mois et an ; 3° l'expression de la valeur fournie ; 4° la désignation de l'endosseur. — C. comm., art. 137.

96. L'endossement régulier transmet à la personne au profit de laquelle il est passé la propriété de l'action avec tous ses accessoires, c'est-à-dire le droit de toucher la part de dividendes échus ou à échoir afférente à l'action transmise, et celui de prendre une part proportionnelle à la distribution de l'actif social lors de la liquidation de la société.

97. Il faut bien se garder d'étendre à la transmission des actions la conséquence que l'endossement produit en matière d'effets de commerce. Par une dérogation importante au droit commun, l'endosseur d'un effet de commerce garantit non-seulement l'existence de la créance, mais encore la solvabilité du débiteur à l'échéance. Au contraire, celui qui cède une action commerciale, soit par voie d'endossement, soit à plus forte raison par voie de transfert, ne garantit ni le paiement des demandes qui y sont attachées ni le remboursement du principal de l'action. Le souscripteur primitif de l'action est seul tenu lorsqu'il le cède, de se porter garant du versement du montant de la souscription.

98. L'endossement régulier d'une action a pour effet d'en transférer la propriété, non-seulement entre les parties, mais encore au regard des tiers, sans qu'il soit besoin de signification faite au siége de la société ni d'acceptation authentique de la part de celle-ci: une fois l'endossement passé, les créanciers de l'actionnaire endosseur ne pourraient plus saisir-arrêter entre les mains de la société les dividendes futurs afférents à son action.

99. L'endossement auquel manque la signature de l'endosseur est nul. Celui auquel manque le nom de l'endossataire ou la date est simplement irrégulier, et ne laisse pas de produire certains effets. Il vaut comme simple procuration plus ou moins large suivant l'énonciation qui y manque.

100. La doctrine antérieure au Code de commerce décidait presque unanimement que le porteur d'un endossement ne pouvait, à son tour, par un endossement régulier, transférer la propriété du titre à une tierce personne, car, disait-on, n'étant pas lui-même propriétaire du titre, il ne pouvait pas en rendre un autre propriétaire. — Pothier, *Contrat de change*, 41 et 89.

101. Mais dans l'intérêt de la pratique, où les endossements irréguliers sont très-nombreux, la doctrine et la jurisprudence moderne s'accordent pour décider que l'endossement irrégulier vaut procuration de négocier le titre endossé, et que le porteur d'un tel titre a qualité pour en transférer la propriété, sinon comme propriétaire, du moins comme mandataire du propriétaire. — Pardessus, t. 2, p. 354 ; Bravard-Veyrières, t. 2, p. 244 et suiv.

§ 2. — Des actions au porteur.

102. Les actions au porteur sont transmissibles par la simple remise du titre lui-même (C. comm., art. 35), ce qui n'empêche pas qu'elles peuvent être négociées à la Bourse par le ministère d'agent de change.

Mais elles n'ont ce caractère de transmissibilité que pendant la durée de la société qui les a émises. Après la dissolution de la société, ce ne sont plus que des créances ordinaires dont la cession est soumise aux règles du droit commun. — Paris, 15 fév. 1851 (S. 51.2,78).

103. Elles peuvent être données en nantissement au moyen d'un endossement régulier indiquant qu'elles ont été remises à titre de garantie. — L. 23 mai 1863, C. comm., art. 91.

Lorsque ce nantissement est commercial, le créancier peut à défaut de paiement à l'échéance, et huit jours après une signification faite au débiteur et au tiers bailleur, s'il y en a un, faire procéder à la vente à la Bourse, et par le ministère d'agent de change, des actions cotées ou susceptibles d'être cotées qui lui ont été remises en nantissement. — C. comm., art. 93 ; Buchère, n. 806.

104. La loi du 15 juin 1872 a fait disparaître les controverses qui avaient été soulevées relativement aux questions que faisait naître la perte d'un titre au porteur. — V. *Rép., Revue*, v° *Titres au porteur.* V. *Revue*, n. 4087.

105. D'après cette loi, le propriétaire de titres au porteur qui en est dépossédé par un événement quelconque, doit immédiatement en avertir l'établissement débiteur, en faisant notifier par acte d'huissier au siége de la société une opposition rédigée dans la forme ordinaire des actes judiciaires et contenant, en outre, le nombre, la nature, la valeur, le numéro et, s'il y a lieu, la série des titres perdus ; cet acte contient de plus, à titre de renséignement et autant que possible, l'indication de l'époque et du lieu où l'actionnaire est devenu propriétaire, ainsi que le mode de son acquisition, de l'époque et du lieu où il a touché les derniers intérêts ou dividendes et des circonstances qui ont accompagné la dépossession. Le même acte doit contenir une élection de domicile dans la commune du siége de la société. — L. 15 juin 1872, art. 1 et 2.

106. L'actionnaire qui veut prévenir la négociation de son titre doit notifier au syndicat des agents de change de le ville de Paris une opposition semblable à celle qu'il a adressée à la société qui a émis les titres et, par même acte, une réquisition de publier les numéros des titres perdus. Cette publication doit avoir lieu au plus tard un jour fixé après l'opposition, dans un bulletin quotidien, par le soin du syndicat des agents de change, qui est garant de la publication des titres dont les numéros lui ont été notifiés et responsable des préjudices qu'aura pu courir l'actionnaire par le défaut de publication. Cette publication se fait d'ailleurs aux frais de l'opposant. — L. 15 juin 1872, art. 11 ; Déc. 10 avril 1873, art. 1, 2, 3.

107. Ces dispositions ont pour but de faire connaître au public et principalement aux agents de change, intermédiaires obligés des négociateurs, les titres qu'il importe de ne pas laisser négocier, tant dans l'intérêt de l'opposant à qui ils appartiennent que dans celui des tiers de bonne foi qui, en acquérant ces titres, s'exposeraient à la revendication du véritable propriétaire.

108. Il résulte de ces mesures préventives qu'à moins d'opposition formée irrégulièrement ou sans droit, à partir de la publication des titres dans le bulletin ou du jour où le bulletin est parvenu ou aurait dû parvenir par la poste au lieu où la négociation a été effectuée, toute négociation ou transmission par voie quelconque des titres perdus est réputée nulle et non avenue au regard de l'opposant. — L. 15 juin 1872, art. 12.

109. Que si l'opposition est nulle ou mal fondée ou que la négociation ait eu lieu antérieurement à la publication, cette négociation n'est point pour cela inattaquable ; mais elle ne peut être attaquée que par la voie de la revendication des titres exercée dans les termes du droit commun ; en cela il n'est pas dérogé aux dispositions des art. 2279 et 2280, C. civ., L. 15 juin 1872, art. 14.

110. Ainsi l'acquéreur des titres négociés au mépris des prohibitions ci-dessus peut recourir en garantie contre son vendeur, c'est le droit commun. Il a également un recours exceptionnel contre l'agent de change qui a été chargé de la négociation, mais ce recours ne peut s'exercer que dans les trois cas suivants : si l'agent de change qui a conclu le marché était de mauvaise foi ; si les numéros du titre lui ont été personnellement notifiés ; et s'ils ont été publiés dans le *Bulletin quotidien*. — L. 15 juin 1872, art. 12.

111. Un an après la signification de l'opposition au siége de la société, si dans cet intervalle ont eu lieu au moins deux distributions de dividendes, l'opposant peut présenter requête en la forme ordinaire au président du tribunal civil de son domicile, aux fins de se faire autoriser à toucher les dividendes échus ou à échoir, même le capital des titres dans le cas où il serait devenu exigible. — *Id.*, art. 3.

112. Si le président refuse son autorisation, l'opposant peut se pourvoir contre sa décision par voie de simple requête devant le tribunal, qui statuera, le ministère public entendu. *Id.*, art. 7. La requête, dans ce cas, n'étant pas un recours contre l'ordonnance du président, mais seulement une tentative d'une nouvelle épreuve, on doit admettre que le jugement rendu par le tribunal est susceptible d'appel conformément au droit commun. — Buchère, *Revue pratique*, t. 35, p. 129 et suiv.

113. Il y a des titres qui, à raison de leur moindre importance, peuvent être touchés sans autorisation; ce sont les coupons de dividendes détachés du titre. Trois ans après l'échéance et l'opposition, si elle n'a pas été contredite, l'opposant peut les toucher sans fournir aucune caution et sans obtenir d'autorisation. — *Id.*, art. 8.

114. Si le président ou le tribunal accordent leur autorisation, l'opposant est admis à toucher les intérêts, dividendes ou capitaux afférents à son titre, en fournissant sûreté pour le remboursement de ces sommes au cas où il serait ultérieurement évincé. La loi lui donne le choix entre trois sûretés; il peut : 1° fournir une caution bonne et valable dont l'engagement équivaille au montant des annuités exigibles et au double du montant de la dernière annuité échue.

2° Demander purement et simplement le dépôt, à la caisse des dépôts et consignations, du montant des sommes qu'il est autorisé à toucher.

3° Enfin constituer un nantissement suffisant en valeurs mobilières, notamment en rente sur l'Etat. — *Id.*, art. 4.

115. La caution constituée pour sûreté des capitaux est déchargée dix ans après l'époque de l'exigibilité et cinq ans après celle de l'autorisation, si l'opposition n'a pas été contredite; s'il n'y a pas eu de caution fournie, les valeurs pourront être retirées de la caisse des dépôts et consignations, ou le nantissement est restitué au bout du même laps de temps. — *Id.*, art. 5.

116. La caution fournie pour sûreté des intérêts et dividendes est libérée dans un délai beaucoup plus court, deux ans après l'autorisation si l'opposition n'a pas été contredite, et ce délai s'applique aux valeurs consignées et au nantissement fourni. — *Id.*, art. 4.

117. Les paiements faits à l'opposant suivant les règles ci-dessus posées, libèrent l'établissement débiteur envers les tiers porteurs qui se présenteraient ultérieurement, et ceux-ci n'ont plus que le recours contre l'opposant dont l'opposition serait mal fondée. — *Id.*, art. 9.

118. Si, avant que la libération de l'établissement débiteur soit accomplie, il se présente un tiers porteur des titres frappés d'opposition, cet établissement doit provisoirement retenir ces titres contre récépissé délivré au tiers porteur, jusqu'à ce que la question de la propriété du titre ait été judiciairement tranchée entre lui et l'opposant. — *Id.*, art. 10.

119. Quant après un certain temps, il y a de fortes probabilités que le titre perdu ne sera pas représenté, l'opposant peut obtenir de la société un duplicata de ce titre. Pour consacrer ce résultat, la loi exige quatre conditions. Il faut : 1° que l'opposant ait obtenu l'autorisation judiciaire de l'art. 3 ou de l'art. 7 ; 2° qu'un laps de dix ans se soit écoulé depuis cette autorisation ; 3° que, pendant ce laps de temps, l'opposition faite au syndicat des agents de change ait été publiée dans le *Bulletin quotidien*, conformément à l'art. 11 ; enfin que, pendant le même temps, la société n'ait pas suspendu la distribution de ses intérêts ou de ses dividendes.

Moyennant ces conditions l'opposant se fera délivrer à ses frais un titre nouveau qui portera le numéro de l'ancien titre, et la mention qu'il est délivré en duplicata. — *Id.*, art. 15.

120. Comme conséquence de la délivrance du nouveau titre, l'opposant est investi de tous les droits que lui conférait la possession de l'ancien titre, et l'ancien titre est frappé de déchéance, en quelques mains qu'il se trouve, et le droit du tiers porteur est réduit à une créance personnelle contre l'opposant dont l'opposition serait mal fondée.

121. La loi cependant a voulu que le tiers porteur soit averti de cette déchéance, elle exige donc que le numéro du titre périmé soit publié pendant dix ans encore au *Bulletin quotidien* aux frais de l'opposant.

122. La loi nouvelle n'a rien innové aux principes qui concernent la preuve de la propriété. A quelque moment que le tiers porteur se présente pour discuter cette question contradictoirement avec l'opposant, c'est à ce dernier à justifier qu'il est propriétaire du titre, et que son opposition était fondée en droit.

123. Cependant, lorsqu'il s'est écoulé trente ans depuis le jour ou le tiers porteur a été mis en demeure de se présenter, ces rôles sont intervertis, c'est au tiers porteur à prouver qu'il est propriétaire.

124. Enfin, quand il s'est écoulé trente ans depuis l'obtention du titre nouveau, la péremption de l'ancien titre est définitivement acquise, et le tiers porteur n'a plus rien à réclamer à l'opposant.

125. De même le droit pour le tiers porteur de réclamer la restitution des dividendes dure cinq ans, à compter de leur échéance à quelque époque qu'ils aient été touchés, que la caution soit ou non déchargée, ou le nantissement restitué.

126. Lorsqu'un titre au porteur n'a point été perdu ou volé, mais détruit d'une manière absolue par un cas fortuit, comme un incendie ou un naufrage, le propriétaire de ce titre peut contraindre l'établissement débiteur à lui délivrer à ses frais, et sans aucune formalité ni sûreté, un duplicata du titre anéanti. — Trib. Seine, 30 déc. 1859, et 3 mai 1862.

127. Les dispositions de la loi du 15 juin 1872 ne concernent que les titres privés au porteur, à savoir les actions et obligations dans les compagnies de finances, de commerce et d'industrie, et en outre, parmi les effets publics, les titres émis par les départements, les communes et les établissements publics. Les billets de la Banque de France et ceux de même nature émis par des établissements légalement autorisés, les rentes au porteur sur l'Etat, et les autres effets au porteur émis par l'État, tels que les bons du trésor sont soumis à des règlements spéciaux. — L. 15 juin 1872, art. 16. — V. *Action de la Banque de France, Effets publics.*

128. La présomption de propriété résultant de l'art. 2279, C. civ., en faveur du possesseur d'un titre au porteur, ne peut être invoqué qu'à l'encontre de l'action du propriétaire en revendication; elle ne concerne pas l'action en responsabilité intentée contre l'établissement débiteur qui a payé le montant du titre au mépris d'une opposition à lui signifiée. — Cass., 29 déc. 1874 (S. 75.1. 289).

129. Le propriétaire de titres au porteur ne peut les revendiquer entre les mains d'un tiers de bonne foi à qui ils ont été transmis par suite d'un abus de confiance, lorsque cette transmission est antérieure à la publication de l'opposition. — Cass., 14 juill. 1874 (S. 75.1.23); Angers, 3 déc. 1873 (S. 74.2.84).

130. L'acheteur de bonne foi d'un titre au porteur volé peut, immédiatement après l'opposition formée dans les bureaux de la compagnie par le propriétaire, poursuivre contre son vendeur le remboursement du prix. — Gand, 30 juill. 1874 (S. 76.2.248).

Par cet arrêt, la Cour de Gand, tout en ne s'appuyant pas sur la loi de 1872 qui n'est pas encore passée dans la légation belge, fait l'application des règles générales des contrats, particulièrement des art. 1604 et 1625, C. civ., spéciaux à la vente, et décide justement que, postérieurement à l'opposition et jusqu'à sa mainlevée, les titres devenant intransmissibles, les intérêts ne pouvant plus être touchés, l'acheteur n'a pas réellement le titre vendu en sa possession et puissance, et qu'il est en droit, par suite, de dénoncer la résiliation de la vente.

131. Les tribunaux civils sont compétents, à l'exclusion des tribunaux de commerce pour connaître des demandes en délivrance de nouveaux titres au porteur, en remplacement de ceux qui ont été détruits, volés ou perdus, alors même que la perte en est antérieure au jour où la loi du 15 juin 1872 est devenue exécutoire. — Trib. comm. Seine, 5 oct. 1872 (S. 72.2.208).

CHAPITRE III.

OBLIGATIONS ET DROIT DES ACTIONNAIRES.

132. Dans les diverses sociétés commerciales, les obligations des actionnaires sont très-nombreuses; par exemple, dans la société en commandite, la défense de s'immiscer dans la gestion;

dans toutes les sociétés, les obligations accessoires résultant des statuts. Leurs droits sont aussi nombreux : droit de voter dans les assemblées générales, droit d'intenter par mandataire une action contre le gérant ou les membres du conseil de surveillance. Mais, comme nous ne nous occupons ici que des actions, nous ne parlerons que des obligations et des droits qui y sont directement relatifs.

A ce point de vue, les actionnaires ne sont astreints qu'à une seule obligation, le versement de la mise, et il ne leur compète qu'un seul droit, celui de toucher les dividendes.

§ 1er. — Versement de la mise.

133. Tout actionnaire, soit dans la commandite, soit dans la société anonyme, est tenu directement et personnellement envers la société du montant de la mise qu'il a souscrite. S'il ne verse pas cette mise dans le délai convenu, les intérêts commencent à courir de plein droit contre lui à partir du jour de l'échéance. — Art. 1846, C. civ.; Aix, 14 nov. 1860 (S. 61.2.180).

134. Mais, en cas de faillite de la société, les intérêts des sommes à verser sont dus à partir seulement du jour de la demande et non à partir du jour de la déclaration de faillite; ici n'est pas applicable la règle de l'art. 1846, C. civ.—Paris, 23 juin 1857 (S. 59.2.126).

135. L'assuré qui n'a pas réalisé son apport ne peut s'affranchir du paiement des intérêts de sa mise en excipant soit de ce que les autres associés auraient de leur côté prélevé sur les bénéfices l'intérêt de leur apport, soit de ce que le défaut de versement n'aurait causé aucun préjudice à la société. — Aix, 1er mars 1869 (S. 70.2.73).

136. Lorsque d'après les statuts d'une société les souscripteurs d'actions en retard de faire leur versement sont passibles de l'intérêt des sommes non versées, la société ne peut qu'exiger d'eux l'intérêt du retard, mais non retenir les coupons et dividendes offérents à leurs actions, lesquels continuent à leur appartenir. Par suite, les actionnaires sont fondés à compenser ces coupons et dividendes avec les versements non opérés, déduction faite des intérêts de retard. — Paris, 8 nov. 1865.

137. Pendant la durée de la société, ce sera la société qui pourra exiger le versement de la mise, et cela par l'organe de ses mandataires, gérants ou administrateurs; après la dissolution de la société cette fonction passe aux liquidateurs.

138. Le cessionnaire d'actions dans une société anonyme, poursuivi par les liquidateurs de la société en versement du complément de ces actions, ne peut pour s'y soustraire, exciper de ce qu'il y aurait eu dol et fraude dans la cession qui lui a été faite: la société ne pouvant être responsable d'un fait qui lui est complétement étranger. — Dijon, 10 avril 1867 (S. 68.2.275).

139. Les créanciers de la société peuvent aussi agir contre les actionnaires en versement des apports comme exerçant les droits de leur débitrice en vertu de l'art. 1166, C. civ. Mais n'ont-ils que cette action détournée et n'ont-ils pas une action directe ?

La question après avoir été controversée ne fait plus doute, et la doctrine et la jurisprudence sont d'accord sur ce point. Ainsi :

140. Les créanciers d'une société en commandite par actions ont, au cas où la société a été déclarée nulle, une action directe contre les commanditaires pour les contraindre au versement de leur mise sociale. — Cass., 24 juill. 1861 (S. 62.1.210).

141. Il en est de même au cas de liquidation ou de dissolution de la société. — Aix, 13 août 1860 (S. 61.2.147) ; Lyon, 2 fév. 1864 (S.64.2.259) ; Cass., 9 fév. 1864 (S. 64.1.89) ; Degeville, *C. comm.*, t. 1, p. 102 ; Persil, n. 103 ; Malpeyre et Jourdain, p. 156 ; Troplong, *Société*, n. 825 ; Bédarride, t. 1, 237 ; Pont, *Rev. crit.*, t. 1, p. 390 et suiv. ; Alauzet, n. 313.

142. Et au cas où la société est tombée en faillite. — Aix, 13 août 1860 ; Cass., 24 juill. 1861, précités.

143. Pareillement, les créanciers de la société, ou, au cas de faillite de cette société, les syndics pour eux, ont qualité pour exercer contre les actionnaires l'action en répétition des dividendes touchés par eux lorsque la société se trouvait en perte. — Cass., 3 mars 1863 (S. 63.1.137).

144. De même encore, les syndics de la société tombée en faillite sont fondés à exercer contre les actionnaires, une action directe en rapport des sommes qui leur ont été remboursées indûment par le gérant pour le rachat de leurs actions, ainsi qu'en paiement de celles restant dues sur chaque action souscrite. — Paris, 3 juin 1856 (S. 57.2.136) ; Cass., 6 nov. 1865 (S. 66.1.109) ; Cass., 14 déc. 1869 (S. 70.1.165).

145. Jugé encore que les créanciers d'une société en commandite par action ont, après la dissolution de cette société, une action individuelle et directe contre les actionnaires pour les contraindre au rapport de sommes qu'ils ont retirées sur leur mise sociale.— Poitiers, 30 janv. 1867 (S. 67.2.350).

146. En conséquence, c'est à tort que le tribunal saisi de cette action individuelle renvoie les créanciers à se pourvoir en nomination d'un liquidateur chargé de poursuivre dans un intérêt collectif, les répétitions dont les actionnaires peuvent être tenus : ce mode de procéder étant non point obligatoire mais facultatif pour les créanciers, libres dès lors de donner la préférence à l'action individuelle. Cette nomination d'un liquidateur peut dans tous les cas être demandée par les commanditaires eux-mêmes. — Même arrêt.

147. Tout souscripteur, soit qu'il transmette son action, soit qu'il la conserve, est tenu personnellement et sur tous ses biens, du montant intégral de son action ; il est tenu tant envers la société, qu'envers les créanciers sociaux. —L. 17 juill. 1856, art. 3 ; 23 mai 1863, art. 3 et 5 ; Cass., 22 nov. 1869 (S. 70.1.55) ; Paris, 15 juill. 1871 (S.72.1.406) ; Cass., 20 fév. 1872 (S.72.1.38) ; Vavasseur, n. 117, Mathieu et Bourguignat, p. 21 et suiv.

148. Mais à ce principe si absolu une exception a cependant été apportée par la loi de 1867, art. 3.

« Il peut être stipulé, mais seulement par les statuts constitutifs de la société, que les actions ou coupons d'actions peuvent, après avoir été libérées de moitié, être converties en actions au porteur par délibération de l'assemblée générale.

« Soit que les actions restent nominatives après cette délibération, soient qu'elles aient été converties en actions au porteur, les souscripteurs primitifs qui auront aliéné leurs actions et ceux auxquels ils les auront cédées, avant le versement de moitié, restent tenus en paiement du montant de leurs actions pendant deux ans, à partir de la délibération de l'assemblée générale. »

149. Cette exception peut se formuler ainsi : tout souscripteur qui a cédé son action est libéré pourvu que les quatre conditions suivantes soient remplies.

1º Que les statuts constitutifs de la société aient, par une clause formelle, réservé la possibilité d'user de cette exception ;

2º Que toutes les actions aient été libérées de moitié ;

3º Que l'assemblée générale ait autorisé la libération du souscripteur ;

4º Que deux ans se soient écoulés depuis cette autorisation de l'assemblée générale.

150. Le cessionnaire succédant à tous les droits et à toutes les charges qui incombent au souscripteur primitif, sa responsabilité se règle d'après le même principe et la même exception que la responsabilité de ce dernier.

151. Mais en est-il de même à l'égard des cessionnaires intermédiaires ? La question est controversée, cependant l'opinion qui veut que les cessionnaires intermédiaires soient affranchis de toute responsabilité est la plus généralement adoptée.—Comp., Alauzet, n. 454 ; Vavasseur, n. 425 ; Mathieu et Bourguignat, n. 34. Rivière, n. 38.

152. Mais si le cessionnaire ne fait pas les versements exigibles il ne pourra bien entendu, se prévaloir des avantages attachés à son action, en toucher les dividendes ; il devra ou exécuter l'obligation ou abandonner son action. C'est l'action elle-même alors qui répond de sa valeur, elle est vendue à la Bourse, et le prix obtenu sert à la libérer.

153. Celui qui a pris des actions dans une société en commandite ne peut opposer aux intéressés, quels qu'ils soient, associés commanditaires ou créanciers, une convention intervenue entre lui et le gérant d'après laquelle il aurait le droit de rendre ses actions quand il lui plairait et d'en reprendre le prix. — Paris, 3 juin 1856 et 9 juill. 1856 (S. 59.2.544).

154. Est valable la clause d'un acte de société qui donne à la société le droit de vendre les actions des souscripteurs en retard de verser leur mise et de s'approprier l'intégralité du prix, fût-il supérieur à la somme due par l'actionnaire. — Cass., 14 fév. 1872 (S. 72.1.321).

§ 2. — Perception des dividendes.

155. Dans toute société, tout associé a droit à une part des bénéfices proportionnels à sa mise, sauf les stipulations contraires (art. 1853, C. civ.). Dans les sociétés par actions, on appelle *dividendes* les parts égales de bénéfices correspondantes aux actions ou parts égales au capital social.

156. On entend par dividendes *réels* ceux qui se composent de bénéfices effectivement réalisés par la société, et par dividendes *fictifs* ceux que les gérants ou administrateurs, dans le but de tromper les actionnaires et les tiers, prélèvent sur le capital social en l'absence de tout bénéfice.

157. Les dividendes réels ne sauraient être sujets à rapport, quel que soit plus tard le sort de la société. La raison en est que l'actionnaire les touche en qualité de fruits de son apport, et du risque qu'il court de le perdre ; de plus, l'actionnaire qui, en principe, n'est pas tenu au delà de sa mise, serait exposé à se ruiner en rapportant des sommes touchées plusieurs années auparavant et depuis longtemps dépensées. — Bédarride, t. 2, p. 226 ; Molinier, n. 555.

158. L'actionnaire a donc le droit de réclamer sa part dans les bénéfices réellement acquis après chaque inventaire ; mais, s'il ne le fait pas, s'il ne perçoit pas ses dividendes, produiront-ils intérêt ?

Non, s'il les laisse déposés dans la caisse sociale, il n'est alors, vis-à-vis de la société, que créancier ; or une créance ne devient productive d'intérêt que par la demande en justice. Mais si la société dépose ces fonds à la caisse des dépôts et consignations, ou autre caisse publique, elle en doit l'intérêt au titulaire qui ne s'est pas présenté. — Paris, 19 nov. 1836.

159. Si l'actionnaire laisse accumuler ses bénéfices dans la caisse sociale, pourra-t-il, en cas de liquidation, se faire restituer ces sommes avant le paiement des dettes sociales et, en cas de faillite, se présenter comme créancier ? L'affirmative est généralement admise. — Paris, 30 mars 1841.

160. Mais si c'est par stipulation que les dividendes ont été laissés dans la caisse sociale, il n'y a aucun doute à avoir, c'est évidemment un prêt, et il faut en appliquer les règles.

161. L'actionnaire qui a touché des dividendes fictifs pris sur le capital en doit-il le rapport ? La question s'était élevée sous la loi de 1856, et l'incertitude régnait en doctrine et dans les arrêts. La loi du 24 juill. 1867 vint y mettre un terme en déclarant « qu'aucune répétition de dividendes ne peut être exercée contre les actionnaires, si ce n'est dans le cas où la distribution en aura été faite en dehors de tout inventaire ou des résultats constatés par l'inventaire. — Art. 10, § 3.

162. L'action en répétition se prescrit en faveur de l'actionnaire par cinq ans, à dater du jour fixé pour la distribution des dividendes, même loi, art. 10, § 4. — Ce n'est pas le jour du paiement des dividendes, mais le jour de leur exigibilité qui sert de point de départ à la prescription, ce point de départ a l'avantage d'être uniforme pour tous les actionnaires.

163. Le droit d'intenter cette action appartient, pendant la société, aux gérants, aux administrateurs, aux créanciers qui l'exerceront d'abord contre le gérant, puis contre l'actionnaire subsidiairement. En cas de faillite, elle appartient aux syndics. Cette répétition ayant pour but la reconstitution du capital social et, par suite, un but commercial, la juridiction consulaire est seule compétente. — Rouen, 25 nov. 1861 et Cass., 3 mars 1863 (S.63.1. 137). — *Contrà*, Cass., 8 mai 1867 (S. 67.1.313).

164. Il est d'usage de stipuler dans la plupart des sociétés par actions que les propriétaires d'actions de capital toucheront, outre les dividendes afférents à leurs actions, les intérêts à un taux déterminé du capital qu'ils ont versé. Cette convention ne saurait souffrir de difficultés si la société est florissante ; ce n'est qu'en cas d'insuffisance des bénéfices que l'on peut se demander quelle portée il faut donner à cette stipulation. — Bédarride, n. 225 ; Alouzet, n. 156.

165. Avant la loi de 1867 la question faisait doute, et la jurisprudence tantôt admettait, tantôt niait la validité d'une semblable convention. Mais, sous l'empire de la loi nouvelle, la question est tranchée : la stipulation d'intérêts est parfaitement valable entre les associés ; mais les intérêts sont à l'égard du tiers entièrement assimilés aux dividendes et sujets à la même cause de répétition. Si la loi ne s'en explique pas formellement, c'est du moins ce qui résulte des documents législatifs où l'intérêt est toujours mentionné en même temps que le dividende. — V. S. lois annotées de 1867 ; Rivière, *Comment.*, n. 104 ; Vavasseur, n. 179 ; Alauzet, t. 1, n. 493 ; Mathieu et Bourguignat, n. 91.

166. Du reste, la jurisprudence est en ce sens, ainsi il a été jugé que :

L'actionnaire est tenu de rapporter les sommes qu'il a touchées à titre d'intérêts avant la faillite de la société, lorsque, d'une part, il est dit dans les statuts que les intérêts seraient prélevés sur les produits ou bénéfices des opérations sociales, et que, d'autre part, il est constant que la société n'a jamais fait de bénéfices. — Cass., 15 nov. 1869 (S. 70.1.216).

167. Malgré la clause d'un acte de société stipulant au profit des actionnaires le droit de toucher un intérêt annuel de leur mise sociale, ces actionnaires sont tenus de restituer les intérêts qui leur ont été payés, s'ils ne les ont pas reçus de bonne foi ayant connu l'état désastreux dans lequel étaient les affaires de la société. — Cass., 6 mai 1868 (S. 68.1.243).

168. Le droit stipulé, dans l'acte de société au profit de l'actionnaire, de recevoir des intérêts pour le montant de sa mise, n'existe qu'à l'égard des associés et ne peut être exercé contre les créanciers et au préjudice de leur créance. Ces intérêts ne peuvent, en conséquence, être réclamés en cas de faillite de la société, à l'encontre des créanciers, sauf le droit de l'actionnaire contre les associés après l'entier acquittement du passif. — Pau, 14 avril 1868 (S. 68.2.123).

CHAPITRE IV.

IMPOT. — TIMBRE. — DROIT DE TRANSMISSION. — TAXE SUR LE REVENU.

169. Les actions ont été soumises par la loi fiscale à trois sortes de droits : 1° Le droit de timbre, 2° le droit de transmission, 3° et enfin la taxe de 3 p. 100 sur le revenu. Les impôts atteignent également les obligations négociables, et la plupart des dispositions de la loi sont communes à ces deux sortes de valeurs. Nous aurons donc à faire connaître ici l'ensemble des règles qui régissent la perception des différentes taxes établies tant sur les obligations que sur les actions.

Art. 1er. — *Droits de timbre.*

170. Aux termes de la loi du 5 juin 1850, art. 14, chaque titre ou certificat d'action dans une société, compagnie ou entreprise quelconque, financière, commerciale, industrielle ou civile, que l'action soit d'une somme fixe ou d'une quotité, qu'elle soit libérée ou non libérée, émis à partir du 1er janv. 1851, est assujetti au timbre proportionnel de 50 centimes pour 100 francs du capital nominal pour les sociétés, compagnies ou entreprises dont la durée dépasse dix années.

171. A défaut du capital nominal, le droit se calcule sur le capital réel, d'après une déclaration estimative des parties, faite et contrôlée conformément aux art. 14, n. 8, 16 et 39 de la loi du 22 frim. an VII.

172. Ces droits ont été augmentés de 2 décimes par la loi du 23 août 1871, art. 2.

173. L'avance en est faite par la compagnie, laquelle est constituée débitrice envers le Trésor.

174. La perception suit les valeurs de 20 en 20 francs, comme en matière d'enregistrement, l'opération doit partir sur chaque action.

175. Le droit créé par l'art. 14 de la loi du 5 juin 1850 ne s'applique qu'aux titres émis à partir du 1er janvier 1851. Quant aux titres dont l'émission est antérieure, l'art. 20 de ladite loi avait accordé un délai de six mois pour faire timbrer au droit proportionnel de 5 centimes p. 100 (aujourd'hui 15 centimes), établi sur les effets de commerce. Passé ce délai, ceux qui avaient été émis en contravention, c'est-à-dire sans être assujettis au timbre de dimension, les titres non visés, étaient passibles de l'amende de 12 pour 100 fixée par l'art. 18. — Même loi.

176. Les titres délivrés par suite de transfert ou de renouvellement sont affranchis de tout droit, lorsque le titre primitif a été timbré, et doivent, en conséquence, être visés pour timbre *gratis.* — Art. 17, loi préc.

177. Mais cette disposition est spéciale aux titres émis sous l'empire de la nouvelle loi. Quant à ceux dont l'émission est antérieure et qui ont été timbrés au droit de 5 centimes pour 100, en conformité à l'art. 20 précité, ils sont restés soumis au timbre de dimension conformément aux lois en vigueur avant 1850, mais leurs renouvellements doivent supporter le droit de cinq centimes p. 100 (aujourd'hui 15 centimes), applicables aux effets de commerce. — Art. 21, loi préc.; *Dict. Réd., Actions,* n. 19.

178. Les titres ou certificats d'actions doivent être tirés d'un registre à souche, que les sociétés doivent, à toute réquisition, communiquer aux agents de l'administration de l'enregistrement. Le timbre est apposé sur la souche et sur le talon. — Art. 16, loi préc.

179. Au surplus, les dispositions de la loi de 1850 ne s'appliquent qu'aux actions négociables, c'est-à-dire à celles dont la cession, pour être parfaite, n'est pas subordonnée à l'accomplissement des formalités prescrites par l'art. 1670, C. civ. — Art. 25.

180. L'exigibilité du droit de timbre dépend uniquement du fait de l'*émission*.

L'action doit être réputée émise dès lors qu'elle a été souscrite et que la société est définitivement constituée, et cela lors même que les titres n'auraient pas été matériellement fabriqués ni distribués.—*Dict. Réd., Actions*, n. 33; *Contrà*, Lyon, 31 juill. 1868; *Journ. Enr.*, 18606.

181. La conséquence de ce qui précède est que les obligations qui résultent de la loi du 5 juin 1850 s'imposent à une société à partir de l'époque où les actions ont été souscrites et la société définitivement constituée, et que c'est à partir de ce moment que doit courir la taxe d'abonnement, qui, comme nous le verrons tout à l'heure, remplace quelquefois le droit de timbre au comptant.

182. Lorsqu'une société constituée pour une durée n'excédant pas dix ans vient à se proroger, elle doit acquitter un supplément de droit de 50 centimes pour 100, de manière à assurer au Trésor le droit de 1 p. 100 applicable aux sociétés d'une durée supérieure à dix ans.— Art. 26, loi préc.

183. Les sociétés peuvent s'affranchir des obligations imposées par les art. 14 et 20 de la loi du 5 juin 1850, en contractant avec l'État un abonnement pour toute la durée de la société. — Le droit à payer est, par an, de 5 centimes par 100 francs (6 centimes avec les décimes. — LL. 23 août 1871, art. 2, et 30 mars 1872, art. 3. — Il est perçu, comme le droit au comptant, sur le capital nominal de l'action, ou, à défaut de capital nominal, sur le capital réel, déterminé comme il a été dit ci-dessus.—V. n. 171.

La taxe est perçue sur le montant du titre, sans qu'il y ait lieu de compléter les sommes par fractions de 20 francs. Ce dernier mode d'opérer est spécial à la perception du droit de timbre au comptant. — Sol., 20 janv. 4 août 1857, 12 janv. 1858.

Le paiement doit être fait, à la fin de chaque trimestre, au bureau du lieu où se trouve le siège social.

184. L'abonnement est irrévocable, et les sociétés qui l'ont souscrit ne peuvent s'y soustraire même à la condition de payer le droit de timbre au comptant. — Seine, 8 mai 1855; *Dict. Réd., loc. cit.*, 58.

185. Il est dû pendant toute la durée de la société, et sur l'intégralité du capital social, quels que soient le sort ultérieur des actions et les vicissitudes de l'entreprise, lors même qu'une partie des actions seraient retirées de la circulation, ou remboursées par le jeu d'un amortissement statutaire. — *Dict. Réd., loc. cit.*, n. 58 et suiv.

186. Le principe de l'irrévocabilité de l'abonnement a cependant reçu de la loi deux exceptions. La première concerne les sociétés qui depuis leur abonnement se sont mises ou ont été mises en liquidations, ou sont tombées en faillite. La taxe cesse d'être exigible à partir de l'événement qui met ainsi fin à l'existence de la société.

187. La deuxième exception concerne les sociétés qui, postérieurement à leur abonnement, n'ont, pendant deux années consécutives, payé ni dividendes ni intérêts. Le paiement de la taxe est suspendue pour elles, à compter de l'expiration des deux années d'épreuve, jusqu'au jour où elles recommencent à distribuer des intérêts ou dividendes. — Art. 24, loi préc.

188. Ainsi, pour prendre l'exemple cité par le *Dictionnaire des Rédacteurs*, une société fondée le 1ᵉʳ janv. 1860 ne distribue ni dividendes ni intérêts en 1860, 1861, 1862 et 1863. Elle fait une répartition en 1864, redevient improductive en 1865, 1866, 1867 et recommence à donner des revenus en 1868 et 1869. L'abonnement sera dû pour deux années d'épreuve,

1860 et 1861 ; il sera suspendu pour les exercices 1862 et 1863, improduc-
tifs ; il sera repris pour l'exercice 1864, productif, et pour deux nouvelles
années d'épreuve, 1865 et 1866 ; il sera suspendu de nouveau pour l'exercice 1867, improductif, et sera repris pour les années suivantes, productives.
Dict. Réd., Actions, n. 73.

189. Si, après les deux années d'épreuve, une société qui n'a pas distribué de bénéfices pendant la troisième année, a continué néanmoins à
payer l'abonnement, la taxe perçue pour cette troisième année, demeurée
improductive, doit être restituée. — Dél. rég, 6 nov. 1857 ; 16-20 avril
1858 ; 5-9 août 1859.

190. Les diverses dispositions de la loi du 5 juin 1850 trouvent leur
sanction dans l'art. 18, qui établit une amende de 12 p. 100 du montant de
chaque action contre toute société qui sera convaincue d'avoir émis
des titres sans avoir acquitté le droit de timbre, établi par l'art. 14, ou
sans les avoir tirés d'un registre à souche timbré sur la souche et sur le
talon, conformément à l'art. 16.

En outre, l'agent de change ou le courtier qui concourt à la vente d'un
titre non timbré, est passible d'une amende de 10 p. 100 du montant du
titre. — Art. 19, loi préc.

191. L'art. 16 accordait aux agents du Trésor un droit d'investigation
dans les sociétés par actions, droit qui se trouvait limité à la communication du registre à souche. L'art. 22 de la loi du 23 avril 1871 et l'art. 7 de
la loi du 21 juin 1875, ont considérablement étendu ce droit de vérification,
qui maintenant peut porter sur tous les livres et pièces de comptabilité et
a pour objet d'assurer l'exécution tant des lois d'enregistrement que des lois
sur le timbre. — Le refus de communication est passible d'une amende de
100 à 1,000 francs. Il est constaté au moyen d'un simple procès-verbal
dressé par l'agent du Trésor.

192. Le droit de timbre proportionnel établi sur les archives des sociétés atteint aussi les obligations négociables des départements, communes,
établissements publics et compagnies, en vertu de l'art. 27 de la loi du
5 juin 1850, ainsi conçu :

« Les titres d'obligations souscrits à compter du 1er janvier 1851 par les
« départements, communes, établissements publics et compagnies sous
« quelque dénomination que ce soit dont la cession, pour être parfaite à
« l'égard des tiers, n'est pas soumise aux dispositions de l'art. 1690 du
« Code civil, seront assujettis au timbre proportionnel de 1 p. 100 du mon-
« tant du titre. — L'avance en sera faite par les départements, communes,
« établissements publics et compagnies. — La perception suivra les sommes
« de 20 en 20 francs inclusivement et sans fractions. »

193. Les dispositions édictées par la loi de 1850, en ce qui concerne
les actions, sur le mode d'émission des titres, la tenue d'un registre à
souche, la communication aux agents du Trésor, l'application du timbre des
effets de commerce (15 cent. p. 100) aux obligations émises, sans être timbrées, avant le 1er janvier 1851, l'affranchissement des titres émis en renouvellement, la faculté de l'abonnement, le mode de paiement soit du droit
de timbre au comptant, soit de la taxe d'abonnement, enfin les pénalités en
cas de contravention, ont été étendues aux obligations.—Toutefois l'amende
en cas d'émission de titres non timbrés ou non tirés du registre à souche,
n'est que de 10 p. 100 pour les obligations, tandis qu'elle est de 12 p. 100
pour les actions. — Art. 28 à 32, loi préc.

194. Quelle que soit la généralité des expressions employées par le législateur, on doit distinguer, dans les obligations négociables des compagnies,
celles qui réunissent les conditions d'uniformité qui caractérisent les effets
publics susceptibles d'être cotés à la Bourse, et celles qui sont émises à
court terme, pour le besoin des opérations sociales et qui ont le caractère

d'effets de commerce proprement dits. Les premières seules sont assujetties au timbre proportionnel de 1 p. 100. Les secondes restent passibles du timbre de 5 centimes (aujourd'hui 15 centimes), établi par la même loi sur les effets de commerce. — *Dict. Réd., Actions*, n. 94 et 95.

194 *bis.* Les obligations du Crédit foncier sont placées sous un régime spécial. Elles acquittent une taxe de 5 centimes par 1,000 francs, calculée sur le chiffre total des opérations de l'année précédente. — LL. du 8 juill. 1852, art. 20, et 30 mars 1872, art. 1er.

195. Le droit payé au comptant est de 1 p. 100, quelle que soit la durée de la société. Quant à la taxe d'abonnement, elle est due pendant toute la durée des titres, et elle diminue en conséquence au fur et à mesure de leur amortissement. Comme pour les actions, l'abonnement est irrévocable.

196. Les dispositions concernant les sociétés infructueuses ne concernent que les actions et ne peuvent être étendues aux obligations. La taxe continue donc d'être exigible sur les obligations, lors même que la société n'aurait distribué ni dividende ni intérêts pendant deux ans.

197. En cas de faillite, il a été décidé que la taxe restait exigible, mais qu'elle devait être assise sur la valeur pour laquelle les obligations sont admises au passif de la faillite, c'est-à-dire en général sur le capital d'émission et non sur celui de remboursement. — Seine, 8 avril 1864; Garnier, *Rép. pér.*, n. 1943; Seine, 18 avril 1868, *Journ. Enr.*, 18945. — Mais cette décision a été réformée par la Cour de cassation qui a jugé que la taxe cessait d'être exigible à partir de la faillite. — Cass., 8 août 1870, *Journ. Enr.*, 18945; Versailles, 9 avril 1872; *Dict. Réd.*, loc. cit., 103.

198. Le droit de timbre au comptant établi sur les actions et les obligations est prescriptible par trente ans. Quant à la taxe d'abonnement, elle est soumise à la prescription biennale, en ce qui concerne les réclamations faites par le Trésor. — Cass., 19 fév. 1866; *Journ. Enr.*, 18496. — C'est au contraire la prescription quinquennale qui est opposable aux demandes en restitution faites par les parties en matière de taxe d'abonnement. — L. du 28 janv. 1831; Sol. rég., 30 déc. 1868; 26 janv. et 27 mars 1869; V. *Dict. Réd.*, loc. cit., n. 112 et suiv.

Art. 2. — *Droits de transmission.*

199. Le droit de transmission a été établi par la loi du 23 juin 1857 sur les actions et obligations des sociétés, compagnies ou entreprises quelconques, financières, industrielles, commerciales ou civiles, quelle que soit l'époque de leur création, et par la loi du 16 sept. 1871 sur les obligations du Crédit foncier de France, des départements, communes et établissements publics.

200. Ce droit est de deux sortes. Il y a le droit au comptant, qui est dû pour chaque transfert, sur les titres dont la transmission ne peut s'opérer valablement qu'au moyen d'un transfert sur les registres de la société ou de l'établissement. Pour les titres au porteur ou pour tous ceux dont la transmission peut être accomplie autrement que par une déclaration de transfert, le droit de transmission est représenté par une taxe annuelle et obligatoire à payer par la compagnie. — Art. 6, loi préc. — Ainsi le mode de paiement, loin d'être une faculté comme en matière de timbre, est légalement subordonné au régime adopté par les statuts pour la transmission des titres. — V. *Dict. Réd., Actions*, n. 151 à 159.

201. Le tarif de ces différents droits a été plusieurs fois modifié. En voici le tableau :

	Droit perçu sur les transferts.	Taxe annuelle.	Décimes.
Loi, 23 juin 1857.	0 fr. 20	0 fr. 12	d'après les lois en vigueur.
Loi, 16 sept. 1871.	0 50	0 20	id.
Loi, 30 mars 1872.	0 50	0 25	id.
Loi, 29 juin 1872.	0 50	0 20	sans addition de décimes.

202. Le droit de 50 centimes au comptant est dû également pour la conversion de titres au porteur en titres nominatifs, ou de titres nominatifs en titres au porteur. — Art. 8, L. du 23 juin 1857.

203. Le droit est assis, pour les titres nominatifs, sur le prix des titres négociés, sous le contrôle ultérieur de l'administration, et pour les titres qui paient la taxe annuelle, sur le cours moyen de la Bourse pendant l'année précédente. Si les titres ne sont pas cotés, il est perçu sur la déclaration estimative faite par les parties conformément à l'art. 16 de la loi de frimaire. — Art. 6, loi préc.

Quant aux titres convertis, la valeur en est établie, d'après le dernier cours moyen constaté avant le jour de la conversion ou d'après une déclaration estimative si les titres ne sont pas cotés à la Bourse. — Art. 3, décr. 17 juill. 1877.

204. Lorsque les titres ne sont pas complétement libérés, on doit déduire, pour l'assiette du droit, le montant des versements restant à faire du montant de la valeur cotée ou négociée. — L. du 30 mars 1872, art. 1er.

204 bis. Le cours moyen de la Bourse est établi en divisant la somme des cours moyens de chacun des jours de l'année par le nombre de ces cours. — A l'égard des valeurs cotées dans les Bourses des départements et à la Bourse de Paris, il est tenu compte exclusivement des cotes de cette dernière Bourse pour la formation du cours moyen. — Art. 7, Décr. du 17 juill. 1857.

205. Le droit de transmission est versé directement au Trésor par les sociétés. A cet effet, celles-ci sont tenues de faire, au bureau de l'enregistrement du lieu où elles ont le siége de leur principal établissement, une déclaration d'existence, ayant pour objet de faire connaître leur fondation, l'importance et la nature du capital social. Cette formalité doit être remplie dans le mois de la constitution définitive.—Art. 1er, Décr. du 17 juill. 1857. La même déclaration doit être faite en cas de modifications dans la constitution sociale, de changements du siége, de remplacements du gérant, d'émission de titres nouveaux.

206. Le droit au comptant ainsi que la taxe annuelle doivent être versés au Trésor tous les trois mois, et dans les vingt premiers jours qui suivent chaque trimestre.

Pour les titres de la première catégorie, la société acquitte le droit de 50 cent. p. 100 sur le total des titres transmis ou convertis pendant le trimestre, et, à cet effet, elle doit déposer au bureau un relevé des transferts et conversions effectués. — S'il n'y a pas eu de transfert, elle dépose un certificat négatif. — Art. 2, décr. préc.

207. Les transferts à titre de garantie et n'emportant pas transmission de propriété doivent faire l'objet d'un état spécial. Il n'en est pas tenu compte pour la liquidation des droits. — Art. 4 du même décret. — On porte également sur cet état : 1° les transferts d'ordre au nom des agents de change; 2° et tous les transferts qui subissant un droit spécial, tel que celui de mutation par décès ou de donation entre-vifs, sont par là même exempts du droit de 50 cent. p. 100. — V. *Dict. Réd.*, Actions, n. 160 à 180.

208. La taxe annuelle, pour les titres dont la transmission peut avoir lieu autrement que par un transfert sur les registres de la société, est acquittée *sur le montant des titres existant au dernier jour du trimestre*, sans égard aux émissions ou aux extinctions qui ont pu se produire dans le courant du trimestre. — Toutefois, à l'égard des compagnies nouvellement fondées, le droit n'est liquidé, pour la première fois, que proportionnellement au nombre de jours écoulés depuis leur constitution. — Art. 5, décr. précité.

209. Les sociétés doivent fournir, à l'appui du paiement de la taxe, un état faisant connaître : 1° le nombre des actions et obligations existantes au dernier jour du trimestre écoulé; 2° le cours moyen, pour les titres cotés, ou la valeur estimative pour les autres. — Art. 5 du décret.

210. Les titres existants qui doivent figurer sur l'état et acquitter la taxe sont tous ceux dont l'émission peut être considérée comme définitive. Sont réputés émis : 1° les titres qui ont été souscrits et attribués, lors même qu'ils n'auraient pas été effectivement délivrés et qu'ils seraient restés à la souche. — Sol. 23 nov. 1859; 4 fév. 1865; *Dict. Réd., Actions*, n. 137.

2° Les titres attribués au fondateur en représentation de son apport et restés également à la souche. — *Dict. Réd.*, loc. cit., n. 138.

3° Ceux qui ont été donnés en nantissement à un banquier chargé, moyennant une avance qu'il fait à la compagnie, de placer les titres par voie de souscription publique. — Cass., 6 avril 1870, *Journ. Enr.*, 18925.

211. L'absence de bénéfice n'est pas, comme pour la taxe d'abonnement au timbre des actions, une cause de dispense du paiement de la taxe de transmission. Mais cette taxe cesse d'être exigible tant sur les actions que sur les obligations, à partir du jour où la société est tombée en faillite. — Cass., 8 août 1870, *Journ. Enreg.*, 18945. — V. *Dict. Réd.*, loc. cit., n. 145.

212. L'exécution des dispositions qui précèdent est sanctionnée par des pénalités de diverses natures.

Ainsi le défaut de déclaration d'existence dans le délai d'un mois (art. 1er du décret du 17 juill. 1857), le retard dans le paiement des droits ou dans le dépôt des états et relevés prescrits (art. 2, 4, 5), sont passibles d'une amende de 100 à 5,000 francs. — Art. 10, L. du 23 juill. 1837.

Il est dû d'autre part un droit en sus pour toutes les omissions ou insuffisances commises dans les relevés ou les déclarations. — Même article.

213. Les omissions ou insuffisances sont constatées et prouvées comme en matière d'enregistrement. Les preuves écrites sont seules admises. — *Dict. Réd., Actions*, n. 187 et suiv.

214. Les suppléments de droits à exiger par suite d'erreurs dans la liquidation ou d'insuffisances commises par les parties, les amendes et les droits en sus, sont soumis à la prescription biennale. — *Dict. Réd., Actions*, n. 198.

C'est la prescription quinquennale qui paraît applicable aux droits dus par suite d'omissions commises dans les relevés ou déclarations (*Dict. Réd.*, loc. cit., 199), ainsi qu'aux droits dus par les sociétés qui se sont abstenues de fournir leurs déclarations trimestrielles. L'administration de l'enregistrement soutient cependant que la prescription trentenaire peut seule être invoquée dans cette dernière hypothèse. — *Idem*, n. 200.

215. Lorsque la transmission des actions ou obligations soumises au droit de transfert de 50 cent. p. 100, ou à la taxe annuelle de 20 cent. p. 100, est constatée par acte notarié ou par tout autre acte soumis à l'enregistrement, il n'est dû aucun droit proportionnel sur l'acte, puisque ce droit se trouve payé par la société sur la production des états de transfert ou du relevé trimestriel des titres existants. Il n'y a d'exception que pour les transmissions qui s'effectuent à titre gratuit, soit par décès, soit par acte entre-vifs, et qui sont passibles du droit spécial qui atteint les transmissions et l'espèce. — *Dict. Réd., Actions*, n. 171 et suiv. — V. *supra*, n. 207.

216. Les actions de parts sociales autres que les actions proprement dites, et qui ne sont pas assujetties aux droits de transferts, sont passibles, lors de l'enregistrement de l'acte qui les constate, du droit de 50 cent. p. 100 (outre les décimes en vigueur), établi par l'art. 68, § 2, n. 6, de la loi du 22 frim. an VII.

C'est ce qui a été définitivement décidé par la jurisprudence, contrairement aux prétentions de l'administration de l'enregistrement qui voulait exiger le droit de 2 p. 100 établi sur les actions de biens meubles, prétendant que le droit de 50 cent. p. 100 n'était applicable qu'aux actions négociables. — *Dict. Réd.*, loc. cit., n. 203 et suiv.

217. Quant à la cession des obligations non négociables, qui ne tombent pas sous l'application de la loi du 23 juin 1857, elle est passible, comme tout transport de créance, du droit de 1 p. 100.

Art. 3. — *Impôt direct de 3 p. 100 sur le revenu des valeurs mobilières.*

218. La loi du 29 juin 1872 a établi, à partir du 1er juill. 1872, une taxe annuelle et obligatoire de 3 p. 100.

1° Sur les intérêts, dividendes, revenus et tous autres produits des actions de toute nature, des sociétés, compagnies ou entreprises quelconques, financières, industrielles, commerciales ou civiles, quelle que soit l'époque de leur création ;

2° Sur les arrérages et intérêts annuels des emprunts et obligations des départements, communes et établissements publics, ainsi que des sociétés, compagnies ou entreprises ci-dessus désignées ;

3° Sur les intérêts, produits et bénéfices annuels des parts d'intérêt et commandites dans les sociétés, compagnies et entreprises dont le capital n'est pas divisé en actions. — Art. 1er, loi précitée.

219. Sous l'empire de la loi du 29 juin 1872, il avait été décidé que la taxe de 5 p. 100 atteignait les parts d'intérêt dans les sociétés en nom collectif (Cass., 23 août 1875 ; Garnier, *Rép. pér.*, n. 4201) ; mais la loi du 1er déc. 1875 a fait une exception formelle à leur profit, en disposant que la taxe dans les sociétés en commandite, dont le capital n'est pas divisé en actions, ne frapperait que la commandite (art. 1er). La même loi a affranchi de l'impôt les parts d'intérêt dans les sociétés de toute nature, dites de coopération, formées exclusivement entre des ouvriers ou artisans au moyen de leurs cotisations périodiques. — Art. 2.

Quant aux sociétés civiles, elles restent soumises aux dispositions de la loi du 29 juin 1872, et doivent par conséquent la taxe de 3 p. 100 sur leurs produits de toute nature.

220. Les associations religieuses, constituées sous forme de société civile, sont passibles de la taxe de 3 p. 100. — *Dict. Réd., Actions*, 211.

221. La loi du 29 juin 1872 n'atteint pas seulement les obligations négociables visées par les lois du 5 juin 1850 et du 23 juin 1857. Elle s'applique également aux *emprunts*, quelle que soit la forme de l'émission (Sol. rég., 31 mars 1873), et notamment aux bons ou engagements de coupure non uniformes, non susceptibles d'être cotés à la Bourse. — *Dict. Réd., Actions*, n. 218 et 219.

Cette interprétation, toutefois, est contestée. — V. en sens divers, Seine, 6 juin 1874, 31 juill. 1875, Lyon, 17 août 1875 ; Garnier, *Rép. pér.*, n. 4070, 4216, 4217).

222. Dans tous les cas, elle ne saurait atteindre les dettes courantes d'une société, telles que les prix de vente et autres dettes de même nature n'ayant pas le caractère de prêts proprement dits. — Sol. rég., 31 mars 1873.

223. Le revenu passible de la taxe est déterminé :

1° Pour les actions, par le dividende fixé d'après les délibérations des assemblées générales d'actionnaires ou des conseils d'administration, les comptes rendus ou tous autres documents analogues ;

2° Pour les obligations ou emprunts, par l'intérêt ou le revenu distribué dans l'année ;

3° Pour les parts d'intérêt et commandites, soit par les délibérations des conseils d'administration des intéressés soit à défaut, de délibération, par l'évaluation à raison de 5 p. 100 du montant du capital social ou de la commandite, ou du prix moyen des cessions de parts d'intérêt consenties pendant l'année précédente. — Art. 2, L. du 29 juin 1872.

224. Les comptes rendus et les extraits des délibérations des conseils d'administration ou des actionnaires doivent être déposés, dans les vingt jours de leur date, au bureau du siége social. — Même article.

225. L'inventaire ne peut remplacer la délibération du conseil d'administration et ne peut, en aucun cas, servir de base ni pour ni contre l'administration, à la perception de l'impôt de 3 p. 100. — *Dict. Réd., Actions,* n. 234.

226. Par addition aux dispositions de la loi du 29 juin 1872, une loi du 21 juin 1875 a assujetti à la taxe les lots et primes de remboursement payés aux créanciers et aux porteurs d'obligations, effets publics et tous autres titres d'emprunts.

La valeur imposable est déterminée, savoir :

1° pour les lots, par le montant total du lot en monnaie française ;

2° Pour les primes, par la différence entre la somme remboursée et le taux d'émission des emprunts. — V. pour le mode de paiement, décret du 15 déc. 1875.

227. La taxe n'est établie que sur les bénéfices réellement distribués. Elle n'atteint donc pas les bénéfices qui sont attribués au fonds de réserve. (Sol. rég., 8 fév. 1873). Mais elle doit porter sur les dividendes employés à libérer des actions, car ces dividendes sont réellement distribués. Elle atteint même les dividendes qui, par exception, sont prélevés sur le capital social. — V. *Dict. Réd., Actions,* n. 223 à 232.

228. La taxe est avancée, sauf leur recours, par les sociétés, compagnies, entreprises, etc. Elle est payée au bureau de l'enregistrement du siége social ou administratif désigné à cet effet (Art. 3, loi précitée). Toutefois, par exception, la caisse des dépôts et consignations est autorisée à payer directement à Paris la taxe annuelle due à raison des prêts de toute nature, consentis par elle aux départements, communes et établissements publics. — Décr. 6 sept. 1872, art. 5.

229. La taxe est payable :

1° Pour les obligations, emprunts et autres valeurs dont le revenu est fixé et déterminé à l'avance, en quatre termes égaux, d'après les produits annuels afférents à ces valeurs ;

2° Pour les actions, parts d'intérêt, commandites et emprunts à revenu variable, en quatre termes égaux déterminés provisoirement d'après le résultat du dernier exercice réglé, et calculés sur les quatre cinquièmes du revenu s'il en a été distribué, et, en ce qui concerne les sociétés nouvellement créées, sur le produit à 5 p. 100 du capital appelé.

Chaque année, après la clôture des écritures, il est procédé à une liquidation définitive de la taxe due pour l'exercice entier. Si de cette liquidation il résulte un complément de taxe au profit du Trésor, il est immédiatement acquitté. Dans le cas contraire, l'excédant versé est imputé sur l'exercice courant, ou remboursé si la société est arrivée à son terme ou si elle cesse de donner des revenus. — Décr. 6 déc. 1872, art. 1.

230. Les paiements à faire en quatre termes doivent être effectués dans les vingt premiers jours des mois de janvier, avril, juillet et octobre de chaque année. La liquidation définitive a lieu au moment du dépôt, prescrit par l'art. 2 de la loi du 29 juin 1872, les comptes rendus et extraits des délibérations des assemblées générales d'actionnaires ou des conseils d'administration, ou de tous autres documents analogues fixant le dividende distribué. Cette liquidation doit être établie dans les vingt premiers jours du mois de mai pour les sociétés auxquelles leurs statuts n'imposent pas l'obligation de prendre des délibérations sur cet objet. Dans ce cas, la liquidation définitive est opérée à raison de 5 p. 100 du prix moyen des cessions de parts d'intérêt consenties pendant l'année précédente et dûment enregistrées, et, à défaut de cessions, d'après l'évaluation à 5 p. 100 du montant du capital social ou de la commandite. — Art. 2, décret précité.

231. Le recouvrement de la taxe est suivi comme en matière d'enregistrement. — Art. 5, loi précitée.

232. Les contraventions aux dispositions de la loi du 29 juin 1872 et du règlement d'administration publique du 6 déc. 1872 (retard dans le paiement, ou dans le dépôt des comptes rendus ou extraits des délibérations), sont punies d'une amende de 100 à 5,000 francs. — Art. 5, loi précitée.

En outre, il est dû un droit en sus, en cas d'insuffisances commises, non pas dans les déclarations (la loi ne prescrit en effet aucune déclaration), mais dans les comptes rendus et autres pièces fournies pour servir de base à la perception. — *Dict. Réd., Actions*, n. 247.

Art. 4. — *Valeurs étrangères.*

233. Les actions des sociétés et compagnies étrangères, les obligations de ces sociétés, ainsi que des villes, provinces, corporations et tous autres établissements étrangers, ont été assujetties à des droits équivalents à ceux qui pèsent sur les valeurs françaises. — LL. du 23 juin 1857, art. 9 ; 30 mars 1872, art. 1er ; 29 juin 1872, art. 4.

234. Aux termes de l'art. 9 de la loi du 20 juin 1857, ces titres ne peuvent être cotés à la Bourse qu'à la condition d'acquitter les droits de timbre et de transmission. La loi du 29 juin 1872 a également subordonné l'inscription à la cote, au paiement de l'impôt sur le revenu. Elle ajoute même aux dispositions des lois précédentes, en décidant qu'aucune émission ou exposition en vente ne pourra avoir lieu en France, sans rendre exigibles les droits de timbre de transmission et l'impôt sur le revenu. — Art. 4.

234 *bis.* Avant d'obtenir l'inscription de leurs titres à la cote, ou avant d'en faire l'émission en France, les sociétés, villes et établissements publics et étrangers sont tenus de faire agréer du ministre des finances un représentant français responsable de tous les droits qui pourront être dus ultérieurement.

235. A la différence des valeurs françaises qui admettent, pour les droits de timbre et de transmission, le paiement soit au comptant, soit par voie d'abonnement annuel, les valeurs étrangères sont uniformément soumises, quelle que soit leurs conditions d'existence, aux taxes obligatoires et annuelles représentatives du droit de timbre et de transmission. — Art. 10 et 11, Décr. du 17 juill. 1857. — Ces taxes sont donc de 6 cent. p. 100, pour le droit de timbre, de 20 cent. p. 100 (sans décimes) pour le droit de transmission, et de 3 p. 100 pour l'impôt sur le revenu.

236. Elles sont assises sur les mêmes bases que celles qui atteignent les valeurs françaises. — Elles ne portent toutefois que sur le nombre de titres qui sont présumés circuler en France. Cette quotité est déterminée par le ministre des finances, sur l'avis d'une commission consultative dans laquelle les intérêts du Trésor et ceux des sociétés sont représentés. — Décr. du 24 mai 1872. — La décision du ministre peut être revisée tous les trois ans.

237. Pour les sociétés françaises, les droits de timbre et de transmission et la taxe sur le revenu sont dus par le seul fait de l'existence des titres et sur la totalité de ces titres. Pour les sociétés étrangères, au contraire, l'exigibilité de ces taxes est subordonnée à la cote à la Bourse, ou au fait de l'émission en France, et elles ne portent que sur une quotité déterminée du capital social. Il y a donc un intérêt majeur à distinguer si une société est française ou étrangère. C'est là une question qui doit être résolue pour les principes du droit commun. Ainsi, en règle générale, une société est française, lorsqu'elle est organisée conformément aux lois françaises, qu'elle a son siége et son domicile en France, et qu'elle est soumise à la juridiction des tribunaux français, lors même que son exploitation serait à l'étranger. — Cass., 20 juin 1870; *Journ. Enr.*, 18928; V. *Dict. Réd., Actions*, n. 260 et suiv.

238. Les titres admis à la cote avec l'autorisation du ministre ne peuvent en être rayés que de son consentement ; et, si la radiation a lieu par le seul fait du syndicat des agents de change, les droits annuels continuent à être dus. — Seine, 31 août 1872; Garnier, *Rép. pér.*, n. 3551.

239. Si l'inscription à la cote a lieu par le seul fait de la chambre syndicale, sans autorisation du ministre, le Trésor est fondé à exiger le paiement des droits et la désignation d'un représentant responsable. — Sol. rég., 3 août 1865; *Dict. Réd.*, loc. cit., 263.

240. L'inscription à la cote n'est pas le seul fait qui rende exigible les différentes taxes annuelles dont nous venons de parler. Ces taxes sont également dues par toute société ou établissement public qui émet ou expose en vente ses titres en France. Dans ce cas, la société est tenue préalablement de faire agréer un représentant responsable, qui s'engage avec elle à acquitter les droits qui seront exigibles. Toute émission irrégulière est punie d'une amende de 100 à 5,000 francs à la charge de la société.— L. du 29 juin 1872, art. 5.

241. Une société dont les titres n'ont été ni émis ni cotés en France ne doit donc aucune des trois taxes établies sur les valeurs françaises. On doit en excepter cependant les sociétés qui ont pour objet des biens meubles et immeubles situés en France. Ces dernières doivent la taxe du revenu sur une quotité du capital social, déterminée, d'après l'importance des valeurs situées en France, par le ministre des finances suivant les règles établies ci-devant. Elles sont donc tenues, comme celles dont les titres sont cotés à la Bourse, de faire agréer un représentant français personnellement responsable des droits. — Décr., 6 déc. 1872, art. 3.

242. Le représentant des sociétés étrangères est tenu non-seulement des droits dus par elles, mais encore de toutes les amendes qui peuvent être encourues.

243. Les règles régissant la perception des taxes annuelles sur les valeurs françaises, et les pénalités que la loi du 23 juin 1857 et les lois suivantes ont édictées, sont applicables, sauf les différences qui ont été signalées précédemment, aux valeurs étrangères.

244. Un décret du 28 mars 1868 a complété l'assimilation, en décidant que la disposition de l'art. 24 de la loi du 5 juin 1850, qui dispense du paiement du droit annuel de timbre sur leurs actions, les sociétés qui se sont mises en liquidation ou qui sont restées infructueuses pendant deux années, devait être étendue aux sociétés étrangères. — *Inst. rég.*, n. 2373.

245. Les titres qui n'ont été ni émis ni cotés en France, et qui, par conséquent, n'acquittent aucune des trois taxes annuelles dont nous venons de parler, ne sont pas pour cela affranchis de toute espèce de droits. Ils ont été assujettis, sous certaines conditions, au droit de timbre de 1 p. 100 (plus les décimes), par la loi du 30 mars 1872.

246. Ce droit est payé comptant au moyen d'un visa pour timbre.

247. Il est dû par le seul fait de la négociation, ou de l'exposition en vente, faites en France, ou de l'énonciation dans un acte public ou sous seing privé autre qu'un inventaire. — Art. 2, loi préc.

248. La négociation doit s'entendre de celle qui est faite autrement que par l'intermédiaire d'un agent de change, attendu que les titres vendus au parquet de la Bourse sont cotés, et qu'il s'agit ici de titres non cotés — *Dict. Réd.*, *Actions*, n. 282.

249. L'exposition en vente dont parle la loi n'est autre chose que l'exhibition à la vitrine des changeurs, ou l'offre publique des titres. — *Idem*, n. 283.

250. Ce n'est pas seulement l'usage dans un acte, dans le sens de l'art. 42 de la loi du 22 frim. an VII, mais la simple énonciation, qui rend le droit de timbre exigible.

251. La loi assure l'exécution des dispositions qui précèdent, en décidant que tout acte, soit public, soit sous seing privé, qui énoncera un titre étranger, non coté aux bourses françaises, devra indiquer la date et le numéro du visa pour timbre apposé sur ce titre, ainsi que le montant du droit payé.

Chaque contravention à ces dispositions pourra être constatée, dans tous les lieux ouverts au public, par les agents qui ont qualité pour verbaliser en matière de timbre ; elle sera punie d'une amende de 5 p. 100 de la valeur nominale des titres qui seront négociés, exposés en vente, énoncés dans les actes, ou dont il aura été fait usage. — En aucun cas, l'amende ne pourra être inférieure à 50 francs. — Toutes les parties sont solidaires pour le recouvrement des droits et amendes. — Une amende de 50 francs sera encourue personnellement par tout officier public ou ministériel qui aura contrevenu aux dispositions qui précèdent. — Art. 2, L. du 30 mars 1872.

252. Tout ce qui précède ne s'applique qu'aux titres des sociétés, villes, provinces et corporations étrangères. Les titres ou effets publics des gouvernements étrangers sont soumis à des dispositions spéciales.

Ces titres ne doivent jamais les taxes annuelles de timbre, de transmission et l'impôt sur le revenu ; et il en est ainsi lors même qu'ils seraient cotés à la Bourse.

Ils ne sont assujettis qu'à un droit de timbre, payable au comptant, et fixé par l'art. 1er de la loi du 25 mai 1872, savoir :

A 75 centimes, pour chaque titre de 500 francs et au-dessous ;

A 1 fr. 50 pour chaque titre de 500 francs jusqu'à 1,000 francs ;

A 3 francs, pour chaque titre de 1,000 francs jusqu'à 2,000 francs, et ainsi de suite, à raison de 1 fr. 50 par 1,000 francs ou fraction de 1,000 francs.— Ce droit n'est pas assujetti aux décimes. — Il est perçu sur la valeur nominale du titre. — V. LL. antérieures des 18 mai 1863 et 8 juin 1864.

253. Les dispositions de la loi du 30 mars 1872, et qui ont eu pour objet d'assurer le paiement du droit de timbre de 1 p. 100 sur les titres non cotés des sociétés étrangères, sont applicables aux titres *cotés ou non cotés* des gouvernements étrangers. — Art. 2 de ladite loi ; V. numéro précédent.

En outre, d'après l'art. 2 de la loi du 25 mai 1872, spécial à ces derniers titres, « aucune émission ou souscription ne peut être annoncée, publiée ou « effectuée en France, sans qu'il ait été fait, dix jours à l'avance, au bureau « de l'enregistrement de la résidence, une déclaration dont la date est mentionnée dans l'avis ou l'annonce. — Les titres ou certificats provisoires de

« titres souscrits ou émis en France ne pourront être remis aux souscrip-
« teurs ou preneurs sans avoir préalablement acquitté les droits de timbre
« fixés par l'article précédent. — Art. 1ᵉʳ de ladite loi. — Si le droit a été
« payé sur le certificat provisoire, le titre définitif correspondant sera tim-
« bré sans frais, sur la représentation de ce certificat. »

254. Ces dispositions sont édictées sous la sanction d'une amende de
5 p. 100 (au minimum de 50 francs) : 1° contre celui qui a fait les annonces sans déclaration préalable ; 2° celui qui a émis ou qui a servi d'intermédiaire pour l'émission et la souscription de titres non timbrés. — La
même amende est exigible à raison d'émissions ou de souscriptions faites
sans déclaration préalable. — Enfin le souscripteur ou le preneur des titres
non timbrés est tenu solidairement de l'amende, sauf son recours contre
celui qui a ouvert la souscription ou émis les titres. — Art. 3, L. du 23 mai
1872.

255. De ce qui précède résulte une distinction pratique très-importante
entre les titres des sociétés ou établissements publics étrangers et les effets publics des gouvernements étrangers. Les premiers peuvent être énoncés sans danger dans un acte public ou sous seing privé, sous la seule
condition d'être cotés à la Bourse. Si cette condition n'est pas remplie, il
faut s'assurer que ces titres portent l'empreinte du visa pour timbre et
énoncer dans l'acte ce visa et le montant des droits payés. Ceux qui ne sont
pas timbrés doivent être préalablement soumis à cette formalité.

Quant aux effets publics des gouvernements, le visa est toujours indispensable ; car leur inscription à la cote ne garantit en aucune façon que le
droit de timbre a été acquitté. On ne devra donc les énoncer dans un acte
qu'après les avoir soumis préalablement au visa pour timbre, si déjà ils
n'ont pas subi cette formalité. Dans tous les cas, l'énonciation du visa devra être faite dans l'acte, conformément à l'art. 2 de la loi du 30 mars 1872.
—Sol. rég., 16 sept. 1873 ; V. *Traité de l'impôt sur le revenu des valeurs mobilières*, de MM. Bigorne et Primot, p. 77.—V. *Acte passé en conséquence*, § 2.

ADAGE. — 1. On appelle ainsi un axiome de droit ou de jurisprudence, énoncé en peu de mots, et fréquemment cité, soit à
l'École, soit au Palais. La plupart de ces adages sont empruntés
au droit romain, liv. 50, tit. 17, au *Digeste : De diversis regulis juris
antiqui.*

2. On ne doit s'en servir qu'avec une extrême réserve ; car, s'il
en est quelques-uns qui ont encore droit de cité dans notre droit
moderne, beaucoup d'autres, au contraire, dont on ne se sert que
dans la discussion, ne doivent plus avoir autorité.

3. Parmi les adages les plus fréquemment reproduits, citons :
« Donner et retenir ne vaut. » « Celui qui supporte les profits d'une
chose en supporte les charges. » Ou mieux en latin : « *Ubi est
emolumentum, ubi et onus esse debet.* » « *Nemo plus juris ad alios
transferre potest quam ipse habet.*» « Pas d'intérêt, pas d'action. »
« La mort saisit le vif. » « *Nemo auditur perire volens.* »

4. Quelle que soit l'autorité dont certains adages peuvent jouir
en France sur la foi de l'antiquité, ils ne constituent pas, en l'absence de texte des lois les sanctionnant, une règle de droit dont la
violation puisse entraîner la cassation d'une décision. C'est qu'en
effet le législateur qui a dû rechercher celles des anciennes lois
qu'il convenait d'appliquer à la société moderne, a par là même
abrogé celles qu'il ne reproduit pas, soit expressément, soit du
moins comme dérivant de l'esprit même des lois et des institutions

ADIREMENT.

635

qu'il a sanctionnées. — Cass., 27 avril 1824 ; *Id.*, 9 messid. an x ; Cass. belge, 8 juill. 1841 ; *Id.*, 16 fév. 1843.

ADDITION. — **1.** On entend par addition les lettres ajoutées dans un acte après sa perfection.

2. Les additions dans les actes notariés peuvent constituer le crime de faux, selon les circonstances, et autoriser la réclamation de dommages-intérêts et d'une amende de 10 francs contre le notaire. En cas de fraude, la loi prononce en outre la destitution. — LL. 25 vent. an XI, art. 16 ; 16 juin 1824.—V. *Acte notarié,* n. 204 et suiv., 236 et suiv.

ADÉNÉRER. — Vieux terme de pratique qui signifiait *estimer, apprécier.* Ce mot se trouve dans la plupart des anciennes coutumes et ordonnances.

ADHÉSION. — **1.** C'est le fait de donner son consentement à une demande formée par d'autres, ou à un acte, à un contrat auquel on n'a point été partie. — V. *Acquiescement.*

2. L'adhésion peut se donner par acte sous seing privé, par acte notarié ; en matière de procédure, elle peut même avoir lieu par exploit signé sur l'original et la copie par la partie qui adhère, ou par des conclusions signifiées dans le cours d'une instance. — V. *Encyclop. des Huiss.*, vº *Adhésion*, n. 2.

3. A l'égard des droits d'enregistrement les règles sont les mêmes que pour l'acquiescement. — V. *Acquiescement*, n. 103 et suiv.

ADIRÉ. — V. *Adirement.*

ADIREMENT. — **1.** Ce terme s'emploie pour exprimer la perte de titres ou de pièces.

2. Dans le cas où un titre original est perdu, les copies font foi d'après les distinctions suivantes :

1º Les grosses ou premières expéditions font la même foi que l'original : il en est de même des copies qui ont été tirées par l'autorité du magistrat, parties présentes ou dûment appelées, ou de celles qui ont été tirées en présence des parties ou de leur consentement réciproque. — Art. 1335, C. civ.

2º Les copies qui, sans l'autorité du magistrat, ou sans le consentement des parties, et depuis la délivrance des grosses ou premières expéditions, auront été tirées sur la minute de l'acte par le notaire qui l'a reçu ou par l'un de ses successeurs, ou par officiers publics qui, en cette qualité sont dépositaires des minutes, peuvent en cas de perte de l'original faire foi quand elles sont anciennes, c'est-à-dire quand elles ont plus de trente ans. — Art. 1335. — V. *Acte ancien*, n. 8 et 9.

3º Au cas d'adirement d'une lettre de change, il y a lieu de distinguer si elle est acceptée ou non.

4º Si la lettre de change est acceptée, le paiement ne peut en être exigé sur une seconde, troisième, etc., que par ordonnance du juge, et en donnant caution. — Art. 50, C. comm.

5° Si elle n'est pas acceptée, celui à qui elle appartient peut en poursuivre le paiement sur une seconde, troisième, etc. — Art. 50, C. comm.

6° Si celui qui a perdu la lettre de change ne peut représenter la seconde, troisième etc., il peut demander le paiement de la lettre de change perdue et l'obtenir par ordonnance du juge en justifiant de sa propriété par ses livres et en donnant caution. — Art. 152, C. comm. — V. *Lettre de change.*

ADITION D'HÉRÉDITÉ. — C'est l'acceptation expresse ou tacite que fait d'une succession un héritier légitime ou institué. — V. *Acceptation de succession, Héritier, Succession.*

ADJOINT AU MAIRE. — C'est le fonctionnaire public qui remplace immédiatement le maire, en cas d'absence ou d'empêchement de celui-ci, et qui remplit celles des fonctions que le maire juge à propos de lui déléguer. — V. *Acte administratif, Acte de l'état civil,* n. 16, 40 et suiv., *Commune, Organisation municipale.*

ADJONCTION. — C'est la réunion de deux choses appartenant à divers maîtres, en un seul tout, dont chacune de ces choses forme cependant une partie distincte et reconnaissable, par exemple: je suis propriétaire d'un cadre dans lequel un artiste a placé son tableau. — V. *Accession,* n. 42 et suiv.

ADJOUR. — Vieux terme qui se trouve dans quelques coutumes pour indiquer une assignation à comparaître en justice. — V. *Exploit.*

ADJUDICATION VOLONTAIRE. — **1.** C'est la vente ou cession, faite aux enchères publiques, de biens immeubles ou de choses et valeurs mobilières, à la requête de parties maîtresses de leurs droits.

TABLE ALPHABÉTIQUE.

DIVISION.

§ 1. — *Diverses espèces d'adjudications.*

§ 2. — *Droit des notaires de procéder aux adjudications volontaires.*

§ 3. — *Formalités des adjudications volontaires.*

§ 4. — *Personnes qui ne peuvent se rendre adjudicataires.*

§ 5. — *Entraves à la liberté des enchères.*

§ 6. — *Enregistrement et timbre.*

§ 7. — *Formules.*

§ 1er. — Diverses espèces d'adjudications.

2. On distingue tout d'abord les adjudications d'effets mobiliers ou celles d'immeubles.

3. S'agissant d'immeubles on divise les adjudications en adjudications *volontaires* et en adjudications *judiciaires*.

4. Les adjudications *volontaires* sont celles dans lesquelles la justice n'intervient en aucune façon, ni pour les ordonner ou autoriser ni pour les faire ; les parties les font faire comme bon leur semble. — C. proc., 746 et 985.

5. Il faut ranger dans cette catégorie les adjudications sur licitation que les parties majeures et maîtresses de leurs droits, font faire volontairement. — C. civ., 743, 1686 ; C. proc., 985. — V. *Licitation.*

6. Les adjudications *judiciaires* sont celles qui ont lieu sous l'autorité de la justice. On les appelle aussi ventes *par autorité de justice.*

7. Elles sont, du reste, de deux espèces :

Les unes sont *purement judiciaires :* ce sont celles qui ne peuvent avoir lieu qu'en justice, devant le tribunal, et à l'audience. Telles sont les ventes sur expropriation forcée ou saisie immobilière (C. proc., 673 à 748), les ventes sur délaissement hypothécaire (C. civ., 2172), les ventes sur surenchère en cas de purge. — C. civ., 2181 et 2185 ; C. proc., 832 et suiv. — *Vente judiciaire.*

8. Les autres sont qualifiées de *volontaires judiciaires:* Ce sont celles dans lesquelles la justice n'intervient que pour ordonner ou autoriser la vente, qui peut avoir lieu, soit devant un juge commis par le tribunal, soit même devant un notaire. — C. proc., 954 et 964.

Telles sont les ventes d'immeubles appartenant à des mineurs ou interdits (C. proc., 953 et suiv.), les licitations où sont intéressés des incapables ou des absents (C. proc., 966 et suiv.), les ventes d'immeubles dotaux (C. civ., 1558 ; C. proc. 958), les ventes d'immeubles dépendant d'une faillite (C. comm., 572), ou d'une succession bénéficiaire (C. proc., 986 et suiv.) ; enfin les licitations de biens impartageables, quand les propriétaires ne sont pas d'accord. — C. proc., 972.

9. Il faut ranger dans la dernière classe même les adjudications sur saisie immobilière, quand les intéressés majeurs et maîtres de leurs droits demandent la conversion de la vente sur saisie immobilière en vente sur publications volontaires. — C. proc., 747.

10. Nous ne traiterons ici que des adjudications *volontaires,* que l'on désigne plus spécialement dans le notariat sous le nom d'*adjudications.*

11. S'agissant toujours d'adjudications d'immeubles, elles peuvent avoir pour objet soit la *vente* de ces immeubles, soit seulement leur location. C'est alors le bail qu'on adjuge aux enchères. — V. *Bail par adjudication.*

12. S'il s'agit d'effets mobiliers ou de meubles corporels, l'adjudication qui en est faite prend alors le nom de vente de meubles. — V. ce mot.

13. Pour ce qui concerne spécialement les ventes de meubles et droits incorporels, il en sera traité aux mots *Vente de fonds de commerce, Ventes de rentes, créances.* — V. également les n. 26 et suiv.

14. Les adjudications de bois, fruits et récoltes seront examinées particulièrement aux mots *Ventes de récoltes, Venees de coupes de bois.*

15. Relativement aux ventes d'objets mobiliers neufs, il y a une législation spéciale contenue dans la loi du 25 juin 1841. — V. *Vente de marchandises neuves.*

16. Une autre espèce d'adjudication est celle qui a pour objet des marchés ou entreprises de fournitures, ou encore des constructions ou réparations. — V. *Marché de fournitures, Marché de constructions.*

17. Enfin une dernière espèce d'adjudications sont celles faites à la requête de l'autorité administrative, et auxquelles, dans certains cas, les notaires peuvent procéder. — V. *Adjudication administrative*.

18. Un mode spécial de ventes d'immeubles existait dans la pratique, avant la loi du 2 juin 1841 : elle résultait d'une stipulation intervenue entre un créancier et un débiteur, au moment où celui-ci s'obligeait, stipulation par laquelle le débiteur conférait au créancier le droit, faute de paiement au terme convenu, de faire vendre l'immeuble sans suivre les formes de la saisie immobilière. — Cette clause portait, dans la pratique, le nom de *clause de voie parée*.

19. Des difficultés s'étaient élevées, avant la loi précitée, sur la validité d'une telle clause. La doctrine et la jurisprudence cependant tendaient à en admettre la validité. Mais la loi de 1841, qui est aujourd'hui l'art. 742, C. proc., la prohibe complétement.

20. On a donné pour motifs à cette prohibition que le débiteur qui acceptait une telle clause n'était pas entièrement libre en renonçant aux garanties que lui offrait une vente sur saisie immobilière ; que, de plus, cette clause créait au profit de l'un des créanciers un avantage dénué de publicité, et qu'enfin il était douteux que la vente, faite sans les formes de la saisie, dût procurer un prix aussi élevé que la vente faite en justice et, ainsi, ne sauvegardait pas les intérêts de tous, aussi bien que l'adjudication sur saisie immobilière.

21. Il semble pourtant qu'il était facile de soumettre la clause de voie parée à certaines conditions ayant pour effet d'en atténuer les inconvénients, afin de ne pas déroger au principe que les conventions font la loi des parties. — V. Troplong, *Nantissement*, n. 563, qui soutient avec force la validité de la clause et l'étrangeté de la loi qui l'a abolie. — V. également les art. 33 et suiv. du décret du 28 fév. 1852, sur l'organisation du Crédit foncier, qui établissent en cette matière un mode d'adjudication tout à fait identique à la clause de voie parée. — V. *Crédit foncier*.

22. Cependant, en vertu du principe de la non-rétroactivité des lois, il a été jugé que la loi du 2 juin 1841 n'est pas applicable aux contrats, passés antérieurement à la promulgation de cette loi, dans lesquels une telle clause a été insérée ; et qu'en conséquence, ces conventions sont encore obligatoires aujourd'hui, et que la vente peut avoir lieu dans la forme convenue. — Bordeaux, 10 mars 1842 (S. 42.2.226); Cass., 23 juill. 1842 (S. 42.1.689).

23. La clause de voie parée pouvant encore être appliquée pour l'exécution d'anciens contrats, il peut être utile de se reporter aux principes qui la régissaient. On les trouvera indiqués dans la table générale du recueil de Sirey, au mot *Vente publique d'immeubles*, n. 41 et suiv.

§ 2. — Droit des notaires de procéder aux adjudications volontaires.

24. En principe, ce sont les notaires qui doivent procéder aux adjudications volontaires de meubles ou d'immeubles, qu'il s'agisse de la propriété, de la jouissance ou usufruit. — Ce droit découle pour eux de l'art. 1er de la loi du 25 vent. an XI qui leur permet de recevoir tous les actes et contrats volontaires. — V. *Notaire*.

25. Seules les adjudications spécialement attribuées à d'autres officiers publics, ou aux autorités judiciaires ou administratives, sont exceptées de la règle ci-dessus.

26. Il est admis, du reste, qu'une vente volontaire de meubles ne peut avoir lieu publiquement et aux enchères sans l'intervention d'un officier ministériel. — L. 22 pluv. an VII; Cass., 26 fév. 1863 (S. 63.2.168).

27. Nous allons examiner la compétence des notaires successivement quant aux immeubles et quant aux meubles.

28. Quant aux immeubles, les notaires sont seuls compétents pour procéder à leur adjudication publique, si les vendeurs sont majeurs, maîtres de disposer de leurs biens, et d'accord. —Cass., 18 juill. 1826 (S. 27.1.93).

29. Leur adjudication ne pourrait être faite en justice, car autrement on porterait préjudice aux notaires. — C. proc., 743.

30. Si une adjudication avait eu lieu contrairement à la disposition de cet article, elle serait absolument nulle.—Dall., *Rép.*, v° *Vente publique d'immeubles*, n° 1369 ; *Contrà* Chauveau, n. 2434.

31. Mais la vente serait valable, quand même la partie majeure se serait sans nécessité adressée à un juge pour faire autoriser la vente, si du reste la vente a eu lieu aux enchères devant notaire. — Nîmes, 30 déc. 1808 (S. 10.2.559) ; Carré et Chauveau, n° 2439 ; Dall., *Rép.*, v° *Citat.*, n. 1370.

32. Une vente volontaire d'immeubles pourrait-elle avoir lieu publiquement et aux enchères sans l'intervention d'un notaire ? Cette question est vivement débattue.— V. pour l'affirmative vers laquelle la jurisprudence semble pencher : Cass., 19 mai 1847 (S. 47.1.520) ; Caen, 26 fév. 1863 (S. 63.2.168) ; Dall., *Rép.*, v° *Vente publique d'immeubles*, n. 1960. —Dans le sens de la négative : Lettre du grand juge du 15 oct. 1811 ; Circ. du proc. général près la Cour de Paris, 26 déc. 1818 ; Trib. civ., Château-Thierry, 14 juill. 1838 (S. 39.2.409).

33. Quoi qu'il en soit, l'habitude des ventes d'immeubles par adjudication a toujours produit des résultats extrêmement favorables aux intérêts du notariat et même à la prospérité des contrées où elle a été adoptée. — V. *Revue, Obs. prat.*, n. 134.

34. Les adjudications volontaires d'effets mobiliers peuvent, en général, être faites par les notaires, comme du reste par les autres officiers publics, tels que commissaires-priseurs, huissiers, greffiers et courtiers de commerce. — L. 22 pluv. an VII, art. 1er.

35. Le droit des notaires, greffiers et huissiers dérive d'anciens monuments de législation. Il a été de nouveau consacré par les lois des 26 juill. 1790 et 17 sept. 1793. —Quant aux sommissaires priseurs, leur droit a été consacré par la loi des 27 vent. an ix et 28 avril 1816.

36. Il n'y a que les officiers publics nommés par le gouvernement qui aient le droit de procéder aux ventes publiques de meubles. Ainsi donc, ce droit doit s'étendre aux greffiers de justice de paix, mais non aux greffiers des tribunaux de simple police. — Décis. min. just., 8 janv. 1812 ; Bioche, *Dict. proc.*, v° *Vente de meubles*, n. 8.

37. La compétence de ces divers officiers publics n'est pas, en principe, exclusive. Cependant, par exception, les notaires ont un droit exclusif à la vente de certains meubles. Ainsi ils peuvent seuls procéder à la vente aux enchères de meubles *incorporels*. — Douai, 12 fév. 1862 (S. 62.2.321) ; Bioche, n. 11; Roll. de Vill., *Rép.*, v° *Vente de meubles*, n. 22 et suiv.; Dutruc, *Part. de success.*, n. 201.

38. Spécialement ils ont seuls qualité pour faire la vente d'un fonds de commerce et du droit au bail des lieux où s'exploite ce fond. — Cass., 23 mars 1836 (S. 36.1.161); Arras, 17 juill. 1861, *Revue*, n. 129; Bioche, *Dict. proc.*, v° *Vente de meubles*, n. 11 ; de Belleyme, *Ordonn., sur référés*, t. 2, p. 49. — *Contrà*, Besson, *C. commiss.-priseur*, t. 1, p. 179. — V. *Fonds de commerce, Vente de fonds de commerce*.

39. Mais les juges peuvent ordonner que la vente publique d'un fonds de commerce aura lieu à la barre du tribunal, et non devant un notaire, lorsque l'intérêt des parties leur paraît l'exiger. — Paris, 28 juin 1860 (S. 60.2.420).

40. De même ils ont seuls qualité pour faire la vente des métiers et autres objets qui font partie, comme choses accessoires, du fonds de commerce. — Arrêts ci-dessus; *Adde* Paris, 4 déc. 1823 (S. coll. nouv. 7.2.273).

41. Un notaire a surtout le droit de procéder, à l'exclusion des commissaires-priseurs, à la vente aux enchères de l'achalandage d'un établissement de commerce, ainsi qu'à la vente en bloc des outils, ustensiles et autres objets mobiliers affectés à cet établissement de commerce, lorsque la vente est à terme, et qu'à cette vente se joint la cession du bail des lieux occupés par le vendeur, et la stipulation soit de sûreté hypothécaire, soit d'un cautionnement. — Colmar, 30 janv. 1827 (S. 27.2.154).

42. Il appartient aux parties qui requièrent la vente, de déclarer, et aux tribunaux d'apprécier en fait, la question de savoir si les meubles corporels vendus avec le fonds de commerce sont ou non l'accessoire de ce fonds. — Cass., 23 mars 1836 (S. 36.1.161).

43. La vente d'un brevet d'invention et de ses accessoires ne peut également être faite que par un notaire.—Paris, 4 déc. 1823 (S. coll. nouv. 7.2.273).

44. En est-il de même des ventes publiques de meubles à terme? On l'a soutenu, non sans quelque raison, car la stipulation du terme transforme le procès-verbal de vente en un contrat. — Paris, 25 juin 1840 (S. 49.2.581). Mais la jurisprudence décide depuis longtemps en sens contraire.

45. Ainsi il a été jugé que les huissiers ont qualité pour procéder à ces ventes, aussi bien que les notaires, et que les procès-verbaux des huissiers constatant de semblables ventes ont le caractère d'actes authentiques et font dès lors pleine foi de leur contenu. — Douai, 12 fév. 1862, *Revue*, n. 170; Cass., 19 avril 1864, *Revue*, n. 880; Pont-l'Evêque, 12 fév. 1867, *Revue*, n. 1863.

46. De même il a été jugé que ces ventes rentraient dans les attributions des commissaires-priseurs, comme les ventes au comptant, sauf aux notaires à intervenir dans ces sortes de ventes, pour procurer à la partie venderesse un acte exécutoire ou emportant hypothèque. — Cass., 6 août 1861, *Revue*, n. 101. — *Contrà* Roll. de Vill., *Rép. Not.*, v° *Vente de meubles*, n. 24.

47. Les notaires ont seuls et à l'exclusion des commissaires-priseurs le droit de procéder aux ventes publiques de matériaux de bâtiments à démolir, des fouilles à faire dans les carrières et autres extractions du sol. — Cass., 10 déc. 1828 (S. 29.1.256); Vitry-le-François, 12 déc. 1861; *Revue*, 171. — V. *Vente de matériaux.*

48. Avant 1851 la jurisprudence admettait que la vente publique des récoltes et fruits pendants par racines, de même que la vente des coupes ordinaires de bois, devait rentrer dans les attributions exclusives des notaires, d'autant plus qu'elle comporte généralement des stipulations relatives aux termes pour le paiement du prix et autres conventions que les notaires seuls ont qualité pour recevoir. — V. notamment Paris, 22 nov. 1848 (S. 49.2. 581).

49. Mais une loi du 5 juin 1851 décide que ces ventes, qu'elles soient à terme ou au comptant, pourront être faites en concurrence, et aux choix des parties, par les notaires, commissaires-priseurs, huissiers et greffiers de justice de paix, même dans le lieu de résidence des commissaires-priseurs. — V. *Vente de récoltes, Vente de coupes de bois.*

50. Mais la loi de 1851 ne s'applique qu'aux ventes de coupes de bois taillis, non à celles de coupes aménagées de haute futaie, qui restent en conséquence de la compétence exclusive des notaires. — Caen, 25 fév. 1863 (S. 63.2.168). — V. *Vente de coupes de bois.*

51. De même elle ne s'applique à ces ventes qu'autant qu'elles sont volontaires; les ventes judiciaires de récoltes sur pied, par exemple, ne peuvent être faites que par les notaires. — Bar-le-Duc, 10 mai 1867; *Revue*, n. 1917; Clerc, *Form. Not.*, I, p. 158; Menuel, *Rev. critique*, XI, p. 38. — *Contrà*, Demol., *Distinct. des biens*, t. 1, p. 157; Deffaux et Harel, *Encyclop. Huiss.*, v° *Vente de fruits et récoltes*, n. 5.

52. C'est aux commissaires-priseurs, et à leur défaut, aux notaires, huissiers et greffiers de justice de paix, qu'il appartient de procéder aux ventes publiques de meubles, pour le compte du département; ces ventes ne devant plus être opérées par les agents de l'administration des domaines. — Circ. min. intér., 5 avril 1862 (*Revue*, n. 338).

53. Les commissaires-priseurs ayant le droit exclusif de pro-

céder, dans le chef-lieu de leur établissement, aux ventes volontaires de meubles, sauf les exceptions ci-dessus, il s'ensuit que les
notaires ne peuvent être admis à leur faire concurrence au moyen
de certaines conditions de cautionnement, d'hypothèque ou de
terme, lorsqu'il est évident que ces conditions ne sont imposées
que dans le but de justifier l'intervention des notaires. Le notaire
qui provoque ces conditions ou leur donne son assentiment s'expose
à des poursuites disciplinaires.—Paris, 5 juill. 1845 (S. 46.2.143).

54. Les prisées et ventes publiques de meubles concernant les
monts-de-piété, dans une ville où sont établis des commissaires-
priseurs, sont du droit exclusif de ces officiers publics, en vertu
du principe de leur institution, nonobstant toute induction à tirer
en sens contraire des statuts particuliers des établissements dont
il s'agit, alors surtout qu'à la date de ces statuts la ville ne possédait
pas de commissaires-priseurs. — Cass., 5 juill. 1864 ; *Revue*, n. 1054.

55. Les procès-verbaux de ventes publiques de meubles dressés
par les commissaires-priseurs n'ont le caractère d'authenticité
qu'à l'égard des ventes au comptant et des déclarations qui s'y
rattachent ; un tel caractère n'appartient point aux constatations
que font ces procès-verbaux, en énonçant des ventes à terme, des
obligations de paiement contractées par les acheteurs : les procès-
verbaux ne font preuve, à cet égard, qu'autant qu'ils portent la
signature de ces derniers. — Cass., 13 mars 1867 ; *Revue*, n. 1862.

56. Les ventes publiques de meubles n'étant du droit exclusif
des commissaires-priseurs que dans la ville chef-lieu de leur établissement, les notaires peuvent y procéder dans les autres communes ressortissant à ce chef-lieu, lors même qu'il s'agit de meubles dépendant d'une succession échue à des mineurs et transportés
de la ville dans l'une de ces communes pour y être vendus. Quelque irrégulière que puisse être, en ce dernier cas, la mesure prise
par le tuteur, il ne saurait appartenir aux commissaires-priseurs
de la critiquer. — Douai, 13 fév. 1866 ; *Revue*, n. 1601 ; Bioche,
Dict. just. de paix, v° *Vente de meubles*, n. 27 ; Benou, *Man. des
commissaires-priseurs*, p. 341.

57. Les notaires ont, comme les agents de change, le droit de
procéder à la vente judiciaire des actions des sociétés anonymes
ou en commandite. — V. *Vente de rentes, de créances*, etc.

58. Les notaires doivent procéder aux adjudications en personne ; ils encourraient des peines disciplinaires s'ils se faisaient
représenter par leurs clercs. — Metz, 9 oct. 1844. — V. *Notaire*.

§ 3. — Formalités des adjudications volontaires.

59. Les adjudications volontaires sont des actes ordinaires
dont les effets ne diffèrent pas de ceux qui ont lieu à l'amiable.
Elles ne sont donc assujetties à aucune forme particulière, mais
seulement aux formalités générales des actes notariés, tracées
par la loi du 25 ventôse an XI.

60. Cependant, à l'égard des meubles, les notaires doivent, à peine d'amende, avant de procéder à l'adjudication, en faire la déclaration préalable au bureau de l'enregistrement.—L. 22 pluv., an VII, art. 1 et 2 ; Cass., 23 janv. 1809 (S. 9.1.146). — V. *Déclaration préalable de vente*.

61. Cette amende se prescrit par deux ans, lorsque le procès-verbal de vente a été enregistré, et à compter du jour de l'enregistrement. Dans ce cas, la prescription ne peut être interrompue par de simples réserves de la régie, non suivies d'une action intentée en temps utile. — L. 22 frim. an VII, art. 61 et 62. — Même arrêt que ci-dessus.

62. Jugé également que le notaire ne pourrait suppléer par de simples lettres missives à la déclaration qu'ils doivent faire au bureau de l'enregistrement. — Cass., 24 nov. 1806 (S. 7.2.937). — V. pour les autres formalités relatives à ce genre de vente, le mot *Vente de meubles*.

63. A l'égard des immeubles, il est d'usage que les adjudications soient précédées ou d'un procès-verbal contenant la désignation de l'objet à vendre ou à louer, l'établissement de la propriété dans le cas de vente, et les charges et conditions ; ou de l'acte de dépôt du cahier des charges ou d'enchère dressé par les parties, et contenant tout ce qui serait susceptible d'entrer dans le procès-verbal d'enchère.

64. S'il s'agit spécialement de vente de coupes de bois ou de récoltes, et dans tous les cas où le peu d'étendue de la désignation et la simplicité des charges et conditions permettent de consommer le tout en une ou plusieurs vacations, on se contente de la désignation des charges et conditions en tête du même procès-verbal que celui qui doit contenir l'adjudication.

65. Les stipulations qui interviennent dans les adjudications dépendent des clauses du cahier des charges ou du procès-verbal d'enchères ; elles varient également suivant les localités. Leur but général doit être de donner au vendeur le plus de sécurité possible vis-à-vis d'un acquéreur inconnu. Mais le vendeur, dans la rédaction de ces stipulations, doit éviter avec soin toutes celles qui auraient un caractère ambigu et insolite, autrement il se verrait appliquer la décision de l'art. 1602, C. civ.

66. Voici ce que prescrit à cet égard le règlement des notaires de Paris : « Les procès-verbaux établissant les conditions de l'enchère doivent toujours être signés par les vendeurs ou leurs fondés de procurations authentiques, et prêts à être communiqués dès le moment où la vente est annoncée par les placards et insertions dans les journaux, ou au plus tard dans la quinzaine franche, compris le jour fixé pour l'adjudication. Les procès-verbaux devront indiquer la mise à prix. S'il est apporté des modifications à l'enchère ou au cahier des charges, cette circonstance devra être publiquement annoncée avant la lecture de ces modifications. »— Règlement des notaires de Paris, art. 10, § 2.

67. Au reste, pour mettre les adjudicataires dans l'impossibilité d'exciper d'ignorance ou de surprise pour se refuser à l'exécution des charges de l'adjudication, les notaires doivent toujours, bien que les enchérisseurs aient pu les connaître antérieurement, faire lecture des charges aux personnes qui se trouvent dans la salle d'adjudication, avant de recevoir aucune enchère.—V. *Revue*, n. 1135, sect. 2.

68. Il est d'usage également que les adjudications soient précédées d'affiches publiques ou d'insertions dans les journaux, ou de distribution à domicile de petites affiches dites à la main. — V. *Insertion*.

69. Remarquons toutefois que l'énonciation de la mesure du terrain à vendre contenue dans les affiches ne lie pas le vendeur, dont les obligations ne sont réglées que d'après les termes du cahier des charges. — Paris, 29 fév. 1840 (S. 40.2.152).

70. En général, et principalement dans les ventes d'immeubles, on prononce l'adjudication à l'extinction des feux, en usant de bougies de la durée d'une minute au moins. C'est, du reste, le mode qui est prescrit par la loi pour les ventes judiciaires. — C. proc., 705.

71. Il va sans dire que, depuis la loi du 2 juin 1841 qui a aboli l'adjudication préparatoire dans les ventes judiciaires d'immeubles, elle doit, à plus forte raison, être rejetée pour les ventes volontaires.

72. Il n'est pas nécessaire que le procès-verbal d'adjudication mentionne chacune des enchères, il suffit de constater celle sur laquelle l'adjudication a été prononcée. — Lyon, 24 janv. 1834 (D. 34.2.126).

73. Toutefois le règlement des notaires de Paris veut qu'on constate toutes celles portées pendant la durée de chaque feu lors des adjudications. — Art. 10, § 15.

74. Le même règlement veut (art. 10, § 12 et 13) qu'il ne soit reçu d'enchères que de la part des avoués et des notaires du ressort de la chambre, et qu'un notaire n'enchérisse qu'autant qu'il est porteur d'un pouvoir spécial, signé de son client et conforme au modèle déposé à la chambre. Cette formalité, qui n'a pour but que de prévenir les abus possibles dans une ville où l'identité des personnes est difficile à constater, n'est aucunement exigée par la loi qui, n'ayant rien dit de spécial, laisse le droit d'enchères sous l'empire du droit commun.

75. La chambre des notaires de Paris a fait également cesser l'abus des adjudications et enchères fictives, au moyen desquelles les propriétaires retiraient leurs immeubles des enchères, lorsque celles-ci ne s'élevaient pas au niveau de leurs prétentions. En 1846 elle a décidé que ces retraits d'adjudication ne seraient plus tolérés, que la mise à prix devait toujours être sérieuse et définitive, et que l'immeuble devrait être adjugée quand même cette mise à prix ne serait couverte que par une seule enchère. — *Revue, obs. prat.*, n. 134.

76. On ne saurait trop recommander aux notaires de ne faire leurs adjudications que dans des locaux convenables, et d'éviter tout ce qui pourrait nuire à la gravité de leur ministère.

77. Une circulaire du garde des sceaux, du 17 mai 1821, rappelée dans une autre du 19 février 1844, a prescrit des mesures pour prévenir les abus résultant de l'habitude de faire les adjudications dans les auberges et cabarets. Ces circulaires menacent de poursuites sérieuses les notaires qui recevraient des enchères d'individus en état d'ivresse. — V. également Circ. proc. gén. près la C. de Douai du 3 mai 1845.

78. Il a même été jugé que le fait d'avoir vendu des immeubles dans un cabaret, en faisant distribuer le vin aux enchérisseurs, pouvait être puni de peines disciplinaires. — Metz, 5 juin 1845.

79. Du reste, c'est surtout aux autorités administratives qu'il appartient de prévenir de tels abus, en enjoignant aux maires de mettre à la disposition des notaires un local convenable pour les adjudications.

80. De même il appartient aux chambres des notaires de prendre des mesures propres à maintenir l'ordre et la dignité convenables dans les séances, et pour moraliser de plus en plus les ventes par adjudication, d'en régler la police. — V. *Revue, Observ. prat.*, n. 134.

81. La vente d'un immeuble à laquelle le propriétaire fait procéder par adjudication devant notaire ne cesse pas d'être une vente volontaire; par conséquent est nul le procès-verbal d'adjudication volontaire s'il n'est revêtu de la signature de l'adjudicataire qui, sachant signer, a refusé de le faire. — Cass., 24 janv. 1814, cité dans les *Observations pratiques de la Revue*, n. 1135.

82. Nous avons critiqué cette décision (*loc. cit.*), et nous avons indiqué les moyens d'en atténuer les effets. D'abord le notaire doit, après avoir reçu la signature du vendeur, expliquer exactement les faits en cet endroit de son procès-verbal, constater le refus de l'adjudicataire, et le faire attester par plusieurs témoins pris parmi les personnes présentes.

83. Nous avons dit, en outre, qu'il ne nous semblait pas possible de refuser au vendeur, dans ce cas, l'action en dommages-intérêts contre l'adjudicataire.

84. Dans le cas inverse, c'est-à-dire celui où c'est le vendeur qui refuse de signer, nous avons dit qu'à notre avis, l'adjudication devait être maintenue, que la mise à prix ait été fixée à l'avance ou non. — Limoges, 19 mai 1835, *Revue, loc. cit.*

85. En tout cas le notaire devrait constater le refus du vendeur comme il a été dit ci-dessus (n° 82). — V. *Acte notarié*, n. 548 et suiv.

86. Dans le cas où il existe plusieurs vendeurs, il est évident que l'action en dommages-intérêts serait admise contre celui des vendeurs qui refuserait sa signature au profit des autres. Du reste les copropriétaires ont un moyen de se garantir mutuellement contre le refus de signer de l'un d'eux, c'est de déclarer, dans le cahier des charges, qu'ils se donnent mutuellement tous pouvoirs nécessaires pour requérir l'ouverture des enchères, consentir les adjudications prononcées par le notaire, signer le procès-verbal et faire tout ce qui sera nécessaire pour consommer l'opération;

en ajoutant que chacun d'eux est individuellement autorisé à faire usage de ce pouvoir au nom de tous, et que ce pouvoir ne pourra être révoqué que du consentement de tous les propriétaires sans exception. — Bordeaux, 7 juill. 1837 (S. 37.2.452).

87. Les adjudications volontaires peuvent être suivies d'une revente à folle enchère, si le cahier des charges contient une clause à ce sujet. — V. *Vente sur folle enchère.*

88. De même elles pourraient, sans aucun doute, être suivies de surenchères, puisque les surenchères sont admises dans toute espèce de ventes. — V. *Surenchère.*

89. Comme toute vente ordinaire également, les adjudications volontaires peuvent être rescindées pour cause de lésion; car l'art. 1684, C. civ., n'excepte de la rescision pour lésion que les « ventes qui, d'après la loi, ne peuvent être faites que d'autorité de justice ». — V. *Lésion.*

§ 4. — Personnes qui ne peuvent se rendre adjudicataires.

90. La capacité étant la règle, toute personne en principe peut se porter adjudicataire. — C. civ., 1594.

91. Par exception ne peuvent se porter adjudicataires sous peine de nullité, ni par eux-mêmes, ni par des personnes interposées : les tuteurs des biens dont ils ont la tutelle; les mandataires des biens qu'ils sont chargés de vendre ; les administrateurs des biens des communes ou établissements publics confiés à leurs soins. — C. civ., 1596.

92. La défense faite au mandataire de se rendre adjudicataire des biens qu'il est chargé de vendre ne s'étend pas aux biens qu'il est chargé de gérer et administrer. — Cass., 8 déc. 1862 (S. 63.1.310). — *Contrà*, Dig., L. 34; *De contract. empt.*; Pothier, *Vente*, n. 13.

93. La question de savoir si l'adjudicataire est une personne interposée est laissée à l'appréciation des tribunaux; il ne faudrait pas appliquer ici les présomptions légales édictées par l'art. 911 en matière de donation. — Cass., 3 avril 1838 (S. 38.1.368); Duranton, XVI, n. 138; Duvergier, *De la vente*, n. 193 ; Troplong, *id.*, n. 193. — V. *Personne interposée.*

94. Parmi les personnes incapables de se rendre adjudicataires, il faut ranger le notaire qui reçoit les enchères. La loi sur le notariat, d'ailleurs, lui défend de stipuler pour lui-même dans l'exercice de ses fonctions. — V. *Notaire.*

95. Il faut en dire autant de ses parents ou alliés au degré prévu par l'art. 8 de la loi de ventôse, an XI. — V. *Alliance, Parenté.*

96. Mais le clerc du notaire n'est pas incapable de porter des enchères, pourvu toutefois qu'il ne soit pas personne interposée pour le notaire ou autre incapable. — Amiens, 15 déc. 1832, cité par *Dict. du Not.*, n. 99.

97. L'époux du vendeur pourrait se rendre adjudicataire des biens de son époux, s'il existait une des causes prévues par l'art. 1597, C. civ. — Toullier, XII, n. 41 et 366. — V. *Remploi.*

98. Quant à l'incapacité pour le tuteur de se rendre adjudicataire des biens de son pupille, il en sera question à l'occasion des
ventes judiciaires, car les ventes d'immeubles appartenant à des mineurs ne peuvent avoir lieu qu'en justice.

99. Le conseil judiciaire chargé d'assister le vendeur ne pourrait se rendre adjudicataire, car autrement son assistance deviendrait illusoire. — Arg., 513, C. civ. — V. *Conseil judiciaire.*

100. Les personnes notoirement insolvables ne sont pas incapables de se rendre adjudicataires dans les ventes volontaires, car
la loi ne les exclut que des ventes judiciaires (C. proc., 711). Mais le
vendeur est libre de refuser comme adjudicataire quelqu'un qu'il
suppose ne pas offrir des garanties suffisantes. Il a même la faculté
de ne pas accepter l'offre résultant de la dernière enchère, et de retirer de la vente l'immeuble enchéri, si rien de contraire n'est stipulé
dans le cahier des charges. — Nancy, 9 nov. 1874, *Revue,* n. 4866.

101. La faculté de se rendre adjudicataire est également interdite aux officiers publics, quant aux biens dont les ventes se
font par leur ministère. — C. civ., 1596.

102. L'art. 175, C. pén., stipule même que « tout fonctionnaire, tout officier public, tout agent de gouvernement qui, soit
ouvertement, soit par actes simulés, soit par interposition de personne, aura pris ou reçu quelque intérêt que ce soit dans les actes,
adjudications, entreprises ou régies dont il a ou avait, au temps de
l'acte, en tout ou en partie, l'administration ou la surveillance,
sera puni d'un emprisonnement de six mois au moins et de deux
ans au plus, et sera condamné à une amende qui ne pourra
excéder le quart des restitutions et des indemnités, ni être au-
dessous du douzième. Il sera de plus déclaré à jamais incapable
d'exercer aucune fonction publique. »

103. C'est une question controversée que celle de savoir si les
notaires se trouvent implicitement compris parmi les fonctionnaires et les officiers publics dont parle cet article. Dans le sens
de la négative. — Cass., 18 avril 1817 (S. 17.1.257); Rennes,
10 janv. 1839 (S. 41.2.636).

104. Cependant la Cour de cassation a jugé que le notaire
tomberait sous le coup de l'art. 175, C. pén., s'il avait été commis
par justice. — Arrêt 28 déc. 1816 (S. 18.1.26). — MM. Helie et
Chauveau (*Théorie du C. pén.,* IV, p. 139) combattent avec raison
cette distinction, et soutiennent que le notaire qui procède à un
inventaire ou à une vente n'a ni l'*administration* ni la *surveillance*
de cette opération.

105. Enfin il est interdit aux notaires de recevoir des enchères de personnes qui seraient en état d'ivresse. — Circ. du
garde des sceaux du 17 mai 1821. — V. *Notaire.*

106. Nous n'avons touché qu'aux points intéressant les ventes
volontaires. Mais dans les ventes judiciaires et dans les ventes
administratives, il y a des incapacités spéciales prononcées contre
les enchérisseurs. — V. *Vente judiciaire, Vente administrative.*

§ 5. — Entrave à la liberté des enchères.

107. La loi établit des peines contre ceux qui, soit avant, soit pendant les enchères, emploient des dons ou promesses, voies de fait, violences ou menaces, pour écarter les enchérisseurs, entraver ou troubler la liberté des enchères. — C. pén., 412.

108. Cette disposition est-elle applicable aux adjudications volontaires qui font l'objet du présent art. 2. Nous nous rangeons à l'avis de M. Rolland de Villargues qui pense qu'elle n'est pas applicable. « En effet, dit-il, on conçoit la raison d'une pareille disposition dans le cas d'une adjudication faite sous l'autorité de justice, puisque alors il y a adjudication nécessaire, et que cette adjudication a été précédée d'annonces et de publications légales. Les entraves apportées dans ce cas à la liberté des enchères ne deviennent pas seulement préjudiciables aux vendeurs, mais elles sont de véritables actes de rébellion à la loi ; elles devraient donc sous ce double rapport être punies. Mais les mêmes motifs ne subsistent plus pour les adjudications purement volontaires. Le vendeur est libre de ne pas adjuger, si les enchères ne lui paraissent pas suffisantes. Il n'est maîtrisé par aucune forme légale. Si donc il consent l'adjudication, il doit être réputé agir volontairement et dans son propre intérêt. Il n'en faut pas davantage pour la validité du contrat. » — Roll. de Vill., *Rép.*, v° *Adjudication*, n. 82.

109. Toutefois, si le vendeur avait été victime de manœuvres frauduleuses, ayant le caractère de dol (C. civ., 1109 et 1116), il pourrait, sans contredit, faire annuler l'adjudication et réclamer des dommages-intérêts. — C. civ., 1116. — Décisions citées dans la *Revue*, sous un arrêt de Cass. du 18 déc. 1875, n. 5055.

110. Il a été jugé que l'art. 412 est applicable à l'individu déclaré coupable d'avoir écarté les enchérisseurs par des moyens frauduleux, dans une adjudication de travaux à exécuter pour le compte de l'Etat, dans une forêt domaniale. — Cass., 23 nov. 1849.

111. L'art. 22 du Code forestier applique également l'art. 412, C. pén., aux adjudications de coupes de bois de l'Etat. — V. *Vente de coupes de bois*.

§ 6. — Enregistrement et timbre.

112. *Enregistrement.* — Les adjudications volontaires entraînant nécessairement cession ou vente de biens, meubles ou immeubles, de créances ou de droit de jouissance, c'est selon la nature de cette cession que le droit d'enregistrement est perçu. — V. notamment les mots : *Bail; Cession de créance; Vente d'immeubles; Vente de coupes de bois; Vente de fruits et récoltes; Vente de meubles.*

113. La même règle doit être également suivie en ce qui concerne la fixation du prix et des charges sur lesquels le droit est à établir.

114. Le notaire qui fait une adjudication volontaire d'immeubles est-il tenu de donner lecture des art. 12 et 13 de la loi du 23 août 1871, et de faire mention de cette lecture dans son procès-verbal ? Cette question a été longtemps controversée. Il existe à cet égard de nombreuses décisions. — V. notamment celles suivantes : Arras, Trib. civ., 21 janv. 1873, *Revue,*

n. 4277; Semur, Trib. civ., 30 avril 1873, *Revue*, n. 4416; Trib. de la Rochelle, 23 juill. 1873; Verdun, 9 juill. 1873; Mantes, 30 août 1873, *Revue*, n. 4456; Trib. de Versailles, 17 fév. 1874, *Revue*, n. 4640; Trib. de Charleville, 18 déc. 1873. Avesnes, 9 janv. 1874, Grasse, 21 janv. 1874, *Revue*, n. 4665; Joigny, 9 juill. 1874, *Revue*, n. 4728. — V. aussi sur cette question les observations consignées dans *la Revue*, n. 3002, p. 301, *Comment. de la loi du 23 août* 1871, par M. Ch. Lansel; n. 3074, p. 151, *Note du comité des notaires des départements;* n. 4056, *Résol. de la ch. des not. de Versailles;* n. 4112, *Inst. rég.;* n. 4171 et 4339, *notes;* n. 4456, *Mémoire présenté par la chambre des notaires de Versailles.*

115. Enfin une loi du 3 août 1875 (rapportée sous le n. 4996 de la *Revue*) a mis fin à cette controverse et a modifié ainsi qu'il suit les art. 12 et 13 de la loi en question, en ce qui touche les adjudications publiques :
« Art. 11. A compter de la promulgation de la présente loi, la disposition « du dernier paragraphe de l'art. 13 de la loi du 23 août 1871, relative à « la lecture aux parties de cet article et de l'art. 12 de la même loi, et à la « mention de cette lecture dans les actes, cessera de s'appliquer aux adju- « dications publiques. »

116. Une instruction de la régie, n. 2520, a réglé de la manière sui- vante le mode d'exécution de cet article :
« Cette nouvelle disposition législative n'est exécutoire, d'après les termes « mêmes dans lesquels elle est conçue, qu'à compter de la promulgation de « la loi du 3 août 1875. Toutefois, eu égard aux motifs qui ont déterminé « le législateur, le directeur général a décidé que l'on s'abstiendra d'in- « sister sur le paiement des amendes non encore acquittées, qui ont été « antérieurement relevées sur des procès-verbaux d'adjudication. Il con- « viendra seulement d'inviter les contrevenants à acquitter le coût des « actes de poursuites qui leur auraient été signifiés. »

117. A la différence de ce qui a lieu pour les adjudications faites en justice devant le tribunal ou devant un notaire commis, la preuve du con- sentement des parties contractantes, qui est une condition essentielle pour l'exigibilité du droit proportionnel, ne peut résulter que de leur signature (L. 25 vent. an 11, art. 14 et 68). Il suit de là qu'au cas d'une adjudication volontaire non signée de celui qui a porté la dernière enchère, le droit pro- portionnel ne deviendrait exigible que sur l'acte ou le jugement postérieur qui déclarerait l'adjudication bonne et valable. Quant à l'acte imparfait, il ne serait par lui-même passible que du droit fixe de trois francs. — LL. 18 mai 1850, art. 8; 28 fév. 1872, art. 4; Dél., 8 mai 1822, 7244, *J. Enreg.* — V. *Acte imparfait*, n. 37 et suiv.
Il en serait de même si le refus de signature provenait du vendeur. — 12,682-7, *J. Enreg.; Dict. Réd.*, vº *Adjudication*, n. 101.

118. Les clauses qui font dépendre l'enchère de la volonté du vendeur ne sont passibles d'aucun droit particulier; si un procès-verbal constatait les enchères et le refus du vendeur d'y donner suite, il y aurait lieu de per- cevoir un droit fixe de 3 fr.; 18,274-1, *J. Enreg.*

119. Une adjudication ne peut être considérée comme provisoire par cela seul qu'elle contient la clause qu'il en sera passé acte de vente séparé. Elle est définitive et opère transmission du droit de propriété si les condi- tions de la vente s'y rencontrent : le consentement, la chose et le prix (V. Sol. 1ᵉʳ pluv. an 11, 1376, *J. Enreg.*); mais elle n'est que provisoire s'il résulte des termes de l'acte que la transmission est subordonnée à la for- malité de l'acte postérieur à passer. — 967, *J. Enreg.; Dict. Réd., vº Ad- judication*, n. 105.

120. L'obligation de payer les droits, frais et honoraires de l'adjudica- tion ou de la vente amiable, tels qu'ils sont légalement dus, ne constitue pas une charge dans le sens de l'art. 15, n. 6, de la loi du 22 frim. an 7.

Mais il y a lieu d'ajouter au prix, pour la liquidation du droit proportionnel, le chiffre des frais et honoraires qui excéderait d'une manière notable le taux ordinaire ; cette exagération devant faire présumer qu'il y a eu accord secret pour accroître le prix au profit du vendeur et diminuer la matière imposable. Avant la loi du 23 août 1871, le taux ordinaire des frais et honoraires de vente était généralement fixé à 10 p. 100. — Sol., 6 mai 1866, J. Enreg., 18,373-2.

Les rédacteurs du *Dict. Enreg.* pensent, v° *Adjudication*, n. 113, que maintenant pour les adjudications auxquelles s'appliquait, à raison de leur importance, la moyenne de 10 p. 100 admise pour les frais, il est évident que cette quotité doit être actuellement portée à 10 fr. 55 c., à raison de l'établissement d'un second décime. Cette opinion a été depuis confirmée par une Sol. rég. du 6 juill. 7877 ; *Revue*, n. 5495.

121. S'il est stipulé que l'acquéreur paiera les droits d'enregistrement en déduction du prix, il faut, pour la perception, retrancher de ce prix le montant des droits que doit en définitive supporter le prix réel. — V. *Vente d'immeubles.*

122. Lorsque les frais d'une adjudication d'immeubles sont mis à la charge du vendeur, ils sont également susceptibles d'être déduits, pour la perception, du prix d'adjudication. A défaut d'évaluation, on porte en général ces frais à 10 p. 100 du prix principal, ce qui forme le onzième du prix exprimé. Si cependant l'administration, après avoir provisoirement liquidé les droits d'après cette base, prouvait que le montant réel des frais est inférieur à 10 fr. 55 c. p. 100, elle pourrait rectifier sa perception et demander un supplément de droit. — Le Havre, 30 mars 1849, 14,704, *J. Enreg.*; *Dict. Réd.*, v° *Adjudication*, n. 121, et l'observation faite ; *Suprà*, n. 120.

123. La clause d'un cahier des charges portant que l'adjudication n'opérera transmission de propriété qu'autant que les droits d'enregistrement auront été consignés dans un délai déterminé, constitue une condition suspensive, et non une condition résolutoire. En conséquence, s'il a été constaté par un procès-verbal qu'à défaut de consignation des droits, l'adjudication n'a produit aucun effet, l'administration n'est pas fondée à réclamer un droit de mutation. — Chaumont, 11 janv. 1838 ; *J. Enreg.*, 12,043.4.12,167 ; Cass., 9 juill. 1855 ; *Dict. Réd.*, v° *Adjudication*, n. 107.

124. *Timbre.* — Les adjudications définitives, judiciaires et volontaires doivent être écrites sur papier timbré, conformément à l'art. 12 de la loi du 13 brum. an VII. Il en est de même des adjudications administratives. — L. 15 mai 1818, art. 78.

Sur le point de savoir quels sont les actes faits pour parvenir à une vente aux enchères qui peuvent être écrits, sans contravention, les uns à la suite des autres. — V. *Acte écrit à la suite d'un autre*, n. 8 et suiv.

§ 7. — Formules.

I. — *Adjudication volontaire d'immeubles.*

(Formule adoptée par la chambre des notaires de Paris) (1).

PROCÈS-VERBAL D'ENCHÈRE.

L'an..., le...

Par-devant Me... et son collègue, notaires à Paris, soussignés,

A comparu :

---

(1) Cette formule peut s'appliquer à toute adjudication faite dans tous les départements, | sauf les modifications que les usages locaux et la nature des biens vendus pourront nécessiter.

M... (*nom, prénoms, qualité et demeure du vendeur* (1)

Lequel a dit qu'il est dans l'intention de vendre par le ministère de M°..., l'un des notaires soussignés, en la chambre des notaires séant à Paris, place du Châtelet.

Tel immeuble (*l'indication générique*).

Et il a requis M°..., notaire, d'établir la désignation et l'origine de la propriété, ainsi que les charges, clauses et conditions de l'adjudication de la manière suivante :

DÉSIGNATION DE L'IMMEUBLE.

(*Énonciation des baux et locations à entretenir ou déclaration qu'il n'y en a point*).

ÉTABLISSEMENT DE PROPRIÉTÉ.

. . . .

Indication de l'état civil du vendeur.

(Déclarer si le vendeur est célibataire, et, s'il est marié, le nom de sa femme ; s'il est veuf, dénommer les représentants de sa femme ; s'il est ou non chargé de tutelle, les noms et la demeure du subrogé tuteur, et la demeure du pupille, s'il est devenu majeur, ou de ses représentants, s'il est décédé).

CHARGES ET CONDITIONS.

ART. 1er. — *Stipulation de garantie.*

L'adjudication sera faite avec garantie (solidaire de la part des vendeurs) de tous troubles et empêchements quelconques.

L'adjudicataire sera tenu de prendre l'immeuble dont il s'agit et ses dépendances, tel que le tout se trouvera le jour de l'adjudication. Il n'y aura aucune garantie ni répétition, de part ni d'autre, pour raison soit de mitoyenneté, soit de mauvais état de l'immeuble, soit enfin d'erreur dans la désignation ou dans la contenance ; la différence de mesure, excédât-elle un vingtième, sera au profit ou à la perte de l'adjudicataire (2).

ART. 2. — *Servitudes.*

L'adjudicataire jouira des servitudes actives et souffrira les servitudes passives, apparentes ou non apparentes, continues ou discontinues, s'il en existe, sauf à

---

(1) Le vendeur doit être libre de ses droits, et, si c'est une femme mariée qui procède comme propriétaire, il faut, indépendamment de l'autorisation dont elle doit être pourvue, constater sous quel régime elle se trouve mariée et relater son contrat de mariage.

Un mineur ou autre incapable n'est point admis à vendre par adjudication à la chambre, quelque faible que puisse être son intérêt ; aucune stipulation pour l'emploi du prix, le mode ou la suspension du paiement ne saurait couvrir son incapacité. De même, nul n'est admis à se porter fort pour une personne. On ne doit agir qu'en vertu d'autorisations ou de procurations authentiques.

Cette disposition ne fait point obstacle à ce que les portions appartenant aux majeurs libres de leurs droits soient mises en vente par adjudication.

(2) On appelle l'attention du notaire rédacteur, tant sur la solidarité qui peut être stipulée en cas de concours de plusieurs vendeurs que sur la stipulation de non-garantie d'erreur et de contenance : il ne devra pas la déconsidérer comme étant de style ordinaire ; au surplus, la rédaction entière de ces clauses pourra être modifiée suivant la volonté des parties, la nature et la consistance de l'immeuble mis en vente, et d'après l'examen des titres de propriété ou les circonstances particulières.

faire valoir les unes et à se défendre des autres, à ses risques et périls, sans recours contre le vendeur, et sans que la présente clause puisse donner à qui que ce soit plus de droits qu'il n'en aurait, soit en vertu de titres réguliers et non proscrits, soit en vertu de la loi (1). Comme aussi sans qu'elle puisse nuire aux droits résultant en faveur de l'acquéreur de la loi du 23 mars 1855.

Le (ou les) vendeur déclare que personnellement il n'a conféré aucune servitude sur lesdits biens et qu'il n'est pas à sa connaissance qu'il en existe.

ART. 3. — *Entretien des baux.*

L'adjudicataire entretiendra, pour le temps qui reste encore à courir, les baux et locations ci-dessus énoncés.

Il se défendra, à ses risques, des réclamations que pourraient faire les fermiers ou locataires d'objets qu'ils prétendraient leur appartenir; à cet égard, il sera subrogé sans garantie dans les droits du vendeur, qu'il fera valoir de manière à ne donner lieu à aucun recours contre ce dernier (2).

Le vendeur déclare qu'il a été payé par lesdits locataires la somme de... pour loyers d'avance ; il sera tenu compte de ces loyers par le vendeur à l'adjudicataire (ou l'adjudicataire tiendra compte de ces loyers d'avance à chaque locataire, et ce, sans répétition contre les vendeurs).

ART. 4. — *Entrée en jouissance.*

L'adjudicataire entrera en jouissance à compter du...

ART. 5. — *Contributions.*

Il acquittera les contributions de toute nature auxquelles ledit immeuble peut et pourra être imposé à compter du...

ART. 6. — *Assurances contre l'incendie.*

L'adjudicataire sera subrogé par le seul fait de l'adjudication dans les droits du vendeur résultant de toute police d'assurance contre l'incendie qui aurait pu être contractée avec quelque compagnie que ce soit ; et il acquittera, à compter du jour de son entrée en jouissance, les primes ou cotisations qui pourraient être dues à ce sujet, et ce de manière que le vendeur ne soit nullement inquiété ni recherché.

Ledit adjudicataire sera tenu de continuer cette assurance jusqu'au paiement de son prix, et, à cet effet, de déclarer sans délai, à la compagnie d'assurance la mutation opérée à son profit et de la faire mentionner sur la police.

L'adjudication vaudra transport de l'indemnité qui serait due en cas de sinistre.

Si, en vertu de la police, l'assurance se trouve résiliée par suite de cette mutation, ou s'il est reconnu que la propriété n'est pas assurée, l'adjudicataire devra la faire assurer immédiatement pour la somme de... représentant la valeur des con-

---

(1) Cette clause générale ne dispense pas d'examiner avec soin les titres de propriété, afin de rechercher quelles pourraient être les servitudes établies par des actes, pour les énoncer dans le cahier des charges avec la plus grande exactitude et, autant que possible, littéralement.

On pourra faire déclarer par le vendeur qu'il n'a constitué personnellement aucune servitude et qu'il n'est pas à sa connaissance qu'il en existe.

(2) Faire connaître s'il y a eu des loyers payés d'avance, et dire s'il en sera tenu compte à l'adjudicataire, ou si, au contraire, ce dernier en tiendra compte au locataire, sans répétition contre le vendeur.

structions comprises en son adjudication, et pour le temps pendant lequel il sera débiteur de son prix, et consentir, à ses frais, toutes délégations au profit du vendeur, et à la première réquisition de ce dernier.

En cas de sinistre avant la libération de l'adjudicataire, le vendeur aura seul droit, jusqu'à due concurrence, à l'indemnité qui sera due.

ART. 7. — *Frais, honoraires et droits.*

L'adjudicataire paiera, soit le jour même de l'adjudication, soit le lendemain, avant midi, entre les mains et sur la quittance de M*..., l'un des notaires soussignés :

1° Les droits d'enregistrement et de timbre auxquels la mutation pourra donner ouverture ;

2° Le montant des frais d'annonces, d'affiches et autres déboursés de ce genre, sur le simple état qui en sera fourni et dont la quotité sera déclarée avant l'adjudication ;

3° Demi pour cent du prix principal pour les honoraires de l'avoué ou du notaire adjudicataire ;

4° Et un quart pour cent du même prix, pour tous honoraires du procès-verbal d'enchère, de la publicité donnée à la vente, et du procès-verbal d'adjudication, en ce compris le coût de l'expédition à délivrer à l'adjudicataire et la grosse à délivrer au vendeur (1).

Le tout sans diminution du prix principal.

ART. 8. — *Condition résolutoire à défaut du paiement du prix.*

A défaut de paiement de tout ou partie du prix, dans les termes ci-après stipulés, l'adjudication sera résolue de plein droit conformément à l'art. 1656 du Code civil, dès que l'adjudicataire aura été mis en demeure par une sommation contenant déclaration formelle par le vendeur de son intention de profiter de la présente clause, sans préjudice, pour celui-ci, de son droit à tous dommages et intérêts.

ART. 9. — *Paiement du prix.*

Le prix principal de l'adjudication devra être payé le..., entre les mains du vendeur (*ou entre les mains des créanciers délégataires*) (2).

Ce prix produira des intérêts sur le pied de... pour cent par an, qui courront à partir du..., et seront payables de... mois en mois..., aussi entre les mains de...

Les paiements, en principal et intérêts, seront effectués à... et ils ne pourront avoir lieu valablement qu'en espèces d'or ou d'argent ayant cours (3).

---

(1) Ce maximum ne peut être dépassé sous aucun prétexte: si le vendeur juge à propos d'allouer des honoraires à un conseil, celui-ci sera dénommé dans le procès-verbal, qui contiendra un article distinct de ses honoraires, et qui en prescrira le paiement sur la quittance personnelle de ce conseil.

(2) Stipuler, s'il y a lieu, la clause d'interdiction de paiement avant l'échéance du terme.

(3) On ne peut stipuler le paiement avant les délais nécessaires pour la purge des hypothèques, même par voie de dépôt, si ce n'est à la Caisse des consignations, ni le stipuler au préjudice d'inscriptions qui existeraient ou surviendraient durant les délais de la loi ; cela s'applique même au cas où l'on procéderait par licitation amiable entre majeurs; la portion virile de l'un des colicitants ou la part résultant en sa faveur de liquidation et partage ne saurait devenir exigible avant les délais de surenchère, quand même il n'y aurait d'inscriptions que sur un autre colicitant.

ART. 10. — *Transcription et purge des hypothèques.*

L'adjudicataire devra faire transcrire une expédition des procès-verbaux d'enchère et d'adjudication, et il remplira, si bon lui semble, les formalités prescrites par la loi pour purger les hypothèques légales, le tout à ses frais et dans un délai de quatre mois à partir du jour de l'adjudication. Si, par suite, il y a ou survient des inscriptions grevant l'immeuble présentement mis en vente (*autres que celles pour raison desquelles il y aurait indication de paiement ou délégation*), l'adjudicataire sera tenu d'en faire la dénonciation au vendeur, au domicile ci-après élu, et celui-ci aura quarante jours (1) pour rapporter certificat de radiation desdites inscriptions; pendant ce délai, l'adjudicataire ne pourra faire ni offres, ni consignation de son prix, ni faire aucune notification aux créanciers inscrits, à moins qu'il n'y soit contraint par les voies légales. Au surplus, l'adjudicataire sera garanti et indemnisé, sur son prix, de tous frais extraordinaires de transcription et de purge.

ART. 11. — *Réserve de privilége.*

Indépendamment de l'action résolutoire qui appartient au vendeur, l'immeuble présentement mis en vente demeurera spécialement affecté par privilége au paiement du prix et à l'exécution des charges, clauses et conditions de la vente (2).

ART. 12. — *Prohibition de détériorer l'immeuble vendu.*

Avant le paiement intégral de son prix (*ou de telle portion déterminée*), l'adjudicataire ne pourra faire aucun changement notable et aucune démolition, ni commettre aucune détérioration dans les biens vendus, à peine d'être immédiatement contraint au paiement de son prix ou de ce qui en resterait dû ; et si alors le vendeur ou les créanciers délégataires ne peuvent ou ne veulent le recevoir, l'adjudicataire devra en effectuer le dépôt à la caisse des consignations, et il sera tenu, en outre, dans ce cas, d'indemniser lesdits vendeur et créanciers de tous frais, perte et différence d'intérêt qui pourraient résulter de cette consignation.

ART. 13. — *Remise de titres.*

Le vendeur remettra à l'adjudicataire, lors du paiement de (*telle portion ou du solde du prix*). — Énoncer les titres que l'on remettra (3) et ajouter :

A l'égard de tous autres titres, l'adjudicataire pourra s'en faire délivrer toutes expéditions et tous extraits, à ses frais, et il demeurera subrogé dans tous les droits du vendeur à cet effet.

ART. 14. — *Mode des enchères et obligations des enchérisseurs.*

Les enchères ne seront reçues que de la part d'avoués à Paris ou de notaires du ressort de la chambre.

Elles seront de... (4)

---

(1) Sauf augmentation, s'il y a lieu de stipuler un délai de distance.

(2) Indiquer, autant que possible, un domicile pour l'inscription d'office.

(3) Remettre, autant que possible, tous les titres et toutes les pièces justificatives des qualités énoncées dans l'établissement de propriété.

(4) Les enchères pourront n'être que de 50 fr., et même au-dessous, tant que l'objet à vendre ne sera pas porté à 1,000 fr. Au-dessus de ce prix, elles seront au moins de 100 fr.

Les avoués ou notaires enchérisseurs ne pourront enchérir pour des personnes notoirement insolvables.

L'adjudication sera faite ou plus offrant et dernier enchérisseur ; elle ne pourra être prononcée qu'à l'extinction des feux, dont le dernier aura brûlé et se sera éteint sans nouvelles enchères.

Les enchères seront portées de vive voix ; on ne constatera que la dernière.

L'avoué ou le notaire, dernier enchérisseur, sera tenu de faire connaître son mandant et de faire accepter l'adjudication par celui-ci ou de rapporter son pouvoir pour être annexé à la minute de la déclaration, le tout soit à l'instant de l'adjudication et par le procès-verbal même, soit par acte passé en suite de ce procès-verbal, le lendemain avant midi ; et, faute de satisfaire à ces conditions, l'adjudication demeurera pour le compte personnel de l'avoué ou du notaire enchérisseur.

ART. 15. — *Déclaration de command.*

L'adjudicataire déclaré, par l'avoué ou le notaire, dernier enchérisseur, à l'instant de l'adjudication et par le procès-verbal même, jouira de la faculté d'élire command jusqu'au lendemain avant midi. Mais, dans le cas où il userait de cette faculté, il restera solidairement obligé, avec le command qu'il se sera substitué, au paiement du prix et à l'exécution des clauses et conditions de l'enchère.

ART. 16. — *Solidarité des acquéreurs.*

Si, en exécution des art. 14 et 15, il est déclaré plusieurs adjudicataires ou commands, il y aura, dans tous les cas, solidarité entre eux, et les droits et actions, tant personnels que réels du vendeur, seront indivisibles à leur égard.

ART. 17. — *Élection de domicile.*

Le vendeur et l'adjudicataire demeureront soumis, pour tous les effets de l'adjudication, à la juridiction du tribunal de première instance, séant à Paris, et, à défaut d'élection d'un domicile spécial en cette ville pour l'adjudicataire, elle sera de droit chez l'avoué ou le notaire enchérisseur.

Sous ses conditions :

Le comparant a porté la mise à prix à la somme de... outre les charges de l'enchère, et a fixé l'adjudication au mardi..., heure de midi.

En conséquence, il a requis M..., l'un des notaires soussignés, de faire imprimer et afficher des placards indicatifs de ladite adjudication, et d'en faire insérer les dispositions, soit en entier, soit par extrait dans tels journaux d'annonces judiciaires et autres qu'il croira convenables (*ou que le vendeur se réserve de lui désigner*), comme aussi de se rendre à la chambre des notaires aux jour et heure ci-dessus indiqués, à l'effet de procéder à ladite adjudication.

(Et, par ces mêmes présentes, le comparant a donné pouvoir à M... de le représenter à ladite adjudication et de la consentir, faire au besoin toutes modifications, rectifications et additions au procès-verbal d'enchère, formuler, à cet effet, tous dires et réquisitions, signer tous actes et procès-verbaux, et généralement faire, pour arriver à ladite adjudication, tout ce qu'il jugera convenable) ;

Élisant domicile à Paris, en sa demeure, rue...

De tout ce que dessus a été dressé le présent procès-verbal en l'étude de M..., l'un des notaires soussignés, les jours, mois et an susdits.

Et a M... signé avec les notaires, après lecture faite.

PROCÈS-VERBAL DE DIRE RECTIFICATIF, MODIFICATIF OU ADDITIONNEL.

Et le...

Par-devant M⁰... et son collègue, notaires à Paris, soussignés,

A comparu :

M..., demeurant à...

Lequel a dit qu'aux termes du procès-verbal d'enchère dont la minute précède, dressé à sa requête le..., pour arriver à la vente par adjudication en la Chambre des notaires de Paris, de (*tel immeuble*) il a été stipulé sous l'article..., etc.

(*Enoncer les rectifications, modifications ou additions*) ;

En conséquence, il a requis M⁰... de procéder à l'adjudication de l'immeuble en question ainsi qu'il est établi au cahier d'enchères, mais sous les modifications résultant des présentes.

De ce que dessus a été dressé le présent procès-verbal, etc.

POUVOIR PAR L'ADJUDICATAIRE.

Je soussigné (*nom, qualité et demeure du mandant*).

Donne pouvoir à M⁰..., notaire à Paris, de, pour moi et en mon nom, porter jusqu'à la somme de... inclusivement, en sus des charges, les enchères sur... (*désigner l'immeuble*) mis en adjudication à la Chambre des notaires de Paris, le mardi..., par le ministère de M⁰..., l'un d'eux. En conséquence, m'obliger au paiement du prix et à l'exécution de toutes les clauses et conditions contenues au cahier d'enchères dressé pour parvenir à ladite vente, ou résultant de tous procès-verbaux de dire qui précéderaient l'adjudication.

Me réserver la faculté de déclarer command,

Promettant de consigner les droits d'enregistrement auxquels donnera lieu l'adjudication, au plus tard le lendemain de cette adjudication avant midi, et ce entre les mains de M⁰...

Aux effets ci-dessus, donner tous consentements, signer tous actes et procès-verbaux, élire domicile.

J'affirme que c'est pour mon compte personnel ou celui d'un command que j'entends me rendre adjudicataire, et que je ne prête pas mon nom au vendeur.

Paris, le...

(Un pouvoir semblable n'est donné qu'à Paris; il est très-rare qu'on ait l'occasion d'en faire un en province).

PROCÈS-VERBAL D'ADJUDICATION.

(*Si le notaire enchérisseur fait connaître immédiatement l'adjudicataire, on suivra la rédaction ci-après*).

Et le mardi...

En la Chambre de notaires de Paris,

Par-devant M⁰... et son collègue, notaires à Paris, soussignés,

A comparu :

M... (*le vendeur ou son mandataire*),

Lequel, en exécution de l'art. 7 du procès-verbal d'enchère dont la minute précède (*ou est la première de celles qui précèdent*), a déclaré que les frais d'annonces, d'affiches et autres déboursés de ce genre, faits pour parvenir à l'adjudication dont s'agit en ce procès-verbal, se montent à la somme de... (*s'il y a plusieurs lots, faire la répartition de ces frais sur chacun des lots*),

I.   42

Et a requis M°... notaire, de procéder immédiatement à la lecture dudit procès-verbal d'enchère (et de *celui en date du... s'il y a un procès-verbal de dire*), ainsi qu'à l'adjudication de (*indiquer l'immeuble*), et ce, à l'extinction des feux, sur la mise à prix de... stipulée au cahier d'enchères (ou au *dire rectificatif*).

Et a signé après lecture faite.

Par suite de la réquisition qui précède, la lecture du procès-verbal (*ou des procès-verbaux*), ayant eu lieu, les feux ont été allumés ; pendant la durée de plusieurs bougies, des enchères successives ont été portées, dont la dernière par M°..., a élevé le prix à la somme de...

Une nouvelle bougie allumée a brûlé et s'est éteinte sans que personne ait surenchéri.

En conséquence, l'immeuble dont s'agit a été adjugé par M°... à M°... (notaire ou avoué), dernier enchérisseur, demeurant à Paris, rue..., n°..., pour lui ou son mandant, et ce, moyennant la somme de..., en sus des charges.

(Si le mandant est présent, on continuera ainsi :)

Et à l'instant, ce dernier ayant déclaré que les enchères portées par lui l'avaient été pour le compte de M..., demeurant à..., son mandant, ici présent, ledit immeuble est et demeure définitivement adjugé à M...., qui accepte et qui reste obligé, ainsi qu'il le reconnaît, tant au paiement du prix de..., en principal et intérêts, qu'à l'exécution de toutes les clauses et conditions de l'enchère (*ainsi que des procès-verbaux qui y font suite*) : de tout quoi il déclare avoir parfaite connaissance.

M...., déclarant, en outre, faire toutes réserves à l'effet d'user de la clause stipulée sous l'art. 15, relative à la faculté d'élire command, d'ici à demain midi.

Et élisant domicile à Paris, en...

Et a signé,

De tout ce que dessus a été rédigé le présent procès-verbal, clos à... heure après midi.

Et ont les parties signé avec les notaires après lecture.

(*Si le mandant n'était pas présent, on dirait*) :

Et à l'instant, ce dernier ayant déclaré que les enchères portées par lui l'avaient été pour le compte de M...., demeurant à..., son mandant, aux termes d'une procuration, etc., qu'il a représentée et qui est demeurée ci-annexée, etc.

L'immeuble dont s'agit est et demeure définitivement adjugé à M..., ce qui est accepté pour lui par M°..., son mandataire, lequel a obligé son mandant, tant au paiement de ladite somme de..., en principal et intérêts, qu'à l'exécution de toutes les clauses et conditions de l'enchère (*et des procès-verbaux qui font suite*), dont il déclare, en sadite qualité, avoir pris connaissance.

M°..., pour son mandant, déclarant, en outre, faire toutes réserves à l'effet d'user de la clause stipulée sous l'art. 15, relative à la faculté d'élire command, d'ici à demain midi.

Et élisant, pour lui, domicile à Paris, rue...

Et a signé,

De tout ce que dessus, etc.

(*Si le notaire enchérisseur ne fait connaître l'adjudicataire par le procès-verbal même, on suivra la rédaction ci-après*) :

Et le mardi... en la Chambre des notaires de Paris, etc.

(*Comme au modèle ci-dessus, jusques et y compris* : une nouvelle bougie allumée a brûlé et s'est éteinte sans que personne ait surenchéri).

Puis on continuera ainsi :

En conséquence, l'immeuble dont il s'agit a été adjugé par M°..., notaire, à M°... (notaire ou avoué), dernier enchérisseur, demeurant à Paris, rue..., pour la somme de..., outre les charges de l'enchère, laquelle adjudication a été acceptée par M°..., pour une personne dont il déclare avoir charge et pouvoir, et qu'il s'oblige de nommer d'ici à demain, heure de midi.

Et a signé,

De tout ce que dessus, etc.

DÉCLARATION DE COMMAND.

Et le..., heure de...

Par-devant M°... et son confrère, notaires à Paris, soussignés,

A comparu :

M..., demeurant à...,

Adjudicataire de (*tel immeuble*), aux termes d'un procès-verbal dressé, en la Chambre des notaires de Paris, par M°... et son collègue, le..., et étant ensuite d'un procès-verbal d'enchère dressé par le même notaire le... (*et du procès-verbal additionnel s'il y en a un*), lesdits procès-verbaux devant être présentés à l'enregistrement en même temps que ces présentes.

Lequel, en vertu de la faculté qui lui a été réservée d'élire un command, a déclaré que l'immeuble dont s'agit avait été acquis par lui pour le compte de M..., demeurant à..., et qu'en conséquence, le déclarant n'avait rien à prendre dans ledit immeuble.

Cette déclaration a été, à l'instant même, acceptée par mondit sieur... ici présent, lequel, après avoir pris connaissance des procès-verbaux ci-dessus énoncés et datés, a lui-même déclaré s'obliger, tant au paiement de la somme de..., montant en principal de l'adjudication, et des intérêts dont elle est productive, qu'à l'exécution de toutes les charges, clauses et conditions de cette adjudication, le tout de manière que M... ne puisse jamais être inquiété ni recherché à ce sujet.

M... élisant domicile à Paris...

Dont acte.

DÉCLARATION, PAR ACTE SÉPARÉ, D'ACCEPTATION DE L'ADJUDICATION.

Et le..., heure de...,

Par-devant M°...,

A comparu :

M... (notaire ou avoué), demeurant à Paris...,

Lequel a déclaré que l'adjudication à lui faite par le procès-verbal de ce jour (*ou du jour d'hier*) est pour le compte de M..., demeurant à..., qui l'avait chargé d'enchérir.

Ce fait en présence de mondit sieur...

Lequel, en acceptant la déclaration ainsi faite en sa faveur, s'est obligé à payer le prix de l'adjudication de... (*énonciation de l'immeuble*) dans les termes et de la manière exprimés au procès-verbal, dont la minute est la première de celles qui précèdent (*ainsi qu'au procès-verbal additionnel s'il y en a un*), et dont il déclare avoir parfaite connaissance ; et à satisfaire à toutes les autres charges et conditions de cette adjudication ; élisant domicile à Paris, etc., etc.

De tout ce que dessus a été dressé le présent procès-verbal, qui a été clos à..., en l'étude dudit M°...,

Les jour, mois et an susdits.

Et ont les parties signé avec les notaires, après lecture faite.

II. — *Licitation entre majeurs, dans la forme d'un procès-verbal d'adjudication.*

L'an mil huit cent quarante-six, le...,
Par-devant M⁃... et son collègue, notaires à..., soussignés,
Ont comparu :
M. Ernest Grelot, auditeur au Conseil d'Etat, demeurant à...,
Mᵐᵉ Joséphine Grelet, épouse assistée et autorisée de M. Henri Vilcoq, propriétaire, demeurant à...,
Et Mlle Louise Grelet, fille majeure, demeurant à...,
Lesquels ont procédé, ainsi qu'il suit, à la licitation amiable, entre eux, d'une maison située à..., dépendant de la succession de Mᵐᵉ veuve Grelet, leur mère.

DÉSIGNATION.

Une maison située à..., etc.
Ainsi que cette maison se poursuit et comporte, avec toutes ses dépendances sans aucune exception ni réserve.

ÉTABLISSEMENT DE PROPRIÉTÉ.

Cette maison appartient à M. et Mlle Grelet, et à Mᵐᵉ Vilcoq, chacun pour un tiers, pour l'avoir recueillie dans la succession de Mᵐᵉ Victoire de Saint-Maurice, leur mère, décédée veuve de M. Pierre Grelet, en son vivant demeurant à..., de laquelle ils sont seuls héritiers dans cette proportion, ainsi qu'il est constaté par l'intitulé de l'inventaire fait après son décès par M⁃..., notaire à..., le...
Mᵐᵉ veuve Grelet en était propriétaire au moyen de l'acquisition qu'elle en avait faite de M..., etc. (*Voir les formules de contrat de vente*).

ENTRÉE EN JOUISSANCE.

L'adjudicataire aura la jouissance entière de ladite maison, par la perception des loyers et revenus à son profit, à compter du 1ᵉʳ janvier prochain ; ceux antérieurs sont réservés pour être partagés entre les comparants, dans la proportion de leurs droits.

CHARGES ET CONDITIONS.

1° L'adjudicataire prendra la maison dans l'état où elle se trouve, sans pouvoir exercer aucune répétition contre ses cohéritiers pour raison de réparations qui seraient à y faire, chacun d'eux déclarant la connaître parfaitement ;

2° Il supportera les servitudes passives, apparentes ou occultes, etc. (*Voir les formules précédentes*) ;

3° Il entretiendra, pour le temps qui en reste à courir, les baux et locations, même verbales, qui peuvent exister de tout ou partie de la maison, de manière que ses cohéritiers ne soient point inquiétés ni recherchés à ce sujet ;

4° Il acquittera les impositions de toute nature, auxquelles la maison peut être assujettie, à compter du 1ᵉʳ janvier prochain ;

5° Il exécutera l'engagement qui a pu être contracté pour l'assurance de la maison, et la prime de cette assurance sera à sa charge, à compter du même jour ;

6° Il paiera tous les frais et honoraires des présentes, le coût d'une grosse pour chacun des colicitants non adjudicataires, et les frais de l'inscription à prendre en vertu des présentes ;

7° Les portions du prix de l'adjudication, revenant à chacun des colicitants non adjudicataires, seront payées, en l'étude de M°..., notaire soussigné, savoir : (*Indiquer le mode de paiement*).

Ces portions de prix produiront des intérêts à 5 p. 100, à compter du premier janvier prochain, et payables de trois mois en trois mois.

(Si la licitation était faite pour parvenir à la liquidation de la succession, on mettrait : Le prix de l'adjudication sera réuni aux autres biens de la succession de Mme veuve Grelet pour être payé ou compensé, conformément aux attributions qui en seront faites par le partage de cette succession, et il produira des intérêts à 5 pour 100, depuis le premier janvier prochain, et payables de trois mois en trois mois).

Ce prix sera exigible, savoir : (*Indiquer le mode de paiement*) ;

8° Pour assurer le paiement de ce prix, il sera pris au bureau des hypothèques de..., dans les quarante-cinq jours des présentes, une inscription de privilége au profit des colicitants non adjudicataires ;

9° A défaut de paiement d'une partie quelconque du prix, les vendeurs pourront poursuivre la revente de la maison sur la folle enchère de l'adjudicataire, si mieux ils n'aiment exercer tous autres droits et actions ;

10° Il sera remis à l'adjudicataire, lors du premier paiement de son prix... (*Enoncer les titres à remettre*) ;

11° Les enchères ne pourront être moindres de 100 francs. Les colicitants seront seuls admis à enchérir, et l'adjudication sera prononcée à l'extinction des feux, au plus offrant et dernier enchérisseur d'entre eux.

MISE A PRIX.

Sous ces conditions, les parties ont fixé la première mise à prix à la somme de 40,000 fr.

RÉCEPTION DES ENCHÈRES ET ADJUDICATION.

Les enchères ayant été ouvertes, le prix de la maison a été porté successivement à la somme de 52,000 fr., et, en dernier lieu, par M. Ernest Grelet.

Après cette enchère, deux bougies ayant été allumées et s'étant éteintes sans qu'aucune nouvelle enchère ait été portée par les autres colicitants, M. Grelet a été déclaré, comme dernier enchérisseur, adjudicataire définitif de la maison dont il s'agit pour le prix de 52,000 fr., outre les charges de l'enchère.

M. Grelet a déclaré accepter cette adjudication et s'obliger au paiement du prix et à l'exécution de toutes les charges et conditions de l'enchère.

Pour l'exécution des présentes, etc.

Dont acte.

Fait et passé, etc...

ADJUDICATION ADMINISTRATIVE. — V. *Bail administratif. Communes, Marchés, Vente administrative, Vente de coupes de bois.*

ADJUDICATION AU RABAIS. — V. *Marchés, Vente au rabais.*

ADJUDICATION SUR TIERCEMENT. — Se dit de certaines surenchères qui peuvent être faites par les tiers sur la vente de coupes de bois. — V. *Vente de coupes de bois.*

ADMINICULE. — V. *Preuve.*

ADMINISTRATION. — C'est le droit ou le pouvoir de gérer ou administrer les biens d'autrui. — V. *Absent, Curatelle, Faillite, Interdit, Mandat, Mineur, Tutelle.*

ADMINISTRATION DE L'ENREGISTREMENT. — *Enregistrement, Receveur de l'enregistrement.*

ADMINISTRATION LÉGALE. — **1.** C'est le pouvoir en vertu duquel, le père durant le mariage, administre les biens personnels de ses enfants mineurs. — C. civ., 389.

TABLE ALPHABÉTIQUE.

Absence, **2.**
Achat, **37.**
Acquiescement, **34.**
Action, **24, 33.**
Aliénation, **30,**
Autorisation, **24, 28.**
Baux, **22.**
Bon père de famille, **13.**
Caution, **18.**
Cession, **38.**
Compromis, **36.**
Condition, **11.**
Conseil de famille, **7, 8, 28.**
Convention, **11.**
Débiteur, **21.**
Demeure, **42.**
Destitution, **9.**
Disposition, **15, 26.**

Donation, **11, 19, 25, 35.**
Economies, **14.**
Emancipation, **40.**
Emprunt, **30.**
Exclusion, **9.**
Excuse, **9.**
Gestion, **10.**
Haine, **12.**
Héritier, **21.**
Homologation, **29.**
Hypothèque, **19, 20, 21, 30.**
Incapacité, **9, 10.**
Interdiction, **2.**
Intérêts, **42.**
Inventaire, **16.**
Legs, **11, 19.**
Majorité, **40.**

Mère, **2, 3, 10.**
Meubles, **23.**
Partage, **27, 28.**
Preuve, **17.**
Propriété, **39.**
Renonciation, **11, 26.**
Rentes, **24.**
Subrogée tutelle, **5.**
Succession, **25, 26.**
Tiers, **10.**
Traité, **41.**
Transaction, **32.**
Tribunal, **7, 10, 29, 30.**
Tutelle, **3, 4, 10, 22.**
Tuteur *ad hoc*, **6, 10, 37.**
Usufruit, **14, 16, 39.**
Vente, **22.**

2. Elle n'appartient qu'au père, qui seul a, pendant le mariage, l'exercice de la puissance paternelle. Par exception, la mère a l'administration des biens pendant le mariage, quand elle exerce la puissance paternelle au nom de son mari, par exemple, en cas d'absence, ou d'interdiction du père. — C. civ., art. 141 ; Aubry et Rau, 4ᵉ édit., t. 1, § 123, texte et note 3. — V. *Interdiction.*

3. L'administration légale ne doit pas être confondue avec la tutelle légale. Cette dernière n'a lieu qu'après la dissolution du mariage, tandis que l'administration légale ne se comprend que pendant le mariage. — V. *Tuteur, Tutelle.*

4. Jugé en conséquence que les règles de la tutelle ne sont point, en général, applicables au père administrateur légal. — Cass., 3 juin 1867 (S. 67.1.273).

5. Donc l'institution de la subrogée tutelle est étrangère à l'administration légale.—Cass., 4 juill. 1842 (S. 42.1.601) ; Besançon, 29 nov. 1864 (S. 65.2.76) ; Aubry et Rau, I, § 123, texte et note 6 ; Demol., VI, 421 ; Laurent, IV, n. 310.

6. Quand il y a conflit d'intérêts entre le père et l'enfant, on s'accorde à dire qu'il lui sera nommé un tuteur *ad hoc*. — Arg., 318, C. civ.: Laurent, IV, n. 310 ; Aubry et Rau, I, § 123 ; Demol., VI, n. 422.

7. Ce tuteur doit être nommé par le conseil de famille, non par le tribunal. — Aubry et Rau, *loc. cit.* — *Contrà*, Laurent, IV, n. 310.

8. De même la Cour de cassation a jugé que le père administrateur n'est pas soumis, en principe, à l'intervention et au contrôle d'un conseil de famille. — Arrêt du 3 juin 1867 (S. 67.1. 273).

9. De même, les dispositions des sections VI et VII du titre de la *Tutelle* concernant les causes d'excuse, d'incapacité, d'exclusion et de destitution, ne sont pas, en principe, applicables au père administrateur. — Demol., VI, 430 ; Aubry et Rau, I, § 123, texte et note 11. — *Contrà*, Valette sur Prudhon, II, p. 283, note *a*.

10. Cependant, si par incapacité ou infidélité dans sa gestion, le père lésait les intérêts de ses enfants, les tribunaux pourraient, à la demande d'un tuteur *ad hoc*, lui retirer l'administration légale et la confier à la mère, ou même investir un tiers des fonctions de tuteur provisoire. — Cass., 16 déc. 1829 (S 30.1.158); Demol., VI, 424 ; Aubry et Rau, I, § 123, texte et note 13. — *Contrà*, Laurent, IV, n. 311.

11. Le donateur ou testateur pourrait-il mettre comme condition d'une donation ou d'un legs faits à l'enfant. que le père ou la mère n'aura pas l'administration des biens donnés ou légués ? La jurisprudence admet l'affirmative. — Besançon, 4 juill. 1864 (S. 65.2.69) ; Cass., 3 juin 1872 (D. 72.1.241, *Revue*, n. 4156). — *Contrà*, Laurent, n. 297, admet que l'administration légale est d'ordre public et qu'il n'y peut être dérogé par des conventions ni par des renonciations. — *Sic*, Rouen, 29 mai 1845 (S. 46.2.379).

12. La plupart des auteurs admettent qu'il y a là une question de fait : si la clause est écrite dans l'intérêt de l'enfant, elle est valable ; au contraire elle doit être annulée si elle a été écrite en haine du père. — Proudhon, *De l'usufruit*, t. I, n. 242 et suiv. ; Demol., VI, n. 458; Aubry et Rau, I, § 123, texte et note 15.

13. Le père administrateur est, comme le tuteur, soumis à l'obligation d'administrer, en bon père de famille, le patrimoine de ses enfants. — Arg., 450 2° ; Aubry et Rau, I, § 123.

14. Il doit donc prendre toutes les mesures nécessaires à sa conservation. Il doit de plus, lorsqu'il n'en a pas la jouissance ou que cette jouissance a cessé, chercher à le faire fructifier et à l'augmenter au moyen d'économies. — Aubry et Rau, *loc. cit.*

15. Le père, comme tout administrateur du patrimoine d'autrui, ne peut faire que des actes d'administration, il ne peut pas faire d'actes de disposition. — Valette, *Explicat. sommaire du livre* 1er, p. 220; Laurent, IV, n. 303.

16. Le père administrateur est tenu de faire inventaire des biens qui adviennent à ses enfants pendant le mariage, même s'il n'en a pas usufruit. — C. civ., 600 et 601 ; Aubry et Rau, 1, § 123 ; Demol., VI, n. 433. — *Contrà*, Laurent, IV, n. 307.

17. S'il ne l'a pas fait le mineur serait admis, s'il s'élève des contestations sur la consistance et la valeur des biens à lui advenus, à en faire la preuve par commune renommée. — Demol., VI, n. 436 ; Aubry et Rau, *loc. cit.* — *Contrà*, Laurent, IV, n. 307.

18. Le père administrateur ne doit pas non plus caution pour la sûreté de son administration. — Toulouse, 26 août 1818 (S. 22. 2.8) ; Laurent, IV, n. 308.

19. Il n'est pas non plus soumis à l'hypothèque légale que la loi accorde au mineur sur les biens de son tuteur.—Riom, 30 août 1852 (D. 54.2.227) ; Laurent, IV, n. 309 ; Aubry et Rau, I, § 123, texte et note 10.

20. Cependant le testateur ou donateur, en faisant un legs ou donation au mineur, pourrait exiger que le père donnât une garantie hypothécaire. — Cass., 30 avril 1833 (S. 33.1.466). — *Contrà*, Laurent, IV, n. 309.

21. Mais, dans le cas de legs, si le testateur n'a rien dit, le débiteur du legs ne pourrait exiger que le père consente une hypothèque sur ses biens pour la garantie du légataire ou de l'héritier. — Toulouse, 25 fév. 1845 (S. 45.2.582) ; Laurent , IV, n. 309.

22. Il va sans dire que le père peut faire tous les actes d'administration que le tuteur peut faire seul. Par exemple, il peut passer des baux ne dépassant pas la durée ordinaire de neuf ans.—Arg., 1429, 1430, 1718 ; Cass., 2 mai 1865 (S. 65.1.206).

23. Le père a plein pouvoir de vendre comme il veut les meubles du mineur, c'est-à-dire que l'art. 452, C. civ., ne lui est pas applicable. — Demol., VI, n. 437 ; Aubry et Rau, I, § 123, texte et note 40. — *Contrà*, Laurent, IV, n. 311.

24. Ainsi il pourrait, sans aucune autorisation, transférer les rentes sur l'Etat et les actions de la Banque de France, appartenant au mineur, quel qu'en soit le montant. — Mêmes autorités.

25. Le père peut également, sans aucune formalité, accepter les donations faites à l'enfant, ou les successions auxquelles il est appelé, car cela ne sort pas de l'administration. — Arg., 463, 935, C. civ. ; Laurent, IV, 312. — *Contrà*, Aubry et Rau, I, § 123, texte et note 35.

26. Mais il ne pourrait, sans autorisation, renoncer à ces mêmes successions, car il y aurait là acte de disposition. — Mêmes autorités.

27. Le père pourrait répondre à une demande en partage dirigée contre l'enfant, puisque le tuteur lui-même le peut. — C. civ. 465.

28. De même il pourrait provoquer un partage sans l'autorisation du conseil de famille. — Bruxelles, 9 mars 1868 (*Pasicr.*, 68.2.128) ; Laurent, IV, n. 312.

29. Quant aux actes de disposition que le tuteur ne peut faire qu'avec l'autorisation du conseil de famille et quelquefois en outre l'homologation du tribunal (C. civ., 457), le père administrateur n'est pas, en principe, soumis à ces formalités. — Laurent, IV,

n. 313 ; Dall., *Rép.*, v° *Puissance paternelle*, n. 82. — *Contrà*, Demol., VI, p. 332 et suiv.; Aubry et Rau, I, § 123.

30. Mais il devra pour faire ces actes, par exemple, pour aliéner, hypothéquer, emprunter, obtenir l'autorisation du tribunal. — Mêmes autorités.

31. Jugé en ce sens que le père ne peut emprunter qu'avec l'autorisation de justice. — Cass., 2 mai 1865 (S. 65.1.206).

32. La même chose a été jugé pour la transaction. — Montpellier, 30 mars 1859 (S. 59.2.508); Laurent, IV, n. 314. — *Contrà*, Trib. de Marseille, 12 déc. 1864 (S. 65.2.216); Demol., VI, 446 ; Aubry et Rau, I, § 123, texte et note 38.

33. Il semble qu'il devrait en être de même pour l'exercice des actions immobilières refusées, en général, aux administrateurs du patrimoine d'autrui. Cependant la jurisprudence admet que le père peut les exercer sans aucune autorisation, comme les actions mobilières. — Bourges, 11 fév. 1863 (S. 63.2.121); Besançon, 29 nov. 1864 (S. 64.2.79).— *Contrà*, Aubry et Rau, I, § 123, texte et note 39 ; Laurent, IV, n. 315.

34. Jugé de même que le père peut acquiescer sans autorisation. —Cass., 3 juin 1867 (S. 67.1.273, *Revue*, n. 1988). — *Contrà*, Laurent, *loc. cit.*

35. Il va de soi que le père administrateur ne pourrait donner les biens de l'enfant. — Laurent, *loc. cit.* ; Aubry et Rau, I, § 123, texte et note 30; Valette sur Prudhon, p. 283, note *a*.

36. Ni qu'il ne pourrait compromettre. — Mêmes autorités.

37. Mais le père pourrait acheter les biens de son enfant, à la condition de se faire représenter par un tuteur *ad hoc*. — Laurent, IV, n. 316; Aubry et Rau, I, § 123, texte et note 42. — *Contrà*, Demol., VI, 441.

38. Il pourrait également se rendre cessionnaire de créances ou de tous autres droits et actions contre son enfant. —Bordeaux, 3 janv. 1849 (S. 52,2.304); Aubry et Rau, *loc. cit.* — Laurent, *loc. cit.*

39. Le père, comme le tuteur, doit rendre compte. Il rend compte de la propriété et des revenus des biens dont il n'a pas la jouissance, et de la propriété seulement quant aux biens dont il a l'usufruit. — C. civ., 389.

40. Ce n'est qu'à l'époque où l'administration légale finit qu'il est obligé de rendre compte, c'est-à-dire à la majorité ou à l'émancipation.

41. Il a été jugé que la disposition de l'art. 472, relative aux traités intervenus entre le tuteur et le pupille, n'est pas applicable au père. — Cass., 30 janv. 1866 (S. 66.1.204, *Revue*, n. 1623); Aubry et Rau, I, § 123, texte et note 49; Laurent, IV, n. 318. — V. *Compte de tutelle.*

42. De même pour l'art. 474-2° relatif aux intérêts. Le père ne les doit qu'à dater du jour où il a été constitué en demeure par une demande en justice. — Aubry et Rau, *loc. cit.* — Laurent, *id.*

43. L'action en reddition de compte ne se prescrit que par trente ans à dater de la cessation de l'administration légale. — C. civ., 2262 ; Aubry et Rau, IV, § 123, texte et note 51 ; Laurent, IV, n. 319 ; Demol., VI, 457.

44. L'administration légale finit à la majorité de l'enfant. — C. civ., 389. Elle cesse également quand l'enfant est émancipé, car l'un des effets de l'émancipation est de donner au mineur émancipé la gestion de ses biens. — C. civ., 481.

ADMINISTRATION PUBLIQUE. — Elle comprend l'ensemble des fonctionnaires ou des agents qui, placés dans la dépendance du chef de l'Etat ou de ses ministres, et recevant leur impulsion, donnent ou transmettent la vie et le mouvement au corps social. Elle forme un pouvoir dans l'Etat, complétement distinct du pouvoir législatif et du pouvoir judiciaire, et est essentiellement agissante. Telles sont les administrations de l'enregistrement des postes, des forêts, des contributions directes. On classe aussi dans l'administration publique certains fonctionnaires, par exemple : les préfets, les sous-préfets, les maires. — V. *Organisation administrative, Organisation municipale.*

ADMISSION (Arrêt d'). — V. *Cassation.*

ADMISSION AU NOTARIAT. — V. *Clerc, Notaire, Stage.*

ADMITTATUR. — C'est le certificat de capacité que doivent obtenir, après examen, les candidats qui veulent occuper certaines fonctions. — V. en ce qui concerne les notaires le mot *Stage.*

ADOPTION. — **1.** Acte solennel qui crée entre deux personnes des rapports analogues à ceux qui résultent de la paternité et de la filiation légitimes.

TABLE ALPHABÉTIQUE.

DIVISION.

§ 1er. — *Notions préliminaires.*
§ 2. — *Qui peut adopter ou être adopté.*
§ 3. — *Conditions de l'adoption.*
§ 4. — *Ses formes.*
§ 5. — *Ses effets.*
§ 6. — *Action en nullité.*
§ 7. — *Enregistrement.*
§ 8. — *Formules.*

§ 1er — Notions préliminaires.

2. Les lois romaines concernant l'adoption étaient inusitées en France, tant dans les provinces de droit écrit que dans les pays coutumiers, lorsque l'adoption y a été introduite par la loi du 18 janv. 1792 qui s'est bornée à en déclarer le principe, sans en régler les conditions, le mode ni les effets. Il était réservé au Code civil de combler à cet égard la lacune de l'ancienne législation française.

3. L'adoption, telle qu'elle existe aujourd'hui, n'a presque rien de commun que le nom avec l'ancienne adoption des Romains. Les causes, les effets caractéristiques, les formes, tout est différent. — Ainsi, par exemple, dans notre droit, l'adopté reste dans sa famille, y conserve ses droits, demeure sous la puissance de ses père et mère, sans passer sous la puissance ni dans la famille de l'adoptant, aux parents duquel il ne peut jamais succéder.

4. Bien que l'adoption soit une, quant à ses effets, on peut cependant, à raison de la différence des conditions requises, distinguer trois espèces d'adoption : 1° l'*adoption ordinaire*, qui a le caractère d'une pure libéralité de la part de l'adoptant; 2° l'*adoption rémunératoire*, qui se fait dans le but de reconnaître un grand service rendu par l'adopté en sauvant la vie à l'adoptant; 3° l'*adoption testamentaire*, qui n'est permise qu'au tuteur officieux. — V. *Tutelle officieuse.*

§ 2. — Qui peut adopter ou être adopté.

5. L'adoption est permise aux personnes de l'un ou de l'autre sexe, âgées de plus de cinquante ans, qui n'ont, à l'époque de l'adoption, ni enfants ni descendants légitimes, et qui ont au moins quinze ans de plus que les individus qu'elles se proposent d'adopter. — C. civ., 343.

6. Bien que l'adoption ait été instituée principalement en vue de tenir lieu des enfants que l'on n'a pu avoir dans le mariage, il est néanmoins certain que l'adoption peut aussi bien être prati-

quée par un célibataire que par une personne mariée. — Demol.,
n. 43; Aubry et Rau, 4ᵉ édit., t. 6, § 556, p. 117; Dall., *Rép.*,
vᵒ *Adopt. et tut. offic.*, n. 78.

7. L'adoptant et l'adopté devant avoir, non-seulement la jouissance, mais encore l'exercice de leurs droits civils, il en résulte
que l'interdiction légale ou judiciaire est un empêchement à
l'adoption. — Marcadé, sur l'art. 343. — *Contrà*, Demol., t. 6,
n. 49. — V. *infrà*, n. 22.

8. L'art. 343 C. civ., n'accordant la faculté d'adopter qu'à
celui qui n'a ni enfants ni descendants légitimes, il s'ensuit que
l'adoption est nulle si un enfant ou un petit-enfant de l'adoptant
était conçu à l'époque où elle a eu lieu, sans qu'il y ait lieu d'examiner si l'adoptant a connu la grossesse ou s'il l'a ignorée. —
Delvincourt, t. 1, p. 95, note 5; Toullier, t. 2, n. 988; Duranton,
t. 3, n. 278; Marcadé, sur l'art. 343; Odilon Barrot, *Encycl. du
dr.*, vᵒ *Adoption*, n. 19; Dall., n. 81; Demol., t. 6, n. 16. — *Contrà*,
Valette sur Proudhon, t. 2, p. 192.

9. Lorsque l'adoptant s'est marié après l'adoption, et que sa
femme est accouchée avant le 180ᵉ jour du mariage, sans que
l'adoptant ait désavoué l'enfant, cette circonstance ne peut nuire
aux droits de l'adopté, bien qu'il fût certain que la conception de
l'enfant était antérieure à l'adoption. — Allemand, *Du mariage*,
t. 2, n. 900; Dall., n. 83; Duranton, n. 278; O. Barrot, *loc. cit.*,
n. 20.

10. Un père peut, du vivant même de ses enfants adoptifs, en
adopter successivement un ou plusieurs autres. — Roll. de Vill.,
vᵒ *Adopt.*, n. 12; Toullier, t. 2, n. 986; Delvincourt, t. 1, p. 255;
Grenier, n. 10; Locré, sur l'art. 344; Merlin, *Quest.*, vᵒ *Adopt.*,
§ 9; Duranton, t. 3, n. 291; Marcadé, sur l'art. 346, n. 3.

11. L'adoption n'est point permise au père ou à la mère d'un
enfant légitime dont l'absence a été déclarée, bien que la troisième
période de l'absence soit arrivée, et que tous les droits subordonnés
au décès de l'absent puissent s'exercer définitivement. — Demol.,
t. 6, n. 22. — V. aussi Dall., n. 85.

12. L'adoption est permise à celui qui a des enfants naturels
reconnus : la disposition de l'art. 343, C. civ., suivant laquelle
l'existence d'enfants légitimes met obstacle à l'adoption, ne saurait
être étendue au cas d'existence d'enfants naturels. — Paris, 20 avril
1860 (S. 60.2.331); Cass., 3 juin 1861, 8 déc. 1868 (*Revue*, n. 2544);
Sic, Taulier, *Th. C. civ.*, t. 1, p. 441; Mourlon, *Répét. écrit.*, t. 1,
n. 986; Locré, *Espr. du C. civ.*, sur l'art. 343; Grenier, *Adopt.*,
n. 10; Toullier, t. 2, n. 986; Duranton, t. 3, n. 278; Marcadé, sur
l'art. 343, n. 3; Demol., t. 5, n. 18; Demante, *Cours analyt.*, t. 2,
n. 76 *bis*, I; Massé et Vergé, sur Zachariæ, t. 1, § 175, p. 343, note 2;
Aubry et Rau, d'après Zachariæ, t. 6, § 556, p. 119, Dall., n. 79.
— V. au surplus, *infrà*, n. 16.

13. Et la légitimation de l'enfant naturel survenu postérieurement à l'adoption ne produirait pas un effet rétroactif et n'empêcherait pas cette adoption d'être valable. — Duranton, Demol.,
Marcadé, Massé et Vergé, Aubry et Rau, *loc. cit.*

14. Nul ne peut être adopté par plusieurs, si ce n'est par deux époux. — C. civ., 344.

15. Deux époux peuvent être adoptés par la même personne, bien que le mariage soit prohibé entre des enfants du même individu. — Marcadé, t. 2, sur l'art. 349; Demol., n. 56; Riffé, p. 57; Aubry et Rau, *loc. cit.*, p. 119, texte et note 16; Dall., n. 108. — *Contrà*, Grenier, *De l'adop.*, n. 36; Duranton, t. 3, n. 291; Odilon Barrot, n. 18.

16. Ainsi qu'on l'a vu *suprà*, n. 12, l'enfant naturel peut être adopté par le père ou la mère qui l'a reconnu. — *Junge* aux autorités déjà citées, Cass., 13 mai 1868 (S. 68.1.338); 8 déc. 1868 (*Revue*, n. 2544).—La plupart des Cours d'appel décident la question comme la Cour suprême. — V. notamment Aix, 12 juill. 1866 (*Revue*, n. 1765); Paris, 11 juill. 1868 (*Revue*, n. 2280); Montpellier, 10 déc. 1868 (*Revue*, n. 2444), et les observations qui accompagnent ces arrêts. — *Sic*, Valette, *Explic. liv.* 1er, *C. civ.*, p. 202 et suiv.; Desportes, *Enf. nat.*, p. 198 et suiv. — *Contrà*, Angers, 14 août 1867 (S. 68.2 44); Loiseau, *Append. au tr. des enf. natur.*, p. 10; Delaporte, *Pand. franç.*, 2e édit., t. 2, p. 150 et suiv., sur l'art. 345, C. civ.; Demante, t. 1, n. 80 *bis*; Massé et Vergé, sur Zachariæ, t. 1, § 175, p. 344, note 10; Rivière, *Jurisp. de la C. de cass.*, n. 97.

17. A la question qui précède se rattache jusqu'à un certain point celle de savoir si l'on peut adopter son enfant adultérin ou incestueux. Si l'enfant n'avait pas été reconnu, il nous paraît certain qu'il pourrait être adopté, puisque la recherche de la paternité est interdite (C. civ., 340), et même la recherche de la maternité, lorsqu'elle conduirait à la preuve d'une maternité adultérine. — C. civ., 335, 342.

18. La question ne peut donc présenter un doute sérieux que lorsqu'il s'agit d'un enfant naturel adultérin qui a été reconnu par le père ou la mère qui veut lui conférer l'adoption. En principe général, on doit reconnaître que le législateur n'a pas voulu autoriser une telle adoption; mais il n'a pas voulu non plus que l'on puisse reconnaître son enfant adultérin (C. civ., 335), et la jurisprudence a décidé qu'une telle reconnaissance ne peut jamais ni profiter ni nuire à l'enfant (V. *Enfant adultérin*); d'où l'on a pu induire cette conséquence qu'en pareil cas la reconnaissance, restant sans valeur, ne pourrait faire obstacle à l'adoption. — V. dans ce sens Rouen, 15 fév. 1813 (S. chr.); Grenoble, 7 mars 1849 (S. 50.2.209); Sirey, *Consult.* (S. 15 2.213); Grenier, n. 35; Aubry et Rau, *loc. cit.*, p. 120 et suiv. — *Contrà*, Nancy, 18 août 1814 (S. chr.); Cass., 23 déc. 1816 (S. chr.); 13 juin 1826 (S. chr.); 26 juin 1832 (S. 32.1.555); Toullier, t. 2, n. 988; Taulier, t. 1, p. 461; Roll. de Vill., *Rép.*, v° *Adopt.*, n. 15; Odilon Barrot, *eod. v°*, n. 43.

19. On s'est aussi demandé si l'engagement dans les ordres sacrés n'était pas un empêchement à l'adoption, et il a été jugé par la Cour de cassation elle-même qu'un prêtre catholique peut adopter. — Cass., 26 nov. 1844 (S. 44.1.801); Richefort, *État*

des fam., t. 2, n. 315 ; Affre, arch. de Paris, lettre du 2 juin 1841,
Valette sur Proudhon, t. 2, p. 224 ; Ducaurroy, t. 1, p. 516 ; Serrigny, *Dr. publ.*, t. 1, p. 581 ; Dufour, *Police des cultes*, p. 384 ;
Riffé, p. 50 ; Pont, *Rev. de législ.*, t. 21, p. 507 ; Demol., t. 6,
n. 54 ; Aubry et Rau, *loc. cit.*, p. 117 et suiv., texte et note 9. V.
aussi Dall., n. 99. — *Contrà,* Delvincourt, t. 1, p. 95 ; Duranton,
t. 2, n. 286 ; Roll. de Vill., *Rép. Not.*, v° *Adoption,* n. 6 ; Odil.
Barrot, *eod. v°,* n. 26 ; Marcadé, sur l'art. 346.

20. Il est, du reste, sans difficulté qu'un prêtre catholique
peut être adopté. — Demol., n. 53.

21. La qualité d'étranger a fait aussi l'objet d'un doute. Selon
Valette sur Proudhon, t. 2, p. 177 ; Demangeat, *Condit. des étrang.
en France*, p. 362 ; Toullier, t. 1, p. 457, l'adoption peut être
conférée par un Français à un étranger.

22. Mais, plus généralement, on tient pour règle qu'un étranger
ne peut adopter un Français, et réciproquement qu'un Français
ne peut adopter un étranger, qu'autant que l'étranger, adoptant
ou adopté, jouit en France des droits civils, ou qu'il existe entre la
France et la nation à laquelle il appartient des traités qui autorisent l'adoption. — Cass., 5 août 1823, 22 nov. 1825, et 7 juill.
1826 (S. chr.). — *Sic,* Merlin, *Quest.*, t. 7, v° *Adoption,* § 2 ; Duranton, t. 3, n. 277 et 287 ; Grenier, n. 34 ; Favard, v° *Adoption,*
sect. 2, § 1er, n. 5, et *Success.*, sect. 3, § 4, n. 7 ; Guichard, *Dr.
civ.*, p. 12 ; Coin-Delisle, *Comment. C. civ.*, sur l'art. 11, p. 30,
n. 9 ; Mailher de Chassat, *Des statuts*, n. 225 ; Roll. de Vill.,
v° *Adoption*, n. 13 ; Odil. Barrot, n. 31 ; Marcadé, sur l'art. 346 ;
Demol., t. 6, n. 48 ; Dall., n. 111 et suiv.

§ 3. — Conditions de l'adoption.

23. *Adoption ordinaire.* — La faculté d'adopter ne peut être
exercée qu'envers l'individu à qui l'on a, dans sa minorité et pendant six ans au moins, fourni des secours et donné des soins non
interrompus (C. civ., 345). Toutefois cette condition n'est exigée
que pour l'adoption ordinaire ; elle ne l'est pas pour l'adoption
rémunératoire ou testamentaire. — V. *infrà*, n. 38 et suiv.

24. Du reste, la condition dont il s'agit ne doit pas être entendue en ce sens qu'il soit absolument nécessaire que les soins ou
les secours aient été donnés en vue de l'adoption. Ainsi les soins
donnés à titre de tutelle officieuse ou de tutelle ordinaire peuvent
être pris en considération pour autoriser l'adoption.—Odil. Barrot,
Encyclop. du dr., v° *Adoption*, n. 24 ; Demol., n. 24 et 25 ; Aubry
et Rau, *loc. cit.*, p. 116, note 2. — *Contrà,* Benech, *De l'illég. de
l'adopt. des enf. natur.*, p. 7.

25. Toutefois, selon certains auteurs, il faudrait que celui qui
a exercé la tutelle eût pu s'en dispenser, ou qu'il eût nourri et
élevé le pupille absolument à ses frais. — Delvincourt, t. 1, p. 75,
note 4.

26. En aucun cas, l'adoption ne peut avoir lieu avant la majorité de l'adopté. Si l'adopté, ayant encore ses père et mère, ou l'un des deux, n'a point accompli sa vingt-cinquième année, il est tenu de rapporter le consentement donné à l'adoption par ses père et mère ou par le survivant. S'il est majeur de vingt-cinq ans, il doit requérir leur conseil. — C. civ., 346.

27. La loi n'autorisant l'adoption qu'à la majorité de l'adopté, si celui-ci se trouvait dans l'impossibilité de représenter son acte de naissance, cet acte pourrait être suppléé par un acte de notoriété dressé conformément aux art. 70 et 71, C. civ. — Demol., t. 6, n. 32.

28. L'enfant naturel lui-même ne pourrait se donner en adoption, sans avoir obtenu le consentement de son père et de sa mère qui l'ont légalement reconnu. — Demol., t. 6, n. 611.

29. En cas de dissentiment du père et de la mère pour donner leur consentement à l'adoption de leur enfant, le consentement du père ne suffirait pas, comme il suffit au cas de mariage.—Proudhon, t. 2, p. 195; Delvincourt, t. 1, p. 412, note 10; Duranton, t. 3, n. 289; Ducaurroy, t. 1, n. 517; Demol., t. 6, n. 33. — *Contrà*, Marcadé, sur l'art., 346; Riffé, *De l'adoption*, p. 54.

30. Mais, à défaut des père et mère, la loi n'exige pas, pour l'adoption, le consentement des ascendants du degré supérieur.— Demol., t. 6, n. 34.

31. L'arrêt qui refuse à une mère destituée de la tutelle le droit de surveillance sur ses enfants, et qui apporte ainsi une restriction aux droits de la puissance paternelle en ce qui touche l'immixtion de la mère dans l'éducation de ses enfants, ne la prive pas, par cela même, des autres droits inhérents à cette puissance paterternelle, et spécialement de celui de donner ou de refuser son consentement à l'adoption de ses enfants. — Cass., 3 mars 1856 (S. 56.1.408).

32. Le mari peut consentir à son adoption sans le consentement de sa femme; mais une femme mariée ne peut se donner en adoption sans le consentement de son mari. — Duranton, t. 3, n. 293; Taulier, t. 1, p. 445; Roll. de Vill., v° *Adoption*, n. 4; Demol., n. 38.

33. Et, dans ce dernier cas, l'autorisation du mari est tellement nécessaire que si l'adoption n'avait lieu qu'avec l'autorisation de la justice, les biens de la communauté ne seraient pas affectés de l'obligation, de la part de l'adopté, de fournir des aliments à l'adoptant. — Duranton, n. 292; Taulier, p. 446.

34. Une personne mariée ne peut adopter, sans le consentement de son conjoint : à cet égard il n'y a pas à distinguer si c'est la femme ou le mari, et ce consentement, absolument nécessaire, ne peut être remplacé par aucune espèce d'autorisation de justice. — Demol., t. 6, n. 26.

35. Le consentement est même nécessaire dans le cas où les époux sont séparés de corps. — Riffé, p. 46; Demol., t. 6, n. 26 *bis*.

36. Il n'est pas nécessaire que le consentement à l'adoption soit

donné par le conjoint de l'adoptant au moment de l'acte passé
devant le juge de paix (V. *infrà*. n. 48 et suiv.); il suffit que ce
consentement intervienne avant que le tribunal de première instance soit appelé à vérifier si toutes les conditions prescrites par
la loi ont été remplies. — Cass.; 1er mai 1861 (*Revue*, n. 23); *Sic*,
Aubry et Rau, p. 117. — V. cependant Demol., t. 6, n. 111 et 112.

37. Le consentement dont il s'agit n'a d'ailleurs pas besoin
d'être constaté en la forme authentique (*Contrà*, Demol., t. 6, n. 27),
et la preuve peut en résulter suffisamment des requêtes présentées
au tribunal de première instance et à la Cour d'appel, aux fins exprimées dans les art. 355 et suiv., C. civ., par des avoués agissant,
même sans mandat spécial, au nom tant de l'adoptant que de son
conjoint (même arrêt). On sait, du reste, que, dans la pratique,
l'homologation de l'acte d'adoption est toujours demandée par requête d'avoué. — V. Demol., n. 96; Chauveau, *Formule de proc.*,
t. 2, p. 703; Aubry et Rau, *ubi suprà*.

38. *Adoption rémunératoire.* — A la différence de l'adoption
ordinaire qui ne peut, comme on l'a vu (*suprà*, n. 23), s'exercer
qu'envers l'individu à qui l'on a, dans sa minorité et pendant six
ans au moins, fourni des secours et donné des soins non interrompus, l'adoption rémunératoire, au contraire, peut s'effectuer
sans cette condition.

39. En ce qui concerne cette adoption, qui peut avoir lieu
lorsque l'adopté a sauvé la vie à l'adoptant, soit dans un combat,
soit en le retirant des flammes ou des flots, il suffit que l'adoptant
soit majeur, plus âgé que l'adopté, sans postérité légitime, et, s'il
est marié, que son conjoint consente à l'adoption (C. civ., 345).
Les conditions pour l'adopté sont les mêmes que dans l'adoption
ordinaire.

40. La disposition de l'art. 345, C. civ., qui autorise l'adoption
rémunératoire en faveur de celui qui a sauvé la vie à l'adoptant
soit dans un combat, soit en le retirant des flammes ou des flots,
n'est pas d'ailleurs limitative; elle peut s'étendre à d'autres cas de
services rendus au péril de la vie. — Marcadé, sur l'art. 345; Duranton, t. 3, n. 284; Valette sur Proudhon, t. 2, p. 197; Duvergier sur Toullier, t. 2, p. 989; Demol., t. 6, n. 59 et suiv.; Odilon
Barrot, *loc. cit.*, n. 48. — *Contrà*, Proudhon, t. 2, p. 197; Toullier, t. 2, n. 989.

41. *Adoption testamentaire.* — La loi édicte également des règles spéciales en ce qui concerne l'*adoption testamentaire*. Elle décide à cet égard que le tuteur officieux qui n'a pas de postérité légitime peut, après cinq ans révolus depuis la tutelle, et dans la
prévoyance de son décès avant la majorité du pupille, lui conférer
l'adoption par acte testamentaire. Le consentement du conjoint,
en pareil cas, n'est pas exigé. — C. civ., 344, 366. — V. *Tutelle
officieuse.*

42. Jugé à cet égard que l'adoption testamentaire n'est permise que dans le cas où elle a été précédée d'une tutelle officieuse,
conférée dans les formes déterminées par les art. 361 et suiv., C.
civ.; et la reconnaissance d'un enfant naturel n'équivaut pas à

cette tutelle officieuse, et ne donne pas au père qui a reconnu l'enfant le droit de l'adopter par testament. — Cass., 23 juin 1857 (S. 57.1.652). — V. *Tutelle officieuse.*

43. L'adoption testamentaire n'est valable qu'autant que, au jour du testament, il s'est écoulé cinq ans depuis le commencement de la tutelle officieuse : il n'importe que le tuteur ne soit mort qu'après ce délai, sans l'avoir révoquée. — Cass., 26 nov. 1856 (S. 57.1.129) ; Valette sur Proudhon, t. 2, p. 270 ; Marcadé, sur l'art. 366 ; Demol., t. 6, n. 73 ; Massé et Vergé sur Zachariæ, t. 1, § 180, p. 355, note 3 ; Demante, t. 2, n. 105 *bis* I ; Boileux, sur l'art. 366. — *Contrà*, Roll. de Vill., *Rép. Not.*, v° *Adoption*, n. 33 ; Odilon Barrot, *Encyclop. du dr.*, v° *Adoption*, n. 63.

44. Du reste, pour que l'adoption testamentaire soit valable, il ne suffit pas qu'un délai de cinq ans se soit écoulé depuis l'établissement de la tutelle officieuse : il est nécessaire, à peine de nullité de l'adoption, que le tuteur ait effectivement rempli l'obligation à lui imposée par l'art. 364, § 2, de nourrir le pupille, de l'élever et de le mettre en état de gagner sa vie. — V. Bordeaux, 16 juill. 1873 (S. 74.2.49). — V. *Tutelle officieuse.*

45. L'adoption testamentaire est valable, encore bien qu'à l'époque de la confection du testament, l'adoptant eût des enfants légitimes, si ces enfants n'existaient plus à l'époque de la mort de l'adoptant. — Marcadé, sur l'art. 366 ; Duranton, t. 3, n. 342, note ; Valette sur Proudhon, t. 2, p. 202 ; Demol., t. 6, n. 77. — *Contrà*, Taulier, t. 1, p. 468 ; Odilon Barrot, n. 50.

46. L'adoption dont il s'agit reste sans effet si le tuteur est encore vivant au moment où le pupille arrive à la majorité ; l'adoption ne peut plus, alors, avoir lieu que selon la forme ordinaire. — Cass., 26 nov. 1856 (S. 57.1.129) ; Demante, t. 2, n. 105 *bis*, II ; Taulier, t. 1, p. 468 et suiv. ; Boileux, *Comment.*, C. civ., sur l'art. 366 ; Duranton, t. 3, p. 242 ; Marcadé, sur l'art. 366 Demol., t. 6, n. 74 ; Zachariæ, Massé et Vergé, t. 1, p. 356, § 789. — *Contrà*, Chardon, *Puiss. tut.*, n. 8. — V. *infrà*, n. 48 et suiv., 79 et suiv.

47. Toutefois la plupart de ces auteurs sont d'avis, contrairement à l'opinion de M. Taulier (*loc. cit.*), que les tribunaux pourraient maintenir l'adoption testamentaire, si le décès du tuteur avait suivi de si près la majorité du pupille qu'il n'ait pas laissé le temps de procéder à l'adoption entre-vifs. — *Sic*, Demol., *Adopt.*, n. 75 ; Marcadé, sur l'art. 366, n. 1 ; Demante et Boileux, *loc. cit.*

§ 4. — Formes de l'adoption.

48. Parmi les formalités de l'adoption (ordinaire ou extraordinaire), l'une des plus essentielles est que l'adoption soit constatée par un acte authentique. — C. civ., 353.

49. A cet effet, la personne qui se propose d'adopter et celle qui veut être adoptée doivent se présenter devant le juge de paix du domicile de l'adoptant pour y passer acte de leurs consentements respectifs. — C. civ., 353.

50. La présence en personne des contractants n'est pas absolument nécessaire pour la validité de l'adoption, comme elle l'est pour la célébration du *mariage* (V. ce mot). On peut donc adopter par mandataire. — Roll. de Vill., *Rép.*, v° *Adoption*, n. 18 ; Favard, *eod.* v°, p. 116 ; Delvincourt, t. 1, p. 261 ; Demol., t. 6, n. 88 et t. 3, n. 210, p. 325. — *Contrà*, Grenier, n. 18 ; Odilon Barrot, *Encyclop. du dr.*, v° *Adoption*, n. 52.

51. De même, l'adopté peut se faire représenter par un fondé de pouvoir devant le juge de paix du domicile de l'adoptant, pour y passer acte de son consentement à l'adoption. — Bruxelles, 22 avril 1807 (S. chr.).

52. Il ne suffit pas que, dans un acte d'adoption, l'adoptant ait dissimulé sa profession et sa patrie et en ait même indiqué d'autres que les véritables, pour que cet acte soit déclaré nul, si d'ailleurs l'identité de l'individu est suffisamment constatée. — Aix, 10 janv. 1809 (S chr.).

53. Le contrat d'adoption est formé entre l'adoptant et l'adopté par leur consentement réciproque régulièrement constaté par le procès-verbal du juge de paix : de ce moment, il ne peut plus être brisé par le changement de volonté d'une seule des parties..., même pour cause d'ingratitude de l'adopté. — Grenoble, 2 mars 1842 (S. 43.2.171) ; Chabot, *Quest. trans.*, v° *Adoption*, § 3 ; Duranton, t. 3, n. 326-328 ; Marcadé, sur l'art. 360 ; Demol., n. 127.

54. Mais, jusqu'à l'accomplissement des conditions requises, les contractants ont la faculté de ne pas donner suite à l'adoption et, par conséquent, le droit de rompre leur contrat par un mutuel dissentiment. — Delvincourt, t. 1, p. 98, note 7 ; Proudhon, t. 2, p. 211 ; Duranton, t. 3, n. 301 ; Odilon Barrot, n. 18 ; Demol., n. 85.

55. Dans les dix jours qui suivent la rédaction de l'acte d'adoption, une expédition de cet acte est remise, par la partie la plus diligente, au procureur de la République près le tribunal de première instance dans le ressort duquel se trouve le domicile de l'adoptant, pour être soumis à l'homologation de ce tribunal. — C. civ., 354.

56. Le délai de dix jours dans lequel une expédition de l'acte d'adoption doit être remise au ministère public n'est pas prescrit à peine de nullité : l'inobservation de ce délai est couverte par le jugement d'adoption. — Grenoble, 7 mars 1849 (S. 50.2.209) ; Nancy, 30 déc. 1871 (S. 71.2.254) ; *Sic*, Delvincourt, t. 1, p. 97, note 4 ; Maleville, sur l'art. 354, C. civ. ; Riffé, p. 67 ; Toullier, t. 7, n. 503 ; Duvergier sur Toullier, n. 1002 ; Demol., n. 98. — *Contrà*, Marcadé, sur l'art. 358 ; Duranton, t. 3, n. 303 ; Valette sur Proudhon, t. 2, p. 204 ; Ducaurroy, t. 1, n. 528.

57. Le tribunal réuni en la chambre du conseil, et après s'être procuré les renseignements convenables, vérifie : 1° si toutes les conditions de la loi sont remplies ; 2° si la personne qui se **propose** d'adopter jouit d'une bonne réputation. — C. civ., 355.

58. Après avoir entendu le procureur de la République, et sans autre forme de procédure, le tribunal prononce, sans énoncer de motifs, en ces termes: *Il y a lieu*, ou *il n'y a pas lieu à adoption* .

59. Dans le mois qui suit le jugement du tribunal de première instance, ce jugement est, sur les poursuites de la partie la plus diligente, soumis à la Cour d'appel, qui instruit dans les mêmes formes que le tribunal et prononce, sans énoncer de motifs : *Le jugement est confirmé*, ou *le jugement est réformé; en conséquence, il y a lieu*, ou *il n'y a pas lieu à adoption*.

60. Tout arrêt de la Cour d'appel qui admet une adoption est prononcé à l'audience, et affiché en tels lieux et en tel nombre d'exemplaires que la Cour juge convenable. — C. civ., 358.

61. L'arrêt déclarant n'y avoir lieu à adoption est nul, s'il est prononcé en audience publique, à la différence de celui qui admet l'adoption, lequel doit être prononcé publiquement. — Cass., 22 mars 1848 (S. 48.1.372); 28 fév. 1866 (S. 66.1.220); *Sic*, Toullier, t. 2, n. 999 ; Delvincourt, t. 1, p. 418, note 5 ; Taulier, t. 1, p. 462 ; Duranton, t. 3, n. 299, note 2 ; Marcadé, t. 2, sur l'art. 358, n. 1 ; Demante, t. 2, n. 73 ; Demol., n. 93 ; Massé et Vergé, sur Zachariæ, t. 1, § 176, n. 348, note 4 ; Aubry et Rau, t. 4, § 557, p. 642, note 11, 3e édit. ; Bertin, *Chamb. du cons.*, t. 1, n. 263.

62. Les arrêts qui admettent une adoption peuvent être rendus en audience solennelle. — V. Cass., 24 août 1852 (S. 53.1.17); 1er mai 1872 (S. 72.1,191); *Sic*, Aubry et Rau, t. 4, § 557, p. 642. note 8, 3e édit. — V. toutefois Dijon, 9 août 1854 (S. 56.2.17).

63. Un jugement ou un arrêt en matière d'adoption peut être rendu sur le rapport de l'un des juges : cette mesure d'instruction ne rentre pas dans les formes de procédure interdites par l'art. 356, C. civ. — Cass., 21 mars 1859 (S. 59.1.830).

64. L'art. 138, C. proc., qui impose au greffier l'obligation de signer la minute de chaque jugement, s'étend aux jugements en matière d'adoption; toutefois la signature du greffier n'est pas prescrite à peine de nullité. — Paris, 26 avril 1830 (S. chr.).

65. Il n'est pas nécessaire que mention soit faite, dans les jugements rendus en matière d'adoption, de l'accomplissement des formalités et conditions dont parle l'art. 355, C civ. ; une telle mention serait même contraire à la disposition de l'art. 357, qui fait dépense aux juges de motiver leur décision.— C. civ., 21 mars 1859 (S. 59.1.830).

66. Le jugement d'un tribunal de première instance, qui déclare n'y avoir lieu à adoption, n'a pas l'effet de la chose jugée et, conséquemment, n'opère pas fin de non-recevoir contre une seconde demande à fin d'adoption, alors que la Cour d'appel n'a pas été appelée à statuer sur la première. — Lyon, 6 fév. 1833 (S. 33.2. 214); Roll. de Vill., vo *Adoption*, n. 25 ; Duranton, t. 3, n. 203 ; Demol., n. 122.

67. Un arrêt qui, sans énoncer de motifs, déclare *qu'il n'y a pas lieu à adoption*, et contre lequel on n'allègue aucun vice de forme, n'est point susceptible d'être attaqué par la voie de la cassation, encore que le demandeur offre d'établir que le rejet de l'adoption n'a été fondé sur aucun motif secret relatif à la réputation de l'adoption, mais uniquement sur ce que l'adopté était l'enfant naturel reconnu de l'adoptant. — Cass., 14 nov. 1815 (S. chr.).

68. Dans les trois mois qui suivent l'arrêt d'adoption, l'adoption doit être inscrite, à la réquisition de l'une ou de l'autre des parties, sur le registre de l'état civil du lieu où l'adoptant est domicilié ; et l'adoption reste sans effet si elle n'a pas été inscrite dans ce délai. — C. civ., 359.

69. La transcription sur les registres de l'état civil du domicile de l'adoptant de l'arrêt qui a admis l'adoption satisfait pleinement au vœu de l'art. 359, C. civ. ; il n'est pas nécessaire de transcrire également l'acte passé devant le juge de paix. — Poitiers, 28 nov. 1859 (S. 61.2.138).

70. Il n'est pas nécessaire, non plus, de faire mention de la réquisition d'une des parties ni d'observer les formalités ordinaires des actes de l'état civil. — Cass., 23 nov. 1847 (S. 48.1.58) ; Grenoble, 7 mars 1849 (S. 50.2.209) ; *Sic*, Demol., t. 6, n. 107.

71. La disposition du même art. 359, C. civ., d'après laquelle la transcription de l'adoption sur les registres de l'état civil doit avoir lieu sur le vu d'une expédition en forme de l'arrêt d'adoption, n'est pas prescrite à peine de nullité : l'adoption serait donc valable quoique la transcription eût été effectuée sur la représentation seulement de la copie signifiée de cet arrêt.—Cass., 1er avril 1863 (S. 63.1.472).

72. Dans tous les cas, de ce que la transcription ne mentionnerait pas qu'elle a eu lieu sur le vu d'une expédition de l'arrêt, il n'en résulterait pas que cette expédition n'a pas été représentée à l'officier de l'état civil, alors, d'ailleurs que l'arrêt d'adoption a été signifié à l'officier de l'état civil, avec sommation d'en opérer la transcription sur les registres de l'état civil. — Même arrêt.

73. L'adoption est nulle, lorsque, au lieu d'avoir été inscrite sur le registre de l'état civil du domicile de l'adoptant, conformément à l'art. 359, C. civ., elle l'a été sur celui du domicile de l'adopté : la nullité prononcée par cet article n'est pas restreinte au cas où l'inscription a eu lieu plus de trois mois après le jugement d'adoption. Peu importe d'ailleurs que l'adoptant et l'adopté soient domiciliés dans le même arrondissement et dans des cantons voisins, si leurs domiciles se trouvent dans des communes différentes. — Montpellier, 19 avril 1842 (S. 42.2.345).

74. De ce que l'inscription dont l'irrégularité entraîne la nullité de l'adoption a eu lieu à la réquisition, non de l'adopté, mais de l'adoptant, il n'en résulte pas que l'adopté soit fondé à réclamer des dommages-intérêts contre celui-ci ou de sa succession. — Même arrêt.

75. Une adoption est nulle lorsque, intentionnellement et pour soustraire la demande à l'instruction à laquelle elle aurait dû être régulièrement soumise, la déclaration d'adoption n'a point été faite devant le juge de paix du domicile de l'adoptant, et que l'arrêt d'adoption n'a point été inscrit sur les registres de l'état civil du lieu de ce domicile. — V. Cass., 15 juin 1874 (S. 75.1.63).

76. Si l'adoptant vient à mourir après que l'acte constatant la volonté de former le contrat d'adoption a été reçu par le juge de paix et porté devant les tribunaux, et avant que ceux-ci aient définitivement prononcé, l'instruction n'en est pas moins continuée et l'adoption admise, s'il y a lieu. Les héritiers de l'adoptant peuvent, s'ils croient l'adoption inadmissible, remettre au procureur de la République tous mémoires et observations à ce sujet.— C. civ., 360.

77. Ce principe de l'art. 360, C. civ., qui permet de continuer l'instruction à l'effet d'adoption, dans les cas où l'adoptant viendrait à mourir après que le contrat d'adoption a été passé devant le juge de paix et avant que ce contrat ait été homologué, est applicable même au cas où, depuis le contrat d'adoption, il surviendrait un enfant à l'adoptant, à moins toutefois que la conception de l'enfant ne fût antérieure à l'acte passé devant le juge de paix. — Toullier, t. 2, n. 1004.

78. L'art. 360 est-il également applicable au cas du décès de l'adopté avant que l'adoption ait été entièrement consommée ? Oui, selon Marcadé sur cet article. Non, d'après Demol., n. 119.

79. *Adoption testamentaire.* — En ce qui concerne l'adoption testamentaire permise au tuteur officieux par l'art. 366, C. civ. (V. *suprà*, n. 41 et suiv.), elle peut être conférée par un acte dans lequel on aurait observé les formalités du testament olographe, mais qui ne contiendrait aucune disposition de biens.— Duranton. t. 3, n. 305. — V. *Tutelle officieuse.*

80. La formalité de l'inscription sur les registres de l'état civil n'est pas d'ailleurs prescrite pour l'adoption testamentaire. Et c'est à bon droit que l'officier de l'état civil se refuse à faire en marge d'un acte de naissance la mention d'une adoption testamentaire, sur la réquisition d'une partie qui lui représente seulement un testament. — V. Paris, 8 mai 1874 (S. 75.2.5).

81. Une pareille demande introduite contre l'officier de l'état civil est non recevable ; et la fin de non-recevoir tenant à l'ordre public doit être suppléée par le juge. — *Ibid.*

82. Mais l'adopté testamentaire est autorisé à provoquer la rectification de son acte de naissance en suivant la procédure prescrite par les art. 99, C. civ., et 855 et suiv., C. proc. — *Ibid.*

83. La réitération, suivant les formes ordinaires, de l'adoption testamentaire imposée lors de la majorité de l'adopté au tuteur officieux n'est qu'une confirmation de l'adoption testamentaire, pour laquelle la loi a entendu laisser au tuteur ordinaire un délai raisonnable. — Paris, 8 août 1874 (S. 75.2.6). — *Tutelle officieuse.*

84. Et l'adoption testamentaire demeure valable lorsque des événements de force majeure ont seuls empêché le tuteur officieux d'accomplir avant son décès les formalités de l'adoption contractuelle. — *Ibid*.

§ 5. — Effets de l'adoption.

85. L'adopté joint à son nom celui de l'adoptant (C. civ., 347). Si cet adoptant est une femme en puissance de mari, ce ne sera pas le nom du mari, mais le nom de famille de la femme que l'adopté devra joindre au sien propre. — Demol., n. 145.

86. L'enfant naturel adopté est tenu de joindre au nom de son père adoptif, que lui confère l'adoption, le nom propre qu'il portait auparavant. — Bordeaux, 4 juin 1862 (S. 63.2.6).

87. L'adopté reste dans sa famille naturelle et y conserve tous ses droits. — C. civ., 348.

88. Néanmoins le mariage est prohibé entre l'adoptant, l'adopté et ses descendants, — entre les enfants adoptifs du même individu ; — entre l'adopté et les enfants qui pourraient survenir à l'adoptant ; — entre l'adopté et le conjoint de l'adoptant, et réciproquement entre l'adoptant et le conjoint de l'adopté. — C. civ., 348.

89. Mais, d'après Demolombe, n. 136, ces empêchements ne sont que prohibitifs et non pas dirimants.

90. L'obligation naturelle, qui continue d'exister entre l'adopté et ses père et mère, de se fournir des aliments dans les cas déterminés par la loi, doit être considérée comme commune à l'adoptant et à l'adopté, l'un envers l'autre. — C. civ., 349.

91. L'adopté n'acquiert aucun droit de successibilité sur les biens des parents de l'adoptant ; mais il a sur la succession de l'adoptant les mêmes droits que ceux qu'y aurait l'enfant né en mariage, même quand il y aurait d'autres enfants de cette dernière qualité nés depuis l'adoption. — C. civ., 350.

92. L'adoption d'un enfant naturel par le père ou la mère qui l'a reconnu opère dans l'adopté un véritable changement d'état, efface le vice de sa naissance, et éteint à jamais les incapacités dont il était frappé en sa qualité d'enfant naturel.—Gand, 26 fév. 1874 (*Revue*, n. 4778).

93. Et cette adoption lui confère, même vis-à-vis des autres enfants naturels reconnus de l'adoptant, tous les droits d'un enfant légitime : on objecterait vainement que le père ou la mère ne peut, par une semblable adoption, diminuer les droits attribués à ses autres enfants naturels par les art. 757 et 758, C. civ.—Cass., 3 juin 1861, précité. — *Contrà*, Poujol, *Success.*, t. 1, sur l'art. 756, n. 12, p. 281 ; Demol., n. 50.

94. La disposition de l'art. 350, C. civ., qui dénie à l'adopté tout droit de successibilité sur les biens des parents de l'adoptant, s'entend non-seulement des parents de l'adoptant en ligne collatérale, mais encore de ses parents en ligne directe. — Toulouse, 25 avril 1844 (S. 45.2.69).

95. L'adoption produit-elle l'*alliance* entre l'adopté et le conjoint de l'adoptant, ou entre l'adoptant et le conjoint de l'adopté? Bien que l'affirmative ait été admise, en matière d'incompatibilité dans la composition des conseils municipaux, par deux arrêts de la Cour suprême, du 30 nov. 1842 (S. 42.1.916) et 17 déc. 1844 (S. 45.1.116), nous ne saurions partager une telle opinion d'où résulterait cette conséquence que le conjoint de l'adopté pourrait être tenu de fournir des aliments à l'adoptant qui serait dans le besoin, et réciproquement. — Sic, Demol., t. 6, n. 137.

96. Le lien de parenté civile qui se forme entre l'adoptant et l'adopté s'étend aux enfants de ce dernier. — Nancy, 30 mai 1868 (Revue, n. 2384); Cass., 10 nov. 1869 (Revue, n. 2662); Sic, Toullier, t. 2, n. 1015; Proudhon, Etat des pers., t. 2, p. 221; Duranton, t. 3, n. 314; Taulier, t. 1, p. 449; Odilon Barrot, Encyclop. du dr., vº Adoption, n. 74; Ducaurroy, Bonnier et Roustain, t. 1, n. 521; Marcadé, t. 2, art. 350, n. 4; Zachariæ, Massé et Vergé, t. 1, § 180, p. 354, note 15; Beaugrand, Rev. prat., 1869, t. 28, p. 308 et suiv. — Contrà, Delvincourt, t. 1, p. 414, note 6; Grenier, Adopt., sect. 2, § 3, n. 9; Valette, Expl. du liv. 1er, C. civ., p. 196; Vernet, Quotité dispon., p. 355; Mourlon, Répét. écr., t. 2, n. 105; Demol., Adopt., n. 139 et suiv.; Aubry et Rau, t. 4, § 500, p. 650, note 6 (3e édit.); Hureaux, Dr. de success., t. 1, n. 18.

97. Dès lors, si l'adopté meurt avant l'adoptant, laissant des enfants légitimes, ceux-ci, qu'ils soient nés avant ou après l'adoption, viennent à la succession de l'adoptant, comme le feraient des descendants légitimes, soit de leur chef, s'ils se trouvent seuls dans la ligne directe, soit par représentation, s'ils sont en concours avec des héritiers du premier degré. — Mêmes arrêts. — Sic, Proudhon, t. 2, p. 139; Toullier, t. 1, n. 1015; Duranton, t. 3, n. 314 et 327; Malpel, Success., n. 119; Coin-Delisle, sur l'art. 914, n. 14; Vazeille, sur l'art. 740, C. civ.; Marcadé, sur l'art. 350, n. 4, et sur l'art. 744, n. 3; Roll. de Vill., vº Adopt., n. 48; Taulier, t. 1, p. 450. — Contrà, Grenier, n. 37; Delvincourt, t. 1, p. 258; Favard, vº Adopt., sect. 4, § 9, n. 9; Demol., n. 139. — Merlin, Quest., vº Adopt., § 7; Demante, t. 2, n. 82 bis, tout en admettant le droit de représentation en faveur des enfants nés depuis l'adoption, le refusent à ceux qui sont nés avant cette époque.

98. Quoi qu'il en soit, ce droit de représentation doit être restreint aux enfants légimes de l'adopté; il ne peut pas être étendu à ses enfants naturels ou adoptifs. — Marcadé, ubi suprà.

99. La réserve existe aussi en faveur des enfants adoptifs, et elle s'exerce, non-seulement sur tous les biens délaissés par l'adoptant à son décès et sur ceux qu'il a légués par testament, mais encore sur tous ceux qui auraient été l'objet de donations entre-vifs ou institutions contractuelles faites par l'adoptant même avant le contrat d'adoption. — Montpellier, 8 juin 1823 (S. chr.); Cass., 29 juin 1825 (S. chr.); Merlin, Quest., vº Adopt., § 5, n. 3; Roll. de Vill., n. 51; Marcadé, sur l'art. 350; Demol., n. 158 et suiv.; Saintespès-Lescot, Donat. et Test., t. 2, sur l'art. 913, n. 321. —

Toutefois, quelques auteurs pensent que l'adopté ne peut exercer la réserve sur les biens qui ont fait l'objet de donations antérieures à l'adoption, à moins que l'adopté ne vienne en concours avec un enfant légitime, dont la survenance aurait opéré la révocation de ces donations. — *Sic*, Favard, v° *Adoption*, sect. 2, § 3, n, 5; Grenier, n. 40; Toullier, t. 2, n. 1011; Delvincourt, t. 1, p. 413; Proudhon, t. 2, p. 140; Riffé, p. 82.

100. En tous cas, les donations qui ont été consenties entre le contrat passé devant le juge de paix et l'inscription de l'adoption sur les registres de l'état civil sont atteintes par la réserve. — Toullier, t. 2, n. 1010; Chabot, *Quest. trans.*, v° *Adoption.*

101. Jugé encore qu'un enfant adoptif, en concours avec l'époux survivant, a droit à une réserve telle qu'elle ne peut être réduite par testament à la nue propriété des biens. La réserve de l'enfant adoptif est la même que celle de l'enfant légitime. — Trèves, 22 janv. 1813 (S. chr.); *Sic*, Prudhon, t. 2, p. 140; Merlin, *ubi suprà*, § 5, n. 1; Duranton, t. 3, n. 317; O. Barrot, *Encyclop.*, n. 68; Demol., n. 157.

102. L'adoption a pour effet de réduire à la quotité disponible l'institution contractuelle faite au profit du conjoint de l'adoptant. Et l'adopté peut demander cette réduction, encore bien qu'il ait consenti antérieurement l'exécution de l'institution contractuelle : ce consentement n'équivaut pas à une renonciation à la réduction. — Paris, 26 mars 1839 (S. 39.2.200). — V. Merlin, *Quest.*, *ubi suprà*, § 5, n. 2 et 3; Duranton, t. 3, n. 319; Duvergier sur Toullier, t. 2, n. 1011; Valette sur Proudhon, t. 2, p. 222; Marcadé, sur l'art. 350; O. Barrot, *Encyclop.*, n. 68-70; Ducaurroy, art. 250, n. 521; Demol., n. 162.

103. L'enfant adoptif peut, comme l'enfant légitime, demander la réduction des avantages que ses père et mère adoptifs se sont conférés après l'adoption. En ce cas, l'époux réduit doit la restitution des fruits du jour du décès du testateur. — Cass., 26 avril 1808 (S. chr.).

104. Lorsque l'adoptant s'est marié postérieurement à l'adoption, l'adopté peut, de même que l'enfant légitime né d'un autre lit, invoquer l'art. 1098, C. civ., aux termes duquel le nouvel époux ne peut recevoir de son conjoint qu'une part d'enfant le moins prenant, et sans que, dans aucun cas, les donations puissent excéder le quart des biens. — Demol., t. 6, n. 163.—*Contrà*, Aubry et Rau.

105. L'adopté a droit de cumuler, dans la succession de l'adoptant, les droits successifs qui lui appartiennent comme *enfant adoptif* et ceux qu'il tient d'une *institution d'héritier* faite en faveur de certains parents de l'adoptant au nombre desquels se trouve l'adopté. — Ainsi le neveu, adopté par un oncle qui a d'ailleurs légué la portion disponible de ses biens à ses neveux et nièces, a droit de recueillir dans la succession de cet oncle tout à la fois la réserve qui lui appartient comme enfant adoptif et sa part dans le legs fait aux neveux et nièces.— Cass., 24 août 1831 (S. 31.1.321). — *Contrà*, Demol., n. 131.

106. L'existence d'un enfant adoptif fait obstacle au droit de retour légal établi par l'art. 747, C. civ., au profit des ascendants donateurs. — Toullier, t. 4, n. 240; Chabot, *Success.*, sur l'art. 747, n. 6; Vazeille, *ibid.*, n. 16; Malpel, *ibid.*, n. 134; Duranton, t. 6, n. 228; Taulier, t. 1, p. 455; Marcadé, art. 747, n. 3; Demol., n. 166 et suiv. — *Contrà*, Benoît, *De la dot.*, t. 2, n. 104.

107. Mais il en est autrement du droit de retour conventionnel stipulé par un donateur quelconque dans les termes des art. 951 et 952 : l'existence de l'enfant adoptif ne fait pas obstacle à l'exercice de ce droit de retour. — Grenier, n. 37; Toullier, t. 5, n. 303; Chabot, *ubi suprà;* Merlin, *Quest.*, v° *Adoption*, § 6; Duranton, t. 3, n. 320, t. 8, n. 489; Vazeille, *Success.*, art. 951, n. 5; Marcadé, *loc. cit.*, n. 2; Demol., n. 169.

108. Si l'adopté meurt sans descendants légitimes, les choses données par l'adoptant ou recueillies dans sa succession, et qui existent en nature lors du décès de l'adopté, retournent à l'adoptant ou à ses descendants, à la charge de contribuer aux dettes, et sans préjudice des droits des tiers. Le surplus des biens de l'adopté appartient à ses propres parents ; et ceux-ci excluent toujours, pour les objets même donnés par l'adoptant, tous héritiers de celui-ci autres que ses descendants. — C. civ., 351.

109. Le droit de retour ainsi attribué à l'adoptant par l'art. 351, C. civ., ne peut être exercé sur le prix des choses par lui données, aliénées par l'adopté donataire, et qui serait encore dû au moment de la mort de ce dernier. — Duranton, t. 3, n. 324 ; Toullier, t. 2, n. 1013. — *Contrà*, Marcadé, art. 351, n. 3.

110... Ni sur les biens dont l'adopté a disposé par testament. — Delvincourt, t. 3, n. 325; Duranton, t. 3, n. 323.

111. Si, du vivant de l'adoptant, et après le décès de l'adopté, les enfants ou descendants laissés par celui-ci meurent eux-mêmes sans postérité, l'adoptant succède, comme il a été dit, aux choses par lui données ; mais ce droit est inhérent à la personne de l'adoptant, et n'est pas transmissible à ses héritiers, même en ligne descendante. — C. civ., 352.

112. L'adoption prive les père et mère de leur droit de réserve dans la succession de l'adoptant. — Duranton, t. 3, n. 312; Delvincourt, t. 1, p. 96, note 6; Marcadé, sur l'art. 350; O. Barrot, *Encyclop.*, n. 67; Demol., n. 154; Grenier, *Adopt.*, n. 42. — *Contrà*, Toullier, t. 2, n. 1011.

113. Mais l'adoption ne révoque pas les donations entre-vifs, comme les révoque la survenance d'un enfant légitime. — Cass., 2 fév. 1852 (S. 52.1.178); *Sic*, Merlin, *Quest.*, v° *Adoption*, § 4 (add.); Grenier, *Adopt.*, n. 39; Toullier, t. 5, n. 303; Proudhon, *Des personnes*, t. 2, p. 223 (édit. de 1843); Valette sur Proudhon, *ibid;* Duranton, t. 8, n. 581 ; O. Barrot, *Encyclop. du dr.*, v° *Adoption*, n. 71; Zachariæ, § 560, note 17; Poujol, *Donat.*, sur l'art. 1088, n. 8; Demol., t. 6, n. 164.—*Contrà*, Marcadé, 5e édit., sur les art. 350, n. 3, et 960, n. 3 (il avait d'abord embrassé l'opinion contraire) ; Duwarnet, *Rev. crit. de jurisp.*, 1851, t. 1, p. 676.

114. L'adoption accomplie est irrévocable, en ce sens qu'elle est à l'abri de changements ultérieurs de volonté. On ne saurait donc considérer, comme preuve de la fausseté des faits qui ont motivé l'adoption, les déclarations consignées dans des écrits émanés de l'adoptant ou copiés par l'adopté sous la pression de l'adoptant, alors qu'il ressort des circonstances que ces écrits n'ont eu pour but que de réserver à l'adoptant la faculté d'annuler l'adoption par un acte de sa simple volonté. — Caen, 15 mai 1867 (S. 68.2.17); Cass., 14 juin 1869 (S. 69.1.371).

115. Les parties ne pourraient même pas anéantir l'adoption en revêtant leur volonté nouvelle des formes qui ont accompagné la première. — Demol., n. 128; Duvergier sur Toullier, t. 2, n. 1018, note *a ;* Proudhon et Valette, *État des pers.*, t. 2, p. 212; Zachariæ, Massé et Vergé, t. 1, § 178, p. 351, texte et note 2; Aubry et Rau, t. 4, § 559, p. 648 (3e édit.); Marcadé, sur l'art. 360, § 3.

116. Bien que l'adoption, devenue parfaite par l'accomplissement de toutes les formalités requises, ne soit pas même révocable pour cause d'ingratitude, néanmoins l'adopté, le cas échéant, peut être, comme tout autre héritier, exclu pour ce motif de la succession de l'adoptant. — Cotelle, *Cours de dr. civ.*, t. 2, p. 88.

§ 6. — Action en nullité.

117. L'action en nullité d'une adoption consommée n'est recevable qu'autant que l'adoption manque des conditions essentielles auxquelles la loi a subordonné sa validité, ou que les moyens invoqués constituent de véritables cas de rescision, tels que la fraude ou la violence ; de simples doutes sur la justification des soins et secours donnés à l'adopté pendant six ans de sa minorité ne suffisent pas, surtout si l'adoption a été consacrée par une longue possession. — Grenoble, 30 juin 1870 (S. 70.2.217).

118. La nullité de l'adoption résultant du défaut de consentement du conjoint de l'adoptant est purement relative, et conséquemment, ne peut être demandée que par ce conjoint lui-même, et non par les collatéraux de l'adoptant. — Poitiers, 23 nov. 1859 (S. 61.2.138). — *Contrà*, Demol., t. 6, n. 207.

119. L'adoption ne peut être attaquée pour cause de démence de l'adoptant, lorsque celui-ci est décédé sans que son interdiction ait été prononcée ou provoquée. — Cass., 1er mai 1861 (*Revue*, n. 23).

120. Une adoption consommée peut être attaquée au fond, après le décès de l'adoptant, par les héritiers ou les légataires de celui-ci, à raison de l'inexistence de la cause qui lui aurait servi de base. — Cass., 24 août 1831 (S. 31.1.321); Paris, 13 mai 1854 (S. 54.2.494); Caen, 15 mai 1867 (S. 68.2.17); *Sic*, Grenier, *Adopt.*, n. 22; Merlin, *Quest.*, eod. v°, § 10 (add.); Roll. de Vill., eod. v°, n. 27; Odilon Barrot, *Encycl.*, eod. v°, n. 83; Toullier, t. 2,

n. 1019; Marcadé, t. 2, p. 138; Demol., t. 6, n. 185 et suiv.; Zachariæ, t. 4, § 558, notes 8 et 9. — *Contrà*, Richefort, *Etat des familles*, t. 2, n. 295; Duvergier, *Rev. de dr. franç.*, 1846, p. 26.

121. Ainsi l'adoption conférée à l'adopté pour avoir sauvé la vie à l'adoptant, en le retirant des flots, devrait être annulée s'il était établi que le sauvetage prétendu n'a rien eu de sérieux et n'a été qu'un simulacre frauduleusement imaginé pour arriver à une adoption. — Caen, 15 mai 1867, précité.

122. Toutefois, si l'action en nullité de l'adoption consommée, et consacrée même par une longue possession, est recevable, ce n'est que dans le cas où la loi a été manifestement violée et le contrat vicié dans son essence. — Poitiers, 28 nov. 1859 (S. 61.2.138).

123. L'arrêt qui homologue un acte d'adoption, ne constituant pas un acte de juridiction contentieuse susceptible d'acquérir l'autorité de la chose jugée, ne met pas obstacle à l'action en nullité exercée contre l'adoption, après la mort de l'adoptant, par les tiers qui n'y ont pas été parties. — Cass., 13 mai 1868 (S. 68.1.338).

124. Le principe admis que l'adoption consommée peut être attaquée pour infraction aux dispositions de la loi, reste à savoir par quelle voie cette action en nullité doit être introduite. — Selon Toullier, t. 2, n. 1019, l'arrêt qui a admis l'adoption pourrait être attaqué par voie de recours en cassation. — *Sic*, Riffé, p. 72. — Mais cette forme de procéder est repoussée par Demol., t. 6, n. 189, comme ne pouvant s'appliquer à des arrêts qui ne portent pas de motifs.

125. D'après une autre opinion, l'arrêt qui a admis l'adoption peut être attaqué devant la Cour qui l'a rendu, par voie de requête civile ou de tierce opposition. — Merlin, *Quest.*, v° *Adopt.*, t. 7, § 11, n. 3; Grenier, n. 22; Odilon Barrot, *Encycl.*, v° *Adopt.*, n. 85. — *Contrà*, Grenoble, 2 mars 1842 (S. 43.2.171); Demol., n. 190 et suiv.

126. Nous estimons, quant à nous, que c'est par voie d'action principale en nullité que l'adoption peut être attaquée, et cette action doit être portée devant le tribunal de première instance du domicile de celui contre qui elle est formée. — Nancy, 13 juin 1826 (S. chr.); Paris, 26 avril 1830 (S. chr.); *Sic*, Delvincourt, t. 1, p. 418; Duranton, t. 3, n. 331; Marcadé, art. 360, n. 3; Gilbert, *C. civ. annot.*, art. 343, n. 24; Demol., *ubi suprà;* Aubry et Rau, 4° édit., t. 6, § 558, p. 128 et suiv., texte et notes 13 et 14.

127. Du reste, en appel, les demandes en nullité d'adoption doivent être jugées en audience solennelle. — Grenoble, 7 mars 1849 (S. 50.2.209).

128. La demande en nullité d'une adoption testamentaire doit, comme toute autre question d'état, être jugée en audience solennelle, encore bien qu'elle se rattache à la question de nullité du testament, si d'ailleurs elle n'est pas soulevée incidemment à la question de nullité du testament, mais comme question principale. — Cass., 19 mars 1856 (S. 56.1.685).

129. Mais il en serait autrement, si la demande en nullité de l'adoption étoit formée incidemment, par exemple au cours d'une instance en rectification d'actes de l'état civil ou en partage de succession. — Cass., 14 mars 1864 (S. 64.1.123); 13 mai 1868 (S. 68.1.338).

130. Si la fausseté de la cause qui a servi de base à une adoption rémunératoire (un sauvetage) peut être établie par de simples présomptions, les juges du fond sont à cet égard investis d'un pouvoir souverain pour apprécier la valeur probante des faits allégués et celle des déclarations consignées dans les écrits émanés de l'adoptant ou même de l'adopté : leur décision sur ce point ne saurait tomber sous le contrôle de la Cour de cassation. — Cass., 14 juin 1869 (L. 69.1.371).

§ 7. — Enregistrement et timbre.

131. L'acte passé devant le juge de paix, considéré comme jugement préparatoire, est passible du droit de 1 fr. 50 c. — L. 22 frim. an VII, art. 68, § 1ᵉʳ, n. 9 ; L. 28 fév. 1872, art. 4.

132. Le jugement du tribunal de première instance, qui intervient pour déclarer qu'*il y a lieu à adoption* (art. 356, C. civ.), est passible du droit fixe de 75 fr. — L. 28 avril 1816, art. 48, n. 2, et L. 28 fév. 1872, art. 4.

Quant au jugement portant qu'*il n'y a pas lieu*, il est soumis au droit fixe de 5 fr., aux termes de l'art. 45, n. 5, de la loi du 28 avril 1816 (7 fr. 50 c. — L. 28 fév. 1872, art. 4).

133. Le jugement du tribunal de première instance doit être, ainsi que le porte l'art. 357, C. civ., soumis par la partie la plus diligente à la Cour d'appel, qui, d'après les vérifications voulues par la loi, confirme ou réforme le jugement.

134. Il est dû, savoir : sur les arrêts portant qu'*il n'y a pas lieu à l'adoption*, le droit fixe de 10 fr. (L. 28 avril 1816, art. 46, n. 2) ; et sur ceux portant qu'*il y a lieu à l'adoption*, le droit fixe de 100 fr. Id., art. 49, n. 1 (15 fr. et 150 fr. — L. 28 fév. 1872, art. 4).

135. Les droits à percevoir sur l'acte de recours et sur les arrêts de la Cour de cassation sont les mêmes que ceux établis pour les actes de cette nature en général. — V. *Cassation*.

136. Il est dû autant de droits qu'il y a d'adoptés. — Sol., 15 déc. 1818 ; Seine, Trib. civ., 25 fév. 1821, *J. Enreg.*, 10,044. — Mais si la même personne est adoptée par deux époux, comme il n'y a qu'un seul adopté, un seul enfant, il ne peut être perçu qu'un seul droit. — *J. Enreg.*, 5662.

137. Les affiches apposées par ordre de la Cour sont sujettes au timbre de dimension. — Circ. min., 1908.

138. L'inscription à faire sur le registre de l'état civil du domicile de l'adoptant, participe à l'exemption de l'enregistrement dont jouissent les actes de l'état civil, d'après l'art. 70, § 3, n. 8 ; L. 22 frim. an 7. — V. 1595, *J. Enreg.*

139. Mais l'inscription de l'arrêt d'adoption sur le registre de l'état civil est sujette au timbre, puisque le registre lui-même doit être en papier timbré. — L. 13 brum. an 7, art. 12.

140. L'adoption qui confère à l'adopté le nom de l'adoptant (C. civ., 347), et qui produit une affinité entraînant certaines prohibitions relatives au mariage (C. civ., 348), donne à l'adopté, sur la succession de l'adoptant, les mêmes droits que ceux qu'aurait l'enfant légitime, quand même il y aurait d'autres enfants nés en mariage depuis l'adoption. — C. civ., 350.

141. Les mutations par décès ou entre-vifs à titre gratuit, qui s'opèrent de l'adoptant à l'adopté ou à ses descendants, et réciproquement, sont considérées comme des transmissions en ligne directe. — *J. Enreg.*, 737. — V. *Donation, Succession.*

142. Les descendants de l'adopté sont appelés à le représenter en vertu de l'art. 740, C. civ., et ils recueillent conséquemment en son lieu et place la succession de l'adoptant (Cass., 2 déc. 1822; 7363, 7623 J. *Enreg.*; Cass., 10 nov. 1869; 18,782-1, *J. Enreg.*), sans qu'il y ait lieu de distinguer entre les enfants de l'adopté nés depuis l'adoption et ceux nés auparavant.—Proudhon, t. 2, p. 189; Toullier, t. 2, n. 1015; Duranton, t. 3, n. 314; Dall., v° *Adoption*, n. 185; Marcadé, art. 350, C. civ. — D'où la conséquence que le droit est dû au taux de 1 p. 100 (arrêt précité de 1822), même sur les legs particuliers qui leur sont faits par l'adoptant, dont la succession est recueillie par l'adopté. — Dél., 19 août-15 oct. 1834, *J. Enreg.*, 11040.

143. L'exercice du droit de retour conféré aux enfants légitimes de l'adoptant par l'art. 351, C. civ., sur les biens donnés par leur père à son enfant adoptif décédé sans postérité, ne donne ouverture qu'au droit de mutation par décès, tel qu'il est établi pour les frères et sœurs. — Délib., 6 fév. 1827, *J. Enreg.*, 8641, 8747; Cass., 28 déc. 1829.

144. Lorsque l'adoption est faite devant notaire et par acte testamentaire, elle donne lieu au droit fixe de 3 fr. 50 c. — LL. 22 frim. an VII, art. 68, § 1er, n. 9; 18 mai 1850, art. 8; 28 fév. 1872, art. 4.

§ 7. — Formules.

I. — *Consentement à adoption.*

Par-devant Me..., ont comparu :

M. Jean-Pierre Bardin, propriétaire, et Mme Julie Rigault, sa femme, qu'il autorise, demeurant ensemble à...

Lesquels ont, par les présentes, déclaré formellement consentir à ce que M. Jules Bardin leur fils, majeur, étudiant en médecine demeurant à..., soit adopté par M....

Et qu'il soit procédé à cette adoption dans les formes indiquées par la loi.

Dont acte, etc.

II. — *Procuration pour adopter.*

Par-devant Me..., a comparu :

M...

Lequel a, par les présentes, constitué pour son mandataire spécial.

M...

Auquel il donne pouvoir de... pour lui et en son nom.

Conférer l'adoption à M..., fils majeur de...

A cet effet, se présenter devant tout juge de paix; passer tous consentements; signer tous actes d'adoption, en poursuivre l'homologation devant le tribunal, puis la confirmation par la Cour d'appel; faire toutes inscriptions d'adoption sur les registres de l'état civil; constituer tous avoués et avocats; signer tous actes et registres; substituer en tout ou en partie des présents pouvoir; et, enfin, faire tout ce qui sera nécessaire pour arriver à l'adoption de M...

Dont acte, etc.

III. — *Acte respectueux à fin d'adoption.*

(V. Formule VII, au mot *Acte respectueux*).

IV. — *Adoption testamentaire.*

Par-devant, etc., a comparu :

M...

Lequel a dicté à Me..., notaire soussigné, en présence des témoins aussi soussignés, son testament ainsi qu'il suit :

« Aux termes d'un procès-verbal dressé par M. le juge de paix du canton de...,
« le..., j'ai pris la tutelle officieuse de M..., fils mineur de... et de...

« Dans la prévision de ma mort avant la majorité de mon pupille, ou après un
« délai trop court après sa majorité pour que je puisse l'adopter, je déclare ici, par
« ces présentes, formellement adopter M..., auquel je confère tous les droits at-
« tachés à la qualité d'enfant adoptif. »

Ce testament, etc. (V. *aux Formules des Testaments par acte public*).

V. — *Acceptation d'adoption testamentaire.*

Par-devant Me..., a comparu :

M. C..., majeur, étant né à..., le...

Lequel a dit :

Que suivant procès-verbal dressé par M. le juge de paix du canton de..., M. X... a pris la tutelle officieuse du comparant ;

Qu'aux termes du testament de M..., reçu en la forme authentique par Me..., notaire à..., en présence de quatre témoins, le..., M. X..., dans la prévision de son décès avant la majorité du comparant, lui a conféré l'adoption ;

Que M. X..., testateur, est décédé le..., c'est-à-dire avant la majorité du comparant, sans laisser de descendants légitimes nés ou conçus, ainsi que le constate un acte de notoriété dressé par Me...

Ceci indiqué :

M. C..., comparant, déclare accepter expressément l'adoption que M. X... a bien voulu lui conférer.

La présente acceptation sera mentionnée sur les registres de l'état civil du lieu où l'adoptant était domicilié, conformément aux dispositions de l'art. 359, C. civ.— Tous pouvoirs sont donnés à cet effet au porteur d'une expédition des présentes.

Dont acte, etc.

ADULTÈRE. — 1. Délit consistant dans la violation de la foi conjugale, consommée corporellement : *alieni thori violatio*. On qualifie aussi d'adultère celui ou celle qui commet cette violation. Ainsi l'on dit *époux adultère.*

TABLE ALPHABÉTIQUE.

2. Trois circonstances sont nécessaires pour constituer le délit d'adultère : l'*union* consommée des sexes, le *mariage* de l'un des agents, le *dol* ou la volonté coupable de la part de la personne mariée. — Chauveau et F. Helie, *Théorie du Code pénal*, 5⁰ édit., t. 4, n. 1606; Blanche, *Etudes pratiq. sur le Code pén.*, t. 5, n. 171.

3. La consommation du commerce illicite est la condition essentielle du délit. Ainsi les privautés les plus obscènes qui n'iraient pas jusqu'à la conjonction des sexes n'en prendraient pas le caractère.

4. Le second élément du délit est le mariage des coupables, ou du moins de l'un d'eux.

5. Jugé à ce propos que le tribunal correctionnel, saisi d'une poursuite en adultère dirigée contre une femme mariée, ne peut surseoir à y statuer jusqu'à la décision à intervenir sur une question soulevée devant la juridiction civile, relativement à l'état d'un enfant attribué à cette femme. Ici ne s'applique pas l'art. 327, C. civ., lequel ne dispose qu'au sujet du crime de suppression d'état. — Cass., 3 juill. 1862 (S. 63.1.53).

6. Au contraire, l'exception proposée devant le juge correctionnel par une femme poursuivie pour délit d'adultère, et fondée sur la demande qu'elle aurait formée en nullité de son mariage, constitue une exception préjudicielle qui oblige ce juge à surseoir jusqu'à ce que la question de nullité du mariage ait été résolue, il y a lieu d'appliquer l'art. 326, C. civ. — Cass., 13 avril 1867 (S. 67.1.341).

7. Il n'importe d'ailleurs que la nullité invoquée par la femme soit absolue ou simplement relative. — *Ibid.*

8. Enfin la dernière condition constitutive du délit est la volonté criminelle. Ainsi le délit n'existe pas si la femme n'a succombé qu'à la violence, ou si elle ne s'est livrée que par erreur. Il en est de même si l'homme ignore que la femme avec laquelle il a commerce est mariée. — Blanche, *ut suprà*; Chauveau et Helie, *loc. cit.*, n. 1609.

9. *Poursuite de l'adultère de la femme.* — La poursuite de l'adultère commis par la femme, intéressant la famille non moins que la société, la loi ne permet au ministère public d'en poursuivre la répression que sur la dénonciation du mari. — C. pén., art. 336.

10. Rien ne s'oppose à ce que le mari poursuivant l'adultère dont la femme s'est rendue coupable se fasse représenter en cas d'absence par un mandataire. — Cass., 23 nov. 1855, *Bull. crim.*, n. 308.

11. Du reste, dès que la plainte est portée, le ministère public n'a besoin, dans tout le cours de la poursuite, ni d'autorisation nouvelle ni d'assistance du mari; le silence de ce dernier sur les actes de la procédure correctionnelle et son abstention d'y prendre part ne font aucunement présumer la rétractation de sa plainte. — Cass., 25 août 1848, *Bull. crim.*, n. 227; et 31 août 1855, *Bull. crim.*, n. 308.

12. Le mari, en dénonçant sa femme, autorise évidemment le ministère public à rechercher le complice de celle-ci, ou, pour parler un langage plus exact que celui de la loi, le coauteur de l'adultère. En effet, dès que, par sa dénonciation, il a démontré qu'il considérait que les poursuites étaient opportunes, le ministère public a le droit, comme dans les cas ordinaires, d'instruire non-seulement contre l'auteur principal, mais encore contre le complice. — Blanche, *loc. cit.*, n. 177; *Sic*, Chauveau et Helie, *loc. cit.*, n. 1619; Cass., 17 janv. 1829, *Bull. crim.*, n. 14.

13. Le mari qui a dénoncé l'adultère de sa femme peut-il se désister de sa plainte, et ce désistement aura-t-il l'effet d'arrêter la poursuite? La négative a été soutenue par M. Favard de Langlade. — *Répert. de la nouv. législ.*, t. 3, p. 572, v° *Ministère public*.

14. Mais cette opinion n'a pas prévalu. Il serait, en effet, contradictoire de continuer les poursuites malgré la volonté du mari, lorsque son assentiment est nécessaire pour les commencer. — Blanche, *loc. cit.*, n. 178; Chauveau et F. Helie, *loc. cit.*, n. 1620; Blanche, *loc. cit.*, n. 178; Cass., 7 août 1823, *Bull. crim.*, n. 110.

15. Au surplus, lorsque le tribunal correctionnel a prononcé l'acquittement de la femme, l'appel du mari seul, sans le concours de l'appel du ministère public, autorise le juge d'appel à infliger des peines à la prévenue. — Cass., 19 oct. 1873 (S. 73.1.1029), et 3 mai 1850, *Bull. crim.*, n. 451.

16. *Poursuite de l'adultère du mari.*—Nous n'avons parlé jusqu'ici que de l'adultère de la femme. La poursuite de l'adultère du mari a aussi ses règles particulières.

17. Ainsi l'art. 339, C. pén., a restreint la répression de cet adultère au seul cas où le mari a entretenu une concubine dans la maison conjugale et a été convaincu sur la plainte de sa femme.

18. Jugé à ce propos qu'après séparation de corps prononcée par un jugement passé en force de chose jugée, l'entretien d'une concubine par le mari dans son domicile n'est plus punissable des peines de l'adultère. Le domicile cesse alors d'être considéré comme maison conjugale. — Cass., 27 avril 1838 (S. 38.1.538); Grenoble, 18 nov. 1838 (S. 39.2.160); Paris, 4 déc. 1857 (S. 58.2.121); Trib. Seine, 28 mai 1872 (S. 72.2.154); Lyon, 7 janv. 1873 (S. 73.2.231).

19. Du reste, peut être considéré comme n'étant pas le domicile conjugal, dans le sens de l'art. 339, C. pén., le logement loué sous un faux nom et en secret par un mari habitant un autre appartement. — Cass., 7 juin 1861 (S. 61.1.402).

20. De même, dans une espèce où il était reconnu qu'un sieur L... avait eu des relations illicites avec une fille H..., dans les ré-

sidences momentanées qu'il avait à Paris et à Angers pour les besoins de ses affaires, la Cour d'Orléans avait renvoyé le sieur L...
des fins de la poursuite, et le pourvoi formé par la femme L... fut
rejeté. — Cass., 11 nov. 1858, *Bull.*, n. 266.

21. Au contraire, on a considéré qu'il y avait entretien d'une
concubine dans le domicile conjugal par le mari ayant deux appartements, l'un qui lui était personnel, l'autre qui était contigu
au premier, et destiné à sa complice, alors qu'une porte de communication avait été ouverte entre les deux appartements. —
— Cass., 23 mars 1865, *Bull. crim.*, n. 71.

22. Au surplus, la concubine entretenue par un homme marié
dans son domicile conjugal est passible des peines de la complicité du délit d'adultère, pour lequel le mari est poursuivi sur la
plainte de la femme, encore bien que cette concubine soit elle-
même mariée, et que son mari n'ait pas, de son côté, porté plainte
à raison de l'adultère de sa femme. — Amiens, 26 nov. 1863 (S.
63.2.132) ; Cass., 28 fév. 1868 (S. 68.1.421).

Ou mêm', s'il avait formellement déclaré s'opposer aux poursuites dirigées contre elle. — Cass., 28 fév. 1868 précité.

23. Les autres complices du délit d'adultère doivent également
être punis comme ceux qui sont coupables d'adultère. Tels sont
ceux qui favorisent ces sortes d'entrevue, qui les ménagent par
leurs intrigues, ou qui prêtent leur maison à cet effet. — Jousse,
t. 3, p. 228 ; Bedel, *Traité de l'adultère*, n. 89 et 90 ; Chauveau et
F. Hélie, *loc. cit.*, n. 1663.

24. Mais ici s'élève la question délicate de savoir si le mari
peut rétracter son désistement et requérir du ministère public la
reprise des poursuites. La règle, aujourd'hui généralement admise, est que si le désistement en matière d'adultère éteint l'action et crée une fin de non-recevoir en faveur des prévenus, il en
est différemment au cas où des faits nouveaux postérieurs au désistement viendraient appuyer la rétractation.

25. Dans cette hypothèse, les faits nouveaux font revivre les
anciens, et la poursuite comprend les uns et les autres.

26. Nous avons à rechercher maintenant si le désistement du
mari profite au complice de la femme Pour résoudre cette difficulté il faut user d'une distinction.

27. Si le désistement a eu lieu dans le cours d'une instance
avant que la condamnation de la femme soit devenue définitive,
il s'étend nécessairement et virtuellement au complice, la condamnation de celui-ci ne pouvant résulter que de la déclaration
d'adultère, que le mari a voulu éviter. — Cass., 17 août 1827,
Bull. crim., n. 222 ; 9 fév. 1839, *Bull.*, n. 45 ; 28 juin 1839, *Bull.*,
n. 209 ; 8 mars 1850, *Bull.*, n. 83 ; Blanche, *loc. cit.*, n. 181 ; Chauveau et Hélie, *loc. cit.*, n. 1622.

28. Mais si, au contraire, le désistement n'intervient qu'après
qu'un jugement devenu définitif a condamné la femme, le droit
de grâce, dont le mari est investi à l'égard de celle-ci ne lui appartient plus vis-à-vis de son complice. — Blanche, Chauveau et

I.   44

Helie, *ut suprà;* Cass., 17 janv. 1829, *Bull. crim.*, n. 14, et 29 avril 1854, *Bull.*, n. 131.

29. Le décès du mari depuis la plainte en adultère par lui portée contre sa femme n'éteint pas l'action du ministère public en répression du délit. — Cass., 6 juin 1863 (S. 63.1.401); *sic*, Blanche, *loc. cit.*, n. 182; Chauveau et Helie, n. 1624 et 1625.

30. Au contraire, le décès de la femme avant tout jugement définitif sur la plainte en adultère portée contre elle par son mari éteint l'action même à l'égard du complice. — Cass., 8 mars 1850 (S. 50.1.365); Cass., 8 juin 1872 (S. 72.1.346); Orléans, 30 juill. 1872, *ibid. ad notam.*

31. La femme, après avoir formé la plainte, ne peut pas en arrêter les effets en se désistant. En effet, le législateur n'a point investi la femme du droit de grâce qu'il a attribué au mari. Ce droit exceptionnel ne peut être étendu; la femme ne peut donc pardonner. — Paris, 12 mars 1858, *J. Dr. crim.*, 58, p. 156; *sic*, Chauveau et Helie, *loc. cit.*, n. 1630.

32. La femme poursuivie pour adultère peut opposer à la dénonciation de son mari plusieurs fins de non-recevoir.

33. Ainsi, en premier lieu, la violence et l'erreur sont deux faits justificatifs de l'adultère (V. *suprà*, n. 8). De même, la nullité du mariage peut être opposée par la femme avec le complice, l'un et l'autre ayant un intérêt égal à faire juger qu'il n'y a pas mariage, et le mariage étant comme on l'a vu (*suprà*, n. 4 et suiv.) un élément essentiel du délit d'adultère.

34. Les coupables pourraient encore faire valoir la prescription qui est acquise dans tous les cas après trois ans depuis l'acte de l'adultère, car les dispositions des art. 637 et 638 du Code d'instruction criminelle sont générales et s'appliquent à tous les délits correctionnels.

35. La femme peut aussi soutenir qu'il y a eu pardon ou réconciliation et que, par suite, le mari n'a plus le droit de se plaindre.

36. L'exception qui résulte de la réconciliation des époux peut être invoquée même par le complice. — Blanche, *loc. cit.*, n. 188; Chauveau et Helie, n. 1646.

37. Notre ancien droit avait consacré cette règle. « La réconciliation du mari avec la femme, dit Muyard de Vouglans, empêche même qu'il ne puisse poursuivre le complice en réparation pour le faire condamner en des dommages-intérêts, t. 1, p. 201. — *Sic*, Jousse, t. 3, p. 244.

38. C'est ainsi qu'il a été jugé que la réconciliation entre le mari et la femme intervenue avant toute action judiciaire rend le mari non recevable à former contre le complice une demande en dommages-intérêts.—Grenoble, 1er juin 1870 (S. 72.2.104); Cass., 1er déc. 1873 (S. 74.1.61).

39. Nous avons dit précédemment que l'exception qui résulte de la réconciliation des deux époux peut être invoquée même par le complice, c'est, en effet, un principe généralement admis que la poursuite en adultère dirigée contre la femme et son complice est indivisible, en sorte que quand, par un motif quelconque, la poursuite se trouve éteinte à l'égard de la femme, le complice profite de cette extinction.

40. Jugé en ce sens que la cause du prévenu est indivisible de celle de la femme ; que la condamnation du complice serait la condamnation même de la femme, que le mari ne peut donc renoncer au droit de poursuivre sa femme, en provoquant la poursuite du complice. — Cass., 22 juin 1839 (*Bull. crim.*, n. 209) ; *Sic*, Blanche, *loc. cit.*, n. 188 ; Chauveau et Helie, *loc. cit.*, n. 1646.

41. C'est ainsi encore qu'il a été jugé que la réconciliation entre le mari et la femme condamnée correctionnellement pour adultère éteint la poursuite même à l'égard du complice, bien qu'elle soit postérieure au jugement de condamnation, si l'instance d'appel de ce jugement durait encore. — Toulouse, 11 avril 1867 ; Cass., 8 août 1867 (S. 68.1.93) ; Douai, 31 août 1874 (S. 75.2.255).

42. Jugé cependant, mais à tort selon nous, que le pardon accordé par le mari à la femme après le jugement de condamnation pour adultère et avant l'expiration du délai d'appel ne saurait profiter au complice condamné avec la femme alors que celle-ci a accepté la réconciliation sans provoquer l'infirmation du jugement ; en pareil cas, la condamnation subsiste comme si le pardon du mari ne s'était manifesté qu'après l'expiration du délai d'appel. — Angers, 31 juill. 1871 (S. 73.2.3).

43. Toutefois si le jugement était devenu irrévocable, le bénéfice du pardon introduit en faveur de la femme par l'art. 337 ne s'étendrait plus au complice.

44. Le pardon n'a, en effet, pour but que d'arrêter l'exécution du jugement de condamnation, et non d'annuler cette condamnation elle-même ; il n'a que l'effet d'une grâce et non d'une amnistie, conséquemment l'art. 337 est étranger au complice, et les motifs qui peuvent déterminer le mari à se réconcilier avec son épouse et à la reprendre dans son domicile sont autres et peuvent même être opposés à ceux qui, pendant la poursuite, font arrêter l'action publique. — Chauveau et Helie, *loc. cit.*, n. 1646. — V. *infrà*, n. 81 et 82.

45. L'art. 336 du Code pénal dispose en outre que le mari ne pourra pas dénoncer l'adultère de sa femme, s'il est convaincu sur la plainte de celle-ci, d'avoir entretenu une concubine dans la maison conjugale.

46. M. Blanche enseigne (*loc. cit.*, n. 189) que l'exception n'est fondée que dans le cas où l'adultère du mari est, pour ainsi dire, contemporain de celui de la femme. S'il avait eu lieu à une époque éloignée, si, connu de la femme, elle l'avait pardonné, il n'excuserait plus les dérèglements.

47. Et cette opinion a été consacrée par la Cour de Paris qui a décidé par son arrêt du 18 juin 1870 (S. 70.2.238) que le mari qui a été condamné pour entretien d'une concubine dans le domicile conjugal peut être néanmoins admis à poursuivre la répression du délit d'adultère commis par sa femme, lorsqu'il est établi qu'il a depuis longtemps congédié sa concubine et fait cesser le scandale qu'il avait suscité.

48. Que faut-il entendre par *entretenir une concubine dans le domicile conjugal?* Y aurait-il adultère de la part du mari qui, dans cette maison, se livrerait à un commerce illicite, non pas avec une étrangère, mais avec une personne de la famille, comme sa bru, sa belle-sœur, sa sœur?

49. Il est évident d'abord qu'il y aurait adultère, car l'adultère est la violation de la foi conjugale, et la foi conjugale n'est pas moins violée par le commerce d'un mari avec sa sœur, avec sa belle-sœur, avec sa belle-fille, qu'elle ne le serait par son commerce avec une étrangère. Non-seulement le délit existe, mais il revêt même une gravité morale plus intense. — Chauveau et Helie, *loc. cit.*, n. 1638.

50. De plus il ne faut pas attacher aux expressions de l'art· 339 *entretien d'une concubine au domicile conjugal* une importance qu'elles n'ont pas ; la loi a spécialisé l'espèce la plus ordinaire, l'introduction d'une concubine étrangère dans la maison commune ; mais le fait qu'elle a voulu atteindre, c'est le commerce du mari dans cette maison avec une autre que sa femme, quelle que fût la position de sa complice. — Chauveau et Helie, *ut suprà ;* Merlin, *Rép.*, add., v° *Adultère*, § 8 *bis*.

51. L'exception tirée de ce que le mari a entretenu une concubine au domicile conjugal ne peut être accueillie que si le mari est convaincu de ces actes, c'est-à-dire que s'il en a été déclaré coupable par une décision judiciaire.—Lyon, 15 juin 1837 (*Journ. dr. crim.*, 1838, p. 33) ; Chauveau et Helie, *loc. cit.*, n. 1639 ; Blanche, n. 189.

52. Est-il nécessaire que cette décision soit antérieure à la plainte du mari? La loi ne l'exige pas, et la femme peut n'avoir intérêt à se plaindre que lorsqu'elle est elle-même l'objet d'une poursuite correctionnelle. Il faut donc admettre que la femme pourra présenter son exception pendant tout le cours de l'instance qui la concerne, tant qu'il ne sera pas intervenu contre elle de décision définitive.

53. Si la plainte de la femme est portée devant un tribunal qui n'est pas celui où elle est elle-même poursuivie, ce dernier tribunal devra surseoir à statuer jusqu'à ce que la demande de la femme ait été jugée.

54. Si la femme, au contraire, a fait incidemment sa plainte, dans l'instance la concernant, le tribunal devra vider l'incident avant de se prononcer sur l'action principale.— Blanche, *loc. cit.*, n. 89 ; Chauveau et Helie, *loc. cit.*, n. 1640.

55. Mais si les juges sont à la fois saisis de la plainte en adultère du mari contre sa femme et de la plainte de celle-ci pour entretien d'une concubine dans le domicile conjugal, ils peuvent examiner les deux plaintes en même temps et en faire l'objet d'une seule et même décision.

56. Par application de ce principe la Cour de cassation a jugé que le tribunal, statuant en même temps sur les deux poursuites, pouvait, sans illégalité dans le cas même où il condamnerait la femme, ne s'expliquer sur l'exception de celle-ci, qu'après avoir accueilli la dénonciation du mari. — Cass., 11 nov. 1858 (*Bull. crim.*, n. 266).

57. Mais la femme serait non recevable à se plaindre en police correctionnelle de l'adultère de son mari dans la maison conjugale, si elle avait déjà porté ce grief devant les tribunaux civils pour obtenir la séparation de corps, et si la demande avait été rejetée ; car alors il y aurait à cet égard chose jugée. — Cass., 30 mars 1832 (*Journ. dr. crim.*, 1832, p. 11).

58. La femme peut-elle opposer les excès, sévices et injures graves qui ont fondé le jugement de séparation de corps? Non, car l'art. 336 n'autorise la femme à opposer à la poursuite que le seul fait de l'entretien d'une concubine dans la maison conjugale, et ce fait n'est pas nécessairement contenu dans les excès, sévices et injures énoncés dans le jugement. — Chauveau et Helie, *loc. cit.*, p. 1642 ; Blanche, *loc. cit.*, n. 190 : Cass., 7 avril 1849 (*Bull. crim.*, n. 75.

59. Enfin doit-on considérer comme une troisième fin de non-recevoir, la *connivence* du mari à la débauche et aux déportements de sa femme?

60. Cette exception était admise dans l'ancien droit romain qui la fondait sur l'indignité du mari : *cur enim improbet maritus mores quos ipse aut ante corrupit aut postea probavit* (L. 46 Dig. *De solut. matrim*). Et notre ancien droit français avait recueilli cette décision. — V. notamment Jousse, t. 3, p. 236 ; Muyard de Vouglans.

61. C'est en se fondant sur cette tradition que quelques auteurs ont continué à enseigner que le mari ayant connivé à l'adultère de sa femme ne saurait être admis à s'en plaindre. — V. notamment Merlin, *Rép.*, v° *Adultère*, n. 89 ; Mangin, *Tr. de l'act. publiq.*, n. 13 ; Caen, 1er fév. 1855 (S. 56.2.345).

62. Mais cette opinion ne nous paraît pas exacte. En effet, le projet du Code pénal n'autorisait le mari, dans l'art. 291 correspondant à notre art. 336, à dénoncer l'adultère de la femme que *dans le cas où il n'y aurait pas connivé*.

63. Cette disposition fut vivement attaquée. On objecta notamment qu'il y aurait de graves inconvénients à punir la connivence du mari ; que la recherche et la preuve de cette honteuse complicité feraient naître de scandaleux débats ; que l'homme qui, pour ne pas divulguer la honte de sa famille, aurait gardé un pénible silence et dévoré en secret sa douleur y serait lui-même exposé ; qu'il était préférable que cette connivence ne fût recherchée en aucun cas.

64. A la suite de ces attaques la disposition dont s'agit fut définitivement rejetée dans la séance du 15 nov. 1808 (Locré, t. XXX, p. 393 et suiv.). Il résulte clairement de ce rejet que la connivence du mari ne peut pas être présentée, par la femme, comme une fin de non-recevoir. — Caen, 29 nov. 1855 (S. 56.2.345) ; Bruxelles, 31 juill. 1874 (S. 75.2.256).

65. La connivence du mari sera du moins toujours aux yeux des magistrats une circonstance des plus atténuantes de l'adultère de la femme.

66. Il faut encore citer comme atténuant considérablement ce délit, sans toutefois l'effacer, l'inconduite et la débauche du mari, les mauvais traitements qu'il a fait supporter à sa femme, son extrême état de misère.

67. De son côté, le mari poursuivi sous l'inculpation d'adultère par sa femme, outre les exceptions qui naissent de la prescription ou de la nullité du mariage, peut sans nul doute opposer à la plainte de la femme les faits qui prouveraient leur réconciliation. — Chauveau et Helie, *loc. cit.*, n. 1651.

68. Mais peut-il opposer l'exception d'adultère ? M. Carnot répond affirmativement (*Comment. C. pén.*, t. 2, p. 111). Tel n'est pas le sentiment de MM. Chauveau et Helie, qui enseignent (n. 1651) que si la loi a déclaré le mari indigne de porter plainte, quand lui-même a tenu une concubine dans la maison conjugale, cette indignité n'a point été étendue à la femme adultère, peut-être parce que la femme adultère, même coupable, a droit encore à la protection de la loi pour réclamer l'inviolabilité du domicile conjugal.

69. C'est ainsi qu'il a été jugé que les art. 336 et 339, C. pén., qui déclarent le mari non recevable à dénoncer l'adultère de sa femme, lorsqu'il a entretenu une concubine au domicile conjugal, ne peuvent être réciproquement invoqués par le mari contre la femme qui s'est rendue coupable d'adultère. — Cass., 23 mars 1865 (S. 65.1.245) ; *Sic*, Blanche, *loc. cit.*, n. 210.

70. L'adultère de la femme ainsi que celui du mari peuvent être établis par toutes sortes de preuves. — Blanche, *loc. cit.*, n. 192 et 212 ; Chauveau et Helie, *loc. cit.*, n. 1653 ; Cass., 13 mai 1813 (S. 14.1.349).

71. La loi n'admet au contraire, contre le coauteur, que les preuves résultant du flagrant délit ou autres pièces qu'il a écrites. — Art. 338, C. pén.

72. La preuve écrite ne peut résulter que de pièces émanées du prévenu et écrites par lui-même.

73. Ainsi dans une espèce où il était constaté que dans deux interrogatoires subis par le complice, devant le commissaire de police et devant le juge d'instruction et signés de lui, il avait reconnu en termes formels le fait de la complicité, il a été décidé « qu'en déclarant que cet aveu, ainsi consigné dans deux interrogatoires revêtus de la signature du prévenu, constituait la preuve exigée par l'art. 338, C. pén.; l'arrêt attaqué n'avait fait qu'apprécier les pièces qui renfermaient les éléments du procès, et n'avait commis aucune violation de cet article. — Cass., 13 déc. 1851 (*Bull. crim.*, n. 524); Chauveau et Helie, *loc. cit.*, n. 1654 ; Blanche, *loc. cit.*, n. 196. — *Contrà*, Paris, 18 mars 1829 (S. 29.2. 139).

74. Il en est de même des actes de naissance ou de recon-naissance, dans lesquels l'inculpé se serait déclaré le père de l'enfant issu de la femme adultère, et qu'il aurait signés.

75. La preuve peut découler de ces différents écrits, non-seulement lorsqu'ils établissent directement le fait constitutif du délit, mais encore lorsque, sans être explicites, ils permettent néanmoins d'affirmer l'existence de l'adultère. — Paris, 13 mars 1826 (S. 27.2.17); 11 fév. 1829 (S. 29.2.138); Cass., 24 mai 1851 (*Bull. crim.*, n. 192); Cass., 8 juin 1855 (*Bull. crim..* n. 202); Blanche, *loc. cit.*, n. 197; Chauveau et Helie, *ut supra*.

76. Le flagrant délit duquel on veut faire résulter la preuve de l'adultère s'établit non-seulement par des procès-verbaux réguliers, émanés des officiers de police judiciaire, mais encore par les autres moyens de preuve, même par la preuve testimoniale.— Cass., 22 sept. 1837 (*Bull. crim.*, n. 287); Cass., 27 avril 1849 (*Bull. crim.*, n. 94); Cass., 8 juill. 1864 (*Bull. crim*, n. 180); Cass., 27 avril 1866 (*Bull. crim.*, n. 121).

77. Du reste la déclaration de l'existence du flagrant délit, telle que le jugement attaqué l'exprime, est une déclaration, en fait, rentrant exclusivement dans les attributions de la juridiction correctionnelle et, par conséquent, non susceptible d'examen devant la Cour de cassation. — Cass., 9 juin 1829 (*Bull. crim.*, n. 116); *Sic*, Chauveau et Helie, n. 1657.

78. Au contraire, suivant M. Blanche (*loc. cit.*, n. 194), la Cour de cassation a le droit de rechercher si les déductions légales, tirées par les juges des faits, dont ils déclarent l'existence, sont ou non conformes au droit. La constatation de l'acte matériel échappe assurément à tout contrôle; mais le caractère légal de cet acte paraît, à l'éminent et regretté magistrat, susceptible de révision, ainsi que le reconnaît l'arrêt du 8 juill. 1864 (*Bull. crim.*, n. 180).

79. La femme convaincue d'adultère doit subir la peine d'emprisonnement pendant trois mois au moins et deux ans au plus.— C. pén., 338.

80. Cette peine peut être adoucie en vertu de l'art. 463, C. pén., lorsque le délit présente des circonstances atténuantes, ou aggravée en cas de récidive, conformément à l'art. 58, C. pén.

81. Du reste, après la condamnation, le mari reste encore maître d'en arrêter les effets en consentant à reprendre sa femme. — C. pén., art. 337.

82. Mais le coauteur ne profite pas de la grâce accordée par le mari à la femme. En effet, s'il importe à l'intérêt des bonnes mœurs que le fait de l'adultère n'acquière pas une certitude judiciaire, et que, par suite, le complice même profite du désistement, donné par le mari, pendant le cours des poursuites, cette raison n'existe plus, lorsque la condamnation de la femme est devenue définitive, le scandale est produit, le coauteur doit subir la peine du délit auquel il s'est associé. — Cass., 29 avril 1854 (*Bull. crim.*,

n. 131); *Conf.*, Cass., 17 janv. 1829 (*Bull. crim.*, n. 29); *Sic*, Blanche, *loc. cit.*, n. 197; Chauveau et Helie. *loc. cit.*, n. 1663. — V. *suprà*, n. 44.

83. Au surplus, conformément à l'art. 1382, C. civ., aux termes duquel tout fait quelconque de l'homme qui a causé du dommage à autrui oblige celui par la faute duquel il est arrivé à le réparer, il est incontestable qu'au cas où l'époux victime de l'adultère a éprouvé un préjudice réel, par exemple si l'éclat du procès l'avait forcé à changer de résidence, les tribunaux ont à apprécier ce dommage en prononçant une réparation pécuniaire proportionnée à la fortune des deux époux. — Cass., 5 juin 1829 (*Journ. du dr. crim.*, 1829, n. 285); Cass., 18 janv. 1829 (*Ibid.*, p. 274).— V. toutefois en sens contraire, Carnot, *Comment. C. pén.*, t. 2, p. 182.

84. Cependant les juges doivent repousser les demandes présentées par esprit de lucre et de spéculation ou résultant d'un concert frauduleux. — Chauveau et Helie, *loc. cit.*, n. 1664.

85. Le mari qui a entretenu une concubine au domicile conjugal et qui a été convaincu sur la plainte de la femme est punissable d'une amende de 100 francs à 2,000 francs. — C. pén., 339. — V. *infrà*, v^is *Désaveu d'enfant, Discipline, Dot, Partie civile, Séparation de corps.*

FIN DU PREMIER VOLUME.

Paris. — Imprimerie J. DUMAINE, rue Christine, 2

TABLE ALPHABÉTIQUE

DES

ARTICLES CONTENUS DANS LE PREMIER VOLUME.

I.

Paris. — Imprimerie L. BAUDOIN et Cᵉ, rue Christine, 2.

Paris. — Imprimerie J. DUMAINE, rue Christine, 2.